U0512320

陶文钊 著

后冷战时期的美俄关系
（1991—2016）

上海人民出版社

目录

第二编　克林顿、乔治·沃克·布什—普京、梅德韦杰夫时期

第三编 奥巴马—梅德韦杰夫、普京时期

后冷战时期美俄关系的三个循环(代序言)

在后冷战时期,在美国威廉·克林顿(William Clinton)、乔治·沃克·布什(George Walker Bush)、巴拉克·奥巴马(Barack Obama)三位总统任内,美俄关系经历了三个循环,每次都是高开低走,而且低点越来越低,成为冷战后国际形势的一个突出特点。

1992 年是乔治·布什(George H. W. Bush)任期的最后一年。苏联突然解体,出乎美国意料。美国突然失去了敌人,外交政策一时不禁有些迷惘。但有一点布什政府很清楚,要确保俄罗斯不会再回到共产主义,要确保冷战的结束是永久的,而不会重新回来;还要确保苏联留下的庞大的核武库不会对美国安全构成威胁。俄罗斯领导人鲍里斯·叶利钦则认定,共产主义的实验在这片大地上已经失败,俄罗斯的出路在于:与苏联一刀两断,尽快实行社会转型,融入以美国为首的西方体系。①1992 年 2 月初,叶利钦访美,在戴维营会晤布什,两位领导人谈得十分投机,真是相见恨晚。年中,叶利钦再度访美,双方签署 39 项协定,涉及两国关系的方方面面,叶利钦还应邀在美国国会发表演讲,受到英雄般的欢迎。这一年可以视为美俄关系的短暂蜜月期。

一、三个循环

(一)克林顿—叶利钦时期

克林顿认定,美俄关系是美国外交的重中之重。克林顿政府对俄罗斯有两

① 海运、李静杰总主编,学刚、姜毅主编:《叶利钦时代的俄罗斯·外交卷》,人民出版社 2001 年版,第 79—80 页。

大担忧：一是担心苏联留下的庞大的核武库可能造成核扩散；二是担心俄罗斯的改革可能受挫，共产党和民族主义势力卷土重来，并将对其他新独立国家的改革产生重要影响；要避免这两种可能，就要支持叶利钦的领导地位，支持改革派，美方在叶利钦身上下了赌注。①国务卿克里斯托弗（Warren Christopher）指出，帮助俄罗斯建立自由社会和市场经济"是我们这个时代面临的最大挑战"，"是美国外交政策的首要选择"，在这里，美国外交政策的三个支柱（安全、经济、在海外推广民主）汇集在一起，"服务于美国最高的安全、经济和道德利益"。②1993年4月初克林顿与叶利钦匆忙在加拿大温哥华举行会晤，两位领导人的关系正式建立起来。此后克林顿政府一直支持叶利钦直至其任期结束。1993年9、10月间，叶利钦与副总统鲁茨科伊及议会的分歧演变成严重的冲突，克林顿一再公开表示支持叶利钦，谴责议会派，称叶利钦"站在历史正确的一边"，美国必须支持叶利钦，而不能给那些反对改革的人以任何鼓励。③1994年第一次车臣战争爆发之初，克林顿一度为俄政策进行辩护，称"车臣是俄罗斯联邦的一部分，我们支持俄罗斯的领土完整"；④1995年5月克林顿为支持叶利钦出席了俄罗斯卫国战争胜利纪念庆典，并指示美驻俄使馆官员："叶利钦现在的处境很困难。我们要尽可能多给他一点空间，因为我们找不到比他更好的俄罗斯伙伴了。"⑤克林顿还向叶利钦保证，在他1996年第二任期选举之前北约不采取东扩的实际步骤。

这一时期美俄合作取得的一个重大成果是对苏联留下的庞大核武库的处理。苏联的核武器及运载工具80%部署在俄罗斯，20%部署在乌克兰、白俄罗斯、哈萨克斯坦。一个核国家如今变成四个，这是国际社会面临的一个巨大的安全挑战。美俄达成一致，只有俄罗斯继承苏联的核国家身份，其他三国的核武器

① James M. Goldgeier and Michael McFaul, *Power and Purpose. U.S. Policy toward Russia after the Cold War*, Brookings Institution press, 2003, p.124.

② Warren Christopher, *In the Stream of History. Shaping Foreign Policy for a New Era*, Stanford University Press, 1998, p.45.

③ William J. Clinton, "Remarks and an Exchange With Reporters on Russia," October 3, 1993. Online by Gerhard Peters and John T. Woolley, *The American Presidency Project*, http://www.presidency.ucsb.edu/ws/?p.

④ William J. Clinton, "Remarks in Cleveland, Ohio, at the White House Conference on Trade and Investment in Central and Eastern Europe," January 13, 1995. Online by Gerhard Peters and John T. Woolley, *The American Presidency Project*, https://www.presidency.ucsb.edu/node/220780id=47152.

⑤ William Burns, *The Black Channel. A Memoire of American Diplomacy and the Case for Its Renewal*, New York: Random House, 2019, pp.104—105.

均需就地或运到俄罗斯集中销毁。此后数年中,美、俄、乌、白、哈进行合作,清除了在乌、白、哈三国的核武器、运载工具及发射装置,美国还通过了"国际合作削减威胁项目"("纳恩—卢格项目"),此举在国际形势出现大动荡的时候维护了核不扩散体制,避免了可能的核扩散。

在这一时期对美俄关系影响最大的是北约东扩。克林顿政府实行双轨政策:一方面,支持叶利钦的领导地位,支持俄罗斯的改革,并在一定程度上满足俄罗斯对大国地位的追求;另一方面,采取比较谨慎、渐进但却是坚定的举措实行北约东扩,这是对俄罗斯改革可能失败的一种对冲,并设计了"和平伙伴关系"计划作为东扩的过渡。美国内部对北约东扩始终存在着尖锐的分歧,有反对的,有赞成的;有主张激进扩大的,有主张渐进东扩的。俄罗斯则举国一致反对北约扩大。美俄之间进行了反复的博弈。1994 年 12 月初在布达佩斯进行的欧洲安全和合作会议(以下简称欧安会)峰会上,克林顿第一次明确表示北约和平伙伴关系开启了北约扩大的大门,"北约不会自动地排除某个国家加入,也不允许任何外部国家否决北约的扩大",叶利钦感到克林顿给了他突然袭击,针锋相对地反驳说:"欧洲还没有来得及摆脱冷战的遗产,现在却正冒险投入冷和平之中。"双方都对对方的讲话感到震惊。①布达佩斯峰会上的唇枪舌剑是这一时期两国关系的转折点。此次争辩后,两国关系进入下行轨道。

车臣战争是两国分歧的又一源头。克林顿最初为叶利钦作的辩护在国内引起强烈反弹,政府随即改变了态度,尤其第二次车臣战争开始后,美方但凡有机会就要批评俄罗斯,使双边关系变得紧张。

前南斯拉夫联盟地区的动荡是两国关系中的又一刺激因素。在波黑战争中,俄罗斯与西方总体上是合作的。但科索沃战争就不同了。首先,美国和北约发动科索沃战争的单边主义做法大大伤害了俄罗斯的自尊,打破了叶利钦多年来一直追求的与美、欧成为平等伙伴的梦想。其次,北约东扩后第一次大规模使用武力轰炸塞尔维亚,使俄罗斯精英和民众普遍认为,这证实了北约扩容是对俄罗斯的安全威胁。②最后,美国和北约未经联合国授权,把欧安组织撇在一边,急于确立以"人权高于主权""人道主义干预"为核心的新的国际关系准则,建立"由

① William J. Clinton, "Remarks to the Conference on Security and Cooperation in Europe in Budapest, Hungary," December 5, 1994. Online by Gerhard Peters and John T. Woolley, *The American Presidency Project*, http://www.presidency.ucsb.edu/ws/?pid=49549; Саммит СБСЕ в Будапеште: В "холодном мире" не обойтись без новой стены. Коммерсант 06 декабря 1994 г. https://www.kommersant.ru/doc/97034.

② А. П. Цыганков, Внешняя политика России. От Горбачева до Путина (Москва «Научная книга», 2008) стр. 131.

民主国家组成的能够维护和平、制止屠杀的国际组织”。①这不免使俄罗斯担心，北约对科索沃的干预将成为美国霸权主义的新模式。科索沃战争使美俄关系跌落到了冷战后两国关系的最低谷。

（二）乔治·沃克·布什—普京时期

导致这一时期美俄关系重启的压倒性原因是美国的反恐。9·11恐怖袭击后布什政府急于建立全球反恐联盟，为美俄关系的改善提供了机遇。

在俄罗斯方面，普京执政后现实地认识到，“俄罗斯正处于数百年来最困难的历史时期”，“要优先考虑的任务是在俄周围建立稳定的、安全的环境，建立能够让我们最大限度地集中力量和资源解决国家的社会经济发展任务的条件”。②而要这样做，改善对美关系是必不可少的。9·11事件发生后，普京敏锐地抓住了发展对美关系的机会之窗。俄方主动对美国打击“基地组织”和塔利班的战争提供了一系列的配合和帮助，尤其是为美国和反恐联盟部队通过中亚进入阿富汗开了绿灯，美俄关系迅速升温。2002年5月布什访俄，两国发表《新战略关系共同宣言》，并签订继续削减进攻性战略武器的《莫斯科条约》，把双方实战部署的核弹头削减到1 700枚到2 200枚。俄罗斯与北约的关系也有所改善，成立了北约—俄罗斯理事会，双方进行了战术性合作。

这一时期美俄关系的转折点是格鲁吉亚和乌克兰，尤其是乌克兰的“颜色革命”。美国极为关注2004年12月乌克兰的总统选举，布什、鲍威尔等都亲自发声，对乌施加压力，强调要举行“一次自由、公正和透明的选举”；前政要、现政府官员、国会议员走马灯似地访问基辅；国会发表声明、通过决议；美国和欧盟的非政府组织更把街头政治的威力发挥到极致，出钱、出物、出计谋，终于使亲美的候选人尤先科当上总统。普京指责美国推行“以漂亮的假民主的辞藻”包装起来的“专横的外交”，反对美国和欧盟对乌克兰内部事务的粗暴干涉。③格鲁吉亚发生“玫瑰革命”时，俄罗斯还把它当作“偶然性的”个案，及至乌克兰的“橙色革命”，俄罗斯意识到，美国和西方有计划有准备地系统性地在原苏联国家发动“颜色革命”，扶植亲西方的政治人物上台执政，威胁到俄在独联体地区的传统利益。从

① 郑羽主编：《既非盟友，也非敌人——苏联解体后的美俄关系》，世界知识出版社2006年版，第752页；J. Marcus, “Kosovo and After: American Primacy in the Twenty-First Century”, *Washington Quarterly*, winter 2000, https://muse.jhu.edu/article/36513/pdf。欧洲安全和合作会议1995年1月1日后改名为欧洲安全和合作组织，简称欧安组织。

② 中国社会科学院俄罗斯东欧中亚研究所编辑、翻译：《普京文集》，中国社会科学出版社2002年版，第2、16、251页。

③ William Schineider, “Ukraine's Orange Revolution”, December 2004, https://www.theatlantic.com/magazine/archive/2004/12/ukraines-orange-revolution/305157/；安格斯·罗克斯伯勒：《强权与铁腕——普京传》，胡利平、林华译，中信出版社2014年版，第133页。

此，俄罗斯不再承认西方的政治经济制度的"普世性"，不再奉行以妥协换取与美合作和稳定两国关系的方针，转而实行不放弃对美合作、同时坚决捍卫俄核心利益的政策。①俄罗斯制定了新的非政府组织法，对国内组织进行有效管控，对国外组织实行严格限制。

北约东扩与美国在欧洲部署导弹防御系统也是这一时期困扰俄美关系的主要争议。1999 年北约实行冷战后的第一波东扩，波兰、匈牙利、捷克入约。在美俄谈判《俄罗斯与北约相互关系基本文件》时，俄罗斯一再表示，原苏联国家不得加入北约，美方清楚，俄罗斯主要指的是爱沙尼亚、拉脱维亚和立陶宛三个波罗的海国家。叶利钦也当面向克林顿提过这个要求，但遭到拒绝。②2004 年 3 月斯洛伐克、保加利亚、罗马尼亚、斯洛文尼亚，以及波罗的海三国等七国入约。北约成员国由先前的 19 个猛增到 26 个。在当时美俄合作的大背景下，俄罗斯没有作出强烈反应。如果北约扩容到此为止，俄罗斯也就忍了。但美方却一意孤行，不顾德、法等欧洲盟国的反对，竭力要把格鲁吉亚和乌克兰拉进北约，而且在乌克兰，对入约的民意支持度一直是很低的。③乌克兰是俄罗斯的"非常邻国"，关系到俄的核心利益，美国强拉乌、格入约的政策深深地刺痛了俄罗斯。

建立反导体系是美国一直追求的目标。为此，布什政府在 2001 年 12 月退出《反导条约》。此后数年中，美方又以反恐战争的需要为借口，加速在欧洲部署反导系统的步伐，俄对美进行反复交涉，提出替代方案，遭美国否决。到 2007 年布什政府已经决定在捷克设置雷达，在波兰部署拦截装置，遭到两国民众的普遍反对。④俄罗斯强烈反对美国强行部署反导系统。2008 年 2 月 20 日，普京在《国情咨文》中再次对美国的反导系统提出严厉警告：如果美国开始建设反导系统，俄罗斯将把洲际导弹重新对准美方的导弹基地，也可能在波罗的海地区的加里

---

① 柳丰华：《梅普组合的外交战略》，中国社会科学出版社 2012 年版，第 80 页。

② Strobe Talbott, *The Russia Hand: A Memoir of Presidential Diplomacy*, New York: Random House, 2002, pp.234—237; James M. Goldgeier and Michael McFaul, *Power and Purpose*, p.207.

③ 民调显示，2000 年反对加入北约的民众占 33.5%，2005 年增加到 50.4%，2008 年更增加到 55.9%，只有 30.5%的人支持入约。王庆平：《俄罗斯与乌克兰关系研究》，黑龙江大学出版社 2013 年版，第 84 页。

④ 根据 2007 年 3、4 月间的民调，在波兰只有 25%的受访者支持该计划，57%的民众表示反对。捷克约有 60%的民众反对在本国境内建立美国雷达基地，约 73%的人认为应就这一问题举行全民公投。Robert Burns, "U.S. Might Negotiate Missile Defense", April 24, 2007, http://www.washingtonpost.com/wp-dyn/content/article/2007/04/24/AR2007042400871.html；《美国在东欧部署导弹防御系统进入实质阶段》，2007 年 5 月 10 日，新华网，http://mil.news.sina.com.cn/2007-05-10/1407443468.html。

宁格勒部署导弹。[①]反导系统问题严重损害了美俄两国的互信。

这一时期两国关系的爆发点是2008年8月俄格之间的"五日战争"。萨卡什维利当政后，格俄关系持续紧张，格方不断制造舆论，要以武力手段解决阿布哈兹和南奥塞梯这两个分离地区的问题。[②]而布什政府则发出了混乱的信息：国务卿赖斯私下叮嘱萨卡什维利，不要冒险，如果爆发了战争，美国帮不了他；但副总统切尼办公室鼓励他与俄罗斯对抗。[③]8月7日，萨卡什维利终于打响第一枪，俄方以压倒性的军力进行反击，格多年来军事建设的成果毁于一旦。俄罗斯这次出手实际上是对这一时期屡遭美国打压的一次强烈反弹，表明俄有决心、有能力捍卫自己的根本利益。"五日战争"使这一时期的美俄关系跌入谷底。

（三）奥巴马—梅德韦杰夫、普京时期

奥巴马总统重启对俄关系是有足够理由的。第一，全球金融危机需要国际社会合力应对；第二，阿富汗战争没有结束，俄罗斯和中亚对于美国和盟国部队进出阿富汗依旧至关重要，稳定阿富汗形势需要俄罗斯配合；第三，奥巴马提出"无核世界"的理念，寻求进一步削减核武器，防止核扩散，在这方面，美俄两国仍然是主要玩家；第四，奥巴马寻求重启中东和平进程，俄罗斯是"中东四方"之一，在中东的影响力不可低估。

俄罗斯也有重启对美关系的需求。第一，2008年的金融危机，尤其是随之而来的油价下跌使俄经济遭受沉重打击，参与二十国集团克服金融危机、恢复全球经济增长符合俄利益；第二，俄格"五日战争"后，美、欧均对俄施加经济制裁，给俄经济带来负面影响，俄急需改变这种局面，改变因"五日战争"导致的国际环境恶化，走出"五日战争"的阴影。

双方互有需要，奥巴马当政后两国关系迅速重启。美方在一段时间内调整政策，在涉俄问题上保持克制，没有对俄国内政治进行公开指责，对于乌克兰、格鲁吉亚加入北约问题采取谨慎态度，避免对乌克兰2010年选举和吉尔吉斯斯坦2010年政权更迭进行干预。

---

① Steven Hildreth, Carl Ek, *Long-Range Ballistic Missile Defense in Europe* (CRS Report for Congress), April 26, 2010, p.22.

② 2008年9月，格前防长奥克鲁·阿什维利在巴黎接受采访时坦言，萨卡什维利一直都想发起对南奥塞梯的军事打击，以尽早收复这一地区。早在2005年，阿什维利就与总统一起拟订了进攻南奥和阿布哈兹的军事计划。赵鸣文：《普京大外交——面向21世纪的俄罗斯对外战略，1999—2017》，人民出版社2018年版，第160页。

③ 安格斯·罗克斯伯勒：《强权与铁腕——普京传》，胡利平、林华译，第217—218页；William Burns, *Back Channel*, p.241。盖茨回忆说，副总统切尼是政府安全团队中的异议者，其他人，包括布什、赖斯、哈德利和他自己几乎能在所有议题上达成一致。罗伯特·盖茨：《责任——美国前国防部长罗伯特·盖茨回忆录》，陈逾前、迩东晨、王正林译，广东人民出版社2016年版，第569页。

美俄关系重启是有成果的。第一，达成《进一步削减进攻性战略武器条约》。这是美苏《第一阶段削减进攻性战略武器条约》的继续，双方实战部署的核弹头将削减到 1 500 枚至 1 675 枚，超过 2002 年《莫斯科条约》的规定；第二，两国加强在阿富汗问题上的合作，尤其是成立"北方配送网络"，大大方便了美军和联盟军队进出阿富汗；第三，在伊朗核问题上保持合作，最终于 2015 年达成关于伊核问题政治解决的全面协议；第四，两国关系的机制化取得进展，成立"美俄双边总统委员会"，下设 19 个工作小组，具体推动解决两国关系中的各种问题。

但双边关系的升温没有保持多久。2012 年俄大选前，美国等西方国家不断热炒普京可能再次参选，并与梅德韦杰夫"王车易位"。西方认为俄罗斯的做法是普京操纵民主与法制，是俄罗斯民主政治的倒退。美国还公开对 2011 年年底的俄罗斯杜马选举进行指责。希拉里·克林顿 12 月 5 日在波恩的一次讲话中指责选举存在"舞弊行为并受到操纵"，①这一观点遭到普京总理的激烈反驳。②双方针锋相对、唇枪舌剑，撕破了脸皮！

接着美俄之间又爆发了"法律战"。2009 年 11 月俄罗斯一名税务会计师谢尔盖·马格尼茨基在被监禁 11 个月后因"突发心脏病"死于狱中。奥巴马政府、美国国会和人权组织认为这是俄政府蓄意压制和谋害"持不同政见者"的严重事件。2012 年 12 月美国通过《马格尼茨基法》，禁止向涉案的俄官员发放入境签证。俄罗斯以牙还牙，12 月，杜马立法禁止侵犯俄罗斯公民权利的美国人入境，禁止他们在俄投资并冻结其在俄资产；取缔接受外国资助并违反俄罗斯利益的非政府组织；禁止美国人收养俄罗斯儿童，并终结美俄收养条约。③

这一时期两国关系的拐点是 2013 年 8 月俄罗斯批准美国家情报局前合同雇员斯诺登（Edward Snowden）的临时避难申请。此事激怒了奥巴马，以致他取消了在 9 月出席圣彼得堡二十国峰会期间与普京会晤的约定。

美国在欧洲部署反导系统的问题继续困扰着美俄关系。奥巴马当政后，五角大楼对布什政府的方案进行重新审议，取消原定在波兰和捷克的部署计划，决定分四个阶段在欧洲部署海基和陆基的反导系统，一时缓解了美俄关系。双方在谈判《进一步削减进攻性战略武器条约》时，俄方坚持要把反导问题包括在条

---

① Hillary Clinton, "Remarks at the Bonn Conference Center", December 5, 2011, https://2009-2017.state.gov/secretary/20092013clinton/rm/2011/12/178267.htm.

② "Putin Says US Stoked Russian Protesters", December 8, 2011, https://www.reuters.com/article/us-russia/putin-says-u-s-stoked-russian-protests-idUSTRE7B610S20111208.

③ Jim Nichol, *Russian Political, Economic, and Security Issues and U.S. Interests* (CRS Report for Congress), March 31, 2014, p.15.

约之中,美方不允。①之后,双方又进行了数年的谈判和折冲,各自提出了自己的方案。克里米亚危机后,北约在 2014 年 9 月的威尔士峰会上重新将俄罗斯定位为对手,终结了此前 20 余年北约—俄罗斯的伙伴关系,美俄关于导弹防御系统的交涉也就此告终。2015 年 1 月,北约决定在波罗的海三国、罗马尼亚和保加利亚建立导弹防御体系指挥和控制中心,2016 年年底前到位。俄罗斯则确认在加里宁格勒部署伊斯坎德尔导弹。

把美俄关系带入冷战后两国关系最低谷的是 2014 年的克里米亚危机。2013 年乌克兰又处于一个抉择关头,或者加入欧盟的《联系国协定》,或者加入俄罗斯的关税同盟。两边都在拉乌克兰。乌总统亚努科维奇两边都不敢得罪,犹豫再三,决定暂不签《联系国协定》。这一决定引发大规模的群众抗议示威。美负责欧洲事务的助理国务卿纽兰(Victoria Nuland)与欧盟负责外交与安全政策的高级代表卡瑟琳·阿什顿(Catherin Ashton)高调来到广场,向示威者发放食品。美国参议员麦凯恩(John McCain)与参议院欧洲事务委员会主席穆菲(Chris Murphy)也到访基辅,来到抗议者中间以示支持。抗议导致乌的政权更迭。动乱的局势激起俄罗斯族人聚居的乌东南部的分离主义倾向,重新燃起克里米亚亲俄罗斯人脱离乌克兰回归俄罗斯的希望。2014 年 3 月 16 日克里米亚举行全民公投,96%以上的投票者支持加入俄罗斯。普京快刀斩乱麻,迅即实现了克里米亚入俄。美国与欧盟作出强烈反应,包括对俄实施经济制裁、进行大规模的军事演习等。9 月,奥巴马在联大一般性辩论中把俄罗斯与恐怖主义、埃博拉病毒并列为国际社会面临的三大威胁,②与当初他访俄、梅德韦杰夫访美时双方的亲密关系相比差若天壤!

二、深层原因

20 多年的美俄关系之所以呈现上述状况,决非偶然。"高开"说明双方有共同利益,如维护战略稳定、打击恐怖主义、防止核扩散等。即使在两国关系最差的时候,双方在反恐、阿富汗、朝鲜和伊朗的核问题上也维持着合作。"低走"说明双方有着根本的难以克服的矛盾和分歧。主要是下面四个方面。

(一) 战略目标南辕北辙

冷战结束后,美国的主流观点是资本主义与共产主义的意识形态和社会制

① Barack Obama, "The President's News Conference With President Dmitry A. Medvedev of Russia in Moscow", July 6, 2009. Online by Gerhard Peters and John T. Woolley, *The American Presidency Project*, https://www.presidency.ucsb.edu/node/287563.

② Barack Obama, "Remarks to the United Nations", September 24, 2014, https://obamawhitehouse.archives.gov/the-press-office/2014/09/24/remarks-president-obama-address-united-nations-general-assembly.

度的斗争已经终结,自由民主制度已经取得最终的决定性胜利,世界进入了自由资本主义一统天下的时代,即美国缔造的、领导的国际秩序一统天下。就国家实力而言,美国毫无疑问是唯一的超级大国。世界进入了美国的"单极时刻""单极格局"。美国的战略目标就是要维护一个稳定的单极体系。①

但俄罗斯显然不认同冷战后的国际格局是美国的单极世界,俄罗斯认为,冷战结束后世界从两极对抗向着多极化过渡、演进,多极世界尚未形成,这个过渡过程是曲折的,但发展方向是确定的。俄罗斯的战略目标就是要成为多极世界中的重要一极。叶利钦明确地把推动世界多极化作为俄罗斯外交战略的目标,在俄罗斯的多个重要外交文件中、在俄中两国的多项联合声明和文件中都一再进行阐述。1992 年 12 月俄中两国的联合声明就明确指出,"双方重申,俄中两国都不在亚洲和太平洋地区以及世界其他地区谋求霸权,也反对任何形式的霸权主义和强权政治"。②1993 年 4 月出台的《俄罗斯联邦外交政策构想》强调,"俄罗斯将致力于建立能够真实反映当今世界及其利益多样性的多极国际关系体系"。③1996 年 4 月《中俄联合声明》进一步指出:"世界多极化趋势在发展……但是,世界并不太平。霸权主义屡施压力和强权政治仍然存在,集团政治有新的表现,世界的和平与发展仍面临严重挑战。"这里的霸权主义、集团政治显然包括北约东扩在内。声明还提出了"建立公正合理的国际政治、经济新秩序"的问题。④1997 年俄中两国更是专门就国际格局发表联合声明强调,双方将努力推动世界多极化的发展和国际新秩序的建立,以回应时代和历史的迫切要求。⑤

为什么"单极"和"多极"这个看似抽象的国际秩序观问题对美俄关系如此重要呢?首先,在单极格局和霸权主义治下,国家之间是不平等的,霸权国家是主宰,其他国家则处于附和、追随的地位。冷战后美国惯于在国际关系中实行"长臂管辖",动辄对别的国家实行制裁,正是这种强权政治的体现。其次,

---

① Francis Fukuyama, "The End of History?" *The National Interest*, Summer 1989, https://history.msu.edu/hst203/files/2011/02/Fukuyama-The-End-of-History.pdf; Charles Krauthammer, "The Unipolar Moment Revisited", *The National Interest*, Winter 2002—2003;兹比格纽·布热津斯基:《大棋局——美国的首要地位及其地缘战略》,中国国际问题研究所译,上海人民出版社 1998 年版,第 5、13、19、32、254 页;兹比格纽·布热津斯基、布兰特·斯考克罗夫特:《大博弈——全球政治觉醒对美国的挑战》,姚芸竹译,新华出版社 2009 年版,第 29 页。

② 《关于中俄相互关系基础的联合声明》(1992 年 12 月),http://www.cctv.com/special/903/6/70491.html。

③ Министерство Иностранных Дел, Концепция внешней политики Российской Федерации, апрель 1993 г. https://www.russiamatters.org/sites/default/files/media/files/1993%20Foreign%20Policy%20Strategy%20RUS.pdf.

④ 《中俄联合声明》(1996 年 4 月),http://www.cctv.com/special/903/6/70501.html。

⑤ 《中俄关于世界多极化和建立国际新秩序的联合声明》(1997 年 4 月 23 日),http://www.cctv.com/special/903/6/70494.html, 2020 年 4 月 15 日。

“从 1992 年起，俄罗斯的一个主要目标始终是重新恢复其大国地位，并且得到美国的平等对待”。①上述《俄罗斯联邦外交政策构想》把恢复大国地位作为俄罗斯外交政策的主要目标。叶利钦在 1994 年 2 月的《国情咨文》中强调，俄罗斯外交“应结束有缺陷的单方面让步”，“应永远符合俄罗斯的大国地位”。②为了引起美国对叶利钦讲话的注意，科济列夫外长还专门在美国有影响的《外交》双月刊上发表题为《落后的伙伴关系》的文章加以阐述。③

普京刚当政时俄罗斯的地位相当虚弱，但他也明确地提出：俄罗斯外交战略的核心目标是：要发挥一个世界性大国的作用，融入世界体系，成为国际规则的制定者和维护者；积极推进世界格局的多极化，希望俄罗斯能够成为未来多极世界国际政治格局中的“重要一极”。④

美国把俄罗斯恢复大国地位的梦想视为对美国单极霸权的挑战，想方设法予以打压、遏制。美国对俄罗斯有一种深深的疑虑：苏联的崩溃不等于俄罗斯帝国的崩溃，俄恢复大国地位就意味着恢复昔日的帝国，俄可能会重新朝着这个方向发展。苏联解体初期民调数据表明，大约 2/3 的俄民众乃至大多数民主派政治家认为，苏联的解体是一个悲剧性错误，是一件必须用某种办法来纠正的事情。叶利钦的政敌如鲁茨科伊、日里诺夫斯基还在召唤俄罗斯的自豪感，斥责苏联崩溃的负面后果。1996 年年初俄杜马竟宣布苏联的解体是无效的。⑤2005 年 4 月普京在《国情咨文》中说了一句话，后来常常被人引用来证明他对昔日苏联的怀念：“苏联的解体是 20 世纪最大的地缘政治灾难。”⑥美国决意把俄罗斯的影响局限在现有边界之内，削弱、剥夺俄在新独立国家的影响力，这也是美国迫使俄尽快从原苏联国家撤兵、坚持北约东扩、坚持在中东欧部署反导系统、在原苏联国家与俄罗斯展开角力的原因所在。

俄罗斯认为，冷战结束后，美国的单极霸权一直在挤压俄罗斯的战略空间，俄罗斯是地缘政治博弈的受害者。⑦俄方强烈反对美国的霸权主义和强权政治，

---

① 安琪拉·斯登特：《有限伙伴——21 世纪美俄关系新常态》，欧阳瑾、宋和坤译，石油工业出版社 2016 年版，第 3 页。

② Борис Н. Ельцин, Послание Федеральному Собранию: Об укреплении Российского государства, 24 февраля 1994 г. https://yeltsin.ru/archive/paperwork/12590/.

③ Andrei Kozyrev, “Lagging Partnership”, *Foreign Affairs*, May/June, 1994, https://www.foreignaffairs.com/articles/russian-federation/1994-05-01/lagging-partnership.

④ 左凤荣：《重振俄罗斯——普京的对外战略与外交政策》，商务印书馆 2008 年版，第 110 页。

⑤ 兹比格纽·布热津斯基：《大失控》，潘嘉玢、刘瑞祥译，朱树飏校，中国社会科学出版社 1994 年版，第 262、191 页；兹比格纽·布热津斯基：《大棋局》，中国国际问题研究所译，第 142 页。

⑥ Владимир Путин, Послание Федеральному Собранию Российской Федерации, 25 апреля 2005 г. http://en.kremlin.ru/events/president/transcripts/22931.

⑦ 庞大鹏主编：《普京新时期的俄罗斯（2011—2015）》，社会科学文献出版社 2017 年版，第 356 页。

普京在2007年4月慕尼黑欧安会上的讲话是最淋漓酣畅的一次。他直率地说,"什么是单极世界? ……它是指这样一种形势:只有一个权力中心,一个力量中心,一个决策中心。它是指这样一个世界:只有一个主人,一种主权……这跟民主毫不相干";"我认为单极模式不仅是不可接受的,而且在当今的世界也是行不通的……因为这种模式的一个根本缺陷是,它没有近代文明的道德基础";"非法的单边行动连一个问题也解决不了。不仅如此,这种行动还成为新的人类悲剧和紧张局势策源地的促成因素"。①2007年的《俄罗斯联邦外交政策构想》称:"单极世界的神话在伊拉克彻底破灭了……世界上绝大多数国家已经认同世界格局多极化的现实性。"②

(二)国家利益的结构性矛盾

如前所述,在后冷战时期,美俄两国是有共同利益的,这些利益是两国合作的基础。当共同利益突出的时候,如9·11袭击后、世界金融危机后的一段时间,两国的合作也是有成果的。在这些合作中,尤其是在反恐方面,主要是俄罗斯协助、配合美国,从各个方面为美国提供方便,尤其是俄罗斯主动与中亚各国协调,允许美国和盟国部队、武器和给养过境出入阿富汗,这是对美国反恐实质性的可贵支持。没有这种支持,阿富汗战争将会困难许多。国家关系不是单行道,处理国家关系的一个重要原则是彼此照顾对方的核心利益和重大关切。布什政府是以反恐划线的,而在反恐阵线中,俄罗斯是一个极其重要的盟友。布什就明确地表示:"我把普京总统视为盟友,反恐战争中的强大盟友。"③从反法西斯战争以来还没有任何美国领导人这样提到过苏/俄的领导人。俄罗斯在照顾美国的核心利益和重大关切时,当然有理由要求美国顾及俄罗斯的核心利益和重大关切。但美国却变本加厉,一意孤行退出《反导条约》,继续北约东扩,在欧洲部署反导系统,甚至在格鲁吉亚、乌克兰策动"颜色革命",这就大大地损害了俄罗斯的核心利益。

在欧洲安全构想上,俄美存在着原则性的分歧。俄寻求构筑以欧安会为核

① Владимир Путин, Выступление и дискуссия на Мюнхенской конференции по вопросам политики безопасности, 10 февраля 2007 г. http://kremlin.ru/events/president/transcripts/24034. 奥巴马第二任期美驻俄大使麦克福尔(Michael McFaul)称这是"令人震惊的"讲话,普京"最终决定把他考虑了多年,也许十几年的话大声地说出来了"。Michael McFaul, *From Cold War to Hot Peace*, New York: Houghton Mifflin Harcourt, 2018, p.72.

② Обзор внешней политики Российской Федерации, 27 марта 2007 г. http://www.intelros.ru/strategy/gos_rf/316-http://www.intelros.ru/strategy/gos_rf/316-obzor_vneshnejj_polotiki_podgotovlennyjj_ministerstvom_inostrannykh_del_rossli.html.

③ George W. Bush, "Remarks Prior to Discussions With President Vladimir Putin of Russia and an Exchange With Reporters in Kananaskis", June 27, 2002. Online by Gerhard Peters and John T. Woolley, *The American Presidency Project*, https://www.presidency.ucsb.edu/node/215844.

心、把北约融入欧安会的欧洲安全体系；美国则认为唯有北约才能对付欧洲所面临的安全挑战，试图建立一个以美国主导的“新北约”为中心的欧洲安全框架。正如克林顿的国务卿克里斯托弗所言，“欧洲安全的第一个原则是，北约仍然是美国介入欧洲和大西洋安全之锚。美国与欧洲具有持久的政治、军事、经济和文化联系，我们必须维护、也将维护这种联系”。①因此，美国不顾俄罗斯的坚决反对，不顾欧洲盟国的三心二意，坚持推动北约东扩，在 1999 年和 2004 年两次东扩之后，2009 年 4 月阿尔巴尼亚、克罗地亚入约，北约成员增加到了 28 国，俄罗斯的战略空间不断被挤压。

保持乌克兰和格鲁吉亚在东西方之间的平衡关系、防止两国加入北约对于俄罗斯来说至关重要。首先是地缘政治的重要性。乌克兰的某种中立地位提供了北约与俄罗斯之间的缓冲地带，一旦乌加入北约，北约的军事部署就逼近了俄边界，这是对俄实实在在的安全威胁。其次是俄罗斯与两国的特殊关系，尤其是俄乌关系，两国在历史上有着说不清道不明的纠葛，你中有我，我中有你。克里米亚事件的发生更有着深刻的历史、文化、地缘、民众心理等复杂的原因。这无疑关系到俄罗斯的核心利益。美国同样看重乌克兰的重要地位，布热津斯基指出：“乌克兰是欧亚棋盘上一个新的重要地带。它作为一个独立国家的存在有助于改变俄罗斯，因此它是一个地缘政治支轴国家。没有乌克兰，俄罗斯就不再是一个欧亚帝国……如果莫斯科重新控制了拥有 5 200 万人口、重要资源及黑海出海口的乌克兰，俄罗斯将自然而然重获建立一个跨欧亚强大帝国的资本。”②乌克兰危机之后，国际问题观察者的普遍看法是：西方的战略是使苏联解体的现状维持下去，将俄罗斯的势力遏制在边界之内；而俄罗斯的战略是实现独联体国家特别是三个斯拉夫国家——俄罗斯、乌克兰、白俄罗斯的重新一体化。两国利益诉求的这种结构性矛盾难以破解。③

（三）意识形态的根本分歧

冷战结束后，在海外推广民主在美国对外战略中的地位得到前所未有的提升，“把美国的外交政策建筑在美国的价值观之上”成了美国外交决策者的口头禅。布什政府更热衷于推广民主，并把 9·11 恐怖袭击定义为是对民主和自由的攻击，是对“自由堡垒的进攻”，还把阿富汗战争命名为“持久自由行动”。④布

① Warren Christopher, *In the Stream of History. Shaping Foreign Policy for a New Era*, p.234.

② 兹比格纽·布热津斯基：《大棋局——美国的首要地位及其地缘战略》，中国国际问题研究所译，第 62 页。

③ 庞大鹏主编：《普京新时期的俄罗斯(2011—2015)》，第 363 页。

④ National Review, *“We Will Prevail”: President George W. Bush on War, Terrorism, and Freedom*, The Continuum International Publishing Group, 2003, pp.7, 34.

什的两个《就职演说》和2002年9月、2006年3月的两个《国家安全战略报告》都是拓展民主和自由的宣言书和计划书。国务卿赖斯甚至声称，拓展民主是美国外交的终极目的。①

拓展民主和自由在美国对俄政策中同样占有重要地位。克林顿政府认定，实行了市场经济和民主化的改革之后，俄罗斯就不会再重建帝国，冷战的成果就巩固了；而叶利钦是俄罗斯政治家中最坚决主张实行改革的人，因而也是美国在莫斯科的最佳支持人选。但他对普京却没有这样的信心。2000年6月克林顿最后一次访俄，在结束访问去机场的路上，他去与前总统叶利钦话别。克林顿说："鲍里斯，你真诚信仰民主，你骨子里信任人民，你是一位充满激情的真正的民主派人士和改革家。可我不知道普京是否和你一样。你一定要对他留意。运用你的影响确保他继续沿着正确的道路走下去。"②但普京已经足够成熟和自信，他不需要一个监护人。

俄罗斯有自身的国情，美国的民主不可能全盘移栽到俄罗斯。2005年4月25日普京在《国情咨文》中强调："俄罗斯是根据人民的意志来选择民主的，它自己走上了这条道路，并且能够在遵守普遍公认的民主规则的同时，考虑本国的历史、地缘政治和其他因素以及民主的基本规范。俄罗斯作为主权国家将自主决定推进本国民主进程的方式和时间表。"③此后，俄罗斯主流媒体上便频繁出现"主权民主"的提法，并将其作为普京政治哲学的一部分加以宣传。美国依然信奉美式民主的普遍适用性，并对俄罗斯"缺乏民主"不断进行批评，俄罗斯则一再进行针锋相对的反击。2005年2月下旬，布什访问欧洲，普京在斯洛伐克首都布拉迪斯拉发会晤布什。在记者招待会上双方就民主进行了辩论。布什说："民主显然有些共同的东西……希望俄罗斯对这些公认的原则的承诺能够兑现。"普京表示，俄罗斯会遵循"对民主基本原则"的承诺，但他辛辣地回应说，"民主不应伴随着国家的垮台和人民的贫困化"，这显然是指美国给伊拉克带来的灾难。④

2006年7月15日，在圣彼得堡八国峰会后布什与普京举行的记者招待会上，布什称，"我希望在世界一些地方，如伊拉克实行的媒体自由、宗教信仰自由等，也能在俄罗斯发生"。普京毫不客气地怼了回去："坦率地说，像伊拉克这样

① Condoleezza Rice, "Transformational Diplomacy: Remarks at Georgetown School of Foreign Service", January 18, 2006, https://2001-2009.state.gov/secretary/rm/2006/59306.htm.

② 安格斯·罗克斯伯勒:《强权与铁腕——普京传》,胡利平、林华译,第7页。

③ Владимир Путин, Послание Федеральному Собранию Российской Федерации, 25 апреля 2005 г. http://kremlin.ru/events/president/transcripts/23577.

④ Elisabeth Bumiller and David Sanger, "Bush and Putin Exhibit Tension over Democracy", February 25, 2005, https://www.nytimes.com/2005/02/25/world/europe/bush-and-putin-exhibit-tension-over-democracy.html.

的民主我们不要也罢。”①美国政府和非政府组织在俄罗斯扶植所谓“公民社会”、就马格尼茨基事件立法、批评俄罗斯的选举等，被俄罗斯理所当然地视为干涉内政。2006 年 10 月 21 日，赖斯在访俄期间接受俄独立的《新报》采访，批评俄压制媒体自由，称俄自由媒体和电子媒体的未来是美国的“一大关注”，她还批评俄政府停止了许多外国非政府组织在俄活动。②当这种干涉发展到在格鲁吉亚和乌克兰介入“颜色革命”时，事情的性质就起了变化。这成了另一种形式的“政权更迭”：美国政府和民间结合起来，培植“公民社会”，支持自由媒体，扶植“有活力的”反对派，鼓动街头政治，扶植亲美派当政，侵蚀俄罗斯的利益，扩大西方的盟友。不仅如此，俄罗斯感到俄也可能成为“颜色革命”的目标。这样，美国的所谓“民主”“自由”就不再仅仅是一种说教，而成了对俄现行政权和体制的直接威胁，成了对俄美关系最具破坏力的因素。③普京对此予以公开谴责。他在 2007 年 4 月的《国情咨文》中说：“我直说吧，并不是所有人都喜欢我国稳定有序地发展。有些人巧妙假借民主的辞藻，想让我们回到不久之前的过去……用于直接干涉我国内政的资金源源不断地从国外涌入……其目的只有一个，寻求他们单方面的优势和好处，确保他们自己的利益。”④

从以上扼要的回顾和分析中可以看出，从苏联解体到美国奥巴马任期结束，美俄关系呈现三个循环不是偶然的，而是具有历史必然性的。美俄双方的利益和政策均难以作出大幅度调整，两国在经济上的互补性和相互依赖程度又很低，双方关系改善的空间不大。但两国毕竟是世界上数一数二的核大国，在维护双方和全球战略稳定方面的共同利益仍然存在，在可以预见的未来两国关系仍将在低水平上徘徊。

---

① “Putin Dismisses Bush’s Call for Russia to Follow Iraqi Model of Democracy”, July 17, 2006, https://www.democracynow.org/2006/7/17/putin_dismisses_bushs_call_for_russia.

② Thom Shanker, “Rice Criticizes Russia’s Limits on News Media”, October 22, 2006, https://www.nytimes.com/2006/10/22/world/europe/22rice.html.

③ Michael McFaul, *From Cold War to Hot Peace. An Ambassador in Putin’s Russia*, New York: Houghton Mifflin Harcourt, 2018, p.131.

④ Владимир Путин, Послание Федеральному Собранию Российской Федерации, 26 апреля 2007 г. http://kremlin.ru/events/president/transcripts/24203.

第一编

乔治·布什、克林顿—叶利钦、普京时期

第一章　短暂的蜜月

1991年12月8日，苏维埃社会主义共和国联盟的3个加盟共和国的领导人俄罗斯总统叶利钦、乌克兰总统克拉夫丘克、白俄罗斯最高苏维埃主席舒什克维奇在白俄罗斯的别洛韦日会晤，签署了关于建立独立国家联合体的《别洛韦日协定》，宣布建立独立国家联合体（简称独联体），其协调机构设在白俄罗斯首都明斯克，而“苏联作为国际法主体和地缘政治现实将停止其存在”；原苏联的加盟共和国和其他赞同独联体宗旨的国家均可加入独联体。12月12日，哈萨克斯坦等五个中亚加盟共和国的领导人在土库曼斯坦首都阿什哈巴德会晤并发表声明，表示愿意作为“平等的创始国”参加独联体。12月21日，阿塞拜疆、亚美尼亚、白俄罗斯、吉尔吉斯斯坦、摩尔多瓦、哈萨克斯坦、俄罗斯、乌兹别克斯坦、乌克兰、塔吉克斯坦、土库曼斯坦等11个加盟共和国领导人在阿拉木图会晤，通过了《阿拉木图宣言》和《关于武装力量的议定书》等文件，宣告成立独立国家联合体及苏联停止存在。格鲁吉亚派代表以观察员身份与会。25日，苏联最后一任领导人戈尔巴乔夫发表辞职宣言，随之克里姆林宫降下了苏联“镰刀锤子”国旗，升起了由红、白、蓝三色组成的俄罗斯国旗。次日，苏联最高苏维埃联盟院举行最后一次会议，以举手表决方式通过一项宣言，宣布苏联停止存在。苏联解体了。

冷战以这样的方式、如此迅速地结束，是美国政界和学界所没有料到的。①乔治·布什政府通过迅速承认原苏联各共和国独立等方式使苏联解体的事实在

① James M. Goldgeier and Michael McFaul, *Power and Purpose. U.S. Policy toward Russia after the Cold War*, p.36. 布什的国家安全事务助理布伦特·斯考克罗夫特（Brent Scowcroft）在其回忆录中写道：“我从未想过在我有生之年能见到的事情居然就发生了。我一时竟茫然不知所措，真是令人难以置信。”George H.W. Bush and Brent Scowcroft, *A World Transformed*, New York: Alfred A. Knopf, 1989, p.563.

国际上得到确认。美国突然失去了敌人，外交政策一时有些迷惘。但美国对俄罗斯政策的三个目标是很清楚的：第一，确保苏联留下的庞大的核武库不会对美国和西方安全构成威胁，苏联的解体不会导致核扩散；第二，确保俄罗斯顺利转型，冷战的结束是永久的，俄罗斯既不会再回到共产主义去，也不会走民族主义道路去实现"恢复帝国的野心"；第三，俄罗斯不会失控，尤其是南斯拉夫发生动乱之后，美国更担心，虚弱而又不可预测的俄罗斯会成为欧洲和亚洲不稳定的根源。①就在戈尔巴乔夫辞职后数小时，布什总统出现在电视屏幕上，祝贺戈尔巴乔夫"解放了他的人民"，向他表示尊敬，并对美苏过去几年在地区和国际问题上的合作着实夸奖了一番，还说，这种合作为美俄"同样建设性的合作奠定了坚实的基础"。②布什政府对冷战结束的反应比较谨慎，避免公开炫耀胜利的言辞。国家安全事务助理斯考克罗夫特则强调说，"冷战中无人失败，大家都是胜利者"。③

苏联解体后，俄罗斯处于历史大变革之中。伴随变革的是席卷全国的大辩论。它涉及俄罗斯民族国家属性和文明归属，俄罗斯究竟应该走什么样的改革道路，应该选择哪一种政治、经济和文化模式，应该成为西方大家庭的成员，抑或欧亚大陆上新的世界强国，奉行面向西方也面向东方的全方位政策。各个政党、各派政治势力的立场和主张也存在严重分歧。④俄罗斯领导人鲍里斯·叶利钦认定，共产主义的实验在这片大地上已经失败，俄罗斯的出路在于：与苏联一刀两断，尽快实行社会转型，融入以美国为首的西方体系。俄罗斯对美国的基本方针是：与美国在战略上结盟，通过向美国作出重大让步来换取美国和其他西方国家对俄经济援助和政治支持，使俄迅速融入西方社会和世界经济体系，并成为西方俱乐部的一员。⑤早在 1991 年 7 月的一次讲话中，叶利钦就坦率地断言："俄罗斯已经作出最后的选择。它不再追寻社会主义道路，不再走共产主义道路，它将追寻美国和其他西方文明国家的道路。"⑥1992 年 4 月初，叶利钦在俄罗斯联邦第六次人民代表大会上的讲话中明确提出，俄罗斯的外交任务是：第一，为改

---

① 杨洁勉：《从战略伙伴到亦敌亦友的美俄关系》，《国际观察》2000 年第 1 期。

② George Bush, "Statement on the Resignation of Mikhail Gorbachev as President of the Soviet Union," December 25, 1991. Online by Gerhard Peters and John T. Woolley, *The American Presidency Project*, http://www.presidency.ucsb.edu/ws/?pid=20387.

③ Angela E. Stent, *The Limits of Partnership. U.S.-Russian Relations in the Twenty-first Century*, Princeton University Press, 2014, p.2.

④ 李静杰、郑羽主编：《俄罗斯与当代世界》，世界知识出版社 1998 年版，第 63—65 页。

⑤ 海运、李静杰总主编，学刚、姜毅主编：《叶利钦时代的俄罗斯·外交卷》，第 79—80 页。

⑥ 郑羽主编：《既非朋友，也非敌人》(上)，第 97 页。

革创造良好的外部条件；第二，“克服全球对抗的后遗症，拆除全球对抗时代遗留下来的对抗性结构”；第三，“和谐地融入文明国家联合体”。这样，争取外援、消除对抗、融入西方就成为俄外交的三大“中心任务”。科济列夫外长对媒体更明确表示，要通过外交，把西方对俄的不信任“减少到最低程度”，为俄争取类似“马歇尔计划”的“有利于全面改革的广泛合作计划”。①稍后，俄罗斯又宣布其核武器不瞄准任何国家，以显示俄在世界上不树敌。美国与俄罗斯互有需要，开始了短暂的蜜月时期。

苏联解体后，俄罗斯成为国际法意义上苏联的“继承者”。但它的前提是失去了苏联 23.8％的领土、48.5％的人口、41％的国民生产总值、39.4％的工业潜力、44.6％的军事能力。②

第一节　支持叶利钦的领导地位

一、布什时期

苏联解体后美国对俄罗斯的政策主要有两种思路。一种是理想主义的思路，强调美俄之间共同的价值观，主张从民主与和平的利益出发，大力援助俄罗斯，使俄的民主转型和市场经济发展起来。尼克松（Richard Nixon）是这种思路的代表人物。另一种是地缘政治的思路，认为美俄两国有不同的利益，俄罗斯的民族主义可能东山再起，这将是对世界和平的威胁，美国要把防范俄民族主义放在重要地位。这一派的代表是地缘政治的大师基辛格（Henry Kissinger）。③但从布什政府到克林顿政府，第一种主张显然占了上风。

1990 年至 1991 年布什政府密切关注着苏联的政治动向，但对事态的发展还看不大清楚，戈尔巴乔夫已经被美国广泛接受为“改革派”，他“用公开性改革代替旧的正统制度”，赢得了布什政府的“尊重与钦佩”，是可以打交道的人。叶利钦是通过挑战戈尔巴乔夫登上权力之巅的，这个挑战者究竟如何？布什政府不明就里，因此坚持不干涉苏联内部事务的立场，斯考克罗夫特建议美国“避免参与苏联国内的政治斗争”。④但五角大楼支持叶利钦。时任助理国防部部长的斯蒂芬·哈德利（Stephen Hadly）回忆说，五角大楼比布什政府别的部门更早倾

① 潘德礼主编、许志新副主编：《俄罗斯十年：政治、经济、外交》下卷，世界知识出版社 2003 年版，第 667—668 页。

② 王郦久：《论俄美关系本质及普京连任后双边关系走向》，《和平与发展》2018 年第 2 期。

③ 叶自成：《东扩：克林顿与叶利钦》，东方出版社 1999 年版，第 11—14 页。

④ George H. W. Bush and Brent Scowcroft, *A World Transformed*, p.499.

向于支持叶利钦，他们认为："戈尔巴乔夫是共产主义的改革者，而叶利钦是民主主义者……他的观点是必须瓦解苏联、扼杀共产主义才能拯救俄罗斯。因此我们开始感觉到转向叶利钦是件好事。"①

叶利钦在苏联解体之前就积极与美国沟通，让美国了解自己，争取支持。1991 年 6 月 20 日，布什在白宫会见来访的俄罗斯当选总统叶利钦，祝贺他在选举中获胜，对他忠实于民主价值和自由市场原则"感到鼓舞"，希望与他合作共事，并听取他对苏联前景的看法。②叶利钦广泛接触了布什政府高官和美国政、商界人士，他周围的一小帮自由派改革家认定俄罗斯的主要目标应当是"融入西方"，融入西方的经济和安全体系。

8 月，叶利钦站在一辆坦克上抵抗共产党强硬派的"政变企图"，这使他在美国赢得广泛赞扬。前国安事务助理布热津斯基（Zbigniew Brzenzinski）说，"戈尔巴乔夫时代已经快要结束了"，政变失败"标志着叶利钦时代的开始，苏联的民主化进程将更加躁动，但也将更加迅速"。③叶利钦当政后将"与美国建立伙伴关系"置于外交政策首位，在重大国际问题上尽量与美保持一致。叶利钦倚重的代总理盖达尔、外长科济列夫都是所谓"欧洲—大西洋主义者"。他们认为，俄罗斯从来都是欧洲的一部分，回归欧洲是理所当然的；西方在冷战后的国际舞台上已经占有优势，是决定形势发展的主导力量；先前苏联与西方之间在社会制度和意识形态上的差别已经不复存在，西方已经成为俄罗斯的"天然伙伴和最终盟友"；俄罗斯的经济改革要取得成功，离不开西方的援助。俄罗斯"要彻底消除"对美关系中的"一切对抗性成分"，真正建立"完全是盟友式的伙伴关系"。科济列夫强调，莫斯科将奉行与西方"完全伙伴化的方针，与西方一体化"，"只有西方民主国家才是俄罗斯的真朋友"，俄对美政策的目标是"朝着建立在共同价值观基础上的战略伙伴和盟友的方向发展稳定关系"。④

1992 年年初，叶利钦对主要西方国家进行旋风式访问，着手实施回归欧洲、融入西方的政治战略。1 月底，叶利钦在联合国安理会上公开宣布，"俄罗斯不仅把美国和其他西方国家看成是伙伴，而且看成是盟国"，俄罗斯

---

① James M. Goldgeier and Michael McFaul, *Power and Purpose*, p.3.

② George Bush, "Remarks and an Exchange with Reporters Prior to Discussions with President Boris Yeltsin of the Republic of Russia," June 20, 1991. Online by Gerhard Peters and John T. Woolley, *The American Presidency Project*, http://www.presidency.ucsb.edu/ws/?pid=19714.

③ 梅孜主编：《美俄关系大事实录（1991—2001）》上册，时事出版社 2002 年版，第 10 页。

④ 海运、李静杰总主编，学刚、姜毅主编：《叶利钦时代的俄罗斯・外交卷》，第 7—8 页；刘金质：《美俄关系十年》，《国际政治研究》2002 年第 1 期。

对外政策的“基本原则是简单明了的：民主，人权和自由、法律和道德的标准至高无上”。①

2月1日，叶利钦赴美国总统的休假地戴维营与布什举行会晤，这是苏联解体后美俄两国领导人的首次会晤。双方对此都十分重视。1月29日，叶利钦会见为会晤作准备来访的美国务卿贝克，建议会晤后发表联合宣言，称“这样的宣言将是具有世界意义的”。②

叶利钦把戴维营会晤视为对他的一次大考，事前进行了两三天的预演，会晤时他不带讲稿讲了半个小时，列出了俄美之间八个战略优先问题。叶利钦提出，美俄两国应该把各自的战略和战术核武器削减到255枚，双方应该停止将核武器瞄准对方，还提出建立一个联合太空基地来防卫核导弹的攻击。布什对这些大胆的建议没有思想准备，未作肯定回答。俄罗斯的改革是会晤的主题，叶利钦对美国的人道主义援助表示感谢，并希望美国提供更多食品援助，希望俄尽快成为国际货币基金组织(IMF)正式成员。他警告说，俄罗斯其他潜在的领导人对美国安全都会有威胁；如果他领导的改革失败，世界将会看到一个新的集权国家，会看到军备竞赛卷土重来；“如果我们的经济改革失败了，我们不但会重新回到冷战中去，我们还可能进行热战”。③讨论的核心问题是联合宣言中对两国关系的定位。他问布什：俄美两国是否仍然是对手？布什回答：不是。他又问：为什么联合宣言稿不说两国是盟友？贝克说：宣言说了两国是“朋友和伙伴关系”。叶利钦希望宣言说美俄正在从敌人变为盟友，但美方显然觉得说“盟友”为时过早，布什辩解说：“我们之所有使用这个过渡用语，是因为我们不想让人觉得似乎所有问题都已经解决了。”④会后双方发表了《关于两国新关系的戴维营宣言》，宣布“两国不再视彼此为潜在敌人，自今日始，两国关系的特色是将基于相互信任和尊重、共同承诺民主和经济自由的友好与伙伴关系”，“两国可以通过它们的

---

① “Text of Boris Yeltsin's Speech to the UN Security Council with UN Summit,” January 31, 1992, https://apnews.com/e5458697cf06bbb518a9ffafffd650e5.

② James A. Baker, III with Thomas M. Defrank, *Politics of Diplomacy. Revolution, War and Peace, 1989—1992*, New York: G.P. Putman's Sons, 1995, p.621. 此次会晤给贝克留下深刻印象。贝克在向布什汇报时说：“我认为这样的宣言是非常符合我们利益的。这将支持叶利钦，支持他对待我们的态度。我想这还将加强他现在据以行动的基本前提：我们不再是对手，我们不再是相互疏远的国家，反之，我们是朋友，甚至是盟友。他不仅寻求与我们合作，他寻求的是真正的伙伴关系。”

③ 梅孜主编：《美俄关系大事实录》下册，第391页。

④ James A. Baker, III, with Thomas M. DeFrank, *Politics of Diplomacy. Revolution, War and Peace, 1989—1992*, p.625. 贝克在那天晚上回华盛顿的路上，仍然沉浸在白天的会晤之中，他深感这是“真正特别的历史性的会晤”，俄罗斯民选的领导人与美国总统坐在一起，开始规划合作的道路，这是真正的“超越遏制”！

友谊帮助全球缔结应对共同威胁的伙伴关系联盟”。①

两位领导人都给对方留下了上佳的印象。叶利钦对布什的评价是:“他的智慧给我印象极深。我觉得他不仅作为一位政治家,而且作为个人、作为美国一位真正伟大的政治人物具有非凡的品质。”布什同样称赞叶利钦说:“他所做的和正在做的使我心中感觉非常温暖,我将他视为我的朋友。”叶利钦还访问了美国国会,会见了两党参众议员。众议院多数党领袖格普哈特(Richard A. Gephardt)在会见后说,叶利钦给出的信息十分清晰:如果要提供援助,现在不提供,更待何时!参议院少数党领袖罗伯特·多尔(Robert Dole)说:“他是我们最后的希望,这就是他给我们的信息。”②

戴维营会晤是冷战结束后美俄首脑的首次接触,从各自的观点来看都是十分成功的:叶利钦向美方成功地表了忠心;布什政府确信,俄罗斯社会转型的成败系于一人,叶利钦推行的政策是符合美国战略目标的,支持叶利钦是符合美国利益的。《戴维营宣言》是冷战结束后美俄关系第一个奠基性的文件。文件充满了浪漫的情调,包含了许多不切实际的幻想,尤其是俄罗斯对美国的幻想。从文件中也看得出来,会议的准备包括文件起草都是很匆忙的。在会晤后的记者会上,布什满腔热情地说:“这是美国总统和俄罗斯民选产生的总统第一次作为朋友而非作为对手会晤。这次历史性的会晤是冷战结束后新时代曙光的再次确认。俄美两国开启了新的关系,这是以信任为基础的、以对经济和政治的自由承诺为基础的、以对真诚的伙伴关系的强烈希望为基础的关系。”叶利钦比布什更加激动,强调,“俄罗斯认为美国和西方不仅是伙伴,而且是盟友”,“今后两国关系将完全坦诚、完全开放、完全真诚”。他说:今天我们可以说,我们已经与冷战一刀两断,这就是这次会晤的历史意义所在。③叶利钦要向美国及全世界表明,俄美关系已经取代苏美关系成为全球最重要的双边关系。此次会晤及美俄首脑

① “Text of the Camp David Declaration on New Relations,” February 1, 1992, https://www.upi.com/Archives/1992/02/01/Text-of-the-Camp-David-Declaration-on-New-Relations/1093696920400/.

② Michael Wines, “Bush and Yeltsin Declare End to Cold War; Agree to Change Visits,” *New York Times*, February 2, 1992, HTTP://WWW.NYTIMES.COM/1992/02/02/WORLD/BUSH-AND-YELTSIN-DECLARE-FORMAL-END-TO-COLD-WAR-AGREE-TO-EXCHANGE-VISITS.HTML?PAGEWANTED=ALL; Robert Legvold, *Return to Cold War*, p.88.

③ George Bush, “The President's News Conference with President Boris Yeltsin of Russia,” February 1, 1992. Online by Gerhard Peters and John T. Woolley, *The American Presidency Project*, https://www.presidency.ucsb.edu/node/266968; Angela E. Stent, *The Limits of Partnership*, p.8. 会晤当晚,贝克给布什的汇报中添了一个重要的说明:“我们必须记住,尽管叶利钦十分希望发展和确定与我们的友谊关系,他是一个真正的俄罗斯民族主义者。他对于任何对他作出单方面让步及被我们利用的指控都会十分敏感。”James A. Baker, III, with Thomas M. DeFrank, *Politics of Diplomacy*, p.622.

在戴维营建立起来的“战略伙伴关系”对双方的意义是不同的：对美方来说这主要是加强叶利钦的地位以对抗俄罗斯民族主义反对派的一种外交姿态，对叶利钦来说这是对俄罗斯继承原苏联地位的国际确认。①

3月初，尼克松给布什总统写了份备忘录，其中称叶利钦“是俄罗斯历史上最亲西方的领导人……不管他有什么缺点，新的专制主义选项肯定要坏得多”。尼克松还警告说，除非西方作出类似马歇尔计划的反应，否则就是“冒险把冷战中的胜利转变为失败”。他从政治和战略的角度论证说：“50年代的一个热点问题是：‘谁丢失了中国?’如果叶利钦不行了，‘谁丢失了俄罗斯’的问题无疑在90年代更具有破坏性。”布什向尼克松保证说，七大国的援助正在筹划之中，并指示国务卿贝克加紧实施。②

4月1日，民主党总统候选人克林顿在纽约外交政策委员会的一次讲话中批评布什政府“在援助俄罗斯方面过分小心”。白宫事先得到了风声，在克林顿讲话前20分钟，布什在白宫新闻发布会上宣布，七国集团将向俄罗斯提供240亿美元的援助。③美国两党争着向叶利钦示好。

苏联解体后两个多月，俄罗斯举行了首次议会选举，弗拉基米尔·日里诺夫斯基这个名不见经传的右翼政客以及他领导的“自由民主党”获得23%的选票，成为议会第一大党，这对许多美国政界人物来说是一次“警钟”；共产党也获得12.4%的选票，凸显了叶利钦领导下的俄罗斯的现实和危机。④叶利钦面临着来自左右两个方面的挑战。

1992年3月，美俄还签订了《开放天空条约》。该条约允许缔约方对对方领空全境进行临时通知的不带武器的侦察飞行，以搜集对方军事部署和军事活动的资料。早在1955年7月艾森豪威尔总统就向苏联提出了这一建议，以增进双方的了解和互信。1989年5月，布什总统向苏联重提该建议，1990年2月，北约与华约开始进行谈判。其间经历了华约解体和苏联解体的过程，在美俄关系大幅度改善的形势下，两国于1992年3月24日签订了这一条约作为双方友好关系的又一表示。条约于2001年2月正式生效。后来又有三十几个国家加入了该条约。⑤

① Leszek Buszynski, *Russian Foreign Policy after the Cold War*, Westport, Connecticut: Praeger, 1996, p.54.

② Strobe Talbott, *The Russia Hand. A Memoir of Presidential Diplomacy*. New York: Random House, 2002, p.31.

③ Strobe Talbott, *The Russia Hand*, p.31. 详见本书第44页。

④ Angela E. Stent, *The Limits of Partnership*, p.21.

⑤ Arms Control Association, “The Open Sky Treaty at Glance,” May 2020, https://www.armscontrol.org/factsheets/openskies.

1992年6、7月，叶利钦与西方进行第二轮接触。6月中旬，叶利钦对美进行首次国事访问。美俄双方都极重视。访问前夕，6月12日，尼克松在《纽约时报》上载文称，此次访问是叶利钦寻求基于共同民主价值观的新伙伴关系的努力，美国必须抓住这个机会。叶利钦是历史上最亲西方的俄罗斯领导人，他与戈尔巴乔夫不同，他抛弃了共产主义。他的改革的成功将能使美国节约数百亿美元的国防开支，并创造数十万个新的就业机会，从而可以向俄罗斯提供它所需要的新资本和商品。尼克松的文章反映了美国社会对叶利钦的主流看法。6月15日，俄总统新闻秘书科斯季科夫在华盛顿的新闻发布会上说：今天我们有充分的理由希望俄美关系进入一个新阶段，俄罗斯已经越过了多年来一直将两国隔离的那个共产主义意识形态的深渊。①

叶利钦访美期间美俄签署了39项文件，涉及两国的政治、安全和裁军、经济、科技、文化等方方面面的关系，双方还签订了《美俄伙伴及友好关系宪章》作为双边关系的基本文件。《宪章》重申了两国对民主、法制、人权、通过私有化进行俄经济改革、和平解决国际争端、加强欧洲—大西洋共同体的承诺。②在记者会上，布什兴高采烈地说："美俄峰会的结果表明，两国确实已经缔造了真正新的伙伴关系，和平、友好、互信和不断增长的伙伴关系。我坚信，这种新伙伴关系以及我们达成的一系列历史性文件将把一个更加安全、更加稳定、更加和平的世界带入下一个世纪。"他坚定表示，"冷战的悲惨的、常常是悲剧性的遗产已经被我们抛在后头了"，"我们对俄罗斯的支持是不可动摇的，因为这符合我们的利益。俄罗斯民主的成功将给每一个美国人带来安全"。③

6月17日，叶利钦还获得在美国会参众两院联席会议上发表演讲的殊荣。叶利钦在演讲中充满激情地宣布："理性开始战胜疯狂，美俄两国通过大炮瞄准镜来观察对方的年代一去不返了，明天将是和平的日子……恐惧减少了，对我们孩子过上幸福日子的期待增加了，世界终于可以长出一口气了。"他保证要把改革进行下去，并称，"美国的民主如今正在俄罗斯繁荣"，改革一旦失败，后果不堪设想。他不会从改革后退，他不会认输，而"在俄罗斯要把叶利钦搞掉事实上是做不到的"。他要把苏联档案统统开放，并希望美国提供合作来清算那些"黑暗的章节"。④

① 梅孜主编：《美俄关系大事实录》上册，第31—33页。

② "Russian Federation—United States Charter for Partnership and Friendship," June 17, 1992, https://www.jstor.org/stable/20693708?seq=1#page_scan_tab_contents.

③ George Bush, "The President's News Conference with President Boris Yeltsin of Russia," June 17, 1992. Online by Gerhard Peters and John T. Woolley, *The American Presidency Project*, http://www.presidency.ucsb.edu/ws/?pid=21101.

④ "Excepts from Yeltsen's Speech," June 18, 1992, http://www.nytimes.com/1992/06/18/world/summit-in-washington-excerpts-from-yeltsin-s-speech-there-will-be-no-more-lies.html.

7 月 8 日，叶利钦应邀参加了七国集团峰会，与七国领导人讨论了俄罗斯与西方建立新型政治经济关系的问题，并表现了对加入七国集团的浓厚兴趣。①

6 月 18 日，叶利钦与民主党总统候选人克林顿进行了短暂会晤。克林顿表示，叶利钦在国会的演讲将在美国动员起对俄的经济援助。叶利钦不爱听“援助”这个词，回应说，“我们没有要求施舍。俄罗斯是一个大国。我们希望于美国的，是它作出领导的榜样让人模仿。如果美国引领，日本、英国、德国都会效仿”，俄罗斯改革的成功是对全世界有利的。②

大多数美国政界人士都沉浸在对未来美俄关系的幻想之中，但也有头脑清醒的人提出了疑问。7 月 5 日，亨利・基辛格在《华盛顿邮报》上发表文章，对《美俄伙伴及友好关系宪章》提出质疑说，《宪章》使两国关系理想化、个人化了，以致看不到地缘政治的需要；有些说法含糊不清，充满了“美俄共治”的论调，似乎原苏联国家仍然处于莫斯科的监管之下；而且也与现有的大西洋机制不相容。美国在给予俄罗斯尊重、与之合作的同时，要防止它对原苏联的其他国家实行霸权，要保持两者之间的平衡。③

苏联虽然解体了，但俄国内对今后发展方向的意见远非一致。叶利钦和代总理盖达尔向西方“一边倒”、实行“休克疗法”，给国家经济带来沉重打击，通货膨胀率飙升，民众实际生活水平急剧下降，国内政治斗争激化。副总统鲁茨科伊、议会主席哈斯布拉托夫是反对派的代表。当时，俄罗斯还来不及制定新宪法。在 1992 年 12 月的议会上通过了若干项进一步削弱总统权力的宪法修正案，并拟订了一个新的基本法。议会还迫使叶利钦解除了盖达尔副总理、代总理的职务，任命切尔诺梅尔金为总理。总统与议会的斗争尖锐起来。叶利钦认为对总统权力设限会阻碍改革，加剧政治动荡，他要诉诸全民公投，让民众决定是授权总统还是议会来把国家带出经济和政治危机。议会再次举行会议，谴责叶利钦，并开始了弹劾过程，叶利钦险遭弹劾。

为了缓解国内对俄外交政策尤其是对美政策的批评，叶利钦作出了一些调整。1992 年 10 月底，叶利钦在一次讲话中承认俄罗斯对外政策有“许多错误和失败”，对西方大国忍让过多，还对美国等西方大国在向俄提供援助方面说得多做得少表示失望。1993 年 4 月，叶利钦批准的《俄罗斯联邦外交政策构想》出台，文件指出，俄罗斯外交方针的出发点是实现自己的“切身利益”，俄罗斯作为一个大国，将积极地、享有同等权利地参与到创建一种真正基于共同安全、尊重

① 海运、李静杰总主编，学刚、姜毅主编：《叶利钦时代的俄罗斯・外交卷》，第 8 页。

② Strobe Talbott, *The Russia Hand*, p.32.

③ 梅孜主编：《美俄关系大事实录》上册，第 36 页。

各国主权、独立和领土完整……经济互利合作的世界秩序。在世界影响力的平衡中，在协调世界经济与国际关系等方面的进程中要确保俄罗斯与其大国地位相称的角色。融入西方是俄外交的优先目标，西方国家能够在帮助俄复兴方面发挥重要作用。具体到俄美关系，文件指出，在可预见的将来，对美关系在俄外交政策中占据优先位置，这是符合美国在国际事务中的地位和分量的。全面发展对美关系有助于为俄经济改革创造有利的外部环境。俄美两国在防止地区冲突和不扩散核武器等问题上有共同利益，但俄罗斯的利益远不是始终都同美国利益相吻合的，在俄美关系中不存在对抗性矛盾，但这并不意味着完全没有冲突，不排除美国有试图在居中调解的幌子下在俄传统势力范围内取代俄地位的可能。①

俄罗斯在地缘政治的一些问题上，如南斯拉夫联邦问题上与西方拉开了距离。②布什的国务卿伊格尔伯格（Larry Eagleburger）给继任者留下的备忘录说："俄罗斯改革成功不能保证改革在别的独联体国家也成功；但如果俄罗斯改革失败，就可以确定地说，整个原'苏联帝国'的改革都会失败。"伊格尔伯格的结论是，美国必须继续对俄接触，帮助叶利钦或其继任者，找到方法使（美俄）之间的冲突保持在将要沸腾的边缘。③

二、克林顿时期

克林顿在竞选期间就认为支持俄改革应当是"美国外交最高的优先选项"，两党应该联手紧急给予大宗一揽子援助。他甚至讥讽布什是在浪费帮助塑造俄罗斯未来的宝贵历史机遇。克林顿 1992 年 11 月胜选后，叶利钦立即致电表示祝贺，并希望尽快与之会晤，为方便起见会晤可在第三国举行。克林顿承袭了前任坚决支持叶利钦的路线。1993 年 1 月 20 日发表《就职演说》的当天下午，克林顿就给叶利钦打电话，表示他将把对俄关系置于首位。叶利钦再次表示急于会晤克林顿，越快越好。④

克林顿持有强烈的自由国际主义外交理念，并在相当长时间内将其贯彻于对俄外交。克林顿政府相信俄罗斯可以成功走上西方民主化的道路，而在俄转型过程中，改革力量和复辟力量正在进行殊死较量，美国可以在这一斗争中发挥作用，帮助俄成功转型，这与美国的利益息息相关。1 月 13 日，克里斯托弗在参

---

① Министерство Иностранных Дел, Принципы внешней политики Российской Федерации, апрель 1993г. https://www.russiamatters.org/sites/default/files/media/files/1993%20Foreign%20Policy%20Strategy%20RUS.pdf.

② 详见本书第二章第二节。

③ Strobe Talbott, *The Russia Hand*, p.45.

④ Strobe Talbott, *The Russia Hand*, p.44.

议院外交关系委员会确认其提名的听证会上把援助俄罗斯置于对美国主要挑战的首位，说："没有什么比帮助俄罗斯民主化、私有化和充满生机以及建立代议制政治制度更重要的了。"他认为，"如果俄罗斯经济崩溃，那就不仅会在俄罗斯人眼中，而且在其邻国民众心目中给民主带来致命打击"，美国将与七国集团的伙伴一道，继续支持俄经济改革，并与盟国协同帮助乌克兰、白俄罗斯及其他东中欧独联体国家。①

制定一部确定总统制共和国的新宪法，把变革的成果固定下来成为叶利钦任期初期的主要目标。但俄议会主张议会是国家的最高权力机构。1993 年 3 月 20 日，叶利钦宣布，在 4 月 25 日举行全民公投，以确定是由议会还是总统来治理这个国家。在此之前，国家实行"特别治理"，即不论议会采取什么立法行动，总统的命令仍然有效。这一事态引起美方注意。当天下午，克林顿召集安全团队的主要成员，包括副总统戈尔（Al Gore）、国务卿、国安事务助理莱克（Anthony Lake）、副助理伯杰（Samuel Berger）、驻联合国大使奥尔布赖特（Madeleine Albright）商讨俄罗斯形势。他的安全顾问都担心，"特别治理"看起来像是戒严，克里斯托弗告诫总统，美国不应该表示不管叶利钦做什么，甚至脱离民主的轨道，美国都支持他。美国的支持应该限于"民主的原则与进程"，而不是叶利钦个人。克林顿力排众议，他说，"民主的原则与进程"不是存在于真空之中的，它总是与人联系在一起的，当前俄罗斯的形势是一部分人反对另一部分人，是零和游戏，美国必须选边。会议过程中，戈尔接了谢瓦尔德纳泽的电话，这位原苏联外长、格鲁吉亚现任总统要求美国一定要支持叶利钦反对共产党人，共产党人是要倒转时针，恢复苏联，叶利钦的胜利是格鲁吉亚的"唯一希望"。这一看法加强了克林顿的观点。克林顿还说，美国的支持也许可以减少叶利钦失败的可能性。次日，克林顿又对记者表示：叶利钦"是通过正常程序选举产生的总统。他是真正的民主派。他正领导国家做着两件事情：把国家从共产主义转变为市场经济……并保持真正的民主。那可是很艰巨的工作……我打算支持这个进程，只要他是总统就支持他"。②

3 月 23 日，克林顿又在新闻发布会上再次表示坚决支持叶利钦的领导地位，他说："叶利钦是这场改革的领导者，他是民主选举产生的领袖，是俄罗斯上千年历史上产生的第一位民选领袖……叶利钦承诺捍卫公民自由，继续经济改革，继续合作塑造和平世界的外交政策令人鼓舞。俄罗斯现在是，也必将继续是一个民主体，俄罗斯的民主改革是……美俄伙伴关系的基础。"他进一步阐述说，他的对俄政策包括三个方面：第一，继续降低核武器的威胁，防止核扩散；第二，

① Warren Christopher, *In the Stream of History*, pp.30, 36.

② Strobe Talbott, *The Russia Hand*, pp.55—57.

支持俄罗斯和整个独联体民主和自由的发展；第三，支持市场经济发展。这三条是美国的利益所在，美国政策将以此为指针。①这是克林顿本人对其对俄政策的一个简要而明晰的概括。克林顿还决定于 4 月 3 日至 4 日在加拿大温哥华与叶利钦进行首次会晤。

克林顿的政策在国内得到坚实的支持，前总统尼克松就是拥趸之一。2 月 4 日，尼克松约了主管对原苏联国家事务的官员、克林顿的密友塔尔伯特（Strobe Talbott）谈话。尼克松认真地说，叶利钦现在已经取代戈尔巴乔夫，克林顿政府就要以美国举国之力来支持这个“新的、非常不同的克里姆林宫的主人。他可能酗酒，但他是我们在那个振作起来的国家里可能找到的最好的人。最主要的是，叶利钦不想成为我们的敌人。我们要保持使他不成为我们的敌人，或不让他被要成为我们敌人的人取而代之”。②

同时，鉴于当时俄罗斯国内形势错综复杂，斗争十分尖锐，美驻俄使馆的一些官员和政府里一些中下层官员对叶利钦在国内斗争中的胜算没有把握，对公开支持叶利钦的立场表示质疑，主张在俄国内政治斗争中“脚踩两只船”，与其他一些政治派别也建立关系，并警告说，不能把叶利钦等同于俄罗斯。克林顿政府明确拒绝了这种做法。塔尔伯特表示，叶利钦是“改革力量拥有的唯一一匹马”，美方在叶利钦身上下了赌注。③

俄议会认为叶利钦的“特别治理”“违宪”，宣称要弹劾总统。克林顿决定加快对俄援助的步伐，并指示塔尔伯特：俄罗斯的“情况越来越严重，我们不能再耽误时间了”。他要求塔尔伯特和财长萨默斯（Larry Summers）制定足够大、足够勇敢的援俄方案。萨默斯与七国集团财长密切磋商，准备在 7 月东京峰会期间出台大规模援助方案，包括稳定货币基金、世界银行和国际货币基金组织贷款、欧洲建设与发展银行投资、支持俄罗斯养老金的 10 亿美元等。克林顿对后一笔钱甚为满意，称“这可能是我们花得最值的 10 亿美元”。克林顿的国内政策顾问提醒他，这样做可能会打破预算计划，克林顿毫不迟疑地说：“我不管，这是一笔买卖。如果那些人把叶利钦弹劾掉，那么我们就将在这里讨论如何逆转我们的国防预算削减，如何花费真正巨大的开支来进行新的冷战。”当有顾问担心国会能否通过时，他明确地说：“这不用你们操心。我会跟他们打交道。向国会兜售援助方案是我的事情。”④

---

① William J. Clinton, “The President’s News Conference,” March 23, 1993. Online by Gerhard Peters and John T. Woolley, *The American Presidency Project*, http://www.presidency.ucsb.edu/ws/?pid=46363.

② Strobe Talbott, *The Russia Hand*, p.46.

③ James M. Goldgeier and Michael McFaul, *Power and Purpose*, p.124.

④ Strobe Talbott, *The Russia Hand*, pp.57—59.

3月28日，俄罗斯议会进行了表决，弹劾票数不足，叶利钦躲过一劫。

为准备两国首脑的温哥华会晤，克里斯托弗给克林顿写了名为《与俄罗斯改革的战略联盟》的备忘录，其中说："直到现在为止美国人民都是从我们不希望那里发生什么来理解美国对俄政策的，如我们不希望那里的经济萧条和政治动乱触发内战……不希望在欧亚大陆的中心有一个有核武器的南斯拉夫……我们可以也应当从更正面的角度来提出政策。俄罗斯正在成为一个现代化的国家……美国的政策不仅要预防最坏的，而且应该在原苏联培育最好的东西。"①

3月22日，克里斯托弗在芝加哥外交关系委员会发表题为《美国外交政策的三个支柱与支持俄罗斯的改革》的演讲，为首脑会晤造势。他试图"说服美国人民，从政治上和经济上援助俄罗斯是美国战略的必需"。之所以选在芝加哥，因为中西部民众在对外援助方面多持比较消极的态度，对支持俄罗斯也抱有怀疑。演讲也是为了向正处在宪政危机中的俄民众发出美国坚决支持叶利钦的信息。克里斯托弗承诺，美国将全力以赴地支持叶利钦在俄罗斯建设自由社会和民主政治的努力，在这里，美国外交政策的三个支柱——经济繁荣、安全和促进民主价值观——汇聚在一起。如果俄罗斯落入无政府状态，或者蜕变为专制主义，美国将付出可怕的代价，包括核威胁的再现、高昂的防务预算、不稳定的扩散、新市场的丧失、全球民主运动的灾难性倒退。他强调，"今天是本世纪中美国第三次有机会来建设一个更加安全的世界"，"把俄罗斯这个历史上最强大的国家之一带入爱好和平国家大家庭事关我们的安全、经济和道德的最高利益"。②

在国内政治斗争的紧要时刻离开莫斯科，这对叶利钦是有风险的。但与克林顿的会晤值得他冒这样的风险。在4月2日至3日的温哥华会晤中，克林顿高度赞扬了叶利钦是俄罗斯民主的领导人，表示坚定支持他的改革。双方具体讨论了美国对俄经济援助计划，并发表《温哥华宣言》，再次确认双方致力于建设加强国际安全的伙伴关系，重申《美俄伙伴及友好关系宪章》是两国关系的基础。在会晤后的记者会上，克林顿再次表示美国支持俄罗斯的民主化，支持改革、自由市场，支持言论和信仰自由，他说："谈到俄罗斯民主时，我们国家不会袖手旁观……我们积极支持俄罗斯的改革和改革者，还有您本人。"并称，这"不仅是在对俄罗斯的未来进行投资，同样是在对美国的未来投资"。克林顿宣布，美国已经发起了160亿美元的综合援助俄政治经济改革的计划，这大大

① Strobe Talbott, *The Russia Hand*, p.52.

② Warren Christopher, *In the Stream of History*, pp.36—51.

超过了布什时期的援助，其中有的项目已经得到拨款。叶利钦写了一个条子给美方："如果能在 4 月 25 日前得到 5 亿美元就好了。"但时间太仓促，美国拨款有一定程序，要通过国会，克林顿不能立即答应，这必须等待七国峰会，以及国会在秋季的表决。①双方对此次会晤都很满意。叶利钦给克林顿留下了极好的印象。克林顿对他周围人说，"当枪逼着我的时候，我干得最好，这个人也是这样。在处境不利的时候他不退缩，现在他正处在最佳状态"，"我喜欢他。他是个性格顽强的俄罗斯人，他性格上充满了矛盾之处。但与现实中的其他选择相比，俄罗斯由他来掌舵是很幸运的"。②

美俄首脑温哥华会晤的一项重要成果是设立了两国政府间经济技术委员会。③

4 月 25 日是俄罗斯的全民公投日，克林顿极为关心，几次打电话给塔尔伯特询问情况。公投和平、顺利地举行，多数选民对叶利钦投了信任票。次日，当最后结果出来后，克林顿立即给叶利钦打电话表示祝贺，并发表声明称，公投结果"不仅对俄罗斯人民，而且对美国人民以及全世界人民"都是一个好消息，"这个胜利属于俄罗斯人，属于叶利钦的勇气。美国一如既往支持俄罗斯的民主进程，我为此感到高兴"。④

在叶利钦与议会的对抗中，克林顿政府无保留地支持叶利钦。6 月 1 日，克里斯托弗在接受采访时说，美国将全力以赴在全世界推广民主，这是政府的基本原则之一。俄罗斯就是最成功的一个例子。克林顿上任时叶利钦的地位正受到威胁。总统决定支持叶利钦，把他看作是俄罗斯最拥护民主的人。在温哥华，总统保证尽其所能帮助俄罗斯。⑤

俄罗斯的政治斗争在继续。8 月 12 日，叶利钦宣布秋季将改选议会。9 月 1 日，叶利钦解除了鲁茨科伊的副总统职务，并重新启用前代总理盖达尔为第一副总理，负责经济改革。9 月 18 日，成立了俄罗斯联邦委员会，接着叶利钦签署了《关于俄罗斯联邦宪法改革命令》，并发表《告俄罗斯公民书》，宣布终止人民代

---

① Strobe Talbott, *The Russia Hand*, p.68.

② Strobe Talbott, *The Russia Hand*, p.64; Angela E. Stent, *The Limits of Partnership*, p.19. 美国舆论界当时关心的问题是，新政府能否从布什手中接过美俄关系的接力棒。此次会晤表明，美新旧两届政府之间，在对俄关系上可以说实现了"无缝对接"。见鲍里斯·叶利钦：《午夜日记——叶利钦回忆录》，李垂发等译，东方出版社 2000 年版，第 180 页。

③ 详见本书第 46 页。

④ Strobe Talbott, *The Russia Hand*, p.71.

⑤ 梅孜主编：《美俄关系大事实录》上册，第 51—52 页。

表大会和最高苏维埃的立法、管理与监督职能，解散人民代表大会和宪法法院，于12月11日至12日重新选举议会。最高苏维埃连夜召开紧急会议，以绝对多数通过决议，停止叶利钦的总统职务，批准鲁茨科伊自即日起代行总统职权。一时，俄罗斯似乎有了两个最高行政长官：叶利钦在克里姆林宫，鲁茨科伊在议会大厦（白宫）。9月23日晚，一批议会的支持者企图占领独联体联合武装力量总司令部。随后，叶利钦下令收缴白宫守卫人员的“非法武装”。24日，数千名警察、内务部士兵和特种部队被调入莫斯科，并进驻议会所在地周围待命。经过两周的对峙，10月4日，政府军包围议会大厦，并用大炮和重机枪向白宫发起进攻。下午6时，在政府许诺保证他们的生命安全后，鲁茨科伊及议会领袖等一大批反对派人士从白宫走出向政府军投降。

克林顿政府密切关注着俄罗斯事态发展。国安会负责俄事务的高级主任尼古拉斯·伯恩斯（Nicholas Burns）与塔尔伯特于9月21日建议总统在这个紧要时刻给叶利钦打电话，他们认定，“叶利钦是俄罗斯民主得以生存的关键”。克林顿在电话中支持叶利钦重新选举议会的决定，并说：“历史在你一边。”叶利钦一再保证，他将加快改革速度。然后，克林顿发表书面声明称，“我甫一执政，就完全支持俄罗斯具有历史意义的政治和经济改革进程”，表示完全支持叶利钦的决定，由俄罗斯人民自己来解决僵局，选举一个新的立法机构的道路是符合民主和改革的方针的。克林顿还把他与叶利钦的通话内容告知了德国总理科尔，以协调与盟国的立场。同日，克里斯托弗在国务院的记者会上也说，美国对叶利钦改革努力的支持“是符合美国家安全利益的”。①

9月29日，克林顿在会晤来访的俄外长科济列夫前会见记者时说：“叶利钦总统承诺通过民主的途径走向真正的民主体系，美国所能要求的莫过于此了。”他表示“坚定支持叶利钦通过民主选举产生立法机构和制定新宪法的努力。毋庸置疑，促进俄罗斯的民主和改革符合美国利益”。②科济列夫向克林顿递交了叶利钦的信件，叶利钦在信中保证不借助武力来解决同议会对手的冲突。这更加坚定了克林顿的支持，他认定叶利钦“站在历史正确的一边”。10月3日，在双方对峙的关键时刻，克林顿特地就俄罗斯问题举行记者招待会，为叶利钦辩护说，莫斯科的严重暴力是鲁茨科伊及议会领导人策动的，叶利钦为了避免暴力已

① William J. Clinton, “Statement on the Situation in Russia,” September 21, 1993. Online by Gerhard Peters and John T. Woolley, *The American Presidency Project*, http://www.presidency.ucsb.edu/ws/?pid=47095; Warren Christopher, *In the Stream of History*, p.98.

② William J. Clinton, “Exchange with Reporters Prior to Discussions with Foreign Minister Andrey Kozyrev of Russia,” September 29, 1993. Online by Gerhard Peters and John T. Woolley, *The American Presidency Project*, http://www.presidency.ucsb.edu/ws/?pid=47131.

经作出了让步,“我仍然确信,美国必须支持叶利钦以及自由、公正选举(俄罗斯新议会)的进程,我们不能在这个时刻畏缩不前,不能给那些希望破坏选举并且并不致力于俄罗斯改革的人以任何鼓励”。①次日,克林顿在旧金山劳联—产联的一次集会上发表讲话时再次强调:“此刻我绝对没有任何理由怀疑叶利钦本人的承诺:让俄罗斯人民自己决定他们的未来,确保制定一部体现民主价值观和民主程序的宪法,通过民主选举产生一个新的立法机构,他自己也服从民主的选票。我们所能提出的要求莫过于此。”②

10月13日,克里斯托弗接受全国广播公司(NBC)“面对媒体”栏目采访,记者提出,叶利钦打压政党,关闭媒体,美国应该告诉他,如果他想继续得到美国支持,他应该像一个民主主义者那样行事,而不能像一个集权主义者那样作为。克里斯托弗反驳说,“叶利钦总统把此事处理得非常好。我想他心目中有一个长远的民主社会的目标,正是他提议进行议会选举”,他的政府受到了共产党人的攻击,他当然要作出回应。“我想我们必须继续支持叶利钦总统,他是最有希望的民主人物”,如果反对派一个星期前取得了胜利,那么今天的俄罗斯就会实行镇压。美国的态度也会大不一样了。③当天,克里斯托弗在国务院一个培训中心落成典礼上又说,支持叶利钦是一项最明智的投资,促进民主也许是最好的预防性外交。从波罗的海到乌克兰到中亚地区,美国准备运用其影响力来帮助缓解紧张局势和解决争端。美驻俄大使托马斯·皮克林(Thomas Pickering)说:“除了支持叶利钦,我们别无选择。这是1991年8月政变的未竟之业,议会为反对叶利钦对宪法作了许多极端的修改,做得太过分了。”④

---

① William J. Clinton, “Remarks and an Exchange With Reporters on Russia,” October 3, 1993. Online by Gerhard Peters and John T. Woolley, *The American Presidency Project*, http://www.presidency.ucsb.edu/ws/?pid=47152.

② James M. Goldgeier and Michael McFaul, *Power and Purpose*, p.128; William J. Clinton, “Remarks to the AFL-CIO Convention in San Francisco, California,” October 4, 1993. Online by Gerhard Peters and John T. Woolley, *The American Presidency Project*, http://www.presidency.ucsb.edu/ws/?pid=47156. 美驻俄大使馆的一位外交官韦恩·梅里(Wayne Merry)目睹了宪政危机,对克林顿的政策提出了强烈批评。他认为,危机反映了俄罗斯的多元主义和多种利益的冲突,而叶利钦只是其中之一。叶利钦不是俄罗斯,美国应当与俄政界保持广泛关系。可是克林顿政府却“不假思索、不加分析地”支持叶利钦,这不是慎重的选择。华盛顿把俄罗斯这场对抗看作是个人之争,是道德之争,是好人与坏人之争,这是错误的。对抗是过去一年来的事态累积起来的,是不可避免的,但暴力是可以避免的。Wayne Merry, “Moments in Diplomatic History. Yeltsin under Siege—October 1993 Constitutional Crises,” http://adst.org/2014/10/yeltsin-under-siege-the-october-1993-constitutional-crisis/#.Wl2cwbIjEdU.

③ “Interview with Secretary of State Warren Christopher on NBC-TV's ‘Meet the Press’”, October 13, 1993, http://dosfan.lib.uic.edu/ERC/briefing/dossec/1993/9310/931010dossec.html.

④ 梅孜主编:《美俄关系大事实录》上册,第55页;Angela E. Stent, *Limits of Partnership*, p.21。

10月20日，克里斯托弗在对俄罗斯进行访问前接受了俄通社—塔斯社的采访，他再次表示，克林顿总统和他都认为，协助俄罗斯进行民主改革和市场改革，是对保障美国安全所作的最有远见、最宝贵的贡献；美俄之间将在各个方面进行合作，从中东和平进程到遏制大规模杀伤性武器的扩散。①23日，克里斯托弗访俄，叶利钦与科济列夫重申他们致力于改革，决心举行自由、公正的选举，允许新闻自由。克里斯托弗表示，让克林顿政府支持中止俄议会不是一项容易的决定，“但这是非常时期，是叶利钦总统为回应非常事态所采取的措施”。他在俄罗斯国家经济学院的讲话中重申坚定不移地支持叶利钦，并强调，“美俄两国不仅简单地分享友谊，我们两国在一起共建战略伙伴关系。这是我与克林顿总统使用的术语”，并进而解释了“战略伙伴关系”的具体含义。他还对俄罗斯的民主建设提出了要求，表示愿意协助俄罗斯12月的立法机构选举，如果需要，美国将随时准备提供技术上的协助。他同时敦促俄在选举期间保障言论自由。②

在俄总统与议会的对峙中支持叶利钦的不仅有克林顿政府，还有美国国会。众议院少数党（共和党）督导纽特·金里奇（Newt Gingrich）是俄罗斯改革的拥趸。1993年4月，众议院多数党领袖格普哈特和少数党领袖米歇尔（Robert Michel）率领的国会代表团访问了莫斯科。事实上，这场危机加速了美对俄的一揽子援助。9月21日，克里斯托弗向国会领袖们介绍了俄最新事态，并敦促他们加快对俄贷款的立法程序。众议院外交事务委员会主席李·汉密尔顿（Lee Hanmilton）在谈到对俄援助时说：“美国的选择是非常明显的：叶利钦赞同民主，议会不赞同；叶利钦主张市场改革，议会不同意；叶利钦要建设一个开放的社会，议会要把它拉回到中央集权的国家。我们希望俄罗斯朝着民主和市场改革的方向前进……只要坚持那个大方向，即使中途有点颠簸，（援助俄罗斯）也是我们应该做的。”③9月29日，众议院以321票比108票通过了援俄法案；次日，参议院以87票比11票的压倒多数予以通过。这是1993财年的最后一天，克林顿于当晚签字完成立法程序。④

11月，俄罗斯公布新宪法草案，新宪法加强了总统的权力。许多观察家认为，新宪法恰恰是叶利钦为了他自己而又由他自己打造出来的。12月12日，俄举行新议会选举和新宪法公投。这是叶利钦废除苏维埃体制后的首次“多党竞

① 梅孜主编：《美俄关系大事实录》上册，第55页。

② Warren Christopher, *In the Stream of History*, pp.96—104; Leszek Buszynski, *Russian Foreign Policy after the Cold War*, p.64.

③ James M. Goldgeier and Michael McFaul, *Power and Purpose*, p.130.

④ Strobe Talbott, *The Russia Hand*, p.88.

选”，各政党和政治集团展开了激烈竞争。在议会下院（国家杜马）选举中，由民族主义者日里诺夫斯基领导的俄罗斯自由民主党获得了22.79％的选票，而由盖达尔领导的“俄罗斯选择”联盟仅获得15％的选票。日里诺夫斯基发表了许多民粹主义的反美言论，并公开威胁要推翻现政府，克林顿政府对此十分关注。

翌日，克林顿在记者会上祝贺俄罗斯人民成功地举行了第一次议会选举，称这是一种民主的实践，他“对新宪法的通过表示十分高兴，它为俄罗斯民主的合法性打下了长久的基础……这非常非常之好”。他表示对选举中的极端民族主义并不感到奇怪，因为俄民众这些年里遭受了很多痛苦。他表示，总体说来美对俄政策不会有什么变化。①为了再次表达对叶利钦的支持，副总统戈尔立即启程访俄。12月15日，戈尔在莫斯科会见记者时对日里诺夫斯基提出严厉批评，称他关于使用核武器、扩张边界、对待少数民族的观点，应该受到俄罗斯、美国和世界各地“所有热爱自由的人们的严厉谴责”。戈尔对叶利钦能够组成一个支持改革的联盟表示乐观，并称美国和西方必须作出更大的努力来帮助叶利钦证明他实行的改革是明智的。②

1994年1月中旬，克林顿对俄进行正式访问。克林顿重申了对叶利钦的支持，对俄民主和改革的支持，双方签署了《莫斯科宣言》及关于不扩散大规模杀伤性武器及其运载工具的三项声明。《莫斯科宣言》宣布，“美俄关系进入了以平等、互利、相互尊重民族利益为基础的成熟的伙伴关系的新阶段”，双方将于本年5月30日前改变战略核武器瞄准对方的状态。③克林顿在1月13日的招待会上致辞说：“我对你们每一位参与民主进程的人都表示尊敬，表示崇敬，我保证你们都是我平等的伙伴。大多数美国人甚至难以想象你们国家正在发生的变化的广度和深度……你们正在进行经济转型，同时发展一种新的宪政民主。这是令人惊叹的工作，我对你们的努力表示尊敬。”④

从布什政府到克林顿政府都明白，邀请叶利钦参加七大国峰会将在国际上

① William J. Clinton, “Remarks on the Russian Elections and an Exchange with Reporters in Bryn Mawr,” December 13, 1993. Online by Gerhard Peters and John T. Woolley, *The American Presidency Project*, http://www.presidency.ucsb.edu/ws/?pid=46233.

② 梅孜主编:《美俄关系大事实录》上册，第59—60页。

③ William J. Clinton, “Moscow Declaration,” January 14, 1994. Online by Gerhard Peters and John T. Woolley, *The American Presidency Project*, http://www.presidency.ucsb.edu/ws/?pid=50076.

④ William J. Clinton, “Remarks at a Reception in Moscow,” January 13, 1994. Online by Gerhard Peters and John T. Woolley, *The American Presidency Project*, http://www.presidency.ucsb.edu/ws/?pid=49998.

提升叶利钦作为大国领导人的形象，有助于巩固他在国内的领导地位，有利于他对付政治反对派，对叶利钦在政治上、心理上都是重要的。早在 1992 年 7 月布什总统就提出这个问题，并提议将七国集团扩容，吸纳俄罗斯参加。但英国首相梅杰(John Major)和德国总理科尔不赞成。双方达成的妥协是邀请叶利钦参加峰会第三天关于政治问题的讨论。1994 年 3 月 14 日，美俄两国外长在符拉迪沃斯托克举行会晤，讨论广泛的地区形势和国际问题，包括七国集团接纳俄罗斯的问题。科济列夫表示，美国在这一问题上的立场令他“非常满意”。美国的一些战略家也发表文章，提出类似建议。前总统国安事务助理布热津斯基 5 月 3 日在《华盛顿邮报》上撰文称，俄罗斯可以成为美国在谋求更广泛的国际安全方面的同僚，应该向愿意成为友好邻国的俄罗斯提供激励。俄罗斯将因为西方承认其大国地位而感到满意。①

在实行亲西方政策的同时，俄罗斯与原苏联的盟友拉开了距离。首先是古巴这个近在美国旁边、被美国视为眼中钉的国家。1992 年 1 月，俄罗斯决定终止对古巴的所有援助，俄古双边贸易开始以国际市场价格为基础进行。同年 9 月，俄罗斯宣布从古巴撤回原苏联的军事教练旅，结束两国军事合作。俄还对古巴人权状况提出严厉批评。俄罗斯与朝鲜的关系也发生重大转变，于 1992 年完全停止对朝鲜的武器供应，双边贸易额也从 1992 年的 2.92 亿美元下降到 1994 年的 0.96 亿美元。科济列夫 1992 年 3 月访问韩国时指责朝鲜在核问题上拒绝与国际社会合作，表示将与韩国一道阻止朝鲜发展核武器，并保证不再向朝出售进攻性武器。1993 年，俄方对 1961 年签署的《苏朝友好合作互助条约》作出单方面解释，放弃了对朝鲜安全的无条件保障义务，如果朝方自己决定采取某种冒险行动，则军事援助条款不能生效。叶利钦在 1994 年 6 月正式宣布废除该条约中关于确定两国军事联盟关系的第一款。俄罗斯还就一些西方关心的历史遗留问题进行重新检讨，叶利钦 1994 年 6 月访美时表示，将加快查清 1983 年在萨哈林上空击落韩国波音 747 民航客机事件真相，并公之于众。10 月，俄罗斯将飞机黑匣子等材料交给了美、韩。10 月 14 日，叶利钦派特使向波兰总统瓦文萨递交了苏共中央 1940 年 3 月 3 日的决议文本，公布了“卡廷事件”的真相。11 月 11 日，叶利钦访问匈牙利时将苏共政治局有关 1956 年匈牙利事件的文件交给匈牙利总统，并向纳吉等事件中的“遇难者”鞠躬致敬。②

① 梅孜主编：《美俄关系大事实录》上册，第 71 页。

② 海运、李静杰总主编，学刚、姜毅主编：《叶利钦时代的俄罗斯·外交卷》，第 12 页；郑羽主编：《既非盟友，也非敌人》(上)，第 104 页。

第二节　支持俄经济转型

一、"休克疗法":俄罗斯的艰难选择

到20世纪80年代末,苏联僵化的计划经济体制已经完全失去生命力,苏联"大多数政治力量和民众在必须进行自由化和向市场经济过渡方面实际上已达成共识",普遍认为,"人类还没有创造出比市场经济更为有效的东西"。①戈尔巴乔夫当年就试图实行改革,但他的改革没有突破计划经济的桎梏。改革成为政治斗争的牺牲品,经济秩序更加混乱,经济状况严重恶化。1990年苏联社会生产出现二战后首次负增长,财政赤字上升,内外债务不断增大,消费品严重匮乏,人民生活水平大幅度下降。俄罗斯独立后,叶利钦政府实行激进的改革方案。以副总理盖达尔为首的一派认为只有私有制和自由竞争才能提高经济效率,俄罗斯必须同过去的体制彻底决裂,建立起自由市场经济。他们认定经济转型长痛不如短痛,实行了一步到位的所谓"休克疗法":一次性放开价格,实行紧缩的财政政策和货币政策,对外贸易完全自由化,实行卢布可自由兑换,以行政手段强制推行私有化。为了实行改革,俄政府聘请了美国哈佛大学教授、"休克疗法"的创始人杰弗里·萨克斯(Jeffrey Sachs)担任顾问。杰弗里·萨克斯80年代中期任玻利维亚政府顾问时因成功治理极度通货膨胀而名噪一时,后受聘担任波兰、捷克、斯洛文尼亚、爱沙尼亚、蒙古等国顾问。因此俄罗斯的经济改革是叶利钦定调,西方顾问指导,由副总理盖达尔具体设计、实行的。"休克疗法"的设计者试图迅速实现经济转轨,这种一步到位的做法在生产和财政都出现危机的情况下难以产生积极效果。紧缩政策不仅使需求萎缩,也打击了生产。②一年下来,经济形势非但没有好转,反而更加恶化,社会生产全面大幅度下降,1992年国内生产总值(GDP)下降14.5%,国民收入下降16.2%;通货恶性膨胀,全年膨胀率达到2 510%;外汇空前短缺,卢布汇率狂跌不止,从1992年年中放开汇率时1美元兑125卢布,跌至1994年年底的1美元兑3 550卢布。③人民生活苦不堪言。

鉴于"休克疗法"的严重后果,叶利钦改组政府,盖达尔在议会的强烈反对下于1992年12月下台,对经济改革持温和态度的切尔诺梅尔金担任总

① 参见陆南权:《俄罗斯经济二十年》,社会科学文献出版社2013年版,第4页。
② 李静杰、郑羽主编:《俄罗斯与当代世界》,第11页。
③ 海运、李静杰主编,许新编:《叶利钦时代的俄罗斯·经济卷》,第18—22页。

理。新政府开始对“休克疗法”的政策进行修正，实行一系列新措施，努力稳定赤字，加强国家调控，遏制通货膨胀，使经济逐渐趋稳。但叶利钦的基本态度没有改变，切尔诺梅尔金也没有公开宣布放弃“休克疗法”，采取只做不说，对具体政策进行修正的策略。到 1993 年 9 月，叶利钦重新任命盖达尔入阁，担任第一副总理，主管经济工作，自由派重新掌权，使政策再次朝着激进方向转变。①

俄罗斯的“休克疗法”具有破釜沉舟的性质，决策者在很大程度上寄希望于西方的大规模援助。叶利钦及其支持者指望，俄罗斯一旦与社会主义决裂，与计划经济决裂，西方的援助和投资就会源源不断而来，给俄罗斯输血。在美国也有一种看法，美国在国际援助原苏联国家方面应该起带头和协调的作用。约翰斯·霍普金斯大学国际关系高级研究院教授曼德尔鲍姆(Michael Mandelbaum) 1992 年 1 月 13 日在《纽约新闻日报》上撰文说，美国应领导起对俄罗斯等的援助，帮助其走上自由市场经济的轨道，避免使这些国家出现对西方不利的趋向。美国现在不需要像二战后那样单独行动，欧洲和日本能够而且应该为俄罗斯的重建作出重大贡献。但美国必须参与，并进行协调。②

1 月 22 日，由布什政府倡议发起、47 国和 7 个国际组织，包括联合国、世界银行、国际货币基金组织的代表参加的向原苏联各国提供人道主义援助的国际协作会议在华盛顿举行。布什总统在开幕式上讲话称，苏联与东欧的“革命”对全球各地意义巨大，近五十年的“致命的威胁消失了”，苏联的解体使我们“处于新世界的入口”。现在，西方“应当像致力于赢得冷战那样，致力于在原苏联建立和维持民主和经济自由，帮助独联体人民从共产主义跳跃到民主，从计划经济跳跃到自由市场，从集权主义跳跃到自由”。他呼吁与会者不要低估这样做的困难，但国际社会不能“冒险使正在进行的朝向自由的历史性飞跃逆转”。布什呼吁西方为原苏联各国今冬所需食品等提供紧急援助，他将建议国会再提供 6 亿

① 海运、李静杰主编，许新编:《叶利钦时代的俄罗斯·经济卷》，第 53 页。对“休克疗法”的评价是个复杂的问题。有学者认为，从某种意义上讲，“激进式‘休克疗法’不过是释放 1991 年俄罗斯经济与社会生活中所积累的破坏性能量的一种较为可行的策略选择，亦是一种无可奈何的危机应对策略”。见陆南权:《俄罗斯经济二十年》，第 15 页。有的学者更多从政治角度分析问题，认为这是多种力量博弈所导致的一个结局，是当时主要政治领导人为打击对手、取得政治合法性的手段，而并非一个政策上和理论上深思熟虑的结果。20 世纪 90 年代初对“休克疗法”功效的迷信是与亲西方的热切态度联系在一起的。“休克疗法”某种意义上也是当时内无供应、外无援助的危机条件下的一种应急措施，以激进方式开始实施转型是俄罗斯多年来未见成效的渐进改革的逻辑发展。见冯绍雷、相蓝欣主编:《转型中的俄罗斯对外战略》，上海人民出版社 2005 年版，第 6 页。多数意见认为，导致俄罗斯采取“休克疗法”的原因是复杂的，但对其实际效果多持否定态度。

② 梅孜主编:《美俄关系大事实录》上册，第 271 页。

美元援助，加上过去宣布的，总共50亿美元。①此次会议讨论的主要是人道主义援助。作为西方主要援助国的德国为了两德统一，已经向苏联提供了数十亿美元，且两德统一以后花费巨大，因此不愿意再拿出更多资金；日本因与俄有领土争议（俄称南千页群岛，日称北方四岛），拒绝向俄提供经济援助。国际货币基金组织和世界银行在提供援助时都有严格的标准和要求，俄一时难以满足这些条件。因此会议未能达到布什政府原先的设想。②

尽管结果并不理想，贝克国务卿在23日会议闭幕式上仍然说，"一个真正全球性的"努力正在进行之中，行动被命名为"提供希望项目"（Provide Hope Project）。工作组已经成立，以便制定计划和协调在食品、药品、住房、能源和技术支持等方面的援助，白俄罗斯首都明斯克被选作独立国家联合体的"首都"。与会国的一个联络组建议于下个星期在明斯克与独联体各国一起举行一次会议，进行沟通。美国将从2月10日起在一星期之内从其在德国法兰克福的空军基地以C-5运输机向原苏联各国紧急运送54批药品和食品。所提供的纯粹人道主义援助是无条件的，但长期的援助需要独联体国家对"民主、自由市场和核安全作出承诺"。③除了美国，欧洲国家以及少数其他国家也参与了人道主义援助。

国会对布什政府提供的援助并不满意。2月12日，众议院多数党（民主党）领袖格普哈特在《纽约时报》上撰文批评说，美国对独联体国家的援助和商业来往微不足道。他建议，美国应该加紧提供急需的食物和药品，并帮助分发；允许俄罗斯推迟其1992年应向七国集团偿付的债务利息90亿美元；应该使卢布成为自由兑换货币；应促进与独联体国家的商务关系，利用美国的石油工业来开发俄罗斯和其他国家的能源资源，帮助美国企业在各国投资，以防日本和欧洲拿走就业和利润。④

2月贝克访问莫斯科时，叶利钦提出了稳定卢布基金的问题。先前戈尔巴乔夫曾不止一次提过此事，但美国认为他对自由市场经济没有作出足够的承诺，因此未予认可。对于叶利钦的要求，贝克建议俄方削减政府开支，减少货币供应，对外债有借有还。叶利钦在戴维营会晤布什时再次提起了这个问题，随叶利

---

① George Bush, "Remarks at the International Conference on Humanitarian Assistance to the Former U.S.S.R," January 22, 1992. Online by Gerhard Peters and John T. Woolley, *The American Presidency Project*, http://www.presidency.ucsb.edu/ws/?pid=20522.

② 徐洪峰：《"支持自由法案"下美国对俄罗斯的经济援助述评》，《俄罗斯中欧东亚市场》2007年第2期；James A. Baker, III with Thomas M. Defrank, *Politics of Diplomacy*, pp.655—656。

③ 梅孜主编：《美俄关系大事实录》上册，第272页；James A. Baker, III with Thomas M. Defrank, *Politics of Diplomacy*, pp.617—618。

④ 梅孜主编：《美俄关系大事实录》上册，第274页。

钦访美的盖达尔没有去戴维营，而是留在华盛顿与美方负责金融、经济的主要官员讨论改革事宜。但1992年美国自己的经济也不景气，国会对出钱援俄的积极性不高。布什政府告诫俄方，在放开价格以后，俄方必须随之执行可靠的改革计划，保持改革势头。俄罗斯越是认真履行改革承诺，国际金融机构和七国集团越可能支持稳定卢布。①

在布什政府内部，起先意见也不完全一致。援俄最积极的是贝克，而财政部官员对援俄多有保留。贝克先跟国安事务助理斯考克罗夫特充分磋商，并获得支持；二人又一起说服了财政部长尼克拉斯・布雷迪(Nicholas F. Brady)。同时，美方又推动七国集团、世界银行和国际货币基金组织一起工作，到3月下旬，工作已经大有进展。25日，贝克向布什汇报在协同对俄援助方面的进展，并且建议通过一项综合性的立法，在美俄关系中消除冷战的残留，为双方合作提供法律基础，这就是《支持自由法》。布什支持贝克的主张。②3月27日，在巴黎举行的七国副财长会议敲定一个一揽子计划。31日，国际货币基金组织认可俄罗斯的改革方案。

二、布什政府出台《支持自由法》

1992年4月6日是俄罗斯联邦人民代表大会开幕的日子。保守派正在聚集力量反对叶利钦。叶利钦要在会上展示西方对他的支持，而稳定货币基金和一项综合立法将是最好的证据。于是，布什于4月1日宣布：第一，为支持俄罗斯的改革，美国与盟国、与国际货币基金组织一起将提供60亿美元的货币稳定基金来稳定卢布，其中美国将出资15亿美元；美国还将参与西方各国提供的总共180亿美元的援助，到4月底，这个总共240亿美元的计划将制订完成。第二，他将向国会提出综合的《支持自由法案》，动员各行政部门、国会以及私营企业一起来支持原苏联各国，包括：美国对国际货币基金组织增资120亿美元，以世界银行与国际货币基金组织作为对新独立国家提供援助的首要渠道；支持总统与七国集团及国际货币基金组织合作为原苏联其他国家提供30亿美元的货币稳定基金；废除冷战时期的立法，鼓励美国企业与原苏联各国进行贸易、投资，他已下令与这些国家谈判双边贸易和投资协定；增加国会1991年拨付的纳恩—卢格基金；③发展与独联体国家的人文交流，包括派遣数百个和平队④。第三，除了自1991年以来已经拨付的37.5亿美元商业信用贷款外，再拨付11亿美元

① James A. Baker, III with Thomas M. Defrank, *Politics of Diplomacy*, p.656.

② James A. Baker, III with Thomas M. Defrank, *Politics of Diplomacy*, p.657.

③ 详见本书第57—59页。

④ 和平队是肯尼迪政府于1961年组建的，它主要以志愿者的方式，向发展中国家提供教师、医生、护士、各种技术人员，以彰显美国的软实力，传播美国的文化及价值观。

的信贷，其中6亿美元给俄罗斯，5亿美元给乌克兰和别的国家。布什在谈到这些援助的意义时强调，“民主和自由在原苏联的胜利将为我们的子孙后代生活在新的和平的世界创造可能，如果这种民主的革命遭到挫败，我们可能被投入在某些方面比冷战的黑暗年代更危险的世界之中”，“这个努力将要求工业化国家投入资源，但这点投资与如果这些国家民主和改革失败我们将要付出的代价相比简直不可同日而语”。①

4月3日，布什在将《支持自由法案》递交国会的送件函中说：“随着苏联的解体，我们面临着前所未有的历史性机遇来帮助在原苏联的新独立国家中使民主兴盛起来。使这些国家的民主和开放的市场获得成功是我们的外交政策最优先的选项。这有助于确保我们在未来岁月中的安全。”②他希望国会议员们摒弃党派成见，支持这项立法。

同日，尼克松、福特(Gerald Ford)和卡特(Jimmy Carter)三位前总统联名致函国会，敦促国会迅速采取行动，通过并实施布什总统援俄立法，包括向国际货币基金组织增资。三位前总统希望议员们从美国在世界上的地位出发，显示“政治勇气”。

同日，美俄签署一项协定，使美国的海外私人投资公司(Overseas Private Investment Corporation, OPIC)能为美国私人资本在俄投资提供担保、项目资金和投资服务。

4月9日，贝克在参议院外交关系委员会发表讲话，要求国会在6月叶利钦访问之前通过《支持自由法案》。他说，法案是七国集团支持独联体国家改革努力的重要部分，美国已承诺承担240亿美元一揽子援助的重要部分。如果立法不能成功，不仅将损害美俄关系，而且将更广泛地损害美国与其他原苏联国家的关系，损害美国在世界上的地位。③

同日，布什在美国报刊主编协会发表讲话，再次敦促国会迅速通过法案。他说，美国的下一个边疆是要确保原苏联各国的民主和平。俄罗斯等国“改革的成功是我们的安全、我们的繁荣与我们的价值观的独一无二的最佳保证”，“民主的俄罗斯是防止核竞赛卷土重来的最好保证”，美国为了赢得冷战花费了4万亿美

---

① George Bush, “The President's News Conference on Aid to the States of the Former Soviet Union,” April 1, 1992. Online by Gerhard Peters and John T. Woolley, *The American Presidency Project*. http://www.presidency.ucsb.edu/ws/?pid=20783.

② George Bush, “Message to the Congress Transmitting the FREEDOM Support Act Proposed Legislation,” April 3, 1992. Online by Gerhard Peters and John T. Woolley, *The American Presidency Project*, http://www.presidency.ucsb.edu/ws/?pid=20795.

③ 梅孜主编：《美俄关系大事实录》上册，第280—281页。

元，与此相比，几十亿美元的援助计划只是为实现将来世界和平的一笔小小的定金。①

在美国的支持下，4 月，俄罗斯等 12 个原苏联国家获准加入了世界银行和国际货币基金组织，从而使这些国家有可能获得这两个国际金融机构的贷款。美财长尼克拉斯・布雷迪表示，这些国家的加入意味着该两组织“第一次可以说是真正的全球性组织”。这样，原苏联各国在今后 12 个月中将能从该两组织获得总共 65 亿美元的贷款。世行总裁刘易斯・普雷斯顿(Lewis Preston)4 月 24 日对记者说，在今后三到四年内，世行平均每年可向新独立国家贷款 45 亿到 50 亿美元，从 7 月 1 日起的这一年中先提供 15 亿美元，以后再提高数额。目前正就向俄罗斯提供 5 亿美元的第一项计划进行相关工作。国际货币基金组织总裁米歇尔・康德苏表示，国际货币基金组织正在考虑今后四年中向原苏联各国提供 250 亿到 300 亿美元的贷款。②

为了吸引美国投资，俄罗斯领导人直接向美国企业界喊话。副总理盖达尔 4 月 27 日在美国商会发表讲话，表示俄将加快国有企业私有化的步伐，这是俄经济转型的一个“转折点”。俄庞大的军工企业对外国投资也“非常感兴趣”。

6 月中旬，叶利钦访问美国。17 日，白宫发表援助俄罗斯的报告为两国元首会晤造势。③报告称：“美国政府从事了一项历史性的努力来为俄罗斯正在进行的民主变革提供支持。”报告列举了美国已提供和正在提供的各项援助：

——人道主义援助：根据“提供希望项目”第一阶段安排，美国完成了向俄罗斯运送约 1 200 吨食品和 100 吨医药物资的 24 个航次。现正根据该行动第二阶段安排向 9 个俄城市投放约 16 000 吨国防部剩余物资以及 262 吨医药物资；通过一个民间的志愿者组织“提供希望项目”运送了“总统医药倡议”项下的 1 230 万美元医药援助；美国农业部根据“食品用于进步项目”与五家志愿者组织签订协议向俄罗斯运送约 9 000 万美元物资；美国农业部还与俄达成协议，提供 3 400 万美元的黄油供俄在市场出售，所得款项用作人道主义援助。

——宏观经济援助：美国是 240 亿美元的国际援助俄罗斯经济改革计划的重要参与者，1992 财年美国承担的份额约为 45 亿美元，包括国际货币基金组织

① George Bush, “Remarks to the American Society of Newspaper Editors,” April 9, 1992. Online by Gerhard Peters and John T. Woolley, *The American Presidency Project*, http://www.presidency.ucsb.edu/ws/?pid=20825.

② 梅孜主编：《美俄关系大事实录》上册，第 283 页。

③ The White House, Office of Press Secretary, “U.S. Assistance to Russia,” June 17, 1992, http://www.disam.dsca.mil/pubs/Vol%2014_4/U%20S%20Assistance%20to%20Russia.pdf.

的援助、稳定卢布基金等，但这些援助的提供将取决于俄与国际货币基金组织达成的双边协定。

——信贷担保：美国农业部已拨出 37.5 亿美元的信贷担保，供原苏联国家，主要是俄罗斯购买 2 500 吨农产品。4 月 1 日，布什宣布追加 6 亿美元的信贷担保；美方并通过进出口银行提供援助，价值 1.85 亿美元的九笔交易已经获得批准；进出口银行也已原则上就美国提供石油、天然气设备和技术达成协议，并正就价值 2 亿美元的环境和核安全方面出口项目与俄方进行磋商；海外私人投资公司与俄方达成协定，在今后数年内提供 1.59 亿美元的援俄项目。

——技术援助：布什政府提出在 1992、1993 财年向原苏联国家提供 6.2 亿美元新拨款作为人道主义和技术援助；美国向俄派出了“军转民”的技术顾问；美国顾问已经在俄罗斯和乌克兰的三个城市帮助该两国进行企业拍卖，并将予以推广，尤其是各城市的中小零售企业的拍卖；美农业部将在彼得堡成立示范农场，在莫斯科建立私营食品销售市场；上百个和平队将于 10 月派赴原苏联国家；将向俄派出从住房、儿童健康到核安全的各方面的顾问。

6 月 17 日，美俄举行工商峰会，签署一系列关于贸易、投资、税收的协定。布什和叶利钦出席峰会并发表讲话。布什称，“俄罗斯经济的历史性转型是我们时代最伟大的挑战之一，俄罗斯所需的数千亿美元的资金和技术将源源不断而来，但主要不是来自政府，而是来自私人资本”，“私人资本在俄经济中的参与对俄经济转型的成功至关重要”。布什宣布自即日起向俄提供最惠国待遇。布什还强调，他将敦促国会尽快批准《支持自由法案》，这不仅因为“法案对俄罗斯有利，而且它对于美国、对于世界和平、对于民主和自由都是有利的”。①叶利钦在讲话中表示，美国的经验对今天的俄罗斯改革者、企业家、年轻的商人来说，是“伟大的样板”。回国以后，他将签署把国有企业改组成股份公司的命令，以便在今年年底使几乎所有俄罗斯公民都参与私有化，使这一进程成为不可逆转的。②峰会上还决定成立双边实业发展委员会（U.S.-Russia Business Development Committee），由美商务部部长富兰克林（Barbara Franklin）与俄副总理兼经济部部长绍欣共同主持，委员会的主要任务是消除妨碍两国贸易和投资发展的障碍。③

6 月 17 日，美俄发表关于军工产业转产的联合声明。声明称，美俄两国认

① George Bush, “Remarks at the United States-Russia Business Summit,” June 17, 1992. Online by Gerhard Peters and John T. Woolley, *The American Presidency Project*, http://www.presidency.ucsb.edu/ws/?pid=21100.

② 梅孜主编：《美俄关系大事实录》上册，第 288 页。

③ US Department of State, “Fact Sheet: Russian and U.S. Assistance,” www.disam.dsca.mil/pubs/Vol%2717_2/Fact%20Sheet%20Russia%20%20US%20Asst.pgf.

识到,“军工转产是后冷战时代的一个关键挑战,对于建立民主和平至关重要。双方既认识到转产努力的困难,也意识到,一旦转产成功,由防务部门释放出大量资源符合两国人民长远的经济发展和国家安全的需要”,为此,两国决定把在“军转民”方面的合作置于两国关系中的优先位置。双方将在美俄实业发展委员会的框架下设立美俄军工转产委员会(U.S.-Russian Defense Conversion Committee),并努力为双方合作创造条件。俄方将为美国的贸易和投资创造良好的政治、经济、法制氛围,包括实行卢布可自由兑换所需的宏观经济改革,以及支持自由化和工业去垄断化的微观改革,对于进行转产的企业适用国际通用的标准。美方将促使本国企业家参与有商业发展前途的俄罗斯项目,包括设立合资企业,派遣军工转产方面的专家常驻俄罗斯,向当地领导人和企业管理人员传授经验,在俄罗斯设立培训中心和信息中心等,来促进双方的合作。①双方还在峰会上签订协议,相互给予对方最惠国待遇,并保护知识产权。

6 月 19 日,美联邦储备委员会宣布,已经建立一个特别的机构,帮助俄罗斯建立西方式的银行体制。纽约联邦储备委员会主席杰拉德·科里根(Gerald Corrigan)称,成立了一个由公共部门和民间的银行家组成的“美俄银行家论坛”,科里根是美方主席,俄方主席是俄驻联合国大使、叶利钦的外事顾问尤利·沃龙佐夫。该论坛将分别在两国设立秘书处,向俄提供直接的技术援助,为俄建立以市场为导向的银行和金融体制提供咨询。②

其时,美国会正在讨论《支持自由法案》。法案的核心是向国际货币基金组织增资 120 亿美元,参议院已经在 6 月通过了法案,众议院尚未投票表决。一些众议员对俄尚未从波罗的海国家撤军、对古巴的援助及国内种种问题表示不满。众议院外委会民主党资深成员汉密尔顿敦促众议院尽快进行表决。他认为,这次表决是多数议员在国会任职期间所参与的最重要的对外政策表决,立法将允许向俄罗斯提供急需的援助,“在这里时间是至关重要的,叶利钦当前的情况岌岌可危”。众议院外委会主席丹蒂·法塞尔(Dante Fascell)表示,与美国在长期冷战中的花费相比,这项法案的开支实在“微不足道”。③

7 月 2 日、8 月 6 日参众两院分别通过《支持自由法案》,10 月 24 日由布什总统签署成法。该法全称《1992 年支持俄罗斯和欧亚民主体及开放市场法》(The Freedom for Russia and the Emerging Eurasian Democracies and Open Markets Support Act, or Freedom Support Act, FREEDOM),它允许美国向

① George Bush, “Joint Russian-American Declaration on Defense Conversion,” June 17, 1992. Online by Gerhard Peters and John T. Woolley, *The American Presidency Project*. http://www.presidency.ucsb.edu/ws/?pid=21104.

② 梅孜主编:《美俄关系大事实录》上册,第 289 页。

③ 梅孜主编:《美俄关系大事实录》上册,第 290 页。

国际货币基金组织增资120亿美元，使国际货币基金组织得以帮助原苏联国家确立市场经济，并允许美国提供4.1亿美元双边援助；允许美国向这些国家提供人道主义援助，发展经贸关系；确保其民用核反应堆安全，并将军事设施转为民用；成立非政府组织，与对象国进行科学交流；鼓励私人资本发展与原苏联国家的经贸、技术关系等。布什在签署该法时称：美国为“在这历史性时刻支持世界上这一极端重要部分的民主和自由市场经济而感到骄傲。毫无疑问，原苏联新独立国家的未来掌握在它们自己手里，但《支持自由法》的通过表明，美国承诺支持它们的努力”。①

1992年7月上旬，七国峰会在慕尼黑举行。在美国推动下，峰会宣布了支持俄罗斯宏观经济改革的240亿美元的一揽子计划：双边金融援助110亿美元，国际货币基金组织和世界银行提供45亿美元贷款，用作债务安排的25亿美元，稳定卢布基金60亿美元。落实情况是：七大国提供120亿美元双边金融援助，世行提供6亿美元的“复兴贷款”供俄罗斯进口急需的消费品，7亿美元用于改善社会服务。1992年8月，国际货币基金组织批准第一期10亿美元（在1993年7月拨付），1994年3月俄罗斯与国际货币基金组织达成第二期15亿美元的协定。240亿美元中余下的80多亿美元，包括稳定货币基金，尚待俄罗斯与国际货币基金组织谈判解决。②

① George Bush, “Statement on Signing the FREEDOM Support Act,” October 24, 1992. Online by Gerhard Peters and John T. Woolley, *The American Presidency Project*, https://www.presidency.ucsb.edu/node/267278。关于《支持自由法》的实施情况，参见徐洪峰：《“支持自由法案”下美国对俄罗斯的经济援助述评》，《俄罗斯中欧东亚市场》2007年第2期。

② US Department of State, “Fact Sheet: Russian and U.S. Assistance,” www.disam.dsca.mil/pubs/Vol%2717_2/Fact%20Sheet%20Russia%20%20US%20Asst.pgf1992。关于这240亿美元，有中国学者作过研究，其中60亿美元用于稳定卢布，但来自何处一直不清楚，而且从来没有提供。其余180亿美元主要用于资助俄罗斯对外经济活动中的巨大赤字，56亿美元被用来支付1992年度到期的贷款或贷款利息，俄罗斯没有拿到现款。还有45亿美元是IMF和世界银行的融资。要得到这笔钱，俄罗斯首先必须成为该两机构的成员。要成为其成员，俄罗斯必须缴纳入会费。仅加入IMF的入会费就是40亿美元左右，其中23%必须缴纳硬通货，其余以卢布缴纳。之后方能得到贷款。还有近80亿美元是西方七国筹集的，但费用的分摊成为大问题。如美国借口经济危机，只愿意承担2亿美元；德国早已是独联体国家最大的债主，对原苏联国家援助的60%资金来自德国；日本将援助与北方四岛问题挂钩。因此这240亿美元在很大程度上是画饼。冯绍雷：《制度变迁与对外关系——1992年以来的俄罗斯》，上海人民出版社1997年版，第507—508页。曾任叶利钦首席顾问的阿纳托利·丘拜斯认为，要是这240亿美元真的给了俄罗斯，就会对俄产生重大影响，也会极大地改善美俄关系，“这真是一件令人惋惜的事情。美国错过了一个大好的机会”。Angela E. Stent, *The Limits of Partnership*, p.12. 有的美国学者认为，布什政府口惠而实不至，加重了对俄罗斯的伤害，俄罗斯人开始怀疑，西方是否真要帮助俄罗斯的改革。James M. Goldgeier and Michael McFaul, *Power and Purpose*, p.338.

9月14日，布什政府宣布，将分三期向俄罗斯提供9亿美元的信贷担保供购买美国农产品：立即提供1亿美元，10月1日起提供5亿美元，1993年1月1日起提供余下的3亿美元。并从1992年10月1日起提供2.5亿美元的直接食品援助。①

在美国的推动和支持下，世界银行、国际货币基金组织也在采取行动。1993年1月18日，世界银行莫斯科办事处主任斯陶特茨达克对记者表示，世界银行打算每年给俄罗斯20亿至25亿美元贷款，目前已向三个大项目拨款，1992年8月提供6亿美元，用于在国外购买为制止生产下跌所必需的商品；11月向俄罗斯提供7 000万美元，用于安排居民的社会保障；12月批准9 000万美元，用于帮助大规模的私有化的实施工作。这些贷款为期15年，可以延期5年偿还。②

三、克林顿政府援俄新举措

1993年克林顿与叶利钦温哥华会晤之前，3月27日的《纽约时报》已经披露，克林顿政府正在努力制订一项援俄的新一揽子计划，建议国际货币基金组织放宽限制，把对俄援助一年增加到135亿美元。28日，克里斯托弗对媒体表示，他最近私下与140位议员接触，得到了对一项援助计划的"巨大支持"。政府至少将对俄提供7亿美元的援助。③4月1日，克林顿向媒体发表讲话，系统阐述了俄罗斯转型的意义，强调对俄援助的重要性，为首脑会晤预热。他认为"美国的利益与俄罗斯的改革、与叶利钦所领导的俄罗斯改革者息息相关"，"没有什么能比俄罗斯和平进步的新生对全球的自由、安全和繁荣作出更大的贡献了"，"如果俄罗斯的改革失败，它就会回复到集权主义，或者变得一片混乱。世界承受不了类似前南斯拉夫的冲突在俄罗斯这样一个比前南联盟大10倍、仍然拥有巨大核武库的国家重演"。克林顿还引用美国自己建国的历史说明，建立民主的征程是漫长的，"但只要在俄罗斯及其他国家的改革者还在向着民主进军，我们的战略就是支持它们"。④

4月3日，克林顿在会晤叶利钦之前又对记者表示，"这不是关于援助的会谈，这是关于长远的伙伴关系的会谈。美国可以从一个强大、成功、民主的俄罗斯得到许多，这是符合美国利益的。叶利钦总统所代表的、他正在进行的

① 梅孜主编：《美俄关系大事实录》上册，第291页。

② 梅孜主编：《美俄关系大事实录》上册，第296页。

③ 梅孜主编：《美俄关系大事实录》上册，第299—300页。

④ William J. Clinton, "Remarks to the American Society of Newspaper Editors in Annapolis," April 1, 1993. Online by Gerhard Peters and John T. Woolley, *The American Presidency Project*, http://www.presidency.ucsb.edu/ws/?pid=46392.

斗争使我深受鼓舞”。①4 月 4 日，两位领导人就双边和地区问题进行了广泛讨论，但重点是经济问题。在会谈后的记者会上，克林顿再次重申，“在这个新的挑战时刻支持俄罗斯的民主改革是世界上民主国家自身利益之所在和崇高职责”，美国将通过专门基金支持俄私人企业及私有化；将继续向俄提供粮食；将为俄“军转民”提供诸如住房等的帮助；将扩大与俄民间交流，包括农业、商界、学界和其他各界与俄的直接交流；美国将促进对俄投资，尤其是在石油、天然气领域的投资。

为了推动两国的经济合作，双方决定成立经济技术合作委员会，由美国副总统戈尔和俄罗斯总理切尔诺梅尔金主持。委员会是根据俄罗斯建议成立的，每年开会两次，轮流在美俄举行。委员会下设六个小组，分别是：科技、实业发展、航天、能源、环境保护、“军转民”。克林顿还希望七国集团提出各自的援俄计划。叶利钦在记者会上说：“温哥华会晤是一个标志，从此美国对俄罗斯的支持从一般性的保证变为现实的、具体的、实实在在的项目。”美对俄援助不是“圣诞礼物”，这是对民主的新俄罗斯的投资，是会给西方带来红利的。他还呼吁取消冷战时期对俄贸易歧视，即取消对俄使用《杰克逊—瓦尼克修正案》。②

同日，克林顿政府宣布，将向俄提供约 16 亿美元的一揽子援助，其中包括 7 亿美元的粮食和其他食品信贷，6.9 亿美元的赠款，2.3 亿美元的其他援助。美方还计划开展两国民间交流，1993 年夏天将有 3 000 名俄罗斯人到美国接受培训。美方还支持俄加入关贸总协定的要求。③温哥华会晤使美国对俄援助获得新的势头。克林顿在会晤后觉得“对叶利钦更有信心了”，并称：“我喜欢他，他是个性格顽强的俄罗斯人，性格上充满了矛盾之处。与现实中的其他选择相比，俄罗斯由他来掌舵是很幸运的。”④

对俄罗斯的粮食援助被命名为“食品用于进步”项目，4 月 6 日，粮食出口协会会长史蒂夫·麦科伊(Steven McCoy)表示，这价值 7 亿美元的粮食包括小麦和用作饲料的玉米，其中 3/4 将由悬挂美国国旗的船只运输。而这 7 亿美元当

---

① William J. Clinton, “Exchange With Reporters with President Boris Yeltsin of Russia in Vancouver,” April 3, 1993. Online by Gerhard Peters and John T. Woolley, *The American Presidency Project*, https://www.presidency.ucsb.edu/node/219539.

② William J. Clinton, “The President's News Conference with President Boris Yeltsin of Russia in Vancouver,” April 4, 1993. Online by Gerhard Peters and John T. Woolley, *The American Presidency Project*, http://www.presidency.ucsb.edu/ws/?pid=46404.

③ 梅孜主编:《美俄关系大事实录》上册，第 303 页。

④ Angela E. Stent, *The Limits of Partnership*, p.19.

中后来有 2 亿美元用作运费。①

7 日，美商务部长罗纳德·布朗(Ronald Brown)接受美联社采访时说，美国公司准备在俄投资 40 亿美元，这是目前美在俄投资额的 10 倍。投资方向首先是俄能源产业，也可能是电信和其他高技术部门。他希望俄能对现行法律进行修改，为外资提供更好的保护。

与此同时，克林顿政府还向世界银行和国际货币基金组织施加影响。国际货币基金组织表示，正逐步放宽对俄援助的限制，并准备在 4 月底确定一项在此后数月内向俄提供 45 亿美元贷款的计划，这将是 4 月中旬七国集团东京峰会宣布的一揽子计划的一部分；世界银行正考虑在以后 12 至 18 个月内提供 40 亿美元贷款。②

在 4 月 14 日至 15 日七国集团东京峰会上，美国提议设立 40 亿美元的基金，资助俄罗斯的国有企业的私有化转型，美国将出资 5 亿美元，其他六国出资 15 亿美元，世界银行与国际货币基金组织提供 20 亿美元。美财长本特森(Lloyd Bentsen)表示，这将减轻俄中央银行在使石油、天然气和其他主要工业转向私人控制方面的部分负担，保留成千上万个就业岗位，并降低俄央行放松信贷引起的通货膨胀。③

为了推动俄罗斯的经济改革，本特森于 6 月初访问莫斯科。他带给俄罗斯的信息是，除非控制通货膨胀、控制财政赤字、加速私有化，否则将得不到西方允诺的援助。在西方压力下，9 月叶利钦重新启用盖达尔，任命他为第一副总理，负责经济改革。

美进出口银行致力于推动美俄贸易。1993 年 7 月，进出口银行与俄方签订 20 亿美元的意向性协议，用于担保大型设备对俄出口以振兴俄能源生产。1994 年 3 月，进出口银行与俄石油生产委员会达成上述框架下第一笔交易，价值 2.31 亿美元的信贷。俄罗斯还提出了 7.5 亿美元贷款的申请。④

克林顿政府把对俄援助(有时候是宣布援助计划)与支持叶利钦密切结合起来。为了在 4 月 25 日的公投中支持叶利钦，在美国推动下，4 月 14 日至 15 日，有俄外长参加的七国集团外长和财长特别会议在东京举行。会议宣布对俄发起

① 由于美国的人工成本昂贵及其他一些因素，使用美国船只的运费要比用别国船只高出一倍至两倍：外国船只的运费为每吨 40—80 美元，而美国船只的运费为每吨 80—100 美元。最后美俄签署的协议规定，美将向俄提供 4.35 亿美元的信贷，用于购买美国食品，并捐助价值 6 650 万美元的黄油和小麦，美国还将承担黄油和小麦的运输费用。梅孜主编：《美俄关系大事实录》上册，第 306 页。

②③ 梅孜主编：《美俄关系大事实录》上册，第 305 页。

④ US Department of State, "Fact Sheet: Russian and U.S. Assistance," www.disam.dsca.mil/pubs/Vol%2717_2/Fact%20Sheet%20Russia%20%20US%20Asst.pgf.

总额 280 亿美元的援助，帮助俄稳定通货，对急需物资的进口，剥离无效的国有资产等。①4 月 29 日，七国财长和央行行长又发表声明，欢迎俄公投结果，认为这是对叶利钦及其政府进行的民主和经济改革的认可，也使叶利钦政府得以充分利用本月早些时候七国外长和财长会议宣布的一揽子援助计划。②实际上这次宣布的计划只是给俄罗斯画了一个大大的饼。

5 月，美众议院少数党领袖格普哈特率领的一个国会代表团访问了俄罗斯，他们参观了由美国际开发署资助成立的莫斯科下诺夫哥罗德的两个拍卖中心，目睹了那里拍卖国有企业的现场。③

7 月 9 日至 10 日，七国集团峰会在东京举行，叶利钦应邀与会。七国集团对俄一揽子援助的金额总共是 284 亿美元，包括帮助俄抑制通胀，重建经济，这实际上比一年前慕尼黑峰会上七国集团承诺动员的援助多不了多少。当然俄政府也必须符合相关的要求，如削减政府开支以控制通胀，控制货币供给，建立合理公平的税收体系，制定保护私有财产的法律，控制腐败等。④

9 月 2 日，首次美俄经济技术合作委员会(戈尔—切尔诺梅尔金委员会)会议在华盛顿举行。双方签署了太空和能源合作等协定，包括美海外私人投资公司为德士古石油公司恢复西伯利亚目前闲置油井所需 8 000 万美元的项目提供 2 800 万美元贷款和保险。双方还签署了国际空间站合作的协定。俄方同意在出口高技术产品和服务方面遵守国际规范，这有利于处理俄伊核合作问题。⑤同日，克林顿会见切尔诺梅尔金。在会见前的记者会上，克林顿宣布将对冷战时期涉俄的法律、规定进行全面清理，下星期国会复会时，行政当局将提请国会审议废除涉俄的约 60 项法规。这一举措是要“表明，我们承认俄罗斯是民主行为体，与我们一起工作，一起前进”。⑥

---

① Warren Christopher, *In the Stream of History*, p.58.

② “Statement of the Group of Seven Financial Ministers and Central Bank Governors,” April 29, 1993. http://www.g8.utoronto.ca/finance/fm930429.htm. 关于俄罗斯公投，见本书第 30 页。

③ Warren Christopher, *In the Stream of History*, p.57.

④ Strobe Talbott, *The Russia Hand*, p.84. 美国务院称，1993 年美国对俄提供了 16 亿美元的人道主义援助，3.55 亿美元的技术援助(不包括处理核武器)。U.S. Department of State, “Fact Sheet: Russia and US Assistance.” 七国峰会宣布的计划是虚张声势的宣传，真正落实的不多。www.disam.csca.mil/pubs/Vol%2717_2/Fact%20sheet%20Russia%20%20US%20Asst.pdf.

⑤ 梅孜主编：《美俄关系大事实录》上册，第 309 页；Talbott, *The Russia Hand*, p.86。

⑥ William J. Clinton, “Remarks Prior to Discussions with Prime Minister Viktor Chernomyrdin of Russia and an Exchange With Reporters,” September 2, 1993. Online by Gerhard Peters and John T. Woolley, *The American Presidency Project*, http://www.presidency.ucsb.edu/ws/?pid=47019.

在促进俄罗斯私有化方面，美国际开发署发挥了重要作用。开发署帮助俄制定私有化的政策、法规，设置机构、组织发展实业，建立股票市场，甚至具体地帮助俄把国有资产，包括工厂、卡车、小企业，转交到私人所有者手里。1993 年 9 月 28 日，开发署与俄罗斯签署协定，设立俄美企业基金。开发署将在未来 3 年内提供 3 亿美元，并将其中 4 000 万美元用于俄远东地区。资金主要由美国政府提供，并吸引私人资本参与。该基金还提供技术和培训援助，诸如小企业的发展与管理、开拓出口市场、证券市场与汇兑业务、银行、审计、金融、预算管理、税收政策、收入预估等。①

1993 年，美、俄以及其他债权方同意对俄到期的 150 亿美元债务延期偿还，以便利俄实行经济改革。10 月，俄罗斯获得关贸总协定的便利待遇，使价值 4.4 亿美元的俄商品能享受关税优惠待遇。美方还承诺支持俄申请加入关贸总协定，并准备派常驻代表充当俄政府关贸总协定事务的顾问。

1994 年 1 月，克林顿对俄进行首次国事访问。克林顿在访问中宣布，温哥华会晤时美国答应提供的第一批援助 16 亿美元，已经拨付 70%；第二批 25 亿美元的援助已经国会批准。当然这些援助是给所有原苏联国家的，但俄罗斯占了其中大部分。②

1993 年 12 月，俄举行杜马选举，盖达尔领导的自由派集团“俄罗斯选择”失利，这实际上是俄民众对盖达尔主持的改革不满的反应。在政府内部，关于经济改革的分歧尤其在私有化问题上尖锐表现出来。盖达尔强调加快改革，切尔诺梅尔金排除了再次使用“休克疗法”的可能性。叶利钦被迫改组政府，盖达尔和财政部部长鲍里斯·费奥多罗夫双双辞职。这两位西方中意的改革派人物的去职在美被广泛视为俄将放缓改革的标志。1994 年 1 月 24 日，即将就任美副国务卿并负责对俄事务的塔尔伯特在参议院一个小组委员会作证时警告说，华盛顿对盖达尔和费奥多罗夫这两位改革家离开政府深感不安，鉴于切尔诺梅尔金主张放慢改革速度，人们对俄政府是否愿意和能够履行叶利钦的改革承诺表示怀疑。他进而说，俄方必须全力推进经济改革，否则高通胀可能颠覆政府。这是美方对俄内政不加掩饰的干预。28 日，美驻俄大使皮克林也在记者会上对盖达尔和费奥多罗夫的去职表示遗憾，并称美国将密切关注俄新政府的表现，俄能否得到西方援助将取决于新政府能否设法降低通胀，减少预算赤字。众议院外事委员会主席汉密尔顿也表示：“我认为这是一次倒退。我们对这两位改革家寄予

① U.S. Department of State, “Fact Sheet: Russia and US Assistance,” www.disam.csca.mil/pubs/Vol%2717_2/Fact%20sheet%20Russia%20%20US%20Asst.pdf.

② 梅孜主编：《美俄关系大事实录》上册，第 63 页。

了很大的希望……这几乎肯定意味着改革将放慢速度。”①2 月 23 日，克里斯托弗在参议院外交委员会作证时承认：“俄罗斯的危险仍然非常实实在在。我们必须准备应付这种可能性，即改革进程可能被逆转，俄罗斯富于侵略性的民族主义可能……抬头——即使通过民主的方式。”②

1994 年 2 月 26 日，美财长本特森与七国集团官员会见俄副总理兼经济部部长绍欣，呼吁俄加速经济改革。本特森称，美、俄先前已与国际货币基金组织达成一致意见，向俄发放 15 亿美元的贷款，但贷款却由于俄向自由市场经济转型速度放慢而未能兑现。国际货币基金组织有权得到这样的保证，即俄罗斯的改革将“继续向前发展”，国际货币基金组织的援助不会被浪费。绍欣希望七国集团与国际货币基金组织采取新的方针，并重申俄要求七国集团扩容，接纳俄罗斯参加。③

克林顿政府一方面敦促俄罗斯加快改革步伐，一方面继续对叶利钦提供支持。莱曼兄弟公司前资深副总经理卡利斯基被任命为政府“调查官”，他将与俄罗斯官员一起打破繁琐的程序，促进美俄石油、天然气以及其他计划。3 月底，美国商务部部长布朗率贸易和投资代表团访俄，与俄副总理绍欣、对外经济联络部部长达维多夫在莫斯科签署 4 项经贸合作文件，涉及开放市场、在俄建立美国实业中心、加强医疗器材生产合作及两国政府间发展实业合作委员会。同时，世界银行也在准备向俄提供 10 亿美元的贷款。④美俄农业经济与农村发展联合委员会也在 3 月成立，委员会将把出售捐赠的美国商品所得用于支持俄农村私人及社会项目。

1994 年 6 月下旬，在华盛顿举行第三次美俄经济技术合作委员会例会。俄对外经济联络部长达维多夫在赴会前向记者表示，1993 年俄美两国的经贸关系得到较大发展，贸易额比 1992 年增长 20%，达到 43 亿美元；美企业在俄投资建立 1 400 多家合资企业，金额达 4 亿美元。但两国经贸关系中仍然存在着障碍：冷战的遗产尚在，歧视性的规定还在起作用；美仍然限制对俄高技术出口，他希望美方能正视这些问题。经过三天的磋商，双方于 6 月 23 日签署了能源、空间、环境、核安全等领域的 30 项经济技术合作文件，包括 100 亿美元的能源协定和 4 亿美元的两国共建空间站计划。俄方还同世界银行签署了为修筑道路和为扶持农业提供贷款的 4 项协定，总额 5 亿美元。切尔诺梅尔金在接受俄《劳动报》记者采访时举例说，空间站合作协定涉及正在转产的国防部门，这些部门现在普

① 梅孜主编：《美俄关系大事实录》上册，第 313、64 页。

② 冯绍雷、相蓝欣：《俄罗斯与大国及周边关系》，第 24 页。

③ 梅孜主编：《美俄关系大事实录》上册，第 315 页。

④ 梅孜主编：《美俄关系大事实录》上册，第 316 页。

遍处境困难。而美国公司参与即将进行的萨哈林大陆架油田和天然气田的开发,将为俄罗斯创造大量的就业机会。①

但美俄经贸关系受到《杰克逊—瓦尼克修正案》的限制。这是1974年美国《贸易改革法》的一项修正案,其中规定,在苏联允许犹太人和其他少数民族自由移居国外之前,禁止向苏联提供关税优惠待遇,禁止其得到美国政府的贷款。要废除它需要国会通过新的法律。作为对俄罗斯呼吁的回应,克林顿于9月21日致函国会,"确认俄罗斯已经完全符合"关于自由移民的规定,以后他还将向国会定期提交相关报告。这样,俄罗斯就可以享受美国的最惠国待遇了。②

9月27日至28日,叶利钦再度访美,美俄领导人举行了克林顿当政以来的第五次会晤。克林顿在欢迎仪式的致辞中盛赞其功绩说,美俄关系之所以能取得如此大的进展,很大程度上要归功于叶利钦"领导的俄罗斯的和平革命,美国完全支持这场革命。你面对困难时的坚定不移和勇敢精神鼓舞了千万美国人"。③双方在会谈中重申恪守《美俄伙伴及友好关系宪章》(1992年6月17日)、《温哥华宣言》(1993年4月)、《莫斯科宣言》(1994年1月)的目的和原则,并发表《关于经济进步伙伴关系的联合声明》。声明成为两国经济关系的纲领。美方在声明中表示将尽早要求国会通过新的立法停止对俄使用《杰克逊—瓦尼克修正案》;双方将努力克服贸易和投资障碍,保证对对方商品和服务开放市场,避免贸易摩擦;双方将根据关贸总协定/世界贸易组织的原则来削减关税,美方希望俄方在实践中努力贯彻关贸总协定/世贸组织规定,争取早日加入该组织;希望俄方及早加入关于知识产权的国际公约;确认继续支持俄建立市场经济的努力。俄方承诺继续进行经济改革,努力发挥私营部门在国家经济中的作用;两国将加大在石油和天然气领域的合作力度。④双方对会晤都表示非常满意,克林顿说,他与叶利钦在一起的时间多于与任何其他国家的领导人。他们"已经学会了对于分歧采取开放和冷静的态度,已经建立了相互信任的气氛。我相信,我们的伙伴关系已经产生了成果,并将继续发挥作用"。叶利钦表示,双方几乎对所有问

① 梅孜主编:《美俄关系大事实录》上册,第74页。

② William J. Clinton, "Message to the Congress Transmitting a Report on Emigration Policies of Russia," September 21, 1994. Online by Gerhard Peters and John T. Woolley, *The American Presidency Project*, http://www.presidency.ucsb.edu/ws/?pid=49125.

③ William J. Clinton, "Remarks Welcoming President Boris Yeltsin of Russia," September 27, 1994. Online by Gerhard Peters and John T. Woolley, *The American Presidency Project*, http://www.presidency.ucsb.edu/ws/?pid=49159.

④ William J. Clinton, "Partnership for Economic Progress: Joint Statement on Principles and Objectives for the Development of Trade, Economic Cooperation, and Investment," September 28, 1994. Online by Gerhard Peters and John T. Woolley, *The American Presidency Project*, http://www.presidency.ucsb.edu/ws/?pid=49173.

题都达成了一致，包括俄罗斯加入七国集团。①美俄两国实业界签订了10亿美元的合同，涉及农业、通信等各个领域。克林顿还签署了一项美俄太空合作的法律。并承诺拨付1亿美元通过海外私人投资公司和商务部直接支持两国的贸易与投资。

12月12日至14日，第四次戈尔—切尔诺梅尔金委员会会议在莫斯科举行。美国防部部长佩里(William Perry)、商务部部长布朗、能源部部长奥利里(Hazel O'Leary)、卫生与公共服务部部长沙拉拉(Donna Shalala)、副国务卿塔尔伯特参加了会议。双方签署了20个经济、技术、工艺领域的合作文件。切尔诺梅尔金在会议结束后表示，委员会建立一年半来，双方共同努力使之成为推动两国在最敏感最重要领域进行合作的有效机制。②

① William J. Clinton, "The President's News Conference with President Boris Yeltsin of Russia," September 28, 1994. Online by Gerhard Peters and John T. Woolley, *The American Presidency Project*, http://www.presidency.ucsb.edu/ws/?pid=49170.

② 梅孜主编:《美俄关系大事实录》上册，第323页。

第二章 对原苏联核武库的处置

第一节 布什时期

一、核国家一变为四

苏联解体之初，美国在享受冷战胜利的红利的同时，也不是没有隐忧。作为冷战的遗产，苏联留下的核武器、化学武器和生物武器的去向是对布什政府的一个严峻挑战，尤其是核武器。苏联拥有能够打击美国本土的 11 000 多枚战略核武器，以及至少 15 000 枚战术或战地核武器，这个庞大的核武库 80%部署在俄罗斯，20%分别部署在乌克兰、白俄罗斯、哈萨克斯坦。尤其乌克兰拥有约 1 900 枚战略核弹头和约 3 000 枚战术核弹头，超过英国、法国、中国拥有的核武器的总和，一时竟成了世界第三核大国。①原来苏联范围内只有一个核国家，一夜之间变成四个。美国和俄罗斯都担心乌、白、哈缺乏足够的管控能力和安全保障，很容易导致核科学家、核材料、核技术的扩散。虽然戈尔巴乔夫在辞去苏联总统时将核力量的指挥权交给了俄罗斯总统叶利钦，但是乌、哈、白三国都宣布对本

---

① 乌克兰拥有的核武库包括 130 枚液体燃料的 SS-19 洲际导弹，每枚携带 6 枚核弹头；46 枚固体燃料的 SS-24 洲际导弹，每枚携带 10 枚核弹头；600 枚空射巡航导弹，42 架战略轰炸机。还有约 3 000 枚战术核弹头。Roman Popadiuk, "American- Ukrainian Nuclear Relations," McNair Paper 55, October 1996, Institute of National Strategic Studies, National Defense University, https://www.files.ethz.ch/isn/23614/mcnair55.pdf. 珀巴蒂克 1991—1992 年任美驻乌克兰大使，后在美国务院供职。

国境内的核武器拥有主权,不愿轻易交出对核武器的控制权。①在这个问题上美俄两国的看法与利益是一致的,叶利钦所称的俄美"战略伙伴关系"的首要基础就是双方对核稳定的共同关切。②对于俄罗斯来说,在苏联解体后的严重困难时期,在核武器上与美国旗鼓相当是俄罗斯大国地位的最重要标志。虽然美苏在1991年7月签署了《第一阶段削减战略武器条约》(Strategic Arms Reduction Treaty-I, START I),但由于戈尔巴乔夫承诺要减少、销毁的核弹头及运载工具现在分散在四个国家,俄罗斯要履行这个条约就有两个前提:第一,乌、哈、白三国的核武器必须全部运到俄罗斯,确保俄是唯一继承原苏联核武器的国家,然后由俄按照条约规定统一处理。③第二,乌、哈、白三国要以无核国家的身份加入《不扩散核武器条约》(Treaty on the Non-Proliferation of Nuclear Weapons, NPT)。在此后数年中,布什政府、克林顿政府与俄、乌、哈、白四国进行持续交涉和磋商,俄乌之间反复争议,美、俄、乌之间进行多次三边谈判,经历了一个曲折的过程,终于达到预期目的。

确保这个庞大的核武库对美国和西方不构成威胁是布什政府的头等大事。核武器是分散在四国好,还是由俄罗斯一国控制好?如何以对美国安全最有利的方式重组原苏联的核武系统?政府内部有不同意见。国防部部长切尼(Richard Cheney)等认为,核武器留在各国、由各国分别控制较好,核武器集中到俄罗斯会使俄变得太强大;乌克兰的核武器可以为保卫乌主权服务,防止重新崛起的俄罗斯对乌的侵犯。但以国务卿贝克(James Baker, III)为首的主流派的看法则相反,他们认为既然美国和国际社会已经承认俄罗斯在国际条约和国际组织中是苏联的合法继承者,苏联解体之后就只能有俄罗斯一个核国家,这有利于防止核扩散;俄罗斯与其邻国进行核竞赛毫无好处,美国要努力推动乌、哈、白作出无核化的决定,尽快移除三国境内的核武器,由俄统一处理。贝克把这一问题视为他作为国务卿最后几个月工作的重中之重,并为此作出巨大努力。④

苏联解体前夕,1991年12月5日至9日,贝克访问了俄、乌、哈、白等国。核武器问题是他的首要关切。叶利钦向他保证,俄、乌、哈、白各自都会加入《不

① 吴大辉:《防范与合作——苏联解体后的俄美核安全关系(1991—2005)》,人民出版社2005年版,第129页。

② Leszek Buszynski, *Russian Foreign Policy after the Cold War*, p.54.

③ 海运、李静杰总主编,学刚、姜毅主编:《叶利钦时代的俄罗斯·外交卷》,第2页;Angela E. Stent, *The Limits of Partnership*. p.9。

④ James M. Goldgeier and Michael McFaul, *Power and Purpose*, pp.41—43; Steven Pifer, "The Trilateral Process: The United States, Ukraine, Russia and Nuclear Weapons," Brookings Arms Control Series Paper 6, May 2011, https://www.brookings.edu/research/the-trilateral-process-the-united-states-ukraine-russia-and-nuclear-weapons/.

扩散核武器条约》，其中乌、哈、白三国将作为无核国家加入；俄政府赞成对核武器和核技术进行严格控制，乌、哈、白均同意销毁各自境内的核武器。①叶利钦的保证增强了贝克的信心。然后，贝克又从莫斯科飞往三国。各国领导人都表示愿意推进完全销毁战略武器的进程，希望美国派专家前去协助。乌总统克拉夫丘克向贝克保证："乌克兰完全赞成彻底销毁战略武器和核武器……我们已经向美国表示，美国应该派专家来帮助我们解决销毁核武器的问题，不是我们先前设想的 7 年之内，而是在更短的时间里。"他还向记者表示，对于乌克兰来说，唯一的障碍是缺乏销毁这些武器的设备，如果美国提供帮助，"我们明天就会销毁它们"，"我们长期以来的梦想，我们最伟大的梦想是在 2000 年之前在我们的国土上没有一枚核导弹"。②白俄罗斯总统舒什克维奇也向美国《国家地理杂志》记者表示，"我们有 81 枚可移动导弹，足以扫平欧洲和美国。但是我们要保卫谁呢？所以这些武器越早离开我们国家，我们越高兴"。③1986 年切尔诺贝利核电站事故刚刚过去几年，乌、白两国领导人还心有余悸，这是他们乐于与美国合作的原因之一。

受到这次访问的鼓舞，贝克返美后于 12 日在母校普林斯顿大学发表演讲。演讲有两个主题，第一，宣布美国正在动员国际社会对原苏联新独立的国家提供财政支持；第二，更重要的，是重申美国要确保在新独立国家中除了俄罗斯不会出现新的核国家，所有核武器均应处于"单一的统一授权管理"之下，重申乌、哈、白作为无核国家应遵守《不扩散核武器条约》，对核技术应进行严格控制。他也保证美国会批准和执行《第一阶段削减战略武器条约》。④一些美国观察家认为，这次演讲意味着遏制政策正式结束，一个新的时代真正开始了。或许凑巧，或许是故意的安排，遏制政策的始作俑者、老资格外交官乔治・凯南（George Kennan）本人当时也在会场。

贝克访问之后，负责国际安全事务的副国务卿里济诺尔德・巴硕罗缪夫（Reginald Bartholomew）紧接着访问了俄、乌、哈、白四国。他向各国提出两种方案：一种是美国与俄罗斯签订《第一阶段削减战略武器条约》双边议定书，然后俄罗斯与其他三国签订类似文件，使条约规定的国际义务多边化；另一种是

---

① James Baker, III, with Thomas M. DeFrank, *The Politics of Diplomacy*, p.583; James M. Goldgeier and Michael McFaul, *Power and Purpose*, p.49.

② David Hofman, "Ukraine's Leader Pledges to Destroy Nuclear Arms," December 19, 1991, https://www.washingtonpost.com/archive/politics/1991/12/19/ukraines-leader-pledges-to-destroy-nuclear-arms/69da290b-d558-4c23-adea-07f884de0d5f/?utm_term=.eaa5281109a8.

③ Jeffrey Hays, "Dealing with Nuclear Weapons after Break Up of the Soviet Union," May 2016, http://factsanddetails.com/russia/Government_Military_Crime/sub9_5b/entry-5216.html.

④ James M. Goldgeier and Michael McFaul, *Power and Purpose*, p.48.

美国与四国一起谈判，五国签订一个法律文件。俄罗斯强烈倾向于前者，但其他三国坚决主张后者，它们要求以平等的身份参与。①所以只能实行后一种方案了。

12 月 17 日，贝克再次访问莫斯科，以表明美对新组成的联合体的支持。叶利钦向他保证，新联合体将会牢牢控制原苏联领土上的 2.7 万件核武器。贝克表示，经过今天的会晤，他对苏联核武器处于严格控制之下感到“十分放心”。②

12 月 21 日，在独联体首脑阿拉木图会议上达成《关于支持俄罗斯继承苏联在安理会席位的决定》，表明俄罗斯作为苏联国际义务和权利的继承者的地位得到独联体国家的正式确认，当然也包括俄罗斯的核大国地位及其在国际核裁军领域所承担的责任与义务。同日，俄、乌、哈、白四国签署《关于对核武器采取联合监督措施的协定》，四国同意把《第一阶段削减战略武器条约》提交本国苏维埃批准；乌、哈、白三国承诺将核武器运到俄罗斯，并根据国际条约加以销毁；三国还保证在 1992 年 7 月 1 日前将本国境内的战术核武器运到俄罗斯中央拆卸基地。③

乌克兰总统向贝克保证得那么痛快，但实际情况却比较复杂。乌克兰有四大关注：第一，在清除了这些战略武器后乌克兰的主权和领土完整能否得到保障？第二，这些核弹头是有很高商业价值的，高丰度浓缩铀可以重新转换为核电站使用的低丰度铀，乌克兰要确保为此得到经济补偿；第三，拆毁洲际导弹花费很大，谁来承担这个费用？第四，怎样、在哪里、在什么条件下清除和拆毁核弹头及运载工具？④历史上乌俄恩恩怨怨，说不清道不明，当时两国又在黑海舰队的归属问题上相持不下，⑤乌克兰不少人打算把现有的战略核武器作为对俄罗斯的威慑手段，并以此作为向西方要求财政援助的筹码。到 1992 年 1 月乌克兰的战术核武器已经有一半运到了俄罗斯。但乌议会中的民族主义者对此提出质疑，克拉夫丘克遂于 3 月 12 日宣布，乌克兰将中止执行上年 12 月的协定，不再继续把战术核武器运往俄罗斯，因为乌克兰没有得到保证，这些武器将确实被销

① Roman Popadiuk, “American- Ukrainian Nuclear Relations,” October 1996, https://www.files.ethz.ch/isn/23614/mcnair55.pdf.

② 梅孜主编：《美俄关系大事实录》下册，第 382—383 页。

③ 吴大辉：《防范与合作——苏联解体后的俄美核安全关系（1991—2005）》，第 344 页。

④ Steven Pifer, “The Trilateral Process: The United States, Ukraine, Russia and Nuclear Weapons,” May 2011, https://www.brookings.edu/research/the-trilateral-process-the-united-states-ukraine-russia-and-nuclear-weapons/.

⑤ 详见本书第 154 页。

毁，而不是重新部署。①3 月举行的独联体首脑会议期间，叶利钦与克拉夫丘克有一次关于核武器的艰难会谈。叶利钦称俄对所有原苏联的核武器拥有所有权，克拉夫丘克拒绝这种说法，双方意见尖锐对立。当然，乌政府也是把核问题放在乌整个外交格局中来加以考虑的。乌克兰希望其独立国家的身份尽快得到国际社会的真正认可，希望与美、欧发展关系，融入西方，发展经济。如能实现这一目的，它与俄周旋就会有很大的空间；而如果核问题不解决，那就将成为与西方关系中的一大障碍。贝克公开声明，美国对原苏联国家的援助与它们落实各自关于核武器的承诺是挂钩的。在 3 月的独联体首脑会议之后，俄乌之间又进行反复磋商，终于就战术核武器问题达成一致，并成立了一个联合委员会监督战术核武器的运输和销毁，乌克兰恢复执行 1991 年 12 月的协定，在 1992 年 7 月 1 日前移除了乌境内的所有战术核武器，②但战略核武器问题的解决则要困难得多。

二、《纳恩—卢格法》

早在俄、乌、哈、白成为新独立国家之前，美参议院军事委员会主席萨姆·纳恩(Sam Nunn)和委员会资深共和党成员理查德·卢格(Richard Lugar)对苏联核武器核设施可能失控的问题就表示了担心。1991 年 8 月，萨姆·纳恩访问莫斯科，会晤三日政变后刚刚被解除软禁的戈尔巴乔夫。苏联的事态使纳恩深感不安：政变时期什么人控制了核武库？如果政变导致苏军分裂，会产生什么结果？如果苏联陷入动荡和混乱，核武器的状况又将如何？③ 11 月 19 日，纳恩和卢格在卡耐基国际和平基金会主席戴维·汉堡(David Hamburg)帮助下安排了一次会议，约请哈佛大学核问题专家艾什顿·卡特(Ashton Carter)、斯坦福大学教授威廉·佩里(William Perry)以及布鲁金斯学会学者约翰·斯坦布鲁纳(John Steinbruner)进行讨论。卡特在哈佛大学领导的一个课题组刚刚结束了对苏联核武库的研究，佩里领导的团队一直在探究苏联庞大的军工系统。这次讨论产生了提出《1991 年削减苏联核武器法案》(俗称《纳恩—卢格法案》)的想法。两天后，纳恩和卢格召集了两党部分议员的早餐会，介绍了他们打算发起向

① Steven Pifer, "The Trilateral Process: The United States, Ukraine, Russia and Nuclear Weapons," May, 2011, https://www.brookings.edu/research/the-trilateral-process-the-united-states-ukraine-russia-and-nuclear-weapons/.

② Roman Popadiuk, "American- Ukrainian Nuclear Relations," October 1996, https://www.files.ethz.ch/isn/23614/mcnair55.pdf. p.3.

③ 艾什顿·卡特、威廉·佩里：《预防性防御——一项美国新安全战略》，胡利平、杨韵琴译，上海人民出版社 2000 年版，第 71 页。

苏联提供援助以避免其核武器失控的想法，得到同僚的支持赞同，众议院军事委员会主席列斯·阿斯平(Les Aspin)也表示支持。许多议员担心，在苏联解体过程中，在政治、经济处于混乱的情况下，核武器、核材料可能丢失、被盗、在黑市上买卖，核科学家及工程技术人员可能把他们的知识技能出卖给那些寻求发展核武器的国家。纳恩在国会辩论中说："苏联仍然是一个核大国，但它所有接缝的地方都在崩裂。现有核武器和核武器材料、制造核武器的知识和技能扩散的可能性随着苏联经济以及传统的控制机制失效而与日俱增。"卢格说："在核武器的运输过程中可能发生抢夺、偷窃、变卖或使用核武器和核材料的事件，尤其是如果监管系统全面瓦解的话。"11 月 28 日，《纳恩—卢格法案》作为《1992 年国防授权法》的修正案以 86 票对 8 票在参议院获得通过，随后又在众议院口头表决中通过。法案规定，国防部每年从国防费用中拨出 3 亿到 4 亿美元用于防止苏联解体造成的核武器扩散危险，协助原苏联各国安全运输、储存、去功能化和销毁核、生物、化学武器，最初的重点是协助各国把核武器运到俄罗斯销毁。该法的正式名称是"国防部合作削减威胁项目"(The Department of Defense Cooperative Threat Reduction Program，俗称"纳恩—卢格项目")。①1991 年 12 月，布什正式签署完成立法程序。

"纳恩—卢格项目"有三个明显的目的。第一，帮助原苏联国家销毁核、生、化武器及其他先进武器；第二，帮助这些武器的运输、存储、守护及去功能化；第三，建立不扩散这些武器的可核查的保障机制。该项目款项的使用有严格的规定：第一，款项是从每年的国防预算中拨付的，事先须经国会两院四个委员会的批准，然后由国防部部长斟酌决定；第二，此项目所需技术、工艺和设备要尽可能购自美国，实现"购买美国"的规定；第三，总统每年都要就受援国的下列情况作证：(1)每个国家都在实施本项目中投入了相当的资源；(2)各国不寻求超过合法的防卫需要的军事现代化；(3)不在新的核武器中使用被销毁的核弹头的部件；(4)各国对美国的核查给予配合；(5)履行相关的军控协定；(6)遵守国际社会公认的人权标准，包括保护少数民族的权益。美国的官僚程序使该项目的落实手续繁琐，过程冗长：国防部内就涉及多个部门(副部长下属的"合作削减威胁办公室"、参联会、军事服务处、负责采购与技术的副部长办公室、特殊防御武器署)；政府中涉及国防部、国务院、能源部、商务部等不同部门；然后又要在政府与国会之间往返；美方的程序走完，还要与接受国谈判，因此项目的启动和进展比较缓慢。一开始项目主要着眼于确保核武器从乌、白、哈三国转移到俄罗斯

① Amy F. Woolf, *Nunn_Lugar Cooperative Threat Reduction Programs: Issues for Congress* (CRS Report for Congress), Updated March 23, 2001, pp.1—3；艾什顿·卡特、威廉·佩里：《预防性防御——一项美国新安全战略》，胡利平、杨韵琴译，第 76—79 页。

的运输安全。①

1992年是美国大选年,对选情的关注压倒一切。为了促使这个项目启动并得到迅速进展,纳恩和卢格于3月率国会代表团访问独联体国家。他们在访问归来的报告中提出,"纳恩—卢格项目"的资金不仅要用于俄罗斯,也要关注别的独联体国家;不能忽视消除化学武器;要重视独联体国家的"军转民"问题,并为此提出一些具体措施。报告还强调,美国对独联体国家要有一个综合的全面的政策,包括发展经济关系,尤其要取消冷战时期对私人资本在苏联投资的种种限制。他们还向总统直接汇报了访问情况。他们的报告和汇报为贝克国务卿及其团队对向独联体国家的防扩散援助提供了基础。随后在1992年10月生效的《支持自由法》为"纳恩—卢格项目"增添了4亿美元资金,并扩大了该项目的范围,包括"军转民"生产、军方之间的接触、环境保护、为下岗的核项目官员提供住房等。②

1992年11月大选后,纳恩、卢格立即再次率参议院代表团赴独联体国家考察,会晤了7位国家首脑。他们在访问后的报告中指出,一个核国家现在变成四个,而每个国家都处于"严峻的内部经济、政治和族群压力之下"。对美国的核打击的可能性现在是最低的,但发生单个的核事故的可能性却大大增加了。虽然乌、哈、白均愿意移除它们境内的核武器,但它们缺乏可用的手段、经验和资源。一些俄军官也告诫访问团,乌克兰对核武器的安全监控正在"恶化",如此下去,俄罗斯就无法保证核武器的安全了。报告把俄、乌、哈、白四国的核安全问题列为对美国首要的安全挑战,提高了政界和媒体对核泄漏可能性的关注度。两位参议员敦促两届政府在交接期间保持经常的沟通,呼吁政府既要制定完整的对独联体的政策,又要把注意力集中在防止核扩散问题上,因为美国经不起"历史的断裂"。③

---

① Monterey Institute of International Studies and Carnegie Endowment for International Peace, "Nuclear Status Report: Nuclear Weapons, Fissile Material, and Export Control in the Former Soviet Union," No.6, June 2001, http://www.nci.org/01/06f/Status.pdf; Amy F. Woolf, *Nunn_Lugar Cooperative Threat Reduction Programs: Issues for Congress* (CRS Report for Congress), Updated March 23, 2001, pp.1—3.

② Paul Bernstein and Jason Wood, "The Origins of Nunn-Lugar and Cooperative Threat Reduction," April 2010, http://ndupress.ndu.edu/Portals/68/Documents/casestudies/CSWMD_CaseStudy-3.pdf.

③ Paul Bernstein and Jason Wood, "The Origins of Nunn-Lugar and Cooperative Threat Reduction," April 2010, http://ndupress.ndu.edu/Portals/68/Documents/casestudies/CSWMD_CaseStudy-3.pdf. 截至2009年12月,在"纳恩—卢格项目"资助下销毁了7 514枚核弹头,768枚洲际导弹,498处发射场,155架重型轰炸机,651枚潜射导弹,32艘核潜艇,960吨化学武器。

三、《第二阶段削减战略武器条约》的达成

布什总统在1992年1月28日发表的《国情咨文》中提出进一步削减核武器的设想：如果俄罗斯和其他原苏联国家承诺销毁所有陆基多弹头重返大气层洲际导弹，美国会将核力量减少到4 700枚弹头，销毁所有“和平卫士”洲际导弹，将民兵导弹数量减少到一个，并且削减三分之一的海基核力量。①

1月29日，叶利钦通过电视发表声明，对布什提议予以积极回应，称俄已采取一整套重大步骤，无论在核武器还是常规武器方面都寻求“最低足够数量”，俄美可以联手建立一个全球防务系统来防止核进攻。他还表示，在即将举行的戴维营会晤中，他将向布什总统提出新建议，把俄美各自的战略核武器削减到2 000枚至2 500枚，这大概是苏联核武库的10%。可见他的建议比布什的更激进。他还重申支持《反导条约》。②

同日，叶利钦会晤为美俄首脑会晤进行准备到访的贝克国务卿。叶利钦说：过去我们隐瞒了生物武器，现在我们准备在一个月之内将其全部销毁。国际核查人员可以进入任何地点。他还说，现在他已经掌握对原苏联所有核武器的控制，俄、乌、白、哈四国间将建立热线电话。在几天之内，所有这些核武器都不会再针对美国了。贝克对俄罗斯如何能使其他三国的导弹不针对美国感到不解，叶利钦解释说，我们正在考虑在例行的对其他三国的导弹进行保养时对其中的某个部件作点调整，一点手脚即可使整个系统失效。俄外长科济列夫在会晤后与贝克举行的记者会上表示，“我们不再把美国视为敌人，我们的导弹不再以打击美国军事和民用设施为目标。”③

2月1日，美俄首脑在戴维营举行会晤。叶利钦表示了达成《第二阶段削减战略武器条约》的愿望。他同样担心核人才流失问题，赞成俄美建立联合研究中心，称俄罗斯有2 000名核物理专家，建立联合研究机构就可以为他们中的许多人解决工作问题。同时他希望使用“纳恩—卢格项目”下的资金确保安全存储卸载的核弹头，甚至打算进一步向美国销售高丰度浓缩铀。叶利钦担心萨达姆从仓库里偷走核原料来对世界进行讹诈，急切希望将哈萨克斯坦的核武器尽快运来俄罗斯。他还向布什描述了如何把铀239和铀235变为民用原料，并颇为得

---

① George Bush, “Address Before a Joint Session of the Congress on the State of the Union,” January 28, 1992. Online by Gerhard Peters and John T. Woolley, *The American Presidency Project*, http://www.presidency.ucsb.edu/ws/?pid=20544.

② Michael Dobbs, “Yeltsin Offers Cuts in A-Arms,” January 30, 1992, https://www.washingtonpost.com/archive/politics/1992/01/30/yeltsin-offers-cuts-in-a-arms/4dee3e52-fdb0-4bd5-9365-8f1bd21eabda/?utm_term=.d31f3ee56e74.

③ James Baker, III, with Thomas M. DeFrank, *Politics of Diplomacy*, p.621；梅孜主编：《美俄关系大事实录》下册，第388页。

意地问："我像不像一个专家？"①

俄罗斯的一再保证使贝克深受鼓舞。2月5日，他在参议院外交关系委员会作证时说，"苏联的崩溃提供了百年未遇的在全世界实现美国的利益和价值观的机会"，如果美国现在不花费几十亿美元来帮助原苏联各国，今后也许不得不花费数万亿美元来应付出现的威胁。②

2月11日，贝克访问了车里雅宾斯克。这是原苏联两个设计和研发核武器的主要基地之一，建于1955年，一直鲜为人知，贝克称它是"原苏联的黑洞"，他是访问该核基地的第一位美国官员。贝克一行参观了这里的核设施，但主要目的是会晤在此处工作的核科学家。由于俄经济状况恶化，这里大批核科学家的生活都成了问题，他们未来的工作更面临着根本的转型，而一些试图开发核武器的国家正希望把这里的科学家和工程技术人才挖走，因此存在着严重的"人才流失"的风险，这是美俄都极为关注的。贝克的访问大大超过了预定的时间，直到那天很晚才结束。贝克回忆说，这是"美妙绝伦的一天，就像做了一个神奇的梦"。俄罗斯通讯院士叶夫根尼·阿夫罗林向贝克递交了一份建议书，提出俄美两国学者建立一个联合委员会，协调包括军转民的重大项目事宜。3月11日，美、日、俄及欧共体发表联合声明，宣布四方将成立一个联合科技中心，美国将提供2 500万美元，资助涉及核安全、环境保护和能源生产等方面的项目，尤其是防止原苏联的核专家流散到发展中国家。③

在5月的里斯本会议上，科济列夫提出了分时期削减战略武器的新建议：俄美在新条约生效后的七年内将战略核武器的数量削减到4 500—4 700枚，大大低于《第一阶段削减战略武器条约》的规定；在第二时期，到2005年，继续削减到2 500枚，并销毁全部多弹头洲际导弹。这一建议大大超过了美国防部愿意削减的数量。贝克表示美国尚难接受第二时期的目标，但同意把双方愿意分时期削减的承诺记录下来。贝克认为俄方建议是重要的，因为即使削减到4 700枚，俄罗斯也要处理80%的洲际弹道导弹。贝克、斯考克罗夫特同国防部部长切尼、参谋长联席会议主席鲍威尔一再磋商，劝说五角大楼利用这个机会，削减战略武器，在即将举行的美俄首脑会议上达成新的共识。贝克说，这不是在日内瓦谈判几百页的文件，现在俄罗斯向我们提供了我们一直想要的东西，销毁洲际导弹，而不涉及中程导弹，我们不能让这样的好事从我们

① James Baker, III, with Thomas M. DeFrank, *Politics of Diplomacy*, p.624; James M. Goldgeier and Michael McFaul, *Power and Purpose*, pp.52—53.

② James Baker, III, "US Foreign Policy Overview," February 5, 1992, https://www.c-span.org/video/?24219-1/us-foreign-policy-overview.

③ 梅孜主编：《美俄关系大事实录》下册，第393—395页。

的手指缝里漏掉。①

美俄两国外长在6月上半月又就此进行了两次接触。15日，叶利钦访美，向布什提出了具体建议，即规定一个“范围”(range)。在第一时期，美俄双方把核弹头削减到3 800—4 500枚；在第二时期，继续削减到3 000—3 500枚。俄方将采用较低标准，美方可采用较高标准。叶利钦不再要求与美国完全对等削减，他认为，在俄美双方拥有如此数量的核武器的情况下，多几百枚或少几百枚不是什么重要的差别。布什表示美方将考虑这一建议。贝克觉得这是一个重要建议，敦促布什接受，并称，这将是布什任期的一个重要成就，将成为他的重要政治遗产。布什认同贝克的想法。②次日，美俄双方宣布达成协定，在第一时期，即《第一阶段削减战略武器条约》生效后七年内，到2000年年底，两国把战略核武器减少到3 800—4 250枚；在第二时期，到2003年继续削减到3 000—3 500枚，并销毁所有陆基多弹头洲际导弹。这就意味着，与当时的水平相比，双方的核武库将大致削减三分之二，或者比《第一阶段削减战略武器条约》的水平低了一半。俄罗斯的陆基多弹头洲际导弹SS-18(可携带10个弹头)和SS-24(超音速远程巡航导弹)都将在今后10年内全部销毁。美国一直在催促俄罗斯销毁所有能同时命中多个目标的陆基导弹，这是原苏联战略武库的支柱。而俄方则要求美国全部拆毁其潜射弹道导弹。但布什在1月发表的《国情咨文》中只表示让其中的三分之一退役。③叶利钦在与布什的记者会上说：“随着冷战结束，这些战略武器已经过时了，不再是人类所需要的了，现在的问题很简单：就是寻找最好的方式、最好的时间将其销毁和清除。”苏美谈判了15年时间才达成削减战略武器条约，而现在俄美仅仅用了5个月时间，就达成了削减幅度更大的协议，这说明两国的政治、经济和军事关系都发生了深刻变化。④

6月17日，叶利钦在对美国国会的讲话中宣布，他已下令解除SS-18的战备状态，使之不对准美国。23日，俄副外长别尔坚尼科夫在接受塔斯社采访时说，俄、美签订的协定使任何一方都不会取得优势，首次成功限制了美国“三位一体”战略力量中最有威力的组成部分——海上军备，首次制定了潜射弹道导弹的最高限额(1 700—1 750枚)。这个协定是俄美新关系的体现，是从对抗转向合

① James Baker, III, with Thomas M. DeFrank, *Politics of Diplomacy*, p.669; James M. Goldgeier and Michael McFaul, *Power and Purpose*, p.56.

② James Baker, III, with Thomas M. DeFrank, *Politics of Diplomacy*, pp.670—671.

③ 梅孜主编:《美俄关系大事实录》下册，第399页。

④ George Bush, "The President's News Conference with President Boris Yeltsin of Russia," June 17, 1992. Online by Gerhard Peters and John T. Woolley, *The American Presidency Project*, http://www.presidency.ucsb.edu/ws/?pid=21101.

作的象征。①此后，俄美两国专家又经过了半年的具体磋商，终于在年底谈妥协定。12 月 30 日，布什总统发表简短声明，称他和叶利钦都认为这“是一个历史性的条约，对全人类都是件好事”。②叶利钦称它是“本世纪最重要的文件”和“双边关系中最伟大的成就”。③

1993 年 1 月 3 日，布什访俄，赶在任期结束前与叶利钦签署了《第二阶段削减战略武器条约》(START II)。双方在签字仪式后的记者会上盛赞这个条约。叶利钦说，条约就其规模、影响和重要性来说是历史上不多见的，“这是全人类的成果，也将给这个地球上的所有人都带来好处。条约将成为全球保障系统中的核心”，“条约的签署代表着实现人类多个世纪以来裁减军备的梦想走向实现的重要步骤”，“它也标志着美俄两大国的关系经历了真正的革命”，他“绝对有把握说，这个条约只会加强俄罗斯的安全，而不是使它变得虚弱”。布什表示，条约表明“未来将能大大地免于恐惧”，“我们正在开启一项最高尚的使命：把我们两国的对抗关系转变为友好与伙伴的关系”，“我们两国的未来是互利的”。④条约是美俄蜜月期的一个结晶，它是在非常短的时间内匆忙达成的，主要是双方的一个政治承诺，而不是经过军事专家的仔细斟酌的成果，实际上俄方专家并不赞成。但对叶利钦和俄罗斯政治精英来说，条约的意义超出了军控的范围，叶利钦要以实际行动来充实俄美战略伙伴关系的内涵，条约承载着俄罗斯政治精英对新的俄美关系的希望与梦想，并以此推动俄罗斯融入西方。⑤既然如此，条约的后续履行也必将随着两国关系的演变而出现新的情况。

四、《里斯本议定书》的签订

在乌、哈、白三国中，白、哈的去核化问题比较容易解决。1991 年白俄罗斯境内有 81 枚 SS-25 型携带单个核弹头的洲际弹道导弹。白俄罗斯出于对核安全的担心，乐于接受无核地位。哈萨克斯坦境内有 104 枚 SS-18 型导弹，这是苏联威力最大的导弹，每枚可以搭载多达 10 枚核弹头。另外还有可携带核弹头的

---

① 梅孜主编：《美俄关系大事实录》下册，第 402 页。

② George Bush, “Remarks on the START II Treaty and the Situation in Somalia and an Exchange with Reporters,” December 30, 1992. Online by Gerhard Peters and John T. Woolley, *The American Presidency Project*. http://www.presidency.ucsb.edu/ws/?pid=21796.

③ 梅孜主编：《美俄关系大事实录》下册，第 412 页。

④ George Bush, “The President's News Conference with President Boris Yeltsin of Russia in Moscow,” January 3, 1993. Online by Gerhard Peters and John T. Woolley, *The American Presidency Project*, http://www.presidency.ucsb.edu/ws/?pid=20409.

⑤ 参见吴大辉：《防范与合作——苏联解体后的俄美核安全关系(1991—2005)》，第 135—136 页。但之后美俄关系趋向恶化，两国迟迟未交换《第二阶段削减战略武器条约》的批准文件。2002 年 6 月，美国退出《反导条约》，俄随即宣布不再受《第二阶段削减战略武器条约》的约束。

重型轰炸机。纳扎尔巴耶夫一度希望哈萨克斯坦成为“临时的”核国家，在得到核国家的安全担保后再以无核国家的身份加入《不扩散核武器条约》。贝克表示，《不扩散核武器条约》本身就提供了这样的安全担保，而且美国早在 1968 年就宣布，如有无核国家受到核威胁，美国将吁请安理会提供帮助。美至今仍然遵守这一承诺，并将对哈重申这一保证。①

俄、乌之间的复杂关系影响了乌战略核武器的处理进程。乌方领导人向美方抱怨，“俄方把他们自己看作核心”，“俄罗斯人仍然抱着帝国心态”。乌克兰当时决定，作为一个主权国家，乌克兰应该正式成为《第一阶段削减战略武器条约》的缔约方。科济列夫对贝克说：你们不介入，我们之间的关系就停滞了。②

新情况引起美方警觉，于是立即草拟了一份《第一阶段削减战略武器条约》的议定书，要求乌、哈、白三国签署以确认无核地位。4 月，美俄之间、美乌之间、美哈之间进行了密集的磋商。贝克与乌外长阿纳托利·佐兰克谈了八次，主要集中在两个问题上：第一，乌总统克拉夫丘克起先不想确定销毁核武器的时间，担心议会不批准；第二，乌方要得到安全担保，并希望原苏联国家核武器的销毁在国际监督下进行。贝克表示，在《第一阶段削减战略武器条约》中就没有国际监督的规定。佐兰克还提出在有法律约束力的附带信件中担保乌克兰的“领土完整”，显然是指黑海舰队和克里米亚，贝克拒绝了这一要求。③

5 月上旬和中旬，美方邀请克拉夫丘克和纳扎尔巴耶夫先后访美，布什政府继续对他们进行劝导、施压。5 月 6 日，美乌首脑就双边关系发表联合声明，强调“防止核及相关技术的扩散是具有特殊紧迫性和需要特殊关注的问题”，美对乌方赞同批准《第一阶段削减战略武器条约》、放弃核武器并以无核国家身份加入《不扩散核武器条约》表示赞赏。乌方重申了在 7 月 1 日之前移除所有战术核武器的承诺，保证根据《第一阶段削减战略武器条约》在七年之内移除其余核武器。美方将利用“纳恩—卢格项目”部分资金帮助乌实现上述目标，并在乌建立一个国际科技中心，长期帮助乌武器科学家和工程技术人员实施“军转民”项目。④贝克与克拉夫丘克还字斟句酌地推敲了乌总统即将发给布什总统的信，这封保证信的落款日期是 1992 年 5 月 7 日，但实际上直到《里斯本议定书》签字以

① James Baker, III, with Thomas M. DeFrank, *Politics of Diplomacy*, p.661.

② James Baker, III, with Thomas M. DeFrank, *Politics of Diplomacy*, pp.660—661.

③ James Baker, III, with Thomas M. DeFrank, *Politics of Diplomacy*, p.662.

④ George Bush, “Joint Declaration with President Leonid Kravchuk of Ukraine,” May 6, 1992. Online by Gerhard Peters and John T. Woolley, *The American Presidency Project*. http://www.presidency.ucsb.edu/ws/?pid=20920.

后才发给布什。①

在与乌、哈两国进行沟通并达成基本一致后,5 月 23 日至 24 日,贝克与俄、乌、白三国外长和哈萨克斯坦首席外交秘书在里斯本举行会晤,签署了《削减战略武器条约议定书》(《里斯本议定书》),其中规定,乌、哈、白作为《第一阶段削减战略武器条约》缔约国苏联的共同继承国共同履行条约规定的义务;三国将其领土内的 3250 枚战略核武器以及全部战术核武器运至俄罗斯处理,并在"尽可能短的时间内"以无核国家身份加入《不扩散核武器条约》。②美国终于达到了目的:在原苏联国土上只有一个核国家!甚至就在签约仪式前,乌克兰外长佐兰克还说,他不知道自己是否会签署议定书。贝克生气地说,如果乌克兰不签署,就不会得到美国的援助,它与西方的关系立即就会恶化;如果乌克兰放弃核武器,乌俄关系会得到改善,乌克兰与西方的关系也会大不一样。贝克担心有人在最后一分钟发生动摇把事情搞砸,为了防止节外生枝,签字仪式上没有安排任何人发表讲话,没有安排记者提问。仪式仅持续了六分钟,大功告成!③科济列夫外长在一份书面声明中说:"这是近年来谈判达成的最重要的国际协定,它反映了当今的政治现实,反映了一个事实,即新独立的国家已经登上国际舞台。"④

7 月 6 日,《关于俄罗斯是唯一的苏联核地位继承国的协定》在独联体首脑会议上通过,表明俄罗斯"正统的"苏联核武库继承国地位在《里斯本议定书》中得到美国的正式确认后,也最终为独联体各国接受。⑤

《里斯本议定书》签订后,哈萨克斯坦于 1992 年 7 月批准了《第一阶段削减战略武器条约》,1994 年 2 月作为无核国家加入了《不扩散核武器条约》,到 1994 年年底,哈境内的核武器及运载工具,包括重型轰炸机都回归了俄罗斯。⑥白俄

① Steven Pifer, "The Trilateral Process: The United States, Ukraine, Russia and Nuclear Weapons," May, 2011, https://www.brookings.edu/research/the-trilateral-process-the-united-states-ukraine-russia-and-nuclear-weapons/.

② "Protocol to the Treaty Between the United States of America and the Union of the Soviet Socialist Republics on the Reduction and Limitation of Strategic Offensive Arms," https://www.state.gov/documents/organization/27389.pdf.

③ James Baker, III, with Thomas M. DeFrank, *Politics of Diplomacy*, p.669.

④ Don Oberdorfer, "3 Ex-Soviet States to Give up A-Arms," *Washington Post*, May 24, https://www.washingtonpost.com/archive/politics/1992/05/24/3-ex-soviet-states-to-give-up-a-arms/bf3284ee-c7e9-4b09-bdf7-12c726f033be/?utm_term=.2a4adfb7c9b1.

⑤ 吴大辉:《防范与合作——苏联解体后的俄美核安全关系(1991—2005)》,第 350 页。

⑥ Steven Pifer, "The Trilateral Process: The United States, Ukraine, Russia and Nuclear Weapons," May 2011, https://www.brookings.edu/research/the-trilateral-process-the-united-states-ukraine-russia-and-nuclear-weapons/.

罗斯议会于 1993 年 2 月批准了《第一阶段削减战略武器条约》,1994 年 8 月以无核国家身份加入了《不扩散核武器条约》,1994 年年底将 45 枚洲际导弹及核弹头运到了俄罗斯,很快又将余下的导弹及核弹头运抵俄罗斯。

《里斯本议定书》的达成没有消除乌克兰国内的不同意见,许多议员不愿如此之快就放弃核威慑。在签署《里斯本议定书》的同时,与议定书内容相同的克拉夫丘克 5 月 7 日致布什的信也发了出去。但信中没有强调要把核武器运去俄罗斯销毁,显然乌克兰疑虑未消。针对这种情况,布什于 10 月 26 日致信克拉夫丘克,强调乌克兰的核武器需要运到俄罗斯销毁,在乌本国销毁核武器的建议与乌先前的承诺不符,而且真要这样做,除了成本高昂,时间也会拖得很长。美国支持乌克兰对销毁核武器进行监督的要求。布什还保证对乌拆毁导弹和发射装置给予技术和财政的援助,美将支持乌"军转民"的工作,支持乌从俄出售铀的收益中取得适当份额。①

1992 年,美乌双方也在讨论乌无核化的花费。乌提出需要 1.74 亿美元。12 月 4 日布什致信克拉夫丘克说,美准备先期提供 1.75 亿美元("纳恩—卢格项目"资金),后续的财政和其他援助将随着乌无核化的进展跟进。克拉夫丘克 12 月 24 日与布什通电话时对此表示感谢,并称,议会正在审议《第一阶段削减战略武器条约》,他相信会通过的。在此前后,克拉夫丘克一再公开表示,他与议员们就条约进行了多次沟通,议会通过应该没有问题,但可能有若干保留意见。美方认为乌方是在玩拖延战术。美官员公开和私下不断敦促乌加快行动。在 12 月的北大西洋合作理事会会议上,美国务卿伊格尔伯格又对乌施加压力,称乌不及时采取行动"必将影响美乌双边关系"。布什在 12 月 30 日再次致信克拉夫丘克,敦促乌勿因美国政府换届而等待观望,称立即批准条约将使两国关系获得新的势头。②

在《里斯本议定书》签署之后,美国参议院于 1992 年 10 月批准了《第一阶段削减战略武器条约》。俄罗斯最高苏维埃在 12 月也批准了条约,但附带了一个条件:乌、哈、白三国必须"以无核国家身份"加入该条约。

1993 年 2 月乌克兰议会投票决定推迟审议《第一阶段削减战略武器条约》,表明它很可能从先前勉强作出的承诺后退。

---

① Steven Pifer, "The Trilateral Process: The United States, Ukraine, Russia and Nuclear Weapons," May 2011, https://www.brookings.edu/research/the-trilateral-process-the-united-states-ukraine-russia-and-nuclear-weapons; Roman Popadiuk, "American- Ukrainian Nuclear Relations," October 1996, https://www.files.ethz.ch/isn/23614/mcnair55.pdf.

② Roman Popadiuk, "American-Ukrainian Nuclear Relations," October 1996, https://www.files.ethz.ch/isn/23614/mcnair55.pdf.

第二节 克林顿时期

一、乌克兰的问题悬而未决

乌克兰悬而未决的核问题是克林顿政府面临的一个重要的外交和安全挑战。克林顿就任后即于1993年1月26日给克拉夫丘克总统打电话，敦促乌尽快批准《第一阶段削减战略武器条约》，以无核国家身份加入《不扩散核武器条约》，并称，他的政府在美乌关系中不仅重视安全问题，同样重视经济和政治问题，并鼓励乌与国际货币基金组织开展合作。克林顿还重申了前任的承诺，乌将从“纳恩—卢格项目”得到相应的资助。2月，国务卿克里斯托弗又给乌外长兹棱科写信，称哈、白均已批准条约，该是乌采取行动的时候了。3月，当兹棱科访问美国时，克里斯托弗又强调，美希望与乌全面发展关系，希望在信贷和投资方面提供帮助，但核问题是笼罩在整个美乌关系上的乌云，不解决这个问题，双方所希望的强有力的双边关系难以实现。克里斯托弗还强调，兹棱科曾在上次电话中保证立即批准条约，现在快两个月过去了，事情毫无进展。兹棱科强调对乌安全担保至关重要。在会见兹棱科时，克林顿同样强调批准条约是改善美乌关系的“前提”。4月，众议院多数党领袖格普哈特率国会代表团访乌，带去了克林顿给克拉夫丘克的函件，其中再次强调，美乌双边关系的未来发展取决于乌是否遵守它作出的弃核承诺。也是在4月，乌总理库奇马应美国国会农业委员会的邀请，准备访美。库奇马当然希望会晤美政府高层，但美方回答说，总统和国务卿那时都要出访，不能会晤他。库奇马不如今年稍晚，待乌批准了两个条约之后再来访美。国务院官员故意把这一消息公开泄露出来，显然是以拒绝乌总理来访施加压力。①这几乎是对乌的公开羞辱。乌方抱怨，美国这样做只能使乌议会更不愿意批准条约。

乌议会在此问题上有意见分歧。1993年2月议会审议《第一阶段削减战略武器条约》时，有议员提出乌应当把SS-24洲际导弹保留下来，卸掉核弹头，换上常规弹头；有的主张把履行《里斯本议定书》的期限放宽到14年，而不是7年，等14年后再加入《不扩散核武器条约》；有的建议在头七年中销毁SS-19导弹，在后七年中销毁SS-24导弹，并加入《不扩散核武器条约》；相当多的议员坚持，乌不能以无核国家身份加入《不扩散核武器条约》，这与事实不符，乌作为苏联的共

① Roman Popadiuk, “American- Ukrainian Nuclear Relations,” October 1996, https://www.files.ethz.ch/isn/23614/mcnair55.pdf.

同继承国之一，现在是“拥有”核武器的；许多议员认为，乌已经走得太快了，而没有得到足够的政治担保和经济援助。议员众说纷纭，表决一再推迟。4 月，乌克兰 162 位议员发表声明，公然称乌为“核国家”。他们的逻辑是，如果乌没有导弹、没有轰炸机、没有核弹头，它怎么有资格批准《第一阶段削减战略武器条约》和《里斯本议定书》，怎么能够承担这些文件所要求的销毁战略核武器的国际义务呢？乌政府本来态度就不坚定，这种政治氛围使局势变得更加扑朔迷离。乌防长莫罗佐夫声称，乌可以在《不扩散核武器条约》中取得“暂时拥有核武器国家”的特殊地位（条约中没有这种说法）；乌总理库奇马以议员身份表示，“乌克兰应当确定是个临时核国家”。克拉夫丘克本来就不是强有力的领导者，既然议会里有如此之多的不同声音，他正好拿来做挡箭牌。《第一阶段削减战略武器条约》成了乌议会中不受控制的政治足球。①7 月 2 日，乌议会以 226 票对 15 票表决通过《乌克兰外交政策指导方针》，认定乌对其领土上的核武器拥有所有权，称“乌克兰因为历史的原因取得了自己的核武器，但不准备使用这些武器”。美、俄都把这种主张视为接近于宣称乌克兰的核国家地位了。美副防长佩里将乌从先前勉强作出的承诺后退视为“我们当今在世界各地面临的对国际和平与安全最大的单个威胁”。②为了使乌议员全面了解美方立场，美派专家去基辅会晤议员，向他们解释美支持乌无核化的技术方面的情况。

乌克兰从一开始就要求美国给予安全担保，布什政府起先对此并不热心。乌议会的态度迫使美重新考虑这一要求。布什的国安事务助理斯考克罗夫特认为，类似的担保可以促使乌朝着批准《第一阶段削减战略武器条约》、加入《不扩散核武器条约》的方向前进，自然，美不可能与乌签订具有法律约束力的双边条约，双方要达成彼此均可接受的妥协。1992 年秋，美驻乌大使洛曼 · 珀巴蒂克与乌副外长鲍里斯 · 塔拉苏克（Borys Tarasyuk）就安全担保的文本进行了磋商，塔拉苏克 1993 年 1 月又去华盛顿进行商谈，并受到布什总统的接见。俄罗斯也提出了一个担保文件。两个文本非常接近，只是在美国的文本中强调了欧洲安全合作理事会的框架，而俄罗斯的文本突出了独联体的概念。美俄之间几经商量，不再在安全担保中提及独联体。克林顿政府同样认为，担保只能是政治

① Steven Pifer, “The Trilateral Process: The United States, Ukraine, Russia and Nuclear Weapons,” May 2011, https://www.brookings.edu/research/the-trilateral-process-the-united-states-ukraine-russia-and-nuclear-weapons/.

② Yuri Dubinin, “Ukraine's Nuclear Ambitions: Reminiscences of the Past,” March 19, 2018, http://eng.globalaffairs.ru/number/Ukraines-Nuclear-Ambitions-19431; Steven Pifer, “The Trilateral Process: The United States, Ukraine, Russia and Nuclear Weapons,” May 2011, https://www.brookings.edu/research/the-trilateral-process-the-united-states-ukraine-russia-and-nuclear-weapons; James M. Goldgeier and Michael McFaul, *Power and Purpose*, p.166.

上的，而不是具有法律约束力的，因为后者必须经参议院批准，会横添许多麻烦。国务院法律顾问斟酌了措词，认定只能用“assurances”，而不用“guarantees”，后者是有法律约束力的保证，是美国向北约盟国提供的安全担保。①

《里斯本议定书》达成后，俄乌也在继续就相关问题进行谈判。俄方表示愿意考虑乌方利益，如对乌的安全担保，以及提供等值的低丰度铀燃料棒作为对从乌运到俄的战略武器中的高丰度浓缩铀的补偿，但乌要答应把所有核弹头都运到俄罗斯。乌方称，乌“有权利拥有核武器”，还没有决定在何处销毁核弹头。俄方坚决反对乌方关于核武器“所有权”的说法，表示，乌议会早先已经宣称乌是一个无核国家，怎么现在又变为有核国家了呢？②

1993 年 5 月，克林顿政府就美乌关系进行了跨部门的评估，对政策进行了微调：核问题仍然是美乌关系的重中之重，但不是美乌关系的全部，美国要与乌发展广泛的国家关系，包括政治、经济援助和安全关系。克林顿政府主张，第一，不再坚持立即将核武器运出乌克兰，而是首先将核弹头从导弹上卸载下来，尤其是 SS-24 洲际导弹的非现役化，把核弹头暂时存放在乌克兰的存储装置里，直到问题最终解决；第二，如果乌克兰着手卸载核武器，并承诺批准《第一阶段削减战略武器条约》，美国就向乌克兰提供“纳恩—卢格项目”下的资金援助。5 月，负责独联体事务的无任所大使塔尔伯特到访基辅，向乌克兰阐述克林顿政府的新主张，评估乌克兰的需求。塔尔伯特向克拉夫丘克递交了克林顿的信函，其中授权塔尔伯特谈判美乌全面双边关系，包括经济和安全问题。塔尔伯特再一次清楚表明，核问题已经成为双边关系的障碍。他还表示，如果俄乌之间有什么问题难以解决，美方可以从中斡旋。克拉夫丘克正在寻求美国数十亿美元的援助，并希望得到类似北约成员国那样的安全担保。接着塔尔伯特访问了俄罗斯，与俄副外长马梅多夫会谈。三方达成的意向是：俄罗斯将因部分无核化努力（从核弹头上卸下浓缩铀）得到经济补偿，美国将为此支付费用。既然乌克兰的核武器将运到俄罗斯，乌克兰政府理应得到这笔浓缩铀款项中自己的一份。

克里斯托弗 5 月 11 日在参议院外交关系委员会作证时再次强调，美方希望

① Roman Popadiuk, “American- Ukrainian Nuclear Relations,” October 1996, https://www.files.ethz.ch/isn/23614/mcnair55.pdf.; Steven Pifer, “The Trilateral Process: The United States, Ukraine, Russia and Nuclear Weapons,” May 2011, https://www.brookings.edu/research/the-trilateral-process-the-united-states-ukraine-russia-and-nuclear-weapons/.

② Yuri Dubinin, “Ukraine's Nuclear Ambitions: Reminiscences of the Past,” March 19, 2018, http://eng.globalaffairs.ru/number/Ukraines-Nuclear-Ambitions-19431.

看到乌方立即就两个条约采取行动，然后双方便将就合作与伙伴关系的广泛议程采取具体措施。6月，阿斯平防长访乌，建议乌政府将SS-24洲际导弹非现役化，这将是受美方欢迎的积极进展。①此外，克林顿政府还敦促欧洲盟国利用各种机会与乌克兰讨论核问题，向乌政府发出明确信息：除非乌克兰朝着批准两个条约的方向努力，否则不能指望从欧洲得到援助。

6月12日，克林顿与克拉夫丘克通电话，表示愿意提供食品信贷和援助，但明显把乌批准《第一阶段削减战略武器条约》与经济援助联系起来。7月3日，克拉夫丘克致信克林顿，希望即将召开的东京七国峰会讨论对乌援助问题，包括1亿美元用于资助小企业发展、10亿到15亿美元的货币稳定基金及国际裁军基金、3亿美元的私有化基金以及与切尔诺贝利核电站事故相关的后续援助。但克林顿政府并不热心，七国峰会也没有采取具体行动。乌官员得到的反馈是：直到乌克兰履行了先前的承诺，它才能指望取得完全的国际地位。②

7月底，乌防长莫罗佐夫访美，试图寻求美国认可乌"临时核国家地位"，遭美国拒绝。但阿斯平防长对他表示，布什政府承诺的1.75亿美元即将拨出，而不再等待乌批准《第一阶段削减战略武器条约》和加入《不扩散核武器条约》；他再次强烈要求乌将SS-24洲际导弹纳入卸载范围。莫罗佐夫表示，从乌国内政治来说这非常困难。阿斯平称，如将SS-24洲际导弹排除在卸载范围之外，不仅将使俄罗斯感到不安，而且也将使美国会难以认可"纳恩—卢格项目"对乌的援助。③尽管如此，7月30日，乌议会常设外事委员会主席仍表示，乌将继续保留"部分核地位"，即在1995年联合国对《不扩散核武器条约》进行再次审议之前保留46枚最先进的SS-24洲际导弹。8月5日，俄政府发表声明称，基辅的举措"将给国际稳定和安全带来严重的后果……是一个危险的先例，那些核门槛国家可能会照此办理"。④

二、美、俄、乌三方谈判

1993年7月初在东京举行七国峰会时，克林顿与叶利钦同意以美、俄、乌三方谈判的方式来解决乌的核问题，包括安全担保，使俄乌关系走出僵局。实际上，美国一直介入这一问题，美俄、美乌分别有过多次磋商，但直到8月之前没有

①③ Steven Pifer, "The Trilateral Process: The United States, Ukraine, Russia and Nuclear Weapons," May 2011, https://www.brookings.edu/research/the-trilateral-process-the-united-states-ukraine-russia-and-nuclear-weapons/.

② Roman Popadiuk, "American-Ukrainian Nuclear Relations," October 1996, https://www.files.ethz.ch/isn/23614/mcnair55.pdf.

④ Yuri Dubinin, "Ukraine's Nuclear Ambitions: Reminiscences of the Past," March 19, 2018, http://globalaffairs.ru/Ukraines-Nuclear-Ambitions-19431.

进行过三方谈判。第一次三方会议于8月举行，塔尔伯特、塔拉苏克、俄副外长马梅多夫分别代表三国出席。谈判的焦点在于，乌克兰不仅对战略核武器要求经济补偿，而且对战术核武器的浓缩铀同样要求补偿，俄方不同意。塔尔伯特向俄方建议，乌欠俄巨额天然气债务，鉴于乌的财政状况，俄横竖是收不回这笔钱的，那就不如做个人情，把这笔债务充作对乌的经济补偿。①但遭俄方拒绝。此后，美方继续直接介入，美驻俄大使皮克林、驻乌大使米勒（William Miller）与马梅多夫、塔拉苏克经常性的磋商成为一种机制。

为了推动乌无核化的进展，克里斯托弗于10月进行了他任内对乌的首次访问。克拉夫丘克表示，乌议会只有在得到大国的安全担保，并得到充分经济补偿的情况下才会批准《第一阶段削减战略武器条约》，加入《不扩散核武器条约》。他要求从"纳恩—卢格项目"中得到28亿美元资金，并为浓缩铀获得50亿美元补偿。克里斯托弗没有答应乌方的"狮子大开口"，但表示，美国对乌的经济支持不与核问题挂钩，他承诺1.75亿美元用于核武器的安全卸载，并提供1.55亿美元的经济援助。②

11月18日，乌议会批准了《第一阶段削减战略武器条约》和《里斯本议定书》，但附带了13项条件，诸如：《里斯本议定书》中关于要求乌作为无核国家"在尽可能短的时间内"加入《不扩散核武器条约》的规定不具有约束性；乌将销毁36％的战略导弹和42％的核弹头，而不是全部核弹头、洲际导弹、轰炸机和导弹库；乌对其领土之上的核武器拥有"所有权"，清除这些核武器取决于安全担保和财政援助，以及是否为1992年运抵俄的战术核武器提供补偿。这些附带条件使美、俄惊愕不已；美方坦率地向乌政府表达了不满，克林顿也立即致电克拉夫丘克，敦促乌回到无核化进程的既定轨道。11月19日，克拉夫丘克发表声明称，"我们必须放弃（这些核武器），这是我一贯的观点，以后也不会偏离"，并表示他将向1994年3月选举产生的新议会重新寻求批准《第一阶段削减战略武器条约》及加入《不扩散核武器条约》。③

克林顿预计于1994年1月中旬访问莫斯科。美方官员想趁此机会实现美、俄、乌三国首脑会晤，并把乌无核化进程中悬而未决的问题敲定下来。美方加紧

① Steven Pifer, "The Trilateral Process: The United States, Ukraine, Russia and Nuclear Weapons," May 2011, https://www.brookings.edu/research/the-trilateral-process-the-united-states-ukraine-russia-and-nuclear-weapons/.

② James M. Goldgeier and Michael McFaul, *Power and Purpose*, pp.168—169.

③ James M. Goldgeier and Michael McFaul, *Power and Purpose*, pp.168—169; Steven Pifer, "The Trilateral Process: The United States, Ukraine, Russia and Nuclear Weapons," May 2011, https://www.brookings.edu/research/the-trilateral-process-the-united-states-ukraine-russia-and-nuclear-weapons/.

了相关准备。1993 年 12 月中旬举行第二次美俄经济技术合作委员会会议时，双方也讨论了乌克兰的核问题。由塔尔伯特、佩里、美副防长卡特、俄副外长马梅多夫组成的代表团访问了乌克兰，为三国首脑会晤打前站，乌副总理施马洛夫率领的乌代表团（包括塔拉苏克）与美、俄代表团进行了认真谈判，并于 12 月 17 日达成一致：在乌销毁核武库后美、俄将向乌提供安全保障，并提供物资和财政援助，乌签署三方协定后即可从"纳恩—卢格项目"中得到 1 亿美元。三方就另外两个问题进行了沟通并达成谅解，但没有形诸文字：关于乌在多长时间里把核弹头运到俄罗斯，施马洛夫表示，乌准备在 1996 年 6 月 1 日之前把所有核弹头都运到俄罗斯，但出于国内政治原因，不宜公开宣布这个日子；乌方仍然坚持要得到 1992 年运到俄的战术核武器的补偿，俄方回应：俄准备勾销乌欠俄的部分天然气债款代替补偿，但俄不能公开作出承诺，担心哈、白两国也会提出相同的要求。美方同意这两点不必写入最后文件，这样在后来的正式文件中关于"日期"和战术性核武器的补偿问题均未提及。1994 年 1 月 6 日，乌方代表团又访问了华盛顿；10 日，美方代表又访问了莫斯科和基辅，以敲定最终的协定文本。乌方到最后仍然希望提出一些保留条款，遭美方拒绝。美方坚持，关于内容的谈判已经结束，现在要做的事情是核对文本，使俄、乌、英三种文本完全吻合。①美、乌还同意，克林顿在到访莫斯科之前，先在基辅作短暂停留，在三国领导人会晤前会晤克拉夫丘克，以示对乌的尊重。

1994 年 1 月 12 日，克林顿到访基辅，乌方却又有了新的想法。克林顿劝说克拉夫丘克，现在媒体都在等着三方文件的签署，在这种时候变卦，既是三位总统个人的失败，也将严重伤害美乌关系。克拉夫丘克终于打消了新想法。14 日，美、俄、乌三国总统在莫斯科签署了三方协定，主要内容是：

——乌方重申，乌将在尽可能短的时间内以无核国家身份加入《不扩散核武器条约》，承诺将所有核弹头在"尽可能短的时间内"运往俄罗斯销毁，包括在 10 个月之内将 SS-24 洲际导弹上的核弹头卸载下来，运往俄罗斯；

——俄方承诺对从乌以及哈、白运来的核弹头中的高丰度浓缩铀迅速以低丰度铀燃料棒的形式提供相应补偿；美俄将与国际原子能机构（IAEA）进行充分合作，将乌所有与核有关的活动置于国际原子能机构的安全保障之下，并使从俄向乌核电站返还燃料棒的工作得以顺利进行；②

——一旦《第一阶段削减战略武器条约》开始生效及乌以无核国家身份加入

① James M. Goldgeier and Michael McFaul, *Power and Purpose*, p.170; Steven Pifer, "The Trilateral Process: The United States, Ukraine, Russia and Nuclear Weapons," May 2011, https://www.brookings.edu/research/the-trilateral-process-the-united-states-ukraine-russia-and-nuclear-weapons/.

② 乌克兰全国消耗的能源 1/3 来自核能，所以这一补偿对乌是有意义的。

《不扩散核武器条约》,美、俄即根据赫尔辛基最后文件①向其提供安全担保(security assurance),包括尊重乌的独立、主权和现有边界内的领土完整;不对乌施加经济压力;一旦乌成为核侵略或核威胁的受害者,美、俄将立即诉诸联合国安理会向作为无核国家的乌克兰提供援助;美、俄将不对无核国家和《不扩散核武器条约》的成员国,包括乌克兰,使用核武器,除非美、俄的领土、军队和盟国受到核武器的攻击;英国作为《不扩散核武器条约》文本的第三存放国也将加入对乌安全担保;

——美方将重申为核武器的安全销毁(safe and secure dismantlement)和热核材料的存储提供技术和财政上的援助,包括提供合作削减威胁项目下的 8 亿美元资金,其中至少 1.75 亿将用于乌的核武器销毁。美国会还将为该项目争取更多资金。②

同日,美俄之间还签订了《高丰度浓缩铀购销合同》。当时美俄都积存了大量浓缩铀。在大幅度削减核武器的情况下,继续储存如此之多的浓缩铀既无必要,也增加了风险。根据《第一阶段削减战略武器条约》,原苏联又有大量核武器需要裁减。这样,俄罗斯更没有必要存储那么多武器级浓缩铀了。1993 年 2 月,美俄两国达成政府间协定,俄罗斯在 20 年内把 500 吨丰度为 95%的浓缩铀(相当于 2 万枚核弹头)转换成 15 000 吨丰度为 5%的低丰度浓缩铀,售予美国供核电站使用,整个项目的价值达到 120 亿美元。如今签订的购销合同是接续政府间协定的商业协定,即一年前协定的履行不涉及政府资金,而完全通过市场进行运作。美方将先期支付 6 000 万美元。售铀所得由俄罗斯与乌、哈、白三国分享,合同有效期 20 年。美方通过协定所购得的低丰度浓缩铀满足了美国 50%核电站的运转需要,生产了全美电量的 10%。③这份合同俗称为"吨级换兆瓦"协定。美方还示意俄方,乌克兰理应得到充分的经济补偿。1995 年乌拉尔电化综合体首次将 6 吨高丰度浓缩铀转化成 186 吨低丰度浓缩铀。该协定于 2013 年 12 月履行完毕。截至 2017 年,500 吨高丰度浓缩铀全部转换成低丰度浓缩铀。履行协定后,美俄各自还贮存了 700—800 吨高丰

① 1975 年 7 月 30 日至 8 月 1 日,欧安会首届首脑会议在芬兰首都赫尔辛基举行,与会的 33 个欧洲国家及美国、加拿大签署了《指导与会国之间关系的原则宣言》等系列文件,俗称"赫尔辛基最后文件"。

② "The US-Russia-Ukraine Trilateral Statement and Annex," January 14, 1994, http://www.pircenter.org/media/content/files/12/13943174920.pdf. 英文文本没有用 agreement,而是用了 statement,美方解释说,如用 agreement,则须经参议院批准。

③ Alexander Pavlov and Vladimir Rybachenkov, "The U.S.-Russian Uranium Deal: Results and Lessons," May 2013, https://www.armscontrol.org/act/2013-12/looking-back-us-russian-uranium-deal-results-lessons.

度浓缩铀。①

在签字仪式后的记者会上，三位领导人都对协定表示肯定和赞赏。克林顿说，原来对准美国的 1 500 枚核弹头现在要移除了，这当然增进了美国的安全；移除了这些核弹头，减少了核事故、核间谍和核恐怖的危险，因此也增进了俄罗斯和乌克兰的安全。②克林顿和叶利钦还呼吁把《不扩散核武器条约》无条件延长到 1995 年，支持所有未签字国加入该条约。双方重申在最短期内缔结《全面禁止核试验条约》，呼吁各国在谈判这一条约期间冻结核试验。

1994 年 2 月 3 日，乌克兰议会以 260 票比 3 票的表决结果无条件批准了《第一阶段削减战略武器条约》和《里斯本议定书》，但没有同时批准乌以无核国家身份加入《不扩散核武器条约》，议会表示在批准之前要得知关于经济补偿和安全担保的更多细节。③当克拉夫丘克 3 月初访美时，美方把对乌的一揽子援助增加到 7 亿美元，一半用于无核化，一半用于经济援助。3 月，乌开始把 60 枚第一批战略核弹头运到俄罗斯，4 月，乌开始接到从俄运来的用于补偿的燃料棒。

1994 年 7 月，乌克兰总统换届，前总理库奇马成为新总统。7 月底，美国副总统戈尔访问华沙，顺便访问了基辅。戈尔在会晤库奇马时建议，利用即将于 12 月上旬在布达佩斯举行的欧安会首脑会议，完成三边文件中规定的程序，包

---

① 在 2017 年 10 月的瓦尔代国际论坛上，普京在谈到“吨级换兆瓦”协定时说，俄方在执行协定过程中展现了绝对前所未有的开放和信任：美方数百人次造访了俄罗斯生产浓缩铀和钚的军工企业，到访了最秘密的区域：混合区和材料存放库。在世界上最大的核浓缩企业乌拉尔电化厂甚至常设有美国观察室，美方人员直接在该厂车间里设置工作岗位，天天在那里上班，在俄罗斯的绝密设施内插着美国国旗。这种情况持续了 10 年。后来美国在这里安置了监控设备，就不必专门派人在此值守了。俄罗斯专家在受到美方邀请的情况下也视察了美方的核武器企业。普京认为，这一项目是人类历史上最有效的裁军措施之一。普京又痛切地说：“在与西方关系中我们这一方的最主要错误是——我们太信任你们了，而你们的错误是，你们把这种信任当成了软弱可欺并且加以滥用。虽然我们明白了这一点，还是要把过去的事情一笔勾销，要翻过这一页，继续往前走，把我们的关系建立在相互尊重的基础上。”Выступление Владимира Путина на Заседании международного дискуссионного клуба «Валдай» 19 октября 2017 г. http://kremlin.ru/events/president/news/55882. 与此同时，美方将 109 吨高丰度浓缩铀转换成低丰度浓缩铀。Alexander Pavlov and Vladimir Rybachenkov, “Looking Back: The U.S. Russian Uranium Deal: Results and Lessons,” May 2013, https://www.armscontrol.org/act/2013-12/looking-back-us-russian-uranium-deal-results-lessons.

② William J. Clinton, “Exchange with Reporters on Signing the Denuclearization Agreement with Russia and Ukraine in Moscow,” January 14, 1994. Online by Gerhard Peters and John T. Woolley, *The American Presidency Project*, http://www.presidency.ucsb.edu/ws/?pid=50010.

③ David Leonhardt, “Ukrainian Parliament Edges Closer to Atomic Disarmament,” February 4, 1994, https://www.nytimes.com/1994/02/04/world/ukrainian-parliament-edges-closer-to-atomic-disarmament.html.

括向乌提供安全担保,美将邀请库奇马在此前于11月访问美国。受到鼓励的库奇马公开保证,他将寻求议会批准加入《不扩散核武器条约》。美方官员与俄、英磋商,敲定了对乌安全担保的文本。乌方认可了这一文本,尤其是其中有这样的表述:"各方将在导致产生问题的形势出现时进行磋商。"这一条款实际增添了争端解决机制,乌克兰看重这一点。美方又鼓励乌方在库奇马访美(11月21日至23日)之前寻求议会批准加入《不扩散核武器条约》,称那将为美乌首脑会晤营造良好的政治气氛。①

戈尔的访问及上述一系列安排是对库奇马的一个推动。库奇马在议会发表演说,敦促议会尽快行动。11月16日,乌议会以301票比8票的表决结果批准了乌克兰加入《不扩散核武器条约》,但议会决议并未确认乌是无核国家,相反,它宣称乌是核武器的拥有国,这反映了20世纪90年代许多乌克兰人所持有的看法:作为原苏联的共同继承国之一,乌克兰是拥有核武器的,虽然乌现在愿意成为无核国家。②俄方对此感到不满,许多美国官员也感到沮丧。但美国国务院法律顾问认为,美、英、俄三国作为《不扩散核武器条约》批准文书的存放国,有权对乌议会的模棱两可的决议作出解释,这一文件可以被视为是批准以无核国家身份加入条约。白宫遂于17日发表声明称,乌议会的表决为乌以无核国家身份加入了条约扫清了道路,将为美乌合作开辟新的前景。但俄方仍持不同看法。俄外交部17日的声明称,乌议会的表决"使乌的身份模糊不清。乌到底是以有核国家还是无核国家的身份加入条约,这是必须回答的问题,因为《不扩散核武器条约》批准文书的存放国正在敲定给予乌作为无核国家的安全担保"。③俄方要求乌议会进行重新表决。但美方认为重新表决无济于事,而且乌政府已经表示将议会决议交付美、俄、英三国作为加入《不扩散核武器条约》的法律文件。④

库奇马于11月对美国进行了访问,但乌议会决议的问题仍然没有解决。美方设想,在布达佩斯当库奇马把议会批准的决议交给克林顿、叶利钦和英国首相梅杰时,同时递交一项外交照会,在照会中确认乌是作为无核国家加入条约的。俄方同意了这一设想。但该项照会的起草仍然是件艰难的工作。直到举行会议的12月5日当天凌晨,照会文本才最后确定下来。几小时后,在精心准备的签字仪式上,库奇马把照会和议会批准决议交给美、俄、英三国领导人,照会清楚表示,乌克兰是作为无核国家加入《不扩散核武器条约》的。然后,四位领导人签署

①②④ Steven Pifer, "The Trilateral Process: The United States, Ukraine, Russia and Nuclear Weapons," May 2011, https://www.brookings.edu/research/the-trilateral-process-the-united-states-ukraine-russia-and-nuclear-weapons/.

③ Yuri Dubinin, "Ukraine' Nuclear Ambitions: Reminiscences of the Past," April 13, 2004, http://eng.globalaffairs.ru/number/n_2913, p.8.

了对乌克兰的安全担保。同时也对哈萨克斯坦和白俄罗斯提供了类似的安全保证,即所谓《布达佩斯安全保障备忘录》。①乌克兰把这一安全保障视为国际条约,并把它纳入了乌克兰的《国际条约集》之中。接着克林顿、库奇马、叶利钦、纳扎尔巴耶夫和卢卡申科交换了使《第一阶段削减战略武器条约》生效的文件。②

从 1994 年起,从 SS-19、SS-24 以及空射巡航导弹上卸载下来的核弹头用火车源源不断地运送到了俄罗斯的销毁工厂。俄罗斯则把用于补偿的低丰度铀燃料棒运往乌克兰。到 1996 年 6 月 1 日,乌克兰终于将所有核武器和运载工具运到了俄罗斯。乌克兰还使用"纳恩—卢格项目"的资金拆毁了导弹库,2001 年 10 月,乌拆毁了最后一个地下导弹库。这是《第一阶段削减战略武器条约》所计入的最后的发射装置。

苏联是拥有庞大核武库的国家,其核武器又分散在四个国家,在苏联解体的动荡时刻,存在着发生核武器,或者核材料、核装置、核技术、核人才扩散的风险,在 20 世纪 90 年代头几年是国际社会面临的最大安全威胁,但这种扩散没有发生,这是国际军控和防扩散历史上的重大成功。美国、俄罗斯、乌克兰、哈萨克斯坦、白俄罗斯等国领导人和政治家采取了恰当、明智的措施,进行了卓有成效的合作,对防扩散作出了贡献。纳恩、卢格参议员是有远见的,应该在军控和防扩散史上得到肯定。自然,这些国家的决策者和政治家首先是从本国利益出发来考虑问题的,但防止核扩散同样是整个国际社会严重关注的,符合各国共同利益。没有乌、哈、白三国核问题的解决,1995 年 5 月联合国《不扩散核武器条约》审议大会也难以举行,难以决定无限期延长该条约。在后冷战时期的近三十年中,国际社会一直在为应对朝鲜、伊朗的核问题而绞尽脑汁,反复博弈,苏联解体初期防止核扩散的成功更应该得到充分肯定和高度评价。

显然,解决问题的关键是乌克兰。要乌克兰痛痛快快、一干二净地放弃这么大的核武库不是一件简单的事情,这是不难理解的,任何别的国家处在它的位置上也会有类似的想法。三方协定最终得以成立,关键在于这是一个三赢的协定。美、俄是赢家,这无需多加解释。乌克兰也是赢家。如果乌坚持保留核武器,即使只是一小部分核武器,情况就大不一样。苏联解体后,乌与俄一样,竭力要发展与美国的关系,融入西方,保留核武器则会成为乌美关系及乌与整个西方关系中的不可逾越的障碍,鉴于乌当时经济"自由落体"般的衰退,乌的国内和国际处境将会严重恶化。而且许多导弹和核弹头行将服役期满,真是成了"留之无用,

① 联合国安理会的另外两个常任理事国法国和中国稍后也加入了对乌、哈、白三国的安全保证。

② 《第一阶段削减战略武器条约》有效期至 2009 年 12 月 5 日,《条约》规定,双方把各自拥有的核弹头削减至不超过 6 000 枚,运载工具减至不超过 1 600 件。

弃之可惜”的鸡肋。①最后，不但美、俄，而且安理会其他常任理事国都对乌作了安全担保，乌从俄得到了相应补偿，从美得到了为清除核武库所需的资金，还得到了经济援助，乌从放弃核武器中得到的好处是看得见、摸得着的。

在三方会谈中，美国起到了一个平衡者的作用。虽然谈判三方都说是平等的，但与乌方相比俄方明显处于强势地位。美国的参与可以在其中起到平衡作用。美国驻乌使馆建议美应该在俄乌之间成为“离婚案中的律师”。俄、乌双方几百年来恩恩怨怨，当时又处在调整关系的困难时期，双方严重缺乏互信。而且谈判中的一些敏感问题是没有形诸文字的口头谅解，一个双方都信任的第三者乃是不可或缺的。美国的转圜在一定程度上拓展了谈判的空间。俄乌两国的国内政治对解决核问题都产生了负面影响，1993 年俄民族主义者日里诺夫斯基在杜马中出乎意料的强劲表现使乌克兰许多人感觉到，要有某种对俄民族主义的反制手段，这也是乌在核问题上犹豫的原因之一。美国的介入在一定程度上给乌壮了胆；美方也充分利用了俄、乌都希望发展对美关系的愿望来促进核谈判。乌、哈、白三国核问题的解决是这一时期美俄合作的一个重大成果。

① Steven Pifer, “The Trilateral Process: The United States, Ukraine, Russia and Nuclear Weapons”, May 2011, https://www.brookings.edu/research/the-trilateral-process-the-united-states-ukraine-russia-and-nuclear-weapons/.

第三章 北约东扩

1992年、1993年是美俄关系的蜜月时期，但叶利钦对西方“一边倒”的外交政策也引起国内民众的不满。由叶利钦的前助手集体撰写的回忆录指出：“当俄罗斯不可抑制地倒向西方，准确地说是美国后，俄罗斯的社会舆论却向相反的方向摇摆。”①俄民众要求重新思考俄国家利益，重新定位与西方的关系，实行符合俄大国地位的外交战略。叶利钦1994年2月24日对国会发表的首个《国情咨文》部分回应了这种要求。叶利钦指出：“为国家发展创造良好的外部环境是俄罗斯的利益所在，实现这一目标的主要外交举措应该是恰如其分和友善的，同时也应当是坚定不移的，其中追求合作的愿望不能违背国家民族利益以及俄罗斯人民的民族自豪感。”“通过开放与合作不断推进俄罗斯的民族利益，确保国内发展和亟须改革的良好环境——这是俄罗斯1994年对外政策的主要目标”；“1994年应结束有缺陷的单方面让步”。②此后，在俄罗斯领导人的讲话和政府文件中，“恢复大国地位”成为一个被反复强调的主题，俄罗斯改变了过去两年中对美国和西方“一边倒”的方针，开始寻求国际关系，包括对美关系中的新定位。科济列夫外长在美国权威的《外交》双月刊上发表题为《落后的伙伴关系》的文章阐述这一观点，向美国发出了毫不含糊的信息。文章说，“伙伴关系对于俄罗斯和美国是最好的战略选择”，双方应该通过建设性的伙伴关系来积极地影响世界事务。“俄国内大多数政治力量都希望一个强大、独立和繁荣的俄罗斯”，它们要求“承认俄罗斯与西方之间平等的权利和互利的伙伴关系，以及俄

① 萨塔罗夫等：《叶利钦时代》，高增训等译、叶军等校，东方出版社2002年版，第587页。

② Борис Н. Ельцин, Послание президента Российской Федерации Федеральному Собранию об укреплении Российского государства, 24 февраля 1994 г. https://yeltsin.ru/archive/paperwork/12590/.

作为世界大国的重要地位”。文章进一步明确表示,“有一点是足够清楚的:21世纪不是泛美国世纪或者其他形式的单极或两极统治,美国也没有能力独自进行统治”,“要回应当前的挑战必须是东方和西方的民主国家联合的战略伙伴关系”。①俄国防部部长格列乔夫更是直言不讳地说:世界“将会看到大俄罗斯的复活,它将在大国行列中取得自己的地位”。1994 年 3 月访俄的美国前总统尼克松也感觉到了政治氛围的明显改变。②此后,俄罗斯开始把重新寻求大国地位作为外交政策的目标,在地区和国际事务中不再一味唯美国马首是瞻,而是要确保俄国家利益,并敢于在一些分歧问题上与美国进行抗争,达成相互的妥协。

大体说来,美俄之间的蜜月到 1993 年就结束了,两国关系从 1994 年起进入了有限合作又有限竞争的时期,在一系列地区和全球性问题上都是这样,而对于两国关系影响最大、最深远的莫过于北约东扩问题。

第一节　北约东扩之风刮起

一、克林顿政府作出东扩决定

北大西洋公约组织(北约)是冷战时期东西方两大集团对峙的产物,成立于 1949 年,其主要目的是为了遏制苏联,对抗华沙条约集团。随着华约集团的瓦解,北约失去了对手,其目的、功能和定位都成了问题,需要重新厘定。虽然北约 16 国名义上是平等的,但无论冷战时期还是后冷战时期美国都是北约当然的领导者。为保证美国在欧洲政治、安全事务中的主导作用,布什政府强调北约应当成为“一个自由与和平的欧洲的核心”,推动北约的转型,促使北约承担新的功能。③但在后冷战时期北约如何转型、它的功能是什么一时都不明确。冷战出乎意料地结束,许多新挑战迎面而来,诸如两德统一、海湾战争、苏联留下的庞大核武库,而在这些问题上苏联/俄罗斯都是主要合作伙伴。布什政府希望,美俄在地区和全球性问题上的合作能继续下去,希望“大欧洲将为欧洲的防务承担起更多的责任”。④1992 年是美国大选年,美国经济状况不佳,布什流年不利,被民主

① Andrei Kozyrev, “The Lagging Partnership,” *Foreign Affairs*, May/June 1994, pp.59—64.

② 海运、李静杰总主编,学刚、姜毅主编:《叶利钦时代的俄罗斯·外交卷》,第 31 页。

③ 参见李海东:《俄美分歧及俄罗斯加入北约的可能性探讨》,《俄罗斯研究》2015 年第 3 期。

④ The White House of the United States, *National Security Strategy of the United States*, August 1991, http://nssarchive.us/NSSR/1991.pdf.

党人批评为是"国际主义"的总统，支持率一路走低，北约的未来不是布什政府的当务之急。欧洲大国对此也有不同意见，德国赞成东扩，英国反对，法国则提出了制定全欧安全公约的问题。①而早在 1990 年 2 月，波兰、匈牙利、捷克斯洛伐克便成立了维谢格拉德集团，希望依靠这一地区性安全联盟保障安全。②华约解体后这些国家立即提出了加入北约的要求，但美国和欧洲实际上都还没有明确想法。1991 年 11 月初，根据美国务卿贝克和德国外长根舍的联合倡议北大西洋合作理事会成立了，这是北约发展与俄罗斯及东欧国家关系的一个新尝试。克林顿政府提出了"接触与扩展战略"以代替冷战时期的"遏制战略"，其中心环节是加强同盟国这个"核心共同体"，培育新的民主体和市场经济，把苏联解体后新出现的国家都扩展到民主阵营里来。③

进入 1993 年，俄罗斯政局动荡，俄与波罗的海各国因领土纠纷和当地俄罗斯族居民的地位问题摩擦不断，波、匈、捷等国担心俄民族主义卷土重来，进一步加强了外交上的"西靠"倾向，一再提出加入北约的请求，寻求北约的安全保护。1993 年 4 月，当三国总统来华盛顿出席大屠杀纪念馆开馆典礼时，他们当面向克林顿总统表示加入北约的强烈愿望，给克林顿留下了深刻印象。正是在会晤三国领导人时，克林顿本人为北约东扩定下了基调。④波罗的海三国也表达了加入北约的意向。

克林顿政府于是开始考虑北约扩大问题，克里斯托弗在国务院组织了专门班子进行研究。北约面临着三种选择：第一，确认使命完成，解散北约；第二，维持现状；第三，向东扩张，并拓展其使命。克林顿政府认为，第三种选择是唯一可行的，不论从安全上还是外交上说都是这样。

第一，北约是"美国介入欧洲之锚"，⑤是美国在跨大西洋事务中保持领导地位的一个有效手段。美国政界都强调美欧特殊关系，这种关系不仅是政治

① 参见郑羽：《俄罗斯与北约：从"和平伙伴计划"到马德里峰会》，《东欧中亚研究》1997 年第 6 期。在德国看来，只有北约扩大才能避免使德国成为前沿阵地，避免与俄罗斯的直接对抗。见冯绍雷、相蓝欣主编：《普京外交》，上海人民出版社 2004 年版，第 108 页。

② 参见张文宗：《族群与美国外交》，时事出版社 2016 年版，第 113 页。

③ Anthony Lake, "Enlargement: Purpose and Practice," Speech at Council on Foreign Relations, December 14, 1993, file:///C:/Users/ADMINI～1/AppData/Local/Temp/Enlargement%20purpose%20and%20practice%20by%20Anthony%20Lake%20December%201993.pdf.

④ Strobe Talbott, *The Russia Hand*, p.93; Ronald D. Asmus, *Opening NATO's Door. How the Alliance Remade Itself for a New Era*, New York: Columbia University Press, 2002, p.24. 东欧国家提出加入北约是出于相当复杂的原因的，见刘靖华、牛军、姜毅：《论北约东扩——地缘政治与文明特性的双重分析》，《美国研究》1997 年第 3 期。

⑤ Madeleine Albright, "Prepared Statement Before the Senate Armed Services Committee on NATO Enlargement," April 23, 1997, https://1997-2001.state.gov/statements/970423.html.

的、经济的、军事的,“还有文化、价值观和血亲的纽带”。①美国曾经三次出手保卫欧洲,克林顿政府认定,美国必须永远介入欧洲,保卫欧洲的安全,而不能任由北约随波逐流。“扩大北约是美国保证欧洲在21世纪是一个比20世纪更和平的地方的关键。而如果欧洲更安全、更繁荣,美国也会如此”。②国安事务助理安东尼·莱克认为:“过去半个世纪中北约被证明是人类历史上最有效的军事联盟。如果要使北约继续成为欧洲和大西洋稳定之锚……北约就必须在新的时代更新其使命。除非北约愿意承担更广泛的作用,它将失去民众的支持,我们所有国家都将失去跨大西洋和欧洲安全的至关重要的纽带。”③

第二,前南斯拉夫联盟的冲突表明,欧洲如没有一个有效的安全架构,动乱和战争是极容易爆发的。而正如比利时外长在海湾战争时所说的,欧共体是经济上的巨人,政治上的侏儒,军事上的小爬虫。北约是欧洲最主要最有效的安全机制,是唯一的集体防务组织,但欧洲又担心冷战结束后美国从欧洲撤出。④

第三,莱克还认为,在美国“实行了遏制主义之后必须……扩大这个世界上自由市场民主制国家组成的自由大家庭”,北约的扩大是把“促进民主制和市场的目标同传统的地缘战略利益结合起来”的最好工具。⑤莱克强调,美国及其欧洲盟友难得有这样的历史性机遇把从前的共产主义国家,如波、匈、捷锚定在成功的民主和市场经济转型上,加入北约的道路将向它们提供稳定和保障,使它们能有信心地面对“复仇主义”的俄罗斯和重新统一的德国,面对前南联盟的混乱。这对于克林顿是有说服力的。⑥

第四,冻结北约的东部边界只能说明,由冷战划定的这条边界是自然的、永久的,那将是一个巨大的错误,不但对那些希望加入联盟的民主国家,而且对于支持民主机制的美国都是一个重大的挫折。北约东扩将改变一百多年来中东欧地区作为西方与俄罗斯之间的缓冲地带的危险局面,从而带来地缘战

① John Blasing, “The Secretary of Defense and the Partnership for Peace: A Policy for a Safer World,” https://www.colorado.edu/artssciences/defese/John%20Blasing.pdf.

② “Talbott Speech on NATO Enlargement at Atlantic Council,” May 20, 1997, https://www.mtholyoke.edu/acad/intrel/strbnato.htm.

③ Anthony Lake, “From Containment to Enlargement,” September 21, 1993, https://www.mtholyoke.edu/acad/intrel/lakedoc.html.

④ Ronald Asmus, Richard Kugler, F. Stephen Larabee, “Building A New NATO,” https://www.foreignaffairs.com/articles/southeastern-europe/1993-09-01/building-new-nato.

⑤ Anthony Lake, “Effective Engagement in a Changing World,” Address to the Council on Foreign Relations, December 17, 1993.

⑥ William Burns, *Back Channel*, p.107.

略的变化。①

第五，美国政界普遍对俄罗斯发展方向的"不确定性"表示担心。克里斯托弗 1994 年 2 月在参议院外交关系委员会听证会上说："俄罗斯的威胁仍然是非常实实在在的。我们必须准备应付这种可能性，即改革被逆转，俄罗斯富于侵略性的民族主义可能……抬头——即使通过民主方式也罢。"②防长佩里在一次演讲中指出，"俄罗斯经过动乱之后可能成为一个同西方敌对的集权主义、军国主义、帝国主义的国家"。③而北约东扩就是对这种可能性的一种对冲。事实证明，将俄罗斯作为潜在威胁是美国推动北约东扩的一个重要考虑。但在美国，从朝到野，还远未为北约的调整作好准备。长期的冷战结束了，人们悬着的心放下了，现在正是可以长长地出一口气，享受冷战胜利红利的时候，多数美国人对于外部事务兴趣下降。1993 年 6 月，克里斯托弗在北约外长会议上表示，北约的扩大尚未在美国的议事日程之上。④

1993 年秋，蓝德公司的三位资深欧洲安全问题专家在《外交》双月刊上发表文章指出，柏林墙倒塌三年后，欧洲正在走向危机。"只有北约才能应对冷战后欧洲的各种安全挑战"。西方没有必要担心俄罗斯对北约东扩的战略敏感，北约东扩是否使北约成为反俄联盟"几乎完全取决于俄的内部转型"，"而如果北约的未来成为俄罗斯政治结局的抵押品，将是导致北约消亡的一剂药方"。⑤这篇较早全面论证北约东扩的文章在美国政界和学术界引起了一场关于北约东扩的辩论，这是冷战结束后美国第一场外交政策大辩论，参与者众多，拥护者与反对者意见尖锐对立；持续时间长，直到 20 多年后的今天。

以老外交家、遏制政策的倡导者乔治·凯南，参议员萨姆·纳恩，克林顿的前顾问、约翰斯·霍普金斯大学国际问题高级研究院教授曼德尔鲍姆，《纽约时报》专栏作家弗里德曼（Thomas Friedman）为首的反对派不断阐述他们的主张。他们认为，东扩将在原来的铁幕以东划下一条新的分裂线，俄罗斯现在处于衰弱之中被迫接受的东西一定是它日后复兴时首先要推翻的

---

① Strobe Talbott, "Why NATO Should Grow?" www.nybooks.com/articles/1995/08/10/why-nato-shoud-grow；参见刘靖华、牛军、姜毅：《论北约东扩——地缘政治与文明特性的双重分析》，《美国研究》1997 年第 3 期。

② 牛军主编：《克林顿治下的美国》，中国社会科学出版社 1998 年版，第 147 页。

③ 参见刘靖华、牛军、姜毅：《论北约东扩——地缘政治与文明特性的双重分析》，《美国研究》1997 年第 3 期。

④ Warren Christopher, *In the Stream of History*, pp.128—129.

⑤ Ronald Asmus, Richard Kugler, F. Stephen Larrabee, "Building A New NATO," *Foreign Affairs*, Sept./October 1993, https://wwwlforeignaffairs.com/articles/shoutheastern-europe/1993-09-01/building-new-nato.

东西。①既然俄罗斯的民主已经诞生，对美国来说最重要的事情就是帮助俄罗斯扎下民主的根，并使俄融入欧洲。这不正是美国进行冷战的目的吗？何况在国际舞台上没有俄罗斯的合作，任何重大的争端都解决不了，如伊拉克、伊朗问题；再者，俄罗斯没有进行威胁，没有重新进攻欧洲。②如果坚持北约东扩，美俄关系的列车肯定会脱轨。③

国会中民主党的自由派和部分温和派议员也反对北约扩大，他们认为北约吸收新成员将孤立莫斯科，煽动俄罗斯的民族主义，危及美俄关于削减战略武器的条约，恢复冷战的分界。只有等到俄罗斯的复仇主义情绪消失，北约才能扩大。参议院军事委员会资深成员、著名的《纳恩—卢格法》的倡导者之一萨姆·纳恩 1995 年表示担心说："对美国、对北约及对整个世界，最大的安全威胁是大规模杀伤性武器的扩散，控制俄罗斯冷战时期遗留下来的核武库，北约扩大将造成一个更有妄想症的、民族主义更加强烈的俄罗斯，它只会更不愿意与西方合作，从而会破坏达成上述目的。"④民主党议员、参议院外交关系委员会主席克莱伯恩·佩尔(Claiborne Pell)表示"对在欧洲没有必要地划出新的分界线的任何尝试都深感忧虑"。⑤但持类似意见者在参议院中占比不到 1/3。

曼德尔鲍姆在 1995 年 7、8 月号《外交》上撰文说，北约扩大的"新遏制主义"将冒削弱俄罗斯民主力量的风险，俄罗斯人将把它看作是非法的。这种非法行动将给修正主义的俄罗斯提供理由以破坏脆弱的欧洲秩序。⑥《外交政策》主编梅因纳斯(Charles Maynes)也撰文说，"所有主张北约东扩的意见都包含了对俄罗斯固有的成见。现在莫斯科没有发出什么威胁，但扩大北约则可能制造这

① 参见刘靖华、牛军、姜毅：《论北约东扩——地缘政治与文明特性的双重分析》，《美国研究》1997 年第 3 期。凯南后来把北约东扩称为"整个后冷战时期美国政策的最致命的错误"。William Burns, *Back Channel*, p.109. 时任美驻俄大使馆公使衔参赞、后任副国务卿的伯恩斯回顾说：北约东扩"说好了是时机不成熟，说差了是不必要的挑衅"。他认为把一些中东欧国家扩进北约破坏了与俄罗斯的关系，但还不是致命的。后来的战略错误更严重，那就是不顾乌克兰、格鲁吉亚与俄罗斯深深的历史渊源，硬要把它们拉进北约。时任国防部部长的威廉·佩里认为，在 20 世纪 90 年代，尽管在消除北约和莫斯科几十年的积怨方面取得了不错的进展，但在北约东扩方面，美方"操之过急"，"行动过快"。见冯绍雷：《北约东扩、"特朗普新政"与俄欧安全新格局》，《俄罗斯研究》2017 年第 1 期。

② Thomas L. Friedman, "What Did We Expect?" August 19, 2008, https://www.nytimes.com/2008/08/20/opinion/20friedman.html.

③ Strobe Talbott, *The Russia Hand*, p.146.

④ Ronald Asmus, *Opening NATO's Door*, p.122.

⑤ Jeremy D. Rosner, "The Perils of Misjudging Our Political Will," *Foreign Affairs*, Vol.75, Issue. 4(July/August 1996).

⑥ Michael Mandelbaum, "Preserving the New Peace," *Foreign Affairs*, May/June 1995, pp. 11—12.

种威胁”。如果接受了波兰，那么乌克兰呢？他认为现在欧洲面临的地区安全问题，如塞浦路斯、波黑问题等，不是北约东扩所能解决的，而恰恰是要跟俄罗斯合作来解决的。西欧现在应该做的事情是加强与东欧的经贸关系，消除贸易壁垒。①美常驻北约代表的防务顾问凯瑟琳·克勒赫（Catherine Kelleher）认为，美国对欧政策最重要的方面是鼓励一个民主的俄罗斯在与北约合作的基础上接受欧洲的安全责任。北约扩大可能在短期内收获一些欧洲安全的成果，但“相对于俄罗斯积极参与欧洲安全体系转型的目标来说就是小巫见大巫”。②总之，反对东扩者认为，东扩是在制造一个“自我实现的预言”：俄罗斯现在不是威胁，东扩将使它成为威胁。③

但无论在美国舆论界、在国会还是在政府内部，主张东扩的意见都占上风。根据芝加哥外交关系委员会 1994 年做的一次民调，对美国是否应继续承担对北约义务的问题，民众和舆论精英的支持率分别占 61％和 63％；持否定意见甚至主张退出北约的民众和精英各占 26％和 37％；对于北约是否接纳波、匈、捷为新成员的问题，42％的民众和 58％的精英表示赞成，32％的民众和 37％的精英表示反对。另一项由美国广播公司（ABC）和《华盛顿邮报》在 1994 年初联合举办的调查显示，64％的受访者支持接纳该三国加入北约，只有 21％的人表示反对。④1994 年 12 月 1 日发表的一篇报刊文章言辞激烈地写道：

> 在今后几十年里，俄罗斯熊将再次变得强壮、饥饿并发出咆哮……重视地缘政治的思想家，如基辛格、布热津斯基都以纵观历史的眼光支持这一看法：俄罗斯骨子里是独裁国家，惯常的行为方式是扩张主义的，它依仗文化程度较高的民众和无穷的资源……将再次崛起为超级大国，并注定要虎视西方和南方，一块一块地恢复过去的地盘。
>
> ……要赶快把波、匈、捷及波罗的海诸国这些最西方化的东欧国家吸收进来，并最后在乌克兰私有化时吸收它。俄罗斯仍然虚弱并专注于自己的复兴之际，正是北约向东推进不可多得之时。过后再要这样做，就会是超级大国不可容忍的挑衅。⑤

① Charles Maynes, “NATO: Keep It Western,” September 16, 1993, https://www.washingtonpost.com/archive/opinions/1993/09/16/nato-keep-it-western/f6374c0c-48a2-498b-a816-40a4089baa92/.

② Timothy Trampenau, “NATO Expansion and the Baltic States,” December 1996, https://calhoun.nps.edu/bitstream/handle/10945/32045/96Dec_Trampenau.pdf?sequence=1&isAllowed=y.

③ 参见刘靖华、牛军、姜毅：《论北约东扩——地缘政治与文明特性的双重分析》，《美国研究》1997 年第 3 期。

④ Jeremy D. Rosner, “The Perils of Misjudging Our Political Will,” *Foreign Affairs*, Vol.75, Issue 4(July/August 1996).

⑤ William Safile, “Strategic Dilemma,” December 1, 1994, https://www.nytimes.com/1994/12/01/opinion/essay-strategic-dilemma.html.

美国国会中压倒多数的意见也是支持北约东扩的。老资格的共和党参议员、1996年共和党总统候选人罗伯特·多尔攻击克林顿的政策是"叶利钦第一"。①"纳恩—卢格项目"的另一倡导者共和党人理查德·卢格是坚决主张美国更多地介入欧洲事务的主要代表人物。他认为,美国在对冷战后欧洲发生的变化作出反应方面显得太胆怯了,他访欧时中东欧新民主行为体的脆弱以及它们迫切希望融入西方的强烈愿望给他留下了深刻印象,他主张西方必须把冷战胜利的成果锁定下来,等它消失殆尽就悔之晚矣。1993年6月,他公开发表演讲,批评克林顿政府仅仅把支持俄罗斯的改革作为外交政策的重点,而真正的问题是要"为统一和自由的欧洲创造一个安全的秩序"。他强调,"北约要生存,就必须从现在针对特定威胁的集体防御联盟转型为共享价值观和共享战略利益的联盟",北约"不走出现有范围就是死路一条"(Out of area or out of business)。这句话很快变成了呼吁北约东扩者的共同口号。他强调,北约必须作出实质性的变革,"不是选择新北约抑或旧北约的问题,而是选择新北约抑或没有北约的问题"。②北约东扩问题也成为美国1994年中期选举中的突出议题,9月共和党提出的《美利坚契约》要求在4年之内把波、捷、匈、斯洛伐克吸收进北约。

外交精英、前政府官员如基辛格、布热津斯基、贝克等普遍表示支持东扩,并且提出了各自的"路线图"。基辛格认为,北约如果不扩大,那么在俄罗斯与德国之间就会出现政治真空,而两国一定会努力来填补这个真空,从而引起新的利益冲突,威胁北约的凝聚力与生存。他强调大西洋地区国家是相互需要的,不让一个霸权国家统治欧亚地区是美国的切身利益所在,没有欧洲,美国外交政策就将失去锚泊之地。他批评克林顿政府在跨大西洋关系方面踌躇不前,批评政府把北约视为冷战的遗产,宁可依赖俄罗斯的善意而不是历史性的联盟作为国际新秩序的关键。他敦促政府加快北约东扩的步伐,等到俄罗斯的威胁真正出现的时候就晚了。美国不能以牺牲北约东扩来换取俄罗斯的合作,更不要幻想俄罗斯加入北约,不能让俄罗斯拥有对北约东扩的否决权。③布热津斯基在《外交》上撰文批评克林顿政府的政策说,美国目前战略的实质是:同民主的俄罗斯建立一种伙伴关系,以取代遏制苏联扩张的目标;这种伙伴关系的最优先的事项是扶植叶利钦政府,通过强调美俄共享对全球的特殊责任来加强该政府的自尊和自信。

---

① Strobe Talbott, *The Russia Hand*, p.153.

② Ronald Asmus, *Opening NATO's Door*, pp.32—33; Ted Carpenter, ed., *The Future of NATO*, Routledge, 1995, p.103;郑羽主编:《既非盟友,也非敌人》,第524页。

③ Henry Kissinger, "Expand NATO Now," *Washington Post*, December 19, 1994. https://www.washingtonpost.com/archive/opinions/1994/12/19/expand-nato-now/f1f0b4ed=56ee-4e5b-84ba-ae19a07a9997/.

这种战略目标是错误的，“俄罗斯成为稳定的民主国家的近期前景不佳”，“俄罗斯建立帝国的冲动仍然强烈，甚至有增无减”，“如果美俄之间达成一种合作性共管的安排……欧洲—大西洋的同盟立即会成为其牺牲品”，“最后的结果将是西方在冷战中取得的胜利果实丧失殆尽”。他认为“一项合乎实际的和长期的大战略目标应当是巩固原苏联境内地缘政治的多元化”，“美俄两国要建立真正的伙伴关系，不仅需要双边和解，而且需要建立一个建设性的地缘政治框架”。①

二、北约“和平伙伴关系计划”出台

政府内部存在着“激进东扩”和“渐进东扩”两种主张之争。国安事务助理安东尼·莱克是“激进东扩”派的代表，他认为可以提出加入北约必须实施的政治、经济、军事改革要求，以此来向中东欧国家提供激励，从而使北约东扩成为向东拓展民主共同体的一种有效手段，这是美国至关重要的利益所在。莱克对于俄罗斯可能反对北约东扩持强硬态度，认为美国决不能“让俄罗斯人误以为他们能够影响我们的决定”。他感觉政府对俄罗斯过于迁就，并认为期望俄罗斯实现民主转型是一种过于奢侈的想法，而东欧的民主转型是现实可行的。他在 1993 年夏末秋初开始设想，总统在 1994 年 1 月的北约峰会上为北约进入中欧提出路线图和时间表，确定波、匈、捷和斯洛伐克为北约的“联系成员国”，使它们登上成为完全成员的“快车道”。②

但国务院和五角大楼多数官员主张北约东扩不宜过于匆忙。国务院以负责原苏联国家事务无任所大使塔尔伯特为首的团队刚刚在 1993 年秋天解决了俄罗斯与印度的火箭交易，③并正忙于敲定把核武器运出乌克兰的美俄乌三边协定。他们认定对俄关系是克林顿外交政策的第一优先项，北约东扩有可能妨碍正在进行当中的美俄合作，并在中欧划出一条新的界线。塔尔伯特在 1993 年 10 月给国务卿的备忘录中写道：我们不能以牺牲对俄罗斯改革的支持来推动北约东扩，总统一直说支持俄罗斯是我们的第一要务。④他担心踏上北约扩容这条

① Zbigniew Bzrenzinski, “The Premature Partnership,” *Foreign Affairs*, Vol.73, No.2(March/April), 1994, pp.68—82.

② Goldgeier and McFaul, *Power and Purpose*, p.185; Steve Weber, “NATO Expansion,” https://www.files.ethz.ch/isn/6851/doc_6853_290_en.pdf.

③ 冷战期间苏联是印度军火的主要供应者，双方还在商谈空间技术方面的合作。苏联解体后，俄印两国航天部门继续商讨向印度销售低温火箭发动机和技术。美国认为这违反了导弹技术控制制度(MTCR)的规定，威胁要对印度实体进行制裁。美俄经过近两年的反复交涉，1993 年秋终于达成协议，俄罗斯同意遵守导弹技术控制制度，美方同意与俄方进行空间合作。Goldgeier and McFaul, *Power and Purpose*, pp.164—166.

④ Goldgeier and McFaul, *Power and Purpose*, p.186; Steve Weber, “NATO Expansion,” https://www.files.ethz.ch/isn/6851/doc_6853_290_en.pdf.

路会破坏与俄罗斯建立持久伙伴关系的希望，是对改革者的打击，他们会把这看作是对他们的努力没有信心的表现，是对改革可能失败的一种对冲。美驻俄大使馆也有同样忧虑。使馆在1995年秋的一份电报中写道："对我们的挑战是要透过俄罗斯政府常常是刺激性的言辞和飘忽不定的反应性外交来看清我们自己的利益。这就特别要求我们继续在建设欧洲的安全环境时充分考虑到俄罗斯的利益。"①克里斯托弗在1995年1月的一次讲话中说："我们与俄罗斯的关系对美国安全至关重要，这是克林顿政府制定对外政策的关键……一个稳定的民主的俄罗斯对于保障欧洲安全、解决地区冲突、防止核扩散是必不可少的。一个恢复独裁或者滑入混乱状态的不稳定的俄罗斯必将带来灾难：对它的邻国造成直接威胁，并因为它拥有大量的核武器，也将对美国再次构成战略威胁。"②这段话很精要地说明了克林顿政府对美俄关系重要性的认识。

五角大楼绝大多数官员也不赞成北约急剧扩大，他们认为，美国的首要问题仍然是降低原苏联核武库的威胁，继续推进"纳恩—卢格项目"，而不是扩大北约。把俄罗斯整合进西方体系，继续推动原苏联国家的无核化比北约东扩更有价值。列斯·阿斯平防长认为，冷战的结束给了美国一个机会来削减对欧洲的军事承诺，北约东扩却是朝着事态的相反方向发展。③时任副防长、1994年接任防长的佩里担心，北约扩大可能阻碍甚至破坏了美国在原苏联地区的两项最重要的目标：俄罗斯经济的非军事化，乌克兰的无核化。军方还担心，中东欧国家的军事装备、军事理念和指挥系统都已经太过陈旧，把这些过时的东西整合进北约可能导致北约军事效能下降，因而"稀释了北约"；军方也无意为联盟承担新的军事义务。④

为了对渴望入约的中东欧国家有所回应，又避免在自身和申请国都还准备不足时匆忙接纳新成员，尤其不能过分刺激俄罗斯，就需要一个折中的过渡方案。参谋长联席会议主席沙利卡什维利(John Shalikashvili)、助理国防部部长傅立民(Chass Freeman, II)、助理国防部部长帮办克卢泽尔(Joseph Kruzel)等提出了北约东扩的缓兵之计：和平伙伴关系(Partnership for Peace)。沙利卡什维利曾任欧洲盟军司令，熟悉北约事务。他们设想，和平伙伴关系计划对所有欧洲和原苏联国家开放，包括俄罗斯，所有伙伴可以在一起进行磋商、培训和联合军演；它既为发展与联盟的关系进行准备和过渡，又不保证伙伴国获得北约成员的资格；北约不对伙伴国家提供安全保障，但在其安全受到威胁时，可与北约商

① William Burns, *Back Channel*, pp.107—108.
② Warren Christopher, *In the Stream of History*, p.248.
③ Strobe Talbott, *The Russia Hand*, p.97.
④ Warren Christopher, *In the Stream of History*, p.228.

讨解决办法。他们认为，这是既能与中东欧国家合作共事，又能避免与俄罗斯对抗的最佳途径。①佩里认为，“和平伙伴关系是以安全合作作为政治和经济改革的催化剂”。他认为这个计划正是实行他所提出的预防性防御理论的手段。②在1993年10月18日总统主持的内阁会议上，“渐进东扩”的主张占了上风，会议决定北约开启“演进过程”，“和平伙伴关系”将是演进的重要步骤，它将导致在未来接纳新成员。③克林顿本人也倾向于发起北约和平伙伴关系计划作为北约东扩的第一步。

三、俄罗斯反对北约东扩

北约东扩过程中最棘手的问题是处理与俄罗斯的关系。苏联解体初期，俄罗斯奉行积极发展与北约合作的政策。俄罗斯是北大西洋合作理事会的创始成员国，并积极发展与欧共体军事机构之间的关系。1992年2月俄与北约达成一项协议，双方在军事战略、文官控制军队、“军转民”和军费开支等领域进行具体合作。但俄对于同西方的关系是非常敏感的。科济列夫外长1993年2月在《北约评论》上撰文道：“如果在西方的首都开始把我们看作是‘多余的’和‘危险的’，就将鼓励我们国内的‘民族爱国主义者’加强对现今俄外交政策的攻击，将使他们把俄罗斯封闭在一个虚构的超级大国的孤立状态这种沙文主义愿望继续保持下去。”④但1993年8月以前，俄罗斯没有就东欧国家加入北约问题作过正式表态。

1993年8月，叶利钦访问波兰。25日，他在与瓦文萨总统发表的联合声明中对波兰渴望加入北约表示“理解”，并称，“从长远来说，主权独立的波兰作出的这一决定符合欧洲一体化进程的利益，它不会违背任何其他国家的利益，包括俄罗斯的利益”。叶利钦这个表态显然不是经过深思熟虑的，并没有意识到波兰加入北约的后果。第二天他又在布拉格公开表示，俄罗斯“没有权力”阻碍捷克加入任何组织。⑤而就在8月23日，俄防长格拉乔夫在接受波兰媒体采访时还说，

① Goldgeier and McFaul, *Power and Purpose*, p.186.

② John Blasing, “The Secretary of Defense and the Partnership for Peace: A Policy for a Safer World,” https://www.colorado.edu/artssciences/defese/John%20Blasing.pdf.

③ Strobe Talbott, *The Russia Hand*, p.100.

④ See Luis Jose Rodrigues Leitao Tome, “Russia and NATO's Enlargement,” June 2000, http://repositorio.ual.pt/bitstream/11144/1765/1/Russia%20and%20NATO's%20Enlargement,%20Relat%C3%B3rio%20NATO,%20Jun%202000,%20LT.pdf.

⑤ Jane Perlez, “Yeltsin ‘Understands’ Polish Bid for a Role in NATO,” August 26, 1993, http://www.nytimes.com/1993/08/26/world/yeltsin-understands-polish-bid-for-a-role-in-nato.html; Timothy Trampenau, “NATO Expansion and the Baltic States,” December 1996, p.107.

俄罗斯不可能允许波兰加入北约。①

俄罗斯国内各派政治势力在许多问题上观点尖锐分歧，但在反对北约东扩问题上的看法却相当一致，②反对的理由各不相同，归纳起来是：第一，北约被普遍视为冷战的遗产，一个潜在的反俄联盟，是俄罗斯的敌人；北约扩大是俄罗斯最大的外部威胁。既然华约已经解散，北约为什么不解散呢？从安全方面说，俄罗斯的传统观念是，在它的腹地周边必须有一个或一些由友好国家组成的安全地带，至少是没有敌意的缓冲地带。华约解散和苏联解体使俄罗斯的地缘安全状况发生了几百年来从未有过的大变化，它失去了西部纵深达 2 000 多公里的防御前沿。而东扩恰恰针对这个俄罗斯的重要安全带，势必使俄西部直接面临强大的政治—军事集团的压力，严重挤压俄战略空间。③第二，俄罗斯几乎各阶层的人都担心，北约扩大将在欧洲孤立俄罗斯，把俄排挤出欧洲，从而从根本上削弱俄的大国地位。在欧洲建立均势是俄罗斯的传统和指导思想，它认为欧安组织可以在更高层次上处理欧洲安全事务，北约、西欧联盟和独联体应作为三个平等实体置于欧安组织的协调和控制之下，成为欧洲安全的共同支柱。而北约东扩将破坏欧洲实现均势的前景。④第三，俄罗斯的改革派，包括叶利钦总统认为，北约东扩等于表明西方对俄的改革没有信心，西方对俄仍然要采取某种变相的遏制政策。至于那些保守势力、民族主义者和共产党人更认为，北约扩大是西方故意羞辱俄罗斯，东扩证明了西方与俄的对立，西方不但不会接受俄罗斯，还要挤压俄的生存空间，让俄衰弱下去，甚至阴谋使其崩溃。⑤他们以此攻击叶利钦政府的亲西方政策导致国家经济和军事力量的削弱，而没有换来西方对俄的包容和接受。他们认为俄罗斯的所有麻烦都是由于同西方的和解，而北约就是

---

① Laszek Buszynski, *Russian Foreign Policy after Cold War*, p.79.

② 实际上在俄罗斯也是有不同意见的，以亲西方的前副总理盖达尔为首的“俄罗斯选择”派就不反对北约扩大。盖达尔在 1995 年 7 月访问爱沙尼亚时表示，波罗的海国家加入北约对俄罗斯不构成威胁，北约不可能采取侵略性的行动，难以想象丹麦、挪威、卢森堡政府会同意进攻俄罗斯。但这只是俄政治生活中的极少数派，他们在政治上已经无足轻重。See Timothy Trampenau, “NATO Expansion and the Baltic States,” December 1996, https://calhoun.nps.edu/bitstream/handle/10945/32045/96Dec_Trampenau.pdf?sequence=1&isAllowed=y.

③ 参见刘靖华、牛军、姜毅：《论北约东扩——地缘政治与文明特性的双重分析》，《美国研究》1997 年第 3 期。

④ 参见刘靖华、牛军、姜毅：《论北约东扩——地缘政治与文明特性的双重分析》，《美国研究》1997 年第 3 期；Timothy Trampenau, “NATO Expansion and the Baltic States,” December 1996, https://calhoun.nps.edu/bitstream/handle/10945/32045/96Dec_Trampenau.pdf?sequence=1&isAllowed=y。

⑤ Strobe Talbott, “Why NATO Should Grow?” www.nybooks.com/articles/1995/08/10/why-nato-shoud-grow；参见李海东：《俄美分歧及俄罗斯加入北约的可能性探析》，《俄罗斯研究》2005 年第 3 期。

西方的打击力量。①

叶利钦访问波、捷回国后，他的顾问纷纷对他的上述表态提出异议。叶利钦的说法本来是一时兴起（这是他个性的表现），既然周围一片反对声浪，他便于1993年9月末致信美、英、法、德领导人，明确表示俄罗斯坚决反对北约东扩，称“东扩”将在俄国内激起强烈的负面反应，“不但反对派，而且温和派都会毫无疑问地将其视为针对俄罗斯的新孤立主义，旨在反对俄自然地融入欧洲—大西洋空间”，他表示俄“准备与北约一起，向东欧国家提供安全保证，以确保其主权、领土完整、边界不可侵犯及维护地区安全的要求，这样的保证可以在一项政治声明或俄罗斯与北约的合作协定中规定下来”，并要求“只有在俄罗斯加入北约的同时才能允许前华约成员国加入”，不然只会破坏欧洲的安全。他还提请西方首脑注意北约扩容是不合法的，1990年9月关于最终解决德国问题的条约禁止外国在德国东部领土驻军，这实际上也就排除了北约东扩的可能性。②这是俄罗斯在北约扩大问题上的第一次正式表态。中东欧国家强烈批评叶利钦出尔反尔，波兰表示加入北约的决心不变，这是波兰的国家利益所在。③美俄在北约东扩问题上的博弈随即展开。

对叶利钦影响最大的官员是时任对外情报总局局长叶夫根尼·普里马科夫。他在1993年9月25日的记者招待会上说，北约扩大将把北约带到俄边界，俄当前的防务和战略态势是在没有外部威胁的情况下发展起来的，如今就另当别论了，“我们新生的俄罗斯有权利要求（北约）考虑我们的反对”。④ 11月26日，他在俄《独立报》上发表题为《北约东扩的前景与俄罗斯的利益》的报告，最早公开地明确地阐述了俄罗斯的基本立场。其中说：北约这个具有巨大进攻能力的世界上最大的军事集团推进到俄罗斯边界必将导致俄对本国军事学说和武装

①④ Timothy Trampenau, “NATO Expansion and the Baltic States”, December 1996, https://calhoun.nps.edu/bitstream/handle/10945/32045/96Dec_Trampenau.pdf?sequence=1&isAllowed=y.

② Strobe Talbott, *The Russia Hand*, pp.96—97; Luis Jose Rodrigues Leitao Tome, “Russia and NATO's Enlargement”, June 2000, http://repositorio.ual.pt/bitstream/11144/1765/1/Russia%20and%20NATO's%20Enlargement,%20Relat%C3%B3rio%20NATO,%20Jun%202000,%20LT.pdf. 在当初讨论德国统一时，美国务卿贝克在1990年2月9日、德国总理科尔在10日都口口声声表示，“应当给予保证，统一的德国不会导致北约的扩大”，“北约的活动范围不应扩大”。但是美方和欧洲的保证都是口头的，没有形诸文字；俄罗斯也从未提出过要求书面保证。See European Council on Foreign Relations, “NATO enlargement: Assurances and misunderstandings,” July 7, 2016, http://www.ecfr.eu/article/commentary_nato_enlargement_assurances_and_misunderstandings.

③ Roger Cohen, “Yeltsin Opposes Expansion of NATO in Eastern Europe,” October 2, 1993, https://www.nytimes.com/1993/10/02/world/yeltsin-opposes-expansion-of-nato-in-eastern-europe.html.

力量结构进行根本性重新评估，建立新的军事设施，重新部署军队，改变作战计划与军演方法。报告还说，北约东扩将改变欧洲力量对比，导致北约违背多个协定和条约，包括《欧洲常规武装力量条约》。①

第二节　俄罗斯加入北约“和平伙伴关系计划”

一、美俄开始争吵

克林顿政府决定实行北约“和平伙伴关系计划”后，1993 年 10 月下旬，克里斯托弗访问莫斯科就此与俄方进行沟通。叶利钦要求克里斯托弗确认，伙伴关系不意味着北约成员资格，克里斯托弗作了肯定的答复，并说，“这甚至不意味着准成员”，“我们将把成员国问题作为一个长过程的最终结果来看待，将以发展合作的习惯为基础实行渐进变化”。他还表示，这个计划将确保所有国家，包括俄罗斯都在伙伴关系的基础上受到平等对待。叶利钦满意地说：“那真是棒极了，告诉比尔（克林顿），这真是神来之笔。”克里斯托弗补充说，北约将在伙伴关系的基础上，通过一定的途径进行扩大，但叶利钦已经不在意他接着说的话了。在分手的时候，塔尔伯特告诉俄外长科济列夫：问题并未最终解决，他们要传达的信息实际是：今天的和平伙伴关系，明天的扩容。②

在 10 月 19 日至 21 日的北约防长会议上，美防长阿斯平正式提出了伙伴关系的建议，其主要内容包括：伙伴关系各国防务规划和预算相互透明；文官控制武装力量；做好准备，在联合国授权或欧安会履责情况下随时参加军事行动；通过联合计划、联演联训，加强在维和、救援、人道主义行动等方面的协调能力，发展北约与伙伴国之间的军事合作；提高各伙伴国武装力量现代化水平，以期与北约进行长期合作；成员国在领土完整、政治独立或者安全受到威胁时与北约咨商。阿斯平解释说，伙伴关系并不意味着马上取得成员国地位和北约的安全保证，但北约也不会将它们永远排除在外。③12 月 2 日，克里斯托弗在北约外长会议上发表讲话，为一个月后的峰会造势。他兜售伙伴关系的想法说，这种关系将能帮助欧洲的新民主体，并通过渐进的过程来扩大联盟。对于那些非北约国家

① Евге́ний Макси́мович Примаков, Доклад Службы внешней разведки: Перспективы расширения НАТО и интересы России. Известия, 26 ноября 1993 г. https://yeltsin.ru/uploads/upload/newspaper/1993/izv11_26_93/FLASH/index.html.

② Strobe Talbott, *The Russia Hand*, p.101; Goldgeier and McFaul, *Power and Purpose*, p.187.

③ John Borawski, "Partnership for Peace and Beyond," *International Affairs*, Vol.71, No.2 (April 1995), p.234.

来说，加入了伙伴关系就可以与北约建立更充分的实实在在的工作关系，它既是一种军事关系，又有很强的政治意义，伙伴关系国还会得到北约经济上的帮助。他强调说："伙伴关系本身是重要的，它还可能是走向北约成员国资格的关键步骤。"①12 月 3 日，阿斯平又在一个讲话中提出了伙伴关系计划的五大优点：第一，它不会在欧洲划出新的界线；第二，它提供了正确的激励，伙伴可以在民主和自由市场的基础上成为成员；第三，它要求伙伴为北约作出贡献；第四，它使北约处于欧洲安全的中心，从而也就使美国处于中心位置；第五，它将成员问题置于过程的结尾，而不是开始。②

北约"和平伙伴关系计划"引起俄罗斯警觉。科济列夫外长接连发表讲话和文章阐述俄立场，宣布俄罗斯在原苏联地域内"起着特殊作用，负有特殊使命"，并把西方是否支持俄罗斯的这种"特殊作用"提升到"对冷战老对手之间建立伙伴关系的牢靠性的检验"，要求把俄罗斯的维和行动变成联合国委托的行动。③

中东欧国家继续要求入约。到 1994 年 1 月以不同形式提出申请的国家已经达到 10 个：波兰、匈牙利、捷克、斯洛伐克，东欧南部的保加利亚和罗马尼亚，以及阿尔巴尼亚、斯洛文尼亚、乌克兰和立陶宛。④1994 年 1 月 10 日至 11 日的北约布鲁塞尔峰会上正式作出了北约扩大的决定，并把"和平伙伴关系计划"作为东扩的第一步。克林顿在 10 日的讲话中阐述了他关于"一个不分裂的、越来越整合的欧洲"的理念，指出，冷战结束之后，在欧洲仍然存在着普遍的不稳定。波斯尼亚—黑塞哥维纳正处于战乱之中；俄罗斯最近的选举表明，反民主的力量有多么强大。应对这一切"最好的办法就是把从前的共产主义国家整合进我们这个自由民主、经济繁荣、军事合作的架构之中"。这种"伟大的机遇"稍纵即逝。为此，最好的办法是建立"伙伴关系"，它对前共产主义国家和其他非北约国家开放，使我们在一起为了共同的使命而共同计划、共同训练、共同实施、共同工作，并使我们承担起新的任务。在一些国家能够完全履行北约成员的义务时，它们就可能被吸纳进北约，从而导致北约的扩大。这个讲话是克林顿关于北约东扩的第一次公开表示。克林顿在讲话中仍然重视俄罗斯对欧洲安全的作用，而对北约东扩则说得模模糊糊，称："最好的前景是一个民主的俄罗斯对其所有欧洲

① Warren Christopher, *In the Stream of History*, pp.133—138. 克里斯托弗写道，北约成员国对他讲话的反应是积极的；保加利亚、罗马尼亚、阿尔巴尼亚以及波罗的海三国也是支持的；但波兰、匈牙利、捷克和斯洛伐克感觉失望，它们感觉加入北约被推迟了。

② Gerald Solomon, *The NATO Enlargement Debate, 1990—1997*, Westport, Conn.: Praeger, 1998, p.34.

③ 潘德礼主编、许志新副主编：《俄罗斯十年——政治、经济、外交》，第 727 页。

④ 郑羽主编：《既非盟友，也非敌人》，第 523 页。

邻国的安全作出承诺。最好的前景是一个民主的乌克兰，在原苏联所有新独立的国家中的民主政府对市场合作、共同安全和民主理性的承诺。我们不要事先断送了这种可能性。”①峰会最后通过了关于“和平伙伴关系计划”的决议及《和平伙伴关系框架文件》。峰会还决定对北约扩容进行可行性研究。用美助理防长帮办克卢泽尔的话说，计划有三重目的：为加入北约提供训练基地；为并非第一批但仍有95%的可能加入北约的国家提供安全的去处；向俄罗斯表明，北约扩大不是对俄的安全威胁。②

北约峰会后，克林顿访问了波兰、匈牙利、捷克、乌克兰和斯洛伐克，对这些国家领导人进行安抚，并保证，北约将会扩大，中东欧的安全对美国的安全是重要的。他1月12日在布拉格的讲话就北约吸收新成员问题讲得更加肯定。他说：“虽然伙伴关系不是成员资格，但它不是一个期限不定的等待室（holding room）。它改变了北约的整个对话的性质，现在的问题不是北约是否扩大，而是何时扩大，如何扩大。”③这样，克林顿发出了一个比先前更明确的信息：“伙伴关系计划”为新成员打开了北约的大门。④

紧接着克林顿于1月12日至15日对俄罗斯进行安抚性访问。叶利钦向克林顿介绍了俄政治形势，保证改革将继续下去。克林顿向叶利钦介绍了北约峰会的情况及北约“和平伙伴关系计划”。叶利钦显然对美国的设计表示满意，双方达成关于大规模杀伤性武器等三项声明，并发表《莫斯科宣言》。《宣言》关于“和平伙伴关系计划”说：双方“从在欧洲必须避免新的分界线的信念出发，一致认为需要创造一种包容的、非歧视性的、聚焦于实际合作的新的欧洲安全秩序。两位总统同意，和平伙伴关系计划是这种正在建构中的新欧洲安全架构的重要成分。叶利钦总统表示了俄罗斯积极参与伙伴关系并缔结具有实质性内容的协议的意向，以便为俄罗斯作为伙伴与北约的广泛和深入的合作开辟道路”，但他认为原苏联各国应该打包加入北约，不能一个一个地加入北约，那是他坚决反对的。⑤俄罗

---

① William J. Clinton, “Remarks to the North Atlantic Council in Brussels,” January 10, 1994. Online by Gerhard Peters and John T. Woolley, *The American Presidency Project*. http://www.presidency.ucsb.edu/ws/?pid=49710.

② John Borawski, “Partnership for Peace and Beyond,” *International Affairs*, Vol.71, No.2 (April 1995), p.234.

③ William J. Clinton, “The President's News Conference with Visegrad Leaders in Prague,” January 12, 1994. Online by Gerhard Peters and John T. Woolley, *The American Presidency Project*. http://www.presidency.ucsb.edu/ws/?pid=49832.

④ Ronald Asmus, *Opening NATO's Door*, p.59.

⑤ Strobe Talbott, *The Russia Hand*, p.115; William J. Clinton, “Moscow Declaration,” January 14, 1994. Online by Gerhard Peters and John T. Woolley, *The American Presidency Project*. http://www.presidency.ucsb.edu/ws/?pid=50076.

斯的外交和防务机构当时普遍估计,"和平伙伴关系计划"将使中东欧国家在这个北约的"接待室"里遥遥无期地等待下去,因此俄罗斯是可以加入这个计划的。①克林顿政府当时认为,"双轨进程"是行得通的,美国可以维持与俄罗斯的关系,同时继续谨慎推进北约东扩。②

尽管如此,俄罗斯并未从根本上改变反对北约扩大的立场。叶利钦在 1994 年 2 月的《国情咨文》中说:"俄罗斯赞成从本质上解决欧洲安全问题,而不是停留在表面数字上。我们尊重各国加入任何联盟组织和各个联盟组织吸收它们的主权意志。我们的欧洲邻国也应该了解我们的想法:我们反对北约避开俄罗斯的参与进行扩大,出于这一原则,俄罗斯支持'以和平为宗旨的合作'。"③俄国内对北约"和平伙伴关系计划"的看法也不一致。国防部副部长格罗莫夫、杜马独联体事务委员会主席扎图林、总统顾问米格拉尼扬等大批官员、学者反对俄加入这一计划,他们认为,加入意味着俄接受北约对中东欧及独联体安全事务的主导权,势必导致俄在战略上被矮化、处于从属地位的危险。言辞最激烈的是独联体军事委员会秘书列昂尼德·伊瓦绍夫中将,他把该计划称作是"用钓饵或谎言"作为掩护的扩大北约的计划,意味着北约要在紧挨俄边界的中东欧地区建立战略影响。④科济列夫等赞成加入,认为这可以使俄从北约内部对事态施加影响,不然将自动被排除在欧洲安全事务之外。最后,叶利钦决定加入,条件是与北约签订单独协定,使双方合作"与俄罗斯在国际和欧洲事务中的角色相匹配,与俄罗斯军事力量和核实力相匹配"。⑤

3 月 14 日,克里斯托弗在符拉迪沃斯托克机场与科济列夫有一次会晤,两位外长/国务卿通常是用英语进行对话的,但这回科济列夫不寻常地拿出一份事先准备好的讲稿,一字一句地用俄语念稿子。他表示,在俄罗斯有一种越来越强烈的感觉,俄美两国关系太不平等,俄国内的民族主义者正在政治上利用这种感觉来反对叶利钦。叶利钦不会向民族主义者让步,但他要剥夺他们的这张牌。叶利钦并不试图恢复苏联,但他需要边界的稳定。如果美国支持俄在独联体领

① Завада Анна Андреевна, Расширеие Североатлантичуского Альянса на восток и политика Российской Федурфции, dom-hors. ru/rus/files/arhiv _ zhurnala/pep/2017/9/politics/zavada. pdf, https://cyberleninka.ru/article/n/rasshirenie-severoatlanticheskogo-alyansa-nato-na-vostok-i-politika-rossiyskoy-federatsii-90-e-gg-hh-v.

② Strobe Talbott, "Why NATO Should Grow?" www. nybooks. com/articles/1995/08/10/why-nato-shoud-grow.

③ Борис Н. Ельцин, Послание президента Российской Федерации Федеральному Собранию: об укреплении Российского государства. 24 февраля 1994 г. https://yeltsin.ru/archive/paperwork/12590/.

④ Ronald Asmus, *Opening NATO's Door*, p.70.

⑤ 海运、李静杰总主编,学刚、姜毅主编:《叶利钦时代的俄罗斯·外交卷》,第 35 页。

导维和及经济一体化，俄就支持美国在海地、中美洲、亚洲和非洲的维和行动。克里斯托弗回答说，美国内对克林顿总统的对俄政策的批评也在增长。他本人刚刚在国会作证，议员们提出了三个问题：叶利钦是否继续坚持改革？俄罗斯是否像对待独立国家一样对待其邻国？美俄伙伴关系还管用吗？他对这三个问题的回答都是肯定的。但伙伴关系的胶水不是事先人为确定的协定，而是两国真正的共同利益。会晤后，克里斯托弗在给总统的报告中说，美俄关系现在到了一个新阶段。就像新婚夫妇，蜜月结束了，它们已经开始了第一场真正的争吵。①

美国会多数议员认为克林顿政府在推进北约扩大方面对俄顾虑太多，对“和平伙伴关系计划”很不满意。参议员卢格在 1993 年 12 月的一次讲话中就说，“在许多方面，这个计划是对欧洲安全问题的一种临时措施，就像在该动手术的地方扎了条绑带”。②他在另一次讲话中说，计划“一眼看上去就是俄罗斯导向型的”，是对东欧国家入约的一个“拖延政策”，而“不是快车道”。③他感觉“和平伙伴关系计划”“包含了许多内在的矛盾”，试图对各种利益进行调和，结果谁也不满意，尤其是美国对自己的利益不满意，其原因是克林顿“过于无保留地拥抱了叶利钦”。④1994 年 2 月 9 日参议院外交关系委员会举行确认塔尔伯特为副国务卿的听证会。共和党资深参议员赫尔姆斯(Jesse Helms)攻击塔尔伯特至少是苏联情报机构的翻版；卢格质疑克林顿政府“俄罗斯第一”的政策；麦凯恩称塔尔伯特的主张是“俄罗斯中心迷思”，“是异乎寻常地犹豫不定和危险的”，“和平伙伴关系计划”使中东欧国家成为北约成员的问题变得“故意模棱两可”。出席听证会的外交精英们继续敦促北约东扩，布热津斯基批评“和平伙伴关系计划”是美国一些人“在任性拖延联盟的扩大”，称“美国不要惧怕向俄罗斯坦率地表明这一点：不是俄罗斯的所有关切都是合理的”。⑤新保守派如沃尔福威茨(Paul Wolfwitz)更是指责该计划“与中欧国家取得北约成员资格的愿望背道而驰”，“政府看来简直就是对俄罗斯反对这些国家入约作出了让步”。⑥出席听证会的波兰裔的代表批评的火力更猛，指责伙伴关系是为“莫斯科恢复俄罗斯帝国

① Ronald Asmus, *Opening NATO's Door*, p.70.

② Gerald Solomon, *The NATO Enlargement Debate, 1990—1997*, p.29.

③ John Borawski, "Partnership for Peace and Beyond," *International Affairs*, Vol.71, No.2 (1995), p.238.

④⑥ Timothy Trampenau, "NATO Expansion and the Baltic States," December 1996, https://calhoun.nps.edu/bitstream/handle/10945/32045/96Dec_Trampenau.pdf?sequence=1&isAllowed=y.

⑤ Zbigniew Brzezinski, "A Plan for Europe: How to Expand NATO," *Foreign Affairs*, January/February 1995, p.35.

开了绿灯”。①1994年1月，参众两院就通过了《1994年北约扩大法案》，11月正式成为法律。该法要求总统积极给予帮助，包括提供剩余武器，使四个中东欧国家全面、积极地参与“和平伙伴关系计划”，有利于它们早日实现取得联盟完全成员资格的转型。②

二、俄加入北约“和平伙伴关系计划”

1994年4月中旬，北约未经与俄磋商便对波黑塞族进行了空袭，③俄方反应强烈，认为这是不尊重俄的大国地位及利益，拒绝加入“和平伙伴关系计划”的呼声再起。同时，俄也采取了一些实际应对措施。一方面，俄重启战略威慑理论，声明不放弃首先使用核武器，加速推进独联体军事一体化；另一方面，俄多次提出自己的欧洲安全方案，如1994年3月科济列夫在俄罗斯《独立报》上撰文提出了“全欧伙伴关系”的概念，倡议在欧安会基本框架下由北约、欧共体、西欧联盟和独联体共同维护欧洲的稳定和安全。他还表示：中东欧的未来在于转型，在于作为东西方的桥梁，而不是要进入某种缓冲区。④4月，叶利钦在接受一家德国媒体采访时表示，俄准备签订伙伴关系计划，但同时要与北约签订一项补充议定书，对一系列原则性问题作出规定。⑤格拉乔夫防长在5月下旬的北约防长会议上再次提出了类似方案，试图在欧安会这个各国地位相对平等的组织中建立欧洲的安全架构，而不是由美国主导的北约在欧洲一统天下。他强调，俄罗斯与北约的关系要与其一个领土从欧洲伸展到太平洋的核超级大国的地位相称。6月，佩里防长访俄。22日，在希特勒入侵苏联的纪念日，俄美经过一再激烈的讨价还价、在同意加入又拒签的反反复复之后，终于正式签署了俄罗斯加入《和平伙伴关系框架文件》及《俄罗斯与北约合作议定书》，《议定书》把俄罗斯称作“欧洲及国际的主要核大国”，符合俄关于特殊地位的定位。尽管西方断然拒绝了俄的否决权要求，但也对俄作出了让步：把吸收北约新成员推迟到1996年俄总统

① Strobe Talbott, *The Russia Hand*, p.110; “Nomination of Ambassador Strobe Talbott to Deputy Secretary of State,” February 22, 1994, https://www.mccain.senate.gov/public/index.cfm/speeches?ID=85613cd3-cb9d-489a-ad87-3ee49c263376.

② John Borawski, “Partnership for Peace and Beyond,” *International Affairs*, Vol.71, No.2 (1995), p.241.

③ 详见本书第211—212页。

④ 郑羽：《俄罗斯与北约：从“和平伙伴计划”到马德里峰会》，《东欧中亚研究》1997年第6期；冯绍雷、相蓝欣主编：《普京外交》，第110页。

⑤ Всегда готов к борьбе, Интервью Б. Н. Ельцина журналу Шпигель. Независимая газета, 26 апреля 1994 г.; Завада Анна Андреевна, Расширение Североатлантического Альянса (НАТО) на восток и политика Российской Федерации, https://cyberleninka.ru/article/n/rasshirenie-severoatlanticheskogo-alyansa-nato-na-vostok-i-politika-rossiyskoy-federatsii-90-e-gg-hh-v.

选举之后，以免东扩对叶利钦的连选连任造成不良影响；并同意俄方成为波黑问题五国联络小组成员。①另外，在美国的精心安排下，6 月上旬，七国峰会同意接纳俄参加其政治问题的讨论，以满足叶利钦追求大国地位的心理。此后俄方开始与北约商讨两个具体的合作文件，即《双边军事合作计划》和《建立定期磋商制度的框架文件》。

一些非北约成员国对参加"和平伙伴关系计划"表现出了异乎寻常的热情，计划提出不到一年，就有 23 个国家先后加入，到 1998 年北约已经拥有 27 个伙伴国。北约与伙伴国之间开展了各种联演联训活动，来自中东欧的大量年轻军官在西方的军事设施中受训，成千上万的军官接受了英语、法语的培训。

三、布达佩斯：两国首脑互怼

克林顿政府明确地把伙伴关系作为北约东扩的缓冲和过渡。一方面，它把东欧国家拉进北约的保护网，可以减轻东欧国家因为迟迟不能加入北约而产生的怨恨，然后再让它们先后加入北约；另一方面，它也照顾了俄罗斯的情绪，给了它面子，使它有个心理适应的过程，从而减轻因直接接纳成员可能引起的俄方的抵制和反对，使美俄的合作关系得以继续。但俄对"和平伙伴关系计划"仍然将信将疑。科济列夫于 8 月在《北约评论》上发表题为《俄罗斯与北约：为统一与和平的欧洲建立伙伴关系》的文章，其中既对北约回应俄罗斯的关切表示敬意；也警告说："需要明确指出，真正的伙伴关系应该是平等的伙伴。我们之间的关系应当没有丝毫的家长制痕迹。彼此对对方的行为都没有否决权，也不应有任何的出其不意来破坏互信。"他对双方合作提出了具体的建议：在"和平伙伴关系计划"内及时交流信息，协调军事活动；参与军事计划协调小组工作；参与北约军事委员会会议以便讨论伙伴关系的军事方面问题；就军事预算与伙伴国交流信息；培养军事干部；派代表常驻北约最高统帅部协调小组等。②

中东欧国家则普遍抱怨，北约过分担心俄罗斯的反应，推迟了它们入约的时间，伙伴关系是北约正式成员的一种"跛鸭式"的替代品。波兰总统瓦文萨在得知波兰仅仅得到伙伴关系而不是正式成员资格时甚至大发雷霆。③克林顿于 7 月上旬访问波兰进行安抚。他对瓦文萨和波兰议会再次重申：和平伙伴关系仅

---

① Ronald Asmus, *Opening NATO's Door*, pp.71—72. 关于波黑问题详见本书第六章第一节。

② 郑羽：《俄罗斯与北约：从"和平伙伴计划"到马德里峰会》，《东欧中亚研究》1997 年第 6 期；Luis Jose Rodrigues Leitao Tome, "Russia and NATO's Enlargement," June 2000, http://repositorio.ual.pt/bitstream/11144/1765/1/Russia%20and%20NATO's%20Enlargement,%20Relat%C3%B3rio%20NATO,%20Jun%202000,%20LT.pdf(14).

③ John Blasing, "The Secretary of Defense and the Partnership for Peace: A Policy for a Safer World," https://www.colorado.edu/artssciences/defese/John%20Blasing.pdf.

仅是开始，现在的问题不再是是否扩大，而是何时、如何扩大，并称，联盟伙伴们需要聚在一起，讨论接下来应该采取什么步骤。①随后发表的美国《国家安全战略报告》重申了这一承诺。9 月初，副总统戈尔在一次对柏林的视频讲话中说，除了"和平伙伴关系计划"，一些国家已经表达了取得联盟完全成员地位的愿望，北约将于秋季开始讨论这一重要问题。

其时，塔尔伯特正在莫斯科访问，为 9 月叶利钦访美作准备。俄副外长乔治·马梅多夫在与塔尔伯特的会晤中表示了对新成员在 1996 年加入北约的担心，因为这关系到叶利钦的选情。塔尔伯特让他放心，保证说，别说接纳新成员，甚至正式选定新成员都不会在 1996 年前进行。在回国途中，塔尔伯特针对上述戈尔讲话在给国务卿的备忘录中写道："(中东欧)国家不是为了和平伙伴关系计划本身而加入这个计划的，它们把它看作是北约的接待室；俄罗斯加入计划是因为它不希望有任何排除自己的安全架构。如果我们现在就匆忙宣布北约扩大，双方就都会采取实用主义的态度：波兰人对伙伴关系完全不予理会，而仅仅聚焦于入约；俄罗斯则会感觉被打了一闷棍。"②对于克林顿政府的俄罗斯团队来说，不让北约东扩影响对叶利钦的支持仍然至关重要，他们也把伙伴关系看作是一个阶段。

9 月下旬，叶利钦访美。克林顿对叶利钦说："关于北约，他从来没有说过不考虑俄罗斯的成员资格，或者俄与北约的特殊关系。当我们谈论北约时，我们强调的是包容性，而不是排斥性……北约要扩大，但没有时间表。即使明天就开始吸收新成员，候选国要达到标准、成员国要接受标准也得几年时间。"克林顿反复表示，"北约扩大不是针对俄罗斯的，不是排斥俄罗斯的，也没有一个迫在眉睫的时间表"。他实际对叶利钦作了"三不"保证："不突然袭击，不仓促进行，不排斥拒绝。"一再表示在此问题上要与俄合作。③叶利钦对克林顿的保证相当满意。

尽管如此，俄罗斯还是非常警惕地注视着美国的一举一动。在 11 月美国中期选举中，民主党遭遇"滑坡式"的大败，俄担心这会使克林顿政府加快北约东扩的步伐。11 月 14 日，俄驻北约新任大使丘尔金在对美大使亨特(Robert Hunter)的礼节性造访中就表示，如果北约东扩采取新的举措，而北约对俄关系没有新进展，那么北约对俄关系就可能受到伤害。④

11 月 30 日，北约外长理事会会议在布鲁塞尔举行，科济列夫应邀与会。12

① William J. Clinton, "Address to the Polish Parliament in Warsaw," July 7, 1994. Online by Gerhard Peters and John T. Woolley, *The American Presidency Project*. http://www.presidency.ucsb.edu/ws/?pid=50451.

② Goldgeier and McFaul, *Power and Purpose*, p.188.

③ Strobe Talbott, *The Russia Hand*, pp.135—136; Ronald Asmus, *Opening NATO's Door*, p.90.

④ Ronald Asmus, *Opening NATO's Door*, p.92.

月 1 日，克里斯托弗发表讲话表示，冷战结束后，“美国的权力和意图仍将留在欧洲”，美国对欧洲安全、繁荣和自由的承诺是不可动摇的。他赞赏北约仍将是美欧关系之锚，是跨大西洋安全的支柱。他强调，北约的扩大不应该稀释北约，而北约应该准备好接受所有愿意履行义务和承诺的新成员。自然，“北约扩大的进程必须是稳步的、经过慎重考虑的、透明的。每个国家都是单个加入北约。任何非北约成员国都不能对其他国家入约拥有否决权”。①科济列夫对这种说法反应强烈，表示，如果现在北约的战略已经改变，就需要重新与俄罗斯进行讨论。早就希望入约的波、匈、捷三国外长则喜形于色，捷克外长在发言中说，俄罗斯不应该如此不安，加入北约毕竟是东欧国家与北约之间的事情，而不是俄罗斯的问题。②会议公报宣布将开启对“如何扩大北约、指导这一进程的原则”的研究，同时说：“确定一个扩大的时间表或者哪些国家将被邀请入约为时尚早”。③一些中东欧国家认为，此次会议是“北约历史上最重要的会议之一”，“经过 18 个月的犹豫之后，北约成员终于明确地对东扩采取一种更积极的态度”。④而在俄罗斯看来，伙伴关系已经成为东扩的附属品，科济列夫立即作出了断然反应。他本来是为了签署《双边军事合作计划》和《建立定期磋商制度的框架文件》而来参会的，现在他宣布，他刚刚跟叶利钦通了电话，由于北约采取的新举措，俄罗斯“不能”在这两个文件上签字。莫斯科的一份报纸评论说：“是”先生突然变成了“不”先生。⑤

更糟糕的是，两天后在布达佩斯举行的有 50 多位国家元首出席的欧安会峰会上，克林顿与叶利钦之间发生了第一次面对面的冲撞。克林顿在 12 月 5 日致辞中说：“冷战的结束给了我们一个实现民主与自由诺言的机会，抓住这个机遇，共同工作构建一个新时代的安全架构是我们的责任。我们决不能让冷漠的面纱代替冷战的铁幕，决不能把新的民主国家划入灰色地带……北约仍然是欧洲安全的基石。今年 1 月北约以和平伙伴关系计划为新成员开启了大门。上星期我们又采取了进一步的措施，新成员入约将一个一个地、逐渐地、开放地进行。每个新成员必须承诺民主和市场经济，并为欧洲安全作出贡献。北约不会自动地排除某个国家加入；同时，也不允许任何外部国家否决北约的扩大。”⑥克林顿的

① Warren Christopher, *In the Stream of History*, pp.227—237.

② 叶自成：《东扩：克林顿与叶利钦》，第 61—62 页。

③ Ministerial Meeting of the North Atlantic Council Held in Brussels, on December 1, 1994, “Final Communique,” https://www.nato.int/docu/pr/1994/p94-116e.htm.

④ Ronald Asmus, *Opening NATO's Door*, pp.93—94.

⑤ Strobe Talbott, *The Russia Hand*, p.140; Ronald Asmus, *Opening NATO's Door*, p.94. 俄方推迟签署这两个文件的另一原因是对北约干预波黑战事的不满，见本书第 214—215 页。

⑥ William J. Clinton, “Remarks to the Conference on Security and Cooperation in Europe in Budapest, Hungary,” December 5, 1994. Online by Gerhard Peters and John T. Woolley, *The American Presidency Project*, http://www.presidency.ucsb.edu/ws/?pid=49549.

这个讲话是美国关于北约扩大的"最咄咄逼人的"版本。

叶利钦感觉克林顿违反了9月作出的"三不"保证,给了他一个"突然袭击"。他随即作了针锋相对的回应,严厉批评北约扩容说:"欧洲还没有来得及摆脱冷战的遗产,现在却正冒险投入冷和平之中","北约是冷战的产物。今天它试图在欧洲找到自己的位置……要紧的是,在这一寻求过程中不再制造新的分裂,而要促进欧洲的统一。我们认为扩大北约的计划是与这一逻辑背道而驰的……如果这是为了'扩大稳定',以防俄罗斯的发展走向不受欢迎的道路。那么……这是过早地放弃了俄罗斯的民主!"①

克林顿也毫不客气地反驳说,不论俄罗斯是否同意,北约扩容都将进行,东扩计划不会因任何国家的反对而停止,因为北约是新欧洲安全的基石,是唯一有效的安全机制。②

克林顿和叶利钦的讲话都使对方感到震惊,会议的气氛顿时变得十分紧张。俄方感到震惊的原因是,克林顿的讲话与他9月对叶利钦的保证大相径庭;美方感到震惊的原因是,叶利钦的强硬表态事先没有任何预警。此事对克林顿外交团队的打击是如此之大,以致"布达佩斯"很快成了他们口中外交灾难的同义词。会后,塔尔伯特立即赶往莫斯科,了解叶利钦发飙的真正原因。科济列夫表示,叶利钦不想、俄罗斯也经不起又一场冷战,现在的问题是要找到一种办法,在确定北约的未来和新的欧洲安全架构时把俄罗斯包括进来。③

12月11日,克林顿在参加美洲国家首脑会议后的记者招待会上一方面对叶利钦的上述表态表示失望,另一方面仍然为美俄关系辩护,强调俄罗斯依然是民主行为体,还在继续进行经济改革,努力防止大规模杀伤性武器的扩散,《第一阶段削减战略武器条约》已经生效,俄罗斯的导弹已经不再针对美国,这是从核时代以来前所未有的,俄罗斯也实践了从波罗的海国家撤兵的诺言,等等。④可见,克林顿仍然希望既保持与俄合作,又推动北约东扩的双轨政策能够成功。

布达佩斯会议后不到两周,12月中旬,戈尔率团赴俄出席美俄经济技术合作委员会例会。16日,戈尔去医院探视刚刚动了心脏手术的叶利钦。叶利钦对

---

① "Саммит СБСЕ в Будапеште: В 'холодном мире' не обойтись без новой стены". Коммерсант 06 декабря 1994 г. https://www.kommersant.ru/doc/97034; Goldgeier and McFaul, *Power and Purpose*, p.191. 在塔尔伯特的回忆录中这句话的语气更重:"这是过早地*埋葬*了俄罗斯的民主。"Strobe Talbott, *The Russia Hand*, p.141.

② 叶自成:《东扩:克林顿与叶利钦》,第62页。

③ Goldgeier and McFaul, *Power and Purpose*, p.191; Ronald Asmus, *Opening NATO's Door*, p.95. 科济列夫告诉塔尔伯特,叶利钦自己临时修改了讲话稿。

④ William J. Clinton, "The President's News Conference in Miami," December 11, 1994. Online by Gerhard Peters and John T. Woolley, *The American Presidency Project*, http://www.presidency.ucsb.edu/ws/?pid=49584.

他在布达佩斯的讲话解释说，克林顿的讲话似乎意味着 1995 年北约就要吸收新成员，而俄正在准备 1996 年的选举。戈尔宽慰他说，克林顿 9 月对叶利钦的保证没有改变，美国的政策没有改变，“1995 年不会举行接受北约新成员的谈判，1995 年仅仅是对北约扩大进行研究而已。扩大是一个缓慢的、渐进的、开放的过程，并将与俄方保持密切的磋商”。叶利钦一再要求戈尔确认，1995 年将仅仅是研究北约扩大的问题，戈尔反复予以确认。叶利钦表示他放心了。戈尔还说：“我们需要一个进程，把三件事情结合到一起：美俄双边伙伴关系、俄罗斯与北约的关系、北约扩大。”叶利钦十分欣赏这种表述，一再说，“平行地、同时、同时”。戈尔进而说，最终俄罗斯也可能获得北约成员国资格。叶利钦说：“不，不，那没有意义。俄罗斯非常非常大，而北约很小。”这样，戈尔算是安抚了叶利钦。叶利钦还要戈尔向克林顿转达：“俄罗斯将永远是美国的伙伴。”①

到 1994 年年底，克林顿政府内部对北约扩大的意见分歧仍然存在，防长佩里认为当时就推动东扩是一个错误，强烈要求举行一次由总统亲自主持的会议。12 月 21 日，总统亲自主持了安全团队会议，出席会议的有戈尔、克里斯托弗、塔尔伯特、莱克、国家安全事务副助理伯杰。佩里认为，“和平伙伴关系计划”刚刚开始，还没有与俄军进行多少接触，应该让这个计划再实行数年，为东扩进行准备；美国要回到先前的“慢节奏”(go slow)的办法。但克林顿的想法很明确，他已经决定推动北约东扩往前走，在他和叶利钦都安全地进入第二任期之后，就该加速东扩了。他同时称，“(东扩)政策是对的，但我们要与俄罗斯共事”。②会议结束后，佩里回到五角大楼，立即叫来负责政策的助理国防部部长卡特和负责俄罗斯事务的助手伊丽莎白，向他们布置说，总统扩大北约方针已定，要采取措施在和平伙伴关系机制的各个方面创造积极势头，增加美俄之间的热线联络，尤其要促成北约军队与俄军的合作，特别在波黑。③

1994 年圣诞节前一天，克林顿致信叶利钦，强调要建设强大的美俄伙伴关系，并称，他仍然坚持 9 月的承诺，北约东扩将是渐进的、开放的过程，与此同时，要发展北约与俄的伙伴关系。29 日，叶利钦回信说，戈尔的访问消除了双方在布达佩斯的误解，并强调，他对双方 9 月谈话的理解是，北约不会仓促行事，在东扩之前会构建一个全面的北约—俄罗斯伙伴关系，并建议在进行北约东扩研究的同时努力达成一个北约—俄罗斯关系的协议。他邀请克林顿来年 5 月访问俄

① Strobe Talbott, *The Russia Hand*, pp.143—144; Goldgeier and McFaul *Power and Purpose*, p.194.

② Strobe Talbott, *The Russia Hand*, p.146; Ronald Asmus, *Opening NATO's Door*, p.97. 后来佩里回忆说，总统决定不能把东扩推迟到 20 世纪 90 年代末，总统早就有这个想法了，他本该早知道，但却没有。

③ 艾什顿·卡特、威廉·佩里：《预防性防御：一项美国新安全战略》，胡利平、杨韵琴译，第 32 页。

罗斯，参加卫国战争胜利50周年纪念活动。叶利钦的回信使华盛顿长出了一口气：俄方不再聚焦于阻止东扩，而是要努力促进建立北约—俄罗斯的关系。①12月，在最初宣布北约扩容11个月之后，克林顿政府宣布进行北约扩大的研究。该项研究将需要一年左右时间，然后再向各有关国家通报。克里斯托弗称："联盟已经开始一个稳步、深思熟虑和透明的进程，最终导致北约扩大。"②克林顿政府的批判者认为，所谓"研究"是政府拖延北约东扩的又一招数。

1995年1月，俄副外长马梅多夫在布鲁塞尔会晤塔尔伯特时再次要求美方确认把北约扩大推迟到1996年俄总统选举之后。塔尔伯特再次作了肯定的答复。塔尔伯特在给克里斯托弗的报告中建议，总统以明确的语言告诉叶利钦，1996年6月俄大选前北约不会指定新成员候选国。③

第三节　北约与俄罗斯达成《基本文件》

一、1996年前后：北约东扩的缓冲期

美俄两国在北约东扩和其他问题上的分歧促使俄罗斯调整外交政策。1995年2月，叶利钦在对议会发表的《国情咨文》中全面阐述了新的外交战略目标：俄最优先的目标是加强独联体政治、经济和军事的一体化；坚持坚定、灵活、务实的基本原则，与美国等西方大国建立"平等的伙伴关系"，重振俄大国声威；保持强大的军事力量作为外交的有力后盾和恢复大国地位的有效手段。④

克林顿是否接受邀请参加俄卫国战争胜利纪念日活动成了政府内部的一场小辩论的话题。塔尔伯特和戈尔力主参加，认为纪念美苏两国士兵并肩作战最有助于叶利钦克服俄内部对加入北约伙伴关系计划的反对意见，他们相信叶利钦是可以被说服的，但必须由总统亲自出马。戈尔还强调，俄罗斯在反法西斯战争中牺牲的人是美国的上百倍，克林顿的出席将能对叶利钦发挥"巨大的心理杠杆"作用。反对者如白宫办公厅主任帕内塔(Leonard Panetta)则认为，此次出访可能给总统在国内政治中带来不利。去抑或不去，克林顿一时颇为纠结，私下与

① Ronald Asmus, *Opening NATO's Door*, p.98.

② Warren Christopher, "American Leadership, America's Opportunity," *Foreign Policy*, Spring 1995, p.19.

③ Strobe Talbott, *The Russia Hand*, p.152.

④ Ельцин Б.Н. Послание Президента РФ Федеральному Собранию О действенности государственной власти в России, 16 февраля 1995 г. Ельцин центр https://yeltsin.ru/archive/paperwork/12591/.

塔尔伯特多次商议后,克林顿最终决定出席,他相信,出席带来的正面效应远大于被视为向叶利钦“叩头”带来的负面影响。他唯一担心的是,不要再发生布达佩斯那样的冲撞,要求塔尔伯特与马梅多夫事先充分沟通。叶利钦同样希望与克林顿进行一次有成果的会晤以重归于好,但他同样没有把握。①3 月 15 日,克林顿再次致信叶利钦回应俄方关切,信中说,北约成员国已经取得共识,扩容将增进欧洲的稳定,而俄罗斯没有被排除在加入北约的资格之外;北约不会“在今年”就扩容作出任何决定,在此期间将对北约扩容进行研究,同时发展与俄罗斯的关系;一个良好的北约—俄罗斯关系取决于双方的合作,首先是在“和平伙伴关系计划”中的合作,敦促俄签署那两个待签的协定。②

但就在克林顿写信前一天,3 月 14 日,叶利钦在一次对俄罗斯军队的讲话中,严厉批评了科济列夫反对北约东扩不力,俄外交团队在处理北约扩大问题上犯了“显而易见的严重错误”,要求科济列夫从克里斯托弗那里得到“直截了当的”北约东扩计划。③3 月 22 日,科济列夫在日内瓦会晤克里斯托弗。他提出,北约如要东扩,必须先解决与俄罗斯的关系问题,并接受以下条件:北约与俄建立一种关于欧洲安全问题的自动协商机制;北约不在新成员国领土上部署核武器和军队;北约或可用法国模式或西班牙模式接收新成员国,只加入政治组织,而不是与北约的军事机构实现一体化;俄罗斯应当在欧洲安全事务中享有否决权。4 月,俄防长格拉乔夫直率地对佩里说:如果北约将其责任区向东扩张,俄将采取相应的措施,被迫重新考虑其在《欧洲常规武装力量条约》下承担的义务。④美方表示考虑这些要求,但拒绝了关于法国模式或西班牙模式的意见。

4 月下旬,科济列夫去纽约参加联大会议,会后访问了华盛顿。27 日,克里斯托弗与科济列夫举行了这个春天的第三次会晤。科济列夫表示他需要在华盛顿找到盟友。克里斯托弗说:我就是你的一个盟友,另一个在宾夕法尼亚大街 1600 号(白宫)。克里斯托弗接着提出了“五月交易”:如果俄能在即将举行的北约部长级会议上签署那两个待签文件,美方将确保北约东扩“既不快于也不慢于”双方已经同意的节奏,美方将对美俄对话给予新的重视。具体说,美方将不建议加速北约东扩,俄方也别要求其再放慢速度。12 月的部长级会议将忙于讨论即将出台的北约东扩的研究报告。也就是说,往早里说,直到 1996 年年中,不

① Strobe Talbott, *The Russia Hand*, pp.153—155.

② Ronald Asmus, *Opening NATO's Door*, p.110.

③ Goldgeier and McFaul, *Power and Purpose*, p.197; Ronald Asmus, *Opening NATO's Door*, p.110.

④ Timothy Trampenau, “NATO Expansion and the Baltic States”, December 1996, https://calhoun.nps.edu/bitstream/handle/10945/32045/96Dec_Trampenau.pdf?sequence=1&isAllowed=y.

会作出“谁”“何时”加入北约的决定。应科济列夫的强烈要求，克林顿会晤了他，确认了克里斯托弗提出的交易。克林顿对他说：我不要求你们公开认可北约扩大，我知道你们做不了。我要求的是，你们对北约扩大的未来进程的担忧不要妨碍现在构建一个强大的北约—俄罗斯关系。当天稍晚，克林顿给叶利钦打电话，向叶利钦保证，北约东扩正是按照去年 9 月他们双方达成的共识进行的，叶利钦坚持要在 5 月克林顿访问时与他当面讨论细节。①

克林顿确定 5 月访俄了，但这年春天美俄关系中的事情实在不少：波黑、车臣、伊朗、北约，美俄关系经受着考验。布达佩斯的外交噩梦记忆犹新。4 月，塔尔伯特为总统访问打前站访俄，他对俄副外长马梅多夫表示，绝对不能再出现布达佩斯的外交窘境，并提出，北约或可与俄签订一个宪章，成立一个“常设委员会”，俄与北约建立一种磋商的机制，但不能直接参与决策进程。俄方再次要求美方明确保证，北约扩大将推迟到 1996 年之后，并保证：在新成员国的领土上既不部署军队，也不配置核武器。②叶利钦的健康状况从 1995 年起开始恶化，他身患多种疾病，民意支持率走低，一度跌到个位数。克林顿政府担心，如果久加诺夫领导的共产党在大选中胜出，重新上台执政，那就是美国的噩梦了，美国不能让这种事情发生。除了在北约东扩问题上放缓步子外，美国还确保国际货币基金组织向俄发放 102 亿美元的贷款，以振兴俄经济。③

在 5 月 10 日俄美首脑会晤中，叶利钦执着地要求克林顿停止、推迟和限制北约东扩，并称，“除了对俄罗斯的羞辱，在北约东扩中看不到任何东西”，“要我同意北约扩大到俄罗斯边界是对俄罗斯人民的背叛”，许多俄民众把东扩看作是对俄新形式的包围。他提议构建一个新的泛欧安全结构，由美俄联合对中东欧国家作出保证；或者把北约扩大的进程推迟到 2000 年，即到他们二人都结束任期之后，“从而使整个形势平静下来”。克林顿回应说，冷战结束后，美国仍然需要继续介入欧洲；美国承诺为俄罗斯打开西方金融、政治和其他机制的大门，但俄罗斯得自己走进门去，这就要参与“和平伙伴关系计划”，与北约进行积极的对话。克林顿还表示，“为了不要在 1996 年给你带来任何问题，北约有一个精心设计的审议新成员资格的过程”，审议就将花去 1996 年半年或多半年的时间。这正是叶利钦最关心的事情，他接着坦率地说，1996 年他的选情堪忧，有点风吹草动都可能毁掉一切，他问克林顿：能不能把关于东扩的任何重大决定推迟到 1996 年俄总统选举之后？克林顿表示，如果做什么事情可以帮助叶利钦，他都

① Strobe Talbott, *The Russia Hand*, p.157; Ronald Asmus, *Opening NATO's Door*, p.113.

② Goldgeier and McFaul, *Power and Purpose*, p.196. 关于俄罗斯和伊朗的军事关系，见本书第 285—295 页。

③ Angela E. Stent, *The Limits of Partnership*, p.22.

会去做。然后他列举了美方支持叶利钦的种种举措。

克林顿还说，不仅叶利钦有国内政治的问题，他自己也面临类似问题。1996年也是美国大选年，共和党人热衷于推动北约扩大。在威斯康辛州、伊利诺伊州、俄亥俄州他只享有微弱优势，而这些州有许多波兰裔和其他赞成北约东扩的选民，共和党很容易把这些州的选票拿过去。克林顿还说：他不会加速北约的扩大，叶利钦也别要求他放缓扩容进程。如果俄方签署加入和平伙伴关系计划的文件并开启与北约的对话，他就可以在不讨论“谁”或“何时”加入北约的情况下度过这次总统选举。他向叶利钦呼吁：“现在就加入吧！”叶利钦表示同意签署《双边军事合作计划》和《建立定期磋商制度的框架文件》，还说：“伙伴关系不仅仅是彼此称呼‘比尔’和‘鲍里斯’，它意味着有取有予。”①这样，两位首脑达成了一致：叶利钦可以继续批评北约东扩，但同意使俄罗斯回到与北约协商的道路上；克林顿可以说扩大进程将向前推进，但在1996年俄总统选举前不会发生任何具体事情。5月23日，克林顿给叶利钦写信，高度评价他们之间达成的谅解，称其为“开辟欧洲历史新纪元的一个政治创举”。叶利钦在26日回信确认了俄美首脑的谅解。5月末，科济列夫在参加北大西洋合作理事会会议期间签署了上述两个文件，俄罗斯正式加入北约“和平伙伴关系计划”。②理事会的《最后公报》指出，北约在完成内部可行性报告以前不会接受新成员。③在一个月后的北约防务计划委员会会议上讨论了即将吸收的新成员融入“北约集体防务安排”的问题，并决定，如同西班牙和法国这样的特别安排不适用于新成员。④这一点在9月发表的报告中得到确认。

俄军方和国家杜马仍然强烈反对北约东扩，试图推翻两位总统敲定的交易，有的媒体甚至试图让叶利钦相信，只要俄方坚决反对，就可以制止北约东扩。俄第一副防长科科欣在一次关于欧洲安全的研讨会上称：“反对北约扩张是俄罗斯的一个国家共识。”有影响的俄外交和防务政策委员会发布的报告也说，只要采取严厉的反北约路线，并与西方反对北约扩大的人联合，莫斯科仍然有可能制止北约东扩。⑤

在美国，关于北约东扩的辩论也一直没有停息。民主党参议员萨姆·纳恩

① Goldgeier and McFaul, *Power and Purpose*, p. 197, Strobe Talbott, *The Russia Hand*, pp.162—163.

②⑤ Ronald Asmus, *Opening NATO's Door*, p.118.

③ NATO, “Final Communiqué,” May 30 1995, https://www.nato.int/cps/su/natohq/official_texts_24753.htm?selectedLocale=en.

④ NATO Defense Planning Committee Final Communique, June 8, 1995, See Timothy Trampenau, “NATO Expansion and the Baltic States,” December 1996, https://calhoun.nps.edu/bitstream/handle/10945/32045/96Dec_Trampenau.pdf?sequence=1&isAllowed=y.

于1995年6月22日发表题为《在一个不确定世界中北约的未来》的讲话，公开对北约扩大提出质疑。他指出："俄罗斯正处于历史上极不稳定、难以预测的时期，在这种时候寻求扩大北约，我们可能把自己置于最糟糕的安全环境之中：预算在急剧下降，责任却在增加，不稳定性加剧了。"①但国会中的压倒性意见仍然是支持北约东扩的。卢格和一批共和党议员敦促政府加速东扩，批评克林顿过于谨慎。1996年大选共和党候选人、参议院多数党领袖罗伯特·多尔更拿北约东扩大做文章。多尔1995年3月在尼克松中心发表演讲说："克林顿政府错误地执行'俄罗斯第一'政策，这一政策又变成了'叶利钦第一'，从而使我们失去了许多机会。"他攻击克林顿在北约东扩问题上"推迟、拖延，把俄罗斯民族主义的威胁置于(中东欧)民主主义者的雄心之上"。②基辛格、布热津斯基、贝克和哈佛大学教授亨廷顿(Samuel Huntington)则撰文或发表讲话敦促北约加速东扩。布热津斯基批评布什和克林顿政府"不光彩的犹豫不决的政策在美国内部制造分裂"，"克林顿政府既没有提出战略远见，也没有为北约扩大这样对欧洲前途至关重要的问题提出一个明确的方向"；而拖延得愈久俄罗斯就反对得愈厉害。"俄罗斯既不拥有对北约扩大的否决权，也无权对中欧国家的主权加以限制。"③基辛格在《华盛顿邮报》上写道："我强烈主张北约扩大。现行的政策是两个肩膀挑水：既向中东欧表示要扩大，又以故意的拖延来安抚俄罗斯……这种政策将加速西方联合的解体，也不能使俄方信服。北约扩大需要行动，而不是研究。"④尤其随着1996年大选的临近，北约东扩越来越成为美国国内政治中的突出问题。

为了回应对克林顿政府的批评，北约东扩的设计师之一和主要的操盘手副国务卿塔尔伯特于1995年8月撰文为政府政策进行辩护。他并不讳言，北约东扩进程中最难处理的问题之一是对俄关系。许多俄罗斯人感到，俄仍然是变相遏制政策的对象。他承认，正如防长佩里所言，北约扩容的理由之一是"对可能的悲观结局的一种对冲"，如果俄罗斯的改革继续前进，北约将继续保持最大限度的开放；如果俄罗斯的改革停滞不前，北约将向其盟友提供集体防御。"对俄罗斯帝国主义的恐惧的新浪潮毫无疑问是中欧国家迫切要求加入北约的主要原因。"他肯定美俄之间继续合作的重要性，因此，在联盟渐进扩大的过程中要保持

① John Blasing, "The Secretary of Defense and the Partnership for Peace: A Policy for a Safer World," https://www.colorado.edu/artssciences/defese/John%20Blasing.pdf.

② Timothy Trampenau, "NATO Expansion and the Baltic States," December 1996, https://calhoun.nps.edu/bitstream/handle/10945/32045/96Dec_Trampenau.pdf?sequence=1&isAllowed=y.

③ Zbigniew Brzezinski, "A Plan for Europe: How to Expand NATO," *Foreign Affairs*, January/February 1995, p.27.

④ Ronald Asmus, *Opening NATO's Door*, p.121.

美俄对话，通过这两个平行的进程来推进一个宏大的目标——促进泛欧的一体化。①塔尔伯特说得头头是道，但做起来可着实不易。马上，又有新的事情来刺激俄罗斯了。

二、《北约扩容可行性报告》出台

《北约扩容可行性报告》于1995年9月正式出台。《报告》提出了新成员的政治和军事标准，如北约新成员必须坚持民主的原则和程序；解决与邻国的未定边界事宜；接受北约的所有责任，如为北约的集体防御贡献军事力量。报告指出，新成员将处于北约战略核力量的保护之下，但是近期内没有必要在新成员国的领土上部署战略核武器，或者大规模部署外国的常规军事力量。这显然是为了回应俄罗斯的要求。但报告否定了俄罗斯的另一项要求，重申"北约的决定不受任何非成员国的否决"。报告要求对新成员的入约时间、顺序进行审慎考量，但没有给出任何具体细节，也没有对扩大作出任何地域上的限制。②

报告引起俄罗斯新一轮批评浪潮。叶利钦在一次记者招待会上呼吁北约从一个军事组织转型为一个政治组织，并称，东扩"意味着一场战争在整个欧洲爆发"。③格拉乔夫防长警告说，为了对付北约东扩，俄将建立新的军事集团，将导弹瞄准波兰和捷克，与伊朗结成战略同盟，在独联体、远东和中东寻找新的盟友。俄还采取了改善俄古关系的具体行动：坚决拒绝美强化对古巴制裁的《赫尔姆斯—伯顿法》，谴责美国对古巴的经济封锁违反国际法准则并直接损害了俄利益。1995年10月，俄恢复与古巴的石油和食糖贸易，开始支持古巴的核能源计划，并与其建立了紧密的军事技术联系。普里马科夫外长还于1996年5月访问古巴。④

1995年12月的北大西洋理事会公报对《北约扩容可行性报告》给予肯定，并称"联盟将继续其稳步的、经过权衡的与透明的进程以导致最终的扩大"，但扩容最早也被推迟到了1997年，1996年全年各成员国之间将进行密集磋商，开展"和平伙伴关系计划"的各个项目，并对扩容后的种种问题，如资源和人员的新要

---

① Strobe Talbott, "Why NATO Should Grow," August 10, 1995, www.nybooks.com/article/1995/08/10/why-nato-should-grow/.

② North Atlantic Treaty Organization, *Study on NATO Enlargement*, Brussels, September 1995, https://www.nato.int/cps/en/natohq/official_texts_24733.htm.

③ Timothy Trampenau, "NATO Expansion and the Baltic States," December 1996, https://calhoun.nps.edu/bitstream/handle/10945/32045/96Dec_Trampenau.pdf?sequence=1&isAllowed=y.

④ 郑羽主编：《既非盟友，也非敌人》，第541页；海运、李静杰总主编，学刚、姜毅主编：《叶利钦时代的俄罗斯·外交卷》，第92页。

求进行研究。在1996年末的理事会上将就这些问题进行评估并作出决定。公报实际是说,北约扩大被推迟到了1997年甚至更晚。①

1995年12月,俄罗斯举行国家杜马换届选举,选举是在国家仍处于深重危机和总统选举临近的背景下举行的,选举结果在很大程度上反映了当时俄民众的政治情绪及各派政治力量的实力对比。俄罗斯共产党成了杜马第一大党,夺得杜马1/3以上席位;而被称为政权党的"我们的家园——俄罗斯"所得选票位居其次;"民主派"政党遭到惨败,盖达尔被拒在杜马大门之外。以俄共为代表的左翼力量崛起是对叶利钦当政的一种批评。叶利钦迫于民意,于1996年年初对政府班子进行较大调整:科济列夫外长因实行亲西方的外交政策受到舆论普遍批评而遭罢免,普里马科夫接任外长,苏联时期的官员卡丹尼取代丘拜斯任第一副总理。西方舆论普遍把普里马科夫取代科济列夫视为"俄罗斯外交政策从20世纪90年代初令人兴奋的理想主义转变为植根于俄罗斯大国传统"的标志。②美国对科济列夫的卸任表示极大惋惜,而对普里马科夫的就任迟迟没有表态,认为他不是美国的朋友,更多象征着苏联外交的延续,是个难打交道的对手。③叶利钦本人健康状况不佳,更多依赖新外长协调政府各部门的对外政策。普里马科夫又有在强力部门任职的背景,使他在与军方打交道时处于有利地位。俄罗斯共产党也赞成他的任命。

普里马科夫是科济列夫政策的严厉批评者,他反对以西方为中心的外交政策,在他看来,俄罗斯与美欧社会在利益和价值观方面的巨大差异是不容回避的现实,因此通过一个多极化的世界体系对美国权力进行限制是俄的巨大利益之所在;俄罗斯仍然是一个大国,它具有一种新的"欧亚使命",它既是一个欧洲国家,也是一个亚洲国家,所以俄罗斯的国家利益就是在这两个世界之间走一条独一无二的路线。而"90年代前半期俄罗斯的外交政策绝对软弱无力……为了加入'文明世界',可以完全无视俄国家利益。于是,俄罗斯驶入了美国政策领航的危险航道,成为美国的'跟屁虫'。华盛顿显然对此已经习以为常"。④他提倡外交政策的独立性,强调俄同所有国家的关系都应"以平等、承认彼此利益和不破坏这种利益为基础",西方必须将俄罗斯视为平等的合作伙伴,而不是西方国家的附庸。他的外交思想可以概况为:以世界多极化趋势为客观依据,保持和加强俄罗斯作为世界独立一极大国地位和作用为中心,以确立平等伙伴关系及其游

①② Timothy Trampenau, "NATO Expansion and the Baltic States," December 1996, https://calhoun.nps.edu/bitstream/handle/10945/32045/96Dec_Trampenau.pdf?sequence=1&isAllowed=y.

③ Strobe Talbott, *The Russia Hand*, p.160.

④ 叶夫根尼·普里马科夫:《没有俄罗斯世界会怎样?》,李成滋译,中央编译局出版社2016年版,第6页。

戏规则为手段，奉行积极的全方位对外政策，实现俄罗斯的安全、地缘政治和经济利益。①

普里马科夫就任外长以后，发表了一系列文章和谈话，反对单极世界和单边主义、倡导“多极化外交”的思想。1996 年 6 月 25 日，他在莫斯科国际关系学院发表演讲，阐述俄多极化外交政策的原则和主要使命。10 月 22 日，他在《独立报》上发表题为《多极化世界出现在地平线上》的文章，强调俄应同世界所有国家发展关系，不能把力量放在某一方面，例如不能只集中在美国方面，否则就会失去政策的灵活性。谈到推进新的国际秩序时他强调，要摆脱“主导”和“从属”的思维模式，这种模式隐含着一种错觉：有些国家是冷战的胜利者，有些是冷战的失败者，而情况并非如此。“主导”和“从属”的思维模式直接导向建立“单极”世界的趋势，而世界上多数国家是不接受这种世界格局的。②

针对美国把冷战后的世界当作美国的“单极时刻”，推行所谓“普世价值观”，干涉各国内政的霸道行径，1997 年 4 月在中国国家主席江泽民访问俄罗斯期间，中俄两国发表《中俄关于世界多极化和建立国际新秩序的联合声明》，其中强调：“各国有权根据本国国情，独立自主地选择其发展道路，别国不应干涉。社会制度、意识形态、价值观念的差异不应成为发展正常国家关系的障碍。各国不分大小、强弱、贫富，都是国际社会的平等成员，任何国家都不应谋求霸权，推行强权政治，垄断国际事务。”声明主张加强联合国及其安理会的作用，主张“广大发展中国家和不结盟运动是促进世界多极化、建立国际新秩序的重要力量”，“它们理应在未来的国际新秩序中占有自己应有的位置，平等地、不受任何歧视地参与国际事务”。这是中俄两国联手推动国际政治多极化发展的一个重要举措。③

在实践中普里马科夫还刻意修正以美国为中心的亲西方倾向，着力推进与中国、印度、西欧和日本等世界上其他重要地区和国家的关系，谋求俄罗斯的政治和经济利益。他明确反对北约东扩，但他是个现实主义者，知道北约东扩势在必行，未来的不愉快前景“就像跟豪猪一起睡觉，希望它能小一点，不要让它的刺把我们弄得太难受”。1996 年年初他开始对北约提出三项条件：在新成员国领

① Angela E. Stent, *The Limits of Partnership*, p.26；海运、李静杰总主编，学刚、姜毅主编：《叶利钦时代的俄罗斯·外交卷》，第 48—54、91 页；潘德礼主编、许志新副主编：《俄罗斯十年：政治、经济、外交》，第 684 页。

② Примаков Е.М. На горизонте—многополюсный мир. Международные отношения накануне XXI века: проблемы, перспективы. Международная жизнь, 1996 № 10. https://xn- - -ftbdbb7agkaebfddpxbq1irc3a7e.xn- -p1ai/library/authors/primakov-e-m/mezhdunarodnye-otnosheniya-nakanune-xxi-veka-problemy-perspektivy.

③ 《中俄关于世界多极化和建立国际新秩序的联合声明》(1997 年 4 月)，http://www.cctv.com/special/903/6/70494.html。

土上不得部署核武器;关于欧洲安全问题,尤其是使用武装力量的问题上由俄罗斯与北约共同商量决定;在一项正式的有法律约束力的条约中把这些及其他限制敲定下来。①美方拒绝了第二条,这等于要求给予俄罗斯对北约事务的否决权;至于第三条,要由20多个国家的议会来批准一项正式条约是不现实的。第一条则是美国基本可以接受的。1996年美俄之间一直在进行讨价还价。

为了向美国解释俄政府人事变动,叶利钦于1996年1月26日给克林顿打电话,保证俄不会偏离改革路线,克林顿表示相信,并声明继续支持俄改革。实际上,双方心照不宣地达成了默契:相互支持连任总统,不给对方找麻烦。叶利钦还致信克林顿,继续抱怨北约东扩说,联盟决定与伙伴国加大对话力度违反了两位首脑之间的谅解。2月8日,克林顿回信驳斥了叶利钦的指责,称他致力于北约的扩大,这将确保未来多少代人的稳定,符合美俄两国的共同利益;他同样致力于深化俄罗斯与北约之间的合作,这是两国之间的又一项共同利益。但最终结果如何要由俄罗斯来作出决定。②

1996年2月,克里斯托弗在赫尔辛基首次会晤普里马科夫,并就未来关系达成五项共识,避免出意外。普里马科夫表示,1994年年底布达佩斯两国领导人剑拔弩张对峙的情况不应再发生;保持日常接触和磋商;对于可能影响彼此利益的倡议须先打招呼;兑现已有的承诺;寻求解决双方的分歧,而不使其导致两国对抗。③

美国国会对北约扩大的迟缓十分不满,一直试图通过立法手段敦促政府加速东扩。1995年12月国会通过《1995年北约扩大法修正案》(《布朗修正案》),该法案要求总统增加对中东欧国家的安全援助,加快它们获得完全成员资格的速度,在后勤与获得武器方面享有与北约成员国同等的特权。④

1996年年初,中东欧国家在纪念华约解散5周年时,对尚未能加入北约表示不满,一些国家甚至怀疑美国和西欧出于担心俄罗斯的反对而停止了北约扩容的进程,媒体上出现了"慕尼黑的危险重现欧洲上空"这样的指责。⑤为了廓清关于"慕尼黑"的担忧,对中东欧国家进行安抚,3月19日至21日,克里斯托弗访问了捷克,与中东欧12国外长会晤,并发表《我们时代一个民主和统一的欧洲》的演讲。美国国务卿对他的听众说,"北约不会让新成员总是等在接待室里,

① Strobe Talbott, *The Russia Hand*, p.218.

② Ronald Asmus, *Opening NATO's Door*, p.140.

③ Warren Christopher, *In the Stream of History*, p.402; Ronald Asmus, *Opening NATO's Door*, p.144.

④ S.602-NATO Participation Act Amendments of 1995, https://www.congress.gov/bill/104th-congress/senate-bill/602.

⑤ 叶自成:《东扩:克林顿与叶利钦》,第168页。

东扩已经上了轨道，势在必行”；首次扩容不是最后一次；北约扩大“既不会决定俄罗斯的事态，也不会取决于俄罗斯的态度”。①

接着，3 月 21 日，克里斯托弗来到莫斯科。普里马科夫对他的上述演讲提出异议，指责说：“俄罗斯不接受北约东扩，不是因为俄对东扩有什么否决权，而是在这种地缘政治形势恶化的新形势下俄罗斯要捍卫自己的国家利益。”双方争辩不休。后来克里斯托弗感叹：“他真让我受够了！”次日，克里斯托弗会晤叶利钦，会晤气氛良好，双方讨论了广泛的问题。会晤结束时叶利钦说，今天有一个问题没有提起，就是北约东扩，“现在清楚了，我们至少可以搁置分歧”（agree to disagree）。克里斯托弗感到二人是“一个唱红脸，一个唱白脸”。②

为了使北约东扩不对叶利钦争取连任产生负面影响，北约秘书长索拉纳在 1996 年 4 月再次对记者说，北约在 1997 年前不会就东扩日程和接收对象的选择作出安排，1996 年北约的主要任务是同申请国进行个别的对话，并与俄罗斯建立更友好的合作关系。③

也是为了表示对叶利钦的支持，4 月中旬，“G7＋1”峰会在莫斯科举行，美俄首脑再次举行会晤。会晤之前，叶利钦特地邀请塔尔伯特去莫斯科。叶利钦对他表示，希望俄美首脑会晤将确认两国关系的原则，彼此不是竞争者，双方关系是平等的，无分优劣。他邀请克林顿来莫斯科不是来下命令，希望美总统的举止和风格更多表现出对俄领导人和俄罗斯的尊重，这对他在大选中获胜将有很大帮助。他还提了一个具体要求：克林顿在使馆举行招待会时不在一个单独的房间单独会见俄罗斯共产党领导人久加诺夫，并称，如果他在选举中失利，不但对俄罗斯而且对全世界都是坏事，俄将彻底走回头路，再也不会有改革。④

4 月 21 日，叶利钦与克林顿在克里姆林宫举行了近 5 个小时的会晤，中心议题是安全和地区稳定问题，克林顿强调美国无意把俄罗斯边缘化，美俄两国的合作已经取得丰硕成果。叶利钦强调建立更“平等的”关系的必要性。双方在《欧洲常规武装力量条约》所涉及的侧翼限制问题上的立场已经接近。在会晤后的记者招待会上，叶利钦对首脑会晤表示非常满意，现在他与克林顿已经有了如同家人一样的感觉，在今天的讨论中，双方强调了“基于平等基础上”的合作关系，两国的选举不会影响两国长久以来的合作。关于北约东扩，叶利钦表示，应

---

① Warren Christopher, *In the Stream of History*, pp.399—410.

② Ronald Asmus, *Opening NATO's Door*, p.145.

③ 叶自成：《东扩：克林顿与叶利钦》，第 109 页。

④ Strobe Talbott, *The Russia Hand*, pp.197—198. 叶利钦回忆说：“1996 年我的竞选活动最初何等艰难，而八国首脑会议的首脑们史无前例地一起来到莫斯科，这是对我极其宝贵的精神支持，他们大大先于俄国政界许多显赫的代表人物作出了选择。”鲍里斯·叶利钦：《午夜日记——叶利钦自传》，曹缦西、张俊翔译，第 158 页。

俄罗斯的要求，克林顿承诺不强势推进北约东扩，并将对其盟友施加影响。克林顿肯定近年来两国关系在安全方面取得的进展。关于北约东扩，他表示，美俄之间的分歧是众所周知的，它是清楚的、公开的，没有出其不意。美国的目的首先是一个民主和统一的欧洲；其次是"美俄两国经过一个长时期将发展出一种强固的平等的伙伴关系"，这是他一贯的政策。①

三、北约—俄罗斯《基本文件》的达成

叶利钦于1996年7月3日再度当选俄罗斯总统，克林顿政府也松了一口气，共产党东山再起是不可能了，叶利钦可以继续推进被搁置的改革了。7月5日，克林顿打电话表示祝贺。叶利钦在电话中感谢克林顿的支持说："在整个竞选过程中直到最后一天，你……从来没有发出过错误的信息。"②

此后北约东扩加快了步伐。1996年7月，美国会参众两院以压倒性多数通过《1996年北约扩大促进法》。该法承接先前的同类法案，强调美国应该鼓励和支持东欧国家改革军事结构、建设军事力量，为获得北约完全成员资格做好准备，波、匈、捷三国在达到北约成员标准方面取得进展最大；美国同样应该继续支持斯洛伐克、爱沙尼亚、立陶宛、拉脱维亚、斯洛文尼亚、保加利亚、罗马尼亚、阿尔巴尼亚、摩尔多瓦和乌克兰等国全面、积极参与各种活动以达到北约成员国标准，特别不应忽视波罗的海三国。③

美国外交政策精英对北约东扩的意见分歧仍然存在。就在1996年11月，美国大选前一星期，塔尔伯特去哥伦比亚大学哈里曼研究所作关于北约东扩的报告，他讲完后其他发言者一个接一个对北约扩容提出异议。第一位是外交界元老、遏制政策的倡导者乔治·凯南，他认为北约东扩"是一个战略的大错误"，长期担任该所所长的莱格沃尔德(Robert Legvold)、卡特时期的驻苏大使马歇尔·舒尔曼(Marshall Shulman)、里根时期的驻苏大使杰克·马特洛克(Jack Matlock)等都认同凯南的说法。④

经过两年多与美国的反复较量，俄罗斯已经明白，北约东扩是挡不住的了，此后，俄方采取的策略是，由军方继续表达反对北约东扩的强硬立场，由外交部门在北约新成员的数量、扩容的地域和东扩的军事内涵等方面对东扩设限，并尽

---

① William J. Clinton, "The President's News Conference with President Boris Yeltsin of Russia in Moscow," April 21, 1996. Online by Gerhard Peters and John T. Woolley, *The American Presidency Project*. http://www.presidency.ucsb.edu/ws/?pid=52702.

② Ronald Asmus, *Opening NATO's Door*, p.166.

③ "NATO Enlargement Facilitation Act of 1996," https://www.congress.gov/bill/104th-congress/house-bill/3564/text.

④ Strobe Talbott, *The Russia Hand*, p.220.

可能地寻求补偿。①

俄军方继续表达强硬立场。1996 年 7 月，罗季奥诺夫接替格拉乔夫担任防长，并主导了对北约东扩的一次严肃的评估，结论是：东扩将危险地改变欧洲的军事平衡。北约扩大到中东欧地区将使其覆盖的疆域向东扩展 750 公里纵深，从而使俄罗斯反导系统对可能的攻击作出反应的早期预警时间大为缩短；北约将获得 280 个不同类型的空军基地，从而大大提升空中打击能力；北约将取得波兰具有战略意义的港口，使之有能力完全封锁住俄罗斯的波罗的海舰队。最关键的是，北约可直达俄罗斯和白俄罗斯边界，这样北约的战术核武器就有了战略意义。②10 月 7 日，总统国家安全顾问亚历山大·列别德将军（杜马中"我们的家园—俄罗斯"派的领导人）访问布鲁塞尔北约总部，他向媒体表示："北约东扩将导致欧洲战略气候的巨大变化，因而《第二阶段削减战略武器条约》是不可能被批准的，我们还担心双方已经同意的其他条约的结果。"确实，俄罗斯杜马正是将批准这个条约与北约东扩挂钩的。③1997 年春，俄罗斯举行的军演假想了北约、拉脱维亚和波兰军队入侵的情景，俄的反制措施中包括了使用核武器。④

俄罗斯对北约东扩划出了两条红线：北约的军事设施不能向俄边界推进；波罗的海国家和其他原苏联国家不得加入北约。⑤1996 年 6 月 3 日，普里马科夫在北大西洋合作理事会柏林会议上表示，俄可以接受北约东扩，但前提是北约不在中东欧国家建立军事基地，不部署北约军队和核武器；北约的扩大是有限的，即不吸纳原苏联国家加入。⑥这是俄罗斯第一次明确表示可以接受北约东扩，并提出了自己的要价。6 月 20 日，叶利钦又致信克林顿，再次明确表示了反对北约接纳波罗的海三国的立场。他写道："把北约的行动范围扩大到波罗的海国家的问题是不容讨论的，甚至不能假设这种可能性。这是俄罗斯绝对不能接受的。我们将把朝着这一方向的任何步骤视为对我们国家安全利益的直接挑战……和

① Ю. П. Давыдов, В. А. Кременюк, А. И. Уткин, Россия и США после холодной войны, "Наука", Москва, 1997, с. 99. 1996 年 9 月 28 日叶利钦曾说："北约东扩之前应当与俄罗斯签订一个条约。"法新社对此评论说："叶利钦总统看来第一次接受了北约东扩的主张。"潘德礼主编、许志新副主编：《俄罗斯十年——政治、经济、外交》，第 685 页。

② 郑羽主编：《既非盟友，也非敌人》，第 542 页。

③ NATO, "Press Conference of Secretary General and General Lebed," October 7, 1996, https://www.nato.int/docu/speech/1996/s961007a.htm.

④ Sharyl Cross, "Russia and NATO toward the 21st Century: Conflicts and Peacekeeping in Bosnia-Herzegovina and Kosovo," August 2001, http://www.nato.int/acad/fellow/9901/cross.pdf.

⑤ Евгений Примаков, Годы в Большой Политике, с. 250.

⑥ 郑羽：《俄罗斯与北约：从"和平伙伴计划"到马德里峰会》，《东欧中亚研究》1997 年第 6 期。

对欧洲基本安全架构的破坏。"①西方分析家认为，这封信表明，俄罗斯已经默认了北约接纳中东欧国家。五天后，克林顿在会晤波罗的海国家领导人时表示拒绝俄方关于北约不吸收原苏联国家的要求，稍后在会晤叶利钦时又当面加以拒绝。美国的立场是：扩容的军事内涵可以谈判，但扩容的地域限制不能让步。

虽然叶利钦连任的问题已经解决，但在最终何时公布北约东扩时间表上克林顿政府内部仍有意见分歧。塔尔伯特等人鉴于与俄较量过程中的困难，希望政府推迟出台时间表；但莱克及国安会的班子却希望早日出台，认为这会帮助克林顿在争取连任中赢得东欧族裔的选票。为了竞选的需要，1996 年 10 月 22 日，克林顿在底特律一个波兰裔社区发表演说时明确宣布："北约的扩大已经上了轨道，现在该采取下一个历史性步骤了。上个月，我提出在明年春夏之交举行一次峰会提出第一批北约新成员的名单，并邀请它们开始入约谈判。今天我想把美国的目标说清楚：到 1999 年，在北约成立 50 周年和柏林墙倒塌 10 周年之际，我们将邀请加入的第一批国家应该是完全的北约成员了。"②但克林顿仍然没有指名道姓地说出哪几个国家将首批加入。

12 月 10 日举行的北约理事会会议回应了俄方的关切，会议公报宣布："联盟的扩大不要求改变北约现在的核态势，北约国家既不打算，也没有计划和理由在新成员国的领土上部署核武器，也没有任何需求在任何方面改变北约核态势和核政策，而且我们也并不预见将来需要这样做。"公报提出了北约扩容的时间表：1997 年 7 月在马德里举行的北约峰会将决定邀请进行入约谈判的第一批中东欧国家，1999 年 4 月纪念北约成立 50 周年之际将接纳首批新成员。会议还同意与俄罗斯谈判一个类似"宪章"的双边关系文件。③

在 1997 年 1 月 17 日的一次内阁会议上，克林顿形象地解释了美俄达成的交易："我们会给他们一个机会，与北约坐在一个房间里并且当双方都同意做某件事情时加入我们；但如果他们不同意，他们也不能阻止我们去做什么事情，他们可以走出房间表示异议。对他们的第二个好处是，他们得到了我们的保证，不把那些军事装备部署到他们过去的盟友那里，这些国家将成为我们的盟友。"④

① Luis Jose Rodrigues Leitao Tome, "Russia and NATO's Enlargement," June 2000, http://repositorio.ual.pt/bitstream/11144/1765/1/Russia%20and%20NATO's%20Enlargement,%20Relat%C3%B3rio%20NATO,%20Jun%202000,%20LT.pdf.

② William J. Clinton, "Remarks to the Community in Detroit," October 22, 1996. Online by Gerhard Peters and John T. Woolley, *The American Presidency Project*. http://www.presidency.ucsb.edu/ws/?pid=52146.

③ "Final Communique Issued at the Ministerial Meeting of the North Atlantic Council," https://www.nato.int/docu/pr/1996/p96-165e.htm.

④ Goldgeier and McFaul, *Power and Purpose*, pp.204—205.

1996 年 10 月，北约与俄罗斯成立了工作小组就双边关系文件进行磋商。俄方要求缔结一项具有法律意义的条约，而北约认为，由于北约与其他国家签署条约都需要 16 个成员国的议会分别批准，这会耗费很长时间，双方不如签订一个具有法律意义的、类似 1975 年欧安会《最后文件》的条例(act)或者宪章(charter)。从 1997 年 1 月到 3 月，俄外长普里马科夫与北约新任秘书长索拉纳进行了六轮谈判，就拟议中的"宪章"进行了艰难的讨价还价。但实际上最棘手、最敏感的问题是在美俄之间解决的。

1997 年 1 月 27 日，塔尔伯特牵头的美方团队提出了名为"北约—俄罗斯谅解"的备忘录，提出了五条不容俄罗斯逾越的底线：拒绝给予俄罗斯对北约事务的不论是直接的还是暗示的否决权；不得将北约从属于另一个国际组织，如联合国；不放慢北约东扩进程；对中东欧的新成员与老成员一视同仁，不能制造二等成员；不对一些国家，如波罗的海国家关闭北约大门。①索拉纳正是根据美国提供的脚本进行谈判的。

克林顿第二任期的国务卿奥尔布赖特比其前任更起劲地推动北约东扩，她坦言：接纳中欧国家加入北约是我"骨子里和基因里的东西"。②她在任上首次访欧前发表题为《北约扩大：为什么大了更好?》的文章，称"北约是欧洲安全和美国介入欧洲事务的基石……建设这个新的北约是克林顿政府工作的重中之重"，"现在正是北约可以为欧洲的东部做过去为欧洲的西部做的事情的时候"。她指出，北约扩大是要付出代价的，但美国和其他北约成员国付得起这个代价；而不扩大北约也是要付出代价的：不接受欧洲新的地缘变化，北约将不能应对欧洲新的挑战，只能墨守成规，冒无所作为甚至解体的风险，这个代价是美国付不起的。自然，奥尔布赖特也承认，没有俄罗斯，欧洲是不完整的，但她同时说："如果俄罗斯想成为统一的欧洲的一部分，那它就不能将波兰或爱沙尼亚或乌克兰这些国家看作是把俄罗斯与欧洲分隔开的缓冲区。"她还说："既然俄罗斯不受北约决定的约束，它对北约也没有否决权，但我们会寻求和听取其声音。"③

美俄首脑预定于 3 月在赫尔辛基举行会晤，这是两位总统连任后的首次会晤。1 月下旬，塔尔伯特访俄进行准备。叶利钦的总统办公厅主任阿纳托利·丘拜斯在会晤中抱怨说，北约扩大会破坏自由阵营，"在我的政治生涯中，这是第一次我与日里诺夫斯基和久加诺夫持相同的立场"。丘拜斯私下里向塔尔伯特

---

① Ronald Asmus, *Opening NATO's Door*, pp.191, 193.

② Strobe Talbott, *The Russia Hand*, pp.223, 235. 俄罗斯媒体把她称为"铁娘子"。

③ Madeleine Albright, "Enlarging NATO: Why Bigger Is Better," *The Economist*, February 15—21, 1997. 塔尔伯特把她称为"名副其实的冷战的孩子"，1948 年她 11 岁时捷克发生"二月事变"，她随父母从捷克逃到美国。

强调,当北约向前推进时,美国应给予俄罗斯西方俱乐部的成员资格:包括七国集团扩大为八国集团、世界贸易组织、西方债权国巴黎俱乐部,以及经济合作与发展组织(OECD)中的发达经济体集团。①

3月初,在塔尔伯特再次访俄时,普里马科夫重申,原苏联国家不得加入北约,如果发生这样的事情,俄罗斯将切断与北约的关系。他同时表示,俄方理解,这一点不可能写在文件中,但应该成为双方的共识。美方清楚,他指的是波罗的海三国。塔尔伯特回应说,美国从来没有承认过波罗的海三国并入苏联,也不认为俄罗斯有权阻止其邻国加入任何国际组织和联盟。②显然,这是双方的一个主要分歧。

另一主要分歧,也是谈判中最棘手的问题是关于北约新成员国中的军事部署问题。俄方的最初要求是,北约不得在新成员国领土上部署核武器、军队和军事设施。1996年12月北约理事会确认的立场是,北约将把核保护伞扩展到新成员国,但不改变现在的核态势。但俄方坚持除了核武器,常规军事力量也不能部署到新成员国。3月中旬,美国安会负责中东欧事务的高级主任弗什博(Sandy Vershbow)拟了一个句子:"在目前和可预见的安全环境中,联盟的集体防卫和全体成员在联盟军事行动中的参与将基于互操作性和互相增援之上,而非基于在现今没有军事部署的地方永久部署实质性的大规模军事力量。"塔尔伯特肯定了这一表述,并在访俄时向马梅多夫副外长作了阐述,俄方立即表示认可,只是要求美方解释"实质性""大规模"两词的意思,并称"我们要向俄公众说明,没有核武器、没有军事力量、没有军队在向俄边界开来"。塔尔伯特搪塞说,量化的指标是很难确定的。③鉴于俄方的担心,3月14日北约把上述句子作了简化,发表了单方面声明:"在目前和可预见的安全环境中,联盟将通过确保必要的互操作性、一体化,以及强化增援能力,而不是通过增加永久部署实质性的战斗部队来执行集体防卫和其他任务。"也就是说,北约没有意图、没有计划、没有需要在新成员国的领土上部署实质性的武装力量。④

声明在两国首脑赫尔辛基会晤前发表,显然是要安抚叶利钦,以保证在削减战略武器、欧洲安全等重要问题上达成美俄一致。但声明却落得两面不讨好。共和党人对此十分不满。在北约东扩问题上对克林顿政策最强硬的批评者基辛

① Goldgeier and McFaul, *Power and Purpose*, pp.203—204. 叶利钦的助手们回忆说,在叶利钦当政时期,很多精力用在了把"七国集团"变为"七个半大国集团"组织,而后再变成为或多或少有俄罗斯同等参与的"八国集团"。俄罗斯加入欧洲委员会和巴黎、伦敦债权人俱乐部被当作是巨大的成功。格·萨塔罗夫等:《叶利钦时代》,高增训等译、叶军等校,第599页。

② Strobe Talbott, *The Russia Hand*, p.236.

③ Ronald Asmus, *Opening NATO's Door*, p.196.

④ Goldgeier and McFaul, *Power and Purpose*, p.205.

格撰文说："谁听说过一个军事联盟会乞求一个被削弱的对手？北约不能变成安抚俄罗斯的机制。"政界保守派对克林顿政府的不满就不难想象了。①俄罗斯也对声明不满。3 月 15 日，奥尔布赖特会晤来访的普里马科夫。后者提出，北约要永远禁止在新成员的领土上部署任何军事力量。奥尔布赖特坚持新成员不是二等成员。双方你来我往，唇枪舌剑，不欢而散。次日，塔尔伯特和新国安事务助理伯杰又与普里马科夫进行非正式谈判。双方团队就向两国总统递交的协定文本进行反复磋商。当天，克林顿会见普里马科夫时表示，双方拟定的文本是可以接受的，但要使协定对美俄关系产生积极影响，俄方必须降低反对北约的调门，以便"创造一种伙伴关系的印象，如在波黑那样"。②普里马科夫在去机场的路上对陪同的塔尔伯特说，在赫尔辛基的会晤中，叶利钦本人还将向克林顿提出波罗的海三国的问题。塔尔伯特直言：那就会把整个首脑会晤给毁了。③

3 月 19 日，在赴赫尔辛基前夕，克林顿又召集一次核心幕僚会议，并称，要在俄罗斯加入世界贸易组织和七国集团问题上支持叶利钦。他说，在我们推动叶利钦作出让步的同时，希望其他国际组织对俄开门，以此让叶利钦感觉温暖。但美财政部门却不赞成，因为俄经济规模依然弱小，且外债高企，对世界经济的影响力微弱。财政部部长鲁宾(Robert Rubin)和总统经济顾问萨默斯均反对俄加入西方发达国家俱乐部，克林顿力排众议，说：我们要俄罗斯含着微笑把北约东扩吞下去，我们自己也得吞点什么。他还指示在安排八国集团丹佛峰会时要让叶利钦尽量多露脸。"北约扩大是他们要挑起的重担，我们得帮助他们挑。"他的结论是，"如果把俄罗斯吸收进八国集团，俄行为将变得更负责任"。④叶利钦对加入发达国家俱乐部一向非常看重，也多次向美方和欧洲国家提出参与七国集团的要求，在 2 月中旬身体刚刚恢复时就给克林顿打电话，要求在丹佛峰会时正式加入该集团。

经过一系列的准备、试探、预热之后，3 月 21 日，克林顿与叶利钦如约在赫尔辛基举行会晤。在北约东扩问题上双方仍然各说各话，但双方都表示愿意搁置分歧(agree to disagree)。叶利钦告诉克林顿："我们的立场没有改变。北约东扩是一个错误。但我需要采取措施减轻北约东扩带来的负面影响。我准备与北约达成协议，不是因为我想，而是因为这是我必须采取的步骤。今天没有什么别的办法。"⑤叶利钦说的是大实话，连任问题已经解决，克林顿是帮了忙的；北

① Goldgeier and McFaul, *Power and Purpose*, p.206.
② Ronald Asmus, *Opening NATO's Door*, p.189.
③ Strobe Talbott, *The Russia Hand*, p.236.
④ Strobe Talbott, *The Russia Hand*, p.237.
⑤ Goldgeier and McFaul, *Power and Purpose*, p.206; Strobe Talbott, *The Russia Hand*, p.238.

约东扩是拦不住的，那就不如实际点，争取在其他方面得到补偿，而克林顿也是准备作出补偿的，尽管这些补偿与其说是实质性的，不如说是为了给叶利钦面子。在会晤后的记者会上，克林顿再次重申，使俄罗斯成为北约受尊敬的伙伴对于整个欧洲的和平与安全是至关重要的。他还宣布，他的政府将支持和动员对俄罗斯以数十亿美元计的新投资，将推动俄加入关键的国际经济机构；七国集团也已经达成一致，到 6 月在丹佛举行峰会时，就改称八国集团了。①既然如此，叶利钦在心理上和面子上都过得去了。

叶利钦仍然力求让克林顿承诺排除原苏联各国，首先是波罗的海三国加入北约，但遭到克林顿的断然拒绝。②同时，克林顿建议，为了避免正式条约需要参议院批准的麻烦，北约与俄罗斯之间不如谈判一个全面的、向前看的宪章，而不是正式的条约或协定。叶利钦对此没有异议。③

在赫尔辛基，美俄双方达成关于欧洲安全、削减核武器、导弹防御、化学武器和加强两国经济合作的五项声明，审议并认可了上述"宪章"。这些成果使克林顿的安全团队喜出望外。实际上在会晤前一个星期，政府力求降低公众对会晤的期望值，而现在美方几乎得到了它想要的一切。俄罗斯公众对会晤的看法就复杂多了。俄罗斯共产党领导人久加诺夫称它是"一个致命失败"，把它比作德国在《凡尔赛和约》中所遭到的羞辱。④

5 月 14 日，普里马科夫与索拉纳宣布已就《俄罗斯与北约相互关系、合作与安全的基本文件》达成一致。文件对双方的相互关系作出了规定：北约与俄罗斯建立常设联合委员会作为双方"经常性的磋商、协作，以及在适当情况下联合行动的机制"；文件不向任何一方提供对对方决定的否决权，不影响各自独立自主地作出决定；文件重申北约先前作出的保证，"北约没有意图、没有计划、没有理由在新成员国领土上部署核武器、改变北约核力量配置或改变北约的核政策"，不打算、也没有计划和理由设置新的核武器仓库和存放地；"在目前和今后一个时期的安全条件下，北约将通过保证必要的互操作性、一体化和加强潜力，而不是通过经常增加现有兵力部署来实现集体防御和其他的任务"，俄罗斯和北约成员国将一起修改《欧洲常规武装力量条约》，大幅度地减少受条约限制的武器和

① William J. Clinton, "The President's News Conference with President Boris Yeltsin of Russia in Helsinki," March 21, 1997. Online by Gerhard Peters and John T. Woolley, *The American Presidency Project*, http://www.presidency.ucsb.edu/ws/?pid=53904.

② 详见本书第 176 页。

③ Goldgeier and McFaul, *Power and Purpose*, p.207.

④ Thomas Lippman, "Clinton, Yeltsin Agree on Arms Cuts and NATO," March 22, 1997, https://www.washingtonpost.com/wp-srv/inatl/longterm/summit/summit.htm.

装备，北约和俄罗斯将加强军事机构间的合作，等等。①当天，克林顿在白宫南草坪对记者说，这一协定是“历史上第一次朝着一个和平的统一的民主的欧洲迈出的历史性一步”，伯杰在情况说明中称协定是“美国—欧洲—俄罗斯多赢的协定”，是“一个新的北约可以和一个新的俄罗斯合作共事建设一个新欧洲的证据”。②

27日，叶利钦与北约国家元首在巴黎签署这一文件。叶利钦在签字仪式上发表讲话，称俄罗斯仍然“对北约扩大计划持否定态度”，但对北约国家考虑俄利益而与之达成协定的行为表示肯定，并赞赏文件中关于不改变北约武装力量部署的规定。叶利钦显然情绪很高，签字以后一时兴起，出乎意料地宣布：所有瞄准北约的弹头从当天起取消战斗值勤。由于此前俄罗斯仅与美、英有过类似协定，其他北约国家首脑都感觉摸不着头脑，连俄外长和防长也颇感意外。然后，俄总统新闻秘书解释说：这不是说俄罗斯要单方面卸载这些核弹头，而是先把瞄准北约国家的弹头改变方向；总统的倡议是为了加强与北约各国的互信，俄期待所有签字国采取对等行动。③

克林顿同样兴高采烈，在签字后的记者会上宣称，“我们刚刚签署的北约—俄罗斯基本文件使一个伟大的国家与历史上最成功的联盟在共同的事业中——一个和平、民主和完整的欧洲——结合在了一起……从现在起，北约与俄罗斯将共同协商、相互合作、一起工作”，“俄罗斯将与北约紧密合作，但它不在北约之内；俄罗斯对北约事务有发言权，但没有否决权”。克林顿还表示，北约的大门将继续向所有国家开放，首批成员不会成为最后一批成员，以此安抚渴望加入北约的中东欧国家。④奥尔布赖特在稍后向国会议员解释这个文件时总结说：第一，北约扩大不会拖延；第二，没有一个欧洲国家被排除在北约东扩的考虑范围之外；第三，北约的新成员享有成员的全部权利；第四，北约—俄罗斯常设联合委员会是一个协商、合作和（如果可能）联合行动的机构，它不会稀释、推迟或阻止北约的决定；第五，北约的核心功能集体防御将得到保持并

① “Founding Act on Mutual Relations, Cooperation and Security Between the NATO and the Russian Federation,” May 14, 1997, https://www.nato.int/nrc-website/media/59451/1997_nato_russia_founding_act.pdf.

② William J. Clinton, “Remarks on the NATO-Russia Founding Act and an Exchange With Reporters,” May 14, 1997. Online by Gerhard Peters and John T. Woolley, *The American Presidency Project*, http://www.presidency.ucsb.edu/ws/?pid=54136.; Ronald Asmus, *Opening NATO's Door*, p.210.

③ 叶自成：《东扩：克林顿与叶利钦》，第151—152页。

④ William J. Clinton, “Remarks at the Signing Ceremony for the NATO-Russia Founding Act in Paris, France,” May 27, 1997. Online by Gerhard Peters and John T. Woolley, *The American Presidency Project*. http://www.presidency.ucsb.edu/ws/?pid=54184.

进一步加强。①

根据《基本文件》俄罗斯与北约设立了常设联合委员会，由北约秘书长及代表与俄代表共同主持，就涉及双方的安全事务保持经常性的对话和磋商。常设委员会设有外交和国防部部长、大使、参谋长和联络官等不同层次。

国际舆论普遍认为，《基本文件》的签订实际上标志着俄罗斯认可了北约东扩，标志着北约在向东扩张势力范围、巩固冷战成果、确立北约在欧洲安全格局中的主导地位方面，取得了重大的战略收益。俄最终妥协是迫不得已的，因为它无力进行抵制，因此只能通过《基本文件》来尽可能减少东扩对它的损害，尽可能保留自己在欧洲安全事务中的发言权。文件没有解决俄罗斯与北约之间的分歧，它只是双方之间的"政治承诺"，不是俄原来想要的具有法律约束力的条约，北约的保证也会随着时间、形势的变化而改变，俄在欧洲安全事务中的发言权虚多实少。不管怎么说，通过签订这个文件，俄罗斯与北约、与美国避免了公开决裂，基本维持了合作的态势。②

《基本文件》在美国受到来自两个方面的批评。鼓吹北约东扩的如基辛格虽然表示"克林顿政府勇敢地应对了国内和俄罗斯的反对，敦促北约接纳新成员，为此应该受到称赞"，但他更担心这个文件"稀释了北约"，对于俄罗斯的担心本来可以用北约一项简短的单方面声明来处理。基辛格几乎逐条批评了《基本文件》，认为它根本没有反映现实状况，常设委员会的成立使俄在议程设计中享有决定权，俄实际上得到了它想要的否决权。基辛格还批评了克林顿在文件签字仪式上所说的关于北约旨在"促进欧洲所有民主国家的安全，不论是北约的老成员、新成员，或者非成员"的话，他问：如果北约的成员与非成员没有什么区别，那还要北约何用？③

反对北约扩容者也不示弱。乔治·凯南 1997 年 2 月 5 日在《纽约时报》上撰文重申他先前的观点：把北约扩大到俄罗斯边界是"整个后冷战时期美国外交政策最致命的错误"，"这一决定将煽动俄罗斯公众舆论中的民族主义的、反西方的、好战的情绪，将对俄罗斯民主的发展产生负面影响，在东西方关系中重新恢复冷战氛围，并驱使俄罗斯的外交政策朝着与我们的愿望背道而驰的方向发展。最后，但同样重要的是，这将使俄罗斯杜马批准《第二阶段削减战略武器条约》并

---

① Madeleine Albright, "Prepared Statement before the Senate Armed Services Committee on NATO Enlargement," April 23, 1997, https://1997-2001.state.gov/statements/970423.html.

② 海运、李静杰总主编，学刚、姜毅主编：《叶利钦时代的俄罗斯·外交卷》，第 47—54 页。

③ Steve Weber, "NATO Expansion," https://www.files.ethz.ch/isn/6851/doc_6853_290_en.pdf; Henry Kissinger, "The Dilution of NATO," June 8, 1997, https://www.washingtonpost.com/archive/opinions/1997/06/08/the-dilution-of-nato/dad33a8c-0296-4625-9376-bc0f1013c318/?utm_term=.54e410689157.

进一步削减核武器变得非常困难，如果不是完全不可能的话”。①在著名专栏作家弗里德曼采访他时，他更进一步表示：“我想这是新冷战的开始。俄国人将逐渐作出相当敌对的反应，这将影响他们的政策。这是一个悲剧性的错误。实在没有理由这样做，现在谁也没有威胁谁”，“认为俄罗斯注定要攻击西欧国家这种提法特别使我担心”，东扩的结果轻则在欧洲划出一条新的界线，重则引发新冷战。②以后的事态发展基本证实了凯南的先见之明。反对北约东扩的美国观察家中还有 1987 年至 1991 年间任美驻苏大使的杰克·马特洛克。他在 1996 年 12 月 5 日撰文说：“我见证了这一切，我们欺骗了俄罗斯。”该文被俄罗斯媒体广泛引证。戈尔巴乔夫也在 1997 年 4 月 16 日提醒美国，北约正在违背先前作出的承诺。③著名冷战史专家加迪斯(John Gaddis)1998 年春写道，多数历史学家同意，北约扩大的想法是错误的，选择的时间是错误的，也不符合后冷战世界的现实。④

俄罗斯的反应比较复杂。一些人，如前代总理盖达尔及其团队对《基本文件》表示欢迎，并祝贺克林顿实现了似乎不可能的目标，既进行了北约东扩，又没有对俄罗斯的民主力量、对俄美关系造成不可挽回的损害。但更多的批判者认为叶利钦政府签《基本文件》是出卖了俄罗斯的安全利益。⑤

1997 年 7 月 8 日至 9 日，北约马德里峰会通过《欧洲—大西洋安全与合作马德里宣言》，正式邀请波、捷、匈三国就入约问题进行谈判，目标是在 1999 年接纳三国加入北约，并在下一次峰会将罗马尼亚和斯洛文尼亚作为候选国。宣言还称，联盟的大门依然为那些符合标准的欧洲国家敞开。⑥美俄关系中的潘多拉盒子被打开了。

针对北约东扩，1999 年 12 月 8 日，俄白两国签署俄白联盟条约，规定两国在保持各自国家主权、独立和国家体制的同时，建立邦联性质的国家。白俄罗斯是俄罗斯通向欧洲的战略门户，也是其对抗北约的主要战略方向。在乌克兰与俄罗斯的关系变得若即若离后，俄白关系显得尤为重要。俄白联盟扩大了俄罗斯抵御北约的战略纵深，增进了俄罗斯军事安全保障方面的现实利益。⑦

---

① George Kennan, “A Fateful Error,” *New York Times*, February 5, 1997.

② Thomas Friedman, “Now a Word from X,” May 2, 1998, https://www.nytimes,com/1998/05/02.opinion/foreign-affairs-now-a-word-from-x.html.

③ 参见李海东：《俄美分歧及俄罗斯加入北约的可能性探讨》，《俄罗斯研究》2005 年第 3 期。

④ John Gaddis, “History, Grand Strategy and NATO Enlargement,” *Survival*, Vol.40, No.1 (Spring 1998).

⑤ Goldgeier and McFaul, *Power and Purpose*, p.209.

⑥ “Madrid Declaration on Euro-Atlantic Security and Cooperation,” July 8, 1997, https://www.nato.int/cps/ua/natohq/official_texts_25460.htm?mode=pressrelease.

⑦ 左凤荣：《重振俄罗斯——普京的对外战略与外交政策》，第 59 页。

1999年3月12日在美国密苏里州杜鲁门图书馆举行仪式，正式接纳波兰、匈牙利、捷克入约，奥尔布赖特国务卿与三国外长分别在入约文件上签字。杜鲁门总统图书馆是奥尔布赖特精心选择的地点。奥尔布赖特在仪式上的讲话中重申："今天加入北约的国家是冷战结束以来的第一批新成员，但它们不是最后一批。北约扩大不是一个事件，而是一个过程。"她还提到，如若欧洲的民主国家分裂，邪恶和侵略就会在缝隙中产生，因此北约不仅欢迎新成员，而且也要增强与俄罗斯、乌克兰和其他民主国家的有价值的伙伴关系。北约的目的不是要筑起新的墙来，而是要推倒旧的墙。①三国表示，加入北约是为了寻求安全保障，使自己实现"回归欧洲"的目标。三国兴高采烈，分别举行了庆祝活动。从此，北约成员增加到19个。

北约扩大的进程就这样开启了，克林顿政府的一个主要外交政策目标也实现了。它克服了俄罗斯的反对，又避免了颠覆美俄关系。但是，俄罗斯越来越清楚地意识到，"美国和北约在北约向俄罗斯边境推进的方针上明显地忽视了俄国家利益，并且成了最能催人清醒的信号"。②它对于美俄关系深远的负面影响在此后的十几年中表现得越来越清楚。俄罗斯正是从北约东扩和其他一系列事件中吸取了教训，校正了原来亲西方的外交倾向。这是克林顿政府始料未及的。

---

① Madeleine K. Albright, "Remarks on Accession to the North Atlantic Treaty Organization," March 12, 1999, https://1997-2001.state.gov/www/statements/1999/990312.html.

② 伊·伊凡诺夫:《俄罗斯新外交——对外政策十年》,陈凤翔、于洪君、天永祥、钱乃成译,当代世界出版社2002年版,第6页。

第四章 车 臣 问 题

车臣共和国是俄罗斯联邦 80 多个主体之一，①位于欧亚大陆结合部的高加索山脉北侧，与格鲁吉亚隔山为邻，面积约 1.5 万平方公里，人口一百多万。捷列克河流经全境，南与格鲁吉亚接壤，北与斯塔夫罗波尔边疆区毗邻，西邻北奥塞梯共和国，东接达吉斯坦共和国。这里是俄罗斯通往南高加索和西亚的咽喉要道，也是俄与中亚各地油气管道及铁路运输的必经之地。车臣问题是历史恩怨、民族嫌隙、宗教隔阂、反恐斗争、中央与地方关系等诸多矛盾错综复杂交织在一起的综合性问题。

第一节 第一次车臣战争

一、美采取基本不干涉立场

20 世纪 80 年代中期，苏联领导人戈尔巴乔夫推行以“民主化”“公开性”和“政治多元化”为主导的改革，苏联的联邦制受到严重冲击，潜伏的民族矛盾爆发出来，民族独立自主的运动遍及苏联各地，不但各加盟共和国纷纷颁布了主权国家宣言，而且也唤醒和助长了俄罗斯联邦境内的许多自治共和国的独立意识，一批自治共和国接连通过了主权国家宣言，向联邦中央提出主权要求，车臣是在这股潮流中走得最远的一个。1990 年 5 月，苏军退役将军杜达耶夫当选为反对派组织“车臣全国国民代表执行委员会”主席，并于 11 月发表“车臣共和国主权宣

① 俄罗斯继承了苏联时期的区域划分体制，联邦主体多达 89 个。后经合并，到 2008 年年初减少到 83 个。

言”。1991 年 8·19 事件后车臣苏维埃政权垮台，俄联邦政府扶持成立了车臣临时最高委员会，但杜达耶夫拒绝接受最高委员会，并于 10 月发动政变，占领了原共和国政府办公大楼和克格勃大楼，夺取了共和国政权，与联邦政府发生对抗。27 日，杜达耶夫在他操纵的共和国选举中当选车臣“总统”。11 月 1 日，杜达耶夫发布“第一号总统令”，正式宣布车臣“独立”。如果车臣“独立”得以实行，极可能产生“多米诺骨牌效应”，造成整个俄联邦解体的危险。①叶利钦随即颁布总统令，决定在车臣实行为期一个月的紧急状态，并派军队进入车臣收缴武器，维持秩序。杜达耶夫采取强硬立场，宣布车臣进入战争状态，并组织 6 万“国民卫队”与俄军对峙。俄联邦最高苏维埃担心局势恶化，错误地否决了叶利钦的命令，决定以和平方式解决争端，将车臣问题先行搁置。车臣分裂势力受到纵容和鼓励，在分裂的路上越走越远，拒绝签署《俄罗斯联邦条约》(1992 年 3 月)，拒不参加议会选举和新宪法全民公投，还强行“接收了”俄军撤走后留下的武器装备。

苏联解体以后，俄国内政治局势风起云涌，各种政治势力崛起，相互争斗，旧的政治制度和机制被摧毁了，但新的制度和机制尚未建立，国内工作千头万绪，叶利钦顾不上车臣问题。俄联邦政府起先试图通过和谈方式解决问题，先后派出多个代表团与杜达耶夫谈判，但杜达耶夫拒绝放弃“独立”，谈判一一告吹。在苏联解体前后的三年之内，车臣处于实际上的“独立”状态。联邦政府遂采取“以车臣人打车臣人”的办法。1994 年 7 月，以阿夫图尔哈诺夫为首的临时委员会在联邦政府的支持下宣布废黜杜达耶夫政权，成立车臣临时政府。临时政府得到联邦政府的资金和军火支持，于 8 月向杜达耶夫武装发起进攻，车臣内战爆发。②但临时政府武装不敌杜达耶夫，对车臣首府格罗兹尼的几次进攻均被击退。11 月，联邦政府决定以秘密方式协助临时政府攻打杜达耶夫，未遂，却导致参战俄军士兵数十人被俘。28 日，杜达耶夫威胁要将被俘人员处死。同日，俄联邦安全会议作出出兵车臣、以武力恢复车臣地区的宪法秩序的决定。29 日，叶利钦向杜达耶夫发出“最后通牒”，要求在 48 小时内停火，放下武器，解散武装部队，释放被俘的俄军人，否则就派兵征讨。③同时，俄空军开始空袭格罗兹尼及机场，以及车臣境内其他目标。12 月 11 日，俄联邦国防部、内务部的武装部队进入车臣，第一次车臣战争爆发。当时俄军方轻敌，以为车臣武装不过是

① 郑羽主编：《既非盟友，也非敌人》，第 309—310 页。

② 海运、李静杰总主编，海运主编：《叶利钦时代的俄罗斯·政治卷》，第 80 页。

③ 萨塔罗夫等：《叶利钦时代》，高增训译、叶军等校，第 746—747 页。叶利钦的助手们在回忆录中写道：从 1994 年 11 月 26 日起，叶利钦的日历就成了“车臣问题日历”，他的工作计划中不论什么事，不论有什么会见或活动，其背景全是车臣局势，确切地说，所有别的事情都退居次要位置，成了车臣问题的背景。

乌合之众，一见到联邦军队就会四散逃窜。俄防长格拉乔夫甚至夸口说，只要派出一个空降团，有两个小时就能解决所有问题。结果，从车臣战争爆发到1996年年中俄军撤出车臣，双方共有8万至10万人(包括军人和平民)在战争中丧生。①

车臣战争是苏联解体后俄联邦境内的第一次内战。俄联邦民族众多，族际关系十分复杂，车臣战争对于处理民族关系具有示范效应，自然引起国际社会关注。车臣战争对美方来说是个意外，在克林顿政府的雷达屏幕上出现得太晚，而且在冷战后国际问题纷繁复杂的情况下处于边缘位置。在美俄关系的诸多问题中，车臣问题也仅仅处在边缘，克林顿政府俄罗斯团队当时集中考虑的问题是北约东扩、波黑战争以及叶利钦本人的健康状况，顾不上考虑车臣问题，更谈不上制定深思熟虑的政策。1994年11月30日，美驻俄大使皮克林也作了类似表态，称车臣问题是俄罗斯的内部事务，应当由俄自己来解决。他希望能够通过和平接触和讨论的方式，而不是以武力方式来解决这一问题。②12月，在俄出席例行的美俄经济技术合作委员会(戈尔—切尔诺梅尔金委员会)会议的戈尔副总统表态说："我们正密切关注形势。我们非常希望能通过谈判解决问题。我们相信这是内部事务。"③12月11日，克林顿在一次记者招待会上被问及俄联邦军队进入车臣的问题，他说："我们关注着事态。这是俄罗斯的内政。我们希望尽量少流血、尽量少使用暴力，秩序便能得到恢复。"④这是克林顿本人对车臣战争的第一次表态，也是美方的基本立场。克林顿政府认定车臣问题是俄内政，美国也就没有道德权力去加以干预。佩里防长在12月16日会晤俄总参谋长科尔涅斯尼可夫时只是简单地提到了车臣形势。⑤1995年1月13日，克林顿在关于中东欧

---

① 列昂尼德·姆列钦：《权力的公式——从叶利钦到普京》，徐葵、王器、王宪举、陈凤翔译，新华出版社2000年版，第483—489页。书中写道：俄罗斯军队实际上完全没有准备好，格拉乔夫害怕国家安全会议指责他胆怯才夸下海口的，战前也没有进行认真的计划和筹备，投入作战的很多是未经训练、未经战火，甚至不知道跟谁作战的年轻士兵，联邦部队在进攻中遭到重大的损失。Jim Nichol, *Chechnya Conflict: Recent Developments* (CRS Report for Congress), Updated May 3, 2000, p.1.

② 郑羽主编：《既非盟友，也非敌人》，第327页。

③ Strobe Talbott, *The Russia Hand*, pp.149—150; Michael McFaul, "U.S. Foreign Policy and Chechnya," A Paper by the Century Foundation and the Stanley Foundation, March 2003, https://www.stanleyfoundation.org/publications/archive/EAIrussiaB03p.pdf.

④ William J. Clinton, "The President's News Conference in Miami," December 11, 1994. Online by Gerhard Peters and John T. Woolley, *The American Presidency Project*, http://www.presidency.ucsb.edu/ws/?pid=49584.

⑤ Michael Gorden, "U.S. Warns Russia: Stop Attacking Chechen Civilians," December 30, 1994, https://www.nytimes.coom/1994/12/30/world.us-warns-russia-stop-attacking-chechen-civilians.html.

贸易与投资的一次讲话中一方面表示“车臣是俄罗斯联邦的一部分，我们支持俄联邦的领土完整”；另一方面又强调，“暴力必须结束。我呼吁交战各方制止流血，开始和谈”，“在车臣交战的每一天都是浪费生命、浪费资源和浪费机会的一天。我们再次鼓励永久结束流血的努力”。①这是从车臣战争爆发以来克林顿对俄罗斯最强烈的批评了。

2月14日，克林顿从车臣战争爆发以来第一次给叶利钦打电话，敦促他与欧安组织合作，“使车臣摆脱苦难，向着根据国际标准的政治解决前进”。克林顿希望叶利钦能“第一手地感受到”美方的关注，并影响他两天后将在杜马发表的演讲。②3月29日，克里斯托弗发表的关于美俄关系的政策宣示中批评说：俄罗斯“今天在车臣的行动正在威胁俄发展为一个民主的多民族国家的能力……俄罗斯在车臣的行为是悲剧性地错误的。它在上个星期作出的将战争升级的决定是一个严重的错误”。③5月11日，克林顿又在访俄时对叶利钦施加压力，并在记者会上说：“这一可怕的悲剧必须迅速地、和平地结束。在那个地区继续作战只能流更多的血，更加销蚀对俄罗斯的支持。”④

克林顿政府之所以对车臣战争持上述立场，有多方面的因素。第一，美方认为对俄关系是一个大关系，其中有一系列地区和全球的议程，诸如减少核威胁、北约东扩、在波黑的合作等，这些问题都比车臣问题重要，美方希望尽量减少车臣问题对美俄关系的影响，更不要因此使两国关系脱轨。正如国务院发言人麦柯里(Mike McCurry)所说，美俄关系“这对非常重要的双边关系在任何意义上都不是由车臣来定义的。这是一对全面的、广泛的关系，在它的议程上包括了许多的组成部分，车臣无疑是其中之一，但无疑在任何意义上都不是最重要的因素”。⑤这话说得很实在、很坦率。国防部最关心的是“合作减少威胁项目”的实施、对俄军事交流及北约和平伙伴关系问题。财政部官员强烈反对对俄实施经济制裁，美方也并未因此削减对俄援助。克里斯托弗曾表示：“有人说，我们应该

① William J. Clinton, “Remarks in Cleveland, Ohio, at the White House Conference on Trade and Investment in Central and Eastern Europe,” January 13, 1995. Online by Gerhard Peters and John T. Woolley, *The American Presidency Project*, https://www.presidency.ucsb.edu/node/220780.

② Douglas Jehl, “Clinton Calls Yeltsin, Urges Peace in Chechnya,” February 14, 1995, https://www.nytimes.com/1995/02/14/world/clinton-calls-yeltsin-urges-peace-in-chechnya.html.

③ Warren Christopher, *In the Stream of History*, p.266.

④ Steven Erlanger, “Summit in Moscow: The Overview,” May 11, 1995, https://www.nytimes.com/1995/05/11/world/summit-moscow-overview-clinton-yeltsin-find-way-ease-strains-least-bit.html.

⑤ Michael McFaul, “U.S. Foreign Policy and Chechnya,” March 2003, https://www.stanley-foundation.org/publications/archive/EAIrussiaB03p.pdf.

结束这些(援助)项目来惩罚俄罗斯……我完全赞成在各个方面将我们的杠杆最大化。但我自己看了我们所有的援助项目后得出结论,削减这些项目不符合美国人民的利益。"①为了减轻俄对北约东扩的反对,美方还在设法对俄进行某种补偿。在戈尔—切尔诺梅尔金委员会中,车臣问题从未成为某个工作小组的机制化议题。②

第二,克林顿认定叶利钦是俄罗斯改革力量的最佳代表,支持叶利钦的领导地位,防止共产党人和民族主义者东山再起这一关切压倒了其他任何问题。1995 年 6 月,车臣战争爆发半年后,叶利钦的民意支持率降到了他执政以来的最低点,仅为 6%,不支持率高达 79%。③美方既然希望他 1996 年能够连选连任,自然不想因为车臣问题削弱其领导地位。美方认为,车臣战争"没有改变美国利益的性质","俄罗斯成为一个稳定的民主国家的成功是我们的重大利益之所在",俄罗斯正在经历的是"历史性的转型",波折和起伏在所难免,"如果美国作出相应的反应,那将是可怕的错误。美国不会放弃对俄罗斯改革的耐心的、负责任的支持"。④

克林顿政府也不认为车臣战争是俄罗斯改革的终结。塔尔伯特 1995 年 2 月在参议院拨款委员会下属一小组委员会的听证会上比较完整地阐述政府对车臣问题的政策说,"我们支持俄联邦的主权和领土完整,反对任何以武力改变国际边界的企图,不论是以一个国家对另一个国家的侵略的形式,或者是以军事分离主义的形式……同时,我们的政策也主张,俄联邦有义务在处理内部事务时遵守国际规范","去年秋天我们一再提出,虽然车臣问题是俄联邦的内政,但莫斯科应该尽可能有节制地使用武力,并尊重人权","俄罗斯必须结束暴力和杀戮……同时,我们也相信,把车臣的灾祸视为整个俄罗斯民主、自由和改革的死亡也为时过早",同时,塔尔伯特也认为,俄罗斯允许媒体和议会的反对派对政府

① Warren Christopher, "U.S. Policy Toward the New Independent States: A Pragmatic Strategy Grounded in America's Fundamental Interests," *In the Stream of History*, p.268.

② James M. Goldgeier and Michael McFaul, *Power and Purpose*, p.142.

③ 海运、李静杰总主编,海运主编:《叶利钦时代的俄罗斯·政治卷》,第 83 页。

④ William J. Clinton, "Remarks in Cleveland, Ohio, at the White House Conference on Trade and Investment in Central and Eastern Europe," June 13, 1998. Online by Gerhard Peters and John T. Woolley, *The American Presidency Project*, https://www.presidency.ucsb.edu/node/220780. 但有的记者也指出,在车臣战争期间,克林顿政府强调对俄罗斯改革的支持,而谨慎地不指明支持某个个人。克里斯托弗在 1995 年 1 月 12 日接受采访时指出:"对我们来说,重要的不是哪一个人,重要的是俄罗斯走向民主,包括市场改革。"John Broder, "Clinton Blasts Russia for Its War in Chechnya," January 14, 1995, http://articles.latimes.com/1995-01-14/news/mn-19852_1_clinton-russia-chechnya.

进行公开批评，表明它已经脱离了集权主义的过去。①

第三，美方也接受了叶利钦关于“多米诺骨牌”的说法，即如果车臣离开了俄联邦，有些共和国也会随之离去，局面将不可收拾，而俄联邦的解体不符合美国安全利益。克林顿政府表示要在尊重俄联邦领土完整基础上来构建其政策，克里斯托弗暗示，叶利钦“或许做了他不得不做的事情，以阻止这一共和国脱离”。塔尔伯特事后回忆说，最糟糕的一个噩梦是，俄罗斯太虚弱而不能保卫其边界，“车臣问题所展示的似乎不是俄罗斯政权的残忍，而是继续解体的危险”。②

第四，美政府的俄罗斯团队对杜达耶夫一帮人是非常不屑的。在他们看来，如果车臣真的取得了它所宣称的“独立”，它立即就落到了即便不是无赖国家也是失败国家的境地。绑架、贩毒、洗钱、走私军火、制造假币、贩卖妇女和儿童等跨境犯罪活动便会猖獗起来，它将成为无政府主义者的天堂、任何政府的噩梦。在他们看来，杜达耶夫之流是麻烦制造者，是趁火打劫、浑水摸鱼之辈。塔尔伯特在回忆录中写道：“我们关于车臣所知道的那一点点情况驱使我们接受莫斯科的说法：他们是在对付分离主义和犯罪集团的丑恶混合。”③而且，据美国情报机构的消息，国际上支持车臣“独立”的势力是“宗教极端主义”者，它们是美国的敌人。④这也是影响克林顿政府态度的一个原因。

克林顿政府不仅认为车臣问题是俄罗斯的内政，一开始它还以美国南北战争来为车臣战争辩护。头一个这样说的是国务院发言人麦柯里。他在 1995 年 1 月 3 日的记者会上进行了这样的类比，说：“我们有很长的作为民主国家的历史，包括历史中的一个片段，我们通常称作内战的武装冲突与分裂主义运动进行斗争。”⑤1996 年 4 月，克林顿去莫斯科出席八国峰会。在 21 日与叶利钦共同举行的记者会上，当被问到车臣问题时，克林顿一方面说，“美国一如既往地支持车臣问题的政治解决”，一方面则强调，“美国认为车臣是俄罗斯的一部分”，并提醒在场的美国记者，美国也有一场内战，按人口计算，我们输掉了这场战争，因为美国在这场战争中丧失的公民比 20 世纪任何一场战争都多。亚伯拉罕・林肯

---

① Alexei Arbatov, Abram Chayes, and others, *Managing Conflict in the Former Soviet Union*, MIT Press, 1997, p.528.

② James M. Goldgeier and Michael McFaul, *Power and Purpose*, pp.140—141; Michael McFaul, “U.S. Foreign Policy and Chechnya,” March 2003, https://www.stanleyfoundation.org/publications/archive/EAIrussiaB03p.pdf.

③ Strobe Talbott, *The Russia Hand*, pp.148—149.

④⑤ Michael McFaul, “U.S. Foreign Policy and Chechnya,” March 2003, https://www.stanleyfoundation.org/publications/archive/EAIrussiaB03p.pdf.

(Abraham Lincoln)也为这一诉求献出了生命，那就是：没有哪个州有权力退出我们的联邦。①这样为叶利钦辩护自然是走得远了些，连他自己的团队都觉得不妥，媒体上更是一片批评之声。

二、美敦促尽快停止冲突

美方自然关注车臣战争引起的流血、人道主义问题，敦促车臣交战双方（主要是俄联邦政府）尽快停止流血冲突，立即开始寻求政治解决，缔造和平。尤其在 1994 年 12 月 30 日车臣的一所孤儿院挨炸后，美国务院发言人对此表示“深深忧虑”，希望交战双方尊重《日内瓦公约》关于保护平民的规定。这是克林顿政府第一次直接批评俄政府对车臣危机的处理。②1995 年 1 月 15 日，克里斯托弗在接受全国广播公司（NBC）采访时把俄军进入车臣称为“非常有害的”，“其设想和实行都是很糟糕的”。三天后，克里斯托弗在日内瓦与科济列夫外长有一次长达 8 个小时的会晤，双方讨论了广泛的地区和国际问题，包括车臣问题，克里斯托弗重申了美国在车臣问题上的立场，强烈敦促俄方结束冲突，开启和解进程，考虑车臣人民的意愿，并提供人道主义援助。1 月 20 日，克里斯托弗在哈佛大学肯尼迪政府学院关于美外交政策的原则的演讲中又严词提到车臣问题，称“我们深切地关心车臣的冲突。这是可怕的人道主义悲剧。俄联邦在那里过分使用了暴力，这可能对俄未来的民主产生腐蚀性影响”，并用“军事泥沼”来形容车臣战争，含义是这可能像越南成为美国的灾难一样成为俄罗斯的灾难。③

1995 年 5 月，克林顿去莫斯科出席俄纪念卫国战争胜利 50 周年庆典。在私下会晤及记者会上，克林顿都敦促叶利钦“尽快结束暴力”，“达成永久停火”。他还重复了德国总理科尔对叶利钦说过的一段话：“平民的伤亡与战争的延续使国际社会深感担忧，也对许多欧洲国家关于俄罗斯现状的看法及未来对俄关系

---

① William J. Clinton, “The President's News Conference with President Boris Yeltsin of Russia in Moscow,” April 21, 1996. Online by Gerhard Peters and John T. Woolley, *The American Presidency Project*, http://www.presidency.ucsb.edu/ws/?pid=52702. 记者招待会后，克林顿很快就意识到了，他把叶利钦比作林肯是荒谬的。他后悔地说：“我猜我这个林肯的比喻是把眼睛画到屁股上了。但是我确实希望这哥们儿能赢。”克林顿在公开场合还是说，美国不能在另一国家的选举中选边站队。Sean Guillory, “Russia, Party Politics and Imperialism,” March 13, 2017, https://www.jacobinmag.com/2017/03/russia-us-clinton-boris-yeltsin-elections-interference-trump/.

② Michael Gorden, “U.S. Warns Russia: Stop Attacking Chechen Civilians,” December 30, 1994, https://www.nytimes.coom/1994/12/30/world.us-warns-russia-stop-attacking-chechen-civilians.html.

③ Warren Christopher, “Principles and Priorities”, *In the Stream of History*, pp.234, 249.

的态度产生影响。”①克林顿没有到红场观摩阅兵以示对俄的不满。

1995 年 6 月，发生了布琼诺夫斯克人质事件。14 日，车臣武装战地指挥官巴萨耶夫率领约 100 名武装人员闯入斯塔夫罗波尔边疆区的布琼诺夫斯克，袭击警察局和市政厅，并闯入当地医院，把数千病人扣为人质，要挟俄军立即停止一切军事行动并撤出车臣，否则将杀死全部人质。正在危机期间，15 日至 17 日，七国峰会在加拿大哈利法克斯举行。叶利钦舍不得错过这个机会，仍然去出席了峰会。加拿大总理克雷蒂安(Jean Chretien)劝告叶利钦要寻找政治解决途径。在记者会上，叶利钦谴责了车臣非法武装，称“车臣今天是世界恐怖主义、行贿受贿、黑帮活动的中心，我们不得不这样做。我们必须消灭这些恐怖分子和黑帮分子”。他还说：“我的朋友比尔一直是支持俄罗斯，支持叶利钦总统(他改用了第三人称)现在这样做的。”叶利钦点了克林顿的名，克林顿不能沉默了。他简短地有节制地说，他赞同会上七国首脑所表示的看法，“早晚，其实越早越好，以暴易暴的循环必须打破，在任何民主国家，人民之间有了分歧都必须寻求政治解决”。会议临近结束时，克林顿又回到了车臣问题。他赞赏叶利钦出席七国峰会的政治勇气，并说，结束军事行动，寻求谈判解决需要更大的政治勇气。②

总之，克林顿政府基本上是把车臣问题视为对美俄关系的一种干扰，不希望看到俄罗斯陷入军事泥沼，这不但侵蚀其改革，而且会使其在国际社会中陷于孤立，妨碍俄融入西方的进程。塔尔伯特表示，俄在车臣的所作所为违反了赫尔辛基最后文件、欧安组织以及联合国文件中明确规定的人权标准。美方对叶利钦发出了不满的信号，却苦于“没有杠杆使俄改变方向”，因为这种意见既微弱，也不清晰。③当俄联邦把更多的武器装备部署在冲突附近的高加索地区，因而违反了《欧洲常规武装力量条约》时，美方睁一眼闭一眼。虽然塔尔伯特指出俄在车臣的作为可能违反了国际人权公约，美方从未提请国际社会要俄对此负责，美方对第一次车臣战争的批评远没有欧洲国家，尤其是欧洲理事会那么严厉。

唯其如此，在第一次车臣战争期间，美国内对克林顿政府的政策批评不断。

---

① William J. Clinton, “The President's News Conference with President Boris Yeltsin of Russia in Moscow,” May 10, 1995. Online by Gerhard Peters and John T. Woolley, *The American Presidency Project*, http://www.presidency.ucsb.edu/ws/?pid=51336. 时任美国驻俄大使馆政务参赞，后来担任驻俄大使、副国务卿的伯恩斯(William Burns)写道：没有什么比在第一次车臣战争中残酷的无能为力更生动地暴露了叶利钦的俄罗斯的虚弱了。William Burns, “How the US-Russian Relations Went Bad,” *Atlantic*, March 8, 2019, p.3.

② Strobe Talbott, *The Russia Hand*, p.167.

③ James M. Goldgeier and Michael McFaul, *Power and Purpose*, pp.137—140.

1996 年总统选举共和党候选人罗伯特·多尔反复批评克林顿对车臣战争的反应，认为美国不应该继续支持国际货币基金组织对俄援助，克林顿不该把车臣战争与美国内战相提并论。多尔还将 1995 年 5 月的莫斯科美俄峰会称为“失败”，因为克林顿未能使叶利钦在车臣问题上作出让步。共和党议员还普遍要求政府威胁削减对俄援助，以此来对叶利钦施加压力。一些民主党人出于对人权问题的考虑也批评政府对车臣的不干预政策。众议院外事委员会主席李·汉密尔顿一次在接受采访时表示，美国不该把车臣危机称为俄罗斯的“内部事务”，美国“不该说叶利钦做了他该做的事情”。①民主党众议员蒂姆·罗默(Tim Roemer)敦促克林顿取消 1995 年 5 月的莫斯科之行，称“当俄罗斯正在他们恐怖的战争中残忍地杀害车臣人的时候，总统出现在莫斯科，与那些军人在一起，无论从象征意义上还是从实际上都是一种糟糕的政策”。但多数国会议员接受了克林顿政府的说法：美俄关系太大、太重要，不能被个别问题绑架。②

一些前政要也加入了批评者的行列，前国安事务助理布热津斯基是在车臣问题上对政府最激烈的批评者，他说：“尽管支持和帮助叶利钦是对的，我确实觉得，政府太胆怯了，以致当他做了不该做的事情时不敢去批评他。我特别是指对车臣人的大规模杀戮。这是不可原谅的，是不道德的。从政治上说这也很糟糕，因为这会削弱俄罗斯民主的力量。”③尼克松和平与自由中心主席德米特利·塞米斯(Dimitri Simes)认为，克林顿政府应该威胁不支持国际货币基金组织和世界银行对俄的数十亿美元贷款，除非叶利钦小心避免对平民的任意攻击。④一些非政府组织，如大赦国际、人权观察、无国界医生组织以及全国民主基金会等更反对车臣战争，批评俄政府在车臣的“暴行”，批评克林顿政府没有对叶利钦施加足够的压力，但它们也提不出可供选择的方案。

尽管如此，对第一次车臣战争的态度没有成为美外交政策的重要议题，也没有成为 1996 年大选中的突出争议。车臣在华盛顿没有强大的游说团体，车臣也没有石油、钻石或其他可以吸引美国商业利益集团的东西，何况美国的商业团体在车臣战争中是支持俄政府的。⑤国际媒体与车臣问题接触有限，美俄关系中其

①④ Michael Gorden, “U.S. Warns Russia: Stop Attacking Chechen Civilians,” December 30, 1994, https://www.nytimes.coom/1994/12/30/world.us-warns-russia-stop-attacking-chechen-civilians.html.

② James M. Goldgeier and Michael McFaul, *Power and Purpose*, p.143; Michael McFaul, “U.S. Foreign Policy and Chechnya,” March 2003, https://www.stanleyfoundation.org/publications/archive/EAIrussiaB03p.pdf.

③ James M. Goldgeier and Michael McFaul, *Power and Purpose*, p.143.

⑤ Michael McFaul, “U.S. Foreign Policy and Chechnya,” March 2003, https://www.stanleyfoundation.org/publications/archive/EAIrussiaB03p.pdf.

他重要得多的问题使它边缘化了。

三、达成停火

随着俄大选临近，叶利钦也希望尽快解决车臣问题。1996 年 3 月 31 日，叶利钦发表《告俄罗斯公民书》，宣布了解决车臣问题的计划，包括撤军和举行谈判等一系列措施。美方对此作出积极反应，4 月 1 日，莱克表示欢迎叶利钦总统的决定，敦促车臣武装尊重停火决定，开启和解进程。21 日，杜达耶夫被俄军发射的自动定位火箭击中丧命，成为第一次车臣战争的转折点。

5 月 27 日，切尔诺梅尔金总理和车臣反叛武装领导人扬达尔比耶夫达成停火协议，基本满足了车臣武装的要求，让他们安全返回车臣，人质获释。翌日，克林顿政府立即对此表示欢迎，并希望协议得到全面履行，以使车臣问题持久解决。6 月 10 日，停火协议在纳兰兹签署。①

俄总统大选后，车臣形势再度恶化。7 月 10 日，俄军再度向车臣武装发起进攻。7 月 13 日，戈尔副总统访俄，呼吁恢复车臣停火。8 月 31 日，俄总统安全顾问列别德与车臣反叛武装领导人马斯哈多夫在哈萨维尤尔特举行谈判，并签署了联合声明和进行进一步谈判的基本原则的一揽子协定。双方同意，将推迟五年，等到 2000 年年底再决定车臣共和国的地位，俄军全部撤出车臣。1997 年 1 月 5 日，俄国防部宣布，原驻车臣的武装力量已经全部撤离车臣，历时两年多的第一次车臣战争结束。1997 年 1 月 28 日，马斯哈多夫在车臣总统选举中获胜。5 月 12 日，叶利钦与马斯哈多夫签署一项和平条约，双方称该条约结束了 4 个世纪以来双方冲突不断的局面，并同意永久放弃使用武力来解决分歧。这是叶利钦亲自签署的条约，也是他从车臣战争爆发以来第一次会晤车臣领导人。此时俄罗斯对车臣已经鞭长莫及，车臣已经实际处于俄罗斯权力管辖范围之外。②美方对和平条约表示欢迎。塔尔伯特在 9 月的一次公开演讲中说，虽然条约中还有模糊之处，虽然条约的执行有所迟延，但它“表示了一种承认——虽然是迟到的承认——联邦不可能、也不应该依靠残忍的暴力来加以维持，承认坦克、大炮和轰炸机不是治理的合法工具，或者至少说不是有效工具”。③

---

① 郑羽主编：《既非盟友，也非敌人》，第 313 页。

② Alessandra Stanley, “Yeltsin Signs Peace Treaty With Chechnya,” May 13, 1997, https://www.nytimes.com/1997/05/13/world/yeltsin-signs-peace-treaty-with-chechnya.html.

③ Strobe Talbott, “The End of The Beginning: The Emergence of a New Russia,” September 19, 1997, https://1997-2001.state.gov/regions/nis/970919talbott.html.

第二节 第二次车臣战争

一、普京总理严厉镇压车臣非法武装

在车臣停火期间，车臣的非法武装并没有停止绑架、暗杀、爆炸等活动，只是规模较小。1999年6月17日，车臣非法武装与来自境外的阿拉伯武装一起入侵临近的达吉斯坦共和国，他们打着绿色的“圣战”旗帜，支持那里的宗教极端势力（瓦哈比教派），扬言要“解放”该共和国，建立一个联合车臣和达吉斯坦的伊斯兰国家。①8月7日，非法武装占据了达吉斯坦的十几个村庄。8月10日，俄军开始对入侵者进行反击，到月底将其击退回车臣。8月27日，普京总理访问达吉斯坦，并承诺提供3亿卢布用于重建。9月，2 000多名非法武装分子故伎重演，再次入侵达吉斯坦；到月中，入侵者再次被俄军击退。8月，车臣武装分子在莫斯科和俄罗斯其他城市制造了四起爆炸，造成300多名平民丧生，一时闹得人心惶惶。

1999年，俄联邦政府考虑过车臣问题的不同解决方案：3月考虑的是在车臣周围建立一个缓冲区，内务部部队已经被派往那里进行建立缓冲区的尝试；7月考虑的是占领车臣北部比较平坦的地区；在车臣武装入侵达吉斯坦之后，俄联邦忍无可忍，决定再次对车臣动武。9月7日，叶利钦下令强力部门恢复达吉斯坦的宪法秩序和稳定；13日，叶利钦再次表示：“恐怖主义已经向……俄罗斯宣战”。27日普京总理强调，“我们现在是国际恐怖主义的受害者，现在不再是内战，而是国际恐怖主义反对俄罗斯的战争……恐怖分子是在国外训练、得到国外资助并从国外派遣回来的”。他解释说，“十分清楚，我们不能仅仅把他们赶出去，然后划一条界线……全世界都知道，对于恐怖分子，必须把他们消灭在他们的基地里”，“我们将使用所有现代化的军队和手段来消灭恐怖主义分子”。②

9月5日，俄军开始有计划地空袭车臣境内目标，这是从第一次车臣战争以来的首次。9月16日，俄军在剿灭入侵达吉斯坦的车臣非法武装之后，乘胜追击，将反恐行动延伸到车臣境内，并开始对车臣的军事和民用设施进行密集轰炸，用导弹袭击车臣首府格罗兹尼。18日，普京发表讲话，宣布联邦政府不再承

---

① 列昂尼德·姆列钦：《权力的公式——从叶利钦到普京》，徐葵、王器、王宪举、陈凤翔译，第622页。

② Michael McFaul, “U.S. Foreign Policy and Chechnya,” March 2003, https://www.stanley-foundation.org/publications/archive/EAIrussiaB03p.pdf; Jim Nichol, *Chechnya Conflict: Recent Developments* (CRS Report for Congress), Updated May 3, 2000, p.2.

认车臣马斯哈多夫政权，双方 1996 年 8 月签署的和平协议同时作废。他说："俄罗斯联邦政府 3 年前与车臣当局签署的和平协议是错误的。3 年来，车臣武装分子有了喘息的机会，并把车臣变成了训练国际恐怖分子的基地……车臣当局不但从未执行过协议，而且还在达吉斯坦和俄内地频频制造恐怖事件……车臣是俄联邦的领土，不管匪徒藏在什么地方，俄军都将把他们彻底消灭掉。"①30 日，俄地面部队进入车臣。10 月 6 日，马斯哈多夫号召对俄联邦进行"圣战"，第二次车臣战争爆发。

俄罗斯此次动用的兵力大大超过第一次。2000 年年初，有 10 万俄正规军和 4 万内务部警察部队在车臣、达吉斯坦、印古什作战和从事军事行动，而在第一次战争期间不过 4 万人。1999 年 12 月俄军开始对格罗兹尼实行包围，转年 2 月 6 日，俄军占领了格罗兹尼以及大部分城市，把车臣武装残余赶到了南部山区地带。俄军取得了决定性胜利，但零星战斗并未结束，俄军的空袭也还在继续。

在第二次车臣战争期间，普京的战略是以最大的军事优势取得最大的战果，造成的非战斗人员的伤亡和流离失所者更多，大量难民逃往临近的印古什、达吉斯坦，也有逃往格鲁吉亚及哈萨克斯坦的。②11 月 2 日，普京接受法国《费加罗报》记者采访，当记者问道：俄罗斯不怕陷入当年美国人在越南、苏联人在阿富汗那样的泥淖吗？普京回答说，"进行这样的比较是错误的"，越南战争和阿富汗战争是外部的军事干涉，而车臣的情况完全不同，"车臣并不是一个主权国家，它是俄罗斯领土不可缺少的一部分"；一些武装分子已经把车臣变成全球毒品走私、武器走私，甚至是贩卖人口活动的中心之一，"恐怖活动已经到了登峰造极的程度"。"我们的目标是将这场军事行动进行到底，直到有一个合理的结局，即把车臣的恐怖分子基地清除掉"，这是"在这个共和国恢复法制的必不可少的条件"。③

二、美俄频频交锋

美国对第二次车臣战争的态度与对第一次车臣战争的态度相比，既有延续，也有改变。延续的是美国继续承认俄联邦对车臣的主权，认为打击车臣非法武装有利于国际反恐斗争；不同的是，克林顿政府对先前把车臣作为俄罗斯的内部事务，尤其是把车臣战争与美国内战进行对比感到后悔，④对俄方的批评大大增

① 祝寿臣、范伟国编著：《普京——克宫新主人》，新华出版社 2000 年版，第 65—66 页。

② Jim Nichol, *Chechnya Conflict: Recent Developments* (CRS Report for Congress), Updated May 3, 2000, p.5.

③ 祝寿臣、范伟国编著：《普京——克宫新主人》，第 217—222 页。

④ Tom de Waal, "America's new hard line on Chechnya," November 3, 1999, http://news.bbc.co.uk/2/hi/europe/503804.stm.

加，尤其是在公开场合，态度更加强硬，在政策实践中也有所体现。

美支持俄反恐是两国合作的重要领域。美国务院《1999 年全球恐怖主义模式报告》确认，车臣的恐怖分子与“基地组织”头目本·拉登是有联系的。塔尔伯特副国务卿在 1999 年 10 月 1 日的一次讲话中明确表示，美国支持俄罗斯反对恐怖主义和分裂主义的努力。国务院发言人鲁宾(James Rubin)在 12 月 3 日的新闻发布会上说：“我们在相当长时间内非常担心国际恐怖主义之间的联系，包括本·拉登与车臣反叛者之间的联系……我们相信，在这些组织之间存在着经费、物资的往来和相互支持。”①这也是克林顿本人的看法。他在 2000 年 2 月 4 日接受采访时表示拒绝把车臣与科索沃进行类比，认为两地的情况是不一样的，“俄罗斯有权对在车臣实施恐怖活动的准军事力量进行镇压”，车臣武装“对所发生的事情负有部分责任……有些武装分子是希望平民遭到攻击的”。②

克林顿政府也承认俄罗斯有保卫自己国家领土完整的权利，10 月 19 日，塔尔伯特在众议院国际关系委员会作证说：“车臣、达吉斯坦、印古什，这些都是俄罗斯联邦领土上的共和国。我们承认俄罗斯的国际边界，承认俄罗斯有义务保卫其国民反对分裂主义，保卫合法政权不受攻击。我们同样承认，现今的战争是由车臣武装分子进攻达吉斯坦的暴力所挑起的，在俄罗斯的心脏地区，包括莫斯科，也发生了在居民住宅发生爆炸造成伤亡的事件。”③塔尔伯特所言是无法否认的事实，美国和国际社会无法将俄罗斯采取的行动全盘否定。克林顿政府既要与之继续合作，又要谴责俄在车臣违反人权，常常处于尴尬境地。在他最后与叶利钦告别的公开文稿中，仍然使用了“解放格罗兹尼”的说法，表明在讨论车臣问题多年之后，他的同情心仍然基本上在俄联邦一边。④克林顿政府也没有支持北约议会要求俄从摩尔多瓦和高加索撤军的决议。⑤

但是，此时的美俄关系与前几年已经大不一样了。20 世纪 90 年代前期的蜜月早已成为甜蜜的回忆，现实则越来越严峻、残酷。特别是经过科索沃战争，

---

① Jim Nichol, *Chechnya Conflict: Recent Developments* (CRS Report for Congress), Updated May 3, 2000, p.18.

② William J. Clinton, “Interview With Wolf Blitzer on CNN.com”. Online by Gerhard Peters and John T. Woolley, *The American Presidency Project*, https://www.presidency.ucsb.edu/node/228132.

③ Strobe Talbott, “Russia: Its Current Troubles and Its Ongoing Transformation,” Prepared Testimony Before the House International Relations Committee, October 19, 1999, https://1997-2001.state.gov/policy_remarks/1999/991019_talbott_hirc.html.

④ Michael McFaul, “U.S. Foreign Policy and Chechnya,” March 2003, https://www.stanley-foundation.org/publications/archive/EAIrussiaB03p.pdf.

⑤ Ariel Cohen, “The War in Chechnya: What Is At Stake?” November 30, 1999, https://www.heritage.org/europe/report/the-war-chechnya-what-stake.

美俄关系已经出现严重裂痕。克林顿时期美俄合作的一项重要成果是对苏联留下的核武库的处理。在军备控制方面，政府中的乐观主义者还在指望美俄达成《第三阶段削减战略武器条约》(START III)，或者双方在处理《限制反弹道导弹系统条约》(《反导条约》)方面达成谅解。但在科索沃战争之后，这种希望越来越渺茫，而第二次车臣战争的爆发则完全打破了这一希望。有的原先同情俄罗斯的国务院官员表示，"俄军没有用聪明的办法作战，倒像在抡大锤"。①克林顿和叶利钦的任期都已临近结束，双方都不再如最初那样对两国关系抱有高度期望，能够做成的事已经做成了，没有做成的大概也做不到了。此外，被弹劾的幽灵还纠缠着克林顿。克林顿政府只求在批评俄在车臣行为的同时，与其保持工作关系，在两者之间寻求平衡。

政府的人事变动也影响政府的立场。时任国务卿奥尔布赖特更加重视意识形态、人权问题，这在科索沃战争中已经表现得非常明显。在第一次车臣战争期间反对对俄采取强硬立场的力量削弱了。佩里的离开意味着国防部在对俄事务决策中的作用已经无关紧要。在1998年俄罗斯金融危机之后，财政部的作用也大大削弱了。一些政府官员还对政府在第一次车臣战争中对俄的软弱态度感到后悔。新的独联体事务无任所大使塞斯塔诺维奇(Stephen Sestanovich)是个俄罗斯问题专家，但现在政府内的俄问题专家都越来越对俄持批评态度，他们看不到在最近的将来俄改革会取得什么新进展，决定要把自己对车臣的想法大胆地说出来。塞斯塔诺维奇于1999年11月4日在参议院外交关系委员会作证时说："几乎在整个(车臣)共和国的所有地方都在遭受全域轰炸和炮击。这种不加区分地对车臣无辜平民使用暴力是无可辩解的，我们对此予以谴责。"②塔尔伯特的调子也变了。他在2000年4月的一次国会作证中说："我们对俄罗斯在自己领土上反对恐怖主义的权利或者说责任没有异议。但不论是权利还是责任都不能用来为俄罗斯在车臣境内对平民滥用暴力进行辩解。数字本身可以说明问题：从去年9月以来，28.5万人背井离乡，成千上万的平民伤亡，成千上万个家庭和商铺被摧毁。"③

俄罗斯也发生了改变，俄改革短期内难有大的进展；俄对西方——包括对美国和国际货币基金组织的援助已经失望，也就是说，西方对俄施加影响的杠杆更少了；俄国内的绝大多数民众，包括多数自由派人士，支持政府在车臣平定叛乱。

在第二次车臣战争期间，美俄之间的沟通渠道是畅通的，但沟通常常是交锋而不是磋商，从总统、总理到国务卿、部长，到副部长和再低一点的官员之间，美

①② Michael McFaul, "U.S. Foreign Policy and Chechnya," March 2003, https://www.stanley-foundation.org/publications/archive/EAIrussiaB03p.pdf.

③ James M. Goldgeier and Michael McFaul, *Power and Purpose*, p.274.

方批评连连,俄方反驳不断,成了那几个月里美俄关系的特点。

当 1999 年 9 月车臣武装分子在莫斯科制造爆炸时,美方谴责了这种恐怖主义行为,同时警告说,这不应该成为剥夺公民自由的借口。10 月,俄空袭格罗兹尼,一个市场被击中,克林顿致信叶利钦,敦促他寻求车臣危机的"政治对话",并呼吁俄方保持克制,避免"不加区分地使用暴力"。叶利钦在 19 日回信说,俄政府是在回应恐怖主义的攻击。①奥尔布赖特称它是"不祥的、可悲的","他们在上一次车臣战争中应该学到的教训是,这样的暴力不是解决问题的方法"。白宫发言人洛克哈特(Joe Lockhart)在 22 日的记者会上说,"美国将在各个外交层面"向俄方表达我们的关切,"我们将清楚地向双方表明,要找到解决问题的纯军事办法是不可能的","建设性的对话是达此目的的唯一出路"。②当俄军进入车臣剿匪时,克林顿政府谴责俄军"不加区分地使用暴力",并称"这是无法辩解的,我们予以谴责"。克林顿本人在 10 月 28 日表示,"我们希望在车臣看到最少的伤亡,最终能得到谈判解决"。11 月 2 日,他在奥斯陆与普京总理的会晤的主题就是车臣战争,他对平民的伤亡表示了强烈的担忧,并敦促俄方寻求政治解决,警告说,俄罗斯的国际声誉可能受到损害。③国务院在 11 月 9 日强调,俄罗斯的行为不符合《日内瓦公约》和欧安组织的规定。普京在同日反驳说,这种批评是没有根据的,在车臣与"国际恐怖主义斗争光有一个带枪的警察是不够的"。为了更直接、有效地回应美方的批评,11 月 14 日,普京在《纽约时报》发表题为《我们为什么必须行动》的文章,历数车臣非法武装的恐怖暴行,称"没有一个政府可以对这样的恐怖袭击置若罔闻","这场反恐怖主义的战争是强加给我们的。非常不幸的是,坚决的军事干预是唯一的手段","我们的近期目标是要使车臣摆脱这些威胁车臣和整个国家安全的分子",进而恢复车臣的秩序。普京解释的效果显然有限。④

普京不顾西方的指责,顺应民意,对车臣武装采取了强硬态度,提出"不铲除车臣非法武装决不收兵"的口号,强调"要么我们消灭匪徒,要么匪徒毁掉俄罗斯",充分体现了他打击车臣非法武装的不可动摇的决心和意志力。他不但亲自指挥剿匪战役,而且公开承担了这场战争的全部责任,向俄罗斯人民展示了一位敢作敢为的领导人的形象,令民众耳目一新。他消除了民众对恐怖分子的恐惧

①② "Albright to discuss Chechnya concerns with Russia's Ivanov," October 23, 1999, http://www.cnn.com/US/9910/23/us.chechnya.01/.

③ Jim Nichol, *Chechnya Conflict: Recent Developments* (CRS Report for Congress), Updated May 3, 2000, p.16; Tom de Waal, "America's new hard line on Chechnya," November 3, 1999, http://news.bbc.co.uk/2/hi/europe/503804.stm.

④ Vladimir Putin, "Why We Must Act," *New York Times*, November 14, 1999, https://www.nytimes.com/1999/11/14/opinion/why-we-must-act.html.

心理，恢复了他们对稳定和安宁的生活的信心。俄军剿匪的胜利不仅洗刷了上次车臣战争失败给军队带来的耻辱，而且改善了军队在社会中的形象，重振了军威，普京赢得军民的支持是不言而喻的。在俄罗斯的乱世之中，普京这样的铁腕领导人应运而生。①同时，俄政府还采取了一系列防止外国恐怖组织向俄渗透、向北高加索地区偷运武器、弹药和破坏性工具的措施，包括对人员、货物、交通工具进行严格检查，暂停部分空中交通等。②

三、话不投机

在 1999 年 11 月 19—20 日的欧安组织第六次峰会（伊斯坦布尔）上，车臣战争是一个主要议题。克林顿和叶利钦都出席了峰会。叶利钦第一个发言。他抨击了西方的说教，并说，美国主导的“入侵南斯拉夫使得克林顿没有资格来教训俄罗斯应该如何去对付本国境内的恐怖分子”。克林顿没有念事先准备的讲稿，他一方面赞扬叶利钦在领导俄走上民主道路的过程中所取得的成就，另一方面又强调说，俄罗斯不能仅仅把这场战争当作内部事务，如果俄方还想继续在西方的帮助下沿着民主化道路走下去，那就得重新考虑其在车臣的做法。他还说，俄罗斯在车臣使用武力的做法与叶利钦本人的传统是不一致的。克林顿讲了几分钟后，叶利钦按捺不住地扔掉了耳机，几乎就要拂袖离席了。在两位领导人单独会晤时，叶利钦回击了克林顿的批评，克林顿就走出了房间。这是他们的最后一次会晤，也是最短的一次会晤，显然已经“话不投机”。他们曾经像一对兄弟，现在则像是敌人。③两位首脑之间面对面的交锋使两国之间积聚了一段时间的紧张关系明朗化了。盛怒之下，叶利钦提前离会回国。峰会最后通过了一个《欧洲安全宪章》，称欧洲安全区域内国家的内部冲突是所有其他国家合法关注的问题，并要求欧安组织在车臣问题上发挥政治和人道主义方面的作用。④

在欧安组织峰会后不久，12 月 3 日，普京总理在《泰晤士报》发表题为《我们为什么要在车臣作战？》的文章，强硬回应西方指责。他写道：“要求俄联邦政府同凶残的车臣恐怖分子进行谈判无异于要求英国大臣彼得·曼德尔森……同曼

---

① 祝寿臣、范伟国编著：《普京——克宫新主人》，第 85—87、92 页。

② 郑羽主编：《既非盟友，也非敌人》，第 332 页。

③ Jim Nichol, *Chechnya Conflict: Recent Developments* (CRS Report for Congress), Updated May 3, 2000, pp.14—16; Angela E. Stent, *The Limits of Partnership*, p.45.

④ OSCE, “Istanbul Document 1999,” Istanbul, January 2000, https://www.osce.org/mc/17502?download=true。伊凡诺夫外长批评说，西方国家显示出这样一种意图，即将欧安组织的职能狭隘化，把这个整合成员国集体意志的全能机构变成某种职能有限、首先是限于人道主义职责的地方性论坛，变成对某些国家施压的手段和某种“强制民主化”的工具，试图从外部将某种机制强加给某个国家的工具。伊凡诺夫：《俄罗斯新外交》，陈凤翔、于洪君、田永祥、钱乃成译，第 84 页。

彻斯特的大毒枭或伦敦的犯罪头目达成和平协议。这种想法太不可思议了”，“赢得对车臣恐怖分子的战争是至关重要的”。他承认军事行动引发了难民潮，这是“军事行动导致的一个令人遗憾的副产品”，“但很多匆忙逃离家园的平民不是在躲避俄政府军队，而是担心车臣游击队劫持他们作为人质”，在联邦政府控制的地区没有人道主义灾难，平民现在被安置在有暖气的住所，他们有食品，并得到医疗服务。①

就在此次会晤后一个月，叶利钦突然宣布将提前三个月于 1999 年 12 月 31 日辞职，并任命总理弗拉基米尔·普京为代总统。②1999 年年底，欧盟与美国一起推迟执行在 1999 年 6 月八国峰会上拟定的用于帮助俄摆脱金融危机的对俄援助，进一步恶化了西方对俄关系。面对国际压力，普京毫不退缩，他明确表示，俄罗斯不会为了区区贷款而丧失大片国土，车臣问题属于俄内政，别国无权干涉。他也断然拒绝了西方调停的建议，并且以更加猛烈的炮火打击车臣非法武装。西方的压力非但没有达到目的，反而在俄激起了强烈的民族主义和反西方情绪，促使举国上下在铲除恐怖主义问题上空前团结起来，普京的民意支持度随之上升，他也得到军方的坚决支持。③

12 月 6 日，俄军军机在车臣撒下传单，要求格罗兹尼居民在一个星期内撤离，以免被当作恐怖分子和匪帮。这一传单在西方激起批评浪潮。7 日，克林顿在白宫一次关于人权问题的讲话中谴责了俄罗斯的这个“最后通牒”，警告说，“俄罗斯每天都将为这些行动付出高昂代价”，这将“销蚀俄在世界上的形象”，“有报告说，无辜的车臣人将继续在这场战争中首当其冲，我为此深感担忧……俄政府已经为所有居民离开格罗兹尼设定了最后期限，否则他们就要面临后果。这就意味着，老人、体弱的人、残疾人和其他无法离开的人将有生命危险”。国务院发言人佛里(James Foley)则在记者会上表示，不管传单怎么说，俄罗斯有义务在车臣战争中区分“合法的和不合法的”目标。8 日，克林顿又表示，俄罗斯反对恐怖主义是“对的”，但他们在车臣使用的方法是“错的”。普京立即反驳了克林顿的说法，指出，俄罗斯理解西方的关注，也“准备与车臣通情达理的人士加强

① 祝寿臣、范伟国编著:《普京——克宫新主人》，第 233—236 页。

② 有的政治分析家指出，在民众对年迈体弱、喜怒无常、欠缺行动能力的叶利钦越来越不满意的情况下，普京的年富力强(47 岁)、有胆有识、敢作敢当与之形成了鲜明的对照。普京的出现使俄罗斯政治的世代交替水到渠成。有的观察家指出，“普京是在必要的时刻，以必要的身份和必要的素质，出现在了必要的位置上”。祝寿臣、范伟国编著:《普京——克宫新主人》，第 84、91、94 页。

③ 祝寿臣、范伟国编著:《普京——克宫新主人》，第 69—71、84 页。有分析家认为，车臣战争使普京一鸣惊人，不仅为普京施展才能提供了绝好机会，而且为他扩大影响、巩固地位奠定了坚实基础。在争取民心、获得支持方面，没有比这更好的手段了。没有车臣战争，恐怕没有后来的普京时代。

接触。如果西方真正关心，他们的影响力不应该用在对俄施压上，而是要用在迫使匪徒们释放人质上”，人质中包括土耳其、以色列和法国的公民，车臣当局应当把匪徒交付审判。“在此之前没有什么可谈的。”①9日，叶利钦又毫不示弱地回敬说：“没有人有权力干涉我们的内部事务。（克林顿）在一分钟内、在一秒钟内、在半分钟内忘记了俄罗斯拥有完整的核武库。他忘记了这一点”，“过去没有，将来也不会有由他来指示（俄罗斯）人民怎样生活这种情况。多极世界是所有事情的基础。”②克林顿也不客气，他在2000年1月27日的《国情咨文》，即他任内最后一个《国情咨文》中，把车臣战争称作“残暴的自我失败的战争”。③

克林顿政府继续就车臣战争向俄施加压力。2000年1月底2月初，奥尔布赖特访俄，她在与伊凡诺夫外长和普京代总统的会晤中都提出了车臣战争问题。在1月31日与伊凡诺夫的联合记者会上，她把车臣战争称作“不可思议的灾难行为”，敦促俄罗斯与车臣政治人物重开谈判，否则俄罗斯在国际上将越来越孤立。④2月2日，奥尔布赖特在会见普京时，又当面对俄在车臣战争中的行为进行指责。美国务院在2000年2月发表的年度国别人权报告中称，俄罗斯“在车臣不加区分地使用暴力导致众多平民死亡”。奥尔布赖特在报告发布仪式上的讲话中再次责难俄“在车臣通过不加区分的进攻蹂躏了整个地区，他们的选择是残忍”，并要求俄政府“对于在车臣的屠杀和其他违反人权的行为进行完整的公开的调查，并发表可信的报告”。⑤俄罗斯则将美方的报告称为“信息恐怖主义”。

随着人权组织对俄的批评报告越来越多，美俄关系也越来越紧张。2月17日美国务院重点指出了一些关于俄军在车臣“杀害平民的暴行的报告”，俄方予以强烈否认，美国务院少见地进行了反驳。2月25日，克林顿本人对人权组织的这些报告回应说，“我想俄罗斯必须让恰当的国际组织去不加限制地进行调

① Helen Womack, “Putin gives Clinton an icy rebuff on Chechnya,” December 8, 1999, https://www.independent.co.uk/news/world/putin-gives-clinton-an-icy-rebuff-on-chechnya-1131055.html; Lisa McAdams, “U.S.: Clinton Condemns Ultimatum on Chechnya,” December 9, 1999, https://www.rferl.org/a/1092826.html.

② Владимир Абаринов, Борис и Билл: от великого до смешного, Радио Свобода, 01 сентября 2018 г. https://www.svoboda.org/a/29465060.html.

③ William J. Clinton, “Address Before a Joint Session of the Congress on the State of the Union,” January 27, 2000. Online by Gerhard Peters and John T. Woolley, *The American Presidency Project*, https://www.presidency.ucsb.edu/node/227524.

④ CBS News, “Albright Blasts Russia on Chechnya,” January 31, 2000, https://www.cbsnews.com/news/albright-blasts-russia-on-chechnya/.

⑤ “Secretary of State Madeleine K. Albright's Remarks at Press Briefing on the Release of Country Reports on Human Rights Practices, 1999,” February 25, 2000, https://1997-2001.state.gov/statements/2000/000225.html.

查，查明事情的真相，并以恰当的方式加以处理”。29 日，他致信俄代总统普京，要求俄罗斯对进行“彻底的透明的”调查提供帮助，并允许记者不加限制地在车臣进行工作。[①]奥尔布赖特在 2000 年 3 月 10 日会晤俄外长伊凡诺夫时，也把车臣问题放在首位。而在第一次车臣战争时期，这个问题从来没有占据这样突出的位置。她还在 3 月 8 日的《华盛顿邮报》发表题为《在车臣问题上把话说清楚》的文章，否定了美国为了与俄达成军控协定而避免批评俄的说法，并称，“不管美国要与俄罗斯在什么问题上达成协议，我们都要让俄方看到，这场战争必须用政治方式而不是军事方式予以解决。看不到这一点将使俄在国际上越来越孤立”，美国“十分明确地反对这场残暴的无用的战争”。[②]3 月 24 日，奥尔布赖特在对联合国人权委员会讲话中再次对俄进行谴责。

尽管美俄在车臣问题上有尖锐分歧，美方没有让车臣问题影响美俄在其他问题，尤其在处置核武器问题上的合作。俄罗斯虽然不满美方的批评，在电视上播出的普京会见奥尔布赖特的新闻片段里，普京所说的“在车臣问题上的批评是对俄罗斯内政的干预”这句话被删掉了。普京还表示，“美国是俄罗斯在一系列政策上的主要合作伙伴”。[③]

美国对车臣战争与俄罗斯民主两者关系的看法也改变了。在第一次车臣战争期间，克林顿政府的主流看法是对叶利钦批评过多会削弱其领导地位，从而不利于俄罗斯的民主转型。而在第二次车臣战争中，政府占主导的意见掉了个个儿：俄联邦对车臣分离分子的镇压会破坏俄民主，损害俄国际声望，阻碍俄融入西方。塔尔伯特 1999 年 10 月在国会作证时说：“苏联解体以来的 9 年当中，没有别的问题像车臣战争那样对俄罗斯遵守国际规范的承诺带来如此严重的疑问。”[④]在克林顿政府眼中，叶利钦不再是以林肯精神来保卫民主的俄领导人，而成了民主和人权的践踏者。

尽管如此，美国没有对俄罗斯实行制裁，对俄的援助项目仍在继续进行。在 1999 年 12 月 8 日的记者会上，当被问及是否继续对俄援助时，克林顿回答说，美国对俄援助有 2/3 是用于销毁核武器和保证核材料安全的，继续进行这些项

---

① Jim Nichol, *Chechnya Conflict: Recent Developments* (CRS Report for Congress), Updated May 3, 2000, p.16.

② Madeleine Albright, “Clear on Chechnya,” March 8, 2000, https://www.washingtonpost.com/archive/opinions/2000/03/08/clear-on-chechnya/72ded6e2-c44f-44e3-8361-dea8d343417f/?utm_term=.858c16d5b1ee.

③ Colin McMahon, “Putin Rebuffs Albright on Chechnya,” *Chicago Tribune*, February 3, 2000, http://www.chicagotribune.com/news/ct-xpm-2000-02-03-0002030059-story.html.

④ Michael McFaul, “U.S. Foreign Policy and Chechnya,” March 2003, https://www.stanleyfoundation.org/publications/archive/EAIrussiaB03p.pdf.

目无疑符合美国利益。其他的1/3用于促进民主的项目，如资助独立的媒体、交换留学生、资助非政府组织、资助小企业等。“我不认为结束这些项目能促进美国的国家利益。”①众议员史密斯(Christopher Smith)在2000年2月16日提出对俄罗斯实行制裁的可能性问题，奥尔布赖特在国会作证时一方面批评俄“大规模违反人权”，另一方面也对俄转型的困难表示理解，并希望与俄新领导人和新杜马“重建和拓展合作”。对于制裁问题她回应说，不应当“重新制造一个俄罗斯敌人”，从而使美俄接触广泛的安全利益受到损坏。②

在联邦层面，有两个项目受到车臣战争的影响。一个是国际货币基金组织的援助项目。美副财长萨默斯从经济和道德方面都对俄罗斯极其失望，1998年后他成为政府中反对对俄援助的主要代表。国际货币基金组织本该在1999年12月向俄提供第二笔贷款6.4亿美元。该组织执行主任坎德萨斯(Michel Camdesus)在11月27日警告说，该贷款项目在很大程度上取决于国际社会的善意，而车臣战争在国际上塑造了俄罗斯“非常负面的形象”。12月，国际货币基金组织推迟了对俄付款，也没有再发起新的贷款项目。当俄罗斯抱怨该组织把财政决定与车臣战争相联系时，克林顿政府没有否认这一点。③世界银行主席沃尔芬森(James Wolfensohn)在2000年2月2日称，世界银行在确定对俄贷款时将“评估车臣危机的人道主义后果，以及军费开支对政府支出及整体财政稳定的影响”。但世界银行仍然在3月为重建车臣的煤矿提供了贷款。④

美国进出口银行的贷款的推迟支付则是公开与车臣战争挂钩的。经过数月的拖延和谈判后进出口银行准备向俄民营图们(Tuman)石油公司提供5亿美元贷款，希望它能在俄罗斯1998年金融危机之后帮助美国投资者重拾信心。但奥尔布赖特却另有考虑，她把推迟贷款作为对俄军第二次进入车臣的实际反应，并于1999年12月致信董事会，说明为什么推迟贷款是“符合国家利益的”。这封信惹恼了董事会，他们辩称，这家石油公司没有在车臣打仗。美国进出口银行

---

① William J. Clinton, “The President's News Conference,” December 8, 1999. Online by Gerhard Peters and John T. Woolley, *The American Presidency Project*, https://www.presidency.ucsb.edu/node/229602.

② Secretary Albright, “Statement Before House International Relations Committee,” February 16, 2000, https://1997-2001.state.gov/www/statements/2000/000216.html.

③ Jim Nichol, *Chechnya Conflict: Recent Developments* (CRS Report for Congress), Updated May 3, 2000, p.14. 国家安全事务助理伯杰认为，国际货币基金组织的贷款应该照旧发放，因为这“关系到俄罗斯的稳定”。Ariel Cohen, “The War in Chechnya: What Is at Stake?” November 30, 1999, https://www.heritage.org/europe/report/the-war-chechnya-what-stake.

④ Michael McFaul, “U.S. Foreign Policy and Chechnya,” March 2003, https://www.stanleyfoundation.org/publications/archive/EAIrussiaB03p.pdf.

不顾国务卿的阻拦，仍然于2000年3月发放了这笔贷款。①

克林顿政府还提出了向车臣派遣国际组织观察员的问题。1999年9月在新西兰首都奥克兰举行APEC峰会期间，克林顿第一次向普京提出这个问题。欧安组织代表团获准在11月10日至11日访问了冲突地区，并向18至19日的欧安组织峰会提交报告。此次峰会发表的联合声明呼吁和平解决车臣问题。在峰会上，普京总理同意欧安组织主席、挪威外长沃雷贝克(Knut Vollebaek)访问车臣。沃雷贝克于12月中旬访问了车臣，并向八大国提出了关于俄违反人权的报告。西方国家外长强烈敦促俄停火，并允许在该地区开展人道主义救助。普京也同意会见联合国人权事务专员罗宾森(Mary Robinson)，在美国和其他西方国家的压力之下，普京同意国际红十字会在车臣活动，并接触被拘禁者，同意欧安组织在车臣建立援助小组，同意欧安组织专家参与俄新发起的对车臣人权状况的调查。②

美方把俄罗斯拘禁自由欧洲电台记者安德烈·巴比茨基(Andrei Babitsky)作为人权问题的一个个案，给予了特别关注。2000年2月2日，奥尔布赖特访俄，普京拒绝了美方提出的终止车臣战争的要求，但同意考虑允许评估人道主义需求的小组去车臣考察，并允许有信誉的记者去自由报道车臣。美国务院在2月9日发表声明称，"把非作战人员作为人质或战犯是完全不能接受的"，是与俄作出的国际承诺不相符合的。③

在2000年3月初的美、欧、俄三方外长会议上，美、欧对俄联合施压，要求俄方同意人权援助和观察者进入车臣，同意与车臣进行和谈。伊凡诺夫外长拒绝了与车臣领导人马斯哈多夫进行和谈的建议，拒绝了对车臣暴力行为独立调查的报告，但同意欧安组织援助小组和国际红十字会派员去访问车臣，评估那里的人权状况和人权需求。

美方也增加了对格鲁吉亚的援助，帮助格加固格俄边界，防止俄用"追剿恐怖分子"的名义进犯格鲁吉亚。但总体说来，克林顿政府承认，美对俄施加影响的杠杆不多。奥尔布赖特在1999年的八国峰会后坦承，"坦率地说，我们在车臣冲突中在政治方面的影响是微小的"。④塔尔伯特后来总结说："西方既没有愿望，也没有手段对车臣冲突进行外交干预，更不用说军事干预了。美国及其盟国……没有杠杆，我们也不同情他们(车臣人)独立的愿望，或者对达吉斯坦的袭

①② Michael McFaul, "U.S. Foreign Policy and Chechnya," March 2003, https://www.stanleyfoundation.org/publications/archive/EAIrussiaB03p.pdf.

③ Jim Nichol, *Chechnya Conflict: Recent Developments* (CRS Report for Congress), Updated May 3, 2000, p.17. 据称，巴比茨基因发表同情车臣武装分子的报道而遭到俄军拘禁。

④ Jim Nichol, *Chechnya Conflict: Recent Developments* (CRS Report for Congress), Updated May 3, 2000, p.16.

击……这就是说,除了引用俄罗斯在各种国际公约下所承担的保护其公民生命的责任,要求俄方允许欧安组织代表进入车臣帮助处理难民危机并监督俄军行为,我们做不了别的什么事情了。"①

2000年2月上旬,俄军解放了车臣首府格罗兹尼,但车臣南部山区的战斗仍在激烈进行。在第二次车臣战争期间,美国国内对克林顿政府对俄政策的批评比第一次车臣战争期间要强烈得多。2000年是选举年,共和党人把车臣问题作为大选中的一个议题。国会中的共和党人,尤其是参议院外交关系委员会主席赫尔姆斯及其助手引领着这个潮流。他谴责政府暗中支持俄罗斯在车臣的"屠杀",要求美国带头把俄赶出八国集团。11月10日,他与一些参议员联名致信克林顿,把俄在车臣的行为称为"对欧安组织核心价值的粗暴践踏……这些军事行动每天都在削弱作为国际和平与稳定的基石的军备控制条约的信誉与可靠性",他们要求克林顿拒绝签署修改后的《欧洲常规武装力量条约》,除非俄罗斯停止冲突,并与马斯哈多夫政府开始谈判。②共和党参议员麦康奈尔(Mitch McConnell)是赫尔姆斯的坚定支持者。在2000年4月4日参议院拨款委员会的听证会上,他直白地对塔尔伯特说,克林顿政府的政策往好里说是得过且过,"往坏里说是没有采取果断的行动,从而引发了对车臣人民的战争,导致了……那种强制驱赶、饥荒和破坏。坦率地说,这使我想起米洛舍维奇对科索沃所做的事情,只是军力更强,速度更快。我不能理解的是,为什么我们支持对在科索沃种族清洗的战争罪行进行起诉,而对针对车臣人民的同样的战争暴行却视而不见"。③

众议院则试图把克林顿政府的车臣政策作为他整个对俄政策失败的例证。共和党众议员考克斯(Christopher Cox)还牵头撰写了一份关于美国对俄罗斯政策的报告,题目就是蛊惑性的,"俄罗斯走向腐败之路:克林顿政府是如何出口政府而不是自由企业,并使俄罗斯人民失败的",赶在11月选举之前发表。虽然这是国会资助的一个研究报告,但没有一位民主党人参加报告的撰写。报告的结尾写道:"两次车臣战争及美国政府对此的长期不发声揭示了克林顿把对俄政策个人化的代价。克林顿政府没有采取有力行动促进美国的价值观和利益,反而心照不宣地认可了俄罗斯在车臣的议程。"④

国会还就车臣事态通过了一系列决议,向行政当局施加压力。1999年10月25日,共和党众议员史密斯提出决议案,要求俄罗斯寻求谈判解决车臣问题。该决议于11月16日获得通过。史密斯在提出决议案时称,虽然俄罗斯反对恐

①③④ Michael McFaul, "U.S. Foreign Policy and Chechnya," March 2003, https://www.stanleyfoundation.org/publications/archive/EAIrussiaB03p.pdf.

② Ariel Cohen, "The War in Chechnya: What Is At Stake?" November 30, 1999, https://www.heritage.org/europe/report/the-war-chechnya-what-stake.

怖主义是有道理的,“但这不能成为对无辜平民发起战争”的理由。共和党众议员桑福德(Marshall Sanford)对该项决议案表示支持,并要求终止国际货币基金组织对俄援助,称“美国(通过国际货币基金组织)间接的支持给俄罗斯在车臣的暴行撑了腰”。11 月 19 日,参议院通过了由赫尔姆斯提出的参议院决议案,谴责俄军在车臣不加区分地使用暴力,要求和平解决冲突。2000 年 3 月 9 日,赫尔姆斯又提出一项决议案,要求政府“采取切实措施向俄方表明,美国强烈谴责俄在车臣的行为以及不愿寻求公正解决冲突的立场”。决议列举的“切实措施”包括:冻结国际货币基金组织、世界银行、美国进出口银行以及海外私人投资公司贷款及担保,暂停俄罗斯八国集团成员资格等,直至在车臣实现停火、开始和谈、允许国际人权和人道援助机构自由进入,并对违反人权行为进行追责。①

国会还对巴比茨基事件格外关注,把它作为践踏人权的一个突出事例。2000 年 1 月 31 日,赫尔姆斯与民主党资深参议员拜登(Joseph Biden)致信普京,要求释放巴比茨基。2 月 9 日,由山姆·杰登森(Sam Gejdenson)牵头的若干众议员致信普京,称俄罗斯对待巴比茨基的方式是“不可思议的”,要求普京确保其获释。2 月 24 日,参议院通过决议,呼吁俄政府确保巴比茨基安全回家,谴责俄“在冲突地区对待平民的方式”,以及“不容忍自由和开放的媒体”。赫尔姆斯在提出该项决议案时谴责俄在车臣“残忍地、不加区分地使用暴力”,“系统地压制媒体”,并要求克林顿政府在巴比茨基获释之前取消与俄方进行最高层会晤的任何计划。同日,参议院还通过了民主党议员维尔斯通(Paul Wellstone)提出的另一决议案,要求总统通过第三者的调停,如欧安组织、联合国,促进俄联邦政府与车臣领导人之间的谈判;要求总统认可联合国人权专员的建议,对在车臣的战争罪进行调查;要求俄方停止在车臣的军事行动,开始和平谈判,允许国际组织进入车臣,并与之合作调查在车臣的暴行,允许国际人道主义援助进入车臣。3 月 30 日,维尔斯通又提出了一项决议案,要求政府敦促联合国派遣特别报告员去车臣,向联合国人权委员会提出议案,以表达对俄在车臣违反人权的深切关注,并建立联合国调查委员会以确认俄是否违反了《日内瓦公约》等。②

美国还与车臣非法当局进行接触,遭到俄方的一再抗议和反对。2000 年 1 月中旬,美方邀请车臣“外长”阿赫马多夫(Ilyas Akhmadov)访美,国务院官员和一些国会议员会晤了他。虽然国务院声明,美国并不承认他是“独立的车臣的外长”,此次会见仍然招致了俄方的强烈抗议。伊凡诺夫于 1 月 14 日谴责此类会

① Jim Nichol, *Chechnya Conflict: Recent Developments* (CRS Report for Congress), Updated May 3, 2000, pp.17—20.

② Jim Nichol, *Chechnya Conflict: Recent Developments* (CRS Report for Congress), Updated May 3, 2000, p.20.

晤意味着对与本·拉登有关联的车臣恐怖分子的鼓励，使俄解决冲突的努力变得更加复杂。2月17日，俄官员同样抗议了美国务院负责人权事务的官员与车臣“副议长”巴沙耶夫的会晤，称美官方人士同车臣恐怖分子和分裂主义分子的接触是“绝对不能接受的”，俄方只能将它视为对俄不友好的行为，强烈要求美不再与车臣非法武装进行任何官方接触，并在实际行动上遵守共同打击国际恐怖主义和极端主义的协定。但美方继续与车臣非法当局保持联系。6月27日，俄罗斯再次就美方接待车臣非法密使一事向美驻俄大使馆提出强烈抗议。①

国会与政府之间的斗争还体现在2000财年拨款法案中。国会通过的法案将总统对《支持自由法》的拨款削减了30%，遭总统否决。塔尔伯特向国会解释说，削减拨款将使我们以核心的经济和民主项目来换取防止大规模杀伤性武器扩散无法继续进行，总统认为这样的削减“是危险的、短视的，因为这一援助的目的——从建设独立的媒体到促进小企业发展——是从根本上符合我们利益的”。②参众两院各委员会还举行了多次听证会，对克林顿政府直接施加压力。

跟1996年一样，车臣问题也成了美国2000年大选中的一个争议问题。共和党候选人乔治·沃克·布什(George W. Bush)州长主张，美国和国际货币基金组织对俄援助都要以车臣冲突的和平解决为前提，在车臣问题解决之前，美俄关系不可能恢复正常。民主党候选人、副总统戈尔当然不能和现行政策唱反调，他谴责俄罗斯在车臣的行为，但强调继续对俄接触，而不是实行制裁，布什批评他的立场是软弱的。③

美智库和舆论界对政府政策的批评声音也远远大于第一次车臣战争时期。布热津斯基充当了这场舆论战的带头人，“他把他的智慧、声誉和尖刻的语言”统统用来谴责克林顿政府对车臣的政策，认为政府“犯下了支持车臣种族灭绝的罪行”。他在1999年11月欧安组织伊斯坦布尔峰会前一个星期撰文道：在此次战争中，俄军将不再进行伤亡重大的巷战，而是首先进行大规模的轰炸，把非作战人员赶走；然后把进行抵抗的武装人员驱赶到城市地区消灭，尤其是把符合作战年龄的男子消灭掉。这是一场“摧毁车臣”的战争，“军事行动的胜利将鼓励莫斯科新帝国的野心，激活俄罗斯政治精英中最坏的部分，这是俄政治的恶劣倒退”；“冲突也将带来南高加索的动乱”。他于2000年4月在参议院作证时又说：“本届政府对车臣发生的事情无动于衷导致车臣种族清洗的扩大，这真是悲剧性的

---

① Jim Nichol, *Chechnya Conflict: Recent Developments* (CRS Report for Congress), Updated May 3, 2000, p.17；郑羽主编：《既非盟友，也非敌人》，第330—331页。

② Michael McFaul, “U.S. Foreign Policy and Chechnya,” March 2003, https://www.stanleyfoundation.org/publications/archive/EAIrussiaB03p.pdf.

③ Jim Nichol, *Chechnya Conflict: Recent Developments* (CRS Report for Congress), Updated May 3, 2000, p.21.

事件。”他呼吁断绝与俄方的高层交往，提升与车臣之间的联系。①他还与前国务卿黑格（Alexander Haig）、前众议员索拉兹（Stephen Solarz）一起牵头成立了“美国争取车臣和平委员会”，由一百多位两党和各界知名人士参加，出版《今日车臣》和《车臣周报》，向公众传播他们所了解的车臣的消息，支持把车臣从俄罗斯分离出去。委员会要求政府“立即宣布一项全面的计划阻止俄罗斯的侵略，为车臣人民提供人道主义援助，把战争引导到谈判解决”，并为此提出了一系列措施。布热津斯基还帮助建立了车臣驻华盛顿代表处，并为其筹措经费。②

华盛顿的人权组织，尤其是人权观察家更加热衷于车臣问题。他们发表题为《欢迎来地狱：车臣的拘禁、酷刑和敲诈》的报告扩散影响。民主基金会为一些批评俄罗斯的人士提供资助。詹姆斯敦基金会每周都出版由胡佛研究所研究员邓洛普（John Dunlop）撰写的关于车臣的报告。影响更大的要算《华盛顿邮报》了，该报社论版主编弗雷德·希亚特（Fred Hiatt）与副主编杰克·迪尔（Jack Diehl）把车臣战争变成了这一版的标志性问题。第一次车臣战争从未受到美国媒体如此之多的关注。③

尽管车臣问题对美俄关系的影响主要是负面的，但双方仍明确认定，在反恐问题上有共同利益。20 世纪 90 年代美国曾几次遭到恐怖主义袭击，克林顿政府也注意到了基地组织。1999 年 12 月 3 日，国务院发言人鲁宾表示，美国对本·拉登与车臣恐怖主义的联系感到担忧，对俄罗斯在车臣的反恐行动予以某种理解。2000 年 2 月 2 日中央情报局局长特纳特（George Tenet）在国会作证时提出，可以通过俄罗斯在车臣的作战来防止这一地区变成新千年恐怖分子训练和行动的一个基地。国外的同情者会进入车臣进行训练和作战，随后他们可能直接威胁美国的利益。俄罗斯在车臣将进行长期作战，以免这个分离地区“成为新千年中恐怖主义训练和行动的一张名片”。这等于说，俄罗斯打击车臣非法武装也符合美国的国家利益。在 2000 年 6 月的美俄峰会上，克林顿和普京同意成立双边的阿富汗工作小组，以讨论两国合作遏制塔利班，以及其他反恐事宜。④

---

① Zbigniew Brzezinski, “Why the West Should Care About Chechnya,” *Wall Street Journal*, November 10, 1999, https://www.wsj.com/article/SB941891397315l5263.

② Michael McFaul, “U.S. Foreign Policy and Chechnya,” March 2003, https://www.stanleyfoundation.org/publications/archive/EAIrussiaB03p.pdf; “American Committee for Peace in Chechnya,” https://en.wikipedia.org/wiki/American_Committee_for_Peace_in_Chechnya.

③ Michael McFaul, “U.S. Foreign Policy and Chechnya,” March 2003, https://www.stanleyfoundation.org/publications/archive/EAIrussiaB03p.pdf.

④ Jim Nichol, *Russian Political, Economic, and Security Issues and U.S. Interests* (CRS Report for Congress), March 31, 2014, p.26.

第五章　在原苏联国家的合作与竞争

苏联解体后头两年中，包括俄罗斯在内的新独立国家都向西方看齐，各国都实行市场化和私有化改革，希望融入西方，并指望西方尤其是美国提供帮助，包括经济援助和美国的经验，独联体别的国家也普遍表现出对俄罗斯的离心倾向；俄罗斯自顾不暇，没有精力去阻止这种离心倾向的发展，而且俄许多人把这些国家视为“包袱”、拖累，采取“甩包袱”政策，认为新独立国家发展与第三国经济关系可以减轻俄负担。俄减少了与各国的经济和贸易往来，疏远了与它们的关系，导致卢布区最终瓦解，原苏联地区地缘政治的完整性迅速崩溃。①但独联体对于俄罗斯的地缘战略意义是客观存在的。首先，它是俄传统的战略利益地区，也是俄在欧洲和国际舞台上发挥战略影响力的基地。苏联解体后，俄与独联体国家还有千丝万缕的联系，这种联系涉及俄的核心国家利益。其次，俄与独联体各国经济上有很深的相互依赖，俄在各国有重大的经济利益，俄经济繁荣离不开独联体，稍后俄发起了俄、白、乌、哈四国统一经济空间，力图推动独联体一体化政策。再次，俄与这些国家有许多历史遗留下来的特殊问题，比如长期居留在各国的大量俄罗斯族居民的权益问题，俄语在这些国家的地位问题等。总之，在独联体谋求“特殊利益”、建立“势力范围”是俄联邦的一项基本国策。②1993 年，叶利钦公

① 毕洪业：“调整中的俄罗斯与独联体国家关系”（第五章），载冯绍雷、相蓝欣主编：《俄罗斯与大国及周边关系》，第 163 页。叶利钦回忆说：俄罗斯人有一个幻想，即“摆脱了对‘小兄弟们’的经济责任这一重负，俄国的经济能够达到前所未有的发展”。但这一幻想很快就破灭了。鲍里斯·叶利钦：《午夜日记——叶利钦自传》，曹缦西、张俊翔译，第 272 页。

② 李静杰、郑羽主编：《俄罗斯与当代世界》，第 179 页。

开宣布独联体是俄罗斯根本利益中的关键所在，4 月出台的《俄罗斯联邦外交政策构想》强调，“俄罗斯与独联体国家以及其他近邻国家的关系与俄罗斯改革的命运，与克服国家危机的前景以及保障俄罗斯及其人民的正常生存的前景休戚相关。任何旨在破坏独联体地区一体化的行为，削弱俄联邦与原苏联各共和国、东欧国家以及其他传统协作地区国家的关系的行为，都属于对俄罗斯核心利益的威胁”。①

对于美国来说，对独联体国家的渗透并努力拓展其影响具有多重意义。首先，这里是美国势力相对弱小甚至非常微弱的地区，苏联解体后，美国一直有人担心俄罗斯东山再起，复兴帝国。为了确保不发生这样的事情，美国多管齐下，除了支持俄罗斯的民主和市场经济转型、实行北约东扩，极力把美国势力渗透到新独立国家中去，建立并发展与这些国家的关系也是必不可少的；其次，拓展民主是后冷战时期美国历任总统的一个共同目标，科索沃战争是打着“人道主义干预”的旗号进行的，伊拉克战争也是在“大中东民主化改造战略”的目标下进行的，在独联体国家拓展西式民主就是很自然的了。这样，苏联解体后新独立各国便成了美俄的角力场。国际问题观察者的普遍看法是：西方的战略是使苏联解体的现状维持下去，将俄罗斯的势力遏制在边界之内；而俄罗斯的战略是实现独联体国家特别是三个斯拉夫国家——俄罗斯、乌克兰、白俄罗斯的重新一体化。两种利益诉求的这种本质差异是美俄间的结构性矛盾。②

1995 年 9 月，俄罗斯发表《俄罗斯对独联体国家的战略方针》，文件称，俄罗斯应当在建立一个新的以俄罗斯为核心的独联体国家间关系中发挥领导作用，与独联体国家的双边关系要考虑到其中每一个国家的特点以及它们对各种加深一体化的方式的准备情况。在落实俄罗斯与独联体国家的双边关系的政策时要考虑到与俄罗斯的利益相吻合。③

苏联解体后，按照“在谁境内归谁所有”这一心照不宣的原则，各国瓜分了苏联的遗产。其中争议最大的是部署在各国的苏联军队的分割问题。俄罗斯坚持对这些军队的领导权，因其高级将领和大部分士兵是俄罗斯族人，不可能效忠别的国家。俄罗斯继承了苏联 66.3%的军事力量，共 216 万人。乌克兰建立了自己的军队，波罗的海三国及另外一些国家要求俄军撤出，多数国家均向俄作出让步，仍然容留俄军驻扎。即便如此，从 1989 年到 1994 年苏联和俄罗斯也从各国

① Министерство Иностранных Дел. Принципы внешней политики Российской федерации. 23 апреля 1993 г. https://www.russiamatters.org/sites/default/files/media/files/1993%20Foreign%20Policy%20Strategy%20RUS.pdf.

② 庞大鹏主编：《普京新时期的俄罗斯(2011—2015)》，第 363 页。

③ Стратегический курс России с государствами-участниками содружества независимых государств, 14 сентября 1995 г. http://pravo.levonevsky.org/bazaru09/ukazi/sbor01/text01235.htm.

撤出了80万军队及其装备，以及40万职员和50万家属。①1992年5月，独联体国家元首和政府首脑在乌兹别克斯坦首都塔什干举行会议，商讨集体安全问题。会上，俄罗斯、哈萨克斯坦、乌兹别克斯坦、塔吉克斯坦、吉尔吉斯斯坦和亚美尼亚等6国签署了《独联体集体安全条约》。阿塞拜疆、格鲁吉亚、白俄罗斯等国分别于1993年加入该条约，条约1994年生效，有效期为5年。条约的宗旨是建立独联体集体防御空间和提高联合防御能力，防止各国内部及独联体地区性武装冲突。这样九国实现了军事一体化，俄罗斯向其他成员国提供安全保证，但条约规定的义务是很松散的。5年后，亚、白、哈、吉、俄、塔等国于1999年4月续签此条约，但阿、格、乌兹别克斯坦并未续签，即退出了该条约。乌克兰、摩尔多瓦出于对俄罗斯的疑惧从未加入该条约；土库曼斯坦实行中立政策。

第一节 乌 克 兰

乌克兰虽然不是欧洲强国，但其地理位置、国土面积、人口、经济潜力在欧洲都相当突出，是原苏联国家中在经济规模和发展程度方面仅次于俄罗斯的大国。乌克兰地处欧亚两大洲的结合部，是唯一一个地处独联体、西欧和东、中欧三大板块结合部的国家。乌克兰又是基督教、东正教和伊斯兰教的交汇点，又处在三大国际组织（独联体、欧盟、北约）之间。美国战略家对此非常看重，把乌克兰的独立视为欧洲最重要的地缘战略变化之一。②

美国十分注重乌克兰的民主转型，把拓展在乌影响、削弱俄罗斯在乌势力，作为遏制俄再度崛起的战略的重要组成部分。而俄罗斯的战略目标是把乌留在独联体内，并将其纳入自己的势力范围，至少要维持一个不反俄的乌克兰，确保乌对俄在独联体范围内谋求势力范围不构成障碍。对乌克兰来说，“回归欧洲”是乌对外政策的优先发展方向，③但在乌国内有不同的政治势力，有的总统奉行疏离俄罗斯、亲近西方的政策；有的则在西方与俄罗斯之间搞平衡，实际更亲俄。再则，乌克兰的地缘战略重要性既成为与俄及西方周旋的重要资本，也使乌陷于两难之中。实际上后来的情况表明，它带给乌的更多是祸而不是福。乌领导人也明白这个道理，第二任总统库奇马曾表示：“乌克兰不想成为缓冲区，因为两头

① 潘德礼主编、许志新副主编：《俄罗斯十年——政治、经济、外交》，第724—725页；李兴：《红色风暴会再度爆发吗?》，第394页。

② 见本书第12页。

③ 王庆平：《俄罗斯与乌克兰关系研究》，黑龙江大学出版社2013年版，“前言”。

讨好会令人窒息;乌克兰也不想成为桥梁,因为如果走在桥上的人太多,桥就会坍塌。"①独立后的30年中,乌克兰非但不能在西方和俄罗斯之间左右逢源,而且常常因为与两者关系的处理不当而陷入困境。而"俄乌两国的关系具有世界历史上少见的特殊性",②现实中两国政治、经济、民族和文化方面利益相互交织,更成为乌处理对俄关系的特殊困难。如果说,俄罗斯把独联体国家作为其外交的优先方向,那么乌克兰就是这个优先方向的重点。③

一、美乌关系的建立

1991年12月1日,乌克兰举行全民公投,公投投票率超过80%,90%多的选民赞成乌独立。当天,美助理国务卿尼尔斯(Thomas Niles)就在基辅公投现场。其实早在9月25日,乌总统克拉夫丘克在访美时就向布什总统表示,公众在即将举行的独立公投中将支持独立,乌正在为此进行准备。布什回应称,美国将站在"民主和经济改革一边"。④12月3日,布什打电话给克拉夫丘克,祝贺乌克兰人民获得了独立。稍后,贝克国务卿访问了基辅,美乌于1992年1月建交。俄乌外交关系也在1992年建立起来。

1992年5月,克拉夫丘克总统就应邀对美国进行了乌独立后第一次正式访问。在与布什总统的会晤中,克拉夫丘克保证,乌将实行负责任的安全政策,坚持民主的原则。布什表示,美国将支持乌向民主社会转型和发展自由市场机制的努力,在提供技术和财政援助方面,美国将是国际努力的一部分,包括通过"提供希望项目"提供粮食、衣服和药品等紧急人道主义援助。美方还赞赏乌把所有核武器都运出国境的决定,并向乌派出了核安全和销毁核武器的专家。⑤布什在1992年4月1日提出的《支持自由法案》⑥项下的援助将拓展范围,可用于撤军、"军转民"项目、防扩散、重新安置苏联军人、发展贸易和投资等。美国还将牵头在乌克兰成立一个国际科研中心,如同在俄罗斯那样,以发展和资助非军事项目。美国将继续在由国际货币基金组织、世界银行及七国集团组成的稳定货币项目中发挥作用,该项目最初是为俄罗斯设置的,将扩展至乌克兰。⑦

---

① 陆齐华:《俄罗斯和欧洲安全》,中央编译出版社2001年版,第113页。

② 闻一:《乌克兰:硝烟中的雅努斯》,中信出版社2016年版,VIII。

③ 李静杰、郑羽主编:《俄罗斯与当代世界》,第179页。

④ Steven Pifer, *The Eagle and the Trident: U.S.-Ukraine Relations in Turbulent Times*, Brookings Institution Press, 2017, pp.9, 16—17.

⑤ 关于苏联留在乌克兰的核武器问题见本书第二章。

⑥ "提供希望项目"和《支持自由法案》参见本书第一章第二节。

⑦ "Fact Sheet: Ukraine President Visits Washington, DC," May 5—7, 1992, https://heinonline.org/HOL/LandingPage?handle=hein.journals/dsptch5&div=205&id=&page=.

1994年3月3日至5日，克拉夫丘克再次访美。克林顿重申了支持乌的独立、主权和领土完整，对乌无条件批准《第一阶段削减战略武器条约》和《里斯本议定书》、同意销毁核武器、加入北约和平伙伴关系计划等给予了高度评价，对克拉夫丘克决心实行全面的市场改革表示赞赏，并承诺本年将为乌的私有化、小企业等提供3.5亿美元援助，还将动员七国集团援乌。克拉夫丘克在记者会上表示，他来美国，"是在正确的时间，找到了一位正确的朋友"。①双方的《联合声明》确认，两国把乌政治和经济改革置于最优先的地位；美方在"纳恩—卢格项目"下于1993财年向乌提供了1.77亿美元，1994财年和1995财年将再提供1.75亿美元，资助乌的"军转民"项目、销毁战略核武器、建立防止核扩散的出口控制系统、建立核材料的控制、查验和保护制度，并将就上述各项签订专门协定；两国将设立双边贸易、投资委员会以拓展双边经贸关系，美国表示支持乌加入关贸总协定。②

二、俄乌关系的重构

苏联解体后，俄罗斯对失去乌克兰的失落感尤其突出。历史上乌、俄恩恩怨怨，说不清，道不明。1654年，乌克兰正式并入俄罗斯。乌曾是东正教的中心，俄乌有着传统的血缘关系，文化同源。苏联解体后，乌又是独联体内最重要的欧洲国家，是俄罗斯的"非常邻国"。③乌的工农业生产均比较发达，尤其东部的顿巴斯地区是苏联的工业基地，如冶金、机械制造、石油加工、造船、航空航天等基地都设在这里，是俄推动独联体经济一体化的重要合作伙伴，双方你中有我，我中有你。俄向欧洲国家输出的石油、天然气管道都经过乌克兰，俄的许多先进军事工业，包括飞机和航空母舰制造均需要乌的合作。乌对俄同样高度依赖，特别是乌所需能源的90%有赖俄供应，如果乌不能每年从俄得到5 000亿立方米的天然气和3 000万吨的石油，乌的整个经济就要崩塌。④总之，双方既有很深的相互依赖，又有年深日久的积怨，长期以来形成的不平等关系造成两者之间信任缺失；苏联解体后，俄强乌弱的力量对比明显，乌在各方面明显处于劣势。俄罗斯

① "The President's News Conference with President Leonid Kravchuk," March 4, 1994, https://www.presidency.ucsb.edu/documents/the-presidents-news-conference-with-president-leonid-kravchuk-ukraine-0.

② "Joint Statement on US-Ukraine Friendship and Partnership," March 4, 2004, https://www.presidency.ucsb.edu/documents/joint-statement-development-us-ukrainian-friendship-and-partnership.

③ 顾志红：《非常邻国：乌克兰与俄罗斯》，国防大学出版社2000年版，第三、四章；闻一：《乌克兰：硝烟中的雅努斯》，中信出版社2016年版，第二部。

④ 丁军、王承就：《转型中的俄罗斯、乌克兰和白俄罗斯》，世界知识出版社2010年版，第110页。

的大国沙文主义根深蒂固，难以消除，乌既把俄视为优先的合作伙伴，又视为潜在的安全威胁来源。从独立之初，俄乌之间在一系列问题上，包括苏联遗产继承、黑海舰队分割、债务分担、克里米亚归属等，争议不断。①由于乌的民族构成，东部和西部地区的精英在文化亲缘关系上认同度很低，双方均认为彼此的文化差异很大。西部精英更认同欧洲，东部精英则更倾向于俄罗斯。②这种状况造成乌政治精英无法在国家和民族定位方面形成共识，也无法确定统一的外交政策。

乌首任总统克拉夫丘克既是个民族主义者，也是个实用主义者，他把俄罗斯视为对其独立和主权的主要威胁，推行亲欧疏俄政策，是个几乎"逢俄必反"的领导人。③独立初期，乌对外政策遵循两个重要原则："独立"和"中立不结盟"。"独立"的实质是尽可能摆脱历史上形成的对俄依附关系，获得相对于俄的真正意义上的国家和民族独立；"中立不结盟"是与俄保持距离，摆脱俄的控制。但这也使乌遭受了巨大的经济损失。乌既希望从对俄关系中得到经济实惠，又不愿在政治上倒向俄罗斯，而且在独联体中常常充当反对派角色，阻止独联体形成密切的政治经济合作关系，并拒绝加入《独联体集体安全条约》。1994 年 2 月，乌克兰在独联体国家中率先加入北约"和平伙伴关系计划"。乌寄希望于西方的援助，6 月又在独联体国家中第一个与欧盟签署了伙伴关系协定。克拉夫丘克强调，加入欧洲经济和政治结构是其现阶段对外政策的合乎逻辑的必要方针，是主要的优先方向。④

克里米亚问题是俄乌之间的一个棘手问题。⑤梅什科夫在当选克里米亚总统一个月后便于 1992 年 2 月访问莫斯科，希望拉近对俄关系及至实现克里米亚重回俄罗斯。但叶利钦、切尔诺梅尔金及其他俄高官都拒绝会见他，切尔诺梅尔

---

① 李静杰、郑羽主编：《俄罗斯与当代世界》，第 190—196 页；王庆平：《俄罗斯与乌克兰关系研究》，第 40、55—60 页等。

② 赵云中：《乌克兰：沉重的历史脚步》，华东师范大学 2005 年版，第 96 页；冯绍雷、向兰欣：《普京外交》，第 384 页。

③ 柳丰华：《俄罗斯对乌克兰政策视角下的乌克兰危机》，《国际政治经济评论》2015 年第 3 期；张弘：《融入欧洲一体化与乌克兰危机》，《欧洲研究》2014 年第 6 期。

④ 王庆平：《俄罗斯与乌克兰关系研究》，第 49 页；李静杰、郑羽主编：《俄罗斯与当代世界》，第 183 页。

⑤ 在俄乌关系中最危险、最棘手的、后来引起两国关系崩溃的是克里米亚争端。苏联解体以来，这个问题就时不时地跳出来作怪。1992 年 5 月，俄杜马通过决议，认为 1954 年把克里米亚半岛划归乌克兰是非法的；1993 年 7 月，又宣布塞瓦斯托波尔为俄罗斯城市。俄方的领土要求引发乌强烈的反俄情绪。由于叶利钦和俄政府持克制态度，克里米亚归属问题才没有严重干扰俄乌关系。在克里米亚半岛占主导地位的俄罗斯族人要求脱离乌克兰，重回俄罗斯。经过数次抗争，1996 年克里米亚当局与乌政府达成妥协，乌政府承认克里米亚为自治共和国，拥有自己的宪法，享有高度自治。李静杰、郑羽主编：《俄罗斯与当代世界》，第 193—194 页；柳丰华：《俄罗斯对乌克兰政策视角下的乌克兰危机》，《国际政治经济评论》2015 年第 3 期。

金还重申，俄无权对克里米亚提出要求。当塞瓦斯托波尔市议会宣布该市从法律上说是俄罗斯的一部分时，俄政府和议会对此都不予理会。①

1994 年 7 月，库奇马出任乌第二任总统，在对外政策上仍然面临着走向东方还是走向西方的选择。他没有一头倒向西方，而是在西方与俄罗斯之间维持一种微妙的平衡。但总体说来，融入欧洲仍然是乌对外政策的优先方向。至于俄乌关系，大体是既有合作，又有抗衡，合作是主流，合作中有抗衡，双方关系得到改善。俄罗斯也相应加强了对乌的工作力度，采取了一系列和解措施：敦促闹独立的克里米亚当局服从乌总统和宪法，放弃与基辅当局对抗的立场，明确表示克里米亚问题属于乌内政，俄不加干预；并积极推动俄乌达成友好合作条约。②两国于 1995 年 2 月签署了一系列政府间经济协定，而后又修改了 40 多项协定。库奇马在 1995 年 4 月一次对议会的讲话中强调，"对于我们来说，与俄罗斯的关系，过去、现在和将来都具有重要的战略意义和优先地位"，乌俄"是主要的战略伙伴"。叶利钦于 5 月回应说："我们非常愿意与乌克兰保持战略伙伴关系，这不仅是保持非常密切的互助合作，而且要在欧洲和世界事务中协调行动。"1997 年 5 月，乌俄签署《关于黑海舰队分割参数的协定》等系列文件，确定俄、乌各得舰队的 81.7％和 18.3％，俄黑海舰队租借塞瓦斯托波尔海军基地，为期 20 年，每年约 1 亿美元的租金从乌欠俄的能源债务中扣除，困扰两国关系的主要问题得到解决；两国又签订《友好合作与伙伴关系条约》，俄正式承认乌的领土完整，承认乌对克里米亚半岛和塞瓦斯托波尔的主权，俄乌建立战略伙伴关系。同年 11 月，两国停止持续多时的贸易战，积极磋商双边经贸问题，从苏联解体后一直磕磕绊绊的俄乌关系逐渐恢复正常。③

但在整个 20 世纪 90 年代，乌克兰对于独联体的态度都是若即若离的，它宣称，虽然乌克兰是独联体的创始成员，但乌克兰不是独联体正式的完全成员，而仅仅是联系成员。一个很能说明问题的事例是 1997 年 10 月乌克兰与格鲁吉亚、阿塞拜疆、摩尔多瓦一起成立了"古阿姆"(GUAM)组织，第二年乌兹别克斯坦加入(GUUAM)。虽然该组织在后来的地缘政治和地缘经济博弈中并没有发挥多大作用，但其成立本身表明，乌克兰要在后苏联空间从黑海到里海的地区谋求成为独联体内另一核心国家，这就更削弱了俄罗斯的影响力，独联体也变得

① 理查德·莱亚德、约翰·帕克：《俄罗斯重振雄风》，白洁等译，中央编译出版社 2006 年版，第 247 页。

② 李静杰、郑羽主编：《俄罗斯与当代世界》，第 180 页。

③ 顾志红：《非常邻国：乌克兰与俄罗斯》，第 3—8 章；柳丰华：《俄罗斯对乌克兰政策视角下的乌克兰危机》，《国际政治经济评论》2015 年第 3 期；丁军、王承就：《转型中的俄罗斯、乌克兰和白俄罗斯》，第 113—114 页。

更加松散。①

三、美乌关系迅速升温

库奇马在缓和对俄关系的同时，依然坚持融入欧洲的战略，1998 年 6 月 11 日，库奇马宣布了“乌克兰与欧盟一体化战略”，将加入欧盟作为乌对外政策的优先发展方向。库奇马也多次强调，乌俄关系“不会损坏乌克兰同德国、美国和其他国家的关系”。②

在苏联解体初期，美国的首要关切是处理苏联留下的核武器。这一过程经历了一些波折，但总体说来，美、俄、乌三国进行了较好的合作，维护了国际核不扩散体制，对世界和平和稳定作出了贡献。③

美国一直谋求削弱俄罗斯在乌克兰的影响，认为“乌克兰的独立重新确定了欧洲的边界线”，“也把俄罗斯变为单一的俄罗斯国家”。④但一开始核问题作梗，美方认为核问题不解决，美乌关系无从谈起；而且乔治·布什、克林顿政府对独联体地区均奉行“俄罗斯优先”的政策，在一定程度上影响了美乌关系的发展。随着核问题的解决，发展美乌关系的最大障碍被排除了。克林顿政府也相应调整政策，更多地将乌克兰作为牵制俄罗斯的砝码，全力支持乌的政治和经济独立。1994 年 11 月 21 日至 23 日，库奇马总统对美进行国事访问。先前美国曾经因为乌在放弃核武器问题上的犹豫拒绝过他的访问，⑤此次克林顿政府特地给予补偿，格外隆重地接待。克林顿在欢迎仪式上对库奇马果断解决核问题和勇敢领导改革不吝赞美之词，甚至把他与富兰克林·罗斯福总统相提并论，并承诺为乌提供不附带任何条件的 1 亿美元紧急援助，供乌购买食品和燃料；再提供 1 亿美元作为两国交换学生和乌克兰的私有化之用；美国的小企业还将在 1994 年至 1995 年为乌筹集 9 亿美元援助。克林顿政府还敦促欧洲和日本一起对乌提供援助。⑥库奇马还与克林顿签署了《乌克兰—美国伙伴、友好合作宪章》，美

---

① 王庆平：《俄罗斯与乌克兰关系研究》，第 68 页；Olexiy Haran, and Rostislav Pavlenko, “The Paradoxes of Kuchma's Russian Policy,” September 2003, http://www.ponarseurasia.org/sites/default/files/policy-memos-pdf/pm_0291.pdf。

② 张弘：《融入欧洲一体化与乌克兰危机》，《欧洲研究》2014 年第 6 期；李静杰、郑羽主编：《俄罗斯与当代世界》，第 185 页。

③ 见本书第二章。

④ “Ukraine and the World,” Speech by Dr. Zbigniew Brzezinski at the National University of Kyiv Mohyla Academy, Kyiv, Ukraine, May 14, 2004, https://www.usubc.org/AUR/aur4-091.php.

⑤ 见本书第 67 页。

⑥ Steven Greenhouse, “Clinton Thanks Ukraine With $200 Million,” November 23, 1994, https://www.nytimes.com/1994/11/23/world/clinton-thanks-ukraine-with-200-million.html.

方再次强调了美十分重视乌的独立、主权和领土完整，将继续把支持乌取得真正的经济独立、市场经济转型和融入全球经济体系作为美外交政策的优先方向。库奇马的访问“开启了美乌伙伴关系发展从质量上来说的一个新阶段”。①这一年被白宫宣布为“乌克兰年”。

副总统戈尔得到授权，具体负责对乌关系。1995 年 1 月 25 日，戈尔给库奇马打电话，讨论了双边关系中的一系列问题，包括乌克兰与俄罗斯及北约关系。戈尔欢迎库奇马在任何时候给他写信或打电话。5 月，克林顿要去俄出席卫国战争胜利 50 周年纪念庆典。乌要求他顺访基辅，美方同意了，这是克林顿第一次到访基辅；乌方还要求他在乌过一夜，对乌进行国事访问，而不是仅仅待几个小时，美方也同意了。11 日至 12 日，克林顿在访乌期间利用各种场合，包括在舍甫琴科大学的演讲中一再对乌销毁核武库、批准《第一阶段削减战略武器条约》和以无核国家身份加入《不扩散核武器条约》大加赞赏；对库奇马总统领导乌进行激进的经济改革表示坚决支持，并称，虽然现在乌人民的生活还有困难，但这是暂时的，“要有耐心”，“你们和你们的孩子将收获今天作出的牺牲的成果”，“在乌为成为繁荣的民主行为体而奋斗的过程中，美国将一如既往和你们在一起”。克林顿一再表示，美国十分重视乌克兰，把乌作为欧洲安全和繁荣的关键因素，支持乌融入国际社会，实现与欧洲的一体化。在克里米亚问题上，克林顿表示这是乌克兰的内政，美国将保证乌的领土完整、主权和边界不可侵犯，这是美对乌政策的原则之一。②1995 年至 1997 年间，美乌两国领导人互访经常化，1996 年 2 月下旬，库奇马再次对美进行访问，双方签订关于商业卫星发射协定。3 月 18 日至 19 日，克里斯托弗再次访问乌克兰，不久前，俄罗斯杜马刚刚再次通过决议，质疑乌克兰对克里米亚的主权，克里斯托弗在访问中再次表示美支持乌的主权和领土完整。③

美乌还发展了双边机制性关系。1996 年 9 月美乌仿照美俄戈尔—切尔诺梅尔金委员会的模式成立了美—乌联合委员会戈尔—库奇马委员会，下辖四个双边小组委员会，关于贸易和投资、可持续经济改革、外交、安全事务，各小组委

---

① “Joint Summit Statement by the Presidents of the United States and Ukraine,” November 22, 1994, https://www.govinfo.gov/content/pkg/WCPD-1994-11-28/pdf/WCPD-1994-11-28-Pg2426.pdf.

② William Clinton, “Remarks at the Stated Dinner in Kiev,” May 11, 1995, https://www.presidency.ucsb.edu/documents/remarks-state-dinner-kiev; Steven Pifer, *The Eagle and the Trident*, pp.9, 16—17. 顾志红：《非常邻国》，第 168 页。在乌克兰放弃核武器时，联合国五个常任理事国对它作了书面保证，其中就有“尊重现有边界范围内的领土完整”，克林顿只是重申了这一保证，以后美国政府又多次加以重申。

③ Steven Pifer, *The Eagle and the Trident*, p.84.

员会每年分别举行一次或多次会议，争议问题则提交给戈尔—库奇马委员会。在委员会成立声明中提到双方的关系是战略伙伴，这对乌克兰具有政治价值。1997 年 5 月举行了第一次戈尔—库奇马委员会全体会议。

美乌政治关系拉动了经济关系，美国确认乌是一个处于经济转型中的国家，对乌提供了贸易最惠国待遇。1992 财年至 1996 财年间，美国从《支持自由法》下拨出 7.17 亿美元用于支持乌的经济改革。1994 年 7 月，在七国峰会上，克林顿与其他领导人同意，乌克兰“在真诚的改革开始以后的两年中得以从国际金融市场筹措 40 亿美元”。两个月后，库奇马总统的经济团队与国际货币基金组织就系统的转型措施达成协议，包括稳定金融、货币兑换机制的并轨和自由化，放松监管，放开价格等。1995 年 4 月，乌克兰与国际货币基金组织达成 15 亿美元的信贷协议，乌还从世界银行、欧洲重建和发展银行取得援助。克林顿还游说日本和欧洲盟国向乌提供金融援助。在 1995 年 5 月克林顿访乌时，除上述 15 亿美元的信贷外，七大国还直接提供了 10 亿美元的金融支持，以及 30 亿美元用于重组欠俄罗斯和土库曼斯坦的能源债务。截至 1997 年，乌克兰成了美国对外援助的第四大受援国，仅次于以色列、埃及、俄罗斯。①

美乌两国在和平利用核能、商用卫星发射、导弹技术监督、农业、能源产业等多个经济领域开展合作。1998 年 12 月 28 日，美国、乌克兰、波兰三国签署联合声明，在宏观经济改革、支持中小企业及完善地方自治方面开展合作。②但乌的改革进展很不理想，它虽然从国际货币基金组织可获得“延展基金”(Extended Fund Facilities)，截至 2001 年 9 月应得到 26 亿美元，但由于在实行改革方面不能达到预先规定的要求，所以实际所得仅为 16 亿美元。③

乌克兰进入美国商业卫星发射市场是 20 世纪 90 年代两国合作的一个重要领域。这不是普通的商业交易，是一个高技术领域，美国制造的卫星运到国外发射，是需要政府颁发正式的出口许可证的。乌克兰有成熟的火箭发射技术，但经济困难，外汇奇缺，如能发射美国卫星，外汇收益自不待言。1994 年 5 月，乌同意遵守《导弹及其技术控制制度》的规定；11 月库奇马访美时，双方同意“为开辟乌进入国际空间市场的前景共同工作”。罗克维尔国际集团、波音公司、休斯公司等美国公司与乌企业进行具体的探讨和磋商。1995 年年初，美国务院牵头成立由国务院、国防部、商务部、国安会等机构代表组成的部际小组，对乌发射美国卫星的可行性进行评估。美乌于 1996 年 2 月达成协议后，波音公司立即把海上

① Steven Pifer, *The Eagle and the Trident*, pp.89—90, 109—110.《支持自由法》见本书第一章第二节。

② 顾志红:《非常邻国》，第 169 页。

③ Steven Pifer, *The Eagle and the Trident*, p.160.

发射项目移交给乌实施。双方在这方面的合作持续到 2009 年，由于没有足够的需求而告终。①

四、乌克兰与北约的关系

美乌关系的另一个重要方面是支持乌发展与北约的关系。北约把乌视为防止俄罗斯帝国复活的一个重要因素，视为东扩的一个重要目标、北约的东部之锚。乌对北约扩容的看法却比较复杂。乌支持一个强大的北约作为欧洲安全的关键支柱，作为抵制俄压力、维护其独立和领土完整的后盾。乌政府希望乌最终能成为一个完整意义上的欧洲国家，乌官员私下对美方表示，他们的长远目标是加入北约， 但他们不敢公开表达这一意向，因为条件尚未成熟，公开这么说只能使乌俄关系更加复杂化。他们还担心，北约扩容可能刺激俄罗斯在本地区部署更多的常规军力和战术核武器，这对乌将是一个政治噩梦，尤其在乌领土上的核武器已经完全移除和销毁之后。他们还担心，西方对乌独立的支持可能是不冷不热的，甚至担心西方为了使俄认同北约东扩而牺牲乌的安全利益。②

1992 年，在乌取得独立 4 个月之后，其代表就获邀参加北约与原华约代表的特别会议，与会者决心"通过对话、伙伴关系为在欧洲建立一种新的持久合作而共同工作"。1994 年 1 月 11 日，在北约布鲁塞尔峰会上正式作出北约扩大的决定，并把和平伙伴关系计划作为东扩的第一步。峰会宣言强调了北约与俄、乌关系的重要性。2 月 8 日，乌就加入伙伴关系计划，开始积极参与北约的活动，包括在波斯尼亚的维和行动。乌克兰将与北约的关系视为在对俄关系中取得更大回旋余地的工具。10 月，乌第一副外长塔拉苏克访美，在与塔尔伯特的会谈中，他提出了欧洲未来的安全架构问题，并问：美国对乌克兰到底是怎么考虑的，是要让乌夹在北约与俄罗斯中间吗？并明确表示，让乌作为缓冲区这种想法在基辅没有市场。塔尔伯特坦率地回答，他暂时没有一个好的答案，但美国将关注这个问题。③此后三年中，这个问题成为美乌双方高层会晤中经常提起的事情。此后，美国一方面鼓励北约成员国深化对乌关系，一方面也促使北约作为一个组织发展对乌关系。

乌克兰国内对加入北约的支持率一直都比较低，④乌民众对北约东扩的心情十分复杂。他们担心那些中东欧国家加入北约，或者受到入约邀请之后，乌会显得跟它西边的邻国越离越远，导致孤立，而他们还没有拿定主意，乌与北约的

① Steven Pifer, *The Eagle and the Trident*, p.104.

② Ronald Asmus, *Opening NATO's Door*, pp.156—157.

③ Steven Pifer, *The Eagle and the Trident*, pp.91—92.

④ 当时多次民调显示，只有 20%到 30%的人赞成加入北约。Steven Pifer, *The Eagle and the Trident*, p.153.

关系到底要走多远。他们既要把乌融入西方的可能性最大化，又要把来自俄罗斯的压力最小化，因此希望北约东扩缓慢进行，希望与北约的关系是“演进式的，没有确定的时间表”，乌副外长塔拉苏克甚至说，东扩“越慢越好”；但他们又担心北约有一天会把门关上。1995 年年中，库奇马总统对北约秘书长克拉斯（Willy Claes）表示，他对北约向俄罗斯建议的那种“特殊关系”感兴趣。库奇马寻求在俄罗斯与西方之间地缘政治上的平衡，希望通过与美国、欧盟和俄罗斯的接触实行一种“多矢量的”外交政策。乌俄在解决黑海舰队问题上的久拖不决也鼓励了库奇马发展与北约的关系。1996 年 3 月，库奇马正式宣布，“乌原则上不反对北约扩大”。①1996 年夏，乌外长尤多文科致信克里斯托弗，希望美国支持北约对乌关系机制化，“以便在联盟扩大期间支持地区稳定，并防止在欧洲出现新的分界线”。②

美国作出了积极回应。在 1996 年 9 月美乌宣布建立战略伙伴关系以后，美方努力促使乌与北约之间发展一种特殊关系，西方与乌的联系网络开始建立，乌与波兰、英国等国关系得到拓展，与欧盟达成伙伴与合作协议。当 9 月乌国家安全与国防会议秘书霍布林访美时，塔尔伯特对他说：在北约的大门上没有写着“波罗的海国家和乌克兰不受欢迎”的字样，并承诺发展北约与乌的特殊关系。10 月中旬，乌外长向塔尔伯特递交了两份非文件，阐述了乌关于建构特殊关系的设想。11 月初，乌政府正式向美驻北约大使亨特和北约秘书长索拉纳递交了《乌克兰—北约宪章》草案。③1997 年年初，塔尔伯特在国务院成立专门小组草拟北约对乌关系文件的备忘录。该小组两次访乌，与乌外交部政策设计司司长哈尔钦科就文件的主要内容举行磋商，彼此没有多大分歧，商讨进行得很顺利。然后，美方把备忘录交给北约秘书长索拉纳，由索拉纳与尤多文科正式进行《北约与乌克兰独特伙伴关系宪章》的谈判，那就只是走程序了。④这是北约一种惯常操作方式：美国官员先与对方进行磋商，及至大体就绪，再把对话转移到北约官员手上。北约认为有乌克兰作为东部的稳定之锚是有价值的。⑤为签署《宪章》，1997 年 1 月，乌议会通过《乌克兰国家安全构想》，放弃了不结盟的政治军事立场。⑥乌外长也公开撰文说，加入北约是基辅的战略目标，乌克兰将积极参与欧洲安全新架构的建设。⑦1997 年 5 月，北约在基辅成立全球首家信息中心。

①⑦　梁强：《美国在乌克兰危机中的战略目标》，《俄罗斯东欧中亚研究》2015 年第 2 期。

②　Ronald Asmus, *Opening NATO's Door*, p.157.

③　Ronald Asmus, *Opening NATO's Door*, pp.157—158.

④　Steven Pifer, *The Eagle and the Trident*, pp.89—95, 122.

⑤　Steven Pifer, *The Eagle and the Trident*, p.122.

⑥　王庆平：《俄罗斯与乌克兰关系研究》，第 80 页。

1997年7月8日北约马德里峰会正式邀请波、匈、捷三国举行入约谈判，以便三国在1999年加入北约。在9日的北约—乌克兰峰会上，在各国领导人的见证下，索拉纳与库奇马在上述《宪章》上签字。其中最后一部分指出：北约"将继续支持乌克兰的主权和独立、领土完整、民主发展、经济繁荣、无核国家的身份，以及边界不可侵犯的原则"。宪章提出了北约与乌进行合作的广泛领域，包括紧急民事应对、军事训练和环境安全。宪章还设立了北约—乌克兰委员会，以便就深化双方合作举行经常磋商。此后，北约与乌的合作加速，北约设立了专项基金，用于处理乌的有毒废物和重新训练军官，对乌的改革及对武装部队和安全部队民主监管提出建议，并邀请乌军参加北约的军演。乌是北约的伙伴国中唯一对北约的所有军事行动和使命都作出了贡献的国家。①

库奇马总统在签字仪式上表示，这个文件是"过渡性的"，而不是最后的，"欧洲和跨大西洋的大门应该继续为愿意加入并达到相应标准的国家开放"，表示了乌日后加入北约和欧盟的意愿。②此后，乌又一再表示了这种愿望。1998年5月，塔拉苏克外长在主题为"北约的扩大进程与乌克兰的安全"的研讨会上讲话称，乌克兰不仅欢迎波兰、匈牙利、捷克三国加入北约，而且认为北约东扩完全符合乌的利益，乌对外政策的目标是，真正参加到欧洲一体化进程中，包括加入北约。③乌克兰国家安全与国防会议秘书霍布林在1998年秋的《北约观察》上撰文道，乌克兰需要完全融入欧洲—跨大西洋结构，而其中北约具有特别重要的意义，"它是欧洲安全最可靠、最有效的支柱"，《北约—乌克兰宪章》为乌与北约的合作开辟了新的前景。宪章达成后，库奇马政府在国内开展了一个大规模的宣传运动，宣传与北约合作的好处，以及乌将通过这一宪章为欧洲的安全和稳定作出的重要贡献。④

1998年7月，北约秘书长索拉纳访问乌克兰，他认为双方的独特伙伴关系在头一年中进展得不错，但乌需要在乌军与北约军队的互操作性、防务改革、加强文职人员的控制等方面更加努力。1999年3月18日，美驻乌大使馆组织了一天北约与乌关系的会议，霍布林在会上讲话，对北约的开门政策表示欢迎，并指出，乌与北约的关系只能由双方来决定，而不应受第三者(指俄罗斯)影响。但

① "NATO-Ukraine relationship: The background," June 2015, https://www.nato.int/nato_static_fl2014/assets/pdf/pdf_2015_06/20150624_1506-nato-ukraine-bg.pdf.

② "Charter on Distinctive Partnership between NATO and Ukraine," July 9, 1997, https://www.nato.int/cps/ic/natohq/official_texts_25457.htm; H.E. Kuchma, "Opening Statement", https://www.nato.int/docu/speech/1997/s970709i.htm.

③ 叶自成：《东扩：克林顿与叶利钦》，第194页。

④ Volodymyr Horbulin, "Ukraine's Contribution to Security and Stability in Europe," *NATO Review*, Autumn 1998, https://www.nato.int/docu/review/1998/9803-03.htm.

由于乌民众对加入北约的支持率偏低，乌参与北约的活动仍然是三心二意的。加之 1999 年是乌大选年，库奇马担心与北约走得太近会被反对派抓住话柄。在科索沃战争中，乌不支持北约在没有联合国安理会授权的情况下发起空袭，并公开呼吁谈判解决问题。1999 年 7 月的一次民调显示，82%的受访者反对北约轰炸，只有 6%的受访者予以支持。①

五、美敦促乌实行改革

1999 年 10 月，库奇马赢得连任。12 月 8 日，库奇马再次对美进行访问。克林顿在会晤中说，库奇马现在有了为自己留下良好政治遗产的机会，重要的是在第二任期及早作出政治决定，并强调了改革和反腐。库奇马表示，他准备采取激进的改革措施及一系列反腐行动，但议会仍然是个障碍，他希望能在议会中建立起认同政府观点的多数联盟。他请求美方帮助乌得到国际货币基金组织和世界银行暂缓提供的贷款。访问期间，戈尔—库奇马委员会举行会议，审查了四个小组委员会的工作。库奇马再次表示，乌外交的优先方向是加入欧盟，同时发展与美、俄及北约的伙伴关系，虽然他意识到北约尚不支持乌入约。戈尔同样强调改革和反腐的重要性，赞赏库奇马的“欧洲选择”，并要求库奇马在组成新内阁之前就开始改革政府，能减少 20 万至 30 万公务员，将是国际货币基金组织和世界银行非常欢迎的消息。戈尔还告诉库奇马，美国打算增加美乌人员交流，增加到每年 2 000 至 2 400 名，这几乎是 1999 年的两倍。财政部部长萨默斯会晤库奇马，并直言相告：国际货币基金组织和世界银行认为乌克兰没有兑现先前的承诺，私人资本市场的状况没有改善。他认为，库奇马第二任期的头几个星期是关键时刻，必须认真地打击腐败，实行私有化，规划一个实际的政府预算。库奇马抱怨议会作梗。萨默斯建议可以首先集中进行以行政手段就能实现的改革措施。他建议乌政府与国际货币基金组织达成协议，美国将支持乌债务重组。如果双方不能达成协议，美国亦无能为力。库奇马从访问中受到鼓舞，认为访问为新政府实施新的改革举措提供了动力。②

库奇马在 12 月中旬任命尤先科为总理。尤先科曾任乌国家银行行长，与美国、国际货币基金组织及世界银行打过许多交道，是西方认为现代经济和乌改革

---

① Steven Pifer, *The Eagle and the Trident*, pp.139, 153, 157.

② Steven Pifer, *The Eagle and the Trident*, pp.169—170. 1998 年国际货币基金组织开始对乌发放为期三年的 22 亿美元的信贷，条件是乌实行自由市场经济和预算改革。国际货币基金组织和世界银行对乌改革的迟缓非常不满。1999 年 12 月访乌的世界银行代表团认为，乌是所有原苏联国家中外商投资环境最差的国家之一，并称，如果乌切实履行先前作出的改革承诺，2000 年将向乌提供 8 亿美元贷款。“Ukraine: President's US Visit Focuses on IMF and World Bank,” December 9, 1999, https://www.rferl.org/a/1092830.html.

所需要的人物。这一任命在议会以 296 比 12 的高票获得通过。乌政府还启动了行政改革，改革幅度甚至超过了世界银行的要求；修正了预算，并颁布了私有化、放松监管的行政命令。但美使馆给国务院的报告也指出，过去的经验表明，乌克兰的改革常常是走走停停，令人失望。①

2000 年 4 月中旬，奥尔布赖特访问乌克兰。她同样强调乌经济改革的必要性，希望库奇马支持尤先科的改革举措。库奇马的回应是有保留的，称总理仅仅有“改革的人气”是不够的。奥尔布赖特还表示支持乌融入欧洲，要求乌聚焦于落实各项与欧盟业已达成的合作协议。访问给奥尔布赖特留下了不错的印象，美方遂决定克林顿总统于 6 月初访乌。②

5 月 8—9 日，尤先科访问美国。在与奥尔布赖特的会晤中，他仍在抱怨没有得到国际货币基金组织暂缓提供的贷款。奥尔布赖特要求乌方加紧落实改革举措，包括预算、私有化和能源部门的改革等，并称，一旦乌公开宣布切尔诺贝利核电站关闭的时间，美国将提供 7 800 万美元援助以建造石棺。贸易代表巴尔舍夫斯基(Charlene Barshefsky)在与库奇马的会晤中提出了乌盗版美国音像制品的问题，称美国公司为此每年损失 2 亿美元，她希望乌政府关闭乌的 5 家生产盗版产品的公司。乌方表示这要诉诸乌的司法系统。尤先科还会晤了国安事务助理伯杰。会晤刚开始，克林顿就敲门进来了。尤先科感谢美国的支持，描述了乌方的改革努力和发生的变化。克林顿表示，改革是困难的，但它可以为数十亿美元的投资打开大门。克林顿也要求乌关闭涉嫌盗版的公司。尤先科表示，在克林顿访乌期间，乌政府将宣布于 12 月 15 日关闭切尔诺贝利的最后一组反应堆。克林顿走后，戈尔又进来了。双方谈起了乌的近况，美方提出利用克林顿 6 月对乌的访问来引起公众对乌的注意和激发投资的兴趣。③

克林顿于 6 月 5 日抵达基辅，这是他一星期欧洲之行的第五站，也是最后一站。克林顿发出的主要信息仍然是，支持乌融入欧洲，敦促乌继续改革，打击腐败，从而给外商投资创造条件。库奇马和尤先科抱怨俄罗斯对乌的打压，俄把乌对俄出口的 300 种商品排除在自由贸易协定之外，并对向乌出口的能源开出高价。库奇马和尤先科表示希望更紧密地靠近欧洲，希望美国终止对乌适用《杰克逊—瓦尼克法》，使乌得到美国的永久性正常贸易待遇。克林顿对波兰—乌克兰营在科索沃维和中作出的贡献表示感谢；能源部部长理查德森(Bill Richardson)对乌决定关闭切尔诺贝利核电站最后一组反应堆表示肯定，并称美方将帮助乌核电站获得由西屋公司提供的核燃料棒。两国总统的联合声明重申了双方“推

① Steven Pifer, *The Eagle and the Trident*, p.171.

② Steven Pifer, *The Eagle and the Trident*, p.180.

③ Steven Pifer, *The Eagle and the Trident*, p.183.

进和深化战略伙伴关系的承诺”，库奇马强调了“乌的民主和市场经济转型”，克林顿赞扬了库奇马及其新政府在改革方面取得的早期收获，指出加快改革将增强美对乌的支持，改善乌与国际货币基金组织和其他国际金融机构的合作；声明还重申了乌希望早日与欧盟签订联系国协定并取得完全成员资格的雄心，重申了乌与北约特殊伙伴关系的重要性及加强合作的愿望。①双方还见证了一系列双边协定的签署，包括民用航空、救灾合作、科学技术、避免双重征税等。克林顿的访问对美乌关系是有力的促进，如果没有这次访问，两国的官僚机构也许还得花数月时间才能敲定这些协定。作为欢迎克林顿访问的实际表示，乌关闭了美方指名的 5 家生产盗版音像制品公司中的 4 家。克林顿还在米哈伊罗广场发表了公开演讲。

2000 年普京就任总统后，乌克兰感觉到在对俄关系方面的不确定性。他们跟叶利钦打了多年交道，不管他性格上有什么缺点，在大事情上是可以指望的，比如俄杜马一些成员时不时挑起克里米亚和塞瓦斯托波尔的归属问题，叶利钦多次重申尊重乌克兰主权和领土完整。但乌方对普京就不那么有信心了。2 月，乌外长塔拉苏克向美驻乌大使皮弗(Steven Pifer)抱怨俄罗斯把俄语在乌的地位变成政治问题，在亚速海、刻赤海峡和独联体自贸区等问题上更加咄咄逼人，认为普京不是一个容易打交道的人。②

第二节　波罗的海三国

一、俄撤军问题成为关键

俄罗斯与波罗的海沿岸的立陶宛、爱沙尼亚和拉脱维亚三国的关系相当特殊。在独立之前，三国与俄罗斯同在一个国家里生活了半个世纪；苏联解体后，三国坚决要离开俄罗斯，完全回归西方怀抱。③1997 年的《马德里宣言》称，北约的大门继续为那些符合标准的欧洲国家敞开。在三个东欧国家加入北约以后，俄罗斯认定，不能再让波罗的海三国、乌克兰、摩尔多瓦和白俄罗斯等前沿六国加入北约，这六个原苏联国家对俄罗斯具有第二缓冲区的作用。但那只是俄的一厢情愿，六国中只有白俄罗斯在北约东扩问题上坚定地与俄站在一边，并于

① “United States-Ukraine Joint Statement signed in Kyiv,” June 5, 2000, http://www.ukrweekly.com/old/archive/2000/250013.shtml.

② Steven Pifer, *The Eagle and the Trident*, p.197.

③ 孔凡君:“俄罗斯与波罗的海三国关系”(第六章)，载冯绍雷、相蓝欣主编:《俄罗斯与大国及周边关系》，第 229 页。

1997 年 4 月与俄结成正式联盟。白俄罗斯总统卢卡申科反对北约东扩甚至比俄罗斯还坚决。摩尔多瓦希望在北约与俄之间保持中立。其他四国都想加入北约,尤其是波罗的海三国。

1940 年波罗的海三国加入苏联,美国没有予以承认,此后也一直未予承认,所以在三国独立后,美国将其纳入 1989 年的《支持东欧民主法》(Support for Eastern Europe Democracy Act, SPEED Act)的框架之下,而不是置于针对原苏联国家的《支持自由法》的框架之下。①三国独立后奉行“回归欧洲”的政治方针,力求尽快融入欧洲主要的政治、经济和军事组织,在安全方面,加入北约是三国的一项基本国策。三国在近代历史上反复遭受大国摆布和欺凌,如今终于获得独立。苏联解体时,有 10 余万红军在三国驻扎。三国要求这些军队尽早撤离,以彰显其完全独立。它们还要求俄罗斯放弃在拉脱维亚斯克伦达的雷达站,以及位于爱沙尼亚帕尔迪斯基的核潜艇基地。叶利钦并不真想保留这些基地,但俄政府本来就经济困顿,为撤回来的军队进行后续安排需要额外花费。军方则非常看重这两处基地,这里还是苏联波罗的海军区和波罗的海舰队的所在地。②这也成为美俄关系中的一个棘手问题。

1992 年 1 月 14 日,俄罗斯外长科济列夫与爱沙尼亚外长梅里进行会晤,双方都承认撤军问题的复杂性,希望在考虑双方安全利益和实际困难的情况下实行分阶段撤军。5 月,俄方提出了分阶段撤军的计划,答应在 1995 年从德国撤军结束并在俄建立了相应的基础设施之后,开始从三国撤军,并不晚于 1999 年完成。③7 月 6 日至 7 日,在慕尼黑举行的七国峰会上(叶利钦应邀参加了峰会政治问题的讨论),叶利钦表示“已经作了完成撤军的政治决定”。稍后,俄罗斯又承诺“尽早、有序和完全撤军”。但俄方提出了撤军的一系列技术性问题,这就是:第一,三国应帮助建造撤离军人的住房;第二,三国应为撤离后交还的土地及财产提供补偿;第三,向退役的军人及其家属提供社会保障并保证其人权,修改侵犯讲俄语居民的政治、经济权益的法律;第四,保障运往加里宁格勒的军事物资的过境权。俄方还表示要继续保留雷达站和核潜艇基地。这最后一项要求意味着俄军的占领仍将继续,是三国所绝不能接受的。叶利钦在 7 月欧安会期间与三国总统进行了商讨。事后,他对记者表示,他在撤军问题上的立场没有改变,但此事涉及 10 万人的生活,不能让他们露宿街头。此后俄罗斯与三国在撤军问题上的谈判集中在两个问题上,一是时间表,二是三国可以提供的物质补

① 曾向红:《遏制、整合与塑造:美国中亚政策二十年》,兰州大学出版社 2014 年版,第 9 页。

② James M. Goldgeier and Michael McFaul, *Power and Purpose*, p.171.

③ 孔凡君:“俄罗斯与波罗的海三国关系”(第六章),载冯绍雷、相蓝欣主编:《俄罗斯与大国及周边关系》,第 232 页。

偿。8 月 6 日，科济列夫会晤三国外长，提出把撤军期限缩短 5 年，即在 1994 年 9 月 1 日前完成撤军。三国要求在 1992 年年内完成撤军，同时对俄方提出的补偿要求表示异议。①1992 年 10 月 29 日，叶利钦宣布，在三国就俄罗斯族居民地位作出决定之前，撤军将暂告中止，引起西方强烈反应。北约要求俄罗斯无条件撤军，美国国会则威胁要把俄撤军与对俄经济援助挂起钩来。②

在克林顿就任总统时，俄罗斯仅同意把 1993 年 8 月 31 日作为从立陶宛撤军的最后期限。三国之中立陶宛的俄罗斯族居民人数最少，这里也没有俄的重要军事设施，问题比较好解决。解决爱沙尼亚和拉脱维亚的问题要困难些，在爱沙尼亚的 160 万人口中俄罗斯人占了 30 万，尤其是 1 万退休的俄军官希望获得在爱沙尼亚的居留权，而爱沙尼亚却不欢迎他们。

波罗的海三国在美国国会和政界享有巨大的政治支持，它们被看作苏联时期的“沦陷国家”，如果俄不从三国撤军，美国国会就会把对俄关系中的其他问题作为抵押品，限制对俄的经济支持。塔尔伯特后来回忆说，他在克林顿上任之初就与其讨论过波罗的海三国的问题，总统认为“俄军撤出三国是极端重要的，其重要性可与把核武器撤出乌克兰相比”。③

在 1993 年 4 月的温哥华美俄峰会上，克林顿向叶利钦提出了这个问题，要俄用实际行动兑现承诺。叶利钦回应说，他需要钱来为回国的军人建造住房，以便让军队平静地在 1994 年从波罗的海三国撤出，这些军人现在住在帐篷里。克林顿遂提出提供 600 万美元援助以建造 450 套住宅。叶利钦嫌数额太少，希望得到更多。在 7 月的七国峰会上，美方又答应再建造 5 000 套住宅，援助金额总共达到 1.65 亿美元。国会中一些共和党议员反对用美国纳税人的钱去为俄军人建造住房。如卡拉汉(Sonny Callahan)和利文斯顿(Bob Livingston)称，他们手上有一份没有自己住房或者对住房不满意的美国军官的名单。但克林顿政府有牌可打。国安会官员伯恩斯从 1990 年起就是白宫与游说团体之间的联络官。波罗的海三国虽然国家不大，但由于历史的原因，它们在华盛顿的游说团体却有相当影响。这些组织频频出动，对国会议员重申一个说法：这些钱不是用于支持俄军的，而是为了使俄军离开波罗的海国家。④

三国的状况也有差别。立陶宛在谈判中首先作出让步，同意俄享有向加里宁格勒运输物资的过境权，并答应采取实际措施改善俄罗斯族居民的处境。俄

① 孔凡君：“俄罗斯与波罗的海三国关系”(第六章)，载冯绍雷、相蓝欣主编：《俄罗斯与大国及周边关系》，第 233 页；James M. Goldgeier and Michael McFaul, *Power and Purpose*, p.171。

② Laszek Buszynski, *Russian Foreign Policy after Cold War*, p.76.

③ James M. Goldgeier and Michael McFaul, *Power and Purpose*, p.172.

④ Strobe Talbott, *The Russia Hand*, p.63; James M. Goldgeier and Michael McFaul, *Power and Purpose*, p.172.

军从1993年8月开始撤离，到年底即已完成。

但是1993年俄国内政治形势显然不利于从三国撤军：叶利钦的总统地位遭到议会挑战，岌岌可危；民族主义者日里诺夫斯基在议会选举中异军突起，这给俄军从波罗的海三国撤出增加了困难。克林顿利用他1994年1月的欧洲之行来促使这一问题得到解决。美方向拉脱维亚提出了一个折中建议：俄完全撤军后斯克伦达的雷达站将继续运行4年，然后在18个月之内将其拆除。拉脱维亚总统乌尔马尼斯同意了这一建议，于是克林顿去莫斯科向叶利钦兜售这笔交易。叶利钦也接受了。但拉脱维亚国内的反对派不赞成，乌尔马尼斯感到紧张不安。美方遂邀请拉反对派议员访美，克林顿和戈尔都接见了他们，国安事务助理莱克与他们进行了会谈。美国和瑞典还答应为雷达站的拆除提供700万美元的资金。①

1994年4月末，叶利钦与乌尔马尼斯在莫斯科会晤，双方敲定，俄方承诺在1994年8月31日前撤军；拉方同意对雷达站的安排，并同意为苏联解体前已经退休、但仍留在拉并领取养老金的原苏联军官提供永久居留权。②

爱沙尼亚的问题是最困难的，在该国居住的俄罗斯人最多，包括1万名退休的苏军军官，爱沙尼亚是否允许这些前军官作为平民继续留在该国是个大问题。5月6日，俄防长发表强硬言论，指责爱沙尼亚实行种族隔离，并称俄将增加在那里的军事存在。此言一出，西方震惊，随之对叶利钦施加压力，要他缓解与爱沙尼亚的紧张关系，不要破坏意大利那不勒斯七国峰会的气氛。③

克林顿预定在7月的七国峰会期间会晤叶利钦，在此之前，克林顿对拉脱维亚首都里加进行了7小时的闪电式访问，并在里加会晤了三国总统。这是美国在任总统对波罗的海国家的首次访问。访问前一天，克林顿与叶利钦通了电话，问叶利钦要他在里加做些什么。叶利钦表示，他非常愿意在8月底前把剩下的2500名军人从爱沙尼亚撤回来，但要解决两个问题：退休军官在当地居留的问题以及俄罗斯族居民的权益问题，看来俄不大可能在本年8月31日前从爱沙尼亚撤军了。叶利钦要求克林顿对爱沙尼亚总统伦纳特·梅里(Lennart Meri)施加压力，让他同意俄的方案。俄国内对叶利钦的担心确实不小，杜马中的一些有权势的人物和军方都希望放慢撤军速度，中止撤军，甚至逆转这个趋势，以便消除俄力量"自由落体式"下降这样一种印象。克林顿在电话中强调了兑现承诺的

---

① 美军方对雷达站的拆除却相当不安，这个雷达站能给俄罗斯提供对可能的核进攻的早期预警，拆除之后，俄战略火箭将处于一触即发的状态。James M. Goldgeier and Michael McFaul, *Power and Purpose*, p.173.

② James M. Goldgeier and Michael McFaul, *Power and Purpose*, p.173; Strobe Talbott, *The Russia Hand*, p.126.

③ Laszek Buszynski, *Russian Foreign Policy after Cold War*, p.77.

重要性，希望在那不勒斯得到叶利钦的承诺，把 8 月底撤军这个日期敲定下来。克林顿则对此信心满满，他对周围人说："这事不难办，我们让俄罗斯加入七国集团，他们从波罗的海撤出。既然他们已经成了大孩子俱乐部的成员，他们就没有什么理由去欺侮小家伙们了。"①

7 月 6 日，克林顿在里加会晤三国总统，重申支持三国的独立，支持三国与俄就撤军问题达成协议，并顺利完成撤军，并称他在与叶利钦的会晤中将提出俄与爱沙尼亚尚未达成一致的问题；美国将帮助拆毁拉脱维亚斯克伦达雷达站，并为此将援助翻倍至 400 万美元；帮助解决符合条件的俄军官的住宅（为 2 500 名现驻爱沙尼亚和拉脱维亚的俄军官提供每人 2.5 万美元以供其购买或租用住宅）；为修复爱沙尼亚帕尔迪斯基核潜艇基地的环境提供 200 万美元的援助。克林顿对三国最早加入北约"和平伙伴关系计划"并积极参与该计划的各项活动表示赞赏，包括三国参与波黑的维和行动，并表示将要求国会向波罗的海及中东欧国家的维和部队拨款 1 000 万美元；发起成立美国—波罗的海企业基金，由美国大使李奇微（Rozanne Ridgway）负责，未来数年中将提供 5 000 万美元来协助三国发展实业。克林顿要爱沙尼亚总统梅里提出一个"非常现实的"撤军建议，然后他把这个建议直接向叶利钦提出。会谈中克林顿还希望三国更好地处理保障讲俄语居民的权益问题。会谈后国务卿克里斯托弗表示，"双方的立场很接近，但是还有相当的分歧"。爱沙尼亚总统梅里交给克林顿一封信，托他带给叶利钦。②

7 月 9 日，克林顿在七国峰会期间与叶利钦进行私下会晤，双方讨论了俄从三国撤军的问题。克林顿说："鲍里斯，别把这事搞糟了，你得从爱沙尼亚撤军，大家都看着呢。你的行动可能证实人们关于俄罗斯最坏的设想，也可能证实最好的估计，那就是我一直跟你所说的。"叶利钦说，他准备与梅里总统达成协议，如果梅里来莫斯科当面谈。克林顿相信事情已经办妥了。③

在峰会后举行的记者招待会上克林顿竭力强调叶利钦参会的重要性，大大超过了欧洲国家领导人的说法，他说："这是非常重要的一天，叶利钦总统今天作

① James M. Goldgeier and Michael McFaul, *Power and Purpose*, p.173; Strobe Talbott, *The Russia Hand*, pp.125—126.

② William J. Clinton, "Exchange With Reporters During Discussions with Baltic Leaders in Riga, Latvia," July 6, 1994. Online by Gerhard Peters and John T. Woolley, *The American Presidency Project*, http://www.presidency.ucsb.edu/ws/?pid=50446; Thomas Friedman, "Clinton Makes Appeal to Lativia to Accept Its Russian Civilians," July 7, 1994, https://www.nytimes.com/1994/07/07/world/clinton-makes-appeal-to-latvia-to-accept-its-russian-civilians.html.

③ Strobe Talbott, *The Russia Hand*, p.127.

为完全伙伴加入了我们，在七国集团中讨论政治问题。”谈到俄罗斯从波罗的海三国撤军时，他认为俄罗斯与爱沙尼亚之间会有“充满希望的事态发展”，可能“打破两国之间的僵局”。最后他说，没有一个民主的俄罗斯，俄军从波罗的海三国撤军这样的事情是不可想象的。但是随后，当有记者问到俄军是否将在 8 月 31 日前全部撤离波罗的海三国时，叶利钦却说了两遍“不”，并称，他已经告诉了克林顿，他将会晤梅里，“试图找到解决问题的办法”。①

“一石激起千层浪”。叶利钦的这两个“不”在美国引起强烈反响。几天之内参议院就通过法案，如若俄军不能兑现 8 月 31 日这个撤军的最后期限，美国将停止除了人道主义援助外的一切对俄援助。共和党已经准备好了，等这个日期一到，若仍有俄军留在波罗的海国家，他们就宣布俄罗斯回到了帝国主义立场，并宣告克林顿政策的失败。②

7 月 26 日，梅里访问莫斯科。他与叶利钦争辩了 5 个小时。起先两人都情绪激动，叶利钦立场强硬，梅里也不示弱，指责叶利钦像斯大林那样行事。发泄完情绪，两人慢慢平静下来，叶利钦提出，如果他把现役军人都撤出爱沙尼亚，梅里是否允许已经退休的军人继续在那里生活。这恰恰就是美方在那不勒斯向俄方建议的方案。梅里同意了。科济列夫与爱沙尼亚外交官抓住机会一起迅速拟定了协定，叶利钦迫不及待地在协定上签了字。③

二、三国入约问题上的分歧

三国一直把融入西方作为外交的最高目标，相信只有在北约的保护下才能维持真正的独立，只有融入欧盟才能取得国家的经济发展，但为了促使俄军尽早撤离，三国在政治上暂时采取了中立的方针，直到 1994 年三国总统正式宣布寻求加入北约标志着中立政策的结束。④1995 年 1 月，在参加了解放奥斯维辛集中营的纪念活动后从华沙到南部城市克拉科夫的飞机上，美助理国务卿霍尔布鲁克(Richard Holbrooke)问爱沙尼亚外长卢伊克：“你们想加入北约是认真的吗?”爱沙尼亚外长回答道，我们意识到前面还有障碍，但加入北约是所有波罗的

---

① Strobe Talbott, *The Russia Hand*, p.127. 其实当时俄罗斯还不是七国集团的正式成员，叶利钦只参加了政治议程的讨论，而没有参加经济议程讨论，美财政部官员因为俄的经济状况继续抵制俄加入该集团。但克林顿是从政治上考虑问题的，对他来说，吸纳俄加入这个工业化国家俱乐部是使俄融入冷战后国际体系努力的一部分，那不勒斯峰会是这个进程中的一个步骤。

② Strobe Talbott, *The Russia Hand*, p.128.

③ Strobe Talbott, *The Russia Hand*, pp.128—129. 后来克林顿对叶利钦在记者会上说“不”解释道，这是说给俄罗斯国内听的，他要表明，他不是在我们的压力之下才决定撤军的，撤军是他自己的决定。克林顿还夸叶利钦是个聪明的政治家。

④ Vaidotas Urbelis, “Defense Policy of Baltic States: From the Concept of Neutrality towards NATO Membership,” https://www.nato.int/acad/fellow/01-03/vaidotas.pdf.

海三国外交的重中之重。三国把游说的重点放在华盛顿。拉脱维亚和爱沙尼亚两国驻美大使或者是在美国成长，或者具有在美学习、工作的经历并有公民身份，他们放弃了美国公民身份而为自己的国家进行游说。立陶宛驻美大使是个历史学家、篮球运动员。一次打篮球折了胳膊，塔尔伯特见到他时问怎么受的伤，他说：敲北约的大门敲的。政府的游说活动还受到波罗的海裔美国社群的支持。这个移民群体在美国数量不算大，但组织良好，非常团结，一呼百应，目标明确，不屈不挠，它们与其他支持北约东扩的组织相互呼应，合作共事。1996 年 6 月，爱沙尼亚梅里总统在会晤克林顿及其安全团队后在战略与国际中心发表演讲，他说："你们大概会问，我们在会晤中谈了些什么。让我告诉你们：安全、安全、安全。"①

波罗的海三国的北欧邻国都支持三国入约，这既出于道义同情，也出于战略利益。它们担心，如果三国留在北约外头，北约会把三国安全的责任转嫁到它们身上，英国和德国官员已经作出类似暗示。它们还担心，如果北约东扩处理不好，引起新冷战，波罗的海地区就会不成比例地感受到新冷战的影响，俄罗斯最有可能在这里采取军事反制措施。它们对三国加大了安全援助力度，公开表示，三国有权加入北约，只有美国和北约才能对三国提供安全担保。1996 年 2 月，芬兰总统阿赫蒂萨里对克里斯托弗说：有的欧洲国家建议北欧国家对波罗的海三国提供安全担保，这是不现实的。北欧国家可以做许多事帮助三国，但不能现实地保障它们的安全。②

瑞典首相比尔特 1994 年秋在美《外交》杂志上撰文说，立陶宛、拉脱维亚和爱沙尼亚三国加入北约的问题对于俄罗斯和北约都是试金石，可以测试俄是否真是一个民主国家。③但俄罗斯却有自己的理由和逻辑，反对三国加入北约的意见远比反对中东欧国家要强烈。俄罗斯认为三国属于不同于中东欧国家的另一范畴，它们曾经是苏联的一部分，如今俄罗斯失去了三国，接受了它们的独立；三国紧邻俄西部边界，邻近莫斯科、圣彼得堡和俄罗斯的"心脏"地区，又与俄飞地加里宁格勒毗邻，对俄的地缘战略意义极大，所以俄认为，三国应该处于俄势力范围之内，而不属于北约扩容的目标范围。波罗的海三国纳入北约被视为对俄十分敏感的安全威胁。

俄军方有着更实际的安全考虑。首先，他们担心三国军事基地的使用，如拉脱维亚斯克伦达基地的"鸡窝"(Hen House)弹道导弹早期预警系统，一旦三国入约，从北约的基地到俄罗斯的人口中心的飞行距离将大大缩短；从海上到圣彼得堡的航路和经过波罗的海通向欧洲的航线将很容易受到爱沙尼亚海军基地的封锁。其次，他们担心加里宁格勒的生存状况，这里的 90 万俄罗斯族居民中有

①② Ronald Asmus, *Opening NATO's Door*, p.159.

③ Ronald Asmus, *Opening NATO's Door*, p.158.

30 万是军人，依靠通过立陶宛的转运维持日常生活。俄罗斯担心，如果立陶宛加入北约，加里宁格勒就变得非常脆弱。而这个港口是俄波罗的海舰队的主要基地。俄外交部从 1994 年起就一再重申："加里宁格勒过去是、现在是、将来仍然是俄罗斯联邦的一部分。任何对俄领土主权的侵犯都将遭到回击。"①俄罗斯不愿意看到三国将与其进行贸易、货物过境运输等经济活动的收入用于改造军事机构以加入北约，更不愿意看到北约军队入驻由俄军民共同建设的军事重镇、营房、防空和海军基地。叶利钦坚决表示，俄决不许可三国加入北约。科济列夫在 1994 年 1 月 13 日俄驻独联体和波罗的海国家大使会议上说，"我们将不会从几个世纪中作为俄利益范围的地区撤军，我们不应该害怕'军事存在'这个词"，要防止俄的敌对势力在俄军撤出后填补"安全真空"。②俄罗斯并一度放慢了从三国撤军的步伐，遭到西方的广泛批评。

从经济上说，三国的港口对俄罗斯同样是重要的，尤其是拉脱维亚。该国的港口，特别是文茨皮尔斯，是俄原油出口的大港，如 1997 年由此输出的原油占了俄当年出口原油的 13%。而原油是俄最重要的大宗出口商品。③

俄罗斯的另一严重关切是三国"讲俄语居民"的地位。如在拉脱维亚，讲俄语的居民中 3/4 没有公民身份，因此该国 1/3 的居民不是公民。④俄政治精英公开表示，俄政府有特殊的责任来保卫"近邻"俄罗斯族居民的权利。⑤为此，他们主张俄对新独立国家保持特别的影响，一旦三国加入北约，俄对三国的影响力势必严重削弱，保护讲俄语居民的能力也将大大降低。⑥因此，一些观察家把波罗

① Timothy R. Trampenau, *NATO Expansion and the Baltic States*, Monterey, CA: Naval Postgraduate School, December 1996, p.89.

② 郑羽主编:《既非盟友，也非敌人》，第 114 页。

③ Aivars Stranga, "The Relations Between Russia and the Baltic States: 1997—1998," http://www.bundesheer.at/pdf_pool/publikationen/03_jb99_10.pdf.

④ Aivars Stranga, "The Relations Between Russia and the Baltic States: 1997—1998," http://www.bundesheer.at/pdf_pool/publikationen/03_jb99_10.pdf. 三国的情况稍有不同。1989 年在立陶宛生活着 34.4 万讲俄语的居民，占人口的 9.4%；在拉脱维亚则有 90.6 万俄罗斯族人，占人口的 34%；在爱沙尼亚有 47.5 万俄罗斯族人，占人口的 30.3%。立陶宛实行了所有常住居民不分种族都可以成为本国公民的国籍法，比较顺利地解决了这一问题。见柳丰华:《北约东扩背景下的俄罗斯与波罗的海三国》，《东欧中亚研究》2001 年第 5 期。

⑤ 1994 年 1 月在美俄首脑莫斯科会晤中叶利钦也提出了这个问题，克林顿在记者会上表示，美国支持波罗的海国家的独立和自由，但也期望在这些国家的俄罗斯族居民受到保护。如果有证据表明，他们的权利受到践踏，美国将采取相应的行动。这一表态引起波罗的海国家的不满。1 月 20 日，克林顿给拉脱维亚总统乌尔马尼斯打电话进行解释。Rolfs Ekmanis, "Russia, the West and the Baltics," *Lithuanian Quarterly Journal of Arts and Sciences*, Volume 41, No.4-Winter 1995, http://www.lituanus.org/1995_4/95_4_01.htm.

⑥ Timothy Trampenau, "NATO Expansion and the Baltic States," p.91.

的海国家称作北约—俄罗斯关系中的"瓶颈国家"，一旦触及三国入约的问题，不论在西方还是在俄罗斯都会刺激彼此的敏感神经，牵涉到方方面面的因素。

1994年8月俄罗斯完成从波罗的海三国撤军，这为三国的外交和安全政策从中立转向更亲西方创造了条件。在此之前，1994年1月初，立陶宛正式向北约提交入约申请，随后拉脱维亚和爱沙尼亚也相继提出申请。北约"和平伙伴关系计划"刚刚提出，波罗的海三国就率先加入计划，随即三国又于2月发表联合公报表明了它们入约的共同决心。在三国看来，北约"和平伙伴关系计划"就是进入北约之门的"踏脚石"。拉脱维亚外交部发言人表示，"拉脱维亚不认为除了成为北约的完全成员还有别的选择"。①原因是，第一，三国的国防力量弱小，难以保卫自己国家的安全；第二，"和平伙伴关系计划"被视为是通向完全成员资格的必由之路；第三，"和平伙伴关系计划"表明，北约还没有就哪些国家可以加入、哪些不能加入作出区分，因此只要积极参加这个计划，就有可能成为北约成员。②

但三国也担心落入"被克林顿政府战略遗忘"的境地，因为从地缘环境看，三国一旦出事，是难以保卫的。因此，有美国学者提出，必须在俄罗斯与北约的力量之间建立某种平衡，即让波、匈、捷入约，而使俄罗斯在独联体享有影响，"在中东欧建立一支中立和安全的乐队"，包括三国在内，它们将"是自由的，不纳入俄罗斯的轨道"。布热津斯基不排除三国入约，但主张大大推迟。他认为要"在斯堪的纳维亚的大背景下来看待三国"，它们现在的处境就像多年来的芬兰，对它们的任何侵略都会激起强烈的国际反对，这对于保护它们的安全就足够了。③

俄罗斯反对波罗的海三国加入北约，《真理报》1993年12月29日的一篇署名文章写道："东欧国家加入北约必将引起紧张……更不要说波罗的海国家加入北约的有害后果了。"这种看法在当时俄罗斯政界，从温和的自由派到民族主义者，都是有代表性的。叶利钦1994年2月的《国情咨文》中也表示反对北约东扩，称其"将导致对欧洲和世界的新威胁"。④俄罗斯完成从波罗的海国家撤军后几天，俄防长格拉乔夫警告三国说，如果三国企图加入北约，俄将作出强烈反应，并重申，原苏联的所有领土，包括波罗的海地区都处于俄"势力范围"之内。数日后，格拉乔夫又表示愿与三国签订"防务协定"以"保障(它们的)安全"，遭三国拒绝。⑤

① Ramunas Vilisauskas, "Baltic States Membership in the WEU an NATO: Links, Problems and Perspectives," June 2000, https://www.nato.int/acad/fellow/98-00/vilpisauskas.pdf.

② Timothy Trampenau, "NATO Expansion and the Baltic States," p.31.

③ Timothy Trampenau, "NATO Expansion and the Baltic States," p.63.

④ Timothy Trampenau, "NATO Expansion and the Baltic States," p.109.

⑤ Rolfs Ekmanis, "Russia, the West and the Baltics," *Lithuanian Quarterly Journal of Arts and Sciences*, Volume 41, No.4-Winter 1995, http://www.lituanus.org/1995_4/95_4_01.htm.

三国不顾俄罗斯的反对，继续反复重申加入北约的意愿。1994 年 3 月举行的三国外长会议联合声明“强调了三国最终成为北约完全成员的目标”，6 月的总理会议重申与北约建立紧密关系的愿望，“它将为三国成为积极的利益攸关方铺平道路，从而在北约扩大的渐进过程中发挥重要作用”。北约对波斯尼亚的干预不力使三国感到“成为这个俱乐部的成员至关重要，因为非北约成员难以指望北约的保护”。①

克林顿在前面提到的 1994 年夏对拉脱维亚首都里加的 7 小时的闪电式访问中会晤了三国总统。除了撤出俄军问题外，克林顿还希望三国更好处理保障讲俄语居民的权益问题。克林顿还在自由广场对 35 000 名民众发表演讲。当他讲到对讲俄语居民应当采取更加包容的态度时，据在场的《纽约时报》专栏作家弗里德曼说，本来热烈欢腾的会场顿时安静了下来，全场只有一个人在鼓掌：美国大使馆的一位工作人员。②

拉脱维亚总统把克林顿的来访视为“巩固独立的方向的又一步骤”。但三国对克林顿在访问前后均与叶利钦进行沟通感到不悦，认为这是美俄在协调对波罗的海地区的政策。美国媒体也有类似评论：“没有露面的叶利钦给克林顿波罗的海之行蒙上了阴影。”③

三、三国加入北约的努力

三国不放过任何机会表达加入北约的强烈愿望。1995 年 1 月拉脱维亚外长比尔卡夫斯访美时提出一个“交叉”入约的方案：波兰与拉脱维亚、捷克与爱沙尼亚、匈牙利与立陶宛。1995 年 1 月，美众议院提出《重振美国国家安全》的法案，其中称，把波罗的海三国作为入约第二梯队候选国而“留待将来的某一天”来进行考虑，这等于是宣布三国是俄罗斯的势力范围，这正是罗斯福在雅尔塔犯下的错误。④

1995 年 3 月，戈尔副总统访问爱沙尼亚，强调美国支持三国独立和融入西方的立场，并表示，将来某一天三国将可以达到北约成员的标准。但实际上克林顿政府内部尚无定见。1995 年年底，政府内部又进行了一次跨部门评估，也没

---

① Timothy Trampenau, “NATO Expansion and the Baltic States,” p.32.

② William J. Clinton, “Remarks to Citizens in Riga,” July 6, 1994. Online by Gerhard Peters and John T. Woolley, *The American Presidency Project*. http://www.presidency.ucsb.edu/ws/?pid=50448.

③ Rolfs Ekmanis, “Russia, the West and the Baltics,” *Lithuanian Quarterly Journal of Arts and Sciences*, Volume 41, No.4-Winter 1995, http://www.lituanus.org/1995_4/95_4_01.htm.

④ William Safire, “Baltic Belong in a Big NATO,” January 16, 1995, https://www.nytimes.com/1995/01/16/opinion/essay-baltics-belong-in-a-big-nato.html.

有结论。国安会负责欧洲和欧亚事务的高级主任丹·弗里德(Dan Fried)要求国务院新设立的北欧、波罗的海事务处处长范弗斯特(Carol van Voorst)提供一个"波罗的海行动计划"一类的政策建议,通过双边和多边的渠道把三国融入西方。1996年春,"波罗的海行动计划"初稿完成。

随着北约东扩的进展,俄罗斯的反对立场也变得更加坚决。俄罗斯著名军事分析家费尔根豪尔在1995年6月的论文中写道:"莫斯科决不允许波兰,尤其是波罗的海三国成为对俄罗斯施加压力的潜在的矛头(toehold)。"格拉乔夫在9月的一次记者会上说:"我们继续反对北约东扩……如果波罗的海国家成为北约成员国,俄罗斯就再也无法妥协了。"9月,军方草拟了一份《俄罗斯新国防学说》的秘密文件,主张将战术核武器部署在加里宁格勒和白俄罗斯作为对北约东扩的回应。如果三国加入北约,文件要求对三国加以占领,北约如对此作出反应将被视为核战争的理由。文件的泄露引起舆论哗然,科济列夫立即否认有这样的文件,但他同时说,确实有要求采取反制措施的主张。1996年1月,白俄罗斯总统卢卡申科警告说,如果北约向中欧扩张,他将要求俄罗斯在白俄罗斯重新部署核武器。①

一些西方报刊也推测,北约排除波罗的海三国可能是让俄罗斯认可北约扩大的代价。芬兰前外交官雅各布森(Max Jacobson)写道:"北约不会与俄罗斯签订分割东欧的秘密协定,但是扩大的实际结果——波、匈、捷三国加入,而波罗的海三国遥遥无期地留在外边——将告诉莫斯科:'这些是我们的,那些是你们的',俄罗斯也会这样来理解的。"一位西方观察家警告:"北约小心——前面是波罗的海冰山。"②

1996年4月,北约秘书长索拉纳访问三国。爱沙尼亚总统梅里在会晤他时明确表示,"北约是该国不可取代的安全首选"。拉脱维亚外长比尔卡夫斯则对索拉纳说:"唯一真正的安全担保是完全的北约成员国资格,这一点是一清二楚的。"除了表态,三国也积极采取一系列实际行动,表示它们既是安全的消费者,也是生产者,而不是"搭便车者"。1996年5月28日,三国总统在里加发表致克林顿的联名信,要求美国总统公开承诺,最终将吸收三国入约。拉脱维亚总统尤尔梅恩亲手把信交给美国大使纳珀(Larry Napper),并说,他相信美国是不会出卖波罗的海三国的,但美国的一些欧洲盟国有意把三国排除在北约之外,他敦促美国遏制这种倾向。③

① Timothy Trampenau, "NATO Expansion and the Baltic States," pp.112—113.

② Ronald Asmus, *Opening NATO's Door*, p.161.

③ Timothy Trampenau, "NATO Expansion and the Baltic States," p.34; Ramunas Vilisauskas, "Baltic States Membership in the WEU an NATO: Links, Problems and Perspectives," June 2000, Vilnius, https://www.nato.int/acad/fellow/98-00/vilpisauskas.pdf.

6月28日,克林顿在白宫会见来访的三国总统。尤尔梅恩一开始就说,有一种说法,20世纪上帝死了。但我相信,根据《圣经》教义使西方团结在一起的价值观仍在。北约和欧盟正是根据这种价值观并为了维护它而存在的。克林顿向他们保证,美国愿意看到波罗的海国家完全融入西方,美俄之间没有什么秘密协定;在接纳了第一批新成员后北约的大门仍将敞开,"冷战结束后最早加入西方联盟的国家不是最后一批"。这些空泛的表态显然不能使三国总统满意。爱沙尼亚总统梅里形象地说:"我突然感觉饥饿,想吞点什么更有实际内容的东西。"当他们会晤共和党总统候选人时,多尔也没有能说得更加明确。他虽然力主加快北约扩大的步伐,但他也不认为北约扩大的首批成员中应该包括三国,称三国是第二梯队入约的候选国。梅里称,他从多尔那儿得到了"谨慎的正面回答";尤尔梅恩说,"多尔是唯一一位说出了这三个国家名称的人"。①《华盛顿邮报》的一篇文章调侃说:就像幼儿园里想要参加游戏的最小的孩子,波罗的海三国总是最先举手:他们最先独立,最先提出加入北约,……最先派遣维和营去波斯尼亚,他们想知道,为什么不带他们玩。②

1996年夏,克林顿政府的"波罗的海行动计划"已经拟成,主旨很明确:使它们融入西方,这与美国对中东欧国家的目标是一样的,但由于地理和历史的原因,对三国的目标更难达到。为此,美国采取需要三管齐下的措施:拓展与三国的合作;调动北欧积极支持三国融入北约及欧盟;帮助三国处理与俄之间的分歧。8月28日,当塔尔伯特把这个计划与三国大使分享时,对方自然不会那么兴奋,但他们表现克制。拉脱维亚大使卡尔宁斯在日记中失望地写道,美国的计划没有提供安全担保,没有提供关于北约的肯定承诺,而是一个复杂的援助计划,让人产生一种安全的印象。③

1996年9月间,美防长佩里在哥本哈根参加一次会议。他担心波罗的海国家期望太高,结果会更加失望,决定实话实说,并在午餐时亲自修改了讲话稿。然后他登上讲台,说,美国支持波罗的海三国的独立,"但它们还没有准备好履行北约第五条的成员义务",它们在朝着这个方向取得进展,"我们应当共同努力,使他们为成员资格做好准备这一天早日到来"。最后他强调,对于那些申请加入北约的国家来说,他的回答是"还没有,而不是不"。④三国总统随即发表联合声

① Carol Giacomo, "Baltic Leaders Get No Promises on NATO Role," Reuters, June 26, 1996; Timothy Trampenau, "NATO Expansion and the Baltic States," p.69.

② Fred Hiatt, "... And the Three Presidents," June 30, 1996, https://www.washingtonpost.com/archive/opinions/1996/06/30/and-the-three-presidents/c98c6990-bb8e-4aa8-be7c-5154fbc8e543/?noredirect=on&utm_term=.e93554285d24.

③ Ronald Asmus, *Opening NATO's Door*, pp.162—163.

④ Ronald Asmus, *Opening NATO's Door*, p.163.

明，表示他们将尽一切努力使各自军队达到北约的标准。三国之间还加强了相互间的军事合作。秋季，立陶宛又提出建议，北约应当把伙伴关系成员国中要求加入北约的与没有提出这一要求的国家区别开来，既然波罗的海三国不可能成为首批入约的国家，就给予三国"未来候选国"或"未来成员"的地位，表示它们已经在北约的"接待室"里了。①

11 月 26 日，三国总统发表联合声明，强调"波罗的海三国融入北约将保障欧洲的持久安全和稳定。三国将共同努力加强尽早加入北大西洋联盟的准备工作。对三国加入北约的模糊看法将导致波罗的海安全环境的不稳定"。声明还列举了三国将继续与北约进行合作的具体措施。②

为提高自身的国防能力，达到北约的军事标准，三国开始重建国防力量，并加强彼此之间的合作。1996 年，三国各派出 200 名士兵，共同组建波罗的海维和营去波—黑执行维和任务；1997 年，建立波罗的海领空监视系统，使雷达和数据显示系统与北约的标准互通；1998 年，建立波罗的海海军中队，使三国海军按照北约的标准运行，并在完成海上扫雷、搜寻救援等任务中协调行动。在此过程中西方国家给予很大的帮助。③三国还努力提高各自的国防预算，向北约要求的占成员国国内生产总值 2%的标准看齐。

俄罗斯则力图阻止三国入约。1996 年 12 月，俄外交部欧洲一司司长洛施切宁表示，俄在波罗的海地区外交的一个战略使命是要"克服过去的负面遗产，形成中期的良好的国家间关系"。他还表示要在与三国关系中使用经济手段诱使三国调整政策，目的是要"消除波罗的海国家在俄对外贸易中寄生虫式的中介收益，或者把它减到最小"。④

在 1997 年 3 月的独联体会议上，叶利钦提出所谓对波罗的海三国的"新立场"：俄准备在地区信任磋商框架内，向三国提供安全保障。这与俄以往的政策其实没有多大区别。叶利钦重申了俄与三国的地缘政治关系，强调反对其他大国对原苏联领土的入侵，强调构筑缓冲区的必要性，实际上仍然要把波罗的海国家排除在任何地区机制之外，而由俄对其提供安全保护；他还提出要以讲俄语少数民族权益的妥善处理作为达成边界条约的前提。这一立场遭到三

---

① Timothy Trampenau, "NATO Expansion and the Baltic States," p.36; Ramunas Vilpisauskas, "Baltic States Membership in the WEU and NATO: Links, Problems and Perspectives," June 2000, Vilnius, https://www.nato.int/acad/fellow/98-00/vilpisauskas.pdf.

② "Joint Declaration by the Presidents of Latvia, Estonia and Lithuania," November 26, 1996, https://vp1992-2001.president.ee/eng/k6ned/Avaldus.asp?ID=4502.

③ 柳丰华:《北约东扩背景下的俄罗斯与波罗的海三国》,《东欧中亚研究》2001 年第 5 期。

④ Stephen Blank, "Russia and the Baltics in the Age of NATO Enlargement," *Parameters*, Autumn 1998, https://www.bits.de/NRANEU/docs/blank98.htm.

国的一致拒绝。①

在俄罗斯与北约谈判《基本文件》时，俄方竭力试图让美方承诺，北约不会吸收波罗的海国家入约，遭美方断然拒绝。直到1997年3月叶利钦与克林顿在赫尔辛基会晤时，叶利钦还在寻求与克林顿达成一个不公开的、不形诸文字的“君子协定”：排除原苏联各国，首先是爱沙尼亚、拉脱维亚和立陶宛加入北约。克林顿回答说：如果我们达成这样的协定，那会是个可怕的错误，给我们两人都带来大麻烦。首先，这个世界上没有什么秘密；其次，这对北约、俄罗斯和波罗的海国家都是一件坏事。它会违反北约的精神：建设一个统一的、没有界线的欧洲，它也完全不符合“和平伙伴关系计划”；波罗的海国家和其他较小的国家则会感到害怕。他说：“从这次会晤中决不能发出这样的信号，现在的欧洲政治与冷战时期一模一样，我们只是沿着原来的路线往前走。”②这是双方直到《基本文件》签署都一直没有解决的争议。一些与俄外交部接近的俄观察家一厢情愿地解释形势，发表文章称，俄罗斯取得了北约的重大让步；北约不会再有第二波东扩；北约将重新审议其战略概念，向着更多是政治组织的方向转型。这些文章特别强调，如果提出波罗的海三国入约的问题，俄罗斯是会拒绝《基本文件》的。叶利钦的新闻秘书也在记者招待会上强调，俄罗斯已经说得很清楚，不允许北约第二波东扩并吸收新成员。俄著名评论家和叶利钦1996年选举的积极支持者尼科诺夫接受记者采访时表示，现在俄罗斯处于弱势，它必须谨慎平衡与主要大国的关系。一旦俄克服了弱势，它就可能重新考虑修改欧洲的安全体系。③

在北约马德里峰会（1997年7月8日至9日）前，6月12日，塔尔伯特会见三国驻美大使，就马德里峰会事先向他们吹风，并离开讲稿对他们明确表示，“直到波罗的海三国的雄心实现，克林顿政府不会认为北约东扩已经完成或者已经成功，从近期、中期和远期来说都是这样”。这是美官员第一次对三国作出这样明确的保证。美方还向三国建议，在马德里峰会前就开始与三国进行关于《伙伴关系宪章》的谈判。在美国对三国入约问题大致有四种看法：共和党保守派希望立即接纳三国；共和党人布什（共和党温和派）和民主党防务强硬派不主张接纳；民主党国际主义者（克林顿政府中的主流）赞成接纳，但不是立刻；民主党军备控

① Aivars Stranga, “The Relations Between Russia and the Baltic States: 1997—1998,” http://www.bundesheer.at/pdf_pool/publikationen/03_jb99_10.pdf; Stephen Blank, “Russia and the Baltics in the Age of NATO Enlargement,” *Parameters*, Autumn 1998, https://www.bits.de/NRANEU/docs/blank98.htm.

② James M. Goldgeier and Michael McFaul, *Power and Purpose*, p.207.

③ Aivars Stranga, “The Relations Between Russia and the Baltic States: 1997—1998,” http://www.bundesheer.at/pdf_pool/publikationen/03_jb99_10.pdf.

制自由派认为不值得为三国去冒险颠覆与莫斯科的军控议程。①要在参议院获得 2/3 多数的批准还需要一个有说服力的战略，这正是美国要与波罗的海国家签订《伙伴关系宪章》的主要原因。

6 月 23 日，负责欧洲事务的助理国务卿帮办阿斯穆斯(Ronald Asmus)访问爱沙尼亚首都塔林，开始与三国进行关于《伙伴关系宪章》的第一次谈判。阿斯穆斯一开头就表示，这不是关于安全担保和三国加入北约的先决条件的谈判，这是关于美国与三国对欧洲的共同愿景及其主要原则的讨论，是双方如何一起工作以达到共同目标的对话。②

国务卿奥尔布赖特作为捷克裔，对波罗的海三国抱有特殊的感情，她的一句口头禅是：要把中欧挂在心上并非必须身处中欧。她把三国入约看作是对北约东扩的试金石，并对下属说，她对这么多人忽视三国问题感到困惑不解，"我们不能忽视这个问题。这是对我们能否改变人们对冷战后欧洲政治思考方式的一个测试。我们不能避而不谈这个问题。我打算解决这个问题"。在马德里峰会之后，奥尔布赖特到访立陶宛首都维尔纽斯。7 月 13 日，她在维尔纽斯大学的演讲中说，"波罗的海国家从欧洲的旧政治模式中遭遇的不幸超过了欧洲的任何其他部分。你们失去了安全，失去了自由，失去了独立，失去了繁荣。你们失去了一切，唯一没有失去的是你们的精神和脊梁"，她强调，美国将支持三国加入北约的雄心，不会歧视它们，"我们不会因为你们过去的屈辱而惩罚你们的将来"。③

塔尔伯特同样致力于为波罗的海三国入约创造条件。他早年当记者时就了解三国的历史和遭遇，对三国怀着深深的同情，也知道三国的一举一动会怎样触动俄罗斯的敏感神经，而要改变既定的看法又有多难。他坚持，美国在北约打开大门问题上的立场要坚定、一以贯之，美国应当有一种关于波罗的海合作框架的完整的看法，三国的北约成员地位是其中的组成部分。他在 1997 年 9 月斯坦福大学关于俄罗斯的一次讨论会上强调，俄罗斯不能以 13 世纪的观点来看待 21 世纪，"俄罗斯人需要在这一问题(波罗的海国家)上超越他们的神经过敏，他们不要再把波罗的海地区视为外国军队入侵的通道，或者是缓冲地区，这不仅因为这样的想法是对波罗的海人的得罪和威胁，而且因为这是没有意义的，将来没有需要加以反击的侵略者。这种调整最终需要俄国人自己来作出，但我们和欧洲伙伴也可以进行帮助，包括在商业、政治和环境及其他种种活动中将波罗的海沿岸国家作为中心，在与俄罗斯的对话中将波罗的海地区国家作为

① Ronald Asmus, *Opening NATO's Door*, p.231.

② Ronald Asmus, *Opening NATO's Door*, pp.236—238.

③ Ronald Asmus, *Opening NATO's Door*, p.229.

重要部分”。①

在 1997 年 7 月北约《马德里宣言》中也提到波罗的海三国，称三国“渴望成为北约成员”，但没有具体说，三国将是第二梯队候选国。这已经使俄罗斯感到不快。②而在美国，敦促北约东扩的势力有增无减。布热津斯基和已经离开政府的莱克在 1997 年 7 月撰文建议，在 1999 年年中批准波、匈、捷三国入约以后，应当指定新的候选国。

美国与三国发起了一些军事合作项目，如波罗的海网(BALTNET)。该项目由美国提供军费，司令部设在拉脱维亚的考纳斯，那里原是苏联的一个军事基地，旨在对三国上空加强监视。美国与三国的经济联系也在加强。

俄罗斯对此予以密切关注，普里马科夫在 1997 年、1998 年多次表示，整个东西方关系基于波罗的海三国是否加入北约。俄罗斯在 1997 年 3 月赫尔辛基会议以后就开始向三国建议各种国际安全担保，以打消三国加入北约的意愿。1997 年 9 月 5 日，在立陶宛首都维尔纽斯举行的“国家共处与睦邻关系是欧洲安全与稳定的保障”国际研讨会上，俄总理切尔诺梅尔金提出俄愿意为波罗的海国家提供安全保障，加强与三国的军事合作，同时要求这些国家不要加入任何军事集团。10 月，立陶宛总统布拉藻斯卡斯访问俄罗斯时，叶利钦提出了《关于波罗的海地区安全与稳定方案的建议》，希望与三国在政治、军事、经济、社会、人权、环保等各个方面加强合作，其中关于军事互信与协作的建议尤其广泛。俄罗斯的建议当然很大程度上是试探性的，试探西方的反应，试探三国的态度以及三国的一致程度，特别希望在与拉脱维亚签订边界条约后争取其好感和拉国内某些势力的支持。12 月初，叶利钦在访问瑞典时再次提出，俄罗斯正在进行军事改革，将单方面大幅度削减在其西北部的驻军，包括将驻扎在俄西北部和加里宁格勒的步兵削减 40%，呼吁建立加里宁格勒司令部与三国首都之间的电话热线，实现军事基地互访，联合控制波罗的海空域，军事运输联合演习，以及救灾合作。他希望瑞典能够劝说波罗的海国家及芬兰参加在该海域沿岸地区建立的“波罗的海地区信任机制”。波罗的海国家有两种选择：或者分别与俄达成双边的安全担保，或者达成 3+1 的安全担保，与此同时，也不排除三国与美国、其他北约国家或北约达成交叉的安全担保。但波罗的海国家立即拒绝了俄方建议。三国一些官员甚至嘲笑说，“俄罗斯提出的是没有任何人向它请求的保证”。稍后，三国总统在立陶宛的海滨城市帕兰加会晤，一致声明，不接受叶利

① Ronald Asmus, *Opening NATO's Door*, pp.230—231.

② 7 月 10 日，俄罗斯外交部代表塔拉索夫坦率表示，俄罗斯对宣言提到波罗的海国家感到不快。Aivars Stranga, “The Relations Between Russia and the Baltic States: 1997—1998,” http://www.bundesheer.at/pdf_pool/publikationen/03_jb99_10.pdf.

钦的安全保证。①

波罗的海三国对美国也是既抱有希望，又心存疑虑和不满。尽管美国是它们入约最坚决的支持者，过去的经历仍然使它们担忧历史的重演。它们永远不会原谅罗斯福在雅尔塔与斯大林达成的交易，认为民主党人几乎从根上就对俄罗斯天真。但它们对共和党人同样不满。三国民众常常挂在嘴边的话题是，1991 年布什总统在承认三国独立时犹犹豫豫，生怕削弱了戈尔巴乔夫。三国官员会时不时地提醒美方官员，美国是承认他们独立的第三十四个国家。三国从总统到具体办事官员对于美国故意设计的北约东扩进程的缓慢进展甚为不满，把美国试图打消俄方顾虑的做法视为天真。它们认为俄罗斯只认既成事实，它会在既成事实面前被迫转变态度，而不会在三国入约前改变看法。②

1997 年春，波罗的海三国的疑虑达到顶峰，三国的媒体上充分表露了这样的担心：三国可能再次被出卖，作为让俄罗斯认可东欧三国入约的代价。恰在此时，叶利钦接受俄媒体采访时称，如果任何原苏联国家得以加入北约，他保留修改《俄罗斯与北约相互关系、合作与安全的基本文件》的权利。拉脱维亚外长比尔卡夫立即给予反击。③为了消除三国的担心，塔尔伯特趁克林顿去海牙参加纪念马歇尔计划五十周年活动的机会，安排了一次与三国总统的会晤。恰恰在此次会晤的前一天，5 月 27 日，北约与俄罗斯在巴黎达成了《基本文件》。拉脱维亚总统乌尔马尼斯对塔尔伯特说，他对他的国家是否还符合美国对欧洲未来的看法“不再确信”。爱沙尼亚总统梅里更强硬地表示，过去的一周是爱沙尼亚最近记忆中最困难的一周，北约与俄罗斯签订了《基本文件》，美国又采取了其他举措，这些事态结合在一起对俄罗斯“发出了错误的信息”，俄对三国抱有幻想，只有美国采取措施才能加以消除。而现在他个人的感觉是被出卖了。原来，为了安抚波罗的海国家，美国同意与三国进行名为“波罗的海挑战”的系列军演。但 4 月中旬，美方有人意识到军演与马德里峰会冲突，经与三国协商，军演被推迟，而且缩小了规模。爱沙尼亚对此的解释是美方屈服于俄方的压力。事有凑巧，美方的发言人又错误地把美国与三国的《伙伴关系宪章》说成是“文化协定”。所有这一切都被解释成美国对三国的出卖。塔尔伯特以强硬的措词进行了解释，称总统和国务卿是三国入约的最坚决的支持者，三国没有比美国更好的朋友了，

① 柳丰华：《北约东扩背景下的俄罗斯与波罗的海三国》，《东欧中亚研究》2001 年第 5 期；Aivars Stranga, “The Relations Between Russia and the Baltic States: 1997—1998,” http://www.bundesheer.at/pdf_pool/publikationen/03_jb99_10.pdf; Stephen Blank, “Russia and the Baltics in the Age of NATO Enlargement,” *Parameters*, Autumn 1998, https://www.bits.de/NRA-NEU/docs/blank98.htm。

②③ Ronald Asmus, *Opening NATO's Door*, p.233.

爱沙尼亚的指责是“完全错误的”。①

马德里峰会后，美国与三国一直在进行谈判，1998 年 1 月，克林顿与爱沙尼亚总统梅里、拉脱维亚总统乌尔马尼斯及立陶宛总统布拉藻斯卡斯在白宫签署了《伙伴关系宪章》。《伙伴关系宪章》申明，美国对三国的“独立、主权和领土完整以及安全有着切实的、持久的利益”，三国“重申它们加入欧洲和跨大西洋机制，包括欧盟和北约的目标”，美国欢迎三国加入北约，支持它们的努力，北约的“大门对新成员是敞开的，第一批被邀请加入的国家不是最后一批，非北约国家对联盟决定没有否决权”，三国保证通过多种途径深化与联盟的关系。《伙伴关系宪章》还列举了美国加强与三国安全、经济关系的种种举措。②克林顿在签字前的讲话中提到三国入约问题说：“不能保证（三国）加入北约……但是美国的安全是与欧洲联系在一起的，而如果波罗的海的安全产生了疑问，那么欧洲也永远不可能完全安全。北约的大门是敞开的，并将继续对伙伴国开放。美国决意创造条件，使爱沙尼亚、拉脱维亚和立陶宛有一天走进这扇大门。”三国也都表示了最终成为北约成员的强烈愿望。梅里说：“最终成为北约的完全成员是我们安全战略的重要组成部分。我们相信，北约仍然是欧洲安全和稳定的唯一保障者。”③文件实际上使美国承担了帮助三国入约的义务，但为了避免过分刺激俄罗斯，《伙伴关系宪章》没有规定美国对三国提供安全担保，也没有提及三国入约的具体时间。不管怎样，文件的签署说明俄罗斯阻止三国加入北约的外交努力已经失败。

克林顿政府并不希望在三国入约问题上与俄罗斯尖锐对立，并希望推动三国的政治改革，缓和三国对俄关系。因此《伙伴关系宪章》也以强烈的措词敦促三国建立多民族的民主行为体，把讲俄语的居民融入社会，以及加强与俄的地区合作。《伙伴关系宪章》建议成立伙伴关系委员会，由三国外长与塔尔伯特任共同主席；在委员会之下设立经济和军事两个工作小组，委员会每年举行一次会议，听取工作小组汇报。具体负责起草《伙伴关系宪章》的阿斯穆斯对三国同事说，情况就像三国在跑一场加入北约的马拉松，美方是教练，这场马拉松要由三国自己来跑，美国不能替他们跑，但美方将发挥自己的影响，保证场地是平整的，他们不会因为地理和历史的原因受伤。美方也会在跑道边上提供建议，给他们

① Ronald Asmus, *Opening NATO's Door*, p.234.

② “A Charter of Partnership Among the United States of American and the Republic of $Estonia, Republic of Latvia, and Republic of Lithuania,” January 16, 1998, http://vm.ee/en/us-baltic-charter.

③ William J. Clinton, “Remarks at the Signing Ceremony for the Baltic Nations-United States Charter of Partnership,” January 16, 1998. Online by Gerhard Peters and John T. Woolley, *The American Presidency Project*, http://www.presidency.ucsb.edu/ws/?pid=55947.

鼓劲，直到他们冲过终点。①

俄罗斯对《伙伴关系宪章》十分不满是可以想见的。甚至在《宪章》签署之前，普里马科夫已经表示，除非《宪章》取代三国北约成员国地位，否则俄罗斯不会接受《宪章》。俄罗斯认为《宪章》的机制将导致美国不断加强对波罗的海国家的介入，导致北约与三国关系趋于密切。俄杜马更把三国与美签署《宪章》而拒绝俄罗斯的安全担保视为让俄“丢脸”的事情，在 1998 年 1 月为此专门发表声明。一些与政府关系密切的学者也认为，《宪章》忽视了俄的安全利益。在美国增强与三国关系的同时，俄与三国的关系确实是在疏远。1998 年 9 月，俄关闭了在拉脱维亚斯克伦达基地的雷达站，并于 1999 年 10 月把基地附近土地交还给拉脱维亚，标志着俄在波罗的海地区军事存在的结束。②

在上述《伙伴关系宪章》签字后，俄罗斯并没有作出强烈反应。俄外交部新闻司司长塔拉索夫在新闻发布会上仅仅表示，俄罗斯对《宪章》的态度将取决于《宪章》的实施在多大程度上符合保障波罗的海地区乃至整个欧洲大陆安全和稳定的共同利益。他还希望，俄方提出的有关加强信任和稳定的大量倡议能够成为加强地区安全的坚实的工作基础。③

1999 年 3 月 12 日，波、匈、捷三国正式入约，4 月 30 日，美参议院以压倒多数予以批准。4 月 23 日至 25 日，在华盛顿举行了北约峰会纪念北约成立五十周年。峰会通过了新的《联盟战略概念》的文件，重申了北约扩大的承诺，称“北约继续对新成员开放……欧洲的民主国家加入北约符合条约的宗旨，它们的入约不会被排除在考虑之外”，文件还具体提出波罗的海三国及其他一些东南欧国家作为扩大的候选国。但会议未能就东扩的时间表达成一致，表示将在 2002 年年底前作出决定。④为此，北约还制定了《成员国资格行动计划》(Membership Acton Plan，MAP)，旨在帮助上述候选国制定具体计划，采取有效措施，以达到北约的要求；而北约则每年要对候选国在政治、经济、军事、资源、安全和司法等方面所取得的进展进行评估。北约还表示，不能担保上述

---

① Ronald Asmus, *Opening NATO's Door*, pp.235—236.

② Aivars Stranga, “The Relations Between Russia and the Baltic States: 1997—1998,” http://www.bundesheer.at/pdf_pool/publikationen/03_jb99_10.pdf; Mark Kramer, “NATO, the Baltic States and Russia: A Framework for Sustainable Enlargement,” International Affairs, Vol.78, No.4(October 2002), https://www.jstor.org/stable/3095754?seq=1#page_scan_tab_contents.

③ 孔凡君：“俄罗斯与波罗的海三国关系”(第六章)，载冯绍雷、相蓝欣主编：《俄罗斯与大国及周边关系》，第 237 页。

④ “The Alliance's Strategic Concept”, approved by Heads of State and Government participating in the Meeting of North Atlantic Council, April 24, 1999, http://www.internationaldemocracywatch.org/attachments/344_Nato%20Strategic%20Concept%20%281999%29.pdf.

9 国一定取得成员资格。①波罗的海三国成立了协调入约努力的机制，并开始在国内实行该行动计划。9 月，立陶宛第一个向北约提交《加入北约国家项目》。

第三节 中亚各国

冷战时期，美国基本把苏联视为铁板一块，对它内部的紧张和裂痕所知甚少，也从未涉足中亚，对该地区的了解十分有限。②苏联的突然解体出乎美国意料，但布什政府仍然迅速作出反应，于 1991 年 12 月 25 日，即苏联解体当天，宣布承认中亚五国独立，并宣布与哈萨克斯坦和吉尔吉斯斯坦建立外交关系。考虑到土库曼斯坦、塔吉克斯坦和乌兹别克斯坦的人权状况并出于对它们发展道路的疑虑（主要是顾忌到伊朗的影响），美国没有立即与之建交。1992 年 2 月上旬，美国务卿贝克对俄罗斯和中亚进行长达 10 天的马拉松式访问，在土、塔、乌会晤了三国领导人和外交部长等高官，商谈建交事宜。此后，2 月 19 日，美国与三国建立大使级外交关系。在建交文件中，美国都明确表示支持中亚国家的独立、主权和领土完整，一个没有明说的意图是防止重新崛起的俄罗斯再度控制中亚国家，恢复“欧亚帝国”。③

中亚对美国来说是一个遥远、陌生的地区，既没有对美国造成多大威胁，也没有带来多大机遇；它们既非美国的敌人，也非美国的朋友。美国对中亚基本重要性的认识是：中亚地处欧亚板块的中心，如果这一地区转型成功，将鼓励原苏联其他国家的改革，包括俄罗斯和乌克兰；将对与之毗邻的中国、土耳其、伊朗、阿富汗这些十分重要的战略地区的稳定作出贡献；将开辟从欧洲到亚洲的古老丝绸之路的贸易和运输通道；反之，如果这一地区的转型不能成功，各国内部和国家间的冲突四起，这里也将成为宗教和政治极端主义的温床、恐怖主义的滋生地，甚至残酷的战场。④布热津斯基在论述中亚对美国的战

---

① “Membership Acton Plan,” April 24, 1999, https://www.nato.int/cps/en/natohq/official_texts_27444.htm.

② 曾向红：《遏制、整合与塑造：美国中亚政策二十年》，兰州大学出版社 2014 年版，第 6 页。

③ 卡・托卡耶夫：《中亚之鹰的外交战略》，赛力克・纳雷索夫译，新华出版社 2002 年版，第 128 页。

④ “A Farewell to Flashman: American Policy in the Caucasus and Central Asia”, Deputy Secretary of State Talbott Address at the Johns Hopkins School of Advanced International Studies, Baltimore, Maryland, July 21, 1997, https://1997-2001.state.gov/regions/nis/970721talbott.html.

略意义时说,“美国相距太远而无法在欧亚大陆的这一部分成为主导力量,但美国又太强大而不能不参与这一地区的事务……俄罗斯过于虚弱,既不能恢复对这一地区的帝国统治,也无法将其他国家排挤出去;但因为离得太近又十分强大,俄国也不能被排除在外……所以,美国的首要利益是帮助确保没有任何一个大国单独控制这一地缘政治空间,保证全世界都能不受阻拦地在财政上和经济上进入该地区”,持久地推动这里的“地缘政治的多元化”。①美国认定要对这一地区进行重新塑造,鼓励中亚国家接受西方式的民主,并推进旨在建立自由市场经济的改革。

苏联解体初期,俄罗斯对中亚实行“甩包袱”的政策,而且俄本身的问题太多,经济又持续滑坡,所以在 20 世纪 90 年代前半期中亚的基本趋势是美国势力的渗入、增长和俄罗斯影响的下降,有学者甚至认为“俄罗斯已全面退出中亚”,其实不然。在叶利钦执政中、后期,俄罗斯开始有了重整中亚战略后院的愿望,但中亚国家独立自主的意识已相当强烈,俄罗斯在其传统后院的影响与从前也不能同日而语了。美国在中亚没有重大的利益和特别的关切,加上地缘因素,美国势力的增长也是很有限的。中亚国家与俄罗斯既有无法割舍的感情,也有难以厘清的恩怨。它们普遍实行在俄美之间搞平衡的政策,既想延续与俄的传统关系,继续享受昔日的经济和能源补贴,又不想受莫斯科太多的限制和束缚。随着对美外交的开展,常常遇到“选择俄罗斯还是美国”的问题,各国普遍采取“有距离的伙伴关系”政策,脚踩两只船,寻求能源出口多元化的渠道,以赢得尽可能多的政治和经济上的好处。②

一、防止核扩散

苏联解体初期,布什政府对中亚地区的主要关注点有两个:防止伊朗向这些国家扩张势力,消除苏联留下的核武器的威胁。美国特别担心伊朗对中亚的渗透和扩张,伊朗与中亚国家毗邻,都信奉伊斯兰教,有的还语言相通,美国把伊朗向中亚扩展影响视为现实威胁,也担心这些国家采用伊朗的发展模式。贝克在 1992 年 2 月 6 日参议院外委会的听证会上说,伊朗“在一些中亚国家很活跃。这是我们与这些国家需要进行接触和对话的理由之一”。美国还要求土耳其和埃及进行配合,一起抵制伊朗势力的影响,尤其是土耳其,因为土耳其是一个世俗化的伊斯兰国家,又是北约成员国,与中亚国家国情、历史和语言相近,便于对这些国家施加影响。中亚国家的精英有亲西方的,有亲俄罗斯的,普通民众则基

① 兹比格纽·布热津斯基:《大棋局——美国的首要地位及其地缘战略》,中国国际问题研究所译,第 197 页。

② 赵鸣文:《普京大外交》,第 264、292 页。

本笃信伊斯兰教。①

防止核扩散是布什和克林顿政府的重大关切。苏联把 104 枚 SS-18 洲际弹道导弹及 1 400 枚核弹头留在了哈萨克斯坦。此外,哈所拥有的重型轰炸机、洲际弹道导弹发射装置、发射控制中心、试验井也都需要或者移除,或者销毁。②哈意识到自己没有能力来管理这些大规模杀伤性武器,比较痛快地于 1992 年 5 月签署《里斯本议定书》;7 月批准《第一阶段削减战略武器条约》;1993 年 12 月,美国副总统戈尔和哈萨克斯坦总统纳扎尔巴耶夫签署《合作降低威胁协定》(即"纳恩—卢格项目")以销毁哈境内的导弹和导弹发射井。从 1992 年到 2008 年,美国在"纳恩—卢格项目"下向哈提供共计 3.41 亿美元资助。③1994 年 2 月,哈作为无核国家加入《不扩散核武器条约》,到 1994 年年底,哈境内的核武器和运载工具都运回了俄罗斯。1996 年 9 月,哈境内的 100 口导弹发射井被拆毁,标志着美国对中亚核战争潜力的"无害化处理"完成。此外,1994 年,美俄合作从哈安全设施很差的乌尔巴将 600 公斤的武器级高丰度浓缩铀移除。哈萨克斯坦的阿克套有世界上唯一的核脱盐设备——快增殖反应堆,该反应堆虽然在 1999 年 4 月关闭,但在它的储存池里还留下了近 300 吨的浓缩铀和使用过的钚燃料棒。1997 年、1999 年美哈两度签订协定,以保障和封存阿克套反应堆,并最终把武器级钚运出哈萨克斯坦。④此外,一些中亚国家还有丰富的铀矿资源。哈萨克斯坦的铀矿蕴藏量占世界的 1/4,哈和吉尔吉斯斯坦报告称,它们国内的铀矿开采和碾碎活动留下了大量废料需要加以处理。哈与乌兹别克斯坦还是世界上"黄饼"(低丰度浓缩铀)产量最多的国家。这些"黄饼"主要销售到美国和欧洲。

1999 年 5 月,美国还与乌兹别克斯坦签署《合作降低威胁协定》以销毁该国的生物武器设施、进行污染治理和为科学家提供新的工作岗位。2000 年 3 月,乌使用美方提供的探测器拦截了从哈向巴基斯坦—阿富汗边境运输的放

① Thomas Friedman, "U.S. to Counter Iran in Central Asia," February 6, 1992, https://www.google.com/search?q=james+bakder+visits+central+asia+to+discuss+establishing+diplomatic+relations+with+them%2C+feb+1992&oq=james+bakder+visits+central+asia+to+discuss+establishing+diplomatic+relations+with+them%2C+feb+1992&aqs=chrome.69i57.45406j0j4&sourceid=chrome&ie=UTF-8.

② Rugene Rumer, "The United States and Central Asia: In Searching of Strategy," in Rugene Rumer, Dmitri Trenin, and Huasheng Zhao, *Central Asia. View from Washington, Moscow, and Beijing*, New York: ME. Sharpe, 2007, pp.24—25.

③ "Kazakhstan-United States Relations," https://en.wikipedia.org/wiki/Kazakhstan%E2%80%93United_States_relations.

④ Jim Nichol, *Central Asia's New States: Political Developments for U.S. Interests* (CRS Report for Congress), updated July 21, 2003, p.13.

射性物质。①

二、美俄各自调整政策

除了无核化，20 世纪 90 年代前半期中亚并未在美决策者的议事日程上占据重要地位，美国基本上是中亚事态的旁观者和评论者，如对塔吉克斯坦的内战，美国鞭长莫及，选择了不介入。而在塔内战前的 1992 年 2 月，国务卿贝克还访问了塔吉克斯坦，并与塔总统纳比耶夫进行了长时间的会谈，表示美将为塔抵制原教旨主义和伊朗势力提供帮助，但贝克拒绝会见反对派代表。美国不仅对俄在塔内战中的介入睁一只眼闭一只眼，而且承认俄"在塔吉克斯坦拥有重要的国家利益"，俄政策"并非有意重建俄罗斯帝国"。美国对塔内战的冷漠态度说明布什、克林顿政府并不认为美在这一地区有实质性利益。②

从 1993 年起，中亚各国军官开始在德国加米施的马歇尔中心接受训练，这是美德联合安全倡议的一部分。为维护中亚的稳定、加强中亚国家间的军事合作和情报共享，并促进其与西方之间的安全合作，美国于 1995 年鼓励哈、吉、乌三国组建了中亚维和营，由 540 名军人组成。中亚维和营每年都举行军事演习，并有美军人参加。美第 82 空降师参加了 1997 年在乌、1998 年在哈举行的军演，第 10 山地师参加了 1998 年在乌举行的演习。2001 年的演习是美在德国的一个军事基地举行的。③许多观察家把这些军演视为向阿富汗、伊朗及周边国家和地区发出震慑、维稳的信息，但由于种种原因，中亚维和营没有参与多少实际的军事行动。

北约"和平伙伴关系计划"提出以后，土、哈、吉、乌等国先后加入。④自 1995 年起，各国参加该计划框架下的经常性演习以及其他合作，增强了与北约军队的互操作性，弱化了对俄罗斯的依赖。1995 年 8 月和 1997 年 7 月在美国路易斯安那州的珀尔克堡举行包括哈、吉、乌三国的十余个伙伴关系国家参加的代号"棒球"的演习。三国还参加了在美国北卡罗来纳州举行的美、加、荷及 16 个伙伴关系国的两栖演习。2001 年 3 月吉、哈与美国及 5 个北约国家、13 个伙伴关

① Elizabeth Wishnick, "Growing U. S. Security Interests in Central Asia," October 2002, https://ssi.armywarcollege.edu/pdffiles/PUB110.pdf.

② 曾向红:《遏制、整合与塑造:美国中亚政策二十年》,第 8、12 页。

③ Elizabeth Wishnick, "Growing U. S. Security Interests in Central Asia," October 2002, https://ssi.armywarcollege.edu/pdffiles/PUB110.pdf.

④ 先后担任哈萨克斯坦总理、外交部部长的托卡耶夫认为,北约"和平伙伴关系计划"为哈萨克斯坦提供了跨大西洋安全机构潜力与保障国家主权、提高防御能力相结合的可能性。托卡耶夫:《中亚之鹰的外交战略》,纳雷索夫译,第 17 页。

系国一起在加拿大新斯科舍举行了演习。①1997 年 3 月中旬，北约秘书长索拉纳访问土、哈、吉、乌四国。美国还向土、哈转让边境警卫队用的船舶。

苏联解体之后，俄罗斯与中亚五国建立了新的政治联系机制，除了独联体的多边框架外，1992 年、1993 年俄先后与哈、乌、吉、塔签署《友好、合作和相互援助条约》，与土库曼斯坦签署了《友好合作条约》，使俄与这些国家的双边关系建立在新的法律基础之上。尽管中亚国家注重保持本国的主权和独立，但由于历史的原因，它们没有能力独自维护国内局势稳定，保卫边界安全，因此必须与俄保持一定的政治、安全合作关系。而俄方认为，中亚的稳定与俄罗斯的安全休戚相关，一方面是中亚各国不能有内部混乱和内战；另一方面是要防止本地极端主义的滋生，并防止极端主义从阿富汗向中亚的渗透和蔓延。

中亚各国间的情况又有不同。哈萨克斯坦是俄在中亚最可靠的盟友，1992 年它是独联体中第一个与俄签订《友好、合作和相互援助条约》的国家，两国共享军事、战略空间，共同使用军事基地，在一国遭到威胁时共同使用军事设施。1994 年 3 月，两国又签订了军事合作条约。苏联留在哈的军事设施不少，通过上述条约，俄得以租用其中最重要的七个。1995 年，两国又签订共同保卫边界的协定，俄哈边界长达 6 800 多公里，双方的边界管控当局定期交换情报，采取联合行动，打击贩毒和非法移民等跨国犯罪活动。②1998 年 7 月，两国发表《21 世纪永久友好与结盟的宣言》。哈也是独联体实行与俄协调的经济政策的主要拥护者，经济状况在中亚各国中最好。在哈的俄罗斯族人占比也最高，据 1989 年苏联的人口统计，在哈的俄罗斯族人占 38%，达 620 万人；哈萨克族也只占 40%。哈萨克斯坦还是俄防止南边宗教极端主义渗透的缓冲地。有的俄评论家把哈总统纳扎尔巴耶夫称为上帝赐给俄的政治礼物。③但哈实行多矢量的外交政策，而且在二十多年中外交上一直比较稳定，不像乌兹别克斯坦那样左右摇摆，容易变卦。④但在 20 世纪 90 年代两国关系的成果仍然有限，普京当政以后两国的军事合作才成为现实。

90 年代俄罗斯在中亚的势力总的说来削弱了，但它与塔吉克斯坦的关系是个例外，俄塔一直是盟友。塔国内局势不稳，90 年代的多数时间忙于内战。在

---

① Elizabeth Wishnick, "Growing U. S. Security Interests in Central Asia," October 2002, https://ssi.armywarcollege.edu/pdffiles/PUB110.pdf.

② Vladimir Paramoniov and Oleg Stolpovski, "Russia and Central Asia: Bilateral Cooperation in the Defense Sector," May 2008, https://www.files.ethz.ch/isn/92591/08_May.pdf.

③ Laszek Buszynski, *Russian Foreign Policy after the Cold War*, p.149.

④ Marlene Laruelle and Sebastien Peyrouse, "The United States in Central Asia: Reassessing a Challenging Partnership," May 2011, https://www.tandfonline.com/doi/abs/10.1080/09700161.2011.559983.

塔内战中，俄支持现政府的安全部队，同时主张塔民族和解，各族之间通过平等对话结束战争。塔吉克斯坦与阿富汗有 1 200 多公里的漫长边界，独立后自己没有能力守卫，1992 年 7 月，俄塔签订协定，俄军得以在塔边界进行部署，帮塔守边。俄罗斯认为，守卫塔边界就是保卫俄自己的国家安全，如果俄军从塔边界撤走，宗教极端主义便会向本地区渗透。11 月，两国签订第二个协定，应塔政府请求，主要用于镇守边界的俄第 201 摩托化师亦可支持塔政府的戒严，保卫特定建筑和设施，维护交通，打击武器走私、恐怖主义等跨境犯罪活动。1992 年 9 月，俄方还提出，塔阿边界也是独联体与阿富汗的边界，需要各国来“集体守卫”；还主张，塔的稳定属于独联体集体安全体系的责任，1993 年 10 月将部署在塔的部队改称独联体集体维和力量，争取中亚各国都向塔派遣维和部队，但实际上各国自顾不暇，派兵只是象征性的，主要还是俄军在尽职。2000 年维和行动结束，独联体各国军队都撤走了，以第 201 摩托化师为主体的俄军及一些后勤部门继续留驻该国。①苏联解体后，联合的防空系统已不复存在。俄罗斯花费了近 100 万美元帮助塔重建空军，到 2001 年塔第一个空军营已经可以用于实战。此后，塔空军定期参与俄阿斯特拉罕地区的空中军演。②

乌兹别克斯坦独立初期与俄罗斯走得很近，两国是集体安全条约的发起者。塔内战也影响到乌的安全，乌总统卡里莫夫支持塔政府，乌、俄立场相同。卡里莫夫还一再表示，俄罗斯是中亚外部边界的和平与稳定的保障，敦促俄确定其在中亚的战略利益，帮助维护中亚各国的稳定。乌长期以来与阿富汗的北方联盟保持着密切关系，乌情报官员与北方联盟领导人杜斯塔姆经常交换情报。北方联盟也是俄在阿反对恐怖主义的盟友。③到了 20 世纪 90 年代中期，由于乌急于摆脱俄影响，指望引进美国势力来进行对冲，俄乌军事合作基本流于纸面的协议，而无实际的进展。1999 年，乌决定不再参加独联体集体安全体系。

吉尔吉斯斯坦 90 年代在实行民主改革、建立市场经济方面在中亚国家中是最积极的，但经济状况较差。吉是集体安全条约组织成员，俄吉有防务伙伴关系，俄军人帮助守卫吉边界。1994 年 7 月，俄吉签订军事协定，吉邀请俄训练、装备吉军队，俄帮助吉建立边防部队，俄军官可在吉军中服役。吉还支持叶利钦关于由独联体共同守卫塔吉克斯坦—阿富汗边界的倡议，俄、哈、吉三国总统表

① Laszek Buszynski, *Russian Foreign Policy after the Cold War*, p.153; Vladimir Paramonov and Oleg Stolpovski, “Russia and Central Asia: Bilateral Cooperation in the Defense Sector,” May 2008, https://www.files.ethz.ch/isn/92591/08_May.pdf.

② Vladimir Paramonov and Oleg Stolpovski, “Russia and Central Asia: Bilateral Cooperation in the Defense Sector,” May 2008, https://www.files.ethz.ch/isn/92591/08_May.pdf.

③ Laszek Buszynski, *Russian Foreign Policy after the Cold War*, p.156.

示要加强对兄弟的塔吉克斯坦的支持。吉总统阿卡耶夫称，没有俄罗斯的支持，中亚就不可能安全，他完全支持俄方的努力。①但主要由于俄经济困难，到1999年，俄军基本撤出吉尔吉斯斯坦，只留下了约100名顾问，俄军撤离时留下了军事装备。苏联刚解体时俄罗斯族居民占吉人口的21.2%，到1994年降到了17%，返回俄罗斯的多半是各类技术人员，这影响到吉的防务工业，引起吉总统阿卡耶夫的不安。为了吸引俄罗斯族人，吉实行承认双重国籍的政策，并于1992年10月成立斯拉夫大学，以方便俄罗斯族子弟的教育。

土库曼斯坦奉行中立政策，不参加任何政治—军事联盟。

从20世纪90年代后半期起，美方对中亚也给予了更多的关注。1996—1997年，美国安会负责新独立国家事务的高级主任詹姆斯·科林斯(James Collins)，负责俄罗斯、乌克兰和欧亚地区的助理国务卿科乐赫(Katherine Kelleher)等在各种场合阐述美国在中亚地区的利益和政策，尤其是副国务卿塔尔伯特在约翰斯·霍普金斯大学的讲话被普遍认为是对美政策的全面的权威表述。塔尔伯特指出，克林顿政府对中亚的政策包括四个方面：促进民主；创造自由市场经济；在地区和各国间缔造和平；使之融入更为广泛的国际社会，包括其能源。塔尔伯特指出，如果这些国家内部的冲突和国家间的冲突不能得到妥善解决，甚至更加蔓延，那么"这个地区就可能变成滋生恐怖主义的土壤，成为宗教和政治极端主义的热土，成为彻头彻尾的战争的战场"，"如果在这个拥有2 000亿桶石油储藏的地区发生这种情况，这对美国事关重大。因此，平息冲突必须是美国政策在本地区的首要任务。这既是开发能源的前提，也是它的伴随物"。②

由于美国在该地区的影响历来薄弱，美国要排除俄罗斯的势力，来主导地区事务是不现实的。克林顿政府完全意识到这一点，塔尔伯特在上述讲话中强调，美国对于如同19世纪英俄那样导致零和结果的"大博弈"不感兴趣，美国希望这一地区所有负责任的玩家都是赢者。他在讲话末尾特别讲道，"在历史上，无论是在沙俄时期还是苏联时期，其领导人的强大、安全和骄傲感都是建筑在别人的虚弱、不安全和受屈辱之上的"，今天，在独联体国家中，在俄罗斯的邻国中对于俄如何处理与它们的关系仍然存在着诸多担心。独联体的未来取决于这一组国家能不能发展成真正独立的国家的联合。"如果它朝另一个方向发展，如果它最大的成员试图把这个'联合'变为对别国进行统治的婉转表述，那么它也将在历史的灰烬中去接受如同苏联一样的命运"；"一个大邻国能不能成为一个好邻

① Laszek Buszynski, *Russian Foreign Policy after the Cold War*, pp.155—156.

② "A Farewell to Flashman: American Policy in the Caucasus and Central Asia", Deputy Secretary of State Talbott Address at the Johns Hopkins School of Advanced International Studies, Baltimore, Maryland, July 21, 1997, https://1997-2001.state.gov/regions/nis/970721talbott.html.

国”,这是俄罗斯面临的考验。①有的美国学者解读说,这个讲话的信息是明确的:美国在中亚地区没有紧迫的至关重要的利益,与别的地区(如欧洲和东亚)比较起来,中亚对美国的重要性是第二位的;美国的目的不是成为中亚的主导者,而是要避免中亚继续作为某个国家的势力范围;没有别的国家成为中亚的主导者,就能服务于美国利益了。②

1999 年,美国将中亚划归美国中央司令部的“责任区”。中央司令部提出,与中亚的军事合作聚焦于实施“和平伙伴关系计划”下的教育培训,以便为本地区的维和与人道主义需求打造去政治化的职业军队。2001 年 1 月,美国一位副防长访问塔吉克斯坦,会晤了塔防长凯卢洛耶夫和边防部队军官,讨论了双边军事合作、地区安全和阿富汗的冲突,并敦促塔加入北约“和平伙伴关系计划”。5 月,中央司令部新任司令托米·弗兰克斯(Tommy Franks)访问塔吉克斯坦,并称塔是“战略上重要的国家”,承诺给予军事援助。在美不断游说下,塔于 2001 年 5 月 16 日加入该计划。③

克林顿政府并没有足够估计到塔利班势力的崛起对中亚的安全威胁,在上述塔尔伯特的讲话中也没有提到塔利班,美国也不愿花费精力来处理这个问题。塔利班的反伊朗立场在某种程度上帮助了它维护在西方的中立形象,这与中亚国家的看法截然不同。1999 年到 2000 年夏季,乌兹别克斯坦和吉尔吉斯斯坦先后两次遭到与本·拉登有联系的“乌兹别克斯坦伊斯兰运动”(“乌伊运”,IMU)等极端主义势力的入侵,中亚的安全形势恶化。这使美方意识到塔利班与恐怖主义的联系,改变了对它的温和态度。美中央司令部司令津尼(Anthony Zinni)将军认为把中亚国家纳入该司令部的整体战略是十分重要的,他说:“花 1 盎司的积极接触总比花 1 镑的实际作战便宜吧。”④中央司令部把帮助中亚国家

① “A Farewell to Flashman: American Policy in the Caucasus and Central Asia”, Deputy Secretary of State Talbott Address at the Johns Hopkins School of Advanced International Studies, Baltimore, Maryland, July 21, 1997, https://1997-2001.state.gov/regions/nis/970721talbott.html.

② Eugene Rumer, “The United States and Central Asia: In Search of a Strategy,” in Eugene Rumer, Dmitri Trenin, and Huasheng Zhao, eds., *Central Asia. Views from Washington, Moscow, and Beijing*, p.30.

③ Jim Nichol, *Central Asia's New States: Political Developments and Implications for U.S. Interests* (CRS Report for Congress), Updated May 18, 2001, pp. 10—11, 16; Elizabeth Wishnick, “Growing U.S. Security Interests in Central Asia”, October 2002, https://ssi.armywarcollege.edu/pdffiles/PUB110.pdf.

④ Elizabeth Wishnick, “Growing U. S. Security Interests in Central Asia,” October 2002, https://ssi.armywarcollege.edu/pdffiles/PUB110.pdf.

打击跨国威胁作为优先任务。2000年春，中情局局长特纳特和联邦调查局局长路易斯·费里(Louis Freer)也访问了哈、乌两国。4月7日，哈总检察长尤里·黑特林与路易斯·费里在阿斯塔纳举行会晤，讨论美哈执法合作问题。双方都认为，两国必须尽快签署关于相互提供司法援助的协定。尤里·黑特林还希望美方能对哈执法机关侦查刑事案件等方面工作提供支持。①4月，奥尔布赖特国务卿访问中亚，并与各国讨论情报共享和提供安全援助的问题。她驳斥了认为美国低估恐怖主义威胁的流行说法，并宣布了一个新的援助项目"中亚边界安全倡议"，为哈、吉、乌三国分别提供300万美元加强边界巡查，后来又把土、塔两国包括进来。②6月，在华盛顿举行中亚反恐会议。8月，乌、吉两国再次遭到入侵，有数名美国公民被扣作人质，美方立即宣布"乌伊运"为恐怖组织，并强调，"美国支持乌兹别克斯坦反对'乌伊运'的暴力行为、捍卫国家主权和领土完整的权利"。在克林顿政府的末期，美国与乌还进行了一项秘密的军事合作。这是一项低级别、小范围的合作，由美特种部队训练乌军人、双方分享情报以对付塔利班政权。双方对该项合作一直秘而不宣，只有政府内小范围的人员知情。在克林顿执政的最后一个月曾讨论了对塔利班和"基地组织"实行一次军事打击的可能性，但并未作出决定。克林顿对于在遥远而陌生的中亚采取军事行动持谨慎态度，乔治·沃克·布什政府初期同样如此，美国里海能源外交特别顾问伊丽莎白·琼斯(Elizabeth Jones)甚至表示，美国不会以军事干预来阻止宗教极端主义武装分子入侵中亚。有的美国学者评论说，美国对中亚的安全关注只是为了把中亚连接到欧洲的安全结构之中，而不是要创造一种能使欧洲来保卫这一地区的渠道。③

拓展民主是克林顿政府外交政策的三大支柱之一，美国也要塑造中亚，重点是要求这些国家实行民主化改革，建立经常性的民主机制，实行尊重人权的政策。但这些概念对于中亚国家来说都是陌生的，与中亚国家的历史、传统和文化格格不入，要在中亚落地生根并不容易。在与美国建立外交关系时，各国都作了民主化改革的保证。1994年纳扎尔巴耶夫在访问美国时，还与克林顿一起签订

---

① 程瑶:《美国联邦调查局将在哈设立办事处》,《中亚信息》2000年第9期，http://mall.cnki.net/magazine/article/XXYZ200009031.htm。

② BBC News, "Albright Visits Kazakhstan," April 15, 2000, http://news.bbc.co.uk/2/hi/asia-pacific/714242.stm.

③ Rugene Rumer, "The United States and Central Asia: In Searching of Strategy", in Rugene Rumer, Dmitri Trenin, and Huasheng Zhao, *Central Asia. View from Washington, Moscow, and Beijing*, pp.37—38, 28; Jim Nichol, *Central Asia's New States: Political Developments and Implications for U.S. Interests* (CRS Report for Congress), Updated December 11, 2002, pp.2, 8.

了《民主伙伴关系宪章》，承诺实行法治、尊重人权和进行经济改革。但美国务院2000年的《国别人权报告》仍然断言，在所有中亚国家中，总统的权力都凌驾于立法和司法权之上。美国对于这些国家中的政治民主化到底能走多远没有把握，但对于在这些国家中培植政治反对派又颇为犹豫，因为这里的反对派基本上是激进主义者，允许这股势力坐大只能是养痈成患。①

尽管如此，美国仍然关注五国民主化的进展，加强私有经济部门，支持中亚本地的非政府组织和美国非政府组织的活动。美国也对中亚国家提供了有限的经济援助，在1992年布什政府启动的"提供希望行动"中，美向新独立国家提供人道主义援助及救助难民，运送食品、紧急疫苗、过剩的军用药品等物资，中亚五国也在受援国之列。从1992财年到2000财年对各国援助共计18.85亿美元，其中哈萨克斯坦6.84亿美元，吉尔吉斯斯坦4.84亿美元，塔吉克斯坦2.87亿美元，乌兹别克斯坦2.18亿美元，土库曼斯坦1.81亿美元。②从1997年起，克林顿政府开始把经济援助的重点从人道主义援助转向发展援助，1998财年援助比上一财年增长40%。美国帮助中亚国家建立市场经济：哈、吉两国实行税制改革，哈实施大规模的私有化改革，吉建立股票市场，并帮助各国与世界银行、国际货币基金组织、欧盟及其他国际经济和政治组织建立联系，并鼓励一些中亚国家在1998年年底前加入世界贸易组织。1999年，美国会还通过《丝绸之路战略法》，授权政府加强对南高加索和中亚国家消除冲突、提供人道主义需求、经济发展、交通和通信、边界控制、民主化进程、公民社会建设等方面的援助。③

这一地区蕴藏丰富的油气资源，到20世纪90年代后期，美国对其重视程度大大增加。1997年美国务院应国会的要求提出《里海地区能源发展报告》，其中估计里海地区蕴藏的石油在900亿桶到2 000亿桶之间，仅次于中东，被认为是"21世纪的波斯湾"。西方石油公司发起密集的强大的游说活动，敦促各国政府支持它们在中亚的经营。实际上，西方石油公司在苏联解体前即已显示对中亚地区的强烈兴趣。雪佛龙公司是第一家在哈投资的美国企业，1993年4月，该公司与哈签订200亿美元、为期40年的伙伴关系协定，并组建合资企业田吉兹—雪佛龙公司来经营哈最大的油田田吉兹油田。1996年4月，莫尔比公司从

① Jim Nichol, *Central Asia's New States: Political Developments and Implications for U.S. Interests* (CRS Report for Congress), Updated May 18, 2001, p.9; Norman Kempster, "Baker Faces Tough Job in Central Asia", *Los Angeles Times*, February 16, 1992, https://www.latimes.com/archives/la-xpm-1992-02-16-mn-4704-story.html.

② Jim Nichol, *Central Asia's New States: Political Developments and Implications for U.S. Interests* (CRS Report for Congress), Updated May 18, 2001, p.16.

③ Jim Nichol, *Central Asia's New States: Political Developments for U.S. Interests* (CRS Report for Congress), updated July 21, 2003, p.2.

哈政府购得田吉兹油田 25%的股份。①

美国对中亚的能源政策服务于三个目的:第一,使中亚能源摆脱俄罗斯的控制,进入世界市场,使美国公司获益;第二,进而使中亚国家的经济摆脱俄罗斯而独立;第三,从整体上削弱俄罗斯与伊朗对中亚地区的影响。②美国致力于为里海能源建筑一条绕开俄罗斯的出口管道,这就是美国公司一直主张的巴库—第比利斯—杰伊汉管道。正如布热津斯基所说:“只有在一个油气管道和交通运输网络通过地中海和阿拉伯海以及陆地把这个地区直接与世界经济活动的主要中心连接起来的时候,地缘政治的多元化才能变成一个持久的现实。因此,必须反对俄国为垄断进入该地区的途径而作的努力。”③当时国际上有诸多方案在竞争:南俄方案(田吉兹—俄罗斯南部—诺沃罗西斯克)、里海底方案(土库曼斯坦—阿塞拜疆—格鲁吉亚—地中海的土耳其港口杰伊汉)、北伊朗方案(土库曼斯坦—伊朗—土耳其)、阿富汗方案(土库曼斯坦—阿富汗—巴基斯坦—印度)等。美国公司属意于里海底方案,即巴库—第比利斯—杰伊汉方案(BTC 管线)。经过数年博弈,里海底方案胜出。1994 年 9 月,各大石油公司在阿塞拜疆的古利斯塔签署“世纪合同”,合同金额 75 亿美元,拉开了里海能源开放的大幕,美国、英国、法国、土耳其等国石油公司成为阿石油财团的大股东,打破了俄罗斯对里海石油的垄断,俄与西方的竞争也出现了复杂局面。1999 年 11 月 18 日,在欧安组织伊斯坦布尔峰会上,在克林顿总统见证下,土耳其、阿塞拜疆、格鲁吉亚及哈萨克斯坦四国共同签署了铺设 BTC 输油管道的框架性政治文件《伊斯坦布尔议定书》。2005 年 5 月,BTC 管道建成,并于 2006 年 6 月开始输油,日输油量为 100 万桶。该管道是通过地缘经济的手段达到地缘政治的目的的一个例子。俄罗斯对这条管道从未表示赞成,但也没有明确表示反对或进行阻挠。在 20 世纪 90 年代,叶利钦政府致力于与西方合作,上述管道也不至于从根本上动摇俄罗斯的地区影响力。

三、美重视与乌、哈关系

在与中亚各国的安全合作中,美国看重乌兹别克斯坦,原因是:第一,乌比其

① 曾向红:《遏制、整合与塑造:美国中亚政策二十年》,第 22 页。据当时估计,田吉兹油田的储量为 33 亿桶。

② Jim Nichol, *Central Asia's New States: Political Developments and Implications for U.S. Interests* (CRS Report for Congress), Updated May 18, 2001, p.15; Uzmar Akhtar, “Central Asia Security: Issues and Implications for US Interests,” ISSRA Paper 2010, https://www.ndu.edu.pk/issra/issra_pub/articles/issra-paper/ISSRA_Papers_Vol2_IssueII_2010/04-Central-Aisa-Security-Uzma-Akhtar.pdf.

③ 兹比格纽·布热津斯基:《大棋局——美国的首要地位及其地缘战略》,中国国际问题研究所译,第 197 页。

他中亚国家更急于与俄罗斯拉开距离，对俄整合中亚并尝试建立一体化机制的努力常常提出批评，是个特立独行的国家；第二，乌人口占整个中亚的46%，地处中亚中心，与四个中亚国家和阿富汗毗邻；第三，乌的武装力量在中亚五国中最强。①美国决策者认为，“从地缘政治和商业的角度出发，乌兹别克斯坦是对美国非常重要的国家”。1995年4月，美防长佩里主要为“军转民”项目访俄及中亚三国，包括乌兹别克斯坦。乌总统卡里莫夫在接受美国记者采访时谴责“俄罗斯正在上升的帝国倾向是乌面临的首要威胁”，“今天俄罗斯的沙文主义倾向越来越强”，俄一些反对派人士说要重建俄罗斯帝国“可能只是把俄罗斯许多人的心里话大声说了出来”。当记者问佩里如何看待卡里莫夫的表态时，佩里称，乌兹别克斯坦“在强调自己的独立方面是很坚定的。有的原苏联国家在这方面含含糊糊，但乌不是这样”。佩里将乌称为中亚的“稳定之岛”，并承诺美国将支持乌的外交政策。乌参与了美对伊朗的制裁。10月，美乌两国防长签署谅解备忘录，设立了一个进行军事合作对话的工作组。美鼓励发展与乌的经贸关系，1995年双方的合资企业已达到100多家，1997年美对乌的投资上升到30多亿美元。1996年6月，乌总统对美国进行首次访问，国际上将其解读为美支持乌成为中亚地区的领导者。②美乌双边委员会于1998年2月举行首次会议。③2000年2月，美国根据与乌签订的军事协定把16辆军用卡车转让给乌，这是在美对中亚的军援项目下第一笔较大规模的物资援助。

在美国拉拢下，乌美逐渐走近，乌俄慢慢疏离，一个突出的例子是，1999年《独联体集体安全条约》第一个五年刚满期，乌就同格鲁吉亚、阿塞拜疆一起退出了条约。4月下旬，北约在华盛顿举行成立50周年的纪念活动，一些独联体国家作为和平伙伴关系国也参加了。乌兹别克斯坦加入1997年10月由格鲁吉亚、乌克兰、阿塞拜疆、摩尔多瓦成立的“古阿姆”新国家集团（由GUAM变成GUUAM，五国国家的首字母），五国商定“将在北大西洋伙伴关系理事会和北约和平伙伴关系计划框架内发展相互合作，加强在解决冲突和危机领域的关系”。这是个很松散的组织，从来没有在国际事务中发挥多少实际作用。但其成立的地点、时间和占据的空间具有象征意义，表明从东欧经高加索一直延伸到中

---

① “Statement by Deputy Assistant Secretary B. Lynn Pascoe,” June 24, 2004, https://www.csce.gov/sites/helsinkicommission.house.gov/files/Pascoe.pdf.

② Robert Burns, “Uzbek Leader Says ‘Imperial Ambitions’ Rising in Russia,” April 7, 1995, https://www.apnews.com/41b56ce49c7b8dce29ab6a486d027685；曾向红：《遏制、整合与塑造：美国中亚政策二十年》，第34页；王鸣野：《美国的欧亚战略与中南亚五国》，新疆人民出版社2003年版，第27页。

③ Jim Nichol, *Central Asia's New States: Political Developments and Implications for U.S. Interests*(CRS Report for Congress), Updated May 18, 2001, p.3.

亚的独联体国家对俄罗斯的离心倾向，是让俄罗斯很窝火的事情。有的俄观察家称它为“反独联体集团”。《纽约时报》载文说，“新联盟突出表明了俄罗斯影响的削弱”，“一个新的同独联体角逐的集团……诞生了”，实际上是要建立绕开俄罗斯的欧洲—中亚联系通道。①

尽管如此，俄罗斯没有放弃乌兹别克斯坦。1995 年以后，俄军离开乌兹别克斯坦，俄乌鲜有军事交流。1998 年 10 月，叶利钦对乌进行国事访问，双方签订 10 项合作文件，包括相互援助遏止恐怖主义在地区的扩张。1999 年秋，乌军与中亚三个集安组织条约成员国军队一起参加俄指挥下的军演。在“乌伊运”对吉尔吉斯斯坦进行袭击后，俄乌于 1999 年 12 月、2000 年 5 月、2001 年 5 月接连签订协定，拓展了双边的安全和军事—技术合作。②

美国还看重与哈萨克斯坦的关系。哈是中亚面积最大的国家，比其他四国面积总和的两倍还多，在中亚国家中政治比较稳定，经济状况也比较好。1994 年 2 月 13 日至 14 日，哈总统纳扎尔巴耶夫首次访美，在两国领导人的联合记者会上，克林顿对哈在销毁苏联留下来的核武器方面采取的果断措施大加赞扬，并称，这将为美哈发展完全的互利伙伴关系创造条件。他还宣布把对哈的援助从上一财年的 0.91 亿美元增加到本财年的 3.11 亿美元，并准备为 1994、1995 两财年安全销毁核武器再提供 0.85 亿美元。双方签署《民主伙伴关系宪章》，承诺共同致力于民主的价值观，包括法治和尊重人权。两国还达成科学合作、空间技术合作、“军转民”、投资保护等协定。③双方订立防务合作协定，举行关于防务学说、训练和预算的对话。双方还仿照美俄的样子，成立双边合作委员会，由戈尔副总统和纳扎尔巴耶夫总统牵头，推动两国在各个方面的合作，1994 年 11 月举行首次会议。

1997 年，两国又签订新的军事合作协定，包括核安全问题，美国将提供训练、核材料安全和“军转民”等方面的帮助。1997 年 11 月中旬，纳扎尔巴耶夫携防长再次访美，与戈尔签署《经济伙伴关系行动纲领》，双方的《联合声明》内容广泛，再次确认两国伙伴关系的重要性，哈承诺加速市场经济转型，美承诺通过大规模的技术和其他合作支持哈的经济改革；同意建立里海法律机制，以明确区分海底资源的产权；支持建设通过海底的油气管道，加强地区合作，包括建立东西

① 王鸣野：《美国的欧亚战略与中南亚五国》，第 58 页。

② The NATO-Russia Archives, “Russia and Central Asia,” November 18, 2005, http://www.bits.de/NRANEU/CentralAsia.html.

③ “The President News Conference with President Nusultan Nazarbayev,” February 14, 1994, https://www.govinfo.gov/content/pkg/WCPD-1994-02-21/pdf/WCPD-1994-02-21-Pg289.pdf. 托卡耶夫认为哈美《民主伙伴关系宪章》是哈外交史上的“一个重要里程碑”。托卡耶夫：《中亚之鹰的外交战略》，纳雷索夫译，第 20 页。

方运输走廊的合作；美方欢迎哈融入全球经济，支持哈加入世界贸易组织；双方同意继续加强防务合作，及哈继续融入包括北约“和平伙伴关系计划”的欧洲军事架构，并就不扩散问题建立定期专家对话。①两国国防部签署《1998 年防务合作与军事交流计划》，美提供 4 000 多万美元为哈购买非致命性武器、培训哈军官；帮助哈组建海军，向哈提供 16 艘快艇；双方还进行以监控核试验为目的的地下爆炸试验。②哈与多家美石油公司签订合同。

1999 年 3 月，美国国会通过《1999 年丝路战略法》，要求对南高加索和中亚国家增加援助，促进主权独立的民主政府，尊重人权；帮助解决地区冲突并消除跨境商业的障碍；促进以市场为导向的经济合作；促进通信、交通、教育、健康、能源和贸易等方面的基础设施，以便在本地区及欧洲—大西洋共同体中建设强固的国家间关系和商业联系；支持美国在本地区的贸易和投资利益。③尽管如此，美方意识到由于历史和地缘政治的原因，美对中亚的影响及可能影响中亚的手段都无法与俄罗斯匹敌。在克林顿政府的最后一个《国家安全战略报告》中无奈地总结说，美对中亚国家的影响在很大程度上取决于俄罗斯的改革。④

第四节　南高加索

南高加索地处欧亚的十字路口，北接俄罗斯，南邻土耳其、伊朗，与中亚、中东毗邻，是连接欧洲、中东和亚洲的“大陆桥”。它东靠里海，西接黑海，是里海盆地油气资源的对外出口通道，地理位置十分独特、重要。历史上，从罗马帝国开始，波斯人、阿拉伯人、蒙古人、奥斯曼人，后来的俄罗斯人都力图征服和控制该地，真正是“兵家必争之地”。布热津斯基写道：“在广阔的欧亚中部高原以南有一个政治上混乱但能源丰富的地区，它对于欧亚大陆西部和东部的国家，以及最南部地区那个人口众多、有意谋求地区霸权的国家来说，都有潜在的重大意义。”⑤布热津

① “Joint Statement on U.S.-Kazakhstan Relations,” November 18, 1997, https://www.govinfo.gov/content/pkg/PPP-1997-book2/pdf/PPP-1997-book2-doc-pg1602.pdf.

② 王鸣野：《美国的欧亚战略与中南亚五国》，第 84 页。

③ Summary: S-579- -, - -106 Congress (1999—2000), https://www.congress.gov/bill/106th-congress/senate-bill/579.

④ The White House, *A National Security Strategy for a New Century*, December 1999, p.34. file:///C:/Users/Administrator/Downloads/487539%20(3).pdf.

⑤ 兹比格纽·布热津斯基：《大棋局——美国的首要地位及其地缘战略》，中国国际问题研究所译，第 43—47 页。

斯基所指的这个地区就是包括南高加索在内的里海沿岸地区。格鲁吉亚、阿塞拜疆和亚美尼亚三国获得独立，但三国都没有做好独立的准备，缺乏治理一个现代国家的政治和经济机制及实行转型的资源，一旦莫斯科的控制和束缚消失，种种乱象就都喷涌而出。总体说来，这是高度不稳定、分裂、虽有能源资源但经济不发展的地区，民族主义、族群冲突和国家竞争在这里有肥沃的土壤。这一地区比原苏联的任何地区都经历了更多的混乱和战争。它的南北都是强邻：俄罗斯试图维持其昔日的影响，土耳其和伊朗也力图向南高加索扩张势力。

有美国学者认为，在 20 世纪 90 年代的大部分时间里，美国实际承认俄罗斯在包括南高加索的后苏联空间的领导作用，意识到美国在这里既没有重要的安全利益，也没有多少影响，认可由俄罗斯在这里充当稳定力量，而无需美国承担任何政治义务的状态。①从 1997 年以后，美国开始重视中亚和南高加索地区的地缘战略价值，美国的政策目标是要确保北约南侧的安全，使这些国家摆脱俄罗斯的控制，奉行独立且亲美的政策，削弱俄罗斯的地区影响力，并遏制伊朗势力的扩张；鼓励它们实现民主和市场经济转型；支持里海国家能源出口多元化，帮助它们融入美国主导的西方经济体系，使美国公司尤其是石油公司得以参与经营该地油气资源的开发。克林顿政府为有效协调政策，设立了大使级的里海能源外交特别顾问职务，以协调政府各部门政策及各种开发里海油气资源的项目。但 90 年代这一政策收效有限。②

南高加索三国各有其吸引美国的特点。格鲁吉亚的独特之处是其总统谢瓦尔德纳泽。他是苏联最后一任外交部长，是戈尔巴乔夫外交政策的主要执行者，与美国打了许多交道，在美国颇有人气。但他深知，格鲁吉亚必须与强邻俄罗斯搞好关系，“对于我们格鲁吉亚人，太阳从北边升起”，③是他的名言。亚美尼亚的突出长处是在美国有一个活跃的游说团体，这个游说团体组织良好，效率很高，在美国相关立法中屡屡发挥重要作用，保证了亚美尼亚得到美国决策者的青睐。阿塞拜疆的长处是它有举世闻名的石油，这对美国的吸引力是毋庸置疑的。④

---

① David Mark, “Eurasia Letter: Russia and the New Transcaucasus,” *Foreign Policy*, No.105, Winter 1996, p.141.

② Richard Kauzlarich, “Time for Change? U. S. Policy in the Transcauacasus,” The Century Foundation Report, 2001, pp.6—7；孙超：《南高加索安全复合体的生成困境探析》，《俄罗斯研究》2017 年第 2 期。

③ 安格斯·罗克斯伯勒：《强权与铁腕——普京传》，胡利平、林华译，第 106 页。

④ Eugune Rumer, Richard Sokolsky and Paul Stronski, “U.S.Policy Towards South Caucasus: Take Three,” May 31, 2017, https://carnegieendowment.org/2017/05/31/u.s.-policy-toward-south-caucasus-take-three-pub-70122.

这一地区对于俄罗斯来说无疑是至关重要的，除了显要的地理位置、里海的能源，北高加索车臣地区的状况使俄罗斯尤其需要稳定的南高加索。有一个时期俄罗斯甚至怀疑，南高加索，主要是格鲁吉亚是车臣武装分子的后援。南高加索是一个多民族地区。在斯大林时期，苏联实行民族大调动政策，设定了强制性的边界，留下了许多政治和民族矛盾。到 20 世纪 80 年代，戈尔巴乔夫的政治改革使潜伏的问题一一释放出来，民族主义和分离主义开始泛滥，1988 年至 1989 年爆发了民族间的流血冲突，造成格鲁吉亚的阿布哈兹和南奥塞梯问题，阿塞拜疆与亚美尼亚之间的纳戈尔诺—卡拉巴赫争端这三个热点问题。①这些问题不仅严重地影响了地区稳定和地区国家间关系，也在很大程度上决定了三国的对外政策取向。苏联解体后经过两三年，俄罗斯对南高加索的政策逐渐清晰：第一，使南高加索三国成为独联体成员，与之建立军事联盟，并将三国纳入俄罗斯的国防体系，在这里树立起一块“盾牌”，以防止来自南面的威胁，并以经济、政治、对热点问题的干预等方式使三国尊重俄的利益和要求；第二，不急于同这些国家实行一体化，以免承担太多的义务，尤其是在俄自身处于困难的经济转型的时候，而是作为地区稳定的“保护者”和各种协定的“监督者”，充当地区脆弱平衡的保证人；第三，尽可能防止西方石油公司参与开采里海大陆架的石油。②从地缘战略角度说，俄罗斯在这里无疑处于比美国有利得多的地位。

一、格鲁吉亚

1991 年 4 月，格鲁吉亚紧随波罗的海三国先于苏联其他加盟共和国宣布独立。独立之初，格鲁吉亚有过一个混乱时期，首任总统加姆萨胡尔季阿是个极端排外的民族主义者，实施独裁统治，与国内各少数民族接连发生冲突，国家几近崩溃。他在位不到一年，便于 1992 年 1 月被推翻。加姆萨胡尔季阿携巨款仓皇出逃，先到亚美尼亚，后来又跑到俄联邦的车臣共和国，住在格罗兹尼，受到车臣反政府武装的庇护。谢瓦尔德纳泽接任总统后国内形势才逐渐安定下来。谢瓦尔德纳泽总体来说奉行对西方和俄罗斯比较平衡的政策。

格鲁吉亚的地理位置对格的外交政策既是利好也是制约。格是中亚和南高加索各国中唯一临海的国家，格的港口是阿塞拜疆油气的主要出口港，也是哈萨克斯坦非油气物资的主要出口港，这使它处于影响整个地区的有利地位。美、俄都作了相当的努力争取在这里保持军事存在，或者利用格过境国的地位对地区和别国施展影响。格鲁吉亚的这种转运国的地位与俄罗斯的影响力形成竞争关系，俄寻求弱化格的这种地位。

---

① 李建军、魏婷婷：《试析外高加索在美国全球战略中的地位》，《西伯利亚研究》2012 年 6 月号。

② 孙壮志：《谈俄罗斯与外高加索三国的关系》，《东欧中亚研究》1997 年第 6 期。

阿布哈兹和南奥塞梯是格鲁吉亚有着强烈独立倾向的自治共和国和自治州，分别占格面积的12%和5%，与俄接壤。由于阿布哈兹和南奥塞梯问题，维护领土完整成为格外交政策的最高选项。①1990年9月，南奥塞梯宣布退出格鲁吉亚，成立隶属于苏联的"南奥塞梯苏维埃共和国"。12月，格议会通过决定，取消南奥的自治地位，格与南奥之间爆发冲突。属于俄罗斯的北奥塞梯直接参与了对格的冲突和封锁。1991年5月，南奥议会宣布脱离格鲁吉亚，与北奥塞梯合并。苏联解体后，格军进入南奥首府茨欣瓦里，双方冲突再起，南奥地方武装得到俄支持，击溃格政府军。俄直接出面促成南、北奥塞梯与格鲁吉亚谈判，并一再警告格不得"对奥塞梯民族无辜者"施行暴力。1992年6月，格、俄与南、北奥塞梯四方达成协议，规定在冲突地区设立15公里宽的隔离带，俄、格、南奥共同组成混合维和部队进驻该地区。及至8月，局势得到控制，难民陆续返回家园。但南奥地位问题并未解决，南奥当局仍然实际控制着该地区。但此后12年间格与南奥之间没有再发生武装冲突，双方还有经贸往来。②

1992年7月，阿布哈兹议会决定脱离格鲁吉亚独立。8月，格派军队进入阿布哈兹首府苏呼米等城市，格阿冲突爆发，在俄罗斯支持下，阿地方武装击溃格政府军。在格的要求下，俄介入调停。1993年7月，双方签署停火协定，俄军以独联体维和部队名义进入冲突地区，并先后建立四个军事基地。1994年6月，在俄斡旋下格阿签署长期停火协议，根据协议，俄派出了3 000人的维和部队，在有争议的格阿边界的安全地带巡逻，防止冲突再起。俄维和部队也得到联合国安理会的默认，安理会将其视为联合国的维和部队，并派出观察员。这表明，欧美也认可俄罗斯在作为俄后院的南高加索发挥相应的作用。③但协定没有得到切实遵守。1997年，联合国向格派出观察团监督停火，格阿冲突仍未完全停止。

苏联解体后，俄罗斯在南高加索仍有军事存在，包括军事基地、维和部队和边防部队。1992年5月，在乌兹别克斯坦首都塔什干达成《独联体集体安全条约》，南高加索三国先后加入该条约。格鲁吉亚1993年加入该条约后，立即与俄

① Brenda Shaffer, "Foreign Policies of the States of the Caucasus. Evolution in the Post-Soviet Period," Summer 2010, https://www.uidergisi.com.tr/wp-content/uploads/2013/02/foreign-policies-of-the-states.pdf.

② 孙壮志：《谈俄罗斯与外高加索三国的关系》，《东欧中亚研究》1997年第6期；"George-Ossetian Conflict," https://en.wikipedia.org/wiki/Georgian%E2%80%93Ossetian_conflict。

③ Chris Bird, "Russian Troops in New Role as Abkhazia Peacekeeping," June 28, 1994, https://www.latimes.com/archives/la-xpm-1994-06-28-mn-9599-story.html; Brenda Shaffer, "Foreign Policies of the States of the Caucasus. Evolution in the Post-Soviet Period," Summer 2010, https://www.uidergisi.com.tr/wp-content/uploads/2013/02/foreign-policies-of-the-states.pdf; 毕洪业：《俄罗斯地缘外交中的格鲁吉亚》，《俄罗斯中亚东欧研究》2005年第3期。

签署关于俄临时驻格部队的法律地位问题条约和八项军事协定，同意把黑海重要港口波季和班博拉机场租给俄军使用。1995 年 3 月，俄防长格拉乔夫访问第比利斯，俄格又签署协定，俄租用格四个军事基地，为期 25 年；俄将帮助格建立正规军队。1996 年 4 月，俄格签署关于军事合作和军事技术合作的协定。①

格对俄政策也比较矛盾：它既要竭力摆脱受俄控制的局面，减弱其影响力，并利用国际力量和社会舆论来抵制俄影响，保障自己对俄的独立性；又指望俄帮助其恢复领土完整。而在俄看来，西方有关国家不仅迫使俄从格境内撤军，还要赶走俄在阿布哈兹和南奥塞梯的维和部队，因此这两个地区的实际分离状态正好可以利用来阻止格融入西方、加入北约。谢瓦尔德纳泽抱怨说，格与阿布哈兹和南奥塞梯的冲突久拖不决与俄从中作梗有关，莫斯科欲控制近邻小国的"帝国野心"从未泯灭。②格民众认为，只要俄自己还有平息车臣骚乱的问题，它是不会希望阿布哈兹和南奥塞梯问题得到顺利解决的。在 1999 年 11 月的伊斯坦布尔欧安会峰会上，叶利钦同意在 2001 年 7 月之前关闭在阿布哈兹的瓦扎尼和谷达乌塔两处军事基地。普京当政后改变主意，借口阿布哈兹不愿意让俄军撤走，把谷达乌塔变成俄军维和部队中心。格阿冲突被"冻结"起来。③

1994 年第一次车臣战争爆发，俄认为格为车臣武装分子提供后勤给养和训练基地，于 1995 年关闭阿布哈兹与格鲁吉亚边界，断绝了双方之间的交通往来和商业联系，引起格极大不满。俄政府还停止了在俄务工的格侨民向本国汇款的业务，迫使其商贸活动更多地转向土耳其和伊朗。自然，格领导人也是现实的，谢瓦尔德纳泽 1996 年 3 月在格公民联盟会议上强调，格的不少问题只有俄参与才能解决，要摆脱经济危机必须加强对俄关系。④俄在 2000 年到 2001 年的冬季曾切断对格的天然气供应。

谢瓦尔德纳泽担任格总统后即努力改善对美关系。从独立之日起，格鲁吉亚就力图与美、欧建立军事同盟关系，融入欧洲—大西洋的安全架构，以此作为对俄的牵制。但格仍然力图在西方和俄罗斯之间保持平衡，不过分倾向一方。在苏联解体之前，美国对高加索地区总体说来所知甚少，只有少数学者、外交官、商人、冒险家到访过这个地区，对美国的决策者来说，这里只是个"传奇故事"的地方。格独立后，美国立即给予外交承认，并且是第一个在格设立大使馆的国家。美国积极与格发展关系，但实际上不论是促进民主改革还是经济改革都没有显著进展。能源问题一时间成为美国政策的中心，美国要防止俄罗斯和伊朗

①④　孙壮志：《谈俄罗斯与外高加索三国的关系》，《东欧中亚研究》1997 年第 6 期。

②　毕洪业：《俄罗斯地缘外交中的格鲁吉亚》，《俄罗斯中亚东欧研究》2005 年第 3 期；赵鸣文：《普京大外交》，第 156—157 页。

③　Richard Kauzlarich, *Time for Change? U.S. Policy in the Transcauacasus*, The Century Foundation Report, 2001, pp.31—32, 60—61.

对里海和中亚能源的垄断与控制，叶利钦政府一度也顾不上南高加索，给了美国扩大在该地区影响的机会。①

1994 年 3 月上旬，谢瓦尔德纳泽作为格总统对美国进行首次工作访问，并与克林顿会晤。美方表示“完全支持格鲁吉亚的领土完整，继续支持联合国和平解决格鲁吉亚的阿布哈兹地区冲突的努力”，准备与格方“密切共事”以应对格所面临的安全挑战，双方相关官员将拓展防务合作和安全对话；美方欢迎格方准备加入北约“和平伙伴关系计划”的决定；双方同意“加速建设两国各个方面的紧密的互利关系”，努力实现格民主化和市场经济改革的目标，消除双边经济关系中不必要的障碍，致力于拓展在经济、能源、教育、文化、体育等各方面的合作。②双方签署了双边投资协定。

格鲁吉亚在 1992 年加入北大西洋合作委员会，1994 年 3 月加入北约“和平伙伴关系计划”。此后，格积极通过该计划框架下的军事演习拉近与北约的关系，每年都派军官去德国和意大利的北约防务学院接受培训。1996 年格向北约递交国别伙伴关系计划。格鲁吉亚和阿塞拜疆还是“古阿姆”(GUUAM)集团的成员，五个对俄罗斯不满的国家抱团取暖。同时，格、阿还公开对北约东扩表示理解，声明不加入俄罗斯牵头的抵制北约东扩的行动。同时，格、阿积极组建自己的陆军、海军，从美国和土耳其等国接受军事援助，要求俄撤出维和部队，改由欧盟派出多国部队到冲突地区执行和平使命。1996 年 10 月，格议会通过决议，决定用自己的边防军接替守卫“外部边界”的俄军，迫使俄考虑撤军问题。③格 1999 年退出独联体集安条约后即从俄军手中完全接过了对边界的管控。

格鲁吉亚的领土完整问题是格加入北约的难以逾越的障碍。由于北约集体自卫的原则，成员国必须具有安全的、清晰的国家领土的界线。在 1995 年的《北约扩容可行性报告》中再次强调，领土完整是北约成员资格的至关重要的条件。④在 20 世纪 90 年代，北约对于南高加索没有给予特别关注，没有与南高加索合作的全盘计划，没有如同北约与乌克兰那样的特殊关系概念和框架，只是在 1999 年成立了一个临时的关于地区合作的工作组。工作组主要关注防务和经

---

① Richard Kauzlarich, *Time for Change? U.S. Policy in the Transcaucasus*, The Century Foundation Report, 2001, pp.5, 34.

② William J. Clinton, “Joint Declaration on Relations Between the United States and the Republic of Georgia,” March 7, 1994. Online by Gerhard Peters and John T. Woolley, *The American Presidency Project*, https://www.presidency.ucsb.edu/node/219053.

③ 孙壮志:《谈俄罗斯与外高加索三国的关系》,《东欧中亚研究》1997 年第 6 期。

④ 报告称，那些有族群争端或与外国有领土纠纷的国家，必须通过和平方式解决争端，这类争端的解决是决定是否邀请该国加入北约的决定性因素。NATO, “Study on NATO Enlargement,” September 3, 1995, https://www. nato. int/cps/en/natohq/official _ texts _ 24733.htm?。

济问题，包括民事和应急处理、科学和环保合作以及信息活动。但北约与南高加索的合作仍然没有一个整体的规划和方案，北约秘书长罗伯逊在 2002 年曾说："高加索不是北约的特别关注。"①

1997 年 7 月中旬，谢瓦尔德纳泽再次对美进行工作访问。克林顿会晤了他，双方再次发表联合声明。美方对格改革取得的进展以及谢瓦尔德纳泽的领导作用大加赞赏，表示继续支持格的改革。双方呼吁格进一步融入欧洲安全架构，美方积极支持格方参加北约和平伙伴关系活动；重申坚定支持格的领土完整，并希望尽快重启联合国主导，由俄、法、德、英、美等参与的和平解决阿布哈兹问题的谈判。②这一提法的用意是，有了这么多西方国家的参与，俄罗斯只是国际斡旋中的五分之一，甚至六分之一，其作用也就大大降低了，甚至被边缘化了。总之，美国不能让俄来继续主导这一问题。美防长科恩在五角大楼会晤谢瓦尔德纳泽一行，双方签署《防止大规模杀伤性武器合作与促进防务和军事关系的协定》。1998 年 3 月，美格签署军事合作计划，要在年内举行 23 项各类军事演习，美答应向格赠送两艘护卫舰以"确保格海上战略利益"，并提供最新的电子通信设备及 1.2 亿美元的经济援助。③

1999 年，由于美国和北约对巴尔干地区事态的干涉，也出于对俄关于阿布哈兹问题态度的失望及俄影响力的下降，格鲁吉亚的外交政策发生显著的疏俄亲美的转变，转而向西方寻求在解决民族冲突问题上更明确的支持。是年，格提出加入北约的要求，加大与美国和北约合作的力度，同时退出《独联体集体安全条约》。2000 年 1 月，克林顿总统表示，北高加索局势对格鲁吉亚构成威胁，美将扩大对格边防军的援助。9 月，美参谋长联席会议主席谢尔顿（Henry Shelton）访格，双方讨论了深化军事合作伙伴关系及今后 10 年至 15 年合作远景规划。格鲁吉亚自从独立以来一直是欧洲和欧亚地区美国的经济和军事援助的主要受援国，1992 年至 2000 年间美国对格的援助总额达 8.6 亿美元，年均 9 600 万美元。美对格的援助提升了格领导人的期望，使他们产生一种错觉，似乎美已经取代俄成了格一个钱包鼓鼓的"保护人"。④

---

① Martin Malek, "NATO and the South Caucasus: Armenia, Azerbaijan, and Georgia on Different Tracks," *Connections*, Vol.7, No.3(Summer 2008), p.30.

② William J. Clinton, "Joint Statement on Republic of Georgia-United States Relations," July 18, 1997. Online by Gerhard Peters and John T. Woolley, *The American Presidency Project*, https://www.presidency.ucsb.edu/node/224800.

③ 毕洪业：《俄罗斯地缘外交中的格鲁吉亚》，《俄罗斯中亚东欧研究》2005 年第 3 期。

④ "Georgia has received 4.3 bln in financial aid from US in past 28 years", *Business Media*, November 29, 2019, https://bm.ge/en/article/georgia-has-received-43-bln-in-financial-aid-from-us-in-past-28-years/44427/; Richard Kauzlarich, *Time for Change? U.S. Policy in the Trans Caucasus*, The Century Foundation Report, 2001, p.54.

无论出于历史还是现实原因，俄罗斯都无法容忍格鲁吉亚倒向西方。2000年，围绕着俄在格军事基地和签证问题，俄格争议不断。格坚决要求俄军从四处军事基地撤走，俄则多次指责格成为车臣非法武装获取武器和人员的通道，并于2000年12月正式实行对格签证制度，但阿布哈兹和南奥塞梯两地除外。双方就俄军撤出格军事基地问题进行了反复谈判。①

二、阿塞拜疆，亚美尼亚

纳戈尔诺—卡拉巴赫争端占据了阿塞拜疆与亚美尼亚关系的中心位置。该地区在苏联时期是阿塞拜疆共和国的一个自治州，亚美尼亚族人占居民的大多数。1988年2月纳—卡自治州议会投票要求脱离阿塞拜疆，并入亚美尼亚，阿无法再对该州行使主权。苏联解体后，阿、亚于1992年冬爆发战争。国际社会介入调停，即所谓明斯克和谈。美国国务卿贝克参加欧安会使团进行斡旋，并提出一套解决问题的原则，后被称为"贝克规则"，主要是：阿、亚两国作为关键参与方，纳—卡地区亚美尼亚—阿塞拜疆共同体作为利益相关方，组建和平谈判的主体。②但俄罗斯决心独立接管"纳—卡的和平进程"，明斯克小组被排斥在外。1994年5月初，由俄罗斯召集，阿、亚、纳—卡的代表在比什凯克进行谈判，阿、亚双方达成停火协议，此后边界仍有零星冲突，争端并未解决。9月，叶利钦亲自出面，促使阿、亚和纳—卡三方领导人在莫斯科举行高级会晤，讨论实现和平的具体问题，并要求各方持续遵守协议。③1996年12月，欧安组织马德里会议又讨论了纳—卡问题，在主席声明中阐述了纳—卡和平三原则，即尊重阿塞拜疆的主权和领土完整；给予纳—卡"高度自治权"；切实保障纳—卡各民族居民的人身安全。该原则成为俄、美、法明斯克小组主席国调停活动的政治基础。1999年4月，克林顿政府作为明斯克小组三共同主席之一，发起阿、亚总统面对面商谈的倡议，此后，两位总统在日内瓦、莫斯科、伊斯坦布尔、巴黎、达沃斯和雅尔塔及两国边境地区举行过多次谈判，但双方各说各话，谈判没有进展。

俄罗斯对阿、亚的政策总体说来是在两国之间搞平衡。亚美尼亚是俄罗斯的盟国，根据集安组织条约第四条，如果阿、亚间爆发重大冲突，俄有义务出手干

① 毕洪业：《俄罗斯地缘外交中的格鲁吉亚》，《俄罗斯中亚东欧研究》2005年第3期。有的俄罗斯学者认为，俄罗斯对南高加索的政策"犯下了一个严重的错误"，即仅仅将自己局限于充当热点地区的稳定器，专注于"冻结"冲突，而在社会、经济和文化领域做得很少，无法向南高加索国家提供任何有吸引力的现代化项目。见谢尔盖·马尔科多诺夫：《大高加索的危机与俄罗斯——五日战争之结果及影响》，《俄罗斯研究》2011年第2期。

② 孙超：《南高加索安全复合体的生成困境探析》，《俄罗斯研究》2017年第2期。

③ "Nagorno-Karabahk Conflict," https://en.wikipedia.org/wiki/Nagorno-Karabakh_conflict；孙壮志：《谈俄罗斯与外高加索三国的关系》，《东欧中亚研究》1997年第6期。

预,保卫亚的安全。阿塞拜疆对俄罗斯来说是一个麻烦的伙伴。它是个不结盟国家,比大多数国家都更恐惧俄罗斯的压力,在安全和经济合作上与西方联系密切。作为一个石油输出国,其利益与俄罗斯时有冲突。20 世纪 90 年代,阿公然反抗俄罗斯,是美国主导的巴库—第比利斯—杰伊汉天然气管道项目的主要参与方。阿塞拜疆还认为,俄罗斯利用纳—卡争端,操控了跨里海管道等问题,并在更大层面限制阿的独立。①

阿塞拜疆独立初期(1992—1993 年),总统埃利奇别伊把意识形态置于首位,阿外交政策突出反俄倾向,拒绝参加独联体,拒绝与俄进行安全合作,并要求俄军立即从阿撤退。俄最多在阿驻有 1 500 名军人,1993 年 5 月,俄军撤离,阿是俄军撤离的第一个独联体国家。②1994 年第一次车臣战争爆发,俄担心阿为车臣武装分子提供支持,关闭了俄阿边界,断绝了与阿之间的交通往来和商业联系。1996 年 12 月,俄防长罗季奥诺夫访阿,双方签署两项军事合作文件,包括两国共同使用阿北部边境的加巴林雷达站,这是俄说服阿加入统一空防系统的一个成果。③埃利奇别伊希望发展对美关系,但亚美尼亚游说团竭力进行反阿游说,美阿关系一直受到抑制,美国在阿、亚之间是偏向于亚美尼亚的。

盖达尔·阿利耶夫总统(1993—2003 年)和伊利哈姆·阿利耶夫总统(2003 年—)与前任不同,他们实行去意识形态的现实主义外交政策,采取在俄美之间搞平衡的做法,既加入了独联体,又发展与北约的关系,但避免与西方建立制度性联系,没有加入西方主导的一体化组织,也不受宗教、族群等因素的影响,不以相同的宗教信仰作为结盟的基础。④盖达尔·阿利耶夫的外交政策顾问古鲁扎德曾经强烈倾向于加入北约,但遭到俄罗斯的反对,北约也不热心。此后,阿领导人就一直回避就加入北约问题明确表态,而限于与北约进行低层次的合作。⑤俄罗斯把阿利耶夫政权的世俗统治视为后苏联空间最稳定的政府之一,俄阿关系在实质和气氛上都得到一定改善。

阿塞拜疆盛产石油和天然气,油气出口是阿的主要经济支柱。但阿是一个内陆国家,其油气出口必须取道别国。对油气过境国的选择对阿具有政治意义,

---

① 波波·罗:《孤独的帝国——俄罗斯与新世界无序》,袁靖、傅莹译,中信出版集团 2019 年版,第 149—150 页。

② Jim Nichol, *Armenia*, *Azerbaijan*, *and Georgian*: *Political Developments and Implications for U.S. Interests*(CRS Report for Congress), Updated February 23, 2006, p.9.

③ Jim Nichol, *Armenia*, *Azerbaijan*, *and Georgian*: *Political Developments and Implications for U.S. Interests*(CRS Report for Congress), Updated November 6, 2008, p.7.

④ 孙超:《南高加索安全复合体的生成困境探析》,《俄罗斯研究》2017 年第 2 期。

⑤ Martin Malek, "NATO and the South Caucasus: Armenia, Azerbaijan, and Georgia on Different Tracks," *Connections*, Vol.7, No.3(Summer 2008), p.30.

反映了它在邻国间的亲疏远近。尤其是天然气,它与石油不同,石油主要是在国际市场上销售,而天然气则是由生产方直接供给消费方,因此建造天然气输出的基础设施在阿外交政策议程中占有重要地位。阿外长曼玛蒂阿洛夫自嘲说:"阿外长处理了许多运输问题。"阿把格鲁吉亚作为其出口油气的主要转运国(BTC管道),表明阿把格作为主要的友好邻国,要维持与其长期的稳定关系。运输和贸易,包括保护油气管道的安全也是古阿姆组织的一个招牌问题。①阿也以优惠价格向格提供油气,并鼓励在格侨民拥护格政府,维护其国家机制,融入当地社会。阿在本地区的一个主要支持者是土耳其。两国语言相通,享有长期的友好关系。阿的天然气通过管道输送到土耳其的安纳托利亚地区。在纳—卡争端中,土耳其支持阿方,并向阿提供武器装备。

车臣战争爆发后俄罗斯关闭了南部边界,卡断了阿俄经济联系的主要渠道,给阿经济造成负面影响。为应对这种状况,1996 年 2 月,阿利耶夫总统访格,双方签署运输协定。3 月,在世界银行和欧洲银行的资助下,从巴库到波季(格黑海沿岸城市)的管道动工兴建。9 月,巴库—波季陆路交通率先开通,当月就从阿运出石油制品 3.9 万吨。从巴库到波季的输油管道也开始修建。②

1992 年美国的《支持自由法》第 907 条款规定,直至阿塞拜疆解除了对亚美尼亚的封锁及其他进攻性的武力使用,美国政府不得对阿政府进行任何直接援助,用于防扩散和军控的费用除外,从而使阿成为所有新独立国家中唯一不能接受美援的国家。这在很长时间内妨碍了美阿关系的改善。③907 条款是在强大的亚美尼亚裔(约 150 万)游说团对国会的成功游说下得以通过的,理由是在阿亚战争期间,阿对亚进行了封锁。阿当然反对这一条款,认为这对阿不公平。条款也遭到乔治·布什、克林顿和乔治·沃克·布什政府的反对,他们认为这对美国在该地区实行不偏不倚的外交政策造成障碍。奥尔布赖特国务卿在 1998 年写给众议院筹款委员会主席利文斯顿(Robert Livingston)的信中说:"907 条款破坏了政府促进纳—卡问题解决的中立立场,削弱了政府鼓励阿塞拜疆实行广泛的经济和法制改革的能力,损害了政府推进东西能源运输走廊的努力,因此有损美国的国家利益。"④美总统对于 907 条款多实行"豁免",美阿关系得到发展。

---

① Brenda Shaffer, "Foreign Policies of the States of the Caucasus. Evolution in the Post-Soviet Period," Summer 2010, https://www.uidergisi.com.tr/wp-content/uploads/2013/02/foreign-policies-of-the-states.pdf.

② 孙壮志:《谈俄罗斯与外高加索三国的关系》,《东欧中亚研究》1997 年第 6 期。

③ Jim Nichol, *Armenia, Azerbaijan, and Georgia: Political Developments and Implications for U.S. Interests* (CRS Report for Congress), Updated February 23, 2006, Summary.

④ Svante Cornell, *Small Nations and Great Powers: A Study of Ethnopolitical Conflict in the Caucasus*, https://is.muni.cz/el/1423/podzim2012/MVZ208/um/35586974/pdf.

阿参加了北约“和平伙伴关系计划”，并支持北约的科索沃战争。

亚美尼亚的外交政策总的说来是安全靠俄罗斯，经济靠美国。巩固对纳—卡地区的控制并取得国际上的合法性是亚外交政策的首要目标，这首先得靠俄罗斯，亚俄保持着密切的军事、政治关系，是独联体集安条约组织的盟国，俄在亚拥有两处军事基地，俄边防部队守卫着亚与土耳其、伊朗的边界，20 世纪 90 年代驻亚俄军达 3 500 人。亚还受俄空防系统保护。在俄政界同样存在着亲亚的派别和人士。如俄前驻亚大使弗拉基米尔·司徒比申就曾表示，如果没有亚美尼亚，“俄在外高加索就没有任何地位”。亚自始至终都是俄的战略盟友，俄也应该予以适当对待。①但亚俄并不接壤，两国间隔着格鲁吉亚，因此俄格关系也涉及亚的国家利益。

美亚之间有比较稳定的经贸联系，双方签订了一系列协定，如贸易与投资框架协定、贸易关系协定、双边投资条约、科学技术合作协定等。亚美尼亚还享有美国的普遍优惠制待遇，许多对美出口商品得以享受零关税待遇，美商还可以在亚美尼亚投资设厂，然后把产品运回美国免关税销售。②

阿、亚两国都在 1994 年加入北约“和平伙伴关系计划”。两国军队都参与了科索沃的维和，阿还派兵支持了北约在阿富汗的军事行动。对于北约，亚美尼亚总统科恰良和萨尔基相先后都表示，加入北约会影响亚与邻国的关系，而且未必能改善国家的安全状况。因此，该国与北约的关系仅限于“和平伙伴关系计划”内的有限合作。③

① Jim Nichol, *Armenia, Azerbaijan, and Georgian: Political Developments and Implications for U.S. Interests*(CRS Report for Congress), Updated November 6, 2008, p.7；孙超：《南高加索安全复合体的生成困境探析》，《俄罗斯研究》2017 年第 2 期；侯艾君：《车臣始末》，世界知识出版社 2005 年版，第 275 页。

② “US Relations with Armenia. Bilateral Relations Fact Sheet,” November 7, 2019, https://www.state.gov/u-s-relations-with-armenia/.

③ Martin Malek, “NATO and the South Caucasus: Armenia, Azerbaijan, and Georgia on Different Tracks,” *Connections*, Vol.7, No.3(Summer 2008), p.31.

第六章 巴尔干的战乱

第一节 波黑战争

1989年11月柏林墙倒塌后，欧洲出现了系列大动荡，南斯拉夫的解体及由此而来的系列战争是对美俄关系的严峻考验。

一、南联邦解体及美俄介入

1991年夏天，独立之风首先在南斯拉夫社会主义联邦共和国(共6个共和国)中相对比较富裕的斯洛文尼亚和克罗地亚刮起。戈尔巴乔夫政府已经气息奄奄，对南联邦冲突的调解作用十分有限。欧共体开始介入南斯拉夫危机，包括实行武器禁运和冻结财政援助。联合国也有介入。美国布什政府的基本立场是维护南联邦的完整，对于冲突双方各打五十大板。国务卿贝克6次访南。6月21日，他分别单独会晤了南联邦及各共和国的领导人，向他们表示，美国、欧共体和加拿大都非常关注南斯拉夫形势，要求这些领导人恪守赫尔辛基原则：以和平方式解决争端；除非取得共识，否则不得变更边界；人权，尤其是少数民族的权益必须得到尊重。贝克批评塞尔维亚共和国米洛舍维奇(Slobodan Milosevic)的政策是当前危机的主要原因，“你正在驱使你的人民、你的共和国和南斯拉夫走向内战和瓦解”。而如果南斯拉夫解体，塞尔维亚将是孤立的，它在一代人或更长时间内将成为欧洲的弃儿。可见美国的立场是清晰的：对南斯拉夫问题，塞尔维亚要负主要责任。他也警告南联邦的军方领导人，不要试图动用军队来维护联邦。但贝克的斡旋鲜有成果，南斯拉夫的解体过程未被阻止。6月25日，斯洛文尼亚和克罗地亚议会举行赞成独立投票。南联邦政府不允，驻守两地的联邦政府军与地方武装发生冲突，并演变成两场战争。布什政府发表声明，谴责该两共和国单方面宣布独立关闭了谈判的大门，同时谴责联邦政府使用武力。布什政府认为，南斯拉夫的内战是地区冲突，它与海湾战争不同，没有威胁到美国的重大国家利益。美国更关注苏联的事态，关注与苏联谈判和签署《削减战略武器条约》，美国起先的态度是让欧共体来应对南斯拉夫事态。①但欧共体 1991 年夏天的调停同样没有多少成效。10 月，斯洛文尼亚和克罗地亚正式宣布退出南联邦独立。欧美起先保持"不承认"新独立国的协调一致，并对交战各方实行武器禁运。但这种协调很快被打破。12 月下旬，历来视斯洛文尼亚和克罗地亚为自己势力范围的德国率先承认两国独立。接着，1992 年 1 月中旬，欧共体承认两国独立。到 1992 年春天，两国已经得到欧共体各国、俄罗斯等 50 多个国家的承认。波黑和马其顿也于 1992 年春天相继宣布独立，而塞尔维亚和黑山则于 4 月 27 日另组南斯拉夫联盟共和国，较前南联邦的国名少了"社会主义"四个字。南斯拉夫联邦终于解体。

1992 年春，波斯尼亚—黑塞哥维那（以下简称波黑）共和国的三个主要民族穆斯林族、塞尔维亚族和克罗地亚族就波黑前途发生严重分歧：穆、克两族坚决主张独立，塞族则坚决反对独立。1992 年 3 月 3 日，波黑议会正式宣布波黑独立。4 月 6 日、7 日，欧共体和美国相继予以承认。塞族随即宣布成立"波黑塞族共和国"，脱离波黑独立，波黑战争爆发。

1991 年 9 月 25 日，联合国安理会通过第 713 号决议，对南斯拉夫交战各方实行"全面的完全的武器禁运"，随后并建立了名曰"联合国保护部队"（United Nation's Protection Forces, UNPROFOR）的维和部队进驻前南联盟。联合国并指派美前国务卿万斯（Cyrus Vance）、英国前外交大臣戴维·欧文（David Owen）为前南问题国际委员会两主席进行调处，还向克罗地亚派遣维和部队。布什政府为是否承认该两国以及波黑和马其顿独立纠结了一段时间。同时，布什政府又在继续对塞尔维亚施加压力。1992 年 3 月 3 日，贝克指示美驻南大使齐默尔曼（Warren Zimmermann）向米洛舍维奇转达美国对塞尔维亚与波黑塞族领导人卡拉季奇（Radovan Karadzic）共谋破坏稳定的努力表示"极端担心"。1992 年 4 月 7 日，美国继欧共体之后同时承认了斯洛文尼亚、克罗地亚和波黑三国独立。10 日，贝克又指示齐默尔曼转告米洛舍维奇，如果塞尔维亚希望与美国发展某种关系，它必须尊重邻国的独立和领土完整。②美欧各国的承认给波黑穆族撑了腰，壮了胆，当天萨拉热窝市即发生穆族袭击塞族平民事件，塞族随即进行反击。双方的武装冲突愈演愈烈。冲突的一方是：波黑境内形形色色的塞族武装及境外塞族"志愿军"约 20 万人，基本由塞族组成的南斯拉夫人民军驻

① James Baker III with Thomas DeFrank, *The Politics of Diplomacy*, pp.479—483, 636.

② James Baker III with Thomas DeFrank, *The Politics of Diplomacy*, pp.641—643.

波黑的10万正规军；另一方是波黑穆族和克罗地亚族各种名目的武装17万人，克罗地亚派来的3万军队，以及克罗地亚极右翼建立的准军事部队3万人。相互对立的50万人进行了一场持续达3年半的混战，这是从第二次世界大战结束以来欧洲大地上伤亡和破坏程度都空前惨烈的内战。①

美国对波黑内战实行明显偏袒一方、打压另一方的“拉偏架”政策。布什政府指责波黑塞族和塞尔维亚是内战的罪魁祸首，并于1992年5月伙同德国中止了南斯拉夫的欧安会成员资格，在国际上孤立南斯拉夫。美国和西方还操纵联合国通过了对南斯拉夫实行制裁的决议。5月30日，联合国安理会通过第757号决议，对刚刚成立33天的南斯拉夫联盟实施全面制裁。

美国和西方为什么在南斯拉夫内战中片面支持穆族，打压塞族呢？主要原因有三。第一，意识形态的偏见。西方把南斯拉夫联盟视为前南联邦的延续，在塞尔维亚、在南联盟掌权的仍然是原先的共产党人，塞尔维亚被西方媒体称为“欧洲的最后一个布尔什维克堡垒”，②因此，在美国和西方眼中，米洛舍维奇是有“原罪”的，必欲除之而后快。第二，美国想借机争取世界上众多的伊斯兰国家的好感，尤其是那些盛产石油的阿拉伯盟国，如沙特。美国需要那里的石油。第三，美国政策受到土耳其的影响。土耳其是北约在该地区的重要盟国。由于历史、文化、种族等各种原因，土耳其支持波黑、科索沃和阿尔巴尼亚的反塞族政策，并在该地区有着重要的政治、经济利益。③但布什政府没有进行直接的军事干涉。这从根本上说是一场内战，外国没有公开干预的理由；何况内战的结果难以预料，面临大选的布什已经因为对国内经济状况关注不够而备遭批评。1992年夏，萨拉热窝一带正在进行激烈战斗。布什政府打算做的是：第一，把航母开向亚德里亚海以显示美国的威力；第二，对塞尔维亚实行多边的海上封锁；第三，切断从罗马尼亚通往塞尔维亚的输油管道；第四，“显示进行空袭以便为人道主义救援创造条件”的意愿。④12月，布什政府警告塞族武装，如果战争扩大到科索沃，美国将进行军事干涉。但在布什政府任内，美国并未军事介入南事态。

俄罗斯由于血缘、历史、文化和宗教的原因，自然是站在塞族一边的。但叶利钦与塞尔维亚领导人却有过节。在苏联解体过程中，1991年8月19日至21日，副总统亚纳耶夫、总理帕夫洛夫等发动了废黜戈尔巴乔夫的“三日政变”，政变策划者与贝尔格莱德关系密切，并且警告外国对南斯拉夫形势的干涉，而贝尔

① 杨达洲：《克林顿政府与前南危机和波黑战争》，牛军主编：《克林顿治下的美国》，中国社会科学出版社1998年版，第156页。

② 杨达洲：《克林顿政府与前南危机和波黑战争》，牛军主编：《克林顿治下的美国》，第159页；Евгений Примаков, Годы в большой политике, стр. 171—172。

③ 郑羽主编：《既非盟友，也非敌人》，第724页。

④ James Baker III with Thomas DeFrank, *The Politics of Diplomacy*, pp.648—649.

格莱德的执政党是欧洲唯一支持这场政变的。这样，塞尔维亚领导人介入了俄罗斯内部的权力之争，站在了叶利钦的对立面。叶利钦当政后在外交上又向西方“一边倒”，在南斯拉夫问题上也迎合西方；而叶利钦的对立面，共产党和民族主义者则公开支持塞尔维亚共和国。实际上，为了显示与西方立场的一致性，叶利钦政府在波黑战争开始时指责塞尔维亚共和国要对战争负主要责任，1992 年 4 月 27 日承认波黑独立，5 月又表示支持联合国对塞尔维亚共和国和波黑塞族的制裁，9 月支持西方提议的联合国在波黑部署维和部队，10 月支持在波黑建立禁飞区，甚至同意由北约来对禁飞区进行监视以及北约在联合国授权下的军事行动。①但叶利钦政府追随西方的举措遭到国内反对派的强烈批评。他们公开谴责叶利钦政府“出卖信奉东正教的斯拉夫同种人的利益并向西方叩头”，甚至保证，一旦他们当权，就会向贝尔格莱德提供军事援助。②这样，对南斯拉夫内战的政策成为俄罗斯国内政治斗争中的一个影响因素，从而在一定程度上扭曲了叶利钦的立场。

及至克林顿当政，波黑已经成了整个欧洲最血腥的地方。克林顿政府面临着艰难的抉择：美国在巴尔干地区的影响力有限，五角大楼认为仅仅靠空袭解决不了问题，而谁也不想在那里使用地面力量，参联会主席鲍威尔尤其担心军事干预的风险。对越南战争的记忆使军方极不愿意在错综复杂的冲突中作出确定的危险的承诺。但克林顿政府决定介入南斯拉夫事态。克林顿在 1993 年 2 月 5 日的一次会上说，美国如果在这种情况下不能采取行动就是放弃它的世界领导地位。③克里斯托弗国务卿在 2 月 10 日的讲话中说，波斯尼亚问题“正在考验我们在一个根本改变了的世界中以新的方式推行外交政策的能力。它在考验我们对培育民主的承诺，考验我们帮助我们的集体安全机制如北约的意愿……我们不能错失任何能帮助这一冲突得到解决的机会”。克里斯托弗后来回忆说，他的这一宣示实际上远远走在了政策本身的前头。1993 年春天，美国家安全委员会一再举行会议，为波黑战争伤透脑筋。最后，克林顿认为，也许取消禁运可以使武器装备上处于劣势的波黑得到好处，使双方力量对比趋向平衡，必要时就进行空袭。当然，这需要盟国的协同一致。为此，克里斯托弗访问欧洲，与盟国进行磋商。但美国的建议遭到欧洲盟国一致反对。英国首相梅杰称，如果他在议会中提议解除禁运，他的政府就会垮台。法国总统密特朗表示不能支持这一建议，塞尔维亚会对在当地履行维和任务的法军进行严厉报复。德国和意大利也不赞

① 郑羽主编：《既非盟友，也非敌人》，第 726 页。

② V.P. Gagon, Jr., “Serbia and the Moscow Connection,” *Washington Post*, February 24, 1993, https://www.washingtonpost.com/archive/opinions/1993/02/24/serbia-and-the-moscow-connection/09aef886-145e-4bad-b867-8204fe645625/?noredirect=on&utm_term=.f448b83f6331.

③ 王缉思、徐辉、倪峰主编：《冷战后的美国外交(1989—2000)》，时事出版社 2008 年版，第 77 页。

同。北约盟国无意更深地卷入波黑内战，美国孤掌难鸣。因此，克林顿政府决定把主要注意力放在防止冲突扩大并进行人道主义救援方面。①

北约在南斯拉夫的介入在缓慢升级。1992 年 2 月，北约发表声明，敦促冲突双方允许联合国部署维和部队。7 月，北约外长赫尔辛基会议同意协助联合国监督安理会第 713 号（1991 年）和第 757 号（1992 年）决议的实行。10 月 9 日，安理会通过第 781 号决议，在波黑设立禁飞区，北约随之扩大了任务，包括监视从南斯拉夫飞往波黑空域的航行。1993 年，北约的使命从监视升级为执行禁飞区。4 月 12 日，北约发起了"拒绝飞行行动"（Operation Deny Flight）以实施禁飞区。6 月 10 日，北约和联合国同意北约可给予联合国维和部队以"近距离空中支援"（Close Air Support）。

4 月 17 日，在安理会表决收紧对塞尔维亚和黑山禁运的第 820 号决议时，俄罗斯代表投了弃权票，而不是否决票，但俄代表又明确表示，俄罗斯不支持这一决议，不赞成在强化对塞尔维亚和波黑塞族的禁运的同时，取消对波黑穆族政府的武器禁运。俄罗斯虽然与北约有分歧，但保持与西方的合作仍然是首选。在 4 月 20 日的记者招待会上，副外长丘尔金告诉南联盟的记者："幻想是没有意义的……俄罗斯有自己的外交政策重点，我们不会在波斯尼亚的地图问题上与国际社会发生对抗。"23 日，科济列夫外长暗示，形势也许使俄罗斯必须更深地军事介入。我们的政策是与塞族共事，向他们提供比国际社会所提供的更大的空间，使他们能接受必要的决定。5 月 6 日，在联合国安理会讨论在波黑建立"安全区"的第 824 号决议时，俄代表投了赞成票，并暗示"对于对抗国际社会的人……将采取进一步的严厉措施"。科济列夫还呼吁塞尔维亚共和国领导人停止对波黑塞族的支持，并敦促其接受"万斯—欧文计划"中没有争议的部分。6 月 4 日，俄与美、英、法等国共同起草了关于在波黑建立安全区的第 836 号决议，俄代表在表决后声明，从现在起，任何对安全区的军事进攻、射击和炮击，任何对安全区的军事入侵，任何阻碍人道主义援助的行为都将被联合国维和部队强行阻止，包括使用武装力量。②叶利钦还在 7 月东京七国峰会上表示支持对南斯拉夫实行更严厉的制裁。

1993 年 5 月 5 日，克里斯托弗对俄罗斯进行他就任后的首次访问，在此之前，克林顿还给叶利钦打了两次电话。美方迫切希望与俄方讨论的问题之一是对波黑实行军事制裁。③就在克里斯托弗与叶利钦会晤前一天，科济列夫突然会

---

① Warren Christopher, *In the Stream of History*, pp.344—347.

② Fiona Watson, Richard Ware, "Bosnia, the UN and the NATO Ultimatum," February 17, 1994, file:///C:/Users/Administrator/Downloads/RP94-33%20(1).pdf.

③ 鲍里斯·叶利钦：《午夜日记——叶利钦回忆录》，李垂发等译，第 9 页。

见美参议员代表团，要求美国不要把叶利钦逼到墙角。如果俄罗斯放弃同种斯拉夫人，将会引起灾难性的国内政治后果。叶利钦从与克里斯托弗的会晤中感觉到，美方已经有了一个非常详细、经过周密考虑的方案。叶利钦虽然在波黑问题上基本上继续执行与西方合作的政策，但对美方取消对穆、克族的禁运并空袭塞族的主张表示坚决反对，不赞成以军事方式来解决问题。克里斯托弗在访问后给克林顿的报告中写道，美国的欧洲伙伴和俄罗斯都不赞成取消对穆、克族的禁运和空袭塞族的主张，总统现在有采取各种措施的自由，就是不能像布什政府那样袖手旁观。但真要采取什么强有力的措施却不是一个轻而易举的选择。从1993 年年中起，克林顿政府主要关注的是如何防止冲突扩大，并提供人道主义援助，直到 1995 年年中，美国才决定要采取更坚决的外交和军事举措。①

在 1993 年 12 月俄杜马选举中日里诺夫斯基的自由民主党获得高票，要求“保卫”塞尔维亚和波黑塞族免遭北约进攻的呼声在议会高涨，叶利钦在波黑问题上面临新的压力。1994 年 1 月 21 日，新议会通过关于南联盟的第一个决议，呼吁有关各方克制，不使用武力，以政治方式解决冲突。1 月下旬，日里诺夫斯基访问斯洛文尼亚和塞尔维亚，并表示，他将在议会中提出，如果联合国对波斯尼亚塞族发起进攻，就等于是对俄罗斯宣战，俄应该退出联合国。不仅民族主义政党有这种主张，改革派领导人盖达尔也建议在联合国安理会否决类似决议；中间派的“亚博卢集团”也宣称，联合国在南联盟的行动与俄安全利益是背道而驰的。②

二、美俄的分歧与合作

1994 年 2 月 5 日，围困萨拉热窝的波黑塞族武装对该城一露天市场发起炮击，据称造成 68 人死亡，这是单次炮击造成的最大伤亡。③9 日，北约向波黑塞族发出最后通牒：如果围困萨拉热窝的波黑塞族武装不在 10 天之内将大炮和其他重武器后撤 20 公里，或不把这些武器置于联合国控制之下，北约将在事先不警告的情况下实施空袭；同时，北约也要求波黑穆族将其重武器交给联合国。④这个通牒主要是由美国和法国驱动的，英国对使用武力干涉一直比较谨慎；西班牙强调谈判解决问题；加拿大对通牒没有公开表态；希腊公开反对军事

① Warren Christopher, *In the Stream of History*, p.347.

②③ Fiona Watson, Richard Ware, “Bosnia, the UN and the NATO Ultimatum,” February 17, 1994, file:///C:/Users/Administrator/Downloads/RP94-33%20(1).pdf.

④ Fiona Watson, Richard Ware, “Bosnia, the UN and the NATO Ultimatum,” February 17, 1994, file:///C:/Users/Administrator/Downloads/RP94-33%20(1).pdf；方明、一泉、超金：《呜咽的德里纳河——波黑血战实录》，改革出版社 1996 年版，第 112—113 页。

介入冲突。①通牒标志着北约在波黑问题上的一个政策转变：在其成员国领土之外进行直接的军事介入。当日，克林顿还特地发表声明称，"北约必须是欧洲一支靠得住的力量"，"谁也不要怀疑北约的决心。北约现在要行动了。任何炮轰萨拉热窝的人都要准备承担其后果"，波黑的冲突与美国利害相关，"这些利益尚不足以使美国单方面地介入冲突，但它足以使美国介入冲突，并发挥领导作用"。克林顿表示，冲突最终要靠谈判来解决，美国也将在最终解决中发挥更积极的作用。②

北约这种政策的转变事先没有同俄方商量，叶利钦作出强烈反应。克里姆林宫发表声明称，北约的最后通牒是不能接受的，对波黑塞族的任何武力行动必须由联合国安理会授权。科济列夫在 2 月 9 日、12 日的正式声明中，重申了俄方立场：空袭只有在保卫在波黑的联合国维和部队的情况下才是正当的，关于军事行动的授权问题"应当在安理会的指导下、在联合国秘书长的密切合作下进行"。2 月 15 日，叶利钦会晤了英国首相梅杰，据塔斯社报道，叶利钦支持把萨拉热窝周边的重武器交给联合国维和部队，但认为只有在联合国维和部队受到攻击时才允许空袭塞族阵地。俄总统发言人则称，北约对波斯尼亚的空袭必定对北约"和平伙伴关系计划"产生负面影响。③但叶利钦也知道俄罗斯的反对无济于事，这个通牒是会生效的。他给塞尔维亚领导人米洛舍维奇和波黑塞族领导人卡拉季奇打电话，敦促他们将重武器撤走，如果北约仍然发起攻击，俄罗斯将出手保卫塞尔维亚。④

其时，联合国秘书长加利派出曾任副秘书长的明石康前往波黑进行调停。明石康成功说服了波黑塞族领导人在北约最后通牒规定的期限之前把萨拉热窝附近的重武器撤走。与此同时，俄罗斯也在努力说服波黑塞族领导人卡拉季奇解除对萨拉热窝的围困，并在欧洲开展密集的外交活动：叶利钦与德国总理科尔、法国总统密特朗进行电话磋商，切尔诺梅尔金总理会晤来访的梅杰首相，一再阐述俄反对北约空袭的立场。北约各国对空袭塞族本来意见不一，这时更产生分歧。2 月 20 日，就在北约的最后通牒到期前，叶利钦给克林顿打电话，通报

① Roger Cohen, "Conflict in the Balkans: NATO Near Consensus on Sarajevo Ultimatum," February 9, 1994, https://www.nytimes.com/1994/02/09/world/conflict-in-the-balkans-nato-near-consensus-on-sarajevo-ultimatum.html.

② William J. Clinton, "Remarks Announcing the NATO Decision on Air Strikes in Bosnia and an Exchange with Reporters," February 9, 1994. Online by Gerhard Peters and John T. Woolley, *The American Presidency Project*. http://www.presidency.ucsb.edu/ws/?pid=49509.

③ Fiona Watson, Richard Ware, "Bosnia, the UN and the NATO Ultimatum," February 17, 1994, file:///C:/Users/Administrator/Downloads/RP94-33%20(1).pdf.

④ Leszek Buszynski, *Russian Foreign Policy after the Cold War*, p.73.

了他与欧洲各国领导人磋商的情况，并称，俄罗斯向波黑派出维和部队是为了稳定那里的局势，维护萨拉热窝的持久和平。现在萨拉热窝局势已经趋于稳定，应当避免空袭。克林顿表示赞同。俄美总统的电话为取消空袭定了调子。在当日举行的记者会上，克林顿对俄方为达成和平解决所作出的努力表示感谢，并称北约将继续对萨拉热窝的形势进行严密监视，并将重启和谈进程。①21 日零时，明石康在布鲁塞尔北约总部宣布，“现阶段没有必要要求北约动用空军”。②这样，部分是由于俄美合作，空袭萨拉热窝的危机得以暂时避免。

28 日，北约空军在波黑上空击落了 4 架“海鸥”式飞机。奇怪的是，没有人出来认领被击落的飞机。北约和联合国人士称这些飞机是从波黑塞族的一个机场起飞的，贝尔格莱德的《政治报》发表的一篇报道称，这些飞机是波黑塞族去轰炸特拉尼市郊外一座穆族弹药厂的。当天上午，克林顿向记者通报了此事，并称这是为了履行去年秋天以来实行的禁飞区规定，美机是在对这些飞机一再迫降无效后才将其击落的。③这次空中打击行动是北约成立 45 年来第一次在其传统防区外动用武力，开创了北约“武力维和”的先例。

三、北约空袭塞族

克林顿政府认为，穆、克两族应该摒弃分歧，联合起来对付最具威胁的塞族。美国在穆、克两族之间进行了斡旋，并取得成功。1994 年 3 月 2 日，在克林顿的见证下，波黑总统伊泽特贝戈维奇、克罗地亚总统图季曼在白宫签署组成穆、克联邦的协定。穆、克双方军事领导人还就组建联邦军队达成协议。3 月底，穆克联邦发起春季攻势，主要目的是解除塞族对戈拉日代的围困。戈拉日代在萨拉热窝以东 30 公里处，是联合国划定的六大安全区之一。塞族调集了 2 万兵力应战，穆族及克族武装节节败退。北约空军再次参战打击塞族。4 月 10 日，北约战机轰炸了戈拉日代的塞族阵地。塞族进行还击，15 日击落了一架法国战机，次日又击落一架英国“鹞”式战机。16 日，克里斯托弗给科济列夫打电话，请求他“运用对塞族的全部影响力尽快调解冲突”，科济列夫要求北约必须放弃空袭计划。科济列夫于当晚抵达贝尔格莱德，并于次日与米洛舍维奇进行会谈，双方同意戈拉日代划为安全区，停止所有战线的军事行动，消除为联合国维和人员正

① William J. Clinton, “The President’s News Conference,” February 21, 1994. Online by Gerhard Peters and John T. Woolley, *The American Presidency Project*. http://www.presidency.ucsb.edu/ws/?pid=49680.

② 方明、一泉、超金:《呜咽的德里纳河——波黑血战实录》，第 131—132 页。

③ William J. Clinton, “Exchange with Reporters on Bosnia,” February 28, 1994. Online by Gerhard Peters and John T. Woolley, *The American Presidency Project*. http://www.presidency.ucsb.edu/ws/?pid=49712.

常活动制造的障碍。①但波黑塞族不理会俄罗斯的调停，继续向戈拉日代进军，并于 4 月 18 日占领该城。

1994 年，北约还对波黑别的几处目标进行了空袭。②北约对俄罗斯的斡旋努力的忽视和对波黑塞族的空袭引起俄方强烈不满，这也是俄推迟加入北约"和平伙伴关系计划"框架文件的原因之一。

北约 1994 年春对波黑塞族阵地的轰炸促使俄罗斯更积极地介入波黑问题。1994 年 4 月，经过美欧代表商议，成立了关于波黑问题的"国际联络小组"（International Contact Group），联络小组由美、英、法、德、俄以及欧盟代表组成（后来意大利代表加入），成为利益攸关的各大国在波黑问题上协调立场、进行调停的主要机制。俄罗斯参与联络小组对于该小组的合法性、公正性、代表性是至关重要的，联络小组也得到联合国安理会的认可。有了俄罗斯，联合国安理会五个常任理事国中有四个参与其中；而且由于俄与塞族的天然联系，联络小组可以避免国际上对其偏向穆族、克族的指责。对俄来说，参与联络小组的工作既表明其在维护地区安全方面的作用和重要性，也可以减少国内民族主义者关于西方在解决地区问题中把俄排除在外的指责。自然，俄罗斯与西方国家的立场是有差别的，其中之一是，俄罗斯支持波黑的塞族建立独立国家。科济列夫就说："谁也不能质疑波斯尼亚塞族成立独立国家的权利，正如给予波斯尼亚的克族和穆族的权利一样。"③8 月末，俄驻联络小组的代表说服了米洛舍维奇同意在其边界部署国际观察员以便强化对波黑塞族的武器禁运，同时，以塞尔维亚共和国为主体的南斯拉夫得以被部分解除 1992 年以来联合国施加的制裁。鉴于南斯拉夫国内的经济困难，这对南至关重要。从此时起，俄罗斯在联合国与美国等西方国家进行了持续的外交斗争，一方面反对北约未经联合国授权对波黑的空中打击；另一方面为解除联合国对南制裁而不懈努力，并力图避免施加新的制裁。如 1994 年 12 月，俄罗斯在安理会否决了克罗地亚提出的对波黑塞族实行食品禁运的提案。④俄还否决了安理会一项禁止从南斯拉夫向克拉伊纳（塞族的政治中心）运送石油的提案，因为这些石油将被塞族人用于对穆族人的战斗。但是总的说来，联络小组大体保持了一致和团结，成为当时美俄合作的一个重要体现。

而波黑塞族则在不断呼吁俄罗斯的支持。1994 年 10 月，莫斯科大主教阿

---

① 方明、一泉、超金：《呜咽的德里纳河——波黑血战实录》，第 131—132 页。

② "NATO Intervention in Bosnia and Herzegovina," https://en.wikipedia.org/wiki/NATO_intervention_in_Bosnia_and_Herzegovina.

③ "Muslin muddy Bosnia peace plan," *Emma Daily* in Belgrade, July 22, 1994, https://www.independent.co.uk/news/world/europe/muslims-muddy-bosnia-peace-plan-1415439.html.

④ 郑羽主编：《既非敌人，也非朋友》，第 732—733 页。

列克塞二世与塞尔维亚大主教帕维尔签署联合声明，呼吁俄罗斯与塞族团结一致，结束波黑内战。帕维尔大主教的发言人巴赫·艾里尼称："俄罗斯不仅应该起到巴尔干调停者的作用，而且应该成为塞尔维亚人的保护者，如同德国人保护克罗地亚人，美国人保护穆族，俄罗斯必须保护塞尔维亚人！"①

塞尔维亚人与俄罗斯人在血缘、宗教、文化上源远流长的联系最终是起作用的。俄罗斯对这场战争的大体看法与西方的看法大相径庭。在西方和美国，媒体和公众舆论压倒性地指责塞尔维亚和波黑塞族对穆族的暴行，而在俄罗斯，媒体则更多强调塞族人受到的不公正对待和作出的牺牲。叶利钦政府则呼吁公正地评价冲突，科济列夫外长 1994 年 4 月谈到波黑时说："西方区别好人和坏人的做法是不合理的。这不是一场西方式的冲突，这是一场因不同族群引起的内战，没有对错，没有天使，也没有魔鬼。"出于这种认识，叶利钦政府愈加面临两难选择：一方面，他要极力与美国和西方保持一致；另一方面，国内决定性的亲塞尔维亚人情绪、共产党和民族主义者和强力部门的反西方倾向随着波黑战争的不断升级越来越强烈。1994 年 1 月，杜马通过决议，要求取消针对塞族的禁运，表示支持波黑的塞族。杜马派出的调查团的结论是，联合国的制裁"是不公正的、单方面的"。②

四、达成《代顿协议》

1994 年 5 月，由美、俄等 7 国外长提出了新的调停方案，联络小组进行修改后，7 月 5 日，美、俄、德、法、英 5 国外长予以批准，并向波黑交战双方提出，其中提出 51%的领土属穆—克联邦，49%的土地属塞族共和国。方案遭塞族拒绝。克林顿政府认为波黑塞族的强硬立场是由于穆—克联邦军事上的劣势导致的，10 月 28 日，克里斯托弗指示美驻联合国大使奥尔布赖特在安理会提交解除对波黑穆族武器禁运的新决议草案，遭到中、俄等国反对。克林顿政府决定采取单边行动，11 月 11 日，克林顿政府宣布，根据《国防授权法》即日起部署在亚德里亚海上的美国军舰不再拦截向波黑运送武器的船只。俄罗斯坚决反对这一决定。英、法两国政府也对美国决定表示关注。克里斯托弗随后向国际社会解释说，美国无意通过向波黑提供武器来打破联合国的武器禁运。

为了打破波黑和谈的僵局，克林顿政府请出了前辈前总统卡特进行调停。12 月 20 日，波黑塞族和穆族在卡特斡旋下达成协议：自 12 月 24 日起在波黑全境实现停止敌对行动 4 个月，在此期间在国际联络小组提出的新和平方案基础

①② Sharyl Cross, "Russia and NATO toward the 21st Century: Conflicts and Peacekeeping in Bosnia-Herzegovina and Kosovo," http://www.nato.int/acad/fellow/99-01/crpss/pdf.

上进行和谈。但停火没有持续多久，1995 年 3 月就有零星的战事，到 5 月 1 日停火期满，战争又全面打响了。

5 月，克罗地亚共和国军队和波黑政府军开始对波黑塞族武装进行两面夹攻，波黑塞族重新在政府军控制的萨拉热窝市周围部署重武器，5 月 7 日，波黑塞族部队炮击了萨拉热窝郊区，切断了通往机场的要道，使联合国人道主义援助难以进行。5 月 24 日，联合国维和部队向塞族发出最后通牒，要求立即交出从维和部队监管的武器库中夺走的 4 门火炮，并将重武器重新撤到距萨拉热窝市中心 20 公里以外的地区。塞族对此不予理会，北约作出激烈反应，开始对波黑塞族首府帕莱附近的塞族两座军火库进行大规模空袭。27 日，波黑塞族武装扣押了 411 名联合国维和士兵作为人质。波黑塞族领导人卡拉季奇的发言人说，联合国雇用了北约作为凶手，如果北约继续轰炸，塞族就会杀伤联合国的维和部队，联合国维和部队和观察员已经被置于塞族军队指挥部、军火库、前线阵地和其他北约可能作为轰炸目标的地方。①欧洲国家，尤其是提供维和士兵最多的法国，以及其他出兵的国家都担心本国军人的安危，在国内也承受着相当的压力，他们相信，加大空袭只能是成事不足，败事有余。②在国际社会作出保证不再对塞族武装进行类似的大规模空袭后，塞族武装释放了联合国维和士兵，到 6 月 18 日，释放了全部人质。

7 月 11 日，塞族武装攻占东部重镇、被联合国列为安全区的斯雷布雷尼察。西方媒体称，在进攻过程中有 7 000 多平民遇害，西方媒体绘声绘色地报道了战争的惨状。12 日，联合国安理会一致通过第 1004 号决议，要求塞族立即停止军事进攻，立即撤离斯雷布雷尼察，恢复其“安全区”地位，保障联合国维和人员安全。③法国展示了强硬态度，要求国际社会对波黑塞族施压，迫使其同意进行谈判。北约授权战地指挥官决定是否进行空袭。英国的一支空中机动旅部署到了克罗地亚作为战斗后备队。④俄罗斯对北约空袭的决定反应强烈。一些俄议员甚至要求去作“人体盾牌”，可见情绪之激昂。9 月，俄议会代表团再次访问巴尔干，并要求向塞族提供武器，解除屈从西方要求的科济列夫外长职务。叶利钦也

① “United Nations Protection Force”, https://en.wikipedia.org/wiki/United_Nations_Protection_Force；方明、一泉、超金：《呜咽的德里纳河——波黑血战实录》，第 172、373 页。

② Ivo Daalder, “Decision to Intervene: How the War in Bosnia Ended,” December 1, 1998, https://www.brookings.edu/articles/decision-to-interviene-how-war-in-bosnia-ended.

③ “United Nations Security Council Resolution 1004”, https://en.wikipedia.org/wiki/United_Nations_Security_Council_Resolution_1004.

④ David Harland, “Never again: International intervention in Bosnia and Herzegovina”, July 2017, https://www.hdcentre.org/publications/never-again-international-intervention-in-bosnia-and-herzegovina/p.22.

对北约对波黑塞族的大规模轰炸表示愤懑:“那些领导北约迅速东扩的政治领导人们应该小心……北约已经显示了它能做什么。它能轰炸,然后是盘点他们的成果,计算有多少平民被杀害了。”①

波黑塞族发起凌厉攻势,于 7 月 25 日攻占另一个“安全区”热帕。7 月底,克罗地亚政府军结集兵力,发起“风暴行动”,使塞族受到一次重创,战场力量对比发生变化,波黑政府军乘机扩大地盘,塞族的战线伸展过长,战局进入僵持状态。

战场形势的发展使各方都感觉不能再像先前那样拖延下去了。北约的介入不能制止战争的继续,而扩大干涉可能危及联合国维和人员的安全。部署在波黑的蓝盔部队主要来自法国。1994 年 5 月法国已经表示,如果外交斡旋没有进展,法国将在年底从部署在波黑的 6 800 人中撤走 2 500 人。从战争爆发以来,法国已经为这场战争花费了 30 亿美元,这对当时经济不景气、失业率高企的法国是笔不小的开支;穆族难民给法国社会也带来了沉重负担。如果联合国撤出维和部队,美国就将面临两个选择:要么跟着撤出;要么独自面对。前者将损害美国的信誉和作为领导者的威望;后者势必需要出动美国地面部队,这将是对美国军事力量的“令人尴尬和充满风险的使用”。②欧洲国家对美国施加压力,美国得过且过的政策显然维持不下去了。美国决策者有一种越来越明显的感觉:波黑是一个肿瘤,它正在销蚀美国在国际上的威信,美国和北约因为不能结束这场战争而丧失信誉。1995 年 6 月,克林顿指示他的安全团队研究如何结束这场战争。6 月 3 日,克林顿专门发表广播讲话,表示他的政策是限制冲突规模,避免使它扩大成为“巴尔干冲突”(他提到了第一次世界大战的爆发),“强有力地支持通过外交方式寻求解决”。③8 月,克林顿亲自主持安全团队讨论了三天,最后确定了同意联络小组先前的建议,将波黑的土地按照 51% ∶ 49%的比例在波黑的穆—克族和塞族之间进行分配。7 月 20 日,英国首相梅杰邀集有关各国领导人在伦敦举行紧急磋商,克里斯托弗、佩里和参联会主席沙里卡什维里都出席了会

① Sharyl Cross, “Russia and NATO toward the 21st Century: Conflicts and Peacekeeping in Bosnia-Herzegovina and Kosovo,” http://www.nato.int/acad/fellow/99-01/crpss/pdf; Timothy Trampenau, “NATO Expansion and the Baltic States,” December 1996, p.88.

② “NATO Intervention in Bosnia and Herzegovina,” https://en.wikipedia.org/wiki/NATO_intervention_in_Bosnia_and_Heregovina; Warren Christopher, *In the Stream of History*, p.348.

③ Ivo Daalder, “Decision to Intervene: How the War in Bosnia Ended,” December 1, 1998, https://www.brookings.edu/articles/decision-to-interviene-how-war-in-bosnia-ended; William J. Clinton, “The President's Radio Address,” June 3, 1995. Online by Gerhard Peters and John T. Woolley, *The American Presidency Project*, https://www.presidency.ucsb.edu/node/220932.

议，足见美方的重视。联合国秘书长加利也出席了会议。会议决定要对塞族真正显示肌肉：警告塞族不得进攻戈拉日代，否则将遭到北约"实质性地决定性地"使用空中力量。伦敦会议是北约对波黑问题政策的一个转折点。联合国秘书长加利授权联合国军事指挥员伯纳德·詹维可以不经与联合国文职官员商量即向北约要求空中支援，对攻击波黑安全区的军队均可实施空袭。此后，西方把这一警告扩大到萨拉热窝和图兹拉。此后，北约对波黑塞族发动了代号为"深思熟虑的军事行动"的大规模空袭，空袭从 8 月 30 日持续到 9 月 20 日，轰炸了 338 个目标。①9 月初，多国部队解除了塞族对萨拉热窝长达三年的围困。穆—克联邦乘机从塞族手里夺回了近 20%的土地。

早在 1995 年 6 月末，美国安事务助理莱克就提出了"结束战略"的概念。8 月 9 日，莱克一行前往欧洲兜售美国倡议，其要点包括：以联络小组计划（包括建立一个统一的波斯尼亚）为基础的全面和平协议；协议需得到克罗地亚、波斯尼亚和南联盟三方的承认；将战事所造成的领土变化置于对波斯尼亚领土重新划分的考虑之中，并确保边界的可行性和可防御性；为一个统一的波斯尼亚的宪法确定框架；减轻对南斯拉夫的制裁，一旦协议实施则完全解除制裁；通过国际小型"马歇尔计划"实行一项区域经济一体化计划。欧洲盟国对美国出头解决波黑问题表示支持。②

美国在战场上加大对塞族空袭的同时，8、9 月间，负责欧洲事务的助理国务卿霍尔布鲁克在冲突各方之间穿梭调停，终于使各方同意在波黑全境实现停火并进行和平谈判。联络小组也就波黑和谈一再进行磋商。俄罗斯与联络小组其他成员国的主要分歧在于：俄方要求分享维和行动的指挥权，要求将维和行动置于联合国政治权威之下；并要求一旦开启和谈就解除对塞尔维亚的禁运。其他国家坚持将维和行动置于北约指挥之下，只有在和平协定达成之时才能解除对塞尔维亚的禁运。③

霍尔布鲁克回忆说：俄罗斯"最想要的，是重新获得一种觉得他们在世界上依然发挥着重要作用的感觉，而不管这种感觉是不是象征性的。在我们努力将俄罗斯纳入波斯尼亚谈判进程的背后，隐藏着一种基本信念，即必须为俄罗斯在欧洲的安全体系中找到一个恰当的位置：自 1914 年以来俄罗斯就一直处于这一体系之外"。"我们觉得，尽管俄罗斯偶尔会制造一点不和谐气氛，但是，倘若我

① Warren Christopher, *In the Stream of History*, p.348; "NATO Intervention in Bosnia and Herzegovina", https://en.wikipedia.org/wiki/NATO_intervention_in_Bosnia_and_Herzegovina.

② Ivo H. Daalder, *Getting to Dayton: The Making of America's Bosnia Policy*, Brookings Institution Press, 1999, pp.112—113.

③ "Contact Group Meeting Marks Time," October 18, 1995, https://jamestown.org/program/contact-group-meeting-marks-time/.

们把俄罗斯看成一个与欧洲和美国同等的合作伙伴，那么俄罗斯就会更容易打交道。”美国及其盟友还拟定了一个史无前例的计划，在战争结束之后，让俄军人留在波斯尼亚的执行部队中效力，并由一位美国军官来指挥。从美俄关系的角度来看，波斯尼亚是一次来之不易的成功，因为俄罗斯最终参与了解决问题，而不是参与了制造问题。①

美方选择了俄亥俄州代顿市莱特—帕特森空军基地作为谈判地点。11 月 1 日起，南联盟塞尔维亚共和国总统米洛舍维奇、波黑总统伊泽特贝戈维奇、克罗地亚总统图季曼在霍尔布鲁克主持下，在欧盟、俄（第一副外长伊戈尔·伊凡诺夫）、英、法、德等国代表的参与下开始谈判。克里斯托弗在谈判一开始就强调了美方的一些原则：波斯尼亚应该是一个完整的国家，萨拉热窝应该是一个完整的城市（不容分割）；保障人权，所有难民都得以返回家园；制造暴行的人必须承担责任。最后，克里斯托弗强调，一旦达成协议，美国将承担落实协定带来的风险。在谈判的第一天，克里斯托弗还对穆、克族领导人表示，他们必须加强联邦，如果联邦依然软弱，那么不管在代顿达成了什么样的协议，真要实行也希望渺茫。伊泽特贝戈维奇和图季曼在美德两国撮合下签订了《实施波黑联邦协议》，签约双方以后每两个星期都会向美、德和欧盟报告一次落实协定的情况。②

三个星期高强度的闭门谈判后，各方于 21 日草签了和平协定。《代顿和平协定》规定，尊重波斯尼亚—黑塞哥维那的主权和现有边界范围内的领土完整；波黑联邦由穆—克联邦（占领土的 51%）和塞族共和国（占领土的 49%）两个政治实体构成，它们各自拥有自己的政府、议会、军队和警察部队；除联合国维和部队外，所有外国军队于 30 天内撤离，由联合国的维和部队监督停火；和平协议在巴黎正式签署后 6 至 9 个月内各方分别举行选举；设立人权委员会调查违反人权的情况。③延续了 3 年半的战争终于画上了句号。

在波黑战争中，美俄之间虽有分歧，但合作大于分歧。1994 年 4 月俄罗斯加入联络小组以后，美俄基本上是合作的。俄罗斯也同意美国关于《代顿协议》的基本提议，参与了协议的谈判。在协议达成以后，俄罗斯又派兵参与了由北约领导的“实施力量”（Implementation Force），1996 年 1 月起改名为“稳定力量”

---

① Angela Stent, *The Limits of Partnership*, pp.42—43.

② Warren Christopher, *In the Stream of History*, pp.353, 362—363.

③ Dayton Agreement, https://en.wikipedia.org/Dayton_Agreeemnt. 协议于 1995 年 12 月 14 日在巴黎正式签署。克林顿、俄总理切尔诺梅尔金以及希拉克、梅杰、科尔也在协定上签了字。克里斯托弗在回忆录中写道，穆族代表团是特别难搞定的，伊泽特贝戈维奇对任何领土划分、对任何与塞族人的协定都抱有深深的疑虑。克罗地亚代表团也制造麻烦，有一回必须由克林顿总统亲自给图季曼打电话才把他说服。Warren Christopher, *In the Stream of History*, p.356.

(Stabilization Forces)。在此后数年中,美、俄两国士兵一起在波黑北部巡逻,进行安全检查,履行警察功能,清除地雷。两国士兵也参与了其他民事建设和人道主义行动,如难民返乡、维护机场安全等。①霍尔布鲁克后来回忆道:"除了偶尔的捣蛋,俄罗斯是不难打交道的,如果我们在联络小组里给它以与欧盟和美国平等的地位。"②他的感觉与俄罗斯代表的说法一样。科济列夫派往波斯尼亚的代表丘尔金就说:"西方应当从当前的波斯尼亚危机中吸取一个教训,应该把俄罗斯作为一个平等的伙伴来对待,而不能采取某些西方国家的那种做法。"③

联合国安理会在《代顿协议》签订的第二天即通过决议,中止对南联盟的经济制裁。1997 年,法、英等西方国家先后与南联盟建交。但美国和一些国际机构认为,南联盟向科索沃地区派驻的军队和警察对阿尔巴尼亚族人进行"种族清洗",将承认南联盟与"科索沃问题"挂钩。南斯拉夫认为科索沃问题是南联盟内政,不容外国干涉,也没有谈判的余地。

第二节 科索沃战争

科索沃是南斯拉夫联盟共和国塞尔维亚共和国的一个自治省,面积 1 万多平方公里,人口约 200 万。科索沃是巴尔干地区东正教的圣地,是中世纪塞尔维亚王国的政治中心,是塞族历史和文化的摇篮。塞族人称早在 12 世纪就在科索沃建立了自己的国家,阿族人只是在奥斯曼土耳其入侵后才大量迁入的,经过奥斯曼帝国长达五个世纪的统治,阿族才成为当地的主体居民。但阿族人有自己的说法,他们坚称,公元前 5 世纪到 4 世纪在科索沃生活的原始部落伊利里亚人是阿族人的祖先。在过去几百年中,几次大的移民浪潮改变了科索沃地区的人口比例,到 20 世纪 80 年代,阿族人已经占到本地区人口的 80%以上。其余为黑山族和塞族人。直到 15 世纪初,塞族和阿族在科索沃和平共处了数百年。在后来漫长的土耳其人统治期间,皈依伊斯兰教的阿族人开始仗势欺人,塞阿两族结下宿怨。

1944 年,南斯拉夫人民解放军解放了科索沃,作为自治区,科索沃成为塞尔

① Richard Weitz, "Russia, NATO, and the Yugaslav Wars," June 22, 2013, https://sldinfo.com/2013/06/russia-nato-and-the-yugoslav-wars/.

② William Burns, *The Back Channel*, p.106.

③ 理查德·莱亚德、约翰·帕克:《俄罗斯重振雄风》,白洁等译,第 259 页。

维亚共和国的组成部分。根据1974年《南斯拉夫社会主义联邦共和国宪法》，科索沃享有广泛的自治权力，与南联邦的六个共和国平起平坐，拥有自己的议会、政府和宪法法院等。1991年，南斯拉夫发生分裂，这种事态对科索沃阿族人是一个刺激。1992年5月，科索沃阿族举行公民投票，宣布成立“科索沃共和国”，科索沃民主联盟领导人易卜拉欣·鲁戈瓦被选为“总统”，并要求与阿尔巴尼亚合并。但“科索沃共和国”既未被南联盟认可，也未得到国际社会承认。塞尔维亚忙于与斯洛文尼亚和克罗地亚的武装冲突，后来又卷入波黑的内战，也无暇顾及科索沃的事情。于是当地实际上形成了双重政权并存的局面：贝尔格莱德承认自己的政权，科索沃拒绝服从。但鲁戈瓦是比较温和的领导人，塞尔维亚仍然控制着局势。这种状况持续了数年。

一、对南动武：美俄尖锐对立

1994年，阿族激进分子在某些境外势力支持下成立“科索沃解放军”，有组织地袭击塞族警察。西方起初把“科索沃解放军”视为恐怖组织。①布什政府在巴尔干问题上比较谨慎，但在任期末了，也决定采取大胆举措。1992年圣诞节那天，美国外交官警告米洛舍维奇，如果塞尔维亚在科索沃发起军事冲突，美国准备进行军事回击。克林顿政府执政后，国务卿克里斯托弗重申了这一警告。②但美国和西方一开始并不支持科索沃独立：西方担心新的难民潮，也不愿意看到肢解了一个“大塞尔维亚”后出现一个“大阿尔巴尼亚”。西方的目的是在削弱南联盟的同时，控制科索沃这个“欧洲的火药桶”的导火线，进而控制整个巴尔干地区。③

1997年9月，在第24届联合国大会期间，举行了关于波黑问题的联络小组（美、英、法、德、意、俄六国组成）的外长会议，会议声明对科索沃的事态表示了不安，呼吁停火，并要求贝尔格莱德对科索沃边境地区的安全负责。俄罗斯的立场是：第一，科索沃问题是南斯拉夫内政；第二，科索沃不能从南斯拉夫分离出去；第三，必须停止敌对行为，通过谈判确定科索沃在南斯拉夫的地位。④

1998年2月，由于局势恶化，南联盟加强对“科索沃解放军”的镇压行动，双方冲突升级。从3月到7月，联络小组多次敦促南联盟政府和科索沃双方采取措施制止暴力冲突，通过对话解决问题，但收效甚微。3月9日，联络小组在伦敦举行会议，美国与北约盟国建议对南斯拉夫实行经济和其他形式的制裁措施；

---

① Евгений Примаков，Годы в большой политике，стр. 341.

② Madeleine Albright，*Madam Secretary*，p.379.

③ 高秋福主编：《硝烟未散——科索沃战争与世界格局》，新华出版社2010年版，第15页。

④ Евгений Примаков，«Годы в большой политике»，стр. 342—385.

普里马科夫认为阿族人，而不是塞族人是不稳定力量，科索沃问题是南联盟的内政，制裁南联盟只会有利于米洛舍维奇煽动塞族的民族主义。①普里马科夫只同意临时限制向南出口武器和军品。3 月 17 日，普里马科夫访问贝尔格莱德，他力劝米洛舍维奇在保持科索沃自治问题上采取主动，撤军到常驻地区，与阿族领导人进行谈判，并同意欧安会派代表团前往科索沃。31 日，联合国安理会通过第 1160 号决议，禁止向南联盟各共和国，包括科索沃在内，出售或供应任何类型的军火和有关物资，诸如武器和弹药、军用车辆和装备及上述物项的备件，并防止向当地的恐怖主义活动提供武装和训练。

在美国驻马其顿大使克里斯托弗·希尔(Christopher Hill)的撮合下，5 月 15 日，鲁戈瓦与米洛舍维奇举行第一次会晤，但没有结果。5 月底，鲁戈瓦一行访美，会晤了戈尔副总统、奥尔布赖特国务卿，并在椭圆形办公室受到克林顿总统接见。克林顿对科索沃代表团表示，“波斯尼亚战争不该再重演，也不会再重演”，②表示美国与北约将不待事态恶化就会进行干涉。鲁戈瓦还去纽约会晤了联合国秘书长科菲·安南，要求联合国和北约介入。

6 月 11 日，在北约防长会议上，美防长科恩(William Cohen)要求北约防长们开始概念性地计划未来在科索沃的军事干预。北约防长同意进行系列军演向米洛舍维奇施加压力。会议声明谴责暴力冲突的升级，尤其是塞尔维亚安全部队的暴力，并称北约将在征得阿尔巴尼亚和马其顿政府同意后在该两国举行军演，“以展示北约向本地区投放力量的能力”。③12 日，八国集团外长和联络小组举行联席会议，会议声明谴责贝尔格莱德“大规模地不成比例地使用武装力量，造成了广泛的破坏，并有意使大量居民背井离乡”，声明也貌似公正地要求科索沃极端主义者不再进行武装袭击，要求双方领导人迅速恢复有意义的对话以产生实质性的成果，并称南斯拉夫总统米洛舍维奇负有特殊责任确保进行政治解决的对话。西方各国外长确认将继续禁止在塞尔维亚的投资并冻结南联盟在国外的资产，禁止南飞机在各共和国之间的飞行。但俄罗斯宣布不加入这些措施。④

① Madeleine Albright, *Madam Secretary*, p.382. 奥尔布赖特在回忆录中对联络小组多有抱怨：法国和德国总不愿意与俄罗斯发生冲突，意大利与南联盟有许多经济往来，也不想对南联盟实行制裁。因此米洛舍维奇要分化联络小组是容易的。

② Steven Erlanger, “Clinton Meets Delegation from Kosovo: Seeking Talks,” May 30, 1998, https://www.nytimes.com/1998/05/30/world/clinton-meets-delegation-from-kosovo-seeking-talks.html.

③ “Statement on Kosovo, Issued at the Meeting of the North Atlantic Council in Defense Minister Session,” June 11, 1998, https://www.nato.init/docu/pr/1998/p98-0770.htm; “A Kosovo Chronology”, https://www.pbs.org/wgbh/pages/frontline/shows/kosovo/etc/cron.html.

④ G8 Foreign Ministers' Meetings, “Contact Group Joint Statement: Kosovo,” 12 June 1998, http://www.g8.utoronto.ca/foreign/fm980612_2.htm.

6 月 15 日，北约 85 架战机飞越阿尔巴尼亚和马其顿以炫耀武力。同日，克林顿第一次专门为科索沃问题给叶利钦打电话，告诉他，北约正在考虑对米洛舍维奇采取军事行动，叶利钦对此感到惊恐。塞尔维亚是俄罗斯的斯拉夫兄弟，北约对南联盟的军事干预将是对俄罗斯国际地位和声誉的打击。叶利钦回答说，他已邀请米洛舍维奇访俄，将对其进行劝导。他同时表示，北约的军事行动是不可接受的。克林顿回答说，他也想避免军事行动，但没有就此作什么保证。①

18 日，米洛舍维奇会晤叶利钦，双方发表的联合声明强调尊重南斯拉夫的领土完整和主权，谴责各种形式的恐怖主义，在此前提下，南联盟准备在所有公民平等的基础上解决现存问题，允许科索沃居民自由流动，对难民和流离失所的居民返回家乡不设置任何障碍，对派驻南斯拉夫的外交人员和国际组织的活动不加限制。②可见，以俄罗斯与南斯拉夫为一方，以西方和科索沃为一方在基本问题上存在分歧：前者强调维护南联盟的领土完整和打击恐怖主义，这里实际是指“科索沃解放军”；后者敦促米洛舍维奇解决“人道主义危机”。③8 月 10 日，克林顿在与叶利钦讨论他 9 月的莫斯科之行时说，米洛舍维奇违反了他对叶利钦的保证，塞军迫使 20 万科索沃平民逃离家园。④

8 月 17 日，来自北约及其伙伴国的约 1 700 名士兵举行联合军演；9 月 12 日至 17 日，北约和包括阿尔巴尼亚在内的伙伴国的 1 500 名士兵又在同南斯拉夫科索沃省接壤的马其顿举行军演。9 月 24 日，北约部长理事会正式通过了对米洛舍维奇发出最后通牒的决定，要求成员国为对科索沃实施军事打击和空袭做好准备。

9 月 1 日至 2 日，克林顿访问了莫斯科。美俄领导人讨论了诸多国际和地区问题，南斯拉夫问题被放在首位。美俄联合声明对科索沃形势的恶化表示忧虑，呼吁米洛舍维奇停止一切对科索沃平民的镇压，呼吁科索沃阿族武装组织立即停止一切暴力活动，呼吁双方强化谈判进程。双方强调以和平方式

①④ Masha Gessen, “The Undoing of Bill Clinton and Boris Yeltsin's Friendship, and How It Changed Both of Their Counties,” September 5, 2018, https://www.newyorker.com/news/our-columnists/the-undoing-of-bill-clinton-and-boris-yeltsin-friendship-and-how-it-changed-both-countries.

② “Joint Statement by Mr. Slobodan Milosevic and Mr. Boris Yeltsin,” June 18, 1998, http://www.bndlg.de/～wplarre/back179.htm.

③ 奥尔布赖特坦承，起先联络小组不支持科索沃独立不是出于维护南联盟国家主权的原则，而是出于地区实际状况。马其顿和希腊强烈反对科索沃独立，担心这会煽动各自国内的阿族人的民族情绪。其他许多国家也都有想要独立的少数民族的问题。一些欧洲国家还担心，独立的科索沃会成为宗教极端主义和跨国犯罪的温床。因此一些欧洲国家起初并不支持科索沃独立。Madeleine Albright, *Madam Secretary*, p.385.

解决当前的问题，并呼吁塞族、阿族和国际组织采取紧急措施终止当前的人道主义危机，允许国际救援组织进入所有地方；塞方安全力量撤至常驻地，国际监察组织进入科索沃监视形势发展。①联合声明显示，美俄之间在科索沃问题上是有共识的。

9月中旬，俄外长伊凡诺夫访问华盛顿。在他会晤克林顿之前，叶利钦给他打电话，要他向克林顿转达，俄罗斯不会“赞同”对南联盟的轰炸。塔尔伯特觉得俄方暗含可能进行报复的意思。②

1998年9月23日，联合国安理会就科索沃问题通过第1199号决议，呼吁有关各方立即停火，“按照一个明确的时间表”，立即开始有意义的对话，以实现政治解决科索沃问题。决议还要求南联盟安全部队停止影响平民的一切行动，使欧盟监察团能够在科境内持续进行有效的国际监督，使难民和流离失所者安全返回家乡，并通过协商结束冲突。决议还称在必要时将采取“进一步行动”和别的措施，以恢复地区的和平与稳定。③

9月24日，北约秘书长索拉纳发表声明说，如果南联盟政府不执行安理会决议，北约就会采取军事干预行动。他还要求北约各成员国确定使用哪些武器和军事设施来实施有限的空袭和分阶段的空中打击。这是北约较早发出的一个威胁使用武力的声明。

安理会第1199号决议对缓解科索沃形势的作用有限，局势继续恶化。在9月30日的国家安全委员会会议上，奥尔布赖特力促对塞尔维亚进行空袭。克林顿政府向国会介绍了空袭计划，但遭到不少议员的反对。政府表示无意派遣地面部队去科索沃，甚至不会派遣维和部队。克林顿决定派遣成功促成《代顿协定》的霍尔布鲁克（当时已经卸任公职）去向米洛舍维奇提交北约的条件。但北约缺乏必要的杠杆，霍尔布鲁克的斡旋没有成功。④

10月5日，叶利钦给克林顿打电话，他滔滔不绝地讲述科索沃，讲了12分钟，几乎没有说别的事情，然后停下来等翻译，或许是等对方的反应。他说，他的

---

① William J. Clinton, “Joint Statement on the Situation in Kosovo,” September 2, 1998. Online by Gerhard Peters and John T. Woolley, *The American Presidency Project*. http://www.presidency.ucsb.edu/ws/?pid=54842.

② Strobe Talbott, *The Russia Hand*, p.300.

③ 《安全理事会第1199号决议》，1998年9月23日，http://www.un.org/zh/documents/view_doc.asp?symbol=S/INF/54；《安理会通过科索沃问题决议，中国对该决议投弃权票》，http://www.china.com.cn/aboutchina/txt/2009-09/22/content_18573225.htm。

④ Madeleine Albright, *Madam Secretary*, p.388; “A Kosovo Chronology,” https://www.pbs.org/wgbh/pages/frontline/shows/kosovo/etc/cron.html.

外交部部长和国防部部长去了贝尔格莱德，米洛舍维奇同意履行联合国安理会的决议。他一再强调，对南联盟使用武力是不允许的，是被禁止的（他几次使用了 нельзя 这个俄语中语气最强烈的词）。克林顿两次要回应，但叶利钦打断了他，然后就挂了电话。克林顿对身边的顾问说："叶利钦以前可从来都不是这样的。我猜这回我们真要有麻烦了。"其实，几个月来，美方已经在不同层面反复听到俄方的类似指责：美国把自己的意旨强加给全世界，美国以自己的权势逼迫联合国安理会、联络小组、欧安组织，现在美国不顾俄罗斯的利益和影响，准备轰炸另一个国家了。①

二、"十月协定"不解决问题

10 月 8 日，奥尔布赖特、霍尔布鲁克与北约各国代表在布鲁塞尔会晤。他们一致认为，没有军事打击的压力，是不可能与米洛舍维奇达成协定的。接着，在伦敦希思罗机场的休息室里举行了联络小组会议。德国外长金克尔一再要求俄外长伊凡诺夫支持安理会通过一项对南联盟动武的决议，伊凡诺夫则表示俄将否决这样的决议。②但在北约内部，法、德、意的立场都在向美靠拢。最后北约达成一致，给米洛舍维奇 10 天时间来削减驻科索沃的南联盟军警，让难民返回家园，多达 2 000 人的国际监察者在欧安会的名义下进驻科索沃。③13 日，北约发出对南联盟实施分阶段有限空中打击的"启动命令"。北约秘书长索拉纳称，这表示北约 16 国已将对南采取军事行动的决定权授予北约欧洲盟军司令。

美国特使霍尔布鲁克手中的筹码骤然增加了，遂再访贝尔格莱德。10 月 13 日，他与米洛舍维奇达成了"十月协定"：米洛舍维奇同意履行安理会第 1199 号决议，接受联络小组的条件，包括停止冲突，撤出部队，举行选举，给予科索沃实质性的自治；同意欧安组织向科派出监察团及在科索沃的行动自由；南联盟将按期从科索沃撤军；北约部队不进驻科索沃，但将在马其顿派驻由 1 700 人组成的精锐部队，以防万一，并可派出非战斗性飞机在科上空执行监督任务。④"十月协定"中的一个含糊不清之处是，塞族该从科索沃撤出哪些安全部队？安理会决议要求"撤出用于压迫平民的安全部队"，普遍的理解是指 1998 年 2 月以来部署到该地的内务部警察部队、准军事力量和军队。至于那些本来就驻扎在兵营或其

---

① Strobe Talbott, *The Russia Hand*, p.300.

② Madeleine Albright, *Madam Secretary*, p.389.

③ Madeleine Albright, *Madam Secretary*, p.390.

④ Bill Vann, "The Holbrooke-Milosevic Agreement on Kosovo", October 20, 1998, https://www.wsws.org/en/articles/1998/10/koso-o20.html；郑羽主编：《既非盟友，也非敌人》，第 747—748 页。

他“不构成威胁的地方”的部队不在撤离之列，但没有明说。①此后，米洛舍维奇允许欧安组织非武装的监察团进入科索沃，北约则发出警告：如果塞方不执行“十月协议”，北约就要对其发动空袭。为了加强北约警告的力量，北约最高指挥官维斯利·克拉克(Wesley Clark)将军和北约军事委员会主席克罗斯·诺曼(Klaus Naumann)将军访问了贝尔格莱德，他们警告米洛舍维奇，除非塞方把在科索沃的军队和保安部队撤回原驻地，北约将对南进行大规模空袭，他们从当天晚上8时以后已经得到这种授权。米洛舍维奇同意把驻科武装力量削减到1998年3月以前的水平。②此后，塞尔维亚从科索沃撤出了部分安全部队，逃往山区避难的成千上万的阿族人部分返回了家园。③

南联盟与北约的暂时妥协没有解决科索沃危机。塞阿双方对“十月协定”均不满意，阿族武装分子与塞尔维亚警察之间的冲突不断，互有伤亡。12月，美国务院发言人鲁宾(James Rubin)公开表示：“米洛舍维奇一直是近10年来南斯拉夫每场危机的中心。他不仅是问题的一部分，而且，米洛舍维奇本身就是全部问题的根源所在。”④这正是奥尔布赖特的看法。

1999年1月15日，在当日由正职首长出席的国安会会议上，奥尔布赖特强调，必须直截了当地告诉米洛舍维奇，如果他违背承诺，北约就发起军事进攻，并要向美国公众解释使用武力的理由，说明米洛舍维奇就是问题的根源。但内阁中却没有人支持她的说法。⑤就在会后，“拉察克事件”的消息被披露了：欧安组织驻科索沃监察团团长、美国外交官威廉·沃克尔(William Waker)指责塞军警“屠杀”拉察克45名无辜阿族平民，他的报告在西方媒体引起轩然大波。18日，南联盟宣布沃克尔“是不受欢迎的人”。“拉察克事件”和沃克尔遭逐是科索沃事态的一个转折点。此前，冲突双方是南联盟和科索沃，此后，冲突双方主要是南联盟和北约了。⑥

---

① 伊沃·达尔德、迈克尔·奥汉隆：《丑陋的胜利——解剖科索沃战争》，沈建译，新华出版社2001年版，第61页。

② Craig Whitney, “2 NATO Generals to Warn Milosevic of Air Raids,” October 24, 1999, https://www.nytimes.com/1998/10/24/world/2-nato-generals-to-warn-milosevic-of-air-raids.html.

③ “A Kosovo Chronology”, https://www.pbs.org/wgbh/pages/frontline/shows/kosovo/etc/cron.html. 有的美国学者认为，使5万人安全度过严冬，而没有冻死、饿死是“十月协定”的一个功绩。但从长远看，协定没有解决什么问题。见伊沃·达尔德、迈克尔·奥汉隆：《丑陋的胜利——解剖科索沃战争》，沈建译，第72、75页。

④ 伊沃·达尔德、迈克尔·奥汉隆：《丑陋的胜利——解剖科索沃战争》，沈建译，第84页。

⑤ “A Kosovo Chronology,” https://www.pbs.org/wgbh/pages/frontline/shows/kosovo/etc/cron.html.

⑥ 孔寒冰：《科索沃危机的历史根源及大国背景》，四川人民出版社1999年版，第131页。

19 日，美国安会再次举行会议。奥尔布赖特再次力主北约对南联盟发起空中打击，以迫使米洛舍维奇就范。国安事务助理伯杰对此持怀疑态度，国防部部长科恩和参联会主席谢尔顿不赞成在巴尔干地区再卷入一场内战，对公众是否支持科索沃独立也表示怀疑，对国会是否愿意承担在科索沃派驻维和部队的费用表示担心。他们主张在科索沃保持监察团，而不是实行有效的军事介入。他们甚至表示，如果北约部队介入，美国不应该参加。①但奥尔布赖特关于军事打击和派遣有美军士兵参加的北约维和部队的主张最终得到总统的支持。

1 月 27 日，奥尔布赖特会晤伊凡诺夫，希望俄方不要阻拦北约的行动。双方进行了反复的争辩：奥尔布赖特认为，米洛舍维奇是主要问题，由于他的镇压造成了"科索沃解放军"；伊凡诺夫则称，游击队现在成了更大的威胁。奥尔布赖特称，没有军事压力，米洛舍维奇不会赞同政治解决；伊凡诺夫表示，俄方不能容忍对同种的塞族人使用武力。最后，双方终于勉强达成不痛不痒的联合声明，对冲突双方都进行了谴责，要求双方遵循联合国安理会决议，履行各自的义务和承诺，并表示支持科索沃监察团，要求南联盟为其工作及从事人道主义救援的国际组织提供方便。②

29 日，联络小组就解决科索沃问题在伦敦举行会议，达成一致，并为科索沃问题的和平解决设计了方案，内容包括：维护南斯拉夫的主权和领土完整，不改变现有边界；科索沃实行"实质性"自治，拥有自己的政府、议会，除国防、外交和海关外，均由阿族人管理；约 2.8 万人的北约维和部队进驻科索沃执行协定；科索沃的地位将在三年后"根据人民的意愿"重新予以确定。③联络小组遂向南联盟冲突双方发出最后通牒，要求双方自 2 月 6 日起在巴黎西南郊的朗布伊埃举行和谈。在和谈期间，北约的空袭威胁一直有效。

---

① Madeleine Albright, *Madam Secretary*, pp.394—395；高秋福主编：《硝烟未尽——科索沃战争与世界格局》，第 17 页。

② "Joint Statement on Kosovo by Secretary of State Madeleine K. Albright and Russian Foreign Minister Ivanov," January 26, 1999, Moscow, Russia, https://1997-2001.state.gov/statements/1999/990126.html; William J. Clinton, "Remarks Announcing Airstrikes Against Serbian Targets in the Federal Republic of Yugoslavia (Serbia and Montenegro)," March 24, 1999. Online by Gerhard Peters and John T. Woolley, *The American Presidency Project*. https://www.presidency.ucsb.edu/node/229734.

③ Madeleine Albright, *Madam Secretary*, p.397. 关于北约维和部队，另一种说法是，在 1 月 29 日伦敦的联络小组会上没有讨论过这一要求。在 2 月朗布伊埃谈判中，只是在谈判休会（23 日）前数小时，美方向谈判双方提出了要求北约军队进驻科索沃，南斯拉夫从科索沃撤出武装力量，并解除"科索沃解放军"的武装这一要求。美方事先未与俄方进行协商，参与谈判的俄方代表当即提出抗议，表示不能予以支持。但美方的这一要求得到联络小组多数的赞同，仍然正式提交给了谈判双方。郑羽主编：《既非盟友，也非敌人》，第 749 页。

在西方的强大压力下，塞阿双方在联络小组主持下举行谈判，但截至23日，双方仍未达成协议。①塞方不想让阿族实行如此高度的自治，不同意北约约2.8万人的军队负责科索沃的安全事务；阿方不愿继续留在南联盟，要求在三年自治之后就独立问题举行公民投票；不赞成维和部队中包括俄罗斯军队。3月10日，霍尔布鲁克与希尔会晤米洛舍维奇，之前，霍尔布鲁克向媒体表示，如果米洛舍维奇仍然拒绝科索沃实行实质性自治的方案，他就处在了“与西方冲突的进程之中”，“我们离更大规模的悲剧只有几天时间了”。会晤中，霍尔布鲁克直白地告诉米洛舍维奇，阿族已经原则同意北约提出的方案，如果塞方坚持反对，不同意北约军队进入科索沃，北约就将开始对南斯拉夫的轰炸。②3月15日，南冲突双方在巴黎重启谈判。18日，阿族代表和国际调停人美、欧代表希尔、彼得里奇在协定上签字，塞方代表和俄罗斯代表马约尔斯基仍然拒绝签字。第二次和谈实际以失败告终。20日，欧安组织监察团离开科索沃，西方使团开始从贝尔格莱德撤出。22日，霍尔布鲁克前往贝尔格莱德与米洛舍维奇进行最后的谈判，后者立场未变。23日深夜，北约秘书长索拉纳下达对南联盟军事目标进行空袭的命令。

三、北约空袭：美俄关系濒临破裂

1999年3月24日晚8时，以美国为首的北约开始了代号为“盟军行动”的对南联盟的大规模持续轰炸，南斯拉夫随即同美、德、英、法断交。

3月24日是预定举行俄美政府间经济技术委员会会议的日子，普里马科夫总理是在赴华盛顿的专机上得知北约即将开始空袭的消息的，戈尔在给他的电话中说，这是“无法改变的决定”。普里马科夫立即向叶利钦作了汇报，并要求中止对美访问。同时，叶利钦也接到了克林顿的电话。双方进行了45分钟的争辩。克林顿表示，他与欧洲领导人一致认为，必须对米洛舍维奇进行空中打击，他对俄、美调停者筑起了石墙，他继续派兵进入科索沃驱赶民众，北约别无选择。叶利钦强烈反对轰炸，说：“我相信，如果我们继续合作共事，就能推翻米洛舍维奇。”美方拒绝改变决定，俄方不得已而求其次，要求美方推迟轰炸，等到普里马

① 有美国学者指出，双方代表团的组成都有问题。塞方代表团由塞共和国副总理率领，代表团中没有法律专家，却有来自科索沃的各民族人士，在非正式场合该代表团被戏称为“彩虹联盟”。而当初谈判《代顿协议》时米洛舍维奇亲自出席。科索沃代表团的特点是散乱分裂，29岁的“科索沃解放军”代表被选为团长，而不是鲁戈瓦。从这种组成看，双方均缺乏诚意。见伊沃·达尔德、迈克尔·奥汉隆：《丑陋的胜利——解剖科索沃战争》，沈建译，第95—96、114页。

② Independent, “Holbrook delivers ultimatum to Serbia,” March 10, 1999, https://www.independent.co.uk/news/holbrooke-delivers-ultimatum-to-serbia-1079573.html.

科夫访美之后，俄总理在北约轰炸声中访问华盛顿可能暗示俄认可北约的行动。克林顿又拒绝了，称那将使米洛舍维奇感到，北约是软弱的。叶利钦对未能阻止北约轰炸十分沮丧，并说，他在做了这么多努力试图“把我的人民转向西方之后”，现在已经实际上不可能再继续这样做了。克林顿向叶利钦保证，“决意尽一切努力不让这一分歧破坏我们已经做成的以及我们可以在未来一起做的事情”。叶利钦回应说：“恐怕做不到，普里马科夫取消访问只是第一步，我们可以采取许多步骤反对你们的决定，可能是你们接受不了的步骤。”克林顿说，我们总不能放弃外交。叶利钦打断他的话，说：“当然我们还得继续对话，你和我，但是不会再有过去那种伟大的动力和友谊了，那已经不复存在了。”克林顿说，他将努力在任何时候重启外交。叶利钦继续说：“从今以后我们的人民对美国和北约的态度就变了。你知道，我让我们的人民向往西方，让我们的政治家向往西方有多困难，可是我做到了。但是现在这一切都前功尽弃了。既然我不能说服总统，这意味着往后我们接触——如果还是可能的话——的道路必定是非常、非常困难的。”叶利钦挂了电话，克林顿仍然拿着话筒发愣，他脸色苍白。他以前也经历过叶利钦脾气发作，但都没有太在意，因为他知道过一阵子就过去了。这回可不一样，他对在场的人说：“一些最基本的东西被破坏了，不是一朝一夕可以修复的。”①

盛怒下的叶利钦立即下令，普里马科夫的座机调头返航。②3 月 24 日当晚，叶利钦即以俄武装力量最高统帅的名义发表了措词强硬的声明，谴责北约“对一个主权国家肆无忌惮的侵略行径”，表示俄罗斯将视北约军事行动扩大的情况，“保留采取足够措施，包括军事措施的权利以保卫自身和整个欧洲的安全”。3 月 25 日，返航回国的普里马科夫在机场对记者说，俄罗斯决不拿原则做交易，科索沃问题是一回事，俄罗斯同国际货币基金组织有关贷款的谈判是另一回事。俄罗斯随即中止了参与北约“和平伙伴关系计划”和《俄罗斯与北约相互关系、合作与安全的基本文件》，紧急召回俄驻北约代表，召回在北约国家教育机构进行培训的 14 名军官，终止建立北约驻俄军事代表团的讨论，驱赶北约代表，关闭北约在莫斯科的联络处。与此同时，俄罗斯的两大舰队——太平洋舰队和北方舰队相继举行军演，波罗的海舰队宣布拒绝参加原定 1999 年北约“和平伙伴关系

① Strobe Talbott, *The Russia Hand*, pp.304, 306; James M. Goldgeier and Michael McFaul, *Power and Purpose*, p.252; Masha Gessen, “The Undoing of Bill Clinton and Boris Yeltsin's Friendship, and How It Changed Both of Their Counties,” September 5, 2018, https://www.newyorker.com/news/our-columnists/the-undoing-of-bill-clinton-and-boris-yeltsin-friendship-and-how-it-changed-both-countries.

② Евгений Примаков, Годы в большой политике, стр. 358；郑羽主编：《既非盟友，也非敌人》(下)，第 753 页。

计划”框架内的军演。①26 日，俄罗斯常驻联合国代表拉夫罗夫向安理会提交一份决议草案，要求安理会对北约轰炸南联盟进行谴责，要求安理会立即制止北约这一违反《联合国宪章》的行动。27 日，约 80 名俄观察员从马其顿乘机返回莫斯科。俄外交部官员强调指出，鉴于北约对南斯拉夫采取军事行动，在欧安组织科索沃使团中继续派驻俄代表“已无必要”，“我们不准备坐着北约的坦克进入科索沃”。叶利钦还威胁重新把核武器瞄准北约，并指责北约把世界带到了战争边缘。②

国家杜马同样作出紧急反应。24 日，杜马紧急会议声明称，北约对南联盟的军事打击“严重地威胁了俄罗斯的安全利益”。27 日，杜马以 366 票比 4 票的绝对多数通过决议，再次谴责北约空袭，并要求叶利钦撤销对《第二阶段削减战略武器条约》的承诺，还要求政府加快独联体军事一体化和俄白军事联盟的建立进程，优先发展战略导弹部队，研制和部署新的战略导弹。③31 日，俄联邦委员会（议会上院）通过一项声明，表示支持总统和政府为制止北约对南联盟轰炸的努力，并要求紧急采取一系列补充措施。声明强调，北约的轰炸“是企图再一次通过粗暴的武力方式将自己的意图强加给主权国家，并在 21 世纪建立一个各国人民的命运由华盛顿主宰的单极世界”。4 月 7 日，杜马以 279 票比 30 票的投票表决通过决议，要求政府与南联盟共享情报，向南联盟提供军事援助，派遣军事顾问，或派遣志愿军赴南作战。④总之，在北约开始空袭之后，俄罗斯展示了从冷战结束以来从未有过的对抗西方和美国的强硬姿态。轰炸开始后，群众自发聚集在美国驻莫斯科大使馆门前举行抗议示威。

除了口头上的表示外，俄军方还采取了一系列威慑性措施。3 月 29 日，俄北方舰队开始在巴伦支海举行军演，包括彼得大帝号核动力巡洋舰、库兹涅佐夫元帅号航母在内的几十艘舰艇参加演习。31 日，俄罗斯远东地区各部队开始举行名为“首长—司令部”的大规模战略演习，俄导弹部队在俄南部阿斯特拉罕州

① “NATO Attack on Yugoslavia Begins”, March 24, 1999; http://www.cnn.com/WORLD/europe/9903/24/kosovo.strikes/; Radio Free Europe, “Yugoslavia: Russia Reacts Angrily to NATO Air Strike”, March 25, 1999, https://www.rferl.org/a/1090888.html; 高秋福主编:《硝烟未散——科索沃战争与世界格局》,第 253 页;王逸舟主编:《单极世界的阴霾——科索沃危机的警示》,第 42、212 页。

② 王逸舟主编:《单极世界的阴霾——科索沃危机的警示》,第 213 页; Madeleine Albright, *Madam Secretary*, p.413。

③ BBC News, “World: Europe. Russian Duma Condemns NATO,” March 27, 1999, http://news.bbc.co.uk/2/hi/europe/305762.stm; 郑羽主编:《既非盟友,也非敌人》,130 页。

④ Celestine Bohlen, “Crisis in the Balkans: In Russia; ‘Don’t Push Us,’ Yeltsin Warns West on Balkans,” April 10, 1999, https://www.nytimes.com/1999/04/10world/crisis-in-the-balkans-iin-russia-dont-push-us-yeltsin-warns-west-on-balkans.html.

举行最先进的防空导弹 S-300 紧急发射演习。4 月 1 日，俄第 32 空降旅在南方城市乌利扬诺夫斯克进行为期 3 天的军演。4 月 2 日，俄黑海舰队“河湾”号侦察舰驶离塞瓦斯托波尔港，前往地中海，观察冲突地区局势。俄防长谢尔盖耶夫 3 月 31 日宣布，俄有 7 艘黑海舰队的舰只近期将前往南冲突地区，以分析这一地区的局势并得出相应的结论。伊凡诺夫外长当日与奥尔布赖特通电话时称，俄舰开赴地中海的主要目的是“确保俄罗斯的安全，俄将在地中海完成保障俄安全的情报任务”。当天，美国务院发言人鲁宾(James Rubin)就在新闻发布会上表示:美国对部署这样庞大的舰队可能给这个地区的其他国家发出的信号表示关注，“部署这些军舰不是一个特别健康的姿态”。①

北约对南斯拉夫的空袭激起俄罗斯从上到下各阶层民众的强烈反对和愤怒。除了俄与塞族的宗教、文化和历史的联系和亲缘，俄政府和民众的反对还有许多原因。首先，在南斯拉夫问题上，俄参加了联络小组，这是俄与美国和北约联手维护地区安全的一个重要实例。在联络小组里，俄常与别国有意见分歧，但分歧归分歧，仍然维持了基本的合作。如今北约的空袭彻底打破了表面维持的合作，对美俄关系的影响是灾难性的、深远的。其次，空袭使俄与美国和北约之间的脆弱互信遭受了一次沉重打击。俄一直反对北约东扩，认为东扩不利于地区安全，但就在波、匈、捷成为北约正式成员后不到两个星期，北约发动了对南空袭，这是北约东扩后第一次大规模使用武力，俄从精英到民众普遍认为北约的轰炸证实了北约扩容是对俄罗斯的安全威胁。②而俄对北约空袭的反应反过来使西方对俄与西方利益是否相容，能否继续与俄合作以实现中东欧的稳定表示怀疑，双方的互疑增加了。根据俄民意中心 4 月初举行的一次调查，2/3 的受访者担心北约的进攻，有的认为，对南联盟的空袭“仅仅是一次排演”;而西方担心的是，此次空袭将被用来煽动俄的民族主义、排外主义、反西方主义。③再次，西方政界和学术界当时掀起了一股“人道主义干预”的思潮，这成为美国构建冷战后“单极世界”的一种理论依据，北约的空袭是这种理论的第一次重要实践。美国和北约未经联合国授权，未经欧安组织同意，以“人道主义干预”为借口，对一个主权国家单方面地发起军事进攻。它们对于现行的国际机制和规则，能用则用，不能用则废，甚至声称《联合国宪章》已经过时，国家主权的原则已经不再是国际关系的一个准则，急于确立以“人权高于主权”为核心的新的国际关系准则，建立

① 王逸舟主编:《单极世界的阴霾——科索沃危机的警示》，第 219—220、228 页。

② А. П. Цыганков, Внешняя политика Росии. От Горбачева до Путина(Москва «Научная книга», 2008), стр. 131.

③ Steve Harrigan, “Survey: Two thirds of Russian fear of NATO attack,” April 3, 1999, http://edition.cnn.com/WORLD/europe/9904/03/kosovo.russia/.

"由民主国家组成的能够维护和平、制止屠杀的国际组织",等等。①这不禁使俄罗斯担心,北约对科索沃的干预将成为西方霸权主义的一种新模式。更何况俄自己还有车臣问题。俄有的媒体用大字标题警告说,"俄罗斯可能是下一个(科索沃)"。即使认为美国并不对俄造成直接安全威胁的政界人士也担心,美国和北约可能不征得俄同意就在别处进行类似的军事干涉,而这种干涉是与俄利益背道而驰的。②

四、重启外交,谈判桌上再博弈

强硬归强硬,俄罗斯毕竟势孤力单,还经受着经济危机的煎熬,有赖于西方(包括国际货币基金组织和世界银行)的财政援助;而且北约空袭起先力度较小,只限于夜间进行,限于军事目标。美国还放风说,空袭将只持续一周。奥尔布赖特在接受媒体采访时也表示,"空袭将在较短时间内结束"。③在俄罗斯的对外政策议程中,不论是 1993 年的文件,还是 2000 年 7 月的外交政策构想,居于首位的都是与独联体国家的关系,其次是与欧洲国家及美国的关系,与南斯拉夫的关系或未提及,或仅具附带性质。在国力羸弱的情况下,俄罗斯在科索沃战争中可以发挥的作用只能以不影响与西方关系为限度。俄罗斯也不可能为南斯拉夫作出民族牺牲。及至俄罗斯与西方必须在南斯拉夫问题上作出妥协时,最终的解决办法只能是牺牲南斯拉夫的利益。④叶利钦对现实形势有着清醒的估计。在 3 月 30 日对议会两院发表的《国情咨文》中,他一方面谴责北约的轰炸,另一方面表示,"俄罗斯已经作出了选择,我们将不会被拖入冲突。我们努力避免另一场全球分裂"。他还希望科索沃冲突不会影响对美关系,"美国在科索沃所犯的悲剧性错误不应变为俄美伙伴关系中的长久危机"。他还敦促议会批准已在议会中搁置了数年的俄美《第二阶段削减战略武器条约》,称,

① 郑羽主编:《既非盟友,也非敌人》,第 751—752 页;J. Marcus, Kosovo and After, "American Primacy in the Twenty-First Century," *Washington Quarterly*, Winter 2000, https://muse.jhu.edu/article/36513/pdf. 关于北约的新战略概念,见中国现代国际关系研究院美欧研究中心:《北约的命运》,时事出版社 2004 年版,第 82—85 页。

② Paul Gallis, *Kosovo: Lessons Learned from Operation Allied Force* (CRS Report), November 19, 1999, p.12. 后来,有记者问普京,是否由于克里米亚事件或叙利亚问题导致了俄罗斯与西方关系恶化。普京说:你错了,想想南斯拉夫,那是俄罗斯与西方关系恶化的开始。Christian Snyder, "Analysis: How a 1999 NATO Operation Turned Russia against the West", September 6, 2017, https://pittnews.com/article/121917/opinions/analysis-1999-nato-operation-turned-russia-west/.

③ Madeleine Albright, *Madam Secretary*, p.408. 据说北约制定轰炸方案的参谋们一开始只确定了仅够打三天的目标,克林顿和奥尔布赖特等相信北约一轰炸米洛舍维奇就会投降。伊沃·达尔德、迈克尔·奥汉隆:《丑陋的胜利——解剖科索沃战争》,沈建译,第 200—201 页。

④ 潘德礼主编、许志新副主编:《俄罗斯十年——政治、经济、外交》,第 719、721 页。

一旦条约被批准，俄美两国就应当继续削减核武器。①可见，他继续寻求与美国的合作。

既然如此，就要设法使北约尽快结束空袭。几天后，俄官员开始放低姿态出现在布鲁塞尔北约部长会议上，伊凡诺夫对奥尔布赖特说："我们总得用某种方式让外交继续活着。"②俄美之间的多条沟通的渠道都是畅通的。俄方反复警告美方：米洛舍维奇不会投降，北约的轰炸只会使塞族人更紧密地团结在他周围，把他视为英雄；轰炸在俄罗斯激起了强烈的反美、反北约情绪，俄军有些部队急切地希望与南斯拉夫兄弟并肩作战；俄罗斯、南斯拉夫、白俄罗斯结成斯拉夫联盟的情绪在三国都在高涨，俄民族主义者和共产党人正在利用科索沃事件来达到其政治目的，杜马中的反对派甚至试图弹劾叶利钦。③

俄罗斯发出紧急呼吁，要求举行联络小组会议，但北约五国不予理睬。30日，由普里马科夫总理率领、包括伊凡诺夫外长、谢尔盖耶夫防长及高级情报官员的代表团赴贝尔格莱德进行斡旋，与米洛舍维奇长谈6个小时，并提出北约停止空袭、通过政治途径解决问题、南联盟从科索沃撤出部分军队、为难民返回家园创造条件等建议，力图使各方重回谈判桌。随后，普里马科夫即飞到波恩，向德国总理施罗德通报了上述建议，但遭到当面拒绝。同日，克林顿发表声明称，他同意施罗德总理的看法，北约内部意见高度一致，将继续军事行动，直至米洛舍维奇接受最后通牒。④北约的轰炸正在兴头上，对于恢复和谈不感兴趣。普里马科夫指责北约对南联盟要求太高，"越吃胃口越大"。⑤31日，陪同普里马科夫访问的防长谢尔盖耶夫从贝尔格莱德回来后表示，俄国防部准备在局势进一步恶化时采取更加坚决的措施。俄武装力量总参谋长克瓦什宁郑重声明，"如果俄罗斯面临的是生死问题，俄武装力量将采取包括核武器在内的一切手段"，俄将根据事态发展，"有可能向南提供军事援助"，可以是派军队、提供军事技术装备和派遣军事顾问等不同方式。⑥

尽管北约一开始保证轰炸目标仅限于军事设施，但从4月2日起，北约开始

① Послание Президента Российской Федерации, 30 Марта 1999 г. Россия на рубеже эпох（О положении в стране и основных направлениях политики Российской Федерации）http://www.kremlin.ru/acts/bank/22400/page/1.

② Strobe Talbott, *The Russia Hand*, p.306.

③ Madeleine Albright, *Madam Secretary*, p.413.

④ William J. Clinton, "Statement on a Serbian Proposal To Settle the Situation in Kosovo," March 30, 1999. Online by Gerhard Peters and John T. Woolley, *The American Presidency Project*. http://www.presidency.ucsb.edu/ws/?pid=57328.

⑤ David Hoffman, "Russian Leaders to Go to Yugoslavia", March 29, 1999, http://www.washingtonpost.com/wp-srv/inatl/daily/march99/primakov29.htm?noredirect=on.

⑥ 王逸舟主编：《单极世界的阴霾——科索沃危机的警示》，第218—219页。

轰炸南联盟的交通设施和桥梁、发电厂、油库、化工厂、油漆厂等基础设施，并增兵亚德里亚海，美罗斯福号航母通过苏伊士运河驶入地中海。同日，米洛舍维奇公开向俄罗斯呼吁，希望俄提供军事援助。南联盟还把击落的一架 F-117 隐形飞机残骸交给了俄罗斯。4 月 3 日起，北约开始对贝尔格莱德市区进行轰炸，南联盟内务部大楼、25 座医院、特警总部大楼和其他政府设施被导弹击中。5 日，克林顿再次表示，除非米洛舍维奇完全接受北约的条件，北约的空袭将继续下去，“不会削弱、不会中止、不会松懈”。①美中情局向克林顿提供的情报说，米洛舍维奇在北约的轰炸下屈服并不难。“在进行了足以维护自己的名誉，并且让其支持者平静下来的反抗之后，他会迅速寻求和平”。北约秘书长索拉纳也称，“这场冲突不用等到北约 50 周年庆典(4 月 25 日)时就能结束”。②米洛舍维奇还提出了俄、白、南组成斯拉夫联盟的建议，但俄方反应冷淡。切尔诺梅尔金问米洛舍维奇：“你们早干什么来着？你们为什么不在战争之前提出这个建议？联盟是个好事，我们可以建立它。但我们现在急于做的事情是制止北约与南斯拉夫之间的战争。”③

针对北约对南联盟轰炸升级的形势，叶利钦于 4 月 9 日在一次会议上强硬表示，对北约的军事行动不会听之任之，“我告诉北约、美国人和德国人，不要逼我们采取军事行动，否则一定会爆发一场欧洲战争，也许是世界大战，我们反对战争”，“他们要派出地面部队，他们正在进行准备。他们简直就是想把南斯拉夫变为保护国，我们不能任其发生……我们无论如何都不能放弃南斯拉夫”。但他同时又说：“我们不会介入，如果美国不逼我们。”④俄罗斯派遣了河湾号侦察船到黑海监视北约的行动。西方猜测：俄方可能向南联盟提供相关情报，并讨论如何对付北约的空袭。美副国务卿皮克林威胁说，如果河湾号把自己所获情报与南联盟分享，俄要承担这一反美举动所产生的

① William J. Clinton, “Remarks on the Situation in the Balkans and an Exchange With Reporters,” April 5, 1999. Online by Gerhard Peters and John T. Woolley, *The American Presidency Project*. http://www.presidency.ucsb.edu/ws/?pid=57362.

② 王逸舟主编:《单极世界的阴霾——科索沃危机的警示》,第 34 页。

③ Stephen Hosmer, “The Conflict over Kosovo. Why Milosevic Decided to Settle When He Did,” RAND, 2001, https://www.rand.org/conotent/dam/rand/pubs/monograph_reports/2001/mr1351.pdf. 1999 年 4 月 9 日，前往南联盟访问的俄国家杜马主席谢列兹尼奥夫在布达佩斯国际机场宣布，南斯拉夫要求加入俄白联盟，如果三国成立联盟，南将得到大规模的军事援助，俄甚至可能向南联盟派遣军队。12 日，南联盟议会以绝对多数票通过了关于加入俄白联盟的决议，14 日，米洛舍维奇向到访的白俄罗斯总统卢卡申科正式递交了申请。但俄罗斯对此反应冷淡。孔寒冰:《科索沃危机的历史根源及大国背景》,第 180 页。

④ CNN, “Yeltsin warns possible world war over Kosovo”, April 9, 1999, http://edition.cnn.com/WORLD/europe/9904/10/kosovo.russia.diplomacy.01/.

所有后果。①

但实际上,叶利钦对于俄与北约的力量对比有清晰认识,俄力量投放能力十分有限,从俄到南联盟的所有陆上和空中通道都被北约和支持北约的国家所控制。俄可以通过黑山的亚德里亚海的港口到达南联盟,但这些港口很容易遭到北约的封锁。美官员还警告俄方,俄对南联盟"以任何军事上有意义的方式进行援助都会导致严重后果"。②俄还估计南联盟难以长期坚持,叶利钦遂调整了政策,对军方过于好战的言论进行批评和约束,伊凡诺夫外长多次表示俄罗斯寻求政治解决途径。

北约也不能忽视俄罗斯对巴尔干地区的影响力。4 月 10 日在德国达累斯顿举行的八国集团会议上,西方国家政府官员就如何处理科索沃危机寻求与俄方达成共识。德国代表团的一位成员说:"没有俄罗斯就不能解决问题。"法国外长韦德里纳在接受采访时也说:"可能不得不与米洛舍维奇达成协议——尽管北约不愿意与他谈判——这项协议将给予科索沃自治而不会把它分离出去。而在达成协议方面能起重要作用。"北约国家的高级官员,包括美副国务卿塔尔伯特、希腊外长、德国防长以及联合国秘书长都先后到访俄罗斯,协调立场,寻求帮助。③

4 月 13 日,伊凡诺夫与奥尔布赖特举行科索沃战争以来的首次会晤。伊凡诺夫警告说,双方在科索沃问题上的分歧必然破坏两国在其他问题上的合作,"俄不能袖手旁观,看着北约消灭一个主权国家"。美俄之间最尖锐的分歧是,空袭后南斯拉夫接受国际(实际上是北约)维和力量的问题。伊凡诺夫表示,米洛舍维奇无论如何不会接受这一要求,不可能强迫南联盟接受外国军队,俄也不支持北约立场。美方的理由是:没有外国军队的保护,阿族难民和流离失所的人不可能返回家乡。④

14 日,叶利钦任命比较善于与西方打交道的前总理切尔诺梅尔金为调解南冲突的特使,这样,俄在科索沃冲突中正式选择了中立的角色,这符合俄与北约双方的利益。北约可以利用俄调停来使其干预在国际上合法化,更容易在安理

---

① Michael Gorden, "U.S. Warns Russia: Don't Provide Help on Serbian Military," *New York Times*, April 10, 1999, https://www.nytimes.com/1999/04/10/world/crisis-balkans-rift-us-warns-russia-don-t-provide-help-serbian-military.html; 王逸舟主编:《单极世界的阴霾——科索沃危机的警示》,第 228 页。

② Michael Gorden, "U.S. Warns Russia: Don't Provide Help on Serbian Military," *New York Times*, April 10, 1999, https://www.nytimes.com/1999/04/10/world/crisis-balkans-rift-us-warns-russia-don-t-provide-help-serbian-military.html.

③ 王逸舟主编:《单极世界的阴霾——科索沃危机的警示》,第 41 页。

④ Madeleine Albright, *Madam Secretary*, pp.413—414.

会中掌控局面，从而可以采用“双重磁铁”的策略：首先使俄方立场与北约接近，然后使南方立场与俄方接近。①切尔诺梅尔金利用其与西方领导人之间的良好个人关系，在北约主要国家与南联盟之间穿梭访问。俄罗斯充当调停人也是南斯拉夫所接受的。南联盟当时在国际上孤掌难鸣，俄虽没有提供援助，但至少是同情南斯拉夫的。南斯拉夫希望俄在国际上主持公道，利用调停人的身份为维护南联盟的利益与北约讨价还价。一时间，北约各国政治家纷纷造访莫斯科，那里似乎成了解决冲突的外交活动中心。切尔诺梅尔金坦率地告诉米洛舍维奇，俄不可能向南提供军事援助，而政治援助的资源已经耗尽。但调处是十分艰难的。米洛舍维奇坚持在北约停止轰炸前拒绝任何和谈建议，而北约在米洛舍维奇接受朗布伊埃协定前拒绝停止空袭。②又是先有鸡还是先有蛋的争论！4 月 22 日，切尔诺梅尔金在与米洛舍维奇经过 8 个小时会谈后提出了六点解决方案，但北约认为与朗布伊埃协定相距甚远，没有予以理会。③

4 月 25 日，北约华盛顿峰会纪念北约成立 50 周年。会上通过的《关于科索沃的声明》要求，米洛舍维奇必须满足下列五个条件北约才会停止轰炸：可核查地停止在科一切军事行动、暴力和镇压；从科撤出所有南联盟的军队、警察和准军事力量；允许国际军事力量驻扎科索沃；允许所有难民和流离失所者返回家园，不得阻碍人道主义组织的救援行动；确实显示其在朗布伊埃协议基础上建立政治框架的意愿。④25 日，叶利钦给克林顿打电话，这是空袭开始后美俄两国首脑的第一次通话。在长达 70 分钟的通话中主要是叶利钦在讲。他一再要求停止空袭，他向克林顿诉说他在国内的困难处境：杜马和军方都在鼓动派遣分舰队去地中海以示对南联盟的支持，要向南提供武器，包括反舰导弹。叶利钦表示，他已经解除了试图组织一个营去南参战的一名远东地区军事指挥官的职务，已经任命切尔诺梅尔金调停冲突，希望恢复戈尔—切尔诺梅尔金委员会，并希望俄美发表联合声明宣布这一消息；并提出，双方开始会晤之日，北约应该暂停轰炸。克林顿称，北约已经确定停止轰炸的条件，在米洛舍维奇满足这些条件前空袭不会停止。叶利钦在电话里喊了起来：“不要逼俄罗斯加入战争。你知道俄罗斯是什么。你知道俄罗斯都有什么可用！不要逼俄罗斯进入战争！”克林顿表示，他

---

① Madeleine Albright, *Madam Secretary*, p.413.

② 郑羽主编：《既非盟友，也非敌人》，第 756 页；CNN, “Chernomyrdin arrives in Washington with latest Russian Proposals,” May 3, 1999, http://edition.cnn.com/WORLD/europe/9905/03/kosovo.diplomacy/。

③ 王逸舟主编：《单极世界的阴霾——科索沃危机的警示》，第 239 页。

④ “Statement on Kosovo”, Issued by the Heads of State and Government Participation in Meeting of the North Atlantic Council in Washington, D.C., April 23—24, 1999, https://www.nato.int/docu/pr/1999/p99-062e.htm.

欢迎切尔诺梅尔金的调停，戈尔会立即给他打电话，塔尔伯特将被派往莫斯科作为开启新的美俄倡议的实施者。叶利钦这才算消了气。①

4 月 26 日，戈尔与切尔诺梅尔金在电话里进行长谈，最后商定 5 月 3 日举行一次会晤，而不是重建双边委员会。4 月 27 日，塔尔伯特访俄会晤切尔诺梅尔金。当谈及北约停止轰炸的条件时，切尔诺梅尔金特别反对南联盟军警撤离科索沃这一条。他说，如果这样，科索沃就不再是塞尔维亚的一部分了。北约的轰炸会帮助科索沃独立，这种结局不但是米洛舍维奇不会接受的，也不是俄罗斯能同意的。这还可能为车臣造成一个先例，从而导致俄罗斯的解体。②

5 月 2 日，叶利钦再次给克林顿打电话，暗示可能时机已经成熟，切尔诺梅尔金或可访美，两国或可达成共同立场。次日，切尔诺梅尔金作为叶利钦的特使访美，并带去了叶利钦致克林顿的信。虽然美方没有接受俄方立场，但克林顿表示欢迎俄参与解决科索沃危机，并暗示，如果米洛舍维奇接受北约的主要原则，塞尔维亚部队开始撤出，他会支持“暂停轰炸”，并表示，俄参加进驻科索沃的国际部队问题是可以讨论的。在会晤美方官员时，切尔诺梅尔金建议联合国秘书长科菲·安南参与斡旋科索沃停火，遭美方否决，奥尔布赖特提出芬兰总统马尔蒂·阿赫蒂萨里(Martti Oiva Kalevi Ahtisaari)参与调停，俄方认可。国安助理伯杰把这对组合称为“锤子与砧子”：切尔诺梅尔金发力，阿赫蒂萨里支撑，迫使米洛舍维奇接受条件。③

6 日，在波恩举行的八国外长会议经过长时间讨价还价，最后就解决科索沃冲突发表联合声明，主要内容是：第一，立即可核查地结束在科索沃的暴力与镇压；第二，撤走南联盟驻科索沃的军警和准军事力量；第三，经联合国允准，立即在科索沃部署有效的国际民事和安全力量；第四，由联合国安理会决定建立科索沃临时行政机构，以保障科所有居民的和平、正常的生活；第五，所有难民和流离失所人员回归家园，在科的人道救援行动不受阻拦；第六，充分考虑朗布伊埃协定、南联盟及其他国家主权和领土完整的原则，开启建立临时政治框架协议的进程，在科建立实质性的自治政府，并解除“科索沃解放军”的武装。④把这一声明与 4 月 25 日北约声明及先前北约的立场相对照，差异是明显的，最主要是：第一，声明至少在名义上强调了联合国的主导地位，而先前美国和北约一直排除联合国，这是美国单边主义的主要表现；俄罗斯则一直强调联合国介入，此次西方

① Strobe Talbott, *The Russia Hand*, pp.310—311；伊沃·达尔德、迈克尔·奥汉隆：《丑陋的胜利——解剖科索沃战争》，沈建译，第 169 页。

② Strobe Talbott, *The Russia Hand*, pp.312—313.

③ 伊沃·达尔德、迈克尔·奥汉隆：《丑陋的胜利——解剖科索沃战争》，沈建译，第 200—201 页。

④ “Statement by the Chairman on the conclusion of the meeting of the G8 Foreign Ministers,” 6 May 1999, http://www.g8.utoronto.ca/foreign/fm990506.htm.

在声明中作出了妥协。第二,美国和北约实际上是要让科索沃从南联盟独立出来,因此竭力回避南联盟的主权和领土完整的原则,但这是俄罗斯所坚持的,是符合《联合国宪章》精神的,北约被迫在这一声明中作了让步。第三,声明没有重复在朗布伊埃谈判中提出的由北约派出维和部队,而改成了"国际安全力量",前者是俄坚决反对的,但国际力量的进驻又是北约坚持的,因此就使用了比较含混的说法,可以说是双方妥协的结果,俄罗斯也将参与维和部队。①克林顿恰好在德国视察美军基地,他在会见记者时一再表示欢迎俄加入进驻科索沃的国际部队:"有了俄罗斯作为国际部队的一部分,显然从政治上来说要好些,正如在波斯尼亚问题上俄是不可分割的一部分一样,这将给国际部队真正的信誉,因此八国协议的达成使我们有了很好的机会。"②第四,声明明确规定解除"科索沃解放军"的武装,以前北约只是泛泛谈论"科索沃非军事化"。但经过六个星期的空袭,北约仍未达到目的,米洛舍维奇也没有投降的迹象;北约内部本来就意见不一,现在分歧更加明显;美国内部的分歧也显现出来,强硬派主张派出地面部队,温和派则认为科索沃将成为"另一个越南",美军方本来对这场空战就不热心,现在厌战情绪滋长。俄罗斯也发挥了软化西方立场的作用。双方的立场多少有些接近。

八国协议产生良好的反应。联合国秘书长安南认为,该协议使解决科索沃危机向前迈出了"重要的一步"。俄外长伊凡诺夫也表示,该协议为外交斡旋提供了可能性。③

五、维和问题上的争执

在5月7日晚的空袭中,一架美B2轰炸机发射的5枚导弹击中了中国驻南斯拉夫大使馆,造成3名中国记者身亡,20多名使馆人员受伤,馆舍严重毁坏。中国人民和中国政府对此表示了极大震惊和愤慨,北京、上海、广州、成都等地爆发了大规模的游行示威。

切尔诺梅尔金仍然在努力与美国周旋,希望在科索沃留下部分南联盟的军队,遭美方明确拒绝。5月13日,切尔诺梅尔金、塔尔伯特与阿赫蒂萨里"三驾马车"在赫尔辛基举行首次会晤。现在美国和北约对南联盟最主要的条件可以概括为"出来"和"进去":南联盟从科索沃撤出全部军警,这是北约的"零选择";

① Madeleine Albright, *Madam Secretary*, p.414. 但实际上北约并没有放弃这一要求,后来在科索沃的维和部队就是北约派出、北约主导的,北约是"核心"。

② William J. Clinton, "Interview With European Journalists at Rhein Main Air Base, Germany," May 6, 1999. Online by Gerhard Peters and John T. Woolley, *The American Presidency Project*. http://www.presidency.ucsb.edu/ws/?pid=57524.

③ 王逸舟主编:《单极世界的阴霾——科索沃危机的警示》,第240页。

以北约为核心的维和部队进入科索沃，这是“硬核心”。这两条是北约要求米洛舍维奇写下来的保证。此次会晤后，切尔诺梅尔金又去了贝尔格莱德。米洛舍维奇表示可以同意北约部队进入科索沃，但要有选择，参加空袭国家的士兵不得进入。一星期后，当切尔诺梅尔金与阿赫蒂萨里、塔尔伯特再次会晤时，切尔诺梅尔金终于同意由北约负责国际军事力量，北约是“核心”。但当第二天塔尔伯特去见伊凡诺夫时，后者表示不能接受北约作为国际军事力量的核心。俄方可以接受单个北约成员国参加国际军事力量，但不是北约这个组织，这个集团。① 显然，俄罗斯内部有不同意见。

5 月 28 日，“三驾马车”再次在莫斯科进行磋商。塔尔伯特仍然强调“零容忍”和“硬核心”，表示没有妥协的余地，如果米洛舍维奇不同意，北约将继续轰炸。阿赫蒂萨里赞同塔尔伯特的说法。切尔诺梅尔金看到，在这个问题上，北约没有什么鹰派和鸽派，美欧之间也没有分歧。但他仍然希望，北约部队来自没有参加轰炸的国家，如芬兰、瑞典、希腊、葡萄牙等，英、美军队是米洛舍维奇无法接受的。塔尔伯特称，北约国家同属一个指挥系统，不分国籍。切尔诺梅尔金建议，俄罗斯军队接管科索沃北部地区，遭到塔尔伯特的拒绝，他认为这可能形成科索沃的分治，与八国原则相抵触。②

三方会晤后，切尔诺梅尔金随即飞往贝尔格莱德，与米洛舍维奇进行了长时间的会谈。切尔诺梅尔金警告说，如果塞方不接受北约条件，冲突继续，北约将发起大规模的摧毁性的空袭。会谈后发表的联合声明宣布接受八国联合声明中提出的解决科索沃冲突的基本原则。③但俄军方代表拒绝由北约指挥和控制维和部队。阿赫蒂萨里认为，北约在这一点上不会让步。最后，切尔诺梅尔金接受了阿赫蒂萨里的建议，将指挥权的安排留待北约与俄罗斯的进一步磋商。④

6 月 1 日，在波恩举行了“三驾马车”的最后一次会议，主要讨论进驻科索沃的国际力量责任区的地理划分及指挥结构。俄方要求所有行动必须置于联合国的“政治”控制之下，俄方要有一块单独的责任区，不受北约的指挥；美方的立场是参照四年前“波黑模式”，为国际力量组成一个统一的指挥部，俄方的维和力量直接向美国军官报告，间接向北约报告。俄方参加会谈的伊凡绍夫将军直截了当地拒绝了美方建议，表示他不喜欢“波黑模式”，在科索沃他不会接受

---

① Strobe Talbott, *The Russia Hand*, pp.318—319.

② 高秋福主编：《硝烟未尽——科索沃战争与世界格局》，第 46—47 页。

③ Stephen Hosmer, “The Conflict over Kosovo. Why Milosevic Decided to Settle When He Did,” RAND, 2001, https://www.rand.org/conotent/dam/rand/pubs/monograph_reports/2001/mr1351.pdf.

④ 高秋福主编：《硝烟未尽——科索沃战争与世界格局》，第 49 页。

这种办法。美方干脆说,俄罗斯可以不参加在科索沃维和,俄方当然不答应。叶利钦和俄方官员都认为,在米洛舍维奇接受和平协议后,俄必须在科索沃部署军队,必须在科发挥重要作用。三方接着又讨论了各种方案,但仍然意见分歧。①

经过一再讨价还价,6 月 2 日三方就政治解决科索沃问题达成一致并签署协定,再次确认了八国声明的原则。切尔诺梅尔金和阿赫蒂萨里立即赶往贝尔格莱德。米洛舍维奇几次想改动递交给他的协定文本,但阿赫蒂萨里说:"一个逗号都不许改。"米洛舍维奇问:是联合国还是北约在科索沃行使权力?阿赫蒂萨里说,是联合国,但是北约拥有行动指挥权。②米洛舍维奇认为,这是北约在得到俄罗斯认可后向他提出的"最后通牒",如果他拒绝,北约就将实行无限制的轰炸、"地毯式"轰炸,给南联盟带来更大的破坏和毁灭。当晚,米洛舍维奇召集他的主要政治顾问和其他塞族领导人会商,与会者认定,北约是要破坏南联盟的全部基础设施,南联盟现在除了接受协定别无选择。③3 日,南联盟议会特别会议通过决议,接受上述协定。8 日,八国集团外长再次在德国科隆举行会晤,经过反复激烈的磋商,根据 5 月 6 日《联合声明》中的原则,商定了联合国安理会决议草案;10 日,安理会以 14 票赞成、中国 1 票弃权的表决结果通过了第 1244 号决议。与朗布伊埃协定相比,安理会决议在一些方面照顾了南联盟的利益:北约军队只许进入科索沃,而不是南联盟全境;没有任何关于科的前途由公民投票决定的规定和暗示;规定了由联合国而不是欧安组织负责实施和控制在科的国际民事存在。④在此前一天,南联盟的军警已经开始从科撤出;10 日,北约秘书长索

① Strobe Talbott, *The Russia Hand*, p.324;高秋福主编:《硝烟未尽——科索沃战争与世界格局》,第 238 页。

② Strobe Talbott, *The Russia Hand*, p.327;高秋福主编:《硝烟未尽——科索沃战争与世界格局》,第 49 页。

③ Stephen Hosmer, "The Conflict over Kosovo. Why Milosevic Decided to Settle When He Did," RAND, 2001, https://www. rand. org/conotent/dam/rand/pubs/monograph _ reports/2001/mr1351.pdf. p.91. 米洛舍维奇后来说,俄罗斯是众所周知的塞尔维亚利益的保卫者,如果连俄罗斯已经同意的协议他都加以拒绝,那么人们就会说,"这个人不可理喻",北约将会把他的拒绝当作"进行更大规模空袭"的许可证,导致"大量人员死亡"。然后,北约会提出更加苛刻的条件。南联盟接受这个协议是被迫的。南官员和俄军方不少人都指责切尔诺梅尔金"出卖了"南斯拉夫。一位南联盟的高级官员称,南联盟十分错误地估计了形势,以为俄罗斯总会保持对南的外交支持,"我们本该想到俄罗斯会出卖我们"。Stephen Hosmer, "The Conflict over Kosovo. Why Milosevic Decided to Settle When He Did", RAND, 2001, https://www.rand.org/conotent/dam/rand/pubs/monograph_reports/2001/mr1351.pdf. p.47, 93.

④ Stephen Hosmer, "The Conflict over Kosovo. Why Milosevic Decided to Settle When He Did," RAND, 2001, https://www. rand. org/conotent/dam/rand/pubs/monograph _ reports/2001/mr1351.pdf.

拉纳宣布，北约已经中止对南联盟长达 11 个星期的空袭。至此，为期 78 天的科索沃战争结束。

俄罗斯与北约之间继续就俄罗斯参加科索沃维和问题进行谈判，仍难取得一致。在 9 日的谈判中，俄方代表伊凡绍夫将军威胁说：如果北约军队在与俄达成最后的安排之前从南边的马其顿进入科索沃，俄军就将单方面从北边，从塞尔维亚进入科索沃。①北约撇开俄将科索沃划分为美、英、法、德、意五个维和责任区，叶利钦对此十分气愤。俄方采取了可能与北约造成直接军事对峙的冒险做法，6 月 11 日，由 500 名伞兵组成的首批俄部队从波黑到达科索沃边界。北约欧洲盟军司令克拉克将军下令英国派出精锐部队紧急奔赴科首府普里什蒂纳阻止俄军在那里着陆，但英军司令杰克逊拒绝执行命令。②6 月 12 日凌晨 1 时 30 分，200 多名俄伞兵以及 40 辆汽车和装甲车从波黑出发，在事先未知会北约的情况下，抢占了普里什蒂纳机场，封锁了机场跑道，从而使北约维和部队不能从空中前来科索沃。这是联合国安理会第 1244 号决议通过后进入科索沃的第一支维和部队。普里什蒂纳机场是科唯一的机场，在北约划分的英国维和责任区内。几小时后，英国维和部队赶到了，与占领机场的俄军形成对峙之势。3 小时后，俄英部队达成协议，英维和部队占据机场南侧阵地，俄士兵占据对维和更具有战略意义的地带。③俄与北约的关系瞬间紧张起来。

1999 年的八国集团峰会预定于 6 月 18 日在德国科隆举行，只有一个星期了。叶利钦对参加八国峰会一直十分重视，在此次峰会上还要讨论向俄提供财政援助的问题。美方也想维持表面上的美俄合作，不想让事态扩大。两国领导人进行了两次电话沟通，并分别指示本国外长和防长在峰会前解决此事。与此同时，俄向匈牙利、罗马尼亚和乌克兰提出，希望通过其空域运输后勤物资和 1 万人的增援部队去普里什蒂纳。美要求三国拒绝俄方提议。④

16 日，美俄外长、防长分别率领庞大的代表团就俄参与科索沃维和在赫尔辛基进行谈判，焦点是俄维和部队是否设立独立的控制区。谈判出乎意料地困难，居然持续了三天，18 日终于达成协议，俄罗斯得以与在波黑维和相类似的方式参与科索沃维和：俄可派出 5 个营的维和部队，人数为 2 850 人，外加守卫机

---

① Strobe Talbott, *The Russia Hand*, p.336.

② See James Godgeier and Michael McFaul, *Power and Purpose*, pp.263—264.

③ 韩英林主编：《科索沃战争研究》，吉林文史出版社 2000 年版，第 108 页。俄维和士兵抢先占领普里什蒂纳使俄军人欢欣鼓舞，他们说，俄罗斯尝够了一次又一次失败的滋味，这次成功虽然微不足道，但仍然鼓舞了我们的士气。这次行动是俄军方越过总理斯捷帕申直接寻求叶利钦批准的。俄罗斯公众和政治领导人也对此表示欢迎。见高秋福主编：《硝烟未尽——科索沃战争与世界格局》，第 239 页。

④ Strobe Talbott, *The Russia Hand*, p.346.

场及后勤支援的750人;在美、德、法三国维和责任区各划出一块地方由俄维和部队独立执行维和任务;整体军事行动由北约掌控,国际维和部队指挥官对俄部队拥有战术控制权,俄维和部队完全在俄方政治—军事控制之下,俄得向北约在科维和部队各级指挥系统派出军事代表;普里什蒂纳机场向所有国际维和部队开放。6月18日深夜,美俄两国防长分别代表北约和俄罗斯在协议上签字。①6月20日,南联盟4.1万人的军警全部撤出科索沃;同日,北约宣布终止对南轰炸。②

78天的科索沃战争结束了,但它对美俄关系的影响是深远的。布什、克林顿—叶利钦时期的美俄关系从当年的蜜月一路下滑,由于科索沃战争而跌入了冷战结束后两国关系的低谷。

战争使俄罗斯的地缘战略环境进一步恶化。北约东扩挤压了俄罗斯的战略空间,俄已经失去了中东欧。这场战争使北约势力进入中东欧的南侧。俄罗斯一直视巴尔干地区为具有"特殊战略利益"的地区,俄罗斯如失去巴尔干地区这个对抗北约扩张的最后堡垒,其在欧洲的战略活动空间将受到进一步的挤压,俄真有可能"沦为国际关系体系中的二流国家"。因此,科索沃战争大大强化了俄反对北约、反对北约扩张的立场。1999年11月,俄联邦安全委员会提出新的《俄罗斯联邦国家安全构想》,它在很大程度上是与北约的新战略概念对着干的。《构想》严厉批评北约把不经联合国安理会授权就擅自动武的做法"上升到战略理论高度,这可能对全世界整个战略局势的稳定构成威胁"。文件强调,俄罗斯将促进形成多极化世界的意识形态,但另一种趋势是试图建立以美国为首、以西方发达国家为主的国际关系架构,指望单方面,绕开国际法,包括使用武力来解决世界政治的关键性问题,这是对联合国工作的破坏。③

科索沃战争连同美国的经济技术援助、军事技术合作,加快了独联体的分化,一些独联体国家出于经济上对西方的依赖,纷纷疏远、背弃俄罗斯而向西方靠拢。1999年7月,独联体内的阿塞拜疆、乌兹别克斯坦、格鲁吉亚、摩尔多瓦

---

① "Agreed Points on Russian Participation in KFOR", Updated July 7, 1999, https://www.nato.int/kosovo/docu/a990618a.htm;高秋福主编:《硝烟未散——科索沃战争与世界格局》,第247页。俄方之所以作出妥协,有一个具体原因:俄方无法对驻科索沃的部队进行后勤补给,在进驻普里什蒂纳几天后,他们已经要向附近的英国部队借食物、饮用水等日常用品了。*The Russian Hand*, p.347.

② 有美国学者指出,在科索沃战争结束后,当地阿族人对塞族人发动了多次报复性袭击,造成数百塞族人死亡。大量塞族人逃离了科索沃,战前至少有20万塞族人口,到2000年年初减少到10万。即使还留在科索沃的塞族人也都迁往塞族的集中居住地,与阿族互不往来。而西方媒体对这些事实往往置若罔闻。见伊沃·达尔德、迈克尔·奥汉隆:《丑陋的胜利——解剖科索沃战争》,沈建译,第212页。

③ Концепция национальной безопасности Российской Федерации. Независимое военное обозрение, 26 ноября 1999 г. https://nvo.ng.ru/concepts/1999-11-26/4_cons2.html.

和乌克兰五国总统不顾俄罗斯的反对，赴华盛顿参加了北约成立50周年的庆典，并发表声明，随着乌兹别克斯坦的加入，1997年10月成立的GUAM集团改名为GUUAM地区集团，尽管该集团不是军事集团，但得到北约的支持。在俄罗斯的南部边缘建立这样一个新的集团是对独联体的挑战。本来就不是国际生活中一支重要力量的独联体如今已经形同虚设。5月26日，阿塞拜疆外长祖利富加罗夫在会见北约代表团时表示，“阿塞拜疆对外政策的重点是与欧洲各组织和北约实现一体化”，“GUUAM五国联盟所有国家都与北约合作，在这一联盟范围内有许多机会与北约实现更紧密的一体化”。①虽然“一体化”也是虚多实少，但它对俄罗斯的安全和地缘环境无疑产生了负面影响。

科索沃战争结束后，美俄出于各自的需要，又多少修复了一点关系，但伤害已经造成。随着心力交瘁的叶利钦于1999年底离职，美俄关系将开启新的一章。

① 王逸舟主编：《单极世界的阴霾——科索沃危机的警示》，第248页。2002年乌兹别克斯坦宣布打算退出GUUAM，并于2005年5月安集延事件后正式退出。

第二编

克林顿、乔治·沃克·布什—普京、梅德韦杰夫时期

第七章　反恐背景下的合作与龃龉

第一节　新人登场

一、普京新政

1999 年年底普京接任代总统时的俄罗斯是一个经济凋敝、社会危机四伏、国际地位衰落的国家。俄罗斯与外部世界的关系面临着一系列的困难。俄罗斯与西方，尤其是俄美关系由于北约东扩、车臣战争、科索沃战争等突出问题而恶化。普京现实地认识到，“俄罗斯正处于其数百年来最困难的一个历史时期。大概这是俄罗斯近 200—300 年来首次真正面临沦为世界第二流国家，甚至第三流国家的危险”，俄罗斯的国内生产总值(GDP)只相当于美国的 1/10，人均国内生产总值降至 3 500 美元，还不到七大国平均水平的五分之一。①当时的俄罗斯既要总结苏联外交的教训，也要吸取 20 世纪 90 年代外交的经验，纠正其偏向。伊凡诺夫外长认为，“苏联对外政策留下的遗产是超级大国心理，极力参与各种各样的国际进程，有时甚至付出国内资源难以承受的代价。这种立场对俄罗斯来说是不能接受的”。②叶利钦外交的教训是要做与美国平起平坐的“平等伙伴”。半官方的俄罗斯外交与国防政策委员会于 2000 年 4 月出台《俄罗斯战略：2000

① 中国社会科学院俄罗斯东欧中亚研究所编辑、翻译：《普京文集》，中国社会科学出版社 2002 年版，第 2—3、16 页。

② 伊·伊凡诺夫：《俄罗斯新外交——对外政策十年》，陈凤翔、于洪君、田永祥、钱乃成译，第 7 页。

年总统的议事日程》的长篇报告，分析了俄美实力的差距，对俄外交政策提出了新的更加灵活、务实的建议。明确提出，“俄罗斯目前只是一个衰落的地区性大国，它只保留了一个全球性标志——有核武器”，“必须修改俄美关系构想……‘平等伙伴关系’构想从一开始就是不现实的”，要求“有意识地放弃追求‘超级大国’的幻影”，“最大限度地避免冲突”。俄罗斯要认清自己“主要和绝对优先的利益”是取得稳定和高效的经济增长，并融入世界经济，对外政策要为此提供环境保障。①普京本人赞同报告的观点。他一方面提出了恢复大国地位的目标来鼓舞民众，明确提出：虽然“俄罗斯仍是一个弱国”，但“俄罗斯唯一现实的选择是选择做强国，做强大而自信的国家”；另一方面也现实地指出，“要优先考虑的任务是，在俄罗斯周围建立稳定的、安全的环境，建立能够让我们最大限度地集中力量和资源解决国家的社会经济发展任务的条件”。②2000 年 4 月普京当选总统后即责令俄外交部将改善与美国关系作为未来一个时期俄罗斯外交的优先方向，③并淡化了追求多极化的目标，寻求总体上与美国缓和关系。6 月经普京批准的《俄罗斯联邦外交政策构想》确认发展俄美合作的大方向，指出：“俄罗斯联邦准备消除最近与美国关系中出现的重大困难，维护花了将近十年时间建立起的俄美合作的基础。尽管在很多方面还存在着严重分歧，有时甚至是原则性分歧，但是俄美的相互配合是国际形势好转和保障全球战略稳定的必要条件。”《构想》明确要求“维护（俄美）间各个级别、层面的经常性双边接触，这首先涉及裁军问题……不允许双边关系中出现停顿，不允许终止有关政治、军事和经济的主要问题的谈判”。④

克林顿在任期的最后一年仍然希望维持一个大体过得去的美俄关系作为他的外交遗产。在普京入主克里姆林宫的翌日，2000 年的元旦，克林顿就给他打电话表示祝贺，并称，他将继续致力于美俄伙伴关系，并愿与普京建立起牢固的个人关系，表达了他恢复两国关系的愿望。1 月底，奥尔布赖特国务卿访俄，与新政府进行初次接触，奥尔布赖特自然不会不提车臣问题，在联合记者会上，她就车臣问题与俄外长伊戈尔·伊凡诺夫进行争论。奥尔布赖特指责俄在车臣的军事行动是“不可思议的灾难性悲剧”，敦促俄方与车臣进行对话，否则俄将冒在

① Совет по внешней и оборонной политике, Стратегия для России: повестка дня для Президента-2000, Апрель 2000 г. http://www.svop.ru/files/meetings/m026013379414301.pdf. 这个报告是由普里马科夫倡议撰写的，外交与国防政策委员会是俄一个重要智库，由莫斯科 250 多位有影响的企业家、社会和国务活动家、强力部门官员、军工综合体以及科学和大众传媒代表组成。

② 中国社会科学院俄罗斯东欧中亚研究所编辑、翻译：《普京文集》，第 78、251 页。

③ 赵鸣文：《普京大外交》，第 175 页。

④ Министерство Иностраных Дел, Концепция внешней политики Российской Федерации, 28 июня 2000 г. https://docs.cntd.ru/document/901764263.

国际上陷于孤立的危险。伊凡诺夫强调,“我们的所有伙伴都赞成要最坚定地与恐怖主义进行斗争”。奥尔布赖特还表示,希望俄罗斯同意对 1972 年的《反导条约》进行修改,允许部署反导系统防止“流氓国家”。①值得注意的是,奥尔布赖特向普京转交了克林顿的信,邀请普京访美。这无疑是向普京示好。但普京是不可能在 3 月 26 日总统选举前离开俄罗斯的。俄联邦安全会议秘书谢尔盖·伊凡诺夫 2 月中旬访美时向克林顿转交了普京的回信,表示对美关系是俄罗斯对外政策的优先方向之一,两国合作对 21 世纪的命运具有战略意义。2 月 17 日,奥尔布赖特在俄《独立报》发表题为《美国希望俄罗斯成为作出和平决定的国家》的文章,强调在防止大规模杀伤性武器扩散、军备监督和地区稳定三个方面,美俄两国“有许多共同利益”。②普京赢得总统选举后,克林顿立即于 3 月 28 日打电话表示祝贺。并“强调了加强俄罗斯民主的基础和深化融入国际社会对俄及整个世界的重要性”,克林顿也提出了车臣问题,要求对媒体报道的违反人权问题进行“全面和透明的调查”。③

普京上任后立即开展首脑外交,会晤欧洲国家领导人,并邀请克林顿访俄,在 2000 年到 2001 年秋冬短短六个月时间里,普京与各国领导人进行的会见和会谈频率如此之高,是叶利钦整个总统生涯都不曾有过的。普京访问了东亚、西欧、中亚、南亚、拉美和北美的诸多国家,到访南高加索和蒙古国,④显示了年轻总统的勃勃朝气和雄心。克林顿于 6 月初访问俄罗斯,导弹防御问题是双方讨论的一个重点。4 日美俄两国元首发表关于战略稳定原则的联合声明。⑤

普京还恢复了因科索沃战争而“冻结的”与北约的关系。2000 年 2 月中旬,俄方邀请北约秘书长罗伯逊访俄,伊凡诺夫外长、谢尔盖耶夫防长与罗伯逊发表联合声明,双方重申遵循《俄罗斯与北约相互关系、合作与安全的基本文件》,恢复了双方的伙伴关系,恢复北约—俄罗斯常设理事会在布鲁塞尔北约总部的工作,共同致力于落实联合国安理会第 1244 号决议,维护波黑和科索沃的和平与稳定。⑥5 月 17 日举行理事会大使级会谈,24 日又举行部长级会议,着重讨论科索沃形势和安理会第 1244 号决议执行情况。通过罗伯逊的访问和这两次会议,

---

① “Albright Blasts Russia on Chechnya,” January 31, 2000, https://www.cbsnews.com/news/albright-blasts-russia-on-chechnya/.

② 姜毅等:《重振大国雄风》,世界知识出版社 2004 年版,第 123—124 页。

③ Marc Lacey, “Clinton Wishes Putin Well and Brings Up Chechnya,” March 28, 2000, https://www.nytimes.com/2000/03/28/world/clinton-wishes-putin-well-and-brings-up-chechnya.html.

④ 罗伊·麦德维杰夫:《普京——克里姆林宫四年时光》,王晓玉、韩显阳译,社会科学文献出版社 2005 年版,第 205 页。

⑤ 详见本书第八章。

⑥ “Joint Statement on the Occasion of the Secretary General of NATO, Lord Robertson, in Moscow on February 16, 2000,” https://www.nato.int/docu/pr/2000/p000216e.htm.

俄罗斯和北约把科索沃战争这一页翻了过去。

二、布什与前任拉开距离

美国共和党人对克林顿政府的对俄政策是十分不满的，他们认为，"克林顿政府对叶利钦和那些被认为是叶利钦身边的改革者的支持已经失败了"。对俄政策也成为2000年大选中的一个争议问题。1999年11月19日共和党候选人乔治·沃克·布什在里根图书馆发表外交政策讲话，强调美俄关系中的安全问题，包括批准《第二阶段削减战略武器条约》、"纳恩—卢格项目"的履行等，然后说："如果我们与一个民主和自由的俄罗斯打交道，那么与俄处理一些基本问题时就会容易得多。我们的目标是要促进俄罗斯民主的结构、精神与实质，而不是民主的样子。把我们的援助和注意聚焦于那个腐败的、我们所喜欢的精英阶层显然不能达到这一目的。"接着他强烈指责俄的车臣政策说，"即便我们支持俄罗斯的改革，也不能原谅其暴行"，"俄罗斯政府将发现，在人权的废墟上是不可能建立一个稳定的统一的国家的……我们想与俄罗斯在它所关心的恐怖主义问题上进行合作，但这也只有在它以文明的自我约束进行运作时才有可能"。①布什的安全团队决定要结束克林顿政府，尤其是塔尔伯特的"对俄罗斯的浪漫主义"，代之以"强硬的现实主义"。布什安全团队中的俄罗斯问题专家、后来成为国家安全事务助理的赖斯(Condoleezza Rice)2000年1月就共和党的外交政策撰文，其中严厉批评克林顿政府出于对叶利钦的个人信任和对共产主义东山再起的恐惧过于迫不及待地去支持叶利钦，"把对民主和经济改革的支持变成对叶利钦个人的支持，叶利钦的议程变成美国的议程……期望受挫和'俄罗斯疲劳'是克林顿政府的'愉快对话'的直接后果"。她还指责俄罗斯"决定在世界上扩张自身的利益，并经常以随意无计划和威胁美国利益的方式行事"。②在7月出台的《共和党竞选纲领》中更是说："克林顿政府的对俄政策是软弱的、摇摆不定的。他们对俄政府高层的腐败视而不见，对成千上万车臣平民惨遭屠杀置若罔闻，对俄向伊朗等国输出危险技术掉以轻心。"③

共和党在大选中集中攻击的目标是副总统、民主党候选人戈尔。国会里的共和党人以众议院议长俄罗斯问题顾问小组的名义发布了一份题为《俄罗斯通往腐败之路：克林顿政府是如何输出政体论而非自由企业论，从而令俄罗斯人民

---

① Governor George W. Bush, "A Distinctly American Internationalism," November 19, 1999, https://www.c-span.org/video/? 153768-1/bush-campaign-speech.

② Condoleezza Rice, "Promoting the National Interests," *Foreign Affairs*, Vol. 79, No. 1 (January/February 2000), pp.57—58.

③ *Republican Platform 2000. Renewing America's Purpose Together*, wysiwyg://9/http://www.rnc.org/2000/2000platformcontents.

失望的》的报告，批评民主党政府的政策从一开始就有缺陷，政策是由一个小圈子决定的，而不顾及行政机构中通常的相互制衡的原则。报告尤其严厉批评戈尔—切尔诺梅尔金委员会和戈尔本人，称他拒绝听取中央情报局关于切尔诺梅尔金及其同僚腐败情况的报告。共和党的报告还指责克林顿的政策导致了俄罗斯 1998 年的经济崩溃，并使在 90 年代初本来对美国抱有好感的俄罗斯人转而敌视美国。报告还精心选择了戈尔与切尔诺梅尔金拥抱的照片，把它印在了封面上以强化宣传效果。①种种迹象表明，如果共和党赢得大选，新政府的对俄政策会与前任政策不同，美俄之间新的博弈是难以避免的。

20 世纪 90 年代美国政治精英普遍认为美国的“单极时刻”到了。克林顿执政八年间打造以信息技术产业为龙头的“新经济”，美国经济持续增长，2000 年美国内生产总值达到世界经济总量的 30%，扭转了长期预算赤字的状况，破天荒地积累了 2 541 亿美元的预算盈余。布什当政意味着保守势力在美国政治中再次占据主导地位。新老保守派的代表人物充斥着政府各个部门，共和党的温和派(如国务卿鲍威尔)则受到排挤。保守势力大行其道的一个后果是对外政策中的强权政治、单边主义突出，意识形态色彩浓厚。②

俄罗斯希望与布什政府的关系有一个良好开端。布什 2001 年 1 月 20 日就任后，普京立即致信表示祝贺，并呼吁改善两国关系，其中说，俄美需要“在应对 21 世纪我们两国和整个国际社会面对的严峻挑战时找到共同的答案”。1 月 26 日，他在外交部的一次讲话中还就北约表示：“北约是欧洲和世界政治中的现实存在，如果我们能够本着开诚布公、公开和建设性的相互配合的精神建立起关系来，这将是对欧洲稳定和保障我们自己安全的一个实质性贡献。”当然，他也指出，扩大北约是错误的。③2 月 8 日，普京又给布什打电话，表示希望双方在一系列问题上，特别是在反导问题上找到共同语言。3 月 15 日，普京派亲信、俄联邦安全会议秘书谢尔盖·伊凡诺夫访美，探讨改善双边关系的可能性。伊凡诺夫会晤了国务卿鲍威尔、国安事务助理赖斯等政府高官，但未见到总统本人。④

但布什政府却要给俄罗斯一个“下马威”。2001 年 1 月 18 日，美国警方根

① Members of the Speaker's Advisory Group on Russia, “Russia's Road to Corruption. How the Clinton Administration Exported Government Instead of Free Enterprise an Failed the Russian People,” September 2000, https://apps.dtic.mil/dtic/tr/fulltext/u2/a383330.pdf.

② 王缉思主编：《布什主义的兴衰》，世界知识出版社 2012 年版，第 5—7 页。

③ 中国社会科学院俄罗斯东欧中亚研究所编辑、翻译：《普京文集》，第 254 页。

④ Отношения с США остаются для России одним из приоритетов, но уже не находятся на первом, месте 15 марта 2001. https://www.1tv.ru/news/2001-03-15/279783-otnosheniya_s_ssha_ostayutsya_dlya_rossii_odnim_iz_prioritetov_no_uzhe_ne_nahodyatsya_na_pervom_meste.

据瑞士检察院的司法委托在纽约肯尼迪机场逮捕了俄白联盟国务秘书博罗金。①过了一个月，美国又对俄罗斯打起了“间谍战”。2 月 20 日，美国司法部部长和联邦调查局局长发表联合声明，称破获了长期隐藏的联邦调查局雇员、俄间谍罗伯特·汉森(Robert Hanssen)。据称从 1979 年起，他就通过向俄出售高度机密的情报，获利 140 万美元。②。汉森在联邦调查局工作 25 年，是反间谍部门的专家，由于其重要位置，他有机会直接合法地接触大量的敏感项目和行动情报，其间谍活动被司法部描述为“美国历史上最严重的违法行为和对国家安全的威胁”，是“对公众信任的极端恶劣的背叛”，“造成了特别严重的破坏”。联邦调查局称，对汉森案的调查是政府多部门合作开展的，且已经进行了多年。③克林顿政府原本打算不加声张地低调处理汉森案，但新政府却把它张扬出来。

美方进一步扩大事态，决定勒令 51 名俄驻美外交人员“因从事与其身份不符的行为”在 2001 年夏之前离开美国。3 月 22 日，鲍威尔召见俄驻美大使尤里·乌莎科夫(Yuri Ushakov)，亲自将上述决定通知了俄方，并要求其中 6 人(他们在美任期已满)在 48 小时内离境。哥伦比亚广播公司(CBS)报道，这 6 名俄外交官与汉森案有牵连。伊戈尔·伊凡诺夫怒不可遏，认为这是一次有政治目的的举动，美方企图向世人证明，谁是世界的霸主。④美驻俄大使柯林斯也被俄外交部召去问话，以抗议美驱逐俄外交官。类似的相互驱逐外交官冷战时期在苏联与西方国家之间司空见惯，被视为双方关系恶化的象征。此次驱逐是 1986 年里根政府驱逐 80 名苏联“间谍”以来规模最大的一次。

但俄方从避免对抗的大局出发，总体上采取了低调处理的办法。3 月 23 日，俄联邦安全会议秘书谢尔盖·伊凡诺夫和俄外长伊戈尔·伊凡诺夫分别发表讲话表示，将于近期勒令同样数量的美国外交官离开莫斯科。谢尔盖·伊凡诺夫在接受波兰国家电视台采访时称：“我们将会在 1 000 多名美国外交官中仔细地挑选 46 人作为驱逐的对象，这些人对于美国来说都将是十分珍贵的。我想，美国感到的痛处会比我们更大。”⑤伊戈尔·伊凡诺夫外长则一脸阴沉地在

---

① 瑞士警方称，博罗金在 1998 年担任俄总统事务管理局局长期间，把克里姆林宫总统府的装修工程承包给了一家瑞士公司，瑞士检察院怀疑博罗金从中拿了回扣，并参与了洗钱活动。但俄警方认为对他的指控“证据不足”。2001 年 4 月，瑞士检察院同意俄、白警方保释博罗金的要求。

② Angela E. Stent, *The Limits of Partnership. U.S.-Russian Relations in the Twenty-First Century*, p.59.

③ FBI National Press Office, “Press Release,” February 20, 2001, https://www.fbi.gov/history/famous-cases/robert-hanssen.

④ 安格斯·罗克斯伯勒:《强权与铁腕——普京传》，胡利平、林华译，第 30 页。

⑤ 谢言俊:《美俄间谍战会有什么结果?》，2001 年 3 月 27 日，http://news.sohu.com/17/67/news144426717.shtml。

俄电视台发表声明称："自然，正如过去一样，俄罗斯将坚定地、不动摇地捍卫国家利益，将对美国这种不友好的行动作出适当的反应。与此同时，俄罗斯领导层认为，华盛顿那些试图将人类和美国推回到冷战和对抗时代的人的政策和逻辑是不会得逞的。"①3 月 23 日中午，俄方通知 4 名美外交官"立即"离俄，并称已经准备好了将被驱逐的美外交官名单。但实际上俄罗斯采取拖延处理，直到 2001 年年中又驱逐了 40 人，以此淡化事件对两国关系的影响。②

除了互相驱逐"间谍"，美方还采取措施将对俄关系"降级"。布什政府进行了一次跨部门的对俄政策审议，还调整了国务院的设置。克林顿政府时期在国务院设有司一级的"新独立国家办公室"，首任主任是后来的副国务卿、政府对俄政策的主要决策者塔尔伯特。在布什政府任内，国会中的共和党人参与进来，参议院外交关系委员会主席、著名的保守派人士赫尔姆斯决意通过撤销该办公室来贬低对俄关系。布什政府也认为，原苏联国家，包括俄罗斯不值得美国给予特别关注，于是把原苏联国家事务都并入了欧洲司，使欧洲司膨胀为包括 54 个国家的超级大司。许多负责对俄事务的官员强烈反对这一调整，认为即使苏联解体了，但独联体国家与俄罗斯仍然有许多共同特点，它们对俄联系远比与其他欧洲国家密切，但无济于事。塔尔伯特评论说："这是俄罗斯本身的一次战略降级。"③

布什政府还决定不再恢复美俄双边经济技术委员会，这是在科索沃战争中俄方作为对北约轰炸的反应而暂停的，后来俄方希望恢复该机制，克林顿政府没有立即响应。如今布什政府决定将其取消。

三、布什—普京首次会晤

但美俄双方都无意一开始就让两国关系自由落体式下降。稍后，鲍威尔给伊凡诺夫外长打电话，建议结束间谍战，给两国关系止血。5 月 18 日，俄外长携普京总统的信函访问美国。普京在信中表示，他期待与布什政府建立建设性的关系，并建议在布什 6 月赴欧洲出席北约峰会时在斯洛文尼亚举行两国首脑会晤，确定双边关系的发展方向。美方接受了这一建议。布什表示，他希望找到一种解决办法，以免损害双方利益。伊凡诺夫称这与俄方的立场完全吻合，并建议双方成立两个工作组，分别审视对当前国际稳定的威胁及考察现行国际军控条

① 《互逐外交官事件弥漫冷战气味：美俄谍战台前幕后》，2001 年 3 月 26 日，http://news.sohu.com/19/46/news144414619.shtml。

② 潘德礼主编、许志新副主编：《俄罗斯十年——政治、经济、外交》，第 766 页。

③ Angela E. Stent, *The Limits of Partnership. U.S.-Russian Relations in the Twenty-First Century*, p.59. 在布什政府第二任期，中亚国家被划归国务院南亚司管辖，使该司成为中亚南亚司。

约的作用和有效性。但鲍威尔又表示，在导弹防御系统问题上美方的立场是坚定的，不会因对俄谈判而有所不同。①

6 月 18 日，布什在斯洛文尼亚首都卢布尔雅那与普京举行会晤，这是两位领导人初次见面。出于国内政治的原因，双方都需要积极的消息，都刻意营造良好气氛。一开始双方进行了小范围的会晤，美方只有赖斯在场，俄方也只有联邦安全会议秘书鲁沙伊洛陪同。一番寒暄后，会谈切入正题。布什问：告诉我，谁是你的心腹。如果你我之间出现了棘手问题，这个人可以做你我的中间人。普京回答：那就找国防部长谢尔盖·伊凡诺夫；布什说：我这边是康迪（即赖斯）。布什表示他有意退出《反导条约》，希望俄方也这么做；普京冷静地表示，他不能接受这个提议，但也不会以报复行动相威胁。双方达成共识，希望找出不相冲突的方式解决此事。②两位领导人个人之间的化学反应不错，以致布什在会晤后对记者说："我直视着他的眼睛。我觉得他非常直率，值得信任。我们进行了很好的对话。我能感觉到他的心灵。"普京转向布什，用英语轻声地说："谢谢您！"布什的最后一句话可把他的团队惊呆了。赖斯小声对一位同事说："天哪！这一句话够我们解释的。"布什的这一表示遭到了民主党人和媒体劈头盖脸的批评。如参议院外交关系委员会主席拜登就说："我不信任普京。我希望总统这么说仅仅是做个样子，不是实际情况。"资深共和党参议员麦凯恩说，他在普京眼里看到三个字：克、格、勃。③直到布什总统任期结束，"我能感觉到他的心灵"这句话始终纠缠着他。虽然会晤气氛不错，但在北约东扩和导弹防御问题上，双方分歧依旧。④俄方先前提出的成立两个小组的动议为美方的新提议所取代：由国务院和国防部的官员与俄方对应的官员进行谈判。鲍威尔告诉记者，两国外长/国务卿和防长的磋商将"很快开始"。⑤

1999 年至 2000 年车臣恐怖分子制造了多起造成重大伤亡的暴恐事件，如 2000 年 8 月 8 日在莫斯科普希金地铁站的爆炸导致 13 人死亡，90 多人受伤；

---

① Barry Schweid, "Bush, Putin Agree to Hold First Summit," May 18, 2001, https://www.greensboro.com/bush-putin-agree-to-hold-first-summit-the-meeting-will/article_bfd0e9ef-a6e9-5386-adbb-0b5c2780467c.html; Robin Wright, "Bush, Putin to Meet in Slovenia in June," May 19, 2001, http://articles.latimes.com/2001/may/19/news/mn-65401.

② 康多莉扎·赖斯：《无上荣耀》，刘勇军译，湖南人民出版社 2014 年版，第 55 页。

③ 波波·罗：《孤独的帝国——俄罗斯与新世界无序》，袁靖、傅莹译，第 20 页。

④ 见本书第 321 页。

⑤ "Press Conference by President Bush and Russian Federation President Putin," June 16, 2001, https://georgewbush-whitehouse.archives.gov/news/releases/2001/06/20010618.html; Jane Perlez, "Cordial Rivals: How Bush And Putin Became Friends," June 18, 2001, https://www.nytimes.com/2001/06/18/world/cordial-rivals-how-bush-and-putin-became-friends.html.

2001年3月23日、24日在北高加索的斯塔夫罗波尔区发生多起汽车炸弹事件，造成40多人死亡，200多人受伤。俄政府称有确凿证据表明，这是车臣恐怖分子所为。但共和党一直对克林顿政府在车臣问题上对俄施压不力十分不满，对俄把车臣分裂主义者说成是恐怖分子加以嘲笑、反驳。流亡美国的车臣反叛当局"外交部部长"伊利亚斯·艾哈迈多夫甚至得以在华盛顿公开进行游说活动，会见多名国会议员，如参议员维尔斯通和布朗巴克(Sam Brownback)、众议员汉密尔顿(Lee Hamilton)、前政府官员如塔尔伯特和塞斯塔诺维奇、政界名人如布热津斯基以及诸多智库人士。3月24日，他在国家新闻俱乐部发表演讲。26日，国务卿新独立国家事务特别顾问约翰·贝尔(John Beyrle)会见了他。在此之前，俄总统办公厅主任谢尔盖·亚斯特任布斯基警告美方不要与车臣武装分子接触，否则将对俄美关系产生不良影响。①车臣"外长"不仅口头向贝尔讲述了自己的看法，而且把一个"可以帮助车臣人民摆脱人道主义灾难的六种行动方案的建议书"交给了贝尔。俄方对布什政府官员会见车臣叛乱分子予以强烈谴责。俄外交部发言人亚科文科称，"在过去一个文明大国采取的这种措施看起来是反人道的。如今在斯塔夫罗波尔区发生了这些车臣恐怖活动之后，人们要说华盛顿的做法简直就是不道德的"。亚斯特任布斯基谴责说："国务院的这一举措具有政治特征，它清晰地反映了美国对俄罗斯和恐怖主义问题的双重标准。"俄总统发言人轻蔑地表示："美新政府通过对车臣武装分子的使节给予如此庄重的接待表明，在国际反恐斗争中他们是站在哪一边的。"约翰·贝尔辩解说，他是作为个人，而不是作为政府官员会见车臣流亡分子的，他需要伊利亚斯·艾哈迈多夫的"见解和投入"。后来美方又为其提供了政治庇护。②

第二节　9·11恐怖袭击后的合作

一、反恐为美俄合作提供新机遇

2001年9月11日国际恐怖主义分子对纽约、华盛顿的袭击对于美国的影响至为深远。这是一个多世纪来美国本土第一次遭受这样的打击，对美国人心理上的震撼是前所未有的。冷战结束以后，美国成了唯一的超级大国，"老子天

① 郑羽主编：《既非盟友，也非敌人》下卷，第874页。贝尔的职务相当于助理国务卿。

② "Russia Blasts U. S.-Chechen Meeting," March 27, 2001, http://www.cnn.com/2001/WORLD/europe/03/27/russia.chechnya/ "Chenchen Foreign Minister in Washington," April 3, 2001, http://jamestown.org/program/chenchen-foreign-minister-in-washington/.

下第一"成了美国的一种政治文化积淀，9·11恐怖袭击跟这种心理的反差太强烈了。美国原来如此脆弱，如此易受攻击。正如国安事务助理赖斯后来在一个讲话中所说的，"9·11使美国的脆弱性暴露无遗"。①

9·11恐怖袭击在很大程度上改变了布什政府的战略思维。首先，布什政府和美国许多战略家把柏林墙倒塌和9·11恐怖袭击相提并论，认为前者开启了后冷战时代，而后者则结束了后冷战时代，开启了一个新的时代，美国对威胁来源的评估改变了。在20世纪90年代，虽然有各种矛盾和冲突，但没有一个是主导的危险，对于这个时代的定位、对于威胁的性质等问题在美国缺乏共识，美国的大战略也变得游移不定。②恐怖袭击使美国社会迅速地凝聚起一个共识：国际恐怖主义这种非传统安全威胁是对美国国家安全、美国的生活方式和至关重要利益的紧迫威胁。受到恐怖袭击之后，布什总统立即宣布，这是一场战争，美国处于全球反恐战争之中。③在2002年9月中旬出台的《美国国家安全战略报告》中再次强调："美国正在进行全球反恐战争。美国的敌人不是一种政治体制，或个人，或宗教，或意识形态，而是恐怖主义——有预谋的、有政治企图的针对无辜民众的暴力……这是一场与我们历史上的所有战争都不相同的斗争。"④赖斯在一次讲话中说："今天，与其说威胁来自大规模的军队，不如说来自一小撮隐藏的恐怖分子；与其说来自强国，不如说来自虚弱的失败国家。在'9·11'之后，人们已经不再怀疑，今天美国所面对的安全威胁是从内战以来所从未有过的。"⑤

其次，布什政府对反恐斗争的定位是"全球反恐战争"，而不是对个别恐怖组织进行的局部斗争，为了进行这场战争，美国需要建立一个尽可能广泛的全球反恐联盟，包括世界上所有的大国。美国对大国关系的看法由此发生转变。在9月11日当晚，布什主持国家安全委员会会议，并提出，恐怖袭击为美国与俄罗斯

① "September 11th Attacks 'Crystallized Our Vulnerability,' Rice Says," October 2, 2002, *Washington File*, October 4, 2002, p.23.

② "September 11th Attacks 'Crystallized Our Vulnerability,' Rice Says," October 2, 2002, *Washington File*, October 4, 2002, 22—23; "September 11 Launched a New Era in U.S. Strategic Thinking," *Washington File*, September 11, 2002, p.20.

③ George W. Bush, "Remarks Following a Meeting with the National Security Team," September 12, 2001. Online by Gerhard Peters and John T. Woolley, *The American Presidency Project*, http://www.presidency.ucsb.edu/ws/?pid=58058. "The Global War on Terrorism. The First 100 Days," *Washington File*, 21 December 2001. p.9.

④ The White House, *The National Security Strategy of the United States of America*, September 2002. http://georgewbush-whitehouse.archives.gov/nsc/nss/2002/.

⑤ "September 11th Attacks 'Crystallized Our Vulnerability', Rice Says," *Washington File*, October 4, 2002, 22—23.

和中国的合作提供了“异乎寻常的机会”。①大国合作反恐成为美国国家安全战略的重要内容。

再次，布什政府极端重视大规模杀伤性武器的扩散，布什在上述《美国国家安全战略报告》序言中说，“我们国家面临的最严重的危险是激进主义与技术的结合。我们的敌人公开宣布寻求大规模杀伤性武器，有证据表明，他们决意这样做”。②防止大规模杀伤性武器的扩散成了布什安全战略中与反恐并重的问题。美国的新战略思维客观上为美俄关系的改善提供了机遇。布什在 2002 年 1 月的《国情咨文》中说：“在此刻的机遇中，一种共同的危险正在融化昔日对手之间的坚冰，美国正以之前从未尝试过的方式，与俄罗斯、中国、印度等国一起，实现和平与繁荣。”③

俄罗斯对阿富汗的情况是十分了解的，早在 9·11 恐怖袭击之前，俄方就一再向美方通报，阿富汗的主要问题是塔利班政权。9·11 恐怖袭击前四个月，由副国务卿阿米蒂奇（Richard Armitage）率领的代表团访俄，访问团同意俄方的意见：阿的主要问题是“塔利班政权继续支持恐怖主义，它已经超出阿的边界”。④9 月 9 日，阿反塔利班的北方联盟领袖马苏德遭到暗杀，俄情报部门认为，这是一个凶兆。多年来，俄一直支持北方联盟，提供武器和资金，帮助它对抗塔利班。9 月 10 日，普京打电话给布什，说他认为“一个重大的阴谋”正在酝酿之中。⑤9·11 恐怖袭击发生后，普京是最早给布什打电话表示慰问的外国领导人，并表示对美国可能作出的任何反应都给予毫无保留的支持。针对美总统下令美海内外武装力量进入戒备状态，普京特别强调说，“我想告诉你们，我们没有命令军队处于戒备状态，不仅如此，我们还撤销了战备状态”，以行动配合美国。⑥同日普京还发表声明称：“今天在美国发生的袭击超越了国界。这是对人类厚颜无耻的挑战……俄罗斯有遭受恐怖主义袭击的第一手经验，我们和美国人民感同身受。我以俄罗斯的名义对美国人民说，我们和你们同在，我们和你们

① Shirley Kan, *U.S.-China Counterterrorism Cooperation: Issues for U.S. Policy* (CRS Report for Congress.), December 7, 2004, p.4.

② The White House, *The National Security Strategy of the United States of America*, September 17, 2002, Preface by George W. Bush, pp.1—5. http://georgewbush-whitehouse.archives.gov/nsc/nss/2002/.

③ George W. Bush, “Address Before a Joint Session of the Congress on the State of the Union,” January 29, 2002. Online by Gerhard Peters and John T. Woolley, *The American Presidency Project*, https://www.presidency.ucsb.edu/node/211864.

④ Jeffrey Mankoff, *Russian Foreign Policy. The Return of Great Power Politics*, p.103.

⑤ 安格斯·罗克斯伯勒：《强权与铁腕——普京传》，胡利平、林华译，第 30 页。

⑥ Владимир Путин посетил место трагедии 11 сентября, http://www. kremlin. ru/events/president/news/41520.

苦难同当,我们支持你们。"①普京还下令全国为"9·11"的死难者默哀。恐怖袭击发生后,谢尔盖·伊凡诺夫防长立即中断对北高加索的工作访问返回莫斯科,连夜与赖斯和拉姆斯菲尔德通电话,再次表示哀悼,并表示,一旦俄方掌握有关悲剧事件制造者的情报,将尽快提供给美方。②

在普京给布什打电话后有两个星期俄罗斯几乎没有什么动静,主要原因是俄高层对于如何看待和应对美国行将发起的阿富汗战争存在分歧。谢尔盖·伊凡诺夫防长9月13日说,俄罗斯不打算参加美国的反恐军事行动。14日,他又指出,中亚国家是独联体集体安全条约成员国,北约没有任何理由,哪怕是假设的理由,在属于独联体的中亚国家境内设想采取任何军事行动。③参谋总长阿纳托里·克瓦什宁认为,北约继续把俄罗斯和白俄罗斯视为主要的潜在敌人,因此俄应当有能力保卫自己,反对外来侵略。三分之二以上的将领也对美国在中亚的军事存在及俄对阿富汗战争的任何支持表示怀疑。但普京本人显然把在反恐战争中与美国合作看作是改善两国关系的难得契机。

9·11事件后,普京立即与中亚五国领导人进行电话沟通,并接连派出多位高官前往中亚访问,与各国协调立场。9月21日,普京对德国媒体发表谈话,表示俄罗斯准备在反恐斗争中与美国进行广泛合作。他说:"我们暂时还没有听到有关这个问题的具体要求。情报部门的合作早已开始……要将这种合作提高到崭新水平,我们准备这样做。"这是普京向西方,尤其是正在准备阿富汗战争的美国第一次发出明确的信息。自然,他也强调,在反恐问题上不应实行双重标准,不能说在莫斯科搞爆炸是"战斗英雄",在其他国家做同样的事情是恐怖主义者。④22日,普京在与布什电话磋商一个多小时后,在南部度假地索契召开12个强力部门负责人参加的会议,商讨俄罗斯对即将开始的阿富汗战争的政策。统一意见是相当困难的,会议持续了7个多小时。会后,普京又与有不同意见的议会党团负责人进行沟通。⑤

24日,普京中断正常的电视节目,发表直播讲话,对美国的阿富汗战争表示支持,并提出五点具体建议。第一,加强情报机构的合作,俄正在并将继续就恐怖组织的基础设施和窝藏地点、训练基地向美方提供情报;第二,向为反恐提供后勤给养物资的人道主义过境运输开放俄空域;第三,俄罗斯的中亚盟友在开放

---

① Заявление президента России Владимира Путина по поводу террористических актов в США, 11 сентября 2001 года. https://www.kommersant.ru/doc/282513.

② 梅孜主编:《美俄关系大事实录》下册,第685页。

③ 许志新:《"9·11"事件后普京对西方政策的重大变化》,《欧洲》2002年第2期。

④ Интервью Владимира Путина опубликованы в газете «Бильд» и журнале «Фокус»(ФРГ), 21 сентября 2001, http://kremlin.ru/events/president/news/39992.

⑤ 赵鸣文:《普京大外交》,第178—180页。

空域方面与俄持相同立场，并且不排除提供空军基地的可能性；第四，准备参与国际搜索和救援行动；第五，增加对阿富汗北方联盟拉巴尼政府的支持，提供更多的武器和军用物资。他还说，“俄罗斯与反恐行动的参加者还可以有更深入的合作，这种合作的范围与性质将直接取决于我们与这些国家关系的总体水平和性质，以及我们对国际反恐斗争的谅解”。他也强调发挥联合国和安理会在反恐中的作用。同时，普京也呼吁国际社会不要脱离国际反恐的大背景来看待车臣问题，呼吁车臣人在反恐背景下作出新的抉择。①这个声明表明，俄方意识到，从冷战结束以来十年中，这是第一次美国真正需要俄罗斯的支持，俄罗斯也的确处于能够为美提供实质性帮助的有利地位，这为俄恢复大国地位提供了最佳的机会。普京要抓住这个机遇，缓解北约东扩带来的战略压力，缓解西方在车臣问题上的压力，塑造俄罗斯新的国际形象，并通过改善国际处境促进俄融入世界经济一体化进程。正是在普京的带领、协调和影响下，中亚各国对阿富汗战争采取了与俄一致的立场。

24 日，鲍威尔国务卿分别致信波罗的海三国外长，敦促三国与俄罗斯进行合作，“因为俄罗斯也应该成为统一和自由欧洲的组成部分”。②鲍威尔之所以有此动作，是因为美国阿富汗战争的运输线很长，其中一条线是在波罗的海上岸，再换乘火车通过俄罗斯和中亚国家长途运往阿富汗。这势必大大加强俄罗斯与三国的联系。

9 月 25 日，普京在访德期间对德国议会的讲演中对俄罗斯政策的变化作出解释，他说，“冷战已经结束了，人们必须彻底告别冷战时代的陈腐观念”；俄罗斯对与西方之间的伙伴关系作了种种明确的表示，但没有建立“有效的合作机制”，重要的决定是在没有我们参加的情况下作出的，如在北约范围内；现在，“我们的心扉为建立对等的合作和伙伴关系敞开着”。③普京确实是敞开了他的胸怀。他在 2001 年 11 月访美前夕接受美国广播公司（ABC）记者采访时又坦言，“重要的是，过去那套思路与现实基本无关。如果俄罗斯要成为国际社会的完全成员，它就没有必要也不会担心邻国发展与其他国家的关系，包括中亚国家发展对美关系”，俄美关系不应以过去的相互担心作为导向，双方在本地区合作的利益是实实在在的。④显

① Владимир Путин，Заявление Президента России，24 сентября 2001 года，http://kremlin.ru/events/president/transcripts/21338；郑羽主编：《既非盟友，也非敌人》上卷，第 151 页。

② 潘德礼主编、许志新副主编：《俄罗斯十年：政治、经济、外交》，第 774 页。

③ Владимир Путин，Выступление в бундестаге ФРГ，25сентября 2001 голда. http://kremlin.ru/events/president/transcripts/21340.

④ Накануне своего государственного визита в Соединенные Штаты Америки Владимир Путин дал интервью американской телекомпании Эй-Би-Си，7 ноября 2001 года，http://kremlin.ru/events/president/trips/45476.

然，普京希望通过在反恐问题上的合作与美国和西方建立真正平等的合作伙伴关系，从根本上改变与美国和西方的关系。自然，俄罗斯无疑也指望美方尊重俄方的核心利益。

支持美国在阿富汗反恐也符合俄罗斯的安全利益。长期以来，俄罗斯一直对中亚宗教极端主义势力的抬头感到不安，阿富汗的塔利班是极端主义势力的大本营，塔利班和"基地组织"不仅为车臣分离主义者提供武器装备、培训人员，还成为车臣恐怖分子的后方基地，本·拉登还曾去过车臣两次。俄罗斯早有铲除塔利班和"基地组织"的打算，但自20世纪80年代苏联在阿富汗惨败后，它再也无力向阿派出地面部队，战机难以对数千里外的目标发动准确的空袭，何况阿富汗崇山峻岭，地形复杂，没有重要的基础设施可作为空袭目标。独联体集体安全条约组织的快速反应部队也遭遇设施老化、装备陈旧、经费不足等诸多困难。美国打击塔利班有助于震慑中亚的极端主义。俄还希望美国捣毁训练车臣、达吉斯坦及中亚国家恐怖分子的营地，甚至抓获在那里受训的恐怖分子，移交给俄罗斯，这样打击"基地组织"将有助于俄铲除本国境内麻烦的部分根源，普京也正是以此说服他周围的强硬派的。用普京的顾问格雷布·巴甫洛夫斯基将军的话说，"与其让塔利班跑到鞑靼斯坦来，不如让美军部署在乌兹别克斯坦"。[①]

美方对普京的上述讲话作出了积极回应。两天后，白宫发言人弗莱舍(Ari Fleischer)表达了美方对普京声明的赞赏，并要求"车臣领导人……必须立即切断与国际恐怖主义的联系，如本·拉登和基地组织"。[②]克林顿政府先前曾经把某些车臣武装分子与本·拉登相联系，但布什政府从未这样做过。这是布什政府第一次类似的表态。

美方还采取了一系列磋商来跟进与俄罗斯刚刚建立起来的关系。9月底，负责军控和国际安全事务的副国务卿博尔顿(John Bolton)访问乌兹别克斯坦和俄罗斯，29日在莫斯科会晤俄副外长马梅多夫，双方主要讨论了反恐事宜。[③]几乎同时，美贸易代表佐利克(Robert Zoellick)访俄，主要就俄加入世贸组织问题与俄方进行会谈。他在会谈后宣布，美国已开始讨论给予俄市场经济国家地位的问题，希望俄尽快加入世贸组织，这也符合美国的国家利益。美国还将为此向其他国家施加影响。他坦言，美国作出上述决定是为了感谢俄在反恐问题上

---

① 安格斯·罗克斯伯勒：《强权与铁腕——普京传》，胡利平、林华译，第35页；Jeffrey Mankoff, *Russian Foreign Policy. The Return of Great Power Politics*, p.247。

② Michael McFaul, "U.S.-Russia Relations After September 11, 2001," https://carnegieendowment.org/2001/10/24/u.s.-russia-relations-after-september-11-2001-pub-840.

③ U.S. Department of State, "The United States and the Global Coalition against Terrorism", September 2001-December 2003, https://2001-2009.state.gov/r/pa/ho/pubs/fs/5889.htm.

给予美国的支持。①

10 月 20 日,布什和普京都来中国上海出席亚太经合组织(APEC)领导人会议,两位领导人在会议期间进行正式会晤,并举行联合记者招待会,发表了反对恐怖主义的联合声明。普京在记者会上说:“今天,俄美之间的合作正在顺利发展……在本世纪我们的优先战略选项是长期的合作和伙伴关系,基于一种文明的共同的价值观的伙伴关系,服务于两国的发展和进步的共同目标的伙伴关系。”布什在会晤中也没有掩饰双方的分歧,称“反恐战争不是对少数民族的战争”,这显然是针对车臣说的;还提到要“发展俄罗斯自由的媒体”。双方的反恐联合声明“强调,反恐斗争需要整个国际社会在国际法和充分发挥联合国及其他国际组织的作用的基础上,共同应对新的挑战和威胁”,“而美俄合作对于这种全球合作是至关重要的”;恐怖主义的财政、通信、后勤网络必须予以摧毁,并要准备反对新的恐怖威胁:核、生物和化学的,以及网络的威胁。双方还承诺在阿富汗战后恢复和平和重建中进行合作。②

2002 年 5 月下旬,布什总统访问俄罗斯,美俄领导人签署一系列声明和文件,包括《美俄新战略关系共同宣言》。双方宣告“正在建立一种新的战略关系。美俄彼此视对方为敌人或战略威胁的时代结束了,我们现在是伙伴,我们将合作推进稳定、安全和经济一体化,联合应对全球挑战并帮助解决地区冲突”,“两国在反对全球恐怖主义的斗争中已经结盟”。宣言称,双方“致力于发展基于友谊、合作、共同价值观、互信、开放和可预测的关系”;“拒绝已经失败的‘大国’竞争的模式”,将在解决地区冲突中加强合作;双方致力于建设开放的市场经济和民主的开放的社会,使俄罗斯经济进一步融入世界经济,并把俄加入世贸组织作为优先事项,美商务部将在 6 月 14 日前就俄市场经济地位作出决定。③这一宣言的发表标志着美俄两国关系在反恐大背景下的改善达到了前所未有的境地,双方的合作登上了新的制高点。

---

① 梅孜主编:《美俄关系大事实录》上册,第 376 页。

② The White House, Office of the Press Secretary, “President Bush and Russian President Putin Discuss Progress,” October 21, 2001, https://georgewbush-whitehouse.archives.gov/news/releases/2001/10/20011021-3.html; На встрече президентов России и США Владимира Путина и Джорджа Буша принято совместное заявление по борьбе с терроризмом, 21 октября 2001, года http://kremlin.ru/events/president/news/40567.

③ “Joint Declaration by President George W. Bush and President Vladimir V. Putin on the New Strategic Relationship Between the United States of America and the Russian Federation”, May 24, 2002, https://www.presidency.ucsb.edu/documents/joint-declaration-president-george-w-bush-and-president-vladimir-v-putin-the-new-strategic. 直到 2012 年 12 月,在俄罗斯加入世贸组织之后,美方才终止对俄使用《杰克逊—瓦尼克修正案》。

二、俄对美反恐的配合与协助

俄罗斯对美国的反恐战争提供了多方面的配合和协助。

第一，完善反恐法规。俄罗斯作为联合国安理会“五常”之一，在联合国为通过各项反恐文件、建立和完善反恐机制作出积极贡献。国际社会从20世纪60年代开始就在地区和全球范围进行反恐合作，到1999年12月9日先后通过12项反恐国际公约，涵盖反劫机、反劫船、保护大陆架固定平台、保护核材料、反爆炸、反对劫持人质等各个领域。但国际社会对恐怖主义威胁的严重性的认识整体说来仍然不足，在具体应对方面也存在着侥幸情绪和做法。9·11恐怖袭击大大提高了国际社会对于恐怖主义危险性的认识，并迅速就加强反恐合作的迫切性与重要性达成新共识。9月12日，联合国安理会迅速通过了第1368号决议，“最强烈地断然谴责”9·11国际恐怖主义攻击，呼吁各国“采取一切手段打击恐怖主义行为……确认按照宪章有单独或集体自卫的固有权利”。9月28日，安理会又通过第1373号决议，呼吁所有成员国支持打击国际恐怖主义势力的行动，要求尚未签署或确认现存联合国反恐公约的国家把签署和确认公约列为优先，并承诺采取具体措施，断绝恐怖主义的财政来源，不向恐怖分子提供庇护场所。11月12日的第1377号决议通过“全球努力打击恐怖主义的宣言”。从“9·11”以后到2002年年底，安理会共通过六项决议，联合国集体安全体系启动。这也表明，安理会确认国际恐怖主义是一种公害，将在反恐斗争中实行国际合作。这些决议还创立了在反恐方面前所未有的三个先例：第一，将自卫权应用于反恐斗争（如第1368号决议）；第二，要求各国采取具体步骤实行反恐立法，如将资金流入恐怖主义组织视为犯罪行为等（如第1373号决议）；第三，在安理会成立新的反恐委员会，监督各国执行安理会各项反恐决议。①俄罗斯作为安理会“五常”之一，积极参与联合国反恐机制的制定、完善和执行。伊凡诺夫外长在2001年11月15日的一次安理会会议上说：9·11恐怖袭击表明，在全球化时代一个国家的悲痛可以变为整个国际社会的悲痛，“在反击恐怖分子的暴行中对一个简单真理的意识得到强化：在对共同的邪恶势力斗争中的团结和相互支持帮助保卫各国自身及其国民”。②

第二，对阿富汗战争的实质性的支持。苏军曾经入侵阿富汗十年，对阿富汗的山川地理、政治经济、社会生活、“基地组织”的训练营地等各个方面情况比任

---

① 参见李铁城、钱文荣主编：《联合国框架下的中美关系》，人民出版社2006年版，第245—246页；李鸣：《在联合国框架下解决危机——评9·11事件后联合国反恐决议》，2002年，http://article.chinalawinfo.com/ArticleHtml/Article_25479.shtml。

② John O'Loughlin, Gearoid O' Tuathail and Vladimir Kolossov, "A 'Risky Westward Turn'? Putin's 9·11 Scrip and Ordinary Russians," *Europe-Asia Studies*, Vol.56, No.1, January, 2004, p.9.

何国家都清楚。俄方向美方提供了大量情报，既大大缩短了美军军事进攻前的准备时间，又使美军的行动建立在充分了解情况的基础之上，减轻了在这个地理形势极其复杂的国家进行山地作战的种种弱点和劣势。俄罗斯一直与北方联盟保持联系，向其提供武器装备和援助。当美军攻势一时未能取得突破时，俄方支持北方联盟的地面军事行动，还出动了特种部队。11 月 7 日，普京给布什打电话说：北方联盟能在几小时内攻破塔利班防线并占领重镇马扎里沙里夫，在几天内做好攻占喀布尔的准备；一支由 2 000 名俄罗斯特种部队成员和 6 000 名乌兹别克斯坦特种部队成员组成的新军将成为北方联盟的主力。这对美军真是雪中送炭。①俄罗斯的大力支持为多国部队在短时间内以极小的代价推翻塔利班政权作出了贡献。

第三，在防止大规模杀伤性武器扩散方面的合作。俄罗斯在关于朝核问题的六方会谈中是一个建设性因素。俄罗斯牵头东北亚安全小组，积极考虑把六方会谈发展成东北亚常设性安全机制的问题，并提出了初步方案，得到各方的好评。2005 年 11 月 19 日，普京与卢武铉在釜山举行会谈后在记者招待会上暗示，如果朝鲜弃核，俄罗斯可以考虑在六方会谈框架内向朝提供天然气。2007 年上半年，朝鲜在澳门汇业银行被冻结的 2 500 万美元的解冻遇到了困难，僵持了 3 个月之久，结果资金被解冻到俄罗斯远东商业银行，这也是俄为六方会谈作出的一个贡献。

俄罗斯与伊朗的核关系一直是美国所关注的。2001 年 11 月 7 日普京在访美前接受美国广播公司（ABC）记者专访，当被问及俄伊核关系时，他承认与伊朗有能源合作项目，并向伊朗出售常规武器，但否认向伊朗提供任何与大规模杀伤性武器，包括核武器及与导弹相关的“硬件和信息”，表示俄坚决反对向伊朗提供任何可能帮其发展核武器的技术。②

第四，俄罗斯还关闭了设在古巴的电子监测站。位于哈瓦那郊区的洛尔德斯无线电监测站是冷战的产物，建于 1964 年，是苏古“牢不可破的历史性结盟”的重要标志。建立该站名义上是为了保障与苏联驻拉美各国使馆的通信联系，并监督苏美裁军协定的执行情况，实际上是苏联搜集美国政治军事情报的前哨，配备有最先进的技术设备，覆盖范围遍及美全国，甚至可以监测白宫的通信。站内最多时驻有 3 000 名技术和情报专家。苏联解体后，俄罗斯要求继续保持这一监测站，古巴也表示同意。但由于俄方的经济困难，监测站实际处于半瘫痪状

---

① 许志新：《“9·11”事件后普京对西方政策的重大变化》，《欧洲》2002 年第 2 期。

② Накануне своего государственного визита в Соединенные Штаты Америки Владимир Путин дал интервью американской телекомпании Эй-Би-Си, 7 ноября 2001 года, http://kremlin.ru/events/president/trips/45476. 关于俄伊核关系见本章第四节。

态。美国一直把这个监测站视为心腹大患，为取消监测站作了种种努力。2000年6月美国会甚至通过决议，在俄关闭监测站之前不能对俄的债务进行重组。普京于2000年12月访问古巴，这是俄领导人时隔11年首次访古。他批评了俄20世纪90年代对古巴的政策，把这段时间称为"停滞的时代"，强调双方的经贸关系，要使俄重新成为古巴的重要贸易伙伴。2001年10月17日，普京宣布从2002年1月起关闭该监测站。这里无疑有经济方面的考虑，每年2亿美元的租用费和监测站的维护运转费用对俄是个难以继续承受的负担，但向美国示好的意图也是十分明显的。①

第五，俄罗斯撤销了在越南的军事基地。在2001年10月17日的军事会议上，普京同时宣布从2002年1月起停止租用越南金兰湾的海军基地。越南战争结束后苏越两国在1979年签订协定，越南无偿向苏联提供金兰湾的基地，为期25年，2004年到期。苏联解体后，俄罗斯国内经济状况困难，军费锐减，基本不能顾及金兰湾的建设，驻扎在基地的俄军数量不断削减，最后仅留下数百人进行维持。但金兰湾战略地位显要，如同进出东南亚的桥头堡，俄军仍然希望继续保有它。但越方提出，现有合同到期后，俄方需每年支付3亿美元的租金。这是俄方力所不及的。与关闭在古巴的监测站一样，撤离金兰湾的决定同样具有配合美国的反恐战争，进一步缓和国际战略态势的意义。对于这一点，美国看得很清楚。

普京宣布这两个决定的时间点也是重要的。几天后，普京和布什都将到中国上海参加亚太经合组织领导人会议，并将在会议期间举行9·11之后两位领导人的首次会晤。这两项决定显然有利于为首脑会晤营造良好气氛。

总之，在9·11恐怖袭击之后，普京的对美政策思路发生了三个大的转变。第一，确认国际恐怖主义是俄美的共同敌人；第二，提出了与恐怖主义相对立的"文明世界"的概念，这个概念虽则抽象，却是有用的，表示俄罗斯要在这个由西方主导的文明世界中占有一席之地，也能把车臣问题包括进去；第三，弱化、边缘化旧的地缘政治、势力范围的概念，而强调地缘经济的利益。②普京寄希望于通过支持美国发动的反恐战争促使美国改变对俄偏见，把俄视为这场新型战争中的盟国，如同反法西斯战争中美苏结盟一样，而不是一个不可信赖的前冷战对手。

俄罗斯为美国的阿富汗战争提供的一个最大帮助是为以美国为首的反恐联

① 谌园庭：《9·11事件后俄罗斯对古巴政策的调整》，《拉丁美洲研究》2012年第1期。

② John O'Loughlin, Gearoid O' Tuathail and Vladimir Kolossov, "A 'Risky Westward Turn'? Putin's 9·11 Scrip and Ordinary Russians", *Europe-Asia Studies*, Vol.56, No.1, January, 2004, p.15.

盟部队过境中亚开了绿灯。①

普京在9·11之后调整对美政策在国内是有民意基础的。根据2001年9月的民调，73%的受访者认为俄美关系是“很好”或“基本好的”。虽然一年后对美态度持正面评价者比例略有下降，但仍保持2/3左右的支持率。2002年8月的民调还显示，77%的民众认为普京支持美国反恐是正确的。②

2002年1月，当俄外长伊凡诺夫被问到“你不担心所有这些美国大兵在中亚跑来跑去吗？他们是敌人啊！”的时候，伊凡诺夫回答说：不，恐怖主义是敌人，走私犯是敌人，贩毒犯是敌人。现在这些人是敌人。而美国人和俄国人现在一起工作来打败这些新的敌人。这是俄罗斯人为未来前进树立的新意识。③

布什政府对俄罗斯与中亚国家对美军和多国部队的配合和协助深感满意，国家安全事务助理赖斯2001年10月15日接受俄《消息报》记者采访时表示，在反恐战争中，俄罗斯的表现堪称非常慷慨的伙伴，它准备在几个方面与美国进行合作，这是非常重要的帮助，目前美国不能要求俄做更多的事情了。④助理防长克饶奇(Jack Dyer Crouch)2002年6月在国会作证时称，“我们与中亚各国军事关系的成熟程度是‘9·11’之前所无法想象的”。⑤鲍威尔2002年5月随布什访俄时在一次记者会上也说：“普京总统发表了一个强有力的声明，把俄罗斯完全与反恐战争结合在一起。他也是这样做的，照他那天的承诺做的。俄罗斯成了我们反恐战争的坚强盟友……我们在中亚进行了密切协调，这种合作即使在一年前，在一年半之前都是不可想象的。”⑥

俄罗斯配合美国反恐当然也有车臣问题的考虑。俄事实上“对车臣的许多问题都无能为力”，西方则还在车臣问题上对俄指手画脚。普京反对西方在反恐问题上的双重标准，称不能说在美国搞爆炸是恐怖主义，在莫斯科搞爆炸是“争取自由”。正是在俄罗斯的强烈要求下，西方放低了对俄批评的调门，并指出车臣武装与本·拉登追随者之间的密切关系，这对俄解决车臣问题无疑是有利的。⑦2002年10月，布什政府将三个车臣组织认定为“与基地组织有联系的恐怖

---

① 详见本书第十章第一节。

② 冯绍雷、相蓝欣：《普京外交》，第24—25页。

③ Collin Powell, “Statement on President Bush’s Budget Request for Fiscal Year of 2003,” February 6, 2002, 2009. state.gov/secretary/former/powell/remarks/2002/7857.htm.

④ 梅孜主编：《美俄关系大事实录》上册，第258页。

⑤ Jim Nichol, *Central Asia’s New States: Political Developments for U.S. Interests* (CRS Report for Congress), updated July 21, 2003, p.11.

⑥ Press Briefing by Secretary of State Colin Powell on President’s Trip to Russia, May 25, 2002, https://georgewbush-whitehouse.archives.gov/news/releases/2002/05/text/20020525-4.html.

⑦ 赵鸣文：《普京大外交》，第189页。

组织”,并查封了它们在美国的财产。美国务院发言人鲍润石在新闻发布会上还说,这些组织在阿富汗之外与塔利班头目也有关系。但鲍润石同时表示,美方在车臣问题上的总体立场未变,即“车臣更大范围内的冲突不能用军事方法解决,而要用政治方法解决”。①10 月 22 日晚,一群车臣恐怖分子占领了莫斯科杜布洛夫卡剧院,将 850 名观众劫为人质。当局与恐怖分子进行了两天多的谈判无果,迫不得已将麻醉剂喷入剧场。恐怖分子全部被歼,但 130 名观众也因此丧生。布什毫不犹豫地将造成这次平民死亡的责任归到了车臣恐怖分子头上。2003 年 8 月,布什政府正式认定车臣反叛武装头目巴沙耶夫是恐怖分子,查封了他在美国的资产。②2004 年 9 月发生了北奥塞梯共和国境内别斯兰市一所小学被 32 名车臣恐怖分子占领、1 100 名学生被劫持的事件。当俄军强行攻入学校解救人质时,已有 330 人丧生,包括 168 名儿童。布什亲自前往俄驻美大使馆吊唁和慰问,并对车臣恐怖分子的袭击进行强烈谴责。布什 9 月 21 日在联合国大会讲话时又提到了恐怖分子对别斯兰学生的屠杀,强调在全球范围采取行动打击恐怖主义的必要性。③

三、首脑外交打造新关系

普京于 2001 年 11 月 7 日至 16 日对美国进行了他任内的首次国事访问。为了显示与普京的亲切关系,布什还邀请普京访问了他家乡得克萨斯州的克劳福德牧场,并亲自驾车带普京参观牧场,为会晤营造了一种家庭般的轻松气氛。阿富汗战争正如火如荼,双方就战争进行了详细讨论,交换信息,包括苏联时期的经历和经验,商讨了在推翻塔利班政权后建立一个具有广泛代表性的政府,用赖斯的话说,这是一次“非常详细、实在和解决问题的”讨论。关于双边关系,布什说,现在是两国关系漫长历史上的新篇章,是发展的篇章,充满希望的篇章,美俄关系正处于变革之中,双方正在把充满敌意和猜忌的关系转化成以合作和信任为基础的关系,它也将增大两国人民和全世界人民的和平与发展的机会。军备控制是会谈的一个主要议题,双方在《反导条约》问题上的分歧依旧。布什

---

① Steven Weisman, “Threats and Responses: Terror Links; U.S. Lists Three Chenchen Groups As Terrorist and Freezes Assets,” March 1, 2003, https://www.nytimes.com/2003/03/01/world/threats-responses-terror-links-us-lists-3-chechen-groups-terrorist-freezes.html.

② Elizabeth Smick, “The Chechen Separatist Movement,” July 18, 2006, https://www.cfr.org/backgrounder/chechen-separatist-movement.

③ George W. Bush, “Remarks to the United Nations General Assembly in New York City,” September 21, 2004. Online by Gerhard Peters and John T. Woolley, *The American Presidency Project*, https://www.presidency.ucsb.edu/node/214748.

主动告知普京，在未来十年中，美国将把实战部署的战略核弹头数量削减到1 700枚至2 200枚，这一水平就能够充分保障美国的安全。布什还说，美国将单方面地进行削减，而不与俄罗斯签订什么条约，美俄之间不需要“没完没了的军控谈判”来“大幅度削减我们的武器”。他建议双方把各自的想法写在一页纸上，握一次手就妥了。普京仍然维护《反导条约》，但知道美国退意已决，拦也是拦不住的，况且在9·11恐怖袭击之后《反导条约》问题在两国关系中的分量比几个月之前小得多了，现在要在两国极其广泛的关系框架之中来看待这个问题，普京也就不再那么强烈反对了，并表示“他理解布什总统关于威胁的说法”。普京在会晤之前就已表示，俄罗斯将把本国实战部署的核弹头削减到1 500枚。他强调，双方要聚焦于“就进一步削减武器达成一项可靠的可核查的协定”，这跟布什的想法有出入。①

11月13日，两国元首发表关于美俄新关系、新经济关系、反对生物恐怖主义的三个联合声明。声明重申，“美国和俄罗斯已经克服了冷战的遗产，双方互不认为对方是敌人或威胁”，双方认为各自的核力量水平已经不能反映当前战略关系的现实，决定对核力量进行实质性削减。在谈到《反导条约》时，双方同意在“广泛的战略关系框架内进行磋商”。美方还表示要努力推进俄罗斯加入世贸组织的谈判，发展双边的经贸关系和能源合作，开展实业界的对话等。②在记者招待会上，普京高兴地宣布：“我们现在已经准备好寻求解决我们联合行动中各个方面的问题。我们决意彻底消除冷战的遗迹，发展新的——全新的长期的伙伴关系。”③

通过此次峰会布什确信，他已经为美国退出《反导条约》铺平了道路，遂于12月12日正式宣布退出条约。翌日，普京发表电视讲话，作出温和反应，敦促双方尽快制定新的战略框架。并称，双方已经达成共识，将各自的进攻性战略武

---

① George W. Bush, “The President’s News Conference with President Vladimir Putin of Russia,” November 13, 2001. Online by Gerhard Peters and John T. Woolley, *The American Presidency Project*, https://www.presidency.ucsb.edu/node/214223; Amy F. Woolf, *Nuclear Arms Control: The Strategic Offensive Reductions Treaty* (CRS Report for Congress), February 7, 2011；梅孜主编：《美俄关系大事实录》上册，第260页。

② George W. Bush, “Joint Statement by President George W. Bush and President Vladimir V. Putin of Russia on a New Relationship Between the United States and Russia,” November 13, 2001. Online by Gerhard Peters and John T. Woolley, *The American Presidency Project*, https://www.presidency.ucsb.edu/node/213215.

③ George W. Bush, “The President’s News Conference with President Vladimir Putin of Russia,” November 13, 2001. Online by Gerhard Peters and John T. Woolley, *The American Presidency Project*, https://www.presidency.ucsb.edu/node/214223.

器削减到 1 500 枚至 2 200 枚核弹头之间,这一进程是不可逆的,双方应就此履行法律手续。①

普京对访美显然是满意的。他在 11 月下旬会见俄联邦会议国际委员会成员时说,如果以为俄美关系的变化只是因为 9·11 恐怖袭击后世界事态引起的战术性考虑,那就大错特错了。俄美关系是一种长期的伙伴关系,"这是世界变化带来的,而不只是双方的愿望"。②

2002 年 5 月下旬,布什访问俄罗斯,24 日两国元首签订《美俄削减进攻性战略武器条约》(又称《莫斯科条约》)。③双方还发表了关于新能源对话、中东问题、反恐合作、人文交流、经济关系五个联合声明和《新战略关系共同宣言》。布什还呼吁发展两国的经贸关系,加快美俄关于俄加入世贸组织的谈判进程,美商务部在峰会后随即宣布俄罗斯是市场经济国家。布什还呼吁国会取消《杰克逊—瓦尼克法案》。两国元首同意建立一个新的多边组织框架来处理中东和平进程,包括联合国、欧盟、美国和俄罗斯的四方机制(The Middle East Quartet),这是俄罗斯在一个重要的国际进程中的特殊地位的象征。

2003 年 9 月,普京再次访美,两国领导人在戴维营举行会晤。在记者招待会上,布什把美俄关系称作"反恐战争的盟友",称"近年来两国在建设新伙伴关系中已经取得了长足的进展","过去的怀疑正在让位于新的理解和尊重","我们的目标是要把美俄关系带上伙伴关系的新高度",并称,任何地方的恐怖主义分子都要被阻止,包括车臣的。普京表示同意布什的说法,在反恐战争方面,"两国不仅是战略伙伴,而且是盟友"。④从美方来说,普京在几次访问中先去了白宫椭圆形办公室,又去了布什家乡克劳福德牧场,现在又来了戴维营,从礼仪上确实表示了对俄领导人的尊重,但本次访问的实质性内容不多,虽然双方都刻意对分歧轻描淡写,但其实双方的分歧却正在加深,并越来越明显地表现出来。

俄罗斯在 9·11 恐怖袭击后主动提出对美合作确实是俄外交政策的一个重大变化,普京的"新政"既是为了消除阿富汗这个恐怖主义的根据地,更是为了显示俄在国际反恐战线中不可或缺的大国地位,并便于解决车臣问题;同时通过改善对美关系为俄经济社会发展营造良好的国际环境。但在美国政界和学术界却

---

① 见本书第 326 页。美国退出《反导条约》于 2002 年 6 月 13 日正式生效。作为回应,俄罗斯于 14 日宣布退出《第二阶段削减战略武器条约》。

② 赵鸣文:《普京大外交》,第 186 页。

③ 详见第八章第二节。

④ George W. Bush, "The President's News Conference with President Vladimir Putin of Russia at Camp David, Maryland," September 27, 2003. Online by Gerhard Peters and John T. Woolley, *The American Presidency Project*, https://www.presidency.ucsb.edu/node/216447.

有人过高估计了俄罗斯的这种转变，把它视为根本的战略转变，甚至是文明的转变，如同东欧国家在冷战结束后的选择那样。这显然是一种误判。①普京在9·11恐怖袭击后的第一个《国情咨文》中指出，虽然"对抗的时代结束了，我们正与世界上所有的国家，我要强调所有的国家构建建设性的、正常的关系"，但后9·11国际社会的"规则仍然是激烈竞争——对市场、投资以及政治和经济影响力的竞争。在这场斗争中俄罗斯必须处于强大的有竞争力的地位"。②普京是真诚希望与美国建立伙伴关系的，但他对此保持着清醒头脑，不是不惜一切代价去建立这种关系。

在反恐合作的大背景下，俄罗斯再次提出，对于9·11恐怖袭击和车臣的恐怖活动不能搞双重标准。美方对此有所回应。9月20日，鲍威尔在会见伊凡诺夫外长时说："俄罗斯在车臣面临严峻的挑战，我们知道这是它必须解决的一个挑战，我们将予以全力协助。"25日，美国官方同时采取两项行动，一是要求俄在与车臣非法武装的斗争中遵守国际人权标准，二是呼吁车臣武装断绝与国际恐怖主义的联系。26日，德国总理施罗德和意大利总理贝卢斯科尼表示，在美国遭到恐怖袭击的背景下必须对俄在车臣的行为进行新的评价。但布什政府内部意见也不完全统一，一种意见还是强调人权。10月中旬，赖斯对俄记者发表谈话时说："我们一直表示，可以用政治方法解决车臣冲突。我们认为，人权是车臣的重要问题，这就是尊重少数民族的权利。我们知道，无论在车臣，还是在车臣周围都有恐怖分子在活动。我们不能反对阿富汗的恐怖主义，却帮助车臣国际恐怖主义。"可见美国当时强调的是反恐，而不是人权。但随后，随着阿富汗战争的进展，西方在车臣人权问题上对俄批评又突出了。2002年1月10日，美国务院发言人鲍润石指责俄在车臣阿尔贡市的军事行动存在"违反人权"和"过度使用武力"的现象，遭到俄外交部的驳斥。1月15日，普京访问法国，在与法国总统希拉克的记者招待会上，普京愤怒地反击了西方对俄罗斯"践踏人权"的指控，说："那些塔利班的代表们也曾在车臣境内活动，车臣的犯罪制度同样也支持了他们。这个犯罪制度与塔利班有什么区别？根本没有区别？……9·11事件震惊了全世界，可俄罗斯在此之前早就被震惊了。俄罗斯人的血和纽约世贸大厦死难者的血是一个颜色！"③

① Jeffrey Mankoff, *Russian Foreign Policy. The Return of Great Power Politics*, p.106.

② Владимир Путин, Послание Федеральному Собранию Российской Федерации. 18 апреля 2002 г. http://www.kremlin.ru/events/president/transcripts/21567.

③ Владимир Путин, Заявление для прессы и ответы на вопросы в ходе совместной пресс-конференции с Президентом Франции Жаком Шираком, 15 января 2002 г. http://kremlin.ru/events/president/transcripts/21472.

第三节 俄罗斯与北约

一、北约再次东扩及俄反应

北约东扩是美俄之间一个主要的战略分歧。1999 年 3 月波、匈、捷三国加入北约后，北约防御前沿向东推进了 650—750 公里，空中打击力量明显增强，其在欧洲的地面部队也增加了 13 个师，坦克、火炮、战车数量分别增加了 11%、17%和 35%，北约的战术航空兵已能从波兰境内威胁到圣彼得堡、摩尔曼斯克、库尔斯克和沃罗涅日等俄重要城市。俄罗斯的卫星显示，波、匈、捷加入北约后，都将其军事基地的武器"转过头来"对准俄罗斯，使俄 750 公里长的边界受到严重挤压。①

普京反对北约继续扩大。他在 2000 年 10 月 16 日接受法国记者采访时表示，俄罗斯原则上反对北约扩大，北约完成不了欧洲—大西洋空间的主要任务——保障大家的安全。2001 年 1 月，他在俄外交部的一次谈话中一方面强调与北约的合作，一方面依然反对北约扩容。他说："北约是欧洲和世界政治中的现实存在，如果我们能够本着开诚布公、开放和建设性的相互配合的精神建立起关系来，这将是对欧洲稳定和保障我们自己安全的一个实质性的贡献……但是我们也照旧认为扩大北约的路线是错误的。"②

2001 年普京与布什的接触大大拉近了双方的关系，普京对北约的态度也发生了微妙的变化。在两国首脑 6 月会晤后的记者会上被问到北约东扩问题时，普京说："大约一年前，我被问及俄罗斯是否可能加入北约的问题，我的回答是，为什么不呢？""我们对北约的态度不是把它看作一个敌对组织"，并强调：这是一个军事组织，它在向我们边界移动，这引起我们的关注，问题不是加入或者不加入，不是接受北约或者不接受北约，"俄罗斯与北约进行合作，我们有协定，我们有联系，我们有许多合作协议和条约，没有必要把整个形势炒热"。有意思的是，普京还在记者招待会上出示了一份新解密的文件，那是 1954 年苏联政府写给北约各国的信，表示苏联有意与北约各国就苏联加入北约的问题进行讨论。普京表示，当然这个提议是不现实的。③

---

① 赵鸣文：《普京大外交》，第 350 页。

② 中国社会科学院俄罗斯东欧中亚研究所编辑、翻译：《普京文集》，第 254 页。

③ "Press Conference by President Bush and Russian Federation President Putin," June 16, 2001, https://georgewbush-whitehouse.archives.gov/news/releases/2001/06/20010618.html; Путин не возражает против вступления России в НАТО, kommersant, 7 июня 2000. https://www.kommersant.ru/doc/142046.

7月18日,普京在克里姆林宫又一次向记者说道,俄不将北约视为敌对组织,并表示俄可以加入北约。他提出了三种方案:解散北约;俄加入北约;组建一个新机构,俄也是其中一员。①

9·11恐怖袭击后,俄方不失时机,提出了调整与北约关系的问题。11月17日,伊凡诺夫防长发表声明:"俄罗斯应当与北约建立新的更密切的协作。……这并不是说俄罗斯将加入北约。北约是冷战的遗物。如果北约认为,对安全的威胁发生了巨大变化,并承认不存在来自俄罗斯的威胁,就必须改变北约本身。"②普京与罗伯逊秘书长实现了互访,普京是首位访问北约总部的俄领导人。在11月普京访美时,双方表示要建立北约与俄之间的"新关系",发展双方之间"新的、有效的磋商、合作、联合作出决定和协同/联合行动的机制",以不断增进它们之间应对恐怖主义、地区不稳定和其他现代的威胁的合作。③英国首相布莱尔(Tony Blair)率先于2001年11月提出北约应就对俄关系进行机制性调整。他建议,应当设立一个新的机制反映俄与北约的平等地位,俄对此相当看重。一些北约国家如加拿大和意大利也赞成这一想法;也有些国家,尤其是新成员则认为英国的建议走得太远了。布什政府内对此有不同意见,国防部的强硬派仍然怀疑俄罗斯作为伙伴的诚意和可靠性,鲍威尔领导的国务院则准备建立这种机制,以作为对俄反恐合作的回报。布什赞成国务院的主张。④

经过数月磋商,在2002年4月雷克雅未克的北约—俄罗斯外长会议上双方同意成立北约—俄罗斯理事会(NATO-Russia Council),新机制在5月28日罗马北约峰会上正式成立。新理事会与1997年成立的北约—俄罗斯常设联合委员会的主要区别在于,常设联合委员会是19+1模式,即北约成员国就相关问题达成一致,然后再与俄罗斯沟通。而新机制是在20国的基础上来进行运作的,即在北约作出集体决策之前,俄罗斯可以与其他19国一样发表意见,北约会在决策时对俄的意见加以考虑。⑤理事会可以说是先前委员会的升级版,双方磋商的范围十分广泛,包括反恐、危机应对、防扩散、军备控制、战区导弹防御、海上搜救、军事合作,以及应对新的威胁。布什在签署《莫斯科条约》时就对这个即将成

① 冯绍雷、相蓝欣:《普京外交》,第118页。

② 许志新:《"9·11"事件后普京对西方政策的重大变化》,《欧洲》2002年第2期。

③ George W. Bush, "Joint Statement by President George W. Bush and President Vladimir V. Putin of Russia on a New Relationship Between the United States and Russia," November 13, 2001. Online by Gerhard Peters and John T. Woolley, *The American Presidency Project*, https://www.presidency.ucsb.edu/node/213215.

④ Tuomas Forsberg, "Russia's Relationship with NATO: A Qualitative Change or Old Wine in New Bottles?" April 12, 2011, http://doi.org/qo.1080/13523270500183488; Россия согласилась пересмотреть отношения с НАТО, 23 ноября 2001. https://lenta.ru/news/2001/11/19/nato.

⑤ Angela Stent, *The Limists of Partnership*, p.76.

立的理事会做起了广告，称成立理事会后，所有成员国“将确定它们共同的立场，作出共同的决定，对这些决定的实施个别地或共同地承担相同的责任”，“在北约—俄罗斯理事会的框架下，北约成员国与俄罗斯将在有共同利益的领域作为平等伙伴共同工作，它们将站在一起反对对它们安全的共同威胁和危险”。①罗马峰会发表了《北约—俄罗斯共同宣言》，宣布理事会将在“共识的原则基础上开展工作”，“提供一个磋商、构建共识、合作、联合决定、联合行动的机制”，北约各成员国与俄罗斯一样是平等伙伴。与会各国领导人，包括普京在罗马峰会上均期望，北约与俄罗斯的关系将有一个新的开端，新的前景。②北约还在莫斯科设立了军事联络组以保持与俄军方的联系，虽然在 1997 年的北约—俄罗斯《俄罗斯与北约相互关系、合作与安全的基本文件》中对此已有规定，但一直没有落实。

不论新理事会有多少新的功能，有两点没有改变：俄罗斯对于北约的决定没有否决权，《北大西洋公约》第五条“共同防御条款”不适用于俄罗斯。北约秘书长罗伯逊在肯定新理事会作用的同时依然强调北大西洋理事会的作用，他说：“我们和俄罗斯没有放弃我们各自的原则或特权，没有任何一个非成员国能否决北约的决定”，③俄在涉及北约内部改革、经费支出、集体防御、批准新成员等重大问题上没有决策权。俄罗斯仍然没有取得平等的地位。

布什政府继续推进北约东扩。2001 年 6 月布什访问中欧时在华沙大学的讲话中说，“每一个为民主、自由市场和强大的公民文化而奋斗的国家都应该受到欧洲之家的欢迎”，“我相信所有寻求加入北约并准备分担北约所带来的责任的欧洲民主国家都应该加入北约”，在明年布拉格峰会上将作出北约扩大的具体的历史性决定。④这个讲话主要是为了安抚那些迫切要求加入北约的中东欧国家。1997 年 7 月马德里峰会后，一些中东欧国家一直以各种方式继续表达入约的强烈愿望，希望北约早日实现再次东扩。斯洛文尼亚称“它已赶上甚至超过波兰、匈牙利和捷克的标准”；罗马尼亚总统伊利埃斯库在 2001 年 6 月 18 日致信布什总统，强调罗可以为欧洲的安全作出贡献；保加利亚总统斯托扬诺夫阐述该

① George W. Bush, “Remarks on the Russia-United States Strategic Offensive Reductions Agreement,” May 13, 2002. Online by Gerhard Peters and John T. Woolley, *The American Presidency Project*, https://www.presidency.ucsb.edu/node/214987.

② “NATO-Russia Relations: A New Quality. Declaration by Heads of State and Government,” 28 May 2002, https://www.nato.int/cps/en/natohq/official_texts_19572.htm; “NATO-Russia Council Rome Summit”, 28 May 2002, https://www.nato.int/docu/comm/2002/0205-rome/rome-eng.pdf.

③ 冯绍雷、相蓝欣：《普京外交》，第 121 页。

④ “Remarks by President Bush in Address to Faculty and Students at the Warsaw University,” June 15, 2001, https://georgewbush-whitehouse.archives.gov/news/releases/2001/06/20010615-1.html.

国对北约的重要性时说，接纳罗马尼亚和保加利亚将使北约的南北两翼连接起来，并在南斯拉夫周围形成一个稳定地带；波罗的海国家则称，没有三国的加入，北约便“不可能保持欧洲大陆的进一步稳定”。三国总统还于 1999 年 2 月发表联合声明，要求北约“再次对进一步东扩作出承诺”。9・11 事件后，相关国家，尤其是罗马尼亚、保加利亚更强烈表达它们入约的迫切愿望。2002 年 4 月 4 日，罗总统伊利埃斯库在一次国际会议上说，只有北约在 11 月的布拉格峰会上决定继续扩大，冷战才算“真正结束”；保外长所罗门・帕西表示，“北约的扩大是对全球恐怖主义和地区恐怖主义的最好回答”。①

2002 年 11 月 21 日至 22 日，北约峰会在布拉格举行。峰会的首要议程是扩容，并决定邀请保加利亚、爱沙尼亚、拉脱维亚、立陶宛、罗马尼亚、斯洛伐克和斯洛文尼亚七国开始进行入约谈判。这样，北约第二轮东扩进入法律程序阶段。2002 年至 2004 年间，美国一手策划并实施了北约再次东扩，北约成员国在独联体西北、西边和西南边界连成一片，将俄罗斯的安全和利益空间完全封堵在东欧边缘地带。②波罗的海三国虽然军力弱小，但地理位置十分重要，如今俄罗斯失去了对波罗的海出海口的控制。位于立陶宛首都维尔纽斯以西 100 公里处的新泛波罗的海雷达网中央监控站被北约美军司令罗尔斯顿(Joseph Ralston)将军称为“所见过的最好的雷达系统之一”，它可以作为“五角大楼的眼睛”来追踪波罗的海上空的任何飞机，包括加里宁格勒上空的俄军机。波罗的海三国若加入北约，北约的边界就大大靠近了俄内地，从爱沙尼亚边境到圣彼得堡仅约 300 公里，而圣彼得堡是俄第二大军事、工业、运输、文化中心。俄罗斯感觉到的威胁是实实在在的。③峰会还决定大幅提高北约的防务能力，以应对可能出现的新威胁。会议决定建立一支“技术先进、灵活机动、部署迅速、协调配合、能持续作战”的快速反应部队，由来自各兵种的 2.1 万人组成，将于 2004 年 10 月前具备初步作战能力，2006 年 10 月前具备完全作战能力，能部署到全球任何地方。峰会还决定缩小北约军事指挥机构的规模，并提高其效率。④

峰会还接受了《北约—乌克兰行动计划》，为北约与乌克兰加强政治、经济、军事和防务事务的磋商提供了框架。计划是在 1997 年《北约—乌克兰独特伙伴关系宪章》基础上发展起来的，以便“为乌克兰完全融入欧洲—大西洋安全架构确定战略目标和优先选项，并为双方现有和将来的合作确定战略架构，包括政治

① 中国现代国际关系研究院美欧研究中心：《北约的命运》，时事出版社 2004 年版，第 123 页。

② 郑羽：《单极还是多极世界的博弈——21 世纪的中俄美三角关系》，经济管理出版社 2012 年版，第 36 页。

③ 赵鸣文：《普京大外交》，第 391 页。

④ “Prague Summit Declaration,” November 21, 2002, https://www.nato.int/docu/pr/2002/p02-127e.htm.

和经济事务、信息问题、安全、防务和军事事务”等。在计划之下还制订《年度计划》予以细化。计划要求乌克兰加快实行改革，促进民主、法制、人权和市场经济建设。①北约秘书长罗伯逊高度评价布拉格峰会，称会议增加了新成员，确定了新任务，具备了新的军事能力，北约的转型将取得一个大的发展。②

北约布拉格峰会是对 1999 年 4 月华盛顿峰会通过的《联盟战略概念》所规定的北约“走出地区”的战略构想的具体实施，北约将在维护美国的全球霸权中发挥更重要的作用，而当时首先是阿富汗战争，接着又有伊拉克战争。七国入约将使北约的军事网络从北起波罗的海、南到黑海的广大地区连成一片，以便进一步抵消俄罗斯对欧洲大陆的影响力。2004 年 3 月 29 日七国在华盛顿向美国正式递交了加入北约的法律文本，自此成为北约新成员。布什总统在仪式上致辞，对七国入约表示欢迎和祝贺，并称：“北约正在面对我们时代的挑战。北约军队在阿富汗保障安全，北约舰队在地中海游弋，北约在伊拉克支持由波兰军人领导的一个师。北约通过开辟与俄罗斯关系的新篇章来扩大自己的朋友圈。北约成员正在走向中东国家，加强与恐怖主义作战的能力，提供我们的共同安全。我们正在讨论如何支持和增进在大中东地区的自由的势头。”③这段话清楚地表明，北约是美国全球干预主义的有效工具。

2002 年 3 月 1 日至 15 日，北约在挪威和波兰沿岸举行大规模的“坚定决心”进攻性演习，北约 13 个国家包括美国战略航空部队的 160 架战机和直升机、139 艘舰艇和 4 万多名军人参加了地面、空中和海上演习。演习中还将波兰的部分领土假设为俄罗斯的加里宁格勒州进行模拟演练。④

俄罗斯反对北约的又一轮扩张，2002 年 5 月，《独联体集体安全条约》升格为独联体集体安全条约组织，进一步强化该组织军事和安全合作，并成立“快速反应部队”。俄增加了该条约组织的预算和军事设施。2003 年 6 月，俄北海舰队和波罗的海舰队出动 35 艘水面舰艇，举行大规模联合演习，演习科目为搜寻并击毁敌方舰艇、对敌方导弹攻击进行反击及防空作战。彼得大帝号重型核动力巡洋舰、乌斯基诺夫元帅号巡洋舰都参演了，演习发出的强烈信息是：即使波罗的海三国加入了北约，俄罗斯也不会放弃在这一地区的地缘战略影响。8 月，俄罗斯太平洋舰队又举行了一次大规模军演。⑤2004 年 4 月 8 日，普京在会见新

① “NATO Ukraine Action Plan Adopted at Prague,” *NATO Update*, November 2002, https://www.nato.int/docu/update/2002/11-november/e1122c.htm.

② “Countdown to Prague Summit,” *NATO Update*, November 2002, https://www.nato.int/docu/update/2002/11-november/e1121a.htm.

③ “Remarks by US President George W. Bush at the NATO Accession Ceremony,” March 24, 2004, https://www.nato.int/docu/speech/2004/s040329b.htm.

④⑤ 赵鸣文：《普京大外交》，第 358 页。

任北约秘书长夏侯雅伯(Jaap de Hoop Scheffer)时批评北约东扩说:“这一纯粹规模的扩张不能使我们有效地面对当前的主要威胁。也不能使我们防止在马德里的恐怖袭击或恢复阿富汗的稳定。”①但普京的态度比当初叶利钦反对北约东扩要温和得多。一方面,是由于9·11恐怖袭击后俄罗斯与美国整体关系的改善;另一方面,普京也意识到,北约要扩张、中东欧国家要加入,这个潮流是阻挡不住的,与其采取激烈反对的态度结果也无济于事,既不利于对美关系的改善,也不利于与欧盟和中东欧邻国的关系,倒不如采取现实主义的态度。

俄罗斯最不能容忍的是波罗的海三国入约。在2004年2月三国正式加入北约后,俄仍一再表示反对。普京对此并不掩饰,并抱怨说“波罗的海三国加入北约的方式是非常粗野的”。②但他同时也向夏侯雅伯坦承,“每个国家都有权利选择它认为最有效的维护安全的方式”。③俄罗斯提出,波罗的海国家应该受《欧洲常规武装力量条约》约束,俄尤其对美军兵力可能在新成员国领土上的部署表示担心,普京的外交政策顾问雅斯特尔岑布斯基表示,对北约在三国的“任何足迹,不论大小”,俄罗斯的态度都是“非常负面的”。④8月中旬,拉姆斯菲尔德防长访俄,谢尔盖·伊凡诺夫防长向美防长表示,对波罗的海三国加入北约俄持“保留和负面的”态度,如果北约在三国驻军,北约的战机“三分钟就能飞到圣彼得堡了”,他又提醒说,“这些波罗的海国家是安全的消费者,而不是生产者”,当然北约怎样有效地花费它们国家人民的税金与俄罗斯毫不相干。他还说:“我们不能理解,北约在这里部署四架飞机如何能在世界各地拦截基地组织和塔利班,它们只能用来应对神话中的俄罗斯威胁。”⑤但北约不顾俄方警告,仍然开始在三国领空进行巡逻飞行。

北约东扩强化了俄罗斯大多数人的一种认识:这是一个侵略性而不是防御性的组织,尤其是俄军方高层领导仍然把北约视为“针对俄罗斯的威胁性的军事集团”,2003年10月发布的俄罗斯国防部的文件指出,如果北约继续以现有的方式存在,不清除现有的“反俄成分”并继续现在的“进攻性”军事学说,俄罗斯将重新思考其核战略。谢尔盖·伊凡诺夫在2004年的慕尼黑安全会议上要求,俄罗斯应该在北约的军事基地建立监视设施,以便证明,它们不是对俄罗斯的威胁。

① CSIS, “NATO Enlargement—Case Study,” May 2017, https://medium.com/center-for-strategic-and-international-studies/nato-enlargement-a-case-study-c380545dd38d.

② Hannes Adomeit, “Inside or Outside? Russia's Polities Towards NATO,” January 2007, https://www.swp-berlin.org/fileadmin/contents/products/arbeitspapiere/NATO_Oslo_ks.pdf.

③ The Kremlin, Moscow, “President Putin Met with New NATO Secretary General Jaap de Hoop Scheffer,” April 8, 2004, http://en.kremlin.ru/events/president/news/30714.

④⑤ Thomas Shanker, “Russia Faults NATO Opening to Baltic States,” August 15, 2004, https://www.nytimes.com/2004/08/15/world/russian-faults-nato-opening-to-baltic-states.html.

3月，就在波罗的海三国入约前夕，谢尔盖·伊凡诺夫再次表示，北约的"进攻性"军事学说，包括反对俄罗斯的态度，将迫使俄罗斯采取强硬的防御措施。总参谋部的官员比伊凡诺夫的看法更加强硬，以致屡次叫停与北约的联合演习。①

在美国方面，经过9·11恐怖袭击之后两三年的沉寂，对俄罗斯"在民主化方面的倒退"和"在车臣违反人权的批评"重又大声起来。新保守派和自由国际主义者公开质疑布什的对俄政策，质疑美俄伙伴关系的有用性。参议员麦凯恩(John McCain)在2004年2月慕尼黑安全会议上的讲话强烈指责普京的政策对俄罗斯邻国的民主和领土完整造成威胁。②这在美国是相当有代表性的看法。

二、北约—俄罗斯理事会框架下的合作

北约—俄罗斯新理事会的建立给两者关系的发展开辟了可能性。新理事会确定了北约与俄在反恐、应急民事活动、危机管理、防止大规模杀伤性武器扩散等方面的合作计划，其中包括：在诺金斯克(莫斯科以东30公里)进行了三次完整的大型的民事紧急演习，有30多个国家的850人参加；评估恐怖主义包括"基地组织"对欧洲大西洋地区的威胁；在后勤给养方面进行合作，包括俄为北约飞机提供空中加油；在维和方面的联演联训；合作管理空域；就下列问题举行专家会商：军事手段在反恐中的作用、战区导弹防御系统概念的厘定以及潜在的合作可能性探讨、核问题专家的磋商、帮助新兴民主国家实行防务转型等。③为落实这些项目，在新理事会之下成立了17个专门委员会、工作小组和专家小组，而先前在常设联合委员会时期，总共只有2个下属组织，由此可见两者合作的拓展和深化。④

(一) 反恐合作

9·11恐怖袭击后反恐是布什政府议程中的重中之重，也是美俄合作、北约与俄关系的主要领域。2004年12月北约与俄达成一个全面的反恐行动计划，双方开展广泛的合作，发起多种倡议，尤其是信息分享及关于恐怖威胁问题的深入探讨，防止恐怖主义者使用弹道导弹技术以及核、生物和化学武器、民事应急项目、军事反恐等。⑤新理事会建立了一个关于恐怖主义的特别工作小组，既讨论关于

---

①② Tuomas Forsberg, "Russia's Relationship with NATO: A Qualitative Change or Old Wine in New Bottles?" April 12, 2011, http://doi.org/qo.1080/13523270500183488.

③ "Fact Sheet: NATO-Russia Relations," November 21, 2002, https://georgewbush-whitehouse.archives.gov/news/releases/2002/11/20021121-7.html.

④ Robert Hunter and Sergey M. Rogov, *Engaging Russia as Partner and Participant: The Next Stage of NATO-Russia Relations*, RAND National Security Research Division, Conference Proceedings, Santa Monica, CA: Rand, 2004.

⑤ NATO, "Press Statement On NATO-Russia Co-Operation In Combating Terrorism," January 28, 2002, https://www.nato.int/docu/pr/2002/p020128e.htm.

恐怖威胁的概念性问题，也发展双方之间的实际合作举措，包括“基地组织”对巴尔干维和部队安全的威胁，对国际民用航空的威胁，中亚的极端主义和激进主义的威胁、对客运和货运的威胁等，并在这些方面发表了若干联合文件。①俄罗斯也决定参加北约名为“积极努力”的地中海反恐行动。双方的联演联训大大增加。双方还签订了关于相互提供潜艇进行搜索和救助的协定，还有多项应对恐怖主义的民事应急项目。2011 年双方又签署了新的反恐合作文件《北约—俄罗斯反恐行动计划》，双方的情报交换及就反恐政策各方面问题的沟通经常化。②

在阿富汗新政权建立后，反恐合作的一个重要方面就是扶植卡尔扎伊政权。这个临时政权既是根据阿富汗政治实力的现状分配权力的结果，也反映了美俄两国在阿的势力和影响。具有西方教育背景、亲西方的卡尔扎伊成了临时政府的首脑，但俄长期支持的北方联盟获益最多。他们不仅控制了临时政权中 17 个内阁位置，而且掌控了国防、外交和内政三大部门。俄罗斯还在各方面对新政权施加影响。阿空军司令穆罕默德·达乌德曾表示，与俄协作建设武装力量是阿临时政府的首选重点，“不管是从经济观点来看，还是从效率来看，这都是有利的。军队的整套人事制度和军事行动战术都是从苏联那里学来的。绝大多数阿军官，特别是高级军官都在苏联受过军事教育”。国防部长法希姆也表示了类似看法。2002 年 2 月 10 日，法希姆访问俄罗斯，普京会见了他，并表示俄将提供力所能及的援助帮助阿恢复经济和解决社会问题。法希姆还与俄方进行了军购谈判。俄并提出派遣军事顾问帮阿重建军队。《纽约时报》载文评论道：俄国人又一次回到了阿富汗，回到了“大博弈”之中。③

2011 年，新理事会发起成立一个直升机维修保养基金，培训阿空军人员保养修理直升机，包括提供零配件和培训技术人员，以提高阿空军人员掌握驾驶、操纵俄制直升机的水平。第一批 40 名阿军事技术人员在 2013 年 4 月至 9 月接受培训，接着又培训了第二批人员。此外还培训提高了阿空军的医疗救助能力。④

2005 年 4 月，北约秘书长夏侯雅伯与俄外长拉夫罗夫在立陶宛首都维尔纽

① Andrei Klein, “NATO-Russian Cooperation to Counter Terrorism,” September 1, 2005, https://www.nato.int/docu/review/2005/Combating-Terrorism/NATO-Russia-Cooperation-Terrorism/EN/index.htm.

② Tuomas Forsberg, “Russia's Relationship with NATO: A Qualitative Change or Old Wine in New Bottles?” April 12, 2011, http://doi.org/qo.1080/13523270500183488; NATO, “NATO-Russia Practical Cooperation,” December 2013, https://www.nato.int/nato_static_fl2014/assets/pdf/pdf_2013_12/20131127_131201-MediaBackgrounder-NRC_en.pdf.

③ Robyn Lim, “Russia Is Back to Kabul and in the ‘Great Game’,” November 9, 2001, https://www.nytimes.com/2001/11/29/opinion/IHT-russia-is-back-in-kabul-and-in-the-great-game.html.

④ NATO, “NATO-Russia Practical Cooperation,” December 2013, https://www.nato.int/nato_static_fl2014/assets/pdf/pdf_2013_12/20131127_131201-MediaBackgrounder-NRC_en.pdf.

斯北约外长非正式会议上签署《和平伙伴关系框架内军事力量法律地位协定》，规定北约与俄军队为执行维和行动、反恐演练和应对突发事件可以过境对方领土和领空，使双方关系提升到一个新水平。①从 2009 年起，美军及其盟军又利用俄罗斯和中亚国家给予的这种方便，建立了“北方配送网络”。②2012 年北约与俄签署协定，扩大通往阿富汗及由阿通往各地的空中、陆路及通过乌里扬诺夫斯克商业运输枢纽的转运。俄也为北约在地中海的反恐行动提供了船只。③拉夫罗夫在 2013 年 4 月谈到与北约合作时说，在反海盗、海上搜救、作战的后勤支持方面，我们有许多很好的专门项目来增强反恐合作的效能。我认为我们在军事和技术合作方面有相当好的机会。拉夫罗夫还建议把网络安全纳入合作范围。④

（二）防扩散方面的合作

9·11 恐怖袭击之后，布什政府把防扩散视为与反恐并重的安全关切，也是美俄合作的一个主要领域。两国元首在 2001 年 11 月的会晤中就此事进行了磋商。会晤后布什宣布，美俄将“加强努力，切断任何可能的生物、化学及核材料和技术的来源”。⑤俄方予以积极配合，表示要对出口严加控制，保证不再发生出口敏感技术的情况，相关的出口由普京直接控制。俄对于世界各地核材料的处置也表现了关切。9·11 恐怖袭击后，恐怖分子窃取这些材料的可能性引起国际社会的高度警惕和关注。俄罗斯在这方面提供了合作，比如 2002 年 8 月，美俄合作从南斯拉夫温恰核科学研究所这个疏于防范的地方运出武器级的浓缩铀并予以安全储存，以防恐怖分子窃取。俄将这些武器级高丰度浓缩铀稀释为民用低丰度浓缩铀。⑥普京还在 2002 年秋敦促杜马通过立法，允许俄进口核电站使

---

① NATO, “Russia to Join Partnership Status Agreement,” April 21, 2005, https://www.nato.int/docu/update/2005/04-april/e0421a.htm.该协定是北约一个重要的文件。它规定了北约军队在签约国所涉及的几乎所有事项，大到部队调动、联演联训，小到军人个人的法律地位、如何纳税等。北约 20 多个和平伙伴关系国都加入了这个协定，为北约军队在这些国家开展维和、反恐和导弹防御等方面的合作奠定了法律基础。见赵鸣文：《普京大外交》，第 370 页。

② 详见本书第 531 页。

③ NATO, “NATO-Russia Practical Cooperation,” December 2013, https://www.nato.int/nato_static_fl2014/assets/pdf/pdf_2013_12/20131127_131201-MediaBackgrounder-NRC_en.pdf.

④ Simon Lunn, “The NATO-Russia Council: Its Role and Prospects,” November 2013, https://www.europeanleadershipnetwork.org/wp-content/uploads/2017/10/The-NATO-Russia-Council-Its-Role-and-Prospects_Simon-Lunn_November-2013.pdf.

⑤ Andrea Gabbitas, “Prospects for U.S.-Russian Proliferation Cooperation Under Bush and Putin,” December 2002, http://www.ksg.harvard.edu/besia.

⑥ Andrea Gabbitas, “Prospects for U.S.-Russian Proliferation Cooperation Under Bush and Putin,” December 2002, http://www.ksg.harvard.edu/besia.温恰核科学研究所位于距贝尔格莱德约 10 公里处，是贝尔格莱德大学的一部分，始建于 1948 年，运转两个核反应堆，由苏联提供燃料。该处核废料和浓缩铀的最后处理直到 2010 年才最终完成。

用过的乏燃料棒，以防放射性物质的转移和扩散。普京还呼吁将多余的高丰度钚进行稀释处理。2000 年 9 月，美俄签署了《钚管理和处理协定》，双方承诺在未来 20 年中各自处理 34 吨武器级的钚，将其用作核电站的燃料。①

但在防扩散方面美俄也有分歧，在伊朗核问题上的分歧是一个突出事例。②

（三）战区导弹防御

2003 年，北约与俄罗斯开始探讨在战区导弹防御方面进行合作的可能性，2004 年 3 月在美国、2005 年 3 月在荷兰、2006 年 10 月在俄罗斯接连三年举行 3 次指挥部系统的模拟演习，2008 年 1 月和 2012 年 3 月在德国举行计算机支持的演习，旨在开发、探索和评估在欧洲进行导弹防御的各种可能性。2009 年 12 月，新理事会导弹防御工作小组成立，以总结过去的相关经验，探讨互利合作的可能性。在 2010 年北约里斯本峰会上，各国领导人认可该工作小组提出的关于导弹威胁的联合评估报告，并决定重启北约—俄罗斯之间的合作，同意讨论一项在国土导弹防御、保卫居民、领土和军队方面进行合作的计划。③

（四）训练禁毒人员

阿富汗毒品生产猖獗，成为对周边国家和地区的严重威胁。从 2005 年 12 月开始，新理事会主持一个训练来自阿富汗、巴基斯坦、中亚国家禁毒人员的项目。截至 2011 年该项目培训了来自七个国家的 3 000 名专业人员。④

（五）反海盗

北约和俄罗斯在亚丁湾反海盗中进行合作。从 2008 年起双方的舰只发展了战术层面的合作，包括联合军演。2011 年 12 月，新理事会外长批准一项计划，双方在反海盗方面进行协同、后勤补给、加载燃料、医疗援助方面的合作。⑤

（六）空域管理合作

为了防止类似 9·11 的空中袭击，新理事会发起了“空域管理合作倡议”，以提高双方空域管理的透明度、可预见性、协同配合。2005 年，双方完成可行性研究，并建立北约与俄罗斯空管中心相互交换信息的系统。空管中心下设两个协调中心，一个在莫斯科，一个在华沙；下一层次在俄罗斯设有三个协调次中心：摩尔曼斯克、加里宁格勒、罗斯托夫；北约国家的协调次中心设在挪威博多、波兰华沙、土耳其安卡拉。美、俄、英、法、意等 12 国为该项目总共投入了 1 000 万欧

① 详见本书第 317—318、459 页。

② 详见本章第四节。

③ NATO, “NATO’s Relations with Russia,” July 5, 2012, https://www.nato.int/nato_static/assets/pdf/pdf_2012_nio/20120705_0919-12-Fiche-Info-NATO-Russia_rus-RU.pdf.

④⑤ NATO, “NATO-Russia Practical Cooperation,” December 2013, https://www.nato.int/nato_static_fl2014/assets/pdf/pdf_2013_12/20131127_131201-MediaBackgrounder-NRC_en.pdf.

元。2011 年 6 月举行了代号为"警惕空间 2011"的实时反恐演习。①

北约—俄罗斯新理事会成立后双方的合作拓展到了各个层面,俄任命了驻北约大使,常驻北约的人员也增加了,俄使团的一部分还搬进了北约总部,使双方之间的沟通和交流更加便捷、灵活。普京解除了对与北约合作持怀疑态度的伊戈尔·谢尔盖耶夫的防长职务,由其亲信谢尔盖·伊凡诺夫接任。对北约最直言不讳的批评者国防部国际合作局局长列昂尼德·伊瓦绍夫也被解职。但由于原常设联合委员会下双方的接触实际是失败的,因此对新机制能不能成功,它是双方关系的实质性改变抑或仅仅是新瓶装旧酒在西方和俄罗斯都存在着广泛的怀疑。学术界比政治领导人的态度更悲观些。实际上,在最初几年,无论是北约还是俄罗斯对新理事会框架下的合作都是相当满意的。北约理事长罗伯逊 2003 年 12 月卸任时把对俄新关系称作"令他最感满意的事情"。普京也表达了类似的看法,称新理事会使俄与整个西方社会的关系有了新的品质。他在 2003 年 10 月接受《纽约时报》记者采访时说:"我坚信,(俄罗斯作为可靠伙伴)是基于这样一个事实,即俄美两国的国家利益在很大程度上是相吻合的。"也就是说,他与美国和西方合作的选择是战略性的。②2005 年 1 月,普京在一次国安会的讲话中说:俄罗斯作出的"与北约对话并合作的选择是正确的,并已经取得成果……在很短的时间之内我们已经跨出了很大一步,从过去的对抗到今天的合作共事,从过去的相互指责到今天创造合作的现代工具,如俄罗斯—北约理事会"。③

尽管俄罗斯与北约的合作得到扩展,俄罗斯反对北约东扩的立场没有改变。在 2007 年慕尼黑欧洲安全会议上普京强烈抨击了北约东扩,他说:

> 显而易见,北约扩容和联盟的现代化与确保欧洲的安全毫无关系。相反,它代表了一种降低互信水平的严重挑战。我们有权利问,这一扩张是针对谁的?我们的西方伙伴在华约解体后所作的保证怎么样了?它到哪里去了?……现在有人把新的分界线和新的墙强加给我们。这些墙不是实实在在的墙垣,但是它们一旦通过我们的大陆,就把大陆分隔开了。我们可能又需要许多年,或许几十年,或许几代人,来拆毁这些墙。④

① NATO, "NATO's Relations with Russia," July 5, 2012, https://www.nato.int/nato_static/assets/pdf/pdf_2012_nio/20120705_0919-12-Fiche-Info-NATO-Russia_rus-RU.pdf.

② "Interview with President Putin," *New York Times*, 5 Oct. 2003, https://www.nytimes.com/2003/10/05/international/interview-with-president-putin.html.

③ Владимир Путин, Выступление на заседании Совета Безопасности, 28 января 2005 года. http://www.kremlin.ru/events/president/transcripts/deliberations/22803.

④ Владимир Путин, Выступление и дискуссия на Мюнхенской конференции по вопросам политики безопасности, 10 февраля 2007 г. http://kremlin.ru/events/president/transcripts/24034.

第四节 在两伊问题上的分歧

9・11恐怖袭击之后俄罗斯主动配合美国反恐,使美国势力进入了它从来没有进入的地方(中亚),俄美关系确实发生了巨大变化。从美方来看,两国关系处于历史最好时期,美国享受了这些改善所带来的实实在在的好处。但俄方自然要问,俄美关系改善给俄罗斯带来了多少实际利益呢?当改善对美关系的最初欣喜渐渐消退之后,俄方普遍的失望感越来越强烈。双边关系的一项重要原则是彼此尊重和照顾对方的核心利益,俄罗斯顾及了美方的利益和关切,但美方对俄方的利益和关切却并不在乎,而一味"按既定方针办",自己确定了的事,不论俄方同意与否,赞成与否,对俄方利益有多大损害,都坚持去做,退出《反导条约》、坚持北约东扩都是如此。平心而论,在相当长时期内普京对于美国是相当耐心、相当容忍的。但这种状况显然不能持久。俄罗斯国内开始出现了对普京的批评声音,指责他如同戈尔巴乔夫,付出的多,得到的少,甚至没有得到任何回报。甚至有的美国学者也有同感。曾任戈尔副总统国安事务助理的列昂・弗尔思(Leon Fuerth)评论道,"在反恐战争中我们想得到俄罗斯的倾力合作,我们确实得到了,我们想以适合自己的方式削减核武器,我们再造了一个本来已存在的'北约—俄罗斯常设委员会'的新版本,我们对俄罗斯的钢材征收关税";"牢固的伙伴关系不是建立在赢者通吃规则之上的,它有赖于寻求一种双赢的结果"。①在俄罗斯看来,美国拒绝承认原苏联各共和国是俄罗斯的势力范围,美军基地的存在,美国拒绝考虑俄罗斯在伊拉克和伊朗的利益,俄美一直未能就俄入世达成协议,美依然对俄实行《杰克逊—瓦尼克修正案》,在所有这些俄罗斯关切的问题上几乎全无进展,或成效甚微。为了追求俄罗斯自己的国家利益,俄在一系列问题上与美发生龃龉,其中最突出的是伊拉克和伊朗问题。

一、俄反对美发动伊拉克战争

从1958年伊拉克发生推翻西方支持的君主政府的军事政变以后,苏联向伊拉克提供了大量经济和军事援助,两国各方面关系发展起来,尤其是军火贸易。20世纪60年代到70年代,伊拉克在苏联的军火客户名单中名列前茅。两伊战

① 袁胜育:"转型以来的俄美关系"(第一章),载冯绍雷、相蓝欣主编:《俄罗斯与大国及周边关系》,第40页。

争中，苏联支持伊拉克，不但向伊拉克提供武器，而且派遣军事顾问，在伊拉克的苏联专家一度多达 5 000 人。伊拉克因此也欠下了苏联巨额债款，估计达 100 亿—120 亿美元。美国于 1991 年发动海湾战争，但老布什政府在共和党温和派国务卿贝克、国安事务助理斯考克罗夫特、参谋长联席会议主席鲍威尔的主导下，没有推翻萨达姆政府。90 年代，伊拉克处于联合国的严厉制裁之下，而共和党内的保守派，如切尼、沃尔福威茨等则在不断鼓噪要对萨达姆发起军事打击。9·11 恐怖袭击后，布什政府首先怀疑的肇事者就是萨达姆。阿富汗战争开始后，布什政府仍在国内和国际上积极准备发动对伊拉克的战争。在伊拉克处于国际制裁时期，俄罗斯的技术人员继续在伊运行着发电站，管理着工厂，建设着铁路。俄在联合国的“石油换食品”项目中净赚超过 10 亿美元。俄仍然是伊武器装备的最大提供者。①俄石油公司与伊拉克订有在 20 年开发伊油田的价值 300 亿美元的合同。2002 年 8 月，双方宣布价值 400 亿美元的经济合作协定，俄罗斯将在未来 5 年中帮助伊拉克实现石油、电子、化工、农业和交通现代化。②这个协定的政治意义是显而易见的，伊拉克在这个紧要关头要用经济利益紧紧拉住俄罗斯，反对美国可能发动的战争。正因为俄在伊有着巨大的利益，俄一直致力于解除联合国对伊制裁。在美国发动伊拉克战争问题上，俄追求三者平衡的目标：维护俄的国家利益；促进国际关系中的多边主义，反对美的单边主义；不因此与布什政府闹翻。③

对俄罗斯经济来说，石油价格具有至关重要的意义。2000 年，俄石油输出所得为 253 亿美元，而俄该年联邦预算总共才 480 亿美元。2003 年 3 月初，油价飙升到了近 40 美元一桶。俄罗斯担心，萨达姆之后的伊拉克可能大幅度增加石油产量，从而导致世界油价下降。

对于美国发动的伊拉克战争，欧洲的态度是分裂的：新加入北约的中东欧国家积极支持，而美国的传统盟国法国和德国坚决反对，拉姆斯菲尔德尖刻地称前者为“新欧洲”，后者为“老欧洲”。有 10 个东欧国家承诺支持伊拉克的政权更迭，但德国总理施罗德和法国总统希拉克在 2003 年 1 月 22 日宣布，他们反对以武力将萨达姆赶下台。法、德意识到俄在联合国安理会中的地位，竭力争取俄与它们站在一起。2003 年 1 月，俄罗斯的民调显示，52％的民众反对美、英对伊拉克发起战争，只有 3％的人表示支持。④2003 年 2 月 5 日，鲍威尔国务卿在安理

① 袁胜育：“冷战后的俄罗斯与中东国家关系”（第九章），载冯绍雷、相蓝欣主编：《俄罗斯与大国及周边关系》，第 318 页。

② Ariel Cohen, “Russia and the Axis of Evil: Money, Ambition, and U.S. Interests,” February 26, 2003, https://www.heritage.org/node/192112/print-display.

③ *Russia and the War in Iraq* (CRS Report for Congress), April 14, 2003, p.1.

④ Angela Stent, *The Limits of Partnership*, p.93.

会发表了冗长的讲话试图证实伊拉克拥有大规模杀伤性武器后，9日至12日，普京应邀访问德、法，并与施罗德、希拉克发表联合声明，表示还有战争以外的途径来消除伊拉克拥有大规模杀伤性武器的可能，三国首脑决定共同努力实现这一目标。①俄还担心美入侵伊拉克可能破坏俄联邦南部及北高加索的稳定，给邻近地区带来不利影响，并担心自己的经济利益受损。俄前副总理涅姆佐夫2003年2月写道："如果美、英可以向莫斯科担保，伊未来的政府不会损害俄经济利益，那就有较大可能得到俄认可。"②俄既不愿意被动认可美国的单边主义，也不想看到自己的一位老客户的政权被推翻。

但普京也希望伊拉克战争不要太多影响到来之不易的对美关系的改善。2月11日，他接受《华尔街日报》记者采访，对俄美关系作了全面阐述。其中说："自然我们(俄美)之间在全球各种问题上会有而且确实仍有分歧，但是双边关系有一个新的突出的品质上的特点，那就是我们构建了……很高水平的互信。这使我们不会滑向对抗，而得以保持我们今天已经达到的这种双边关系的高水平。"③2月24日，普京派总统办公厅主任沃罗申访美，会晤了美总统、国务卿和国家安全事务助理，美俄双方的媒体都认为，这次访问是为了"敲定俄罗斯在联合国安理会投弃权票可以得到的经济回报"。但美方回应说：伊拉克是许多国家的债务国，难以就对俄偿债给予特殊对待；美国石油公司已经很久没有在伊拉克经营了，有什么理由保障俄石油公司的特权而牺牲美国的利益？美并不控制国际油价，因此也不能保障一定的油价水平。④美方只是建议双方达成尊重俄在伊经济利益的"君子协定"。但俄罗斯要的不是这种虚无缥缈的东西，而是具体、明确的担保。

这一时期美方也采取了一些对俄友好的举动：2月28日，国务院认定车臣的三个组织是与"基地组织"有联系的组织；3月6日，参议院全票通过了《莫斯科条约》；3月10日，参议员卢格提出议案，免除对俄适用《杰克逊—瓦尼克修正案》。这三项举措与伊拉克战争没有直接关系，但在时间的选择上具有缓和美俄关系的效果。美方也对俄施加压力。美驻俄大使弗什博(Alexander Vershbow)在3月12日向俄方记者表示，俄若在联合国安理会否决

① "Joint Declaration from Russia, Germany and France," February 10, 2003, http://en.kremlin.ru/supplement/3662.

② Boris Nemtsov and Vladimir Kara-Murza, "Russia Plays Its Economic Card over Iraq," February 23, 2003, https://archive.nytimes.com/www.nytimes.com/financialtimes/business/FT1045511063156.html.

③ Владимир Путин. Интервью газете «Уолл-стрит джорнэл», 11 февраля 2002. http://www.kremlin.ru/events/president/transcripts/21498.

④ *Russia and the War in Iraq* (CRS Report for Congress), April 14, 2003, p.4.

关于伊拉克的提案将损害美俄关系，影响双方在安全、能源、反恐、反导及空间项目的合作。①

进入3月，伊拉克战争已是山雨欲来风满楼，俄方政界、民众和媒体仍是一片反对之声。普京在3月2日表示，在伊拉克搞政权更迭不是合法的目标，“国际社会不能干涉任何国家的内部事务以达到政权更迭的目的……在当前形势下，联合国可以在伊拉克寻求的目标是消除伊的大规模杀伤性武器”。10日，俄外长伊凡诺夫称，如果安理会表决美提案，俄将投否决票。②但俄罗斯也表示珍惜俄美关系，不会花大力气去制止华盛顿。18日，布什与普京通电话，双方同意，在伊拉克问题上的分歧将不影响两国在其他方面的合作。20日，美国开始对伊军事行动，普京又批评这是“政治上的大错”，“是违反国际法和国际关系准则的”。③

美伊双方实力差距之大使战争没有悬念，俄罗斯自然不能站在失败者一边。普京明确表示，“美国在伊拉克遭受失败不符合俄利益”；何况在与法、德的“非意愿联盟”里可以看到的利益甚少。美俄领导人4月5日通电话，表示要共同努力，对“国际社会关注的一些问题寻求解决办法”。④伊凡诺夫外长也表示，“在解决伊拉克危机的方式方面，俄美战略利益的共同点高于战术分歧”。随着战争进展，两国的分歧逐渐消减。5月22日，安理会以近乎全票（叙利亚因反对而未出席）通过了取消对伊制裁的决议，并将“石油换食品”项目延期6个月，以完成俄伊现有合同。俄罗斯在同意取消制裁的同时坚持，必须“全面履行”俄伊在萨达姆垮台前签署的所有合同。⑤这样，俄罗斯的利益得到了照顾，毕竟美国在许多问题上，尤其是在阿富汗仍然离不开俄方合作。国家安全事务助理赖斯有一句妙语：惩罚法国，原谅俄罗斯，无视德国。⑥作为对赖斯言论的肯定，布什在5月底应邀出席了圣彼得堡建市300周年的盛大庆典，而没有与同来参加庆典的希拉克会面，对施罗德的态度也很冷淡。到2003年秋季，美俄关系又回到了伊拉克战争之前的平衡状态。

伊战后俄罗斯修复了对美关系，并积极谋求参与伊战后重建，努力把伊拉克问题重新纳入联合国的轨道。俄外交部发言人雅科文科称：“现在，任何一个重

① *Russia and the War in Iraq*(CRS Report for Congress), April 14, 2003, p.4.

② *Russia and the War in Iraq*(CRS Report for Congress), April 14, 2003, p.5.

③ Mark Baker, “Iraq: Russia, China Lead Criticism of US Attack,” March 20, 2003, https://www.rferl.org/a/1102604.html.

④ 李静：《普京软化立场，称美国在伊拉克失败不符合俄利益》，2003年4月6日，中国新闻网，http://www.chinanews.com/n/2003-04-06/26/291536.html。

⑤ 袁胜育：《转型中的俄美关系》，第184—185页。

⑥ Angela Stent, *The Limits of Partnership*, p.95.

大的国际问题没有俄罗斯的参与都是不能解决的。正是在俄方的积极促进下，通过了联合国安理会第1483号和第1511号决议，为恢复已经动摇的国际社会的团结提供了可能。”①

从2003年春起，美俄双方领导人决定设立高层次战略对话，这是在正常的官僚程序之外由布什和普京的亲信官员主持的。对话的内容有五项：阐述两国首脑早先同意的美俄战略伙伴的涵义；确定两国的合作领域和决策框架；督察双方共识的落实，并提出需要在总统层面解决的障碍；创造可以冷静地有信心地讨论敏感问题的渠道；搞清双方竞争的领域，并设法减轻其影响。对话每月一次，在华盛顿和莫斯科轮流举行。会前双方就议题达成一致，即便最敏感的问题，如原苏联地区的问题均可在会上讨论。双方有一个简单的指导方针，如可预测而不出其不意，不搞零和游戏，不向第三国泄露，在将问题公之于众前必须先私下沟通。会议达成“总统备览”，列出需要总统指令各部门解决的问题，并报告取得的进展，以及需要总统在峰会上提出的问题。对话延续到2004年，俄方参会人员几经变动，普京本人的关注减少，美方也逐渐冷淡下来，而且双方的官僚机构对对话都有意见，对话最终不了了之。②

二、俄罗斯—伊朗军事及核合作

（一）克林顿政府关注俄伊军事关系

俄罗斯把伊朗看作是高加索地区和中亚的稳定因素，是有利可图的军火和军事技术市场，这对处于经济转型时期、外汇极其短缺的俄罗斯颇具吸引力。虽然俄罗斯已经不是超级大国，但伊朗仍然将其视为国际舞台上的关键角色，把发展对俄关系看作是打破国际孤立的重要手段，并把俄作为武器和军事技术的主要的稳定来源，以及在高加索、中亚、海湾地区抗衡美国影响的重要借助力量。俄伊双方确有共同利益。

美国与伊朗的关系就大不相同了。从1979年伊朗伊斯兰革命以来，美国与伊朗一直处于敌对状态，美把伊朗视为中东这一具有重要战略意义地区不稳定性的源头，克林顿政府在第一任期中一直把伊朗视为“世界上最积极最危险的恐怖主义支持者”，③对其一举一动都会往最坏的可能去估量、分析。美国要求其盟国继续实行在两伊战争期间发起的对伊朗武器禁运。这样，苏联/俄罗斯也就自然成了伊朗先进武器的主要来源，这是美俄关系中的一个负面

① 左凤荣：《重振俄罗斯》，第80页。这两项决议分别于2003年5月22日和10月16日通过，主要内容都是号召国际社会帮助伊拉克重建的。

② Robert Legvold, *Return to Cold War*, pp.141—142.

③ Kenneth Katzman, *Iran: U.S. Policy and Options* (CRS Report for Congress), January 14, 2000, pp.5—16.

因素。

1989 年伊朗发起一个雄心勃勃的计划，要再造在两伊战争中严重受损的军事力量，重新成为地区的军事强国，包括获得 100 架到 200 架作战飞机，1 000 辆到 2 000 辆装甲车，若干艘潜艇以及尽可能多的导弹舰只。苏联是这一重新武装计划的主要供应商。1989 年 6 月，在伊朗总统拉夫桑加尼访苏期间双方达成军售合同。苏联解体后，俄罗斯继承了这一合同。从 1992 年到 2000 年，俄向伊朗出售了价值超过 40 亿美元的武器，伊朗在俄武器出口对象国中排名第三。20 世纪 90 年代，俄罗斯交付的武器主要有数百辆坦克和装甲运兵车，SA-5 和 SA-6 地对空导弹，12 架苏-24 歼击机，8 架米格-29 歼击机，3 艘基洛级潜艇，以及先进的鱼雷和水雷。①俄对伊售武引起美国强烈不满，尤其是基洛级潜艇和先进的鱼雷、水雷可能增强伊朗在海湾地区海上拒止的能力，增强伊朗控制霍尔木兹海峡航道的能力，而全球 20％的石油是要通过这一海峡运输的。

伊朗早在伊斯兰革命之前就在寻求发展核技术。1974 年，德国西门子公司开始为伊建造核电站。1979 年伊斯兰革命后，德方应美国要求终止该项目。1984 年，伊朗重启该项目，苏联填补了空缺。苏联解体后俄罗斯继承了这一项目，1992 年 8 月，俄同意继续布什尔核电站的建设工程；双方又于 1995 年 1 月签订了新合同，俄将帮助伊朗建造 VVER-1000 反应堆，价值 8 亿美元，帮助伊朗培训技术人员，并提供低丰度浓缩铀用作核电站的燃料。克林顿政府试图劝说俄方放弃该项目，没有成功，但莫斯科最终同意收回核电站用过的乏燃料棒。而美方说服乌克兰和捷克不向该反应堆提供部件，给俄方完成该项目增加了困难。核电站还遇到其他一些问题，结果本该于 1999 年年底完成的项目没有如期竣工。俄方还与伊朗讨论了建造两座或三座 VVER-400/213 反应堆，在布什尔建造另一 VVER-1000 反应堆的问题。1995 年俄伊核合作协定还包括其他内容，诸如俄向伊提供 2 000 吨天然铀矿石，帮助伊开采铀矿，建造低能量(1 兆瓦以下)研究用反应堆，建造气体离心机工厂，购买 30 兆瓦至 50 兆瓦研究用轻水反应堆，建造使用核能的 APWS-40 海水淡化工厂，每年为伊培训 10 名至 20 名硕士、博士级技术人员，等等。美国专家估计，“伊朗要取得真正的核能力需要许多许多年”，但如果别的国家把技术或者核材料卖给它，那它就可能提前很多年制造出核武器。美国对俄伊合同中的气体离心机工厂和研究用反应堆特别关

① 袁胜育：“俄罗斯与波罗的海三国关系”(第九章)，载冯绍雷、相蓝欣主编：《俄罗斯与大国及周边关系》，第 312 页；Michael Eisenstadt, “Russian Arms and Technology Transfers to Iran: Policy Challenges for the United States,” *Arms Control Today*, March 2001, https://www.armscontrol.org/taxonomy/term/69。

注,因为这对伊朗可能研发核武器帮助最大。①

克林顿政府对伊朗和伊拉克实行"双重遏制"政策,旨在低水平上维持两伊平衡。在这一大背景下,阻止伊朗从海外,尤其是从俄罗斯得到先进武器和核技术自然成为美方的一个重要关切。1992 年,共和党参议员、参议院军事委员会主席麦凯恩和资深民主党参议员戈尔共同发起《伊朗—伊拉克武器不扩散法》(《麦凯恩—戈尔法》),其中规定,反对向伊朗和伊拉克转让任何武器和军事技术,美国将对向两国售武的国家实行制裁。②该法得以成立。1993 年 6 月,麦凯恩在获悉俄罗斯正向伊朗交付基洛级潜艇而政府没有作出强烈反应时又提出了对上述《麦凯恩—戈尔法》的修正案,要求强化对俄制裁,但修正案没有成为法律。

从 1993 年 1 月克林顿当政开始,副国务卿林恩·戴维斯(Lynn Davis)就一直与俄原子能署署长维克托·米哈伊洛夫进行交涉。在一些美国官员看来,米哈伊洛夫是唯一对叶利钦不那么毕恭毕敬的人。而且美方还怀疑,俄伊核合作到底是得到了叶利钦的认可,还是有关部门自行其是。美方确认,伊朗具有丰富的石油和天然气资源,它开发核技术的目的只能是为了制造核武器。美方还把所获得的情报提供给俄方,以证明伊朗的核计划并非用于和平的目的。在 1994 年 9 月的美俄峰会上,两国首脑谈到了俄伊关系,包括俄对伊售武问题。叶利钦说,俄伊 1989 年军售协定是在灾难性的两伊战争之后伊朗重整军备的重要组成部分,俄方将继续履行协定,但他保证"不会有其他新的合同,不会有新的供应,不会再运送新的武器"。克林顿在公开讲话中称,双方已经"在原则上达成了概念方面的一致",但还没有"解决"问题。而有的美官员则立刻警告说,叶利钦的承诺有很大的漏洞,可能使承诺变得没有意义。③

1995 年 1 月 20 日,就在俄公开它与伊朗上述关于布什尔核电站交易前几天,美国务卿克里斯托弗在哈佛大学的一次讲话中对俄伊核关系进行猛烈抨击。他说:"现在,伊朗正在进行开发核武器的破坏性努力。有的国家准备与伊朗在核领域进行合作,对此我们深感担忧。坦率地说,这些努力可能使整个中东的安

① Steven Greenhouse, "Russia and China Pressed Not to Sell A-Plants to Iran," January 25, 1995, https://www. nytimes. com/1995/01/25/world/russia-and-china-pressed-not-to-sell-a-plants-to-iran.html; Michael Eisenstadt, "Russian Arms and Technology Transfers to Iran: Policy Challenges for the United States," *Arms Control Today*, March 2001, https://www.armscontrol.org/taxonomy/term/69.

② U.S. Department of State, "Iran-Iraq Arms Nonproliferation Act of 1992," https://www.state.gov/t/isn/c15237.htm.

③ James M. Goldgeier and Michael McFaul, *Power and Purpose*, p.177; David Lauter, "Yeltsin Pledges Arms Sales to Iran," September 29, 1994, http://articles.latimes.com/keyword/iran-arms-sales-russia.

全遭受威胁。不让伊朗掌握制造核武器的能力在美国外交政策中处于最优先的位置。我们期望对这一地区负有特殊责任的安理会成员国加入我们。"①他的一位助手事后明确说,这次讲话是"对俄罗斯人开的一枪"。

3月23日、24日,克里斯托弗在日内瓦会晤俄外长科济列夫,为克林顿即将访俄作安排。双方就美俄关系中的一些问题进行激烈交锋,尤其是俄伊核关系。克里斯托弗在记者招待会上称,他向科济列夫表示"强烈反对俄伊核合作",并且向俄方提供了相关的秘密情报。科济列夫则重申,俄伊核合作是在国际原子能机构的监督之下进行的,"因此我们不认为有什么问题"。会晤之后,科济列夫表示,"俄美的蜜月结束了",但双方不会离婚,"我们不允许发生的是不忠"。在国务卿/外长的联合声明中宣布,两国将成立一个专家委员会"检视可能危及两国终止大规模杀伤性武器扩散的共同努力的各种地区和全球的事态"。②

从1994年12月的布达佩斯峰会到1995年3月,是美俄关系比较困难的四个月。两国首脑在北约东扩问题上的唇枪舌剑(这是苏联解体以来的第一次)、③美方在车臣问题上对俄的指责以及俄伊核合作使美俄关系出现了冷战结束以来的第一次冷淡。俄方说,与伊朗的核合作纯粹是商业性的,轻水反应堆是《不扩散核武器条约》所允许的,美国自己就在帮助朝鲜建设这样的反应堆。美方则称,朝鲜与伊朗情况不同,朝鲜已经在发展核技术方面走得很远了,在这种情况下帮其建造轻水反应堆是为了延缓其核技术的发展;而伊朗刚刚启动核计划,那就应该设法阻止其起步。与伊朗的核合作将帮助它开发大规模杀伤性武器,是直接危及美国利益的。俄伊核合作与车臣战争也成为克林顿政府内部关于总统是否应该参加俄纪念卫国战争胜利50周年庆典辩论的重要议题。一种意见主张,总统应提出取消俄伊核合作作为参加庆典的前提条件,另一种意见则认为,总统参加庆典将对缓和俄罗斯的行为产生重要影响,如果总统缺席,俄将会耿耿于怀,对两国关系产生负面影响。④克里斯托弗在与科济列夫会晤几天后,在印第安纳州的布卢明顿发表了他任内专门关于俄罗斯和独联体的第一个讲话,对俄伊核合作发出更强硬的信息。他说:"由于我们对于防止核扩散极其重视,我们坚决反对俄罗斯与伊朗的核合作……俄罗斯应该注意到,没有一个重

---

① Warren Christopher, *In the Stream of History*, p.253.

② Norman Kempster, "Honeymoon With U.S. Over, Russian Says: Diplomacy: But no divorce looms, Kozyrev declares after talks with Christopher on differences over Iran and Chechnya," March 25, 1995, http://articles.latimes.com/1995-03-24/news/mn-46663_1_russian-participation.

③ 见本书第97—102页。

④ Warren Christopher, *In the Stream of History*, p.258.

要的工业化民主国家在核问题上与伊朗合作。”①4 月，国防部部长佩里在访俄时也强烈呼吁俄取消对伊核交易。他也不认为布什尔核电站问题与“纳恩—卢格项目”的执行有什么关联。

国会中反对俄伊核合作的声音更加强烈。众议院新任发言人共和党人金里奇警告总统说：“你的工作不是去俄罗斯让叶利钦高兴，你的工作是去俄罗斯制止伊朗得到核武器。”他还威胁说，如果俄不停止与伊朗的核合作，就要取消所有对俄援助。参议员莱希（Patrick Leahy）威胁说：“俄罗斯可以试一试上帝的耐心。”②共和党议员呼吁克林顿取消赴俄参加卫国战争胜利纪念活动。但克林顿觉得那对于美俄关系的伤害太大。

克林顿在访俄期间劝说叶利钦放弃核交易，叶利钦表示他已经发布了新的禁令，包括不再向伊朗出售离心机，双方同意将俄帮助伊朗建造两座轻水反应堆的问题交由戈尔—切尔诺梅尔金委员会去进行评估。叶利钦在记者招待会上还说，俄美在核不扩散问题上没有分歧，我们都致力于反对恐怖主义，都赞成《不扩散核武器条约》，赞成该条约无限期延长，我们以比相互间的条约所要求的更快的速度销毁核武库。如果伊朗真的要发展核武器，那对俄罗斯的威胁比对美国更大，因为俄罗斯离它更近。现在要搞清楚，哪些是用于和平目的的，哪些是为了制造核武器。③

叶利钦的说法对美国国会显然没有说服力。总统访俄之后，共和党资深参议员麦康奈尔说：“峰会是个失败。没有取得成果，一点成果都没有。总统去了莫斯科……可是什么都没有带回来，这对政府真是件尴尬的事情。”④

在 1995 年 6 月底举行的戈尔—切尔诺梅尔金委员会会议上，双方花费了很多时间争论俄伊军事与核合作问题，并签订了秘密协定，其中规定，俄罗斯可以在 1999 年年底之前继续履行现存的与伊朗的武器交易合同，向伊出售包括柴油动力潜艇、鱼雷、水雷、坦克和装甲运兵车等武器，但不能售卖更多武器，而且必须在 1999 年 12 月 31 日之前交付完毕，美国将不因此对俄实行制裁。1999 年年底之后俄不得再向伊朗出售军火。关于核合作，俄放弃 1995 年 1 月协定中所

① Warren Christopher, *In the Stream of History*, p.267.

② Strobe Talbott, *The Russia Hand*, p.159; James M. Goldgeier and Michael McFaul, *Power and Purpose*, p.178.

③ Strobe Talbott, *The Russia Hand*, p.161; William J. Clinton, “The President's News Conference With President Boris Yeltsin of Russia in Moscow,” May 10, 1995. Online by Gerhard Peters and John T. Woolley, *The American Presidency Project*, https://www.presidency.ucsb.edu/node/221239; Steven Erlanger, “Summit in Moscow: The Overview,” May 11, 1995, https://www.nytimes.com/1995/05/11/world/summit-moscow-overview-clinton-yeltsin-find-way-ease-strains-least-bit.html.

④ James M. Goldgeier and Michael McFaul, *Power and Purpose*, p.180.

有与布什尔核电站没有直接关系的项目。6月30日会后，戈尔告诉记者，他与切尔诺梅尔金举行了一对一的深入会晤，“气氛是务实的、建设性的”，双方作出了一个“非常重大的”安排，问题“是通过一种具体的、相互认可的方式得到解决的，没有留下任何不确定性，或者会在将来产生模棱两可情况的漏洞”。但戈尔没有披露协定的具体内容。美方则答应俄方成为巴黎统筹委员会的成员，导弹技术控制机制的成员，并把俄从禁止获得美国武器和技术帮助的国家名单上删除。美方同时保证，它向中东国家，尤其是向沙特阿拉伯出售的武器将不会向与俄罗斯毗邻的国家转让。①

但是这份“绝密”协定却很快被一位主管防扩散事务的官员泄露出来，自然引起轩然大波。7月，有关官员被迫向国会介绍协定内容，但没有逐条宣布，尤其没有提到美国不对伊朗进行制裁这一条。

1995年9月5日，俄原子能署负责人阿科皮扬宣布俄伊签署了新的核合作协议，俄将从10月开始帮助伊在布什尔建造两座核电站。1996年8月27日，俄伊又达成了俄向伊朗转让卫星制造技术、合作制造飞机、培训航空和宇航方面的人员等协议。美方对俄施压无效，遂通过了《达马托法》，加紧对伊朗实施制裁，但并未影响俄伊之间的军事合作。②

美方还认为，俄一些公司实体和个人还对伊朗的导弹项目提供了实质性的援助，这对伊朗加速开发中程导弹至关重要。从1997年年初起，美俄相关官员进行多次会晤，要求俄方停止对伊导弹项目的援助，但效果不彰。美方谈判代表、美驻俄大使加卢奇(Robert Gallucci)说，俄实体有时卖给伊朗的是可以制造导弹零部件的材料，有时是用于精确制导的部件。这些实体也在俄训练伊朗人研制导弹。③

国会于1996年对上述《麦凯恩—戈尔法》进行修正，规定只要向支持恐怖主义的国家出售武器，美国就要对其实行制裁。但克林顿政府没有援引该法律，并称该法不能追溯既往。1997年起，众议院军事委员会屡次向五角大楼和国务院

---

① Richard Boudreaux, “Russia Agrees to Stop Selling Arms to Iran,” *Los Angeles Times*, July 1, 1995, http://articles.latimes.com/1995-07-01/news/mn-19207_1_russian-arms-sales. 这份有12个段落的秘密协定的最后一段写道：“本协定及其附录将予绝对保密。”Michael Eisenstadt, “Russian Arms and Technology Transfers to Iran: Policy Challenges for the United States,” *Arms Control Today*, March 2001, https://www.armscontrol.org/taxonomy/term/69.

② 《达马托法》由共和党参议员达马托提出，经参众两院修改通过，旨在惩罚向伊朗和利比亚投资的外国公司，1996年8月5日由克林顿正式签署生效。《达马托法》将打击在伊朗、利比亚石油、天然气行业投资4 000万美元以上的外国公司。

③ Michael Eisenstadt, “Russian Arms and Technology Transfers to Iran: Policy Challenges for the United States,” *Arms Control Today*, March 2001, https://www.armscontrol.org/taxonomy/term/69.

提出俄向伊交付潜艇的问题，并对政府没有采取更强有力的制裁措施提出质疑。1998年7月起，美方宣布对俄8家与伊朗进行合作的实体实施制裁。但由于一些实体与美国并无贸易往来，所以有的制裁实际上不起作用。1999年1月12日，国家安全事务助理伯杰又宣布对俄三个科研单位——俄罗斯电力技术科研设计院、莫斯科门捷列夫化工技术大学和莫斯科航空学院——实施制裁，理由是它们帮助伊朗开发导弹和核技术。①

在上述戈尔—切尔诺梅尔金秘密协定的截止期限（1999年年底）之后，俄罗斯继续向伊朗出售武器。2000年是美国大选年，戈尔又是民主党的总统候选人，共和党人当然不会放过这个秘密协定问题。10月，麦凯恩表示，俄向伊朗售武，尤其是潜艇可以成为对俄实行制裁的一个"非常强有力的依据"，当年他们提出《麦凯恩—戈尔法案》就是以潜艇和鱼雷作为例子的，潜艇可以对海湾地区美国的坦克和军舰造成威胁，因为它难以被发现；远距离的鱼雷也是致命的。克林顿信任戈尔去处理对俄关系，从武器扩散到环境和太空方面的两国合作。戈尔也把它作为副总统任内的重要政绩，作为竞选总统的一份政治资本。而共和党人则认为，这个美俄秘密协定恰恰是他处理对俄关系的一个典型败笔。共和党总统候选人乔治·沃克·布什的外交顾问批评戈尔过于信赖切尔诺梅尔金，过于相信他们的个人关系，以致对切尔诺梅尔金及其助手的腐败视而不见。②

2000年1月，国务卿奥尔布赖特致信俄外长伊戈尔·伊凡诺夫，抱怨俄违反戈尔—切尔诺梅尔金协定，继续向伊朗交付武器；也未将俄已向伊朗运交及准备运交的武器清单告知美方。信中还提到了伊凡诺夫的一个说法：俄要完成与伊朗的武器交易还需要十年。信中称，"俄罗斯单方面决定在1999年12月31日这个截止期限后继续对伊售武没有必要地使美俄关系复杂化"，并警告说，依照美国相关的法律，俄将因此受到制裁。③

俄罗斯与伊朗的军事与核合作的主要驱动力无疑是经济利益，也不排除俄以此作为处理对美关系的一个筹码。奥尔布赖特致信翌日，俄防长谢尔盖耶夫会晤了伊朗的安全官员并保证保持与伊朗的军事关系。他说："俄准备在两军关系、军事技术、科学技术和能源领域保持俄伊双边关系的动力。"④俄还向伊朗交付了五架重型军用直升机中的第一架。而军用直升机不在戈尔—切尔诺梅尔金协定允许的范围之内。

① 冯绍雷、相蓝欣：《普京外交》，第241页；王缉思、徐辉、倪峰主编：《冷战后的美国外交（1989—2000）》，第127页。

②③④ John Broder, "Despite a Secret Pact by Gore in '95, Russian Arms Sales to Iran Go On," October 13, 2000, https://www.nytimes.com/2000/10/13/world/despite-a-secret-pact-by-gore-in-95-russian-arms-sales-to-iran-go-on.html.

2000年11月，普京作为对美计划部署导弹防御系统的回应，废除了1995年戈尔—切尔诺梅尔金秘密协定。12月，谢尔盖耶夫防长访问伊朗，这是从1979年以来苏联/俄罗斯防长对伊朗的首次访问。访问结束时谢尔盖耶夫宣布，俄伊签订了“新的军事和技术合作协定”。①

12月5日，美负责防扩散事务的助理国务卿罗伯特·艾因霍恩(Robert Einhorn)在参议院外交关系委员会作证说，美国在国际上缔造了、保持了一种共识，即不使伊朗从国外得到核技术、核材料，并取得了成功。俄罗斯是唯一的例外。“俄罗斯是伊朗核技术的唯一提供者，其援助对伊朗获得核武器的努力至关重要。”美国反对布什尔核电站项目不是因为该项目本身会造成什么直接的严重的核扩散威胁，而是因为伊朗可能利用该项目作为它与俄保持广泛核合作的掩护，使之能与俄实体保持更敏感的能直接用于制造核武器的合作。“在过去这几年，俄罗斯对伊朗核项目的援助加快了速度，从而可能大大缩短伊朗获得武器级可裂变物质的时间。”②

(二) 伊朗核问题凸显

普京废除戈尔—切尔诺梅尔金秘密协定后，俄伊关系更加热络起来。2001年，两国各种代表团互访频繁，伊朗代表团参观访问了圣彼得堡的造船厂、图拉和科罗姆纳的精确武器制造厂、伊泽夫斯克的防空系统制造厂。3月中旬，伊朗总统穆罕默德·哈塔米对俄进行国事访问，这是1989年以来伊朗总统首次访俄。在双方代表团会谈前，俄伊总统举行了一对一的私密会晤，讨论了两国关系中的广泛问题，双方就俄罗斯继续援建布什尔核电站以及新的军事和技术合作进行磋商，并就相互关系及合作的原则达成协定，决定设立联合机构，负责双边的合作项目，尤其是在飞机建造和油气方面，俄还将为布什尔核电站建设第二个反应堆，具体军售协定将稍后达成。③伊朗官员参观了俄导弹工厂，并同意购买具有反导能力的奥萨(Osa)及托尔-M1型(TOR-M1)地对空导弹。哈塔米还参观了坐落在圣彼得堡的核反应堆工厂，表明了伊朗向俄购买更多反应堆的意向，俄罗斯在中断六年之后恢复了对伊朗出售武器。伊朗驻俄大使萨法里估计，俄有望从对伊常规武器销售和在此后数年培训伊朗专家中得到70亿美

① Michael Eisenstadt, “Russian Arms and Technology Transfers to Iran: Policy Challenges for the United States,” *Arms Control Today*, March 2001, https://www.armscontrol.org/taxonomy/term/69.

② Robert Einhorn's Testimony Before the Senate Foreign Relations Committee, October 5, 2000, https://1997-2001.state.gov/policy_remarks/2000/001005_einhorn_sfrc.html.

③ “Khatami Visit Signals Warmer Russia Iranian Ties,” March 20, 2001, https://jamestown.org/program/khatami-visit-signals-warmer-russian-iranian-ties/.

元的收入。①美方立即对此作出反应。国务院发言人鲍润石表示,“我们特别关注先进的常规武器或如核技术这样的敏感技术的转让。俄伊双方应当说清楚,他们可能要做什么,不做什么”。普京辩解说,伊朗只寻求防御性武器,“伊朗有权利确保其安全和防御能力”,俄罗斯则“出于经济原因”进行这些交易,并将严格遵守国际防扩散的规定。美方显然不认可俄方的解释。3 月 14 日,鲍威尔在参议院预算委员会作证时表示,如果俄罗斯希望改善对美关系,它得重新思考向谁出售武器,“对一个不遵守国际行为规范的政权进行投资是不明智的”。俄伊关系也引起了美国会的注意。16 日,29 名两党议员致信布什总统,提醒他执行 1992 年《麦凯恩—戈尔法》(《伊朗—伊拉克武器不扩散法》),对 3 月 12 日的俄伊峰会予以“关注并采取适当的有意义的行动”。②

10 月 2 日,伊朗防长沙穆哈尼访俄,双方签订了军事技术合作协定。根据协定,俄方将在 5 年内每年向伊朗提供价值 3 亿美元的武器,这将使伊朗成为俄罗斯的第三大武器买主。美方对此作出激烈反应。10 月 3 日,白宫发言人发表声明称,俄罗斯向伊朗出售常规武器将破坏该地区的安全平衡,或危及美国的盟友、朋友以及在海外驻军。次日,国安事务助理赖斯在对美俄商会的讲话中表示,“美国将继续向俄罗斯施压,敦促其控制武器扩散,尤其是对伊朗的武器扩散,因为这对俄罗斯不利,对美国不利,对那个地区不利”。③

2002 年 5 月下旬,布什总统对俄罗斯进行国事访问。布什在会晤普京时花了不少时间谈及伊朗及俄伊关系。普京回应说:“俄伊之间的合作不属于那种会破坏不扩散进程的性质。我们的合作仅仅限于能源方面,是属于经济性质的问题……美国自己也承诺帮助朝鲜建设类似的核电站。”④

在 2002 年 5 月美俄莫斯科峰会之前,俄原子能署署长亚历山大·鲁缅采夫保证说,俄伊核合作项目将仅限于建设一个反应堆,并开放国际核查,俄将向该

---

① “Khatami on Landmark Visit to Russia,” March 12, 2001, https://www.upi.com/Archives/2001/03/12/Khatami-on-landmark-visit-to-Russia/5733984373200/奥萨是一种俄制高机动低空近程地对空导弹系统,托尔-M1 型是俄制中低空短程地对空导弹系统,用于击落战机、直升机、巡航导弹、无人机、弹道导弹等。

② Michael Wines, “Iran and Russia Sigh Oil and Weapons Pact,” March 12, 2001, https://www.nytimes.com/2001/03/12/world/iran-and-russia-sign-oil-and-weapons-pact.html; Wade Boese, “Putin Reaffirms Arms Sales, Nuclear Assistance to Iran,” *Arms Control Today*, April 2001, https://www.armscontrol.org/act/2001-04/press-releases/putin-reaffirms-arms-sales-nuclear-assistance-iran.

③ 潘德礼主编、许志新副主编:《俄罗斯十年:政治、经济、外交》,第 790—791 页。

④ George W. Bush, “The President's News Conference with President Vladimir V. Putin of Russia in Moscow,” May 24, 2002. Online by Gerhard Peters and John T. Woolley, *The American Presidency Project*, https://www.presidency.ucsb.edu/node/215750.

反应堆提供核燃料，然后回收反应堆使用过的乏燃料棒，从而保证把伊朗利用该反应堆生产核武器所需的原料的可能性降到最低。在美俄就此问题的谈判中，美曾同意对该反应堆不予追溯，俄方也同意了美方的诸多要求。但在2002年7月俄方又表示，正考虑在布什尔建设三个反应堆，在阿瓦兹建设两个反应堆。过后，俄原子能署又撤回了这一说法，表示与伊朗扩大核合作的讨论仅仅是"关于现有技术可能性的讨论"。①俄伊核合作问题仍然是美俄关系中的一个敏感因素。

2002年8月，伊朗流亡海外的反对派组织"伊朗全国抵抗委员会"向媒体透露，伊朗在秘密建造纳坦兹铀浓缩设施和阿拉克重水反应堆。2003年2月，伊朗总统哈塔米承认纳坦兹铀浓缩设施的存在，但称仅用于提炼核电站所需的低丰度浓缩铀。国际原子能机构(IAEA)在视察了伊朗核设施后于9月通过决议，要求伊朗尽快签署《不扩散核武器条约》附加议定书，终止提炼浓缩铀试验，公布与浓缩铀相关的一切核材料，并允许国际原子能机构核查人员实地提取环境标本。伊朗同意国际原子能机构的要求。2004年11月，英、法、德三国与伊朗举行多轮谈判后达成《巴黎协定》，伊朗宣布在四国谈判期间中止与浓缩铀相关的一切活动，国际原子能机构决定不将伊核问题提交联合国安理会。

2005年2月27日，俄原子能署署长鲁缅采夫宣布，俄伊达成协定，俄将向它正帮伊朗建设之中的布什尔核电站提供燃料，伊朗将把使用过的乏燃料棒交还给俄罗斯，以防从中提取钚制造核武器，协定为期10年。该核电站将于2016年稍晚开始正式运转，第一批核燃料须于此前半年提供。俄伊官员还在讨论俄帮伊朗建造别的反应堆的问题。②美方没有公开批评这一协定，但对这一动向自然密切关注。美国一直都在要求俄完全放弃与伊朗的核合作，理由是这将使伊朗获得经验和军民两用技术。俄方则称，核电站是在国际原子能机构的安全保障下运转的，因此没有核扩散的风险。

2005年6月，主张核开发的保守派人士艾哈迈迪—内贾德当选伊朗总统。8月，伊朗在伊斯法罕重启浓缩铀活动，法、德、英停止与伊朗的谈判。2006年2月，国际原子能机构将伊朗核问题提交联合国安理会。3月，安理会发表"主席声明"，要求伊朗在30天内终止一切与浓缩铀及再处理有关的活动，包括研究与开

① Andrea Gabbitas, "Prospects for U.S.-Russian Proliferation Cooperation Under Bush and Putin," December 2002, http://www.ksg.harvard.edu/besia.

② Paul Kerr, "Iran, Russia Reach Nuclear Agreement," *Arms Control Today*, April 2005, https://www.armscontrol.org/act/2005-04/iran-nuclear-briefs/iran-russia-reach-nuclear-agreement.

发。此后，联合国“五常”与德国外长多次会晤，形成伊核问题六国磋商机制，并与伊朗举行多轮会谈。双方在浓缩铀、制裁等问题上分歧严重，谈判进展缓慢。7月31日，安理会通过第1696号决议，正式要求伊朗终止一切与浓缩铀及再处理相关的活动。

2005年末，以美国为首的西方国家对伊朗进行空中打击的危险进一步加大，俄罗斯与伊朗签署了出售29套托尔-M1型地对空导弹的协定，价值7亿美元。俄方代表称，这是纯粹防御性的武器，交易完全符合国际法规定。2006年1月，俄伊又进行了出售S-300防空导弹的谈判。5月，美国务院要求俄重新考虑向伊出售托尔-M1型地对空导弹问题，遭俄拒绝。2007年俄伊达成向伊朗提供地对空可移动S-300防空系统的协定，价值8亿美元。①

2006年2月16日伊朗代表团访俄，商讨在俄境内为伊朗民用核设施进行铀浓缩问题。普京在解释俄方立场时说：“第一，伊朗应该在国际监督下发展核技术；第二，不应造成任何威胁，不能造成核武器和任何大规模杀伤性武器的扩散……我们建议成立铀浓缩和回收利用的国际中心。”拉夫罗夫强调，“我们不可能支持将所有人都逼入死胡同，并给已经混乱不堪的地区制造新危机的最后通牒”，“包容而非孤立‘问题’国家，才能化解冲突”。2006年7月12日，伊核问题六国决定把伊核问题提交联合国安理会讨论，理由是伊朗未能在这一日期前就六国方案作出回答。19日，拉夫罗夫也表示，如果伊朗不回应国际原子能机构的要求，俄方支持对伊朗实施制裁。尽管如此，俄方一直强调在国际原子能机构的框架内解决伊核问题。②

2006年5月，美对委内瑞拉实施制裁，实行武器禁运，俄向委出口了24架苏-30歼击机，以取代美国的F-16战斗机，俄还与委签订合同，向委提供10万支卡拉什尼科夫步枪并在委生产这种枪支。两国在军事领域的合作价值达30亿美元。7月底，俄国防产品出口公司与伊国防部签订合同，修理和升级30架苏霍伊-24轰炸机，这些轰炸机是20世纪90年代卖给伊朗的。8月4日，美国务院宣布对俄国防产品出口公司和苏霍伊公司实行制裁。③

---

① 吴大辉：《从战略妥协到战略反制》，《俄罗斯中亚东欧研究》2007年第5期。该系统直到2016年12月才交付。April Brady, “Russia Completes S-300 Delivery to Iran,” *Arms Control Today*, December 2016, https://www.armscontrol.org/act/2016-11/news-briefs/russia-completes-s-300-delivery-iran.

② 左凤荣：《重振俄罗斯》，第100—101页。

③ 左凤荣：《重振俄罗斯》，第336页。美国舆论指责俄罗斯与伊拉克、伊朗、朝鲜等打造“自己的友好轴心”，俄罗斯人则反唇相讥，说俄罗斯只不过是像美国人一样追求自身的经济利益，因为他们从亲西方倾向中几乎一无所获。袁胜育：《转型中的俄美关系》，第182页。

第五节 美对俄内政的干涉

冷战结束后，在海外拓展民主一直是美国对外战略的重要支柱，“把美国的外交政策建筑在美国的价值观之上”成了美外交决策者的口头禅。布什政府十分重视外交政策中的意识形态因素，热衷于推进它的“自由议程”，它把9·11恐怖袭击定义为是对民主和自由的攻击，是对“自由堡垒的进攻”，还把阿富汗战争命名为“持久自由行动”。①俄罗斯是处于转型中的大国，俄转型的结果如何对所有原苏联国家具有示范效应，布什政府对俄国内政策的变化更加关注，不断在人权、民主等问题上对俄施压，尤其对俄杜马选举和总统大选评头论足。

一、美对俄惩治寡头不满

普京执政不久，即集中精力处理20世纪90年代俄罗斯转型中衍生出的毒瘤——寡头问题。这批人趁着国家各方面的政策处于变动之中，体制尚不完善，违法枉法、巧取豪夺、行贿受贿、敲诈勒索，尤其在私有化过程中化公为私，侵吞了大量国有资产，成为国家的“新富”。有的控制重要媒体，有的成为掌控国家重要资源的实业家，有的兼跨数界，并与西方势力里应外合，对国家的政治生活和社会生活产生重要影响，成为国家正常发展的祸害。普京认识到这一问题的严重性，果断出手，予以惩治。最主要的打击对象是古辛斯基、别列佐夫斯基和霍多尔科夫斯基。古辛斯基是俄媒体大亨，控制着独立电视台、TNT地方电视网、“莫斯科之声”广播电台及多家媒体。2000年5月11日，就在普京就任总统后的第三天，俄国家税务警察以偷税漏税为名，对古辛斯基所拥有的俄最大媒体垄断集团之一的“桥集团”总部所属机构进行搜查，接着俄总检察院正式指控其侵吞和诈骗国家巨额财产，对其提起诉讼，剥夺其个人财产，将其逐出国门。别列佐夫斯基也是媒体大亨，他反对普京加强中央权力的政治举措，2000年5月在受到俄司法机关的指控后流亡英国。

2000年7月，普京同20位商界、金融界寡头举行了一次摊牌会，他许诺政府保护私有财产，致力于建设一个有利于投资的环境，同时明确警告他们：既然政府降低了税率，商界就应该照章纳税；既然选择了经商，那就一心一意地经商，

① National Review, “*We Will Prevail*”: *President George W. Bush on War, Terrorism, and Freedom*, The Continuum International Publishing Group, 2003, pp.7, 34.

不要干预政治。①多数人听从了劝告，尤科斯石油公司总裁霍多尔科夫斯基却无视总统要求远离政治的警告，继续贿赂杜马议员，操弄政治，挑战普京的权威。2003 年 10 月，霍多尔科夫斯基被提起刑事诉讼，他被指控犯有诈骗、逃税、伪造公文、侵占财产等六宗罪行，尤科斯公司的股票亦遭冻结。

这些寡头的一个共同特点是与美国关系密切，霍多尔科夫斯基还准备将尤科斯石油公司的大笔股份售予美雪佛龙—德士古公司或埃克森公司，并利用各种名义，向美国的一些智库捐款。上述案件，尤其是霍多尔科夫斯基案引起美国强烈反应。10 月 31 日，美国务院发言人鲍润石表示，美对尤科斯公司部分股票被冻结感到不安，这让人怀疑在俄罗斯是否法律至上，俄当局应该消除国际社会对其拘捕霍多尔科夫斯基是出于政治目的的疑虑。鲍润石还敦促俄政府按照法律对此案进行公正的审判。美能源部部长埃布拉哈姆(Spencer Abraham)和商务部部长埃文斯(Donald Evans)都向俄方相应官员表示了他们对这一案件的关注。俄方对美方的“关注”毫不客气给予了回击。11 月 1 日，俄外交部发言人雅科文科在接受俄电视台采访时说，美国务院对尤科斯公司部分股票被冻结发表的评论是不妥当的，是美国双重标准的表现。2 日，伊凡诺夫外长对俄电视台发表谈话称，美方试图对俄司法机关的执法提出怀疑，这是对别国司法机关职责的干涉，这种双重标准和教训别人的政策是与“民主社会”的准则背道而驰的。②

2005 年 5 月底，石油大亨霍多尔科夫斯基被判处 9 年徒刑。美国会欧洲安全与合作委员会(赫尔辛基委员会)举行“尤科斯案件对俄罗斯民主和私有化的影响”的听证会。委员会主席众议员史密斯(Christopher Smith)在开幕辞中说，这一案件让人想起苏联时期的审判，表明俄罗斯“对法治的毫不在乎甚至敌视”。11 月，参议员拜登提出一项参议院决议，谴责俄对霍多尔科夫斯基的囚禁出于政治动机，违反了法治及俄对人权的承诺。③

二、美对俄选举说三道四

2003 年 11 月 6 日，俄举行第四次杜马选举，结果是执政党统一俄罗斯党一党独大，成为左右杜马、掌控政局的主导力量。布什政府和美舆论密切关注此次选举，认为这一结果将增强普京的集权倾向。美驻俄大使弗什博接受俄《独立报》记者采访时表示了对杜马选举中一些做法的担忧，如亲克里姆林宫的政党广

① 郑羽主编：《既非盟友，也非敌人》，第 280—286 页；安格斯·罗克斯伯勒：《强权与铁腕：普京传》，胡利平、林华译，第 70 页。

② 宋世益：《美方发表评论是干涉俄内政》，《人民日报》(海外版)2003 年 11 月 4 日，http://www.people.com.cn/GB/paper39/10546/959319.html；郑羽主编：《既非盟友，也非敌人》，第 289 页。

③ Jim Nichol, *Democracy in Russia: Trends and Implications for U.S. Interests* (CRS Report for Congress), August 29, 2006, pp.35—36.

泛使用“行政资源”；国家媒体在报道中的明显偏向：对亲执政党的候选人多进行正面报道，而对其他党的候选人则常作负面报道。①《纽约时报》的评论文章说：“这表明下一届杜马将批准任何法律，包括修改宪法，……4 年前普京当选总统后就确立了可控民主(managed democracy)，现在正一步一步地从可控民主滑向集权国家。”西方的选举观察员普遍指责统一俄罗斯党在选举中不仅得到了普京的政治支持，而且使用了国家和地方的大量公共资源。②

2004 年 1 月下旬，国务卿鲍威尔访俄，在与普京、拉夫罗夫的会晤中都提出了霍多尔科夫斯基案件、媒体和杜马选举的问题。鲍威尔还在 1 月 26 日《消息报》上发表文章，批评俄罗斯还没有在行政权与政府其他部门之间建立“实质性的平衡”，“政治权力还没有受到法律的充分制约，……政党发展等还不是持续和独立的存在”。③

选举结果是普京以 71.2%的高票蝉联总统。在此之前，3 月 13 日，鲍威尔已经在福克斯新闻频道和美国广播公司(ABC)的新闻节目中发声，称俄罗斯总统选举缺少透明度，“俄罗斯人必须懂得，要让整个国际社会都承认你的民主，你就得让所有的候选人与总统有相同的机会使用媒体；你必须确信，人民没有被阻拦参加开放的完全民主的过程。我们对此次选举进行的方式表示关注，对不久前杜马选举进行的方式表示关注”，“对集权统治开始潜回俄罗斯社会表示关注”。国家安全事务助理赖斯也在全国广播公司(NBC)新闻节目中批评选举中对反对派的限制。④俄方立即对此作出回应。总统办公室第一副主任科扎克 13 日晚对媒体表示，此次竞选完全遵循了有关的法律，所有候选人都和现任总统一样，拥有通过报纸、电视和广播向选民陈述自己观点的各种机会。他还说：“通过多次选举，俄罗斯人已经有了足够的选举经验，他们不需要任何人指手画脚，尤

---

① 郑羽主编：《既非盟友，也非敌人》，第 295 页。

② Steven Lee Myers, “Russian Parliament Election Could Add to Putin's Power,” December 7, 2003, https://www.nytimes.com/2003/12/07/world/russian-parliament-elections-could-add-to-putin-s-power.html.

③ Steven Weisman, “Powell, in Russia, Raises U.S. Concerns with Putin,” January 26, 2004, https://www.nytimes.com/2004/01/26/international/europe/powell-in-russia-raises-us-concerns-with-putin.html。但是第二天，鲍威尔在接受记者采访时又把批评的调子放低了点，称“在过去十五年中我们看到在俄罗斯发生了向民主制度的巨大转型……所以我不担心俄罗斯会回到过去的日子去……美国把俄视为朋友和伙伴，并希望能对它有所帮助”。Jim Nichol, *Democracy in Russia: Trends and Implications for U.S. Interests* (CRS Report for Congress), August 29, 2006, pp.28—29.

④ Rebecca Santana, “Victorious Putin Rejects Criticism of Election,” March 15, 2004, https://www.dw.com/en/victorious-putin-rejects-criticism-of-election/a-1143566; Seth Mydans, “As Expected, Putin Easily Wins a Second Term in Russia,” March 15, 2004, https://www.nytimes.com/2004/03/15/world/as-expected-putin-easily-wins-a-second-term-in-russia.html.

其是一个自身选举存在很多问题的国家，更没有资格评论别人。”①14 日晚，普京在大选后的首次记者招待会上反唇相讥地表示，“在很大程度上他们的声明是国内政治需要所驱动的”，并称，在所谓的发达民主国家，他们的民主也存在许多问题。4 年前，我们惊异地发现，美国的选举体制是如此混乱。因此，希望他们在批评我们的同时，也完善一下自己的民主程序。总之，如果我们友好地对待相互之间的某些缺点、不足，我认为是有益的，这不应当导致冲突，而应当使我们的民主体制和选举程序更加完善。②普京的回应相对温和，这是他胜选后首次公开露面。

三、美批评俄政治体制改革

2004 年 9 月 1 日，发生了举世震惊的别斯兰人质事件。此后，普京提出了一系列加强中央权力的政治改革措施，包括各联邦主体的行政长官从地方直接选举产生改为总统任命，然后由地方议会批准，实现了“垂直权力”体系，使各联邦主体变成类似单一制国家的地方行政单位，这是一个国家政治体制的重大改变，美国又出来说三道四。在普京宣布改革举措的次日，鲍威尔就在一次采访中表示对这些措施的“关注”，并称他准备下星期在纽约会晤拉夫罗夫外长时提出这个问题，还说，在反恐的同时，“需要建立一个适当的平衡，确保不会背离你所承诺的民主改革或民主程序”。③15 日，布什本人在一次讲话中也提到，他最近给普京打电话，既表示美俄应继续肩并肩反恐，又向普京表达了“对俄罗斯作出的可能损害民主的决定的关切。大国，大的民主国家需要在中央政府与地方政府之间建立一种权力的平衡，在中央政府的行政与立法、司法部门之间建立一种平衡。政府……必须坚持这些民主的原则”。④15 日，拉夫罗夫外长拒绝了美方的批评，称联邦体制重组是俄内政，美国不应该把自己的民主“模式”强加给别国。⑤

美一些国会议员更是起劲地反对俄罗斯的做法。9 月 24 日，两党资深参议员麦凯恩、拜登与其他 100 多位西方官员和专家联名发表致北约和欧盟领导人

---

① 章田：《俄总统普京选举助手回击美国高官对俄选举指责》，2004 年 3 月 15 日，http://news.sohu.com/2004/03/15/78/news219437821.shtml。

② 《普京当选总统后向俄公民致词答记者问》，任江华、孙建廷译，2014 年 3 月 15 日，http://www.people.com.cn/GB/guoji/14549/2392117.html。

③ Colin Powell, “Interview by Arshad Mohammed and Saul Hudson of Reuters,” September 14, 2004, https://2001-2009.state.gov/secretary/former/powell/remarks/36177.htm.

④ George W. Bush, “Remarks at the Hispanic Heritage Month Reception,” September 15, 2004. Online by Gerhard Peters and John T. Woolley, *The American Presidency Project*, https://www.presidency.ucsb.edu/node/215628.

⑤ Jim Nichol, *Democracy in Russia: Trends and Implications for U.S. Interests* (CRS Report for Congress), August 29, 2006, p.29.

的公开信，其中断言普京的新举措"使俄罗斯向集权主义靠近了一步"，普京在外交政策方面正在回复到"军国主义与帝国的言辞"，其政策正在破坏俄罗斯与北约及欧洲民主国家的伙伴关系。公开信敦促西方领导人改变对俄政策，"毫不含糊地"支持俄罗斯的民主团体，减少与普京政府的联系。①

2005 年 1 月，乔治·沃克·布什开始第二任期。他在就职演说中竟宣称："美国的政策是寻求和支持每一个国家、每一种文化中民主运动和机制的增长，其最终目的是在我们这个世界上结束暴政。"②口气极大。赖斯在参议院外交关系委员会确认其国务卿任命的听证会上强调，在与俄罗斯就共同关切的问题上紧密合作的同时，需要"继续就民主的问题向俄方施压……以清楚表明，保卫俄罗斯的民主对于未来的美俄关系是至关重要的"。③美方对俄内政的干涉也比布什第一任期更赤裸裸了。

2 月上旬，赖斯作为国务卿首次出访，访问德国、波兰和土耳其。5 日，拉夫罗夫专程飞往土耳其首都会晤赖斯，为 2 月下旬布什与普京在斯洛伐克首都布拉迪斯拉发的峰会作准备。赖斯在会晤中提出一堆问题，如俄打压新闻媒体、取消独立电视台、打击尤科斯石油公司并拘捕霍多尔科夫斯基、削减地方当局的权力等，并称"这些事件使寻求两国之间全面深入的关系变得困难"。她在飞机上对随同访问的记者表示，俄政府近来在民主和民主改革方面倒退了，美国将继续鼓励和帮助俄民主运动等的发展，同时又称，美将帮助俄加入世贸组织，融入全球经济。④

在美俄首脑第二任期的首次会晤前夕，2 月 17 日，参议院外交关系委员会主席、共和党人卢格主持题为"俄罗斯民主的倒退"的听证会。霍多尔科夫斯基提出了书面证词，尤科斯石油公司的首席执行官及全国民主研究所等美国一些智库代表出席作证。卢格在开幕词中强调："民主必须处于美国对外政策和外交的核心位置，美国必须准备着在全世界促进和维护民主及基本自由中发挥领导作用。"他指出，"俄罗斯民主的命运现在比苏联解体以来任何时候都更加模糊不

① Jim Nichol, *Democracy in Russia: Trends and Implications for U.S. Interests* (CRS Report for Congress), August 29, 2006, p.35.

② George W. Bush, "Inaugural Address," January 20, 2005. Online by Gerhard Peters and John T. Woolley, *The American Presidency Project*, https://www.presidency.ucsb.edu/node/214048.

③ Senate Foreign Relations Committee, "Opening Remarks by Secretary of State-Designate Dr. Condoleezza Rice," January 18, 2005, https://2001-2009.state.gov/secretary/rm/2005/40991.htm.

④ Steve Weisman, "Rice Chides Russia on Quieting Dissent but Rejects Penalty," February 6, 2005, https://www.nytimes.com/2005/02/06/washington/world/rice-chides-russia-on-quieting-dissent-but-rejects-penalty.html.

清”,美俄的安全关系是重要的,“但在俄侵犯基本自由的情况下,美俄关系难以朝着积极方向发展”,没有什么可以“作为民主倒退的挡箭牌”。卢格要求布什在下星期与普京的会晤中继续向俄方施压,要求俄实行自由和公正的政治和司法体系。①

2005 年 2 月下旬,布什出访欧洲。在会晤普京之前,他在布鲁塞尔就外交政策发表长篇演讲,其中说,俄罗斯的前途在于欧洲和跨大西洋大家庭,而要在这方面取得进展,“俄政府必须重申它对民主和法制的承诺……我们也将不断提醒俄罗斯,我们的同盟赞成自由的媒体,充满活力的反对派,权力分享,以及法治。美国和所有欧洲国家都应当把民主改革置于与俄罗斯对话的核心”。②三天后,布什在斯洛伐克首都布拉迪斯拉发会晤普京,俄罗斯民主是两位首脑小范围会晤的一个中心话题,在记者招待会上双方又就此进行了有礼貌的辩论。布什说:虽然民主总是反映一个国家的习惯与文化,但民主是有共同内涵的,如法治、保护少数民族、自由的媒体及充满活力的反对派。我坚信,正是民主和自由给每个国家带来真正的安全和繁荣。普京回应说:14 年前,在没有外部压力的情况下,俄罗斯主动选择了民主。俄罗斯作出这一决定是为了它自己、它的人民、公民的利益。这是我们的最终选择,我们没有回头路,没有回归到我们过去状况的退路。俄罗斯人民自己是这一选择的保障,没有什么外部的保障。由于俄罗斯社会的状况,任何回到集权主义去的做法在国内都是行不通的……我们将致力于世界上已经确立的民主的基本原则。俄罗斯实行民主应当加强国家治理、改善人民的生活水准。我们正朝着这个方向努力。

普京接着谈到了引起广泛争议的俄地方领导人产生的问题。他说:俄联邦地方领导人不是由联邦总统任命的。对他们的推荐被提交给各地的议会进行讨论,然后由全体选民经过秘密投票产生。实质上说,这跟美国的选举人团制度一样。选举人团制度没有被认为是不民主的吧?

布什又提到,不论是在美国还是别的地方,积极的媒体都是健康和有生命力的社会的一个标志。普京说:在俄罗斯我们讨论各种问题是绝对公开的,在媒体上有许多对政府的批评,这正是民主的表现。③

---

① Richard Lugar, “Democracy in Retreat in Russia,” Hearing Before the Senate Foreign Relations Committee, February 17, 2005, https://www.govinfo.gov/content/pkg/CHRG-109shrg22751/html/CHRG-109shrg22751.htm.

② George W. Bush, “Remarks in Brussels, Belgium,” February 21, 2005. Online by Gerhard Peters and John T. Woolley, *The American Presidency Project*, https://www.presidency.ucsb.edu/node/216641.

③ George W. Bush, “The President's News Conference with President Vladimir Putin of Russia in Bratislava,” February 24, 2005. Online by Gerhard Peters and John T. Woolley, *The American Presidency Project*, https://www.presidency.ucsb.edu/node/216692.

两个月后，普京发表了他第二任期的第一个《国情咨文》，其中谈到了发展经济、完善国家治理、改善民生等方方面面问题，并集中阐述了民主问题作为对西方的偏见和攻击的回应。他还附带进行了反击："那些自己不尊重、不能保障人权的国家是没有权利要求别的国家保障人权的。"①

四、俄出台《非政府组织法》

2003 年、2004 年格鲁吉亚和乌克兰相继发生了"颜色革命"，格鲁吉亚发生"玫瑰革命"时，俄罗斯还把它当作"偶然性的"个案，及至乌克兰的"橙色革命"，俄罗斯意识到，美国和西方有计划有准备地系统地在原苏联国家发动"颜色革命"，扶植亲西方的政治人物上台执政，威胁到俄在独联体地区的传统利益，而且一旦时机成熟，西方同样可能对俄发动"颜色革命"。这不能不引起俄罗斯的高度警觉。②据俄国家杜马的统计，在俄境内有 45 万个各类非政府、非营利性组织，包括各种基金会、维权组织及各种协会等，其中 20%—25%接受美国的资助。美国特工甚至利用一些非政府组织的掩护从事间谍活动。普京政府坚决反对外国势力资助俄社会团体。2005 年 11 月 23 日，俄国家杜马审议《关于对非政府组织、非商业性社会组织强化国家注册程序》的法律（即《非政府组织法》）。25 日，普京发表讲话称，俄社会团体利用外国资助从事政治活动是不能被允许的，这将使这些组织有意无意地沦为某些外国在俄达到政治目的的工具。③

美国会对俄的《非政府组织法》作出强烈反应。国会赫尔辛基委员会致信俄杜马，参众两院通过决议，要求俄方撤销或者重拟法案。及至 2005 年，美俄两国对彼此的失望已经相当深重。布什政府认定俄对民主的理念没有兴趣，不愿意继续进行民主和市场化改革，不愿成为由美国领导的国际反恐俱乐部的可靠的循规蹈矩的成员。普京政府则越来越认为，布什政府的"自由议程"是特洛伊木马，美国在格、乌所策划的"颜色革命"威胁了俄罗斯的地缘战略利益及俄本身的安全，美国领导的国际反恐秩序约束了俄的合法利益，脱离那个阵线是维护俄利益、扩大俄影响空间的关键。④

12 月 23 日，俄杜马以压倒多数通过《非政府组织法》，主要内容是：第一，所有国内外非政府组织都必须在司法部进行注册，那些对俄国家主权、政治独立、领土完整、国家统一、文化遗产造成威胁者将不予注册；非政府组织不得从事与

① Владимир Путин，Послание Федеральному Собранию Российской Федерации. 25 апреля 2005 г. http://kremlin.ru/events/president/transcript。

② 关于"橙色革命"的详尽分析见本书第 365—367 页。

③ 郑羽主编：《既非盟友，也非敌人》，第 304 页。

④ William Burns, *Back Channel*, p.909.

其注册章程不相符合的活动。第二，所有非政府组织创立者都必须出示在俄永久居住地的证明，禁止在俄没有居住地的外国人和无国籍者从事活动。第三，禁止外国非政府组织从事目标不清晰的活动，或向其当地的分支机构拨付资金。第四，非政府组织需每年向国家有关部门递交财务报告和活动情况报告，国家有关机构对其活动及财务状况进行随机审查，一旦发现违法行为，即予注销；国家对非政府组织超过 50 万美元的现金流进行监控。据俄官方发布的数字，截至 2012 年，在司法部登记注册的非营利组织为 402 001 个，宗教组织为 29 831 个，国际和外国组织为 319 个。①

2006 年 3 月 16 日，布什政府发表《国家安全战略报告》，其中关于俄罗斯部分谈到，“近来的趋势正在令人遗憾地朝着削弱对民主自由承诺的方向偏离”，并威胁说俄“阻止民主在国内及国外发展的努力将有损俄与美国、欧洲及其邻国的关系”。②5 月上旬，在立陶宛首都维尔纽斯举行了波罗的海和黑海国家论坛暨首脑会议，讨论民主建设的进展及欧盟的作用。美副总统切尼在会上发表了长篇讲话，对俄罗斯民主的“倒退”进行猛烈抨击。他说，“今天在俄罗斯，改革的反对者正在寻求逆转过去十几年取得的成就。在诸多方面，从宗教信仰到新闻媒体……政府不公正地不恰当地限制民众的权利”，他要求俄罗斯“回到民主改革”，并许诺美国将对此予以支持。③一星期后，普京在他的《国情咨文》中针锋相对地反驳了切尼的说法，称“虽然发生了巨大的变化，但远非世界上每一个人都抛弃了过去的集团思维和全球对抗时代留下来的偏见，为了确保上述所有问题……得到和平解决，我们应当对国家安全领域的威胁给予坚决的回应”。④美俄双方在民主、人权问题上的争议对两国关系的影响越往后越大。

① Freedom House, “Fact Sheet: Russia's NGO Laws,” https://freedomhouse.org/sites/default/files/Fact%20Sheet_0.pdf；曹升生：《冷战后美国的涉俄非政府组织研究》，《俄罗斯研究》2017 年第 2 期。

② The White House, *The National Security Strategy of the United States of America*, March 2006, p.39.

③ The White House, “Vice President's Remarks at the 2006 Vilnius Conference,” May 4, 2006, https://georgewbush-whitehouse.archives.gov/news/releases/2006/05/20060504-1.html.

④ Владимир Путин, Положение Федеральному Собранию Росийской Федерации 10 мая 2006 г. http://kremlin.ru/events/president/transcripts/23577.有意思的是，在俄官方公布的报告英文版中删掉了一段话：“常言道：狼同志知道该吃谁，它就是要吃，谁的话也不听，而且看来也不打算听谁的话。当事关它自己的利益时，那些要为人权和民主而奋斗的漂亮话都到哪里去了呢？结果是没有任何约束，什么事都可以做。”

第八章 导弹防御系统问题上的纠葛

随着反恐形势不再那么严峻,美俄之间的竞争再次激烈起来,美国主要从三个方面持续对俄进行打压:在东欧部署导弹防御系统;坚持北约东扩,并竭力拉拢乌克兰和格鲁吉亚加入北约;在对俄具有至关重要利益的乌克兰导演"颜色革命"。本章集中阐述第一个问题。

第一节 关于《反导条约》的争议

一、共和党推动部署国家导弹防御系统

导弹防御问题在冷战时期就是美苏战略关系的一个重要方面。1972 年 5 月,美国总统尼克松访苏,双方签署了《反弹道导弹条约》(《反导条约》)。该条约禁止美苏部署全国性的导弹防御系统,只允许双方在各自的本土部署两个有限的导弹防御系统,每个系统的导弹发射场的半径不超过 150 公里,分别保卫首都和洲际导弹发射井;各方只能拥有不超过 100 枚的反导导弹及配套的雷达系统;保证不开发、不试验、不部署以海洋、空中、太空为基地的和陆上机动的反导系统及其组成部分。1974 年 7 月,尼克松再次访苏时,两国又以补充协议的方式对上述条约进行修改,规定各自放弃一个反导导弹系统部署区,并不再建立新的系统。苏联决定保留在莫斯科附近的导弹防御系统,美国保留在北科罗拉多州部署的导弹防御系统。该条约无限期有效。该条约无论在美苏冷战史上还是在国际军控史上都具有重要地位。条约的达成表明,美苏寻求通过"相互确保摧毁"

的方式来维系“恐怖平衡”，防止对方发动先发制人的核突袭。条约成为冷战时期全球战略稳定的基石，正是以它为起点，此后近 30 年中国际军控与裁军才取得一定的进展。《反导条约》之所以要严格限制美苏大规模的导弹防御体系的研制和发展，是因为双方都意识到反导技术发展和投入部署，本身就足以大大提高进攻性导弹的实力，助长一方冒险发动“第一次核打击”的可能性。这个条约就是要“冻结”导弹防御技术的研发，抑制进攻性战略核武器的军备竞赛，限制大规模杀伤性武器的更新换代，以达到稳定美苏战略力量的“恐怖平衡”。①

冷战时期，里根政府就提出了“战略防御倡议”(Strategic Defense Initiative, SDI)，俗称“星球大战”，并为此投入巨资。冷战结束后，乔治·布什政府削减国防开支，收缩美国在全球的军事存在。但美国已经为“战略防御倡议”花费了上百亿美元，已经在陆基、海基和空基反导技术方面都取得了一定的进步，正处在提高拦截的命中精度的关键时刻。1991 年 3 月，美国制定《导弹防御法》，授权总统加紧进行战区导弹防御系统(Theater Missile Defense, TMD)的研制工作，同时部署有限的国家导弹防御系统(National Missile Defense, NMD)。②

在部署国家导弹防御系统问题上，美国国内意见远非一致。总体说来，共和党人强调美国面临的威胁，力主尽快部署全面的国家导弹防御系统；民主党人对这个系统的技术、有效性抱有怀疑，对其负面效应，包括昂贵的价格，比较重视。在布什任内，美俄就修改《反导条约》进行了初步接触。克林顿对导弹防御没有兴趣，③他在当选之前多次表示反对国家导弹防御系统；竞选中，他又承诺，如果胜选，他将把用于“战略防御倡议”的经费削减一半，集中精力发展用于对付战区导弹威胁的战区导弹防御系统。④克林顿就任后面临着重新规划后冷战时期美国对外战略的诸多问题，如北约东扩、俄罗斯及新独立国家的转型等，修改《反导条约》没有正式提上美俄关系的议事日程。1993 年 5 月，国防部部长阿斯平宣布，“星球大战的时代结束了”，苏联出其不意的突然袭击的可能性已经消失，现在导弹防御的首要任务是应对短程导弹的陆基防御系统，如爱国者导弹，应对洲际导弹的防御系统是第二位的。“萨达姆·侯赛因的飞毛腿导弹告诉我们，我们需要反弹道导弹来保卫我们在战场上的军队”，“这是现实的威胁”。⑤在国防部 1994 年初和 1996 年 4 月两个关于弹道导弹防御的报告中都指出，远程弹道导

① 顾国良：《序言》，载朱锋：《弹道导弹防御计划与国际安全》，上海人民出版社 2001 年版，第 2 页。

② 朱锋：《弹道导弹防御计划与国际安全》，第 69 页。

③ Talbott Strobe, *The Russia Hand*, p.375.

④ 朱锋：《弹道导弹防御计划与国际安全》，第 135 页。

⑤ Melissa Healy, "'Star War' Era Ends as Aspin Changes Focus," May 14, 1993, https://www.latimes.com/archives/la-xpm-1993-05-14-mn-35185-story.html.

弹对美国本土威胁的紧迫性下降，战区弹道导弹的扩散的威胁上升了。①以防御苏联大规模洲际导弹进攻为目的的"战略防御倡议"正式结束，战略防御倡议局改名为导弹防御局（Ballistic Missile Defense Organization）。这样，克林顿政府就把国家导弹防御系统与战区导弹防御系统正式地加以区分：战区导弹防御系统是用来防止短程和中程导弹对海外美军的攻击的，国家导弹防御系统是用来防止洲际导弹对美国本土的攻击的，是《反导条约》所禁止的。克林顿把导弹防御的重点正式地转移到了战区导弹防御系统上，这是他两个任期在导弹防御上的基本政策。

共和党保守派对此极为不满。传统基金会（The Heritage Foundation）、美国外交政策分析中心（Institute of Foreign Policy Analysis）、国家公共政策分析中心（National Institute for Public Policy）和防务政策中心（Center for Defense Policy）等一批保守的思想库纷纷论证《反导条约》过时的主张，为共和党国会议员出谋划策，主张建立美国的战略防御能力。他们提出，在冷战后，美国应当抛弃建立在"相互确保摧毁"基础上的传统威慑战略，抛弃仅仅将威慑力量建立在进攻性战略核武器基础上的传统威慑理念，因为所谓"流氓国家"对美国构成了威胁和挑战，只有导弹防御计划才能"相互确保安全"。20多个国家正在不断获取和发展远程和中程弹道导弹，潜在的威胁是真实的，且正在"迅速扩大"。

自然，反对部署国家导弹防御系统、主张维护《反导条约》、推进军控和裁军进程的声音也很强烈。美国科学家联合会（Federation of American Scientists）、军备控制协会（Arms Control Association）、卡耐基国际和平基金会（Carnegie Endowment for International Peace）、外交关系委员会（Council of Foreign Relations）、史汀生中心（Stimson Center）等思想库的专家都强烈质疑和反对部署国家导弹防御系统。他们认为，部署国家导弹防御系统不仅技术上难以成功，而且将对国际军控事业、防扩散和大国关系产生灾难性的影响。开发和部署以国家导弹防御系统为代表的战略防御能力将引起其他有核国家对军控和裁军的消极反应，促使它们发展进攻性武器，导致新的军备竞赛，从而破坏全球的战略稳定。因此，有了这个系统，美国可能变得更不安全。②

1994年中期选举后，共和党人掌控了参众两院，加速发展国家导弹防御系统的势力抬头。1995年，共和党掌控的国会通过新的《导弹防御计划法案》，但

① 朱强国：《美国战略弹道防御计划的动因》，第113—114页。

② 朱锋：《弹道导弹防御计划与国际安全》，第140—141页；朱强国：《美国战略弹道防御计划的动因》，第116页；Amy Woolf, *National Missile Defense: Russia's Reaction* (CRS Report for Congress), Updated August 10, 2001, p.5.但也不是所有共和党人都热衷于导弹防御，比如乔治·布什的国安事务助理斯考克罗夫特就自称"从来不是战略防御计划的爱好者"。James Goldgeirer and Michael McFaul, *Power and Intention*, p.289.

遭到克林顿的否决。克林顿在12月28日将法案退回给众议院时写道，这个法案干扰了总统实施关键的防务项目的权力，“法案所要求的发展多个基地的结构与现存的《反导条约》的条款是不相容的，相互冲突的，法案将对俄罗斯继续执行《第一阶段削减战略武器条约》和批准《第二阶段削减战略武器条约》产生负面影响，而这两个条约将大大降低对美国国家安全的威胁，将把俄罗斯的战略核武器从冷战的水平降低2/3”。①也就是说，克林顿和民主党坚持对《反导条约》的传统解释，在履行该条约前提下发展战区导弹防御系统；而共和党主导的国会提出不顾《反导条约》的规定，发展多基地的国家导弹防御系统。②

为了达到这一目的，众议院议长金里奇把“重新承诺发展国家导弹防御”列入共和党人的纲领《美利坚契约》之中，《契约》被共和党高调地称为重新塑造美国的日程表，然后，共和党人将国家导弹防御系统作为共和党政治议程的重要组成部分，不遗余力地予以推进。1997年国会成立一个由两党专家组成的特别机构“评估弹道导弹对美国威胁委员会”，由福特政府的国防部部长、后来出任乔治·沃克·布什政府防长的拉姆斯菲尔德担任主席，此公一贯是国家导弹防御系统的热心推动者。

二、克林顿政府就《反导条约》与俄周旋

苏联的核武器和运载工具分散在了俄罗斯、白俄罗斯、乌克兰、哈萨克斯坦四国，就《反导条约》的接续问题的谈判也要与该四国进行，当然主要是在美俄之间进行。独联体的其他国家表示无意成为该条约的继承国。从1993年10月，五国成立专门委员会进行磋商，但白、乌、哈对此并无多大兴趣。1996年4月21日，美俄两国首脑在莫斯科会晤，克林顿在记者会上说：他坚持《反导条约》的承诺，由于《反导条约》不禁止战区导弹防御系统，现在双方就要在这两者之间“划出清晰的界线”，包括一般速度的导弹和高速的导弹。③双方同意在6月首先完成第一阶段的“划界”协议。从5月20日到6月24日，五国委员会在日内瓦达成协议，允许部署拦截弹速度在3 000米/秒以下、靶弹速度不超过5 000米/秒、

① William J. Clinton, “Message to the House of Representatives Returning Without Approval the National Defense Authorization Act for Fiscal Year 1996,” December 28, 1995. Online by Gerhard Peters and John T. Woolley, *The American Presidency Project*, https://www.presidency.ucsb.edu/node/220548.

② 关于战区导弹防御系统与《反导条约》的关系，参见朱强国：《美国战略弹道防御计划的动因》，第133—136页。

③ William J. Clinton, “The President's News Conference with President Boris Yeltsin of Russia in Moscow,” April 21, 1996. Online by Gerhard Peters and John T. Woolley, *The American Presidency Project*, https://www.presidency.ucsb.edu/node/222126.

距离不超过 3 500 千米的战区导弹防御系统。但双方在部署拦截高速导弹方面仍未达成一致。①

美俄继续进行谈判。1997 年 3 月 20 日至 21 日，双方首脑在赫尔辛基会晤，并发表《关于反弹道导弹条约的联合声明》。②主要内容是：

——双方确认《反导条约》是战略稳定的基石，确认对其承诺；

——双方有权选择建立和部署有效的战区导弹防御系统，但不能违反或超越《反导条约》；

——双方部署的战区导弹防御系统不得对对方的战略核力量造成威胁，也不得进行使这种系统具有威胁对方能力的试验；

——战区导弹防御系统不得部署来针对对方；

——双方部署的战区导弹防御系统在数量和地域方面都要与它所面临的战区导弹威胁相称。

声明基本反映了克林顿政府的观点，俄方的许多想法没有被纳入其中。③但共和党国会议员立即对声明表示反对。金里奇议长、众议院拨款委员会主席利文斯顿(Bob Livingston)和共和党众议员考克斯在 3 月 23 日发表的声明中说，美俄赫尔辛基声明"将阻止可能是最有效的导弹防御系统的发展"，即天基拦截系统的发展。他们危言耸听地说："如果声明得到实施，它将把我们勇敢的军人，最终是数以百万计的美国人置于危险之中。"克林顿政府批驳了这种说法。美防长科恩 3 月 27 日在对海军的一次讲话中说，赫尔辛基声明"没有对美国开发、试验计划中的战区导弹防御系统、对战区导弹防御系统的速度加以任何限制，声明禁止天基拦截系统不是什么新的规定，《反导条约》已经对此作了明确规定。④

为落实上述赫尔辛基声明，1997 年 9 月 26 日，奥尔布赖特国务卿与普里马科夫外长在纽约签署并发表了一系列文件和声明，包括接续《反导条约》的备忘录，《反导条约》与导弹防御第一阶段、第二阶段的"划界"、关于战区导弹防御系统的信任构建措施等。这些文件实际上为美俄不受限制地开发和部署战区导弹防御系统敞开了大门。根据文件，飞行速度不超过 3 000 米/秒的拦截弹实际上

---

① 朱强国：《美国战略弹道防御计划的动因》，第 181 页。

② William J. Clinton, "Russia-United States Joint Statement Concerning the Anti-Ballistic Missile Treaty," March 21, 1997. Online by Gerhard Peters and John T. Woolley, *The American Presidency Project*, https://www.presidency.ucsb.edu/node/224309.

③ 朱强国：《美国战略弹道防御计划的动因》，第 118—179 页。

④ Arms Control Association, "The Arms Control Agenda at the Helsinki Summit," *Arms Control Today*, March 1997, https://www.armscontrol.org/act/1997-03/features/arms-control-agenda-helsinki-summit.

被定义为"非战略性"弹道导弹，即美国的战区弹道导弹；只要在试验中不用于拦截射程大于3 500千米或速度大于5 000米/秒的靶弹，包括陆基、海基和空基的系统都属于不受《反导条约》限制的战区导弹防御系统。这样美国开发和部署陆基末段高空区域防御系统（THAAD）、海基"全战区"防御系统和空基助推段拦截系统就都不受限制了。文件对于战区导弹防御系统的限制主要是三项：不允许研发、试验和部署天基拦截导弹；在1999年4月之前不试验"高速"战区导弹防御系统，即拦截靶弹速度超过5 500米/秒的陆基和空基或4 500米/秒的海基战区导弹防御系统；不试验拦截多弹头靶弹的战区导弹防御系统。①

经过一年多的评估，拉姆斯菲尔德委员会于1998年年中向国会提交300页的秘密报告，公布27页的公开报告，其结论是：美国面临着俄罗斯、伊朗、伊拉克、朝鲜等国家的弹道导弹威胁，这些导弹可以携带生物和核弹头，朝鲜和伊朗可在5年内完成技术开发，伊拉克则需10年。报告还称，任何国家只要具备了飞毛腿导弹的基础设施，就能在5年之内开发出洲际导弹技术。报告警告说：针对美国的弹道导弹威胁比美国情报部门过去估计的威胁"更加广泛、更加成熟，并以更快的方式演变"，对美国的导弹威胁的预警时间将大大缩短，甚至难以获得预警。②这个危言耸听的报告在美国民众中煽动对导弹袭击的恐惧方面起了恶劣作用，但民主党人对报告的说法持怀疑态度。1998年8月31日，朝鲜利用三级火箭技术发射卫星。美方认定这是发射了"大浦洞"导弹，试验涉及洲际导弹研制中的几项重要技术，包括多级分离技术、使用三级火箭等。共和党人如获至宝，将此作为支持上述报告的一个证据，加紧催促克林顿政府发展导弹防御系统。

2000年大选将至，在共和党的压力之下，克林顿政府的政策有所调整，开始倾向于在保留《反导条约》的情况下，在阿拉斯加州部署有限的陆基导弹防御系统作为国家导弹防御系统的一部分。克林顿政府仍然相信《反导条约》对全球战略稳定和美俄关系的重要性，并希望与俄方谈判修改《反导条约》，实现《反导条约》与导弹防御系统的兼容。1999年1月上旬，奥尔布赖特访俄，首次向俄方提出修改《反导条约》的问题，遭俄方拒绝，伊凡诺夫外长指出，任何对《反导条约》的修改都不符合俄安全利益。③1999年1月20日，防长科恩发表讲话，提出调整

---

① Stanley Riveles, "September 26, 1997 ABM/TMD Agreements," June 1, 1998, https://1997-2001.state.gov/global/arms/speeches/riveles/rivelsp.html；朱强国：《美国战略弹道防御计划的动因》，第182—183页。

② "Executive Summary of the Report of the Commission to Assess the Ballistic Missile Threat to the United States," July 15, 1998, https://fas.org/irp/threat/bm-threat.htm.

③ Radio Free Europe, "Russia: Albright and Foreign Minister Sign Kosovo Declaration," January 9, 1999, https://www.rferl.org/a/1090419.html.

国家导弹防御系统的技术计划。次日，克林顿致信叶利钦，声称他将一如既往地遵守《反导条约》，不过准备做一些改动，以应对胡作非为国家带来的威胁。22日，伊凡诺夫又指出，俄方认为不能对《反导条约》进行任何修改而允许美国部署有限的国家导弹防御系统。俄《独立报》当日载文指出，美国发展导弹防御系统的目的是试图打破当前世界上已经形成的军事政治稳定局面，巩固其在常规武器和核武器方面的优势地位，使美在军事力量方面取得对俄罗斯的决定性优势。①

1999 年 6 月 20 日，八国峰会在德国科隆举行。其间，克林顿与叶利钦举行会晤，这是两位领导人在过去六年半中的第十七次会晤，也是科索沃战争后的首次会晤。国安事务助理伯杰称，会晤表示两国已经度过科索沃战争的困难时期。作为善意的表示，叶利钦指示下属把俄罗斯档案中有关肯尼迪总统遇刺的材料找了出来，送给了克林顿。克林顿对叶利钦表示感谢，并感谢俄方帮助缔造了科索沃的和平。两国元首发表联合声明，重申削减进攻性武器、维护战略平衡的承诺，并表示准备举行新的削减战略武器谈判，把战略核弹头降至更低水平。声明还说："鉴于《反导条约》对于进一步削减进攻性战略武器的重要性……双方确认对条约作为战略稳定基石的承诺，并将继续努力以增强该条约，在未来增强其生命力和效率。"但声明提到了《反导条约》第三条的规定："缔约双方将考虑战略形势可能的变化对该条约的影响，适当地考虑进一步增强条约生命力的建议。"②伯杰在记者会上表示，声明的这一提法很重要，这是俄方第一次同意讨论对《反导条约》的修改，这对美国部署国家导弹防御系统是不可或缺的。美方也表示准备在专家层面就新的削减战略武器条约进行探讨，但不是正式的谈判，而是谈判之前的先期探讨。及至双方批准《第二阶段削减战略武器条约》后，就能很快过渡到正式的《第三阶段削减战略武器条约》谈判。③

但是同意讨论远不意味着俄方同意进行修改，也许是为了避免让美方产生误解，伊凡诺夫外长 23 日明确指出，美国的国家导弹防御计划"是危险的"，具有颠覆战略稳定的潜在可能。④

① 朱强国：《美国战略弹道防御计划的动因》，第 237 页。

② William J. Clinton, "Joint Statement Between the United States and the Russian Federation Concerning Strategic Offensive and Defensive Arms and Further Strengthening of Stability," June 20, 1999. Online by Gerhard Peters and John T. Woolley, *The American Presidency Project*, https://www.presidency.ucsb.edu/node/226810.

③ William J. Clinton, "Press Briefing by National Security Advisor Sandy Berger," June 20, 1999. Online by Gerhard Peters and John T. Woolley, *The American Presidency Project*, https://www.presidency.ucsb.edu/node/271381.

④ Craig Cerniello, "U.S., Russia to Begin 'Discussion' on START III, ABM Treaty," *Arms Control Today*, June 1999, https://www.armscontrol.org/act/1999-06/press-releases/us-russia-begin-discussions-start-iii-abm-treaty.

国会里的共和党人利用拉姆斯菲尔德的报告,把建立国家导弹防御系统的问题政治化,使之成了一个事关国家安全的政治问题,给民主党施加了巨大压力。一些民主党议员逐渐改变立场,参议院于 1999 年 3 月 17 日以 97 票对 3 票、众议院于 18 日以 317 票对 105 票通过新的《国家导弹防御法案》。法案要求"在技术许可的情况下尽快部署足以保卫美国国土的有效的(国家导弹防御)体系",法案也规定将继续与俄罗斯谈判以削减其核力量。7 月 22 日,克林顿正式签署完成立法程序。翌日,克林顿声明,他的签署不应被解释为已经就部署国家导弹防御系统作出了决定。最终是否部署取决于多个因素,包括试验结果及开发的努力、部署的成本、对威胁的评估以及对实现军控目标的影响,也包括与俄罗斯达成修改《反导条约》的协议。①

俄罗斯上上下下对美国的新立法表示强烈反对。苏联解体以后,美俄之间的军备控制机制不仅是两国关系的基石,而且是俄罗斯能够与美国平起平坐地进行互动的唯一领域。火箭军司令弗拉基米尔·雅科夫列夫上将表示,"俄罗斯与美国彼此将成为不能预料的国家",《不扩散核武器条约》也将受到打击,核国家的数量将进一步增加,全球战略防御体系可能彻底崩溃。伊凡诺夫则称,"发展战略导弹防御系统将对本来已经脆弱的国际安全体系稳定构成潜在威胁"。②

8 月,美国开始就修改《反导条约》与俄罗斯进行接触。中旬,美代理负责军控和国际安全的副国务卿兼军控裁军署署长霍勒姆(John D. Holum)率团访俄,与俄外交部安全和裁军局局长别尔坚尼科夫举行磋商,别尔坚尼科夫在 8 月 19 日表示:"我们没有看到任何这样的方案,既能使美国部署国家导弹防御系统,同时又能维护《反导条约》。如果美国部署国家导弹防御系统,关于《第三阶段削减战略武器条约》的对话以及现存的《第一阶段削减战略武器条约》和《第二阶段削减战略武器条约》就都毁了。"他还警告说:美国部署国家导弹防御系统将迫使俄罗斯"提出其战略核力量的有效性问题,并采取其他军事和政治措施在新的战略条件下确保其安全"。③磋商没有结果。8 月 20 日,俄列昂尼德·伊凡诺夫中将谴责美方强使俄方接受对《反导条约》的修改,并称,美方的傲慢将使新一轮关于战略武器的谈判注定失败。④

① Arms Control Association, "Clinton Signs Controversial NMD Legislation," *Arms Control Today*, July 1999, https://www.armscontrol.org/act/1999_07-08/nmdja99.

② 伊·伊凡诺夫:《俄罗斯新外交》,陈凤翔等译,第 51 页。

③ Craig Cerniello, "Little Progress Made at START and ABM Talks," *Arms Control Today*, July 1999, https://www. armscontrol. org/act/1999-07/press-releases/little-progress-made-startabm-talks.

④ Arms Control Association, "Anti-Ballistic Missile Treaty News," Timeline, https://fas.org/nuke/control/abmt/news/index.html.

美方继续与俄方接触。9月8日，常务副国务卿塔尔伯特访俄，与俄副外长马梅多夫就修改《反导条约》和《第三阶段削减战略武器条约》进行磋商，塔尔伯特向俄方提出了一份《反导条约谈判要点》的建议书，这是美方分阶段部署国家导弹防御系统的方案：首先在阿拉斯加州部署100枚拦截导弹，随着技术的进步再增加200枚，增添两处基地、先进的雷达和天际传感器，美方提案遭俄方拒绝。塔尔伯特威胁说，如果俄方不接受这份建议书，美国就干脆退出条约，径自部署导弹防御系统了。俄方批评美方的建议书和态度简直就是威胁，是最后通牒，而不是认真、诚恳地要与俄方谈判对两国都具有根本重要性的条约。①

9月10日，奥尔布赖特在新西兰出席亚太经合组织部长级会议时会晤伊凡诺夫外长，双方谈到了《反导条约》的修改和削减战略武器问题；9月10日，美防长科恩又赴俄磋商。②

9月，美中央情报局发布《国家情报评估报告》，逐个评估俄、中、朝、伊朗、伊拉克等9个国家的状况，妄称"未来15年内美国最有可能面临来自俄、中、朝，也许还有伊朗和伊拉克的导弹攻击"。③

10月2日，美国进行了一次对民兵战略弹道导弹的拦截试验。俄外交部发言人于7日发声，谴责试验违反了《反导条约》第一条的规定。④9日，俄外长拉夫罗夫表示，削减战略武器谈判只有在战略稳定的情况下才有光明前途，这与遵守《反导条约》的核心条款密切相关，即不在本国部署反导系统并建立基地。试图修改和违背这一核心规定都是对条约的破坏。在这种情况下，《第一阶段削减战略武器条约》和《第二阶段削减战略武器条约》就都不可能得到遵守了。13日，他又在第54届联大会议上重申了这一观点。⑤

美方在谈判中开出了种种看似对俄有利的条件：帮助俄方完成在伊尔库茨克西北60英里处的一部大型跟踪导弹的雷达的设置；将俄控制的阿塞拜疆的雷达基地升级；俄方人员得以访问美国预警雷达站，并获取其信息；进行反导系统联合计算机模拟演习；在部署卫星系统方面进行合作等。为了防止国际上对于

① Bradley Graham, "U.S. To Go Slowly on Treaty," *Washington Post*, September 8, 1999, https://fas.org/nuke/control/abmt/news/e19990908treaty.htm; Theodore A. Postol, "National Missile Defense: The Target is Russia," March 1, 2000, https://journals.sagepub.com/doi/full/10.2968/056002010.

②④⑤ Arms Control Association, "Anti-Ballistic Missile Treaty News," Timeline, https://fas.org/nuke/control/abmt/news/index.html.

③ "Foreign Missile Deployments and the Ballistic Missile Threat to the United States through 2015," https://www.dni.gov/files/documents/missilethreat_2001.pdf.

俄罗斯可能在修改《反导条约》方面作出了妥协的误解，10 月 20 日，俄外交部新闻发言人声明，俄没有进入关于《反导条约》的任何讨价还价，没有就修改条约进行任何谈判，尤其是禁止部署导弹防御系统和建设导弹防御基地的谈判。俄罗斯坚持认为，条约是“战略平衡的基石”，没有这项条约，进攻性武器控制的整个架构将会崩塌，全球战略平衡将遭到破坏，军备竞赛就会重启，进一步削减战略武器根本无从谈起。1999 年 11 月初，克林顿访问挪威，2 日，普京总理在奥斯陆会晤克林顿，并把叶利钦亲笔署名的一封信交给克林顿。叶利钦在信中重申俄罗斯坚决反对修改《反导条约》的立场，但也表示愿意与美方进行严肃对话。2 日，俄外交部发言人说：有时候会有一些报道，似乎俄美正在就《反导条约》进行谈判，我坚决拒绝这种说法。我们没有就《反导条约》进行交易。3 日，俄方又发出一条“总统信息”：美国最近在导弹防御方面的举动正在对维护和实施《反导条约》造成真正的威胁。10 日，俄外交部新闻中心发布消息，根据叶利钦总统的指示，对《反导条约》关键限制的否定将使限制和削减战略武器的进程脱轨，俄无意参与这样的进程。①

联合国支持俄罗斯的立场，11 月 2 日，联大第一委员会(负责处理裁军和国际安全问题)以压倒性多数通过《维护和遵守〈反弹道导弹条约〉》的决议。12 月 1 日，联大又通过决议，要求美俄切实履行《反导条约》。2000 年 2 月 2 日，联合国秘书长又呼吁各方作出新的努力来实施核裁军和不扩散。

美方固执己见。5 日，国务院发言人表示，对《反导条约》进行不大的修改，既不削弱俄方的战略威慑，又能使美方部署反导系统保护国民，而两国仍能继续支持修改后的《反导条约》，这是有可能的。②

克林顿政府对国家导弹防御系统依然缺乏信心，也不想背弃对《反导条约》的承诺。1999 年 10 月 21 日，国务院发言人表示：我们的看法是，《反导条约》仍然是战略稳定的基石。我们承诺与俄罗斯一起工作，为了部署国家导弹防御系统可能要对条约进行若干修改，并在进一步削减战略武器方面取得进展。③同日，白宫新闻秘书洛克哈特也作了同样的表示。26 日，奥尔布赖特又说，俄方对于美方提出的部署新的导弹防御系统的建议反应过度了。④

2000 年 1 月 21 日，美俄双方团队在日内瓦进行磋商，美代理副国务卿霍勒姆交给俄外交部安全与裁军局局长卡普拉诺夫一份文件，列出了美方拟对《反导条约》进行修改的各点。俄方强调，进一步削减进攻性战略武器与《反导条约》两

---

①②④　Arms Control Association, “Anti-Ballistic Missile Treaty News,” Timeline, https://fas.org/nuke/control/abmt/news/index.html.

③　U.S. Department of State Daily Briefing, October 21, 1999, https://1997-2001.state.gov/briefings/9910/991021db.html.

者之间是紧密联系的。1月底2月初，奥尔布赖特访俄，在与俄外长和代总统普京的会晤中她都提起修改《反导条约》的问题。为了彰显俄方维护国际军控秩序、反对军备竞赛的立场，2000年4月中旬，在普京的推动下，俄国家杜马批准了《第二阶段削减战略武器条约》。

美方一边与俄进行艰难磋商，一边已经着手建造相关设备，其中之一就是在挪威建雷达站。4月18日，俄外交部发言人对此表示关切，认为这违反了《反导条约》的规定。俄方还发表书面声明，指出《反导条约》不允许在外国领土上部署这样的雷达。①26日，普京警告说，如果美国部署国家导弹防御系统，俄罗斯将不再履行，甚至可能退出所有与美国的军控条约。27日，拉夫罗夫外长在访美时重申："1972年的《反导条约》是战略稳定的基石，是全球战略稳定的基础……符合俄美两国的利益。"②

霍勒姆向俄方提出的上述文件于2000年4月28日被《原子科学家公报》在互联网上全文发表。美方建议美俄签订一个议定书，允许部署第一阶段有限的国家导弹防御系统，在部署区内的反导发射架及拦截导弹都不超过100个，部署半径不大于150千米；现有的远程雷达可以用作有限能力国家导弹防御系统的雷达，同时各方可在其领土内的任一基地再部署一座反导雷达；如果要在新的地点部署有限能力的国家导弹防御系统，那么原先部署的处于作战状态的反导发射架必须拆除或销毁，但可以保留雷达。③文件的泄露在美国会引起轩然大波，共和党议员掀起新一轮的攻击浪潮，认为这一建议对美国部署国家导弹防御系统施加了种种限制。参议院外委会主席赫尔姆斯担心克林顿在任期最后几个月中与俄罗斯达成协议，使美国难以部署全面的国家导弹防御系统。4月26日，他特意发表声明称，如若克林顿政府与俄方达成任何军备控制协定，他将出手阻

① Arms Control Association, "Anti-Ballistic Missile Treaty News," Timeline, https://fas.org/nuke/control/abmt/news/index.html. 1998年7月美空军与挪威情报部门签订协定，将美空军的HAVE STARE雷达移至挪威来监视、跟踪和区分空中飞行物，以加强挪威情报部门对北方空间的监视能力，并供研究和开发之用。协定没有说该雷达是导弹防御系统的一部分，挪威也表示对导弹防御没有兴趣。俄罗斯认为这是美国在为国家导弹防御系统进行准备。Inge Sellevg, "Hard Fight about Vardo Radar," June 6, 2000, https://fas.org/spp/military/program/track/000606-have-stare.htm.

② Arms Control Association, "Anti-Ballistic Missile Treaty News," Timeline, https://fas.org/nuke/control/abmt/news/index.html.

③ 朱强国：《美国战略弹道防御计划的动因》，第241—242页。Arms Control Association, "U.S. Draft Protocol to the ABM Treaty and Associated 'Talking Points'," *Arms Control Today*, May 2000, https://armscontrol.org/act/2000-05/us-draft-protocol-abm-treaty-associated-talking-points.

止参议院予以审议、批准。①

俄罗斯以攻为守，也提出了自己的方案。6 月 2 日，普京在接受美国全国广播公司(NBC)采访时甚至提出，俄准备与美联合建立一个反导盾牌，以对付可能对美、俄两国及其欧洲盟国构成威胁的导弹攻击。②稍后，普京提出关于建立全欧非战略性导弹防御系统的建议，其中包含一系列具体步骤：

——共同评估导弹扩散和导弹威胁的特点和规模；

——共同制定全欧非战略性导弹防御系统的构想及建立和扩展这种防御系统的程序；

——建立全欧联合导弹发射预警中心；

——进行联合研究和试验；

——建立联合非战略性导弹防御系统；

——建立非战略性导弹防御部队来共同或者协同行动，保护维和力量和平民。③

俄罗斯强调，这一系统应确实具有全欧性质，而不是狭窄的集团性。这一建议没有受到美国和欧洲的重视。美国发展反导系统本来就不是为了全欧洲的安全，而是为了自身和盟友的安全，是为了自己的舰队和海外基地的安全。

6 月上旬，克林顿在他任内的最后一次欧洲之行中访俄。美俄元首在 6 月 4 日的会晤中同意在莫斯科建立共享导弹和太空发射的早期预警联合资料交换中心。美国的导弹防御计划是首脑会晤的主要话题。克林顿试图与普京就修改《反导条约》达成交易，作为他任内对俄关系的最后一笔遗产。但他的任期只剩几个月了，普京显然更愿意把反导问题作为与美国下届总统打交道的筹码。塔尔伯特在会晤后的新闻发布会上说："普京总统非常明确地对克林顿总统说，俄罗斯继续反对美国去年 9 月以来所建议的对《反导条约》的修改——允许我们为进行有限的国家导弹防御计划第一阶段部署所必需的修改。"④两国领导人发表《关于战略稳定原则的联合声明》，双方重申致力于维护和加强战略稳定和国际安全，"重申对《反导条约》作为战略稳定的基石的承诺"，双方同意，进攻性的战略武器不能与防御性的战略武器分割开来、孤立起来考虑，并表示将通过"相互

① "Helms Statement on U.S.-Russia Arms Agreements," April 27, 2000, https://fas.org/nuke/control/start2/news/270400helms.htm.

② 吴大辉：《防范与合作——苏联解体后的俄美核安全关系(1991—2005)》，第 155—156、394—395 页；"Interview to NBC, June 5, 2000," http://en.kremlin.ru/events/president/news/54688。

③ 伊·伊凡诺夫：《俄罗斯新外交》，陈凤翔等译，第 54 页。

④ "Press Briefing by Deputy Secretary of State Strobe Talbott," June 4, 2000, https://clinton-whitehouse4.archives.gov/WH/New/Europe-0005/briefings/20000604-2010.html. 这里的第一阶段部署指在阿拉斯加建立反导站点。

合作和相互尊重彼此的安全利益"的方式来应对新的安全威胁,"这一新的威胁代表了战略形势和国际安全环境的潜在的重大改变",导致考虑对《反导条约》可能的修改并增强其生命力。①声明面面俱到,包容了双方的看法,但是没有解决实际问题。克林顿还在与普京的记者招待会上说,条约预见到安全形势的变化可能要求使条约与时俱进。②

上述声明发表后,俄罗斯显然认为有必要就其中所说的进攻性武器与防御性武器结合起来考虑以及"新的安全威胁"清楚表明看法。普京在 6 月 11 日接受德国媒体采访时说:人们应该意识到,削减进攻性战略武器只有在《反导条约》继续存在的情况下才能得以实现。废除这个条约将影响其他基本的具有全球意义的条约,如《不扩散核武器条约》《全面禁止核试验条约》等,代价可能是非常大的。俄罗斯将被迫寻求其他办法,来终止其对削减进攻性战略武器条约的承诺,对《消除两国中程和中短程导弹条约》(《中导条约》)等的承诺。③7 月中旬,普京在接受俄媒体采访时又说,"流氓国家"的威胁"从理论上说,原则上说,某一天有可能出现……但是我们不相信,这是一种现实的威胁,或者某个特定的国家发出了这种威胁"。他接着说,"问题国家"的导弹威胁并没有真正针对美国的国土,美国的导弹防御系统也不是针对这种威胁的,美国发展反导系统是为了寻求全球的统治地位,并削弱俄罗斯的核威慑。"除了寻求全球的战略统治地位,我们不认为美国部署导弹防御系统还有别的什么动机。我们深信不疑,这一系统首先是针对俄罗斯的。"④俄罗斯官员甚至表示,如果美国退出该条约,俄方将退出一系列进攻性武器控制条约,而且俄将部署多弹头洲际弹道导弹,部署新的中程导弹和短程核系统以加强军力。

6 月 28 日,美副国务卿霍勒姆再次与俄外交部安全与裁军局局长卡普拉诺夫在日内瓦进行磋商,仍然没有什么成果。美方在会谈中明确表示,俄要谈

---

① William J. Clinton, "Russia-United States Joint Statement on Principles of Strategic Stability," June 4, 2000. Online by Gerhard Peters and John T. Woolley, *The American Presidency Project*, https://www.presidency.ucsb.edu/node/228241.但就在这个联合声明发表的同时,国防部部长科恩称,总统的声明不是一个"静止的文件",《反导条约》"允许为应对新出现的威胁进行修正"。Amy Woolf, *National Missile Defense: Russia's Reaction* (CRS Report for Congress), Updated August 10, 2001, p.6.

② William J. Clinton, "The President's News Conference with President Vladimir Putin of Russia in Moscow," June 4, 2000. Online by Gerhard Peters and John T. Woolley, *The American Presidency Project*, https://www.presidency.ucsb.edu/node/228261.

③ Владимир Путин. Интервью газете «Вельт ам Зоннтаг »(ФРГ). 11 июня 2000 г. http://www.kremlin.ru/events/president/transcripts/interviews/24202.

④ Amy Woolf, *National Missile Defense: Russia's Reaction* (CRS Report for Congress), Updated August 10, 2001, pp.6—7.

判《第三阶段削减战略武器条约》,就必须同意修改《反导条约》,遭俄方拒绝。①

2000 年 7 月,普京首次访问中国,两国元首发表《关于反导问题的联合声明》,其中指出:"美国建立《反导条约》所禁止的国家导弹防御系统的计划令人深感忧虑。中国和俄罗斯认为,这一计划的实质是谋求单方面的军事和安全优势。实施这一计划不仅对俄罗斯、中国和其他国家的安全,而且也对美国自身的安全以及全球战略稳定造成最严重的消极后果。"②声明表明中俄两国在维护《反导条约》问题上的一致看法和共同利益,对美国退出该条约、部署导弹防御体系是一个牵制。

不少欧洲国家也担心修改《反导条约》会对国际战略形势和战略稳定造成负面影响,表示反对修约。10 月 31 日,在欧盟—俄罗斯峰会后举行的记者会上,法国总统希拉克强调,欧盟和俄罗斯坚决反对美国对《反导条约》作任何修改。

2000 年 9 月 1 日,克林顿在乔治城大学发表他任内最后一次关于全球战略稳定的演讲,他说:"国家导弹防御系统不能替代外交和威慑,但这一系统如果使用得当,可以在大规模杀伤性武器扩散问题使保卫和平的任务复杂化的今天在某一方面给我们提供安全保证。因此,我们有责任来决定国家导弹防御的可行性、有效性及其对美国家安全的整体影响。"接着,他讲到了现在正在进行的在阿拉斯加部署的陆基反导系统的情况,他承认,虽然有的拦截试验是成功的,但"整个系统的有效性还有待证实",还有相当多的技术问题有待解决,"根据我今天掌握的情报,我难以得出这样一个简单的结论,我们对整个导弹防御系统的技术、运作的有效性具有足够的信心。为此,我决定不授权在现阶段部署国家导弹防御系统"。③这样,克林顿就把部署国家导弹防御系统的决定权留给了他的继任者。

俄方对此作出反应。9 月 1 日,俄总统办公厅新闻局发表公告说,普京对克林顿上述决定表示赞赏,认为它将加强国际安全与稳定。2 日,俄政府宣布,俄美双方已经签署钚处理协定,两国将各自销毁足以制造 17 000 枚核弹的 34 吨武器级钚。协定是在 6 月克林顿访俄期间达成的,后由戈尔副总统、俄政府总理卡西亚诺夫签署。俄政府声明还说:"协定保证俄美有关销毁武器级钚的行为对

---

① 朱强国:《美国战略弹道防御计划的动因》,第 246 页。

② 《中俄两国元首签署关于反导问题的联合声明》,2000 年 7 月 18 日,http://world.eastday.com/epublish/gb/paper1/6/class000100030/hwz198351.htm。

③ Amy Woolf, *National Missile Defense: Russia's Reaction* (CRS Report for Congress), Updated August 10, 2001, p. 1, 3; William J. Clinton, "Remarks at Georgetown University," September 1, 2000. Online by Gerhard Peters and John T. Woolley, *The American Presidency Project*, https://www.presidency.ucsb.edu/node/228546.

国际社会开放，并将在国际原子能机构的监督下实施。"①

9 月 6 日，美俄首脑在联合国大会期间在纽约举行会晤，并达成《战略稳定合作倡议》，文件把以往美俄双方在各种场合、各种文件中所作的承诺加以系统重申，包括对"《反导条约》作为战略稳定的基石的承诺"，将维护和加强该条约；继续实施《第一阶段削减战略武器条约》《第二阶段削减战略武器条约》及其他相关条约，并寻求加强战略稳定的其他措施；继续致力于在世界各地建立无核区；继续和拓展在战区导弹防御系统方面的合作，等等。这是两位首脑在战略稳定问题上各项共识的一个总结，也是克林顿的一份政治遗产。②

三、布什政府决意退出《反导条约》

乔治·沃克·布什在竞选中一再批评其前任在导弹防御问题上"过分小心谨慎，半心半意"，表示他欢迎克林顿留给他的就部署战区导弹防御系统作出决定的机会，一旦当选，"将在最佳选择的基础上尽快部署有效的导弹防御系统"，使美国得以开发陆基、海基和天基的导弹，来保卫美国、保卫盟友、保卫美国在海外的力量免受"流氓国家"弹道导弹的攻击。③后来担任副防长的沃尔福威茨在周游欧洲时反复宣称，"2001 年的世界与 1972 年不同"，《反导条约》不再有什么意义。他在柏林说："柏林墙倒塌 12 年了，我们为什么还抱着遏制这个冷战观念不放呢？"④拉姆斯菲尔德在参议院确认其任命的听证会上对《反导条约》冷嘲热讽，称它是"古代历史"；国务卿鲍威尔在听证会上也表示，这个条约与美国的战略框架已经没有什么关系了。⑤

布什上任后把确保或者迫使俄罗斯同意美国退出《反导条约》作为对俄关系的当务之急。布什在第一个《国情咨文》中就说："为了保卫我国人民，保卫盟友和朋友，我们必须开发和部署有效的反弹道导弹系统。在我们改革我国军队的时候，我们能够丢弃冷战的残余，将自己的核力量削减到今天需要作出

① 吴大辉：《防范与合作》，第 397 页。后因美俄在叙利亚内战中的分歧俄罗斯退出了该协定，见本书第 459 页。

② William J. Clinton, "Joint Statement: Strategic Stability Cooperation Initiative Between the United States of America and Russian Federation," September 6, 2000. Online by Gerhard Peters and John T. Woolley, *The American Presidency Project*, https://www.presidency.ucsb.edu/node/228475.

③ Steven A Hildreth, *Missile Defense: The Current Debate* (CRS Report), Updated July 19, 2005, p.3.

④ James Mann, *Rise of the Vulcans. The History of Bush's War Cabinet*, Penguin Books Limited, 2004, p.313.

⑤ Amy Woolf, *National Missile Defense: Russia's Reaction* (CRS Report for Congress), Updated August 10, 2001, p.2.

反应的程度。”①为了打破战区导弹防御系统对美国部署导弹防御系统的限制，布什政府取消了战区导弹防御系统与国家导弹防御系统区分，而统称“导弹防御系统”(MD)。拉姆斯菲尔德 2001 年 3 月 8 日在五角大楼对记者说，他认为“国家”导弹防御系统和“战区”导弹防御系统这两个名称用处不大，因为什么是“国家”，什么是“战区”，取决于你身在何处，“我实际上不使用‘国家’导弹防御这个词，我们所处的是一个大规模杀伤性武器扩散和运载它们的努力遍布世界的环境”。②

俄罗斯继续维护《反导条约》。2001 年 2 月 23 日，刚刚卸任的俄防长伊戈尔·谢尔盖耶夫就明确地说：“《反导条约》是战略稳定的基石，是在监控武器方面国际协定的基础。由于美国决定部署国家导弹防御系统，这个条约受到了威胁……如果反导系统得以在美国部署，《反导条约》就没有意义了。”③

2001 年 5 月 1 日，布什在国防大学发表演讲，其主题是关于导弹防御系统。他嘲笑冷战时期的美苏关系和《反导条约》说，“美苏的安全基于一个冷酷的前提，双方都不会对对方使用核武器，因为那样做就意味着两个国家的毁灭”，“我们甚至用 1972 年的《反导条约》来表达双方的关系，这个条约是基于这样一个信条，双方对核攻击完全开放，不加防卫可以最好地确保我们的生存”。然后他说：“我们需要新的威慑概念，既依靠进攻性力量，也依靠防御性力量……我们需要一个新的架构，能让我们建设导弹防御系统来对付今日世界的各种威胁。为此，必须超越 30 年前的《反导条约》的束缚，这个条约既不承认今天的现实，也没有为我们指点未来，它仅仅反映了过去。没有一个条约可以阻止我们应对当前的威胁，禁止我们发展足以保卫我们自己、我们朋友、我们盟友安全的技术。”这是布什当政后一次最明白无误的开发导弹防御系统的宣示。他在谈到美俄关系时说，两国关系应该从过去的以核恐怖平衡为基础转变到以共同的责任和利益为基础上来，美俄之间会有分歧，但是我们不是也不应该是战略对手，而应该共同应对新的安全威胁，寻求新的机遇。④布什讲话后，国会里的共和党议员一片欢腾。赫尔姆斯立即表示支持说，“现在是美俄两国抛弃反映在美苏《反导条约》中的相互确保摧毁这一不合逻辑、不道德的观念的时候了”，“刻意把自己置于导弹

① George W. Bush, “Address Before a Joint Session of the Congress on Administration Goals,” February 27, 2001. Online by Gerhard Peters and John T. Woolley, *The American Presidency Project*, https://www.presidency.ucsb.edu/node/211834.

② 朱强国：《美国战略弹道防御计划的动因》，第 281 页。

③ Amy Woolf, *National Missile Defense: Russia's Reaction* (CRS Report for Congress), Updated August 10, 2001, p.4.

④ George W. Bush, “Remarks at the National Defense University,” May 1, 2001. Online by Gerhard Peters and John T. Woolley, *The American Presidency Project*, https://www.presidency.ucsb.edu/node/212025.

威胁之下是愚蠢的，俄罗斯必须接受冷战已经结束这个事实”。①布什政府于是全力以赴地推进部署反导系统。

在美国的步步紧逼下，俄罗斯的立场出现了一些摇摆，前后表态不尽一致。②5 月 4 日，普京总统对布什 5 月 1 日讲话发表公开评论，既对布什不把俄罗斯当成对手、愿意与俄就导弹防御计划进行磋商表示欢迎，又警告布什不要放弃现有的各项军控协定，表示“不应破坏国际安全体系……有必要进行合作，使其尽善尽美”。③但普京也不认为西方能从军事上威胁俄罗斯。6 月 18 日，他在谈到美国可能退出《反导条约》时说：“我相信，采取任何行动，包括单方面的行动，起码在最近 25 年内，它不会严重损坏俄罗斯的民族利益。如果我们遇到采取单方面行动，包括撕毁第一和第二阶段削减战略武器条约，我想，我们的核潜力仍将是巩固的。”④

布什在国防大学演讲之前，鲍威尔一直主张采取渐进的办法，把外交上的功夫做够，而不是突然宣布退出《反导条约》。他认为在现有条约框架内美国仍然可以进行有意义的研究和试验。国安会负责不扩散、国土安全事务的资深主任罗伯特·约瑟夫(Robert Joseph)在为总统起草 5 月 1 日讲话时听取了鲍威尔的意见，即使拉姆斯菲尔德也不反对要与俄方进行谈判。但有一点是清楚的，正如负责军控和裁军的副国务卿博尔顿后来所说的：“不管我们做什么，我们必须毫不含糊地退出《反导条约》。不管我们与俄罗斯更广泛的磋商是否成功，我们将能够自由地寻求导弹防御系统。”⑤也就是说，美国的立场是确定了的，它不以对俄谈判的结果为转移，对俄磋商只不过是为了表示对缔约方的尊重，走走过场，以减轻俄方反对而已。5 月 4 日，鲍威尔接受俄媒体采访时表示，他打算寻求在导弹防御问题上与俄合作，美准备在保护自己免受来自比过去形式更加多样、更难以预料、更易于冒险的一些国家的威胁的同时与俄进行对话。同日，普京向记者表示，为了不使业已形成的国际安全体系受到破坏，他主张同美国进行对话。⑥

布什讲话之后，美国发起了一场外交攻势。国家安全事务副助理哈德利(Stephen Hadley)、副国务卿阿米蒂奇、副防长沃尔福威茨分别被派往美国的主要盟国解释布什的政策，同时继续与俄罗斯进行谈判。5 月 10 日，沃尔福威茨与哈德利率领的代表团抵达莫斯科，双方谈了两天。俄外交部发言人在会后发

---

① 朱强国：《美国战略弹道防御计划的动因》，第 295 页。

② 姜毅：《重振大国雄风》，第 153 页。

③⑥ 梅孜主编：《美俄关系大事实录》下册，第 639 页。

④ 中国社会科学院俄罗斯东欧中亚研究所编辑、翻译：《普京文集》，第 350 页。

⑤ Lynn F. Rusten, “U.S. Withdrawal from the Antiballistic Missile Treaty,” January 2010, https://ndupress.ndu.edu/portals/68/documents/casestudies/cswmd_casestudy-2.pdf.

表的声明称，会谈具有实质性，但留下的问题比解决的问题多，美方力图向俄方解释美方可以在不破坏现有各项裁军协议的情况下解决国际安全问题，但没有说服俄方。①

各国领导人还前来美国探询、磋商，许多欧洲国家政府也表示对美单方面退约的担心，并希望更广泛地进行军备控制。欧洲各国都认为在这一问题上要避免俄美之间的敌对。

6 月 18 日，布什在赴欧洲出席北约峰会时与普京在斯洛文尼亚首都卢布尔雅那举行首次会晤。布什说，他有意退出《反导条约》，希望俄方也这么做；普京冷静地表示，他不能接受这个提议，但也不会采取报复行动。双方都希望找到不冲突的方式解决问题。②在会晤后的记者会上，普京既坦率地表示对废除《反导条约》的反对和担忧，又认为俄美两国有"责任建立世界安全的新架构"。美方把普京的这一表态理解为莫斯科愿意与美国在导弹防御问题上达成某种交易。布什对记者说，俄总统对导弹防御表现了惊人的"可接受性"，并同意进行共同研究。鲍威尔告诉记者，两国外长/国务卿和防长的磋商将"很快开始"。③

拉姆斯菲尔德及其副手沃尔福威茨将建立导弹防御系统作为他们施政的重点方向。④7 月 14 日和 12 月 3 日，美国举行了两次大气层外导弹拦截试验，均获得成功。7 月，布什政府向国会提出导弹防御计划的具体细节，并要求 2002 财年为研究、开发和试验弹道导弹防御拨款 83 亿美元，比 2001 财年的拨款增加了 31 亿美元，或 61%。计划不仅要部署陆基反导系统，而且要部署海基和空基反导系统，而先前克林顿政府则不倾向于部署海基和空基系统；布什政府计划实现全球的"分层次防御"，即开发可以在对方导弹发射全过程中的任一阶段，加速阶段、中段和末段，都能进行拦截的技术。⑤沃尔福威茨 7 月在参议院作证时说，五角大楼正在对各种技术进行一项强化研究，政府尚未最终确定这种系统的架构，但最后是要发展出一套完整的、分层次的系统，以便保卫美国及其军事力量、保

① 梅孜主编：《美俄关系大事实录》下册，第 640 页。

② 康多莉扎・赖斯：《无上荣耀》，刘勇军译，第 55 页。

③ "Press Conference by President Bush and Russian Federation President Putin," June 16, 2001, https://georgewbush-whitehouse.archives.gov/news/releases/2001/06/20010618.html; Jane Perlez, "Cordial Rivals: How Bush And Putin Became Friends," June 18, 2001, https://www.nytimes.com/2001/06/18/world/cordial-rivals-how-bush-and-putin-became-friends.html; "Putin and Bush Hit It off in Slovenia," *Monitor*, Volume 7, Issue 117, June 18, 2001, https://jamestown.org/program/putin-and-bush-hit-it-off-in-slovenia/.

④ Philip Gordon, "Bush, Missile Defense and the Atlantic Alliance," *Survival*, vol.43, no.1, Spring 2001, https://www.brookings.edu/wp-content/uploads/2016/06/2001survival.pdf.

⑤ Steven A Hildreth, *Missile Defense: The Current Debate* (CRS Report), Updated July 19, 2005, pp.3—4.

卫盟国免遭各种导弹在其飞行轨道的各个阶段的攻击。他自相矛盾地说,政府不会违反《反导条约》,但条约确实是导弹防御系统的拦路虎,有的试验和行动可能"在未来数月中",而不是数年中就触犯条约的限制。①布什政府仍希望与俄方达成某种协议,使美方可以进行这些试验,最终部署广泛的反导系统。

7 月下旬,八国峰会在意大利热那亚举行,布什与普京在峰会期间再次举行会晤,《反导条约》是讨论的重点。在 22 日会晤后的记者会上,普京说,出乎双方的意料,他们达成了一项谅解:防御性武器、《反导条约》将与进攻性武器作为一个整体进行综合讨论。双方将致力于大幅度削减进攻性武器,具体数额将由专家进行磋商,然后提出建议。专家的磋商将很快开始。美国安事务助理赖斯将很快访问莫斯科进行具体安排。当被问到在美国单方面退出《反导条约》的情况下俄方作何反应时,普京说,他没有谈到增加导弹本身的数量问题,只谈了以多弹头取代单弹头的可能性。但既然双方已经同意把进攻性武器和防御性武器作为一个整体来对待,也许就不必考虑这种选择了。②

俄罗斯媒体把普京在记者会上的表示解读为重大让步,实际上预示着对美部署导弹防御系统开绿灯。或许是为了纠偏,7 月 23 日,伊凡诺夫外长在俄电视台发表讲话说,俄罗斯仍然主张保留苏美 1972 年签订的《反导条约》,这一立场在热那亚俄美峰会后没有改变。普京也否认俄放弃了维护《反导条约》的立场,表示双方就导弹防御系统的谈判没有取得实质性突破。③同日,布什在与意大利总理贝卢斯科尼会谈后的记者会上表示,希望美俄尽快达成协议,"时间是重要的",但如果两国不能达成协议,美国也将实施导弹防御计划,"我在这个问题上的感觉是如此强烈、如此富有激情","现在是超越《反导条约》的时候了"。④

布什政府的主意早就打定,但为了缓解民主党国会议员和欧洲盟友的批评,热那亚美俄峰会后,美高官接二连三地访俄,"简直把莫斯科当成了朝圣地"。其中主要的是 7 月 25 日至 26 日赖斯访俄,8 月中旬拉姆斯菲尔德访俄,8 月下旬博尔顿访俄。美方一再劝说俄方同意修改《反导条约》,或者一起来废除它,以减轻国际舆论对美国的批评。普京在会晤拉姆斯菲尔德时坦率地拒绝了美俄共同

① Amy Woolf, *National Missile Defense*: *Russia's Reaction* (CRS Report for Congress), Updated August 10, 2001, p.3.

② "Press Conference by President Bush and President Putin, Genoa, Italy," July 22, 2001, https://georgewbush-whitehouse.archives.gov/news/releases/2001/07/20010722-3.html; Состоялись переговоры Владимира Путина и Президента США Джорджа Буша, 22 июля 2001 г, http://kremlin.ru/events/president/news/42136.

③ 梅孜主编:《美俄关系大事实录》下册,第 665—666 页。

④ "The President's News Conference with Prime Minister Silvio Berlusconi of Italy in Rome, Italy," July 23, 2001. Online by Gerhard Peters and John T. Woolley, *The American Presidency Project*, https://www.presidency.ucsb.edu/node/216085.

废约或修约的建议，明确表示："对于俄方来说，《反导条约》是与第一、第二阶段削减战略武器条约无条件地联系在一起的。这就是我们希望得到你们建议的具体的军事和技术参数的原因。"但普京对俄美削减核武器的前景表示乐观，表示俄方在等待美方提供削减幅度、削减时间、监督措施、信任措施等方面的具体提议。普京的意思实际上是俄美双方要就一个大的战略框架进行谈判，以此来取代《反导条约》，而不是简单地废除它，或者美国单方面退出。拉姆斯菲尔德没有就此作出具体回答，表示将向总统报告。①博尔顿在接受俄电台采访中称，如果美俄磋商没有取得"重要的进展"，美国也可能在 11 月援引条约中的退约条款。媒体的解读是，美国实际上给了俄方一个非正式的最后通牒。美方官员还一再表明，与俄方进行的不是谈判，而是磋商；美方不仅寻求修改条约，而且美方不能让条约妨碍导弹防御系统的研究和开发，为此即便退出条约也在所不惜。②8 月 23 日，布什在得克萨斯休假时宣布，美国将按照自己的时间表退出《反导条约》，该条约明显"过时了"，它"不承认现状，没有为我们指明未来，而把过去奉为圭臬"。③8 月、9 月两月的接触表明，美俄难以就一个大的战略框架达成协议，而美方铁了心要退出《反导条约》。

四、美退出《反导条约》

2001 年 9 月 11 日，发生了国际恐怖主义对美国纽约、华盛顿的袭击。但它不仅没有影响布什政府退出《反导条约》的初衷，反而被利用来为导弹防御系统进行辩护。9 月 16 日，博尔顿在访俄期间举行的记者招待会上说，在纽约和华盛顿发生的恐怖事件不影响美国建立国家导弹防御系统的计划。国际恐怖主义的严重威胁使美国更有必要进行建立国家导弹防御系统的工作。④在 9・11 之后美国忙于准备在阿富汗追剿"基地组织"和打击塔利班的紧张岁月里，布什政府仍然把建立导弹防御系统放在议事日程的重要位置。在 10 月 12 日的记者招待会上，布什说，冷战已经结束，我们现在面临着新的威胁，"9 月 11 日对美国的攻击正是这种威胁的最好例子"。恐怖分子如果发来导弹，对我们进行大规模杀

---

① Mark Baker, "Russia: Rumsfeld Visit Fails to Bridge Arms Differences," August 14, 2001, https://www.rferl.org/a/1097153.html.

② Steven A Hildreth, *Missile Defense: The Current Debate* (CRS Report), Updated July 19, 2005, p.5; Patrick Tyler, "U.S. Sets Deadline for An Agreement on ABM Proposal," August 22, 2001, https://www.nytimes.com/2001/08/22/world/us-sets-deadline-for-an-agreement-on-abm-proposal.html.

③ Richard Norton and Jane Perrone, "The anti-ballistic missile treaty explained," *The Guardian*, August 24, 2001, https://www.theguardian.com/world/2001/aug/24/qanda.usa.

④ 梅孜主编：《美俄关系大事实录》下册，第 689 页。

伤性武器的攻击，我们要能把它打下来。可是现在《反导条约》禁止我们这样做。《反导条约》确实是“过时了，没有用了，该废弃了”。①

11月中旬，普京对美进行正式访问。布什在首脑会谈后的记者招待会上说，我们双方在《反导条约》问题上仍存在分歧，我们认为条约过时了，要超越这个条约。他还说：“我们将继续对话和讨论，以便构建一个新的战略框架，使我们双方能像盟友和朋友那样，而不是像对手那样，应对21世纪所面对的真正的威胁。”普京表示，在《反导条约》问题上俄罗斯的立场没有改变。②

12月上旬，鲍威尔访俄，为美国退约作最后的外交准备。在与拉夫罗夫一起出席的记者招待会上，鲍威尔再一次解释说，美国在研发有限度的导弹防御系统，以防“不负责任的国家”对美国使用大规模杀伤性武器的攻击，我们没有开发破坏俄罗斯进攻性核威慑力的任何系统。但《反导条约》限制了我们的试验和开发，我们要摆脱这种限制。③

经过一段时间的准备，这一天终于到来了。12月12日，布什在白宫南草坪发表讲话，正式宣布退出《反导条约》。他说，“《反导条约》妨碍美国政府寻求保护民众免遭恐怖主义和流氓国家导弹攻击的能力”，“9·11事件再清楚不过地表明，对我们两国（美俄）最大的威胁不是来自对方，也不是来自世界上别的大国，而是来自进行突然袭击的恐怖主义，来自寻求大规模杀伤性武器的流氓国家”。俄美双方都认为，美国的决定不会破坏两国的新关系或者有损俄罗斯的安全。④按照《反导条约》第五条款，美国退约将在6个月后生效。

美方单方面撕毁《反导条约》是破坏国际军控和裁军机制的恶劣行径。多年来，《反导条约》作为国际战略稳定的基石，众多的军控和裁军机制与之相联系。但俄方对美退约也早有思想准备，而且当时美俄整体关系正处在改善之中，尤其是9·11后，反恐合作为两国关系注入了新的活力，俄方对美退约低调处理，反应平静。13日，普京发表声明说，美国退约并非出乎俄方意料，俄方不会借此来煽动“反美情绪”，“但我们相信这个决定是错误的”。同时，普京强调这一决定对俄国家安全不构成威胁，当前的俄美关系不仅应予维护，而且应该用来尽快构建

① “The President’s News Conference,” October 11, 2001. Online by Gerhard Peters and John T. Woolley, *The American Presidency Project*, https://www.presidency.ucsb.edu/node/216279.

② Совместная пресс-конференция с Президентом Соединенных Штатов Америки Джорджем Бушем, 13 ноября 2001 года. http://kremlin.ru/events/president/transcripts/21397.

③ Colin Powell, “Remarks with Russian Foreign Minister Igor Ivanov Following Their Meeting,” December 10, 2001, https://2001-2009.state.gov/secretary/former/powell/remarks/2001/dec/6776.htm.

④ George W. Bush, “Remarks Announcing the United States Withdrawal from the Anti-Ballistic Missile Treaty,” December 13, 2001. Online by Gerhard Peters and John T. Woolley, *The American Presidency Project*, https://www.presidency.ucsb.edu/node/216664.

两国战略关系的新框架，俄将继续坚定致力于加强战略稳定和国际安全。①

虽然俄方采取了克制态度，但美国退约对美俄关系仍然有着深远的严重伤害。美国通过这一行动实际上释放了这样的信息：作为冷战的"失败者"，俄罗斯没有资格与"胜利者"平起平坐地来讨论美国具有明显优势的战略防御武器问题，美国将单边主义地推行其战略，而不顾俄罗斯的关切和利益。12 年后，在 2014 年 10 月的瓦尔代国际辩论俱乐部会议上，普京明确表示，美国对美俄关系的伤害就是从单方面撤出《反导条约》开始的。②

第二节 美俄达成《莫斯科条约》

1993 年 1 月 3 日，乔治·布什与叶利钦在莫斯科签署了《第二阶段削减战略武器条约》，这是美俄两国蜜月时期的产物，是双方在非常短的时间内出于政治需要，不顾大多数军控专家的反对而签署的，③与《第一阶段削减战略武器条约》经过美苏两国 9 年 20 轮的艰苦谈判得以达成形成鲜明对照。俄方一些观察家认为，条约无论是从军事战略上，还是经济上都更有利于美国，是叶利钦给美国的一个政治献礼。④而叶利钦等政治精英则认为，条约的重要性超出了军控的范畴，它是"希望的条约"，是新俄罗斯的开始，是俄与西方亲缘关系的开始。⑤

《第二阶段削减战略武器条约》签署后，叶利钦曾经于 1995 年、1998 年、1999 年三次寻求国家杜马批准条约，但由于车臣战争、巴尔干战乱、美国轰炸伊拉克等问题，杜马一再推迟审议条约。1996 年 1 月 26 日，美国会批准《第二阶段削减战略武器条约》。1997 年 3 月 21 日，美俄在赫尔辛基签署《关于未来削减核力量参数的联合声明》等文件，重申一旦《第二阶段削减战略武器条约》开始生效，立即开始《第三阶段削减战略武器条约》的谈判。9 月 26 日，双方又签署

① Владимир Путин, Заявление в связи с объявлением США о выходе в одностороннем порядке из Договора по ПРО 1972 года, 13 декабря 2001 года, http://kremlin.ru/events/president/transcripts/21444.

② 冯绍雷：《乌克兰危机长期延续的原因和影响》，《欧洲研究》2014 年第 6 期。

③ 详见本书第一章。

④ 吴大辉：《防范与合作——苏联解体后的俄美核安全关系(1991—2005)》，第 135—136 页。

⑤ Alexander A. Pikayev, "The Rise and Fall of START II: The Russian View," Carnegie Endowment Working Paper, September 1999, https://www.bits.de/NRANEU/START/documents/pikayev.PDF.

了《关于〈第二阶段削减战略武器条约〉的延长协议》，决定将《第二阶段削减战略武器条约》生效时间推迟5年，由原来的2003年1月31日推迟至2007年12月31日。在普京总统的推动下，2000年4月14日，俄国家杜马批准了《第二阶段削减战略武器条约》、上述延期协定以及《划分战略导弹防御系统和非战略导弹防御系统协定》三个文件，杜马同时附加了一个条件，如果美国破坏《反导条约》，俄罗斯将退出该条约。19日，俄联邦委员会批准上述文件。4月20日，杜马又批准《全面禁止核试验条约》。5月4日，普京签署《第二阶段削减战略武器条约》，完成俄方的立法程序。①

在杜马投票表决的当天，普京在杜马发表演讲，肯定批准《第二阶段削减战略武器条约》"符合俄罗斯的国家利益"，表示批准《第二阶段削减战略武器条约》可以更好地维持俄美之间战略核力量的平衡，更好地保存俄罗斯的遏制潜力。"俄罗斯的核力量、核遏制力量将保证能够在任何时间、在地球的任何地点多次有把握地消灭任何敌人——如果我们不得不打仗"。他指出，为了落实《第二阶段削减战略武器条约》与《反导条约》的联系，美国就必须作出选择：要么在全世界面前公然成为破坏战略稳定基础的罪人，要么放弃推行国家导弹防御系统计划。②

由于美参议院1996年1月批准的仅仅是《第二阶段削减战略武器条约》，而俄方批准的不仅有条约，还包括了《延长协定》等相关文件，所以双方对《第二阶段削减战略武器条约》的法律认定产生了差异。俄方希望美方尽快批准相关的协定。2000年6月上旬克林顿访俄期间，战略关系是双方讨论的重点，两国总统签署《美俄关于战略稳定原则的联合声明》，实际上就是对这种认定差异的弥补。③

美俄元首2001年6月在卢布尔雅那、7月在热那亚的两次会晤中，都谈到了进一步削减进攻性战略武器的问题。战略核武器是当时俄罗斯作为全球性大国的唯一标志，④俄也将其视为维护大国地位、确保俄及其盟国安全的有效威慑

① 吴大辉：《防范与合作——苏联解体后的俄美核安全关系（1991—2005）》，第155—156、381、394—395页。2002年6月13日，美国退出《反导条约》声明正式生效。翌日，俄外交部宣布，由于美国退出《反导条约》，俄罗斯从此不再受《第二阶段削减战略武器条约》相关义务约束。由于此前美俄达成的《莫斯科条约》的规定已经超过该条约，所以终止履行第二阶段条约没有对两国控制和削减核武器造成实际影响，俄罗斯也不过是做个姿态而已。https://www.armscontrol.org/act/2002-07/news/russia-declares-itself-longer-bound-start-ii.

② 《普京文集》，第46—52页。

③ 见本书第315—316页。

④ 俄罗斯外交与国防政策委员会：《俄罗斯战略：总统的议事日程》，冯玉军、蒋莉等译，季志业、王郦久校，新华出版社2003年版，第62页。

手段，普京对俄美核关系格外重视是很自然的事情。布什嘲笑了以往的《第一阶段削减战略武器条约》《第二阶段削减战略武器条约》谈判旷日持久，让双方军控专家日复一日地坐在谈判桌旁，现在美俄两国有了“合作和信任”，可以免除那些繁文缛节，大大加快谈判进度。美方一开始甚至设想以交换信件的方式或者发表一个简短的共同宣言来确定双方进一步削减进攻性战略武器的承诺，实际上是要把条约的约束力降低到最小限度，使双方保留最大限度的灵活性；俄方要求正式谈判达成一个新的“有法律约束力的”军控条约。美方官员还表示，俄方出于经济压力要削减核武库，美方同样会削减核武器，使双方仍然大致处于同一核水平上；而俄方则认为，签署条约将表明，俄美仍然是军备控制方面的伙伴，尽管俄罗斯现在算不上可与美国比肩的经济和军事强国。对普京来说，保留与美国“谈判桌旁的位置”本身是重要的，这将使他与美国和西方协调政策时获得国内更多的支持。①

2001 年 11 月中旬，普京访美。13 日，两国元首发表关于两国“新关系”的联合声明，双方都认为，“两国现在的核力量不能反映今天的战略现实。因此，双方确认实质性地削减各自进攻性战略武器的承诺”。在讨论中，布什承诺美国在未来十年中把实战部署的核弹头削减到 1 700 枚至 2 200 枚，普京表示他将采取对等行动，将俄罗斯的核弹头削减 2/3。②12 月 5 日，鲍威尔发表声明，宣布美国已经将其核弹头及运载工具数量削减到《第一阶段削减战略武器条约》规定的限额，美、俄都已经削减近一半的核武器，目前各自实战部署的核弹头保持在 6 000 枚的水平，并承诺将继续削减核力量。③

2002 年 1 月，美俄开始就新条约进行磋商，主要的争议问题有五个。

——削减的数量。俄方提出削减到 1 500 枚至 2 000 枚，美方建议削减到 1 700 枚至 2 200 枚。美军方认为，如果实际部署的弹头低于 2 000 枚至 2 500 枚就不足以实现有效威慑；④

——新条约的性质。俄方要求达成如同以往削减战略武器条约那样的具有“法律约束力”、可核查的正式军控文件，内容包括限制性条款、定义、计算规则、

---

① Amy F. Woolf, *Nuclear Arms Control: The Strategic Offensive Reductions Treaty* (CRS Report for Congress), February 7, 2011, pp.14—15.

② “Joint Statement by President George W. Bush and President Vladimir V. Putin of Russia on a New Relationship Between the United States and Russia,” November 13, 2001. Online by Gerhard Peters and John T. Woolley, *The American Presidency Project*, https://www.presidency.ucsb.edu/node/213215；梅孜主编：《美俄关系大事实录》下册，第 703 页。

③ Colin Powell, “Statement on the Achievement of the Final Reduction under the START Treaty,” December 5, 2001, https://2001-2009.state.gov/secretary/former/powell/remarks/2001/dec/6674.htm.

④ 吴大辉：《防范与合作——苏联解体后的俄美核安全关系(1991—2005)》，第 180 页。

排除条款等，普京强调，战略武器的削减必须是“可核查的、不可逆的、具有法律约束力的”；俄方还要求条约应包括美方的一项声明，即美方的导弹防御系统不会削弱俄方进攻性武器的效力。美方不赞成这样严格的军控文件，只主张达成一般性的协议，甚至是各自的单方面声明。布什政府的说法是，法律性文件需经国会批准，官僚程序耗费时日，国会中又有反对派，难免会有辩论；而两国总统的个人关系可以确保协议的执行；同时美国也无意在任何削减进攻性武器的条约中对导弹防御系统进行限制；

——核查问题。俄方要求对于裁减下来的弹头进行核查，如同前两个条约一样，美方反对对卸载过程进行透明的核查监督，称美俄双方已有足够的渠道来搜集对方武器的情报。鲍威尔在参议院作证时说，在没有正式核查机制的情况下，双方的合作水平也在提升，尤其在“纳恩—卢格”项目下进行的合作，将能提供足够的情报使双方对对方核武器项目有足够的信心。何况《第一阶段削减战略武器条约》的有效期要到 2009 年 12 月，该条约的核查机制同样能满足新条约的需要。①

——俄方主张裁减应该是不可逆的，卸载下来的弹头应加以销毁；美方先口头同意销毁，但后来又改了口，拒绝销毁，要求将卸载下来的核弹头及其运载工具储存起来，理由是，以往的军控条约并没有要求将卸载的弹头进行销毁；双方可以用来进行试验，利用其部分零件，或者进行重新部署。俄方随后不再坚持要求销毁，谢尔盖·伊凡诺夫防长 2002 年 3 月称，这些卸载下来的弹头可以存储和搁置一段时间，但最终是要销毁的。然后俄方要求通过计算运载工具来计算核武器，在卸载核弹头之前先将运载工具销毁，因为没有多余的运载手段，核弹头也就无法重回实战部署了。美方对此同样予以拒绝，坚持要求将运载工具和卸载的弹头一起保留下来。甚至在条约签署之后，俄第一副总参谋长尤里·巴鲁耶夫斯基还提出，储存起来的核弹头的问题没有得到解决，并要求双边履约委员会来讨论限制和销毁卸载下来的核弹头的问题。但美方不认可这一提议，认为从未进行过这样的讨论。

——俄方根据把进攻性和防御性武器作为一个整体考虑的构想，提出“新条约反映了进攻性武器与防御性武器的有机联系”，裁减目标应该包括反弹道导弹的拦截弹头，表明美国的导弹防御体系不会针对或弱化俄方进攻性武器的威慑力，或者双方再达成一个新的反导条约。美方忌讳在新条约中出现涉及导弹防御系统的文字，反复表示，美国的导弹防御系统不针对俄罗斯，但同时坚持不能

① Amy F. Woolf, *Nuclear Arms Control*: *The Strategic Offensive Reductions Treaty* (CRS Report for Congress), February 7, 2011, p.7.

接受对导弹防御系统的任何限制。①

2002 年 5 月下旬，布什访俄。24 日，美俄元首签署新的削减进攻性战略武器条约，即《莫斯科条约》。条约的主要规定是：

——截至 2012 年 12 月 31 日，双方各自拥有的战略核弹头总数不得超过 1 700 枚至 2 200 枚，各方自行决定进攻性战略武器的组成和结构；②

——《第一阶段削减战略武器条约》继续有效；

——双边履约委员会每年至少举行两次会议，检查条约的执行情况；条约期满后，双方可协商予以延长，或订立新条约取代之；

——缔约方有权退出条约，但需提前 3 个月通知对方。③

这个条约是美俄裁军史上谈判时间最短、文本最简略、表述最含糊、约束力最小的一个条约。④条约的达成是美俄双方妥协的结果。美方的主要妥协是同意达成一个有法律约束力的文件。之所以作出妥协，主要原因是国际上对美国单方面退出《反导条约》批评之声不断，美国急于做一点事情来加以平息；俄方平静地接受了美国退约，美方也想作出些补偿的表示。鲍威尔在布什结束访俄的记者招待会上说，美国退出《反导条约》没有引起军备竞赛，恰恰相反，美俄还达成了新的条约。这个条约与过去的几个条约是一样的，条约关注的不是要销毁储存起来的核弹头，它们关注的是发射器和系统装置，"重点是将核弹头从发射器上卸载下来"。⑤俄罗斯的主要妥协是，条约不但在"战略核弹头"的表述上是

① 参见姜毅：《重振大国雄风——普京的外交战略》，第 155 页。Andrea Gabbitas, "Prospects for U.S.-Russian Proliferation Cooperation Under Bush and Putin," December 2002, http://www.ksg.harvard.edu/besia; Amy F. Woolf, *Nuclear Arms Control: The Strategic Offensive Reductions Treaty*(CRS Report for Congress), February 7, 2011, pp.8, 15.

② 但条约对"战略核弹头"采取了模糊说法，没有明说是仅指"实战部署的"核弹头，还是没有实战部署的也计算在内。两国领导人的表述也有差异，如布什在 2001 年 11 月 13 日的讲话中称，"美国将在未来 10 年中把实战部署的战略核弹头降低到 1 700 枚至 2 200 枚"，特指"实战部署的"核弹头，而普京在 2001 年 11 月和 12 月的讲话中笼统地说把战略力量削减到 1 500 枚核弹头，没有强调"实战部署"。这样，美俄可以按各自的标准来计算它们的战略核弹头。Amy F. Woolf, *Nuclear Arms Control: The Strategic Offensive Reductions Treaty*(CRS Report for Congress), February 7, 2011, p.9; "Joint Press Conference with President George W. Bush," November 13, 2001, http://en.kremlin.ru/events/president/transcripts/21397.

③ "Treaty Between the United States of America and Russian Federation on Strategic Offensive Reductions(The Moscow Treaty)," May 24, 2002, https://www.state.gov/t/avc/trty/127129.htm.

④ 吴大辉在其著作中详细分析了为什么美俄双方达成的新条约与过去两个削减战略武器条约如此不同的问题，见《防范与合作——苏联解体后的俄美核安全关系(1991—2005)》第六章"《莫斯科条约》与传统战略削减模式的颠覆"。

⑤ Colin Powell, "Press Briefing on President's Trip to Russia," May 25, 2002, https://2001-2009.state.gov/secretary/former/powell/remarks/2002/10493.htm.

模糊的，而且也没有规定具体的削减步骤、分阶段的目标，缔约方可自行决定削减进度，或快或慢，只要能在2012年12月31日前达到条约规定的限额就行了；条约不要求销毁任何核弹头、导弹、导弹发射井、核潜艇与轰炸机；条约还规定，各方可自行决定其战略核力量的构成，没有规定各种武器和运载工具的数目；也没有关于核查、视察的条款，缔约方实际上难以确切知道对方是否真正严格履行了条约规定。①俄罗斯作出这些重大让步的主要原因是，俄方部署的战略核武器半数已经超期服役，俄没有经济能力来替换这些即将退役的核武器，也难以对现役核武器进行良好的保养维护。不管美方是否削减，俄方削减核武器数量势在必行。

条约笼统地规定了设立双边履约委员会，该委员会一年会晤两次，讨论与条约相关的事项，却没有规定该委员会的指导方针、实施细则等具体内容。美方曾表示，委员会将制定补充的关于透明度和核查的措施，但这样说只是为了搪塞俄方，美方其实根本不想这样做，以后也没有落实。俄方希望能确定委员会的具体职能，也没有结果。总之，委员会并没有起多少作用，形同虚设。②

关于退约条款，以前的《第一阶段削减战略武器条约》和《反导条约》都规定要提前半年通知对方，此次改成提前3个月，谈判中美方甚至提出提前45天的要求；以前的条约规定只有在发生“异常事件……危及缔约方最高利益”的情况下才能退约，而此次则没有类似规定，缔约方可出于任何原因退约，表明美方保留了最大程度的灵活性。

缔约的同时布什和普京还发表了《共同宣言》，其中强调了两国的“新关系”，“双方确信，新的全球性挑战和威胁需要美俄关系从质量上说有新的基础”，“美俄正在实现一种新的战略关系，美俄之间互认对方为敌人和战略威胁的时代已经结束了。我们现在是伙伴，并将合作促进稳定、安全和经济一体化，共同应对全球挑战，帮助解决地区冲突”。由于美方拒绝在《莫斯科条约》中提及导弹防御问题，宣言还专门有一段对两国在导弹防御方面的合作进行了阐述，表示双方同意实施一系列步骤增进在导弹防御领域的互信及透明度，包括就导弹防御项目及试验地点交换信息，相互观摩导弹防御试验，视察对方设施，以便熟悉对方的系统；并建立一个联合情报中心，交换从早期预警到实际作战的情报。双方还同意就导弹防御可能的合作领域进行研究，包括扩大联合演习，探索发展导弹防御

① Amy F. Woolf, *Nuclear Arms Control: The Strategic Offensive Reductions Treaty* (CRS Report for Congress), February 7, 2011, p.9.

② Amy F. Woolf, *Nuclear Arms Control: The Strategic Offensive Reductions Treaty* (CRS Report for Congress), February 7, 2011, p.10.

技术的联合研究项目等。①

2003 年 3 月和 5 月，美、俄两国立法机构先后批准了条约，6 月 1 日，两国总统在圣彼得堡交换批准文书，条约生效。布什称，“这个条约将消除冷战的遗产。当我和普京总统签署这个条约时，它将开启美俄关系的一个新的时代……一个相互安全、经济安全得以增进，两国关系得以改善的新时代”。②美俄双方似乎又一次开启了蜜月。

由于《莫斯科条约》的规定已经超过了《第二阶段削减战略武器条约》的要求，从未开始实施的《第二阶段削减战略武器条约》就被正式废止了，双方官员都指出了这一点。但《莫斯科条约》中特地说明，《第一阶段削减战略武器条约》仍然有效。在 2002 年 5 月 24 日布什和普京就条约发表的《共同宣言》中也说，“《第一阶段削减战略武器条约》的条款是为进一步削减进攻性战略武器提供信心、透明度和可预见性的基础”，包括部署的核弹头的数量和地点的资料交换、所部署武器的地点变换或予以销毁的说明、对部署和销毁设施的实地考察等。③

根据美国国务院的报告，两国在条约规定的截止期限前数年就达到了条约要求的削减目标，到 2009 年年中，美国实战部署的核弹头为 2 126 枚。④

第三节 美国寻求在东欧部署导弹防御系统

一、美国与波兰、捷克磋商

美国退出《反导条约》后，俄罗斯警惕地注视着美国到底要做什么，尤其要在欧洲做什么。当时，美国正在建设两个陆基导弹防御系统的基地：阿拉斯加的格里利堡和加州的范登堡空军基地。但五角大楼认为这两个设施所在位

① “Text of U.S.-Russia Joint Declaration,” May 24, 2002, https://2001-2009.state.gov/p/eur/rls/or/2002/10469.htm; George W. Bush, “Remarks on the Russia-United States Strategic Offensive Reductions Agreement,” May 13, 2002. Online by Gerhard Peters and John T. Woolley, *The American Presidency Project*, https://www.presidency.ucsb.edu/node/214987.

② George W. Bush, “Remarks on the Russia-United States Strategic Offensive Reductions Agreement,” May 13, 2002, Online by Gerhard Peters and John T. Woolley, *The American Presidency Project*, https://www.presidency.ucsb.edu/node/214987.

③ “Text of U.S.-Russia Joint Declaration,” May 24, 2002, https://2001-2009.state.gov/p/eur/rls/or/2002/10469.htm.

④ Amy F. Woolf, *Nuclear Arms Control: The Strategic Offensive Reductions Treaty* (CRS Report for Congress), February 7, 2011, p.19.

置对于防卫从中东发起的对美国东海岸的导弹攻击不是理想的地点。美国要为导弹防御选择第三个基地。国防部导弹防御局局长卡迪什(Ronald Kadish)将军向国会解释说,如果美国能在欧洲建立基地,包括10个拦截装置和基础设施,美国就"能以最令人信服的方式确认其保卫美国盟国和海外驻军的承诺"。①

2002年10月初,有布什政府安全问题专家对捷克驻华盛顿记者透露,如果捷克政府同意,美计划在捷克部署反导系统和雷达,以"保卫欧洲免遭来自危险国家的导弹袭击"。美专家认为,捷克地处欧洲腹地,战略位置重要,是美在欧洲部署反导系统的理想地点。据透露,美计划在欧洲建立1个至3个导弹基地并设置几处雷达,但具体地点尚未确定。②2004年起,美方开始与波、匈、捷等一些东欧国家洽谈在其国土上部署导弹防御力量的问题。5月底,副国务卿博尔顿访问波兰。11月,波兰政府对外宣布,作为北约成员国和美国在东欧的重要盟友,波兰将准许美国在其领土上建造导弹拦截基地并使该基地成为美全球导弹防御系统的组成部分,波美两国军事专家正在就建造基地进行技术磋商。波兰军方知情人士透露说,美军事人员正在波兰北部和南部的两处地点进行技术考察,以确定基地的具体位置。③

2007年2月,美方正式开始与波方进行谈判。波兰大选使谈判中断了数月。2008年年初,美方与波兰新政府恢复谈判。波方明确表示同意建立导弹防御基地,但希望美帮助波兰实现军事现代化。2月1日波外长西科尔斯基访美。会谈后,双方表示已就美在波境内部署导弹防御系统达成"原则性协议",国务卿赖斯还表示美将应波要求帮助波实现空防现代化。她说,"我们理解波兰方面实现防务现代化的愿望,尤其是空防现代化的需求,这是我们所支持的,这将增强我们的盟友波兰的能力……现在北约在区域之外活动,活动的方式是以前想象不到的,(军队)现代化将使波兰成为更有能力的盟友",将使波兰更好地与我们合作。当记者问到如何对待俄方对导弹防御系统的强烈反对时,赖斯说,现在不是80年代了,时代不同了,这个计划与里根时期的战略防御倡议(SDI,即星球大战)无关,"不是那个项目,不是那个项目的儿子,不是那个项目的孙子。这是非常不同的项目,用来对付有限的威胁。在波兰的这么几个拦截装置和在捷克

① Arms Control Association, "U.S. Eyes Missile Defense Site in Europe," July 2004, https://ssi.armywarcollege.edu/pdffiles/PUB1219.pdf.

② 李玉珍:《美计划在捷克部署导弹防御系统和雷达"保护"欧洲》,新华网,2002年10月3日,http://news.sohu.com/25/83/news203518325.shtml。

③ 付华一:《波兰允许美国在其领土部署美国导弹防御系统》,中国网,2005年11月15日,http://www.china.com.cn/txt/2005-11/15/content_6030430.htm。

的几部雷达要对付俄罗斯所拥有的几千枚核弹头是根本不可能的,而且也没有这种打算……我们是处于完全不同的环境之中”。西科尔斯基外长称,“我们还在半路上”,两国官员将继续就协议的细节进行磋商。①但实际上,直到2008年7月初,波方仍没有同意美方提出的方案。

俄格“五日战争”对美波谈判起了促进作用。8月20日,经过18个月的谈判,赖斯和西科尔斯基在华沙签订协定,波兰将允许美国在波罗的海岸边的一处废弃基地部署10枚远程拦截导弹。波兰希望搭配自身的短程爱国者防空导弹,形成高低防护网。这一全新的系统预定于2011年后完工并投入使用。②图斯克总理在波兰电视台的直播讲话中说:“波兰和波兰人不希望自己处在这样一个联盟中,援助迟迟未到,及至援助到了人也已经死了,援助也没有什么用处。波兰希望的联盟是,援助将在可能的冲突的最早时刻到来。”③

2002年9月,捷克国防部部长雅罗斯拉夫·特弗尔迪克访美,会晤拉姆斯菲尔德和沃尔福威茨时主动表示,捷克准备加入美国提议的导弹防御系统,美国可在捷克国土上部署导弹防御系统,“这将把捷克的空防质量提升到新水平”。④2007年2月,美捷关于建立导弹防御基地问题的谈判正式启动。4月,美国导弹防御局局长奥贝林(Henry Obering)访问捷克,争取捷克政界人士对美国在东欧部署反导系统的支持。奥贝林表示,捷克是美国导弹防御系统雷达基地的最佳地点。与此同时,美国对在捷克的雷达基地作了大量技术准备,包括选址、数据测量和勘测、水文和地质情况调查等,并对布尔迪地区(布拉格以南)的基础设施和交通状况进行评估等。⑤

二、美俄互不相让

美国在东欧部署反导系统计划一出台,就遭到俄罗斯的强烈批评和质疑。

① Condoleezza Rice, “Remarks with Polish Foreign Minister Radoslaw Sikorski after Their Meeting,” February 1, 2008, https://2001-2009.state.gov/secretary/rm/2008/02/99964.htm.

② US Department of State, “Ballistic Missile Defense Agreement Between the United States of America and the Republic of Poland,” August 20, 2008, https://2001-2009.state.gov/r/pa/prs/ps/2008/aug/108659.htm;《美国波兰今日正式签署反导协议》,新闻网,2008年8月20日,http://news.sina.com.cn/w/2008-08-20/174316147352.shtml.

③ Thom Shanker and Nickolas Kulish, “Russia Lashes out on Missile Deal,” August 15, 2008, https://www.nytimes.com/2008/08/15/world/europe/16poland.html.

④ Hillary Pesanti, “Alaska Missile Defense Early Bird Weekly,” September 2002, http://www.akrepublicans.org/pastlegs/22ndleg/info/nmd/nmd109162002.htm#CZECH.

⑤ 孙希有、丁宜:《美国在东欧部署导弹防御系统进入实质阶段》,2007年5月10日,新华网,http://mil.news.sina.com.cn/2007-05-10/1407443468.html。

在2007年2月慕尼黑欧洲安全会议上，普京在讲话中严厉批评了美国的单极世界构想和导弹防御计划。①他直白地说："我们目睹对国际法基本原则的越来越多的违反……美国在各个方面都跨越了它的边界：政治、经济，甚至在人道主义方面……这当然是非常危险的"。"我相信，我们已经到了这样一个决定性的时刻，我们必须严肃地思考全球安全的架构"，各国必须根据《联合国宪章》的规定，合法地使用军事力量。

普京严厉谴责美国的导弹防御系统说：

> 所谓的问题国家并不构成对欧洲的导弹威胁，在最近的将来这不会发生，也预见不到。现在美国在积极研发和引进导弹防御系统……我们设想，一旦等它生效，我们的核威慑力将可能被完全抵消……力量平衡将被彻底破坏，而其中一方将获得绝对安全的感觉。这意味着放任这一方不仅插手地区冲突，而且最终在全球冲突中完全不受限制……我们当然要对此作出反应。怎样反应？或者建设一个像美国一样的导弹防御系统，或者鉴于我们的经济财政状况开发一个不对称的回应，从而让每一个人都明白，导弹防御系统对俄罗斯是没有意义的，因为我们有一些武器可以轻易地破解它。②

普京总统2007年4月底与捷克总统克劳斯在莫斯科会晤时说，如果俄不对美在欧洲部署导弹防御系统采取措施，那么俄整个欧洲部分的领土安全将遭到威胁。俄战略导弹部队与航天部队司令尼古拉·索洛夫佐夫则表示，如果美国在捷克和波兰建立导弹防御基地，这些基地将可能成为俄战略导弹瞄准的目标。③

2007年4月23日，美防长盖茨访俄。盖茨与俄防长谢尔久科夫、总参谋长巴鲁耶夫斯基进行会谈，并会晤了普京。会谈后盖茨对记者表示，美俄将在导弹防御系统问题上进行合作，成立一个双边的工作组来解决俄罗斯所关心的问题，处理种种技术细节，来共同确定雷达站的位置，使俄在导弹防御问题上成为"完全伙伴"。他还表示已经邀请了俄官员去访问阿拉斯加州的导弹防御拦截基地——将在波兰建立的拦截基地与此相似；以及加州的雷达跟踪设施——将在捷克建立的雷达站与它类似。随同盖茨访问的美方官员还

① 见本书第11页。

② Владимир Путин, Выступление и дискуссия на Мюнхенской конференции по вопросам политики безопасности, 10 февраля 2007 г. http://kremlin.ru/events/president/transcripts/24034.

③ 孙希有、丁宜：《美国在东欧部署导弹防御系统进入实质阶段》，2007年5月10日，新华网，http://mil.news.sina.com.cn/2007-05-10/1407443468.html。

表示，在得到波、捷方面同意后，俄方人员还可以经常去视察雷达站和拦截设施。①

结束访俄后，盖茨又访问了波兰和捷克。他回国后向布什汇报说，这两个国家在部署导弹防御系统问题上都有内政问题需要解决，波兰执政联盟中有两个党派持反对态度，而捷克议会中赞成和反对者势均力敌。

2007 年 6 月中旬的北约防长会议决定，“在北约框架内”建设欧洲导弹防御系统，覆盖整个欧洲。这更使俄罗斯确信，美国在欧洲部署导弹防御系统的真正“目标就是俄罗斯”。一旦美在东欧部署导弹防御系统，将使美能够在“弹头与运载火箭分离的加速阶段，摧毁敌方的洲际导弹”，从而使俄方所拥有的井基洲际导弹的分导式多弹头和井基“白杨-M”导弹的变轨能力和突破导弹防御系统的手段失效，导致美俄战略平衡出现根本性的逆转。俄罗斯确信，美方导弹防御系统并非针对伊朗和朝鲜，而恰恰是针对俄罗斯的。②

2007 年 G8 峰会在德国海利根达姆举行。布什总统前往峰会途中于 6 月 5 日到访捷克，与捷总统克劳斯和总理托波拉内克举行会晤，再次就导弹防御系统问题交换意见。捷方仍然担心俄方反对，要求美方继续与俄方进行沟通。布什表示将尽最大努力这样做，并说：“冷战已经过去了，已经结束了，捷克已经无需再选择是做美国的朋友，还是做俄罗斯的朋友。你们可以同时做两国的朋友……就像我告诉普京的，俄罗斯不是我们的敌人。自由世界的敌人是激进主义者，恐怖主义者，是……流氓政权。所以我的态度是——这不仅仅是我的态度，而且是事实——这纯粹是防御性质的措施。”③

在波兰和捷克，民众对在本国部署导弹防御系统的支持率仍然不高。根据 2007 年 3、4 月间的民调，在波兰只有 25%的受访者支持该计划，57%的民众表示反对。④捷克约有 60%的民众反对在本国境内建立美国雷达基地，约 73%的

---

① Thom Shanker, “Russia Cool to U.S. Call for Cooperation on Missile Defense,” April 24, 2007, https://www.nytimes.com/2007/04/24/world/europe/24gates.html。盖茨在回忆录里写道：两国在导弹防御问题上都在拖延时间。俄方认识到，他们面对的是一个既成事实，而美方提出的合作建议更像是接受与否悉听尊便；俄方希望能在欧洲聚集足够的反对力量，阻止该项目的实施，美方则希望俄罗斯参与进来，但又不会让他们延缓计划。罗伯特·盖茨：《责任——美国前国防部长罗伯特·盖茨回忆录》，陈逾前等译，第 158 页。

② 参见冯绍雷：《北约东扩、“特朗普新政”与俄欧安全新格局》，《俄罗斯研究》2017 年第 1 期。

③ White House, “President Bush Participates in Joint Statement with President Klaus and Prime Minster Topolanek of Czech Republic,” June 5, 2007, https://georgewbush-whitehouse.archives.gov/news/releases/2007/06/20070605-3.html.

④ Robert Burns, “U.S. Might Negotiate Missile Defense,” April 24, 2007, http://www.washingtonpost.com/wp-dyn/content/article/2007/04/24/AR2007042400871.html.

民众认为应就此举行全民公投。①两国的反对者认为，美国在两国建立导弹防御基地将严重危害当地民众的安全与利益。本来欧洲没有受到弹道导弹攻击的危险，部署了导弹防御基地，反而真的可能给两国招来这样的危险，恐怖主义可能以它们为目标，“流氓国家”也可能攻击它们，威胁还可能来自俄罗斯。一旦发生军事冲突，导弹防御基地无疑将首当其冲成为攻击的目标。尽管两国都只有少数民众支持，但在两国也有一种强烈的意识：只有美国是真正的首要盟国，通过成为美国导弹防御系统的重要伙伴而加强对美关系对两国是有益的。还有人认为，在两国建立的导弹防御基地将成为两国在保卫欧洲中地位提升的显著标志。还有一些政界人士仍把俄罗斯当作威胁，如波兰前总理卡钦斯基，他们认为美国的军事存在是对付俄的最后的安全担保。②波、捷既然已经上了北约这艘船，同意美国建立导弹防御基地只是顺水推舟罢了。

2007 年 6 月 7 日，普京在八国峰会期间建议跟美国进行导弹防御的共同研究，共享苏联时期在阿塞拜疆的雷达基地，以监视和跟踪可能从中东发射的弹道导弹。他已与阿塞拜疆总统谈过，阿方表示愿意讨论俄方的建议。普京在记者招待会上还表示，共同使用阿塞拜疆的雷达基地仅仅是他对布什建议的一部分，他的建议“要广泛得多”。布什当时回应说，这是个“非常有建设性的……很有意思的建议”，但这是个非常严肃的问题，彼此对对方立场必须有非常清楚的理解，包括相关的技术问题，以及共同工作的机会。③次日，普京又建议美国把拦截装置“往南设置，设置在北约的盟国，如土耳其，设置在伊拉克，或者设在海上”。两国的军事和政府官员进行了接触，讨论了这个建议，但美方一些专家认为阿塞拜疆的雷达基地不理想，离伊朗可能的发射地点太近了，而且雷达也过于陈旧。在俄方提出建议一星期后，美防长盖茨表示，即使美俄共享阿塞拜疆的雷达基地，该基地也只是对美将在欧洲建立的基地的“补充”。④

7 月 1 日至 2 日，普京应邀造访布什在缅因州肯尼邦克港的别墅，在两天的会晤中，两国首脑再次讨论了导弹防御问题，普京拓展了他先前关于俄美共享导弹防御系统的建议：通过北约—俄罗斯理事会来进行双方之间的合作，除了可以使用阿塞拜疆的雷达基地，还可以使用俄南部的雷达，俄准备把阿的雷达现代

---

① 孙希有、丁宜：《美国在东欧部署导弹防御系统进入实质阶段》，2007 年 5 月 10 日，新华网，http://mil.news.sina.com.cn/2007-05-10/1407443468.html。

② Steven Hildreth, Carl Ek, *Long-Range Ballistic Missile Defense in Europe* (CRS Report for Congress), April 26, 2010, pp.16—17.

③ C.J. Chivers, “Putin Proposes Alternatives on Missile Defense,” June 9, 2007, https://www.nytimes.com/2007/06/09/world/europe/09azerbaijan.html.

④ Steven Hildreth, Carl Ek, *Long-Range Ballistic Missile Defense in Europe* (CRS Report for Congress), April 26, 2010, p.21.

化,在俄南部再添置一套早期预警系统,在布鲁塞尔和莫斯科设立情报共享中心,这将把俄美之间的合作提升到一个"全新的水平",这样也就没有必要在波兰和捷克另建新基地了。布什一方面肯定普京的建议是"有创意的","战略性的",同时坚持,波兰和捷克的基地"仍然是这个系统的不可或缺的部分"。①

作为对北约东扩和北约在欧洲部署导弹防御系统的回应,2007 年 7 月 14 日普京签署法令,鉴于"异常形势""影响了俄罗斯联邦的安全,并需要立即采取措施",俄中止履行《欧洲常规武装力量条约》。俄外交部的声明称,北约东扩改变了欧洲的安全态势,波罗的海三国不是条约的缔约国,现在北约在三国进行了军事部署;北约承诺在新成员国不建立军事基地,如今它在罗马尼亚和保加利亚建设军事设施。声明还表示,俄不会放弃在西部和南部边界重新部署重型军事装备,但这仅仅是对北约军事部署的回应举措。②8 月 17 日,俄罗斯 14 架战略轰炸机与 6 架维修保养、加油机起飞,标志着俄恢复了自 1992 年中断的战略轰炸机的远程巡航。这在很大程度上是象征性举措,但它提醒西方注意,俄罗斯具有这样的能力。普京把恢复远程战略飞行解释为俄方在"迫不得已"的情况下作出的决定。他说,俄罗斯于 1992 年单方面停止了战略轰炸机的例行战斗值勤飞行。但遗憾的是,俄罗斯的举动并没有得到一些国家的对等回应,这对俄国家安全构成了问题。因此,他决定恢复俄远程战略飞行。他强调说,俄罗斯飞行员已经坐等得太久了。③

7 月下旬,美导弹防御局前局长奥贝林称,美方十分认真地看待俄方的建议,阿塞拜疆的雷达可以被用来早期发现导弹发射,但它没有跟踪能力,不能引导拦截装置去打击目标,而在捷克部署的雷达则具有这种能力。五角大楼对俄方提议十分怀疑。副防长艾德尔曼后来回忆说,他怀疑俄方是否真的愿意在导弹防御方面与美合作,他们的建议是为了用毫无意义的讨论或其他问题拖住美国,防止美国在导弹防御方面采取行动。9 月,美导弹防御局局长帕特里克·奥雷利(Patrick O'Reilly)率领一专家组飞往阿塞拜疆视察加巴拉雷达站,看到的是苏联时期的一座老旧设备。小组的结论是:普京建议的雷达只能帮助监视导弹攻击的威胁。美国设想的是可以防御导弹攻击的系统,这样的系统仍然需要在波兰和捷克部署。④

---

① Jim Rutenberg, "Putin Expands on His Missile Defense Plan," July 3, 2007, https://www.nytimes.com/2007/07/03/us/03putin.html?mtrref=www.google.com&gwh=07223D3D06F0F329AFA08121996C1EBF&gwt=pay&assetType=REGIWALL.

② Andrew Kramer and Tom Shanker, "Russia Suspends Arms Agreement over US Shield," July 15, 2007, https://www.nytimes.com/2007/07/15/world/europe/15russia.html.

③ Россия впервые за 15 лет возобновила полеты стратегической авиации, 17 августа 2007, https://www.newsru.com/russia/17Aug2007/aviacia.html.

④ 安格斯·罗克斯伯勒:《强权与铁腕——普京传》,胡利平、林华译,第 189 页。

2007年10月12日，赖斯与盖茨再次访俄，与俄方进行2+2对话，会谈的气氛“如坠冰窖”。美方提出了所谓“联合地区导弹防御架构”的新建议：邀请俄方成为全欧导弹防御系统的伙伴，共同设计和运作导弹防御系统。美方还提出就导弹防御、常规武装力量和核武器“作为一个战略框架”以有组织的方式进行平行的讨论。拉夫罗夫要求美方在美俄就导弹防御进行讨论期间冻结在波、捷建设导弹防御基地的进程。但赖斯表示，美国不会中止与波、捷的谈判。双方同意由专家来研究和分析美方提出的新建议，然后在6个月内再次进行会谈。拉夫罗夫坚持，即将在波、捷部署的导弹防御基地是对俄的“潜在威胁”，如果这两个基地建成，“俄将采取措施把这种威胁中和掉”。拉夫罗夫没有解释是什么具体措施，有军事人员说，俄将把导弹重新瞄准欧洲。盖茨提出：可以让俄在波、捷的基地派遣常驻军事人员进行监督视察。这个想法一经提出，立即发展成了俄向美在波、捷反导设施设立永久性的全天候的军事存在。俄方对此很感兴趣，要美方把建议写成白纸黑字。盖茨还表示，美国“可以等伊朗试验了可以打到欧洲的导弹后再部署拦截武器”，俄方对该项建议欣然接受。①普京在莫斯科郊外的别墅会晤了赖斯和盖茨，他严厉谴责了美国的导弹防御系统，要求美国不要以牺牲俄美关系的代价来推进与东欧国家的关系，并称，如果美国在波、捷部署导弹防御系统，俄罗斯将退出《中导条约》。②

但盖茨对俄方的建议显然违反了总统的本意。布什当天在国防大学发表的讲话中就批驳了这种说法。布什说，他的政府的第一个国家安全倡议就是使国家免遭弹道导弹攻击，为此，他的第一个步骤是退出《反导条约》。当时，有人警告，这会引起新的军备竞赛。但这样的竞赛没有发生，俄罗斯还同我们一起达成了新的削减进攻性战略武器的条约。第二步是使导弹防御实战化。我们现在有了基本的技术，可以先部署有限的防御系统，以后技术更完善了，再把新的技术添加上去。第三步是进行国际合作。“欧洲对导弹防御的需要是现实的，而且我相信是紧迫的。”2015年前伊朗可以开发出能打到美国和欧洲的洲际导弹，“我们现在就必须严肃对待”。③

① 安格斯·罗克斯伯勒：《强权与铁腕——普京传》，胡利平、林华译，第191—192页。

② Thomas Shanker and Steven Myers, “Putin Critisizes U.S. Officials on Missile Defense,” October 13, 2007, https://www.nytimes.com/2007/10/13/world/europe/13russia.html?mtrref=www.google.com&gwh=FBCB04A0849DDC040EC9461FE8CFCFF9&gwt=pay&assetType=REGIWALL.

③ George W. Bush, “Remarks at the National Defense University,” October 23, 2007. Online by Gerhard Peters and John T. Woolley, *The American Presidency Project*, https://www.presidency.ucsb.edu/node/276408; BBC News, “Missile shield is urgent—Bush,” October 23, 2007. http://news.bbc.co.uk/2/hi/americas/7058622.stm.

10 月下旬，普京在葡萄牙出席欧盟—俄罗斯峰会。26 日，他在记者招待会上把欧洲的导弹防御系统与 1962 年古巴导弹危机相比拟，并说："我提醒各位，从技术的角度看形势是非常类似的，现在这样的威胁正在我们的边界制造着。"①

布什政府内的新保守派拒绝盖茨和赖斯的不成熟建议，他们绝不肯让俄方人员 24 小时随时进入美国最先进的军事设施。波、捷两国对盖茨建议也反应冷淡。11 月，美方向俄方提出了一份书面建议，但其中没有盖茨 10 月曾答应的美俄"共同评估威胁"，"俄方专家常驻导弹防御基地"，"在没有实际导弹威胁的情况下，使防御系统处于非实战部署状态"等关键内容，而代之以俄使馆武官可以偶尔访问波、捷的设施。这与盖茨的口头建议相差太远，理所当然遭到俄方拒绝。②2008 年 2 月，俄副外长谢尔盖 · 基斯里雅克评论说：当赖斯国务卿和盖茨防长在莫斯科的时候，他们提出了一系列的建议来保证美国的导弹防御系统不是针对俄罗斯的。我们要求他们把这些"意图"写下来，用简单的语言清楚地写成实际可以操作的措施。我们等了 6 个星期，这大概是美方同意作出确切表述所需要的时间，也许他们还要与伙伴商量，但我们看到的材料里却没有这些内容。③

2008 年 2 月 10 日，普京在慕尼黑欧洲安全会议上再次发表演讲，严厉警告美国在欧洲部署导弹防御系统是挑起新的军备竞赛。12 日，拉夫罗夫外长讲话指出："如果导弹防御的第三个基地建立起来，捷克的雷达可以监视俄领土一直到乌拉尔山，计划部署在波兰的拦截导弹将对俄的威慑武库造成威胁……我们需要看事实，看潜在的真实效果，而不是看意图。"④20 日，普京再次对美国的导弹防御系统提出强烈警告称，如果美国开始建设导弹防御系统，俄将把洲际导弹重新对准美方的导弹基地。⑤

2008 年 2 月，捷克总理托波拉内克访美，导弹防御系统是双方讨论的主要

---

① Oleg Shchedrov, "Putin Compares Missile Shield to Cuban Missile Crisis," October 26, 2007, https://www.reuters.com/article/us-eu-russia-putin-shield/putin-compares-u-s-missile-shield-to-cuban-crisis-idUSL2638104820071026.

② Steven Hildreth, Carl Ek, *Long-Range Ballistic Missile Defense in Europe* (CRS Report for Congress), April 26, 2010, p.22；安格斯 · 罗克斯伯勒：《强权与铁腕——普京传》，胡利平、林华译，第 192 页。

③ Krei Giles with Andrew Monaghan, "European Missile Defense and Russia," July 2014, https://ssi.armywarcollege.edu/pdffiles/PUB1219.pdf.

④ Дмитрий Бавырин, Лавров на страже космоса, 12 февраля 2008 года, https://www.aex.ru/fdocs/1/2008/2/12/11524/，前两个指阿拉斯加和加利福尼亚的陆基反导基地。

⑤ Steven Hildreth, Carl Ek, *Long-Range Ballistic Missile Defense in Europe* (CRS Report for Congress), April 26, 2010, p.22.

议题。托波拉内克表示，两国“只差两三个词”就达成协议了。7月8日，在赖斯访问捷克时，双方签署了协定，美国将在捷克首都布拉格西南90公里的布尔迪山地部署雷达基地。赖斯在签字仪式上说，这不仅是一个雷达基地，美方把它视为一个合作项目，两国紧密合作的一个标志，“双方的军人、技术人员将每日每时亲密无间地在这些雷达旁一起工作”，两国还将在研究和开发方面紧密合作。①同时，美国还同意从宙斯盾舰上为捷克提供弹道导弹防御。

4月6日，布什在出席布加勒斯特北约峰会后访俄，在索契会晤普京。普京的总统任期即将结束，这是两位领导人的告别会晤了。双方比较系统地回顾了七年多来的两国关系，发表了两国《战略框架宣言》，重申2002年5月两国宣言中所说的，彼此把对方当作敌人和威胁的时代已经过去了，表示要抛弃“零和游戏”的冷战思维；宣言还列举了七年多来双方的合作与存在的分歧，这是想为各自的总统任期作个总结，留点遗产，表明双方虽有诸多分歧和竞争，但两国关系没有崩溃。②双方讨论的主要问题也是困难问题仍然是北约东扩和导弹防御。在会晤后的记者招待会上，普京直言，俄美之间“最为困难的问题之一是欧洲的导弹防御问题。这不是措辞的问题，不是外交辞令的问题，而是实质问题……我想直率地说，我们对美国计划的立场没有改变”。布什重复解释说：这个系统不是针对俄罗斯的，解释美国提出的体系是“开放”和“透明的”，但这不影响美国与波、捷达成协议。当有记者问普京，如何才能使他相信，导弹防御系统不是针对俄罗斯的，普京说，一个联合的全球导弹防御系统，各国都享有平等的、民主的权利来管理这个系统，这将是对我们大家最好的安全担保。如果一时做不到，那就要在以下方面实现透明：有清楚的验证措施、明确的目标、使用的技术措施，还有专家在实地常驻、观察。③

美俄首脑索契会晤后，拉夫罗夫8日在接受记者采访时表示，俄罗斯要在波、捷导弹防御基地保持常驻军事人员。他说，在所有关于导弹防御系统的建议中，我们感兴趣的是两件事：我们的常驻军人和可靠的技术监视手段，而俄方常驻军事人员问题是谈判的症结。俄方要在导弹防御基地清清楚楚地看到，雷达

① Condoleezza Rice, “Remarks with Czech Foreign Minister Karel Schwarzenberg at the Ballistic Missile Defense Agreement Signing Ceremony,” July 8, 2008, https://2001-2009.state.gov/secretary/rm/2008/07/106764.htm.

② “U.S-Russia Strategic Declaration,” April 6, 2008, https://georgewbush-whitehouse.archives.gov/news/releases/2008/04/20080406-4.html.

③ “Press Conference Following Russian-US Talks,” April 6, 2008, http://en.kremlin.ru/events/president/transcripts/24905; Москва и Вашингтон закрепили разногласия декларацией, 6 апреля 2008, www.dw.com/ru/москва-и-вашингтон-закрепили-разногласия-декларацией/a-3248004.

是朝向哪里的，在拦截基地发生了什么事情。如果波、捷不同意俄方要求，那美方最近向俄方提出的建议就没有什么价值了。当被问到，俄方是否可能在古巴或委内瑞拉建立基地来回应美国的导弹防御基地时，拉夫罗夫嘲笑了美方提出的“互惠”，称俄方无意在美国附近建立自己的基地，俄罗斯将依赖某种“军事—技术措施”。①

拉夫罗夫关于“常驻军事人员”的要求遭到波、捷的断然回绝。波兰负责谈判的代表瓦塞齐科夫斯基说，俄方要求“太过分了”，“是的，那是过去曾经有过的，我们不会再重复这种办法了”。他说，导弹防御“设施可以向参观者和检查人员开放，但没有任何必要在那里常驻俄方监视人员……而且我们也要建立某种互惠机制，波兰的检查人员也要有权利去视察俄罗斯的设施”。捷克也拒绝了俄方检查人员常驻的想法，但表示俄方官员有时可以去参观。捷副总理旺德拉对媒体表示：“我们愿意与俄罗斯谈判视察问题，但显然不是以俄罗斯军人常驻的方式。”②

7 月 8 日，美捷签署在捷部署导弹防御系统的雷达的协定。俄方立即作出反应。签字仪式之后几个小时，俄外交部就发表声明称，这一系统将通过削弱俄罗斯的导弹能力严重破坏欧洲的安全，“如果这一协定经捷克议会批准，俄将被迫作出反应，不是外交方式，而是以军事—技术的手段”。③在 8 月 14 日美波宣布达成协议后，俄方再次作出强烈反应。15 日，俄诺戈维钦中将在记者招待会上说，波兰允许部署导弹防御系统是把自己变成导弹的攻击目标，这样的行为是“不可能不受惩罚的”。④稍后，新总统梅德韦杰夫也重申，计划中的拦截装置是一个威胁，“俄罗斯将以某种方式作出回应，很自然是军事方式”。20 日，俄罗斯宣布开始与白俄罗斯进行关于建立联合空防系统的讨论，塔斯社称这是对美国导弹防御系统的反制。11 月 8 日，美总统大选的翌日，梅德韦杰夫宣布，如果美国建设其“欧洲能力”，俄将在毗邻立陶宛和波兰的俄飞地加里宁格勒部署伊斯坎德尔导弹。⑤

总之，在乔治·沃克·布什任内，美在欧洲部署导弹防御系统的问题是美俄

①② Radio Free Europe, “Newsline,” April 9, 2008, https://www.rferl.org/a/1144088.html.

③ Подписание США и Чехией договора по ПРО не способствует безопасности в Европе - МИД РФ, 8 июля 2008, https://www.interfax.ru/russia/20753; “Russia Warns Military Response, If U.S.-Czech Missile Agreement Approved,” July 8, 2008, https://www.foxnews.com/story/russia-warns-of-military-response-if-u-s-czech-missile-defense-agreement-approved.

④ Thom Shanker and Nickolas Kulish, “Russia Lashes out on Missile Deal,” August 15, 2008, https://www.nytimes.com/2008/08/15/world/europe/16poland.html?.

⑤ РИА НОВОСТИ. Россия вправе действовать согласно своим интересам, 08.11.2008, https://ria.ru/20081108/154670139.html; Steven Hildreth, Carl Ek, *Long-Range Ballistic Missile Defense in Europe* (CRS Report for Congress), April 26, 2010, p.23.

两国的一个主要分歧。美国在北约东扩的同时，试图将导弹防御系统部署到俄罗斯家门口，这无疑将极大地削弱俄的核遏制能力，改变欧洲的军事平衡。美国所追求的是攻守兼备的绝对安全，但这无疑威胁了别国的安全。奥巴马总统和梅德韦杰夫总统一上任就面临着这样一个棘手问题。

第九章 美俄博弈与乌克兰的动荡(一)

第一节 布什第一任期美乌关系恶化

一、普京支持库奇马

由于乌克兰战略地位显要,它是美俄在原苏联各国中竞争最激烈的地方。这是乌克兰长期处于动荡的重要原因之一。

对俄罗斯来说,乌克兰至少有两方面的地缘战略利益:充当俄罗斯与北约之间的缓冲地带;作为俄罗斯黑海海军强国的支轴。①普京 2000 年就任总统后,重新明确了对乌克兰的战略目标,这就是:第一,确保乌留在独联体内;第二,确保对黑海出海口的控制权,使塞瓦斯托波尔港实际上成为俄军事战略基地;第三,利用乌国内俄罗斯族人的亲俄情绪并支持乌亲俄党派来牵制其离心倾向;第四,坚决反对乌加入北约,防止北约扩大到自己家门口。②普京曾多次表示,与原苏联国家发展关系是俄罗斯外交的优先方向,而发展对乌关系则是重中之重。他一方面积极与乌就一系列悬而未决的问题进行磋商,解决了不少影响两国关系发展的障碍;另一方面利用乌对俄经济的严重依赖,采取大棒加胡萝卜的政策,拉住乌克兰,遏制其西倾趋势。③

① 柳丰华:《乌克兰危机:内因、大国博弈因素与前景》,《俄罗斯学刊》2014 年第 3 期。

② 王庆平:《俄罗斯与乌克兰关系研究》,第 45、47 页。

③ 郑羽、柳丰华主编:《普京八年:俄罗斯复兴之路(2000—2008)》,经济管理出版社 2008 年版,第 194 页。乌在经济上对俄依赖很深,乌能源需求的 80%由俄供给,40%的出口商品销往俄市场,47.5%的易货贸易与俄进行。

2000年2月以来，乌克兰国内政局持续动荡。反对党以怀疑库奇马总统参与杀害持不同政见的记者格奥尔基·贡加泽为由进行炒作，试图弹劾总统，西方舆论也充斥着对库奇马的负面报道。①普京为显示对库奇马的坚定支持，顶着压力邀请其访俄，并予以超规格接待。库奇马投桃报李，2000年3月与俄签署《关于俄罗斯参与发展塞瓦斯托波尔军港及俄舰队驻地社会环境的办法》《俄罗斯黑海舰队在乌克兰使用无线电频率及使用乌克兰战地演习场的办法》等多份文件，承认俄黑海舰队拥有对驻地住房和生活设施的所有权。②4月中旬，普京对乌进行首次工作访问，表示承认乌对塞瓦斯托波尔港口和克里米亚半岛的主权，双方就两国关系取得多项共识。普京与库奇马还一起访问了塞瓦斯托波尔，见到了乌海军旗舰与俄黑海舰队旗舰并舷停靠在港口作为双方友好的象征。③7月19日，俄、乌总理达成解决互欠债务问题的协议，俄表示将尽快兑现支付黑海舰队所欠租金的承诺；12月，俄又同意乌将偿还天然气债务的时间延长8年到10年。④

2001年2月，乌国内再次掀起弹劾库奇马的浪潮。普京再次访乌以示对其领导地位的支持，帮助他化解危机，并在临行前向乌媒体表示，乌是俄在独联体中最大的伙伴，发展对乌关系是俄外交的重中之重。访问期间，两国签署了《关于俄乌扩大在火箭、航天和飞机制造方面合作的联合声明》和重新统一电网等一系列合作协定。5月，普京指派与库奇马私交甚好的俄前总理切尔诺梅尔金为驻乌大使和总统发展俄乌经贸关系特别代表，切尔诺梅尔金高调就任，并称，俄罗斯的口号是与乌“一起融入欧洲”。8月，普京顶着巨大压力再次访乌，在出席乌独立以来最大的阅兵式时强调，“今天的俄乌关系是稳定的、可预见的。这种稳定的伙伴关系不仅对两国人民，而且对整个独联体、对统一的欧洲和世界都是一个良好的征兆”。⑤11月，乌总理阿纳托利·基纳赫公开表示，乌严格遵守以下原则：欧盟和北约的扩大不应牺牲其他国家的利益，欧洲机构的扩大，也不应为乌、俄、白以及东欧国家的一体化造成障碍。

2001年12月，普京再次访乌，库奇马对俄感恩戴德，称“俄罗斯是乌克兰的主要战略伙伴”，亲西方“并不是乌克兰的唯一选择”。此后，两国于2002年和2003年互办“乌克兰年”和“俄罗斯年”，双边关系继续升温。2002年2月在乌反对派就库奇马和前部长阿纳托利·洛博夫涉嫌侵吞国家巨额资金再次联合启动弹劾总统程序时，普京一如既往支持库奇马稳定国内形势，并在10月独联体国家首脑扩大会议上主动将自己担任的独联体首脑委员会主席职位让给库奇马，

① 奥尔基·贡加泽是一位具有独立倾向的调查型记者，撰写和发表了不少批评政府、批评总统班底的文章。他于2000年9月16日被发现失踪，此事在乌引起震动。

②④ 赵鸣文：《普京大外交》，第104页。

③ Steven Pifer, *The Eagle and the Trident*, pp.197—198.

⑤ 王庆平：《俄罗斯与乌克兰关系研究》，第46页。

以提升其声望。①普京在2003年《国情咨文》中强调,俄罗斯视独联体为"战略利益范围",与独联体国家发展关系是俄对外政策"绝对优先的方面"。②库奇马也多次强调,不能将乌克兰的对欧政策与对俄政策对立起来,俄罗斯过去是、现在和将来都仍然是乌克兰主要的政治和经济伙伴、不可替代的战略伙伴。2003年5月,两国签署战略伙伴关系宣言,重申加强两国关系的承诺。2003年1月,两国签署《俄乌边界协定》,解决了陆地边界划分问题。虽然同年9月因为俄方修建刻赤海峡堤坝问题双方发生争执,但小小危机不久即被平息,双方商定共同利用亚速海和刻赤海峡。2004年新年伊始,普京再次访乌并强调,俄罗斯需要强大的乌克兰,俄乌两国能够并且必须成为忠实的盟友和可靠的战略伙伴。拉夫罗夫2004年就任俄外长后访乌时,更是把乌提升到"俄未来在欧洲及全球战略中最亲密的合作伙伴"的地位,俄乌关系明显改善。③

普京把发展对乌经济关系作为两国关系的重点。他认为只有使乌在经济上不断加强对俄依赖,才能达到对乌施加政治影响的目的。④由于20世纪90年代乌克兰实施在西方与俄罗斯之间谋求平衡的政策,乌俄经济关系遭到削弱,1994年乌俄双边贸易额为178亿美元,占乌对外贸易的47.5%,而到2001年,两国双边贸易额下降到了只占乌外贸额的32%,2002年更下降到30%,仅为66亿美元。⑤为了加强双边经济关系,2001年年初普京访乌时,两国签署了多项经济合作协定,俄公司纷纷投资乌炼油厂、有色金属行业和制酪业、基础设施、通信行业,甚至获得了银行和广播的控制权。其中比较突出的是两国的《天然气领域战略合作协定》,协定规定建立俄—乌天然气联合集团,双方各控股50%。但乌方对这一协定持保留态度,协定一直没有落实,俄罗斯也未能实现控制乌输气管道系统的意图。⑥虽然俄罗斯作了相当大的努力,截至2003年4月1日,俄在乌的直接投资仅为3.348亿美元,占外国在乌总投资的6%。⑦2003年2月,俄成功说服乌加入俄、乌、白、哈四国统一经济空间,并于9月成立"独联体自由投资贸易区(包括摩尔多瓦)",推动俄乌双边贸易的发展,2003年贸易额超过120

① 赵鸣文:《普京大外交》,第105页。

② Владимир Путин, Послание Федеральному Собранию Российской Федерации, 16 мая 2003 года. http://kremlin.ru/events/president/transcripts/21998.

③ 王庆平:《俄罗斯与乌克兰关系研究》,第46页;柳丰华:《俄罗斯对乌克兰政策视角下的乌克兰危机》,《欧洲研究》2015年第3期。

④ 丁军、王承就等:《转型中的俄罗斯、乌克兰和白俄罗斯》,第115页。

⑤⑦ Olexiy Haran, and Rostislav Pavlenko, "The Paradoxes of Kuchma's Russian Policy," September 2003, http://www.ponarseurasia.org/sites/default/files/policy-memos-pdf/pm_0291.pdf.

⑥ 柳丰华:《俄罗斯对乌克兰政策视角下的乌克兰危机》,《欧洲研究》2015年第3期。

亿美元。①但库奇马没有放弃融入欧洲,2002 年 6 月,库奇马就提出了乌克兰《2002—2011 年经济和社会发展 10 年战略构想》,其核心是"选择欧洲"战略。②

普京的政策显然是有效的,而随着俄乌关系的改善,乌与欧盟和美国的关系则停滞不前,甚至恶化,到 2002 年年底跌到乌独立以来的谷底,以致库奇马在年终的记者招待会上说:本年"最困难的事情是对美关系的恶化。作为总统,我最主要的任务是解决这个问题"。③

二、美乌关系持续下滑

美乌关系的恶化是由一系列事件引起的。2001 年 2 月初,库奇马总统解除副总理季莫申科的职务,并将其短期拘捕。美国驻乌大使帕斯库阿尔(Carlos Pascual)就此向乌方提出,乌应坚持实行法治,"乌必须作出决定,如何对付政治上的不稳定和不确定性,是否继续坚持朝向独立、民主和市场为导向的国家前进"。3 月 1 日,在基辅发生群众示威游行,乌政府将其驱散,受到美国务院的公开批评。国务院发言人鲍润石称,美大使已经向乌政府转达布什总统的口信,乌政府对此次危机的处理是对乌领导人"是否坚持法治、民主和人权的一个测试",乌实现独立、民主和市场为导向的国家的目标以及美支持这一目标的能力取决于"乌采取具体措施实行重大改革"。④示威平息了,但美方对库奇马政府的政治倾向的担忧增加了。

4 月 26 日,乌总理尤先科在议会通过对他的不信任案后辞职。在尤先科辞职前十天,美国政府对乌"持不同政见者"梅尔涅钦科给予政治庇护。梅尔涅钦科称,他手头有 1 000 个小时的录音带,其中有涉及失踪的新闻记者格奥尔基·贡加泽的材料。乌外长兹棱科立即召见美大使表示抗议。乌政府十分担心美方利用这些磁带给乌政府制造困难,美副国务卿阿米蒂奇向乌大使保证,美国无意利用磁带与乌政府为难。尽管如此,乌方仍不满意,美大使在很长时间里见不到库奇马,在很多政府部门遭到白眼,被视为不受欢迎的人。许多议员还认为尤先科是美国的人,对尤先科的不信任案是对美国的一种报复。⑤

---

① 丁军、王承就等:《转型中的俄罗斯、乌克兰和白俄罗斯》,第 115 页。

② 张弘:《融入欧洲一体化与乌克兰危机》,《欧洲研究》2014 年第 6 期;Olexiy Haran, and Rostislav Pavlenko, "The Paradoxes of Kuchma's Russian Policy," September 2003, http://www.ponarseurasia.org/sites/default/files/policy-memos-pdf/pm_0291.pdf.

③ Steven Pifer, *The Eagle and the Trident*, p.209.

④ Steven Pifer, *The Eagle and the Trident*, p.211.

⑤ Steven Pifer, *The Eagle and the Trident*, p.212.梅尔涅钦科原系库奇马的护卫,他对库奇马进行了非法录音,涉及内容广泛,包括其直接策划并参与的一系列对政治对手和独立媒体的打压事件。

美国务院发言人对尤先科的去职表示惋惜,称“美国政府与尤先科政府有着良好的工作关系,希望与乌新政府继续保持类似的紧密合作”。发言人还说,美国支持“一个独立的、民主的、以市场为导向的、致力于法治和融入欧洲—大西洋共同体的乌克兰”,并呼吁乌继续进行改革。①

尽管如此,毕竟乌克兰战略地位重要,美方不能把乌推向俄罗斯怀抱。6月15日,布什在访问波兰的一次讲话中十分明确地说:“我们正在建设的欧洲必须包括乌克兰,它正在与转型的创伤进行斗争。基辅有些人在谈论他们国家的欧洲命运。如果这是他们的雄心,我们应当给予奖励。我们应当向乌克兰伸出手去,波兰已经这样做了。”布什还表示,北约的成员国地位“对于所有寻求这种地位并准备好承担随之而来的义务的欧洲民主国家”都应该是开放的,“何时加入北约也许有待北约的讨论,但能否加入应该不成问题”。②

布什讲话发出了改善对乌关系的明确信号,为落实总统呼吁,7月下旬,国家安全事务助理赖斯访问了乌克兰。赖斯在与库奇马的会晤中强调,美国相信,民主是乌克兰与欧盟建立更紧密关系的关键,应保证2002年年初议会的自由、公正选举,她还提到了贡加泽案件。库奇马回应说,乌已经聘请了一家经验丰富的国际私人调查公司科罗尔公司协助调查。库奇马表示,除了欧洲方向,乌克兰没有别的选择,加入欧盟是乌的最终目的。他抱怨欧盟长期以来不给乌一个加入欧盟的明确信号。赖斯还提到了能源安全问题,提到敖德萨—布罗德油管对于在能源方面密切乌与欧盟关系的重要性,要求乌在能源方面实行改革。美国大使帕斯库阿尔此前也曾提过类似建议,认为乌应该组建一家国际公司来运作管理油气管道。赖斯还要求乌停止向马其顿政府出售武器,以免加剧该国局势混乱,而北约正准备在马其顿部署稳定力量。库奇马表示同意,并希望在9月联合国大会一般性辩论期间在纽约与布什总统举行会晤。赖斯称,如果乌中断对马其顿的武器转让,在贡加泽案的调查方面又取得进展,可以考虑在联大会议期间布什、库奇马和波兰总统举行简短的三边会晤。赖斯回美后又致信参加了会晤的乌总统办公厅主任弗拉季米尔·里特维延,再次敦促乌方立即中断对马其顿的军售。里特维延回信表示无异议,库奇马又对8月下旬来访的美参议员卢格和国务院负责欧洲和欧亚事务的助理国务卿琼斯(Beth Jones)作了相同的表示。但其实乌对马其顿的武器转让没有停止,这使美方感到沮丧。③

卢格和琼斯在与库奇马及其他高官的会晤中都提到了为2004年的自由和

① Steven Pifer, *The Eagle and the Trident*, p.211.

② George W. Bush, “Address at Warsaw University,” June 15, 2001. Online by Gerhard Peters and John T. Woolley, *The American Presidency Project*, https://www.presidency.ucsb.edu/node/216339.

③ Steven Pifer, *The Eagle and the Trident*, pp.214—215.

公正的总统选举开始进行准备的问题。库奇马惊讶地问:“选举还有几年,你们为什么现在就急着提起此事?”琼斯回答说:“我们希望确信,你在现在很早的阶段就知道,这一问题对于良好的美乌关系有多么重要。而且确保举行一次自由和公正的选举需要做许多工作。”①

由于乌没有停止向马其顿售武,贡加泽案调查也没有取得进展,库奇马非常盼望的 2001 年 9 月与布什总统的会晤没有实现。但美方又私下表示,只要在美乌关系的一些关键问题上取得进展,美方可邀请库奇马于 2002 年春访问华盛顿。另外,科罗尔公司于 2001 年 9 月提出的报告质疑梅尔涅钦科录音带的真实性,怀疑录音带是经过编辑的。美方官员认为这个报告是为了替库奇马开脱罪责。

9·11 恐怖袭击发生后,库奇马立即致电布什,表示“深深的悲痛和关切”,并称“对这一悲剧与美国人民感同身受”。9 月 22 日,美国务院正式向乌方提出,为打击塔利班,美希望军用飞机飞越乌空域。乌方答应无保留地向美军开放空域,并提出美军机可使用乌三个机场,在乌降落和加油。乌政府的这一迅速行动赢得了美方好感。②在 2001 年 9 月至 2002 年 10 月这一年多中,美军用飞机过境乌空域达 4 500 架次,乌重型运输机帮助多国部队向阿富汗运输了人道主义物资,并运送德国和土耳其军队去阿富汗,乌军也参与了帮助重新武装阿政府军。

在克林顿政府时期,美乌两国政府间有一个高层对话机制戈尔—库奇马委员会,乌方希望与布什政府延续类似机制,但美方对此没有兴趣。在帕斯库阿尔大使建议下,美方邀请继尤先科任总理的基纳克于 2001 年 10 月底访美。双方集中讨论了经济问题。在助理国务卿帮办皮弗 12 月初访问基辅时,乌方再次提出了库奇马访美和鲍威尔访乌的可能性。

美方对 2002 年春乌议会选举非常关注。2 月,乌国家安全与防务委员会前秘书、库奇马总统顾问霍布林访美,副国务卿阿米蒂奇在与其会晤中强调,即将举行的议会选举是美乌关系中翻过一页的机会。如果选举过程能符合民主的标准,就将为布什与库奇马的会晤扫清障碍。霍布林表示,他会把这一信息直接转达给总统。③为了强化这一信息,帕斯库阿尔大使、2 月下旬访乌的助理国务卿帮办皮弗都一再向乌方强调议会选举对于库奇马总统能否获邀访美的重要性。帕斯库阿尔还安排了全乌选举监察委员会会议,这是一家由乌国内各非政府组织组成、得到美国支持的团体,专门监视选举过程。帕斯库阿尔和皮弗还专门举

① Steven Pifer, *The Eagle and the Trident*, p.215.

② Steven Pifer, *The Eagle and the Trident*, pp.216, 235.

③ Steven Pifer, *The Eagle and the Trident*, pp.219—220.

行记者会,一再强调自由、公正的选举对美乌关系的重要性。①但选举未能使美方满意,帕斯库阿尔大使报告称,乌政府在选举中广泛利用行政资源支持执政党代表。

2000 年 1 月,乌外长塔拉苏克告知美驻乌大使皮弗,乌希望深化与北约的关系,但鉴于俄罗斯对此十分敏感,乌必须非常谨慎。1 月下旬,北约秘书长乔治·罗伯逊(George Robertson)访乌,他发现虽然有的乌官员对发展与北约的关系很感兴趣,但加入北约尚未成为政府的共识,也没有什么具体的目标和举措,而是指望北约采取主动。

2002 年 2 月,乌副外长查里伊私下询问帕斯库阿尔大使,如果乌宣布加入北约的目标,美国将作何反应。大使告诉他,只要乌能够达到加入北约的标准,主要是实行全面的民主改革,它应当和其他欧洲国家一样有机会成为北约的成员。受到这种回应的鼓励,5 月 23 日——这天布什正在莫斯科与普京举行会晤——乌国家安全与防务委员会作出决定,乌克兰将寻求加入北约。这是乌第一次明确提出加入北约的目标。库奇马在会后对记者说,该决定关系着乌克兰的命运。"世界上没有一个国家不知道北约是保障欧洲安全的组织,因此,乌克兰高度重视同北约的关系","我很高兴看到,北约不把俄罗斯当敌人,俄罗斯也不把北约当敌人"。这种状况影响了他的思考,既然俄罗斯都在与北约改善关系,他不想在与北约关系方面落后太远;而且他认为,在俄罗斯自己寻求改善与北约关系时宣布乌加入北约的目标可能对乌俄关系伤害最小。秘书马尔丘克23 日宣布,乌克兰将开启加入北约的进程。当然,乌官员也指出,加入北约不是乌的近期前景,而是公开设定的最终目标。②

美国怀疑乌克兰向伊拉克出售"锁甲"(Kolchuga)防空导弹系统,这给 2002 年至 2003 年的美乌关系蒙上了阴影。2002 年 9 月 24 日的《纽约时报》发表题为"美国怀疑乌克兰向伊拉克出售雷达"的文章。文章称,美国根据对一盘秘密录音带的分析得出结论,库奇马总统本人在 2000 年 7 月批准了向伊拉克出售先进的防空导弹系统,这个系统可以在对方飞行员没有感知的情况下接近目标,从而对飞行员造成极大威胁。但最终是否成交尚无确实证据。文章说,伊拉克通过约旦中间人向乌出价 1 亿美元购买四套"锁甲"防空导弹系统,库奇马本人在

① Steven Pifer, *The Eagle and the Trident*, pp.219—220.

② 张志强、赵宇:《乌克兰高度重视同北约的关系,宣布准备加入北约》,2002 年 5 月 24 日,http://mil.news.sina.com.cn/2002-05-24/67678.html; Steven Pifer, *The Eagle and the Trident*, pp.222—223.在 2004 年大选之前,库奇马再次修改了乌克兰的军事学说,删除了乌加入北约和欧盟的目标。俄方欢迎这一修改,但反对派指控他的政策是走回头路。库奇马说,这不是对俄罗斯的绥靖,而仅仅是对乌政策的现实的重新评估。U.S.-Ukraine Business Council, "Action Ukraine Report," Year 2004, No.140, http://www.usubc.org/AUR/aur4-140.php.

对乌军品出口署署长马列弗的谈话中批准了该项交易。布什政府为此暂停了对乌《支持自由法》项下 5 500 万美元用于民主化和经济改革的年度援助。①其实，国务院早在 2002 年 4 月就得到了这盘录音带，联邦调查局专家确认录音带是真实的，库奇马与马列弗的对话也是可信的。国务院相关官员的判断是：库奇马起先批准了转让，但后来又改变了主意。国务院官员就此事进行了讨论，并提出了几种应对选择：孤立库奇马；向库奇马发出严峻的信息："你要把自己家里的事情料理好"；把主要注意力转向使乌克兰在 2004 年举行一次自由、公正的总统选举。美国跨部门乌克兰工作小组 2002 年 9 月 10 日的会议决定，第一，对于乌方曾同意向伊拉克出售防空导弹，美方需要作出反应；第二，要弄清楚到底卖了没有，如果事情真的发生了，就要根据联合国安理会的相关决定对乌实行制裁。跨部门小组也同意，美国仍然要努力维护与乌的广泛关系。②

上述《纽约时报》的文章发表后，乌总统办公厅发表声明称，"乌克兰从未向伊拉克出售军火或军用物资"，乌愿意就此事接受任何国际组织的调查。10 月下旬，一个美英联合调查组到乌进行调查，但也不得要领。③

在 11 月下旬即将举行的北约布拉格扩大峰会上，北约将调整军事战略，并将履行 7 国的入约手续。11 月上旬，皮弗访问乌克兰，他告知乌方官员，布什政府对乌高层已经失去信心，但美仍希望维持广泛的美乌关系，同时使北约大门向乌敞开；美方不希望库奇马出席即将举行的北约峰会，如果他出席，布什也不会会晤他；北约建议举行北约与乌外长的会议，通过一个实质性的行动计划；在峰会期间，还可以举行美国—乌克兰—波兰三方外长会议。11 月 18 日，美国务卿鲍威尔还给乌外长兹棱科打电话，敦促其出席北约—乌克兰外长会议。④

尽管如此，库奇马不想放弃出席峰会的机会。北约秘书长罗伯逊煞费苦心，以法文字母来安排领导人的座位，把布什与库奇马的座位隔得远远的。在此次峰会上，乌克兰—北约委员会达成《乌克兰—北约行动计划》，计划是乌克兰自己发起的，北约成员提出了若干建议，这是一份没有约束力的文件，其中列出了乌

---

① Michael Wines, "U.S. Suspects Ukraine of Selling Radar to Iraq," September 24, 2002, https://www.nytimes.com/2002/09/24/world/threats-responses-stealth-counterstealth-us-suspects-ukraine-selling-radar-iraq.html?mtrref=www.google.com&gwh=07DCCA14C653523493BC77C84569AEF0&gwt=pay.

② Steven Pifer, *The Eagle and the Trident*, p.260.

③ 皮弗怀疑，库奇马一开始时答应了向伊拉克转让防空导弹系统，但临事而惧，改变了主意。他认为，如果乌方直截了当地向美方这样解释，美方会接受这一解释，事情也就过去了。乌方愈是掩饰，美方愈加怀疑。Steven Pifer, *The Eagle and the Trident*, pp.224—226.

④ Steven Pifer, *The Eagle and the Trident*, pp.231—232.

即将进行的政治、军事和经济改革的目标。乌也已经开始进行一些改革，如增进乌克兰—北约双方军队的互操作性，提出到 2015 年的国家安全目标，并列举为实现目标所需的军事改革；北约将每两年审查一次该计划的落实情况。美国和北约其他盟国指出，在该行动计划中，军事方面的改革讲得比较具体、明确，但政治方面的改革目标则说得比较模糊，尤其是即将举行的 2004 年的总统选举。美国强调为实现加入北约的雄心，乌需要在政治改革方面多作努力。①

2002 年 11 月至 2003 年 1 月，美跨部门乌克兰工作小组对美乌关系再次进行审议，并认为，切断与库奇马的接触将使美与乌政府各部门的接触变得困难，美仍有必要与乌政府保持广泛接触。工作小组认为应从解决具体问题入手来为两国关系提供动力。帕斯库阿尔大使随即向乌方转达了美方意见，并称，虽然美乌关系遇到了困难，但美方寻求改善关系的大门是敞开的。②总之，在 2001 年至 2002 年，美乌关系持续下滑，除了赖斯 2001 年 7 月对乌的访问之外，双方鲜有高层互动，乌方迫切希望的首脑会晤也没有实现，而在 1998 年至 2000 年间，美国总统、副总统和四位阁员访问了乌克兰，乌总统和总理也都访问了美国。库奇马在 2002 年年底的记者会上对乌美关系的恶化深感沮丧。美国到 2002 年年底已经得出结论，在库奇马任内乌进行民主改革是没有指望了，美方把注意力转向了后库奇马时代。③

伊拉克战争给美乌关系带来了转机。美担心伊拉克会使用生化武器，在正式开战前，要求乌派遣一个防化营参战。乌表示不能派去伊境内，但可以部署在伊近邻，如科威特。2003 年 2 月 13 日，乌外长正式通知美大使帕斯库阿尔，只要议会通过，乌可以派约 500 人的防化营去海湾。3 月 6 日，库奇马将此事提请议会批准。两星期后，正是美军开始伊战时，议会以 258 票对 121 票的表决结果批准了政府的动议。由于伊拉克并无生化武器，这支部队后来也没有参加实战。④

美国占领伊拉克后，已经不再需要防化部队。美方于是向乌方试探，乌方是否可以撤回防化部队，派遣 2 个到 3 个营的常规部队去伊帮助维护稳定。美助理国务卿帮办皮弗为此于 2003 年 5 月中旬访问基辅。库奇马总统及乌政府各级官员都表示了改善对美关系的愿望，同意了美方要求。6 月 5 日，议会以 273 票对 103 票的表决批准派遣 1 800 人的部队去伊拉克，乌政府在提请议会批准

① Steven Pifer, "Ukraine Future and U.S. Interests," Testimony Before the House International Relations Committee, Subcommittee on Europe, May 12, 2004, https://2001-2009.state.gov/p/eur/rls/rm/32416.htm.

② Steven Pifer, *The Eagle and the Trident*, pp.233—234.

③ Steven Pifer, *The Eagle and the Trident*, p.274.

④ Steven Pifer, *The Eagle and the Trident*, pp.235—236.

时称，乌企业将有可能参与伊拉克的重建和伊石油出口业务。8 月，乌部队开始作为由波兰军官指挥的一个师的一部分部署在巴格达至东南部大城市巴士拉之间，美方为部队提供了后勤给养。到 2003 年年底，在伊部署的乌军数量仅次于美、英、波而居第四位。

三、油气管道问题上的角力

2003 年 5 月，库奇马总统向美方明确表示，他希望在美乌关系中翻过一页。美方仍然强调民主改革以及乌与欧洲关系的重要性，同时表示支持乌加入世界贸易组织，但乌需要在相关的贸易立法方面作出改变。美方还强烈敦促乌方把“入世”作为工作重点，最好是在俄罗斯之前入世，至少是与俄同时入世，以免与俄方进行困难的双边贸易谈判。①

2003 年年中，乌高官还对美方表达了进一步发展与北约关系的愿望。美方指出，对于乌方来说，重要的是要尽可能履行一年前在布拉格达成的行动计划的承诺，尤其是其中关于民主改革的部分。美方还表示，乌民众对乌加入北约的支持至关重要，北约不可能接受一个没有得到本国民众普遍支持的新成员。②为了显示加入北约的决心，乌议会于 6 月 19 日以压倒多数(450 名代表中 390 人赞成，只有 3 人反对)通过新的《乌克兰国家安全基本法》，将加入北约设定为乌的目标，为入约提供了法律依据。③

皮弗在 5 月的访问中还与乌方讨论了亚努科维奇总理访美的可能性，并提出，在访问之前必须先解决美乌关系中的一些突出问题，如美国全国民主研究所(NDI)与国际共和研究所(IRI)在乌注册的问题，乌进口美国禽肉的许可证问题，乌未能启动对美国知识产权实行保护的《可视媒体法》的问题。亚努科维奇总理接见了皮弗，但对美方上述关注只是泛泛表示可以找到答案，令美方印象不佳。④

2003 年 7 月，皮弗作为 GUUAM 峰会观察员再度访乌。GUUAM 在 1997 年成立后，乌克兰力图使其具有实质性内容，每年举行峰会，但该组织的结构性机制不健全，合作项目也没有多大起色。美国敦促它聚焦于具体的合作项目，并称可为改善各国之间警力合作的虚拟执法中心提供帮助，并为促进五国跨境贸易和运输项目提供帮助。会议前一天，皮弗和帕斯库阿尔大使受到库奇马接见，他们向总统强调了推进民主改革的问题，强调 2004 年自由、公正的总统选举对

① Steven Pifer, *The Eagle and the Trident*, p.237.

② Steven Pifer, *The Eagle and the Trident*, p.238.

③ Olexiy Haran and Rostislav Pavlenko, “The Paradoxes of Kuchma's Russian Policy,” September 2003, http://www.ponarseurasia.org/sites/default/files/policy-memos-pdf/pm_0291.pdf.

④ Steven Pifer, *The Eagle and the Trident*, pp.238—239.

于乌与西方关系的重要性。乌现行宪法把总统任期限制为两届。但当时有传闻说,库奇马在现行宪法之下只参加了一次选举,因此他有可能要求宪法法院作出解释,使其能再次参加选举。库奇马在会晤中明确表示,他无意再次参选。①

库奇马改善对美和西方关系成效不彰,他再次将外交重心转向俄罗斯。普京不失时机向乌示好,敦促乌加入独联体一体化进程。2003 年 5 月底 6 月初在纪念圣彼得堡建都 300 周年的庆典期间,库奇马既主持了独联体国家非正式首脑会议,又与德、意、英领导人会晤,探讨乌成为欧盟联系成员国的前景。9 月 19 日,俄、乌、白、哈四国领导人在雅尔塔签署建立统一经济空间的协定。而这一协定中关于统一关税和统一经济的规定是与乌加入世贸组织、与欧洲建立自贸区及加入欧盟等公开宣布的目标背道而驰的,乌外交部、经济部、司法部都表示了极大的保留。由于协定没有可能获得议会认可,许多观察家认为,这仅仅是库奇马向俄罗斯和普京示好之举。②总之,库奇马力图两面不得罪,两面讨好,但事实上很难做到。

9 月下旬,乌总统办公厅副主任柳沃奇根访美。他向美方表示,美全国民主研究所与国际共和研究所的注册问题已经解决,乌克兰一如既往寻求融入欧洲和加入世贸组织,统一经济空间仅仅相当于一个自贸协定,不会妨碍乌加入世贸组织。但俄方强调,统一经济空间是一个关税联盟。③

2003 年 10 月上旬,亚努科维奇访美,会见切尼副总统和数位阁员。他在会晤时表示,乌克兰在弹道导弹的设计和建造方面有丰富的经验,可以与美国进行合作。他表示了将输油管道延伸至波兰的意愿,但指出,迄今为止乌尚未与任何里海的石油连接起来。亚努科维奇重申,乌加入世贸组织及与美缔结双边贸易协定的意愿不变。美方提出了一系列具体问题:乌方仍未能有效保护美国的知识产权,保护可视媒体的立法尚未兑现,对于盗版产品要进行更严厉的打击;对美国禽肉进口的障碍也未消除等。④最后,亚努科维奇会见了国务卿鲍威尔,重申乌希望把双边关系提高到新水平。鲍威尔对乌在伊拉克的合作表示感谢,并称,美方也希望有一个正面的双边关系,此次高规格接待总理就是一个证明。鲍威尔强调 2004 年公开、自由和公正的总统选举的重要性。亚努科维奇回答说,他懂得国务卿的信息,了解一个民主的选举过程中"我们的责任",并称,乌从过

① Steven Pifer, *The Eagle and the Trident*, p.240.

② Olexiy Haran and Rostislav Pavlenko, "The Paradoxes of Kuchma's Russian Policy," September 2003, http://www.ponarseurasia.org/sites/default/files/policy-memos-pdf/pm_0291.pdf.

③ Steven Pifer, *The Eagle and the Trident*, pp.241—242.

④ Steven Pifer, "Ukraine Future and U.S. Interests," Testimony Before the House International Relations Committee, Subcommittee on Europe, May 12, 2004, https://2001-2009.state.gov/p/eur/rls/rm/32416.htm.

去两年乌美关系的“中断”中得到教训，希望对美关系具有新的质量，成为乌融入欧洲和北约的一部分。美驻乌大使帕斯库阿尔也称，这段时间的美乌关系“是乌独立以来最困难的，互信被销蚀了，机会丧失了”。①

有一个事例对于说明西方与俄在乌的争夺是非常典型的。美国国际贸易署和欧盟不顾俄方反对，拨出专款研究了从敖德萨到乌克兰西部城市布罗德的输油管道项目，把里海的石油运到中欧进行炼制，以减少欧洲对俄石油的依赖。但俄罗斯仍要通过俄方管道来输送尽可能多的里海油气。乌克兰于2001年年底完成了上述管道建设，但通过管道运输石油需要与供货方、受货方和过境国家都达成协议，这些工作远没有做好。乌官方支持从敖德萨到布罗德的运输，在2003年3月的一次三边会上，乌副外长沙姆舒还强调，乌有兴趣进一步把油管延伸到波兰的普沃茨克，再延伸到格但斯克的炼油厂。波兰支持这个方案，但提醒乌方，要算一算经济账。没过多久，4月，亚努科维奇就宣布，乌方不能让油管总是空着，看来，只好让油管向反方向输油了。这对美国雪佛龙—德士古公司是一个打击，该公司代表到了基辅，但是乌政府没有指定代表与该公司谈判条件。在10月亚努科维奇访美时，输油管道问题是美乌双方讨论的议题之一，切尼说，乌克兰决定从布罗德的“友谊”输油管道往敖德萨输油，这条管道就不能输送里海的石油去中欧进行炼制了，切尼对此表示不满。在美国压力下，2004年1月乌内阁决定，还是从敖德萨向布罗德输油，但乌一直未能与里海石油供货方达成输油协定，管道一直空着，直到2004年年中。于是俄乌达成从布罗德向敖德萨输油的协定，俄将其原油从这条管道运到敖德萨，再在那里装船运到地中海外。管道失去了西方原来设想的把乌克兰整合进欧洲能源网，并使乌克兰能源来源多元化的意义。②

第二节　美介入2004年乌大选与“橙色革命”

一、俄、美关注乌大选

当波罗的海三国和部分东欧国家先后加入北约后，乌克兰是俄罗斯地缘政治上的最后防线。俄罗斯早就表示，俄不能允许某些第三国以损害俄利益的方

① Steven Pifer, *The Eagle and the Trident*, pp.245—246; Carlos Pascual, “US-Ukraine Relations,” January 9, 2003, https://2001-2009.state.gov/p/eur/rls/rm/2003/16844.htm.

② Steven Pifer, *The Eagle and the Trident*, pp.190—191, 245—246, 257. 2011年后情况发生变化，管道改为从敖德萨往布罗德运输里海的石油。

式在独联体地区开展活动,并试图将俄从该地区排挤出去。①

鉴于2003年格鲁吉亚"玫瑰革命"的教训,俄对乌2004年选举采取了若干防范措施。乌对俄战略利益的重要性远超过格。2004年7月库奇马选定亚努科维奇为其接班人后,俄实行双管齐下,一方面,派遣最好的公关专家往乌,为亚努科维奇进行助选;另一方面,又在政治和经济上作出若干让步,使乌民众认识到对俄合作的重要性。②在选举期间,普京又多次访乌,以示对亚努科维奇的支持。

美国对乌选举的关注和举措远非俄罗斯可比。2004年,美国拨出1 000万美元"赞助"乌选举,用于改善选举过程和管理,支持独立的媒体,监督选举及加强政治实体;支持与选举有关的非政府组织活动;进行选举教育与动员。③

6月28日至29日在伊斯坦布尔将举行北约峰会。鉴于乌方一直希望会晤美总统,美方提出,北约与乌在哪一级别举行会晤将在很大程度上取决于乌在上半年对选举的准备情况。乌官员表示对北约"成员国行动计划"感兴趣,行动计划如果达成,则将标志乌朝着正式成员进了一步。美方称,这取决于2002年布拉格行动计划的执行情况,以及乌对大选的准备。2004年1月中旬,乌前外长、总统顾问兹棱科访问美国,他在与美助理国务卿琼斯及助理国务卿帮办皮弗的会晤中说,乌将在民主化和与北约关系两方面都竭尽努力,非常希望在伊斯坦布尔能举行北约—乌克兰峰会。琼斯说,美国对此尚未作出决定,乌方的正面行动,如良好的选举过程,候选人在媒体上得到充分展示,避免滥用行政资源支持特定候选人等,都将是美作出决定要考虑的因素。兹棱科提出了与华盛顿建立"热线联系"的建议,遭琼斯拒绝,但她表示很高兴与来访的乌官员会晤,美国驻乌使馆与乌方的联系渠道也是畅通的。④

2月,美国与欧盟一起拟定了一份文件,向乌提出民主改革和选举改革的具体要求。2月中旬,美跨部门乌克兰工作小组再次举行会议讨论对乌政策,强调乌必须在文件所列举的各个方面采取正面举措。美国官方和非官方渠道双管齐下,加强要求乌实施民主的信息。前国务卿、时任全国民主基金会主席的奥尔布赖特于2月中旬访问基辅,她在会晤库奇马时强调民主的总统选举对于库奇马的政治遗产的重要性。她还语带威胁地说,乌领导人应该知道,如果选举中出现舞弊行为,"他们融入西方机制的速度就会放慢,他们的银行账户、签证特权都会受到损害"。⑤3月25日至26日,美副国务卿阿米蒂奇访问乌克兰,他是三年中

① 伊·伊凡诺夫:《俄罗斯新外交》,陈凤翔等译,第73页。

② Angela E. Stent, *The Limits of Partnership*, p.112.

③⑤ Steven Pifer, *The Eagle and the Trident*, pp.248—249.

④ Steven Pifer, *The Eagle and the Trident*, p.248.

访乌的美方最高级别官员。他向库奇马递交了布什总统的信件。布什在信中感谢乌在伊拉克战争中所提供的帮助，强调自由、公正的选举对美乌关系至关重要。阿米蒂奇也赞扬乌对伊拉克战争作出的"杰出贡献"，认为乌克兰派出稳定部队对于全球安全是"非常重要的"，感谢库奇马的"勇敢决定"，并表示美愿与乌建立"十分有效的关系"。但他谈话的重点是即将举行的选举，对于乌克兰关闭或威胁关闭乌独立电台——因其转播美国的自由电台节目——表示关注，并要求乌政府在大选前停止利用行政资源和税收政策去阻挠反对派的政治活动。访问结束时，阿米蒂奇在记者会上公开宣布，"如果乌能举行一次公正、自由、公开和民主的选举"，美国将能发展对乌政治关系，并称，美乌之间缺乏高层对话，"原因之一是美方对乌是否真正致力于民主抱有怀疑"。他要求乌政府"保证在总统选举中民主地移交权力"，并称这是改善恶化的美乌关系的一个前提条件。阿米蒂奇一行还会晤了反对派候选人尤先科等。①

美国的诸多非政府组织有计划地介入了此次选举。2003 年，美国律师协会在美国国际开发署的资助下通过其下属的"中欧与欧亚法律倡议"(CEELI)发起并实施了一个名为"在乌克兰选举中帮助法官、律师、选举官员和民众"的项目，美国最高法院前大法官桑德拉·奥康纳(Sandra O'Connor)积极参与了该项目。项目为乌克兰的法官开办了"司法在民主选举过程中的作用"的系列讲习班，乌最高法院的每一位法官都在讲习班中接受了培训。在选举前两个月，美国律师协会还举办了 10 次"选举立法及其应用"的地区培训班，每次都有约 70 位法官出席。后来的事态表明，律师协会的这些工作在选举中发挥了重要作用。在需要这些法官作出裁决时，美国律师协会已经为他们做好了理念和知识的准备。"中欧与欧亚法律倡议"项目还致力于教育和影响乌选民，包括开办讲习班，在媒体上发表公开声明，鼓励选民积极投票等。它还注册了一个热线，鼓励选民报告选举中的不正常现象。在第二轮选举当天通过热线进行报告的就达 7 000 多人次。"中欧与欧亚法律倡议"项目称，在第二轮选举中至少有 10%的选民的选举权遭到剥夺。②

欧盟与美国平行地采取行动，美驻乌大使赫布斯特(John Herbst)与欧洲各国大使密切接触，就如何发出一致的要求民主的信息保持沟通。西方明确地把赌注下在尤先科身上，他们相信，如果美国或者欧洲外交官在场，尤先科在竞选活动中遇到的麻烦和骚扰就会少些。于是，美欧各国使馆进行协调，确保在尤先

① U.S.-Ukraine Business Council, "Action Ukraine Report," Year 2004, No.47, http://www.usubc.org/AUR/aur4-047.php; Steven Pifer, *The Eagle and the Trident*, p.249.

② Natalie Prescott, "Orange Revolution in Red, White, and Blue: U. S. Impact on the 2004 Ukraine Election," 2006, https://scholarship. law. duke. edu/cgi/viewcontent. cgi? article = 1112&context=djcil.

科到外地进行竞选活动时,必定有西方外交官跟随观察,实际是给他当"保镖"。赫布斯特还经常召集在乌的美非政府组织的会议,交流情况,讨论选情。①

美驻乌使馆向国务院报告了乌选举过程中的种种问题:一些批评政府的媒体遇到了税收和营业执照问题;美国的自由电台在运行五年之后被关闭了;尤先科与反对派的集会遭到骚扰,或者难以找到会场;上百家企业因为支持反对派而遭到税务警察的滋扰等等。4 月 18 日在乌西部城市穆卡切沃的市长选举中,有组织的暴徒攻击选举观察员,捣毁投票站,偷走票箱。官方的计票将 6 000 张至 19 000 张拥护反对派的选票认定为不合格选票。4 月,皮弗再访乌克兰,他在与乌各级官员的会晤中无一例外地强调民主选举的重要性,并提出美方拟定的乌政府为消除西方关切应采取措施的清单,如:立即邀请欧安组织长期观察组进入;在国家电台广播自由电台的节目;停止对支持反对派候选人的商户进行税务检查;停止对反对派政治活动的骚扰;为国内非政府组织对选举的监督提供法律基础等。皮弗与赫布斯特向乌方强调了这些要点,乌方官员也一再就此作出保证。皮弗与赫布斯特会晤了亚努科维奇及反对派候选人尤先科等。尤先科问皮弗,美是否因乌向伊拉克派兵减轻了在民主问题上的对乌压力。皮弗予以否认,称美在民主问题上对库奇马施加了强大压力。尤先科还说,反对派正在试探让库奇马"平稳退休"的可能性,即豁免对他进行任何指控,以换取自由和公正的选举;并称,波兰总统克瓦涅夫斯基可以作为国际担保人。皮弗与赫布斯特还与反对派领导人讨论了具体的选举策略。②

5 月 13 日至 17 日,布热津斯基访问了乌克兰。他会晤了库奇马、亚努科维奇和其他政府官员,还在具有强烈宗教色彩、亲西方的国立科学院大学发表演讲,接受电视采访,在各种场合敦促乌克兰像波罗的海三国和波兰那样创造条件,融入欧盟,而不要等着欧盟来请它。他同样强调了 2004 年"自由、透明、公开、合法的大选"对乌实行民主的重要性,并称乌如何举行这场大选将表明乌在多大程度上是一个现代的民主国家。他还指责俄、乌、白、哈四国统一经济空间,称它会妨碍乌克兰融入欧盟。③

5 月下旬,前总统乔治・布什访问了乌克兰。他在与库奇马的会晤中代表现任总统乔治・沃克・布什感谢乌在反恐和向伊拉克派出维和部队方面对美国

---

① Steven Pifer, *The Eagle and the Trident*, p.250.

② Steven Pifer, *The Eagle and the Trident*, pp.251—253.

③ Zbigniew Brzezinski, "Ukraine is neither a pawn nor a queen but a very important figure," May 18, 2004, https://day.kyiv.ua/en/article/day-after-day/zbigniew-brzezinski-ukraine-neither-pawn-nor-queen-very-important-figure; Roman Woronowycz, "Brzezinski's Advice in Kyiv: Make the EU Want Ukraine as a Partner," May 23, 2004, http://www.ukrweekly.com/old/archive/2004/210401.shtml.

的支持，敦促乌确保秋天举行一次自由和公正的选举，加强法治，“发挥民主进程的魅力”，以实现更紧密地融入欧洲和西方的目的。亚努科维奇总理在会晤他时希望深化与美国的相互理解，希望美国结束对乌使用《杰克逊—瓦尼克修正案》，承认乌的市场经济地位。布什还会见了尤先科等反对派领导人，并称：这个政治进程中的各党派都要致力于开放、透明和民主的总统选举。欧洲的整个架构对此有十分清晰的立场和期待，美乌关系也取决于此。他还在国立舍甫琴科大学发表演讲，强调自由的选举和民主化是乌融入欧洲—大西洋共同体的先决条件。①

5 月 12 日，皮弗在美众议院国际关系委员会作证，他表示，政府认为当前美乌关系中唯一重要的问题是乌的总统选举，而这方面的情况并不令人满意。

6 月 21 日，鲍威尔接见乌大使赫赖先科，会晤的主题很明确：乌能否确保举行一次自由和公正的选举？赫赖先科希望此次选举比以往的选举进行得好些，并称，乌多数人认为，美国感兴趣的是谁赢，而不是选举的过程。鲍威尔反驳说，美国感兴趣的是选举过程，乌应当为一场自由的公正的选举创造良好氛围。次日，美大使赫布斯特会见了库奇马总统，再次就民主和选举进言。会晤后他向国务院报告说，谈话进行得颇为艰难。②

离伊斯坦布尔的北约峰会不到一星期了。布什政府跨部门乌克兰工作小组认为，乌克兰没有为举行北约与乌克兰的峰会做足够多的事情。鲍威尔尽管同意这个结论，他仍然支持举行北约—乌克兰峰会，鉴于美国遇到的种种问题，他不希望美乌关系成为美国的又一难题，尤其是要防止乌从伊拉克撤军。白宫也不反对北约—乌克兰峰会，于是峰会定于 6 月 29 日举行。

北约 28 日发表的公报中关于乌克兰说道：“我们欢迎乌克兰寻求完全融入欧洲—大西洋体系。在此背景下，我们重申取得持续不断和显著的民主改革进步的重要性。我们鼓励乌加快实施在北约—乌行动计划中所列出的目标，特别是关于举行一次自由和公正的选举，保证媒体的自由……我们决心在这些方面支持乌的努力，同时要指出，进一步加强双方的关系需要乌方显示致力于全面改革的强有力的证据，尤其是今年秋天即将举行的选举。”③

公报要求北约各国驻乌使团注意观察乌大选并适时作出评估，在乌大选后向各自的外长提出建议。

① Taras Kuzio, “Former US President Bush Visits Ukraine,” May 25, 2004, https://jamestown.org/program/former-u-s-president-bush-visits-ukraine/; U.S.-Ukraine Business Council, “Action Ukraine Report,” 2004, No.85, http://www.usubc.org/AUR/aur4-085.php.

② Steven Pifer, *The Eagle and the Trident*, p.254.

③ NATO Press Releases, “Istanbul Summit Communique,” June 28, 2004, https://www.nato.int/docu/pr/2004/p04-096e.htm.

北约秘书长夏侯雅伯在同日的记者招待会上又对乌在民主化方面的不足之处公开提出批评,并在次日的北约—乌克兰峰会上重复了这种批评。他说:

> 乌克兰既然接受了行动计划,就是对作为联盟基础的价值观作出了坚定的承诺。但在履行这些承诺方面还存在着许多严重问题,这不是什么秘密……比如在媒体的自由、自由与公正的选举方面都还有严重的问题。①

伊斯坦布尔峰会后,美国对乌的关注聚焦到一件事上:总统选举。美官员利用一切机会对乌施加压力,反复强调乌要举行一次自由、公正和透明的选举。库奇马当政的十年,是政局逐步走向失控的十年。尤其是执政后期由于治理不善,经济萧条,腐败猖獗,丑闻不断,寡头政治横行,民众对库奇马及各个政党的政治人物都不大信任。2000 年的一次民调要求对乌当时有影响的政治家作一个排序,结果没有一位得到的信任票比不信任票多。问卷中还可以填写"你到底信任谁",结果将近一半的受访者在那一栏填了"上帝"。足见乌克兰选民对政界人士的普遍失望情绪,他们渴望变革,渴望有新鲜的力量引导乌克兰走上正轨。②

二、乌大选进入倒计时

2004 年 9 月 20 日,当乌选举委员会结束候选人登记时,共有 26 人进行了注册,其中最有竞争力的是前任总理尤先科和现任总理亚努科维奇。尤先科不赞成总统在西方与俄罗斯之间搞平衡的做法,他也把俄罗斯视为"战略伙伴",希望与俄保持良好关系,但认为融入西方较之参与俄领导的一体化努力是更优先的选择。他希望乌能在 2005 年加入世贸组织并与欧盟建立自贸区,争取 2007 年成为欧盟成员国。尤先科也表示乌最后要加入北约,但那不是当务之急。③2001 年 4 月,在议会通过对政府的不信任案后,尤先科辞职,着手创建右翼政党联盟"我们的乌克兰"。④尤先科的支持力量主要是西部和中部地区选民,他是西

---

① "Introductory Remarks by NATO Secretary General, Jaap de Hoop Scheffer at the Meeting of the NATO-Ukraine Commission at the Level of Heads of State and Government," June 29, 2004, https://www.nato.int/docu/speech/2004/s040629a.htm.

② 孙壮志:《乌克兰危机的历史根源和走势分析》,2014 年 12 月 10 日,http://www.71.cn/2014/1210/791948.shtml。

③ Steven Woehrel, *Ukraine's Orange Revolution and U.S. Policy* (CRS Report for Congress), April 1, 2005, "Summary", p.3.乌民意对加入北约的支持度一直较低,一些观察家认为,要在 2006 年 3 月乌议会选举之后才可能大力推动加入北约。相关民调见本书第 376 页。

④ 皮弗认为,尤先科懂得乌克兰需要改革,而且有改革的想法,但他缺乏管理的技巧,也没有表现出与议会打交道的政治才干,而这个派别众多的议会不乏乐于看到尤先科失败的有影响的代表。Steven Pifer, *The Eagle and the Trident*, pp.201—202.

方最中意的乌政治人物,得到美欧的普遍支持。美国非常希望尤先科能赢得选举,开启乌改革的新时代,开启乌与西方关系的新局面。只有一件事让美国有点担心:尤先科在竞选中批评向伊拉克派兵是"为了换取美国容忍乌的反民主行为",并称"我们不想以窒息乌民主为代价来换取恢复伊拉克的民主",还许诺要从伊拉克撤军。其实他这么说,是因为库奇马向伊派兵在乌是不得人心的,80%的民众支持从伊撤军。①尤先科的说法不过是选举辞令。

库奇马中意的候选人是亚努科维奇。他来自东部顿涅茨克州,该州是乌克兰人口最密集、经济实力最强的地区,有许多大工业企业,俄罗斯族人占了多数。亚努科维奇曾任该州州委书记,在当地很有影响,该州各级官员大多是他的门生故旧,他的基本盘是东部和南部地区的选民。他的政见与库奇马吻合,也得到俄罗斯的支持。库奇马当初任命他为总理,也有着眼于来年选举的意思。

临近选举,诸多国际观察员对选举准备过程中的种种不当行为进行了广泛报道和批评,诸如滥用行政资源支持亚努科维奇,骚扰尤先科的支持者,对媒体的不公平待遇,为尤先科的竞选活动设置障碍,制造交通事故等。9 月 5 日,尤先科居然遭下毒。他在 9 月大部分时间用于治疗,当他 10 月重新参加竞选时,不仅面容被毁,体力也不如从前了。

美方继续向乌克兰表示对其总统选举的关注。8 月中旬,拉姆斯菲尔德防长访乌,给库奇马带去了布什总统的口信:布什对乌 8 月 24 日的独立节表示祝贺,并强调"举行一次自由、公正和透明的选举"的重要性,希望库奇马"把你尊贵的办公室交给代表乌克兰人民民主选择的那个人"。库奇马向美防长保证,乌克兰融入欧洲和欧洲—大西洋共同体的目标没有改变,与美国结成战略伙伴关系的立场没有改变。乌防长则重申,乌将继续保持在伊拉克约 1 600 人的维和部队。②

10 月 7 日,美大使赫布斯特再次向乌方表示,美国准备与乌大选产生的任何领导人一起工作,但重要的是,"选举过程必须是诚实的公开的"。10 月 14 日,国务院发言人鲍润石又发表声明称,乌大选的准备过程没有达到自由、公正和透明的要求,美对其中的一些现象深表失望,"搅乱反对派的集会,禁止独立的媒体发声,滥用行政资源,以及其他种种严重的违规行为使乌政府关于民主义务的承诺蒙受了阴影",声明警告说,如果选举没有达到民主的标准,美国将"重新

① Olekandr Sushko, Dmitri Trenin, "Russian Ukrainian Relations," May 24, 2004, https://carnegieendowment.org/2004/05/24/russian-ukrainian-relations-event-708; U.S.-Ukraine Business Council, "Action Ukraine Report," Year 2004, No.155, http://www.usubc.org/AUR/aur4-155.php.

② U.S.-Ukraine Business Council, "Action Ukraine Report," Year 2004, No.140, http://www.usubc.org/AUR/aur4-140.php.

审视我们与那些卷入了选举丑闻和权力滥用者的关系”。①

一些欧洲国家也对乌选前的一些现象提出批评。10 月 22 日，波兰议会通过一项决议，呼吁乌政府确保选举符合民主标准。27 日，欧盟各国驻乌大使发表集体声明，指出了选举准备过程中的不当行为，呼吁政府遵守民主要求。28 日，欧洲议会通过一项决议，表示它对乌选举准备过程中存在问题的关切。

俄罗斯则公开支持亚努科维奇。7 月 26 日，普京会晤库奇马，阐述他对乌大选的看法。俄方为支持亚努科维奇也采取了一系列措施：俄罗斯石油公司(Gazprom)等为亚努科维奇提供竞选经费；莫斯科的一位“政治技术专家”巴甫洛夫斯基在基辅成立了一个“俄罗斯俱乐部”，目的就是要支持亚努科维奇，批评尤先科；俄还在乌东部地区的一些电台进行系统广播，为其造势。10 月 9 日，库奇马和亚努科维奇访俄，普京盛赞俄乌关系。10 月 26 日至 28 日，普京又访问了基辅，名义上是出席基辅在反法西斯战争中得到解放 60 周年，实际上是为亚努科维奇造势。普京发表了长篇演讲，赞扬双边关系和亚努科维奇作为总理所做的工作，演讲在乌电视台得到广泛的播放。②

三、“橙色革命”

在 10 月 31 日的第一轮选举中，尤先科和亚努科维奇是得票最多的两位候选人，但两者得票均略低于 40%。根据乌的相关规定，11 月 21 日将举行第二轮投票，在两者中决定胜负。双方在这三个星期中全力相拼。亚努科维奇与库奇马在克里米亚的刻赤会晤普京，给亚努科维奇又一次出镜机会。美大使赫布斯特则认为，乌议会发言人弗拉季米尔·里特维延是可以争取的力量，于是迅速安排他访问美国，会晤了国家安全事务助理赖斯和参议员卢格等政要。他们对他反复强调了自由和公正的选举过程的重要性。③

卢格参议员赴乌实地观察第二轮选举，并带去了布什致库奇马的信。布什在信中语带威胁地说：“一场有污点的选举将使我们重新审视我们与乌克兰的整个关系。”④卢格在库奇马、亚努科维奇、尤先科和中央选举委员会之间往返游说，要求举行一场干净的选举。

---

① Steven Woehrel, *Ukraine's Presidential Elections and U.S. Policy* (CRS Report for Congress), December 1, 2004, p.4.

② Steven Pifer, *The Eagle and the Trident*, p.266.

③ Steven Pifer, *The Eagle and the Trident*, p.268.

④ Allison Smith, “International Actors in Ukraine's Revolution to Democracy from 2004—2014,” April 2015, https://www.drake.edu/media/departmentsoffices/international/nelson/INTERNATIONAL%20ACTORS%20IN%20UKRAINE%E2%80%99S%20REVOLUTION.pdf.

第二轮选举于11月21日举行。国际观察员报告了许多不正常现象，诸如对缺席投票系统的滥用，计票作假，使用假票；投票者在投票站外遇阻；重复投票，有的选区的投票率超过了100%；一些国际观察员被拒于投票站外，等等。23日初步的计票结果是，亚努科维奇得票率为49.53%，尤先科得票率为46.66%。这一结果引起美国和西方国家的不满，认为中央选举委员会操纵了投票率和投票总数。22日，欧安组织观察团就此发表了一个报告，卢格也发表声明说："现在很清楚，选举当天发生的舞弊和权力滥用行为是一个统一组织和强制实行的计划"，是政府行为。他强调，即使现在，库奇马总统"仍然有责任和机会来举行一场选举以产生公正和负责任的结果"。①

尤先科的支持者拒绝接受选举结果，开始在基辅和西部城市举行示威游行，抗议"被偷走的"选举。②赫布斯特大使要求乌当局避免对抗议者进行镇压，并敦促选举委员会不要正式宣布亚努科维奇胜选，否则美国将公开抨击选举。23日，白宫发表声明，称"对广泛、可靠的对舞弊行为的指控"表示关切，并敦促选举委员会在对有组织的舞弊行为进行调查并解决问题之前不予确认选举结果。23日晚，尤先科宣布自己赢得了大选。24日晚，中央选举委员会宣布亚努科维奇胜选。鲍威尔认为事关重大，美国不能袖手旁观。他立即来到国务院新闻厅，发表了一份强硬声明，称："我们不能接受此次选举结果是合法的，因为它不符合国际标准，因为对于许多已经报道的舞弊和权力滥用行为尚未进行调查。"他要求对选举行为和计票情况进行全面审查，并称，"是时候了，乌克兰领导人该决定他们是否站在民主一边，他们是否尊重民意"，"如果乌政府不立即采取负责任的行动，那在美乌关系中是要付出代价的，在乌希望融入欧洲—大西洋共同体问题上是要付出代价的，那些该对舞弊行为负责的人是要付出代价的"。他要求乌领导人立即宣布选举结果无效，邀请独立委员会对舞弊行为进行调查，并保护抗议群众。③美国如此迅速、如此强硬地发声，而且是国务卿亲自出面，而不是由发言人代言，在美是不多见的，在乌确实引起强烈反响。

26日，布什总统发表声明，语气比鲍威尔的声明略显缓和，称乌选举的有效性"是可疑的"，并警告，"国际社会正在密切注视"乌政府"对关于选举作假的报道"作何反应。27日，由波兰总统克瓦希涅夫斯基和欧盟外交政策高级代表

---

① Steven Woehrel, *Ukraine's Orange Revolution and U.S. Policy* (CRS Report for Congress), April 1, 2005, p.10.

② 尤先科阵营以橙色作为代表颜色，橙色的栗子花是基辅的市花。抗议者的旗帜、头巾、围脖等都是橙色的，故称为"橙色革命"或"栗子花革命"。

③ William Branigin, "U.S. Rejects Tally, Warns Ukraine," November 25, 2004, http://www.wheresthepaper.org/WashPost11_25USrejectsTallyWarnsUkraine.htm.

索拉纳率领的欧盟代表团抵达基辅，波兰总统警告库奇马，倘若发生流血事件，他和索拉纳就会立即在布鲁塞尔举行一次大型的记者招待会，指控库奇马挑起内战。11月29日，鲍威尔在与库奇马、俄外长拉夫罗夫通电话中强调，美国支持当前危机的和平解决办法，自然要尊重乌领土完整。①12月2日，布什总统再度发表声明表示，“我们将继续观察，并继续介入鼓励和平解决问题的进程”。②

“橙色革命”爆发后，“新欧洲”国家，尤其是与乌相邻的以波兰为代表的中欧国家反应迅速，通过高层斡旋、派遣观察团、发表官方言论支持乌反对派。欧盟形成了统一的对乌政策，并发表声明，呼吁乌重新进行公正的选举。联合国发言人也呼吁“有关各方表现最大程度的克制，避免发表可能危害国家稳定的相互对立的声明”。在各方的压力下，乌议会于12月1日通过“不信任投票”，敦促最高法院介入。③

相关各方围绕着选举进行了一连串频繁的外交活动。库奇马与欧盟高级官员多次电话沟通，尤其是与波兰总统克瓦希涅夫斯基和欧盟高级代表频繁磋商，欧盟方面表示愿意帮助解决当前的事态；华盛顿也与欧盟官员进行商讨，布什与克瓦希涅夫斯基、鲍威尔与欧洲委员会主席巴罗佐进行了通话，助理国务卿琼斯、助理国务卿帮办特夫特(John Tefft)则与欧盟、波兰、荷兰(欧盟轮值主席国)官员进行反复、密集的电话商议。④美国和西方几乎是全体动员起来对乌施加压力，使乌总统选举这一本来纯粹的国内政治事件俨然成了一个国际纠纷。

俄罗斯也没有袖手旁观。在乌选举委员会正式公布第二轮选举结果之前，11月22日，普京就公开祝贺亚努科维奇赢得了选举，并警告西方不要干涉乌选举。24日，选举委员会公布了结果，波兰公开表示质疑，继续支持尤先科，前总统瓦文萨亲自到抗议者中间表示支持。12月2日，库奇马飞往莫斯科会晤普京，急商对策。普京认为重新选举是荒谬的，并问：重新举行第二轮选举不会有什么结果。你们打算举行第三次、第四次，也许是第二十五次选

---

① Steven Woehrel, *Ukraine's Presidential Elections and U.S. Policy*(CRS Report for Congress), December 1, 2004, p.5；安格斯·罗克斯伯勒：《强权与铁腕——普京传》，胡利平、林华译，第131页。

② Natalie Prescott, "Orange Revolution in Red, White, and Blue: U.S. Impact on the 2004 Ukraine Election," 2006, https://scholarship.law.duke.edu/cgi/viewcontent.cgi?article=1112&context=djcil.

③ 王庆平：《俄罗斯与乌克兰关系研究》，第144—145页；Natalie Prescott, "Orange Revolution in Red, White, and Blue: U.S. Impact on the 2004 Ukraine Election," 2006, https://scholarship.law.duke.edu/cgi/viewcontent.cgi?article=1112&context=djcil.

④ Steven Pifer, *The Eagle and the Trident*, p.271.

举吗？普京反对美国和欧盟对乌内部事务的粗暴干涉，指责美国为乌的抗议者提供资源，谴责美国推行“以漂亮的假民主的辞藻”包装起来的“专横的外交”。①

在西方支持下，尤先科带领其支持者包围了总统府，并与警察发生冲突，示威者建了一个帐篷城，一天24小时有人值守。乌克兰冬季严寒，美方为抗议者提供了食品、毯子、帐篷等大量生活物资和医疗服务，使抗议得以继续下去，并很快蔓延到全国各地。

在内外压力之下，乌克兰最高法院于12月3日宣布此次选举无效，并确定于12月26日重新举行选举。美国律师协会在选举前一年就为乌克兰的法官举办了司法在选举过程中的作用的讲习班，讲习班灌输的美国理念对这些法官进行裁决起到了作用。②乌最高法院作出重新选举的裁决后，普京表示他将与任何民主产生的乌领导人共事，并指责尤先科试图以武力夺取政权。12月7日在索菲亚举行的欧安组织外长会议上，俄罗斯阻止了会议通过支持乌最高法院裁决的声明。③

重新选举是在外国观察团的严密监视下进行的，共有13 000名观察员到达现场，许多是得到美国政府资助的。独联体也派出了观察员。选举结果是，尤先科获得52%的选票，亚努科维奇获44.2%，尤先科胜出。计票结果出来后，鲍威尔在国务院的记者会上称赞此次选举是“乌克兰民主的历史性时刻”，还邀请俄罗斯与美国一起来帮助乌克兰。他否认美国支持尤先科，称美国资助的一些非政府组织，如美国民主基金会只是帮助乌民众参加一次公开的自由的选举。实际情况当然并非如此。美尼克松中心主席德米特里·塞姆斯(Dmitri Simes)坦言：“我们不仅训练观察员，不仅培训乌克兰法官，我们还在公民表达不服从方面帮助他们。”④美国最高法院前法官奥康纳得意地宣称，乌克兰选举“是我们鼓励法治和独立的司法努力的一个胜利”。⑤尤先科在胜出后宣布：“在橙色革命以后，这个国家、这个民族已经发生了改变。我们现在不仅是一个独立的国家，而且是一个自由的国家。”⑥布什总统在2005年5月18日对华盛顿国际共和政体

① William Schineider, “Ukraine's Orange Revolution,” December 2004, https://www.theatlantic.com/magazine/archive/2004/12/ukraines-orange-revolution/305157/；安格斯·罗克斯伯勒：《强权与铁腕——普京传》，胡利平、林华译，第133页。

②⑤⑥ Natalie Prescott, “Orange Revolution in Red, White, and Blue: U.S. Impact on the 2004 Ukraine Election,” 2006, https://scholarship.law.duke.edu/cgi/viewcontent.cgi?article=1112&context=djcil.

③ Steven Woehrel, *Ukraine's Orange Revolution and U.S. Policy* (CRS Report for Congress), February 1, 2005, p.8.

④ “Powell, White House Hail Ukraine Election,” December 28, 2004, http://www.chinadaily.com.cn/english/doc/2004-12/28/content_403917.htm.

协会的讲话中说，从他当政以来，已经拨付了 46 亿美元用于支持世界各地的民主转型，政府要求在 2006 财年拨付 13 亿美元，包括给全国民主基金会的 8 000 万美元，比他当政以前该基金会的预算翻了一番。①

美国国会在乌选举中也决非旁观者。国会通过立法呼吁乌克兰进行“自由和公正的选举”，并要求政府警告乌方，选举作弊将对美乌关系产生负面影响。2004 年 7 月 22 日，参议院全票通过一项决议，指出乌竞选过程中违反欧安组织自由、民主选举标准的事例，并表示国会支持建立一个“民主的、实行自由市场经济的、在西方民主共同体中享有一席之地的乌克兰”。10 月 4 日，众议院通过类似决议，强调乌政府“在选举过程中的作为将是决定未来美乌关系的中心因素”。11 月 18 日，就在第二轮选举前夕，参议院又全票通过一项决议，反对乌领导人的选举舞弊行为，并“强烈鼓励”政府对策划和参与舞弊行为的人进行制裁，包括拒绝发放签证。在尤先科宣誓就职以后，参众两院分别于 2005 年 1 月 25 日、26 日通过决议，祝贺乌克兰致力于民主及以和平方式解决危机，承诺将继续帮助乌发展民主、自由市场经济和融入国际民主大家庭。②

四、“橙色革命”改变美俄关系

乌克兰“橙色革命”对乌克兰、俄罗斯、美国及美俄关系都具有重要意义。

它对乌克兰是一件大事。“橙色革命”激发起了亲西方的社会思潮，当选的尤先科结束了库奇马在西方与俄罗斯之间小心翼翼地寻求平衡的政策取向，推行激进的亲西方政策，加快了融入西方的进程。尤先科把与欧洲一体化作为对外政策的优先目标，致力于加入欧盟和北约，实际上将乌俄关系置于从属地位，即发展对俄关系以不影响乌融入西方为前提。乌克兰的一些非政府组织甚至想以“橙色革命”来影响俄罗斯社会，如一个重要的青年组织“帕拉”（“Pora”，意即“是时候了”）就表示了这样的意向。这样，在乌俄关系中又出现了一个新的复杂因素。③

“橙色革命”对俄罗斯是一件大事。首先，它改变了俄乌关系，使俄外交转入应对“橙色政体”的反俄政策的新阶段。其次，它使俄罗斯感受到了美国“推动海外民主”的巨大压力。俄罗斯对乌的“橙色革命”与对格鲁吉亚的“玫瑰革命”的

---

① George W. Bush, “Remarks at the International Republican Institute Dinner,” May 18, 2005. Online by Gerhard Peters and John T. Woolley, *The American Presidency Project*, https://www.presidency.ucsb.edu/node/214054.

② Steven Woehrel, *Ukraine's Orange Revolution and U.S. Policy* (CRS Report for Congress), April 1, 2005, “Summary”, p.10.

③ 王庆平：《俄罗斯与乌克兰关系研究》，第 80 页；Steven Woehrel, *Ukraine's Orange Revolution and U.S. Policy* (CRS Report for Congress), April 1, 2005, “Summary”, p.3。

感受是不同的。格鲁吉亚发生"玫瑰革命"时,俄还把它当作"偶然性的"个案,而且谢瓦尔德纳泽执政多年,治理不善,失去民心;美俄当时在格鲁吉亚也没有进行太多针锋相对的角力。"橙色革命"则不同,美国从大选前两年就如此关注,如此卖力,行政机构、国会、非政府组织全面动员,不达目的决不罢休,表明美国决意在俄的"近邻国家"、在俄后院与俄争夺影响力、主导权。布什政府,尤其是副总统办公室更日益把乌克兰及其他新独立国家看成是检验布什"自由议程"的试金石,①俄罗斯则把乌看作一个坏榜样,担心乌成为独联体的"领头羊",把类似"橙色革命"这样的"民主革命"输出到别的独联体国家,美俄在整个独联体的争夺出现了新的态势。俄大多数民众意识到,俄昔日在独联体的主导地位正像流沙一样不断地流失,失去独联体的悲观情绪在俄罗斯社会中扩散开来。而在大多数俄民众看来,俄丧失独联体的主导地位意味着失去俄罗斯的未来。②第三,"橙色革命"对俄罗斯来说预示了一种更大的凶险:美国和西方不会对俄罗斯发动类似的"颜色革命"吗?如果西方能鼓励乌克兰人走上街头颠覆政府,那么西方也能鼓励俄罗斯人这样做。这就威胁到了俄罗斯现行的政治制度的安全。克里姆林宫从"橙色革命"中吸取的一个最大的教训是,必须确保在俄罗斯绝不会发生类似的事情。从此,俄罗斯不再承认西方的政治经济制度的普世性,不再在外交上实行以妥协换取与美合作和稳定两国关系的方针,转而奉行不放弃对美合作同时又坚决捍卫俄核心利益的政策。③

"橙色革命"对美国的对外战略是重要的,它在美国政界、学术界被广泛视为在新独立国家实行民主化转型的一个突出成就,格、乌两国的"颜色革命"打开了通过黑海到南高加索的欧洲—大西洋第三轮一体化的前景,这是在原苏联的内圈的民主化浪潮。让中东欧锚泊在西方是一个巨大的战略成就。"橙色革命"提供了千载难逢的机会使西方得以把西式民主向东拓展数百公里,并把欧洲和欧亚的地图变得对自己更加有利。④

---

① Angela E. Stent, *The Limits of Partnership*, p.116.

② 郑羽、柳丰华主编:《普京八年:俄罗斯复兴之路(2000—2008)》外交卷,第 97 页。

③ 柳丰华:《梅普组合的外交战略》,第 80 页;Angela E. Stent, *The Limits of Partnership*, pp.116, 122。关于俄出台《非政府组织法》的情况见本书第 302—304 页。

④ Ronald Asmus, "Redrawing the Map of Europe: A Strategy for Integrating Ukraine into the West," in Joerg Forbrig and Robin Shepherd, eds., *Ukraine after the Orange Revolution*, German Marshall Fund for the United States, 2005, pp.88—90.新保守派理论家、美国单极世界狂热鼓吹者之一查尔斯·克劳萨默(Charles Krauthammer)认为,"乌克兰这一出剧目是冷战的简短的、怀旧的闪回……西方想要完成自柏林墙倒塌以来开始的任务,将欧洲的行军继续向东"。安德烈·齐甘科夫:《俄罗斯与西方:从亚历山大一世到普京》,关贵海、代惟静译,上海人民出版社 2017 年版,第 134 页。

“橙色革命”对美俄关系是重要的，它是这一时期两国关系的转折点。从9·11恐怖袭击以后，普京一直对美国和西方奉行现实的外交政策，通过刻意配合美国反恐、提供美国所迫切需要的帮助来改善对美关系，对西方的政治经济制度也采取了一种比较容忍的态度，试图为俄罗斯的发展创造良好的国际环境。“橙色革命”从根本上改变了俄罗斯的认知。俄罗斯深切感受到，美国为了推行西方的民主制度，拓展地缘政治利益，可以发动伊拉克战争来颠覆一个主权国家的合法政权，也可以通过街头政治，通过看似合法的手段，排斥异己，扶植亲西方的政治人物上台执政，挤压俄罗斯的战略利益。在这一方面，一些非政府组织甚至比政府更积极，如乔治·索罗斯的“开放社会”组织已为新独立国家推进民主进程投入了数十亿美元。

2006年6月普京在俄罗斯驻外使节会议上表示：“我们清楚记得人们曾呼吁苏联消除人员交流方面的障碍，也记得关于‘铁幕’的说法。然而奇怪的是，事到如今有人企图在目前的(国家)关系中设置新的‘幕’和新的障碍。不过却都在嘴上说欧洲不应当有界线。那就让我们一起来解决这些问题吧，如果我们的确都很真诚地想这样做的话。”①

第三节　后“橙色革命”时期

一、乌克兰外交转向

其实，对乌克兰本身来说，“橙色革命”并不具有多么了不起的意义。从独立以来，乌克兰一再修改国家宪法，政体摇摆于总统制、议会制、议会总统制之间，寡头政治横行，腐败猖獗，民众缺乏表达政治经济诉求和维护正当权益的合法渠道，“橙色革命”没有改变这种政治现实。

尤先科胜出后乌克兰政局并未就此稳定。在“橙色革命”中临时结合起来的各派领导人忙于争权夺利，“橙色阵营”内部丑闻不断，内讧迭起。尤先科2005年1月就任总统后，任命其主要盟友季莫申科为总理。季莫申科与国家安全与防务委员会秘书波罗申科(与亚努科维奇同属地区党)之间争斗不断，甚至互相公开指责对方贪腐。9月8日，尤先科以政府“缺乏团队精神”为由，解散了季莫

---

① Владимира Путин, Выступление на совещании с послами и постоянными представителями Российской Федерации в международных организациях. 27 июня 2006 г. http://www.kremlin.ru/events/president/transcripts/23669.

申科政府，任命其亲信叶哈努罗夫为总理。盛怒之下的季莫申科宣布其所在政党成为议会反对派，“橙色联盟”解体。尤先科在经济上进行“重新私有化”改革，国有资产再次大量流失，物价飞涨，民众收入严重缩水，经济陷入停滞。2005年年底的一项民调显示，57%的受访者认为，“革命”时许下的“橙色诺言”没有兑现，新领导人还是遵循他们前任的老路子。2006年1月，乌议会再起风暴。11日，议会趁尤先科出访之际，通过对现政府的不信任案，上任仅4个月的叶哈努罗夫政府倒台，乌再次陷入政府危机。①

2006年3月26日，乌进行“橙色革命”后首次议会选举，亚努科维奇的地区党和“季莫申科联盟”分别获得32%和22%的选票。经过几个月的争吵和讨价还价，各派政治势力终于在8月4日达成妥协，组成了左、中、右俱全的多党联合政府，由亚努科维奇出任总理。但这种妥协也不过是权宜之计。总统和总理政见不合，亚努科维奇政府因其在议会享有多数，得以逐渐销蚀总统的权力和政治影响力，政府和议会联合起来罢免总统任命的内阁成员，拒绝尤先科提出的替代人选；政府还拒绝执行总统的命令，把总统架空。没过多久，2007年4月初，尤先科又以议会多数票组成不合法为由签署命令，再次解散议会，并要求重新选举，但遭到议会和政府的抵制，亚努科维奇指责尤先科的命令违宪，呼吁政府和议会无视尤先科的命令，坚守岗位。乌政局再次陷入混乱和僵局。经过多轮谈判，主要政治势力再次达成妥协，在2007年9月30日举行了第五届议会选举，这也是一年多来的再次选举，“季莫申科联盟”与尤先科所在的“我们的乌克兰”得票超过议会多数，“二次橙色联盟”呼之欲出。12月18日，议会批准尤先科任命，季莫申科再次出任总理。亚努科维奇所在的地区党和其他反对派政党议员没有出席投票。②乌克兰混乱的国内政局使其外交政策变得同样混乱不堪，不同的政治力量力图把国家外交引向不同的方向，或者干脆置外交政策于不顾，而专注于国内的争权夺利。

“橙色革命”是乌克兰外交的“转向时刻”。尤先科当政后放弃了库奇马时期的“多矢量外交”政策，实行向西方“一边倒”方针，决定性地把融入欧洲—大西洋

---

① 冯玉军：《乌克兰危机：多维视野下的深层透视》，《国际问题研究》2014年第3期。根据尤先科在“橙色革命”期间与库奇马达成的修宪妥协，乌克兰政体从2006年1月1日起由总统—议会制改变为议会—总统制，在新体制下，除了外交部部长和国防部部长的任免外，总统直接提名和解散政府的权力被议会接管，包括总理的提名和罢免均由议会决定。在“季莫申科联盟”议员和亚努科维奇支持者及其他在野势力的共同推动下，不信任案轻松通过。新总理人选在两个月后由议会选举产生。江天岳：“向西，还是向东？”（第四章），《乌克兰变局真相》编写组编：《乌克兰变局真相》，新华出版社2014年版，第145页。

② Steven Woerel, *Ukraine*: *Current Issues and U.S. Policy* (CRS Report for Congress), June 23, 2008, pp.3—4.

结构作为外交的优先选择。①自然,尤先科仍希望保持稳定的对俄关系,首次出访就去了俄罗斯。但他不搞等距离接触,积极谋求加入欧盟和北约,希望以此取得如同波兰、匈牙利等中欧邻国那样的政治、经济发展。欧盟慷慨承诺帮助乌克兰融入欧洲,鼓励乌领导人追求民主,资助乌民主化计划,进行市场经济改革。2005 年 2 月,尤先科与欧盟签署"欧盟邻国政策"行动计划,并出席北约—乌克兰峰会,还在欧洲议会发表演讲。尤先科在 22 日的峰会上表示,"我们希望看到乌克兰既融入欧盟,也加入北约"。出席峰会的布什总统鼓励他说:"北约对那些履行义务的欧洲民主行为体打开了大门。我们坚决支持尤先科总统实现乌克兰与欧洲—大西洋更紧密一体化的挑战性努力","我们欢迎尤先科总统,同时要提醒他,北约是以实际表现为基础的组织,它的大门是敞开的。北约将帮助他"。②

4 月,乌克兰又宣布,关于俄罗斯主导的四国统一经济空间仅参加其架构下的自由贸易区,使俄发展该空间的计划搁浅。12 月,乌与格鲁吉亚等国发起成立"民主选择共同体",以促进独联体国家的民主化及与西方的一体化。乌克兰成了独联体内"西化"的先锋。③

布什总统 2005 年 1 月开启第二任期后立即与尤先科通话,赞扬"橙色革命""是一个强有力的例子——对全世界人民的民主的例子"。4 月初,尤先科访美,这是 5 年多来乌总统对美的首次访问,并受到热烈欢迎。前总统库奇马曾一再表示希望访美未能受到邀请,甚至跟布什总统在国际场合会晤一次都不可得。美方给予尤先科极高礼遇。布什在会晤中再次称颂"'橙色革命'是对所有热爱自由的人们的一个鼓舞",并表示欢迎乌加入北约的前景,但这不是北约的"赐予",乌需要自己努力来达到入约的要求。④尤先科在各个场合都表示希望与美建立"真正的战略伙伴关系",寻求美支持乌加入世贸组织、加入北约和欧盟。双方发表了题为《新世纪乌美战略伙伴关系议程》的联合声明,提出了一系列双边合作项目,包括:

——加强乌的民主机制;

① Am Daniel Fried, "Ukraine: Developments in the Aftermath of the Orange Revolution," July 27, 2005, https://2001-2009.state.gov/p/eur/rls/rm/50304.htm; Borys Tarasyuk: "Preface," in Joerg Forbrig and Robin Shepherd, eds., *Ukraine after the Orange Revolution. Strengthening European and Transatlantic Commitments*, Washington, D.C.: German Marshall Fund of the United States, 2005, p.7.

② Honor Mahony, "Ukraine Wants to Join NATO," February 23, 2005, https://euobserver.com/news/18480.

③ 王庆平:《俄罗斯与乌克兰关系研究》,第 142 页;柳丰华,《俄罗斯对乌克兰政策视角下的乌克兰危机》,《欧洲研究》2015 年第 3 期。

④ Joerg Forbrig and Robin Shepherd, eds., *Ukraine after the Orange Revolution*, p.13.

——乌寻求美承认其市场经济地位，支持乌加入世贸组织；

——美支持乌加入北约，强化与北约的对话；

——深化在防扩散领域的合作，包括出口控制、边境安全与执法；

——在社会、人道主义问题等方面加强合作，如抗艾滋病、打击有组织的跨国犯罪、贩卖人口等。美国将为切尔诺贝利核电站事故后续处理追加 4 500 万美元。①

尤先科还有幸受邀在国会发表演讲。他在演讲中呼吁国会帮助乌更深入地融入西方，并提出了八点具体希望，包括取消《杰克逊—瓦尼克修正案》，“推倒这堵墙”。美方响应了尤先科的呼吁，承认了乌的市场经济地位，2005 年下半年和 2006 年 3 月初，参众两院先后通过决议，对乌停止适用《杰克逊—瓦尼克修正案》；3 月初，美乌就乌加入世贸组织达成协议。2008 年 5 月，乌加入世贸组织。乌还承诺对于从美进口的信息技术和航空制品最终实现零关税，对美国的化工产品实行极低甚至零关税；乌也将在能源、金融与保险、通信及其他领域对美公司更加开放。尤先科只有一点使美方不满：他在 2004 年竞选中承诺到 2005 年年底从伊拉克撤军，他当选后不能不兑现。但这没有破坏美乌关系的整体气氛，尤先科还表示继续参加培训伊拉克军事力量的工作。②

“橙色革命”后还设立了“美乌双边合作小组”，由美乌两国各相关部门高级官员组成，以美国负责欧洲和欧亚事务的助理国务卿弗里德（Daniel Fried）为美方牵头人，负责监督上述“新世纪议程”的落实。

对乌克兰来说与西方关系和对俄关系是零和游戏，与西方关系改善了，对俄关系就出现了倒退、恶化。尤先科不断利用黑海舰队基地问题向俄发难。2005 年 5 月，尤先科提出提高俄黑海舰队租借塞瓦斯托波尔的租金问题。乌总统办公厅副主任马特维延科 12 月又表示，乌将按国际惯例重新考虑租金问题。2007 年 8 月，乌方借对俄黑海舰队设施进行清理之际又称，一旦盘点中发现先前“漏检”的设施和财产，即开始提高基地租金。2008 年年初，乌方又宣布，根据乌宪法作出决定，2017 年 5 月 28 日俄黑海舰队现行租赁期满后不再延期。8 月，正值俄格“五日战争”时，尤先科签发总统令，要求俄黑海舰队调动需提前 10 个工作日向乌国防部提出申请。俄外交部严厉谴责乌此举是违背《俄乌友好合作伙

① “Joint Statement by President George W. Bush and President Viktor Yushchenko of Ukraine. A New Century Agenda for the Ukrainian American Strategic Partnership,” April 4, 2005, https://www.govinfo.gov/content/pkg/PPP-2005-book1/pdf/PPP-2005-book1-doc-pg555.pdf.

② Brian Knowlton, “Ukraine President Visits Congress a Hero and Asks for More Help”, April 7, 2005, https://www.nytimes.com/2005/04/07/politics/ukraine-president-visits-congress-a-hero-and-asks-for-more-help.html; Steven Woerel, *Ukraine: Current Issues and U.S. Policy* (CRS Report for Congress), June 23, 2008, p.12.

伴关系条约》的"恶劣的反俄新举动"。但 2006 年 8 月就任总理的亚努科维奇却不像尤先科那样亲西方,一再表示俄是乌新政府的一个"重要伙伴",并称,现在乌大多数民众反对加入北约,"我们应尊重他们的意愿",他本人也反对乌加入北约。乌外长鲍里斯·塔拉修克也表示,乌不急于加入北约,"还要再考虑几年"。亚努科维奇甚至说,乌不急于加入世贸组织,乌新政府不想跑在俄罗斯前面加入该组织。为了显示新政府与俄主导的独联体的合作诚意,2007 年 10 月,乌补交了自 1993 年以来拖欠独联体 10 多年的会费。①

尤先科增进与北约关系的意愿得到北约的积极回应,2005 年 4 月,在立陶宛首都维尔纽斯举行的北约—乌克兰部长级会议发起乌加入北约问题的"强化对话"。对话基本上是以往乌与北约的年度合作计划的继续,但它是"成员国行动计划"的前奏,双方就与入约相关的政治、军事、财政及安全等方方面面的问题进行了广泛讨论,使乌在各方面逐渐接近、达到北约的标准。10 月 7 日,刚上任的乌总理叶哈努罗夫访问北约总部,与夏侯雅伯秘书长进行会谈。叶哈努罗夫表示了融入欧洲和北约的坚定决心。夏侯雅伯在会晤后的记者会上强调了三点:第一,北约的大门始终对乌敞开;第二,加入北约是一个"基于表现的过程",乌要进行一系列政治、军事改革,为加入北约创造条件;什么时间入约取决于乌的改革进展;第三,北约将致力于帮助乌进行改革,加强双方的合作,加速乌融入北约的进程。②尤先科在 2005 年 10 月 17 日访问英国时重申,"坚持加入欧盟和北约的目标不动摇,并希望加入北约的谈判于来年春天开始"。10 月 18 日至 20 日,夏侯雅伯率领北约 26 国大使集体访乌,举行北约—乌克兰委员会大使级例会、乌国家安全与防务委员会与北约理事会首次联席会议,将乌与北约的合作提升到新水平。23 日至 24 日,北约成员国防长与乌方在维尔纽斯举行磋商,着重讨论了双方深化防务合作、乌国防与安全机构改革,以及帮助乌达到入约标准等问题。2006 年,北约与乌开始讨论乌的北约"成员国行动计划",乌外长塔拉苏克信心满满地认为,乌加入北约不是能不能的问题,而是什么时候的问题。③

二、美竭力拉乌加入北约

布什政府在第二任期把北约扩容视为"推进民主议程的强大工具",④一如

---

① 赵鸣文,《普京大外交》,第 106—107 页。

② NATO, "Presspoint with Secretary General Jaap de Hoop Scheffer and Yuriy Yekhanurov," October 7, 2005, https://www.nato.int/docu/speech/2005/s051007b.htm.

③ 赵鸣文:《普京大外交》,第 132、364—365 页;王庆平:《俄罗斯与乌克兰关系研究》,第 83 页;Steven Pifer, *The Eagle and the Trident*, p.279。

④ George W. Bush, *Decision Points*, New York: Broadway Books, 2011, p.430.

既往强烈支持乌克兰入约。切尼 2006 年 5 月在立陶宛维尔纽斯对中东欧国家领导人的一次讲话中说："给波罗的海沿岸带来了如此巨大希望的体制也会给黑海岸边，甚至更远的地方，带来同样巨大的希望。在维尔纽斯被证实是正确的，在第比利斯、基辅、明斯克，甚至在莫斯科也都会被证实是正确的。"①但并非布什政府所有官员都对乌加入北约那么热心，如赖斯心里清楚，要实现乌克兰、格鲁吉亚两国入约难于登天。②

为了继续保持北约扩大的势头，主要为了支持乌克兰和格鲁吉亚入约，2007 年 4 月，美国《北约加强自由法》生效。其中特别说："格鲁吉亚和乌克兰表达了融入欧洲—大西洋共同体的愿望，特别是力求加入北大西洋公约组织。格、乌两国正为最终达到北约成员国标准而与北约成员密切合作"，美国将为两国入约提供经济和军事援助。③

但乌克兰的总统、总理在加入北约问题上各唱各调。2006 年 9 月中旬，亚努科维奇总理访问布鲁塞尔北约总部。他表示支持与北约的合作，但又称乌将中止寻求"成员国行动计划"的努力，"由于乌克兰的政治形势，我们必须暂停"。总理表态得到内阁支持，他们认为"成员国行动计划"将激怒莫斯科，而且国内支持率也偏低，北约是不可能向一个既缺乏民意基础又遭到内阁反对的国家提供"成员国行动计划"的。④2006 年 12 月初，亚努科维奇访问美国，会晤切尼、赖斯和其他美方官员，在国际与战略中心发表了演讲。他强调乌发展对美关系的兴趣，淡化了他与尤先科的分歧，表示他们在融入欧盟加入北约问题上的不同意见只是时间和策略的差别，并解释说，乌不急于加入北约，乌需要一些时间来向人民进行解释：乌将作出什么承诺，入约能使乌得到什么利益。美国驻乌大使泰勒（William Taylor）认为，这种说法是合情合理的，乌克兰民众有权了解加入北约的实质、由此带来的好处和应承担的义务，希望亚努科维奇能将在美所作的表态付诸实施，乌政府（包括总统和总理）发出统一的强烈的信息将使乌变得强大；如果他们发出不同的信息，外部世界就会

① White House, "Vice President's Remarks at the 2006 Vilnius Conference," May 4, 2006, https://georgewbush-whitehouse.archives.gov/news/releases/2006/05/images/20060504-1_v050406db-0132jpg-772v.html.参加此次会议的是波罗的海和黑海地区致力于民主转型的各国代表团。

② 康多莉扎·赖斯：《无上荣耀》，刘勇军译，第 571 页。

③ *NATO Freedom Consolidation Act of* 2007.美国国会是北约东扩的持久、热烈的支持者，通过了系列立法，包括 1994 年《北约加入法》、1996 年《北约扩大促进法》、1998 年《欧洲安全法》和 2002 年《所罗门加强自由法》等。

④ Steven Pifer, *The Eagle and the Trident*, p.282.

感到困惑。①

2007年7月9日,乌克兰与北约为建立特殊伙伴关系十周年发表联合声明,对这一有效合作机制予以肯定。7月9日至22日,北约与乌在敖德萨、尼古拉耶夫进行代号为“海上微风”的联合军演,有13个北约国家参加,目的是在维和行动中使多国部队按照统一的国际标准进行联合行动。②

“北约成员国行动计划”是北约在1999年为要求加入北约的中东欧国家设置的,这是从非成员到成员的一个必经之路。在第二次“橙色联盟”时期,乌克兰为在2008年4月北约布加勒斯特峰会上加入“成员国行动计划”表现出了巨大的热情,并采取了一些实际的改革措施。2008年1月,尤先科、季莫申科与议会主席亚采纽克联名致函北约秘书长夏侯雅伯,表达了在此次峰会上加入“行动计划”的强烈愿望。但议会中的反对势力仍然十分强大,民众的支持率依然不高,只有20%到25%的民众支持入约。3月6日议会通过决议,只有在全民公投中得到认可议会才能考虑加入北约。3月17日,尤先科、季莫申科再次联名致函夏侯雅伯及德国总理默克尔、法国总统萨科齐,重申乌加入“成员国行动计划”的愿望。③

北约内部在乌、格入约问题上一直存在意见分歧。以波兰为首的“新欧洲”国家与美国一起积极支持,而以德、法为首的“老欧洲”国家则态度谨慎。默克尔总理在2008年的一次电视讲话中说,想加入北约的国家不应单靠政治家们来推动这个进程,而应该是由该国大多数民众来推动。法国防长阿里奥马里也表示,北约的扩大不应该导致削弱北约的力量;在任何情况下都应该重视与俄罗斯的关系。显然,因布什政府决定在波兰和捷克部署反导系统导致北约对俄关系恶化的情况下,这些老欧洲国家不想因为乌、格入约问题而使对俄关系雪上加霜,毕竟它们都严重依赖从俄的天然气进口。④对于赞成乌、格入约者来说,这一问题成了对是否愿意看到俄在后苏联欧亚地区拓展影响的试金石。它们认为重要的不是这两个国家是否完成了必须的改革,重要的是在这关键时刻必须拥抱它们,并向莫斯科发出清晰信号:它必须后退。⑤

---

① US-Ukraine Business Council, “U.S. Ambassador on Ukraine PM's Trip to U.S. Interview with U.S. Ambassador William Taylor,” December 26, 2006, http://www.usubc.org/AUR/aur803.php.

② 王庆平:《俄罗斯与乌克兰关系研究》,第81页。

③ Steven Woerel, *Ukraine: Current Issues and U.S. Policy*(CRS Report for Congress), June 23, 2008, pp.4—7.

④ 这些国家从俄罗斯进口的天然气占各自国家的消费量分别是:德国42%,法国24%,英国16%,意大利28%,土耳其67%。王庆平:《俄罗斯与乌克兰关系研究》,第90—91页。

⑤ Samuel Charap and Timothy J. Colton, *Everyone Loses: The Ukraine Crisis and Ruinous Contest for Post-Soviet Eurasia*. Routledge, January 2017. p.87.

布什认定德国是乌、格入约的主要障碍，认为只要能把默克尔总理争取过来，其他成员的反对都好对付。默克尔曾公开表示："纠缠在区域或内部冲突中的国家不能加入北约。我们的联盟是为了保障集体安全的，成员国不能连自己的安全都搞不定。"布什在布加勒斯特峰会前与默克尔进行了几次视频讨论。据布什的顾问回忆，实际上美德两国关注的问题相仿：它们担心乌克兰执政缺乏连贯性，民众不支持加入北约。布什还给其他盟友打电话拉票。英国首相戈登·布朗表示支持美立场，法国总统萨科齐与默克尔看法类似，并提出要考虑俄罗斯的态度，不宜在乌、格"北约成员国行动计划"问题上操之过急。①

在 2008 年 4 月 3 日北约布加勒斯特峰会之前，美参众两院通过决议，支持乌格两国加入"成员国行动计划"。布什总统在去布加勒斯特途中特地造访了乌克兰，这是布什两届任期中对乌的唯一一次访问，非为别事，就是为乌入约造势。在与尤先科的联合记者招待会上，布什赞扬了乌在阿富汗、伊拉克和科索沃的贡献，称乌是唯一对北约的每一项行动均提供了支持的非北约国家。他也称赞了乌的民主改革和开放市场，承诺将继续支持乌惩治腐败。双方还签署了在诸多领域加强双边关系的路线图：诸如贸易和投资、能源安全、防卫合作、技术和空间合作等。布什重申对乌克兰、格鲁吉亚入约的支持，并称，俄罗斯对这两个原苏联国家的入约没有否决权，"支持乌克兰加入北约有利于北约每个成员国的利益，将能帮助推动本地区和世界的安全和自由"。布什还表示，认为美俄正进行一种交换：为取得俄对美在波兰和捷克部署导弹防御系统的认可而放弃支持乌入约，这是一种"误解"。布什说："你们国家作出了大胆的决定，美国坚决支持你们的雄心。在布加勒斯特，美国将继续支持你们。"他还说，他最近给普京打了电话，让普京不必为此担心，"北约是一个和平的组织，是帮助民主得以繁荣的组织。民主国家与俄罗斯比邻而居是一件好事。"②自然，普京不信那一套。

2 日的外长晚宴上讨论了峰会即将通过的文件，会上争论异常激烈，外长们甚至全然不顾外交辞令和礼节。当德国外长施泰因迈尔对乌、格加入"成员国行动计划"提出持保留态度时，波兰外长西科尔斯基喊了起来：该计划"事关我们的国家安全。你却跑来告诉我们，你们担心俄罗斯多于担心你的盟友"。他还提起了德国不光彩的往事：德国的所作所为使东欧国家遭受苏联统治长达

① 安格斯·罗克斯伯勒：《强权与铁腕——普京传》，胡利平、林华译，第 208—209 页。

② George W. Bush, "The President's News Conference with President Viktor Yushchenko of Ukraine in Kiev, Ukraine," April 1, 2008. Online by Gerhard Peters and John T. Woolley, *The American Presidency Project*, https://www.presidency.ucsb.edu/node/276976.

45 年之久。施泰因迈尔感到受了侮辱,认为这是他当外长以来最惨痛的一次经历。

3 日,美、英、德、法、波、罗等国领导人举行早餐会,美方原本想在早餐会上解决分歧,但没有成功。结果勉强拼凑了一个案文,说北约今后一段时间会与乌格两国保持"密切接触",至于"成员国行动计划"到 12 月再作评估。在峰会上,一些东欧领导人看了案文怒不可遏,称这离他们的希望"差得太远"。布什也极力为乌、格加入"成员国行动计划"进行争辩。虽然多数领导人赞成美国主张,但德、法两国领导人及其他少数国家的保留态度同样坚决,理由主要是两个:该两国国内支持太弱,俄罗斯的反制会很强烈。默克尔认为,格鲁吉亚是个腐败国家,她不信任格鲁吉亚人;而乌克兰的执政联盟简直是一团糟。北约在入约问题上实行的是一票否决制。最后总算商定了妥协方案:峰会公报强调了发展和深化与乌的战略伙伴关系,避而不提"成员国行动计划",只是笼统地说格、乌"将成为北约成员",这令很多观察家颇感诧异。①其实这只是北约给格、乌两国画的一个大饼,后来的事实也表明,北约将一次又一次给两国画饼。②

峰会决定正式邀请克罗地亚和阿尔巴尼亚加入北约,同年 7 月,北约成员国代表在布鲁塞尔签署两国的入约议定书。2009 年 3 月,北约各国均完成两国入约的批准程序。4 月 1 日,在专门举行的仪式上,两国把各自的入约文件交给美国国务院存放,冷战后北约的第三轮东扩完成。至此,北约成员国达到 28 个。

布加勒斯特峰会公报在乌引起复杂的反应。尤先科与乌政府对公报的表述表示欢迎(不知是真心还是出于礼貌),认为这是在乌入约路上的一个关键跳板。5 月,乌政府提出了《2008—2011 年北约一体化国家宣传计划》,决定每年投入 200 万美元用于入约的宣传工作,并在未来 4 年间推出 77 项宣传举措,真是不惜工本;同时表示,乌加入北约要通过全民公投。为了减少民众的不满,也为了降低俄方的反对,尤先科还承诺,乌加入北约后将不允许北约在乌设立军事基地,乌宪法禁止外国在乌建立军事基地,俄罗斯黑海舰队在乌基地是一个例外,

① NATO, "Bucharest Summit Declaration," April 3, 2008, https://www.nato.int/cps/en/natolive/official_texts_8443.htm; Steven Myers, "Bush backs Ukraine bid to join NATO," April 1, 2008, https://www.nytimes.com/2008/04/01/world/europe/01iht-prexy.4.11593095.html.

② 安格斯·罗克斯伯勒:《强权与铁腕——普京传》,胡利平、林华译,第 210—211 页。赖斯称,那天与北约各国外长的晚餐会是她作为国务卿经历过的言辞最尖锐、争吵最激烈的一次会议。康多莉扎·赖斯:《无上荣耀》,刘勇军译,第 573—574 页。2008 年 12 月 3 日至 4 日的北约外长会议上,也是七个老欧洲国家外长把乌、格挡在了"北约成员国行动计划"之外。

基地的租借2017年到期。①

亚努科维奇则赞赏峰会没有批准成员国行动计划，认为这是对尤先科政策的打击。亚努科维奇的地区党和共产党坚决反对加入该计划，并威胁要举行群众示威游行来表示抗议。乌国内错综复杂的政治形势对乌与北约关系影响极大。乌民众对加入北约的支持率一直不高。民调显示，2000年反对加入北约者占33.5%，2005年增至50.4%，2008年更增至55.9%，只有30.5%的人支持入约。为了牵制政府，乌议会于2008年3月6日通过一项决议，乌加入北约要由全民公投来决定取舍。3月18日，乌议会成立由共产党领导的"反北约议员团"，由58名议员组成，主张保持乌中立国地位。2009年4月7日，乌议长利特温在接见民众时指出，"必须考虑大多数反对乌加入北约的民众的意见，我们应该成为一个不结盟的国家，我们应该学会独立生活"，乌"加入北约会激化国内的矛盾"。②

2008年6月中旬，北约秘书长夏侯雅伯率北约各国防长访乌，举行北约—乌克兰委员会会议，还会见了乌非政府组织代表，到乌"记者"网站与网民进行在线交流。代表团成员还分赴乌东西部一些城市，参加当地举办的北约宣传活动。6月，北约与乌签署了关于乌加入北约空域监控体系谅解备忘录。北约还同意乌以"伙伴国"身份加入北约快速反应部队，使其成为首个加入该部队的非北约成员。③

7月14日至26日，在乌敖德萨、尼古拉耶夫再次举行代号为"海上微风—2008"的乌克兰—北约联合军演，16个北约国家的舰队、潜艇、运输机和直升机参加演习。但反对加入北约的乌民众对演习进行了抗议抵制。8月俄格"五日战争"爆发后，尤先科在接受英国《泰晤士报》采访时表示，宪法规定的乌克兰奉行中立立场已使乌陷入威胁之中，单个国家不能确保自己的安全。为此，尤先科在随后举行的独立纪念日阅兵式上呼吁，加入北约对乌国家安全至关重要，乌必须加倍努力，争取加入欧洲安全体系。④

三、俄坚决反对乌加入北约

美国拉乌入约的行径引起俄罗斯的强烈反应。乌加入北约对俄战略利益的影响是多方面的：乌将脱离俄的地缘空间，北约将进逼到俄罗斯的边界，俄将直

① Steven Woerel, *Ukraine: Current Issues and U.S. Policy* (CRS Report for Congress), June 23, 2008, p.7.

② 王庆平：《俄罗斯与乌克兰关系研究》，第84页。

③ 赵鸣文：《普京大外交》，第133页。

④ 赵鸣文：《普京大外交》，第110页。

接面临来自北约和美国的军事威胁；俄通向欧洲的道路将被封死；俄还会失去黑海的出海口和在此地的军事基地，苏联解体以来美国和西方一直都在挤压俄罗斯的战略空间，但哪一次也没有像乌加入北约这样触及俄的核心利益，俄不可能置若罔闻。①2006 年 6 月 7 日，俄国家杜马全票通过一项决议，警告乌“加入北约将会对两国人民间的关系带来极其严重的后果”。俄防长谢尔盖·伊凡诺夫 14 日表示，如果乌执意入约，俄乌军事工业及军工企业间的合作将不可避免地走向终结。俄外长拉夫罗夫称：“乌克兰加入北约将是极大的地缘政治变化，在这种形势下，俄罗斯将被迫奉行旨在维护本国利益的政策。”②

在 2007 年 2 月的慕尼黑欧洲安全会议上，普京总统严厉抨击了北约东扩，他说：

> 显而易见，北约扩容及联盟本身的现代化与欧洲安全毫不相干。相反，它具有挑拨离间的作用，是一个降低互信的因素。我们有权坦诚地问：这种扩张是针对谁的？我们的西方伙伴在华约解体以后所作的保证到哪里去了？虽然柏林墙早就被拆除了……现在有人试图把新的分界线和新的隔离墙强加给我们。虽然这是虚拟的墙，但是它一旦通过我们大陆，就把大陆分隔开了。我们可能又需要许多年，或许几十年，或许几代人，来拆毁这些墙。③

2008 年 1 月，乌克兰向北约提出加入“成员国行动计划”申请，并希望在 4 月的峰会上加入这个计划。自然，加入这个计划并不等于加入北约，但实际上，无论北约还是俄罗斯都认为，加入这个计划就能顺理成章地成为北约成员国。此后，俄罗斯的警告逐步升级。俄副外长卡拉辛在 2008 年 2 月对美驻俄大使直白地说：“在俄罗斯看来‘成员国行动计划’并不是一个‘技术性’步骤，而是一个战略挑战，具有严重的战略后果……它不仅将影响俄乌关系和俄格关系，而且将影响俄美伙伴关系。”④普京呼吁乌克兰“要考虑由此可能产生的后果”，并说：“乌加入北约，北约将会在乌境内建立军事基地和部署反导系统，俄对此的回应是把我们的导弹对准乌克兰。”2 月中旬，尤先科为解决天然气危机访俄，在会谈后的记者会上，普京当着尤先科的面说，他对乌加入北约后可能建立北约的导弹防御系统表示担心，“我真怕把这话说出来，甚至一想到它就毛骨悚然：俄罗斯可

---

① 在 2021 年 6 月普京会晤拜登前，他把乌克兰加入北约划作俄罗斯的“红线”，见本书“余论”。

② 王庆平：《俄罗斯与乌克兰关系研究》，第 85 页。

③ Владимир Путин, Выступление и дискуссия на Мюнхенской конференции по вопросам политики безопасности, 10 февраля 2007 г. http://kremlin.ru/events/president/transcripts/24034.

④ “DFM Karasin on Ukraine, Georgia, Transnistria, Armenia and Belarus,” February 8, 2008, https://wikileaksru.wordpress.com/2008/02/08/08moscow353-dfm-karasin-on-ukraine-georgia-transnistria/.

能会把进攻性导弹火箭系统瞄准乌克兰”。①美驻俄大使伯恩斯在给赖斯的邮件中写道：“很难对‘成员国行动计划’的可能后果估计过分。乌克兰加入北约是俄罗斯所有精英——不仅是普京——的红线中最亮的那条线。我在两年半多中所接触的各式俄罗斯政界要员……无不认为乌加入北约是对俄利益的直接挑战。”他还警告说：“想不出有什么宏大的计划可以使俄静悄悄地吞下这个苦果。”②

俄罗斯极其关注将于4月初举行的北约布加勒斯特峰会，3月25日，候任总统梅德韦杰夫在接受英国《金融时报》采访时表示：“我们对格鲁吉亚和乌克兰的局势感到不满。这会严重扰乱欧洲现存的安全结构……任何一个国家都不会乐见自己并没有参与其中的军事同盟的代表靠近自己的边界。更何况像乌克兰国内绝大多数民众都反对加入北约。”③梅德韦杰夫的表态对美国不会有什么作用，但对一些欧洲国家是有影响的，峰会上的情况证明了这一点。4月4日，普京去布加勒斯特参加北约—俄罗斯峰会。他在公开声明中直言不讳地对北约扩容进行了谴责：在俄罗斯边界“存在一个强大的军事同盟”是对俄安全的“直接威胁”，仅仅“说一句（东扩的）过程不是针对俄罗斯的是不够的”。④在与北约领导人的闭门讨论中，普京明确表示，认为北约成员资格可以解决格鲁吉亚的分离冲突是一种愚蠢的想法；他的那些邻国很难被看作是真正意义上的国家，乌克兰是那些变化无常的苏联领导人人为制造出来的。⑤俄杜马则立即通过决议，要求废除1997年与北约签订的《基本文件》，其中包括对乌克兰领土完整的确认。

8日，拉夫罗夫外长接受记者采访时表示，“为了避免俄与北约关系及邻国关系不可避免的严重恶化”，俄将尽其所能防止乌、格加入北约，北约扩大是基于

---

① Rosalind Ryan: “Join Nato and we’ll target missiles at Kiev, Putin warns Ukraine,” 12 February 2008, https://www.theguardian.com/world/2008/feb/12/russia.ukraine；王庆平：《俄罗斯与乌克兰关系研究》，第86页。

② William Burns, *Back Channel*, p.233.美防长盖茨后来在回忆录中写道，苏联解体后如此迅速地将它以前的卫星国纳入北约，是一个错误。北约东扩是一个政治行为，而不是一个经过深思熟虑的军事承诺。他认为在迅速接纳波罗的海诸国、波兰、捷克斯洛伐克和匈牙利后，接下来应该放慢步伐。试图将格鲁吉亚和乌克兰拉入北约是不折不扣的非分之想。罗伯特·盖茨：《责任——美国前国防部长罗伯特·盖茨回忆录》，陈逾前、迩东晨、王正林译，第154页。

③ Дмитрий Медведев, Интервью газете The Financial Times, 25 Марта 2008, https://ria.ru/medvedev_20080325/.

④ Владимир Путин, Заявление для прессы и ответы на вопросы журналистов по итогам заседания Совета Россия-НАТО, 4 апреля 2008 года. http://www.kremlin.ru/events/president/transcripts/24903.

⑤ Samuel Charap and Timothy J. Colton, *Everyone Loses*, pp.88—89.

"冷战思维"的,乌大部分民众反对加入北约,阿布哈兹和南奥塞梯民众反对格鲁吉亚成为北约成员。①11 日,俄总参谋长尤里·巴卢耶夫斯基警告说,如果乌加入北约,俄将采取军事的及"其他措施",可以包括经济制裁、支持东部和南部的分离势力以及提起克里米亚问题。俄建议俄乌就 2017 年后俄黑海舰队继续留驻半岛问题进行谈判,遭乌拒绝;乌则提出要与俄就黑海舰队撤离半岛的准备工作进行谈判,同样遭俄拒绝。②

6 月,乌总理季莫申科访俄,普京警告说,如果乌加入北约,俄将把设置在乌的航天和高科技设施撤回国内,同时把原来从乌进口的敏感技术装备转移到俄国内自行生产,并将提高 2009 年天然气供应价格。6 月,俄国家杜马通过决议,要求政府考虑中止 1997 年俄乌友好条约,其要害是俄撤销对乌现有边界的承认;如果乌加入北约,则立即废除该条约。③6 月,俄总理谢尔盖·伊凡诺夫访问了塞瓦斯托波尔,并警告说,乌加入北约将对俄乌关系产生严重影响,包括切断两国的军事联系,减少贸易和工业合作,乌克兰人去俄罗斯必须申请签证等。俄驻乌大使切尔诺梅尔金、国家杜马主席格雷兹洛夫、副外长卡拉辛等也在不同场合纷纷发出警告。④

除了口头警告,俄罗斯对尤先科疏俄亲美的政策作出具体反应,包括对乌的钢铁制品进行反倾销制裁,禁止进口乌的肉类等。而对乌影响最大的则是发动"天然气战"。乌每年消费天然气 800 亿立方米,其中约四分之三需要进口,主要是从俄进口。另外,欧盟国家约四分之一的天然气要靠俄供给,其中约 80%经由乌克兰输送。苏联解体后,俄一直以远低于国际市场的价格向乌供气。"橙色革命"后,乌实行亲西方政策,俄觉得再无必要为乌提供经济补贴,便于 2005 年年末提出将供乌的气价从每千立方米 50 美元提高至 230 美元;乌方要求分阶段提高气价,并按照市场价格计算俄气过境费,双方谈判未果。2006 年元旦俄罗斯天然气公司(以下简称"俄气")切断了对乌供气,造成举世关注的俄乌"断气风波",1 月 4 日双方谈判达成协议后方才恢复通气。根据协议,俄方以每千立方米 230 美元售气给"俄乌能源公司",该公司将俄天然气与来自中亚的天然气混合,再以每千立方米 95 美元的价格出售给乌;⑤而俄向欧盟出口的天然气过境

① Radio Free Europe, "Newsline", April 9, 2008, https://www.rferl.org/a/1144088.html.

② Steven Woerel, *Ukraine: Current Issues and U.S. Policy* (CRS Report for Congress), June 23, 2008, p.11.

③ 赵鸣文:《普京大外交》,第 111 页。

④ Steven Woerel, *Ukraine: Current Issues and U.S. Policy* (CRS Report for Congress), June 23, 2008, p.11;王庆平:《俄罗斯与乌克兰关系研究》,第 86—87 页。

⑤ 从土库曼斯坦、哈萨克斯坦和乌兹别克斯坦购得的天然气价格是每千立方米 50 美元,所以俄乌能源公司能以每千立方米 95 美元的价格向乌售气。

乌的费用则由原来每千立方米/百公里 1.09 美元提至 1.6 美元。俄罗斯又发起贸易战,禁止乌的肉类、奶制品对俄出口,但这些措施都收效甚微。2006 年 3 月的议会选举中,俄支持亚努科维奇,使之出任政府总理,形成了总统亲美,政府、议会亲俄的格局,尤先科的亲西方政策受到牵制,乌克兰政局在美俄之间又达成某种平衡局面。俄乌天然气争端也缓和了。①

美国对俄罗斯 2006 年 1 月的天然气战进行了尖锐抨击。国务院发言人麦克科马克(Sean McCormack)批评俄"为政治目的使用能源"。他指出,美国政府支持逐渐提高能源价格使之达到市场水平,但不同意这样"仓促的"涨价和切断供应。赖斯国务卿也在 1 月 5 日表示,俄罗斯实行了"出于政治动机的对乌克兰供气的控制"。1 月 22 日,在俄乌达成解决办法以后,美国务院发言人指出,"这一冲突强调了透明的、以市场为导向的安排对于天然气的出售和运输的必要性,以及多元化能源供应的重要性"。切尼说得更露骨,他在 3 月的一次讲话中抨击俄罗斯对小国的天然气政策是"讹诈和恐吓"。②

季莫申科二次担任总理后,在国家战略方面的立场与尤先科渐行渐远,总统、总理各吹各调,很少用一个声音说话。在 2008 年 8 月俄格"五日战争"中,尤先科明确支持格鲁吉亚,并在黑海舰队问题上与俄争吵不断。尤先科表示,乌可能阻止那些参加对格作战的俄军舰返回塞瓦斯托波尔,遭到俄的怒斥。③8 月 13 日,尤先科颁布总统令,限制黑海舰队调动,要求舰队和飞机的调动至少提前 72 小时通知乌海军司令部;并不止一次强调,黑海舰队应当在 2017 年年底前撤离塞瓦斯托波尔港。俄方强硬回应,决定因乌领导层执行反俄方针,暂不向乌派遣新大使。而季莫申科则明显采取了兼顾东西方的外交政策,在继续表达融入欧盟意愿的同时,开始修补对俄关系。她认为尤先科限制黑海舰队调动的总统令违背了乌俄之间的有关协定。她在出任总理的两年多中,从未访问过美国,访问最多的国家是俄罗斯,达 5 次之多,而与普京会晤则达 10 次之多,与美国领导人会晤仅 3 次(2008 年 4 月在基辅会晤布什,2009 年 2 月在慕尼黑、7 月在基辅会晤拜登)。季莫申科还完整出席了她任职期间所有四次独联体国家首脑会议(2008 年 5 月在白俄罗斯明斯克,11 月在摩尔多瓦基希纳乌,2009 年 5 月在哈萨克斯坦阿斯塔纳,11 月在雅尔塔),而且她是第四次峰会的东道主。她声明:"我们永远准备倾听东西方伙伴的意见,考虑他们的利益,但不允许干

① 马峰、鲁德恩科:《美俄在乌克兰危机演化中的博弈机制分析》,《西伯利亚研究》2017 年第 1 期。

② Steven Woerel, *Ukraine: Current Issues and U.S. Policy* (CRS Report for Congress), June 23, 2008, p.12; Dick Cheney, "Remarks at the 2006 Vilnius Conference," May 4, 2006, https://georgewbush-whitehouse.archives.gov/news/releases/2006/05/20060504-1.html.

③ Steven Pifer, *The Eagle and the Trident*, p.287.

涉我们的内政。”①

尤先科对季莫申科的自行其是自然难以忍受,2008 年 10 月 8 日宣布再次解散议会,后确定于 12 月 7 日举行选举。但议会裁定总统令暂停生效,后又受到全球金融危机的威胁,季莫申科保住了总理职务。在此轮政治博弈中,俄罗斯支持了季莫申科,普京公开赞赏她加强了俄乌关系。

俄格“五日战争”后,切尼于 9 月上旬访问格、乌两国,尤先科于 9 月下旬访问美国。通过领导人互访美方发出的信息是:面对外部的威胁,乌内部要团结。切尼公开表示,“乌克兰人有权利选择他们是否加入北约,北约也有权利邀请乌加入,当我们相信他们已经准备好了,而且时机合适的话”,“任何外部国家都没有否决权,盟国在布加勒斯特峰会上同意,乌克兰最终将加入北约”。②在尤先科与布什的会晤中,布什也主要表达了对乌内部纷争的担心,称由于这种纷争,外部很难给予帮助,欧洲对乌的悲观情绪增长了。尽管如此,直到布什任期结束,美国还得与一个分裂的乌克兰政府打交道。③

在 2008 年 12 月 2 日的北约外长会议上,赖斯提议北约简化乌、格两国入约的程序,通过加强合作使之直接成为北约成员。建议遭到德国、西班牙和荷兰的反对。最后会议达成妥协,北约继续加强与乌、格两国的合作,但仍将两国排除在“成员国行动计划”之外。④布什政府想对此作一点补偿,12 月 19 日,赖斯与来访的乌外长奥格里兹科签署了一个《美国—乌克兰战略伙伴关系宪章》,内容庞杂,几乎无所不包,防务和安全、经济、贸易、能源、促进民主和加强人文交流都在其中。布什政府即将离任,显然是要把这个宪章作为它外交遗产的一部分留给下任。

俄罗斯坚持坚决反对北约东扩的态度。普京在 2008 年 5 月 31 日接受法国《世界报》记者采访时谈到乌克兰和格鲁吉亚入约时说:“北约的扩张只能在欧洲设定新的分界线、新的柏林墙,无形的柏林墙,但是更危险。”⑤拉夫罗夫在 2008 年 12 月撰文称:截至目前欧洲还没有建立一个对所有人开放和保障所有国家平等安全的集体安全体系。北约东扩已经给俄罗斯和整个欧洲、大西洋地区的政治生态制造了麻烦。一些新成员带来的是过时的对抗性的意识形态,旨在将北

---

① 江天岳:“向西,还是向东?”(第四章),《乌克兰变局真相》编写组编:《乌克兰变局真相》,第 150—152 页。

② Damien McElroy, “Dick Cheney tells Ukraine's leaders to unite in face of Russian Threat,” September 5, 2008, https://www.telegraph.co.uk/news/worldnews/europe/ukraine/2688455/Dick-Cheney-tells-Ukraines-leaders-to-unite-in-face-of-Russian-threat.html.

③ Steven Pifer, *The Eagle and the Trident*, p.288.

④⑤ Интервью Путина французской газете Monde, Полный текст, 31 мая 2008. https://ria.ru/20080531/108960970.html.

约拉回冷战时代的旧格局。虽然俄罗斯—北约理事会是在进步的原则基础上建立起来的:每个国家都有平等的表决权,但事实上这一原则并未奏效,结果还是26+1。俄罗斯“不希望北约变成发泄侵略本能和冲突思潮的‘出气筒’”。①

正如有的中国学者指出的,美、俄、欧在乌克兰问题上各有“难念的经”。美国虽然毫不顾及乌的地缘环境、历史传统、民众心理和现实利益,指望通过鼓动乌的“民主革命”来建立亲西方政权,挤压俄的战略空间,在俄武力示强后,美实际上色厉内荏,不可能为乌而与俄大打出手;欧盟的发展水平、治理模式和生活方式等对乌具有很大吸引力,但各国意见分歧,内部问题不少,决策过程复杂,与俄利益交融,在乌加入北约问题上瞻前顾后;俄罗斯虽然意志坚定,且善于利用对乌的经济、军事优势和传统人文联系,但其发展模式、对邻国政策和使用“硬实力”的方式等都缺乏吸引力,难以使乌大多数民众心向往之。②

---

① С. В. Лавров, Внешняя политика России и новое качество геополитической ситуации, Дипломатический ежегодник 2008. https://www.mid.ru/press_service/minister_speeches/-/asset_publisher/7OvQR5KJWVmR/content/id/312862.

② 冯玉军:《乌克兰危机:多维视野下的深层透视》,《国际问题研究》2014年第3期。

第十章 在中亚和南高加索的合作与竞争

第一节 中 亚

一、美势力随反恐而扩张

普京执政后清楚意识到中亚的战略地位，重视恢复和扩大俄在中亚的传统影响，要在该地区扮演更积极的角色。2000年1月10日，普京批准了新的《俄罗斯联邦安全构想》，其中把外国"削弱俄罗斯在中亚地位"的努力视为对俄的安全威胁，①决意扭转20世纪90年代俄在中亚影响下降的趋势，重建与中亚国家的关系。年初，俄罗斯向哈萨克斯坦提供苏沃洛夫喷气歼击机和教练机，并承诺立即提供S-300防空导弹系统和图波列夫轰炸机。3月30日，在阿斯塔纳举行的上海合作组织防长会议上，四个成员国——俄、哈、吉、塔——宣布在独联体框架内成立反恐中心，总部设在莫斯科；在吉尔吉斯斯坦设立分支机构，以驻吉俄军为主体，建立了快速反应部队。②

乌兹别克斯坦一直对俄罗斯若即若离，但俄对它并不放弃。2000年5月中旬，普京正式宣誓就任总统后即率领外长伊凡诺夫、防长谢尔盖耶夫以及能源部部长等出访乌兹别克斯坦和土库曼斯坦，以此表明他对与中亚国家关系的重视

① Коецерция Нацианальной Безопасности Российской Федерации, Январь 2000 г. http://www.kremlin.ru/acts/bank/14927.

② Jim Nichol, *Central Asia: Regional Developments and Implications for U.S. Interests* (CRS Report for Congress), June 5, 2006, p.5.

和加强俄在中亚地位的决心。5月，《独联体集体安全条约》成员国在明斯克举行理事会会议，审查并采纳了一系列文件和决定，谋求使独联体更具活力，使其成为保障参与国安全的有效工具。10月，俄与白、哈、吉、塔总统签署关于在"关税同盟"基础上成立欧亚经济共同体的条约和声明，将"关税同盟"升级为一个新的国际经济组织，使五国的大部分商品实行统一的关税税率和统一的非关税调节措施，如海关、贸易、劳务政策，大大加强了五国的经济联系。①后来摩尔多瓦和乌克兰作为观察员加入。俄罗斯还加强对中亚石油管道的控制。总之，在克林顿政府末期和乔治·沃克·布什上任之初，俄罗斯抓住美国政府换届的空档期，迅速重新密切了与中亚国家的关系。2000年春天，哈萨克斯坦打通了从哈通向俄内夫罗夫斯克的输油管道。以致西方舆论惊呼："中亚领导人加强同莫斯科联系的态度已成为一种趋势。"②2001年4月22日，塔吉克斯坦总统拉赫曼诺夫在访俄时同意在塔建立可部署3 000人的战术空军基地，这是塔独立后第一次新建立外国军事基地。俄方还表示，将加强塔—阿边境防卫。5月初，普京和来访的乌兹别克斯坦总统卡里莫夫又同意增加俄对乌的军火转让。③

在乔治·沃克·布什政府当政的八年中，美国与中亚国家的关系几经转折：9·11恐怖袭击后，美国为进行阿富汗战争大大加强了与中亚各国的关系；2003年发动伊拉克战争后，美国的注意力被部分转移，对中亚的关注减少，一些中亚领导人甚至产生了"被遗弃"的感觉，双方关系有所削弱；2003年格鲁吉亚的"玫瑰革命"、2004年乌克兰的"橙色革命"，尤其是2005年3月在吉尔吉斯斯坦发生"郁金香革命"后，中亚国家领导人对美国致力于推进民主化的政策普遍产生深深的怀疑，各国均谴责西方对其内部事务的干涉，并积极发展与俄罗斯、中国的关系。乌兹别克斯坦在2005年关闭汉纳巴德空军基地是这种转变的突出事例，甚至在"郁金香革命"中产生的吉尔吉斯斯坦巴基耶夫政府也不掩饰对西方尤其是美国的不满，美国在中亚势力下降。到布什政府任期末了，俄罗斯重新成为中亚各国的主要战略伙伴、地区的主导力量。④

布什政府刚当政时中亚在美国的战略议程中处于边缘地位。美国看重的是里海的能源，2001年5月国家能源政策发展组织把中亚作为有前途的碳氢燃料来源，可以使全球的能源供应多元化，并降低对波斯湾的依赖。总之，在9·11

① 赵鸣文：《普京大外交》，第269页。

② 冯绍雷、相蓝欣主编：《普京外交》，第396—397页。

③ Jim Nichol, *Central Asia's New States: Political Developments and Implications for U.S. Interests* (CRS Report for Congress), Updated May 18, 2001, p.4.

④ Marlene Laruelle, Sebastien Peyrouse, "The United States in Central Asia: Reassessing a Challenging Partnership," May 5, 2011, https://www.tandfonline.com/doi/abs/10.1080/09700161.2011.559983.

恐怖袭击之前，中亚不是美国的主要关切。①

9・11恐怖袭击把中亚国家推到反恐的前沿，也从根本上改变了中亚在美国战略中的地位，该地区顿时成了美国的"战略边疆"。②中亚对美国反恐战争的重要性是不言而喻的。第一，阿富汗是个内陆国家，美国和盟国部队又不可能过境伊朗进入阿富汗，巴基斯坦是美国唯一的前线国家，但巴国内的极端主义势力相当强大，致使美巴关系总是磕磕绊绊，给多国部队过境及后勤补给造成困难，通过中亚的过境就成为重要的选择；③第二，美军和反恐联盟各国军队长途奔袭，需要在阿富汗周围建立补给和转运基地，非中亚国家莫属；第三，阿富汗北部与乌兹别克斯坦等接壤的地区是北方联盟控制的范围，这里可以方便地成为美军攻击塔利班的前沿；第四，美国意识到，中亚地区有可能成为恐怖主义的藏身之地，这里的极端主义势力也是对美国安全的威胁。④国务卿鲍威尔2002年2月在众议院国际关系委员会的一次听证会上说："美国将会以我们从前无法想象的方式继续在中亚的利益和存在。"⑤助理国务卿帕斯科(Lynn Pascoe)年中在国会作证说，9・11恐怖袭击使政府意识到，"大大加强与中亚国家的关系"以免恐怖主义分子在这里隐蔽藏匿"对美国的国家利益至关重要"。⑥

2000年6月，美俄成立了关于阿富汗问题的工作小组。9・11恐怖袭击后，这个小组的重要性凸显，小组升格，由常务副国务卿阿米蒂奇与俄第一副外长特卢布尼可夫共同牵头。9・11恐怖袭击后数天，阿米蒂奇就访问俄罗斯，并提出美国和反恐联盟使用中亚的军事设施的问题。2002年5月，该小组的工作范围扩大到中亚、南高加索和南亚的反恐。6月，美俄联合声明列举了该小组9个方面的成就，包括原则上同意向阿国民军提供俄军事物资；同意支持北约—俄罗斯反

① Eugene Rumer, "The United States and Central Asia: In Search of a Strategy," in Eugene Rumer, Dmitri Trenin, and Huasheng Zhao, eds., *Central Asia. Views from Washington, Moscow, and Beijing*, p.38.

② 杨鸿玺:《美国中亚战略20年》，社会科学文献出版社2012年版，第20页。

③ 赖斯在回忆录中写道，巴基斯坦与极端主义者之间的关系让我们寝食难安，普京就曾向赖斯讲过巴军情部门与塔利班及"基地组织"之间的瓜葛。康多莉扎・赖斯:《无上荣耀》，刘勇军译，第56页。

④ Jim Nichol, *Central Asia's New States: Political Developments for U.S. Interests* (CRS Report for Congress), updated July 21, 2003, pp.2, 4.

⑤ Collin Powell, "Statement on President Bush's Budget Request for Fiscal Year of 2003," February 6, 2002, 2009.state.gov/secretary/former/powell/remarks/2002/7857.htm.

⑥ Lynn Pascoe, "The U.S. Role in Central Asia," Testimony Before the Senate Foreign Relations Committee, Subcommittee on Central Asia and the South Caucasus, June 27, 2002, https://2001-2009.state.gov/p/eur/rls/rm/2002/11535.htm.

毒品委员会的项目，在俄高级警官学院培训阿和中亚国家警官；继续欧安组织为阿及中亚国家海关和边防官员提供培训的项目；加快批准中亚地区信息协作中心的框架文件，等等。但在 2008 年 8 月俄格“五日战争”后，有的合作项目被取消了。①

9·11 恐怖袭击后，普京第一时间与中亚五国领导人进行电话沟通，并亲自前往中亚访问，还相继派出多名政府高官与中亚各国进行深入磋商和具体安排。9 月 17 日，俄联邦安全会议秘书鲁沙伊洛走访中亚五国，除就反恐问题交换意见外，还到塔吉克斯坦边界视察驻守在那里的俄第 201 摩托化步兵师和第 48 边防部队。俄总参谋长阿纳托利·克瓦什宁前往塔进行军事部署，并将驻扎在那里的步兵由 1.5 万人增加到 2.2 万人。②在与中亚各国协调立场后，普京果断决定不阻止美国利用中亚的军事设施进行阿富汗战争，不阻止美国在中亚的军事存在，这对美国和反恐联盟进行阿富汗战争至关重要，一些美国学者认为这代表了俄罗斯外交政策的历史性转变，不仅对阿富汗战争是必不可少的，而且为美国在中亚地区长期的军事存在铺平了道路。在美国，阿富汗战争普遍被看作是美国加强与中亚国家关系的机遇，美国将在战后全面加强与中亚各国的经贸、外交及军事关系。③

9·11 恐怖袭击之后，中亚各国领导人立即对恐怖袭击进行了谴责，但在此后两个星期中，当美国紧锣密鼓准备阿富汗战争时，中亚国家却集体缄默，没有进一步的表态。美向中亚各国提出要求，得到不同答复。土库曼斯坦外长重申了其中立的外交政策及与塔利班的友好关系，拒绝与美领导的军事行动合作。塔吉克斯坦驻有的俄军最多，并依靠俄军守卫其与阿富汗的边界，在得到莫斯科允许前难以确定对美合作的态度。但塔吉克斯坦和乌兹别克斯坦长期以来都支持阿富汗的北方联盟，两国以及吉尔吉斯斯坦都遭受过“基地组织”和其他恐怖分子的入侵。它们对美国打击“基地组织”和塔利班的军事行动是欢迎的。美军在中亚的部署有助于它们反对极端主义（如乌兹别克斯坦“伊斯兰运动”）的威胁。这些极端主义分子在各国之间跨境流窜，进行绑架、爆炸，威胁社会稳定和安宁，1999 年有一次差点要了乌总统卡里莫夫的命。

中亚五国领导人与俄协调立场后，分别于 2001 年 9 月 24 日、25 日通过各

① Jim Nichol, *Central Asia's New States: Political Developments and Implications for U.S. Interests* (CRS Report for Congress), Updated March 11, 2010, p.51.

② 赵鸣文：《普京大外交》，第 180 页。

③ James M. Goldgeier and Michael McFaul, *Power and Purpose*, p.313; Robert Cutler, "U.S. Intervention in Afghanistan: Implications for Central Asia," November 1, 2001, https://ips-dc.org/us_intervention_in_afghanistan_implications_for_central_asia/从后来的情况看，这种看法显得过于乐观了。

种形式表态，同意为美军和反恐联盟提供情报、开放机场、军事基地和空域。24日，土库曼斯坦总统尼瓦佐夫表示"邪恶必须得到惩罚"，同意美军陆路过境并通过空域为阿富汗战争运输人道主义物资。哈萨克斯坦总统纳扎尔巴耶夫也同意提供机场、军事基地和空域。24日晚，普京发表电视讲话，公开宣布俄罗斯支持美国领导的对阿塔利班的战争，同时也表示，各中亚国家给予美国反恐联盟的支持由各国自行决定。①25日，吉尔吉斯斯坦总统阿卡耶夫称，他得到了《独联体集体安全条约》其他成员国对美国在阿反恐战争中使用吉空域的认可。26日，乌兹别克斯坦总统卡里莫夫表示乌允许美为"人道主义与安全目的"使用乌空域。

12月上旬，鲍威尔国务卿访问中亚，既是对各国支持美在阿的"持久自由行动"表示感谢，也推进美与各国在诸多方面的合作及这些国家的民主改革、经济转型和里海的能源项目。鲍威尔首访的国家是乌兹别克斯坦，他会晤了卡里莫夫总统、外长和防长等乌高官，卡里莫夫宣布了乌阿之间横跨阿姆河的友谊大桥开通，该大桥将成为对阿提供人道主义援助及后勤给养的至关重要的通道。鲍威尔访问的第二站本来是吉尔吉斯斯坦，但暴风雪阻止了其行程，他与阿卡耶夫总统通了一个长电话，就双方的反恐合作和该国继续进行民主化改革进行了讨论。最后，鲍威尔访问了哈萨克斯坦，就纳扎尔巴耶夫即将访美的相关问题进行磋商。②10月19日，美俄举行第一次关于中亚问题的磋商。此后，两国通过一系列机制(反恐联合工作组、阿富汗工作组、俄罗斯—北约理事会等)进行经常性的情报分享、反恐磋商和协调。

2002年2月11日，美助理国务卿琼斯(A. Elizabeth Jones)在参议院外交关系委员会中亚与高加索小组委员会作证时重申："我们希望俄罗斯确实了解……我们并不试图把中亚从他们手中拿走，但是我们有共同的国际利益……我们将对此保持透明。"③2003年10月，琼斯在国会作证时又强调，"我们(在中亚)的巨大战略利益不是临时性的"，美国和国际伙伴没有别的选择，"必须成为

---

① 详见本书第258—259页。John O'Loughlin, Gearoid O. Tuathall and Vladimir Kolossov, "'A Risky Westward Turn?' Putin's 9·11 Script and Ordinary Russians," *Europe-Asia Studies*, Vol.56, No.1(Jan., 2004), pp.3—34, https://www.jstor.org/stable/4147436?seq=1#page_scan_tab_contents.但防务部门领导人的说法又有些不同，防长谢尔盖·伊凡诺夫10月11日表示："该地区国家都是集体安全条约组织的成员。如果它们作出决定在其领土上设立新的基地，它们应当考虑到俄罗斯的利益并就此与我们进行协调。"

② A. Elizabeth Jones, "U.S.-Central Asian Cooperation," Testimony Before Senate Foreign Relations Committee, Subcommittee on Central Asia and the Caucasus, December 13, 2001, https://2001-2009.state.gov/p/eur/rls/rm/2001/11299.htm.

③ Jim Nichol, *Central Asia's New States: Political Developments for U.S. Interests*(CRS Report for Congress), updated December 11, 2002, p.5.

改变地区的力量”。①

从 2001 年 10 月起，美国先后获得了中亚五国的领空通行权和多个机场的使用权：

——乌兹别克斯坦的汉纳巴德、卡凯德和卡甘三个空军基地(距离塔什干分别为 430 千米、460 千米、400 千米)，尤其是汉纳巴德机场。2001 年 10 月 12 日，美乌签署《在反恐斗争中加强军事合作的协定》，开始租用距阿富汗边界 300 千米的汉纳巴德机场。美军在这里常驻有 1 500 名军人和 30 架战机，最多时驻有 3 000 人，设置了一个特种部队指挥中心。卡里莫夫总统在 2002 年 3 月访美时双方发表联合宣言，美国表示“对乌兹别克斯坦的安全和领土完整的任何外部威胁都予以极大关注”。②双方同意加强军事合作，包括“重新武装乌的军事力量”。卡里莫夫总统更表示：“只要有需要，美国军队可以一直待在乌兹别克斯坦，换句话说，摧毁恐怖主义网络需要多久美军就待多久。”③乌方的坚定表态使美方相信，乌是反对宗教极端主义的关键伙伴，是美国在中亚的主要伙伴和合作者。

——吉尔吉斯斯坦的玛纳斯机场，美军升级了机场跑道，并在机场附近建设了营地。2001 年 12 月，美吉签署关于反恐联盟军队使用该机场的协定，此后有 8 国军队使用该机场；美军在这里部署了 4 000 名军人和 40 多架战机，2002 年 3 月后，法军和多架幻影-2000 歼击机进驻该基地。2002 年 9 月，吉尔吉斯斯坦总统阿卡耶夫访美，双方发表联合声明称，“致力于加强长期的战略伙伴关系和两国之间的合作”，双方将加强安全合作以应对恐怖主义、贩毒和大规模杀伤性武器扩散的威胁，并将在反恐战争中加强合作，直至取得胜利。④

——在外交上奉行中立立场的土库曼斯坦也于 2001 年 12 月与美达成备忘录，允许美军和反恐联盟使用阿什哈巴德机场，同意在各种情况下向美军开放空域，并可为运送人道主义援助物资的飞机加油。从 2002 年起，美国的 C-5、C-17 大型运输机常在该机场起降。⑤

---

① Uzmar Akhtar, “Central Asia Security: Issues and Implications for US Interests,” ISSRA Paper 2010, https://www.ndu.edu.pk/issra/issra_pub/articles/issra-paper/ISSRA_Papers_Vol2_IssueII_2010/04-Central-Aisa-Security-Uzma-Akhtar.pdf.

② “United States—Uzbekistan Declaration,” March12, 2002, https://2001-2009.state.gov/r/pa/prs/ps/2002/8736.htm;郑羽主编:《中俄美在中亚:合作与竞争》,第 360 页。

③ Elizabeth Wishnick, “Growing U.S. Security Interests in Central Asia,” October 2002, https://ssi.armywarcollege.edu/pdffiles/PUB110.pdf.

④ “Join Statement by President George W. Bush and President Askar Akayev on the Relationship Between the United States and the Republic of Kyrgyz,” September 23, 2002, https://georgewbush-whitehouse.archives.gov/news/releases/2002/09/20020923-4.html.

⑤ Deirdre Tynan, “Turkmenistan: Ashgabat Playing Key Role in US/NATO Support Role in Afghan War,” January 10, 2011, https://eurasianet.org/turkmenistan-ashgabat-playing-key-us-nato-support-role-in-afghan-war.

——塔吉克斯坦的杜尚别苦盏机场。2001 年 12 月，塔美通过互换照会的方式确认向多国部队开放该机场，美、英、法等国军队都使用了该机场并在此加油，法军在这里常驻空军一小分队及医疗和技术服务人员。

——哈萨克斯坦的阿拉木图、奇姆肯特和卢戈沃依机场。2002 年 7 月，美哈签署备忘录，向国际反恐联盟提供上述备用机场，在玛纳斯机场(距离 120 英里)因天气恶劣不能使用时可在上述机场紧急起降。从 2001 年 10 月到 2006 年 4 月，美军和反恐联盟部队的 3 000 多个航次飞经哈空域，有 360 架飞机在这里紧急加油。①

这些机场中作用最大的是汉纳巴德和玛纳斯机场。为进行反恐合作，哈、乌、吉还向美中央司令部派出军事联络员。②

阿富汗战争确实大大改变了美国与中亚的关系，改变了中亚在美国全球战略中的地位。美助理国务卿琼斯在国会作证时说："我们与中亚不可否认地利害相关。仅仅在 10 年之前，这里还是苏联的地方，现在美国有数千名军人与中亚的同事共同工作，我们依靠这些政府保障我们军人的安全和生活，依靠它们提供珍贵的情报，帮助我们在阿富汗进行有效的军事行动……现在我们与这个地区联系的方式是 9・11 以前无法想象的。"③美方向中亚国家领导人强调，这不仅是一种新关系，而且是一种长期的关系。你们现在跟我们站在一起，我们以后不会忘记。当前的冲突结束后，美方也不会放弃中亚，并承诺给予高度关注、提供资源及进行多边协调来支持中亚的改革和发展。美助理国防部部长克饶奇(Jack D.Crouch, II)2002 年 6 月在国会作证时也说："我们与中亚各国军事合作的成熟程度在 9・11 之前是不可想象的。"他把吉尔吉斯斯坦称作"至关重要的地区合作伙伴"，④除了美国军队，法国、挪威、加拿大、韩国等多国军队都使用了玛纳斯机场。副防长沃尔福威茨也说，美军在乌吉两国的基地"政治意义也许更大于军事意义"，它们意味着美国对这些国家的安全承诺以及美国保卫这些国家免遭恐怖主义袭击的意愿。⑤

---

① Vladimir Socor, "Cheney Visit Spotlights Kazakhstan's Pivotal Role," May 8, 2006, http://jamestown.org/program/cheney-visit-spotlights-kazakhstans-pivotal-role/.

② Uzmar Akhtar, "Central Asia Security: Issues and Implications for US Interests," ISSRA Paper 2010, https://www.ndu.edu.pk/issra/issra_pub/articles/issra-paper/ISSRA_Papers_Vol.2_IssueII_2010/04-Central-Aisa-Security-Uzma-Akhtar.pdf.

③ A. Elizabeth Jones, "U.S.-Central Asia Cooperation," Testimony Before the Senate Foreign Relations Committee, Subcommittee on Central Asia and the Caucasus, December 13, 2001, https://2001-2009.state.gov/p/eur/rls/rm/2001/11299.htm.

④ Jim Nichol, *Central Asia: Regional Developments and Implications for U.S. Interests* (CRS Report for Congress), June 5, 2006, p.13.

⑤ Elizabeth Wishnick, "Growing U.S. Security Interests in Central Asia," October 2002, https://ssi.armywarcollege.edu/pdffiles/PUB110.pdf.

二、美俄既合作又竞争的格局

俄罗斯国内对于美国—中亚国家关系的发展一直存在不同意见。杜马发言人谢列兹涅奥夫 2002 年 1 月就公开表示，俄不会同意美国在中亚建立永久性军事基地，一些媒体更为俄在中亚影响的丧失表示痛惜。2001 年 10 月俄民调显示，六成多的受访者反对美在中亚建立基地，赞成者不到四成。稍后的民调更表明，只有 20％的人认为俄加入反恐联盟使俄美关系发生了根本性的变化。中亚国家的民众也大多反对向美提供永久性军事基地。根据 2001 年冬的民调，哈萨克斯坦 77％的受访者表示反对，赞成者只有 8％；吉尔吉斯斯坦 72％的人反对，22％的人表示赞成；只有乌兹别克斯坦是例外，61％的人赞成，22％的受访者反对。①

俄罗斯也没有对美国和反恐联盟在中亚的军事存在袖手旁观。9·11 以后不久，俄就扭转了在中亚减少军事存在的趋势，将在塔吉克斯坦的驻军增加到 1 500 人。为把吉尔吉斯斯坦打造成与西方进行地缘博弈的战略前哨，2002 年 6 月中旬，在普京推动下，在比什凯克举行的集体安全组织防长会议决定在比什凯克以东 20 千米处的坎特建立空军基地，重新启动吉已经关闭的国防工业，并训练吉军队。俄歼击机、运输机、教练机、直升机以及军事人员从 2002 年年底开始在坎特基地进行部署，这支空军后来成为集体安全组织下的快速反应部队的一部分。②俄防长谢尔盖·伊凡诺夫于 12 月 4 日抵达吉访问，并于 5 日在坎特空军基地观摩俄空军的试验性飞行。5 日，普京访吉，与吉方讨论两国安全合作问题，并发表《比什凯克宣言》。宣言强调俄吉两国忠于“民主的多极世界秩序”，主张“加强由联合国主持的、根据《联合国宪章》进行的打击恐怖主义的有效合作”，反对美国的“单极世界”构想。2003 年 10 月 23 日，坎特空军基地正式投入使用，两国总统亲临剪彩。普京用一句话点出了基地的意义：“美军的基地是暂时的，而俄罗斯的基地是永久的。”③有俄媒体称，该基地的启动使用除了有加强俄南侧安全的考虑，更主要是为了“亮牌子”，彰显俄罗斯才是中亚的主导者。谢尔盖·伊凡诺夫防长主张，集安组织有权干预中亚国家的决定，并表露了俄对这些国家国内政治变化的担心。拉夫罗夫外长也表示要对看上去对独联体“不忠诚

① Elizabeth Wishnick, “Growing U. S. Security Interests in Central Asia,” October 2002, https://ssi.armywarcollege.edu/pdffiles/PUB110.pdf.

② Jim Nichol, *Central Asia's New States: Political Developments and Implications for U.S. Interests* (CRS Report for Congress), Updated December 11, 2002, pp.5—6; NATO, “Russia and Central Asia,” November 18, 2005, The NATO-Russia Archives, http://www.bits.de/NRANEU/CentralAsia.html.

③ 王鸣野：《中间地带的通道政治与中间地带国家的国际行为——以吉尔吉斯玛纳斯空军基地为例》，《俄罗斯研究》2019 年第 3 期。

的"那些国家施加可能的经济压力。①

美国与中亚的关系不仅仅是联合反恐。琼斯助理国务卿指出,美国在中亚主要有三个方面的利益:防止恐怖主义扩散,提供政治和经济改革及建设法制社会的手段,确保里海能源安全和发展的透明。②美俄在这三个方面在中亚各国都有一定的合作与竞争。

(一) 哈萨克斯坦

2001 年 12 月 20 日至 21 日,哈萨克斯坦总统纳扎尔巴耶夫对美国进行工作访问。双方确认致力于深化双边及在北约"和平伙伴关系计划"框架内的合作,承诺在反恐及阿富汗战后重建中进行合作;同意采取紧急措施加强各国对于核、生物、化学武器材料的保护和管理,防止这些材料的非法贩运,美还将考察哈边境防卫并增强对哈军事援助。美支持哈融入世界经济体系,加入世贸组织,并将取消对哈适用《杰克逊—瓦尼克修正案》;双方还同意建立能源伙伴关系,使里海能源进入世界市场多渠道化,支持巴库—第比利斯—杰伊汉管道方案。美方还对哈的民主和人权提出了要求。③

在中亚各国中,哈萨克斯坦在北约"和平伙伴关系计划"中的参与是最积极的,它还与北约建立了伙伴关系国别行动计划(Individual Plan of Action for the Partnership)。2002 年 4 月 28 日,美防长拉姆斯菲尔德访哈,在阿斯塔纳会晤了哈防长阿尔腾巴耶夫。哈防长表示哈愿在阿富汗战争中加大参与力度,包括提供运输方便、对阿提供人道主义援助、提供紧急情况下使用的机场。哈还将向位于佛罗里达州的美中亚司令部派遣三名军官以协调人道主义援助。美防长对哈在国际反恐合作中发挥的重要作用表示赞赏。美防长访问后,阿尔腾巴耶夫即对外宣布,在阿富汗战争中,美军机如遇事故,可以使用哈机场。纳扎尔巴耶夫总统还建议,美军可以利用卢戈沃机场、奇姆肯特机场及哈的铁路。2003 年 7 月,北约秘书长罗伯逊访哈,与纳扎尔巴耶夫总统签署了有关北约使用奇姆肯特机场和阿拉木图机场作为空军基地的协定。④

---

① Stephen J. Blank, "U.S. Interests in Central Asia and the Challenges to Them," March 2007, https://ssi.armywarcollege.edu/pdffiles/PUB758.pdf;赵鸣文:《普京大外交》,第 276 页。

② A. Elizabeth Jones, "U.S.-Central Asian Cooperation," Testimony Before Senate Foreign Relations Committee, Subcommittee on Central Asia and the Caucasus, December 13, 2001, https://2001-2009.state.gov/p/eur/rls/rm/2001/11299.htm.

③ "Joint Statement by President George W. Bush and President Nursultan Nazarbayev on the New Kazakhstan-American Relationship," December 21, 2001, https://georgewbush-whitehouse.archives.gov/news/releases/2001/12/text/20011221-10.html.美于 2002 年 3 月宣布承认哈是市场经济国家。

④ "Rumsfeld Visits Central Asia," April 29, 2002, https://www.washingtontimes.com/news/2002/apr/29/20020429-042329-8251r/;赵鸣文:《普京大外交》,第 184 页。

2003 年 9 月，美哈签订了为期五年的反恐合作协定，包括发展维和力量、增强防卫能力和确保里海地区的安全。2008 年又续签协定，展期到 2012 年。①哈与北约成员经常性地共享情报，每年都举办“草原之鹰”反恐演习，希望通过这些措施与北约发展互操作性，同时又保持与俄的特殊伙伴关系。哈还是唯一向伊拉克派兵的中亚国家，27 名军人在伊拉克从事排雷和清除水污染的工作，他们于 2008 年撤回。②

在美军 2005 年 11 月撤出乌兹别克斯坦汉纳巴德空军基地、美乌关系恶化后，美方更加看重对哈关系。国务卿赖斯于 2005 年 10 月访问哈萨克斯坦，她在欧亚国立大学的演讲中对哈不吝赞美之词，称纳扎尔巴耶夫把哈提升到了中亚的“领导地位，在国际安全和经济发展方面的领导地位”，称哈是“中亚经济增长的引擎”，称赞哈在吸引投资、创造就业岗位、建立生气勃勃的银行体系、经济多元化等方面已经成为中亚的领袖，鼓励哈早日加入世贸组织，采取大胆措施继续推进民主改革。赖斯在阿拉木图还为一个“中亚基础设施整合倡议”揭幕，该倡议旨在把能源、交通、通信和其他有助于促进地区合作的项目整合起来，哈、塔、吉三国是发起国，邀请其他中亚国家参加。美方还颇为浪漫地设想，哈“将是 21 世纪连接欧亚大陆的枢纽，数千年来，沿着古老的丝绸之路，中亚社会促进了全球的思想、贸易和文化交流，在此过程中他们为整个人类的遗产作出了贡献”，“而如今，哈萨克斯坦正准备着开辟新的丝绸之路通道，一条改革的走廊，把俄罗斯的北部省份和南亚港口、把西欧和东亚民主国家连接起来”。随同访问的助理国务卿弗里德回国后兴致勃勃地向国会报告：“我们的设想是一个改革的繁荣的哈萨克斯坦，通过在吉、塔和其他邻国中进行能源、贸易和投资方面的带头作用，引领中亚成为一个改革的走廊。”③想得很美，做起来可就不那么容易了！

2006 年 5 月上旬，切尼副总统访问了哈萨克斯坦，此行的主要目的是推动哈建设通过里海的输油管道，以便与巴库—第比利斯—杰伊汉的管道相衔接，把里海原油绕开俄罗斯输送出去。在切尼到达阿斯塔纳的第二天，哈能源部部长

① Jim Nicole, Kazakhstan: *Recent Developments and U.S. Interests* (CRS Report for Congress), July 22, 2013, p.24.

② Jim Nicole, *Central Asia: Regional Development and Implications for U.S. Interests* (CRS Report for Congress), 2006, p.3; Marlene Laruelle, Sebastien Peyrouse, “The United States in Central Asia: Reassessing a Challenging Partnership,” May 5, 2011, https://www.tandfonline.com/doi/abs/10.1080/09700161.2011.559983.

③ Daniel Fried, “A Strategy for Central Asia,” October, 27, 2005, https://2001-2009.states.gov/p/eur/rls.rm/55766.htm; Condoleezza Rice, “Remarks at Eurasian National University”, October 13, 2005, https://2001-2009.state.gov/secretary/rm/2005/54913.htm.

就宣布将于下月签署里海项目。切尼还与哈方讨论了从哈通过里海经阿塞拜疆、格鲁吉亚、土耳其到欧洲的输气管道问题。①

哈萨克斯坦在发展对美关系的同时也没有一头倒向美国，而是一直与俄罗斯保持着比较稳定的关系。俄把哈视为重要盟友，普京与纳扎尔巴耶夫的关系是最亲密的，俄哈在许多问题上有共识，哈国内没有像乌克兰、格鲁吉亚那样的反俄倾向，哈需要取道俄出口石油和天然气，它也是地区一体化的积极参与者。俄哈之间有 120 项各种条约和协定，两国关系得到全面发展。②2000 年 1 月，哈防长托克帕克巴耶夫访俄，与俄方达成进口苏-27 歼击机和 S-300 防空导弹的协议。两国高层保持着经常的互访和电话联系，就各种双边和地区的事务进行良好沟通。2000 年 10 月、11 月，哈、俄两国元首进行互访，讨论双方的油气合作、地区和全球安全问题。为进一步增强两国关系的活力，2003 年俄举办"哈萨克斯坦年"，2004 年哈举办"俄罗斯年"活动。2004 年 1 月，俄哈防长签订使用两国军事力量共同保卫两国安全利益的协定。1 月 9 日，两国元首还就俄租赁拜科努尔发射场的期限从 2014 年延展到 2050 年达成协议。俄卢克石油公司与哈石油天然气公司签订了共同开发北里海油气的合作协定。③

俄哈军事关系在两国整体关系中占有重要地位。哈继承了原苏联中亚军区大部分军事装备和设施，20 世纪 90 年代并无军购需要。到了 21 世纪，哈面临军事装备现代化的需求，2000 年 2 月、2001 年 1 月，俄哈达成军购协定，哈以优惠条件及俄国内价格购买俄武器及军事装备。俄方还长期为哈方培训军事人员。从 1993 年到 2006 年在俄国防部、联邦安全局、对外情报局和紧急事务部接受培训的哈各类人员达到 2 500 人，占所有独联体国家在俄受训人员的 1/3，这些人员可以大体满足哈的实际需要。哈现存的军事教育体制是按照俄军事理论和经验建立起来的，从 2003 年以后，俄教官访问哈国防大学等军事教育体系已形成制度。④

（二）乌兹别克斯坦

卡里莫夫总统对俄罗斯主导的独联体及其一体化进程一直若即若离。乌也从原苏联继承了不少军事装备和武器，因此在 20 世纪 90 年代无需添置军火，俄

---

① Vladimir Socor, "Cheney Visit Spotlights Kazakhstan's Pivotal Role," May 8, 2006, http://jamestown.org/program/cheney-visit-spotlights-kazakhstans-pivotal-role/.

② 左凤荣：《重振俄罗斯》，第 246 页。

③ 郑羽主编：《中俄美在中亚：合作与竞争》，第 497、508、515 页；Vladimir Paramonov and Oleg Stolpovski, "Russia and Central Asia: Bilateral Cooperation in the Defense Sector," May 2008, https://www.files.ethz.ch/isn/92591/08_May.pdf。

④ Vladimir Paramonov and Oleg Stolpovski, "Russia and Central Asia: Bilateral Cooperation in the Defense Sector," May 2008, https://www.files.ethz.ch/isn/92591/08_May.pdf.

只是对乌提供一些弹药，修理一些装备和设施。后来由于反对极端主义的需要，乌要增加现代化的步兵武器。1999 年 12 月普京总理访乌，双方签订在军事设备和防务领域加强合作的协定，从 2000 年年初起，俄开始向乌提供攻击性步枪、狙击步枪、轻机枪和夜视设备。此后，俄对乌的军售不断增加，到 2006 年总共已经达到数千万美元。①

20 世纪 90 年代美乌关系就有所发展，阿富汗战争更大大提升了乌在美外交中的地位。除了过境飞越和运输外，乌紧邻阿富汗，又长期支持北方联盟，它为战场的搜救行动和特种部队的行动提供了不可或缺的基地，②乌美军事政治外交关系非常活跃，10 月 8 日，拉姆斯菲尔德防长对塔什干进行访问。卡里莫夫总统表示了对阿富汗战争的支持，包括提供汉纳巴德机场和开放领空。美防长强调，美在乌有着长久的利益，发展两国关系不仅仅基于短期的反恐战争的需要。在美防长到访之前，卡里莫夫曾放言，美国应当给予乌一个维护和平的担保，以便明天不会让乌独自面对恐怖主义。但美防长没有作出这样的担保。③

在 20 世纪 90 年代，中亚国家与其他原苏联国家相比获得美国的援助份额较少，9·11 恐怖袭击后，美国国会提供了紧急补充拨款，对中亚国家的援助份额大增，其中乌兹别克斯坦所得尤多。乌得到 2001 年的紧急拨款中的大部分，包括 2 500 万美元“外国军事资助”(FMF)、1 800 万美元的防扩散及与反恐相关的资助、4 050 万美元《支持自由法》项下的资助。但美国对乌在实行民主改革方面的评价是最差的，不少政界和学界人士认为，卡里莫夫打算成为集权总统，乌在允许自由媒体和独立的反对派方面鲜有进展。④由于对乌的人权状况不满，参议院在提供紧急拨款的同时，要求国务院每半年向国会报告一次乌使用美援的情况及违反人权的状况。⑤

2001 年 6 月 5 日，鲍威尔国务卿与乌方签订了“纳恩—卢格项目”援助展期的协定，美方帮助清理了乌生化武器试验场地。2004 年 9 月 11 千克的浓缩铀包括高丰度的浓缩铀从乌运到了俄罗斯，2006 年 4 月，又有 63 千克的浓缩铀从

① Vladimir Paramonov and Oleg Stolpovski, “Russia and Central Asia: Bilateral Cooperation in the Defense Sector,” May 2008, https://www.files.ethz.ch/isn/92591/08_May.pdf.

② Eugene Rumer, “The United States and Central Asia: In Search of a Strategy,” in Eugene Rumer, Dmitri Trenin, and Huasheng Zhao, eds., *Central Asia. Views from Washington, Moscow, and Beijing*, p.40.

③ Zamira Echanova, “Uzbekistan: Rumsfeld Visits Builds Hopes of Closer Relations with U.S.” October 8, 2001, https://www.rferl.org/a/1097632.html.

④ 杨鸿熙:《美国中亚战略 20 年——螺旋式演进》,第 96 页。

⑤ Elizabeth Wishnick, “Growing U. S. Security Interests in Central Asia,” October 2002, https://ssi.armywarcollege.edu/pdffiles/PUB110.pdf.

乌运到俄罗斯。①

2002 年 1 月，美中央司令部司令弗兰克斯(Tommy Franks)将军访乌，与乌防长签订军事合作协定，双方将举办讲习班，对乌军官进行培训，并发展与美军单位的伙伴关系。②3 月 12 日，国务卿鲍威尔与乌外长卡米洛夫又签署《战略伙伴关系和合作框架宣言》，在政治方面，乌承诺进一步进行政治与经济的民主转型，美同意向乌政府提供援助，包括建立真正的多党制、独立的媒体等；在安全方面，宣言特别申明，美国“严重关注任何”对乌安全和领土完整的“外部威胁”，并将就回应这种威胁与乌“进行紧急磋商”，双方将继续进行生气勃勃的军事合作；两国同意将经济合作作为双边关系的重点，乌承诺致力于经济与结构改革；在人道主义合作方面，双方确认在专业培训、教育、公共卫生和环境保护等方面加强合作；在法治方面，双方认同乌必须建成一个法制国家和民主社会，改革司法制度，完善司法系统，美将帮助乌培训法律专家。③

卡里莫夫对乌美关系的发展颇感满意。他在 2002 年春公开表示，美国为乌做了独联体其他国家做不了的事情，在消除乌南部边境地区紧张状态和危险方面起关键作用的是美国及其训练有素的武装力量，而不是独联体集体安全组织成员国。乌副总理阿齐莫夫在接受《华盛顿时报》记者采访时也表示，塔什干把美在乌的军事存在视为地区稳定的保障。④

2003 年 3 月美国组建的“意愿联盟”发起伊拉克战争后，乌兹别克斯坦是唯一加入这个“联盟”的中亚国家，但乌没有向伊拉克派兵。

尽管乌对俄独立、向美靠拢的倾向相当强烈，俄没有放弃对乌的争取。普京当政给两国关系带来新势头。2003 年 8 月 6 日，普京在访问马来西亚回国途中访乌，与卡里莫夫进行了 3 个多小时的长谈。会晤后普京向记者表示，俄乌将在轻工业、军事技术、能源等方面进行合作。乌官员说这是“与俄罗斯重新交朋友”。⑤

2004 年 2 月下旬，拉姆斯菲尔德再次访问乌、哈两国，他感谢乌在反恐战争中的合作，并称美乌之间的军事关系“每个月都变得更加强大”，但美国无意在本

---

① Jim Nichol, *Central Asia: Regional Developments and Implications for U.S. Interests* (CRS Report for Congress), August 10, 2010, p.31.

② Elizabeth Wishnick, “Growing U. S. Security Interests in Central Asia,” October 2002, https://ssi.armywarcollege.edu/pdffiles/PUB110.pdf.

③ “United States-Uzbekistan Declaration,” March 12, 2002, https://2001-2009.state.gov/r/pa/prs/ps/2002/8736.htm.

④ 赵鸣文:《普京大外交》，第 184 页。

⑤ “President Vladimir Putin Met with President Islam Karimov,” August 6, 2003, http://en.kremlin.ru/events/president/news/29160.

地区建立永久性的军事基地，双方讨论了美国和盟国军队可以在必要时使用的“行动地点”(operating sites)。①

格鲁吉亚、乌克兰接连发生的“颜色革命”使乌兹别克斯坦对西方的民主渗透警觉起来。2005 年 5 月 5 日，乌以其所处位置不能落实“古阿姆”有关章程为由退出了该集团。5 月 13 日，乌东部城市安集延发生抗议游行，乌政府采取强硬手段应对，国外人权组织称有 500 人至 1 000 人在事件中丧生，乌政府称 180 人，而且流血是由极端主义武装分子引起的。但西方认为乌政府难辞其咎，美两党部分议员发表声明谴责乌政府，国务院也为此发表措辞强硬的人权报告。卡里莫夫总统作出强硬回应，威胁收回美国在乌的驻兵权，美乌关系顿时恶化。布什政府内部对此有不同意见。拉姆斯菲尔德认为反恐、安全比人权问题更加重要，为了阿富汗战争，要避免对卡里莫夫政府的指责，与之保持良好关系，这是五角大楼多数人的看法。拉姆斯菲尔德还专门为此给赖斯打电话，称“国家安全正处于危险之中”，“军方需要那个基地”。赖斯表示理解五角大楼的关切，但拒绝在人权问题上作让步。恼怒的拉姆斯菲尔德要国家安全事务助理史蒂芬·哈德利(Stephen Hadly)向总统报告此事，但布什没有指示赖斯让步。②

在卡里莫夫处境困难之际，普京多次邀请其访问莫斯科，并批准向乌提供米-17 和米-24 直升机，以及用于驱散人群的装甲车和其他特种防暴装备。这使卡里莫夫重新思考与美、俄的关系。而且美在乌投资远少于中国和俄罗斯，所以即使乌美关系恶化对乌的经济也不会产生实质性影响。乌政府开始限制美军对汉纳巴德机场的使用，禁止其夜间飞行和货物运输，指责美军造成环境污染。7 月 5 日，上海合作组织峰会宣言提出：“鉴于阿富汗反恐的大规模军事行动已经告一段落，上海合作组织成员国认为，反恐联盟有关各方有必要确定临时使用上海合作组织成员国上述基础设施及在这些国家驻军的最后期限。”③但乌没有立即向美提出撤离基地的要求。

7 月稍晚，美方准备把暂居在哈萨克斯坦的安集延难民运到罗马尼亚去，遭到乌兹别克斯坦政府反对，乌兹别克斯坦提出其中有恐怖分子嫌犯，要求把这些人交还给乌兹别克斯坦安全部门进行甄别。在格鲁吉亚、乌克兰的“颜色革命”之后，卡里莫夫总统越来越认为美国是不可信任的，遂要求驻汉纳巴德机场的美军在半年之内撤离。亲美的前防长古洛莫夫受到叛国罪的指控，险遭牢狱之灾。

美军于当年 11 月 21 日最后关闭了汉纳巴德基地，这是冷战结束后美国在

---

① Antonie Blua, “Central Asia: Rumsfeld Wraps Up Visit to Uzbekistan, Kazakhstan,” February 26, 2004, http://www.payvand.com/news/04/feb/1201.html.

② 康多莉扎·赖斯：《无上荣耀》，刘勇军译，第 392—393 页。

③ 《上海合作组织成员国元首宣言》(2005 年 7 月)，http://news.sina.com.cn/c/2006-05-31/10101002288&.shtml。

中亚遭到一大挫折。汉纳巴德是中亚各机场中对美国的阿富汗战争最重要的一个机场，它和玛纳斯机场是从欧亚大陆的心脏地区去往阿富汗的两块跳板。此后，汉纳巴德的许多职能都由玛纳斯机场担负起来。①拉姆斯菲尔德给哈德利写信说："我们正在被俄罗斯人逐渐挤出中亚地区。他们对那些国家的威吓与美国反击这种威吓相比，他们干得出色许多。"②

美军撤离了汉纳巴德基地，俄乌关系立即跟进。2005 年 10 月，乌申请加入欧亚经济共同体并宣布恢复在独联体集体安全组织的活动。11 月 14 日，卡里莫夫访问莫斯科，双方签订了《同盟关系条约》，其中规定："对一方的侵略行为将被视为是对双方的侵略行为……另一方得提供一切必要的援助，包括军事援助"，缔约一方可授权另一方"使用(其领土之上的)军事设施"。但显然是为了避免过于刺激美国，俄方没有立即向乌方提出建立军事基地的要求。俄乌《同盟关系条约》的签订是冷战后美俄在中亚竞争的一个重要事态。首先，它对乌具有重要意义，苏联解体后，乌从独立于莫斯科到重新进入俄罗斯的轨道，完成了一个循环。乌看明白了，由于地缘政治等种种原因，乌是离不开俄罗斯的，它在美俄之间重新作出了选择；其次，冷战结束后，美俄两国在中亚的势力一升一降，俄方一直处于守势，尤其是美国借助阿富汗战争，挤进了它原先没有到过的地方。2005 年 11 月是个转折点，美国势力从此开始走下坡路，而俄罗斯的势力又卷土重来；第三，这一条约具有象征意义，它"事实上承认了俄介入乌内政的合法性"。③此后直到奥巴马任期结束，俄一直在中亚保持优势地位。虽然美乌关系稍后有所恢复，美也维持着与中亚各国的关系，但再无明显扩张势头。

2006 年，乌重新加入独联体集体安全组织。2005 年后，乌军队每年都参加乌俄双边或多边军事演习，在俄接受军事培训的乌方人员逐年增加。

（三）吉尔吉斯斯坦

普京当政使俄吉关系跃上了新的台阶，两国安全部门接触大为增加，2003 年 9 月俄吉签署协定，允许俄使用苏联时期的坎特空军基地(距比什凯克 20 千米)及其他设施，名义上是为了反恐和地区安全，实际上也是为了抵消美国和北约的影响。俄罗斯教官还在该基地训练吉方飞行员。两国军队定期举行联合军演，俄专家帮助吉方管理空域，2013 年有约 500 名俄军常驻该基地。吉方军事

① 根据美方 2006 年年中的一份报告，每月都有 900 万磅的汽油在该机场下载，有 4 000 吨货物和 13 500 人进出阿富汗。Jim Nichol, *Central Asia's Security: Issues and Implications for U.S. Interests*(CRS Report for Congress), March 11, 2010, p.36.

② Angela E. Stent, *The Limits of Partnership*, p.121.

③ 赵鸣文:《普京大外交》，第 278 页；Jyotsna Bakshi, "Russia and Uzbekistan Sign Treaty of Alliance Relations," December 27, 2005, https://idsa.in/idsastrategiccomments/RussiaandUzbekistanSignTreatyofAlliance Relations_jbakshi_271205.

人员还在俄接受培训，1992年到2007年间达800人。①

2002年2月15日，美吉签订双边合作协定，协定聚焦于吉的经济改革。9月18日至23日，吉总统阿卡耶夫访美，并与布什发表联合声明，赞赏吉在阿富汗战争中所发挥的"实质性作用"，承诺将继续在反恐联盟的框架内进行合作。双方支持阿过渡政府，支持阿重建及开放其自然和人力资源；决定加强安全合作，以应对恐怖主义、贩毒和大规模杀伤性武器的扩散，并共同为增进地区安全和繁荣而努力。美方表示要加强对吉边界安全及吉军事力量的援助，并希望吉改善投资环境，消除对外国投资的法律和行政方面的障碍，吉方将派政府代表团访美，就经济改革和发展的具体事宜进行磋商。②11月20日，吉政府代表团访美，双方就发展农业经济，中小企业，吉实行税收、土地、银行改革，美对吉援助，消除贫困等问题进行商讨，并发表了联合声明。③

吉尔吉斯斯坦对吉美关系的发展感到满意。吉是个内陆国家，没有出海口，其政要一直幻想能使玛纳斯机场变成欧亚之间的过境港，而"美国、西班牙和法国飞行员的到来恰恰给这个机场做了广告"。玛纳斯的美军基地还为当地提供了数百人的就业岗位，每年与基地相关的收入达数千万美元。④

2005年3月，由于议会选举的舞弊和商品的匮乏，吉尔吉斯斯坦发生了欧亚地区的第三次"民主革命"——"郁金香革命"，阿卡耶夫被推翻。但这次政权更迭与格、乌的"颜色革命"显著不同。在格、乌两国，对立双方在政策取向上有着明显的亲俄和亲美的区别，而在吉尔吉斯斯坦却没有这种差别，新当政的巴基耶夫总统不仅没有疏俄亲美，而且更积极地向俄及上海合作组织靠拢。巴基耶夫总统表示，"我们与俄罗斯的关系要向各个领域发展，包括政治领域"。因此大多数观察家主张把它与格、乌的"颜色革命"区别看待。⑤2006年4月24日，巴基

① Jim Nichol, *Kyrgyzstan: Recent Developments and U.S. Interests* (CRS Report for Congress), August 30, 2013, p.18.

② "Joint Statement by President George W. Bush and President Askar Akayev on the Relationship Between the United States of America and the Kyrgyz Republic," September 23, 2002, https://georgewbush-whitehouse.archives.gov/news/releases/2002/09/20020923-4.html.

③ "Joint Statement on US-Kyrgyz Republic Economic Consultations," November 20, 2002, https://2001-2009.state.gov/r/pa/prs/ps/2002/15327.htm.

④ 赵鸣文：《普京大外交》，第184页。

⑤ 郑羽主编：《中俄美在中亚：合作与竞争》，第112页；赵鸣文：《普京大外交》，第276页。关于这场"革命"的原因，美国学者卡米多夫(Alisher Khamidov)写道："从2003年阿卡耶夫允许俄罗斯在坎特建立拥有完全权力的军事基地以来，他就清楚吉尔吉斯斯坦已经被列入了美国的'待考察'名单。吉的政治温度是从那时开始升温的"，"美国人从各种层面都清楚表达了他们希望看到比什凯克政权更迭的愿望"，见王鸣野：《中间地带的通道政治与中间地带国家的国际行为》，《俄罗斯研究》2019年第3期。

耶夫访俄，双方达成多项协议，除重申两国加强军事合作和扩大坎特空军基地的承诺外，俄统一电力公司、天然气工业集团等大企业还承诺向吉投资几十亿美元。①

（四）塔吉克斯坦

美塔关系除了军事基地外，主要聚焦于经济改革。2002 年 4 月，塔外长率团访美，会晤了切尼副总统和国务院、国安会、财政部、国防部、国际开发署官员，美方对塔支持反恐联盟表示感谢，塔方表示将在华盛顿开设大使馆，向美国派遣大使，美方承诺拓展双边合作及对塔援助。②

进入 21 世纪，随着美国和西方国家在中亚势力的增长，塔俄关系有所冷淡，双方军事合作也受到影响。拉赫蒙诺夫（2007 年后改为拉赫蒙）总统甚至放出口风，塔将重新评估驻塔俄军的地位和作用，塔不再需要俄帮助守卫边境。俄塔就俄第 201 摩托化师在塔的地位和使用的条件进行了长期的谈判。③为得到塔方对在其境内驻军和协防边界的“挽留”，2004 年俄罗斯免除了塔方所欠 3.3 亿美元债务，并答应在未来 5 年投资 20 亿美元修建两座大型水电站和一家铝厂。10 月普京对杜尚别的访问是两国关系的转折点。16 日，两国签署俄在塔继续保留杜尚别等三处军事基地的协定。两国总统目睹了俄罗斯国旗在基地升起。拉赫蒙诺夫称协定开启了与俄“有质量的合作”；普京回应说：“该基地与吉尔吉斯斯坦的坎特基地将是本地区集体安全系统的重要组成部分。”谢尔盖·伊凡诺夫防长表示，部署在基地的俄第 201 摩托化师是俄在境外驻扎的重要军事力量，总共将有 5 000 军人驻守。④在俄驻扎在境外的军队中，这支部队规模仅次于黑海舰队。俄在塔还部署了相当多的军事装备，包括 54 辆坦克、300 辆步兵战车和装甲运兵车，100 辆自行榴弹炮车和导弹发射车，6 架战机和直升机。2005 年 6 月，塔从俄军手中收回边境控制，但仍有数百名俄军顾问留在那里。2005 年至 2006 年间，俄向塔提供的军事援助超过 2 600 万美元。仅在 2006 年秋，塔空军就取得了俄提供的 4 架 M1-8 和 M1-24 直升机和 4 架 L-39 作战教练机，2007 年俄又提供了 2 架 M1-24 直升机。⑤2005 年，普京在中亚合作组织峰会前邀请拉赫蒙诺夫访问莫斯科，并提前将与塔签订的关于塔务工移民及保障两国公民权利的协定递交议会审批。这对塔有着重要意义。塔非常依赖对俄劳务输出，

① 王鸣野：《中间地带的通道政治与中间地带国家的国际行为》，《俄罗斯研究》2019 年第 3 期。

② “Joint Statement of the United States and the Republic of Tajikistan,” April 18, 2002, https://2001-2009.state.gov/r/pa/prs/ps/2002/9535.htm.

③⑤ Vladimir Paramonov and Oleg Stolpovski, “Russia and Central Asia: Bilateral Cooperation in the Defense Sector,” May 2008, https://www.files.ethz.ch/isn/92591/08_May.pdf.

④ Radio Free Europe, “Tajikistan: First Permanent Russian Military Base Opened,” October 17, 2004, https://www.rferl.org/a/1055375.html；赵鸣文：《普京大外交》，第 279 页。

2011年劳务汇款占到塔国内生产总值的43.9%。塔方投桃报李，在落实基地协定方面进一步提供了方便。2008年4月，拉赫蒙总统表示，“塔将拓展与美国、欧盟和其他（反恐）联盟国家的建设性合作，同时将对互利的经济合作给予更大的关注”，但在所有这些关系中，俄罗斯是塔最亲密的“战略伙伴”。①

三、美俄影响此降彼升

在开展反恐合作数年之后美国与中亚国家领导人的相互不满逐渐增长。美国对中亚的政策是自相矛盾的。美国首先需要各国在反恐中提供合作，但美国很清楚，中亚国家领导人基本是原苏联时期的官员，他们对美国的另一个长期目标——促进民主改革是抵触的，而且西方的民主在中亚这些穆斯林国家中是外来的、陌生的，与本地的传统和文化格格不入。尽管如此，美方依然认为，如能实行广泛的持久的系统的变革，包括经济、社会和政治转型，就能“通过变革实现稳定”。美国认为中亚的改革不是可有可无的了，只有实行改革才能遏制宗教极端主义的蔓延。但布什政府也不敢过于热心地推进民主化转型，因为中亚国家的反对派往往是宗教极端主义者，或者是排外主义者，扶植反对派几乎就是助长恐怖主义势力。其次，在布什政府内部也有政策分歧，国防部强调安全和反恐合作，国务院则强调促进民主改革，“推进自由议程”，助理国务卿弗里德宣称，“美国在推进政治和经济改革方面的利益不会从属于安全关注”，并以布什第二任期的《就职演说》作为最高准绳。也就是说，美方缺乏协调统一的中亚政策，各个部门都把自己主管的事项作为优先选项，各自为政。②

中亚国家的精英不认同美国“通过变革实现稳定”的说法，对于他们，社会稳定、政权的稳固正是抵制和应对种种挑战的法宝，经历了苏联由于自由化和改革而解体的过程，目睹了邻国塔吉克斯坦20世纪90年代的血腥内战，又在新近看到格、乌两国的“颜色革命”，中亚国家领导人和政治精英不接受美国关于“自由的长远利益”的说教，③对美国倡导的民主改革方案的疑虑越来越深，对西方国家及其非政府组织在扶植反对派、鼓吹人权、鼓吹独立的媒体等方面的活动更加警惕，并加以种种限制。他们甚至认为，美国推动民主化是要通过“革命”让反对派来取而代之，他们从2005年吉尔吉斯斯坦的“郁金香革命”中吸取的教训不是要搞自由化和容忍反对派，而是要加强对社会的控制。布什政府对乌兹别克斯

① Jim Nichol, *Tajikstan: Recent Developments and U.S. Interests* (CRS Reports for Congress), August 31, 2012, pp.10—11.

② Stephen J. Blank, “U.S. Interests in Central Asia and the Challenges to Them,” March 2007, https://ssi.armywarcollege.edu/pdffiles/PUB758.pdf.

③ Jim Nichol, *Uzbekistan: Recent Developments and U.S. Interests* (CRS Report for Congress), April 5, 2007, p.1.

坦安集延事件的政策也使中亚各国政治精英醒悟,美方为了人权和民主宁愿牺牲汉纳巴德机场,它把在海外"推进自由议程"看得比反恐还重要,这在中亚各国政治精英看来是令人惊讶的幼稚。美国国务院每年的《国别人权报告》对中亚国家的人权状况屡屡指手画脚,遭到这些国家的一再反驳。中亚各国领导人认识到,不能指望美国来帮助维护社会稳定和现行体制的安全,一旦国内发生风吹草动,美国总是站在"民主"浪潮一边来反对当政者;而对于中亚各国政治精英来说,不论是短期的还是长期的,他们的首要关切都是政权的稳定,因此必须在美国之外来寻求支持。而在美国看来,中亚各国以对反恐战争的贡献作为抵制改革的借口,它们是反恐战争中的近期伙伴,却是长期的对手。①

对美关系的改善也没有给中亚各国带来它们期待的经济利益。美对中亚的经济援助本来不多,国会的相关法律又把有的援助项目与这些国家的人权状况挂钩,使援助更显得菲薄、小气,与被援助者的期望相差甚远。②而美国真正感兴趣的主要是中亚的油气资源,除了油气,美对中亚的贸易和投资远少于俄罗斯和中国。

美对阿富汗毒品问题的忽视也使中亚国家不满。随着战争的进行,阿更加贫困化,毒品生产和贩卖愈加猖獗,毒品成为对中亚社会日益严重的威胁,而美在这方面却几乎无所作为。③由于双方互有不满,在反恐合作几年后美与中亚各国的关系后劲不足,俄罗斯的影响本来有根有底,现在更是卷土重来,上文讲到的美乌关系的恶化和美军撤离汉纳巴德机场是美俄在中亚影响力此降彼升的标志。

21 世纪以来俄罗斯国内局势稳定,经济经历了 7 年持续的恢复性增长,普京的民意支持率保持在 70%的高位,并正在努力打造"能源超级大国"。俄罗斯在邻国,尤其在中亚的影响明显扩大,并在不断投放"自信国家"的形象。其实即使在 20 世纪 90 年代,中亚国家也极难真正切断与俄千丝万缕的联系,除了地缘、在各国居住的俄罗斯族人(在哈萨克斯坦约有 450 万)和能源关系外,俄还在很大程度上控制着中亚国家的对外通道:铁路、输油管道、空域以及使这些新国家走向全球市场的港口。俄经济的增长也为中亚国家提供了巨大

① Eugene Rumer, "The United States and Central Asia: In Search of a Strategy," in Eugene Rumer, Dmitri Trenin, and Huasheng Zhao, eds., *Central Asia. Views from Washington, Moscow, and Beijing*, pp.50—53; Jim Nichol, *Central Asia: Regional Developments and Implications for U.S. Interests*(CRS Report for Congress), June 5, 2006, p.5.

② Jim Nichol, *Central Asia: Regional Developments and Implications for U.S. Interests*(CRS Report for Congress), June 5, 2006, pp.10—12.

③ 塔利班垮台后,阿富汗的毒品生产不减反增,2005 年产量达 410 吨,其价值占阿国内生产总值的 52%,不但成为阿和平与重建的一大障碍,还祸害周边国家及地区,甚至远达欧洲。见杨鸿熙:《美国中亚战略二十年——螺旋式演进》,第 92 页。

的市场。①随着俄经济的逐渐恢复,在中亚地区经济参与的增加,俄竭力游说中亚国家铺设通过俄的油气管道。2002年美俄签署《能源合作声明》,俄接受西方在里海地区的角色,包括巴库—第比利斯—杰伊汉方案。后来,俄试图劝说哈萨克斯坦退出这一方案,但没有成功。纳扎尔巴耶夫在2005年2月的《国情咨文》中表示,他的政策是"寻求使中亚地区真正实现经济一体化"。②

《独联体集体安全条约》是俄罗斯对中亚拓展安全方面影响力的一个重要工具。条约的宗旨是建立独联体国家集体防御空间和提高联合防御能力,防止并调解独联体国家内部及独联体地区性武力争端,并且承诺不参加其他的安全联盟。2002年5月14日,条约改称"独联体集体安全条约组织",成立了快速反应部队,以应对恐怖主义和贩毒。2001年6月,上海合作组织成立,从2003年起上合组织每年都举行军事演习。2006年,乌兹别克斯坦重新加入集体安全组织。

为了巩固美国在中亚的势力和影响,为后阿富汗战争地区稳定和阿重建提供思路,2005年,约翰斯·霍普金斯大学中亚研究所所长弗雷德里克·斯塔尔(Frederick Starr)提出了"大中亚计划"的构想。该计划要把美国与中亚各国(包括阿富汗)的关系整合起来,把经济与社会发展、良治、贸易、打击毒品、反腐败、民主和透明度以及安全都整合到一起,改变美方以双边关系作为各种问题基础的状况;同时,美方要进行一系列组织方面的改变,政府内部在更高层次上进行协调。而当时国务院把阿富汗列入南亚,国防部把它归到中亚,影响了美国政策的效能。斯塔尔特别强调贸易,认为贸易是为阿富汗和整个中亚地区发展注入活力的关键,"贸易能帮助阿富汗和整个地区从经济的边缘走向新的经济地区的中央,这就是大中亚地区"。③

国务院接受了斯塔尔的建议。为了避免美乌关系恶化的溢出效应,避免伤及美与其他中亚国家的关系及美在中亚的战略态势,国务卿赖斯于2005年10月上旬访问新近经历了"郁金香革命"的吉尔吉斯斯坦以及塔吉克斯坦、哈萨克斯坦。这是美国务卿对塔吉克斯坦的首次访问,塔总统表示强烈支持美国的全球反恐战争。在赖斯访吉中,"郁金香革命"后当政的总统巴基耶夫表示继续支持反恐联盟部队使用玛纳斯机场,直到阿战结束。美哈进一步加强了军控和防

---

① Eugene Rumer, "The United States and Central Asia: In Search of a Strategy," in Eugene Rumer, Dmitri Trenin, and Huasheng Zhao, eds., *Central Asia. Views from Washington, Moscow, and Beijing*, p.54.

② Stephen J. Blank, "U.S. Interests in Central Asia and the Challenges to Them," March 2007, https://ssi.armywarcollege.edu/pdffiles/PUB758.pdf.

③ Frederick Starr, "A Partnership for Central Asia," *Foreign Affairs*, July/August 2005, pp.164—178.

扩散方面的合作，美国发起“与边境安全相关的出口控制机制”来加强对生物、化学和核以及放射性武器和物资的控制。①

2006年1月5日，赖斯宣布，南亚和中亚是她全球议程上的优先选项，在国务院的主管机构中，中亚各国从欧洲局移出，划归南亚局管辖，南亚局还包括阿富汗、印度和巴基斯坦等国。赖斯说，这将使这一地区更好整合，“这是我们的一个重要目标”。②常务副国务卿斯蒂文·曼(Steven Mann)在众议院国际关系委员会中东与中亚小组委员会作证时说，北约与欧安组织这样的机制将继续使中亚国家更靠近欧洲和美国，但美国也继续鼓励中亚国家发展与南亚国家，与阿富汗、印度、巴基斯坦的关系，加强协调合作。2007年6月，盖茨防长在新加坡亚太安全会议上特别强调了中亚对亚洲安全的重要性，并大篇幅阐述了亚洲国家可以向中亚各国提供帮助的关键领域：经济发展，尤其是公路、铁路、电子通信、发电设备等基础设施；地区整合，包括中亚各国相互间的整合及与亚洲各国的整合，尤其是互联互通；反恐，这不仅是阿富汗的事，整个中亚地区都极易受恐怖主义袭击，也易于成为恐怖主义的温床；提供政治和经济改革的技术顾问，帮助中亚国家走向良治；帮助打击贩毒，包括打击贩毒的知识和经验交流；安全援助，帮助中亚各国建立能力更强、文官掌控和负责任的军事机器，为它们作为主权和独立的国家壮胆，以抵制邻国的政治压力，并提供更多的军事训练、维和部队和防务专家，更积极地“把中亚整合进亚洲的安全架构”。③显然，美国意识到它对中亚鞭长莫及，难以包打天下，遂试图动员亚洲国家，尤其是盟国，来整合中亚，“抵制邻国的政治压力”，显然是指俄、中及上合组织。

2006年4月26日，助理国务卿鲍润石在众议院国际关系委员会中东与中亚小组委员会作证时阐述了布什政府中亚政策的三个支柱：安全合作、经济与能源利益、政治与经济改革，并表示政府决心以平衡的方式同时推进这三种利益。他强调，阿富汗的开放正在改变地区的战略格局，把南亚与中亚联系在一起，以前的障碍正在变为通途。④2006年5月，国会通过《2006年丝绸之路法》，该法的基本要求与大中亚计划相仿，都是要使阿富汗重新融入中亚，利用中亚和南亚的

① Daniel Fried, “A Strategy for Central Asia,” October, 27, 2005, https://2001-2009.states.gov/p/eur/rls.rm/55766.htm.

② Firat Purtas, “The Great Central Asia Partnership Initiative and Its Impacts on Eurasian Security,” June, 2006, http://www.acarindex.com/dosyalar/makale/acarindex-1423910577.pdf.

③ “U.S. Defense Secretary Robert Gates on Security in Asia: America Is More Engaged Than Ever,” June 1, 2007, https://china.usc.edu/us-defense-secretary-robert-gates-security-asia-america-more-engaged-ever-2007.

④ Richard Boucher, “U.S. Policy in Central Asia: Balancing Priorities,” April 26, 2006, https://2001-2009.state.gov/p/sca/rls/rm/2006/65292.htm.

资源来实现阿的复兴。①在布什政府2006年的《国家安全战略报告》中也指出：中亚"在我国外交政策中是持久的优先选项"。②但由于阿富汗的安全状况一直未能根本改善，美国的投入也有限，中亚国家难以从中得到什么回报，美国的"优先选项"基本上只是说说而已，实际收效甚微。

美军离开汉纳巴德后，更加重视发展与哈萨克斯坦的关系，希望哈在中亚地区发挥领导作用。2006年9月底，哈总统纳扎尔巴耶夫访美。这是哈总统第三次到访白宫。双方的联合声明"对两国战略关系的进展表示满意，并宣布共同致力于中亚及更广泛的地区的稳定、繁荣及民主改革"，双方将在地区安全和经济整合、阿富汗和伊拉克的重建中加强合作，并为发展民主机制以实现长期稳定，美方支持哈在地区整合中发挥领导作用，赞赏哈在防扩散方面的领导作用与努力；赞赏美哈能源伙伴关系，特别是哈在巴库—第比利斯—杰伊汉输油管道项目中的参与，支持哈加入世界贸易组织。③2008年10月上旬，赖斯国务卿访哈会晤哈外长，在记者会上哈外长表示哈美关系是"稳定的"，他对与赖斯的讨论感到"完全满意"；赖斯也对美哈关系的状况表示"非常高兴"。路透社记者问到，格鲁吉亚战争是否改变了哈在美俄之间搞平衡的政策，哈外长说，对俄关系"非常好"，那是"政治正确的关系"，"俄罗斯是我们的战略伙伴"；而对美关系"是稳定的，具有战略性质的"。④显然，哈仍继续在美俄之间寻求平衡。

乌兹别克斯坦把美军从汉纳巴德撵走以后，美乌关系冷了一阵，稍后又略有修复。2007年3月，美助理国务卿帮办费根鲍姆访乌，表示双边关系中的"困难"时期正式结束。但其实美乌关系并无多少起色。2008年年初，乌允许北约指挥下的美国军人按照个案处理的方式，从铁尔兹城附近进入阿富汗，乌早先已经允许德军人员使用该通道。4月初，卡里莫夫总统出席了北约布加勒斯特峰会，并称乌已经准备好讨论北约的非杀伤性物资和装备从乌运入阿的问题。稍后，5月底6月初，鲍润石再次访乌，与乌讨论了这一问题。卡里莫夫总统表示"对两国关系中的积极变化表示高兴"。⑤

2005年7月5日上合组织峰会后，吉总统巴基耶夫于12月向美方提出，把

① 杨鸿熙：《美国中亚战略20年——螺旋式演进》，第134页。

② The White House, *National Security Strategy of the United States*, March 16, 2006, p.40.

③ George W. Bush, "Joint Statement by the United States of America and the Republic of Kazakhstan," September 29, 2006. Online by Gerhard Peters and John T. Woolley, *American President Project*, https://www.presidency.ucsb.edu/node/242644.

④ Condoleezza Rice, "Remarks with Kazakhstan Foreign Minister Mazat Tazhin," October 5, 2008, https://2001-2009.state.gov/secretary/rm/2008/10/110627.htm.

⑤ Jim Nichol, *Central Asia's: Regional Developments and Implications for U.S. Interests* (CRS Report for Congress), July 10, 2008, p.25.

玛纳斯机场的年租金从原来的200万美元提高到2亿美元(包括了空管和加油的费用),并重申俄罗斯可以免费使用附近的基地。①经过半年谈判,美吉于2006年7月14日发表声明,表明机场租金问题已经解决,声明没有具体说租金数目,但称美国将在下一财年提供1.5亿美元的一揽子援助作为补偿(有的分析认为,其中租金应该是1 700万到2 000万美元)。吉安全委员会秘书尼亚佐夫与美助理国务卿帮办麦克杜格尔(James MacDougall)还签署了一份议定书,美方将对吉方在反恐战争中提供的物资、劳务和其他支持给予补偿。7月底访问中亚的美中央司令部司令阿比扎伊德(John Abizaid)将军表示,美方最终将减少在中亚的军事存在,代之以双边的军事合作。②9月,美军官称,玛纳斯基地的设施正在向着"可持续的态势"发展,以前的帐篷将为半永久性的建筑、机场设施和医院所替代。2008年6月,任满离开的美驻玛纳斯部队长官称,美方每年付给吉方的土地租金是1 750万美元,为在机场的起降和停靠付费2 100万美元,为建筑材料和服务付费2 500万美元。过去一年中有13万名军人及数千吨物资通过该机场进出阿富汗。③

第二节　南高加索

一、格鲁吉亚

(一) 格俄关于撤军及潘基西峡谷的争议

格鲁吉亚就俄军撤出的问题与俄进行了多次交涉。1999年双方达成妥协:在2001年7月前关闭俄在格的四个军事基地中的两个:瓦济阿尼和古道塔,缩减第三个基地的部署。在2000年12月的第五轮谈判中,俄方同意2001年7月前完全撤出该两处基地,并建议巴统、阿哈尔卡拉基两处基地使用期为15年,遭格拒绝。2001年,格指责驻格俄军向格非法武装提供武器,从事非法武器贸易,再次要求俄军尽快撤出,并提出俄驻阿布哈兹维和部队实行国际化问题,在12月31日俄维和部队到期后,勉强同意延长半年驻留期。2001年7月,俄方交还了瓦济阿尼基地。2002年6月,俄方宣布已经关闭古道塔基地,但留下了320

① Demetri Sevastopulo and Hubert Wetzel, "Kyrgyzst demands big rent rise from U.S.," December 15, 2005, https://www.ft.com/content/aa77cf3c-6cd4-11da-90c2-0000779e2340.

② Jim Nichol, *Central Asia's Security: Issues and Implications for U.S. Interests* (CRS Report for Congress), March 11, 2010, p.37.

③ Jim Nichol, *Central Asia's Security: Regional Developments and Implications for U.S. Interests* (CRS Report for Congress), July 10, 2008, p.18.

名军人以支持俄维和部队。格方再次表示拒绝俄关于继续使用巴统、阿哈尔卡拉基两处基地15年的要求，并要俄方为基地支付3亿美元的租金。2005年3月，格议会通过决议，要求在本年5月中旬就关闭俄基地与俄达成协议，不然就对基地俄军实行种种限制。5月底，俄方同意将2008年作为撤离基地的最后期限。据俄防长谢尔盖·伊凡诺夫6月称，尚有2 500名俄军部署在基地。2007年6月27日，俄方交还阿哈尔卡拉基基地；11月21日，俄方宣布关闭巴统基地，完全履行了从格撤出武装力量的义务。但格方称，俄方没有将巴统基地交还格方控制。①

2002年6月，俄杜马通过《国籍法》修正案，为向阿布哈兹和南奥塞梯居民普遍发放护照、授予国籍铺平了道路。2002年8月，南奥塞梯与阿布哈兹结成共同应对格武装进攻的军事同盟。2006年11月，南奥塞梯再次举行全民公投，大多数民众支持独立，但考虑到复杂的国际关系，俄没有承认其独立。②

俄在两地留下的维和部队已不足3 000人。早在谢瓦尔德纳泽时期，格就希望独联体(实际上是俄罗斯)在因古里河地区的维和部队能由别国军队取代，如乌克兰、土耳其、北约或欧盟的部队，遭俄方拒绝；北约也不想蹚这片浑水，2006年10月北约军事委员会主席希诺尔特(Remond Henault)明确表示，北约无意派部队去格这两个闹分裂的地区。③

9·11恐怖袭击后，俄罗斯指控与本·拉登有关联的车臣非法武装利用格鲁吉亚作为基地及进攻车臣的跳板。2001年11月30日，普京在与谢瓦尔德纳泽会晤后的记者会上明确表示："国际恐怖主义的营地就设在格鲁吉亚"，车臣反政府武装的军火仓库和弹药据点都设在格鲁吉亚，并从潘基西峡谷出入车臣。俄方不断抱怨，潘基西峡谷有一条通往车臣运送武器、提供资金和派遣武装人员的"谢瓦尔德纳泽小道"。只要不切断这条小道，恐怖分子就能在高加索地区越境行动，俄罗斯就难以结束车臣战争。2002年年初，潘基西峡谷的安全形势变得更加严峻。2月，俄武装力量总参谋长克瓦什宁对记者说，峡谷里不仅有来自车臣的难民，还有"基地组织"恐怖分子。它已经变成国际恐怖主义的一个中心。④谢瓦尔德纳泽反唇相讥，俄外长伊戈尔·伊凡诺夫老家就在潘基西峡谷，

① 毕洪业：《俄罗斯地缘外交中的格鲁吉亚》，《俄罗斯中亚东欧研究》2005年第3期；Jim Nichol, *Armenia, Azerbaijan, and Georgia: Political Developments and Implications for U.S. Interests* (CRS Report for Congress), Updated November 6, 2008, p.8。

② 谢玲：《美俄博弈下的阿布哈兹和南奥塞梯独立问题》，《西北工业大学学报》2010年9月，https://wenku.baidu.com/view/517bae97dd88d0d233d46a91.html。

③ Martin Malek, "NATO and the South Caucasus: Armenia, Azerbaijan, and Georgia on Different Tracks," *Connections*, Vol.7, No.3(January 2008), p.49.

④ 赵鸣文：《普京大外交》，第140页。

那就到伊凡诺夫母亲家去搜本·拉登吧。①3月美特种兵进入了该谷地，与格方一起搜寻打击恐怖分子，但未能根本改善这一地区的安全形势。8月，俄一架大型米格-26军用直升机在车臣境内被不明武装击落，机上118名军人全部遇难。俄怀疑是从潘基西峡谷潜入的非法武装人员所为。普京致函谢瓦尔德纳泽，要求格方立即对峡谷非法武装进行围剿，并保证恐怖分子不会从格境内向俄发动袭击。格总统在给普京的回函中没有作这样的保证，俄十分不满，认为"格鲁吉亚不与我们合作，而同恐怖分子合作"；俄联邦武装力量总参谋长克瓦什宁甚至说，格领导人"同阿富汗的毛拉·奥马尔没有任何区别"。②2004年2月，新总统萨卡什维利在访俄时保证讨伐格境内的宗教极端主义瓦哈比教派，随后又清除了一些在"基地组织"接受过训练的恐怖分子。③

9·11恐怖袭击后，南高加索三国立即对恐怖主义予以谴责，并支持美在阿富汗的"持久自由行动"，包括为北约军队和装备物资出入阿富汗开放领空、领土，并提供运输设施及军事基地等。格鲁吉亚还派兵参与阿战。在独联体国家中，只有格鲁吉亚、阿塞拜疆及乌克兰三国向阿派出了军人。格鲁吉亚也是公开支持伊拉克战争的国家，为美军提供空军基地，派出少量部队去伊拉克，并参加"伊拉克稳定力量"，为伊战后重建提供帮助。北约在格建立军事基础设施与格参与美国的两场战争，使"第比利斯成为在极不稳定的欧亚地区的一个支点、仓库和战地医院"。美军进入格还意味着将东欧与中亚通过格鲁吉亚连接起来，形成了一条西起波罗的海、东抵中亚腹地、横跨欧亚大陆的军事战略分水岭，其战略纵深与俄边界接壤，并直逼俄腹地，对美俄战略态势的影响是显而易见的。④

（二）"玫瑰革命"

在布什政府任内，美格关系进一步发展。2001年10月初，谢瓦尔德纳泽再次访美，会晤了布什总统。美方再次表示支持格独立、主权和领土完整，并对格协助反恐表示感谢。10月3日，谢瓦尔德纳泽在哈佛大学肯尼迪政府学院发表演讲，对美国和北约不吝溢美之词，盛赞西方和美国的援助，称没有美国的物质、精神支持，"一个民主的格鲁吉亚简直就不可能存在"，强调"北约不仅应该继续

---

① 叶然：《美军要到格鲁吉亚"恐怖谷"去找本·拉丹》，2002年3月5日，http://news.eastday.com/epublish/big5/paper148/20020305/class014800004/hwz612977.htm。

② 赵鸣文：《普京大外交》，第140—141页。

③ Jim Nichol, *Armenia, Azerbaijan, and Georgian: Political Developments and Implications for U.S. Interests* (CRS Report for Congress), Updated November 6, 2008, p.7.

④ 黄登学：《俄格冲突的根源探析》，《东北亚论坛》2009年第1期；Martin Malek, "NATO and the South Caucasus: Armenia, Azerbaijan, and Georgia on Different Tracks," *Connections*, Vol.7, No.3 (January 2008), p.41。

存在，而且必须予以加强，因为北约是整个欧洲得以从根本上提升价值观和加强稳定的支柱，加入北约是每一个欧洲民主国家不可剥夺的权利”。他还对俄罗斯的车臣战争和支持阿布哈兹分离主义分子的行为加以谴责。①

布什政府继续对格进行经济和安全援助，谢瓦尔德纳泽当政的11年间，美国的援助总额高达近10亿美元。②2001年年底，防长拉姆斯菲尔德访格，讨论向格提供军援问题。2002年，美国实施2 400万美元的对格训练和装备项目，培训了200名军官、2 000名士兵以及少数内务部警察部队和边防卫队，该项目旨在抵制俄罗斯派兵到格境内追踪车臣武装分子的压力，帮助格在国内打击恐怖分子，并防止恐怖分子从外部入侵格。2004年、2005年该项目中断。但从2006年起，美国又发起“持续与稳定行动项目”，为格防务改革提供顾问，培训了格7 800名军人，以支持美国在伊拉克的行动，并对以前提供的直升机进行维修保养。③

谢瓦尔德纳泽虽然亲美，但大体上还是在西方与俄之间搞平衡，两边都不敢得罪。但他在位多年，国家治理不善，国内经济萧条，民生问题严重，官员腐败成风、民族分离倾向加剧，民众支持率越来越低，西方对他也越来越失去信心。2003年11月，格鲁吉亚要举行议会选举，这也被广泛视为2005年大选的前奏。布什政府对此颇为重视，于7月初派了前国务卿贝克作为总统私人代表访问第比利斯，试图与格方商讨通过议会选举推进政治和经济改革，帮助格政府与反对派就一些棘手问题达成妥协，尤其是中央选举委员会的组成问题。贝克与谢瓦尔德纳泽是老熟人了，在乔治·布什和戈尔巴乔夫那个时代，这两位外长/国务卿交道打得不少。贝克凭借谈判能力，对不同党派施加压力，警告反对派勿再举行大规模的街头游行示威活动，并提出了所谓“贝克计划”，旨在减少选举舞弊，并确保反对派在议会中占有更多的席位。尽管格政府对此也作了一番宣传，但实际上“贝克计划”没有得到充分实施。④

议会选举于11月2日举行，中央选举委员会宣布，谢瓦尔德纳泽所属政党赢得多数选票。而欧安组织派来观察选举的“民主制度与人权办公室”则声明，

---

① Edward Sheverdnadze, “Searching for Security in a Changing World,” Transcript of Speech at the Kennedy School, Harvard University, October 3, 2001, https://www.belfercenter.org/publication/transcript-speech-kennedy-school-searching-security-changing-world.

② Angela E. Stent, *The Limits of Partnership*, p.105.

③ Jim Nichol, *Georgia* (*Republic*): *Recent Developments and U.S. Interests* (CRS Report for Congress), June 21, 2013, pp.30—31.

④ “Georgia's ‘Rose Revolution’,” A Report Prepared by the Staff of the Commission on Security and Cooperation in Europe, 108 Congress, 2nd Session, 2004, https://www.csce.gov/sites/helsinkicommission.house.gov/files/Report%20on%20Georgia%27s%20Rose%20Revolution.pdf; “Presidential Envoy James Baker to Visit Tbilisi, Georgia,” July 3, 2003, https://georgewbush-whitehouse.archives.gov/news/releases/2003/07/20030703-15.html.

选举没有达到国际公认的民主标准。在接下来的三周里，街头抗议和示威规模越来越大。反对派领导人萨卡什维利以议会选举"舞弊"为由，拒绝承认选举结果，并组织大规模民众抗议活动，要求谢瓦尔德纳泽辞职。西方尤其是美国的非政府组织，如美国全国民主基金会、索罗斯基金会的开放社会研究所，也在运动中起了推波助澜的作用。这些非政府组织扶植和资助格非政府组织，自由研究所就是最有代表性的组织。该所甚至派人去塞尔维亚，学习塞非政府组织颠覆米洛塞维奇的经验。格的学生运动"克马拉"(意为"够了")与自由研究所关系密切，能在全国范围内组织起抗议活动。多年西方人权思想的教育，已经培植了独立于政府的媒体鲁斯塔维-2(Rustavi-2)电视台，反对派有充分表达自己意见的渠道。萨卡什维利的高级顾问是曾在美国民主研究所工作的美国人丹尼尔·库宁，他的薪金是由美国国际开发署支付的。华盛顿的官员要找萨卡什维利，都通过丹尼尔·库宁。①总之，经过西方 10 多年的扶植，格的反对派已经足够壮大，它们又有了表达意见的方式和渠道，不但资金来自国外，就连运动的议程也是在西方国家的首都拟订的。②民众本来就对政府不满，一旦遇到机会，便统统发泄出来，成了谢瓦尔德纳泽的异己力量和反对派的支持者。鲁斯塔维-2 电视台则推波助澜。谢瓦尔德纳泽政府由于腐败已经变得十分虚弱，面对有组织的反对束手无策。而西方又一再警告，如果当局动用武力对付和平的抗议，结果将是灾难性的。实际上，总统已经失去对强力部门的控制。谢瓦尔德纳泽求助西方无果，不得已只好向莫斯科求救。普京派外长伊凡诺夫前去调停，同时声言，格鲁吉亚的政治危机是其国家领导人执行一系列错误的内外政策的结果，实际表示俄爱莫能助。伊凡诺夫在原苏联外交部工作时曾是谢瓦尔德纳泽的顾问，他们从 1985 年起就相识了。他在第比利斯与各派代表见了面，感觉谢瓦尔德纳泽已经众叛亲离。23 日下午，他领着反对派领导人日瓦尼亚和萨卡什维利来到总统官邸，让他们坐下来谈，避免流血。几小时后，谢瓦尔德纳泽宣布辞职。③

从 11 月 3 日至 23 日共 20 天的民众示威导致谢瓦尔德纳泽被迫辞职，并解散了政府，整个过程中没有发生暴力行为。萨卡什维利每次公开露面都会拿一枝玫瑰，故运动被称作"玫瑰革命"。2004 年 1 月 4 日，格鲁吉亚提前举行总统

① 安格斯·罗克斯伯勒:《强权与铁腕——普京传》，胡利平、林华译，第 112 页。

② Giorgi Kandelaki, "Georgia's Rose Revolution. A Participant's Perspective," U.S. Institute of Peace, July 2006, https://www.usip.org/publications/2006/07/georgias-rose-revolution-participants-perspective; "Georgia's 'Rose Revolution'," A Report Prepared by the Staff of the Commission on Security and Cooperation in Europe, 108 Congress, 2nd Session, 2004, https://www.csce.gov/sites/helsinkicommission.house.gov/files/Report%20on%20Georgia%27s%20Rose%20Revolution.pdf.

③ 安格斯·罗克斯伯勒:《强权与铁腕——普京传》，胡利平、林华译，第 108 页。

选举,萨卡什维利大获全胜。美国当即对选举结果表示认可。萨卡什维利具有深厚的西方背景。1991 年苏联解体时,他才 24 岁,尚未结束学业。他曾在法国斯特拉斯堡人权学院和意大利佛罗伦萨法学院学习,1993 年又获得美国国会奖学金,先后在哥伦比亚大学法律系和乔治·华盛顿大学学习,毕业后在美国一家律师事务所短暂工作了一段时间。1995 年回国从政,曾任议员、司法部部长、首都第比利斯市议会议长等职。他执政后选择融入西方的道路,得到美国的支持,美国务卿鲍威尔专程从美国飞来出席他 1 月 25 日的总统就职仪式。鉴于格鲁吉亚的经济困难,美方还给予了实际的援助,甚至包括 300 万美元用于支付公务员的薪水、1 000 万美元的财政援助。①俄罗斯把这些援助与"颜色革命"后不久就完成的横穿格鲁吉亚领土的巴库—第比利斯—杰伊汉的输油管道视为美国在南高加索的地缘战略扩张的证据。

格鲁吉亚的"玫瑰革命"是原苏联国家中发生的第一场通过街头政治和抗议运动而实现的政权更迭,是不流血的"革命"。它使一些西方决策者相信,在新独立国家通过非暴力的方式改变政权是可能的,不一定导致内战。②格鲁吉亚的"玫瑰革命"对于俄美关系、对于普京对俄美关系的看法具有重要意义。9·11 恐怖袭击以后,普京一直希望与美国建立新型的伙伴关系、战略性的关系。2003 年 10 月,他在接受卡塔尔电视台采访时强调,俄美有着保障世界战略稳定和人类安全的共同任务,从这个意义上说,"俄美之间是可能结成战略伙伴关系的"。③格鲁吉亚的变局是对他的这种想法的一个沉重打击。尤其是一年后又发生了乌克兰的"橙色革命",美国和西方在事关俄核心利益的这两个国家接连导演的"颜色革命",从根本上改变了普京对美国、对俄美关系的看法。

萨卡什维利并非不知道格鲁吉亚的"太阳从北边升起"这个道理,他也知道普京对格"玫瑰革命"的想法,他要对普京进行安抚,并选择俄罗斯作为他上任后首访的国家。出访之前,2004 年 2 月 5 日,他在第比利斯表示,他不指望立即改善对俄关系,"但我们的部长准备了当前两国之间存在的各种棘手问题的清单,(我将和普京)逐个问题地进行讨论。我想说的是,我对此次访问没有特别高的期望,我不指望一天之内发生奇迹,我不相信我们能在一天之内解决所有的争端。但是我们必须创造一种积极的趋势,而这些年中我们(看到了)消极的趋势"。④10 日至 11 日,萨卡什维利访问莫斯科,双方领导人同意启动两国间经贸

① Jeffrey Mankoff, *Russian Foreign Policy. The Return of Great Power Politics*, p.239.

② Giorgi Kandelaki, "Georgia's Rose Revolution: A Participant's Perspective," July 2006, https://www.usip.org/publications/2006/07/georgias-rose-revolution-participants-perspective.

③ 赵鸣文:《普京大外交》,第 187 页。

④ Jean-Christophe Peuch, "Georgia: Saakashvili in Moscow, Looking To Start Ties With A Clean Slate," February 10, 2004, https://www.rferl.org/a/1051504.html.

委员会的合作，并恢复俄、格及阿布哈兹之间的铁路交通。俄对萨卡什维利发出的强烈信息是要他冷却与美国的关系。普京抱怨说，东欧国家已经成了“美国人的仆人”，对美大使馆“随便哪个二等秘书”的话都言听计从。而且指出，格“政府中的一些人同美国人密切合作”。萨卡什维利建议格俄关系从头开始，并表示格尊重俄罗斯的利益。①

萨卡什维利不想得罪俄罗斯，但他从骨子里亲西方，希望融入西方，还想恢复格的领土完整。2004 年 2 月下旬，他首次作为总统率领年轻的内阁班子访美，受到美方热烈欢迎，布什政府认为格鲁吉亚的事态发展是美国实行“自由议程”的一个成功例子。在布什与萨卡什维利会晤后的记者会上，布什对“玫瑰革命”赞扬有加，称其是“历史性的时刻，是人民发声的时刻”，格鲁吉亚“给世界各地渴望自由和真诚的政府的人民提供了一个强有力的榜样”。②25 日，萨卡什维利在约翰斯·霍普金斯大学国际问题高级研究院发表演讲，声称“格鲁吉亚现在已经准备好成为高加索和原苏联地区的稳定、经济繁荣和民主的重要灯塔”。格的经验向整个原苏联地区的人民表明，和平的民主的政权交接是可能的。“我们有能力给整个地区带来积极的变化”，“不是提供输出革命，而是提供民主和稳定、繁荣和尊重人权的样板”。他还敦促美国“在格鲁吉亚的转型中继续发挥中心作用”，要求美国给予格更多的安全和经济方面的援助。③萨卡什维利志得意满，把未来描述得那么灿烂，但等着他的是严酷的现实。

格鲁吉亚阿扎尔省桀骜不驯的领导人阿巴希泽历来亲俄，与萨卡什维利关系恶化，到 2004 年 5 月已经到了内战的边缘。萨卡什维利打电话向普京求助。普京派联邦安全会议秘书伊戈尔·伊凡诺夫前去处理。格鲁吉亚的装甲车队已经在往该省首府巴统进发。伊凡诺夫的办法很简单：用他乘坐的直升机把阿巴希泽接走了。格新政府在一次冒险中取得了胜利。④萨卡什维利深知莫斯科在化解这场危机中的关键作用，打电话向普京表示感谢。普京回答说：“在这个问题上我们帮了你一把，但请记住，在南奥塞梯和阿布哈兹问题上我们不会再白白

---

① 安格斯·罗克斯伯勒：《强权与铁腕——普京传》，胡利平、林华译，第 111 页。

② George W. Bush, "Remarks Following Discussions with President Mikheil Saakashvili of Georgia and an Exchange with Reporters," February 25, 2004. Online by Gerhard Peters and John T. Woolley, *The American Presidency Project*, https://www.presidency.ucsb.edu/node/211228.

③ Jeffrey Donovan, "Georgia: Saakashvili Meets Bush in Washington," February 25, 2004, https://www.rferl.org/a/1051665.html.

④ Eugune Rumer, Richard Sokolsky and Paul Stronski, "U.S. Policy Towards South Caucasus: Take Three," May 31, 2007, https://carnegieendowment.org/2017/05/31/u.s.-policy-toward-south-caucasus-take-three-pub-70122.

送礼了。”①但自大的萨卡什维利却对普京的警告置若罔闻。

萨卡什维利开始严格控制与南奥塞梯的边界，打击猖獗的走私活动。据报道，他也派遣数百名军警和情报人员进入南奥。俄方也派遣了一些伞兵去阿布哈兹。双方部队间有一些小冲突，互有伤亡。俄外交部发出警告："挑衅行为"可能导致"极其消极的后果"。美方同样认为他的举动鲁莽，国务卿鲍威尔劝他说："你也许认为，此事关系贵国的关键利益，但我们对此不那么肯定，而且这不涉及我们的关键国家利益。所以不要让自己陷入一种你可能无法应付的局面，然后认为我们会驰援你们，把你们从困境中解救出来。所以请你慎行。"②萨卡什维利听了鲍威尔的劝告，从南奥撤回了军警。2005 年 1 月，萨卡什维利宣布新的计划：南奥享有高度的自治并得以在联邦政府各部门中拥有其代表。7 月，他进一步阐述这一计划，并呼吁成立一项国际基金来资助难民返回家园和进行重建，该计划受到美国和欧安会支持，但遭南奥"总统"科科伊梯拒绝。科科伊梯称，"我们是俄罗斯公民"。③

2005 年 4 月，新任国务卿赖斯第一次访问俄罗斯，普京在郊区别墅会晤了她。当赖斯提到格鲁吉亚时，普京严厉地说："如果萨卡什维利对南奥使用武力——我们相信他在准备这样做——那就是十分严重的错误，格鲁吉亚人民将遭到最大的损失。如果他想要战争，他会得到的。"赖斯要普京注意俄格关系对美俄关系可能的影响。普京直率地说："萨卡什维利不过是美国的一个木偶，你们要在发生麻烦之前把线拉回来……如果格鲁吉亚在南奥引起流血，我们别无选择，只好承认南奥和阿布哈兹，并且以武力回应……如果萨卡什维利开始了什么事情，我们将结束它。"④后来的事实证明，布什政府没有约束住萨卡什维利的冲动。

2005 年 5 月上旬，布什总统在俄出席卫国战争胜利纪念日庆典后访问了格鲁吉亚。格政府为表达对美国的感恩和对布什的欢迎，特地将第比利斯的一条主要街道命名为"乔治・布什总统大道"。⑤萨卡什维利在记者会上盛赞美国对"玫瑰革命"的支持，称革命后"没有别的国家比美国更紧密地与格站在一起，不论是外交支持、经济帮助、安全援助……美国都在这里。格鲁吉亚人民将永远感激美国的支持"。布什则赞颂萨卡什维利领导的"玫瑰革命""是近代史上的强有

① 安格斯・罗克斯伯勒：《强权与铁腕——普京传》，胡利平、林华译，第 113 页。

② 安格斯・罗克斯伯勒：《强权与铁腕——普京传》，胡利平、林华译，第 115 页。

③ Jim Nichol, *Armenia, Azerbaijan, and Georgia: Political Developments and Implications for U.S. Interests* (CRS Report for Congress), Updated February 23, 2006, pp.4—5.

④ William Burns, *Back Channel*, p.201.

⑤ Dusica Lazarenvic, "NATO Enlargement to Ukraine and Georgia: Old Wine in New Bottles?" January 1, 2009, http://connections-qj.org/system/files/09.1.02_lazalevic.pdf.

力的时刻，它不仅鼓励了格鲁吉亚人民，而且鼓励了世界各地希望在自由社会中生活的人民”，布什还表示将帮助格实现加入北约的愿望，也谈到了要和平解决地区争端，但他回避了格提出的要求俄尽快撤离军事基地的问题。①布什还在第比利斯自由广场发表演说，称“今天的格鲁吉亚是一个主权和自由的国家，是这一地区和世界自由的灯塔”，这正是他要来格访问的原因。他还说，美国放弃了对不得人心的前政府的支持，美国支持各地发生这样的变革。“现在在高加索、在中亚以及泛中东地区我们看到在人们心中燃烧着对自由的渴望，他们要求得到自由，他们将得到自由。”②布什刚刚开始第二任期，格鲁吉亚的“玫瑰革命”、乌克兰的“橙色革命”相继发生，给他的“推进自由议程”提供了鼓舞和佐证，他的兴奋可想而知。但政权更迭后发生的事情就不是布什政府所能预料的了。布什也在私下直言警告萨卡什维利，不要被俄罗斯人所激怒，不要试图用武力去收复这两个地区，一旦发生战事，美国救不了他。③

2005 年 8 月，萨卡什维利与乌克兰总理季莫申科签订协定，成立了民主选择共同体(Community of Democratic Choice)，目的在于“支持本地区……其他向往民主的国家在各种不同程度上融入欧洲—大西洋机制”，实际上是挖独联体的墙脚。④尽管这个共同体徒有其名，实际作用微乎其微，但这种做法本身无疑得罪了俄罗斯。

2005 年 10 月，格鲁吉亚议会通过决定，除非政府可以确认，俄在阿布哈兹和南奥的维和部队对于和平解决争端是有贡献的，否则俄维和部队就必须撤离。2006 年 1 月，格冲突事务部部长海因德拉瓦向议会报告，俄维和部队对促进和平解决争端没有什么帮助，议会表示将考虑这个报告。其实，早在 2005 年 11 月，格的《国家军事战略报告》已经直言不讳地把俄在格的军事基地与维和部队称作“威胁”。⑤

尽管俄罗斯对萨卡什维利心存疑虑，普京起初对“玫瑰革命”的反应是谨慎的。但当萨卡什维利要将两个分裂地区重新并入格鲁吉亚，以及让格加入欧洲—大西洋安全框架这一目标变得越来越清晰之后，俄格关系就迅速恶化

① George W. Bush, “The President's News Conference with President Mikheil Saakashvili of Georgia in Tbilisi, Georgia,” May 10, 2005. Online by Gerhard Peters and John T. Woolley, *The American Presidency Project*, https://www.presidency.ucsb.edu/node/213818.

② George W. Bush, “Remarks in Freedom Square in Tbilisi,” May 10, 2005. Online by Gerhard Peters and John T. Woolley, *The American Presidency Project*, https://www.presidency.ucsb.edu/node/215116.

③ Angela E. Stent, *The Limits of Partnership*, p.168.

④ Jeffrey Mankoff. *Russian Foreign Policy. The Return of Great Power Politics*, p.237.

⑤ Jim Nichol, *Armenia, Azerbaijan, and Georgia: Political Developments and Implications for U.S. Interests* (CRS Report for Congress), Updated February 23, 2006, p.10.

了。2004 年 9 月，普京在首届瓦尔代国际辩论俱乐部会上说，正如格鲁吉亚希望脱离苏联那样，阿布哈兹和南奥塞梯两地想要脱离格鲁吉亚也是可以理解的。到 2004 年秋季，俄方已经认定，俄格关系在萨卡什维利任内是回不到从前了。①

2006 年 1 月，南奥塞梯就是否从格鲁吉亚"独立"举行"全民公投"，同时，科科伊梯再次被选为"总统"。②1 月 31 日，普京总统在一次讲话中发问：如果一些国家可以承认科索沃独立，为什么俄罗斯就不能承认从格鲁吉亚分离出来的阿布哈兹和南奥塞梯独立呢？ 2 月，格议会一致通过决议，要求取消 1992 年协定允许俄罗斯在南奥塞梯部署维和部队的规定，指出俄维和部队的作用适得其反，俄图谋吞并该地区。决议要求国际社会更多地介入维和及和平解决南奥塞梯争端。俄外交部谴责该决议反俄，破坏稳定。俄防长称，如果俄格关系继续恶化，俄可能采取经济反制措施。美方敦促格不要放弃现行的和平程序。③2006 年 6 月，萨卡什维利再次访俄，并坚持其解决分离地区问题的立场，表示，"俄罗斯的确是个大国，可从格鲁吉亚却什么也不会得到。我们不会让出一寸土地"。④美驻俄大使馆在发回国内的电报中总结说，普京对他发出的信息是很直率的：你可以要你的领土完整，或者加入北约，但你不能两个都要。⑤7 月 18 日，格议会再次通过决议，指出在阿布哈兹和南奥塞梯地区存在维和力量是不妥的。19 日，南奥塞梯"总统"表示不同意将俄维和部队撤出冲突地区，称"格议会的决议表明了其政治上的无知，俄维和士兵过去、现在是，将来也将在格鲁吉亚—阿布哈兹和格鲁吉亚—南奥塞梯冲突地区存在。"⑥

2006 年 11 月，南奥塞梯再次举行公民投票确认从格鲁吉亚独立。据称，登记注册的 55 000 人中有 95%的人参加了投票，其中赞成独立的占 99%。欧安组织和美国拒绝承认此次投票。

2007 年 3 月，萨卡什维利又提出在南奥塞梯地区成立一个过渡当局，并由该当局派出代表参加联合控制委员会(由格、俄、北奥、南奥四方组成)。10 月，联合控制委员会终于在第比利斯举行了会议，但没有达成任何共识。俄外交部

① Angela E. Stent, *The Limits of Partnership*, p.110.

② Mohammad Rahman, "Georgia and Russia: What Caused the August War?" July 2009, https://www.researchgate.net/publication/265244688_Georgia_and_Russia_What_Caused_the_August_War.

③ Jim Nichol, *Armenia, Azerbaijan, and Georgia: Political Developments and Implications for U.S. Interests*(CRS Report for Congress), Updated February 23, 2006, p.2.

④ 赵鸣文:《普京大外交》,第 138 页。

⑤ William Burns, *Back Channel*, p.221.

⑥ 左凤荣:《重振俄罗斯》,第 248 页。

指责说，格方代表故意提出了不可接受的要求来破坏会议。此后联合控制委员会实际上自动消亡。①

美国对阿布哈兹和南奥塞梯问题一直予以密切关注。2006 年 6 月，美助理国务卿帮办布赖扎(Matthew Bryza)表示，美国在这一地区有三组相互关联的利益："我们并不为难地说，能源是战略利益。我们还有……传统的安全利益，那就是反恐，反对核扩散，避免军事冲突，恢复(在某些情况下是维护)领土完整……我们的第三组利益是民主和市场经济改革。"助理国务卿弗里德 2008 年 6 月在众院作证说："我们不相信，任何外部国家，无论俄罗斯还是别的任何国家，应该在(南高加索)这些国家建立势力范围。对这些国家作出的加入欧洲机制或跨大西洋家庭的主权选择，任何外部国家都不得进行威胁、施压或设置障碍。"②

令美国失望的是，萨卡什维利当政后，没有如他先前所说的那样实行民主改革，却反其道而行之，开始实行集权统治。他当政刚月余就主持修改宪法，改变了此前分权的原则，削弱议会职能，实行总统制。他还开始排斥异己，打击持不同政见者，不少人莫名其妙地遭到逮捕，有的"玫瑰革命"中的盟友被迫离他而去。有媒体甚至认为，格鲁吉亚已经从"玫瑰革命"前的半民主国家演变成萨卡什维利的独裁国家。③民众的不满越来越强烈，2007 年 2 月，发生民众大规模示威游行，要求萨卡什维利下台，提前举行议会选举，将总统制改回议会制。11 月，再次发生大规模游行，萨卡什维利悍然以反暴武器平息了"倒萨风波"。国际社会对格使用暴力、宣布戒严予以广泛批评。美国务院发言人 11 月 8 日发表声明称，"格鲁吉亚必须克制，尊重法制"，"敦促格政府取消紧急状态，恢复所有媒体广播"。瑞典的国际危机集团的报告称，格政府在滑向"独裁统治"，并称，如果格真要成为民主行为体，达到加入北约的标准，"格领导人的想法必须有一个大的转变"。④可见西方与萨卡什维利的关系已经产生疏离。

2006 年 10 月，美方在联合国安理会表决俄方提案时前所未有地投了赞成票，以换取俄方对安理会制裁朝鲜决议案的支持。俄方提案重申了俄关于科多里峡谷的态度，并批准将驻阿布哈兹的俄维和部队驻扎期限延长至 2007 年 4 月 15 日。投票前一天，赖斯已经与拉夫罗夫交换了意见，并达成一致。欧盟负责安全事务

---

① Jim Nichol, *Russia-Georgia Conflict in August 2008: Context and Implications for U.S. Interests* (CRS Report for Congress), March 3, 2009, pp.3—4.

② Jim Nichol, *Armenia, Azerbaijan, and Georgia: Political Developments and Implications for U.S. Interests* (CRS Report for Congress), Updated November 6, 2008, p.2.

③ 赵鸣文，《普京大外交》，第 151 页。

④ International Crisis Group, "Georgian: Sliding Towards Authoritarianism?" December 19, 2007, https://www.refworld.org/pdfid/4769242f2.pdf.

的高级专员索拉纳也不反对在阿布哈兹和南奥塞梯部署俄维和部队。①

（三）格俄“五日战争”

2006年9月下旬，格鲁吉亚逮捕了4名俄军官，指控他们从事间谍活动，试图推翻格现政权。虽然4人很快获释，俄方已经作出强烈反应：切断了向格的资金流动，断绝了与格之间的交通和邮政往来，停止向格公民发放签证，对格侨民的商铺进行大检查，查没了50万瓶格葡萄酒等，还在边境围捕和驱逐了约150名格移民。拉夫罗夫在解释对格制裁时说，格绝不可以既靠俄罗斯供养，又侮辱俄罗斯。俄国家杜马主席格雷兹罗夫也称，格逮捕俄军人事件使“莫斯科对格现政权改变反俄政策的期望彻底破灭了。萨卡什维利治下的格鲁吉亚已被俄从友好国家名单中删除。我们的关系只能在第比利斯政权更迭的情况下（才能）修复”。俄对格的经济、金融、电信、交通和航空制裁持续了18个月之久。②

10月21日，赖斯访俄，会晤了普京总统，谈到格鲁吉亚时，赖斯转达布什的口信说：“我们非常担忧俄罗斯对第比利斯和禁运使用的措辞，针对格鲁吉亚的任何行动都会给美俄关系带来恶劣影响。”普京听罢马上站起来说：“如果萨卡什维利想要打仗，他将如愿以偿。给予他任何支持也将影响我们的关系。”赖斯也站了起来，重复了一遍布什的口信，表示美国不愿意看到美俄两国出现任何误解，而格鲁吉亚对美国很重要。两人就这样面对面站着，僵持了一会儿，最后拉夫罗夫出面缓和了气氛。③

苏联解体以后，俄罗斯一直以远低于国际市场价格的优惠价向原苏联国家提供天然气。从2006年起，俄罗斯向南高加索三国供应的天然气价格猛涨。亚美尼亚同意向俄公司转让各种能源设施作为支付，从而使俄实际控制了该国的能源供给。2006年年底，俄再次要求2007年天然气提价。俄天然气工业股份公司宣布，除非格鲁吉亚同意天然气价格翻倍，或者把主要的输气管道售予该公司，公司将停止向格供气。格不得已将天然气管道卖给了该公司，俄把原来每千立方米60美元的天然气提价到110美元，但仍远低于国际价格。格又另辟蹊径，与阿塞拜疆谈判成功，得以从新建的南高加索输气管道和另一现存的较小的管道获得天然气供应，同时也以高价购买一部分俄天然气。④此外，俄又以葡萄酒杀虫剂超标为由，禁止从格进口葡萄酒，随后又把限制扩大到矿泉水和果蔬，

---

① 赵鸣文：《普京大外交》，第152页。

② Jim Nichol, *Armenia, Azerbaijan, and Georgia: Political Developments and Implications for U.S. Interests* (CRS Report for Congress), Updated November 6, 2008, p.6；赵鸣文：《普京大外交》，第143—144页。

③ 康多莉扎·赖斯：《无上荣耀》，刘勇军译，第455页。

④ Jim Nichol, *Armenia, Azerbaijan, and Georgia: Political Developments and Implications for U.S. Interests* (CRS Report for Congress), Updated November 6, 2008, p.7.

使格对俄出口大幅度下降。格方以退出独联体相威胁，萨卡什维利还取消了原定于当年 7 月对莫斯科的访问及出席独联体首脑非正式会议，他还在独联体首脑会议举行当日解除了反对以武力手段解决领土问题的格冲突事务部部长海因德拉瓦的职务。格政府内强硬的“好战派”占了上风。①2007 年，萨卡什维利来到阿布扎比边界，向那里的“统一派”承诺，不出一年他们就能“回家”，俄罗斯对此怒不可遏。②

2008 年 2 月，科索沃宣布独立，并获得多数西方国家支持。俄罗斯立即表示，这将成为阿布哈兹和南奥从格鲁吉亚独立的先例。4 月，北约布加勒斯特峰会拒绝了乌、格的“成员国行动计划”，但又说，两国将成为北约成员，并称北约“开始与两国在高级政治层面进行密集接触”。③这对俄罗斯是不可接受的。俄发出各种信号表示反对。4 月 16 日，普京签署法令，正式允许向阿布哈兹和南奥居民颁发护照，提供安全帮助；这使格政府担心，俄将正式兼并这两个地区。4 月 21 日，萨卡什维利打电话给普京，要求俄收回承认阿布哈兹和南奥塞梯独立的说法，并引用了西方国家反对这一说法的声明。普京予以严厉反驳。④5 月，俄向阿布哈兹增派部队，使在阿维和俄军达到 2 500 人。31 日，俄国防部派遣 400 名工程兵去阿布哈兹，修复了一条铁路线。

6 月 6 日，萨卡什维利与梅德韦杰夫总统在圣彼得堡举行首次会晤，双方的态度都比较克制。梅德韦杰夫表示，双方能够解决当前面临的一切困难。萨卡什维利同意其说法，认为没有哪个问题是解决不了的。俄方提出，鉴于格鲁吉亚宣布打算收回这两块领土，俄方要求格方签署一份不使用武力的保证书，并建议 7 月中旬双方在索契会晤，“坐下来研究各种可能性”。6 月中旬，双方还互换了信件。萨卡什维利建议俄维和部队撤出阿布哈兹离格最近的两个地方（加利和奥恰姆奇拉），让格难民返回家乡，由格和阿布哈兹共同管理该两地，然后才能就不使用武力达成协议。萨卡什维利还表示要协助俄举办 2014 年索契冬奥会。梅德韦杰夫的回信拒绝了他的要求，认为当务之急是格采取切实措施缓和紧张局势，最重要的是格同阿布哈兹达成不使用武力协定，并把格军撤出科多里峡谷。拉夫罗夫还给赖斯打电话，希望美国拖住萨卡什维利，别让他冒险。赖斯回答说，不用担心，他想加入北约，如果他使用武力，加入北约就想也别想了。⑤

7 月上旬，格方与阿布哈兹和南奥塞梯有小规模的冲突，双方都对对方的村

① 赵鸣文：《普京大外交》，第 142 页。

②④ 罗伯特·盖茨：《责任——美国前国防部长罗伯特·盖茨回忆录》，陈逾前、迩东晨、王正林译，第 164 页。

③ NATO, “Bucharest Summit Declaration,” April 3, 2008, https://www.nato.int/cps/en/natolive/official_texts_8443.htm.

⑤ 安格斯·罗克斯伯勒：《强权与铁腕——普京传》，胡利平、林华译，第 217—218 页。

庄和哨所发起炮火攻击，互有伤亡。同时，亲格的南奥塞梯“政府”首脑德米特里·萨纳科维奇险些遭路边地雷袭击。格政府指责俄方要对这些爆炸事件负责。俄方否定指控，并称格参与了恐怖活动，目的是要把俄拖入一场战争。双方互相指责，各种混乱的信息铺天盖地。7 月 8 日，4 架俄军机飞临南奥塞梯上空，俄外交部称，这是为了阻止格对南奥塞梯发起进攻。格谴责俄破坏格领土完整，并召回驻俄大使。12 日，俄在科多里峡谷设置新的哨所。①

就在俄军机飞越南奥塞梯上空的次日，7 月 9 日，赖斯再次抵格，她和德外长施泰因迈尔拟了一个让俄格双方都承诺不使用武力的计划，她先飞到第比利斯向格方兜售这一计划，却遭萨卡什维利拒绝。赖斯私下毫不客气地一再叮嘱萨卡什维利不要落入对方的圈套，不要冒险，离开时甚至坦率地警告说：“总统先生，不论你打算怎么做，都不要让俄罗斯人激怒你……不要和俄罗斯军队交战。没有人会帮你，你必输无疑。”但在公开场合，赖斯仍然强调，“美国对格领土完整的承诺坚定不移”，并称“格俄都需要避免挑衅性的行为，但坦率地说，近几个月来俄方的作为使地区的紧张升级了”。②尽管如此，华盛顿也有不一致的声音：副总统办公室鼓励格与俄罗斯对抗。③

格政府内部意见也不一致，副外长博卡里亚、副防长库特利亚都主张“动用国家一切资源”来消除俄罗斯的威胁，他们居然想当然地认为俄武器老旧，不如格先进，竟称格一夜之间就能打败俄军，联邦安全会议几乎所有成员都跃跃欲试，想对阿布哈兹发动军事进攻。④自命不凡的萨卡什维利禁不住他那些不负责任的下属的怂恿，既高估了格军的能力，高估了他与西方尤其是美国的关系，把西方当作自己的靠山，又低估了俄罗斯可能作出的反击，终于进行了军事冒险。

2008 年 7 月下半月，俄方在北奥塞梯俄格边界举行代号为“2008 高加索”的大型军演，有 8 000 名士兵参加。演习假设发生了对阿布哈兹和南奥塞梯的进攻，俄军从陆、海、空支持驻扎在该地的维和部队，保护俄公民，提供人道主义援助。格外交部抗议说，这一设想构成对格的威胁。而在俄方演习前几天，600 名格军、1 000 名美军，以及阿塞拜疆、亚美尼亚和乌克兰的象征性部队在格举行了“2008 即刻反应”的演习。双方的演习很可能是早就计划好的，俄方的演习也未

① 科多里峡谷位于格鲁吉亚与阿布哈兹自治共和国边界，双方在这里都驻有部队。

② 康多莉扎·赖斯：《无上荣耀》，刘勇军译，第 583 页；U.S. Department of States, “Remarks of Secretary Rice En Route to Prague, Czech Republic,” July 8, 2008, https://2001-2009.state.gov/secretary/rm/2008/07/106642.htm。

③ William Burns, *Back Channel*, p.241.据盖茨回忆，副总统切尼是政府安全团队中的异议者，其他人，包括布什、赖斯、哈德利和他自己几乎能在所有议题上达成一致。罗伯特·盖茨：《责任——美国前国防部长罗伯特·盖茨回忆录》，陈逾前、迩东晨、王正林译，第 569 页。

④ 安格斯·罗克斯伯勒：《强权与铁腕——普京传》，胡利平、林华译，第 215 页。

必是对格方演习的即时反应。但两场演习紧接着发生，无疑升高了紧张气氛。当俄格冲突爆发时，双方参演的军队大多已经撤回。①

7月下旬到8月初，格与南奥塞梯之间有零星炮击，双方互有伤亡。8月7日上午，格已经在与南奥塞梯的边境上集结了12 000名士兵，在哥里附近聚集了75辆坦克和装甲运兵车。7日晚19点，萨卡什维利宣布停火，并提出和平解决方案，南奥塞梯将作为格一部分取得最大限度的自治。但没过几个小时，23点35分他又称南奥塞梯对冲突地区格方村庄进行了密集轰炸，并对格方发出的停火呼吁不予理会，命令格军对南奥首府茨欣瓦利市进行"大规模"炮击，并派出部队迅速控制了茨欣瓦利市和南奥大部分地区。②萨卡什维利原以为可以在不引发俄方报复的情况下拿下南奥塞梯，他失算了。

8日，梅德韦杰夫总统中断休假返回莫斯科，立即召开俄安全委员会紧急会议，在会上谴责了格方对南奥塞梯的入侵，称"在南奥塞梯，妇女、儿童和老人正在死亡，而他们中大多数人是俄罗斯公民"（俄罗斯授予了阿布哈兹和南奥塞梯大部分居民以公民身份），"我们不能允许我们的同胞就这样白白丧命，那些该对事件负责的人将受到应有的惩罚"。他还说，"从历史上说，俄罗斯就是，而且将继续是高加索人民安全的保卫者"。正在北京观摩第29届夏季奥运会开幕式的俄总理普京与梅德韦杰夫和谢尔久科夫防长通了电话。俄军150余辆装甲车、大批快速反应部队和北高加索空降兵以及第58集团军的装甲部队在飞机掩护下进入南奥塞梯，开始对格鲁吉亚政府军实施全线反击。③这是苏联解体以后俄罗斯第一次大举派遣军队越过其边界。

8日中午（北京时间），中国国家主席胡锦涛在人民大会堂宴请前来观摩奥运会开幕式的各国首脑和嘉宾。宴会前，当布什正等着胡主席会见时，美国家安全事务副助理杰弗里（James Jeffrey）走到布什跟前小声报告了俄格冲突爆发的消息。宴会结束后回到酒店，布什立即给梅德韦杰夫打电话，"强烈建议立即开始平息事态"，并称，美国绝不会赞成俄罗斯的"不当行为"。梅德韦杰夫情绪也很激动，回答说，萨卡什维利是萨达姆一类的人物，他无缘无故发动野蛮攻击，挑起事端，导致超过1 500名平民丧生。布什接着给萨卡什维利打电话，后者非常

① Jim Nichol, *Russia-Georgia Conflict in August 2008: Context and Implications for U.S. Interests*(CRS Report for Congress), March 3, 2009, p.4.据称俄格冲突爆发时，尚有130名美军留在那里，他们从瓦齐阿尼撤到了第比利斯的宾馆里，在冲突结束后离开了格鲁吉亚。

② 安格斯·罗克斯伯勒：《强权与铁腕——普京传》，胡利平、林华译，第221页。许多研究者认为，格军8月7日晚进攻茨欣瓦利挑起了"五日战争"。Brian Ellison, "Russian Grand Strategy in the South Ossetia War," 2011, http://demokratizatsiya.pub/archives/19_4_0367216M621448T3.pdf.

③ 赵鸣文：《普京大外交》，第161页。

紧张,要求布什不要放弃格鲁吉亚。布什称他不希望看到格鲁吉亚瓦解。当晚,在奥运会开幕式上,布什又对邻座的普京说,俄罗斯犯了一个严重的错误,如果俄方不从格撤军,将会孤立自己。普京称,萨卡什维利是战争罪犯,是他先对俄进行挑衅的。①普京在开幕式结束后立即离开北京,径直飞往北奥塞梯的弗拉季卡弗卡兹,靠前指挥战事。

9日,尚在北京观摩奥运比赛的布什总统发表紧急声明,称"格鲁吉亚是主权国家,它的领土完整必须得到尊重",敦促双方立即停止武装冲突,俄军停止轰炸,并表示美国正与欧盟共同发起国际调停。②赖斯发表了类似声明。此后几天,布什与时任欧盟轮值主席法国总统萨科齐紧急联系其他国家,呼吁俄方撤军,并用美军机向格空投救援物资,并承诺帮助格重建军事力量。9日,赖斯给拉夫罗夫打电话,要求俄军停止进攻。拉夫罗夫提出三个条件:格军必须回到军营;格方签署不使用武力的保证书;萨卡什维利必须下台。赖斯称,美国务卿与俄外长不能私下讨论推翻一个国家的民选总统。赖斯还把俄方的这一要求公之于众,拉夫罗夫对此甚感恼怒,辩称他的意思是再也不同萨卡什维利打交道了。③

同时,盖茨给俄防长谢尔久科夫打电话,"以最强烈的措辞"要求叫停俄军的进攻并停止对格的导弹打击和空袭。他同样不客气地对格防长说:"格鲁吉亚不能与俄罗斯发生冲突,你们是打不赢的。"④

俄出动120架轰炸机对冲突地区、对格城市哥里和首都第比利斯郊区进行轰炸,并摧毁了第比利斯机场。俄军进入南奥塞梯首府茨欣瓦利,与格军正面交火。10日,格军大炮或已被炸毁,或已离开射击阵地,其主要军事设施几乎全被摧毁,格派出的1万余士兵中70%已放弃抵抗,撤出了茨欣瓦利。10日,俄方派遣黑海舰队的一些舰只运送部队去阿布哈兹,在格黑海沿岸部署了6 000人的部队,并击沉了格的一些海警船只。11日,俄军又占领了波季附近格军事基地色纳基。萨卡什维利紧急动员预备役部队,并宣布了15天的"战争状态"。⑤

10日,格国家安全会议秘书亚历山大·罗马亚报告说,格已经要求赖斯调处格俄冲突,格已经停火,并将部队几乎从南奥塞梯全境撤出。同日,美国家安

① 乔治·沃克·布什:《抉择时刻》,东西网译,中信出版社2011年版,第405页。

② George W. Bush, "Remarks in Beijing," August 9, 2008. Online by Gerhard Peters and John T. Woolley, *The American Presidency Project*, https://www.presidency.ucsb.edu/node/278821.

③ 安格斯·罗克斯伯勒:《强权与铁腕——普京传》,胡利平、林华译,第226页。

④ 罗伯特·盖茨:《责任——美国前国防部长罗伯特·盖茨回忆录》,陈逾前、迩东晨、王正林译,第165页。

⑤ Jim Nichol, *Russia-Georgia Conflict in August 2008: Context and Implications for U.S. Interests* (CRS Report for Congress), March 3, 2009, p.5.

全事务副助理杰弗里警告说，如果俄继续在格采取“不成比例的行动”，将对美俄关系产生“长远的重大影响”，并呼吁俄方对格方从南奥塞梯撤军作出正面回应。当天稍晚，助理国务卿布赖扎赶赴第比利斯，协助法外长库彻发起和平计划。10日，副总统切尼在与萨卡什维利通电话后发表声明称，俄罗斯“侵略行为”的继续“将对美俄关系以及广泛的国际关系产生严重影响”。同日，美方把在伊拉克的格军士兵紧急运回国内。美方事先与俄方打了招呼，空运行动没有受到俄方干扰。11日，普京批评美国运回这些士兵是在冲突中支持格方。①

8月11日，梅德韦杰夫再次重申，俄是高加索安全的永久保卫者，“我们从来没有、也永远不会对地区事态袖手旁观”。12日，梅德韦杰夫宣布，“俄方旨在迫使格方实行和平的目的已经达到，并准备结束军事行动……侵略者已经受到惩罚并遭受了非常巨大的损失”。②同日，梅德韦杰夫会晤了来访的欧盟轮值主席国法国总统萨科齐，部分同意了他提出的欧盟和平计划建议。法外长库彻随后飞赴第比利斯，向格方提出该计划。12日晨，七大国外长举行电话会议，库彻介绍了与俄、格双方讨论的情况。同日，美国务卿赖斯发表声明，欢迎欧盟的调停和取得的进展，并称：“我想说的十分清楚，美国支持格鲁吉亚的领土完整，支持格的主权，支持民主选举产生的政府及其人民，我们正在考虑提供人道主义援助和重建援助……但此刻最重要的事情是停止军事行动。”③12日深夜，梅德韦杰夫与萨卡什维利通了电话，双方同意欧盟提出的六点停火计划。13日，美方开始向格提供人道主义救援，俄方没有进行干扰。

8月11日，美民主党总统候选人巴拉克·奥巴马(Barack Obama)在夏威夷发表声明，谴责俄罗斯的“入侵”，要求俄撤军，同时表示“寻求与俄联邦政府的合作及与俄人民的友谊，希望俄罗斯作为大国发挥正确的作用……承担起作为新世纪进步力量的责任，而不是后退到过去的冲突之中”。④

---

① Jim Nichol, *Russia-Georgia Conflict in August 2008: Context and Implications for U.S. Interests* (CRS Report for Congress), March 3, 2009, pp.6, 24, 25.

② Mohammad Rahman, "Georgia and Russia: What Caused the August War?" July 2009, https://www.researchgate.net/publication/265244688_Georgia_and_Russia_What_Caused_the_August_War; Jim Nichol, *Russia-Georgia Conflict in August 2008: Context and Implications for U.S. Interests* (CRS Report for Congress), March 3, 2009, p.6.

③ U.S. Department of State, Office of the Press Secretary, "Remarks by Secretary of State Condoleezza Rice on Situation in Georgia," August 12, 2008, https://2001-2009.state.gov/secretary/rm/2008/08/108166.htm.

④ Michael Falcone, "Obama Emerges to Talk about Georgia," August 11, 2008, https://thecaucus.blogs.nytimes.com/2008/08/11/obama-emerges-to-talk-about-georgia/?mtrref=www.google.com&gwh=878C05ECA490142C2640FAA469A8DDE0&gwt=pay&assetType=REGIWALL.

13日,欧盟外长举行紧急会议认可了和平计划,并决定派出欧盟监察员。和平计划的六点原则是:各方同意不再使用武力;停止敌对行动;允许人道主义援助自由进入;格方军队撤回原常驻地;俄方军队撤回冲突发生前驻地,俄维和部队在南奥塞梯近处实施额外安全措施,直到国际监察机制到位;对南奥塞梯和阿布哈兹保持安全和稳定的方式开展国际讨论。①14日,阿布哈兹和南奥塞梯实际"总统"赴俄一起签署了停火协定。15日,萨卡什维利在第比利斯签署了协定。16日,梅德韦杰夫签署了协定,并对记者重申,俄对两地独立的承认是"不可逆的",俄将继续在两地部署"维和部队"。②

8月14日,美防长盖茨在五角大楼表示,萨卡什维利的鲁莽举动给了俄罗斯惩罚格鲁吉亚的机会,俄格冲突要求美方从根本上重新考虑"与俄方进行长远的战略对话"的努力,但"俄方行为……使对话的整个前提成了问题,对于未来的美俄双边的安全关系、对于北约对俄关系都产生了深远影响。如果俄方不从其在格鲁吉亚的侵略态势和行为后退,今后多年中的美俄关系都会受到负面影响"。但他同时明确表示,在当前形势下他看不到美国诉诸武力的任何可能。③

俄罗斯对美方的种种反应和要求作出了回应。拉夫罗夫外长在一次采访中说,格鲁吉亚"可以忘掉"它的领土完整了,因为在萨卡什维利领导下的格鲁吉亚干了这么多暴行,阿布哈兹和南奥塞梯不会再回到格的统治之下。④他还在8月13日的英国《金融时报》上撰文称,"这不是俄罗斯制造的冲突,这不是俄罗斯选择的冲突",格鲁吉亚对两个分离地区的暴行"是严重的、系统的,构成了种族灭绝行为"。"世界上没有一个国家会眼睁睁地看着其公民被杀害、被驱赶而袖手旁观",俄方的军事回应是"有针对性的、恰如其分的、合法的"。⑤

---

① "Background: Six-Point Peace Plan for Georgia-Russia Conflict," August 15, 2008, https://reliefweb.int/report/georgia/background-six-point-peace-plan-georgia-russia-conflict.

② Jim Nichol, *Russia-Georgia Conflict in August 2008: Context and Implications for U.S. Interests* (CRS Report for Congress), March 3, 2009, p.10.

③ Clifford Levy, "Russia Vows to Support Two Enclaves, in Retort to Bush," *The New York Times*, August 14, 2008, https://www.nytimes.com/2008/08/15/world/europe/15georgia.html?mtrref=www.google.com&gwh=CE086EFC9D2D282612E62571721894DC&gwt=pay&assetType=REGIWALL;罗伯特·盖茨:《责任——美国前国防部长罗伯特·盖茨回忆录》,陈逾前、迩东晨、王正林译,第166页。

④ Clifford Levy, "Russia Vows to Support Two Enclaves, in Retort to Bush," *The New York Times*, August 14, 2008, https://www.nytimes.com/2008/08/15/world/europe/15georgia.html?mtrref=www.google.com&gwh=CE086EFC9D2D282612E62571721894DC&gwt=pay&assetType=REGIWALL.

⑤ Sergei Lavrov, "Why Russia Response To Georgia Was Right," *Financial Times*, August 13, 2008, https://www.ft.com/content/7863e71a-689e-11dd-a4e5-0000779fd18c.

北约谴责俄罗斯“在格鲁吉亚不成比例的军事行为”,中断了对俄交往,包括北约—俄罗斯理事会的高层会议,但到 2009 年 3 月双方的关系即行恢复。在 2008 年 12 月初的北大西洋理事会议上,北约重申了在布加勒斯特峰会上作出的关于乌克兰和格鲁吉亚加入北约的承诺,同时宣称:“两国都取得了进步,但仍有重要工作留待完成。”①2009 年 4 月在北约斯特拉斯堡峰会上再次重申了这一承诺。北约还将一次又一次地为两国加入北约画饼。

8 月 18 日,俄罗斯开始从南奥塞梯冲突地区撤军,但在这两个地区驻扎的俄军人数仍超过了停火协定所规定的在阿布哈兹保持 2 500 人、在南奥塞梯保持 1 000 人的限制。

19 日,北约外长会议就格俄冲突发表声明,对停火协定表示欢迎,强调了尊重格的“独立、主权和领土完整”,以及“迅速、完全和善意履行协定,包括新的国际监察机制”,并开始对阿布哈兹和南奥塞梯维护和平与稳定的方式开启国际讨论。②

8 月 25 日,俄联邦委员会和杜马分别通过决议,建议总统承认阿布哈兹和南奥塞梯独立。26 日,梅德韦杰夫颁布总统令,宣布基于“人道主义”的原因,俄罗斯承认该两地独立。同日,布什总统发表声明予以谴责,称“这一决定与俄罗斯先前赞成的联合国安理会决议是不一致的,与法国斡旋、梅德韦杰夫总统签了字的六点停火协定是不一致的。我们期待俄罗斯遵守其国际承诺,重新考虑这一不负责任的决定,并照六点协定确定的方式行事”。9 月 9 日,俄罗斯与阿布哈兹和南奥塞梯建立了“外交关系”。③

9 月 13 日,俄军根据停火协定开始从波季和黑海边的塞纳吉基地撤离。欧盟根据协定在 10 月 1 日前向格鲁吉亚派出了 225 名观察员,沿着格鲁吉亚与阿布哈兹和南奥塞梯的“边界”巡视。9 月 17 日,俄联邦与阿布哈兹和南奥塞梯分别签订《友好、合作与相互援助条约》,缔约方保证相互保卫主权,相互给予在各自领土内建立和使用军事基地的权利,并表示要实行更高层次的经

① NATO, “Final Communiqué,” December 3, 2008, https://www.nato.int/cps/en/natohq/official_texts_46247.htm.

② Meeting of the North Atlantic Council at the Level of Foreign Ministers Held at the NATO Headquarters in Brussels, Belgium, “Statement,” August 19, 2008, https://www.nato.int/cps/en/natolive/official_texts_29950.htm.

③ История отношений России и Абхазии, 8 сентября 2018. https://tass.ru/info/5538827; Отношения между РФ и Южной Осетией, 18 февраля 2015. https://tass.ru/info/1777008; “President Bush Condemns Actions Taken by Russian President in Regards to Georgia,” August 16, 2008, https://georgewbush-whitehouse.archives.gov/news/releases/2008/08/20080826-2.html.

济一体化。①

10月9日前，俄军也撤离了他们原先的"战略缓冲区"。在11月、12月又举行了有联合国秘书长的代表和欧盟、欧安组织、美、俄、格代表参加的多边会议，阿布哈兹和南奥塞梯的代表也得以参加讨论。在2009年2月17日至18日的会上就成立"防止突发事件和应急反应机制"达成共识，以使紧张局势降温，防止再次升级，并保证人道主义救援物资的投放。美助理国务卿弗里德认为这是"有重要意义的进展，是积极的、务实的"，但其落实"仍取决于各方的善意"，而"恢复和平与安全仍有很长的路要走"。②

"五日战争"时间不长，但对格、俄双方的影响都是深远的。国际舆论对双方均有批评，对俄的批评是过分使用武力，承认两地的"独立"；对格的批评是试图以武力重新将南奥塞梯整合进来。③有的学者把"五日战争"称为"没有胜利者的战争"。④也有观察家指出，萨卡什维利在"五日战争"中的决策是机会主义的，他认为格需要国际政治中的"高光时刻"，希望把南奥塞梯这个"冻结的冲突"变成一个国际热点，使西方，尤其是美国聚焦于此，出手进行有利于格方的干涉，而使俄罗斯从此臭名昭著。格方盲目估计，以为俄方只会对南奥塞梯半专业性的军队进行援助，没有料到俄方会如此大规模地进行反击；而美国和欧洲事先都没有给他一个足够清晰的警告：它们不支持可能导致格俄军事冲突的冒险行为。⑤经过"五日战争"，格鲁吉亚把阿布哈兹和南奥塞梯重新整合进格的希望变得越发渺茫；而且由于军事力量的损失和边界的高度不安全、不稳定，加入北约"成员国行动计划"对格来说也更加遥不可及了。

"五日战争"对于布什政府的教训在于，自从萨卡什维利通过"玫瑰革命"

---

① "Russia Signed Treaties on Friendship, Cooperation and Mutual Assistance with Republic of Abkhazia and South Ossetia Today in Kremlin," September 17, 2008, http://en.kremlin.ru/events/president/news/1439.

② Jim Nichol, *Russia-Georgia Conflict in August 2008: Context and Implications for U.S. Interests* (CRS Report for Congress), March 3, 2009, p.10.

③ Jim Nichol, *Russia-Georgia Conflict in August 2008: Context and Implications for U.S. Interests* (CRS Report for Congress), March 3, 2009, pp.12, 17.

④ Oksana Antonenko, "A War with No Winners," October 1, 2008, https://www.tandfonline.com/doi/full/10.1080/00396330802456445.

⑤ Mohammad Rahman, "Georgia and Russia: What Caused the August War?" July 2009, https://www.researchgate.net/publication/265244688_Georgia_and_Russia_What_Caused_the_August_War。萨卡什维利2012年在接受英国广播公司(BBC)采访时部分承认了自己在战前的误判，他说："我们以为……我们至少可以赢得一些时间，至少可以把俄罗斯人抵挡一些时间，然后国际社会可能醒悟过来，并看到现实"，但他的如意算盘落空了，美国没有为格两肋插刀，欧盟更没有出手。Thomas Dee Waal, "Mrs. Clinton Goes to Georgia," June 4, 2012, https://carnegieeurope.eu/2012/06/04/mrs.-clinton-goes-to-georgia-pub-48338.

当政，美国一直予以支持，对格的军事援助持续不断，尽管萨卡什维利越来越集权，格方对阿布哈兹和南奥塞梯问题的言辞越来越好战。在格方发起对南奥塞梯的大举进攻时，美方听之任之，没有及时予以制止，这是令后来的观察家们颇感惊讶的事情。①美副防长埃德尔曼（Erick Edelman）9 月 9 日在参议院军事委员会作证时虽然主要是谴责俄罗斯，但他也指出：格方“对城市区域和俄维和部队交界处使用炮火，发射多发火箭是很糟糕的事情，我们不能原谅这样的行为”。②

“五日战争”是俄罗斯在苏联解体后在独联体地区首次使用武力，俄对格的惩罚性反击既是要从此断了格把两个分离地区重新整合进来的念想，也是对西方，特别是美国一直来实行北约东扩、在东欧部署导弹防御系统、挤压俄罗斯战略空间的一次强烈反弹。北约已经把诸多中东欧国家扩了进去，最后到了乌克兰和格鲁吉亚这两个与俄罗斯核心利益息息相关的国家。“五日战争”表明，俄对美国和西方的警告不是虚声恫吓，俄不能容忍乌、格加入北约，美国就此罢手吧。西方显然收到了这样的信息。俄罗斯也是要告诉国际社会，尤其是原苏联国家，俄不会容忍对其核心战略利益的挑战。③短暂的冲突凸显了美俄矛盾的深刻性和尖锐性。梅德韦杰夫在 9 月俄联邦国务委员会会议上宣称，从 8 月 8 日以后这个世界跟以前不一样了，俄罗斯绝不再容忍任何人侵犯其公民的生命与尊严，从现在起，俄罗斯是一个不可低估的国家。随后，他还表示，即使格鲁吉亚加入北约，如果其对俄进行挑衅，俄在对格动武问题上也不会犹豫。④实际上，“五日战争”把格鲁吉亚加入北约问题推到了遥遥无期的将来。

8 月 31 日，梅德韦杰夫在接受俄罗斯第一频道电视台采访时总结了指导俄罗斯外交政策的五项原则：第一，俄罗斯认可国际法的基本准则高于一切，俄将在这一原则的基础上发展与其他国家的关系。第二，“世界应当是多极的，单极

---

① Mohammad Rahman, “Georgia and Russia: What Caused the August War?” July 2009, https://www.researchgate.net/publication/265244688_Georgia_and_Russia_What_Caused_the_August_War. 2008 年 9 月，格前防长奥克鲁·阿什维利在巴黎接受采访时坦言，萨卡什维利一直都想发起对南奥塞梯的军事打击，以尽早收复这一地区。早在 2005 年，他就与总统一起拟订了进攻南奥塞梯和阿布哈兹的军事计划。赵鸣文：《普京大外交》，第 160 页。

② Erick Edelman, “Current Situations in Georgia and the Implications for US Policy,” Hearings Before the Armed Services, US Senate, September 9, 2008, https://www.govinfo.gov/content/pkg/CHRG-110shrg47548/pdf/CHRG-110shrg47548.pdf.

③ Albert Martel, “U.S. Strategic Interests and Georgia's Prospects for NATO Membership,” *Calhoun*, March 2015, https://calhoun.nps.edu/handle/10945/45221; Brian Ellison, “Russia Grand Strategy in the South Ossetia War,” 2011, https://is.muni.cz/el/1423/podzim2015/MVZ208/um/59326197/Ellison_Russian_Grand_Strategy.pdf.

④ 赵鸣文：《普京大外交》，第 163 页。

化是不可接受的。我们不能接受世界上的所有事情只由一个国家决定，即使像美国这样的有威望的大国也不行，这种世界是不稳定的，会有各种冲突的危险”。第三，“俄罗斯不想与任何国家发生对抗，也不想被孤立。我们将尽最大可能与欧洲、美国，与世界上其他国家发展友好关系”。第四，“保护我们公民的生命和尊严，无论他们身处何地，这绝对是我们外交政策的优先考虑，我们还要保护我们的境外企业的利益”。第五，“俄罗斯与世界上所有国家一样，有着自己的特权利益地区。我们与这些地区的国家有着特殊的历史关系，友好睦邻的关系”。①一些国际问题观察家把它称为“梅德韦杰夫主义”，并对其进行了严厉的批评，尤其是其中关于“特权利益地区”的提法。赖斯 9 月 18 日在美国德国马歇尔基金会的讲话中回应称，“美国和欧洲继续支持俄罗斯邻国的独立和领土完整。我们将抵制俄罗斯把主权国家和自由的人民归入陈旧的‘势力范围’的企图”。②

克里姆林宫的政策得到国内精英和民众的普遍支持。他们对美国在格鲁吉亚推动民主转型、与格建立特殊关系的政策十分不满，认为对格的挑衅与军事行动进行坚决回击是完全合理的，先前与美国建立战略伙伴关系的打算不过是一厢情愿。民调显示，2008 年 9 月 67％的俄民众对美持负面态度，75％的人对格持负面态度。③

俄宣布承认两地“独立”后，萨卡什维利紧急召回了驻俄大使，并指责俄试图通过这一承认来“改变欧洲边界”。紧接着，格议会通过了与俄断交的决议，两国关系陷入自苏联解体以来最严重的对立。④其次，短暂的战争加剧了原苏联地区和中东欧政治力量的分化，有些独联体国家更靠近了俄罗斯，但多数国家更疏远了俄罗斯，而倾向于与西方保持积极关系。中东欧国家对获得美国安全保护伞的需求更加迫切。美国和波兰迅速排除了先前华沙“绝对不可接受”的条件，达成在波兰部署携有 96 枚导弹的 10 套“爱国者”防空导弹系统。⑤还有别的国家要步波兰、捷克的后尘。第三，5 天的冲突给俄带来的直接经济损失约 130 亿至 200 亿卢布（约 5 亿至 8 亿美元），重建南奥塞梯也给俄带来了沉重的经济负担。⑥

---

① Дмитрий Медведев. Интервью российским телеканалам, 31 августа 2008 г. http://www.kremlin.ru/events/president/news/1276.

② “Secretary Rice Addresses U.S. Russian Relations at the German Marshall Foundation,” September 18, 2008, https://2001-2009.state.gov/secretary/rm/2008/09/109954.htm.

③ 安德烈·齐甘科夫：《俄罗斯与西方：从亚历山大一世到普京》，关贵海、戴惟静译，第 248 页。

④ 赵鸣文：《普京大外交》，第 168 页。

⑤ 详见本书 331—342 页。

⑥ 赵鸣文：《普京大外交》，第 168—169 页。

9月4日，美副总统切尼访问了格鲁吉亚和阿塞拜疆，以示美国的声援。他在格宣称，萨卡什维利总统“及其民主选举产生的政府可以继续指望得到美国的支持和援助”，并保证美国将帮助格“克服对你们主权领土的入侵，以及用武力非法地单方面地改变你们的边界……我们将帮助这个国家医治创伤、重建经济，并确保格的民主、独立，以及与西方的进一步融合”。切尼还再次表示对格与北约的和平伙伴关系及最终成为北约成员的支持。9月6日，切尼又在意大利发表讲话，指责“俄侵犯（民主的格鲁吉亚的）主权，签订了庄严的协定后又予以违反，公然冒犯欧盟，严重损坏了自己的信誉与全球地位，恶化了与美国及其他国家的关系”。①但赖斯在9月18日的讲话中口气却要缓和得多。她认为“今年早些时候签订的索契宣言为美俄两国推进在诸多方面的共同利益提供了战略框架，我们有必要继续寻求与俄在有共同关切的方面进行合作”，也没有提到对俄进行制裁。②这大概是对切尼讲话的一个“平衡”。俄外交部22日重申，俄罗斯“对格鲁吉亚的进攻”的军事回应是恰当的。

“五日战争”之后，8月20日，美欧洲司令部司令克拉多克（Bantz Craddock）访格，对格军事能力、军事设施受破坏的状况进行调查和评估，以确定其防务需求。10月，美格国防部举行年度双边磋商。美助理防长弗什博在国会作证时承认，冲突不仅严重削弱了格军战斗力，而且暴露了格军和国防部先前的许多疏忽和缺陷，包括防务机制、战略、军事理论、专业军事教育等。③美军方致力于建设格的防御机制、进行防御部门的改革，建立军事教育和训练的基础，并补充必需的军需物资，几乎是重建格的军事力量。④美方立即开始对格提供紧急援助，国际开发署、国务院、国防部提供了3 800多万美元的直接人道主义救援，8月24日，美海军和海岸警卫队向格转交了80吨物资；27日，美海岸警卫队又卸载了34吨物资；9月5日，美海军又提供了17吨物资。9月3日，赖斯宣布将向格提

① The White House, “Remarks by Vice President Cheney and President Shaakashivili of Georgia After Meeting,” September 4, 2008, https://georgewbush-whitehouse.archives.gov/news/releases/2008/09/20080904.html; “Remarks by Vice President Cheney at the Ambrosetti Forum,” September 6, 2008, https://georgewbush-whitehouse.archives.gov/news/releases/2008/09/images/20080906-1_v090608db-0131-515h.html.

② “Secretary Rice Address on U.S.-Russia Relations to the German Marshall Fund,” September 18, 2008, https://2001-2009.state.gov/secretary/rm/2008/09/109954.htm.

③ Alexander Vershbow, “Georgia: One Year After the August War,” August 4, 2009, https://www.foreign.senate.gov/imo/media/doc/VershbowTestimony090804p1.pdf.

④ Jim Nichol, *Armenia, Azerbaijan, and Georgia: Political Developments and Implications for U.S. Interests* (CRS Report for Congress), April 2, 2014, p.46; Albert Martel, “U.S. Strategic Interests and Georgia's Prospects for NATO Membership,” March 2015, https://calhoun.nps.edu/handle/10945/45221.

供10亿美元的额外援助，其中7.57亿美元在2008年底前安排，其余由下届国会拨出。款项主要用于人道主义援助，尤其是救助难民以及修复基础设施和发展经济。10月，国会还授权政府向格提供5 000万美元的安全援助。美国还鼓励国际货币基金组织向格提供了7.5亿美元的一揽子援助。欧盟和世界银行也对格提供了援助。①

布什政府决意全面提升美格关系，赶在卸任前夕的2009年1月9日与格签署《战略伙伴关系宪章》，该《宪章》与1998年美国与波罗的海三国签订的宪章、2008年与乌克兰签订的宪章类似。《宪章》确定了双方伙伴关系的基本原则，它不是共同防御条约，但它是在“五日战争”后美支持格的一个强烈表示。从政治上说，《宪章》是要重申美在格的战略利益和关注，是要“抵消一种观念，似乎美国已经默认俄罗斯在南高加索主宰地位的增强”。②《宪章》大大拓展了双边合作的范围。美国在格派遣了130名军事顾问，还有诸多的民事顾问、合同商，他们参与了格政府和民间方方面面的工作。

“五日战争”发生时，美国会正在夏季休假，一些国会议员个人发表了声明表示对格的支持，包括众议院外事委员会主席伯曼(Howard Berman)、参议院外交委员会主席拜登(Joseph Biden)、众议员罗斯-莱蒂嫩(Ros-Lehtinen)、参议院军事委员会主席莱文(Carl Levin)、参议院军事委员会资深共和党人麦凯恩(John McCain)、参议院欧洲事务小组委员会主席奥巴马、众议院两党领袖等。双方停火以后，麦凯恩等又对格进行了访问。麦凯恩、奥巴马都敦促北约允许格加入北约“成员国行动计划”。国会还举行了多次听证会，敦促行政当局对格援助，并通过决议称，俄罗斯的八大国俱乐部的成员资格将取决于其是否履行国际义务。③

俄罗斯认为，没有美国事先允许，萨卡什维利是不敢发动对南奥塞梯俄维和部队的进攻的，因此与其跟萨卡什维利打交道，不如跟美方直接交涉。但布什任期即将结束，因此不如等到新政府上任再就俄美之间的诸多问题与美方进行通盘交易。④

① Jim Nichol, *Russia-Georgia Conflict in August 2008: Context and Implications for U.S. Interests*(CRS Report for Congress), March 3, 2009, pp.29—30.

② “U.S.-Georgia Charter on Strategic Partnership,” January 9, 2009, https://old.civil.ge/eng/article.php?id=20249; David Smith, “US-Georgia Charter Is Historic,” January 12, 2009, https://www.atlanticcouncil.org/blogs/new-atlanticist/usgeorgia-charter-is-historic/.

③ Jim Nichol, *Russia-Georgia Conflict in August 2008: Context and Implications for U.S. Interests*(CRS Report for Congress), March 3, 2009, pp.33—34.

④ Dusica Lazarenvic, “NATO Enlargement to Ukraine and Georgia: Old Wine in New Bottles?” *Connections*, Vol.9, No.1(Winter 2009), http://connections-qj.org/system/files/09.1.02_lazalevic.pdf.

10 月 15 日，讨论与“五日战争”相关的安全、遣返等问题的国际会议举行首次会议，联合国、欧盟、美国都参加了。俄罗斯、阿布哈兹、南奥塞梯在会上拒绝任何挑战两地“独立”的说法，在本次及其他会议上，俄坚持要求国际社会对格实施武器禁运，并要求格与阿布哈兹、南奥塞梯签订不使用武力的协定。①由于各方意见分歧，会议没有取得多少实际成果。

俄罗斯承认了阿布哈兹和南奥塞梯的“独立”，也担起了从经济上支撑两地的义务。俄是阿最大的贸易伙伴，阿所消费商品有 80%是从俄进口的，对俄出口占了阿出口的 70%多，主要是食品和煤炭，阿有巨大的逆差，如 2011 年阿从俄进口是出口的 11 倍。俄更是南奥塞梯唯一的贸易伙伴，南奥塞梯的进口均来自俄罗斯，而只向俄出口少量水果，因此其对俄贸易逆差比阿更大。两国能维持对俄经济关系主要依靠俄的援助和旅游收入。两地的许多经济基础设施已经转归俄公司经营，两国经济确实在很大程度上与俄一体化了。阿已接受俄的商务和技术标准，其电网也并入了俄电网；俄铁路公司控制了阿铁路；俄最大的国有石油企业俄罗斯石油公司(Rosneft)在查勘阿沿岸的石油。俄还通过一些经济安排加强与阿、南奥的关系，2009 年、2010 年双方相继达成取消关税壁垒的安排，两地继续使用卢布作为主要货币。②

(四) 格鲁吉亚与北约

格加入北约“和平伙伴关系计划”后多次与北约举行联合军演，2001 年后格每年都参加这类军演。2001 年 6 月，在格波季港附近水域举行有 9 个北约成员国和 6 个伙伴国的 40 多艘战舰、4 000 名官兵参加的代号为“2001 伙伴合作”的海军联合演习，北约南欧盟军司令埃利斯希望，本次演习能促进北约与格之间的合作。2002 年 6 月，北约及其伙伴国部队在第比利斯附近的瓦济阿尼军事基地又举行了名为“2002 最佳合作努力”的联合军演，有约 500 名军人参加，南高加索三国和土耳其都派兵参加，训练项目包括巡逻、组织检查站、驱散人群等。③ 2002 年 6 月，在北约“和平伙伴关系计划”信托基金的资助下，格还发起与北约后勤保障部门的合作。

格鲁吉亚是公开支持北约在科索沃、阿富汗和伊拉克的军事行动的国家。

---

① Jim Nichol, *Georgia [Republic]: Recent Developments and U.S. Interests* (CRS Report for Congress), June 21, 2013, p.22.

② Andre Gerrits and Max Bader, “Russian Patronage over Abkhazia and South Ossetia: Implications for Conflict Resolution,” July 2016, https://www.tandfonline.com/doi/full/10.1080/21599165.2016.1166104.

③ Martin Malek, “NATO and the South Caucasus: Armenia, Azerbaijan, and Georgia on Different Tracks,” *Connections*, Vol. 7, No.3 (Summer 2008), p.39；毕洪业：《俄罗斯地缘外交中的格鲁吉亚》,《俄罗斯中亚东欧研究》2005 年第 3 期。

1999 年格鲁吉亚开始派兵参加北约在科索沃的使命，虽然最初仅派出 182 人，但也显示了格的参与意愿。2003 年 8 月，格开始向伊拉克派出作战部队支持所谓“伊拉克自由行动”，及至 2008 年格军人数已达 2 300 人，仅次于美、英两国而居第三位。但在 2008 年 8 月“五日战争”后驻科索沃和伊拉克的格军全部撤回国内。2004 年，格派出作战部队参与北约在阿富汗的“国际安全援助力量”（ISAF）。到 2010 年年中，格驻阿部队增至 925 人。2012 年 10 月，格又增派一个营（749 人）赴阿，到 2013 年 10 月，驻阿格军达 1 560 人。截至 2014 年 12 月，仍有 750 名格军留驻在阿富汗，是非北约国家中派出军队最多的国家。①

格鲁吉亚民众对加入北约的支持率一直较高，2008 年 1 月 5 日的全民公投显示，68.4％的投票者支持入约。尽管如此，考虑到俄罗斯的态度，谢瓦尔德纳泽对于加入北约问题一直闪烁其词，甚至翻来覆去。他曾在 1999 年宣布，格“敲北约大门”的时间会在 2005 年到来；但又说，格的北约成员国资格问题是个“笑话”。2000 年年底，在第比利斯的一次国际会议上他又表示，格会在 2004 年加入北约。但他在接受俄记者采访时又说，他可能在 2005 年宣布格鲁吉亚的中立。②2002 年 9 月 13 日，格议会作出加入北约的选择；11 月，谢瓦尔德纳泽应邀参加北约布拉格峰会，这是格领导人从 1994 年格加入北约“和平伙伴关系计划”以来首次参加北约峰会。谢瓦尔德纳泽在会上宣布，格鲁吉亚积极寻求加入北约，并说：作为一个黑海国家，他“对于罗马尼亚和保加利亚受到北约邀请感到特别满意。这将使黑海地区进入北约的利益范围，并给黑海地区的安全增添了新的维度”。12 月 28 日，格国家安全委员会通过格与欧洲—大西洋一体化方案。但北约与格的强化对话是从 2003 年 11 月格政权更迭以后才开始的。2004 年，北约指派了美外交官罗伯特·西蒙斯（Robert Simmons）为南高加索和中亚特使。③

俄罗斯对格加入北约问题十分敏感，并予以密切关注。2003 年 7 月，一架北约的非武装侦察机在第比利斯上空作了一个小时的飞行。俄外交部立即发表声明予以谴责，俄军在阿布哈兹地区部署了 S-300 防空导弹，也是防备北约军机的。谢尔盖·伊凡诺夫防长还指责东欧的北约成员国非法把苏制武器提供给格

① Albert Martel, “U.S. Strategic Interests and Georgia's Prospects for NATO Membership,” *Calhoun*, March 2015, https://calhoun.nps.edu/handle/10945/45221.

② Martin Malek, “NATO and the South Caucasus: Armenia, Azerbaijan, and Georgia on Different Tracks,” *Connections*, Vol.7, No.3(Summer 2008), p.34.

③ Dusica Lazarenvic, “NATO Enlargement to Ukraine and Georgia: Old Wine in New Bottles?” *Connections*, Vol.9, No.1(Winter 2009), http://connections-qj.org/system/files/09.1.02_lazalevic.pdf.

鲁吉亚，是一种“侵权”行为。①

格鲁吉亚在加入北约问题上的犹疑态度随着谢瓦尔德纳泽的去职而结束了。萨卡什维利当政后在国内大刀阔斧地进行民主化转型，在外交上决心脱离俄罗斯的轨道，明确地宣布了加入北约的目标。在格所有相关文件中都重申，格的安全和外交政策都在努力寻求实现这一目标。但北约的欧洲盟国对此反应谨慎，北约经过两次东扩已经吸收了 10 个新成员，这些中东欧国家在与西方一体化方面的进展都很缓慢。但美国对格加入北约的愿望却予以热情回应，萨卡什维利倡导的改革符合布什政府的“推进自由议程”，自然是北约的恰当候选国了。更何况阿塞拜疆的老总统黑达尔·阿利耶夫在 2003 年去世前把政权传给了儿子，亚美尼亚的政治转型又极不确定，格的改革就更显得难能可贵了。其实，不仅在南高加索，而且在中亚地区，也没有一个国家在认真地实行美国所希望的“民主转型”。在美方看来，萨卡什维利领导下的格鲁吉亚是推广民主的样板，南高加索地区改革的带头羊，是这一地区原苏联国家中唯一朝着正确方向前进的国家，美国竭力支持格加入北约也就不难理解了。这恰好是美俄的冲突之点。在俄方看来，格融入西方政治和安全架构的趋势必须予以制止，不能让格加入北约。②在 2007 年 2 月的慕尼黑欧洲安全会议上普京毫不含糊地警告，北约不断吸收新成员，越来越接近俄罗斯的边界，威胁俄的安全。③预示着俄罗斯的怒火有喷发的一天。

2004 年 4 月，萨卡什维利与北约秘书长夏侯雅伯在布鲁塞尔举行会晤，格方向北约递交了国别伙伴行动计划的序言。8 月，格与北约达成《与北约的国别伙伴关系行动计划，2004—2006》，格承诺要努力实现加入北约的目标，在政治、安全、科学与环境、行政管理等方方面面实行种种改革，如防务政策、防务计划、拨款、危机处理、反恐、与邻国关系等。此后，北约与格每年举行会议，检讨计划实行情况。在格《外交政策战略，2006—2009》中也强调了加入北约的目标，并表示要增进与欧盟的关系，而对于独联体的成员资格则提出了疑问。格议会 2005 年通过的《国家安全构想，2005—2010》把北约视为“为欧洲—大西洋地区提供安全和稳定的中心机制”，强调为达到北约成员国标准在防务方面要实行大规模改革措施，“最终的目标是要建立一支战斗力强、能与北约互操作、能对北约领导的

① Martin Malek, “NATO and the South Caucasus: Armenia, Azerbaijan, and Georgia on Different Tracks,” *Connections*, Vol.7, No.3(Summer 2008), p.43.

② Eugune Rumer, Richard Sokolsky and Paul Stronski, “U.S. Policy Towards South Caucasus: Take Three,” May 31, 2017, https://carnegieendowment.org/2017/05/31/u.s.-policy-toward-south-caucasus-take-three-pub-70122.

③ 见本书 11、334 页。

任何军事行动作出贡献的军队”。①加入北约在格鲁吉亚也不是党派斗争的话题，议会中的反对党也赞同入约。

2006 年 7 月，萨卡什维利再次访美。在 7 月 5 日的记者会上，布什继续鼓励格鲁吉亚加入北约，说：“我相信，北约将因格鲁吉亚成为其成员而获益，我也认为，格鲁吉亚也将从中获益。成员国行动计划铺设了这样的道路……我是北约扩大的信奉者。”②主要在美国的推动下，9 月 21 日北约外长会议决定，就格的北约成员资格问题发起与格的强化对话。北约表示：“对话不能保证格入约，但这是支持格加入北约的一个清晰信号。”③强化对话是从北约伙伴过渡到北约候选成员的重要阶段，表明北约与格的合作已接近“成员国行动计划”。北约与格之间的频繁互动推高了格加入北约的势头，2008 年 1 月 5 日的全民公投显示，对入约的支持率达到 77%。④

俄罗斯对北约与格迅速走近予以密切关注，表示强烈反对。2007 年 2 月，谢尔盖·拉夫罗夫外长在接受一家俄媒体采访时指出，他不希望格的北约成员国资格成为现实。俄加大了对格的压力，试图在格国内激起对萨卡什维利的反对；同时明白告诉北约，不要打南高加索的主意，因为那只能制造麻烦。⑤2008 年 3 月，刚刚当选总统的梅德韦杰夫在接受《金融时报》采访时表示：“没有哪个国家会乐于见到邻国加入自己并不归属的军事集团。我们对格鲁吉亚和乌克兰的局势感到不满，这将严重扰乱欧洲现行的安全架构。”⑥这是新总统在北约布加勒斯特峰会前发出的严厉警告。

2008 年 4 月的北约布加勒斯特峰会对于格加入北约具有决定性意义。会前十几天，萨卡什维利访美，这位格总统在摄影机前夸夸其谈，竭力奉承布什，专挑布什爱听的话说：格鲁吉亚是“您自由议程的重要部分”，“我们的目的是把这个自由议程进行到底。这是为了我们的人民，为了我们的价值观，为了

① Ministry of Defense of Georgia, “National Security Concept of Georgia,” May 2005, Chapter 5・4・1, http://www.parliament.ge/files/292_880_927746_concept_en.pdf.

② George W. Bush, “Remarks Following Discussions with President Mikheil Saakashvili of Georgia and an Exchange With Reporters,” July 5, 2006. Online by Gerhard Peters and John T. Woolley, *The American Presidency Project*, https://www.presidency.ucsb.edu/node/216652.

③ Martin Malek, “NATO and the South Caucasus: Armenia, Azerbaijan, and Georgia on Different Tracks,” *Connections*, Vol.7, No.3(Summer 2008), p.51.

④ “Information on NATO-Georgia Relations,” https://en.wikipedia.org/wiki/Georgia%E2%80%93NATO_relations.

⑤ Martin Malek, “NATO and the South Caucasus: Armenia, Azerbaijan, and Georgia on Different Tracks,” *Connections*, Vol.7, No.3(Summer 2008), p.44.

⑥ Д. А. Медведев, Интервью financial times, 25 марта 2008, https://ria.ru/20080325/102116106.html.

美国对于我们所有国家的意义，因为美国向全世界输出的是理想主义”。布什的欧洲事务顾问戴蒙·威尔逊回忆说：“他棒极了，说到了点子上。他让总统知道他在任时要把格鲁吉亚建设成一个民主国家。这正是我们想听到的。”布什则对记者说，他相信格鲁吉亚加入北约的好处，他会把这个意思带到布加勒斯特。①

尽管布什在峰会上十分坚持，无奈德、法等欧洲盟国坚决不认可，它们怀疑格的民主机制能否持久，也不认为萨卡什维利是个信奉民主的人。峰会没有批准乌、格的“成员国行动计划”。②

不论格鲁吉亚还是俄罗斯都把格加入北约的问题与阿布哈兹、南奥塞梯问题联系起来。萨卡什维利希望，一旦成了北约成员，就能更加强硬地对待俄罗斯，从而加快格重新统一该两地的进程。而俄方则不惜一切代价要防止该两地重回格主权之下，俄外交部发言人卡穆宁 2007 年 4 月表示，格如此积极准备加入北约“破坏了解决格与南奥塞梯及阿布哈兹的冲突及领土完整的基本原则”。③对于上述 2008 年 1 月的格全民公投俄方也十分关注。杜马独联体委员会主席奥斯特洛夫斯基称，俄观察家对公投的结果“深表怀疑”。俄常驻北约代表罗戈津宣称，“就格加入北约进行全民公投这一想法本身就是(萨卡什维利的)一个重大政治错误”，阿布哈兹和南奥塞梯都没有参加投票，这岂不是说，萨卡什维利“自己就赞成两地的分离企图吗?”统一俄罗斯党的杜马代表、政治研究所所长马尔科夫称，格在可以预见的未来绝无可能加入北约，“因为有些北约成员国不愿意与俄发生争执，不会赞成格加入北约”。俄驻格大使科瓦连科表示，格鲁吉亚的北约成员国资格将加强阿布哈兹和南奥塞梯的担心，“可能证实它们的感觉，格鲁吉亚的目标是要以军事手段来解决冲突”。④

北约布加勒斯特峰会后，普京立即表示要在阿布哈兹和南奥塞梯开设俄的官方代表处。俄一份官方声明称，“任何企图对阿布哈兹和南奥塞梯施加政治、经济甚至军事压力的打算都是没有效果的，甚至会适得其反”。⑤4 月 11 日，俄总参谋长巴鲁耶夫斯基将军在一次记者招待会上说，一旦格鲁吉亚和乌克兰加入

① White House, “President Bush Meets with President Saakashvili of Georgia,” April 19, 2008, https://georgewbush-whitehouse.archives.gov/news/releases/2008/03/20080319-4.html.

② 安格斯·罗克斯伯勒：《强权与铁腕——普京传》，胡利平、林华译，第 208—209 页。并见本书第 374—375 页。

③ Martin Malek, “NATO and the South Caucasus: Armenia, Azerbaijan, and Georgia on Different Tracks,” *Connections*, Vol.7, No.3(Summer 2008), p.47.

④ Martin Malek, “NATO and the South Caucasus: Armenia, Azerbaijan, and Georgia on Different Tracks,” *Connections*, Vol.7, No.3(Summer 2008), pp.47, 49.

⑤ “Georgia—NATO Relations,” Wikipedia, the Free Encyclopedia, https://en.wikipedia.org/wiki/Georgia%E2%80%93NATO_relations.

北约,“俄罗斯将采取步骤保护其安全利益,不仅要采取军事措施,而且要采取其他性质的措施”。①针对这一说法,格外交部发言人称,这是俄“对格侵略的公开展示”,并呼吁国际社会对这一“严重威胁”作出足够反应。②

格鲁吉亚为加入北约作了努力,如提高国防费用占国内生产总值的比重等,但在文官控制防务部门方面则仍未达到要求。格也努力为北约作出贡献。萨卡什维利撰文说:“格鲁吉亚希望成为安全的生产者。这就是为什么格派兵支持伊拉克的和平行动,支持北约在科索沃和阿富汗的行动。”③而北约也在多个场合对格参与上述行动表示感谢。

北约对“五日战争”强烈发声支持格鲁吉亚。2008 年 8 月 12 日,各国常驻北约大使举行紧急会议,重申“以十分强硬的措辞”支持格的主权和独立,谴责俄“令人可悲地、不成比例地使用暴力”,北约秘书长夏侯雅伯称格是“受高度尊敬的北约的伙伴”,格的“成员国行动计划”仍然是“非常现实的问题”,可能在 12 月的会议上决定。但实际上,北约的一些“老欧洲”成员国,尤其是德国和法国,无意改变其原先的立场。④

8 月 19 日,北约举行特别外长会议。在会后的记者会上,夏侯雅伯称,在俄罗斯确实遵守停火协定以前北约—俄罗斯理事会暂缓举行,双方的未来关系将取决于俄罗斯如何履行和平协定。但在会议的正式声明中没有提到暂停北约—俄罗斯理事会的问题。外长会议还成立了北约—格鲁吉亚委员会,以表明北约“对于为格的成员国行动计划采取措施没有成见”,北约将继续与格合作,包括恢复格的军事能力。⑤格外长瓦沙泽自我安慰说,“北约—格鲁吉亚委员会是一个替代方案,它与北约成员国行动计划一样是通向北约的途径”。⑥后来的事实表明,这个委员会也不过是另一个画饼而已。俄方的反应是中止了与北约的多数

---

① Андрей Резчиков, Космос без ПРО, 11 апреля 2008 года. https://www.aex.ru/fdocs/1/2008/4/11/11869/print/.

② Reuters' Editorial, "Russia Army Vows Steps if Georgia and Ukraine Join NATO," April 13, 2008, https://www.reuters.com/article/us-russia-nato-steps/russia-army-vows-steps-if-georgia-and-ukraine-join-nato-idUSL1143027920080411.

③⑥ Dusica Lazarenvic, "NATO Enlargement to Ukraine and Georgia: Old Wine in New Bottles?" *Connections*, Vol.9, No.1(Winter 2009), http://connections-qj.org/system/files/09.1.02_lazalevic.pdf.

④ Jim Nichol, *Russia-Georgia Conflict in August 2008: Context and Implications for U.S. Interests*(CRS Report for Congress), March 3, 2009, p.31.

⑤ NATO, "Final Communiqué," December 3, 2008, https://www.nato.int/cps/en/natohq/official_texts_46247.htm.

合作项目，但没有中止在阿富汗过境运输方面的合作。①

9 月 15 日至 16 日，北约秘书长和各国常驻北约代表访问“五日战争”前线的哥里实地了解冲突的影响，同时，格方主持了北约—格鲁吉亚委员会第一次会议。会议的联合声明支持格主权和领土完整，谴责俄联邦承认南奥塞梯和阿布哈兹“独立”，要求俄方切实履行停火协定。②9 月 18 日至 19 日的北约防长会议又讨论了格军重建及冲突对欧洲安全的影响。俄方立即作出回应，19 日，梅德韦杰夫谴责北约“挑起了”8 月的冲突，而不是保卫和平。③

“五日战争”使格领导人决策的草率鲁莽给一些北约成员国领导人留下深刻印象，在 12 月的北约外长会议上一些与会者明确表示了这种担心。但在美国的竭力坚持下，外长会议仍决定强化北约—格鲁吉亚委员会的工作。在 2009 年的委员会会议上制定了第一个年度计划，并于 5 月开始实施。④

二、阿塞拜疆与亚美尼亚

（一）北约与两国关系

阿塞拜疆和亚美尼亚也参加了北约在科索沃的维和行动，各派出了 34 人。⑤人数虽不多，却显示了与北约合作的意愿。9・11 恐怖袭击后，阿塞拜疆公开支持美国的阿富汗战争、伊拉克战争，并参加了在两国的军事行动。到 2008 年 4 月 1 日，还有 40 名阿士兵驻在阿富汗。阿塞拜疆也向伊拉克派出了少量部队。

鉴于阿塞拜疆对阿富汗战争的支持，美国会在 2002 财年对外拨款法中授权总统可以对《支持自由法》第 907 条款行使豁免权，即如果总统确认美国的援助有利于反恐行动，对阿塞拜疆的边界安全是重要的，而且不会影响纳—卡问题的和平解决，总统可以行使豁免权。⑥布什政府任内每年都行使了豁免

① Jim Nichol, *Russia-Georgia Conflict in August 2008: Context and Implications for U.S. Interests*(CRS Report for Congress), March 3, 2009, pp.31—32.

② “NATO-Georgia Joint Press Statement,” September 15, 2008, https://www.nato.int/cps/en/natohq/news_46438.htm?selectedLocale=en.

③ Jim Nichol, *Russia-Georgia Conflict in August 2008: Context and Implications for U.S. Interests*(CRS Report for Congress), March 3, 2009, p.32.

④ Jim Nichol, *Georgia* [*Republic*]: *Recent Developments and U.S. Interests*(CRS Report for Congress), June 21, 2013, p.15.

⑤ Martin Malek, “NATO and the South Caucasus: Armenia, Azerbaijan, and Georgia on Different Tracks,” *Connections*, Vol.7, No.3(Summer 2008), p.39.

⑥ Jim Nichol, *Armenia, Azerbaijan, and Georgia: Political Developments and Implications for U.S. Interests*(CRS Report for Congress), Updated February 23, 2006, Summary.参见本书第 204 页。

权，奥巴马总统继续行使豁免权。因此阿塞拜疆仍然是《支持自由法》项下的受援国。

2004 年 4 月，北约布拉格峰会正式启动北约"国别伙伴关系行动计划"，明确北约与不同伙伴国在政治、社会、科技等领域合作的具体要求和措施，合作水平比"和平伙伴关系计划"提升了一步。2005 年，格、阿、亚三国分别加入了"国别伙伴关系行动计划"。2006 年，哈萨克斯坦也加入了该计划。①

阿塞拜疆对发展与北约关系比较积极。2007 年 1 月，阿总统阿利耶夫在接受德国记者采访时表示，布鲁塞尔和巴库都知道，阿还没有为北约成员国资格做好准备，他不想"提出任何不切实际的目标"。在 2007 年 5 月阿的《国家安全概念》中有一整章是阐述"融入欧洲和欧洲—大西洋结构"的，文件把它称作"战略目标"。文件也提到了"要建立与北约成员国可互操作的作战力量"。但文件没有提到北约的成员国资格。阿塞拜疆副外长阿齐莫夫说得坦率：他不认为"一个有这样的领土纠纷的国家有任何可能成为北约成员"。②阿只能满足于与北约的某种合作关系，以免因为入约问题与巨人邻国俄罗斯关系闹翻。尽管如此，在美国的一再鼓动下，北约与阿的军事关系越来越紧密。2006 年夏，阿军方领导人与北约司令部就北约帮助改造其军队达成一致。12 月，北约总部已将改造阿武装力量的计划的全部基础性文件发至阿国防部，阿军将改为参谋部指挥部队模式。自 2007 年 1 月 1 日起，占阿武装力量总兵力 1/5 的巴库军团已按照北约标准进行改造，美国参与了改造全过程。2008 年 6 月，美驻阿大使安妮·德塞(Anne Derse)在出席阿与欧洲—大西洋一体化和民主选举国际会议期间表示，美国拟于当年 7 月与阿在安全框架内继续讨论其加入北约的前景问题。2009 年 10 月，北约秘书长特使西蒙斯称，阿塞拜疆是北约的主要候选国之一。③

亚美尼亚也支持阿富汗战争和伊拉克战争，并向伊拉克派出了 46 人，加入波兰的应急部队执勤。④但作为俄罗斯的盟国，亚谨慎地与北约保持距离。2007 年 1 月出台的《国家安全战略》明确规定，与俄罗斯的双边合作以及在独联体集体安全条约组织内的多边合作是比与其他组织，包括北约更为优先的选择。在 12 月的《国家防务战略》中重申了这一表述，并强调，与俄的"战略伙伴关系"继续是亚美尼亚安全的基石。对于北约东扩，亚抱着怀疑甚至批评的态度。罗

① 赵鸣文：《普京大外交》，第 363—364 页。

② Martin Malek, "NATO and the South Caucasus: Armenia, Azerbaijan, and Georgia on Different Tracks," *Connections*, Vol.7, No.3(Summer 2008), pp.33, 46.

③ 赵鸣文：《普京大外交》，第 337、352 页。

④ Jim Nichol, *Armenia, Azerbaijan, and Georgia: Political Developments and Implications for U.S. Interests*(CRS Report for Congress), Updated February 23, 2006, p.3.

伯特·科恰良总统一再批评格鲁吉亚试图加入北约的立场，并赞赏俄“在高加索的稳定作用”。亚对北约的这种态度与其强大的邻国、北约成员国土耳其有关，亚土两国有历史的恩怨，关系从来都是格格不入，甚至公开敌对。但亚与另一北约成员国希腊的关系不论是政治还是军事方面都很好，亚军官在希腊的军校里接受培训。①亚民意对加入北约的认同度也波动不定，不同的研究报告、不同的民调给出的结果相差甚大。根据 2007 年美国国际开发署和国际共和研究所的一个民调，45%的受访者“某种程度”或“强烈地反对”加入北约，40%的受访者“某种程度”或“强烈地赞成”加入北约，而民众对加入欧盟则有普遍的共识，支持率高达 80%。科恰良总统出于其亲俄立场，对于北约、欧盟均持冷淡态度。②2008 年 9 月下旬，北约秘书长特别代表西蒙斯访问南高加索三国。24 日至 25 日，他在亚美尼亚会晤副防长、部分议员和负责应急事务的军官，双方讨论了执行亚、北约“国别伙伴关系行动计划”及防务改革，以及亚与北约合作的具体问题。

布什政府比其前任对纳—卡争端更为关注。上任不久，2001 年 4 月初，即邀请阿、亚两国总统以及明斯克小组俄、法共同主席到佛罗里达州基维斯特会商，但谈判没有进展。从 1999 年以来，双方总统已经会晤 15 次。如果阿、亚两国达成协定，可使约 50 万阿难民返回家园，还可以削弱俄对南高加索的影响力，防止俄利用争端阻止西方石油公司经营里海石油。美国石油公司已经在里海油气中投入了巨资，其中之一是修建巴库—第比利斯—杰伊汉输油管道，虽然管道没有通过争议地区，但它临近纳—卡地区，如果争端持续，管道很容易遭到破坏。由于该管道是里海石油绕开俄罗斯和伊朗的唯一通道，它对美国的利益至关重要，美国政界和学术界一些人批评克林顿政府对纳—卡争端没有给予足够重视。乔治·沃克·布什政府与美国石油利益集团关系密切。直到 2000 年切尼都是哈里伯顿公司的总经理，该公司在阿塞拜疆经营广泛的业务，在 2001 年 1 月巴库—杰伊汉输油管道的竞标中获得了该管道土耳其段的建造权。国家安全事务助理赖斯在加入布什政府前，2001 年 1 月 15 日刚刚从雪佛龙石油公司董事会卸任，雪佛龙的一艘游轮是以赖斯的名字命名的，雪佛龙也表示有兴趣参与管道建设。布什家族的顾问、乔治·布什政府的国务卿贝克一直在美国—阿塞拜疆商会顾问委员会任职，切尼在加入政府前也长期在该委员会任职。副国务卿阿米蒂奇是商会前共同主席。布什家族及乔治·沃克·布什政府高官与美国石油

① Martin Malek, “NATO and the South Caucasus: Armenia, Azerbaijan, and Georgia on Different Tracks,” *Connections*, Vol.7, No.3(Summer 2008), p.32.

② Martin Malek, “NATO and the South Caucasus: Armenia, Azerbaijan, and Georgia on Different Tracks,” *Connections*, Vol.7, No.3(Summer 2008), p.33.

利益如此盘根错节，难怪布什政府那么关心纳—卡冲突了。乔治·沃克·布什本人就曾给哈萨克斯坦总统写信，要求他支持这条管道。有美国学者把乔治·沃克·布什政府对争议的关注称为“石油政治与地缘政治的结合”。①

2008 年 6 月，阿塞拜疆举行阅兵，阿利耶夫总统发表讲话称：“阿塞拜疆人民厌倦了这些谈判……我们应该准备好在任何时候以我们的武装力量解放我们的领土。”此言一出，各方关注。美方提醒阿利耶夫，类似表态会破坏和平进程，冲突再起将危及阿的能源出口，而美方判断，一旦冲突再起，阿方没有什么军事优势，哪一方也打不赢。②格俄“五日战争”后，亚美尼亚总统萨尔基相表示，“悲剧性的事件已经表明，在南高加索任何以武力回应争取自决权的斗争的企图都会产生深远的军事和地缘政治影响”。③

2008 年 9 月初，副总统切尼在访问格鲁吉亚之前还访问了阿塞拜疆。切尼在记者会上说：“美国强烈支持阿塞拜疆的独立和领土完整。我们致力于纳—卡争端的谈判解决，它以领土完整的原则为起点，并考虑到其他的国际关系准则。”他赞赏了阿在能源方面与西方的合作，强调要让市场原则发挥作用；他高度评价阿对地区和全球和平与安全作出的贡献，为反对恐怖主义、为阿富汗及伊拉克战争作出的“勇敢的贡献”。④

（二）俄罗斯调处纳—卡争端

由于纳—卡争端，亚美尼亚一直与俄罗斯保持着比较密切的关系，而阿塞拜疆则对俄亚关系保持警惕，希望确保石油资源不受俄控制。但阿也知道俄罗斯这个巨人邻国不能得罪，防止对俄关系恶化，因而与俄保持着一定的合作。在 2006 年之后俄提高了对阿供应的天然气价格，阿加强了与格关系，对俄关系短期趋冷。2008 年 8 月格俄“五日战争”后，阿再次意识到俄在地区的影响力，双方关系又有所升温。⑤

2007 年 11 月，明斯克小组三主席将更新版的《马德里文件》提交给冲突双

① Jay Hancock, “Bush Makes Peace Talks in Caucasus a Priority,” *Baltimore Sun*, April 2, 2001, https://www.baltimoresun.com/news/bs-xpm-2001-04-02-0104020011-story.html.

② Daniel Fried, “The Caucasus: Frozen Conflicts and Closed Borders,” Testimony Before House Foreign Affairs Committee, June 18, 2008, https://2001-2009. state. gov/p/eur/rls/rm/106019.htm.

③ Jim Nichol, *Armenia, Azerbaijan, and Georgia: Security Issues and Implications for U.S. Interests* (CRS Report for Congress), Updated March 11, 2010, p.10.

④ The White House, Office of the Vice President, “Remarks by the Vice President Cheney and President Aliyev of Azerbaijan,” September 3, 2008, https://georgewbush-whitehouse.archives.gov/news/releases/2008/09/20080903-2.html.

⑤ Jim Nichol, *Armenia, Azerbaijan, and Georgia: Political Developments and Implications for U.S. Interests* (CRS Report for Congress), Updated November 6, 2008, p.5.

方。其中要求:纳—卡附近地区实行撤军和非军事化;纳—卡地区实行临时状态以保障安全和自治;开放亚美尼亚与纳—卡地区通道;通过具有法律约束力的意志表达决定纳—卡地区最终状态;所有流离失所者得以返回家园;采取包括维和行动在内的国际安全保障措施。①

俄罗斯一直在协调亚阿两国关系,但鉴于问题本身的复杂性和敏感性,也不愿意承担纳—卡争端仲裁者的角色,不愿意制定和实施实质性的争端解决方案。俄需要与两国都维持友好关系,对两国政策都保持影响力。因此俄更倾向于维持现状,而不是解决争端。②格俄“五日战争”改变了南高加索的地缘政治,俄格关系彻底恶化,格再无可能重回俄罗斯的轨道,而西方还在拉拢格加入北约。战争对南高加索的邻国则产生了“寒蝉效应”,尤其是阿塞拜疆,如果它追随格加入北约,那么俄在南高加索的地位就会大大削弱,但俄不会听任事态往这个方向发展。俄阿保持友好关系既可以防止这种发展,并为亚开辟新的运输通道。总之,“五日战争”以后,俄罗斯亟须做点事情来显示其地区主导者的地位,同时对其邻国表现出某种善意。

“五日战争”后不久,俄罗斯要彰显地区影响力,乃出手调处纳—卡争端。11月2日,梅德韦杰夫主持了阿亚两国总统的会谈,随后三国共同签署了《莫斯科声明》,要求阿亚双方在遵循国际法的基础上寻找冲突的解决方案,确保冲突得到政治解决,并重申明斯克小组的调停作用。声明没有提出具体的解决办法,也没有确定路线图,但这是俄罗斯一次很好的公关,表示俄继续在维护地区稳定方面发挥着主导作用,有助于它在国际上,尤其在西方树立“和平使者”的新形象。对于阿塞拜疆来说,它的意义首先是冲突的解决要“基于国际法的原则和规范”,其中当然包括领土完整的原则;至于“民族自决”的原则,阿塞拜疆认为只能在领土完整的框架之内来实行。其次,声明是由俄、阿、亚三方签署的,是阿亚两国自1994年冲突以来第一次在一个共同文件上签字,而没有包括闹独立的纳—卡“总统”或其代表,这使阿方感到满意,阿方的解读是,这表明争端是阿亚两国之间的冲突,而不是阿与纳—卡之间的冲突,纳—卡不是冲突的一方。最后,声明强调争端要“逐步”解决,而不是“一揽子”解决,这也符合阿方的一贯主张,而亚方则希望一揽子解决。③

但亚方同样有理由感到满意。首先,声明确认了将继续“在俄、美、法三国任共同主席的欧安组织明斯克小组的调停下通过阿、亚两国直接对话解决争端”,

① “OSCE Minsk Group, Madrid Document,” November 2007, https://www.legal-tools.org/doc/0b80bb/pdf/.

② 孙超:《南高加索安全复合体的生成困境探析》,《俄罗斯研究》2017年第2期。

③ Fariz Ismailzade, “Moscow Declaration on Nagorno-Karabakh: A View From Baku,” December 5, 2008, https://www.esiweb.org/pdf/esi_turkey_tpq_vol.7_no.3_fariz_ismailzade.pdf.

而阿方在过去几年中一直希望通过别的渠道来解决争端。其次，声明明确提出“将继续通过政治途径解决冲突”，亚政界在过去5年一直担心，阿方会发起收复领土的战争。阿方石油资源丰富，国家财政状况良好，军费从2003年的1.5亿美元增长到2008年的10亿美元，军力大增。2008年还首次在巴库举行阅兵。亚方经济力量虚弱，兵力与阿方相差悬殊，显然不是对手。在美亚美尼亚侨民把阿描绘成“战争巨兽”。但阿总统阿利耶夫在声明发表后立即表示，“谁也不能在文件中找到任何禁止阿方以军事方式解决冲突的承诺”，表明他对文件另有解释。①

2009年7月10日，明斯克小组三主席再次就纳—卡冲突发表声明，要求阿亚两国尽快达成冲突解决办法，声明重复了2007年的建议，只是增加了一条：纳—卡领土回归阿塞拜疆控制。②17日，梅德韦杰夫再次主持阿亚双方的谈判。12月1日，明斯克小组主席国外长与阿亚两国外长在雅典会晤，敦促双方尽快就“基本原则”达成一致，“为达成全面解决以促进整个地区未来的和平、稳定和繁荣提供一个框架”。2010年1月，阿亚两国总统在梅德韦杰夫主持下再次在索契会晤，并同意了基本原则的绝大部分内容，还就如何解决分歧提出了建议。③

① Fariz Ismailzade, “Moscow Declaration on Nagorno-Karabakh: A View From Baku,” December 5, 2008, https://www.esiweb.org/pdf/esi_turkey_tpq_vol.7_no.3_fariz_ismailzade.pdf.

② “Statement by the OSCE Minsk Group Co-Chair Countries,” July 10, 2009, https://www.osce.org/mg/51152.

③ Jim Nichol, *Armenia, Azerbaijan, and Georgia: Political Developments and Implications for U.S. Interests* (CRS Report for Congress), Updated March 13, 2010, p.11. 1996年“马德里基本原则”见本书第202页。

第三编

奥巴马—梅德韦杰夫、普京时期

第十一章 关系重启

2009年1月,民主党人巴拉克·奥巴马入主白宫。奥巴马当政后执行了许多与前任布什政府不同的政策,重启对俄罗斯的关系是其中之一。当选以后,2008年12月7日,奥巴马在全国广播公司(NBC)“对话媒体”节目中就说:“重启美俄关系对我们来说是重要的……我们希望在能合作的领域与他们合作,有大片这样的领域,尤其是防扩散和反恐;但是我们也发出了清晰的信息:他们不能以恃强凌弱的方式对待邻国。”①这是奥巴马第一次使用“重启”这个说法。2009年1月27日,奥巴马与梅德韦杰夫通电话,然后白宫发表声明称,两位总统讨论了“制止美俄关系放任自流并在双边关系中建立严肃议程的重要性”,克里姆林宫的声明强调,双方同意“尽其所能恢复两国关系,充分发挥其潜力”。②2月7日,副总统拜登代表奥巴马政府在慕尼黑欧安会上的讲话中说,他不认为北约的得就是俄罗斯的失,俄罗斯的强项就是北约的弱项,“过去几年中俄罗斯与北约成员国关系危险的随波逐流”该结束了,“现在是按下重启键,重新检视那些我们应该和可以在一起共同工作的领域的时候了”。③这样,拜登正式宣布了与布什政府对俄政策的决裂,代表新政府宣布了重启美俄关系。俄副总理谢尔盖·伊凡诺夫肯定拜登的讲话“很积极”,官方的《俄罗斯日报》则评论说:“美国人把俄罗斯视为一个重要的合作伙伴。他们准备在诸多问题,其中包括一些具

① Michael McFaul, *From Cold War to Hot Peace. An American Ambassador in Putin's Russia*, p.84.

② Reuters Staff, “Obama and Medvedev Agree on Need to Improve Ties,” January 27, 2009, https://www.reuters.com/article/us-obama-russia/obama-medvedev-agree-on-need-to-improve-ties-idUSTRE50Q49U20090127.

③ “Biden's Foreign Policy Speech: We Are Willing to Talk,” February 7, 2009, https://blogs.wsj.com/washwire/2009/02/07/8375/.

有争议的问题上与我们合作。”①

拜登讲话后一周，奥巴马政府两位负责对俄政策的高官——常务副国务卿伯恩斯和国安会负责俄罗斯事务的高级主任麦克福尔(Michael McFaul)专程赴俄，当了一回“高级信差”，向俄方递交奥巴马给梅德韦杰夫的一封长信和国务卿希拉里·克林顿给拉夫罗夫外长的信，凸显了美方对“重启”的重视。奥巴马的信不是一般的嘘寒问暖，信中相当详细地阐述了美方“重启”的目标，其中说，美俄两国虽在一系列问题上存在分歧，比如在南奥塞梯和阿布哈兹问题，以及人权问题，但同样可以在具有共同利益的领域进行合作，比如削减战略核力量，防止核扩散，伊朗和朝鲜的核问题等，并称，新政府正在对前任的导弹防御战略进行重新审议。两位美方专使会晤了拉夫罗夫和俄外交团队的重要成员，受到俄方的热情欢迎和积极回应，拉夫罗夫说，鉴于《第一阶段削减战略武器条约》2009年就要到期，俄方愿意与美方谈判新的军控条约。②双方对关系“重启”都表示乐观。3月6日，希拉里·克林顿在日内瓦会晤拉夫罗夫，为4月1日的美俄峰会做准备。希拉里·克林顿在与俄外长的联合记者招待会上说，他们的会晤“非常富有成果”，两国在一系列问题上建设性地工作是双方共同利益之所在，这不仅对两国，而且对整个世界都是重要的。拉夫罗夫说，双方讨论了所有问题，从双边到国际，“双方没有在一切问题上取得一致，但我们同意在所有问题上——包括我们意见分歧的问题——以伙伴关系的方式并公开地进行工作”。③

4月1日，在伦敦二十国峰会期间，奥巴马与梅德韦杰夫举行了首次会晤。双方没有如布什与普京2001年卢布尔雅那会晤那样热情洋溢的言辞，两位首脑都更加务实。双方发表的联合声明阐述了关于诸多问题的立场，表示双方“为美俄两国今后岁月中的关系发展确定了实质性议程。我们决心共同工作，增进战略稳定、国际安全，联手应对当今的全球性挑战，并以相互尊重的精神开诚布公地对待双方的分歧”。在会晤后的记者招待会上，梅德韦杰夫说，过去这些年中，两国关系中出现紧张，并朝着错误的方向漂移，这不符合美

① Angela E. Stent, *The Limits of Partnership*, p.217.

② William Burns, *Back Channel*, pp.274—275; Michael McFaul, *From Cold War to Hot Peace*, p.98；安格斯·罗克斯伯勒：《强权与铁腕——普京传》，胡利平、林华译，第240页。

③ Hillary Clinton, “Remarks with Russian Foreign Minister Lavrov,” March 6, 2009, https://2009-2017.state.gov/secretary/20092013clinton/rm/2009a/03/120124.htm.记者招待会上有一个细节。希拉里·克林顿拿出了一个电脑按键的模型，上面写着reset(重启)，两国外长/国务卿象征性地按下了重启键。键上的俄文本应是перезагрузка，却错写成了перегрузка(超载)。拉夫罗夫指出这个错误后，希拉里·克林顿临场“危机处理”说，美俄关系重启后要做的事情太多，可能就会超载了。

俄两国利益和全球的利益。双方同意开启两国关系中的新篇章,使两国共同担负起对国际形势的责任。①梅德韦杰夫还表示继续支持美国和反恐联盟在阿富汗的行动,提出扩大"北方运输网络",并第一次允许美国过境俄罗斯领空运输武器弹药。据当时在场的美常务副国务卿伯恩斯说,尽管双方没有回避分歧,但总的调子是"令人惊讶地积极的"。会晤的气氛亲切而节制,符合重启的意图。梅德韦杰夫邀请奥巴马尽早访问俄罗斯,奥巴马高兴地答应了,果真 7 月就去了莫斯科。②显然,重启美俄关系对于双方都有着巨大的诱惑。麦克福尔认为,峰会以后,"重启"已经从奥巴马的主张变成美俄双方的共同事业。

第一节 重启的理由

一、美方需求

奥巴马政府有诸多理由重启对俄关系,主要是:共同应对金融危机,稳定阿富汗形势,增进战略稳定和核安全,重启中东和平进程。

(一) 应对金融危机

2008 年 9 月,雷曼兄弟控股公司的破产标志着由美国的次级抵押贷款引起的金融危机爆发。该公司创办于 1850 年,是一家 150 多年的国际性金融机构及投资银行,业务包括证券、债券、投资管理、私募基金及私人银行服务,亦是美国国库债券的主要交易商。这家银行的破产在美国金融界引发了"地震",并迅速蔓延到世界各地。国际上普遍认为,这是从 20 世纪 30 年代大衰退以来最严重的一次金融危机。经济全球化深化了世界各国之间的相互依赖,金融危机爆发

① Barack Obama, "Joint Statement by President Barack Obama and President Dmitry A. Medvedev of Russia," April 1, 2009. Online by Gerhard Peters and John T. Woolley, *The American Presidency Project*, https://www.presidency.ucsb.edu/node/286179; "Obama, Medvedev to Reset Ties with Arms Pact," April 1, 2009, https://www.reuters.com/article/us-g20-russia-usa/obama-medvedev-to-reset-ties-with-arms-pact-idUSL1949256200904O1. 美方团队的重要成员、三年后成为美驻俄大使的麦克福尔在回忆录中写道:两位领导人有许多共同的特点,他们是同时代人,两位"60 后",没有冷战的负担,都有开拓未来的雄心和抱负,较多革故鼎新的锐气,较少官场习气和老套;他们都是法律专业出身,梅德韦杰夫在学校里还读过奥巴马主编的《哈佛法律评论》的一些文章。麦克福尔当时相信,在两位总统任内,"重启"是能成功的。Michael McFaul, *From Cold War to Hot Peace*, p.105.

② William Burns, *Back Channel*, p.276;安格斯·罗克斯伯勒:《强权与铁腕——普京传》,胡利平、林华译,第 241 页。

了，没有一个国家可以单独应对，也没有一个国家可以独善其身，化解和战胜危机需要各国同舟共济、合力应对。而美国是危机的策源地，自然对应对危机负有特别责任。2008 年 11 月，布什政府在华盛顿主持召开第一次二十国集团峰会，峰会发表的声明强调国际社会加强合作，努力恢复全球经济增长，实行国际金融体系的改革，反对贸易和投资保护主义。俄罗斯是二十国集团的重要成员，应对金融危机少不了俄罗斯的合作。在奥巴马与梅德韦杰夫的首次会晤中，双方就讨论了克服危机影响的举措，如增强国际货币和财政体系，恢复经济增长，加强金融监管措施等。①

（二）稳定阿富汗形势

奥巴马在竞选中就提出，要尽快从伊拉克撤军，把反恐的重心从伊拉克转移到阿富汗。2009 年 2 月 17 日，奥巴马就宣布将向阿增兵 1.7 万人。3 月 27 日又宣布"阿富汗—巴基斯坦新战略"，称美国"明确和集中的"目的是"破坏、瓦解和击溃"那里的"基地组织"，以确保美国和国际社会的安全。为此，美国将在之前宣布的向阿增兵基础上，在春末前再向阿增派大约 4 000 兵力，并将军事行动重点转向训练阿安全部队和扩大阿军队方面；美还将与国际社会尤其是巴基斯坦合作，加强阿的战后重建。②自从 9 · 11 恐怖袭击以来，俄罗斯在反恐方面一直向美国提供协助和配合，即使两国关系因俄格"五日战争"遭到严重挫折，这种合作也没有中断。但美国和北约进出阿富汗的人员和物资只有少数经由俄罗斯，相当部分经由中亚国家，多数经由巴基斯坦，2008 年美军和北约军队的运输有 80%是过境巴基斯坦的。③然而美方认为巴基斯坦为塔利班和极端主义者提供了藏身之地，常常追击到巴境内，美巴关系磕磕绊绊成为常态。2009 年上半年起，美国为了增兵建立了"北方配送网络"，更重视俄罗斯和中亚、南高加索国家提供的过境便利。在伦敦会晤中，两国元首讨论了阿富汗形势，并"同意要创造新的合作方式，以促进稳定、重建和发展阿富汗的国际努力"。梅德韦杰夫作出的新承诺是对美国的一个重大战略配合。值得注意的是，声明在谈到在阿富汗的国际合作时使用了"由联合国发挥关键作用"的提法，这是 9 · 11 恐怖袭击以后俄罗斯在反恐问题的一贯主张，美方以往不认可，此次写入了两国

① Barack Obama, "Joint Statement by President Barack Obama and President Dmitry A. Medvedev of Russia," April 1, 2009. Online by Gerhard Peters and John T. Woolley, *The American Presidency Project*, https://www.presidency.ucsb.edu/node/286179.

② Barack Obama, "Remarks on United States Military and Diplomatic Strategies for Afghanistan and Pakistan," March 27, 2009. Online by Gerhard Peters and John T. Woolley, *The American Presidency Project*, https://www.presidency.ucsb.edu/node/286128.

③ Michael McFaul, *From Cold War to Hot Peace*, p.124.

的联合声明，是奥巴马政府作出的一个让步。①在2009年7月奥巴马访俄之前，双方就此达成协议，俄允许美军和北约军队飞机每年过境4 500架次，这些过境省下的燃油费就达1.33亿美元。过境军机不受俄方检查。俄方起先提出过境费问题，遭美方拒绝。②

（三）核安全和全球战略稳定问题

这是美俄首脑伦敦会晤的《联合声明》中占篇幅最大的问题。从冷战到后冷战时期，核安全、军备控制和全球战略稳定一直在美苏、美俄关系中占据首要地位。冷战结束后，美俄两家仍然是国际战略稳定的主要玩家。两国控制的战略核武器占了全世界的90%以上，要确保核安全首先有赖于两国的努力。奥巴马也承认，只有当俄罗斯作为大国占据了适当的位置，我们才能在关键的战略问题上达成伙伴关系。③奥巴马是个理想主义者，他试图在这方面有所突破和建树。2009年4月5日，他在布拉格发表演讲，聚焦于21世纪核武器的未来。他说："数千枚核武器的存在是冷战最危险的遗产。美国与苏联没有进行核战争，但几代人都知道，这个世界可能在瞬间消失殆尽……如今冷战消失了，但核武器没有消失。一个历史的怪现象是，全球核战争的威胁下降了，但核攻击的威胁却上升了。更多的国家得到了核武器。核试验在继续。核机密、核物资的黑市交易猖獗。核技术被扩散。恐怖分子决意购买、制造和窃取核武器……这与世界各地的人们息息相关。"他批评了认为核扩散无法防止的看法，并称，美国要与世界各国一起来阻止核扩散。他进而说："今天我要清晰地表达一个信念：美国承诺寻求一个没有核武器的和平与安全的世界。我并不幼稚。这不是可以迅速达到的目标，也许在我的有生之年也实现不了。它需要耐心和执着。但是我们现在必须摒弃世界不能改变的声音。我们要坚持，'是的，我们能'。"接着，奥巴马又阐述了他的具体设想，比如降低核武器在国家安全战略中的作用，削减核武库，批准《全面禁止核试验条约》等。④而在这一方面俄罗斯无疑是首要的合作伙伴。

与核不扩散相关的还有两个问题：朝鲜、伊朗的核问题。

俄罗斯对于解决伊朗的核问题作用是显而易见的。苏联解体后，俄罗斯一

① Barack Obama, "Joint Statement by President Barack Obama and President Dmitry A. Medvedev of Russia," April 1, 2009. Online by Gerhard Peters and John T. Woolley, *The American Presidency Project*, https://www.presidency.ucsb.edu/node/286179.

② Michael McFaul, *From Cold War to Hot Peace*, p.124.

③ William Burns, "The United States and Russia in New Era: One Year After 'Reset'," April 14, 2010. *Washington File*, April 15, 2010, p.14.

④ Barack Obama, "Remarks in Prague," April 5, 2009. Online by Gerhard Peters and John T. Woolley, *The American Presidency Project*, https://www.presidency.ucsb.edu/node/286270.

直与伊朗保持了军售与核合作的关系。①民主党人在伊朗问题上与布什政府有不同主张。早在 2007 年民主党预选期间，奥巴马在接受采访时就表示，他如果当选总统，将对伊朗奉行“有进取性的个人外交”，如果伊朗停止对伊拉克的干涉，停止支持恐怖主义，不搞核开发，他担保不寻求“政权更迭”，并对伊朗提供经济上的利益。他说：“我认为发出这样的信息对我们来说是重要的：我们不是固执地要进行政权更迭，为政权更迭而更迭，我们指望的是改变（伊朗的）行为方式。在这方面既有胡萝卜，也有大棒。”②

2009 年 1 月，他选择一家阿拉伯电视台进行就任后的首次采访，并热情地表示，他准备坐下来与伊朗谈，“如果像伊朗这样的国家愿意松开他们紧握着的拳头，他们就会找到我们伸出来的手”。③3 月 19 日，他在伊朗新年前夕发表讲话，向伊朗人民祝贺新年，并称过去多年来美伊关系不正常，但“今年我们有在过去几十年中未曾有过的最好机会来寻求我们两国关系不同以往的未来”，④3 月 20 日，他又发表视频讲话，直接向伊朗领导人喊话说：“本届政府致力于通过外交来处理我们所面临的一系列问题，并寻求美国、伊朗与国际社会之间的建设性关系”，“美国希望伊朗伊斯兰共和国在国际社会中得到一个正当的位置”，并再次表示美国并不寻求在伊朗实行政权更迭。⑤鉴于俄伊在核和军售方面的长期关系，⑥取得俄罗斯的合作无疑至关重要。

（四）重启中东和平进程

布什政府的中东政策先是倾全力于伊拉克战争，后是聚焦于遏制伊朗，对巴以和平进程是忽视的。但布什政府支持“两国方案”。2001 年 10 月 2 日，布什会见国会两党领袖时表示，只要以色列的生存权利得到尊重，美国的中东和平计划中始终包含建立“巴勒斯坦国”的设想。2002 年 6 月，布什政府提出中东和平新计划，并形成“中东四方”机制（Quartet on the Middle East，美国、俄罗斯、欧洲、联合国）。但伊拉克战争压倒了一切，新计划没有落地。从 2007 年年中起，

---

① 见本书第七章第四节二。

② Michael Gordon and Jeff Zeleny, “Obama Envisions New Iran Approach,” November 2, 2007, https://www.nytimes.com/2007/11/02/us/politics/02obama.html.

③ Firouz Sedarat and Lin Noueihed, “Obama Says Ready to Talk to Iran,” January 27, 2009, https://www.reuters.com/article/us-obama-arabiya/obama-says-ready-to-talk-to-iran-idUSTRE50Q23220090127.

④ The White House, “Remarks by President Obama on Nowruz,” March 19, 2009, https://obamawhitehouse.archives.gov/the-press-office/2015/03/19/remarks-president-obama-nowruz.

⑤ Barack Obama, “Videotaped Remarks on the Observance of Nowruz,” March 20, 2009. Online by Gerhard Peters and John T. Woolley, *The American Presidency Project*, https://www.presidency.ucsb.edu/node/287011.

⑥ 见本书第二编第六章第四节。

布什政府又调整中东政策，并于 11 月 27 日发起中东问题国际会议，49 个国家和国际组织的代表出席会议。由于巴以问题的复杂性，以及以色列在国际会议后继续在约旦河西岸和东耶路撒冷扩建定居点和住宅，巴以和平进程陷入僵局。①

奥巴马作为一个穆斯林的后代，感觉有特殊的责任来改善美国与穆斯林世界的关系，推动中东的和平进程。2009 年 6 月 4 日，他在开罗大学作了一次标志性的演讲。他向穆斯林世界喊话说："我来开罗是为了寻求基于彼此利益和相互尊重的美国与穆斯林世界关系的新开端，美国与穆斯林世界不是相互排斥的，没有必要处于竞争之中。相反，它们的利益是相互重合的，它们共享的原则是正义和进步，容忍和所有人的尊严"，"我相信，为了前进，我们必须把各自藏在心里的话、常常只是在背地里说的话公开说出来"，希望以此拉近与穆斯林世界的距离。奥巴马讲到了自己的身世，他的穆斯林的父亲；讲到"伊斯兰一直是美国历史的一部分"，美国境内有 1 200 个清真寺，美国和伊斯兰世界是相互依赖的。他解释了美国的阿富汗战争、伊拉克战争，并称"美国没有，也绝不会与伊斯兰世界打仗"。讲到以色列与阿拉伯世界、与巴勒斯坦的关系，他说，几十年来，双方关系僵持，双方各有自己痛苦的历史。解决冲突的唯一办法是通过两国方案使以色列和巴勒斯坦在和平与安全中比邻而居。"这符合以色列的利益，符合巴勒斯坦的利益，符合美国的利益，也符合全世界的利益。"②奥巴马这篇经过深思熟虑的政策演讲显示了新政府决意重建与穆斯林世界的关系，把推动中东和平进程置于工作日程的重要地位。要重启中东和平进程，美方离不开已经存在的"中东四方"机制，离不开俄罗斯的合作。③

另外，奥巴马政府对其前任的单边主义外交政策是极为不满的，认为伊拉克战争对美国国际形象和在国际事务中的影响力产生了负面效应。新政府也希望以重启对俄关系作为消除消极后果、恢复多边主义的一个重要步骤，恢复美国在世界上的领导地位和道德权威。

基于上述及其他理由，奥巴马政府决意重启对俄关系。2010 年 4 月核安全峰会后美常务副国务卿伯恩斯在美国进步中心的一次演讲中说，奥巴马总统和希拉里·克林顿国务卿将对俄关系置于议事日程的重要位置。"很少有这样的时刻，理顺两国关系，理顺我们两个社会之间的关系像今天这样重要"，他表示，"我们并不幼稚，以为可以把彼此的一致和共同利益与两国的分歧隔离开来。但

① 参见陶文钊：《布什政府的中东政策研究》，《美国研究》2008 年第 4 期。

② Barack Obama, "Remarks in Cairo," June 4, 2009. Online by Gerhard Peters and John T. Woolley, *The American Presidency Project*, https://www.presidency.ucsb.edu/node/286614.

③ 美常务副国务卿伯恩斯认为，奥巴马的更广泛战略是要打破中东地区几十年来对美国对外政策心理上、军事上、外交上及政治上的占据。William Burns, *Back Channel*, p.334.

是我们双方都同意，两国关系一个方面的问题不应该排除另一方面的进展”，美俄关系中“仍然存在许多挑战和困难，我们需要在一起做许多事情来扩大和强化合作的基础，但是我们已经有了一个充满希望的开端”。①

二、俄方需求

俄罗斯同样迫切需要重启对美关系。经过21世纪初以来的恢复性增长，俄罗斯的综合国力增强、发展势头强劲，俄民众重振大国地位的信心倍增。俄高层有关“俄罗斯必须而且一定能够成为世界强国”的言论明显增多。普京总统每年国情咨文必谈“富国强兵”，强调俄罗斯是个“拥有核武器及强大军事政治影响的世界大国”。谢尔盖·伊凡诺夫防长2006年1月在美国《华尔街日报》撰文，题目就是《俄罗斯必须强大》；②7月伊凡诺夫再次发表文章称，“俄罗斯已经完全恢复对世界形势和人类文明负起责任的大国地位”。③但美俄关系的恶化成为俄罗斯实现“世界强国”梦、在国际舞台上发挥影响力的重要障碍。俄罗斯要克服这个障碍。

（一）克服金融危机的负面影响

首先，俄罗斯在金融危机中遭受严重冲击，参与二十国集团克服金融危机、恢复全球经济增长符合俄利益。从1999年以来，俄经济呈现稳定的恢复性增长趋势，以致国际上把俄罗斯与中国、印度、巴西并称为“金砖四国”。但俄经济仍严重依赖能源出口。受危机影响，2009年俄罗斯国内生产总值出现8%的负增长，经济跌幅无论在八国集团还是在金砖国家中都是最大的。④2009年5月出台的《2020年前俄罗斯联邦国家安全战略》甚至认为，就损失总额而言，国际金融危机对俄罗斯的影响可与大规模武力打击相提并论。由于2008年年初以来一些重要的经济指标下滑，通胀和失业率上升，俄罗斯高层开始担心丧失过去十年来取得的成果。⑤危机让政府和企业界都感到，俄需要西方国家的资本和技术来帮助俄应对危机带来的严重影响，美国倡导的通过二十国集团来应对金融危机

---

① William Burns, “The United States and Russia in New Era: One Year After ‘Reset’,” April 14, 2010, *Washington File*, April 15, 2010, pp.14—15.

② Sergei Ivanov, “Russia Must Be Strong,” *Wall Street Journal*, January 11, 2006, https://www.wsj.com/articles/SB113695268001343534.

③ Министр обороны нашел для россиян новую национальную идею, 13 июля 2006, https://lenta.ru/news/2006/07/13/ivanov/.

④ Jim Nichol, *Russian Political, Economic, and Security Issues and U.S. Interests* (CRS Report for Congress), March 31, 2014, Summary；冯玉军：《俄美关系：力量失衡下的相互角力》，《现代国际关系》2014年第2期。

⑤ Стратегия национальной безопасности Российской Федерации до 2020 года, 13 мая 2009. http://kremlin.ru/supplement/424.

符合俄罗斯的利益。

（二）营造有利的国际环境

普京任期内提出了“使俄罗斯经济到2020年进入世界前五强”的宏伟目标，①并为此作出了努力。2007年3月俄外交部发布的《俄罗斯联邦外交政策构想》指出：“俄罗斯的战略方针包括：在国际关系中加强多边原则，加快与世界经济接轨，为国家的社会发展和经济振兴以及巩固国家体制和民主制度创造良好的外部条件。”②

美俄两国关系中存在的一个问题是经贸关系没有得到充分发展。双方的经济依存度较低。普京当政以来双边贸易和投资有所增加，但仍无实质性突破，与两国各自庞大的经济总量和在世界经济中的地位完全不相称。③美国还在对俄实施《杰克逊—瓦尼克修正案》，俄罗斯一直没有加入世贸组织，未能充分参与世界经济全球化。要加入世贸组织，以对本国经济更有利的条件融入世界经济，在国际产业链中占据有利地位，俄罗斯离不开美国的支持。

（三）摆脱“五日战争”的阴霾

俄格“五日战争”是俄对长期遭受美国和西方战略打压的一个强烈反弹，有其自身复杂的原因。但不容否认，“五日战争”对于俄罗斯的确也产生了负面的影响，影响了俄与欧洲、与地区国家的关系。重启对美关系对于俄罗斯摆脱“五日战争”的阴影，重塑国际形象显然能产生积极效果。

（四）构筑平等的俄美战略伙伴关系

梅德韦杰夫和普京一样，从伊拉克战争以来对布什政府的单边主义进行严厉批评，2008年7月出台的《俄罗斯联邦外交政策构想》不仅对现行国际秩序和美国的优势地位表示不满，而且再次表明俄有意愿承担新的角色，成为能够影响国际秩序新架构的中心之一。④俄决策者认为奥巴马与布什不同，奥巴马任参议员时就投票反对伊拉克战争，在竞选中又对伊战进行了猛烈抨击，不像布什那样执着地推行单边主义，“与有现代观念的人合作总比与那些眼睛总是盯着过去的人更容易”，指望随着2009年1月布什的离任俄美关系有所改善。俄罗斯把奥

① 邢广成、张建国主编：《梅德韦杰夫和普京：最高权力的组合》，第150页；王宪举：《普京总统第三个任期执政结果》，2017年11月，http://blog.sina.com.cn/s/blog_5381b5c50102x17o.html。

② Обзор внешней политики Российской Федерации, 7 марта 2007 г. http://www.intelros.ru/strategy/gos_rf/316-；左凤荣：《重振俄罗斯——普京的对外战略与外交政策》，第108页。

③ 美俄双边贸易额最高年份（2006年）只占美国当年对外贸易额的0.85%。2000年美国是俄罗斯的首要投资来源国，但从2002年后，德、法、英、荷等欧洲国家对俄投资开始超过美国，到2007年，美国在对俄投资方面仅列第九位。邢广成、张建国主编：《梅德韦杰夫和普京：最高权力的组合》，第182—183页。

④ Министерство Иностранных Дел, Принципы внешней политики Российской федерации, 15 июля 2008 года. http://www.kremlin.ru/acts/news/785.

巴马的胜选看作是一个积极的迹象。奥巴马主动对俄领导人喊话，俄方予以及时回应。2009 年 5 月出台的《2020 年前俄罗斯联邦国家安全战略》强调，“俄罗斯将在利益契合并兼顾俄美关系对整个国际形势的关键性影响的基础上寻求与美国构筑平等而真正的战略伙伴关系……俄罗斯将在国际法框架内实行理性和务实的外交政策，摒弃消耗性的对抗，包括新的军备竞赛”。①2010 年 2 月，俄外交部一份文件强调，俄新的外交政策“没有敌友，只有利益”，国家经济需要现代化，外交政策理应服务于这一目标。7 月，梅德韦杰夫在俄驻外使节会议上又指出：如果现代化是我们的优先目标，“我们就需要与我们的国际伙伴建立一个专门的现代化联盟。哪些国家呢？首先是德国、法国、意大利以及整个欧盟，还有美国。我们都意识到俄美关系稳步持续发展是国家安全的基石。俄美两国无权在取得互谅确立共同目标的道路上停滞不前”。②

一个比较次要的因素是，奥巴马和梅德韦杰夫是同代人，两位“60 后”，与冷战遗产没有什么瓜葛。双方都意气风发，都有开拓未来的雄心和抱负、较多革故鼎新的锐气、较少官场习气和老套，这种想成就一番事业的共同意愿使他们走到一起，并建立了良好的个人关系。③在一些西方观察家看来，梅德韦杰夫是与普京不同的新一代领导人。冷战结束时他还在上大学，没有加入过共产党，没有在苏联的政府机构里工作过，没有冷战的包袱，他就任总统表示俄罗斯已经开启了代际更迭。他希望俄罗斯走在知识经济的前头，而不仅仅出口石油、天然气、煤炭和金属。赖斯当时有一种强烈的感觉：如果任由梅德韦杰夫贯彻其理念，也许会改变俄罗斯的前途。④

早在 2008 年 11 月美国大选前，梅德韦杰夫已经指定了一个由总统顾问格罗莫夫牵头的小组，审查俄与西方尤其是对美关系，以及应该采取哪些举措来推进这种关系。⑤可见俄方也在做着积极准备。

---

① Стратегия национальной безопасности Российской Федерации до 2020 года, 13 мая 2009 года. http://kremlin.ru/supplement/424.

② Дмитрий Медведев. Выступление на совещании с российскими послами и постоянными представителями в международных организациях, 12 июля 2010 г. http://www.kremlin.ru/events/president/transcripts/8325/videos.

③ 有的学者指出，“重启”政策的一个重要弱点是过于个性化，它的命运与特定的领导人密切相关。奥巴马在 2009 年 7 月访俄前接受采访时，盛赞梅德韦杰夫，而形容普京“一只脚踩在过去，一只脚站在新时代”就是很不恰当的做法。见波波・罗：《孤独的帝国——俄罗斯与新世界无序》，袁靖、傅莹译，第 16、222、414 页；Chris McGreal and Luke Harding, “Barack Obama: Putin Has One Foot in the Past,” *The Guardian*, July 2, 2009, https://www.theguardian.com/world/2009/jul/02/obama-putin-us-russia-relations.

④ 康多莉扎・赖斯：《无上荣耀》，刘勇军译，第 577 页。

⑤ Jeffrey Mankoff, *Russian Foreign Policy. The Return of Great Power Politics*, p.115.

第二节　重启的举措和成果

一、重启的举措

布什政府留下来的导弹防御计划是当时美俄关系中的一个棘手问题。奥巴马上任之后对前任的部署作出了调整，受到俄方欢迎。①

美俄关系的机制化是两国关系重启的一项主要举措。在克林顿—叶利钦时期美俄之间有常设的戈尔—切尔诺梅尔金委员会，由美副总统和俄总理牵头，每年举行两次会议，下设若干工作小组，设定两国关系中的议程，制订规划，推动落实各项计划和项目。这个常设机构对推动双边关系发展起了作用。该机制由于科索沃战争而中断了。在布什政府时期，俄方曾建议恢复该委员会，但美方没有兴趣。在 2009 年 7 月上旬奥巴马访俄时，双方决定成立“美俄双边总统委员会”，由两国总统亲自主持，比当年的“副总统/总理委员会”升格了，由国务卿/外长协调，下设核能与核安全、军备控制与国际安全、外交与反恐、打击贩毒、经贸关系、能源与环境、农业、科技、空间合作、健康、防止与处理紧急事态、社会、教育与人文交流等 16 个工作小组，后又增设情报共享等工作小组，到年底总共成立了 19 个工作组。小组之下视情况设立分小组委员会。②该机制的建立表明，双方都希望对两国关系有一个整体的全局的安排和推进，避免各个政府部门自行其是、各自为政，甚至互相扯皮的现象；希望对两国关系作出比较长远的规划，摆脱就事论事的随机处理。2009 年 10 月中旬，希拉里・克林顿访俄，落实美俄莫斯科峰会决定的议程，启动双边总统委员会。她表示，“我们对把导弹防御变成应对不断增长的共同威胁的（美俄）共同事业非常感兴趣”，奥巴马已经成功地使两国关系“转型”，从“相互确保摧毁”变成“相互尊重”。③

美俄两国领导人、国务卿/外长都在关系重启上投入了很大精力，两国元首频繁会晤，截至 2010 年 4 月，在一年稍多的时间里就有 7 次会晤（包括国际会议场合）、16 次通电话。④两国国务卿/外长也多次接触，双方关系的热络程度与一

① 见本书第 475—476 页。

② The White House, the Office of Press Secretary, “Fact Sheet: U. S.-Russia Bilateral Presidential Commission,” July 6, 2009, https://obamawhitehouse.archives.gov/the-press-office/fact-sheet-us-russia-bilateral-presidential-commission.

③ Luke Harding, “Hillary Clinton Hails US-Russia Cooperation on Iran,” October 13, 209, https://www.theguardian.com/world/2009/oct/13/hillary-clinton-dmitry-medvedev-talks.

④ William Burns, “The United States and Russia in New Era: One Year After ‘Reset’,” April 14, 2010, *Washington File*, April 15, 2010, p.15.

年前的冷落相比有天壤之别。

双方都表现得比较克制。有的学者认为,重启政策的主要时代精神是默许和希望"不造成伤害"。奥巴马政府在一段时间内没有对俄国内政治进行公开指责,也没有就俄的民主和人权问题说三道四,而采取更加就事论事、更加务实的说法。对于格鲁吉亚,奥巴马政府一方面支持其领土完整,拒绝承认南奥塞梯和阿布哈兹独立,但也不急于修复与萨卡什维利政府的关系,没有再邀请其访问白宫。美方对于乌克兰、格鲁吉亚加入北约的问题也采取了谨慎态度,政府高官基本保持缄默,没有提出新的动议,没有如布什政府那样竭力予以推动。在 2009 年 12 月 3 日的布鲁塞尔北约外长会议上,两国的"成员国行动计划"甚至未被列入议程。2009—2010 年的美乌关系几乎处于停滞状态,美国对乌 2010 年的选举没有多加干涉。尤其在吉尔吉斯斯坦 2010 年的政权更迭中,俄罗斯发挥了很大作用。①奥巴马还与梅德韦杰夫发表联合声明,反对吉尔吉斯斯坦族群间暴力,呼吁尽快恢复吉国内的"民主、稳定……和公共秩序",实际上表示了对在 4 月"颜色革命"中当政的阿坦巴耶夫的支持。美俄还商定了共同向吉提供人道主义援助。②俄美关系的重启在俄罗斯受到广泛肯定,2011 年 3 月瓦尔代国际辩论俱乐部的报告中指出,自 20 世纪 90 年代中期以来,美国的政策首次没有损害俄罗斯的切身利益(例如在后苏联空间)。③

俄罗斯方面也采取了相应的措施。如在 2009 年 8 月对于西方反应强烈的《非政府组织法》进行修订,放松了若干限制:在"威胁"一栏里,删掉了"对俄罗斯联邦特征、文化遗产和国家利益"的字样;对非政府组织注册文件不齐全者,允许其补交,然后注册,而不予以拒绝;规模不大(每年所得捐赠不超过 300 万美元)或没有取得外国资助的非政府组织得免于提交年度报告;国家审计由年度审计改为三年一审等。④2012 年 11 月 6 日,奥巴马赢得第二任期的选举。克里姆林宫发言人立即对美国选举的结果表示欢迎,期望在奥巴马新政府任内两国间的合作"将得到发展和改善",表示双方的政府换届不会影响两国关系。梅德韦杰

---

① 详见本书第 540 页。

② Barack Obama, "Joint Statement by President Barack Obama and President Dmitry A. Medvedev of Russia on the Situation in Kyrgyzstan," June 24, 2010. Online by Gerhard Peters and John T. Woolley, *The American Presidency Project*, https://www.presidency.ucsb.edu/node/289030; Jeffrey Mankoff, *Russian Foreign Policy. The Return of Great Power Politics*, p.129.

③ 波波·罗:《孤独的帝国——俄罗斯与新世界无序》,袁靖、傅莹译,第 217、408 页。奥巴马的"重启"政策受到部分共和党人的批评,他们认为这是为了唐吉诃德式的与克里姆林宫的伙伴关系而牺牲美国的民主盟友。Jeffrey Mankoff, *Russian Foreign Policy. The Return of Great Power Politics*, p.130.

④ Freedom House, "Fact Sheet: Russia's NGO Laws," January 2006, https://freedomhouse.org/sites/default/files/Fact%20Sheet_0.pdf.

夫称奥巴马是"可以理解和预测的伙伴"。拉夫罗夫外长在第二天接受《莫斯科新闻报》采访时称,"我们准备在平等、互利、互相尊重的基础上"与奥巴马新政府合作,"美方愿意走多远我们就走多远"。①

二、重启的成果

两国关系重启取得一系列实实在在的成果,最主要的有:达成新的削减战略武器条约,加强在阿富汗的合作,共同管控伊朗的核问题,促进双方的经贸关系。

(一) 达成《新削减进攻性战略武器条约》

1991 年 7 月 31 日,戈尔巴乔夫与乔治·布什在莫斯科签署了《削减战略武器条约》,并于 1994 年 12 月 5 日生效。布什总统与叶利钦匆忙达成的《第二阶段削减战略武器条约》从未生效。为了继续通过法律框架维持战略平衡,双方都将达成新的条约作为两国关系中的首要议程。2009 年 4 月 1 日伦敦会晤后发表的声明称,1991 年的条约已经完全达到了目标,双方决定开始谈判,以便在有效期满(2009 年 12 月 5 日)之前缔结新的"有法律约束力的"条约,继续削减和限制进攻性战略武器。声明要求新条约的削减目标要超过现仍有效的 2002 年的《莫斯科条约》,新条约要增进双方的安全和双方战略力量的可预见性和稳定,并将实施先前条约的经验吸收进来。②

美俄 2009 年 7 月 6 日的莫斯科峰会发表了《关于削减战略武器条约后续条约的联合谅解备忘录》,其中对条约作了大致规定:生效以后的七年中双方实战部署的战略运载工具将减至 500 枚至 1 100 枚,核弹头将减至 1 500 枚至 1 675 枚。条约将载入计算办法、资料交换、检查和验证程序,互信措施和透明度措施将比先前条约简化,各方将自行决定进攻性战略武器的构成。③

从 2009 年 5 月至 11 月,双方经过 8 轮高强度的密集谈判,其间两国元首又多次会晤并通话予以推动。奥巴马把该项条约视为实现其无核世界理念的一个

① Интервью Министра иностранных дел России С.В.Лаврова информагентству《РИА Новости》, газете《Московские новости》, журналу《Россия в глобальной политике》, Москва, 8 ноября 2012 года https://www.mid.ru/press_service/minister_speeches/-/asset_publisher/7OvQR5KJWVmR/content/id/135610.

② Barack Obama, "Joint Statement Between the United States of America and Russia Regarding Negotiations on Further Reductions in Strategic Offensive Arms," April 1, 2009. Online by Gerhard Peters and John T. Woolley, *The American Presidency Project* , https://www.presidency.ucsb.edu/node/286214.

③ Совместная пресс-конференция с Президентом Соединённых Штатов Америки Бараком Обамой по итогам российско-американских переговоров, 6 июля 2009 года. http://kremlin.ru/events/president/transcripts/4733.

重要实践，倾注了极大的关注。谈判团队但凡遇到棘手问题，常常直接去请示总统，而总统也乐于关注谈判，投入精力、时间和见解。2009 年秋冬，奥巴马与梅德韦杰夫在三次国际会议场合（联大一般性辩论、亚太经合组织峰会和哥本哈根气候峰会）的会晤中，条约都是双方面对面磋商的主要议题。双方又多次进行电话讨论。①

从谈判一开始就暴露了双方的根本分歧：俄方要把进攻性武器与导弹防御系统挂起钩来，作为一个整体来谈，认为建立导弹防御系统打破了总体战略平衡，使没有防御的一方难以抵御第一次打击。美方坚持两者分开，本条约是专门关于进攻性武器的，导弹防御问题需要分开来谈。在 7 月首脑峰会上，双方的说法就不一样。梅德韦杰夫说："我们同意两国的进攻性和防御性系统应放在一起考虑。"奥巴马只是说："我相信，不仅讨论进攻性武器系统，而且也讨论防御性武器系统，是完全合理的。"但没有说"放在一起考虑"。②12 月，谈判进入冲刺阶段时，普京在瓦尔代国际辩论俱乐部发表了措词强硬的讲话，警告说，如果不对美国的导弹防御系统加以制约，俄罗斯就不会签署新的削减进攻性战略武器条约。随后，奥巴马与梅德韦杰夫进行了长达 90 分钟的电话交谈，双方各执一词。奥巴马甚至说，如果一定要在条约中包括导弹防御系统问题，他宁可把条约撕了。这是两国关系重启以来美俄首脑之间最不客气、争辩最激烈的一次通话。美俄为此僵持了数日后，俄方谈判团队得到了新的指示，最后导弹防御问题没有包括在条约之中，但在条约的前言中添加了前提条件，强调了攻击性战略武器与防御性战略武器的相互关系。双方终于搁置了争议。

谈判中的另一分歧是削减数量。据俄方情报，当时美、俄各有 5 576 枚、3 909 枚核弹头，1 198 件、814 件运载工具。俄罗斯核武库日益老化，也缺乏足够经费进行适当保养，愿意与美国进行深度裁减，保持一个较低数量的平衡；美国则反对"过多裁减"。俄方要将核弹头裁减到 1 500 枚，运载工具裁减到 500 件至 600 件，但美方拒绝裁减那么多，美方建议裁减后双方保留核弹头 1 600 枚，运载工具 1 100 件。③2010 年 1 月美国安全事务副助理多尼伦(Thomas Donilon)和参联会主席马伦(Michael Mullen)又为此访俄。在这次访问中，美俄双方最终确定了削减的武器数量，并解决了另一个突出问题：核查。

① Michael McFaul, *From Cold War to Hot Peace*, pp.145—146.

② Barack Obama, "The President's News Conference with President Dmitry A. Medvedev of Russia in Moscow," July 6, 2009. Online by Gerhard Peters and John T. Woolley, *The American Presidency Project*, https://www.presidency.ucsb.edu/node/287563.

③ 柳丰华：《"梅普组合"的外交战略》，中国社会科学出版社 2012 年版，第 181 页。

美方同意取消驻留在俄罗斯沃特金导弹工厂进行监测的核查方式。①

2010 年 4 月 7 日,俄方发表单方面声明称,新的削减进攻性战略武器条约“只有在美国的导弹防御系统在数量和质量上都没有进一步增强的条件下才是有效的、有生命力的”。美方立即发表声明称,美国的导弹防御无意影响与俄罗斯的战略稳定。美方声明还特别提到,反导计划中的三叉戟 1 型潜射弹道导弹(Trident 1 SLBM)与现在的潜射弹道导弹是不同的。②双方声明只是各自意见的申述,不是条约的一部分,也不具有法律约束力。

4 月 8 日,奥巴马与梅德韦杰夫在布拉格签署《新削减进攻性战略武器条约》(New START)。③奥巴马对于条约的达成尤其兴奋,他在签约后的记者招待会上指出,签约具有双重意义,首先,他之所以要来布拉格——一年前他发表关于无核世界讲话的地方——签署这个条约,就是要表明,在通向无核世界的漫长道路上美俄“走出了重要的第一步”。他确信,“寻求无核世界的目标将使世界进一步超越冷战,加强全球的防扩散体制,并使美国及整个世界变得更加安全”。其次,签约表明,双方已经制止了美俄关系的放任自流,并证明了双方合作的利益,开启了“美俄关系的新时代”,双方“已经建立了基于冷静、合作与相互尊重基础之上的有效的工作关系”。核武器是俄罗斯剩下为数不多的表明其大国地位的标志之一,俄罗斯对这一条约的重视是不容置疑的。梅德韦杰夫赞扬签约是“一个真正的历史性时刻”,条约“保持了美俄两国利益的平衡,是一个双赢的态势”,“没有输者,这是我们合作的典型特征”,“整个国际社会都赢了”。④

5 月 13 日,奥巴马把条约送交参议院批准。一开始参议院对条约的态度是以党派划线的:民主党议员全部支持,而共和党议员中公开表示支持者仅有卢格

① Steven Pifer, “US-Russia Relations in the Obama Era: From Reset to Refreeze?” https://ifsh.de/file-CORE/documents/yearbook/english/14/Pifer-en_S.pdf;柳丰华:《“梅普组合”的外交战略》,第 200 页。

② “Treaty Between the United States of America and the Federation of Russia on Measures for the Further Reduction and Limitation of Strategic Offensive Arms (New START),” March 29, 2019, https://www.nti.org/learn/treaties-and-regimes/treaty-between-the-united-states-of-america-and-the-russian-federation-on-measures-for-the-further-reduction-and-limitation-of-strategic-offensive-arms/.

③ 条约之所以用这个名称,是美俄双方均将其视为《第一阶段削减战略武器条约》的后续条约,《第二阶段削减战略武器条约》从未正式生效,2002 年的《莫斯科条约》则由本条约取代了。

④ Barack Obama, “Remarks on Signing the Strategic Arms Reduction Treaty with President Dmitry A. Medvedev of Russia and an Exchange with Reporters in Prague, Czech Republic,” April 8, 2010. Online by Gerhard Peters and John T. Woolley, *The American Presidency Project*, https://www.presidency.ucsb.edu/node/288219.

一人。收到条约文本后，参议院外交关系委员会就开始举行系列听证会，希拉里·克林顿、盖茨、马伦等现任官员以及前国安事务助理斯考克罗夫特、哈德利等都出席作证。为了争取更多议员支持该条约，参议院外委会主席克里被迫屡次推迟表决。9月16日，参议院外委会以14票比4票的表决结果通过条约。此后，参议院又经过三个多月的闭门会议和激烈辩论，共和党人想方设法制造障碍阻止条约的通过，督导科尔(Jon Kyl)提出本届国会即将结束，拒绝在“跛鸭国会”中进行表决，要把表决推迟到下届国会。为了推动国会表决，奥巴马于12月19日致信国会，表示美俄新条约不会影响美国在欧洲部署导弹防御系统。①12月22日参议院全体会议进行表决，以71票比26票的结果顺利通过条约。②俄方立法机构的批准没有遇到困难。

《新削减进攻性战略武器条约》于2011年2月5日正式生效，有效期10年，但可展期至2026年。该条约取代了当时仍然有效、将于2012年12月到期的《莫斯科条约》。根据新条约，双方实战部署的核弹头将减至1 550枚，比先前的《第一阶段削减战略武器条约》减少了2/3，比《莫斯科条约》减少了10%；运载工具，包括洲际导弹、潜射导弹和重型轰炸机在内的运载工具将减少至800件。条约规定通过卫星、遥控监测及18处实地监测站进行核查。③这个数字也是美俄的妥协，取了双方主张的中间数。两国战略界和民众以及国际社会对条约普遍表示欢迎。条约是美俄关系重启的最重要的成果。根据美国有线电视新闻网(CNN)的民调，在美参议院审议条约期间，73%的受访者认为参议院应该批准条约。④俄战略界同样认为，它可以确保2020年前美俄的核战略稳定，并以实际行动强化核不扩散机制。⑤

为了实现无核世界的理念，确保核安全，奥巴马发起了核安全系列峰会。2010年4月12日首届峰会在华盛顿举行，有47个国家领导人和联合国、国际原子能机构及欧盟代表参会。会议讨论加强核安全、防止核恐怖主义、确保储存的核材料绝对安全的问题。梅德韦杰夫总统参加峰会，并在全体大会上

---

① Michael MiFaul, *From Cold War to Hot Peace*, p.155.

② “Treaty Between the United States of America and the Federation of Russia on Measures for the Further Reduction and Limitation of Strategic Offensive Arms(New START)”, March 29, 2019.

③ U.S. Department of State, “New START: Treaty Text,” April 8, 2010, https://2009-2017.state.gov/t/avc/newstart/c44126.htm.

④ “CNN Poll: Three-Quarters Say Ratify START Treaty,” November 16, 2010, http://politicalticker.blogs.cnn.com/2010/11/16/cnn-poll-three-quarters-say-ratify-start-treaty/.

⑤ Сергей Строкань, Перезагрузка под нагрузкой, 12-27 2001, https://www.kommersant.ru/doc/1846554.

宣布，将在2010年底前关闭位于克拉斯诺雅思克的最后一个生产武器级浓缩铀的反应堆。①

2000年6月，美俄签署共同销毁总计68吨武器级钚的《钚管理与处理协定》，但协定一直没有落实。为了表示美俄两国落实新条约的决心，也是为了配合首届核安全峰会，2010年4月14日，希拉里·克林顿与拉夫罗夫签署了补充协议，决定加快落实10年前签署的协定，并对协定部分内容作了重新规定：俄罗斯的处理方式改为将武器级钚制成铀钚混合燃料后不再用于轻水反应堆发电，而是用于中子增殖反应堆发电。2018年正式启动处置武器级钚进程，美方继续向俄方提供4亿美元的支持资金。②

（二）在阿富汗的合作

2009年7月奥巴马访俄期间，两国元首发表关于阿富汗问题的联合声明，重申"反对恐怖主义、武装极端主义和非法毒品贩运的共同目的，继续提升阿富汗政府实现关键的社会经济目标的能力，改善民众的生活水准并保障其安全"，加强对阿富汗军警及缉毒人员的支持。声明特别提到要有效利用过境俄领土领空运输驻阿国际部队所需的物资和装备。③美俄还签署《阿富汗空中过境协定》。俄罗斯参与"北方配送网络"使美国和北约得到除巴基斯坦外的另一重要运输通道。俄还同意把伏尔加河畔的乌里扬诺夫斯克作为北约人员和武器装备的运输中转站。由于俄开放了领土和领空，驻阿国际力量30%的后勤给养是通过这个网络运输的，而其中的65%通过了俄领土或领空。此外，在2009年美对阿增兵中，俄方允许数量不限的后勤物资过境运输，为美方提供了极大便利。在《阿富汗空中过境协定》签订后的一年中，有35 000人次美国士兵过境俄罗斯出入阿富汗。俄公司也提供了极其重要的帮助，美军在阿使用的燃油的30%是由它们提供的。俄还为阿军警提供了80架MI-17型直升机。在两国领导人2010年6月24日会晤时，梅德韦杰夫又为北约在阿行动提供了3架MI-17型直升机，并

① "Dmitri Medvedev Took Part in the Nuclear Security Summit in Washington," April 14, 2010, http://en.kremlin.ru/events/president/news/7453.

② 赵鸣文:《普京大外交》，第546页；U.S. Department of State, "Secretary Clinton to Sign Plutonium Disposition Protocol with Russian Foreign Minister Sergei Lavrov on Tuesday, April 13," April 12, 2010, https://2009-2017.state.gov/r/pa/prs/ps/2010/04/140061.htm。但这个协定落实得不好。2016年4月，普京在一个论坛上说，美俄签署了工业处理武器级钚协定，俄方建设了工厂并开始工作，但美方连工厂都没有建起来。10月，俄方以美方无力履行条约义务及对俄方采取敌意行动威胁战略稳定为由，宣布暂停履行《钚管理与处理协定》。2018年再次正式启动才将协定推进到了实际层面。

③ Barack Obama, "Joint Statement Between the United States of America and the Russian Federation on Afghanistan," July 6, 2009. Online by Gerhard Peters and John T. Woolley, *The American Presidency Project*, https://www.presidency.ucsb.edu/node/287612.

建议通过专门的财务安排再提供十余架直升机。①到 2012 年年底,已有 7 万多个集装箱过境俄运往阿富汗。②

2010 年 3 月 29 日晨,莫斯科地铁站发生三起严重的连环爆炸案,导致 40 人死亡,近百人受伤。一个与车臣分裂分子有关联的网站宣称对该爆炸案负责。此后,美俄两国的情报和执法部门加强了合作,并重新启动了 9·11 恐怖袭击后成立的双边反恐工作组。

(三) 在伊朗核问题上的合作

2006 年以后,联合国"五常"与德国外长多次会商,形成伊朗核问题六国磋商机制,俄罗斯是重要成员。2008 年 7 月起,六国与伊朗先后在日内瓦、伊斯坦布尔、巴格达、莫斯科以及阿拉木图等地举行多轮对话,双方在浓缩铀、制裁等核心问题上分歧严重,谈判进展缓慢。布什政府任期结束时,美、俄在伊朗问题上达成某种妥协:俄罗斯支持联合国安理会对伊朗的制裁,尽管此种制裁的力度远弱于华盛顿或布鲁塞尔所希望的程度;俄继续建造布什尔核电站。这就向德黑兰发出一种信息:伊朗必须有俄罗斯的保护,才能免遭西方更严厉的制裁,但伊朗不能认为这种保护是理所当然的。③

2009 年 4 月上旬,奥巴马政府在对伊朗政策审议结束后宣布,美国将完全参加 5+1 与伊朗的谈判。9 月 24 日联大会议期间,奥巴马与梅德韦杰夫再次举行会晤。首脑会晤前,美国安事务助理琼斯将军在华尔道夫大酒店约见俄国家安全顾问普里霍季科,向他出示了伊朗在圣城库姆附近的山区里建造第二座秘密浓缩铀工厂的卫星照片,俄情报部门显然还没有获知这一情况。这对俄立场产生影响,两天后在匹兹堡的二十国峰会上,奥巴马与梅德韦杰夫讨论了伊朗的核问题,梅德韦杰夫表示"制裁难以产生积极的结果,但在有些情况下,制裁是不可避免的",这是俄方第一次有条件地表示认可对伊朗的制裁。④25 日,美、英、法三国首脑宣布上述消息。国际原子能机构发言人称,伊朗已经向国际原子能机构报告了这一设施。

2009 年 10 月 1 日,六国与伊朗在日内瓦举行会谈。六国要求伊朗把它在纳坦兹的丰度为 3.5%的浓缩铀的 80%运往俄罗斯,由俄进一步浓缩到丰度为 20%左右,再运至法国继续浓缩,制成德黑兰核研究反应堆所需的燃料棒,用于

① The White House, Office of the Press Secretary, "U.S.-Russia Relations: 'Reset' Fact Sheet," June 24, 2010, https://obamawhitehouse.archives.gov/the-press-office/us-russia-relations-reset-fact-sheet.

② Angela E. Stent, *The Limits of Partnership*, p.231.

③ Angela E. Stent, *The Limits of Partnership*, p.153.

④ Д. А. Медведев, Встреча с Президентом США Бараком Обамой, 24 сентября 2009 года. http://www.kremlin.ru/events/president/news/5550.

生产医用同位素，遭伊朗拒绝。①

2010 年 2 月 11 日，在伊朗伊斯兰革命爆发 31 周年之际，内贾德总统宣布，伊朗已经成功提炼出丰度为 20%的浓缩铀。3 月，伊朗与巴西、土耳其达成协定，伊朗将把 1 200 千克低丰度浓缩铀(3.5%)运至土耳其，以换取 120 千克丰度为 20%的浓缩铀，供德黑兰的反应堆使用。②4 月 9 日，内贾德又宣布，伊朗研制出第三代离心机，并宣称将在纳坦兹核设施安装 6 万台此类离心机，为 6 座核电站提供燃料。5 月 17 日，伊朗宣布与巴西、土耳其正式签署协定。美欧反对这一协定，认为 1 200 千克仅为伊朗储存的低丰度浓缩铀的一半。美方认为，伊朗此举是为了规避制裁，乃决定在联合国安理会发起对伊新制裁。

2010 年 4 月下旬，梅德韦杰夫在接受丹麦记者采访时说："迄今为止，伊朗没有表现出应有的理解并采取负责任的行动……制裁不是好办法，它很少产生什么结果。但既然别的办法都用过了，为什么不(用制裁)呢?"③6 月 9 日，联合国安理会通过第 1929 号决议，这是安理会通过的第六个关于伊朗核问题的决议，是对伊朗最严厉的制裁决议。联合国对伊朗的历次制裁中包括冻结涉及核计划的企业和个人在国外的资产、禁止向伊朗转让相关核技术、禁止伊朗进口重型武器装备、禁止进行任何与可搭载核武器的弹道导弹有关的活动等。第 1929 号决议附件中包含了自安理会制裁伊朗以来通过的最大的一份黑名单，40 多家伊朗实体的资产遭冻结。④鉴于俄罗斯是伊朗的主要武器供应国，俄认可第 1929 号决议是至关重要的。为了使俄不反对该决议，美方对俄作出了两项让步：取消对俄军工企业的制裁，同意俄对伊朗出售 S-300 防空导弹。俄与伊朗早已达成出售 S-300 防空导弹合同，但在美国的压力之下中止了。出乎美国意料的是，俄罗斯在 9 月宣布取消向伊朗出售 S-300 防空导弹的计划，并退还了伊朗的预付款。⑤

8 月 13 日，俄联邦原子能委员会宣布，由俄援建的布什尔核电站的第一座反应堆将很快注入核燃料，成为伊朗第一座正式运转的核电站。21 日，举行核电站正式投产的典礼。根据协定，核电站的燃料由俄方提供，伊朗使用后需将乏

---

① 王明芳：《冷战后美国的伊朗政策研究》，社会科学文献出版社 2015 年版，第 237 页。

② Semira Nikou, "Timeline for Iran's Nuclear Activities," https://iranprimer.usip.org/resource/timeline-irans-nuclear-activities.

③ John Parker, "Russia and the Iranian Nuclear Program: Replay or Breakthrough?" March 2012, https://ndupress.ndu.edu/Portals/68/Documents/stratperspective/inss/Strategic-Perspectives-9.pdf.

④ 王明芳：《冷战后美国的伊朗政策研究》，第 237 页；《伊朗核问题大事记》，2015 年 4 月 4 日，http://www.xinhuanet.com/world/2015-04/04/c_127656063.htm。

⑤ Steven Pifer, "US-Russia Relations in the Obama Era: From Reset to Refreeze?" 2015, https://ifsh.de/file-CORE/documents/yearbook/english/14/Pifer-en_S.pdf.

燃料棒返还俄方。俄罗斯称这是“一个十分重要的事件，表明俄罗斯永远履行其国际义务”，俄国家原子能公司总裁基里延科称，任何国家都有权在国际原子能机构监督下和平使用核能，该核电站是俄与十余个国家进行国际合作的产物。该电站将于11月正式投产发电。西方担心该核电站向伊朗发出错误信息，伊朗可能使用它来制造核武器，拉夫罗夫外长反驳说：“这是把伊朗锁定在核不扩散体系的最重要的锚。”伊朗非常看重该核电站，它使伊朗成为中东地区第一个使用核电的国家，将成为伊朗核能的基础。①2010年9月16日，美国对伊朗纳坦兹浓缩铀工厂实行“震网”病毒(Stuxnet)攻击。

在内贾德总统任内，伊核问题六国与伊朗还进行了多次谈判，均无实质性进展。美国和西方国家的制裁使伊朗经济持续遭受重大打击。在2013年大选中，伊朗社会凝聚起一个共识：必须打破国际封锁，改变孤立状态。温和派鲁哈尼胜出，8月就任总统。同属温和派并善于与西方打交道的扎里夫出任外长。鲁哈尼就任后不断对美释放善意，奥巴马政府也适时给予回应。9月27日，鲁哈尼与奥巴马通电话，这是从1979年伊朗伊斯兰革命以来美伊两国领导人的首次通话，是美伊关系走向缓和的一个标志性事件。9月26日，扎里夫与六国外长首次会晤。经过10月、11月密集的、高强度的谈判，11月24日凌晨，各方在日内瓦达成“历史性的”阶段性协议“联合行动计划”，协议规定，伊朗将在6个月内暂停加工丰度为20%的浓缩铀活动，并将近20%的浓缩铀进行还原，使其丰度降到5%以下；不再增加新的离心机，并将其核设施置于国际社会的严密监督之下；停止建设阿拉克重水反应堆，不为提取钚对阿拉克反应堆的乏燃料棒进行再处理，也不新建具有再加工能力的设施。美国则将放宽对伊朗总额约70亿美元的制裁。伊朗与六国将在2014年7月24日前达成最终协议。②

2014年春发生了克里米亚事件，美俄关系严重恶化。尽管如此，双方继续在伊朗核问题上进行合作。尽管俄与美、欧意见并非完全一致，俄不认为伊朗的核计划中有军事成分，认为应该允许伊朗保有更强大的核基础设施，但关于伊核问题的谈判没有受到影响。③同时，俄加快了与伊朗民用核合作的谈判。2014年11月，俄伊达成协定，俄将帮助伊朗再建两座核电站，并可能在

① Maxim Trachenko, “Russia Set for Iran's Nuclear Plant Launch, Top Nuclear Official Says,” August 19, 2010, https://www.cnn.com/2010/WORLD/meast/08/19/russia.iran.nuclear/index.html.

② 《伊朗与六国终达核协议换放宽制裁》，2013年11月24日，http://news.ifeng.com/mil/3/detail_2013_11/24/31517929_1.shtml。

③ “Obama Officials: Putin Won't Sabotage Iran Nuclear Talks over Crimea,” March 20, 2014, https://time.com/31205/russia-iran-nuclear-talks-crimea/.

未来再建6座反应堆。①自然这些反应堆都是在国际原子能机构的安全保障下运行的。美国起先反对俄向伊朗提供民用核技术，但后来也没有理由再加以阻拦。俄要求伊朗向俄购买核燃料，从而剥夺了伊朗在国内进行铀浓缩的理由。

此后，六国与伊朗继续进行高强度的密集谈判，但仍无法在预定日期敲定最终协议。双方不得已延长谈判时间。经过各方不折不挠的努力，关于伊核问题的《全面联合行动计划》终于在2015年7月达成。伊朗在协议中重申在任何情况下都不会寻求、开发和获得任何核武器，并在10年内接受严格的国际监督；协议对伊朗的浓缩铀、离心机都作出了明确的规定；国际社会则将解除对伊朗的经济和金融制裁。

7月16日，奥巴马跟普京通电话，感谢普京在达成这一"里程碑式的协定"中所发挥的重要作用。双方强调，关于伊朗核问题的全面协议符合整个国际社会的利益，有助于加强国际核不扩散体系，并降低中东地区的紧张局势。在美俄关系严重恶化情况下，双方仍然保持了在伊核问题上的合作，体现了两国在确保世界安全和稳定方面的共同利益和共同担当，是双方关系得以维系的一条重要纽带。双方并表示在实施该协议的过程中将保持密切协作。②

2015年7月，普京总统解除对伊朗出口S-300防空导弹的禁令，恢复实施2007年与伊朗签订的价值8亿美元的协定。2016年11月，俄完成对伊朗的S-300防空导弹系统交付。③

（四）两国经贸关系的发展

苏联解体以后美国先后对一些原苏联国家停止实施《杰克逊—瓦尼克修正案》，包括格鲁吉亚和乌克兰。俄罗斯不止一次要求美国终止对俄实施该法，但一直未能如愿。冷战时期，美苏双边经济关系微乎其微。冷战结束后，美俄经贸关系有所发展，如2009年美国对俄出口180亿美元，相对于2002年的68亿美元增加了近两倍；俄对美出口54亿美元，相对于2002年的24亿美元也增加一倍多，但总体规模仍然过小，且美对俄顺差明显。货物贸易的种类也极为有限，美对俄肉类出口增长很快，但俄对美肉类限制较多，导致双方争端。俄在知识产

① Andrew Kramer, "Russia Reached Deal with Iran to Construct Nuclear Plants," November 11, 2014, https://www.nytimes.com/2014/11/12/world/europe/russia-to-build-2-nuclear-plants-in-iran-and-possibly-6-more.html.

② Обама поблагодарил Путина за роль РФ в переговорах по иранской ядерной программе, 16 июля 2015. https://www.interfax.ru/world/454055.

③ April Brady, "Russia Complete S-300 Delivery to Iran," December 2016, https://www.armscontrol.org/act/2016-11/news-briefs/russia-completes-s-300-delivery-iran.

权保护方面法规不完善，影响了美公司对俄投资。①

2010 年 4 月下旬，由俄第一副总理舒瓦洛夫率领的高级代表团访美，与白宫经济委员会主席萨默斯、贸易代表柯克(Ron Kirk)等讨论了加速俄美关于俄加入世贸组织谈判的问题，为梅德韦杰夫的访美做准备。双方制定了俄“入世”的路线图，美方承诺将提供必要的技术帮助。梅德韦杰夫于 6 月下旬访美。出访前，俄在圣彼得堡举办了一个财经论坛，梅德韦杰夫在论坛上宣布了一系列的改革举措，包括降低投资者的所得税、帮助私有企业的发展、加强法治尤其是惩罚白领犯罪、放宽旅游签证和工作许可等。这实际上也是对美投资者释放的积极信息。他此次访美聚焦于俄美双边的经贸关系，美方主管经济、财政的官员和顾问都参加了双边会晤。梅德韦杰夫在记者招待会上说：“冷战结束 20 年了，俄美关系不能停留在安全和军控领域，两国关系应该拓展到共享繁荣。”奥巴马表示将加速美俄关于俄加入世贸组织的谈判，并把 9 月 30 日确定为解决谈判中剩余问题的目标日期。梅德韦杰夫表示将取消对进口美国禽肉的限制。双方同意在清洁能源方面加强合作。为了显示两位领导人之间的亲密、和谐的关系，以及双方的亲民形象，奥巴马特地带梅德韦杰夫去华盛顿郊区的一家快餐店吃汉堡。两位领导人还出席了美俄企业家峰会。梅德韦杰夫在抵达华盛顿之前先访问了加州，参观了硅谷，并呼吁硅谷的企业家和科学家帮助俄在斯科尔科沃建立一个俄罗斯的硅谷。梅德韦杰夫还宣布，为了实现现代化，俄愿意向西方打开创新和投资的大门，希望在未来 4 年里实现外国对俄直接投资翻一番。②俄方还决定购买 50 架总价值 40 亿美元的波音 737 民航客机。7 月，梅德韦杰夫在俄驻外使节会议上的讲话和 11 月发表的 2010 年度《国情咨文》表明，俄已经形成新的现代化外交战略，突出了发展与各国的经贸关系与科技创新合作的重要性，而欧盟与美国在其中占有重要地位。③

梅德韦杰夫访美之后，美俄双方加紧工作，美贸易代表于 10 月 1 日宣布，双方已就俄方一系列承诺的实质达成一致，包括保护知识产权。④俄罗斯于 2011 年 11 月完成与“俄罗斯入世工作组”的谈判，世贸组织部长级会议于 2011 年 12

① William Cooper, *Permanent Normal Trade Relations Status for Russia and U.S. -Russian Economic Ties*(CRS Report for Congress), March 28, 2013, pp.2—3.

② Медведев и Обама договорились лично содействовать притоку инвестиций в Россию и США, 25 июня 2010, https://www.dw.com/ru/Медведев-и-Обама-договорились-лично-содействовать-притоку-инвестиций-в-Россию-и-США/a-5730257; BBC News, Россия и США: “перезагрузка” дошла до экономики, 24 июня 2010. https://www.bbc.com/russian/international/2010/06/100624_obama_medvedev_meeting.

③ 柳丰华:《“梅普组合”的外交战略》,第 185 页。

④ William Cooper, *Permanent Normal Trade Relations Status for Russia and U.S. -Russian Economic Ties*(CRS Report for Congress), March 28, 2013, p.5.

月批准了俄入世案，并向俄发出入世邀请。俄联邦杜马和联邦委员会顺利予以通过，普京总统于 2012 年 7 月 21 日正式签署，完成立法手续。经过前后 19 年的马拉松谈判，俄罗斯终于在 2012 年 8 月 22 日加入世贸组织。

俄罗斯入世时，美仍未终止对俄实施《杰克逊—瓦尼克修正案》。这需要美国专门通过一项对俄永久性正常贸易关系（Permanent Normal Trade Relations, PNTR）立法。2012 年 11 月 16 日、12 月 6 日，众参两院先后通过该项法案，奥巴马于 12 月 14 日签署生效。该法还附有一些条款，如贸易代表必须每年向参议院财政委员会和众议院筹款委员会报告俄履行入世承诺的情况，报告贸易代表处为促使俄履行承诺采取的措施，贸易代表和国务卿还须报告为实现俄法治和支持美对俄贸易和投资采取的措施等。①

① William Cooper, *Permanent Normal Trade Relations Status for Russia and U.S. -Russian Economic Ties* (CRS Report for Congress), March 28, 2013, p.6.

第十二章　重启的衰落

到了2011年年底，美俄地缘战略与意识形态上的分歧表现得越来越明显。10月，在俄中两国否决了西方国家关于制裁叙利亚的安理会决议草案后，①希拉里·克林顿发表文章，指责两国在叙利亚问题上站在了“历史错误的一边”，两个月后，她又公开表示对莫斯科反普京抗议活动的支持。②

2012年5月7日，普京第三次入主克里姆林宫。当天，普京就签署了《关于实施俄罗斯外交方针措施的总统令》，其中对美政策的阐述是：在平等、互不干涉内政和尊重相互利益的原则基础上落实维护稳定的和可预测的互动方针，旨在将俄美合作提升到真正意义上的战略水平；发展两国实质性经贸合作，拓宽两国总统委员会的覆盖范围；履行《新削减进攻性战略武器条约》，同时要求美国保证其全球反导系统不针对俄罗斯的核威慑，以维护战略稳定。③这表明，普京希望延续对美关系的重启势头，继续改善俄外部环境，增强俄在国际事务中的影响力；同时，他强调了反对美国的导弹防御系统。

普京特别就改变现行世界秩序作了阐述。他认为，“冷战”结束了，但它并未以“和平”的方式告终，没有明确而透明的关于遵守既有原则，或关于创建新规则、新标准的协定。“我们迫切需要负责任的大国达成新的全球共识”，“出发点应该是一切地区中心及围绕这些中心而形成的一体化计划，应该拥有同等的发展权，以便它们能相互补充，谁也无法人为地使它们彼此冲突，相互对立”。普京不接受单极模式，认为在现有世界秩序中俄罗斯没有受到应有的尊重，俄利益被

---

① 见本书第566页。

② 波波·罗：《孤独的帝国——俄罗斯与新世界无序》，袁靖、傅莹译，第221、412页。

③ Владимир Путин，Подписан указ о мерах по реализации внешнеполитического курса，7 мая 2012 г. www.kremlin.ru/events/president/news/15256.

损害和破坏。因此，俄罗斯要改变目前的国际秩序，要建立俄作为其中一极的多极世界的国际秩序。①

普京提出建立欧亚联盟的倡议，强调了“欧亚经济一体化”的重要性。俄罗斯积极游说乌克兰加入俄、白、哈三国关税同盟，并希望以此为基础建立欧亚经济联盟。2011年正式运转的俄、白、哈关税同盟使美国和西方对俄“恢复帝国”的担忧再度上升，双方在一系列地缘政治问题上的较量再度升温，引起美国和欧盟的焦虑，希拉里·克林顿誓言阻止这种“再苏联化”的趋势。②欧盟则加速整合六个原苏联国家（白俄罗斯、乌克兰、摩尔多瓦、格鲁吉亚、阿塞拜疆、亚美尼亚）的“东方伙伴关系”计划，将西方的意识形态和民主化作为一体化的政治基础，并分别与这些国家展开政治对话和贸易自由化谈判，试图以此阻断普京重启独联体一体化的进程。美、西方与俄罗斯之间仍有合作，但“重启”的势头已开始衰落，各种矛盾纷纷暴露并迅速激化，直至乌克兰危机的爆发彻底终结了“重启”进程。其间发生了许多事情，主要有：美国干涉俄罗斯2012年总统选举；美俄在人权问题上的争议，尤其是美国出台《马格尼茨基法》；俄罗斯给予斯诺登政治避难；美国重新部署导弹防御系统；乌克兰危机（详见第十三章）；在中亚、南高加索、叙利亚的争夺（详见第十四章）。

第一节　美国干涉俄罗斯内政

一、美干涉俄2012年大选

2012年是俄罗斯大选年。2010年后，美国等西方国家开始热炒普京可能再度参选，并与梅德韦杰夫“王车易位”。2011年9月24日，在统一俄罗斯党年度代表大会上，普京宣布他将作为该党候选人参加2012年3月总统大选，梅德韦杰夫则宣布，他将不争取连选连任，并支持普京参选。普京又表示，如果他当选，将任命梅德韦杰夫为总理。党代表大会全票通过普京作为该党候选人参选。美国等西方国家认为俄这一做法是以普京为首的政治集团操纵民主与法制，是俄民主政治的倒退，美政界和媒体掀起了一片批评的声浪。

2011年10月中旬，梅德韦杰夫为12月的国家杜马选举作准备，披露了他的“大政府”设想，包括建立支持者团体在国家杜马中支持执政的统一俄罗斯党。

① 王宪举：《普京第三任期执政情况评析》，《俄罗斯学刊》2017年第5期。
② 见本书第498页。

西方观察家认为，这是为了吸引中间选民的支持，是滥用行政资源助选。

12 月 4 日，俄杜马举行换届选举。俄方允许欧安组织等在俄设立 325 个观察站，比 2003 年少了 2/3。从这些观察站可以监测 2 500 个投票站，比 2003 年少了 1 200 个。选举也邀请了独联体观察者到场。①

西方对此次选举非常重视，将其视为 2012 年大选的前奏。白宫发言人马克·托纳(Mark Toner)称，在选举前数月美国已在俄投入约 900 万美元来进行公民选举教育，改善选举环境，为进行一次自由和透明的选举营造各种条件。在接受外国资助的俄非政府组织中，有俄唯一的独立选举监督组织戈洛斯(意为"声音")，该组织派出了 2 000 名观察员。②

结果统一俄罗斯党以 49%多的选票胜出，这离普京重返克里姆林宫又近了一步。选举遭到西方的强烈批评。欧安组织的报告指称，选举中出现了种种舞弊行为，如政府利用行政资源为统一俄罗斯党助选，地方官员要求其下属、工厂工人和社会机构的雇员投票给该党，计票中的弄虚作假等，认为选举是不自由和不公正的。希拉里·克林顿 12 月 5 日在波恩的一次讲话中说："俄罗斯一些独立的选举观察家，包括戈洛斯的网站遭到骚扰，遭到网络攻击……俄选民有权要求对于所有可靠的关于选举舞弊行为和操纵的报告进行彻底调查"，"俄罗斯人民……有权利进行一次自由、公正、透明的选举，选出对他们负责任的领导人。我们相信，这符合俄罗斯的最大利益，我们将继续发声"。③12 月 6 日，在欧安组织外长会议上她当着拉夫罗夫的面说，"选举既不自由，也不公正"，"我们对此深表忧虑"，应该进行"彻底调查"。④遭到拉夫罗夫反驳。

俄官方否认欧安组织的报告，尤其反感希拉里·克林顿的讲话。普京总理 12 月 8 日回击说："她的讲话为一些反对派活动家定下了调子，给他们发出了信号，他们收到了信号，就开始积极工作"，酝酿动乱。普京提到了乌克兰和吉尔吉斯斯坦的"颜色革命"，并称，西方国家在策动俄罗斯的政治变革方面投下了巨资，"外国的金钱注入到我们的选举过程中这是特别不可接受的"，俄罗斯要保护主权，反对外部干涉，并呼吁制定新的法律限制境外资助。普京还说："你让我说

① Jim Nichol, *Russia's December 2011 Legislative Election: Outcome and Implications* (CRS Report for Congress), December 13, 2011, p.3.

② Jim Nichol, *Russia's December 2011 Legislative Election: Outcome and Implications* (CRS Report for Congress), December 13, 2011, p.8; "2011 Russia legislative Election," https://en.wikipedia.org/wiki/2011_Russian_legislative_election.

③ Hillary Clinton, "Remarks at the Bonn Conference Center," December 5, 2011, https://2009-2017.state.gov/secretary/20092013clinton/rm/2011/12/178267.htm.

④ "Clinton Cites' Serious Concerns' about Russian Election," December 6, 2011, https://www.cnn.com/2011/12/06/world/europe/russia-elections-clinton/index.html.

什么呢？我们是一个核大国，并将仍然是一个核大国。他们想要撼动我们，让我们不要忘记谁是这个星球的主宰。"①希拉里·克林顿于同日反驳说，虽然美国重视对俄关系，"美国与世界上许多其他国家对于民主和人权都有着坚定的承诺。这是我们身份的一部分。这是我们的价值观。我们表示的担忧是有根有据的"。大国领导人之间这样针锋相对、唇枪舌剑，在国际关系中也是不多见的。同日，白宫也表态说，美国对俄罗斯和世界别处违反人权将继续发声，也将继续与俄政府和非政府组织接触。12 月 9 日，俄媒体发表了戈洛斯与美国国际开发署之间的电子邮件，出示了美国对俄选举过程进行干涉的证据。同日，俄联邦委员会副发言人、统一俄罗斯党官员奥洛瓦断言，中央情报局正在俄策划抗议示威。②

在西方的支持和煽动下，俄罗斯反对派主要通过脸书、推特等西方社交媒体煽动聚众闹事，网上流传的关于杜马选举违规的视频有剪辑拼接的痕迹，且"所有视频都来自美国加州的一个服务器"。③选举第二天，约 5 000 名抗议者在莫斯科市中心聚会，抗议选举舞弊，聚会被警察驱散，数百人遭拘捕。12 月 7 日，美参议员麦凯恩、李伯曼(Joe Lieberman)和沙欣(Jeanne Shaheen)发表声明，谴责俄警察驱散抗议示威，要求释放被捕者。俄政府立即组织了大规模的游行，参与者打着"干净的胜利"的大幅标语，表示不允许少数人把意志强加给多数人。10 日，在莫斯科、圣彼得堡和几十个城市爆发了游行示威，在莫斯科估计有 25 000 人参加，示威者打着"要诚实的选举"的标语。这是苏联解体以来俄规模最大的抗议示威。俄政府认定抗议活动是美国和西方在背后鼓励、策划和支持的，是美国在格鲁吉亚、乌克兰的"颜色革命"之后对俄进行"颜色革命"的一次尝试，并决意挫败美国的图谋。

2012 年 3 月 4 日，普京在俄总统选举中无悬念地胜出。奥巴马在俄大选 5 天后才给普京打电话表示祝贺。他在电话中回顾了过去三年两国关系重启所取得的成就，希望继续保持重启的势头。④奥巴马这样说倒也不全是客套，美方在

---

① Путин обвиняет США в провоцировании протестов, 8 декабря 2011. https://www.delfi.lt/ru/abroad/russia/putin-obvinyaet-ssha-v-provocirovanii-protestov.d?id=52687279.

② Hillary Clinton, " Press Availability in Brussels, Belgium," December 8, 2011, https://2009-2017.state.gov/secretary/20092013clinton/rm/2011/12/178481.htm; Jim Nichol, *Russia's December 2011 Legislative Election: Outcome and Implications* (CRS Report for Congress), December 13, 2011, p.8.

③ 蒋莉:《俄罗斯防范"颜色革命"的主要做法》,《国际研究参考》2020 年第 9 期。

④ The White House, "Readout the President's Call with President Putin," March 9, 2013, https://obamawhitehouse.archives.gov/the-press-office/2012/03/09/readout-president-s-call-president-elect-putin.

一些重要问题上确实仍然离不开俄方的配合和帮助，尤其是阿富汗和伊朗核问题。但双方的嫌隙已经明显。普京以"尚未完成组阁"为由，拒绝前往华盛顿参加八国集团峰会。奥巴马"礼尚往来"，一改历年参加亚太经合组织峰会的传统，9月拒绝前往符拉迪沃斯托克出席该组织峰会。在俄两届政府过渡期间，美俄关系已经发生实质性的倒退。

2012年6月，俄出台新版《集会法》和《诽谤罪》修正案等配套法规，严格规定公共集会的程序，要求申请者明确参加人数、活动场所、行进路线、起止时间和安全措施等，以严格控制境内外非政府组织的活动。7月，普京签署《外国代理人法》，规定从国外获得资金并参与俄国内政治活动的本国非政府组织必须以"外国代理人"的身份重新进行登记，履行特别的注册手续，每半年提交一次资金来源和使用情况的详细报告，违者将被取缔，违法者将被追究法律责任。俄罗斯的这些法律法规遭到国内外一些非政府组织的抵制和西方国家的反对，它们指责这是"俄政府镇压异己的工具"。①2012年9月，俄方指责美国际开发署干涉俄内政，要求该署停止在俄活动，美国务院遂关闭了该署在莫斯科的办公室。在过去20年中，该署在俄罗斯花费了26亿美元，鼓励和支持俄罗斯的经济和民主转型。在关闭时，它有57个俄方伙伴。②

二、美国的《马格尼茨基法》与俄反制

导致美俄关系急剧恶化的另一重要问题是马格尼茨基事件。谢尔盖·马格尼茨基是俄罗斯黑米塔杰基金会(Hermitage Fund)的一名税务会计师，以揭露官员大规模的逃税漏税腐败案件而闻名。马格尼茨基因逃税被捕，在被监禁11个月后于2009年11月因"突发心脏病"死于狱中。奥巴马政府、国会和人权组织认为这是俄政府蓄意压制和谋害"持不同政见者"的严重事件。2011年7月，美总统人权问题顾问发表了一个详细报告，指控对马格尼茨基的逮捕是非法的，他在拘押期间遭到殴打和刑讯逼供，监狱官员阻拦医生对他进行治疗，甚至可能有高级官员卷入其中。俄总检察长和内务部拒绝这个报告。梅德韦杰夫下令对案件进行调查。2011年9月，官方的调查报告作出结论，他的死亡是两名监狱官员玩忽职守造成的。监狱医生和负责医疗的官员受到起诉，但不了了之。2013年7月在马格尼茨基死亡近四年之后，他的逃税案件最终判决，他被确认有罪。对死人的审判再次在美国引起强烈反响。

2012年美国国会出台《马格尼茨基法》，禁止向涉案的俄官员发放入

① 参见蒋莉：《俄罗斯防范"颜色革命"的主要做法》，《国际研究参考》2020年第9期。

② Andrew McChesney, "Russia Closes USAID Office," September 18, 2012, https://www.themoscowtimes.com/2012/09/18/russia-closes-usaid-office-a17898.

境签证。①12 月 14 日，奥巴马总统予以签署，完成立法程序。

俄罗斯以牙还牙，12 月，俄国家杜马开始讨论《季马·雅科夫列夫法》，季马·雅科夫列夫是一个被美国家庭领养的俄罗斯儿童，因照管不当死亡。该法禁止侵犯俄罗斯公民权利的美国人入境，禁止他们在俄投资并冻结其在俄资产；取缔接受外国资助并违反俄国家利益的非政府组织；禁止美国人收养俄儿童，并终结美俄收养条约。普京总统于 12 月 28 日予以签署，完成立法程序，该法自 2013 年 1 月 1 日起生效。②

普京总统严厉批评《马格尼茨基法》是"完全政治性的、不友好的法"。他在 2012 年 12 月 20 日的记者招待会上说，这是对俄罗斯的"挑衅"，像是给了俄一记耳光，而美国对自己的人权问题"却充耳不闻"。他为美国家庭对被收养的俄罗斯儿童的伤害感到"义愤填膺"，称两国的收养条约是"荒谬的"。③

在普京签署《季马·雅科夫列夫法》之后，俄外交部发言人严厉批评美国文化充斥暴力，导致儿童死亡；美国人对俄儿童抱有成见；美尚未批准联合国关于儿童权利的公约；而且据俄媒体消息，已经有 19 名被收养的俄罗斯儿童死于"美国收养者之手"，这仅仅是"冰山一角"，因为俄方的信息源仅仅是美国媒体，而美媒体对类似事件很可能加以隐匿。俄外交部发言人猛烈攻击美法律对俄儿童的偏见。2013 年 1 月 23 日，拉夫罗夫外长又称，禁止领养是合法的，因为美方的领养体系标准很低，他还断言，这类问题与死亡不会发生在被领养的别国儿童身上。④

美俄法律战并非就此终止。2013 年 4 月 12 日，美财政部公布"马格尼茨基名单"，对与此案相关的及其他违反人权，包括车臣问题的 18 位俄罗斯公民实行拒绝发放签证及冻结其在美资产，其中有警察、税务官员和法官。此外，国务院还有一个未公布的名单，同样是与此案及其他人权案相关的制裁名单。此前，参议员麦戈文(Jim McGovern)居然提出了一个与马格尼茨基案相关的 240 人的制裁名单。财政部名单公布后，麦戈文批评说这个名单范围太窄了。

4 月 13 日，俄方公布对应的制裁名单，包括与酷刑有关的布什政府时期的

① 《马格尼茨基法》的全称是《2012 年取消对俄罗斯与摩尔多瓦使用杰克逊—瓦尼克法暨谢尔盖·马格尼茨基法治问责法》，把这两件风马牛不相及的事情容纳在一项立法之中，在美国立法史中堪称特例。

② Jim Nichol, *Russian Political, Economic, and Security Issues and U.S. Interests* (CRS Report for Congress), March 31, 2014, p.15.

③ Владимир Путин, Пресс-конференция, 20 декабря 2012 г. http://kremlin.ru/events/president/news/17173.

④ BBC News, Глава МИД России оправдывает запрет на усыновление, 23 января 2013. https://www.bbc.com/russian/russia/2013/01/130123_lavrov_adoption_magnitsky.

官员和关塔那摩基地的军官，以及与俄国际犯罪集团的审讯相关的律师、法官等共 18 人。俄外交部的报告称，其中一些人的签证申请已经被拒。

《马格尼茨基法》要求国务院每年向国会作出报告，而且制裁的名单可以随时增加。拉夫罗夫外长 2013 年 12 月 18 日称，《马格尼茨基法》是俄美关系中的刺激性因素。俄方一再表示，如美方扩大制裁名单，俄方将采取对应措施。①

美国会强烈反对俄罗斯禁止领养的法律，许多国会议员发表公开信、提出新法案，139 名两党议员还组织了"国会领养联盟"，要求俄政府考虑该法对两国关系的影响，俄不予理会。2013 年 1 月，美方抱怨俄政府对两国总统委员会下属"公民社会工作组"干涉越来越多，宣布从该工作组撤出。

2013 年 2 月，普京要求政府严格执行对得到外国资助的非政府组织的法律规定，俄政府对数百家被怀疑的非政府组织开展了审查，包括大赦国际、人权观察、透明国际等在莫斯科的办事处，以及俄本国的非政府组织，如莫斯科赫尔辛基集团、戈洛斯、人权纪念中心等。普京在 2013 年 4 月初访问德国时，默克尔曾就此当面向普京提出质疑，普京反驳说，这是对非政府组织的恰当"监管"。3 月下旬，美国务院对俄做法表示了"深深的忧虑"，认为对非政府组织，包括宗教和教育组织的大规模审查，是"一种政治迫害"，并表示，对非政府组织的资助将通过第三地进行。俄外交部谴责美国务院的担忧是"挑衅性的"，继续资助的计划是一种绕开俄法律干涉俄内政的企图。4 月，莫斯科法院因戈洛斯未注册为外国代理人科以 12 000 美元的罚款。戈洛斯上诉无效，缴纳了罚款，但拒绝登记为外国代理人。司法部暂停了其活动。后来该组织重新登记为民事组织。2013 年 7 月初，总检察长向普京报告说，俄罗斯总共有 2 226 个非政府组织从 2012 年 11 月法律生效之日起到 2013 年 4 月获得境外资助 10 亿美元，其中 215 个组织因其从事的政治活动被确定为"外国代理人"，这些组织在过去三年中得到了 1.8 亿美元境外资助。其中 193 个组织或者已经解散，或者停止接受外国资助，尚有 22 个在继续活动，且没有登记为"外国代理人"，应予罚款。②

普京在 2013 年 7 月发布命令，俄政府将资助国内涉及人权的非政府组织。截至 12 月初，总共 600 万美元的联邦资金拨付给了 124 个人权团体，包括一些应被登记为"外国代理人"的组织，如人权纪念中心、戈洛斯、为了人权、莫斯科赫

① Jim Nichol, *Russian Political, Economic, and Security Issues and U.S. Interests*(CRS Report for Congress), March 31, 2014, p.15.截至 2017 年 12 月，制裁名单上已经有 49 人。

② Jim Nichol, *Russian Political, Economic, and Security Issues and U.S. Interests*(CRS Report for Congress), March 31, 2014, pp.19—20.

尔辛基集团。2014 年 2 月，俄联邦修改法律，规定对于人权组织可以进行不定期突击检查。3 月 27 日，普京总统又下令进一步收紧法律，非政府组织不得遵循外国政府的意愿。①

俄罗斯约有 650 个非政府组织靠从国外获得资金，近年来有 69 个组织被列为“外国代理人”。有一些非政府组织从事反政府活动。例如，美国有的非政府组织通过俄罗斯同行向俄中学生免费提供俄语教材。俄当局指责这些教材歪曲事实，灌输西方意识形态，宣扬自私思想。2014 年 4 月，在俄境内已经活动了 20 年的“美国之音”遭驱逐，俄方称无法再忍受其“颠覆性的、伪善的、谋私利的宣传”。2015 年 7 月，俄将 12 家外国非政府组织列入黑名单，其中 7 家来自美国。2017 年 12 月，俄又将 9 家美欧媒体定性为“外国代理人”，对其进行严格监管。②

三、斯诺登事件

爱德华·斯诺登(Edward Snowden)是美国家情报局前合同雇员。2013 年 5 月 20 日，29 岁的斯诺登只身抵达中国香港，并着手将美国家安全局的大量秘密档案文件披露给媒体，揭露了国家安全局对世界各国政要进行电话监听的所谓“棱镜”监听项目，一时间在国际上引起轩然大波，使美国处于十分尴尬的境地。德、法、西班牙和意大利等国公开谴责这种行为，要求美国就监听事件作出解释。6 月 7 日，奥巴马公开承认了该项目，强调该项目不针对美国公民或在美国的外国人，目的在于反恐和保障美国人的安全，而且经过国会授权，并置于美外国情报监视法庭的监管之下，其合法性是不容置疑的。美国会两党议员罕见地与白宫保持一致，称斯诺登是“叛徒”。③6 月 23 日，斯诺登抵达莫斯科。由于其护照已被美国政府吊销，他有 39 天滞留在莫斯科机场而不得入境。在此期间，美方向俄方提出遣返要求，但普京认为，俄美之间没有遣返条约，两国之间从未有过遣返先例，美国对一些俄罗斯犯罪分子给予了政治避难，从未将他们遣返回俄；斯诺登没有违反俄罗斯法律。美国的要求遭到拒绝。④8 月 1 日，俄罗斯批准了斯诺登的临时避难申请，有效期一年。斯诺登得以离开机场。2014 年 8 月 7 日，他的俄罗斯律师透露，他已经得到俄政府在俄居住 3 年的许可，他可以在

---

① Jim Nichol, *Russian Political, Economic, and Security Issues and U.S. Interests* (CRS Report for Congress), March 31, 2014, p.20.

② 蒋莉：《俄罗斯防范“颜色革命”的主要做法》，《国际研究参考》2020 年第 9 期。

③ 袁征：《“斯诺登事件”及其国际影响评析》，黄平、郑秉文主编：《美国研究报告(2014)》，社会科学文献出版社 2014 年版，第 154 页。

④ “Edward Snowden Asylum in Russia,” https://en.wikipedia.org/wiki/Edward_Snowden_asylum_in_Russia.

俄自由旅行，并可出国旅行，但期限不超过 3 个月。

斯诺登披露的大量机密文件揭示了美国情报机构大规模监听和网络渗透的行为，这与美国一向公开倡导的价值观格格不入，国内公众抗议情报机构的网络监控侵犯个人隐私，国际社会指责美滥用技术和资源优势，即便对盟友伙伴也不放过，包括联合国秘书长潘基文、德国总理默克尔、巴西总统罗塞夫等也因遭受秘密监控而感到愤怒，美国的国际形象因此受损，美方对俄给予斯诺登政治避难的恼怒是可想而知的。在 8 月 1 日当天，白宫发言人卡尼(Jay Carney)表示，俄政府不顾美国在公开和私下场合提出的将斯诺登遣送回国接受审判的明确司法要求，而给予其政治避难，"我们对此表示极端失望"。①冷战结束后，美国不断容留非西方国家的反叛者，但鲜有其他国家接受美国的反叛人士。美国把这种"一边倒"的行为看成是天经地义，却难以承受相反的情况，何况斯诺登还爆料了惊天秘密。莫斯科收留斯诺登确实深深刺痛了美国。

2013 年的二十国集团峰会定于 9 月在圣彼得堡举行，奥巴马原定峰会期间会晤普京。8 月 7 日，白宫新闻办公室发表声明称，在过去一年中，美俄关系在导弹防御与军备控制、经贸、全球安全、人权状况等方面鲜有进展，为此美方决定取消首脑会晤。"俄罗斯作出的给予斯诺登临时政治避难的令人遗憾的决定是我们评估当前两国关系状况的一个因素。"②显然，这最后一条才是美方取消会晤的真正原因。8 月 9 日，奥巴马在记者招待会上再次提到斯诺登事件说，"最近的事件只是过去几个月来两国之间分歧的又一例证……现在我们可能要暂停一下，重新评估，俄罗斯在走向何方，什么是我们的核心利益，以校准我们的关系"。③奥巴马的说法表明，美方对于美俄关系的看法正在发生实质性的转变。自然，奥巴马仍然出席了二十国集团峰会。

美方宣布取消首脑会晤后，美联社等一些美方媒体和专家认定，这表明美俄关系出现重大挫折，标志奥巴马重启两国关系努力的失败。众议院议长、共和党人约翰·博纳(John Boehner)说："与俄罗斯的'重启'努力……完

---

① Bill Chappell, "US Extremely Disappointed at Russia's Asylum for Snowden," August 1, 2013, https://www.npr.org/sections/thetwo-way/2013/08/01/207831950/snowden-has-left-moscows-airport-as-russia-grants-asylum.

② "Statement by Press Secretary on the President's Travel to Russia," August 7, 2013, https://obamawhitehouse.archives.gov/the-press-office/2013/08/07/statement-press-secretary-president-s-travel-russia.时任美国驻俄大使的麦克福尔在回忆录中写道："斯诺登事件就像是最后一根稻草，表明在最近的将来美俄关系中的任何一个方面都不会向好的方向发展。"Michael McFaul, *From Cold War to Hot Peace*, p.380.

③ Barack Obama, "The President's News Conference," August 9, 2013. Online by Gerhard Peters and John T. Woolley, *The American Presidency Project*, https://www.presidency.ucsb.edu/node/304552.

全崩溃。"①自然,奥巴马政府并不想就此终止与俄合作,美国在阿富汗、伊朗核问题等许多方面仍然有求于俄方合作。因此,虽然9月的首脑会晤取消了,但外长拉夫罗夫和防长绍伊古仍然按计划于8月9日访问美国,与国务卿克里和防长哈格尔进行了双边2+2会谈。美方表示,取消元首会晤不是要使两国关系断裂。克里称:"美俄双边关系非常重要,双方既有共同利益,也有利害冲突,我们对于我们有共识的领域和有分歧的领域有非常非常冷静的看法。"拉夫罗夫称,预定9月的美俄峰会不是取消了,只是推迟了,两国是"相互尊重的",没有回到冷战和破坏两国"战略稳定"的危险。②双方仍然讨论了双边和地区问题,尤其是伊朗核问题和叙利亚问题。

第二节 关于导弹防御系统之争

一、美国边部署边与俄交涉

奥巴马就任后,对布什政府在波兰、捷克部署导弹防御系统的计划作出了调整。在2009年7月的美俄莫斯科峰会上,奥巴马告知梅德韦杰夫,他的政府将重新审查这个计划。莫斯科峰会后,中东欧国家二十几位前领导人和社会名流,包括捷克前总统哈维尔、波兰前总统克瓦希涅夫和瓦文萨、立陶宛前总统瓦尔达斯·阿达姆库斯、罗马尼亚前总统埃米尔·康斯坦丁奈斯科等出于对美俄关系重启可能影响欧洲安全的担心,联名给奥巴马政府写了一封公开信,对大西洋联盟在俄罗斯"入侵"格鲁吉亚时的袖手旁观感到痛惜,对"中欧和东欧国家不再属于美国外交政策核心"深表担忧。他们断言,俄罗斯"正在重新回归为一个修正主义大国,正在用21世纪的战术和方法实施一种19世纪的议程"。他们提醒奥巴马,切勿在与波兰、捷克磋商之前就取消导弹防御计划,这将损害美国在这一地区的信誉。③

民主党人和共和党人在导弹防御问题上历来就有分歧,民主党人对导弹防

---

① 耿学鹏:《美俄争面子避内伤》,2013年8月9日,http://news.eastday.com/whyauto/2013-08-09/546210.html。

② Thom Shanker and Michael Gordon, "Kerry and Hagel Meet with Their Russian Counterparts," August 9, 2013, https://www.nytimes.com/2013/08/10/world/europe/kerry-and-hagel-meet-with-their-russian-counterparts.html.

③ "An Open Letter to the Obama Administration from Central and Eastern Europe," July 16, 2009, https://www.rferl.org/a/An_Open_Letter_To_The_Obama_Administration_From_Central_And_Eastern_Europe/1778449.html.

御技术的成熟性和高昂成本一直抱有怀疑。在奥巴马重启对俄关系的大构想的影响下，美国防部和参谋长联席会议依据对伊朗导弹威胁的评估，作出了“以分阶段适应的方式在欧洲进行导弹防御”的建议，承诺在欧洲部署经过验证的、性价比好的、能适应安全环境变化的技术。建议认为，对美国及美在欧洲的盟友和伙伴造成最大威胁的是伊朗的中短程导弹。根据美国现有技术及其发展，五角大楼建议分四个阶段在欧洲部署海基和陆基的反导系统，而不必在波兰和捷克建立导弹防御基地和固定的拦截设施。①也就是说，导弹防御系统的主要目标已经从侧重防御洲际导弹转变为侧重防御即时发射的中短程导弹。②奥巴马批准了国防部和参联会的建议，并称“美国在欧洲新的导弹防御架构将为美国及其欧洲盟国提供更强大、更迅速和更聪明的保护”。9 月 17 日，他宣布，取消原先在波兰、捷克建立导弹防御基地的决定，并表示，俄对美在欧洲的导弹防御系统的担忧是没有必要的，欢迎俄加入对伊朗导弹的防御之中来。③这一决定为美俄关系重启排除了一大障碍。但奥巴马仅仅是在公布该决定前一天才给波、捷领导人打电话的，不能不引起两国的不满。捷克前副总理、时任驻美大使旺德拉表示：“这是美国政策的逆转，我们指望美国兑现其承诺，不然，美国要求盟国在阿

① 这四个阶段是：第一阶段，到 2011 年，部署拥有海基“标准-3”IA 型导弹的“宙斯盾”弹道导弹防御舰以及陆海两用的前沿部署型 AN/TPY-2 雷达系统；第二阶段，到 2015 年，部署更好的拦截弹和传感器，以应对近程和中程弹道导弹的威胁。美将在西班牙罗塔基地部署 4 艘宙斯盾驱逐舰，在罗马尼亚罗德维塞卢建立、维护和运转一个陆基导弹防御阵地，部署“标准-3”Block IB 型拦截弹，在 2015 年 12 月 18 日开始投入使用；第三阶段，到 2018 年，进一步扩大防御范围以应对中程和中远程弹道导弹对欧洲盟国的威胁，将在波兰建设第二个陆基标准-3 型拦截导弹阵地；第四阶段，到 2020 年，通过部署“标准-3”Block IB 型拦截弹具备拦截中东地区潜在洲际弹道导弹的能力。导弹防御司令部和控制系统将随着部署进展不断升级。2013 年，奥巴马政府放弃了第四阶段。“NATO missile defense system,” https://en.wikipedia.org/wiki/NATO_missile_defence_system.

② 从布什到奥巴马时期一直担任防长的盖茨指出，改变在波兰、捷克部署导弹防御系统的决定还有具体原因，捷克依然在政治上反对部署雷达，波兰对美国提出的安全保证要求越来越高，超过了美国给予其他北约成员国的保证。因此，在奥巴马入主白宫时已经可以明显看出，原来的计划是行不通了。奥巴马政府改变计划不是为了取悦俄罗斯，在国防部没有人持这样的想法。罗伯特·盖茨：《责任——美国前国防部长罗伯特·盖茨回忆录》，陈逾前等译，第 397、399 页。

③ Barack Obama, “Remarks on Missile Defense Systems in Europe,” September 17, 2009. Online by Gerhard Peters and John T. Woolley, *The American Presidency Project*, https://www.presidency.ucsb.edu/node/287745; “Fact Sheet on U.S. Missile Defense Policy,” September 17, 2009. Online by Gerhard Peters and John T. Woolley, *The American Presidency Project*, https://www.presidency.ucsb.edu/node/323314.有学者指出，奥巴马在导弹防御系统上作出的改变，也有通过与欧洲联手构建导弹防御系统，引导欧洲盟国共同分担防务责任和开支，从而削减美国的国防费用的意图。张万里：《欧洲反导问题与美俄关系“重启”的前景》，《俄罗斯学刊》2012 年第 1 期。

富汗和其他问题上的支持就会产生问题。”①

在奥巴马宣布这一决定后，梅德韦杰夫回应说，这一改变是“负责任的举动”，“我们珍视美国总统的负责任的态度……我准备继续对话”，②他随即宣布，俄原先准备在加里宁格勒州部署伊斯坎德尔地对地导弹的计划也将取消。奥巴马在 2010 年 4 月 8 日与梅德韦杰夫在布拉格会晤时又讨论了导弹防御问题，在两国领导人签署了《新削减进攻性战略武器条约》后，奥巴马又说，美国的导弹防御计划“不是为了改变美俄之间的战略平衡”，而是为了保护美国人民免受正在出现的威胁，如伊朗。③美方在两年之中也没有再在阿拉斯加州试验陆基拦截导弹。作为回应，梅德韦杰夫表示俄将在核裁军、防扩散等问题上与美继续合作。

其实，美国与波兰关于建立导弹防御基地的协定并未完全取消。2010 年 1 月，美波双方宣布，根据 2008 年的协定，一组短程地对空爱国者导弹将根据轮值的原则在 6 月从德国部署到波兰靠近加里宁格勒的边界地方。俄方对此表示不满，拉夫罗夫称他“不理解”波兰有什么必要防范俄罗斯。俄军方人士则称，俄可能增强波罗的海舰队。7 月 3 日，希拉里・克林顿与波外长西科尔斯基签订了 2008 年条约的一个附件，其中允许美国在波兰部署 SM-3 型导弹。签字仪式后，西科尔斯基表示将允许俄罗斯视察该设施。④

新修改的分四阶段的导弹防御系统的部署也在进行之中。2010 年 2 月 4 日，美国与罗马尼亚共同宣布，罗已经同意部署美国的短程—中短程拦截导弹，使导弹防御系统覆盖南欧，而先前布什政府的导弹防御系统仅能覆盖西欧。这样，从 2015 年起在罗马尼亚德维塞卢将部署 SM-3 型导弹。这个修改后的导弹防御系统的第一部分早期预警雷达设施将部署在土耳其的马拉提亚，并将自 2012 年 1 月 16 日起投入运行。美国务院和罗总统巴塞斯库都声明，这个系统不是为了防范俄罗斯。但俄方官员，包括俄军总参谋长都断言，这个系统就是针对俄罗斯的，它将使美俄之间的军控谈判受到阻碍。俄也对宙斯盾舰在黑海的游弋感到不安。⑤

---

① Luke Harding and Ian Traynor, “Obama Abandons Missile Defense Shield,” September 17, 2009, https://www.theguardian.com/world/2009/sep/17/missile-defence-shield-barack-obama.

② Jim Nichol, *Russian Political, Economic, and Security Issues and U.S. Interests* (CRS Report for Congress), March 31, 2014, p.32.

③ “Obama Hails New Treaty as New Era in Relations with Russia,” April 8, 2010, https://www.theguardian.com/world/2010/apr/08/barack-obama-nuclear-treaty-medvedev.

④ Jim Nichol, *Russian Political, Economic, and Security Issues and U.S. Interests* (CRS Report for Congress), March 31, 2014, pp.65—66.

⑤ “NATO Missile Defense System,” https://en.wikipedia.org/wiki/NATO_missile_defence_system; Jim Nichol, *Russian Political, Economic, and Security Issues and U.S. Interests* (CRS Report for Congress), March 31, 2014, p.66.

2月12日，保加利亚总理又宣布支持美国的导弹防御系统。保外长还说，这个系统也能使俄罗斯免遭伊朗导弹的威胁。俄方可并不领情，拉夫罗夫称："我们已经向我们的美国伙伴提出质疑……罗马尼亚、保加利亚接连这样出乎意料，到底是什么意思？"①

在2010年11月19日至20日的北约里斯本峰会上，各国领导人正式把国土导弹防御作为北约的一个核心目标，并正式接受了美国的分阶段可适应导弹防御系统计划，将其视为"对北约导弹防御架构的有价值的贡献"，并将制定步骤，在2011年3月和6月的北约防长会议上进行审议，然后予以具体实施。会议宣言也提到将继续寻求与俄在导弹防御问题上的合作，但没有具体措施。②

同时还举行了北约—俄罗斯理事会第三次峰会，梅德韦杰夫出席峰会并会晤北约28国领导人，双方确认"互不威胁对方"。会议发表了联合声明，称致力于"在互信、透明和可预期的基础上建立真正的战略性的现代伙伴关系"，在导弹防御问题上双方同意恢复在战区导弹防御方面的合作，共同努力为将来更广泛的导弹防御合作制订出一个全面的分析框架，在2011年北约防长会议上将评估此项工作。梅德韦杰夫提出了一个新的概念：以防区为基础的联合的导弹防御设想，每个欧洲国家都将在自己的防区内承担一份责任。简单说来就是，俄罗斯负责自己的领空，把飞经俄领空去袭击欧洲国家的导弹拦截下来，欧洲国家则把飞经欧洲以俄为目标的导弹打掉。③

但美国/北约与俄罗斯各有自己的打算。峰会后，美国务院官员强调，虽然俄方将参与导弹防御项目，但美方"继续拒绝对导弹防御计划的任何约束和限制"。2010年12月，普京在接受美国有线电视新闻网(CNN)拉里・金(Larry King)采访时说：

> 如果俄罗斯提出的建议遭到否决，甚至在我们的边界附近地区威胁增长……俄罗斯一定会通过各种方式确保自己的安全：我们会在我们的边界地区部署新的打击力量来应对正在形成的新威胁，部署新的核导弹力量……这不是我们的选择，我们不希望发生这样的事情。这不是危言耸听，我只是想说明如果我们不能就共同工作达成一致会是

① Jim Nichol, *Russian Political, Economic, and Security Issues and U.S. Interests*(CRS Report for Congress), March 31, 2014, p.65.

② NATO, "Lisbon Summit Declaration," November 20, 2010, https://www.nato.int/cps/en/natolive/official_texts_68828.htm.

③ NATO, "NATO-Russia Set on Path towards Strategic Partnership," November 20, 2010, https://www.nato.int/cps/en/natohq/news_68876.htm; Медведев: РФ готова участвовать в ЕвроПРО на принципах равноправия, 20 ноября 2010. https://ria.ru/20101120/298861627.html.

一种什么情况。我们真不想这样。①

12 月 20 日，拉夫罗夫外长指出，俄同意参与北约导弹防御系统是该系统成功的基础，也是俄与北约改善关系的关键。②

2011 年，美俄在欧洲的导弹防御系统问题上主要有两点分歧。第一，俄罗斯提出了分区防御的概念，遭北约拒绝。1 月，北约秘书长拉斯穆森一方面表示，北约与俄在导弹防御问题上的合作对于双方发展整体安全关系是重要的，另一方面又坚持，两者各有各的导弹防御系统。北约的核心条款是关于“集体防卫”的第五条，北约有责任保卫成员国和人民的安全，接受俄罗斯的建议将违反北约的基本理念，“我们无意把这份责任‘外包’给别人”。俄作为一个大国希望有自己的导弹防御系统。双方的合作限于分享信息。③第二，俄罗斯仍然担心，如果美国的导弹防御系统在数量和质量上继续发展，在将来某个时候就会破坏美俄之间进攻性战略力量的平衡。俄方仍然要求美方就美国的导弹防御系统不针对俄罗斯作出“有法律约束力的书面保证”。美方坚持说，这样的担保难以获得国会批准，美方表示可以就此提供政治承诺，美方每年都可将导弹防御系统的进展情况和下一步计划清楚告诉俄方，俄方可据此作出评估，是否对俄战略力量造成了威胁；俄方还可以就此向美方提出要求和发表声明，如同 2010 年 4 月俄方就新条约发表的声明一样。④北约国家也反对向俄提供书面担保，认为这等于是让俄来决定北约的防务学说，并将束缚未来的政治和军事领导人的手脚。3 月，拜登副总统访俄，会晤了梅德韦杰夫和普京；5 月，美俄两国参谋长举行会谈；5 月底，在法国多维尔八国峰会期间奥巴马又与梅德韦杰夫举行会晤，但双方就导弹防御问题的多层次谈判都没有结果。不仅如此，俄罗斯对于土耳其允许在其国土上部署导弹防御系统的雷达和西班牙准许在罗塔海军基地停泊宙斯盾舰表示反对，双方争论不休。

11 月 23 日，梅德韦杰夫在俄罗斯电视台“致俄罗斯公民”节目中宣布，俄美之间关于导弹防御问题长达一年的谈判已经失败。他简单回顾了美国在欧洲建

---

① Владимира Путин，Интервью Ларри Кингу. Полный текст，30 ноября 2010 г. https://ria.ru/20101202/303390492.html.

② Jim Nichol, *Russian Political, Economic, and Security Issues and U.S. Interests*(CRS Report for Congress), March 31, 2014, p.67.

③ NATO, “Russia Missile Systems to Stay Separate: NATO Chief,” January 26, 2011, http://www.spacewar.com/reports/NATO_Russia_missile_systems_to_stay_separate_NATO_chief_999.html.

④ Steven Pifer, “NATO-Russian Missile Defense: Compromise Is Possible,” December 28, 2012, https://www.brookings.edu/articles/nato-russia-missile-defense-compromise-is-possible/.

立导弹防御系统的历史、俄美双方的立场,以及美国一些共和党议员甚至明确要求建立针对俄的导弹防御系统等事实,指出,俄罗斯希望"欧洲不再有一条新的分界线,各国共建导弹防御系统,共享安全半径,俄罗斯也能平等地合法地参与其中……我们指望以平等、不可分割的安全、相互信任和可预见性代替俄美关系中的摩擦和对抗,令人遗憾的是,美国及其北约伙伴没有表现出朝着这一方向发展的足够意愿",现在欧洲的导弹防御系统已经在部署之中,在波兰、土耳其、罗马尼亚以及西班牙,俄罗斯面临一个既成事实。为此,梅德韦杰夫宣布了五项反制措施:命令国防部立即将加里宁格勒的早期预警雷达站置于实战戒备;在加里宁格勒重新部署伊斯坎德尔导弹;以先进的导弹防御穿透系统及新的高效弹头装备新的战略导弹;研究使导弹防御系统数据和制导系统失灵的办法;在西部和南部部署进攻性的武器系统,以保证有能力摧毁美导弹防御系统中的任何部分,他已经就此给武装部队下达了新任务。梅德韦杰夫警告说,如果形势对俄来说继续恶化,俄甚至可能退出《新削减进攻性战略武器条约》,但俄没有关闭与美国和北约在导弹防御方面继续对话和进行实际合作的大门,希望西方伙伴能采取"理性的、建设性的态度"。①这是从奥巴马当政、美俄关系重启以来梅德韦杰夫对两国关系最严峻的一次讲话,是对美国最严厉的一次谴责,阐明了俄坚决回击美国/北约导弹防御系统的立场。俄总参谋长马卡罗夫也对各国武官表示:"俄罗斯不需要军备竞赛,但我们被迫加入竞赛","为什么要在欧洲把俄罗斯隔离开来?谁需要这样做?我们准备合作共同建立一个导弹防御系统,为什么别人不与我们相向而行?"②

但美国部署导弹防御系统的主意已定。美国家安全委员会发言人托米·维特(Tommy Vietor)对梅德韦杰夫的声明回应说,美国希望在导弹防御问题上继续与俄合作,但不会改变在欧洲的部署计划。美方和北约将在此后的谈判中继续坚持,北约有自己的导弹防御系统,而不是与俄共享,北约与俄的合作限于分享信息。③

11月底,梅德韦杰夫访问了加里宁格勒的导弹基地,并下令启动沃罗涅日—DM新型早期雷达预警系统,他表示,俄罗斯的这套系统不是针对西方的,但再次警告说,如果美国/北约部署其导弹防御盾牌,俄罗斯可以把导弹部署在

---

① Дмитрий Медведев, Заявление президента в связи с ситуацией, которая сложилась вокруг системы про стран НАТО в европе, 23 ноября 2011 г. http://www.kremlin.ru/catalog/keywords/3/events/13637.

② "Russia and NATO Trade Barbs over Missile Shield," December 7, 2011, http://www.spacedaily.com/reports/Russia_and_NATO_trade_barbs_over_missile_shield_999.html.

③ Paul Belkin, *NATO's Chicago's Summit* (CRS Report For Congress), May 14, 2012, p.7.

俄欧边界。①在12月初的北约—俄罗斯理事会外长会议上北约秘书长拉斯穆森语带讥讽地说："把大笔的钱花费在反制一个本来并不存在的人为制造出来的敌人上肯定是在浪费宝贵的资源……这笔钱理应用于创造就业岗位和实现现代化以造福俄罗斯人民。"②

2012年3月23日，梅德韦杰夫在赴首尔出席核安全峰会前向奥巴马递过话去：西方与俄罗斯就欧洲导弹防御盾牌达成一致的时间越来越少了。③27日，两国元首在峰会期间进行会晤。奥巴马私下对梅德韦杰夫说："这是我最后一次选举。选举以后我就会有更多的灵活性。"梅德韦杰夫表示理解，并称他将向普京转达。奥巴马疏忽了，他旁边的麦克风是开着的，二人的悄悄话被播放了出去，闻者惊愕不已，共和党人潮水般的批评随之而来。共和党候选人罗姆尼(Mitt Romney)称这是"令人震惊和不安的"，是对普京的"投降"。④

在2012年5月初由俄罗斯主办的关于导弹防御系统的讨论会上，美国务院官员称，美国不能同意任何对导弹防御系统的限制，"但是我们可以同意一项政治声明，我们的导弹防御系统不是针对俄罗斯的"。俄总参谋长马卡罗夫将军回应说，"我们对于不同类型的保证持开放态度"，但他同时警告说，如果美国不顾俄关切部署导弹防御系统，"如果形势继续恶化，(俄)就会作出决定先发制人地使用破坏性力量"，俄将针对北约的导弹防御基地，"在俄南部和西北部部署新的打击力量，包括在加里宁格勒部署伊斯坎德尔导弹，这是摧毁(北约)在欧洲的导弹防御系统的基础设施的选项之一"。⑤

在5月20日至21日的北约芝加哥峰会上，北约宣布其导弹防御系统已经取得阶段性能力。所谓"阶段性能力"是指位于德国拉莫斯登的北约联合空军司令部已经建立基本的指挥和控制能力并经过了试验，各盟国的传感器和拦截装置都与之相连。北约秘书长拉斯穆森宣布："我们的系统将把各盟国的导

---

① Медведев послал с новой РЛС сигнал Западу, 29 ноября 2011, https://ria.ru/20111129/501322368.html.

② "Russia and NATO Trade Barbs over Missile Shield", December 7, 2011, http://www.spacedaily.com/reports/Russia_and_NATO_trade_barbs_over_missile_shield_999.html.

③ Медведев и Обама обсудят в Сеуле проблемы ПРО, а также урегулирование в Сирии, 23 марта 2012. https://er.ru/activity/news/medvedev-i-obama-obsudit-v-seule-problemy-pro-takzhe-uregulirovanie-v-sirii.

④ Reuters Staff, "Obama Tells Russia's Medvedev More Flexibility after Election," March 26, 2012, https://www.reuters.com/article/us-nuclear-summit-obama-medvedev/obama-tells-russias-medvedev-more-flexibility-after-election-idUSBRE82P0JI20120326.

⑤ Bruno Waterfield, "Russia Threatens the NATO with Military Strike over Missile Defense System," May 3, 2012, https://www.telegraph.co.uk/news/worldnews/europe/russia/9243954/Russia-threatens-Nato-with-military-strikes-over-missile-defence-system.html.

弹防御资产，包括卫星、舰只、雷达以及拦截装置连接在北约的司令部和控制系统之下。”①峰会宣言建议“在经常性地交换北约与俄罗斯各自的导弹防御能力的情报的基础上开发一个透明的体系，这种具体的合作是向俄作出……保证的最好方式。北约的导弹防御不是针对俄罗斯的，不会损坏俄的战略威慑能力”。②

普京重新就任总统后声称忙于组建新政府，没有参加芝加哥峰会，也没有参加在戴维营举行的八国峰会。俄外交部发言人 5 月 24 日表示，虽然峰会宣言是朝着正确方向迈出的一步，但政治声明不能作为合作的基础，“有法律约束力的担保……对我们是不可或缺的”。③

在 6 月中旬的二十国峰会期间，奥巴马会晤了普京。这是普京再度入主克里姆林宫后美俄首脑的首次会晤，双方讨论了广泛的双边、地区和国际问题，包括导弹防御问题。双方的《联合声明》中提了一句：“虽然我们在评估方面存在分歧，我们同意继续为解决导弹防御方面的挑战进行联合研究。”④

但美俄双方都已经对谈判感到厌倦，也对谈判可能达成任何协议失去了信心。在 2012 年 12 月 4 日的北约—俄罗斯理事会议后，俄驻北约大使宣布，谈判已经陷入僵局；拉夫罗夫则称，双方仍将就联合评估威胁的建议举行磋商。20 日，普京在记者招待会上又表示：“导弹防御确实在恶化我们（俄美）的关系。但我们不是敌人。我们必须耐心，并寻求妥协。”⑤

2013 年 3 月 15 日，奥巴马政府宣布取消分阶段可适应计划中的第四阶段，即取消在欧洲部署对洲际弹道导弹拦截装置，同时宣布恢复在阿拉斯加州的陆基拦截导弹试验，并再增加部署 14 套陆基拦截导弹装置，2017 年到位。这样在阿拉斯加州的远程拦截导弹将达到 44 枚，这正是布什政府原先计划部署的数量。⑥这第四阶段是俄罗斯最反对的，因为它可能威胁俄的战略核力量。

① “NATO Declares Missile Defense Capability,” May 20, 2012, https://www.nato.int/cps/en/natolive/news_87599.htm.

② NATO, “Chicago Summit Declaration,” May 20, 2012, NATO website, http://www.nato.int/cps/en/natolive/official_texts_87593.htm?mode=pressrelease.

③ Jim Nichol, *Russian Political, Economic, and Security Issues and U.S. Interests* (CRS Report for Congress), March 31, 2014, p.70.

④ Barack Obama, “Joint Statement by President Barack Obama and President Vladimir Vladimirovich Putin of Russia,” June 18, 2012. Online by Gerhard Peters and John T. Woolley, *The American Presidency Project*, https://www.presidency.ucsb.edu/node/301649.

⑤ Пресс-конференция Владимира Путина, 20 декабря 2012 г. http://kremlin.ru/events/president/news/17173.

⑥ Michaela Dodge, “President Obama's Missile Defense Policy: A Misguided Legacy,” September 15, 2016, https://www.heritage.org/defense/report/president-obamas-missile-defense-policy-misguided-legacy.

奥巴马予以取消，是对俄的一个妥协，俄对此作出反应。25日，防长绍伊古给美哈格尔防长打电话，建议美俄恢复2011年中断的导弹防御谈判。北约官员也希望此次谈判能有所进展。4月11日，即将就任欧洲美军最高司令的布里德洛夫（Philip Breedlove）将军在国会确认："美国和北约—俄罗斯理事会都致力于与俄就导弹防御问题进行建设性接触，包括联合的技术研究以及在俄罗斯准备好时进行联合演习。"①

2013年4月15日，美国家安全事务助理多尼伦访俄，并向普京递交了奥巴马的信，奥巴马表示同意6月中旬在北爱尔兰举行八国峰会期间和9月在圣彼得堡举行二十国峰会期间会晤普京，还表示希望加强与俄在一系列地区和国际问题上的合作，包括在导弹防御方面的合作以应对来自伊朗和朝鲜的威胁。普京的外事顾问、前驻美大使尤沙科夫对记者说，多尼伦的访问及奥巴马致信普京是"一个积极的迹象"，奥巴马的信"是相当建设性的，包含了关于军控和经济合作的具体建议"，"普京与多尼伦的谈话也是相当正面的"。②

但俄罗斯认为美国作出的姿态远远不够。4月23日，拉夫罗夫在会晤北约外长及美国务卿克里时说，俄正在研究美方关于导弹防御合作的建议，并"准备进行对话，但是只有在公平的有明确保证的基础上才能进行合作"，俄要求"坚实的法律担保"，美国的拦截导弹不会把俄罗斯的战略导弹打下来。③

5月23日，俄国家安全会议秘书巴特鲁舍夫访美并递交了普京给奥巴马的回信，普京再次坚持，美国应当就导弹防御系统不针对俄罗斯作出有法律约束力的承诺。

俄罗斯的反制措施是在加里宁格勒州以及沿爱沙尼亚、立陶宛和拉脱维亚边界地区部署了近10套伊斯坎德尔-M战役战术导弹，其射程可以覆盖波兰、波罗的海三国全境，增程导弹甚至可以打到柏林。④

由俄国防部主办的"欧洲安全的军事与政治问题"国际学术讨论会5月在莫

① Jim Nichol, *Russian Political, Economic, and Security Issues and U.S. Interests* (CRS Report for Congress), March 31, 2014, p.71.

② David Herszenborn, "As U.S. Seeks Security Pact, Obama Is Set to Meet Putin," April 15, 2013, https://www.nytimes.com/2013/04/16/world/europe/tensions-high-us-security-chief-meets-with-putin.html; "Obama Sends Letter to Putin to Improve Relations," April 15, 2013, Associated Press, https://www.heraldnet.com/news/obama-sends-letter-to-putin-to-improve-relations/.

③ Выступление и ответы Министра иностранных дел Российской Федерации С. В. Лаврова на вопросы СМИ по итогам заседания Совета Россия-НАТО на уровне министров иностранных дел, Брюссель, 23 апреля 2013 г. https://www.mid.ru/posledniye_dobavlnenniye/-/asset_publisher/MCZ7HQuMdqBY/content/id/113090.

④ 冯玉军：《俄美关系：力量失衡下的相互角力》，《现代国际关系》2014年第2期。

斯科举行。俄军总参谋长格拉西莫夫在会上说："我们已经采取了适当的军事和技术措施来中和美国全球导弹防御系统对俄罗斯潜在核力量的负面影响，我们并不隐瞒这一事实。"他强调，实施这一中和系统取决于俄对美国/北约导弹防御系统可能在多大程度上削弱俄核力量的评估。为了表示这不是虚声恫吓，防长绍伊古于5月前往加里宁格勒视察沃罗涅日-DM早期预警雷达系统。他在视察时说，国家计划在2018年前建立一个可持续的导弹防御早期预警雷达站。我们在加里宁格勒有预警，我们有高度的戒备，我希望整个系统能按时完成。①加里宁格勒的预警系统将于2014年投入实战使用。该雷达站可以监视北非、地中海乃至远及大西洋的广阔地区。俄罗斯还在多地建立了类似的早期预警雷达站。

6月初，美国务卿克里在访问波兰时表示："在导弹防御方面美国对俄罗斯没有作出任何让步。"②6月17日，奥巴马与普京在北爱尔兰八国峰会期间举行会晤，讨论了广泛的双边和国际问题，在有些问题上，如经贸合作，取得了一定进展，但在导弹防御问题上分歧依旧。而预定在9月圣彼得堡二十国峰会期间举行的双边会晤由于斯诺登事件而被取消了。③

2013年10月23日，防长绍伊古首次出席了北约—俄罗斯理事会防长会议，已经有两年没有举行防长会议了。绍伊古在会上再次强调俄罗斯反对北约导弹防御系统的立场，表示"为了恢复彼此信任，打消俄罗斯关于这个系统最终将威胁俄洲际导弹的担心，必须在导弹防御方面做点什么事情"。他同时告诉记者，俄正在建设现代化的可靠的军事力量准备应对任何威胁。美防长哈格尔在记者招待会上承认，俄与西方在导弹防御问题上的分歧没有消除，11月在罗马尼亚的导弹防御基地奠基仪式仍将如期举行。④

二、乌克兰危机之后

2014年的乌克兰危机标志着美国/北约对俄关系进入以竞争和对抗为主的

---

① Viktor Litovkin, "Russia Activates New Early Warning Radar System," June 7, 2013, https://www.rbth.com/science_and_tech/2013/06/07/russia_activates_new_early_warning_radar_systems_26851.html.

② Jim Nichol, *Russian Political, Economic, and Security Issues and U.S. Interests*(CRS Report for Congress), March 31, 2014, p.72.

③ 详见本书第474页。

④ Министр обороны России, генерал армии Сергей Шойгу принял участие в заседании Совета Россия-НАТО, 25 октября 2013 г. https://vpk.name/news/99065_ministr_oborony_rossii_general_armii_sergei_shoigu_prinyal_uchastie_v_zasedanii_soveta_rossiya-nato.html; Pavel Felgenhauer, "Shoigu Agrees to Maintain a Videolink to the Pentagon," October 24, 2013, https://jamestown.org/program/shoigu-agrees-to-maintain-a-videolink-to-the-pentagon/.

阶段,双方在欧洲的战略竞争态势更趋激化。北约直接向乌克兰提供各种经济和军事援助,在中东欧地区加大了军事部署的力度,并频繁举行大规模军事演习。俄罗斯则支持乌东部地区武装力量,在边境地区进行大规模军演、部署战略武器与重兵,减少对欧洲的天然气供应。9 月 5 日,北约威尔士峰会的主题就是讨论北约对乌克兰危机的反应。峰会重新将俄罗斯定位为对手,终结了此前 20 年北约—俄罗斯的伙伴关系。峰会宣言一开始就说:"俄罗斯对乌克兰的侵略行动从根本上改变了我们对一个完整的、自由的、和平的欧洲的看法。"峰会表示继续完全支持乌克兰的主权、独立和国际承认的边界内的领土完整,不承认克里米亚脱乌入俄,要求俄停止在乌东部地区的军事干涉。峰会决定中断与俄的一切民事和军事合作项目,仅保留双方政治沟通的渠道。

危机也推动了美国的导弹防御体系部署。2014 年 3 月下旬,奥巴马政府中止了与俄罗斯的导弹防御"合作"。①威尔士峰会再次强调"导弹防御是同盟整体防御态势的一部分,并对同盟不可分割的安全作出贡献",但它不能替代进攻性核力量,"只要核武器还存在,北约就是一个核同盟",北约的核力量,尤其是"美国的核力量是同盟安全的最大保障"。峰会还决定,下届峰会于 2016 年 7 月在波兰华沙举行,以此表明,虽然发生了乌克兰危机,但同盟将保障北约新成员的安全。峰会还决定增加防务开支,国防费用没有达到国内生产总值 2.5%的国家将努力达到这个标准。峰会还批准了所谓《北约行动准备计划》,"以便迅速、有效地应对新的挑战","确保北约继续是强大的、有准备的、充满活力的、能对现在和将来无论来自何处的挑战作出回应的联盟"。实际上,这个计划首先是北约政治决心的显示,是为了给北约的东欧成员壮胆,让它们不必惧怕俄罗斯,北约有决心并有能力保卫它们。②此次北约峰会是北约—俄罗斯关系中的一个转折点。冷战结束后北约与俄罗斯的伙伴关系起起伏伏,但始终在延续,现在峰会正式宣告,这种关系结束了,双方正式成了对手。

上述北约峰会宣言和《行动准备计划》再次刺激了俄罗斯,俄驻丹麦大使瓦宁警告说,如果丹麦加入北约的导弹防御系统,丹麦舰只可能成为俄核导弹瞄准的目标。③12 月 5 日,俄罗斯颁布新《军事学说报告》,其中列出了 14 项外

---

① Jim Nichol, *Russian Political, Economic, and Security Issues and U.S. Interests* (CRS Report for Congress), March 31, 2014, p.73.其实,原先的"合作"也不过是谈判、争吵的代名词而已。

② NATO, "NATO Wales Summit Declaration," 5 September 2014, https://www.nato.int/nato_static_fl2014/assets/pdf/pdf_2016_07/20160627_1607-factsheet-rap-en.pdf.

③ CBS News, "New U.S. Missile Site Going Live in Russia's Back Yard," May 12, 2016, https://www.cbsnews.com/news/us-missile-defense-romania-russia-nato-defenses/.

部军事风险，北约排在首位，北约是个侵略性组织，西方领导人却谎称是“防御性联盟”；文件对于北约导弹防御系统的定性是“破坏了全球的战略稳定和已经形成的核导弹力量的平衡，实行‘全球打击’的概念、试图在外空部署武器以及发展非核的高度精确打击的战略力量”都是对俄的威胁；美国从西、东两面和北极威胁着俄罗斯，甚至“在俄周边国家加强生物战实验室的网络系统”；文件还阐述了俄罗斯的军事政策、防止和遏制军事冲突的措施、军事现代化的种种举措等。①报告表明，普京领导下的俄罗斯准备在各个方面，从叙利亚到乌克兰再到北极，对抗美国和西方的压力，并把它顶回去。

波罗的海三国与俄罗斯毗邻，一直对俄心怀疑惧。2015 年 1 月，北约决定在三国以及罗马尼亚、保加利亚建立导弹防御体系指挥和控制中心，2016 年年底前到位。2016 年 7 月 8 日至 9 日，北约华沙峰会宣布北约已经具备初步的导弹防御能力。②

2016 年 2 月，梅德韦杰夫总理出席慕尼黑欧洲安全会议。他在演讲中说，来慕尼黑之前见过普京总统，他们讨论了普京 2007 年在欧安组织会上的讲话，当时普京说到，意识形态的成见和双重标准不会缓解而只会进一步加剧国际关系中的紧张，降低国际社会作出有重大意义的政治决定的机遇。梅德韦杰夫接着说：“我们的评估是否过于悲观了呢？很遗憾，今天的欧洲安全形势甚至比我们担心的更遭。”他严厉谴责北约围堵俄罗斯，警告说：“不能说得更尖锐了，实际上我们已经滑入了新冷战时代。我有时禁不住纳闷，我们是在 2016 年还是 1962 年。”③

2016 年 1 月，俄宣布在西部和南部地区新建三个师和一个坦克团，并装备最新式武器，同时加快研制新一代能突破北约导弹防御系统的导弹。5 月 12 日，美国在罗马尼亚的导弹防御系统正式启用。13 日，美在波兰的陆基宙斯盾导弹防御系统开工建设。12 日，克里姆林宫发言人佩斯科夫在记者招待会上警告说，罗马尼亚的这个新设施“是对俄罗斯安全实实在在的威胁”，俄“正在采取

---

① Военная доктрина Российской Федерации, 25 декабря 2014 г. https://docs.cntd.ru/document/420246589.

② 见本书第 525 页。

③ Выступление Дмитрия Медведева на панельной дискуссии. Мюхенская конференция по вопросам политики безопасности, 13 февраля 2016 г. https://rg.ru/2016/02/13/stenogramma-vystupleniia-dmitriia-medvedeva-na-miunhenskoj-konferencii.html.

措施以确保必要程度的安全，总统本人要我提醒各位，他曾经反复问过一个问题，这个系统到底是针对谁的"。①5 月 17 日，俄《消息报》透露，俄将恢复并扩建在克里米亚的雷达站，其监测范围可覆盖大半个欧洲。②

① CBS News, "New U.S. Missile Site Going Live in Russia's Back Yard," May 12, 2016, https://www.cbsnews.com/news/us-missile-defense-romania-russia-nato-defenses/.

② 张建、周琪：《奥巴马第二任期美俄关系析论》，《世界经济与政治》2016 年第 11 期。

第十三章 美俄博弈与乌克兰的动荡(二)

第一节 “迈丹革命”

一、乌克兰恢复“平衡”政策

奥巴马就任美国总统后确认了布什政府与乌克兰订立的宪章，截至2011年2月，美乌伙伴关系委员会举行了三次会议，下设能源安全、科技、政治对话和法治等工作小组。①但乌内部纷争干扰了宪章的落实和美乌关系的进展。

2009年1月1日，俄乌再次爆发天然气纠纷。由于在供气价格和过境费用问题上的分歧，俄切断了对乌供气，7日，停止了通过乌对欧盟国家供气，导致严重依赖俄天然气的欧盟国家出现气荒。欧盟介入斡旋，1月19日，俄乌签订新的天然气购销合同，普京总理与季莫申科总理见证签字仪式。根据新合同，俄方同意对乌供气价格在对欧洲价格基础上给予20%的折扣，乌方同意2009年俄天然气过境费率维持2008年标准不涨。普京在谈判中把尤先科撇在一边，惹得尤先科十分不满，以致他在2月10日的国家安全与防务委员会会议上当着季莫申科的面斥责协定是出卖国家利益的犯罪行为，季莫申科愤然离席。②尤先科与季莫申科的结怨越来越深，互相指责对方实行集权统治。议会中尤先科一派议员抱怨总统没有掌控政治局面的能力和策略。季莫申科甚至试图与亚努科维奇

---

① Steven Woehrel, *Ukraine: Current Issues and U.S. Policy* (CRS Report for Congress), April 26, 2011, p.11.

② 《乌克兰变局真相》编写组编:《乌克兰变局真相》,新华出版社2014年版,第153—154页。

的地方党结成联盟,以控制议会中 2/3 以上的议席,达到修改宪法、由议会来选举总统的目的。但亚努科维奇在最后时刻打了退堂鼓。混乱的政治局面就这么拖着,好在 2010 年 1 月的总统选举已经临近。

乌克兰政界忙于争权夺利,尤先科的民意支持度不断走低,到大选前已经降到了个位数;奥巴马政府也面临金融危机等一系列紧迫的棘手问题,美乌关系不是当务之急,2009 年上半年美乌关系几乎处于休止状态。原美国驻乌大使泰勒(William Tyler)5 月任满,新大使约翰·特夫特要到 11 月下旬才能到任;奥巴马政府宣布了"重启"对俄关系,乌方担心美乌关系成为"重启"的牺牲品。为了消除乌方的这种疑虑,在奥巴马 7 月上旬访俄两个星期后,副总统拜登访问了格鲁吉亚和乌克兰以示平衡,表示美国没有牺牲两国利益。拜登在基辅发出的主要信息是:第一,乌要继续实行在"橙色革命"中倡导的改革;第二,重启对俄关系并不影响美对乌的支持,美不会以损害乌利益来换取改善对俄关系;第三,为美乌关系增添一些具体合作项目。拜登公开表示,美国继续支持乌加入北约,"如果你们选择成为欧洲—大西洋一体化的一部分,我们坚决支持","我们不承认任何势力范围……不承认任何人有权主宰别国的选择"。他还说:"我们愈发展对俄的实质性关系,就愈有可能来消除俄与其邻国关系中的零和思维。"乌方希望恢复库奇马时期的戈尔—库奇马委员会,美方没有同意。①

2009 年 5 月,欧盟对原苏联的 6 个加盟共和国(乌克兰、格鲁吉亚、摩尔多瓦、亚美尼亚、阿塞拜疆、白俄罗斯)发起了所谓"东部伙伴关系"倡议,目的是在这些国家加入欧盟条件尚不成熟的情况下,借助这一机制"改善与它们的关系,大力提升政治、经济和贸易交往,通过使这些国家变得更加繁荣和稳定来保障欧盟的安全"。话说得冠冕堂皇,其实这一举措的主要目的是防止俄罗斯向这些国家拓展势力。②欧盟试图将西方的意识形态和民主作为一体化的政治基础,并分别与这些国家展开政治对话和贸易自由化谈判。俄罗斯感到极大的冒犯,尤其对欧盟拉拢乌克兰非常不满。拉拢乌克兰是欧盟"东部伙伴关系"倡议的重要环节。欧盟试图通过与乌签署《联系国协定》和自贸区协定,彻底阻断普京重启独联体一体化的进程。③《联系国协定》的核心内容是深度、全面的自由贸易协定

① Niall Green, "US Vice President Biden Visits Ukraine and Georgia," 23 July, 2009, https://www.wsws.org/en/articles/2009/07/bide-j23.html; John Wendle, "Biden's Balancing Act in Georgia and Ukraine," July 24, 2009, http://content.time.com/time/world/article/0,8599,1912655,00.html.

② Council of the European Union, "European Strategy Security: A Secure Europe in a Better World," 2009, https://www.consilium.europa.eu/en/documents-publications/publications/european-security-strategy-secure-europe-better-world/.

③ 张弘:《融入欧洲一体化与乌克兰危机》,《欧洲研究》2014 年第 6 期。

(Deep and Comprehensive Free Trade Area Agreements，DCFTA)。协定要求签字国进行一系列标准、法律和规定方面的改革，以便与欧盟接轨。它是通向完全欧盟成员的跳板，但也不保证加入欧盟，加入欧盟仍需进行实质性谈判。联系国还有一整套机制，包括部长委员会、高官委员会、议会委员会非政府组织以及各专门部门委员会。用前欧盟主席普罗迪的话说，联系国模式向协定签字国提供了入盟以外的一切，它不仅会刺激改革，而且具有地缘经济和地缘理念的意义。①

俄罗斯对欧盟的这个新倡议高度警惕。拉夫罗夫外长 2009 年 3 月直率地对欧盟高官说："我们被指责搞势力范围。那么'东部伙伴关系'呢？如果这不是企图扩展欧盟的势力范围……它又是什么呢？"德国的一个分析家对拉夫罗夫的问题坦率地回答说："当然，答案是：'是的'……在后苏联空间，中立不是欧洲的选择……我们必须直面一个事实：我们正在(与俄罗斯)进行系统性竞争。"②其实双方对此都十分清楚。俄罗斯的一位国际政治观察家关于"东部伙伴关系"写道："莫斯科明确地强调，与欧洲这一部分的任何地区的合作没有俄联邦的参与都是不可能的。"③

欧盟"东部伙伴关系"倡议发起不到一个月，俄罗斯就针锋相对地发起了自己的倡议。2009 年 6 月，俄罗斯、哈萨克斯坦和白俄罗斯组成了关税同盟，从 2010 年 1 月 1 日起生效。苏联解体以后，俄罗斯一直在设想用某种机制把原苏联国家结合在一起。独联体大而无当，实际作用非常有限。俄改变策略，发起仅有三个意向最一致的国家俄、白、哈参加的关税同盟，成立以后立即相互实行大部分商品零关税、对外实行统一税制，大大促进了三国间的贸易发展。俄罗斯还积极游说乌克兰加入关税同盟，并希望以此为基础建立欧亚经济联盟。

亚努科维奇在 2010 年 2 月的总统大选中胜出，美、欧接受了乌的选举结果。奥巴马给亚努科维奇打电话表示祝贺，称这是巩固乌民主的又一重要步骤，并说："美乌两国的战略伙伴关系是基于共享的利益和价值观，包括拓展民主和繁荣，保卫安全和领土完整，加强法治，促进不扩散，支持乌经济和能源部门的改革。"美大使特夫特和其他西方国家大使认为亚努科维奇的执政联盟(总统、总理和议会)对融入欧洲的政策可能是一个好兆头，建议对他实行接触政策，听其言、观其行。在重启对俄关系的大背景下，美方把欧盟而不是北约作为吸引乌融入

① Samuel Charap and Timothy Colton, *Everyone Loses*: *The Ukraine Crisis and the Ruinous Contest for Post Soviet Eurasia*, The International Institute for Strategic Studies, 2017, pp.96—97.

② Valetina Pop, "EU Expanding Its 'Sphere of Iinfluence,' Russia Says", *EU observer*, 21 March 2009, https://euobserver.com/foreign/27827.

③ Samuel Charap and Timothy Colton, *Everyone Loses*, pp.100—101.

西方的主要抓手,鼓励乌方努力争取签署欧盟的《联系国协定》。①

2010 年 2 月亚努科维奇出任总统后即着手调整对外政策,确立了"东西方平衡"但偏向俄罗斯的政策。他明确宣布,在对俄关系冷却了五年之后实行两国关系的正常化是乌外交的首要选择,但又表示,"融入欧洲"依然是乌外交的优先方向。亚努科维奇既强调在对外政策上恪守不结盟立场,又努力准备加入欧洲一体化进程,并于 7 月签署《对内对外政策原则法》,确定乌对外政策的优先原则是欧洲一体化,尽快与欧盟达成互免签证协议,签署欧盟—乌克兰《联系国协定》,建立欧盟—乌克兰自贸区,最终目的是成为欧盟成员。亚努科维奇在 2010 年 3 月会晤欧盟委员会主席巴罗佐时说,"乌克兰的国家利益要求乌成为欧盟平等的一员",与欧盟一体化是乌克兰的优先发展方向。②对于美国,亚努科维奇承诺在两国《宪章》基础上发展关系。有美国学者指出,亚努科维奇与尤先科政策的一个重要区别在于,尤先科融入西方的政策是由意识形态主导的,而亚努科维奇的政策出于现实利益的考量。③

7 月 9 日,亚努科维奇在会晤欧洲理事会常任主席范龙佩(Herman Van Rompuy)时表示,希望能尽快与欧盟签署《联系国协定》和建立自贸区,并敦促欧盟在当年年底前批准实施对乌公民进入欧盟国家免签证的行动计划。范龙佩作了积极表态,欢迎乌进行政治经济改革的努力,相信双方关系将得到进一步加强。亚努科维奇在 9 月参加联合国大会时又表示了加入欧盟的坚定决心。他在接受《华尔街日报》记者采访时说:与欧洲一体化是乌克兰实行国家现代化并达到欧洲现代标准的重要手段,乌坚定不移地推动与欧洲一体化的进程,将尽可能快地完成这一进程。12 月,乌副总理季吉普科又表示,乌计划在 2011 年与欧盟签署《联系国协定》。④

北约和乌对对方的热情都在减退。在 2008 年 8 月俄格"五日战争"后,德、法等欧洲国家担心对俄关系恶化甚至发生军事冲突,更不倾向于接纳乌、格入约了。它们还一再指出,乌大多数民众一直反对加入北约。2008 年 12 月初,北约外长会议同意在现有的北约—乌克兰委员会的框架内进行"年度计划"的合作,对乌的防务改革提供帮助。2009 年 4 月 3 日在法国斯特拉斯堡和德国凯尔举行的北约峰会通过的声明既对乌参加北约维和行动、为欧洲共同安全作出的贡

① Steven Woehrel, *Ukraine: Current Issues and U.S. Policy* (CRS Report for Congress), April 26, 2011, p.11; Steven Pifer, *The Eagle and the Trident*, pp.291, 293.

② 张弘:《融入欧洲一体化与乌克兰危机》,《欧洲研究》2014 年第 6 期;赵鸣文:《普京大外交》,第 116 页;王庆平:《俄罗斯与乌克兰关系研究》,第 140 页。

③ Steven Pifer, *The Eagle and the Trident*, p.291; Steven Woerel, *Ukraine: Current Issues and U.S. Policy* (CRS Report for Congress), April 26, 2011, pp.5, 7—8.

④ 王庆平:《俄罗斯与乌克兰关系研究》,第 155 页。

献给予积极评价，又强调，乌必须继续进行政治、经济、防务和安全改革以达到北约的标准。①奥巴马政府对乌入约问题采取比较现实的态度，没有像布什政府那样竭力推动，以致在 2009 年 12 月 3 日的北约布鲁塞尔外长会议的议程上，根本没有乌、格"成员国行动计划"问题，对于乌、格两国来说，此次缺失实际意味着它们的入约被推到了遥遥无期的未来。由于此后事态的进一步复杂化(包括乌的内战)，入约变得越来越可望而不可即。它也表明，俄罗斯利用其与"老欧洲"国家的地缘政治、尤其是地缘经济优势，成功地分化了新老欧洲，也已经扭转了"橙色革命"以来在乌克兰问题上的颓势，使北约实际上对乌、格两国关上了大门。自然，乌克兰没有完全撤出北约的军事行动，仍支持阿富汗战后重建，到 2010 年仍在阿富汗派有 20 名士兵；乌也派出了 127 人的部队参加北约在科索沃的维和行动。②亚努科维奇在竞选时就承诺，乌将不加入任何军事联盟。2010 年 4 月，他签署命令，撤销了为加入北约而组建的跨部门委员会和国家欧洲—大西洋一体化问题中心。7 月，亚努科维奇签署的《对内对外政策原则法》又明确规定，乌不寻求加入北约。③

亚努科维奇上任后取消了前任那些得罪俄罗斯的政策，如强化乌克兰语国语地位、去俄语化等。俄方也抓住时机，努力恢复在尤先科时期遭到冷落的双边关系。2010 年两国元首会晤达 11 次之多。5 月，在梅德韦杰夫访问基辅时，双方正式签署"天然气换基地"协定：俄方同意未来 10 年在双方原有天然气供销合同价格基础上再优惠 30%，即从每千立方米 330 美元降至 230 美元，同时取消对乌石油出口关税，并承诺在今后 10 年间向乌投资 400 亿美元；乌同意将俄黑海舰队对塞瓦斯托波尔港的租期从现有合约的 2017 年延长 25 年，租期届满后，双方有权选择是否再延长 5 年。亚努科维奇利用他控制的多数使议会迅速批准了协定。乌外交部发言人表示："黑海舰队对乌独立没有任何威胁"，乌官员还称，我们希望继续接近西方，但天然气却还得从东方得到。协定在乌国内引起争议，反对派领导人亚采纽克称协定是"反宪法、反国家、反乌克兰的"，要求俄海军离开克里米亚。俄乌在刻赤海峡的划界问题上也有分歧。④

---

① "Strasberg/Kehl Summit Declaration," April 9, 2009, https://www.nato.int/cps/en/natohq/news_52837.htm? mode=pressrelease.

② Steven Woehrel, *Ukraine: Current Issues and U.S. Policy* (CRS Report for Congress), April 26, 2011, p.6.

③ 王庆平：《俄罗斯与乌克兰关系研究》，第 131—132 页；柳丰华：《俄罗斯对乌克兰政策视角下的乌克兰危机》，《欧洲研究》2015 年第 3 期。

④ 赵鸣文：《普京大外交》，第 108—109 页；梁强：《乌克兰危机一年：回顾、反思与展望》，《俄罗斯研究》2015 年第 1 期；Luke Harding, "Ukraine extends lease for Russia's Black Sea Fleet," April 14, 2010, https://www.theguardian.com/world/2010/apr/21/ukraine-black-sea-fleet-russia。

随着俄乌政治关系的升温,两国经贸交往得到发展,达成关于钢铁、化工、造船、航空和核电等一系列协议,2010 年,俄乌双边贸易额增至 350 亿美元,恢复到金融危机前的水平。①但俄罗斯要求的更多。俄提出由俄天然气公司(Gazprom)控制乌克兰的国有天然气公司(Naftighaz),俄将向乌提供更优惠的天然气价格。乌不同意,乌天然气公司是乌政府的一个重要财源,跟当政者本人的利益息息相关,还是乌与欧洲之间的主要联系,管理着俄向欧洲供气的过境运输。事关重大,亚努科维奇不敢贸然答应。在两国总统会晤了七次仍无结果后,疲惫不堪的亚努科维奇说:"我们实在是不能这样做",梅德韦杰夫反击说:"我们或许也不能这样做,但我们必须这样做。"②

乌克兰当时仍然在 2008 年金融危机的阴影下艰难度日。俄官员常常引用乌方自己的研究报告来证明加入关税同盟能给乌带来多大的经济利益,而加入欧盟的"东部伙伴关系"倡议将给乌造成多大的损害。2011 年 4 月,亚努科维奇试图部分同意俄建议,提出了 3+1 模式,即乌克兰作为关税同盟的观察员,但并不是正式成员,遭俄方断然拒绝。关税同盟委员会主席谢尔盖·格莱杰夫称:"待在外边是不可能取得进步的……乌克兰唯一的选择是完全参与关税同盟的工作。所有其他的方式都无从谈起。"③

二、与欧盟的《联系国协定》引发争议

2010 年,美俄关系在削减进攻性战略武器、伊朗和阿富汗问题上都取得一定进展,亚努科维奇在俄罗斯与西方之间搞平衡的政策与当时美俄关系可以兼容,而且乌不寻求北约"成员国行动计划"倒也移除了美俄关系中的一个主要分歧。俄罗斯把欧盟的"东部伙伴关系"倡议视为西方同俄罗斯的关税同盟、统一经济空间对着干的重要举措,与北约东扩一样是"挖俄的战略墙脚"。于是乌与欧盟签署《联系国协定》的问题成为那几年美俄博弈的焦点。④

与乌民众对加入北约的支持率一直不高形成鲜明对照的是,乌民众对加入欧盟的支持率一直较高。乌民众普遍认为,加入欧盟会给乌带来诸多好处:欧盟可成为乌政治稳定和经济繁荣的保证,一些东欧国家,如波兰、匈牙利在加入欧盟后经济都得到较快发展,对乌民众是有说服力的榜样;获得欧盟成员国资格也

① 王庆平:《俄罗斯与乌克兰关系研究》,第 132 页;柳丰华:《俄罗斯对乌克兰政策视角下的乌克兰危机》,《欧洲研究》2015 年第 3 期。

② Samuel Charap and Timothy Colton, *Everyone Loses*, pp.114—115.

③ Samuel Charap and Timothy Colton, *Everyone Loses*, p.116.

④ Council of European Union, "Joint Declaration of the Prague Eastern Partnership Summit," May 7, 2009, https://www.consilium.europa.eu/media/31797/2009_eap_declaration.pdf;张文宗、薛伟、李学刚:《试析乌克兰危机的战略影响》,《现代国际关系》2014 年第 8 期。

将是乌在后苏联时期转型成功的一个标志;欧盟还将是潜在的经济援助的来源;乌还将额外得到应对俄对乌独立的潜在威胁的安全保障。根据乌官方的数据,2012 年乌克兰实际国内生产总值相当于 1990 年的 69.5%,与乌刚独立时经济水平相仿的波兰相比,仅为波兰人均国内生产总值的四分之一。巨大的发展差距使乌民众向往加入欧盟,民众对"入欧"的支持率一直保持在 50%以上。①

虽然乌在独立以后已经进行了一些改革,但多数欧盟国家认为其在民主制度、完备的法制体系和完善的市场经济体系三个方面,均未达到标准。许多欧盟成员国认为只有在乌加入世贸组织之后才能考虑其欧盟成员国资格问题。尽管乌历届政府都支持一体化,至少口头上是这么说,欧盟从未认真考虑将乌纳入扩大范围,直到 2009 年以后,欧盟才启动了不以入盟为目标的"东方伙伴关系"倡议,签署《联系国协定》让乌民众第一次看到了融入欧洲一体化的希望。②

2010 年 7 月,希拉里·克林顿访问了乌克兰,表示美国支持乌俄改善关系,只要这不是以损害乌与欧洲和美国的关系为代价。希拉里·克林顿冷静地接受了乌不再把加入北约作为政策选择,但仍然强调:"北约的大门是敞开的",并鼓励乌继续与欧盟谈判《联系国协定》。她在公开场合没有对乌民主的滑坡、对媒体的干扰进行批评,但在与亚努科维奇及乌外长的会晤中讨论了民主改革问题。希拉里·克林顿的访问还帮助乌结束了与国际货币基金组织的谈判,使深受国际金融危机冲击的乌得到了 150 亿美元的贷款。总之,美寄希望于乌与欧盟深化关系,希望欧盟对乌多担责任,如果政局稳定,奥巴马可能于 2011 年访问乌克兰。③

2009 年 4 月奥巴马提出无核世界的理念,并于 2010 年 4 月 1 日在华盛顿举行第一次核安全峰会。亚努科维奇认为这是改善对美关系的机会,于是在会上作出了从乌移除所有高丰度浓缩铀的承诺,得到美方赞赏。为此,奥巴马与亚努科维奇在华盛顿会议中心举行了一次简短会晤,但没有如乌方希望的那样在白宫椭圆形办公室举行会晤。乌方同意在下一次核安全峰会(2012 年)之前将乌所储存的高丰度浓缩铀全部移除,美方表示将帮助乌发展核研究能力,并帮助其核反应堆所需燃料来源多元化。美方还同意继续与乌在核安全方面进行合作,包括消除切尔诺贝利核事故的后遗症,美方为此累计提供了 2.4 亿美元的支持。在 4 月关于切尔诺贝利核事故的一次国际会议上,美方又承诺提供 1.23 亿

① 张弘:《融入欧洲一体化与乌克兰危机》,《欧洲研究》2014 年第 6 期。

② 冯绍雷:《构建中的俄美欧关系——兼及新帝国研究》,华东师范大学出版社 2010 年版,第 273 页;张弘:《融入欧洲一体化与乌克兰危机》,《欧洲研究》2014 年第 6 期。

③ Pavel Korduban, "Hillary Clinton on Familiarization Visit to Ukraine," July 9, 2010, https://jamestown.org/program/hillary-clinton-on-familiarization-visit-to-ukraine/; BBC News, "Clinton Starts Former Soviet Tour in Ukraine," July 2, 2010, https://www.bbc.com/news/10484714.

美元援助。奥巴马也强调,即将于 10 月举行的乌议会选举应该是自由的、公正的、透明的,并对乌有选择地起诉反对派领导人表示关注。①

在乌克兰正式决定放弃寻求加入北约后,美国也未就此罢休。2012 年 3 月众议院通过《北约加强法案》,其中说,乌的决定不会影响北约与乌的安全合作,如在互操作性、训练、改革、联合演习等方面的合作,以及与北约成员国的双边交流。参议院稍后通过的法案包含了同样内容。②

乌国内政治的一个不良传统是领导人之间互相算计,互相拆台,打击对手,这给内政和外交都带来严重干扰。2011 年 4 月起,乌总检察院对季莫申科进行刑事立案,指控她 2009 年与俄签订的天然气合同使国家蒙受了 15 亿格里夫纳(1 美元约合 9 格里夫纳)的经济损失。8 月 5 日,基辅一家地区法院宣布,季莫申科因干扰庭审而被捕。此举激起季莫申科支持者和议会反对派的强烈抗议,美国和欧盟国家也认为这是亚努科维奇滥用权力打击异己,是乌民主的滑坡。除了季莫申科,曾在她政府中任职的 3 名高官也遭到起诉,并被判刑。③希拉里・克林顿和欧盟负责外交与安全政策的高级代表卡瑟琳・阿什顿(Catherine Ashton)联名致信亚努科维奇,要求停止此宗案件的审理,德国总理默克尔也为此给他打了电话,西方外交官则向乌各级官员提起此事。④10 月 11 日,法院判处季莫申科 7 年有期徒刑。尽管亚努科维奇一再辩白称"行政中立",但西方国家一致认为这是典型的"政治迫害"。在巨大的压力下,乌政府于 2012 年 5 月同意季莫申科"保外就医",但没有批准其出国治疗。季莫申科案实在是亚努科维奇执政的一大败笔。在国内,它使政府得罪了很大一部分民众;在国际上,几乎没有一个西方国家对此表示支持:西方视亚努科维奇为"政治迫害"的主谋;由于此案指控的是与俄罗斯签订的协定,俄同样表示不满,乌俄初期的热络关系由此变得冷淡。亚努科维奇在西方与俄罗斯之间保持平衡的政策也崩塌了。亚努科维奇本来已经实现了基本掌控内阁和国会的"全政府",这一案件使其遭遇信任危机。此后,欧盟多次将释放季莫申科作为签署《联系国协定》的条件,双方的谈判一度停滞;奥巴马访问乌克兰的可能性也无从谈起,乌方虽然仍在争取联合国大

① Steven Woehrel, *Ukraine*: *Current Issues and U.S. Policy* (CRS Report for Congress), April 26, 2011, p.11.

② Steven Woehrel, *Ukraine*: *Current Issues and U.S. Policy* (CRS Report for Congress), May 24, 2013, p.12.

③ Steven Woehrel, *Ukraine*: *Current Issues and U.S. Policy* (CRS Report for Congress), May 24, 2013, p.3.

④ Steven Pifer, "Ukraine, Europe and Tymoshenko: Does Yanukovich Get It?" September 19, 2011, https://www.brookings.edu/opinions/ukraine-europe-and-tymoshenko-does-yanukovych-get-it/.

会期间实现首脑会晤，但奥巴马和拜登再无兴趣见亚努科维奇。乌的政策乱了方寸。

经过一再犹豫和权衡，乌克兰仍于2012年3月与欧盟草签《联系国协定》，只留下协定的技术细节和法律形式有待解决。①但乌俄贸易与乌和欧盟的贸易不相上下，乌实在是哪边也不敢得罪。乌对俄的经济依赖还表现在劳务输出上。乌常年在俄工作的高级专业人才和持有官方工作许可证的人员多达40万，非官方统计在俄从事季节性工作的劳务人员多达600万，劳务输出每年给乌带来110亿至130亿美元的外汇收入，占了乌国内生产总值的7%。②欧盟与俄罗斯都在对乌施加压力。2012年12月一位欧盟官员说："乌克兰不可能同时与双方（欧盟及关税同盟）结盟……甚至部分加入关税同盟都是有问题的。"显然，乌克兰不能脚踩两只船，签订《联系国协定》与加入关税同盟成了西方与俄罗斯在乌克兰竞争的零和选择。

2012年5月，北约峰会在芝加哥举行，北约首脑也与13个伙伴国领导人进行了会晤。亚努科维奇希望在此期间举行与奥巴马的双边会晤，但美方没有同意；欧洲领导人在短暂的会晤中对他的态度也相当冷淡。北约峰会的公报中有一段讲到了乌克兰，一方面对乌移除浓缩铀表示赞赏，并称北约将继续与乌在现有框架内实行合作，继续对乌实行开门政策；另一方面则表示对乌选择性地实行法治、出于政治动机的诉讼，包括对反对派领导人的诉讼和监禁表示关切。公报要求乌克服现有司法系统的缺点，全面实行法治，全面履行它参与的国际协定。公报还希望乌在秋天举行的议会选举将是一次自由、公正和包容的选举。③

第十四届男足欧洲杯赛定于2012年6月在波兰和乌克兰举行，诸多欧美领导人出于政治原因（主要是季莫申科案）予以抵制。此后，亚努科维奇亲俄立场更加明显。欧洲杯赛闭幕后刚两天，7月3日，乌议会就通过了由地区党倡导的《国家语言政策基础法》，该法规定，在讲俄语人口超过10%的地区，俄语即取得与乌克兰语同样的官方语言地位，从而使俄语得以在乌27个州的13个州中成为地区官方语言。该法在乌激起强烈反响，且进一步分裂了民意：中西部民众坚决反对，东南部民众则大多表示拥护。④

议会选举于2012年秋举行，结果依旧是地区党和季莫申科领导的"祖国党"领先。在选举前夕，希拉里·克林顿和卡瑟琳·阿什顿再次联袂发表声明，题为

① 柳丰华：《俄罗斯对乌克兰政策视角下的乌克兰危机》，《欧洲研究》2015年第3期。

② 赵鸣文：《普京大外交》，第114页。

③ North Atlantic Treaty Organization, "Chicago Summit Declaration," May 20, 2012, https://www.nato.int/cps/en/natohq/official_texts_87593.htm?selectedLocale=en.

④ 《乌克兰变局真相》编写组编：《乌克兰变局真相》，第156页。

《乌克兰令人不安的趋势》,其中对乌竞选过程中使用行政资源帮助执政党代表、一些媒体受到干扰等情况进行指责,并对一些反对派领导人被定罪表示遗憾,认为这剥夺了他们参加选举的机会,是不符合国际标准的。声明最后鼓励乌与欧盟达成《联系国协定》,称这将使乌得到欧盟5亿人的消费群体。①但声明效果甚微。美国务院还发表声明,称此次选举是"一个退步",并对选举和计票过程中的舞弊和作假表示关切。欧安组织观察团也对选举提出了诸多批评,欧盟理事会表示,只有当乌在法律体系改革、改善外商投资环境等方面取得了显著进步,欧盟才能在2013年11月与之签订《联系国协定》。自然,欧盟内部意见也不尽一致。一些中欧国家,如立陶宛、波兰等力主与乌签约,认为孤立乌是把乌推向俄罗斯一边;一些西欧国家领导人鉴于乌人权状况的恶化,对能否签约持悲观看法。②

11月中旬,拜登给亚努科维奇打电话,对刚刚举行的议会选举"表示关切",要求后者"确保公正、透明地完成选举程序"。他敦促亚努科维奇坚守民主的承诺,结束有选择的起诉。③

2013年年初,欧盟领导人与亚努科维奇同意把即将于11月在维尔纽斯举行的欧盟东部伙伴关系峰会作为签订《联系国协定》的目标日期。有的欧盟领导人甚至放风说,基辅现在面临着一个抉择:或者现在,或者永不,如果11月签不了《联系国协定》,乌与欧盟深化关系在近期内就再无可能了。亚努科维奇为签约做了些努力,美国大使特夫特也热心地进行游说。④

俄罗斯清楚意识到,此次签约事关重大,将决定乌在西方与俄之间的选择:签约将把乌从政治上、经济上锚定在欧洲,即使不加入北约,它也不会再加入俄主导的欧亚一体化了。俄罗斯决不允许这种事情发生。俄三管齐下对乌施加压力。一是政治施压。俄多次警告乌,如果乌加入欧盟自贸区,俄将取消俄乌自贸协定,⑤并将在关税同盟范围内对乌实施反制。二是出台一系列贸易惩罚措施:2013年7月俄禁止从乌进口巧克力,并要求白俄罗斯和哈萨克斯坦采取同样措

---

① Hillary Clinton and Catherine Ashton, "Ukraine's Troubling Trends," October 24, 2012, https://www.nytimes.com/2012/10/25/opinion/hillary-clinton-catherine-ashton-ukraines-election.html?mtrref=www.google.com&gwh=035B397F59764E05AD5C5E4C3DAA4F87&gwt=pay.

② Steven Woehrel, *Ukraine: Current Issues and U.S. Policy* (CRS Report for Congress), May 24, 2013, pp.4, 7, 11.

③ "U.S. Vice President Joe Biden Expresses His Concern about Election in Ukraine to Yanukovych," November 14, 2012, https://www.unian.info/politics/715372-us-vice-president-joe-biden-expresses-his-concern-about-elections-in-ukraine-to-yanukovych.html.

④ Steven Pifer, *The Eagle and the Trident*, pp.297—298.

⑤ 2011年10月乌克兰加入了独联体框架内的自贸协定,根据协定,乌商品得以零关税进入俄罗斯市场,双方在医疗、投资、劳务等方面互相享有优惠。

施;此后又多次暂停进口乌的奶制品、水果、蔬菜、禽肉、钢管等商品,8 月 14 日至 19 日则全面停止进口乌商品,使乌出口遭到重创。虽然不到一星期,双方就恢复了正常贸易,但俄方的信息是十分清楚的:如果乌与欧盟签约,它就得面对断绝对俄贸易的后果,而这是乌承担不起的。俄官方说,如果欧盟的商品在深度全面自贸区的无关税情况下进入乌克兰,然后根据独联体的自贸规则这些商品将充斥俄市场。普京说:"这是你们的选择……但是请注意,我们将保卫我们的市场。"三是用"胡萝卜"吸引乌,主要是通过财政援助、优惠关税政策和天然气价格等,吸引乌加入关税同盟。普京在 2013 年 7 月承诺,如果乌加入关税同盟,乌的国内生产总值能得到大幅度提升。①

美方反对俄维护战略空间的努力。希拉里·克林顿 2012 年 12 月 7 日在都柏林的一次讲话中毫不隐晦地说:"现在有一种使该地区重新苏维埃化的行动,自然它不叫这个名称,它叫'关税同盟',叫'欧亚联盟'……但不要弄错,我们知道它的目的,我们也在努力考虑,用什么办法来迟缓它,或者预防它。"②摆出与俄进行针锋相对争夺的姿态。

俄方继续警告乌不要"走向欧盟"。2013 年夏普京访问乌克兰,他再次警告说,在乌与欧盟贸易自由化的情况下,关税同盟成员将采取"保护性措施"。欧盟官员谴责俄威胁,认为这是"不可接受的"。俄驻乌大使谢尔盖·格雷基耶夫则警告乌政府,签订《联系国协定》将给乌带来灾难性的经济后果。③

乌克兰还是想尽量两边都不得罪,或少得罪。2013 年 5 月,乌在与欧盟谈判的最后阶段,与俄主导的欧亚经济联盟达成备忘录,给予乌观察员地位。亚努科维奇向欧盟主席巴罗佐打电话解释说,这一备忘录与《联系国协定》是不矛盾的。亚努科维奇还想"脚踩两只船",但俄罗斯却不容他这样做。备忘录签字当天,俄方官员格拉杰夫表示:"观察员资格仅仅授予愿意融入我们计划的国家……授予乌克兰观察员资格就意味着乌打算加入我们的同盟。"虽然乌从未说过要加入关税同盟。④

9 月 18 日,乌政府同意《联系国协定》的最后文本。9 月 19 日,普京指出,一旦乌与欧盟的协定得到实施,俄将采取针对乌的"保护性措施"。次日,俄杜马国

---

① 柳丰华:《俄罗斯对乌克兰政策视角下的乌克兰危机》,《欧洲研究》2015 年第 3 期;柳丰华:《乌克兰危机:内因、大国博弈因素与前景》,《俄罗斯学刊》2014 年第 3 期。

② Steven Woehrel, *Ukraine: Current Issues and U.S. Policy* (CRS Report for Congress), May 24, 2013, p.11.

③ Steven Pifer, *The Eagle and the Trident*, p.298; "Ukraine-European Union Association Agreement," https://en.wikipedia.org/wiki/Ukraine%E2%80%93European_Union_Association_Agreement#cite_note-aljpuk-71.

④ Samuel Charap and Timothy Colton, *Everyone Loses*, pp.117—118.

际事务委员会主席阿列克谢·普什科夫称,乌克兰"正在进入欧盟的半殖民地依附状态"。①俄向乌施压,要乌推迟签约。

亚努科维奇左右为难,犹豫不决。俄罗斯是乌最大的贸易伙伴,2012 年双边贸易额达 450 亿美元,占乌对外贸易总额的 29.6%;关税同盟则在乌对外贸易中占 40%。亚努科维奇向欧盟提出,签订协定后,由于俄罗斯的报复,乌可能遭受 1 600 亿美元的损失。但乌没有从欧盟或美国获得足以对冲这种经济损失的援助,乌希望欧盟给予财政补偿。②波兰建议欧盟对乌提供补偿,认为如果乌不签《联系国协定》,乌早晚会成为莫斯科控制的国家。波兰总统对默克尔说:"我们再也不愿意与俄罗斯共享边界了。"③11 月中旬,就在维尔纽斯峰会举行前数天,欧盟方面又传出消息,欧盟可以去掉签订协定的一个先决条件:释放季莫申科,但对乌要求的经济补偿仍不予理会。亚努科维奇反复权衡利弊之后决定暂时不签这个协定。11 月 21 日,乌政府宣布了这个爆炸性消息,并表示将与俄罗斯、欧盟组成三边委员会讨论贸易问题,并恢复与关税同盟及独联体国家关于加强经贸联系的磋商。④

三、"迈丹革命"

"一石激起千层浪"。决定宣布后仅数小时,基辅就爆发了亲欧盟的示威游行。11 月 24 日,星期日,约有 10 万民众聚集在基辅市中心,这是从"橙色革命"以来最大的示威游行,还有 30 万人在西部城市利沃夫举行游行。数日后,亚努科维奇去维尔纽斯出席欧盟峰会,欧盟领导人对他冷眼相待,拉脱维亚总统格里波斯凯特称,乌总统的决定使乌卡在了欧盟与俄罗斯之间,卡在了"没有出路的路上"。⑤

普京及时出手支持亚努科维奇,邀请他访俄,向乌提供 150 亿美元的贷款,并承诺大幅度降低(约 1/3)天然气价格。在与亚努科维奇会谈后的记者招待会上,普京说:"所有人都可以放心,我们没有讨论乌克兰加入关税同

① "Ukraine-European Union Association Agreement," https://en.wikipedia.org/wiki/Ukraine%E2%80%93European_Union_Association_Agreement#cite_note-aljpuk-71.

② 普京后来在瓦尔代国际辩论俱乐部的演讲中提到乌克兰签订欧盟《联系国协定》一事说:"此事充满着严重的经济风险……这样的秘密磋商会涉及许多第三方国家的利益,包括作为乌克兰主要贸易伙伴的俄罗斯的利益,对此必须进行广泛的讨论。"Владимир Путин, Выступление и дискуссия на Заседании Международного дискуссионного клуба «Валдай». 24 октября 2014 г. http://www.kremlin.ru/events/president/news/46860.

③ Samuel Charap and Timothy Colton, *Everyone Loses*, p.120.

④ Samuel Charap and Timothy Colton, *Everyone Loses*, p.121;柳丰华:《俄罗斯对乌克兰政策视角下的乌克兰危机》,《欧洲研究》2015 年第 3 期。

⑤ Steven Pifer, *The Eagle and the Trident*, p.299.

盟的事。"①在成功阻止了乌与欧盟签订《联系国协定》后,普京并不急于让乌加入关税同盟,而只要保持同盟大门向乌敞开就够了。

基辅的游行示威在继续、在扩大。11 月 30 日,特种警察袭击了游行学生,造成数十人受伤。次日,基辅发生更大规模的抗议活动,据估计参加者有 20 万到 75 万人之众,超过了"橙色革命"的规模。基辅市中心的迈丹(独立)广场是此次抗议运动的中心,运动因而也被称为"广场革命"。美欧在乌局势问题上保持联系畅通,美国敦促欧盟发挥引领作用。副总统拜登于 12 月 3 日给亚努科维奇打电话,称"对乌局势和不断增长的暴力危险表示深深的担忧",要求乌总统立即使局势降温,与反对派领导人进行对话,为乌的未来达成共识,并表示美坚定支持乌融入欧洲的雄心。亚努科维奇表示欢迎美负责欧洲事务的助理国务卿纽兰(Victoria Nuland)和卡瑟琳·阿什顿访乌。②西方要求乌政府避免使用武力,寻求政治解决当前局势。纽兰在与美驻欧盟大使通电话时,对欧盟在乌事务上无所作为居然爆出粗口。12 月 5 日,纽兰代表国务卿克里前往基辅参加欧洲安全与合作组织部长级会议,敦促乌政府与抗议者对话解决危机。6 天后,她与卡瑟琳·阿什顿一起再次访问了基辅,她高调来到广场,向示威者发放食品。美参议员麦凯恩与参议院欧洲事务委员会主席穆菲(Chris Murphy)也到访基辅,来到抗议者中间以示支持。麦凯恩对示威者说:"我们在这里支持你们的正义事业。自由地独立地决定乌克兰的命运是乌的主权权力。你们寻求的命运是在欧洲。"③

反对派领导人表示,他们愿意会晤亚努科维奇,在欧盟官员到场的情况下,讨论乌与欧盟签订《联系国协定》的问题。但亚努科维奇予以拒绝,他对纽兰说,如果他签了协定,俄罗斯将摧毁乌克兰的经济。④

2014 年 1 月中旬,议会通过一系列禁止抗议的法律,这更激怒了反对派。亚努科维奇被迫作出让步,解除了总理的职务,并敦促议会废除刚刚通过的法律。

---

① Samuel Charap and Timothy Colton, *Everyone Loses*, p.121.有学者揭示,亚努科维奇也许根本就不想签《联系国协定》,他是想借此将自己的利益最大化。在 10 月至 11 月间,他与普京秘密会晤三次,试图敲定他不签协定能从俄罗斯得到什么补偿。而与此同时,他仍然向欧盟发出肯定的信息。他想左右逢源,可惜这只是他的一厢情愿。

② The White House, "Readout of Vice President Biden's Call with Ukraine President Yanukovych," December 3, 2013, https://obamawhitehouse.archives.gov/the-press-office/2013/12/09/readout-vice-president-bidens-call-ukrainian-president-viktor-yanukovych.

③ Guardian Staff, "John McCain tells Ukraine protesters: 'We are here to support your just cause'," December 15, 2013, https://www.theguardian.com/world/2013/dec/15/john-mccain-ukraine-protests-support-just-cause.

④ Steven Pifer, *The Eagle and the Trident*, p.300.

拜登在危机期间给亚努科维奇打了几次电话，表达美方的关切，呼吁双方和解。美国还开始对乌克兰实行制裁，取消与对抗议者的暴力行为有关的乌政府官员的访美签证，并考虑对亚努科维奇政权的核心成员实行更广泛的签证和财政制裁。

在2月18日向议会进军的游行中发生暴力行为，防暴警察使用了警棍、眩晕弹、橡皮子弹，甚至发射了实弹。当晚，安全部队对广场发起清场袭击，此后两天，有上百人死于双方的冲突，数百人负伤。德、法、波外长于20日赶到基辅，后来又有俄前驻美大使卢金参加，在他们的见证下，乌政府与反对派进行了通宵达旦的谈判，并于21日清晨达成一个《乌克兰危机调解协议》，包括成立民族团结政府、修改宪法、将2015年大选提前到不迟于2014年12月举行。亚努科维奇和三位反对派领导人签署了协议，德、法、波三国外长作为见证人签了字。卢金在向莫斯科汇报后没有签字，并提前离开了谈判。他把街上的示威者称为"极端分子""恐怖分子"。①21日晚，奥巴马与普京就乌克兰形势进行了电话沟通。

协议签字后，亚努科维奇给普京打电话，称形势已经稳定，他要去卡尔科夫参加会议。普京担心基辅的形势，劝他不要离开首都。但亚努科维奇表示既然已经签订协议，又有三位欧洲国家外长作保，应该没有问题。普京又告诫他，无论如何，不能把执法部队撤离基辅。但通完电话，亚努科维奇还是下了命令，从基辅撤离所有执法部队。②亚努科维奇轻装简从离开了基辅，从此从公众视野中消失，第二天他向媒体发表了一个录音讲话，并再次给普京打电话希望会晤普京，与之商谈事态。普京同意了，表示可在罗斯托夫见他。但亚努科维奇的人身自由已经受到限制，无法去罗斯托夫会晤普京。俄方帮他去了克里米亚，然后去了俄罗斯。亚努科维奇离开基辅后，局势迅速逆转，亚努科维奇政府的要员及地区党的议员也作鸟兽散，有的逃往东部和南部，有的逃往俄罗斯。

反对派控制的议会于22日举行特别会议，并通过一系列决议：废黜亚努科维奇；立即释放季莫申科；指定季莫申科的长期合作者图尔奇诺夫为临时总统，直到选举产生新总统；大选将于2014年5月25日举行；恢复2004年宪法的许多民主条款，废除亚努科维奇为强化总统权力而作出的修改。图尔奇诺夫明确表示，他首要的外交目标就是签订与欧盟的《联系国协定》。季莫申科获释后立

① Ian Traynor, "Russia Denounces Ukraine 'Terrorists' and West over Yanukovich Ousting," February 24, 2014, https://www.theguardian.com/world/2014/feb/24/russia-ukraine-west-yanukovich.

② Владимир Путин. Выступление и дискуссия на Заседании Международного дискуссионного клуба «Валдай». 24 октября 2014 г. http://www.kremlin.ru/events/president/news/46860.

即赶往广场发表演讲。27日，议会批准前总理、祖国党领导人亚采纽克为临时内阁总理，内阁成员多数是亲西方人士。但是“橙色革命”以来十年的政治动荡和治理不善已经使乌民众深深失望。他们对新政府同样不予信任，担心它换汤不换药，跟亚努科维奇政府一样的机会主义、一样的腐败。①

美国密切关注乌克兰事态。2月23日，国家安全事务助理赖斯在接受全国广播公司(NBC)“直面媒体”节目采访时称，如果普京对当前乌形势进行军事干预，那将是“重大错误”。她还说，奥巴马在最近与普京通电话中强调，美国希望看到乌克兰的宪政改革、民主选举和团结政府。参议员麦凯恩在哥伦比亚广播公司(CBS)“面向全国”节目中说，对乌克兰的分割是“不可接受的”，“乌克兰人民将决定他们自己的未来。他们想要加入西方……他们不想加入东方”。参议员亚约特(Kelly Ayotte)敦促奥巴马“向普京公开发出清晰的毫不含糊的信息，不要对乌当前事态进行干预”。参议员德宾(Dick Durbin)称美国和欧盟要联合起来促使乌继续“沿着和平的民主的道路前进，并对普京施加压力，以阻止其破坏乌民主演进的自然进程”。②

“迈丹革命”是久已存在的乌内部种种矛盾的总爆发。这些矛盾包括：寡头政治盛行，各派政治力量都把个人和党派利益置于国家利益之上，相互争权夺利，积怨甚深，和解可能性越来越小；政体变化频繁，当政者为了一己私利，不惜修改法律；政府治理不善、腐败猖獗，民生凋敝。原苏联国家都经历了艰难的经济转型，但乌克兰的自然条件和工业基础均好于别的国家，而经济状况却持续恶化。这些政治的、经济的因素叠加在一起，再加上国际金融危机的冲击，取消《联系国协定》使许多乌克兰人通过加入欧盟改善民生的梦想成为泡影，成为多年来累积的种种问题总爆发的一个导火线。自然，美俄争夺也起了推波助澜的作用。在俄罗斯看来，亚努科维奇政权的垮台意味着乌亲西方派和极端民族主义者掌握了政权，这是俄最不愿看到的政权组合。③美欧联手在基辅

① Steven Pifer, *The Eagle and the Trident*, p. 302; Vincent L. Morelli, *Ukraine: Current Issues and U.S. Policy*(CRS Report for Congress), January 3, 2017, pp.3—5.纽兰在国会作证说，当时只有5%的乌克兰人完全相信乌克兰的司法系统。基辛格认为，乌克兰问题的根源是乌领导人总想把自己的意志强加给另一方，循环往复。亚努科维奇和季莫申科代表了乌克兰政治的两翼，谁都不愿意与对方分享权力。美国的乌克兰政策一贯调和两派，但没有成功。Henry Kissinger, “To Settle the Ukraine Crisis, Start at the End,” March 5, 2014, https://www.washingtonpost.com/opinions/henry-kissinger-to-settle-the-ukraine-crisis-start-at-the-end/2014/03/05/46dad868-a496-11e3-8466-d34c451760b9_story.html.

② Ashley Fantz, “Rice: Russian Military Interference Would Be ‘Grave Mistake’,” February 23, 2014, https://wtvr.com/2014/02/23/rice-russian-military-interference-in-ukraine-would-be-grave-mistake/.

③ 邢广程：《俄罗斯与西方关系：困境与根源》，《国际问题研究》2016年第5期。

街头再次成功导演了完整版的"颜色革命",亚努科维奇总统和俄罗斯完全输掉了这场政治博弈。①

第二节 克里米亚脱乌入俄

一、俄迅速推行克里米亚脱乌入俄

美国密切注视事态的发展,第一时间承认了乌新政府。3 月 4 日,克里国务卿访乌,向新政府提供 10 亿美元的贷款。乌领导人告诉克里,乌大选将于 5 月 25 日举行。美方官员开始与乌方商讨乌所需的财政援助,包括从国际机构如国际货币基金组织争取援助。联邦调查局、司法部和财政部的一个联合小组来到乌克兰,试图发现亚努科维奇及其小圈子从国库盗窃巨额钱财并带往国外的线索。②美还帮助乌克兰通过欧洲进行反方向购气,以摆脱对俄能源的依赖。

"迈丹革命"是对普京外交的沉重打击。在 2004 年乌的"橙色革命"中,俄方支持的亚努科维奇被西方支持的尤先科打败,十年后西方再次通过支持"迈丹革命"把亚努科维奇推翻,同样的剧本一再上演,这是后苏联时期俄罗斯外交政策最严重的挫折之一,也是普京绝对不能容忍的个人耻辱。俄方谴责 2 月 22 日以后乌克兰发生的一切,认为这与乌两派在三位欧洲国家外长斡旋下达成的协议完全不符。在乌反对派废黜亚努科维奇后,普京立即表示,这不符合乌宪法,亚努科维奇仍然是乌合法总统,俄不会承认在恐怖气氛下举行的乌总统选举结果,俄乌关系只有在乌合法的总统选举完成之后才能回归正轨。③2 月 24 日,梅德韦杰夫总理谴责后亚努科维奇当局缺乏合法性,表示"要跟这样的政府合作是困难的","一些外国政府,一些西方伙伴认为它们是合法的,不知道合的是什么宪法,什么法律。在我看来,这是变态,这实质上是把暴力称作合法"。俄宣布冻结 2013 年 11 月答应向亚努科维奇政府提供的 150 亿美元的低息贷款。俄外交部 24 日发表声明谴责"乌议会……取消俄语作为官方语言的地位侵犯了俄罗斯族及其他少数民族的权利",反对乌提前举行大选;对乌境内一些地方拆除列宁及其他政治人物的雕像和红五星标志的做法表示愤怒。声明还说,"必须指出,我

① 邢广程:《乌克兰内战与大国博弈》,《欧洲研究》2014 年第 6 期。

② Steven Pifer, *The Eagle and the Trident*, p.303.

③ 邢广程:《俄罗斯与西方:困境与根源》,《国际问题研究》2016 年第 5 期;柳丰华:《俄罗斯对乌克兰政策视角下的乌克兰危机》,《欧洲研究》2015 年第 3 期。

们的一些西方伙伴并不关心乌克兰的命运,有的只是单方面的地缘政治算计。人们没有听到他们对极端主义者,包括新法西斯主义者、反犹主义者的犯罪行为的谴责”。①自然,乌克兰过渡政府不会理会俄罗斯的压力,“迈丹革命”后的当局比“橙色革命”后的政府更加明确、更加坚决地倒向西方。②

动乱的局势激起了聚居的东南部的俄罗斯族人分离主义倾向,重新燃起了克里米亚亲俄居民脱离乌克兰回归俄罗斯的希望。克里米亚一直存在着强大的亲俄势力,270 万居民中有 160 多万是俄罗斯族人,还有 60 万是被俄罗斯化了的乌克兰族人,俄罗斯的影响在这里占据主导地位,乌克兰的文化影响却很微弱。就在乌新政府组建的 2 月 27 日,一些亲俄武装人员在没有使用武力的情况下控制了当地议会和政府大楼,并在楼顶升起俄罗斯国旗。他们还占据了机场和其他关键设施。乌临时总统图尔奇诺夫警告俄罗斯保持克制,任何的军事调动都将被视为侵略行为。在软硬兼施都不能改变乌临时政府亲欧反俄政策的情况下,普京决定以保护乌境内俄罗斯族人权利为由,出兵克里米亚。③2 月 28 日,俄军在乌克兰边界举行了有 15 万人参加的军演,俄黑海舰队开始占领辛菲罗波尔的军用机场等战略设施。28 日,拜登给图尔奇诺夫打电话,表示“在这困难的时刻美国支持乌政府的努力,坚持乌的主权、领土完整和民主的未来”。同日,奥巴马就克里米亚局势发表强硬声明,对俄军“入侵乌克兰深表关切”,“对乌的主权和领土完整的违反是深深地破坏稳定的”,“美国将同国际社会一起使(俄罗斯)为对乌的军事干预付出代价”。④奥巴马还与英国首相卡梅伦(David Cameron)、波兰总统科莫罗夫斯基、德国总理默克尔通电话,就克里米亚事件协调立场。3 月 1 日,俄联邦委员会授予普京对乌动武的权力;2 日,普京就向辛菲罗波尔增派兵力;同时,俄军占领克里米亚乌克兰边防军司令部,完成对乌在克里米亚多处军事基地的包围。克里米亚当局倒向俄罗斯,整个半

---

① Заявление МИД России по событиям на Украине, 24 февраля 2014, https://russische-botschaft.ru/ru/2014/02/24/zayavlenie-mid-rossii-po-sobytiyam-na-uk/.

② 实际上,欧盟对接纳乌克兰的态度是很有保留的。2014 年 3 月 27 日,欧盟委员会主席巴罗佐在乌克兰政权更迭后不久表示,目前欧盟尚未准备好接纳乌克兰为成员国,但不排除乌克兰在未来加入欧盟的可能性。所谓“不排除”,跟北约一样,又一个画饼而已。德国外长施泰因迈尔在 2014 年 11 月接受采访时说:“我认为乌克兰与北约的伙伴关系是可行的,但这不属于北约成员国的关系。”他还认为,乌克兰加入欧盟是不现实的,乌的经济和政治改革是需要“数代人从事的工程,因此今天来谈乌克兰加入欧盟是没有意义的”。张弘:《融入欧洲一体化与乌克兰危机》,《欧洲研究》2014 年第 6 期。

③ 柳丰华:《俄罗斯对乌克兰政策视角下的乌克兰危机》,《欧洲研究》2015 年第 3 期。

④ Barack Obama, “Remarks on the Situation in Ukraine,” February 28, 2014. Online by Gerhard Peters and John T. Woolley, *The American Presidency Project*, https://www.presidency.ucsb.edu/node/305173.

岛处于俄实际控制之中。①

3 月 1 日,奥巴马与普京通电话 90 分钟,试图说服普京改变行动方针,遭普京拒绝。2 日,西方七国发表联合声明称,在俄军威吓下进行的“公投是没有任何法律效力的”,要求俄立即制止在克里米亚的公投,声明警告说:“俄罗斯吞并克里米亚既违反了《联合国宪章》,也违反了俄自己的承诺”,七国将单独和集体采取行动进行应对。声明呼吁俄与七国一起以和平的方式解决问题,并称在俄作出改变之前,七国将中止参加索契八国峰会的筹备工作。②同日,克里对记者表示,“俄罗斯以 19 世纪的方式在 21 世纪对一个国家进行入侵”,西方国家正在准备对俄罗斯“不可理喻的侵略行径”启动经济制裁。③3 月 4 日,克里紧急访乌,重申美“致力于维护乌克兰基于国际法的主权和领土完整”,并宣布向乌提供 10 亿美元的紧急能源补助。他在记者招待会上说,在这个转型的时候乌克兰的经济稳定是至关重要的,这 10 亿美元仅仅是美对乌承诺的一个表示,美正在制订一个对乌“进行全面援助的计划”。④美财长雅各布・卢(Jacob Lew)对亚采纽克表示,美国将同欧洲及其他西方社会一起,对国际货币基金组织的一个援助项目进行补充,来减少改革带来的阵痛。英国外交大臣黑格(William Hague)表示将很快访乌,共同商讨乌所需的援助。他认为“乌的财政状况是很严峻的,没有外部援助恐难维持”。⑤

3 月 6 日,克里米亚议会通过加入俄罗斯的决定,并定于 3 月 16 日举行全民公投。公投的议题有两个:恢复 1992 年克里米亚宪法,它将使克里米亚享有比现在大得多的自治权;或者加入俄罗斯。俄军阻止了驻在克里米亚的乌克兰军队干预公投。⑥公投的结果是:96%以上的投票者支持加入俄罗斯。这

① 俄方称,占领克里米亚的行动中出动的军队不超过 1 万人,且主要是驻扎在当地的海军,有少量空军和特种部队的协助,但未调动坦克、火炮等重型武器,不开一枪实现了对乌军 190 个基地的包围,完成了对 1.6 万名乌军的控制。见梁强:《乌克兰危机一年:回顾、反思与展望》,《俄罗斯研究》2015 年第 1 期。

② “Statement by G7 Leaders on Ukraine,” March 2, 2014, http://www.g8.utoronto.ca/summit/2014sochi/ukraine_140312.html.

③ Paul Lewis and Spencer Ackerman, “U.S. Concedes Russia Has Control of Crimea and Seeks to Contain Putin,” March 3, 2014, https://www. theguardian. com/world/2014/mar/02/us-russia-crimea-ukraine-putin.

④ Brian Riesmar, “John Kerry Arrives in Ukraine With a Warning for Russia,” March 5, 2014, https://mas hable.com/2014/03/04/john-kerry-ukraine/.

⑤ Ian Traynor, “Russia Denounces Ukraine ‘Terrorists’ and West over Yanukovich Ousting,” February 24, 2014, https://www. theguardian. com/world/2014/feb/24/russia-ukraine-west-yanukovich.

⑥ Владимир Путин, Выступление и дискуссия на Заседании Международного дискуссионного клуба «Валдай». 24 октября 2014 г. http://www.kremlin.ru/events/president/news/46860.

一结果表明，大多数克里米亚人仍然认可自己的斯拉夫人身份，没有将自己看作是乌克兰人。虽然他们过去几十年在地理上属于乌克兰，但从来没有改变过自己的身份认同。乌克兰、欧盟、美国谴责公投非法，不是以自由和公正的方式进行的。俄罗斯则迅速启动了接纳克里米亚的一系列程序。3 月 17 日，克里米亚宣布从乌克兰独立并申请加入俄罗斯；18 日，普京飞赴克里米亚，与克里米亚和塞瓦斯托波尔市官员签署了《关于接受克里米亚共和国加入俄罗斯联邦和建立两个新的联邦主体的条约》。20 日、21 日，俄国家杜马和联邦委员会分别批准与条约有关的法案，21 日普京总统予以签署，完成相关的立法程序。①

二、美方反应与事件影响

美国密切注视着事态发展并迅速作出反应。3 月 16 日，奥巴马与普京紧急通话，奥巴马强调，克里米亚公投违反乌克兰宪法和国际法。17 日，美宣布对参与策划及实施了克里米亚公投的十几位俄高级官员实施签证禁令和冻结海外账户等制裁，但这并不触及俄的重大经济利益。同日，奥巴马发表声明，强调必须尊重乌的主权和领土完整，要求俄军从克里米亚撤出，与乌政府进行对话。美方还扩大了对俄官员的制裁。与此同时，拜登紧急赶往欧洲，一则向盟国再保证，美国将履行北约第五条集体防卫的义务；二则与盟国协调步骤，磋商对策。美国还建议欧洲盟友对俄经济的关键领域实施制裁。但不少欧洲国家严重依赖俄的天然气供应，它们不能不考虑自己的切身利益。欧盟只是对一些俄官员实施了旅行限制和冻结在欧盟的财产，这对俄没有伤筋动骨。②俄罗斯按既定方针行事，对此根本不予理睬。20 日，奥巴马再次发表声明，加大对俄制裁和对乌援助，并要求国际组织，如国际货币基金组织采取相应措施。但奥巴马在接见记者时也明确表示："我们不会去乌克兰进行一次军事远征，我们要做的是动员我们的所有外交资源来确保我们取得高度的国际认同，发出清晰

① 在克里米亚重新入俄以前很长一段时间里，普京就反复强调"乌克兰是俄罗斯的边陲之地"的概念。2008 年他在布加勒斯特的北约峰会上又说："乌克兰——这是个历史误会，是一个建立在俄国土地上的国家。"见柳丰华：《俄罗斯对乌克兰政策视角下的乌克兰危机》，《欧洲研究》2015 年第 3 期；闻一：《乌克兰，硝烟中的亚努斯》，XII。全俄社会舆论中心 3 月 20 日的民调显示，俄民众对普京的满意度达到 75.5%，是近 5 年来最高的。列瓦达中心 3 月 26 日的民调显示，80%的俄民众支持并信任普京，2/3 的民众对近期的事态持肯定态度，认为国家的发展方向是正确的。见张文茹：《克里米亚回归：俄罗斯的政策选择》，《和平与发展》2014 年第 2 期。

② Barack Obama, "Remarks on the Situation in Ukraine," March 17, 2014. Online by Gerhard Peters and John T. Woolley, *The American Presidency Project*, https://www.presidency.ucsb.edu/node/305516.

的信息。"①

北约也加大了对乌克兰的支持力度。从4月起,北约不断向波罗的海三国增兵。在9月4日北约威尔士峰会上,北约领导人共同会见波罗申科,宣布将继续致力于在"北约—乌克兰特殊伙伴关系"框架内支持乌应对威胁,并承诺向其提供1500万欧元的军事援助。峰会的宣言大篇幅讲到了乌克兰问题,支持乌的主权和领土完整,"以最强硬的措词"对俄罗斯军事干预乌克兰进行谴责,不承认克里米亚入俄,要求俄从乌撤出军队,停止向乌东部分离分子提供武器、装备、人员和资金,并要求俄运用其影响使局势降温。9月13日至16日,北约在乌利沃夫举行多国联合军演。②

乌克兰表示仍然希望通过外交途径解决克里米亚问题,但大势已去。3月31日,梅德韦杰夫总理抵达克里米亚视察,并在这里举行内阁会议。他宣布俄政府将克里米亚划为经济特区,要提高克里米亚民众的工资和养老金,改善基础设施。梅德韦杰夫还在社交媒体脸书上写道:"本届政府将采取措施使克里米亚成为更舒适更有吸引力的度假胜地,我相信,更多的游客将重新发现这里洁净的海滩、独一无二的自然和克里米亚人的好客。"③这样,俄罗斯快刀斩乱麻,迅速实现了对克里米亚的实际并入。

美、俄就"迈丹革命"和克里米亚危机的嘴仗还继续了一段时间,美国务院发表了《普京总统的谎言:关于乌克兰的十大不实之词》的新闻稿。④

克里米亚脱乌入俄是后冷战时期国际关系中的一个重大事件。普京对克里米亚采取的行动是一种战略冒险。冒险成功了,克里米亚入俄,大大增强了俄在黑海乃至地中海的战略态势,增强了黑海舰队的战略威慑力,对于抗衡美国在保加利亚和罗马尼亚的军事基地和导弹防御系统取得很大的优势,但俄罗斯也为此付出了沉重的代价。

首先,克里米亚问题成为俄乌关系中的一个死结,两国关系长期恶化趋势已定。美国和欧盟争夺乌克兰,是为了遏制俄罗斯的重新崛起;俄罗斯争夺乌

① Barack Obama, "Remarks on the Situation in Ukraine," March 20, 2014. Online by Gerhard Peters and John T. Woolley, *The American Presidency Project*, https://www.presidency.ucsb.edu/node/305534; Michael Shear, "Obama Rules Out Military Force over Ukraine," March 20, 2014, https://www.nytimes.com/2014/03/21/world/europe/obama-ukraine.html.

② 梁强:《美国在乌克兰危机中的战略目标》,《俄罗斯东欧中亚研究》2015年第2期;NATO, "Wales Summit Declaration," September 5, 2014, https://www.nato.int/cps/en/natohq/official_texts_112964.htm.

③ Поездка Дмитрия Медведева в Крым, 31 марта 2014. http://government.ru/news/11367/.

④ "The State Department Put out Another Listicle of Putin's 'Top 10' Lies on Ukraine," April 14, 2014, https://www.businessinsider.com/putin-russia-lies-ukraine-state-department-2014-4.

克兰是为了对抗欧盟、北约对自己的打压和围堵。在对乌克兰的争夺中，克里米亚的归属是个特殊的、首要的问题，是乌克兰争夺战的核心。①乌倒向西方是俄罗斯重大的战略损失。克里米亚问题也成为俄罗斯外交中的一个死结。而美国则借此在一定程度上重建了因伊拉克战争受损的国际声誉，再次将西方国家团结起来，恢复了七国集团，强化了对北约的认同。②

其次，事件对俄罗斯与独联体其他国家的关系产生了负面影响。③克里米亚事件是一个个案、特例，它的发生有着深刻的历史、文化、地缘、民众心理的原因，它没有普遍性，没有可复制性，即使对于原苏联国家也没有普遍性，甚至对于顿巴斯地区也不适用。因此它对现存国际体系的影响是局部的、有限的。但这是对事件的冷静分析，而对于地处俄罗斯周边的国家来说，感觉就不大一样。一些东欧、北欧国家本来对俄就心存戒备，现在的疑虑更增大了。甚至一些中亚国家也感到不安。如乌兹别克斯坦国防部发表声明，呼吁俄在恢复对原苏联国家影响力时不应违反国际法准则。哈萨克斯坦总统纳扎尔巴耶夫在2014年上合组织成员国元首理事会上提出了关注成员国之间未解决的边界问题，克里米亚事件还引发了哈民众反对加入欧亚经济联盟的浪潮。南高加索地区的紧张一度有所上升。④

最后，美国和欧盟对俄实行长期的政治孤立与经济制裁，俄改善与西方关系的前景变得遥遥无期。2012年普京再次就任时，俄面临着苏联解体以来最好的国际环境。克里米亚危机导致俄与西方关系全面恶化，对俄的国际环境和周边安全环境，对俄的国家形象、国家认同、发展动力等方面产生连锁的不利反应。欧盟28国对事情的感受不尽相同，但在下列问题上的看法一致：一是“俄吞并克里米亚”，“重划欧洲版图”，破坏了二战后形成的欧洲秩序和国际秩序；二是俄在乌克兰的所作所为可能在波罗的海和其他中东欧国家故伎重演。⑤俄德关系、俄法关系、俄与北欧国家的关系都大大疏远和恶化了。美国有大量东欧裔、乌克兰裔人，这些族裔不少人将克里米亚事件和1956年的匈牙利

① 闻一：《乌克兰：硝烟中的亚努斯》，X—XVIII。2014年10月去乌克兰考察的中国学者普遍感觉到乌克兰学者的复杂、迷惘的情绪，他们对俄罗斯和普京抱有反感，但对于欧洲一体化的前景同样感到悲观。张弘、丰亚楠：《基辅见闻录：乌克兰的变化与挑战》，《世界知识》2014年第24期；毕洪业：《乌克兰：俄罗斯外交的最大“负资产”》，《世界知识》2018年第20期。

② 韩克敌：《美国学界政界对乌克兰外交的思考》，《美国研究》2014年第4期。

③ 如对摩尔多瓦的影响，见高飞、张健：《乌克兰危机背景下大国博弈及其对国际安全格局的影响》，《和平与发展》2015年第2期。

④ 高飞、张健：《乌克兰危机背景下的大国博弈及其对国际安全格局的影响》，《和平与发展》2014年第6期。

⑤ 季志业、冯玉军主编：《俄罗斯发展前景与中俄关系走向》，时事出版社2016年版，第49页；冯仲平：《欧盟需调整对俄战略思路》，《欧洲研究》2014年第6期。

事件、1968年的布拉格事件和1979年的入侵阿富汗相提并论,危机加深了美国内对普京原本存在的负面印象,电视媒体网络密集的报道、蒙面武装人员频繁的出现,俄领导人的出尔反尔、马航MH17航班坠毁的恐怖画面,让美国社会产生了对俄的极端不信任感。在美国和欧盟的话语体系中,俄罗斯一切旨在重新整合后苏联空间的方案都成了"帝国野心复活"的表征,克里米亚入俄是一个最有力的例证。①但也有美国学者表示要设身处地替俄罗斯考虑,如美国著名国际问题专家库普钱(Charles Kupchan)就说:"如果俄罗斯与墨西哥和加拿大结成同盟,并开始在美国边境建设军事设施,很难指望美国会无动于衷。"②米尔斯海默(John Mearseimer)从他进攻性现实主义的地缘政治学角度进行分析,认为乌克兰问题错在美国和欧洲,西方试图借助北约和欧盟东扩,让乌克兰脱离俄罗斯的势力范围,西方进入了俄后院,威胁到俄的核心战略利益。大国对它们本土的潜在威胁总是非常敏感,美国对遥远的大国在西半球任何地方部署军事力量都不能容忍,更不用说在美国边境附近了。③

在俄罗斯看来,乌克兰是美国企图将俄边缘化,迫使俄走进地缘政治的笼子,将俄周边国家演化成美国影响的堡垒最后的证据。普京及俄决策圈深信,美国不仅是俄国家安全的威胁,而且是对政权本身的实实在在的威胁。美国在乌的种种做法不仅是要在乌制造亲西方的政府,其更大更基本的战略是要在俄罗斯搞政权更迭。俄国家安全会议秘书帕特卢舍夫在2014年10月接受《俄罗斯报》记者采访时说,"乌克兰危机是美国及其西方盟友行动的完全可以预见的结果",美国"在过去四分之一世纪中的所作所为旨在把乌克兰及其他原苏联国家生生从俄罗斯夺走,并重塑一个符合美国利益的后苏联空间"。④一个多月后,拉夫罗夫在对俄外交与防务政策委员会的报告中说,西方国家领导人公开声明,要搞垮俄罗斯的经济,让俄罗斯民众起来抗议,美国对俄罗斯的"高压措施(指制裁)最清楚不过地表明,美国不仅是要改变俄罗斯的政策,而且寻求改变俄罗斯的制度——实际上没有人否认这一点"。⑤

2014年9月24日,奥巴马在联大一般性辩论中讲话,把俄罗斯与埃博拉病

① 韩克敌:《美国学界政界对乌克兰危机的反应与思考》,《美国研究》2014年第4期;杨成:《"小俄罗斯陷阱"支配下的普京外交逻辑》,《世界知识》2014年第4期。

② Samuel Charap and Timothy Colton, *Everyone Loses*, p.180.

③ John Mearsheimer, "Why the Ukraine Crisis Is the West's Fault," September 2014, https://www.foreignaffairs.com/articles/russia-fsu/2014-08-18/why-ukraine-crisis-west-s-fault.

④ Иван Егоров, Вторая "холодная". Николай Патрушев: "Отрезвление" украинцев будет жестким и болезненным. Российская газета, 15 октября 2014 г. https://rg.ru/2014/10/15/patrushev.html.

⑤ С.В. Лавров, Выступление Министра иностранных дел России на XXII ассамблее Совета по внешней и оборонной политике, Москва, 22 ноября 2014 г. https://www.mid.ru/posledniye_dobavlnenniye/-/asset_publisher/MCZ7HQuMdqBY/content/id/790194.

毒、恐怖组织"伊斯兰国"并列为国际社会面临的紧迫威胁，指责"俄罗斯在乌克兰的行动挑战了战后国际秩序"，表示美国及其盟国将支持乌发展民主和经济，将加强北约盟友关系，信守集体防御的承诺，并要让俄为其行为付出代价。但同时，奥巴马也表示美将继续寻求与俄合作。在乌东部地区停火、削减核武库、履行核不扩散条约的义务、移除和销毁叙利亚的化学武器——如果俄在这些方面进行合作，美国将解除对俄制裁。①拉夫罗夫外长当场对奥巴马进行了反驳，普京、梅德韦杰夫也指责美国领导人"思维不正常"。

一个月后，10 月 24 日，普京在索契瓦尔代国际辩论俱乐部会议上再次作了长篇演讲，抨击美国主导的世界秩序，回击奥巴马在联大对俄罗斯的指责。②这篇演讲可以视为 2007 年慕尼黑安全会讲话的继续和加强版。他指出，冷战结束了，但它不是以签订一项和平条约，明确地表示尊重现有秩序或创造新秩序、新规则的协定而结束的，于是所谓冷战的"胜利者"似乎就有了根据自己的需要和利益重塑世界的权力。"国家主权这个概念本身对于大多数国家来说也只具有了相对的价值。实质上，向世人提出的公式是：越是忠诚于世界上唯一的超级权力中心，这个政权就越有合法性。"他谴责了美国干涉别国内政的行径，指出：

> 在由一个国家及其盟国或卫星国统治的世界里，寻求全球的解决方案常常变成一种把它们自己的药方作为万能药方强加于人的企图。这个集团的野心膨胀如此之快，它们正在把在权力走廊里拼凑起来的政策选择作为整个国际社会的看法。

他接着说：

> 也许美国的例外地位以及他们行使领导权的方式确实是我们大家的福分？他们对世界各地事态的干涉带来了和平、繁荣、进步和民主的增长，我们只要轻轻松松地享受这一切就行了？我要说，不是这样的，绝对不是。单边主义的指手画脚，把自己的模式强加于人的做法产生了适得其反的后果，冲突非但没有解决，反而愈演愈烈；在那些稳定的主权国家里，我们看到混乱在持续扩大；民主不但没有发展，而且出现了支持新法西斯主义和"伊斯兰极端主义"的朦胧迷茫的民众。
>
> 从实质上说，单极世界简直就是对人民和各国实行专制的方式。

① Barack Obama, "Remarks to the United Nations," September 24, 2014, https://obamawhitehouse.archives.gov/the-press-office/2014/09/24/remarks-president-obama-address-united-nations-general-assembly.

② Владимир Путин, Выступление на Заседании Международного дискуссионного клуба "Валдай", 24 октября 2014 г. http://www.kremlin.ru/events/president/news/46860.

2014 年 3 月 24 日，西方七国领导人在荷兰海牙举行特别会议，决定不参加原定于 6 月在俄罗斯索契举行的八国集团峰会，改在比利时首都布鲁塞尔举行七国集团峰会，从此排除了俄罗斯。3 月 27 日，联合国大会以 100 票赞成、11 票反对、58 票弃权通过名为"乌克兰领土完整"的决议，宣布克里米亚 3 月 16 日公投不具备法律效力，谴责俄罗斯"吞并"克里米亚，要求各国不承认克里米亚现状的改变。①美国、欧盟，后来还有加拿大、挪威、瑞士、澳大利亚等，开始对与克里米亚事件相关的乌克兰与俄罗斯的个人和集团实行取消签证、冻结资产，并对他们及部分俄罗斯银行实行金融制裁。奥巴马于 3 月 20 日签署行政命令，对俄金融、能源和防务部门实行更广泛的制裁。截至 7 月 17 日，美国和欧盟已经对俄实施了四轮制裁措施，越来越指向俄核心经济部门。俄罗斯于 8 月 4 日开始发起反制裁，对从美国、欧盟和上述国家进口的农产品和食品实行限制。

同时，西方竭力加大对乌新政府的支持，北约加大实施与乌伙伴关系举措的力度，美邀请乌临时总理亚采纽克访美，奥巴马在白宫椭圆形办公室会见了他，这是乌领导人难得的礼遇。奥巴马保证支持乌政府，提供 10 亿美元的贷款担保和近 2 亿美元的援助。副总统拜登再次访乌，表示支持乌政府反对分离主义的斗争。②乌向美提出的军事援助清单中包括了武器弹药、通信工具、情报支持、航空燃油、夜视设备、扫雷设备、车辆、医疗物资等。美方没有提供乌方要求的致命性武器，但在 2014 年 4 月提供了价值 1 800 万美元的一揽子"安全援助"。6 月 4 日，追加了 500 万美元援助；三天后，又宣布提供 1 000 万美元的援助以巩固乌的边防。这样，克里米亚危机发生后的一年多中美对乌提供的安全援助共达 3 300 万美元。③

欧盟对乌的支持更加实际。欧盟单方面实施了深度全面自贸区之下的关税减让，从乌进口的工业品的 95%、农产品的 100%都得以豁免关税，实际上对乌提供了数亿欧元的有效援助。欧盟还对乌政府预算提供了数额庞大的转移支付。国际货币基金组织还批准对乌 170 亿美元的贷款，并把首期 30 亿美元立即打到了乌政府的账上。④但欧盟和国际货币基金组织的财政援助都是有条件的，波罗申科迟迟不进行改革，又不断爆出腐败丑闻，使欧盟和国际货币基金组织的

① United Nations, "General Assembly Adopts Resolution Call upon States not to Recognize Changes in Statues of Crimea Region," March 27, 2014, https://www.un.org/press/en/2014/ga11493.doc.htm.

② Samuel Charap and Timothy Colton, *Everyone Loses*, p.133.

③ Paul Belkin, Derek Mix, Steven Woehrel, "*NATO: Response to the Crisis in Ukraine and Security Concerns in Central and Eastern Europe*"(CRS Report for Congress), July 31, 2014, p.4.

④ Samuel Charap and Timothy Colton, *Everyone Loses*, p.133.

援助条件未能得到满足。2014 年乌从欧盟和国际货币基金组织得到了 82 亿美元援助，但仍不足以平衡财政和支付俄罗斯能源欠款。①

在美国，共和党保守派猛烈批评奥巴马政府在对俄政策上“难以置信的天真”。前副总统切尼在接受哥伦比亚广播公司“面向全国”节目采访时认为，在应对克里米亚事件上，美国不应预先排除军事选项，“军事选项不一定是派出地面部队。我们可以退回去，重新部署被撤销的导弹防御项目。本来是要部署在波兰和捷克的，奥巴马为了安抚普京把它取消了”，“我们不仅给俄罗斯，而且给全世界造成了一种印象，一种软弱和优柔寡断的印象，叙利亚的形势是很典型的，我们已经要做点什么了，许多盟国都这样要求，但奥巴马在最后关头退缩了”。切尼要求重新在波兰部署导弹防御设施，与北约盟国举行联合军演，而且要在俄罗斯边界举行，向乌提供军事援助，包括提供装备、训练等。②共和党 2008 年总统候选人、资深参议员麦凯恩指责说，五年来，奥巴马政府告诉美国民众，“战争的潮水正在退去”，我们可以从世界上收缩而不会对美国利益和价值观造成什么损失。这构成了一种看法：美国是虚弱的，而对俄罗斯来说，“虚弱是一种挑衅”，“摇摆会招致侵略”。普京就是这样看美国的“重启”的，克里米亚事件表明，“俄罗斯越来越无视美国在世界上的信誉，这将会鼓励其他的侵略者”，“克里米亚必须成为这样一个地方，在这里，奥巴马总统认识到这一现实，并开始恢复美国作为世界领袖的信誉”。③

3 月 21 日，52 名共和、民主两党的前政府官员、国会议员、保守派外交政策专家，包括博尔顿、李伯曼（Joseph Lieberman）、克里斯托尔（William Kristol）、卡根（Robert Kagan）、施密特（Gary Schmitt）、卜大年（Dan Blumenthal）发表了致奥巴马总统的公开信，就美国对乌对俄政策提出了系统建议，以“确保乌克兰，孤立俄罗斯并加强北约的威慑态势”。公开信要求政府：第一，在乌克兰 5 月 25 日总统选举中向过渡政府提供技术帮助、国际监督和其他援助；向乌提供稳定经济所必需的贷款担保，与欧盟、国际货币基金组织一起为乌的经济改革提供长期的支持；向乌提供军事援助。第二，针对俄入侵乌克兰和侵犯人权的状况，依据《马格尼茨基法》扩大对俄官员的制裁数量，包括普京及其最亲密的人员；针对入侵乌克兰和支持叙利亚独裁者阿萨德对俄实行强化制裁，扩大在金融、商业方面的制裁范围，首当其冲的就是俄罗斯银行；中断与俄的一切民用核合作。第三，重新审议 1997 年《北约与俄罗斯相互关系合作与安全的基本文

① 张弘、丰亚楠：《基辅见闻录：乌克兰的变化与挑战》，《世界知识》2014 年第 24 期。

② CBS News, “Face the Nation: Interview with Cheney, Ryan, Baker,” March 9, 2014, https://www.cbsnews.com/news/face-the-nation-transcripts-march-9-cheney-ryan-baker/.

③ John McCain, “Obama Has Made America Look Weak,” March 14, 2014, https://www.nytimes.com/2014/03/15/opinion/mccain-a-return-to-us-realism.html.

件》,强化对俄威慑措施,包括在北约成员中的前华约成员国增加部署地面部队,部署导弹防御系统等,在波罗的海和波兰部署美空军力量;要求北约盟友同意格鲁吉亚的北约"成员国行动计划"(预定于 2014 年 9 月通过),并扩大在格的美军轮流部署;增加从美国对欧洲的天然气出口,减少欧洲对俄天然气的依赖,等等。①

但温和的共和党人则有不同看法,前防长盖茨要求奥巴马政府的批判者降低调门,"在一个重大的国际危机期间,国内对总统的批评应该收敛一点"。②前国务卿贝克则表示,他对奥巴马政府迄今为止处理事态的做法"没有实质性的不同意见",他"支持谨慎行事","作为冷战时期最后一任国务卿,我非常、非常失望地看到,我们正从与俄罗斯的合作再次退回到与俄对抗"。他认为事态具有非常实质性的危险,将可能在欧洲的心脏地带制造一些严重问题,所以,他认为美国应该支持俄乌对话,俄乌双方应坐下来谈,乌方也要理解俄方的历史利益,在克里米亚的利益,尤其是海军基地的利益。③

三、乌东部地区陷入动荡

俄罗斯趁热打铁,立即将强大的俄电网接入克里米亚,并宣布了建造刻赤海峡大桥的计划。俄还派出 3 万人的部队常驻克里米亚,主要是支持黑海舰队,并在 2016 年 8 月宣布部署 S-400 防空导弹。2016 年 9 月,克里米亚地区举行选举,选出 8 名俄联邦杜马成员。虽然美国、欧盟和欧洲安全与合作组织不承认这次选举,但这对 8 名代表履职毫无影响。俄还表示,为克里米亚 2017 年预算提供 370.8 亿卢布(约合 5.93 亿美元)补贴。④联邦政府还将对克里米亚提供长期财政支持。

在克里米亚入俄的同时,亲俄的地方武装分子在俄支持下开始占领乌克兰东部顿巴斯地区顿涅茨克、卢甘斯克两州的政府设施和领土,2014 年 4 月,乌政府军对要求"独立"的两州地方武装分子展开军事行动,乌东部武装冲突爆发。乌政府继续围剿东部地区武装势力,由于有俄军人参战,形势陷入

① "Open Letter to President Obama: Secure Ukraine, Isolate Russia, and Strengthen NATO," March 21, 2014, https://smallwarsjournal.com/comment/43292.

② Fox News, "Robert Gates on Ukraine Crisis, 'Reset with Russia'" March 9, 2014, https://video.foxnews.com/v/3319128260001/#sp=show-clips.

③ CBS News, "Face the Nation: Interview with Cheney, Ryan, Baker," March 9, 2014, https://www.cbsnews.com/news/face-the-nation-transcripts-march-9-cheney-ryan-baker/.

④ Vincent L. Morelli, *Ukraine: Current Issues and U.S. Policy*(CRS Report for Congress), January 3, 2017, p.21.

僵持。①俄方并不否认俄军人介入冲突，但辩称，他们是正在那里休假的“志愿人员”，或者是已经退役的“前俄罗斯军人”，而非政府所派遣。②4 月 17 日，欧安组织、美、俄、乌四方经过艰难谈判，达成《日内瓦协议》，要求东部地方武装撤出所占领的政府办公处所和公共场所、解除武装；对既往责任不予追究；乌政府立即开始讨论赋予东部地区更多宪法权力的问题；欧安组织将确保协定的贯彻实行，美国、欧盟与俄罗斯将派出观察员。奥巴马对协定表示谨慎欢迎，称它提供了“一线希望”，“外交可能降低紧张”，但“在看到它落实之前我们不会指望它”，“现在什么也不确定”。克里表示，俄方应负责使东部武装执行协议。③4 月 22 日，拜登再访基辅，带去了美国对乌新的 5 000 万美元的一揽子援助计划，并要俄“开始行动”，解除东部分离力量的武装，称如果俄拒不执行《日内瓦协议》，将付出更大代价；美还决定派兵参加东欧军演以对俄施加压力。④24 日，奥巴马在会晤来访的日本首相安倍后的记者会上指责俄“没有履行《日内瓦协议》的文字和精神”，东部地区武装还在占据新的建筑，并威胁对俄实施进一步经济制裁。⑤27 日，美国出台了新的制裁措施，在美国要求下，欧盟跟进，对俄制裁名单增至 48 人。但美俄之间的经贸关系本来规模很小，因此制裁的实际作用有限。

2014 年 5 月 25 日，乌举行总统选举，波罗申科胜出。他保证改善与西方的关系，清除腐败，回击东部地区的武装分子。10 月，乌举行议会选举，在 450 名议员中，波罗申科集团和亚采纽克领导的人民阵线占据议会多数，反对派在

---

① 在 2014 年短短半年时间里，冲突就造成 4 000 余人死亡，规模也从最初的枪战上升到武装直升机、狙击步枪和火箭炮的对攻。张弘、丰亚楠：《基辅见闻录：乌克兰的变化与挑战》，《世界知识》2014 年第 24 期。

② 俄罗斯是否派出正规部队进入乌克兰，是危机中最敏感、各方关注度最高的问题。西方媒体和俄罗斯反对派认为俄方确实派出了军队，并列举了部队的番号。普京总统还下令对俄的《保密法》作出修改：将和平时期（自 1995 年 11 月 30 日起）实施特别行动的战士的伤亡资料列为国家机密，泄密者将被处以监禁，最长刑期可达 7 年。乌克兰方面说，俄罗斯的这一决定就是试图掩盖俄罗斯对顿巴斯的侵略。闻一：《乌克兰：硝烟中的雅努斯》，第 286、288—289 页。

③ Julian Borger, “Ukraine Crisis: Geneva Talks Produce Agreement to Defusing Conflict,” April 17, 2014, https://www.theguardian.com/world/2014/apr/17/ukraine-crisis-agreement-us-russia-eu.

④ Jeff Mason, Pavel Polityuk, “U.S. Backs Ukraine, Warns Russia with Biden's Visit,” April 22, 2014, https://www.reuters.com/article/us-ukraine-crisis-biden/u-s-backs-ukraine-warns-russia-with-biden-visit-idUSBREA3L0WD20140422.

⑤ Barack Obama, “The President's News Conference with Prime Minister Shinzo Abe of Japan in Tokyo, Japan,” April 20, 2014. Online by Gerhard Peters and John T. Woolley, *The American Presidency Project*, https://www.presidency.ucsb.edu/node/305973.

议会不成气候。12 月 2 日，议会批准了以亚采纽克为首的新政府。波罗申科—亚采纽克联盟其时控制了议会超过 2/3 的多数，不仅可以发起多项改革措施，而且可以修改宪法，加强民主和法治。但乌的问题积重难返，改革步履维艰。

2014 年 6 月，拜登出席波罗申科的就职典礼以示对乌新政府的支持。与此同时，美国开始对即将于本月与欧盟签订《联系国协定》的三国提供新的财政援助：给乌克兰 4 800 万美元，摩尔多瓦 800 万美元，格鲁吉亚 500 万美元。①美欧援助还包括保证乌的能源安全，从国际货币基金组织获得新的贷款。五角大楼也开始为乌提供非致命性武器和装备。②6 月 27 日，波罗申科访问了布鲁塞尔欧盟总部，签署了欧盟—乌克兰《联系国协定》。根据协定，乌克兰需要在自由贸易和其他很多领域进行全面和深刻的改革。对此，欧盟方面也只好"走着瞧"了。③为了表示对新政权的支持，奥巴马政府邀请波罗申科于 9 月访美，并给予极高的礼遇，18 日，波罗申科在国会发表演讲，受到异乎寻常的欢迎。

乌政府明白，没有俄罗斯的支持要稳定东部地区的形势是不可能的。2014 年 8 月底 9 月初，波罗申科与普京多次通电话，双方终于达成 12 点解决办法，9 月 5 日，在俄、欧一些领导人的见证下，乌政府代表与东部地区武装势力代表在白俄罗斯首都明斯克签署停火协议(即第一个《明斯克协议》)，规定各方在当时实际控制线实行停火，交换人质和战俘，非法武装集团和人员离开乌克兰。但由于缺乏监督机制，该协议未能认真执行，尽管如此，协议对于在一个时期里减少军事冲突还是有作用的；双方也交换了战俘。④

到 2015 年 1 月底 2 月初，乌东部地区冲突又加剧起来，武装分子大举进攻。2 月 11 日至 12 日，默克尔、奥朗德、波罗申科和普京在明斯克举行了通宵达旦的谈判，就乌东部地区停火问题及长期政治解决乌危机的综合性措施达成妥协(即第二个《明斯克协议》)。协议的主要内容是：

——2 月 15 日起立即全面停火，14 天之内撤走所有重武器，并建立宽度为 50 千米至 140 千米的缓冲区，欧安组织监督停火和撤离重武器的执行；

——赦免卷入冲突的人员，释放所有人质和战俘；

---

① David Herszenhorn, "Poroshenko Takes Ukraine Helm With Tough Words for Russia," June 7, 2014, https://www.nytimes.com/2014/06/08/world/europe/poroshenko-sworn-in-as-president-of-strife-torn-ukraine.html.

② Steven Pifer, *The Eagle and the Trident*, pp.305, 309. 2015 年 3 月，国际货币基金组织宣布对乌提供为期四年总额 175 亿美元的贷款，首期为 50 亿美元。国际货币基金组织官员估计，乌克兰总共需要 400 亿美元，美国、欧盟、其他国际金融机构应该填补空缺，并进行债务重组。

③ Steven Pifer, *The Eagle and the Trident*, p.307.

④ Samuel Charap and Timothy Colton, *Everyone Loses*, p.141.

——确保安全投放人道主义救援物资，全面恢复受影响地区的社会和经济联系；

——乌方全面控制冲突地区的乌俄边界，撤走所有外国人员、武器和雇佣军；

——乌实行宪法改革，实行非集权化，新宪法于 2015 年年底制定；

——根据乌法律就地方选举的方式开启对话，在顿涅茨克和卢甘斯克按欧安组织的标准进行地方选举，立法永久认定顿涅茨克和卢甘斯克的个别地区为特殊地位自治州。[①]

但协议同样缺乏实施机制，最后仍不免沦为一纸空文。情况是：乌政府不能以武力统一两州，该两州也不能以武力迫使基辅承认其独立，双方政治、军事上的对抗和僵持继续，2016 年 7 月，双方的交战特别激烈，成为一年多来伤亡最重的一个月。9 月以后战事趋缓，但 12 月又激烈起来。美国在第二个《明斯克协议》的谈判桌旁没有席位，但奥巴马政府支持德国的调停努力，助理国务卿纽兰等与欧盟官员保持着密切联系，副总统拜登则经常与波罗申科和亚采纽克通话。[②]

2014 年 7 月 17 日中午一架马来西亚 MH17 波音 777 客机从阿姆斯特丹起飞，飞往吉隆坡。飞机搭载 280 多位乘客和 15 位机组人员。当客机飞越乌克兰上空时，在靠近俄罗斯边界的顿涅茨克的沙赫乔尔斯克遭导弹攻击坠毁，机上 298 人全部遇难。乌克兰政府、民间武装组织、俄罗斯都被怀疑有肇事嫌疑，但各方均予以否认，并相互指责。普京认为，乌克兰政府应该对坠机负责，并称，若不是乌克兰把战火烧向东部，就不会有此惨案。[③]奥巴马发表声明称，MH17 是在乌克兰被武装分子控制的地区用地对空导弹击落的，虽然还不清楚谁是肇事者，但俄罗斯对没有制止该地区的暴力行动负有责任。他还说，此事“对于欧洲是一个警钟”，“应当让每一个人都注意到”乌亲俄武装叛乱已经成为一种国际犯罪。[④]稍后，美方称他们侦察拍摄到的照片表明，这架客机是被俄先进的“山毛榉”导弹击落的，是受过俄方训练的乌分裂分子使用了这种导弹。俄罗斯经受了空前的国际压力，美欧对俄施加了新的更严厉的制裁。欧盟和美国的企业被禁止向俄主要的国有银行提供超过三十天的融资；对俄能源行业实行技术禁运；法

① “MINSK II,” https://en.wikipedia.org/wiki/Minsk_II.

② Steven Pifer, *The Eagle and the Trident*, p.309.

③ 贾静峰：《普京：坠机事件所在的那个国家须对这一悲剧负责》，2014 年 7 月 18 日，http://world.people.com.cn/n/2014/0718/c1002-25297536.html。

④ Barack Obama, “Statement by the Press Secretary on Malaysian Airlines Flight 17,” July 17 2014. Online by Gerhard Peters and John T. Woolley, *The American Presidency Project*, https://www.presidency.ucsb.edu/node/306232.

国也终止了向俄出售“西北风级”两栖攻击舰的交易。

乌克兰新一届议会成立后，立即以压倒多数通过决议，废除了乌先前的“非集团”地位，表示将与北约发展更密切关系。虽然波罗申科明白，北约成员国地位对乌是个遥远的目标，当前北约也没有把乌置于成员国的候选行列。①但他正式就职后就要求北约提供军事援助。北约也加大了与乌合作、对俄施压的力度。北约秘书长拉斯穆森 2014 年 3 月 21 日的讲话中说，俄罗斯对克里米亚的军事行动“是从柏林墙倒塌的那个秋天以来欧洲最严重的危机”，并宣布，从此以后北约“不能再像从前那样与俄罗斯打交道了”。②北约的应对措施聚焦于重申支持乌的领土完整、联盟对保卫中欧及东欧的承诺。北约先是宣布暂停与俄的一切军事合作，继而宣布加强与乌的军事合作，据乌发言人 4 月 2 日表示，2014 年乌将举行 8 场军事演习，所有演习都有北约国家参加。北约还表示，将帮助乌推动防务改革，加强对乌军事人员的培训，加强乌与北约军事力量的互操作性训练。北约并于 5 月在波兰和波罗的海举行了两场军演。2014 年 9 月上旬，北约威尔士峰会同意设立五个专项基金，援助乌军的后勤、指挥和控制、网络防卫、帮助退伍军人适应平民生活及伤残士兵的医疗康复。③但北约没有向乌提供军事装备，尤其是致命性武器。克里米亚危机之后，北约也加强了对中东欧盟国的保卫，主要是空中防卫和侦察、海上部署、军事演习。虽然一些中欧和波罗的海国家要求北约在它们国家建立永久性军事基地，但北约，尤其是德国政府对此态度谨慎，担心俄方作出强烈反应。

2014 年 3 月下旬，奥巴马访问欧洲，他在赴欧途中表示：“要说对克里米亚已经发生的事情有什么简单的解决方法，那是不诚实的。历史常常不是沿着一条直线前进的，而是沿着弯弯曲曲的奇怪路线前进的。”④

俄罗斯乘着克里米亚脱乌入俄的势头，2014 年 5 月 29 日，俄、白、哈三国正

---

① Steven Pifer, *The Eagle and the Trident*, p.308.

② “A Strong NATO in a Changed World,” Speech by NATO Secretary General Anders Fogh Rasmussen at the Brussels Forum, March 21. 2014, https://www.nato.int/cps/en/natolive/opinions_108215.htm.

③ Vincent L. Morelli, *Ukraine: Current Issues and U.S. Policy*(CRS Report for Congress), January 3, 2017, p.18；高飞、张健：《乌克兰危机背景下的大国博弈及其对国际安全格局的影响》，《和平与发展》2014 年第 6 期。即使在发生克里米亚危机的情况下，乌民众对加入北约的支持率也只是略有上升。2014 年 3 月的一次民调显示，34%的受访者赞成加入北约，44%的受访者反对；在西部，74%的人赞成，在东部，67%的人反对。Paul Belkin, Derek Mix, Steven Woehrel, “*NATO: Response to the Crisis in Ukraine and Security Concerns in Central and Eastern Europe*”(CRS Report for Congress), July 31, 2014, p.17.

④ Scot Wilson, “Obama Dismisses Russia as ‘Regional Power’ Acting out of Weakness,” March 25, 2014, https://www.washingtonpost.com/.

式建立欧亚经济联盟，并表示将竭力争取吉尔吉斯斯坦和亚美尼亚加入。6月，欧盟与乌克兰、摩尔多瓦和格鲁吉亚签署《联系国协定》。同月，波罗申科宣布禁止与俄进行任何军事合作，由于乌俄双方军工企业的长期相互依赖关系，这一禁令可以说是"斩敌一千，自损八百"，乌本身付出了相当高的经济代价，近80家军工企业受到负面影响，乌对俄输出的军工产品将减少70%（一些军民两用产品仍可出口，如直升机的发动机），有些军工企业不得不缩小规模，有的甚至面临关闭。①7月22日，第五届欧盟"东部伙伴关系"外长会议在布鲁塞尔举行，乌克兰、摩尔多瓦、格鲁吉亚、阿塞拜疆、白俄罗斯、亚美尼亚6国外长出席会议，讨论履行《联系国协定》和自贸协定问题，并为即将于2015年5月在里加举行的峰会进行准备。②当欧盟深度全面自贸区在2016年1月开始生效时，俄罗斯中断了对乌克兰的独联体贸易优惠待遇，并实行了类似它对美、欧实行的那种反制裁措施，禁止从乌进口农产品。乌则禁止从俄进口肉类、鱼、蔬菜、水果、乳制品、酒类产品。两国还中断了直达航班。到2016年俄乌间的经济联系几乎完全切断。③

在与西方关系恶化的同时，俄罗斯从2014年下半年开始明显加大了对亚太地区的外交关注，与中、朝、越、印度等国高层互动频繁，能源、经贸、军事技术合作加速推进，力图在亚太地区打开新局面。④

四、美俄关系进入冰河期

乌克兰危机标志着奥巴马政府"重启"对俄关系的终结。危机之后，美国国会通过了一系列决议，提出了多个法案，要求制裁俄罗斯，援助乌克兰。其中最重要的是2014年年底通过的《支持乌克兰自由法案》，其中包括了对俄的多项严厉制裁措施。奥巴马在签署该法案时称，他将继续与国际盟友一起来回应乌克兰的局势。对乌军事援助是否突破"非致命性武器"的界线问题在国会里引起激烈辩论，多数议员担心军事冲突升级，担心美俄关系进一步恶化，没有赞成。⑤克里米亚危机后美俄关系跌入了冷战结束以来的最低点，两国民众

---

① Vincent L. Morelli, *Ukraine: Current Issues and U.S. Policy* (CRS Report for Congress), January 3, 2017, p.20.

② Foreign Affairs Council, Council of European Union, "Council Takes Action on the Downing of Flight MH17," July 22, 2014, https://www.consilium.europa.eu/en/meetings/fac/2014/07/22/.

③ Samuel Charap and Timothy Colton, *Everyone Loses*, p.150.

④ 季志业、冯玉军主编：《俄罗斯发展前景与中俄关系走向》，第164页。

⑤ Vincent L. Morelli, *Ukraine: Current Issues and U.S. Policy* (CRS Report for Congress), January 3, 2017, p.40.

对彼此的看法急剧恶化。根据列瓦达民调,2014 年 12 月 74%的俄民众对美国持有负面看法;2014 年 7 月的全球民调显示,美民众“不喜欢”俄罗斯的人数占 72%。①

美国继续在各方面支持和援助乌克兰。从 1990 财年到 2012 财年,美国对乌援助累计为 40 亿美元;从 2013 年年底的危机以后到 2016 年,美国承诺援助 13 亿美元,以推进改革、加强民主机制、刺激经济发展、帮助乌更有效地控制边界,其中包括通过联合国提供的 1.35 亿美元的人道主义援助,美方还为三笔各 10 亿美元的对乌信贷提供了担保。②

美乌军事关系由危机应对向持久伙伴关系转型,以帮助乌 10 万多军队增强作战能力、加强与北约军队的互操作性,包括提供军事援助及训练。2014 年到 2016 年美对乌提供的安全援助就达 6 亿多美元;美提供了反大炮和反迫击炮雷达、安全的通信系统、后勤基础设施、信息技术体系、无人机技术、医疗设备等。2016 年 7 月 28 日,美向乌交付“大乌鸦”(Raven)无人机系统,该系统能全天候提供侦察情报。美在亚拉巴马州的亨茨维尔训练乌无人机驾驶员。350 名美军顾问在乌训练五个营的常规力量和一个营的特种兵,并帮助乌发展进行长期训练的机制;美国还领导了一个由加拿大、立陶宛、英国参加的多国顾问团,帮助乌的防务改革和改善训练、装备。美每年都与乌举行两次联合军演,一次是代号“快速三叉戟”的地面演习,一次是代号“海上微风”黑海军演。乌还多次参加北约的各种军演。③2016 年 9 月初,美防长阿什顿·卡特(Ashton Carter)在北约防长布鲁塞尔会议期间会晤了乌防长波多拉克。卡特重申美与盟国共同坚持第二个《明斯克协议》,支持乌主权和领土完整,不承认俄“非法吞并克里米亚”,双方还签署了双边伙伴概念,为双边军事合作提供框架。④

奥巴马政府继续谴责俄罗斯,继续视俄为“对美国最大的安全威胁”。2015 年 1 月,奥巴马在《国情咨文》中谈到美国的外交议程时,把乌危机及美俄关系置于第二位,仅次于反恐和武力打击“伊斯兰国”,誓言信守保护盟国的承诺并采取

---

① 波波·罗:《孤独的帝国——俄罗斯与新世界无序》,袁靖、傅莹译,第 212 页。

② Vincent L. Morelli, *Ukraine: Current Issues and U.S. Policy* (CRS Report for Congress), January 3, 2017, p.37.

③ Vincent L. Morelli, *Ukraine: Current Issues and U.S. Policy* (CRS Report for Congress), January 3, 2017, pp.38—39.

④ Vincent L. Morelli, *Ukraine: Current Issues and U.S. Policy* (CRS Report for Congress), January 3, 2017, p.39; U.S. Embassy in Ukraine, “Readout of Secretary Ash Carter' Meeting with Ukraine Minister of Defense General Stepan Poltorak,” June 15, 2016. https://ua.usembassy.gov/readout-secretary-defense-ash-carters-meeting-ukrainian-minister-defense-general-stepan-poltorak/.

制裁、孤立与显示实力的方法来对付俄罗斯，“我们将彰显美国的实力与外交……反对俄罗斯侵略，支持乌克兰民主，并让我们的北约盟国放心”。①参联会主席邓福德(Joseph Dunford)7月在国会作证时说，“如果你要说有哪个国家可能对美国构成实实在在的威胁，我就得说是俄罗斯……你看一下它们的行为，确实是令人震惊的”。当月出台的《美国国家军事战略报告》把俄罗斯描述为“一个企图修正国际秩序的一些关键方面”的国家，其“行为方式威胁着我们的国家安全利益”。从当年夏天起，五角大楼开始在预算分配中拨出更多款项来对付俄的常规武器和核武器。俄罗斯则以牙还牙，发布了核战争的警告，修改武装力量现代化计划，引入新的海军学说，重新强调大西洋和北冰洋的重要性，以应对北约“不断增长的”威胁。②

担任北约副秘书长的美高官弗什博在2014年4月4日关于跨大西洋安全的一次讲话中说：“20年来，欧洲—大西洋的安全有一个前提：我们不再面临东边的敌对。现在这个前提动摇了。”2016年1月，美军欧洲司令部发布战区新战略报告，其中把“阻遏俄罗斯的侵略”作为驻欧美军在未来三五年中的“主要关注”。文件说：“俄罗斯对我们在诸多地区的盟友和伙伴都构成持续的挑战，这是一个需要给予全球回应的全球性挑战。”③俄常驻北约代表格鲁什科反驳这个报告说，把俄罗斯视为欧洲的主要威胁是“完全脱离现实的观点”。3月31日，美军欧洲司令部司令兼北约盟军司令布里德洛夫(Philip Breedlover)宣布，北约和美国的防务原则正从确保东欧转变为建立威慑，以回应“重新崛起的咄咄逼人的俄罗斯”。五角大楼将于2017年年底前在欧洲(东欧和波罗的海三国)增加部署一个装甲步兵旅，兵员达4 200人。当被问及，其他北约盟国是否会如美军一样将其使命升级时，布里德洛夫表示“希望如此”。④

2016财年、2017财年，美国为在中东欧的军事存在(即所谓“欧洲再保证倡议”)分别拨付了8亿美元和34亿美元，包括在波兰和波罗的海国家的实战部队和伞兵部队的费用。2016年2月，美防长阿什顿·卡特在谈到2017财年的国防预算时称，美必须“采取坚强有力和平衡的措施对俄罗斯

① The White House, “Remarks by the President in State of Union Address,” January 20, 2015, https://obamawhitehouse.archives.gov/the-press-office/2015/01/20/remarks-president-state-union-address-January-20-2015.

② Robert Legvold, *Return to Cold War*, p.146.

③ Andrew Tighman, “Russian Aggression a Top Concern in U.S. European Command's New Military Strategy,” January 26, 2016, https://www.militarytimes.com/2016/01/26/russian-aggression-a-top-concern-in-u-s-european-command-s-new-military-strategy/.

④ “U.S. General: NATO to Switch ‘Assurance to Deterrence’ in E. Europe,” March 31, 2016, https://www.defensenews.com/home/2016/04/01/us-general-nato-to-switch-assurance-to-deterrence-in-e-europe/.

的侵略加以威慑”,“支持我们的北约盟友”,并确保核武器预算不受削减防务预算的影响。①

乌克兰的执政联盟好景不长,老毛病又犯了。总统与总理的关系很快开始恶化,在野的季莫申科也开始攻击政府工作。美国大使皮亚特(Geoffrey Pyatt)敦促双方团结,敦促乌政府反腐,并在公开场合指出,居然没有人为“迈丹革命”中的死难者负责而被投入监狱,也没有人为亚努科维奇时期国库的大量失窃负责,致使波罗申科的团结党的资深成员指责他干涉乌内政。2015 年 12 月上旬,拜登访乌。他在公开场合及与乌领导人会晤中都强调了乌政治改革和反腐的必要性。在对议会的演说中,他要求乌彻底改革司法系统,使能源系统变得更有竞争力,由市场法则来加以主导,高级官员必须与商业利益脱钩,寡头和非寡头必须遵守同样的规则,等等。②

2016 年 2 月 15 日,波罗申科因不满政府改革迟缓要求总理亚采纽克辞职。但议会没有通过对亚采纽克的“不信任案”,他得以留任。此次事件削弱了议会中的波罗申科—亚采纽克联盟,原来加入联盟的一些党团也离开了联盟,使执政联盟的席位只剩下了 215 席,比议会多数欠了 11 席,政局更加扑朔迷离,改革步履艰难。观察家开始怀疑,波罗申科与亚采纽克是否在重复“橙色革命”后尤先科与季莫申科之间的关系,各派政治力量再次进入乌克兰典型的那种政治操作。但亚采纽克大势已去,于 4 月初辞职,14 日,议会勉强通过格罗伊斯曼为总理。

拜登立即给格罗伊斯曼打电话表示祝贺。拜登强调,要保持对乌的国际支持,乌必须迅速地实施改革措施,包括兑现对国际货币基金组织的承诺,履行第二个《明斯克协议》。③但公众对格罗伊斯曼是否真有决心和能力推进改革、清除腐败没有信心。在新总理执政以后,情况并无多大起色,寡头继续左右政治,改革议程不是受阻,就是半途而废。东部分离分子和政府军的战斗仍在继续,欧安组织报告称,武器弹药仍在从俄罗斯进入乌东部地区。

美国继续支持默克尔为执行第二个《明斯克协议》在乌俄之间斡旋,助理国务卿纽兰也与俄代表舒尔科夫进行接触。这引起了乌克兰的警觉,乌方担心美

① Ashton Carter, “Remarks Previewing the FY 2017 Defense Budget,” February 2, 2016, https://dod.defense.gov/News/Speeches/Speech-View/Article/648466/remarks-previewing-the-fy-2017-defense-budget/.

② Steven Pifer, *The Eagle and the Trident*, pp.310—311; Peter Baker, “In Ukraine, Joe Biden Pushes a Message of Democracy,” December 8, 2015, https://www.nytimes.com/2015/12/09/world/europe/joe-biden-ukraine.html.

③ Vincent L. Morelli, *Ukraine: Current Issues and U.S. Policy* (CRS Report for Congress), January 3, 2017, pp.8—9.

方为与俄合作在叙利亚打击“伊斯兰国”而牺牲乌利益。纽兰一再向乌方保证，美不会做这种交易。国务院发言人科比在 2016 年 8 月 19 日的记者招待会上再次表示：“我们不会接受在 21 世纪以强力手段改变国界的行为。只要俄罗斯继续占领克里米亚，由此导致的制裁就将继续有效。我们再次呼吁俄罗斯停止占领，并把克里米亚归还给乌克兰。”①

2016 年 10 月，默克尔在柏林与奥朗德、波罗申科、普京举行会晤，讨论落实第二个《明斯克协议》的路线图，但各方的期待都比较有限。顿巴斯地区的冲突仍在继续。

五、北约对俄关系恶化

乌克兰危机使西方领导人担心，俄方的意图不止于乌克兰，它的目标可能是北约本身，首先会试探北约对波罗的海三国的安全担保到底是否可靠。俄罗斯的“不可预测性”现在被西方广泛视为巨大的安全威胁。北约认定俄不再是竞争者，而是敌手，必须永久地予以制约和削弱，因为俄不仅拥有庞大的军事力量，而且充满敌意，其危险程度甚至超过冷战时期的苏联，北约遂大幅度调整了对俄战略。北约不仅向乌直接提供经济与军事援助，还在波罗的海、中欧、东欧多国部署“矛尖部队”与导弹防御系统，建设永久军事设施，频繁展开海陆空大规模的军演，对俄实施战争威慑。俄罗斯则担心美国可能借乌克兰危机，重组北约在俄周边的军事力量，以后但凡本地区稍有风吹草动，就会抓住机会对俄实行进攻。俄继续支持乌东部独立力量，在边境举行大规模军事演习、部署战略武器与重兵，减少对欧洲的天然气供应。克里米亚危机之后，俄与北约就这样互相担心、互相提防，双方关系进入了以竞争和对抗为主的新时期，导致欧洲安全形势的严重恶化。②2013 年，美国撤走了最后一辆驻扎在欧洲的作战坦克，而在冷战高峰时期，美在德国驻有 6 000 辆这类坦克。克里米亚事件后形势趋向逆转。在北约与俄接壤的区域双方都在进行新的军事集结。

克里米亚危机之后，北约立即中断了与俄罗斯的一切民事和军事合作，甚至为阿富汗、中亚和巴基斯坦禁毒部门培训人员的项目也停止了，北约—俄罗斯理事会也予以中止。2014 年 7 月 29 日，22 个北约成员国开始对俄实行武器禁运。

北约加强了对俄乌边境的监控，俄军则出动战机拦截北约的侦察机。北约还在波罗的海和地中海部署了两支分舰队。从 2014 年 4 月下旬起，一支由 5 艘

① 张建、周琪：《奥巴马第二任期美俄关系论析》，《世界经济与政治》2016 年第 11 期。

② Samuel Charap and Timothy Colton, *Everyone Loses*, p.138; Robert Legvold, *Return to Cold War*, p.53.

至7艘清除水雷的舰艇组成的舰队在波罗的海巡查,其中有比、法、德、荷、挪及爱沙尼亚等国派出的舰只。另一支由美、加、德、挪、土等国派出的分舰队从5月起在地中海进行巡查。7月中旬,北约的第三支分舰队在波罗的海进行演习。这支由意、土、英派出的四艘舰艇组成的分舰队与希腊、意大利、罗马尼亚、美国的海军单位进行了互操作性演习。

2015年年初,乌克兰东部地区的冲突又激烈起来,在欧洲和美国(尤其在国会里)都有人主张对乌提供致命性武器。默克尔于2015年2月访美,与奥巴马讨论了对乌援助问题,双方均持谨慎态度。①在2016年的北约华沙峰会上,举行了北约—乌克兰委员会会议。虽然乌的北约"成员国行动计划"已不在考虑范围,但北约仍然承诺对乌的军事力量提供训练和技术方面的支持,并认可先前建议的一揽子援助计划,如派出常驻和非常驻的顾问向乌提供防务建议,包括后勤和战略层面的改革;实行防务改革,包括能力与机制建设的关键援助,文职雇员的培训和战略沟通;加强防务教育,北约专家与乌8所军事教育机构、3所训练中心以及外交学院进行合作,帮助它们提高师资水平、改善课程,以达到西方标准;处理简易爆炸装置和清除地雷;处置废弃的小、轻型武器与弹药等。峰会还重申了威尔士峰会上的承诺,为乌设立5个专项基金。②

北约在波罗的海三国、乌克兰和波兰等国频繁举行大规模军演。俄罗斯警告,北约部队在靠近俄边境地区的任何军事存在和军演都是对俄国家安全的威胁,俄将作出回应。2015年年底,俄罗斯出台新版的《国家安全战略报告》,其中指出,北约军事潜力的增强,它违反国际法把功能拓展至全球,激励成员国的军事行为,进一步扩大联盟,并将其军事基础设施靠近俄边界地区进行部署;在欧洲、亚太和中东地区部署导弹防御系统以实施其"全球打击"的理念,凡此种种均对俄国家安全造成威胁。文件强烈谴责道:"西方对抗全球化进程的立场以及在欧亚地区制造紧张局势的做法,均对俄罗斯实现民族利益造成负面影响。美国和欧盟支持乌克兰违宪政变导致乌克兰社会的深刻分裂和武装冲突。强化极右的民粹思想是要在乌克兰民众中树立俄罗斯敌人的形象……使乌变成紧邻俄罗斯边界的一个长期不稳定的基地。"③

2016年5月12日,北约秘书长斯托尔滕贝格在罗马尼亚德塞韦尔军事基

---

① Paul Belkin, Derek Mix, Steven Woehrel, "*NATO: Response to the Crisis in Ukraine and Security Concerns in Central and Eastern Europe*"(CRS Report for Congress), p.4; Steven Pifer, *The Eagle and the Trident*, p.308.

② Vincent L. Morelli, *Ukraine: Current Issues and U.S. Policy*(CRS Report for Congress), January 3, 2017, p.36.

③ Стратегия национальной безопасности Российской Федерации, 31 декабря 2015 г. https://rg.ru/2015/12/31/nac-bezopasnost-site-dok.html.

地宣布，部署在那里的美国宙斯盾导弹防御系统进入战备状态。次日，波兰小镇列德吉科沃举行美国导弹防御基地的开工仪式，这里的导弹防御系统将配备中程拦截导弹，并将于 2018 年进入战备状态，成为欧洲导弹防御盾牌的一部分。① 北约副秘书长弗什博还在一次专家会议上说："我们转入了与俄罗斯的长期战略竞争，双方对欧洲的看法有着原则性的分歧"，这意味着北约"已经开始了与冷战后（局势）方向相反的新转型"，北约将回归自己的本源——巩固自己的东部边界。②俄方的回应是建立西部军区。2016 年 5 月，俄防长绍伊古宣布，俄将在该军区新建两个步兵师。

俄罗斯还担心北约会把一贯中立的芬兰拉入联盟，那将从北、中、南三个方向对俄形成挤压之势。在 2016 年 7 月北约华沙峰会前一个星期，普京特地访问芬兰。他在与芬兰总统会晤后的记者会上直言警告，如果芬兰加入北约，俄将被迫向芬兰方向调动军队。他说，芬兰军队"如成为北约军事设施的一部分，它一个晚上就能抵达俄边境。你认为我们还能放心地让俄军待在 1 500 千米之外吗?""北约也许乐见（芬兰）跟俄罗斯战斗到最后一兵一卒，你们需要这样吗？我们不要，我们不想这样。但这要由你们来决定。"③

尽管克里米亚事件后美俄关系急剧恶化，俄方并不希望与美国长期对峙下去。普京在 2015 年 7 月给奥巴马的祝贺美独立日的电文中表示，"在对等和彼此尊重各方利益的基础上建立起对话"，两国将能"解决最复杂的国际问题，应对全球的威胁和挑战"。④2016 年 2 月，梅德韦杰夫在慕尼黑欧安会上呼吁西方摒弃针对俄罗斯的冷战式"遏制战略"，与俄共同解决现存问题。

2016 年 4 月，在北约与俄关系因乌危机冻结两年后，北约—俄罗斯理事会重启对话。会议持续了近三个半小时，涉及与欧洲安全状况有关的各个主要问题。斯托尔滕贝格表示，双方观点差异极大，但彼此倾听了对方的意见，双方进行政治对话是重要且有益的，但双方关系再也回不到从前去了。7 月 13 日，理事会又举行了大使级会议，虽然气氛尚好，但双方在欧洲安全和乌克兰问题上各执己见，立场没有接近。斯托尔滕贝格对记者表示，双方进行了"非常有用的磋商"，"公开、坦诚地"讨论了双边关系中的诸多问题，但"不能说我们今天处在同

---

① 见冯绍雷：《北约东扩、"特朗普新政"与俄欧安全新格局》，《俄罗斯研究》2017 年第 1 期。

② 冯绍雷：《北约东扩、"特朗普新政"与俄欧安全新格局》，《俄罗斯研究》2017 年第 1 期。《参考资料》2016 年 7 月 21 日第 23 页。

③ Путин рассказал финнам о войне с НАТО, 2 июля 2016 г. https://www.gazeta.ru/politics/2016/07/01_a_8353601.shtml.

④ Путин телеграммой поздравил Обаму с Днем независимости США, 4 июля 2015 г. https://www.delfi.lt/ru/abroad/russia/putin-telegrammoj-pozdravil-obamu-s-dnem-nezavisimosti-ssha.d?id=68409322.

一波段”:双方在乌克兰问题上“想法没有交集”;双方讨论了“军事行动、透明度和降低风险”问题,阿富汗以及地区恐怖主义威胁问题;北约方面向俄方通报了一个星期前北约华沙峰会的决定,表示 2016 年后北约仍将在阿富汗保持现有水平的军事存在;俄方也告知了俄所采取的一些措施,并提出了波罗的海海空安全问题,北约称将予以考虑。斯托尔滕贝格表示,这是一个“全天候的论坛”,虽然现在双方的合作尚未恢复,但对话将继续下去。①

2016 年 7 月北约华沙峰会制定了冷战结束以来规模最大、力度最大的一次北约军事力量调整计划,具体措施包括:

——加强北约快速反应力量,实质性地扩大其规模,使其成为由一个陆军师及相应的空中、海上及特殊作战单位组成的更有战斗力、更灵活的军队;

——在波兰和波罗的海国家建立 4 个多国部队营,每营 800 人至 1 200 人,美、加、德、英等七个北约核心大国将于二三日内开始派兵部署,部队实行轮换制,每三个月一期,轮换计划已经制定到了 2022 年;

——在北约东部地区成员国内成立了 8 支北约综合力量,必要时作为增援部队;

——作为北约军力框架的一部分,使驻波兰的多国东北军团处于完全运转状态,在罗马尼亚建立了多国南部师司令部,以更好整合北约部队并实行灵活指挥;

——增强北约常备海军力量,在地中海开展全新的“海洋守护者”多任务行动,包括收集周边信息、打击恐怖主义、拦截偷渡船只等;并扩大在黑海地区的空中和海上军事存在;

——欧洲的导弹防御系统进入初级战备状态,部署在西班牙的美国舰只、在土耳其的雷达系统、在罗马尼亚的拦截系统将按北约指令协调运行。峰会决定把北约与欧盟的合作提升到新阶段,“以应对一个更富侵略性的俄罗斯发出的威胁”;

——承诺增强各国和集体的网络防卫能力。

峰会也评估了乌克兰的安全形势,并通过了对乌“一揽子综合援助方案”,要求俄罗斯遵守两个《明斯克协议》,停止向乌东部武装分子提供人员、武器和资金援助。峰会公报同时声称,“北约不寻求与俄罗斯对抗,对俄不造成威胁”,北约

① Louis Ramirez, “NATO-Russia Council Does Little to Ease Tension,” July 13, 2016, https://www.voanews.com/europe/nato-russia-council-session-does-little-ease-tension; “Press Conference by NATO Secretary General Jens Stoltenberg Following a Meeting of the NATO-Russia Council”, July 13, 2016 , https://nato.usmission.gov/nato-sec-gen-press-conference-post-nrc-july-2016/.

与俄之间的沟通渠道是畅通的。①

奥巴马在峰会结束后的记者招待会上说:“现在是欧洲的一个关键时刻。在北约将近70年的历史中,从来没有像现在这样,同时面临各种挑战:安全的、人道主义的、政治的……在这个挑战时刻,我想清楚表明,美国对欧洲的安全和防务,对我们跨大西洋的关系,对我们共同防务的承诺是不会改变的。”②奥巴马的话主要是说给东欧国家听的,是美国对它们安全的再保证。

2016年7月6日,俄常驻北约代表亚历山大·格鲁什科在华沙峰会前接受俄《生意人报》采访时即已指出:“北约在东部地区的举措只会使局势恶化。实质上,这是用军事手段(例如军队轮值部署和大规模演习)来打造新的大陆分界线,阻碍实现大欧洲计划,并加强欧洲国家对美国的依赖。北约应当明白,所有这些措施只会收到适得其反的效果,因为所有思维健全的人(更何况军人)都明白,我们一定会作出军事技术回应。我们会采取一切必要措施来确保我们的防御能力。因此,自称‘靠近前线的’国家想必很快就会明白:那些貌似保障安全的努力实际上是对安全的破坏。北约迫使我们将这些国家视为可能积聚重要的军事潜力、对俄构成风险和危险的地方。”③峰会之后,俄外交部发言人扎哈罗娃即指出,峰会表明,北约继续戴着某种军事—政治上的“有色眼镜”,违背维护欧洲和平与稳定的客观利益,把力量集中在“牵制”某种不存在的“东方威胁”上,北约的政策越来越明显地脱离了北约成员国公民安全维护与保障的实际需求。④但俄方同时表示,注意到了“合理的点点滴滴”,例如斯托尔滕贝格表示“俄罗斯不构成直接威胁”,北约不寻求与俄对抗,愿意与俄进行对话,与俄保持联系等。俄学者还指出,北约在峰会上与欧盟签署了协作文件,这样北约即可利用欧洲那些非北约国家的资源,首先是奥地利、瑞典和芬兰,从而把欧盟变成了北约的附庸,而

① NATO, “Warsaw Summit Communique,” July 9, 2016, https://www.nato.int/cps/en/natohq/official_texts_133169.htm.

② Barack Obama, “The President's News Conference in Warsaw, Poland”, July 9, 2016. Online by Gerhard Peters and John T. Woolley, *The American Presidency Project*, https://www.presidency.ucsb.edu/node/318221.

③ Интервью постоянного представителя России при НАТО А. В. Грушко газете «Коммерсант» ,07 июля 2016 г. https://rus.rusemb.org.uk/fnapr/4924.俄军总参谋长格拉西莫夫2017年11月7日在国防部部务会议上说,最近5年,俄军接收了300多件军事技术装备,到2021年军队现代化武器和技术装备的配比将超过70%。海军5年多来共接收150艘舰船,包括60多艘战舰,现代化率达53%,战斗力提升30%;空军仅西部军区就接收了185架飞机和直升机,能使用新式巡航导弹的飞机数量增加了10倍以上,现代化战略轰炸机比2012年增加53个百分点,达75%;导弹预警系统得到完善;北方军队得到23艘战舰。《俄军总参谋长总结俄军队五年来的巨大变化》,《参考资料》2017年12月21日。

④ М. В. Захарова, Комментарий официального предствителя МИД России в связи с саммитом НАТО в Варшаве, 11 июля 2016. https://rus.rusemb.org.uk/fnapr/4928.

起主导作用的是美国。

2016年10月3日，普京签署命令，暂停履行与美国达成的《钚管理与处理协定》。命令还说：俄罗斯不会把这些武器级钚用来制造核武器或者其他核爆炸装置，也不会用于涉及这种装置的研究、开发、设计、试验或者其他军事目的。在颁布上述命令的同时，普京向议会提出一项法案，其中称，暂停执行这一协定是对美改变军事战略平衡、破坏俄经济、侵犯俄权利的措施的回应。法案提出了恢复履行这一协定的条件，包括削减美国在2000年9月1日后新加入北约的国家中的军事部署；解除美国对俄的一切制裁，并补偿因这些制裁造成的损失；取消《马格尼茨基法》《支持乌克兰自由法》中的反俄条款等。①

奥巴马的任期只剩几个月了，普京开始把目光投向下一任美国总统，希望在后奥巴马时代俄美关系有一个新的开始。2016年8月，普京在俄第八次驻外使节会议上指出，"我们与美国的关系对于这个世界具有重要意义。我们完全没有关闭与美国的关系。双方的关系现在不太好，这是事实。但我想强调的是，这决不是我们的过错，不是俄罗斯的过错"，尽管"我们不能接受美国统治集团中一部分人的立场，即由他们来决定在哪些问题上与我们合作，在哪些问题上强化对我们施压，包括制裁"，但是俄罗斯仍希望在国际事务中与美密集互动，愿同任何一位未来的美国总统在平等基础上打交道。"我们一向追求在平等的基础上共事，成为可预期的伙伴"。②10月27日，普京在瓦尔代国际辩论俱乐部的会议上又说："苏联解体后美国认为无需再与任何人商谈解决重大问题，于是这就开始了。"南斯拉夫、伊拉克、利比亚、阿富汗、叙利亚、北约扩张，退出《反导条约》，这些都是怎么回事？"美国没有履行自己的职责，也不打算履行……我们在很多问题上都很难同今天的行政当局对话，因为几乎什么都落实不了，谈好的协议也几乎都不执行，包括在叙利亚问题上。我希望与下届美国政府建立不同的关系，基于相互尊重彼此利益的伙伴关系，寻找解决任何复杂问题的办法。"③这是普京再一次明确地向下一届美国政府发出的呼吁，毕竟美俄关系的冰冻状态不论在安全方面还是经济方面对俄都是很不利的。

① BBC News, "Russia Suspends Weapon's-Grade Plutonian Deal with US," October 3, 2016, https://www.bbc.com/news/world-europe-37539616.关于美俄《钚管理与处理协定》见本书第459页。

② В.В. Путин, Выступление на Совещании послов и постоянных представителей Российской Федерации, 01 июля 2016 г. http://rsvk.cz/blog/2016/07/01/soveshhanie-poslov-i-postoyannyh-predstavitelej-rossijskoj-federatsii/.

③ В.В. Путин, Выступление на Заседании международного дискуссионного клуба «Валдай», 27 октября 2016 г. http://www.kremlin.ru/events/president/news/53151.

2016年11月30日，普京批准的新版《俄罗斯联邦外交政策构想》重申，俄罗斯反对北约扩大、反对北约的军事基础设施部署向俄边界步步逼近，在俄边界邻近地区增加军事活动，北约此类行动“违反了平等且不可分割的安全的原则，只会加深欧洲原有的裂痕，并导致出现新的分界线”。文件讲到俄美关系时说：“俄罗斯不承认美国法律凌驾于国际法之上，具有超出其领土范围的超大地位，不接受（美国）企图施加军事、政治、经济或其他压力的做法，保留强硬反击不友好行为的权利，包括加强国防和采取镜像式或对称性措施。”《构想》同时肯定，俄美两国对于全球稳定和国际安全负有特殊责任，两国在经贸、科技方面有着巨大合作潜力，并希望与美国建立良好关系。谈到与北约关系时，《构想》强调，北约在多大程度上愿与俄建立“平等伙伴关系”，将成为俄构建同北约关系的参照依据。①

《构想》对俄美关系的阐述可以说是“不卑不亢”的，态度也冷静了许多。这种微妙变化的主要原因是美国的总统换届。奥巴马的任期行将结束，特朗普在竞选中多次表示了对普京的好感。以美国为首的西方的制裁给俄罗斯带来了巨大压力，使俄美本来就很脆弱的经贸关系雪上加霜，两国双边贸易额由2013年的380亿美元跌落至2014年的292亿美元，受美欧制裁和石油价格下跌等因素的影响，俄从2015年起陷入经济衰退。②美国新政府如能多少调整对俄政策，俄与西方的关系及其外部环境就会有所改善。

北约不顾俄罗斯的愤怒和坚决反对，继续扩张的步伐。在2016年7月的华沙峰会上向2006年脱离塞尔维亚的黑山共和国发出入约邀请，黑山于2017年6月正式加入北约，成为第29个成员国。黑山国力弱小，不过60万人口，武装力量不足2 000人，只有苏联时期留下的1辆老旧坦克，指望它对北约的军事力量作出什么贡献那是奢望了。但在2009年克罗地亚和阿尔巴尼亚加入北约后，黑山是亚得里亚海沿岸唯一没有与北约绑定的国家，黑山的港口对俄罗斯具有战略意义。如今北约完全控制了亚得里亚海，完成了对塞尔维亚的包围。在2017年3月底美参议院表决黑山入约第二天，俄卫星通讯社报道说，按照2016年年底俄塞双方达成的协议，塞尔维亚很快将获得俄赠予的6架米格-29战斗机、30辆T-72坦克以及30辆BRDM-2型装甲车。③

---

① Министерство Иностраных Дел, Концепция внешней политики Российской Федерации, 30 ноября 2016 г. http://www.kremlin.ru/acts/bank/41451.

② 柳丰华:《普京总统第三任期俄美关系演变与第四任期双边关系走势》,《俄罗斯研究》2018年第2期。

③ 《黑山加入北约,普京:免费给塞尔维亚提供“军火礼包”》,2017年6月6日,https://news.qq.com/a/20170606/036430.htm。

第十四章　中亚、南高加索和中东

第一节　中　　亚

在2009年2月的独联体集体安全条约组织峰会上，梅德韦杰夫总统提议成立集安组织集体行动反应力量（Collective Operational Reaction Force，CORF），实行统一指挥，司令部设在俄罗斯。中亚快速反应力量仍然单独并行存在，专门对付源自阿富汗的恐怖主义和贩毒。梅德韦杰夫说，需要新的"反应力量"是为了应对独联体周边安全的紧张状况，并称，这支力量将"跟北约一样棒"。"反应力量"主要由俄、哈两国军队组成。2010年年初，俄将军博尔久扎宣称，新成立的反应部队由2万人组成，任务是防御欧亚边界及负担国际使命；另一支原有的部队由4 000人组成，现在正在重新注入活力，其任务是应对从阿富汗对中亚的威胁，并保卫中亚的能源资源和油气管道。在美俄关系重启的大形势下，2009年10月俄外长拉夫罗夫敦促美国务卿希拉里·克林顿将支持北约与集安组织合作作为"重启"的一部分。①

集安组织试图在国际安全事务中发挥与北约相仿的作用。2004年12月，该组织成为联合国大会的观察员，得以与联合国的相应机构，包括反恐委员会进行合作，并称它建立了维和部队，可参加联合国的维和行动。2010年3月，联合国大会批准了由集安组织起草的决议，呼吁联合国与该组织加强"地区合作，如

① Jim Nichol, *Central Asia's Security: Issues and Implications for U.S. Interests*（CRS Report for Congress）, March 11, 2010, p.17.

增进地区的安全和稳定、维和、反恐、打击贩毒和武器走私、反对有组织的跨境犯罪、贩卖人口、抗灾救灾等”。①

奥巴马入主白宫在中亚是受欢迎的，从伊拉克战争以来，美国与中亚的关系迎来了一次新的改善机会。美方要结束阿富汗战争，大量物资人员需要进出阿富汗，中亚国家的配合和支持依然至关重要。奥巴马政府重启了对俄关系，在整个中亚地区，美国政策的首要目标已经不再是排挤俄罗斯，而是美俄合作推进美国的阿富汗政策。②美对中亚政策进行了大幅度的实用主义的调整，并得到中亚国家响应。土库曼斯坦的第二任总统别尔德穆哈梅多夫显得比别的中亚国家更愿意与西方接触并寻求新的伙伴。乌兹别克斯坦也宣布愿与华盛顿重启对话。美俄反恐工作小组在奥巴马时期作为美俄双边总统委员会的一部分保留了下来。2009 年 11 月，美国务院反恐协调员本杰明(Daniel Benjamin)在柏林会晤俄总统特别代表萨弗诺夫，双方同意“在多边舞台”共同工作，加强国际反恐的标准建设和能力建设；反对武装极端主义的意识形态；加强运输安全；并就阿富汗问题加强沟通和磋商。③

美国新政府重视与中亚国家的关系。2009 年 11 月 18 日，主管南亚和中亚的助理国务卿布莱克(Robert Blake)在国会成立“中亚帮”时说，奥巴马政府“将建立及培植与中亚的政治接触置于高度优先的地位”，与各国分别建立了双边年度磋商机制，综合讨论双边和地区问题，包括打击贩毒、反恐、民主改革、法制、人权、与非政府组织的关系、经贸、健康和教育等。④一个月后，助理国务卿帮办克罗尔(George Krol)在参议院外交关系委员会中东、南亚与中亚小组委员会作证时，列举了奥巴马政府中亚政策的五个目标：第一，在战胜阿富汗和巴基斯坦的极端分子的联合努力中拓展与中亚国家的合作，以实现地区的稳定和繁荣；第二，发展地区的能源资源和供应管道，予以多样化，为此，美国还专门任命莫宁斯塔(Richard Morningstar，2012 年任驻阿塞拜疆大使)为欧亚能源特使；第三，鼓励政治自由化和尊重人权：美国继续把人权问题作为与各国双边对话不可或缺的一部分，与政府和社会的对话双轨并行，致力于长期的、能取得重要成效的项

① United Nations, “Cooperation between the UN and the Collective Security Treaty Organization,” Resolution Adopted by the General Assembly on March 2, 2010, https://undocs.org/en/A/RES/64/256.

② 郑羽：《重启的消亡：普京重新执政后的俄美关系》，《俄罗斯东欧中亚研究》2014 年第 5 期。

③ Jim Nichol, *Central Asia's Security: Issues and Implications for U.S. Interests* (CRS Report for Congress), March 11, 2010, p.51.

④ Uzmar Akhtar, “Central Asia Security: Issues and Implications for US Interests,” ISSRA Paper 2010, https://www.ndu.edu.pk/issra/issra_pub/articles/issra-paper/ISSRA_Papers_Vol2_IssueII_2010/04-Central-Aisa-Security-Uzma-Akhtar.pdf.

目；第四，帮助中亚国家建立有竞争力的市场，并实行经济改革；第五，防止塔吉克斯坦和吉尔吉斯斯坦的“国家失败”。①

2009 年 1 月，驻阿美军司令彼得雷乌斯(David Petraeus)访问吉、哈、塔、乌四国，希望开辟新的运输线，包括空中、公路、铁路、水路。为了得到各国政府的支持，美国各使馆还宣布，美方将在当地采购更多的非作战物资运去阿富汗作为补给。2 月，哈萨克斯坦和塔吉克斯坦同意过境转运，乌兹别克斯坦在 4 月、吉尔吉斯斯坦在 7 月也都同意了，从而建立了“北方配送网络”(Northern Distribution Network)。通过这一网络的第一批非杀伤性物资于 3 月从拉脱维亚通过铁路启运，途经俄罗斯、哈萨克斯坦、乌兹别克斯坦进入阿富汗。5 月，乌总统卡里莫夫还宣布允许美国和北约部队通过纳沃伊(位于萨马尔罕和布哈拉之间)机场进行物资转运。8 月，彼得雷乌斯再次访乌，与乌方签订了促进双方军事教育交流和训练的协定，乌方也允许了北约军事人员携带武器过境进入阿富汗。卡里莫夫称赞彼得雷乌斯的访问是“美乌关系进一步发展”的象征，“双方都对双边关系的提升和发展感兴趣”。②反恐联盟的商用飞机也获得过境飞行的允许。美助理国防部长帮办塞德尼(David Sedney)12 月 15 日报告说，截至 11 月已经有 4 769 个集装箱通过中亚运入阿富汗，占了美国全部军用运输的 1/3，多数是过境乌、塔两国的。③2010 年 4 月，美哈达成军事装备和人员过境飞越的协定，俄罗斯也表示同意，这样，美军飞机可以从阿拉斯加起飞，通过北极，不必在中途加油直接飞去阿富汗。中亚国家同意加入“北方配送网络”，这一合作使它们找回了在欧亚安全结构中失去的地位，再次显示了自身的重要性；同时军事上的合作可以带来美国与中亚各国在经济和其他方面合作势头的回升。北方配送网络成立后，美国在中亚国家每年购买数百万美元后勤物资，对中亚各国经济也不无小补。④助理国务卿布莱克在约翰斯·霍普金斯大学中亚与高加索研究所的一次讲话中强调了中亚国家在这个网络中的重要作用，并称中亚国家的“重要性远远超过这个网络”，“美国将继续鼓励中亚国家支持阿富汗的经济和政治发展。中亚国家未来的和平、稳定、繁荣和民主是与阿富汗的和平、稳定、繁荣和民主的前

① George Krol, “Testimony Before the Senate Committee on Foreign Relations, Subcommittee on Near Eastern and South and Central Asian Affairs,” December 15, 2009, https://www.foreign.senate.gov/imo/media/doc/KrolTestimony091215a1.pdf.

② Jim Nichol, *Uzbekistan: Recent Developments and U.S. Interests* (CRS Report for Congress), August 21, 2013, p.22.

③ Jim Nichol, *Central Asia's Security: Issues and Implications for U.S. Interests* (CRS Report for Congress), March 11, 2010, p.39.

④ Jim Nicole, *Kazakhstan: Recent Developments and U.S. Interests* (CRS Report for Congress), July 22, 2013, p.24.

景直接相联系的”。①

一、哈萨克斯坦

奥巴马政府认为哈萨克斯坦由于其地理位置、领土面积、自然资源和经济增长等原因，是本地区的当然领袖。2009 年 7 月，副国务卿伯恩斯（William Burns）率领由政府多部门官员组成的代表团访问中亚，美方发出的信息是，中亚的稳定、繁荣、安全和经济及政治改革与美国利害相关，美国将与本地区各国共同工作。哈萨克斯坦是伯恩斯访问的第一站。10 日，伯恩斯会晤纳扎尔巴耶夫总统，向对方介绍了 7 月 6 日至 7 日美俄元首莫斯科会晤的情况，纳扎尔巴耶夫表示，“一个良好的美俄关系对哈萨克斯坦是件好事”。伯恩斯在会晤中两次表示，奥巴马总统致力于建设一个强固的美哈关系。纳扎尔巴耶夫重申致力于中亚的整合，但称苏联时期的矛盾对地区至今仍有影响，地区的安全首先取决于各国和睦相处，哈将在这方面起示范作用；他表示不希望伊朗发展核武器，但与伊朗的战争将是灾难性的，他经常提醒伊方借鉴哈无核化的经验，并愿在此问题上提供帮助；他重申哈将增加对阿富汗战后重建的人道主义援助，认为塔利班没有什么好坏之分，“只要是恐怖主义者，都是坏的”；他欢迎美国在哈投资的多样化，并希望奥巴马总统在预定 11 月访问中国途中顺访哈萨克斯坦。他还解释说，与俄、白结成关税同盟是一个经济决定，而不是政治决定。②

在与哈外长塔津的会谈中，伯恩斯提出美国希望与哈建立一个统筹两国关系的双边委员会，布莱克助理国务卿将负责此事。在场的布莱克解释说，美国打算每年举行一次双边委员会会议，审视过去一年两国关系在政治、安全、人权、能源和经贸五个方面取得的进展和存在的问题，促进双边关系的全面发展，美方将在一个月内向哈方提出建立双边委员会的意见书。塔津希望纳扎尔巴耶夫总统 2010 年春赴华盛顿出席核安全峰会时能对美国进行访问，并提出，2010 年哈是欧安组织的轮值主席国，准备在该年峰会上集中讨论阿富汗问题，并向伯恩斯详细叙述了哈准备对阿富汗提供教育方面帮助的计划，如欧洲方面有意参与，则可使之成为三边合作项目。塔津指出了阿富汗毒品问题的严重性，毒品既在此过境，也在此贩卖，希望美国援助位于阿拉木图的中亚地区信息与合作中心。在防扩散方面，哈支持奥巴马的防扩散和建立无核世界的理念，包括与俄罗斯达成新

① Robert Blake, Jr., “U.S. Policy in Central Asia,” January 25, 2012, https://2009-2017.state.gov/p/sca/rls/rmks/2012/182643.htm.

② “Kazakhstan: Under Secretary Burns’ July 10 Meeting with President Nazarbayev,” https://wikileaks.org/plusd/cables/09ASTANA1164_a.html.

的削减进攻性战略武器条约。①2009年5月19日，美国家核安全署宣布，“纳恩—卢格项目”已经把162.5磅使用过的高丰度浓缩铀燃料棒运出哈萨克斯坦。这些燃料棒是俄方提供的，在2008年至2009年5月间分四次运回了俄罗斯。②

2010年4月中旬，纳扎尔巴耶夫出席奥巴马发起的第一次核安全峰会，并在会间于11日会晤奥巴马，双方讨论了加强美哈战略伙伴关系、增强双边合作、地区稳定、经济繁荣和民主改革等问题。美方对哈在无核化和防扩散方面作出的贡献给予高度评价，对“纳恩—卢格项目”的进展表示满意，并承诺继续合作。哈表示将加快先前核试验场的清理工作以促进核材料的安全保障，以实际行动支持奥巴马的无核世界理念。奥巴马感谢哈给予阿富汗的人道主义援助、经济和教育方面的支持，赞赏哈在北方配送网络中的重要作用，欢迎允许美国开辟货运新航线过境哈至阿富汗的双边协议，表示美方将继续支持哈经济发展，支持公有—民营企业伙伴关系计划，支持哈核能发展和能源多样化。美方鼓励哈政治体制民主化和强化法制建设，鼓励两国非政府组织、宗教团体、教育机构等之间的交往。③此后，两国就落实两国元首共识采取了一系列步骤，包括美国的技术援助、在相应的大学之间建立合作。2010年8月，美国在哈前首都和商业中心阿拉木图建立了总领馆，这是美国在中亚开设的第一个总领馆。

2010年12月1日至2日，欧安组织峰会在阿斯塔纳举行，希拉里·克林顿代表总统出席会议，并顺访哈萨克斯坦。希拉里·克林顿会晤了纳扎尔巴耶夫，并与外长萨乌达巴耶夫就加强双边关系、整合中亚地区进行会谈。在会晤后的记者会上，希拉里·克林顿对哈在地区的作用和影响力表示赞赏，对哈在阿富汗战争和维护阿的稳定、战后重建中作出的贡献，并特别对哈为核不扩散和裁军作出的贡献表示感谢。在此前不久，美、英一起确保了哈10吨高丰度浓缩铀和3吨武器级钚的安全，这些核材料足以制造775枚核武器。希拉里·克林顿也敦促哈推进民主化进程。④

---

① Jim Nichol, *Central Asia's Security*: *Issues and Implications for U.S. Interests* (CRS Report for Congress), March 11, 2010, p.39; "Kazakhstan: Under Secretary Burns' July 10 Meeting with Foreign Minister Tazhin," July 13, 2009, https://wikileaks.org/plusd/cable/09ASTANA1166_a.html.

② Jim Nichol, *Central Asia's Security*: *Issues and Implications for U.S. Interests* (CRS Report for Congress), March 11, 2010, p.41.

③ Barack Obama, "Joint Statement on the Meeting Between President Obama and Kazakhstan President Nazarbayev," April 11, 2010. Online by Gerhard Peters and John T. Woolley, *The American Presidency Project*, https://www.presidency.ucsb.edu/node/290446.

④ Hillary Clinton, "Remarks with Kazakhstan Foreign Minister Saudabayev after Meeting," December 1, 2010, https://2009-2017.state.gov/secretary/20092013clinton/rm/2010/12/152212.htm.

2012年3月，在首尔核安全峰会期间，奥巴马与纳扎尔巴耶夫再次举行会晤。奥巴马感谢哈总统在无核化方面的“领导作用”，纳扎尔巴耶夫再次表示支持奥巴马无核世界的理念。①

美哈双边年度磋商机制从2010年开始在两国首都轮流举行。在磋商中，美方同意鼓励美国公司和大学参与在阿拉木图附近的“科技创新园”，国务院还宣布将年度磋商机制提升为战略伙伴关系委员会的年度对话。2012年4月，在华盛顿举行委员会成立会议，委员会下设若干工作小组，包括防扩散与裁军、经济合作与科学技术等；人文方面的对话包括了民间团体、人权等问题，由双方的非政府组织举办。2013年7月举行委员会的第二次对话，美方承诺支持哈加入世贸组织，并增加对哈的贸易和投资。

美助理国务卿布莱克在2012年8月访哈时满意地说：“我们与哈萨克斯坦的关系是我们与中亚各国关系中最深刻、最广泛的，哈将在地区整合过程中发挥更大作用，在一些非常重要的地区问题中，如核不扩散等方面做许多工作。这与我们试图实现的目标十分吻合，也是为什么我们对哈关系如此之好的原因。”②

2012年7月，美海军部部长马布斯(Ray Mabus)访问中亚并会晤了哈防长扎克西贝克夫。双方回顾了2008年至2012年国防合作计划的实施情况，包括维和营的训练和准备、特种部队的训练、技术援助和军事教育，并草拟了2013年至2017年的合作计划。2013年4月，美西点军校士官访问哈陆军军事学院。在战略伙伴关系委员会2013年7月的会议中讨论两国防长互访的安排。2012年6月在喀布尔举行的“伊斯坦布尔进程”会议上讨论2014年后对阿援助的问题，哈承诺在减灾救灾、打击贩毒、发展经贸关系、加强教育交流、培育互信措施等领域提供援助，哈将增加在哈大学和职业学校里的阿留学生。③

2015年11月，国务卿克里访问哈萨克斯坦，并与哈外长一起主持了第四次美哈战略伙伴关系对话，美方赞赏哈方与国际原子能机构签署在哈建立低丰度浓缩铀库的协定，并支持哈在2016年年初为地区核安全培训中心奠基。美方还祝贺哈方完成了加入世贸组织的进程，鼓励哈继续进行改革。双方确认加强非政府组织、保护人权的必要性，致力于加强教育和职业方面的交流，为哈公民在

---

① White House, “Remarks by President Obama and President Nazarbayev of the Republic of Kazakhstan Before Bilateral Meeting”, March 26, 2012, https://obamawhitehouse.archives.gov/the-press-office/2012/03/26/remarks-president-obama-and-president-nursultan-nazarbayev-republic-kaza.

② Jim Nichol, *Kazakhstan: Recent Developments and U.S. Interests* (CRS Report for Congress), July 22, 2013, p.22.

③ Jim Nicole, *Kazakhstan: Recent Developments and U.S. Interests* (CRS Report for Congress), July 22, 2013, pp.23—25.

美国学习和训练提供更多机会。双方同意在 2016 年举行跨部门的全面的战略伙伴关系对话，并继续在各个层面保持高级别接触。①

在中亚各国中，美国与哈萨克斯坦的经济关系也最密切。从 1993 年到 2010 年美在哈投资达 140 亿美元，机械、汽车、电力、航空、制药和光学仪器是美投资的重点领域，美国在农业机械和装备方面超过俄罗斯成为哈的主要伙伴。②

在奥巴马任内，哈萨克斯坦仍然在美俄之间维持了微妙的平衡。尽管俄本身也受到世界金融危机的冲击，2009 年 2 月，俄、哈仍然共同出资 100 亿美元建立"共同体"救助基金，帮助关税同盟成员国白俄罗斯、吉尔吉斯斯坦、塔吉克斯坦应对危机，共渡难关。2011 年 9 月，梅德韦杰夫在杜尚别独联体峰会上宣布，俄将向包括中亚各国在内的独联体国家推广俄语。俄罗斯正坚定地恢复在中亚的影响力。③

二、乌兹别克斯坦

奥巴马当政后美乌关系出现缓和，2009 年 4 月 3 日双方签订允许美国过境乌领土、领空向驻阿美军运送给养的协定。11 月中旬，助理国务卿布莱克访乌，这是安集延事件后美高官对乌的首次访问，显示两国关系的改善。布莱克向乌方表示，奥巴马政府"十分重视与中亚国家的伙伴关系，重视加强与中亚地区的政治接触"，总统和国务卿决心增强美乌关系。布莱克建议美乌之间建立高层次年度双边磋商机制，"在广泛的领域建立我们的双边关系"，乌方表示认可。12 月，乌外长诺罗夫访美，与美方进行了第一次年度磋商，双方为 2010 年的合作制定了计划，包括外交互访、军事合作和投资贸易项目。④

2010 年 11 月，布莱克在众议院作证时说："奥巴马政府在安全、经济、人权等各个方面都增加了与乌兹别克斯坦的接触。在安全方面，乌成了美在阿富汗努力的关键伙伴……乌对反恐联盟部队所需的物资运输发挥了实质性的作用……美国已经改善了对乌关系，但是还有许多挑战。美国继续鼓励乌政府解

① U.S. Department of State, "Joint Statement of the Fourth U.S.-Kazakhstan Strategic Partnership Dialogue," November 2, 2015, https://2009-2017.state.gov/r/pa/prs/ps/2015/11/249067.htm.

② Marlene Laruelle, Sebastien Peyrouse, "The United States in Central Asia: Reassessing a Challenging Partnership," May 2011, https://www.tandfonline.com/doi/abs/10.1080/09700161.2011.559983.

③ 赵鸣文:《普京大外交》,第 281 页。

④ Jim Nichol, *Central Asia's Security: Issues and Implications for U.S. Interests* (CRS Report for Congress), March 11, 2010, p.30; Jim Nichol, *Uzbekistan: Recent Developments and U.S. Interests* (CRS Report for Congress), August 21, 2013, p.18.

决严重的人权问题。"①

11 月底到 12 月初，希拉里·克林顿国务卿访问了哈、吉、乌三国。在与卡里莫夫总统的会晤中，克林顿感谢乌为阿富汗战争所作的贡献，并称美乌双边关系的改善对美国利益是"至关重要的"，她对双边科学技术合作协定的签署表示赞赏，并称要寻找多种途径来促进两国之间的积极合作。希拉里·克林顿同时也提出了尊重人权的问题。②

第二次年度双边磋商于 2011 年 2 月进行，布莱克率团访问了比什凯克。同时赴乌的美商务代表团与乌方讨论了增进双方经贸合作的问题。美方在 2010 财年在当地购买了 2 300 万美元的物资运往阿富汗。

2011 年 9 月 28 日，奥巴马给卡里莫夫打电话，感谢乌为稳定阿富汗局势提供的合作，同时希望乌为美国和北约物资进出阿富汗进一步提供方便。希拉里·克林顿在 10 月 22 日至 23 日对塔吉克斯坦和乌兹别克斯坦的访问中，与两国领导人讨论了"新丝绸之路的概念"，把阿富汗变成与中亚地区相连的交通运输、贸易和能源枢纽的问题。她还提出，限制宗教信仰自由可能使宗教界产生不满。③但中亚国家没有对"新丝绸之路"表现出多大兴趣，原因之一是阿富汗的安全形势没有根本改善，美国也没有采取多少实际措施，不想为此作出实质性的投入。

出于北方配送网络的实际需要，美军方对乌兹别克斯坦更感兴趣。2010 年 11 月，美中央司令部司令马蒂斯(James Mattis)访乌，并与乌防长续签了 2011 年度双边军事交流计划。2012 年 3 月马蒂斯再度访乌，并受到卡里莫夫总统接见。访问期间，美乌签署了乌对在阿的美军事物资和人员过境开放空域的双边协定。北约秘书长拉斯穆森于 6 月初宣布，已与乌、哈、塔三国达成协议，北约可通过陆路从阿富汗运输物资出境。④

2012 年 6 月，普京重新就任总统后即访问乌兹别克斯坦。双方发表《深化战略伙伴关系宣言》，同时签署关于乌加入自贸协定的《谅解备忘录》。普京在会

① Jim Nichol, *Uzbekistan: Recent Developments and U.S. Interests* (CRS Report for Congress), August 21, 2013, p.18.

② U.S. Department of State, "Meeting with Staff and Their Families of Embassy Tashikent," December 2, 2010, https://2009-2017.state.gov/secretary/20092013clinton/rm/2010/12/152288.htm.

③ Jim Nichol, *Uzbekistan: Recent Developments and U.S. Interests* (CRS Report for Congress), August 21, 2013, p.19.

④ U.S. Central Command, "U.S. Central Command Commander General James Mattis Visits Uzbekistan," November 17, 2010, https://www.centcom.mil/MEDIA/PRESS-RELEASES/Press-Release-View/Article/903859/us-central-command-commander-general-james-mattis-visits-uzbekistan/.

晤中称乌兹别克斯坦“是俄在中亚地区优先发展伙伴关系的国家之一。我们与乌有着特殊关系。我们非常清楚乌有着巨大的潜力,我们将根据你们的潜力,根据我们两国人民之间关系的深厚根基来建设对乌关系”。①尽管乌随后再次中止了集安组织成员国资格,但卡里莫夫没有再一头倒向美国,依然将发展对俄关系视为优先方向。

2012 年 7 月,布莱克在众议院作证时说:“乌兹别克斯坦是我们为阿富汗提供支持的地区至关重要的伙伴,包括建筑铁路连接阿富汗和中亚,向阿人民供应电力。”乌在北方配送网络中占据中心地位,通过这个网络运输的大部分物资是通过乌阿边界的。②8 月,布莱克再次率团访乌,双方举行第三次年度磋商。为争取美军重返乌,美方向乌承诺将从阿富汗撤出的部分军事装备赠送给乌。2012 年 9 月,国会还批准取消了对乌实施了 7 年的军援禁令。③

2013 年上半年是美乌交往热络的时期。2 月,由众议院监察委员会主席达纳·罗拉巴赫(Dana Rohrabacher)率领国会议员代表团访乌。3 月,乌外长卡米洛夫访美,克里国务卿与之进行会晤,双方认为现在的双边关系已经超越在阿富汗问题上的合作。4 月,负责公共事务的助理国务卿哈默(Mike Hammer)访乌,表达了美方对自由媒体的关切。4 月下旬,布莱克访乌,双方开始具体讨论向乌转让阿富汗剩余的军用物资的问题。5 月,助理商务部部长帮办默里(Matthew Murry)访乌,双方讨论了经贸合作;5 月下旬,双边经贸圆桌会议在华盛顿举行。7 月中旬,助理国务卿帮办简·齐默曼(Jane Zimmerman)访乌,主要与乌方讨论了人权问题。④

2015 年 11 月,克里国务卿访问中亚,在撒马尔罕会晤五国外长,并发表《中亚五国与美国伙伴关系及合作撒马尔罕联合宣言》,建立 C5+1 新机制,推动中亚五国之间及与美国在安全、经济、人权、环保、阿富汗稳定与重建等方面的合作,以对冲俄罗斯整合后苏联地缘空间的影响。⑤

尽管对美关系有了发展,乌兹别克斯坦仍然在俄罗斯与西方之间保持一个基本的平衡。2016 年 4 月,卡里莫夫总统访俄,与普京进行了长达 4 小时的广

---

① Владимир Путин,Визит в Узбекестан, 04 июня 2012 г. http://www.kremlin.ru/events/president/news/15548.

② Jim Nichol, *Uzbekistan: Recent Developments and U.S. Interests* (CRS Report for Congress), August 21, 2013, p.17.

③ 赵鸣文:《普京大外交》,第 275 页。

④ Jim Nichol, *Uzbekistan: Recent Developments and U.S. Interests* (CRS Report for Congress), August 21, 2013, p.20.

⑤ U.S. Department of State, “Joint Declaration of Partnership and Cooperation by Five Countries of Central Asia and The United States, Samarkand, Uzbekistan,” November 1, 2015, https://2009-2017.state.gov/r/pa/prs/ps/2015/11/249050.htm.

泛的、坦率的会谈，就地区安全、阿富汗形势、双边贸易等问题进行深入讨论，普京称乌是"战略伙伴和可靠的盟友"，卡里莫夫表示他信任俄罗斯，信任普京本人，并对俄在阿富汗和整个中亚地区的作用和地位表示赞赏。俄乌关系基本保持稳定。①

三、吉尔吉斯斯坦

2009 年年初，梅德韦杰夫在一次讲话中称，集安组织将承担起反恐及支持反恐联盟部队在阿富汗作战的功能，因此吉尔吉斯斯坦玛纳斯空军基地可以关闭了。俄罗斯也对吉施加压力促其关闭该基地。2009 年 2 月 3 日，吉总统巴基耶夫赴莫斯科出席独联体峰会期间与梅德韦杰夫举行会谈。巴基耶夫会谈后宣布，由于美方没有满足吉提出的租金要求，以及美军基地在社会上引起的负面反响，吉政府不久将关闭玛纳斯美空军基地。在此次访问中巴基耶夫收获甚丰：俄罗斯承诺对吉提供 20 亿美元贷款，其中 17 亿美元用于建筑坎巴拉塔水电站和购买设备，3 亿美元用于稳定吉的金融系统。贷款利率仅为 0.75%，期限长达 40 年。俄罗斯还免除了吉 1.8 亿美元债务，并承诺 1.5 亿美元无偿反危机援助。②

关闭玛纳斯美空军基地有损美国和北约的利益，美方仍然希望事情还有挽回的余地。2009 年 2 月初，北约秘书长特使西蒙斯(Robert Simmons)访吉，劝吉方不要关闭玛纳斯机场，称"这个机场的存在是对北约行动的重要贡献"，是"我们反对国际恐怖主义斗争中的重要环节"。③美方派了副国务卿、前驻俄大使威廉·伯恩斯访问莫斯科，想从俄方打听消息，"吉尔吉斯斯坦想要什么"，是否可以在基地问题上与俄方做成一笔交易。看到美国人访俄，巴基耶夫通过媒体喊话："吉尔吉斯斯坦和美国在这方面不存在政治上的分歧，只存在经济问题。"2 月 19 日，吉议会以压倒多数通过决定，结束与美方关于使用基地的协定。次日，巴基耶夫签署了国会决定，这样，美方应在接到吉方通知后 180 天内撤离基地。美方仍不罢休，盖茨防长明确表示，为了继续使用玛纳斯基地，美国可以考虑提高租金。3 月 4 日，巴基耶夫在接受英国广播公司采访时又说，关于基地谈判的

---

① Российско-узбекистанские переговоры, 26 апреля 2016 года, http://kremlin.ru/events/president/news/51792.

② Д. А. Медведев, Переговоры с Президентом Киргизии Курманбеком Бакиевым, 3 февраля 2009 года, http://kremlin.ru/events/president/news/3051; Jim Nichol, *Central Asia's Security: Issues and Implications for U.S. Interests* (CRS Report for Congress), March 11, 2010, pp.27-28；王鸣野：《中间地带的通道政治与中间地带国家的国际行为》，《俄罗斯研究》2019 年第 3 期。

③ Luke Harding, "Kirgizstan to close key US military airbase," February 4, 2009, https://www.theguardian.com/world/2009/feb/04/kyrgyzstan-us-base-afghanistan.

“大门没有关闭”。①

美就继续使用玛纳斯基地与吉方进行交涉。6 月 4 日，美国防部宣布，美吉达成“互利的”协定，基地“将继续工作，为我们在阿军队提供给养，以便帮助稳定本地区整体的安全形势”。6 月 11 日，奥巴马致信巴基耶夫，对吉为稳定阿局势作出的贡献表示感谢，称美不希望关闭该基地，并将派出代表团就此问题进行谈判。随即，资深外交官霍尔布鲁克作为奥巴马阿富汗和巴基斯坦问题特使访吉，并就美军继续使用基地与吉方达成协定。②协定规定，美军在玛纳斯建立“转运中心”，每年的租金从原先的 1 740 万美元增加到 6 000 万美元，美方还答应提供至少 3 600 万美元的援助以改善基础设施，3 000 万美元用于升级该机场的空管系统。美方还承诺了 2 000 万美元的美吉开发基金，2 100 万美元的打击贩毒援助，以及 1 000 万美元的反恐基金。协定自 7 月 14 日起生效。吉国防部部长萨巴耶夫解释说，“鉴于对阿富汗和巴基斯坦安全形势的担心”与日俱增，吉政府决定与美方签订该协定，但需每年更新一次。③这样，空军基地就摇身一变，成了“玛纳斯转运中心”。协定还规定了吉政府对驻玛纳斯美军的严格限制。一位吉议员解释说，协定并不意味着吉政策的转变，因为俄罗斯和中亚各国都与北约签订了允许经本国向阿富汗运送物资的协定。④接着，伯恩斯又访问了吉尔吉斯斯坦，代表奥巴马感谢巴基耶夫总统允许多国部队在玛纳斯机场设立转运与后勤中心，并称“这是对我们在阿富汗共同事业的重要贡献”。他表示“相信，我们将拓展双边关系的层次和范围”，包括建立双边贸易和投资委员会。美军接着就开始新建设施。霍尔布鲁克 2010 年 2 月再访吉尔吉斯斯坦时估计，每月有 3.5 万人次士兵通过该机场进出阿富汗。⑤

俄罗斯把美吉关于玛纳斯的新协定视为吉对俄罗斯的背叛，俄岂能容忍！2009 年 7 月 7 日，俄副总理谢钦和防长谢尔久科夫对比什凯克作了一次短暂的秘密访问，与巴基耶夫讨论了扩大俄罗斯坎特基地或在南部开设新军事基地的可能性。10 日，吉总统办公厅消息人士证实，俄方对开设新基地感兴趣。梅德韦杰夫总统对此并不否认，他说：“我们希望与吉尔吉斯斯坦保持长期的战略伙

---

① 王鸣野：《中间地带的通道政治与中间地带国家的国际行为》，《俄罗斯研究》2019 年第 3 期。

② Radio Free Europe, “Obama Asks Kirgizstan to Expand Cooperation,” June 11, 2009, https://www.rferl.org/a/Obama_Asks_Kyrgyzstan_To_Expand_Cooperation/1751860.html.

③ Tolkun Namatbayeva, “Kyrgystan Allows U.S. to Keep Using Base,” June 23, 2009, http://www.turkishpress.com/news/345902/.

④ Jim Nichol, *Kyrgyzstan: Recent Developments and U.S. Interests* (CRS Report for Congress), August 30, 2013, p.23.

⑤ Radio Free Europe, “U.S. Delegation Wraps Up Kyrgyz Visit Focused on Security,” July 12, 2009, https://www.rferl.org/a/us_delegation_wraps_up_kyrgyz_visit_focused_on_security/1775174.html.

伴关系。我们都是集安组织成员……应加强彼此的安全。”俄国家杜马独联体事务委员会主席康斯坦丁·扎图林说得更坦率：俄决定在吉建立第二个基地是有政治理由的，现在我们应该有第二个基地，这将进一步表明，谁是这里的主人。2009 年 8 月 4 日，在吉尔吉斯斯坦伊塞克湖畔举行集安组织非正式峰会时，俄吉签署了建立集安组织快速反应部队军事训练中心的备忘录，但双方在选址问题上有意见分歧。10 月，双方最终达成协定，选在吉乌边界的巴特肯。但该计划遭到乌方反对，俄罗斯只得暂时搁置。①

巴基耶夫政府背弃了先前对俄罗斯关于关闭美玛纳斯基地的承诺，俄对此极度不满。一名未公开姓名的俄外交官说：“保留美军基地令人极为惊讶和气愤……我们没有料到这一肮脏的骗局”，“把名称从基地变成中心只是表面掩饰，美军在中亚的真实存在没有改变，这有违俄罗斯利益，有违俄吉政府先前达成的协定”，俄方会对此作出“相应反应”。②2010 年 4 月 7 日，吉尔吉斯斯坦发生第二次“颜色革命”，2005 年通过“颜色革命”当政的巴基耶夫被二次“革命”推翻，意味着俄在吉的影响力进一步提升，也使中亚地区领导人看到，俄罗斯对背信弃义的人深恶痛绝，绝不能在美俄之间玩“以夷制夷”的政治游戏过了头。③阿坦巴耶夫就任临时总统，俄迅速承认了临时政府，而美国则感到意外。为防止吉领导人在关闭美基地和延长坎特基地问题上再次出现反复，俄提醒吉过渡政府毁约的严重后果，同时承诺出资帮助其加强边防建设，提高抵御突发事件的能力，并通过国际粮农组织向吉提供粮食专款援助。临时政府负责人奥通巴耶娃向美联社记者表示，在玛纳斯军事基地问题上“我们将履行我们在国际协定中作出的承诺”，但这一表态只是使美国暂时放心。2011 年 10 月吉大选后，奥巴马立即发表声明祝贺吉人民和政府举行了一次“民主与和平的选举”，是在“通向民主道路上重要的令人鼓舞的一步，表明了他们对有序的公开的政权交接的承诺”，他保证美国继续是吉尔吉斯斯坦的伙伴，④拉拢吉新领导人的意图十分明显。美驻吉大使斯普拉特伦(Pamela Spratlen)稍后发表声明，表示美国“完全致力于与吉尔吉斯斯坦政府和人民合作以应对国家最紧迫的发展需求。随着营商环境的改善，我们希望拓展与吉之间的贸易和投资联系”，并“作为真诚的伙伴寻求”地区

① Манас(авиабаза)，https://ru.wikipedia.org/wiki/；王鸣野：《中间地带的通道政治与中间地带国家的国际行为》，《俄罗斯研究》2019 年第 3 期。

② 凌朔：《俄媒怒批吉机场续租，美俄博弈继续》，2009 年 6 月 25 日，http://news.sohu.com/20090625/n264741786.shtml。

③ 赵鸣文：《普京大外交》，第 277、296 页。

④ Barack Obama, “Statement on the Presidential Election in Kyrgyzstan,” October 31, 2011. Online by Gerhard Peters and John T. Woolley, *The American Presidency Project*, https://www.presidency.ucsb.edu/node/297443.

的稳定。①

阿坦巴耶夫在10月底大选时就承诺，如果他当选，将在2014年关闭玛纳斯转运中心，并将该中心的设施用于商业往来，包括与阿富汗的往来。11月2日，阿坦巴耶夫刚一就任总统就重申，2014年后玛纳斯将予关闭，吉将不再与美国续约。他说："我们的机场是民用的，应该搞民用航空运输。军用飞机在机场停靠会引起不良的联想。"伊朗也威胁说，如果美军继续使用玛纳斯，它可能成为伊朗导弹袭击的目标。阿坦巴耶夫表示，这样的打击可能危及临近的比什凯克，"我们为什么需要这样的基地呢?"但美方并不死心，阿坦巴耶夫讲话的次日，美国务院发言人纽兰和五角大楼发言人利特尔(George Little)立即作出了反应。纽兰表示"期待与新政府就2014年后的续约问题展开磋商"，利特尔称"将研究阿坦巴耶夫的声明，分析可能的后果"。2012年3月，美防长帕内塔(Leon Panetta)在访问阿富汗之前访问了吉尔吉斯斯坦进行游说，但未能改变吉方的决定。②

2012年7月，美助理国务卿布莱克在众议院作证时说，支持吉尔吉斯斯坦的民主化是美国对中亚政策的"基石"，在民主化方面吉在中亚是领先的。他同时赞赏了吉在北方配送网络中的参与，以及玛纳斯机场的作用。2013年在玛纳斯转运中心驻有1 500名美军和其他承包人员，驻泊有KC-135加油机和C-17大型运输机，每年通过这里进出阿富汗的军人和非军人近30万人次。③

阿坦巴耶夫毫不掩饰其亲俄立场。他在就职演说中强调，俄罗斯是吉尔吉斯斯坦的战略伙伴，加入关税同盟有助于提振国家经济。2010年9月，他又对媒体表示，"我们与俄罗斯有着共同的历史和命运。没有俄罗斯，我们不可能有未来"。④他上任后出访的第一个国家是俄罗斯。2011年12月，阿坦巴耶夫在莫斯科出席集安组织会议、独联体欧亚经济空间会议，并与梅德韦杰夫总统进行会晤。阿坦巴耶夫此后即宣称，俄罗斯是吉最亲密的"战略伙伴"，他的访问修复了在其前任时期受损的吉俄关系。但他也对俄罗斯总统抱怨说，俄方已经拖欠了坎特空军基地租金四年了(每年450万美元)，该基地是集安组织的一部分，但它对吉实际上没有什么用处。

① Jim Nichol, *Kyrgyzstan: Recent Developments and U.S. Interests* (CRS Repot for Congress), August 30, 2013, p.21.

② Jim Nichol, *Kyrgyzstan: Recent Developments and U. S. Interests* (CRS Report for Congress), August 30, 2013, p.24；王鸣野：《中间地带的通道政治与中间地带国家的国际行为》，《俄罗斯研究》2019年第3期；赵鸣文：《普京大外交》，第283页。

③ Jim Nichol, *Kyrgyzstan: Recent Developments and U.S. Interests* (CRS Repot for Congress), August 30, 2013, p.23.

④ 赵鸣文：《普京大外交》，第277页。

前总统巴基耶夫与梅德韦杰夫总统2009年8月曾签订备忘录，将基地租给俄罗斯49年，并可自动延长25年。这一协定引起吉民众普遍不满。在普京总统2012年9月访吉期间，双方废弃了上述谅解，签订了新的为期15年的军事设施租用协定，包括坎特空军基地，年租金不变。协定还要求驻吉俄军在吉遭到第三国或恐怖主义袭击时帮助吉维护主权和安全。双方并就吉欠俄的债务重组达成协定：俄方将一次性免除吉方欠俄5亿美元债务中的1.89亿美元，其余3亿多美元从2016年起分10年免除。在双方的记者招待会上，阿坦巴耶夫再次确认将于2014年关闭玛纳斯转运中心，普京表示将为把转运中心设施改为民用提供帮助。阿坦巴耶夫在记者会上赞颂吉俄关系，称军事基地协定将"增强吉的防务能力和安全……将使我们没有担忧地生活"，"俄罗斯是我们最主要的战略伙伴"，吉尔吉斯斯坦的未来系于与俄罗斯的关系。①

美国还在竭力挽救玛纳斯转运中心。帕内塔、布莱克、阿巴问题副特使鲁杰尼、中央司令部司令马蒂斯等高官密集访问比什凯克进行游说，允诺将租金从2011年的6 000万美元提高到1.5亿美元，并拟额外向吉提供1.7亿美元的反恐援助，力劝阿坦巴耶夫回心转意，在2014年后续租玛纳斯转运中心。②但阿坦巴耶夫已有前车之鉴，他不能重蹈覆辙，美方的努力归于枉然。2013年6月27日，阿坦巴耶夫总统签署了2014年7月关闭玛纳斯转运中心的法令。签字当天，美驻吉大使斯普拉特伦即与吉方进行交涉。7月初，美国务院安全问题资深顾问埃立克·约翰(Eric John)率团访吉，与吉方就反恐、打击贩毒、边界安全、维和力量建设等双方关注的主要安全问题进行讨论，强调设立玛纳斯转运中心是美吉全面关系的一部分。吉重申继续支持美军在阿的行动，但坚持美方军事人员和装备必须在2014年7月11日之前离开玛纳斯。③玛纳斯转运中心的关闭是美吉关系的转折点，从此以后，美吉的军事合作几乎断绝了。2015年、2016年还有一点英语和管理方面的培训项目，但到2017年、2018年就完全没有什么合作项目了。④

2013年后，俄罗斯开始逐步兑现对吉援助承诺，转交了一家汽车和装甲车维修厂、几个弹药销毁点和一批后勤设备及航空设备。2014年，俄向吉提供了10辆改进型BTR-70装甲运输车、一批火炮、装甲车、军用仪器和近500吨弹

---

① Jim Nichol, *Kyrgyzstan: Recent Developments and U.S. Interests* (CRS Report for Congress), August 30, 2013, p.19.

② 赵鸣文:《普京大外交》,第390页。

③ Jim Nichol, *Kyrgyzstan: Recent Developments and U.S. Interests* (CRS Report for Congress), August 30, 2013, p.25.

④ РИА Новости: Ситуация вокруг амерканской военной базы в Киргизии, 3 июня 2014. https://ria.ru/military_base_manas_04022009/.

药，并为训练场配备了新设备。2015 年 7 月，由于美向组织骚乱并杀害警察的犯罪分子吉公民阿斯卡洛夫颁发“人权卫士”奖章，吉政府单方面解除了 1993 年与美缔结的为军事和民事培训人员提供外交保护的协定。2015 年 8 月，吉正式加入欧亚经济联盟。在 10 月初的吉议会选举中，亲俄政党获胜。自此，吉外交完成全面转向，俄罗斯恢复了昔日的影响力，西方的影响力日渐式微。

四、塔吉克斯坦

奥巴马政府把塔视为在阿富汗和中亚地区的“军事稳定努力的至关重要的伙伴”，“反对地区威胁的堡垒”，支持塔的边界安全、打击贩毒、促进民主化、改善医疗卫生、教育及经济状况。①2009 年 1 月，美中央司令部司令彼得雷乌斯与塔方达成协定，允许在阿富汗的反恐联盟部队通过陆路过境运输物资（如建筑材料）去阿富汗。虽然主要的陆路交通取道乌兹别克斯坦，但塔吉克斯坦也提供了一个备用通道。2011 年 7 月，美投资 1 000 万美元在杜尚别以西 40 千米的卡拉达建立了特种部队训练中心。②2012 年 3 月，美国的第一支军用车队从阿通过“友谊桥”进入塔吉克斯坦，去往吉尔吉斯斯坦，然后把物资卸载到火车车皮上，过境哈萨克斯坦和俄罗斯，运去拉脱维亚里加港，再运回美国。

2012 年 3 月，美中央司令部司令马蒂斯访问了杜尚别，既对塔支持北方配送网络和阿富汗的经济重建表示感谢，也表示美将继续提供加强塔边防部队和其他安全部队的技术支持。塔的边防部队和警察力量远不足以防卫漫长的塔阿边界线，虽然得到俄、美及其他国家的援助，但力量仍显薄弱，这是美方一直担心的问题。美特种部队与塔方达成协定，可以越境追剿阿富汗的恐怖分子。2010 年 9 月，美特种部队对塔安全部队在拉什特山谷与恐怖分子的战斗中给予了支持。5 月，美运输司令部司令弗雷泽（William Fraser）访塔，到访塔阿边境的一些地点，考察北方配送网络的情况。在 5 月北约芝加哥峰会期间，防长帕内塔与中亚各国防长举行圆桌会议，再次讨论通过北方配送网络把反恐联盟部队的物资运出阿富汗的问题。③

美国也与塔吉克斯坦建立了年度磋商机制。在 2012 年 5 月中旬举行的第三次年度磋商中，双方讨论了安全与加强边界、经济合作与吸引美资、人文交流、环境保护等问题。美国承诺继续支持塔加入世贸组织。2011 年 10 月 22 日，希拉里 · 克林顿国务卿访问塔吉克斯坦，称塔是给阿富汗带来安全与和平的国际

① Jim Nichol, *Tajikistan: Recent Developments and U.S. Interests* (CRS Report for Congress), August 31, 2012, pp.12—13.

② 赵鸣文，《普京大外交》，第 275 页。

③ Jim Nichol, *Tajikistan: Recent Developments and U.S. Interests* (CRS Report for Congress), August 31, 2012, pp.14—15.

努力中的“强大伙伴”。她还与塔总统和外长讨论了所谓“新丝绸之路”的概念，把阿富汗变成连接中亚的地区交通运输、贸易、能源枢纽的问题。①

塔吉克斯坦与俄罗斯的关系忽冷忽热，忽亲忽疏。俄塔1993年签订的在塔保留军事基地的协定将于2014年到期。2007年，拉赫蒙诺夫带头将原来姓氏中的斯拉夫语后缀“诺夫”去掉，改成“拉赫蒙”，并下令所有使用俄语姓氏的男子“改姓”，要求所有新出生婴儿的姓氏都必须使用本民族传统姓氏，并禁止学校举行与苏联有关的传统节日庆典。②但塔的“去俄语化”政策不久即有改变。2011年9月，俄免除了每年对塔出口的100万吨燃油的关税，为塔每年省下3.5亿美元。塔遂恢复了被叫停多年的俄语作为塔国通用语言的地位，并允诺推广俄语国民教育。2012年4月，拉夫罗夫外长访塔，讨论基地展期问题。拉夫罗夫指出，为了更好地管控塔阿边界，俄军应该在这里驻留更长时间。5月中旬，拉赫蒙总统在出席独联体首脑会议期间，会晤了再度出任总统的普京，双方同意就延展基地协定继续进行讨论。拉赫蒙对记者表示，他收到了别国在塔设立军事基地的请求，为此可以提供巨额租金，可是他根本不加考虑，以示他对俄罗斯的青睐。随后，俄防长安东诺夫两次访塔，俄副总理舒瓦洛夫也访问了该国。10月，两国防长在杜尚别签署协定，俄驻塔第201摩托化师的基地得以免费延长使用期30年到2042年，两国将加强塔阿边界防务合作，授权201师基地的俄军人在塔阿边境地区巡逻警戒。双方还签订了方便塔赴俄劳务移民签证的新协定。③

五、“新丝绸之路”愿景

2011年7月，美国务卿希拉里·克林顿提出“新丝绸之路”的概念，她说，美国在未来数年中对阿富汗的政策将聚焦于“鼓励南亚与中亚之间更强大的经济联系，使货物、资本和人员可以更方便地通过各国边界”。在9月的地区外长会议上，她进一步解释“新丝绸之路”的概念说：“当我们展望这个地区的未来时，让我们以(丝绸之路)的先例作为对阿富汗及其邻国长远未来的鼓舞。让我们树立对新丝绸之路的展望：经济和交通的连接使这个在过去长时期中备受冲突和分裂之苦的地区结合在一起……土库曼斯坦的天然气田可以帮助满足巴基斯坦和印度不断增长的能源需求，还可以为阿富汗和巴基斯坦带来可观的过境收入。

① Jim Nichol, *Tajikistan: Recent Developments and U.S. Interests* (CRS Report for Congress), August 31, 2012, p.13.

② 赵鸣文：《普京大外交》，第298页。

③ Jim Nichol, *Tajikistan: Recent Developments and U.S. Interests* (CRS Report for Congress), August 31, 2012, p.12; BBC News, “Russia Gets 30-year Extension for Base in Tajikistan,” October 5, 2012, https://www.bbc.com/news/world-asia-19849247；赵鸣文：《普京大外交》，第279页。

塔吉克斯坦的棉花可以在印度变成织物。阿富汗的家具和水果可以在阿斯塔纳或孟买或更远的市场上找到销路。"①由此看来,美方提出"新丝绸之路"的概念旨在用经贸手段把南亚和中亚整合在一起,以贸易和运输促进整个地区互通有无,实现经济发展,以此来带动、帮助阿富汗的战后重建。美国务院在 2011 年发布了一份关于丝绸之路的概念报告,其中列举了九大项目作为重要的核心经济项目。助理国务卿布莱克在 2012 年 10 月提出,在美国和北约 2014 年撤出阿富汗后,北方配送网络可以成为"新丝绸之路"的组成部分,为中亚与南亚内部以及两者之间的互联互通提供方便。

2013 年 4 月,在哈萨克斯坦和乌兹别克斯坦举行的会议上,布莱克进一步阐述"新丝绸之路"的概念,列举了一系列跨境交通运输、油气、电力项目,并表示,美国将继续加强与中亚的合作,在维护边界安全、反对腐败、打击贩毒、走私和跨境恐怖主义等方面加强信息共享。2014 年 1 月,美驻拉脱维亚大使佩库拉(Mark Pekula)赞赏北方配送网络通过拉脱维亚"有效地顺利地"将军用物资运出入阿富汗。他提出,美国支持将该网络转化为丝绸之路,以拉脱维亚作为商业枢纽,运输原材料、汽车和其他物资,远至太平洋沿岸。这样,丝绸之路将成为沿线国家经济发展的纽带,包括哈萨克斯坦、乌兹别克斯坦等。②但由于美国从阿撤军的计划一再受挫,阿安全形势一直难以改善;美官方的投入杯水车薪,私人资本在中亚的政治、经济、法律、后勤和安全的种种障碍之前望而却步;中亚国家各有各的打算,对地区经济整合和互联互通犹豫观望;加上俄罗斯的反对,所谓"新丝绸之路"愿景基本上只是纸上谈兵,具体落实的甚少,美国设想的整合地区安全和经济的努力收效甚微。中亚各国各有自己的特殊国情,美国推行的民主改革和良治收效甚微,反倒是强化了中亚国家当政者对美国的不信任感。有的美国中亚问题专家不得不得出结论:"由于地区各国内部的动力和地区的动力、地缘政治环境及美国有限的利益和资源,中亚地区很可能将继续是美国转型外交鞭长莫及的地方。"③

2015 年 9 月联合国大会期间,美国务卿克里与参会的中亚五国外长在纽约

---

① Hillary Clinton, "Remarks at the New Silk Road Ministerial Meeting," September 22, 2011, https://2009-2017.state.gov/secretary/20092013clinton/rm/2011/09/173807.htm.

② Jim Nichol, *Central Asia: Regional Developments and Implications for U.S. Interests* (CRS Report for Congress), March 21, 2014, p.46.

③ Eugene Rumer, Richard Sokolsky, Paul Stronski, "U.S. Policy toward Central Asia 3.0," https://carnegieendowment.org/files/CP_259_Central_Asia_Final.pdf. 从 1992 年到 2015 年美国对中亚五国的经济、军事援助总共仅 88 亿美元。Office of Spokesman, Department of State, "New U.S. Assistant Programs in Central Asia," November 1, 2015, https://2009-2017.state.gov/r/pa/prs/ps/2015/11/249051.htm.

举行5+1对话。10月底11月初，克里又访问了中亚五国，这是他对中亚的首次访问，也是美国务卿第一次访问所有中亚国家。比如土库曼斯坦，自从贝克国务卿在1992年访问之后，再没有美国务卿踏足该国。克里会晤各国领导人，广泛讨论彼此关心的双边、地区和全球性问题。11月1日，他在萨马尔罕与中亚五国外长举行第二次5+1对话，发表《中亚五国和美国伙伴关系与合作宣言》，文件面面俱到，表示六国致力于深化全面合作，包括地区的贸易、运输、交通、能源联系、过境便利等；中亚各国将改善投资环境，吸引更多外资；妥善应对可持续发展的环境挑战，使用清洁能源和绿色技术；在防止恐怖主义、打击贩毒和武器走私等跨境犯罪方面加强合作；继续防扩散努力，落实中亚无核区的规定；拓展人文交流，保护人权；支持阿富汗发展为一个独立、和平、繁荣的国家等。①

与宣言相配套的是，美国务院发言人于同日宣布美国对中亚新的援助计划，包括增进各国民营企业的竞争力，对其进行培训，为青年创造就业机会；继续举行中亚贸易论坛（已经举行五届）；与世界银行合作发起一项长期的应对气候变化的“咸海盆地气候应对与减缓项目”，以及其他涉及气候变化的项目；培育水资源管理人才，改善地区水资源管理；继续支持中亚美利坚大学的可持续发展；扩大教育交流和英语师资培训；保护文化遗产等。②

克里还出席了比什凯克的中亚美利坚大学毕业典礼并作演讲，鼓励学生投身于社会的民主变革。③在阿斯塔纳，他参加了美哈第四次战略伙伴对话，并在纳扎尔巴耶夫大学发表演讲，阐述了世界面临的三个挑战：经济增长、环境恶化及恐怖主义和冲突带来的人道主义灾难，以及中亚在应对这些挑战中的作用。④美国依旧要依靠中亚国家的支持来稳定阿富汗局势；恐怖组织“伊斯兰国”在中东崛起，并虎视眈眈地要对中亚进行渗透，美国不敢忽视与中亚的安全合作。在此次访问中，克里吸取了过去与中亚国家关系的教训，在公开场合不再在人权问题上指责各国，避免得罪中亚领导人。

20多年来，在美俄对中亚的争夺中，美国势力经历了从弱到强再到弱的过程，俄罗斯势力则经历了从削弱到恢复再到进一步增强的过程，其中最主要的原

① U.S. Department of State, “Joint Declaration of Partnership and Cooperation by the Five Countries of Central Asia and the United States of America,” Samarkan, Uzbekistan, November 1, 2015, https://2009-2017.state.gov/r/pa/prs/ps/2015/11/249050.htm.

② U.S. Department of State, “New U.S. Assistant Programs in Central Asia,” November 1, 2015, https://2009-2017.state.gov/r/pa/prs/ps/2015/11/249051.htm.

③ “Secretary John Kerry's Speech at AUCA Commemorative Ceremony,” October 31, 2015, https://kg.usembassy.gov/secretary-state-john-kerry-speech-auca-commemorative-ceremony-excerpts/.

④ John Kerry, “The United States and Central Asia: Partners for the 21st Century,” November 2, 2015, https://kz.usembassy.gov/remarks-by-john-kerry-at-nazarbayev-university/.

因是，俄罗斯具有地缘政治方面的天然优势，而美国对中亚政策本身存在着无法克服的矛盾。①

俄罗斯的地缘政治优势主要表现在：第一，中亚需要俄罗斯提供长期稳定的安全保障，包括对中亚国家相互之间的冲突的调停，对恐怖主义、宗教极端主义、民族分裂主义三股势力的抵制和斗争、对阿富汗塔利班势力渗透的打击、对阿富汗猖獗的毒品走私的遏制，美国在这方面做得甚少，或者根本没有做。第二，俄罗斯对中亚的影响年深日久，在中亚各国居住着大量俄罗斯族人，各国官员，尤其是军官许多在俄接受过教育与培训。截至 2006 年，仅吉尔吉斯斯坦在俄军事院校学习过的各级军官就达 700 名。第三，中亚国家在经济和能源方面难以摆脱对俄依赖。长期以来俄是中亚各国最大的贸易伙伴，2004 年至 2007 年间，俄与中亚的贸易额增长了 1 倍多，从 105 亿美元增加到 218 亿美元，2006 年，俄与中亚的贸易额占中亚贸易额的 17%。俄罗斯也是中亚的主要投资国。中亚国家在俄的劳务收入是各国重要的财政来源，如塔吉克斯坦常年有 100 万人在俄务工，根据欧洲复兴银行统计，2005 年塔务工外汇收入达 10 亿美元，占塔国内生产总值的 50%，其中 92%来自俄罗斯。而 2014 年塔侨民或公民从俄汇回国内的款项已上升到 40 亿美元。②可见，虽然美国可以在中亚扩张一些势力，但中亚国家与俄罗斯的关系是无法撼动的，美国决策者也明白这一点。

2015 年 5 月，梅德韦杰夫总理签署命令，关闭了美国及其盟国自 2009 年以来一直使用的北方配送网络。③

第二节　南高加索

一、格鲁吉亚

(一) 奥巴马第一任期

奥巴马政府大体继承了前任布什政府对格鲁吉亚的政策，但不像前任那样热情支持萨卡什维利对内推广民主、对外与俄罗斯一争高下。新政府对南高加索的政策更多地是维持现状，防止俄格之间、阿亚之间新的冲突再起，帮助格向后萨卡什维利时期转型，并确保北方配送网络的安全和便利。在 2009 年 2 月 7 日的慕尼黑欧洲安全会议上，拜登副总统代表奥巴马总统致辞，表明了新政府对

① 见本书第 395—396 页。
② 赵鸣文：《普京大外交》，第 288—291 页。
③ 赵鸣文：《普京大外交》，第 369 页。

于种种国际问题的态度。讲到南高加索时，他说："我们并不在所有问题上都同意俄罗斯的立场。譬如，美国不承认阿布哈兹和南奥塞梯是独立国家。我们不承认任何国家具有势力范围。我们的观点仍然是，主权国家有权作出自己的决定，选择自己的盟友。"①拜登在慕尼黑会晤了萨卡什维利。格总统事后说，他得到的主要信息是："我们得到了美国新政府非常认真、毫不含糊、具体的支持，这一点得到了证实。"萨卡什维利的解读显然有点一厢情愿。

2009 年 7 月 6 日，奥巴马与梅德韦杰夫举行首次会晤。奥巴马在会晤后的记者招待会上说："我不想假装美俄两国在所有问题上都是意见一致的……在有些问题上我们仍然有不同意见。比如我们坦率地讨论了俄格关系。我重申了我的坚定信念：格鲁吉亚的主权和领土完整必须得到尊重。……但我们同意，军事冲突的重启不符合任何人的利益。我们必须冷静地表达意见来和平地建设性地解决这些分歧。"②在格鲁吉亚，人们把此次美俄峰会看作是一个对格具有积极意义的行动，它不仅重申了美国对格领土完整的支持，而且有助于俄格紧张关系的降温。但格民众也有一种担心，美国为了重启对俄关系，可能降低与格关系，甚至以牺牲格的利益来与俄做交易。为了安抚格鲁吉亚，对奥巴马访俄作一平衡，表示美国没有削弱对格鲁吉亚和乌克兰的坚定支持，拜登于 7 月下旬访问两国。拜登在乌克兰发出的信息格鲁吉亚当然也收到了。③在"五日战争"以后，萨卡什维利面临着国内的政治危机，反对派指控他滥用权力，决策失误。就在拜登抵达第比利斯前几天，萨卡什维利被迫含糊地答应反对派的要求，要立法限制总统权力，并提前举行选举。拜登的访问是对他个人领导地位的支持。访问受到热烈欢迎，从机场到宾馆的沿途聚集了大批欢迎人群，俄罗斯《独立报》调侃道，当年布什到访前格把第比利斯的一条主要大街命名为"乔治・布什总统大道"，现在是不是要把广场改名为"拜登副总统广场"。在拜登抵达前夕，萨卡什维利表示，他正在同美国谈判一项新的武器交易。俄方立即作出反应，俄副外长卡拉辛称，"我们将继续防止萨卡什维利政权的重新武装，并将为此采取具体措施"；"我们对格领导人重新武装该国的行为深感忧虑，但有些国家却作出平静和正面的反应，这真是令人惊讶"。俄国家杜马代表、普京的主要意识形态顾问马科夫接受记者采访时说："支持萨卡什维利是一个巨大的错误。如果给他武器，那就

① The White House, Office of the Vice President, "Remarks by Vice President Biden at 45th Munich Conference on Security Policy," February 7, 2009. https://obamawhitehouse.archives.gov/the-press-office/remarks-vice-president-biden-45th-munich-conference-security-policy.

② Barack Obama, "The President's News Conference With President Dmitry A. Medvedev of Russia in Moscow," July 6, 2009. Online by Gerhard Peters and John T. Woolley, *The American Presidency Project*, https://www.presidency.ucsb.edu/node/287563.

③ 见本书第 489 页。

是把枪炮交到罪犯手中。"①

讨论"五日战争"后续问题的日内瓦国际会议还在继续举行。在2009年2月的会上各方同意在南奥塞梯与格其他地方交界处设立"事故防止与反应机制",以防紧张局势升级。4月23日,在格鲁吉亚的欧格内蒂镇举行该机制的第一次会议,除了格与南奥代表外,俄国防部代表、欧安组织和欧盟代表参加了会议。2009年7月的会议讨论了解决阿布哈兹与格其余部分的跨界交通问题。在2010年10月14日的会上,俄声明正从格—南奥边境的格小镇佩雷维撤军,18日撤军结束,俄宣布已经完全履行了停战协定的义务。2010年9月,联合国大会通过了由格提出的《关于南奥塞梯流离失所者和难民问题的决议》。尽管如此,美助理国务卿戈登(Philip Gordon)2011年3月在全球安全论坛的讲话中再次谴责俄罗斯"占领"格领土。他说:"我们不知道还有什么别的说法……我们相信,俄罗斯不成比例地使用力量,并继续留在我们认为是属于格鲁吉亚主权的地方。这样说仅仅是表述我们对现状的看法,而不是要进行什么挑衅。"美国"积极致力于实现格俄之间的双边谈判以结束我们认为的军事占领"。②2011年12月底,在"事故防止与反应机制"主持下双方交换了战俘。

在2010年4月核安全峰会期间,奥巴马会晤萨卡什维利,并一再重申对格主权和领土完整的支持。2010年7月初,希拉里·克林顿访格。她一方面表示了对格领土完整的"坚定支持",表示美国"不承认势力范围"(意指梅德韦杰夫2008年8月的讲话),要求俄罗斯遵守停火协定,把军队撤回到冲突前驻地;同时,她明白告诉萨卡什维利,格重新统一分离地区的唯一办法是通过国内的改革把阿布哈兹和南奥塞梯吸引回来,并"强烈敦促"格不要去招惹莫斯科,不要做任何挑衅的事情来"为俄再次采取侵略行动提供任何借口"。③两个多星期后,拜登再次访格,重申美对格命运的高度关注。他几乎重复了先前希拉里·克林顿的表态,敦促格继续发展民主机制和自由市场,也以此作为吸引两个分离地区民众重新整合进格的最好手段。④

---

① John Wendle, "John Biden's Balancing Act in Georgia and Ukraine," *Times*, July 24, 2009, http://content.time.com/time/world/article/0,8599,1912655,00.html.

② "U.S. Senior Diplomat on Term 'Occupied'," *Civil Georgia*, March 4, 2022, https://old.civil.ge/eng/article.php?id=23206.

③ Hillary Clinton, "Joint Press Availability with Georgian President Saakashvili," July 5, 2010, https://2009-2017.state.gov/secretary/20092013clinton/rm/2010/07/143973.htm; Ashad Mohammed, "Clinton Concerned over Russian Bases in Georgia," July 6, 2010, https://uk.reuters.com/article/uk-georgia-usa/clinton-concerned-over-russian-bases-in-georgia-idUKTRE6643E320100705.

④ Jim Nichol, *Georgia (Republic), Recent Developments and U.S. Interests* (CRS Report for Congress), June 21, 2013, p.27.

2011年1月中旬，萨卡什维利访美，15日与奥巴马及拜登进行会晤，双方详细讨论两国的经贸和安全合作，以及在阿富汗维和的问题。奥巴马对格派兵参加多国部队表示感谢，并再次表示对格的坚定支持。8月，美国欧洲司令部暨北约最高司令部司令斯塔夫里蒂斯（James Stavridis）访格，与格方讨论了在阿富汗进一步合作的问题。

2012年1月，萨卡什维利再次访美。奥巴马在与其会晤后的记者会上对格在加强法治、市场经济改革、增强警务的诚实性方面取得的进展表示赞赏，希望格在未来进行自由的选举，并称在所有这些方面，格可以成为整个地区的榜样；奥巴马还感谢格对阿富汗战争作出的贡献，称双方讨论了"增强我们的防务合作问题"，他向格方"保证，美国将继续支持格最终成为北约成员的雄心"。萨卡什维利感谢美方"提升与格的防务合作，并讨论了格的自卫能力和发展这种能力的举措"。①俄罗斯对此次访问十分敏感。虽然奥巴马政府一再表示，美格防务合作的政策没有改变，但普京总理和其他俄高官都认为美格的防务关系发生了变化。②美驻格候任大使诺兰（Richard Noland）2012年3月在参议院听证会上说，"与格保持强健的安全和防务关系是美国的一个重要选项"，在2012年1月的美格首脑会晤中，双方"同意发展防务合作项目，推动格的军事现代化改革和自卫能力建设"，美方承诺将继续向格提供军事援助，支持格的防务改革，训练和装备格军，以执行多国部队在阿富汗的使命，并推动格增进与北约的互操作性。③

按照2009年1月达成的《美格战略伙伴关系宪章》的规定，伙伴关系委员会每年举行会议。第一次会议于2009年6月22日在华盛顿举行。美常务副国务卿斯坦伯格（James Steinberg）与格外长瓦沙泽共同主持会议。委员会下辖的安全工作小组会议同时举行。在此后数月中经济、民主和人文交流小组也分别举行会议。第二次会议于2010年10月举行。希拉里·克林顿与格总理基洛里主持会议。希拉里·克林顿对格总理表示："美国不会放弃对格主权和领土完整的支持。这是我们《战略伙伴关系宪章》的核心原则，也是我们双边关系的基础。美国承诺继续支持格加入北约的雄心……我们继续要求俄罗斯结束对格领土的

① Barack Obama, "Remarks Following a Meeting With President Mikheil Saakashvili of Georgia," January 30, 2012. Online by Gerhard Peters and John T. Woolley, *The American Presidency Project*, https://www.presidency.ucsb.edu/node/300328.

② Jim Nichol, *Georgia (Republic), Recent Developments and U.S. Interests* (CRS Report for Congress), June 21, 2013, p.28.

③ Richard B. Norland, Ambassador-Designate to Georgia, "Testimony Before the Senate Foreign Relations Committee," March 21, 2012, https://www.foreign.senate.gov/imo/media/doc/Richard%20Norland.pdf.

占领……我们也将继续与你们共同工作增进格的民主。”①基洛里表示希望美国提供更多教育、安全和经济方面的援助，包括完善能源基础设施。

第三次会议于 2012 年 6 月在格鲁吉亚海滨城市巴统举行。希拉里·克林顿和基洛里主持会议。防务和安全工作小组讨论了帮助格改善空中侦察和空防、海防、提升作战工兵能力、士官生的训练以及提升直升机编队后勤保障能力的问题。下辖的经济、民主和人文交流各小组也分别举行会议。②希拉里·克林顿在会上发出强硬信息，呼吁俄结束“占领格领土并将其军事化……履行 2008 年停火协议下所承担的将俄军撤至冲突前位置”的承诺。但她在翌日接受格电视台采访时又放低了调子说，美俄两国在其他更重要的问题上“有许多需要合作共事之处”。③她与萨卡什维利共同出席了格一艘海警船的下水仪式，美国拨款 1 000 万美元将此船的电子系统、侦察系统、岸置侦察雷达等升级。美方还宣布了一项帮助格升级军民两用直升机队的计划，并表示了进一步改善格陆、空、海防卫的可能性，以及提升格与北约军队的互操作性。希拉里·克林顿认可格内务部给阿布哈兹和南奥塞梯两地居民颁发的“中立状态”的护照，该两地民众可以持此类护照申请赴美签证，这是格内务部在“接触但不承认”的原则下的变通做法。波罗的海三国及日本在美国之前已承认了此类护照。她还强调，即将于 10 月初举行的格议会选举是格民主制度的“试金石”，美国将尽可能多派观察员来格实地观察，并宣布与格开始自由贸易区谈判。这也是在美国同意俄罗斯加入世贸组织后采取的一项平衡措施。④

在 2012 年 6 月 7 日至 8 日“事故防止与反应机制”会上，俄方代表批评了美承认格向阿和南奥居民颁发的“中立状态”的护照，认为这是和平进程的倒退。在 12 月 11 至 12 日会上，格方提出恢复从格通过阿布哈兹到俄的铁路交通的建议，遭到俄方和阿方反对，阿方认为这是格拒绝承认其独立的阴谋。在 2013 年 3 月 26 日至 27 日的会议上，俄副外长卡拉辛批评格阻碍谈判进展，并称唯一需

① Hillary Clinton, “Remarks at the US-Georgia Strategic Partnership Omnibus Meeting,” October 6, 2010, https://2009-2017.state.gov/secretary/20092013clinton/rm/2010/10/149080.htm.

② Office of Spokesman, Department of State, “Joint Statement Following the U.S.-Georgia Strategic Partnership Commission Meeting in Batumi,” June 2012, https://2009-2017.state.gov/r/pa/prs/ps/2012/06/192396.htm.

③ Vladimir Socor, “Hillary Clinton in Georgia: A Visit with Deliverables,” June 11, 2012, https://jamestown.org/program/hillary-clinton-in-georgia-a-visit-with-deliverables/.

④ Thomas De Waal, “Mrs. Clinton Goes to Georgia,” June 4, 2012, *National Interests*, https://carnegieeurope.eu/2012/06/04/mrs.-clinton-goes-to-georgia-pub-48338; Vladimir Socor, “Hillary Clinton in Georgia: A Visit with Deliverables,” June 11, 2012, https://jamestown.org/program/hillary-clinton-in-georgia-a-visit-with-deliverables/.

要谈判的是说服格方与阿及南奥签订不使用武力的协定。但俄继续拒绝作出不对格使用武力的保证。在6月25日至26日的会上，格方指控俄边防部队在南奥与格之间设置围栏和其他障碍物违反了停火协定，格方还拒绝俄方与阿及南奥方改变谈判模式的要求。①

2012年2月，格鲁吉亚开始实施俄罗斯公民短期访格免签证措施。12月，俄格双方代表举行两天会谈。这是在“五日战争”后双方代表的第一次面对面接触。但显然还不足以化解僵持的关系。2014年1月，格外长潘吉克泽表示，除非俄承认格领土完整，包括对阿和南奥的主权，格不会重建对俄外交关系。②

（二）北约与格鲁吉亚

格鲁吉亚加入北约的问题一直悬而未决。希拉里·克林顿在2009年3月称，“北约与俄罗斯应该有一个新的开端”，她“敦促北约对乌克兰和格鲁吉亚继续实行门户开放”。③

在2009年2月20日的北约—格鲁吉亚理事会会议上，防长们讨论了对格的复兴援助及俄在阿布哈兹和南奥塞梯建立军事基地的问题。北约秘书长夏侯雅伯称，北约不同意俄承认阿布哈兹及南奥塞梯独立，不同意俄在那里建立军事基地，“但这是不是说我们就要停止与俄有分寸的接触呢？我的回答是：不，不应该停止。我们应该运用北约—俄罗斯理事会……来讨论这些我们根本不同意的事情”。④与会的美防长盖茨表示，奥巴马政府尚未对对俄政策进行全面审议，美方对是否恢复北约—俄罗斯理事会以及应该做些什么尚无确定的主张。但他强调，美国与格“继续保持安全关系。我们参与了培训，我们参与了格的军事改革……我们正在双边以及北约的框架内寻求这种关系”。⑤

2009年4月3日至4日北约峰会在法国斯特拉斯堡和相邻的德国小镇凯尔举行，峰会再次确认一年前在布加勒斯特峰会上作出的承诺，乌克兰和格鲁吉亚最终将成为北约成员，再次给两国画了一个饼。峰会还表示要竭力加大对两国改革的建议、援助和支持的力度。

---

① Jim Nichol, *Armenia, Azerbaijan, and Georgia: Political Developments and Implications for U.S. Interests* (CRS Report for Congress), April 2, 2014, pp.22—23, 28—29.

② Jim Nichol, *Armenia, Azerbaijan, and Georgia: Political Developments and Implications for U.S. Interests* (CRS Report for Congress), April 2, 2014, p.30.

③ Dusica Lazarenvic, “NATO Enlargement to Ukraine and Georgia: Old Wine in New Bottles?” http://connections-qj.org/system/files/09.1.02_lazalevic.pdf.

④ Radio Free Europe, “NATO Ministers Seek to Keep Door Open to Ukraine , Georgia,” February 20, 2009, https://www.rferl.org/a/NATO_Ministers_Seek_To_Keep_Doors_Open_To_Ukraine_Georgia/1496731.html.

⑤ Jim Nichol, *Russia-Georgia Conflict in August 2008: Context and Implications for U.S. Interests* (CRS Report for Congress), March 3, 2009, p.32.

2009年4月16日，北约—格鲁吉亚理事会举行会议，格方提交了年度项目计划。17日，梅德韦杰夫总统在记者招待会上抨击北约与格计划下月在格举行的军事演习，称这会对重建俄与西方关系制造障碍。他说："这一决定是错误的、危险的"，"令人失望的，它对全面恢复北约与俄联邦的接触没有帮助"，"我们将关注事态发展，并作出相应的决定"。①北约对俄的强烈反应表示惊讶，称俄作为北约伙伴国，完全了解军演的筹备，它也可以自由选择是否参加。格外长则指责俄"又一次毫不掩饰地将其企图强加于国际社会，并干涉格内政"，"俄罗斯的行为表明，它对格鲁吉亚的侵略一天也没有停止"。阿布哈兹当局领导人巴伽普什则称，既然格要与北约进行军演，阿与南奥也要与俄进行类似演习。他还确认，在阿将设立俄海、空军基地，并警告格鲁吉亚，必须决定"是留在战争的中心还是成为一个稳定与和平的国家"。②

2010年1月，北约对俄关系大体恢复到了"五日战争"前的水平。萨卡什维利担心北约的政策有变，于3月25日访问了布鲁塞尔北约总部，与拉斯穆森秘书长举行会晤，讨论了双方的合作及欧洲—大西洋一体化进程问题。拉斯穆森重申北约对布加勒斯特峰会决定的承诺，称乌克兰亚努科维奇总统似乎对加入北约踩了刹车，但这不影响格鲁吉亚的入约问题。他还重申北约支持格主权和领土完整，呼吁俄履行其国际义务。萨卡什维利重申，格鲁吉亚走向北约的道路是不可逆转的，阿布哈兹和南奥塞梯问题对格入约的决定没有影响。③

2010年北约—格鲁吉亚理事会又在政治小组、作战参谋、大使级、防长级等各个层面举行了多次会议。10月1日，拉斯穆森访格，与格总统、总理、外长、防长等分别举行会晤，一再表示坚定支持布加勒斯特峰会的决定，并正式揭晓北约驻第比利斯联络处。11月19日至20日，北约峰会在里斯本举行，会议《宣言》重申对格主权和领土完整的支持，要求俄改变承认阿布哈兹和南奥塞梯为"独立国家"的决定，表示将与格增进政治对话和务实合作，再次重申格"将成为北约成员"。④

---

① Медведев пригрозил НАТО "осложнениями" из-за учений в Грузии, 17 апреля 2009, https://lenta.ru/news/2009/04/17/nato.

② Guy Faulconbridge, "Russia's Medvedev Warns NATO over Georgia War Games," April 17, 2009, https://www.reuters.com/article/us-georgia-nato-russia/russias-medvedev-warns-nato-over-georgia-war-games-idUSTRE53G23Z20090417.

③ NATO, "Visit to NATO by H.E.Mr. Mikheil Saakashvili, President of Georgia," March 25, 2010, https://www.nato.int/cps/en/natohq/news_62365.htm.

④ NATO, "Lisbon Summit Declaration," November 20, 2010, https://www.nato.int/cps/en/natolive/official_texts_68828.htm.

2011年11月,拉斯穆森再次访格。他赞赏格在达到入约标准方面取得的进步,包括增进言论自由、经济增长、军事改革、反腐败等方面取得的进步。但他同时告诫说,2012年至2013年的议会与总统选举是"格是否准备好了成为北约成员的一个重要标志"。北约还决定帮助格国防大学的教育与训练,加强文官对各防务部门进行民主监管的能力,并增进在阿富汗的合作。①

此前,美常驻北约代表在2011年10月即呼吁北约在2012年5月的芝加哥峰会上批准格的"成员国行动计划"。奥巴马在2012年1月会晤萨卡什维利时向他再次保证,"美国继续支持格最终成为北约成员的雄心"。②2012年3月12日,美候任大使诺兰在参院听证会上表示,在北约芝加哥峰会上,奥巴马政府"要对格所取得的进展有所表示……并与盟国一起为下一阶段的步骤达成共识"。3月,国会两院也敦促奥巴马在芝加哥峰会上发挥领导作用,为格加入"成员国行动计划"提供清晰的路线图。③但结果芝加哥峰会的声明只是重申"格鲁吉亚将成为北约成员",把它与马其顿、黑山、波斯尼亚—黑塞哥维那一起列为北约的候选成员国,并重申支持格的领土完整和主权,呼吁俄改变承认阿布哈兹和南奥塞梯"独立"的决定。声明还提出了俄在该两地武装力量部署的问题,并要求俄允许国际观察员和人道主义组织自由出入该两地及提供人道主义援助。④

2011年11月21日,梅德韦杰夫总统在格边境附近的弗拉季高加索对俄军的讲话中说,2008年的冲突防止了北约向原苏联范围的进一步扩张,"如果你们在2008年犹豫不前,那么现在地缘政治的形势就大不一样了"。⑤

从阿富汗战争以来,格一直是美国和北约的人员和物资出入阿富汗的一个重要的中转中心,在后期的北方配送网络中,有30%的物资是通过格港口城市波季进出的。美军运输司令部司令弗雷泽2013年确认,波季将继续是多国部队撤出阿富汗过程中的战略运输枢纽。⑥

① Jim Nichol, *Georgia [Republic]: Recent Developments and U.S. Interests* (CRS Report for Congress), June 21, 2013, p.15.

② Barack Obama, "Remarks Following a Meeting With President Mikheil Saakashvili of Georgia," January 30, 2012. Online by Gerhard Peters and John T. Woolley, *The American Presidency Project*, https://www.presidency.ucsb.edu/node/300328.

③ Jim Nichol, *Georgia [Republic]: Recent Developments and U.S. Interests* (CRS Report for Congress), June 21, 2013, pp.16—17.

④ NATO, "Chicago Summit Declaration," May 20, 2012, https://www.nato.int/cps/en/natohq/official_texts_87593.htm?selectedLocale=en.

⑤ Denis Dyomkin, "Russia Says Georgia War Stopped NATO Expansion," *Reuters*, November 21, 2011, https://in.reuters.com/article/idINIndia-60645720111121.

⑥ Jim Nichol, *Armenia, Azerbaijan, and Georgia: Political Developments and Implications for U.S. Interests* (CRS Report for Congress), April 2, 2014, p.6.

（三）美格军事合作

格鲁吉亚2011年发表的《国家安全概念》指出，格的最大的威胁、危险和挑战是“俄罗斯联邦对格领土的占领及俄联邦从占领领土上组织的恐怖活动，以及俄可能重新发起的军事侵略”。报告还说：“俄联邦运用其政治、经济杠杆，继续阻止格拥有现代西方的防御装备”，“俄罗斯占领的一个关键目标仍然是获得和保持对地区能源资源及其分配系统的控制”。这样，格的军事理念从以能力为基础转变为以威胁为基础。①

2009年起，格开始实行军事改革，旨在增强与北约的互操作性及为北约领导的集体安全行动作贡献，如对“国际安全援助力量”（ISAF，即以美国为首的驻阿富汗的多国部队）的支持。格开始大力进行重新武装，以西方制造和提供的先进的常规武器、装甲车、飞机和电子设备使其军队现代化。

2009年3月，美参联会副主席卡特赖特（James Cartwright）访格以进一步评估格的防务需求。他保证对格军提供训练，提供防务器材和装备，或升级，或提供新设备。8月，助理防长弗什博在国会作证时称，奥巴马政府“正在帮助格朝着现代的、西方式的、与北约可互操作的、足以保卫国家并对盟国作出贡献的方向前进”。但他强调，美国并没有“重新武装”格，从“五日战争”后没有向格提供杀伤性武器，因为美方不知道格会如何使用这些武器。②萨卡什维利对美方不提供杀伤性武器是不满的，他在2010年9月的一次讲话中抱怨说：“让格鲁吉亚缺失防卫能力无济于事。格是不能进攻俄罗斯的，而没有防卫能力的格鲁吉亚对俄通过军事手段在格搞政权更迭是一个大的诱惑……我们希望美国能把增强我们的防御能力作为当前安全合作的一部分。”③

一些美国会议员，尤其是参议院军事委员会主席麦凯恩也在敦促向格出售武器。奥巴马对2012年1月访美的萨卡什维利承诺将继续加强与格的防务合作，格方自然非常感激。但当时对奥巴马来说，重启对俄关系是一盘大棋，他要在支持格鲁吉亚与美俄关系重启两者间保持一个平衡，而不能因与格的防务合作伤害了重启。俄方对此确实十分敏感，普京总理谴责说，更紧密的美格防务关系只能鼓励格采取侵略性的军事行动。④

① Albert Martel, “U.S. Strategic Interests and Georgia's Prospects for NATO Membership,” March 2015, https://core.ac.uk/download/pdf/36737351.pdf.

② Alexander Vershbow, “Georgia: One Year after the August War,” Testimony Before Senate Foreign Relations Committee, August 4, 2008, https://www.foreign.senate.gov/imo/media/doc/VershbowTestimony090804p1.pdf; Angela E. Stent, *The Limits of Partnership*, p.238.

③ Jim Nichol, *Georgia (Republic): Recent Developments and U.S. Interests* (CRS Report for Congress), June 21, 2013, pp.31—32.

④ Jim Nichol, *Georgia (Republic): Recent Developments and US Interests* (CRS Report for Congress), June 21, 2013, p.33.

美《2012财年国防授权法》指出："美格防务合作有两根支柱：美国帮助格实现武装力量现代化，格对国际安全援助力量作出贡献。"美格就双方在防空、海岸侦察和防务训练、教官和各级军官培训、战地工程师培训、后勤支援直升机训练等方面进行了讨论和规划。美国还出资建设格的海岸警卫队、海岸信息中心及船舰修理设施。美军欧洲司令部司令斯塔弗里蒂斯称，格军不仅受到了士官生培养、海岸封锁、搜寻与救援、海上执法及环境保护等方面的训练，还在格鲁吉亚—亚美尼亚边境进行了跨境人道主义救援和救灾演习。格鲁吉亚继续派遣军队前往伊拉克和阿富汗，2011年就派了1 000名士兵，使格成为阿富汗战争中按国家人口计算派遣军队最多的一个国家。①

从20世纪90年代开始，美历届政府对格鲁吉亚提供了持续的支持。从1992财年到2010财年，美对格累计援助（包括各个部门、各种项目）共33.7亿美元，格是人均接受美援最多的三四个国家之一。2014财年，奥巴马政府又要求国会为格拨款6 200万美元。②

（四）奥巴马第二任期

在奥巴马第二任期，美格战略伙伴关系委员会继续举行年度例会。2014年的会议于2月举行，美国务卿克里与格总理噶利巴什维利主持会议。双方对格在防务改革方面取得进展予以充分肯定，包括与北约的互操作性及增强自卫能力。会议还讨论了在2014年后把北方配送网络转变为商业网络的问题。克里重申信守北约布加勒斯特峰会的承诺，将努力在当年的北约峰会上对格所取得的进展给予认可。③2015年的会议于11月举行，由布林肯副国务卿和格副总理兼外长克维利卡什维利共同主持。2016年的会议于7月6日举行，再次由克里和噶利巴什维利共同主持，克里并对格进行访问，双方签署《深化防务与安全合作备忘录》，强调拓展和深化在防务能力建设、军事与安全合作及信息共享等方面的合作。克里还宣布发起1 500万美元的格经济恢复项目，由美国际开发署主管，旨在提高格工商界人士的从业技能，改善农村地区的民生，与阿布哈兹和南奥塞梯相邻地区的居民将首先受益。克里还宣布在已有200万美元之上增添100万美元的

---

① Jim Nichol, *Armenia, Azerbaijan, and Georgia: Political Developments and Implications for U.S. Interests* (CRS Report for Congress), April 2, 2014, pp.46—47; Angela E. Stent, *The Limits of Partnership*, p.238.

② Jim Nichol, *Georgia (Republic): Recent Developments and US Interests* (CRS Report for Congress), June 21, 2013, Summary.

③ U.S. Department of State, "Joint Statement Following the U.S.-Georgia Strategic Partnership Commission Plenary Session," February 28, 2014, https://2009-2017.state.gov/r/pa/prs/ps/2014/02/222713.htm.

资助，用于加强格政府的劳工执法能力。美格双方还签署了联合资助富布赖特教育交流项目的谅解备忘录，使格赴美留学生比现存数目增加一倍。委员会下属的防务与安全小组、人文交流小组、民主与执政小组、经贸与能源小组分别举行了会议。①显然，奥巴马政府赶在最后一年发起新的项目是要把美格合作作为遗产留给下一届政府。

2013 年 4 月 11 日，候任美军欧洲司令布里德洛夫在国会听证会上说，美格之间有着"充满活力的防务合作"，每年都有数百个项目在进行之中，包括网络安全、边境安全、专业军事教育、反暴动训练等。他称对外军事拨款"是强有力的"，2012 财年达 1 400 万美元。对于奥巴马答应萨卡什维利的那些项目，欧洲司令部"或者已经在进行，或者计划与格方进行最初的接触"。②

2013 年 4 月 27 日，拜登会晤来美参加塞多纳论坛的萨卡什维利。拜登鼓励格政府和议会在民主和经济改革方面继续进行建设性合作，并强调美国将继续强烈地、持久地支持格政府与民众，期待进一步深化与格的伙伴关系。③5 月 1 日，萨卡什维利会晤国务卿克里。克里在"五日战争"后曾率领参议院代表团访格以示支持，萨卡什维利把克里称为格的"伟大的朋友"。克里表示"非常支持格加入北约和欧盟的雄心"，萨卡什维利的任期到秋季届满，格权力的民主交接对格是非常重要的。④

格鲁吉亚继续与北约保持密切关系。2016 年 7 月北约—格鲁吉亚理事会外长会议发表的声明强调，北约将继续深化与格合作，确保黑海地区的安全，支持格的主权和领土完整。为此，北约将与格开展联合军演、帮助格增强防卫能力、与北约的互操作性、改善训练和教学、增强空防和空中侦察、帮助格为加入北约做好准备。格外长强调，加入北约是格外交政策的最高目标，北约方面重申对格实行门户开放。⑤但实际上，格加入北约是可望而不可即了。

---

① U.S. Department of State, "U.S.-Georgian Strategic Partnership Commission," https://2009-2017.state.gov/p/eur/ci/gg/usgeorgiacommission//index.htm.

② Philip Breedlove, "Statement Before Senate Arms Services Committee," April 30, 2015, https://www.armed-services.senate.gov/imo/media/doc/Breedlove_04-30-15.pdf.

③ The White House, "Readout of the Vice President Biden's Meeting with Georgian President Mikhei Saakashvili," April 27, 2013, https://obamawhitehouse.archives.gov/the-press-office/2013/04/27/readout-vice-president-biden-s-meeting-georgian-president-mikheil-saakas. 塞多纳论坛是由麦凯恩研究所在亚利桑那州塞多纳举办的年度论坛，邀请各国政要、专家、社会活动家与会，讨论国际热点问题。

④ John Kerry, "Remarks with Georgian President Mikhei Saakashvili Before Their Meeting," May 1, 2013, https://2009-2017.state.gov/secretary/remarks/2013/05/208696.htm.

⑤ 赵鸣文：《普京大外交》，第 365 页；NATO, "Joint Statement of NATO-Georgia Commission at the Level of Foreign Ministers," July 2016, https://www.nato.int/cps/en/natohq/official_texts_133175.htm.

（五）俄罗斯与阿布哈兹、南奥塞梯

俄格"五日战争"后，阿布哈兹和南奥塞梯与格鲁吉亚之间实际上断绝了往来，俄罗斯成了两地的"庇护者"，两地是俄提供财政援助的少数几个地区之一。2009 年俄方的援助占阿布哈兹财政预算的 60%，2012 年仍然占 22%。俄在两地进行基础设施建设和战后重建，包括改建和新建公路、铁路、政府办公大厦等。如果把这些基础设施投资计算进去，那么 2012 年俄援助占了阿预算的 70%。至于南奥塞梯，情况有过之而无不及，该地缺少财源，其财政预算几乎全部依赖俄援助。有统计显示，2008 年至 2013 年间俄对南奥塞梯的援助达到 10 亿美元。两地持有俄护照的居民还可享受俄社会福利，俄还向老人发放养老金。①没有俄方的财政援助，这两个地方的经济无法支撑，连公务人员的薪金都无以支付，政府本身的存在也就难以为继了。

2014 年、2015 年俄与阿、南奥又分别签订了新的条约，进一步提升与两地一体化水平，包括实施"相互协调的外交政策"，实行"统一的防务和安全空间"。条约还包括简化该两地居民取得俄公民身份的办法，以及把两地公民的平均工资提高到俄联邦南方联邦区相仿水平的规定。"五日战争"后不久俄罗斯即开始在两地建设新的军事基地和相关设施，包括阿的一处海军基地和南奥的四处基地，2009 年基地开张后，部署了 4 000 名俄军。据俄军官称，2013 年在阿驻有 3 500 名俄军人、1 500 名边防部队和联邦安全部队。两地与格鲁吉亚的边界是由俄军人与两地的军队共同守卫的，阿的黑海沿岸地区也是如此。显然，俄罗斯打算长期维持在两地的军事存在。

2014 年 11 月，普京与阿"总统"哈吉姆巴签署了一个有关建立联合军队和向阿提供大量的直接补贴的新的伙伴关系协定。2015 年 3 月，又与南奥签订了类似协定。②

二、阿塞拜疆，亚美尼亚

（一）美国与阿塞拜疆关系

"五日战争"表明，俄罗斯仍然是本地区最重要的国家。"五日战争"后阿塞拜疆的政策显著出现亲俄疏美的倾向。阿塞拜疆总统伊利哈姆·阿利耶夫未获 2010 年 4 月核安全峰会的邀请，感觉受到冷落，抱怨美国没有给予阿足够的注意。阿尤其对美国在纳—卡冲突中的作用表示不满。为了安抚阿，表示奥巴马

① Andre Gerrits and Max Bader, "Russian Patronage over Abhkazia and South Ossetia: Implications for Conflict Resolution," July 2016, https://www.tandfonline.com/doi/full/10.1080/21599165.2016.1166104.

② 波波·罗:《孤独的帝国——俄罗斯与新世界无序》，袁靖、傅莹译，第 148 页。

政府重视阿的战略重要性，2010 年 6 月 6 日，美防长盖茨在出席新加坡亚太安全会议后即往阿进行短暂访问。这是 5 年来访阿的首位美内阁成员。他在途中告诉记者，他要实地到访并当面告诉阿方，他们在阿富汗的国际联盟中起到了很大作用。他向阿利耶夫总统面交了奥巴马的信，会晤阿防长，对阿在北方配送网络中的作用给予高度评价。①国务卿希拉里·克林顿也于 7 月访阿。奥巴马也在 9 月联大会议期间会晤阿利耶夫。奥巴马感谢阿在阿富汗战争中作出的贡献，重申美"强烈支持通过欧安会明斯克集团进程解决纳—卡争端"，承诺"拓展和深化"对阿关系，同时又要求阿利耶夫进一步实施民主改革，保障言论自由。②通过 2010 年的这三起访问和会晤，奥巴马政府修复了与阿关系。

2012 年 4 月，美方重启美阿政府间经济合作委员会。希拉里·克林顿于 6 月 6 日再次访阿，会晤了阿总统和外长，再次对阿在北方配送网络中的"实质性作用"表示感谢，就 2014 年后继续支持阿富汗重建进行了讨论，并赞扬阿在欧洲能源来源及运输路线多样化中起到的"中心作用"，表示美国支持阿建设南部走廊向欧洲供气的目的，这将是"连接阿与欧洲—大西洋共同体的关键环节"。她也呼吁阿继续努力推进民主化，培育非政府组织，释放持不同政见者。谈到纳—卡问题时，她呼吁阿亚两国结束"循环往复的暴力和报复"，表示美国愿意为在赫尔辛基最后文件的原则基础上解决争端提供帮助。③

2012 年 6 月 13 日，美驻阿候任大使莫宁斯塔(Richard Morningstar)在参议院外交关系委员会作证时说，美阿之间有着"广泛的共同利益"，奥巴马政府认为，两国必须加强三个最主要方向的合作，即安全、能源、民主与经济改革。他指出，南高加索的安全和繁荣只有在和平解决纳—卡冲突后才能得到保障，美支持明斯克小组的和平努力。④

奥巴马政府在第二任期继续加强与阿塞拜疆的关系。2013 年 6 月，阿外长曼马蒂阿洛夫访美。克里在会晤他时称阿是美国在阿富汗的"重要伙伴"，也是

① John Banusiewicz, U.S. Central Command, "Gates Thanks Azerbaijan for Help in Afghanistan," June 6, 2010, https://www.centcom.mil/MEDIA/NEWS-ARTICLES/News-Article-View/Article/884079/gates-thanks-azerbaijan-for-help-in-afghanistan/.

② Heather Maher, "Obama, Aliyev Meet in New York As Washington Seeks to Improve Ties," September 24, 2010, https://www.rferl.org/a/Obama_Aliyev_To_Meet_In_New_York_As_Washington_Seeks_To_Improve_Ties/2167235.html.

③ U.S. Department of State, "Remarks with Azerbaijani Foreign Minister Elmar Mammadyarov," June 6, 2012, https://2009-2017.state.gov/secretary/20092013clinton/rm/2012/06/191855.htm.

④ "Statement of Richard Morningstar, Ambassador Designated to Azerbaijan, Before Senate Foreign Relations Committee," June 6, 2012, https://www.foreign.senate.gov/imo/media/doc/Morningstar.pdf.

北方配送网络的重要伙伴，在南线输气管道和其他方面对美国也"至关重要"。关于纳—卡问题这一"冻结的冲突"，美国作为明斯克小组共同主席之一，决不希望看到战争和冲突再起，和平解决冲突是美国的利益所在，"我们将继续静静地耐心地工作"，帮助各方继续沿着这条道路前进。①

阿利耶夫在 2013 年 10 月大选中赢得第三任期。莫宁斯塔大使在阿利耶夫的就职仪式上致辞说，"美阿两国具有许多至关重要的共同利益"，美国将继续与阿政府及非政府组织共同工作，在阿促进民主的价值观和原则。②

（二）俄罗斯与两国

2014 年的克里米亚事件再次影响了南高加索三国的对外政策选择：格鲁吉亚与美国和西方越走越近，坚定地要与西方融合；亚美尼亚则努力与西方和俄罗斯都保持良好关系，两头获益；阿塞拜疆则与两边都保持一定距离。西方报刊对阿塞拜疆的集权化倾向和腐败进行了广泛的批评，引起阿的不满；阿媒体上对美国官员也有许多批评，包括对奥巴马。阿对于签署欧盟《联系国协定》不太感兴趣，想要求与欧盟达成一个更高水平的协定，以作为向亚美尼亚施压的筹码。但阿也没有加入俄主导的欧亚经济联盟。③

俄罗斯同样重视与阿亚两国的关系，亚是独联体集体安全条约组织成员，是俄在南高加索地区的坚定盟友。而阿与格都不是，且怀疑该组织在本地区的作用。实际上在"五日战争"中俄罗斯没有援引该条约，格鲁吉亚的军力与俄罗斯本来就不在一个水平上，俄用不着盟国帮忙。该组织的成员也不承认阿布哈兹和南奥塞梯的"独立"。该组织司令、俄罗斯将军博蒂尤扎称，该组织不会干预各成员国的内部政治冲突，而只会在各成员国一致同意的基础上"解决军事的、地方的以及边界的冲突，防止军事集团的恐怖行动、打击贩毒……以及保护油气管道"。关于外部安全，梅德韦杰夫 2009 年 5 月批准的《俄联邦国家安全战略》宣布，该组织旨在"对付地区性挑战和对成员国的军事—政治性质及军事—战略性质的威胁，包括与非法毒品交易及心理杀伤物品作斗争的主要跨国手段"。④ 2012 年俄亚签署两国《2020 年前长期经济合作纲要》，俄继续保持亚最大贸易伙

① John Kerry, "Remarks with Azerbaijan Foreign Minister Elmar Mammadyarov Before their Meeting," June 3, 2013, https://2009-2017.state.gov/secretary/remarks/2013/06/210214.htm.

② Jim Nichol, *Armenia, Azerbaijan, and Georgia: Political Developments and Implications for U.S. Interests* (CRS Report for Congress), April 2, 2014, p.5.

③ Eugune Rumer, Richard Sokolsky and Stronski, "U.S. Policy Towards South Caucasus: Take Three," https://carnegieendowment.org/2017/05/31/u.s.-policy-toward-south-caucasus-take-three-pub-70122.

④ Стратегия национальной безопасности Российской Федерации до 2020 года, 13 мая 2009 г. http://kremlin.ru/supplement/424.

伴地位。

2014年，俄向阿销售了高档武器装备，如T-90坦克，但它又是亚对抗阿不断壮大的军事力量的安全担保者。①俄军还长期为亚守卫与土耳其的边界，而亚土关系从来不睦。2008年7—8月间，在亚举行独联体安全条约组织最大的一次军演，7个成员国的4 000名军人参加演习，但主要是俄亚两国的军队。演习聚焦于两国军队相互配合，对入侵亚的外国军队进行驱逐作战。演习部分在亚、部分在该组织司令部莫斯科举行。演习恰恰与“五日战争”几乎同时发生，阿塞拜疆、格鲁吉亚对演习的目的提出质疑。

独联体集体安全条约组织一直呼吁北约在打击贩毒、反恐等领域与之进行合作，博蒂尤扎曾经数次提出与北约合作，但北约不予理会。梅德韦杰夫2009年又表示，该组织可以与以美国为首的在阿富汗的多国部队合作，该组织成员国同意多国部队对阿的物资转运就是一个贡献。2009年10月，拉夫罗夫还建议希拉里·克林顿将支持北约与该组织合作作为两国关系“重启”的一部分。②但西方观察家普遍认为，俄罗斯的目的是要北约认可原苏联国家是俄的势力范围，美国和北约对俄的建议没有给予正面回应。

2010年8月19日，梅德韦杰夫总统到访亚美尼亚，双方举行正式会谈。亚同意把俄租借亚军事基地的协定从25年展期到49年，直至2044年。在协定中，俄承诺其驻亚部队将帮助保卫亚国家安全，俄将向亚武装力量提供现代化的武器装备。③亚一些军方人士称，如果阿塞拜疆要在纳—卡地区采取行动，该协定将为亚提供更大的安全保障。梅德韦杰夫也采取平衡措施，在9月初对阿塞拜疆进行访问，双方签订关于边界状况的条约，并见证俄天然气公司向阿国家石油公司增购天然气的大单，这显然是与美欧所倡导的南线天然气管道相抗衡的举措。有业界人士担心，俄向阿增购天然气可能使南线管道成为商业上无利可图的设施。在记者招待会上，阿利耶夫总统称，阿俄天然气协定并非出于政治考量，而是以经济考量为基础的，它不会损害西方油气伙伴的利益。梅德韦杰夫谈到上述与亚的基地协定时说，它不是针对阿的。但仅此一说并未消除阿的担心，格外长瓦沙泽更是批评该协定说，它增强了俄在地区的军事影响力，有损亚的独

① 波波·罗：《孤独的帝国——俄罗斯与新世界无序》，袁靖、傅莹译，第150页。

② Jim Nichol, *Armenia, Azerbaijan, and Georgia: Political Developments and Implications for U.S. Interests* (CRS Report for Congress), March 11, 2010, pp.26—27.

③ Российско-армянские переговоры, 20 августа 2010 года. http://kremlin.ru/events/president/news/8694. 2013年10月，俄驻亚第102军事基地司令卢津斯基对俄军报记者说：“如果阿塞拜疆决定以武力恢复对纳—卡地区的管辖，根据独联体集体安全条约组织防务框架的义务（俄）军事基地将介入冲突。”“Russian Base In Armenia Signals Role In Possible Karabakh War,” https://www.azatutyun.am/a/25154047.html.

立，升高了地区局势的紧张，不利于纳—卡冲突的解决。①

普京第三届总统任期开始后不久即重申，亚美尼亚过去是也继续是俄罗斯的可靠盟友。2013 年 3 月，再度当选亚总统的萨尔基相也表示，“俄罗斯是我们的战略合作伙伴，我们的盟友，这是显而易见的”。②但普京实行的也是在阿亚两国之间搞平衡的政策。8 月中旬，普京率领一个包括外长、防长、运输部部长、能源部部长等高官的庞大代表团访问阿塞拜疆，旨在显示俄阿之间的牢固关系。普京赞扬阿是俄“长期的、传统的、可靠的盟友”和“战略伙伴”，赞扬了两国经贸关系的发展，当时有 500 多家俄商贸公司在阿经营，阿有上百万人在俄务工。普京还强调了两国的能源合作，国有的俄石油公司和阿塞拜疆石油公司（SOCAR）签订了石油交换、勘探、市场等方面的合作协定。双方讨论了安全、边界线等问题。两位领导人巡视了俄罗斯里海分舰队访问巴库港的两艘舰只，其中一艘是导弹驱逐舰。阿总统阿利耶夫称，阿俄两国在油气方面的合作是实质性的，并将继续下去。有报道称，双方还签订了军事合作协定，俄将向阿转让 40 亿美元的军品，并提供技术援助使阿国防工业现代化。俄还同意至少培训 100 名阿军官，阿则同意在里海海岸安全方面终止与美合作，而改与俄合作。2013 年年中，俄向阿交付一批武器装备后，独联体集体安全条约组织司令博蒂尤扎称，考虑到阿军售对南高加索军事平衡的影响，俄准备对亚美尼亚进行补偿，包括继续在亚的军事存在，“以确保亚的安全”。2013 年 6 月 25 日，在俄安全会议秘书巴特卢晓夫访亚期间双方签订了新的军售和技术合作条约。巴特卢晓夫强调，俄在亚部署了“足够的军力和手段来保卫亚的安全”。③

俄罗斯与亚美尼亚的经济关系对亚至关重要，俄是亚的主要外资来源地，俄亚贸易占亚全部贸易的 1/4。南高加索三国对俄的劳务输出在三国经济中都占有重要分量。2013 年 4 月，亚美尼亚考虑与欧盟签订自贸协定和《联系国协定》，俄大幅度提高对亚供应的天然气价格。8 月，俄又同意提供部分补贴，9 月 3 日，亚总统萨尔基相在访俄时宣布把加入俄领导的欧亚关税同盟作为首要考虑，把与欧盟的《联系国协定》谈判推迟到四年之后。萨尔基相称，虽然亚与关税

① Jim Nichol, *Armenia*, *Azerbaijan*, *and Georgia*: *Political Developments and Implications for U.S. Interests* (CRS Report for Congress), April 2, 2014, p.10; Shahin Abbasov, “Medvejev Visit to Baku Produce Gas Export Agreement,” September 3, 2010, https://eurasianet.org/medvedev-visit-to-baku-produces-gas-export-agreement.

② 《亚美尼亚新当选总统首访俄，希望获得支持与帮助》，中国新闻网，2013 年 3 月 13 日，http://www.chinanews.com/gj/2013/03-13/4639292.shtml。

③ Визит Путина в Баку: партнеры, но не союзники, 14 августа 2013. https://www.bbc.com/russian/russia/2013/08/130814_putin_azerbaijan_visit_analysis; Jim Nichol, *Armenia*, *Azerbaijan*, *and Georgia*: *Political Developments and Implications for U.S. Interests* (CRS Report for Congress), April 2, 2014, p.11.

同盟国家并不接壤,但他决定加入该同盟,“以防止在亚深化和拓展与主要战略伙伴(俄罗斯)的经济和文化关系时遇到严重问题”。亚国防部部长奥汉扬也解释说,由于亚面临的安全环境威胁,亚决定加入该同盟。显然,俄罗斯的天然气是亚的重要考量因素。①

12 月 2 日至 3 日,普京总统访亚,俄亚双方讨论亚加入关税同盟问题,并签署 12 项协议,以增进两国在安全、能源、经济等各方面的合作。俄把对亚供应的天然气价格从千立方米 270 美元降到 189 美元。作为补偿,两国就亚美尼亚天然气供应和再销售的垄断商 ArmRosgazprom 公司股份签署了一份政府间协议,俄天然气公司取得其 80%的股份,亚政府持有 20%的股份。亚同意拓展俄军事基地。普京盛赞俄亚双边关系,认为这是一种“特殊关系”,超过了“战略伙伴”,亚加入关税同盟是对双方互利的安排。他也表示要通过外交方式解决争端,支持达成各方都能接受的和平解决纳—卡冲突的办法。他强调:“俄罗斯不会放弃高加索。”②从 2015 年 1 月起,亚成为欧亚经济联盟的完全成员,俄亚经济合作达到新水平。

纳—卡“冻结的冲突”显然是亚对俄关系中的一个重要因素。2015 年 12 月 23 日,俄防长绍伊古与亚防长奥汉扬签署了一份在高加索地区建立联合空中防御系统的协定,亚防长认为,在纳—卡地区的停火实际上已经不再存在。2016 年 6 月,亚议会批准了这一协定。③10 月,俄罗斯在亚军事基地部署了伊斯坎德尔导弹。

2016 年 4 月 2 日至 5 日,阿塞拜疆与亚美尼亚之间又发生了“四日冲突”。数年来,阿方一直试图通过武力来解决纳—卡争端,阿官方屡次作了类似表示。2015 年 3 月 23 日,阿防长扬言,阿已经积累了必要的武器,“能在第一次进攻中”就消灭 70%的敌人,一旦时机到来,这肯定会发生,谁也不要有什么怀疑。2016 年 3 月 9 日,阿利耶夫总统又表示,“要解决冲突,首先我们国家和军队要变得更加强大。在这方面已经做了许多。今天我们在接触线上已经完全占有优

① Jim Nichol, *Armenia, Azerbaijan, and Georgia: Political Developments and Implications for U.S. Interests* (CRS Report for Congress), April 2, 2014, p.13.

② Армения ратифицирует договор о ВТС с Россией на этой неделе, 02.12.2013, https://ria.ru/20131202/981366533.html; Press Release, “High Level Armenian-Russian Negotiations Held at the Presidential Palace,” https://www.president.am/en/press-release/item/2013/12/02/President-Serzh-Sargsyan-meeting-with-the-President-Vladimir-Putin/;《俄罗斯与亚美尼亚签署天然气价格协定》,中国化工新闻网,2013 年 12 月 6 日,http://www.ccin.com.cn/detail/cf76e2d0fbc6c3a3664c3d4647ca8b03。

③ Viktor Litovkin, “Russia, Armenia to Set up Join Air Defense System in Caucasus,” October 12, 2016, https://www.upi.com/Defense-News/2016/10/12/Russia-Armenia-to-set-up-joint-air-defense-system-in-the-Caucasus/3711476290768/.

势。敌人正在受到粉碎性打击”。阿塞拜疆一直拒绝欧安组织明斯克小组的增进稳定和信任措施,并试图改变谈判方式,把谈判挪到别的平台去进行,如欧洲理事会大会。4 月 1 日夜间至 2 日凌晨,阿方沿阿与卡拉巴赫接触线发起大举进攻。四天作战,双方互有伤亡,各方发表的伤亡报告非常悬殊。有的非官方的研究机构估计阿方损失 90 多人,亚方大概为 1/3,有 2 000 多名平民从作战地区逃难到亚美尼亚。亚总统萨尔基相 5 月 17 日称,亚方丢失了 800 公顷土地,但不值得为此再损失更多的生命。阿方却说阿收复了 2 000 公顷土地。①尽管国际社会对南高加索的安全形势早有担忧,但对冲突的爆发仍然感到惊讶。国际社会无例外地要求交战双方立即停止敌对行动,遵守停火条件。普京总统呼吁双方终止敌对,显示克制。美国务院的声明谴责破坏停火,要求双方“显示克制,避免升级,并严格遵守停火”。声明还说:“我们重申,这一冲突没有军事的解决办法。作为明斯克小组的共同主席国,美国坚定致力于与各方一道达成持久的通过谈判取得的和平。”②虽然从 1994 年停火以来阿塞拜疆与纳—卡地区时有小的冲突发生,但 2016 年的“四日冲突”无疑是最严重的一次,表明地区安全形势之脆弱。

俄罗斯在两者之间保持中立的做法使双方都不满意,而俄罗斯主导的独联体集体安全条约组织“相当明确地与此事保持距离,宣称对该地区的安全保障问题鞭长莫及”。拉夫罗夫访问埃里温带去了国际斡旋建议,仍然要求双方无条件遵守 1994 年的停火协定。而亚美尼亚坚持要求国际社会承认纳—卡共和国“独立”;阿塞拜疆则提出只有纳—卡重归阿塞拜疆,冲突才能得到调解。亚美尼亚国内一些持激进立场的人认为,亚“对俄的军事、政治和经济的进一步依赖不但没有解决纳—卡问题,反而对国家发展造成负面影响”。一些人甚至要求萨尔基相总统下台,使亚成为一个真正独立的国家。③

(三) 油气管道之争

争夺能源是在里海、南高加索地区美俄关系的一个重要方面。④早在 1995 年,克林顿政府为了打破俄罗斯对从东往西输油的垄断,鼓励建造了一条从阿塞拜疆到格鲁吉亚黑海海岸小港口苏普萨的小型输油管道(每日 15.5 万桶)。接

① “2016 Nagorno-Karabakh Clashes,” https://en.wikipedia.org/wiki/2016_Nagorno-Karabakh_clashes.

② John Kerry, Press Statement, “U.S. Condemns Ceasefire Violation along Nargorno-Karabakh Line of Contact,” April 2, 2016, https://2009-2017.state.gov/secretary/remarks/2016/04/255432.htm.

③ 赵鸣文:《普京大外交》,第 34、42 页。

④ 有美国学者认为,美国高估了里海能源的重要性,对它抱有不切实际的预期,尤其考虑到俄罗斯的地缘战略优势,美国必须把这种预期保持在一个现实的程度。Eugune Rumer, Richard Sokolsky and Stronski, “U.S. Policy Towards South Caucasus: Take Three,” https://carnegieendowment.org/2017/05/31/u.s.-policy-toward-south-caucasus-take-three-pub-70122.

着美国鼓励并参与了"欧亚运输走廊"(即巴库—第比利斯—杰伊汉管道)的建设。①2002 年 8 月,BTC(巴库—第比利斯—杰伊汉)公司正式成立,以建设、拥有和运行该管道。康菲石油、阿美拉达赫斯、雪佛龙三家美国公司入股该公司。2006 年 5 月,该管道输送的第一桶油到达杰伊汉。阿塞拜疆国家石油公司报告说,截至 2012 年,该管道共输送 13.3 亿桶油,其中部分油品销售到了美国。

从阿塞拜疆到土耳其的南高加索天然气管线于 2007 年 3 月建成。该管线也绕开了俄罗斯。2007 年对格、土和希腊输送的天然气达 1.5 亿立方米,2011 年达约 45 亿立方米,其最终年运输能力可达约 202 亿立方米。该管线的主要参股公司是挪威、英国石油和阿塞拜疆工业与能源部(各占 20%),俄罗斯、伊朗、法国和土耳其也都有股份。②

第三节　叙　利　亚

一、美坚持在叙实行政权更迭

中东地处欧亚非三大洲交界处,具有特殊地缘战略价值,从二战结束以后,中东形势持续吸引世界的关注。冷战时期,中东地区是美苏争夺的一个重要阵地。苏联解体后,俄罗斯在中东的影响力大大削弱,基本以"调解人"和"中立者"的面目出现,追求的目标也限于不损害俄罗斯的安全和经济利益。③美国则在中东地区一直占据主导地位。尤其是乔治・沃克・布什时期,美自命不凡地打算对中东进行民主改造,实行所谓"大中东计划",并为此单边主义地发动了伊拉克战争,遭到俄罗斯以及美国盟国法、德的强烈反对。奥巴马政府在中东实行收缩战略,2011 年从伊拉克撤军,伊拉克出现政治真空,恐怖组织"伊斯兰国"趁虚而起,势力恶性膨胀,对伊拉克乃至整个中东造成严重威胁。"伊斯兰国"在伊拉克被击溃后,其势力又到处流窜,尤其在叙利亚大肆扩张,使叙内战形势变得更加错综复杂。

叙利亚地理位置重要,西边是地中海,与土耳其、以色列、伊拉克等中东重要国家为邻。在冷战时期,叙利亚就是苏联的盟国,1980 年,叙利亚与苏联签订了《叙苏友好同盟条约》。美国认为,叙利亚在冷战后期的 20 年中一直在给美国添

---

① 见本书第 192 页。

② Jim Nichol, *Armenia*, *Azerbaijan*, *and Georgia*: *Political Developments and Implications for U.S. Interests*(CRS Report for Congress), April 2, 2014, p.54.

③ 程可凡:《透视美俄在中东的争夺》,《现代国际关系》2018 年第 4 期。

乱。苏联解体以后，苏联有的盟友如埃及转了向，叙利亚成了俄罗斯在中东唯一的盟友，俄一直在那里保留了势力，塔尔图斯港是俄在中东唯一的军事基地。俄叙关系与阿萨德家族的统治密切相关。苏联及俄罗斯是阿萨德政权的长期支持者。保住这个政权，意味着俄不仅在叙一个国家站稳了脚跟，更意味着俄扩大了在中东地区和地中海的影响力。

2011 年，西方鼓动的“阿拉伯之春”席卷中东，利比亚、突尼斯、埃及等国合法政府纷纷倒台。受“阿拉伯之春”的影响，2011 年 3 月，叙利亚一些城市爆发了大规模的反政府示威游行，反对派要求巴沙尔·阿萨德下台。政府出动军警对付游行，据报道有数千人被拘捕。4 月 29 日，联合国通过关于叙利亚问题的决议，谴责叙政府对抗议者使用暴力，决定向叙派遣一个调查小组。当日美国宣布对叙进行“人权制裁”。下半年叙形势继续动荡，反对派组织群雄崛起，叙利亚内战爆发。

美国一直把叙利亚看作是一个威权国家，2011 年春叙爆发抗议示威后，美国就谴责当局以暴力对付示威，对叙官员扩大制裁，并要求叙政府实行实质性政治改革以满足抗议者的要求。8 月 11 日，奥巴马政府正式提出，阿萨德必须下台。①18 日，奥巴马发表声明，称“叙利亚的未来必须由叙人民来决定……阿萨德下台的时间已经到了”，“该是由叙人民自己来决定他们命运的时候了，我们将继续坚定地站在他们一边”。②奥巴马签署了行政命令，宣布立即冻结叙政府在美国管辖范围内的所有资产，加强针对叙的出口禁令，禁止从叙进口油气产品，禁止美国公民到叙投资。此后一年中，美国与西方盟国一起，一再在安理会提出决议草案，要求制裁叙利亚，要求阿萨德下台，并开启政治过渡。

在叙利亚问题上，俄罗斯与美国及西方的立场根本相左。2011 年 10 月初，俄罗斯否决了西方国家提出的一项威胁对叙实行制裁的联合国安理会决议草案，俄大使丘尔金表示，俄不支持阿萨德政府使用暴力，但这项决议草案“是以对抗的哲学为基础的”，包含了进行制裁的最后通牒，是反对和平解决的。决议草案也没有要求叙反对派与“极端主义者”进行区隔，并加入对话。西方国家强烈抨击俄的否决。

2012 年 2 月 5 日，欧盟和阿拉伯国家联盟联袂在联合国安理会提出了要求阿萨德交权给副总统并准备大选的决议草案，再次遭到俄罗斯否决。俄代表解释说，决议草案对叙利亚发出的信息是“不平衡的”，也没有提出结束军事冲突的措施，没有要求切断反对派与“极端主义者”的联系。俄主张立即结束暴力和流

① Jeremy Sharp, Christopher Blanchard, *Armed Conflict in Syria: Background and U.S. Response*(CRS Report for Congress), September 6, 2013, p.15.

② Barack Obama, “Statement on the Situation in Syria,” August 18, 2011. Online by Gerhard Peters and John T. Woolley, *The American Presidency Project*, https://www.presidency.ucsb.edu/node/291385.

血，寻求和平解决。西方坚持在叙首先实行政权更迭，这使和平解决难以起步。①

叙利亚危机发生后，联合国与阿盟的联合特使、前联合国秘书长科菲·安南前往叙利亚进行调查。安南提出了六点和平计划，要求立即在联合国监督下停止一切形式的暴力行为，立即实现每天两小时的人道主义停火等。安南建议得到安理会的肯定。2012 年 4 月 14 日，安理会在安南建议的基础上一致通过第 2042 号决议，决定先派 30 人的军事观察团去叙利亚监督停火和停止一切暴力行动，决议还要求叙政府安全部队从人口密集的大城市撤出，与反对派进行对话。这是从叙危机爆发以来联合国安理会的第一个决议。俄罗斯代表在讨论时表示，决议符合俄长期以来的主张，即首要目标是制止暴力，同时也要避免外部干涉。决议是一个平衡的文件。②4 月 21 日，安理会又通过第 2043 号决议，成立联合国驻叙利亚监察团，为期 90 天，督促叙双方全面落实联合国的和平计划。为此，联合国派出了 300 人组成的监察团。③

6 月 30 日，在安南特使的推动下，美、俄等国代表在日内瓦举行会议（首届日内瓦会议，又称行动小组会议），通过了《日内瓦公报》，认可了联合国的和平计划，公报要点包括：

——成立包括反对派和现政府代表组成的具有完全行政权力的多党民族团结过渡政府；

——叙利亚社会各派别、各部分都得以参与有意义的民族对话进程；

——过渡政府将负责制定新宪法，确立全国的法律体系；

——举行“自由、公正的多党选举”；

——吸收妇女参加过渡进程的各方面工作。

美俄双方对《公报》有着不同的解释。为了获得俄罗斯的支持，《公报》要求，任何过渡政府“都将在彼此同意的基础上组成”，即是说阿萨德政权和反对派都有对过渡政府成员遴选的否决权。④此后，俄方坚持，任何叙利亚问题的国际斡

① “Security Council Fails to Adopt Draft Resolution on Syria as Russian Federation, China Veto Text Supporting Arab League's Proposal Peace Plan,” February 4, 2012, https://www.un.org/press/en/2012/sc10536.doc.htm.

② “Security Council Unanimously Adopts Resolution 2042(2012), Authorizing Advance Team to Monitor Ceasefire in Syria,” April 14, 2012, https://www.un.org/press/en/2012/sc10609.doc.htm.

③ Rich Gladstone, “Friction at the UN as Russia and China Veto Another Resolution on Syria Sanction,” July 19, 2012, https://www.nytimes.com/2012/07/20/world/middleeast/russia-and-china-veto-un-sanctions-against-syria.html.

④ UN Security Council, “Final Communique of the Action Group for Syria,” July 6, 2012, https://peacemaker.un.org/sites/peacemaker.un.org/files/SY_120630_Final%20Communique%20of%20the%20Action%20Group%20for%20Syria.pdf.

旋都要以这个公报为基础，而《公报》没有明确禁止阿萨德本人参加过渡政府。美方认为，阿萨德继续留任与民主转型是不相容的，《日内瓦公报》是阿萨德离任的蓝图。①而叙反对派内也有分歧意见：有的认为阿萨德下台是解决叙利亚问题的前提，有的则坚持这是过渡过程的结果。这些反对派也各有各的外国支持者，如土耳其和卡塔尔就要求以阿萨德下台为前提。

二、美俄合作：化武换和平

《日内瓦公报》发表之后，联合国第二任和平特使、阿尔及利亚前资深外交官卜拉希米就开始与美俄双方密切接触，准备举行旨在结束叙内战的新的国际会议。

2012 年 7 月 19 日，俄罗斯在联合国安理会再次否决了美国等西方国家提出的制裁叙利亚的决议。丘尔金大使称，这个决议草案是“有成见的”，它只威胁对叙利亚政府实行联合国制裁，而对武装的反对派则毫无制约，反对派正在对政府军发起猛攻，甚至直指政府安全部门的核心。他批评西方的做法是在叙利亚“火上浇油”，以实现它们在本地区的地缘政治野心，俄罗斯不能接受这样的决议。美国驻联合国大使苏珊·赖斯(Susan Rice)十分不满，称“安理会在今年最重要的议程上完全失败了……这是又一个黑暗的日子……这次否决是危险的，悲惨的”。她还说，她对叙利亚的化学武器十分担心，“叙利亚可能使用化学武器来对付自己的人民应该是我们共同的关注……叙政府要对其使用化武负责”。安理会监察团的 90 天期限将至，英国和巴基斯坦提出了授权延长监察团期限的决议草案，遭赖斯反对，她认为那里没有什么停火可以监察，监察团在那里既无济于事，又十分危险。她不再寄希望于没有武装也得不到安理会支持的监察团，而要在安理会外组成多国联盟来对叙政府施压。②

一年来，虽然共和党人一再要求美国介入叙内战，但奥巴马在支持反对派的同时继续拒绝从军事上介入叙事态，继续拒绝向反对派提供杀伤性武器。对于是否要介入、如何介入叙内战，奥巴马确实非常犹豫。他在第一任期一再抵制了国会中的共和党人，甚至政府内部要求对叙进行军事干涉的压力。2012 年夏天，关于阿萨德政权准备在内战中使用化学武器的传闻扩散开来。8 月 20 日，奥巴马在记者会上表示：“现在我没有命令军事卷入(叙利亚)，但是……化学武

① Michael McFaul, *From Cold War to Hot Peace*, p.341.

② Rich Gladstone, “Friction at the UN as Russia and China Veto Another Resolution on Syria Sanction,” July 19, 2012, https://www.nytimes.com/2012/07/20/world/middleeast/russia-and-china-veto-un-sanctions-against-syria.html; Colum Lynch, “Russia, China Veto Third Security Council Syria Resolution,” July 19, 2012, https://foreignpolicy.com/2012/07/19/russia-china-veto-third-security-council-syria-resolution/.

器和生物武器是至关重要的问题。那不仅是叙利亚所担心的，也是我们的地区盟友如以色列所担心的，是我们所担心的。化学和生物武器落到坏人手里这种情况是我们所不允许的。对于阿萨德政权以及有关各方我们的态度非常清楚，如果我们看到有规模地调动和使用化学武器，这就是红线。这将改变我的评估。”①

叙利亚反对派派系林立，各自为政，对政府军作战也是各自为战，易被各个击破。从2012年9月到2013年2月，美方的主要注意力放在帮助反对派组成一个联合阵线。2012年11月，叙反对派各派代表在卡塔尔多哈达成协议，组成“叙利亚反对派和革命力量全国联盟”。奥巴马在12月11日接受美国广播公司(ABC)采访时正式承认其为“叙利亚人民的合法代表”，称这是开放的包容的，可以包括各个不同的族群和宗教团体。“得到承认也就带来了责任。他们必须有效地组织起来，成为各个政党的代表，致力于政治转型，尊重妇女和少数族裔的权利”。②海湾六国(沙特阿拉伯、巴林、阿联酋、阿曼、卡塔尔和科威特)、北约、阿拉伯国家联盟、欧洲国家分别先后承认或表态支持叙反对派联盟。

但叙反对派对参加新的日内瓦会议向美国提出要价：美方除了提供人道主义援助和非杀伤性物资支持外，还要提供武器弹药。如反对派联盟“最高军事委员会”主席伊德里斯就说：“如果我们不能得到武器弹药来改变战场态势，改变战场上的力量对比，我可以很坦率地说，我们不会去日内瓦……不会有日内瓦会议”，“日内瓦会议是西方的想法，但我们作为自由叙利亚军队必须在战场上是强大的”。③

2013年6月，奥巴马政府承诺要增加对叙反对派的援助，同时也强调政治解决叙内战的必要性。国家安全事务副助理本·罗兹(Ben Rhodes)表示：“我们采取的任何行动都必须符合我们的国家利益，必须推进达到我们的目的，包括通过谈判实现政治解决来建立一个政府。”奥巴马第二任期的国务卿克里在参议院外交委员会作证时也说：“实行谈判解决是总统的首要目标。”④

---

① Barack Obama, “Remarks and an Exchange With Reporters Following a Press Briefing by White House Press Secretary James F. ‘Jay’ Carney,” August 20, 2012. Online by Gerhard Peters and John T. Woolley, *The American Presidency Project*, https://www.presidency.ucsb.edu/node/302263.

② Aljazeera News, “U.S. Recognizes Syrian Opposition Coalition,” December 12, 2012, https://www.aljazeera.com/news/middleeast/2012/12/20121212002312142.html.

③ Michael Gorden, “Syrian Opposition to Sit Out Any Talks Unless Arms Are Sent, General Says,” *New York Times*, June 8, 2013, https://www.nytimes.com/2013/06/09/world/middleeast/syria-opposition-wont-attend-talks-unless-rebels-get-arms-commander-says.html.

④ Jeremy Sharp and Christopher Blanchard, *Armed Conflict in Syria: Background and U.S. Response*(CRS Report for Congress), September 6, 2013, p.10.

在奥巴马的第一任期，美方对叙利亚的援助主要是人道主义救援，截至2013年9月约为10亿美元。第二任期开始后，2013年2月，国务卿克里宣布了支持"叙利亚联盟"的新计划，向叙反对派提供1.3亿美元军事援助，包括装甲车辆、夜视镜、先进的通信设备等所谓"非致命性"军事物资。①2013年6月，奥巴马决定对叙反对派提供致命性武器。②

2013年1月16日，奥巴马接受《新共和党人》记者采访时解释了他在叙利亚问题上的态度，他说：

> 我在作出这些决定时反复斟酌，我考虑得更多的可能不是我们无与伦比的力量和能力，而是我们受到的制约。就叙利亚形势来说，我必须问自己，我们能使那里的形势发生改变吗？军事干预能产生什么效果？这将如何影响我们支持尚在阿富汗的军队的能力？我们的地面卷入将会产生什么后果？这是否将刺激形势变得更糟或使用化学武器？如何才能提供稳定的后阿萨德政权的最佳前景？在叙利亚遇害的数万人与在刚果正在被杀害的数万人在我的天平上孰轻孰重？③

2013年3月，叙利亚疑似发生使用化学武器事件，叙政府和反对派相互指责，美国则一口咬定是政府军所为。3月20日，奥巴马在访问以色列时在与内塔尼亚胡的记者招待会上说："一旦我们确认了事实，我明确地说，使用化学武器将导致游戏规则的改变。"④4月25日，白宫致信国会说，"我们的情报界有一定把握地断定，叙利亚当局在叙小范围内使用了化学武器，尤其是沙林毒气"。信中同时说，这些武器的"管理链条"还不清楚，在政府作出决定前还需要更"可靠的相互印证的"证据。参议院情报委员会主席范斯坦(Dianne Finestein)则称，参议院对叙使用化武比白宫更加确信。⑤

叙利亚内战造成大量伤亡，更有数百万人流离失所，沦为难民，造成二战后最严重的难民潮，引发严重的人道主义危机，也冲击了地区国家及一些欧洲国家的安全和稳定。5月上旬，克里访俄。经过一天激烈的外交谈判，美俄双方同意"把双方带到谈判桌旁"来尽快结束叙内战。7日，双方在联合记者会上表示，希

---

① Tad Daley, "U.S. Prepares $130m Military Aid Package for Syrian Rebels," April 20, 2013. https://www.theguardian.com/world/2013/apr/20/us-syria-130m-military-aid-package.

② *Armed Conflict in Syria: Overview and U.S. Response* (CRS Report), October 9, 2015, p.23.

③ Franklin Foer and Chris Hughes, "President Is Not Pleased," January 27, 2013, https://newrepublic.com/article/112190/obama-interview-2013-sit-down-president.

④ Mark Landler and Rick Gladstone, "Chemicals Would Be Game Change in Syria, Obama Says," https://www.nytimes.com/2013/03/21/world/middleeast/syria-developments.html.

⑤ Mark Landler and Eric Schmitt, "White House Says It Believes Syria Has Used Chemical Arms," April 25, 2013, https://www.nytimes.com/2013/04/26/world/middleeast/us-says-it-suspects-assad-used-chemical-weapons.html.

望"在实际可能的情况下尽快、最好能在本月底"举行一次国际会议。克里称,如不能尽快停止内战,"那就将有更多的暴力。叙利亚就将离深渊更近,将是全国混乱"。拉夫罗夫说:"我要强调的是,我们感兴趣的并不是某个个人的命运,而是叙利亚人民的整体命运。"这是俄罗斯第一次明确表示,俄不再把保住阿萨德的统治地位作为政治解决的前提。①新的国际会议的使命是落实《日内瓦公报》的要求,组成叙利亚过渡政府来结束内战,关键的问题仍然是阿萨德的去留,现政府认为,这个问题不在讨论范围内;反对派则坚持过渡政府不包括阿萨德;卜拉希米认定,叙内战双方"必须接受政治解决这一基本原则",军事解决没有出路。②

6 月 13 日,白宫就叙化学武器问题再次公开致信国会称,美国情报界断定,阿萨德政权去年多次在小范围内对反对派使用了包括沙林毒气在内的化学武器,叙政府保持着对这些武器的控制。"使用化学武器违反了国际规则,越过了数十年来国际社会公认的红线","总统说得非常清楚,使用化学武器,或者把化学武器交给恐怖主义者,这是美国的红线"。公开信表示,美将增加对叙反对派的援助。③同时,奥巴马决定对叙反对派提供致命性武器。

2013 年 8 月 21 日,在大马士革东部郊区反对派控制的东古塔发生了化学武器攻击事件。遇害者基本是在晚间睡觉时死亡的,死者身上没有伤痕,症状包括昏迷、鼻子和嘴喷涌白沫、瞳孔收缩、呼吸困难等。事件最早由叙利亚反对派披露,反对派指责叙当局使用含有沙林毒气的火箭弹发动了此次袭击,阿萨德政府否认指控。8 月 30 日,白宫发表了美国情报机构关于此次化武事件的评估报告,称有 1 429 人死于袭击。奥巴马先前曾多次表示,使用化学武器是"红线",现在叙利亚既然已经越过了红线,美国是不能不作出反应的。

8 月 30 日,奥巴马指示克里在国务院发表长篇演讲。克里叙述了美情报机构获知的叙使用化武的情况,强调了此事对叙内战、对地区、对美国和国际社会的严重性,并称,经过近十年的战争,美国人民厌倦战争了,"但疲惫不能豁免我们的责任",美国不能对阿萨德使用化武视而不见。当然总统"决定采取的任何

① John Kerry, "Remarks with Russian Foreign Minister Lavrov," May 7, 2013, https://2009-2017.state.gov/secretary/remarks/2013/05/209117.htm; Керри и Лавров организуют конференцию по Сирии, 8 мая 2013, https://www.bbc.com/ukrainian/ukraine_in_russian/2013/05/130508_ru_s_kerry_lavrov_syria.

② "Geneva II Conference on Syria," https://en.wikipedia.org/wiki/Geneva_II_Conference_on_Syria.

③ "Text of White House Statement on Chemical Weapons in Syria," June13, 2013, https://www.nytimes.com/2013/06/14/us/politics/text-of-white-house-statement-on-chemical-weapons-in-syria.html.

行动都是有限的，都是给使用化学武器的独裁者量身定做的"，最终的解决办法只能是政治的、外交的。①

31 日，奥巴马在国会发表演讲，对阿萨德政府进行强烈谴责，称其违反了国际准则，也对美国国家安全、对美在中东的盟国造成威胁，美国将对阿萨德政权采取行动，但行动的时间和范围都是有限的，为此他寻求国会授权。②这样，奥巴马实际上是让国会来分担对叙进行军事打击的责任。由于美国 21 世纪来对外军事干涉消耗了大量人力物力资源，而且总是成事不足败事有余，国会对军事干涉叙利亚的态度远不是明朗的。9 月 3 日，奥巴马在白宫会见国会两党领导人，进一步阐述他的想法说：对叙利亚有限的军事打击"也符合我们更大的战略，即经过一段时间，壮大反对派的力量，并通过外交、经济和政治压力，最终实现转型，导致和平与稳定，不仅在叙利亚，而且是在整个地区"。其实，国会中的一些共和党人，如麦凯恩、格拉厄姆早就在敦促总统出手打击阿萨德，使其迅速下台，但奥巴马一直不敢作此决断。众议院议长、共和党人博纳(John Boehner)说："对于使用化学武器必须予以回应，只有美国有这样的能力和资格来制止阿萨德，并警告世界上别的人，类似行为是不被允许的。"③9 月 4 日，参议院外交关系委员会通过授权奥巴马政府在叙"有限地有指定用途地使用武力"的 90 天的窗口期。授权尚需得到参议院全体会议的批准。

俄罗斯密切关注着事态发展。9 月 4 日，普京总统在接受合众社和俄罗斯电视第一频道采访时警告美国不要贸然采取军事行动，他说："如果形势朝着(美国在叙)使用武力的方向发展，我们对于我们该做些什么、怎么做有我们的想法"，但现在谈这些想法为时尚早。他还说，如果有证据表明叙政府对自己的人民使用了毒气，联合国安理会通过进行惩罚性军事打击的决议，不排除俄罗斯会支持决议。④

9 月初，西方对叙利亚实施军事打击的气氛越来越浓。2 日，法国情报机构公布了一份长达 9 页的报告，指控叙政府军对反对派控制的大马士革郊区发起混合使用常规武器和"大规模化学武器"的进攻。报告还说，"与以前零零星星地

---

① John Kerry, "Statement on Syria," August 30, 2013, https://2009-2017.state.gov/secretary/remarks/2013/08/213668.htm.

② Barack Obama, "Remarks on the Situation in Syria," August 31, 2013. Online by Gerhard Peters and John T. Woolley, *The American Presidency Project*, https://www.presidency.ucsb.edu/node/304717.

③ Dan Robert and Others, "'We Have Our Plans': Putin Warns U.S. against Syria Military Action," September 4, 2013, https://www.theguardian.com/world/2013/sep/04/putin-warns-military-action-syria.

④ Владимир Путин, Интервью Первому каналу и агентству Ассошиэйтед Пресс, 4 сентября 2013, http://www.kremlin.ru/events/president/news/19143.

使用一些化学武器不同……这次使用是策略性的，是为了重新占领领土”。北约秘书长拉斯穆森坚称，“我个人确信，那里不仅发生了化武进攻……我个人也确信，叙利亚政府该对此负责”。①与此同时叙利亚也在进行外交努力，力图阻止西方对叙进行军事打击。叙议会致信美、英等国议会领袖解释叙利亚的形势，指出，叙反对派是乌合之众，其中不乏恐怖组织，叙是在与恐怖主义作战，希望各国议会阻止本国政府对叙进行军事干涉。

9月5日至6日，二十国峰会在圣彼得堡举行。由于奥巴马对俄罗斯给予斯诺登政治避难极度不满，取消了美俄领导人之间的会晤。5日晚宴时，领导人讨论了叙利亚问题。奥巴马要求各国支持美对叙的军事打击。普京对奥巴马提出的叙使用化武的证据表示怀疑。北约秘书长拉斯穆森则称，“对叙利亚的军事打击是短期的、有特定目标的、量身定做的，因此不需要启动北约的指挥和控制系统”。②次日午饭前，奥巴马与普京有十几分钟个别交谈的时间。奥巴马希望美俄合作从叙利亚把化学武器清除掉。普京明确表示，他可以说服阿萨德合作，交出所有化学武器，但美国要取消对叙的军事打击计划。随行的美国家安全事务助理赖斯与俄安全会议秘书乌沙科夫讨论了普京提出的建议，并表示将尽快回应。奥巴马随行人员中有人担心这是普京的缓兵之计。但奥巴马决定抓住这一机会，如果成功，既能使中东形势化险为夷，又可以避免一次军事冒险。奥巴马本来就不情愿进行军事打击，普京的提议可谓正中下怀。奥巴马指示赖斯将新情况告诉正要前往欧洲访问的克里。③

9月8日，美国务卿克里访问英国协调立场。他在伦敦的记者会上讲到，美国将对叙进行“令人难以置信的小规模”的空袭。当有记者问阿萨德政府怎样才能避免空袭时，克里说：“是的，他可以在下个星期把所有化学武器，把每一件都交给国际社会。毫不迟疑地把它交出来，并且允许进行彻底的全面的清查。”④

在获悉克里的表态后，拉夫罗夫立即会晤了正在俄访问的叙外长穆阿里姆，双方就叙交出化学武器达成一致。⑤随即，拉夫罗夫给正在回国途中的克里打电

---

① Patrick Wintour and Kin Willshear, “Syrian Crisis: Vladimir Putin under Growing Pressure,” September 3, 2013, https://www.theguardian.com/world/2013/sep/02/vladimir-putin-syria.

② Mather Weaver and Tom McCarthy, “Syrian Crisis: Obama Joins World Leaders to Syrian Talks at G 20 Dinner, As it Happened,” September 5, 2013, https://www.theguardian.com/world/2013/sep/05/syria-putin-obama-g20-showdown.

③ Michael McFaul, *From Cold War to Hot Peace*, pp.354—355.

④ John Kerry, “Remarks with United Kingdom Foreign Secretary Hague,” September 9, 2013, https://2009-2017.state.gov/secretary/remarks/2013/09/213956.htm.

⑤ 《环球时报》综合报道：《叙利亚同意化武换和平，叙危机出现戏剧性转折》，2013年9月11日，https://new.qq.com/rain/a/20130911009504。

话，告知他俄罗斯将发表一份声明。克里的座机还没有抵达美国，拉夫罗夫已经举行了记者招待会，发表声明说，“如果把叙利亚的化学武器置于国际社会监督之下可以避免军事打击，我们将立即开始与大马士革进行工作”，“我们呼吁叙利亚当局不仅仅同意将化学武器置于国际社会控制之下，并且进一步予以销毁，然后完全加入《禁止化学武器公约》”，并称，他已经向正在俄访问的叙外长穆阿里姆提出了上述建议，期待叙作出“迅速的、希望是正面的回应”。①国际社会震惊之余纷纷表态，英、法等国都对俄方建议表示谨慎欢迎。叙外长穆阿里姆也立即发表声明，称叙政府“基于对人民生命和国家安全的关心，欢迎俄方提议”，认为这一建议将防止“美国对叙利亚人民的侵略”。联合国秘书长潘基文也对这一建议表示肯定，称他正在考虑“敦促安理会要求叙利亚立即把叙境内的化学武器以及化学制剂都安全地储存好然后予以销毁”。②中国政府也对俄罗斯提议表示支持。

9 月 9 日，奥巴马在接受公共广播公司（PBS）新闻节目采访时说，他在圣彼得堡时与普京谈到了将叙利亚的化学武器置于国际社会控制之下的问题，“如果我们能够在穷尽外交努力之后找到一种方法，使国际社会具有可核查、能执行的机制来对付叙的化学武器，那我会百分之百地赞成。但我们要了解具体细节”。③

9 月 10 日，叙外长穆阿里姆首次公开承认叙拥有化学武器，他保证将按照俄罗斯建议停止继续生产，并根据《禁止化学武器公约》的要求将现有化学武器的存放地点予以公开，允许联合国核查人员进入。④奥巴马立即分别与英国首相卡梅伦（David Cameron）和法国总理奥朗德通电话，讨论如何在安理会实施这个计划，并建议由法国牵头来发起一个提案，但要包括一个条款，即如果叙利亚不执行承诺，就将对其进行军事打击。当日，克里在众议院军事委员会作证时

① Заявление Министра иностранных дел России С.В. Лаврова для СМИ в связи с ситуацией вокруг сирийского химоружия, Москва, 9 сентября 2013 года, https://rus.rusemb.org.uk/foreignpolicy/1148; Anne Gearan, Karen DeYoung and Will Englund, “Syria Says It ‘Welcomes’ Russia Proposal on Chemical Weapons,” September 9, 2013, https://www.washingtonpost.com/.

② Julia Borger and Patrick Wintour, “Russia Calls on Syria to Hand over Chemical Weapons,” September 9, 2013, https://www.theguardian.com/world/2013/sep/09/russia-syria-hand-over-chemical-weapons; “Russia Urges Syria to Hand over Chemical Weapons,” September 9, 2013, https://www.france24.com/en/20130909-russia-lavrov-urges-syria-hand-over-chemical-weapons.

③ Larisa Epatko, “Obama Says He Spoke with Putin About Chemical Weapons Control Idea, Favors Diplomatic Solution,” September 9, 2013, https://www.pbs.org/newshour/world/obama-says-he-spoke-with-putin-about-chemical-weapons-control-idea-favors-diplomatic-solution.

④ The Arms Control Association, “Timeline of Syrian Chemical Weapons Activity, 2012-2019,” https://www.armscontrol.org/factsheets/Timeline-of-Syrian-Chemical-Weapons-Activity.

说，俄罗斯的建议是走出僵局的“理想途径”，我们在等待，但不会等太久，“奥巴马总统将非常冷静地对待此事。但这必须迅速，必须确实，必须可核查。我们必须向叙利亚和俄罗斯表明，我们不会落入他们的拖延圈套”。①当日，奥巴马接受全国广播公司(NBC)记者采访时说，“我们对这个计划还半信半疑。但是从我们看到的俄罗斯的声明，以及今天叙利亚的声明，这表示一种潜在的积极发展”，我们将评估这个建议在多大程度上是认真的，“如果此事成功，那它就是一个潜在的重大突破，但是我们还有怀疑”。②10 日晚，奥巴马对全国发表电视讲话，解释他的政策，并称阿萨德最强大的盟友俄罗斯提出的计划可以不使用武力而清除掉叙利亚的化学武器，这是“令人鼓舞的迹象”，他已经要求国会领导人推迟表决授权对叙动武的决议，但如果在安理会不能达成销毁叙化武的决议，他仍将对叙实行军事打击。③

普京立即对奥巴马讲话作出反应。这次，他直接向美国民众发出呼吁。9 月 11 日，他在《纽约时报》上发表题为《俄罗斯呼吁谨慎》的文章，主题是反对美国对叙动武。他指出，叙利亚的形势是复杂的，真正为民主而奋斗的志士并不多，多的是“基地组织”和各种反政府的极端主义分子；“俄罗斯不是在保卫叙政府，而是在保卫国际法。我们应当运用联合国安理会，并且相信，在当今复杂混乱的世界中要维护法制和秩序的一个办法就是防止国际关系陷入无政府状态”。美国曾经一再使用武力，但“武力被证明是无效的、不解决问题的”，过去几天里出现了可以避免使用武力的新机遇，国际社会必须抓住这个机遇。④

叙利亚的动作极其迅速。12 日，阿萨德致信联合国秘书长称，他已经签署叙利亚加入《禁止化学武器公约》的行政命令，而且立即生效，而不是如条约规定的在加入之后 30 天内生效，叙利亚将立即遵守公约的一切义务。⑤阿萨德是个

① Spencer Ackerman and Dan Roberts, “Kerry: Russia’s Syria Chemical Weapons Proposal the ‘Ideal Way’ to End Impasse,” September 10, 2013, https://www.theguardian.com/world/2013/sep/09/us-russian-proposal-syria-chemical-weapons.

② Albina Kovalyova, F. Brinley Bruton, Erin McClam, “Obama on Russia’s Syrian Chemical Weapons Proposal,” September 10, 2013, https://www.nbcnews.com/news/world/obama-russias-syria-chemical-weapons-proposal-take-it-grain-salt-flna8C11110704.

③ Barack Obama, “Address to the Nation on the Situation in Syria,” September 10, 2013. Online by Gerhard Peters and John T. Woolley, *The American Presidency Project*, https://www.presidency.ucsb.edu/node/304920.

④ Vladimir Putin, “A Plea for Caution From Russia,” September 11, 2013, https://www.nytimes.com/2013/09/12/opinion/putin-plea-for-caution-from-russia-on-syria.html.

⑤ The Arms Control Association, “Timeline of Syrian Chemical Weapons Activities, 2012-2019,” March 2019, https://www.armscontrol.org/factsheets/Timeline-of-Syrian-Chemical-Weapons-Activity.

聪明人，他毫不迟疑地接受俄罗斯的提议，打消了国际社会对俄提议可行性的怀疑，而把注意力完全集中在如何实施建议上，从而保证了俄美外长/国务卿会谈的成功。而阿萨德行动如此快捷，也足见俄罗斯对他的影响力。普京于 13 日表示，叙利亚加入《禁止化学武器公约》"是朝着解决叙利亚危机迈出的重要一步"，表明阿萨德"遵循这条道路的意愿是认真的"。①

12 日至 14 日，克里与拉夫罗夫在日内瓦会谈，双方都带来了庞大的团队，包括外交和化武问题的技术专家，就销毁叙化武问题的各个步骤、各种细节，包括计算、核查、控制、运输和销毁的各个环节达成框架协议。协议要求叙"在一星期之内"提供全部贮存的化武清单，并允许联合国和禁止化武组织人员进入这些地点；禁止化学武器组织核查人员在 11 月完成初步核查，并在 2014 年上半年销毁化武和化学制剂。②在谈判中，俄方表示不能同意任何以武力解决为后盾的解决办法，也不能单方面谴责叙政府进行了化武攻击。为达成协议，美俄双方各作了让步，俄方的让步是：同意协议载入条款：如果叙利亚不履行销毁化武的承诺就将对其进行军事打击；美方的让步是，协议不追究既往使用化武的责任。14 日，双方宣布了协议。克里表示，美俄双方都"深深致力于谈判解决叙利亚冲突"，他与拉夫罗夫"为寻求谈判解决的共同基础而努力工作"，"现在全世界都期待着阿萨德兑现自己的承诺。正如我在谈判一开始时说过的，这里不能要把戏，没有规避的余地"，"必须立即给予核查人员不受限制进入化武贮存地点的自由"。拉夫罗夫说，现在叙利亚已经加入《禁止化学武器公约》，框架协议"设计了一条能确保迅速、专业、尽快地解决化武问题的道路"。③

20 日，叙利亚根据美俄框架协议的要求向禁止化学武器组织提交该国化学武器项目首批清单。27 日，联合国安理会一致通过了第 2118 号决议，要求叙利亚任何一方都不得使用、开发、生产、获取、储存、保留或转让化学武器，各方都要与禁止化学武器组织和联合国合作。

销毁化学武器是一项危险、复杂、精细的工作，在禁止化学武器组织主持下，在俄罗斯、美国、中国、丹麦、挪威、芬兰、日本等国的参与下，销毁工作顺利进行，据禁化武组织称，到 2016 年 1 月 4 日，叙利亚交出的总共 1 200 吨的化学武器

① BBC News, "Kerry Call's Syria Chemical Weapons Talks 'Constructive'," September 13, 2013, https://www.bbc.com/news/world-middle-east-24075787.

② State Department, "Framework for Elimination of Syrian Chemical Weapons," September 14, 2013, https://2009-2017.state.gov/r/pa/prs/ps/2013/09/214247.htm.

③ BBC News, "Kerry Call's Syria Chemical Weapons Talks 'Constructive'," September 13, 2013, https://www.bbc.com/news/world-middle-east-24075787; BBC News: Женева: Лавров и Керри договорились о химоружии в Сирии, 14 сентября 2013. https://www.bbc.com/russian/international/2013/09/130914_russa_us_syria_deal_geneva.

和化学制剂销毁完毕。①

"化武换和平"是一项成功的多赢外交。最大的赢家无疑是俄罗斯。叙利亚危机爆发以后,俄在联合国安理会屡屡否决西方国家发起的提案,虽然使叙免遭国际社会的全面制裁,但它自己对叙局势的影响力十分有限,也难以提出解决方案。如今在关键时刻,"化武换和平"改变了整个事态的发展:美国取消了对叙的军事进攻计划,叙得以免遭军事打击,至少是有限空袭,化武问题得以通过和平的方式、国际合作的方式解决,俄罗斯反对美国军事介入的主张顺利实现,普京在世人面前展示了他的智慧,成了关键时刻的"关键先生"。俄罗斯在中东地区的声望大增,从此以后,俄罗斯在叙利亚问题中步步主动,而美国则显得处处被动。俄罗斯当时已经难以在地区和国际问题上发挥这样的主导作用,尤其在2014年春克里米亚危机以来,俄遭到西方空前孤立。是叙利亚问题,尤其是"化武换和平"问题使俄得以继续留在解决重要地区问题的舞台中央,处于高光之下。

美方也是事件的赢家。奥巴马本来对军事卷入叙利亚就犹豫不决,但先前又作了"红线"这样的表态,如果不作回应,自然颜面丧尽,军事打击也是出于无奈。俄罗斯的建议使他既避免了出兵,又保住了面子,可以说是纯粹的收益。关键时刻,居然是普京的主意使奥巴马摆脱困境!自然,一些批评者固执地认为,既然你说了"红线",就得出手,不出手就是退缩,就是丧失美国的信誉。②而且叙反对派也指出,美俄协议没有追究使用化武的责任。③但他们的声音被淹没在舆论对解决这一棘手问题的满意和欣喜情绪之中了,谁还在乎那些反对意见呢!

这对美俄关系更是件好事。到了2013年下半年,美俄关系"重启"的势头已经今非昔比,两国关系降到"重启"以来的最低点。美俄之间就"化武换和平"达成一致说明,在这样事关地区安全的重大问题上双方仍然可以进行合作,而美俄合

---

① The Arms Control Association, "Timeline of Syrian Chemical Weapons Activities, 2012-2019," March 2019, https://www.armscontrol.org/factsheets/Timeline-of-Syrian-Chemical-Weapons-Activity; Aron Lund, "Redline Redux: How Putin Tore Obama's 2013 Syrian Deal," February 3, 2017, https://tcf.org/content/report/red-line-redux-putin-tore-obamas-2013-syria-deal/.

② 有的美国学者指出,"红线"问题成了奥巴马八年任期中一个重大的外交政策争议,仅次于2015年关于伊朗核问题的全面协议。前防长帕内塔在一次采访中说"对我们来说,实践诺言是重要的,统帅也应该说什么就做什么",他认为奥巴马的决定"不仅向阿萨德,不仅向叙利亚,而且向全世界发出了混乱的信息"。国家情报委员会后来的报告也称,"没有实践的叙利亚的红线"损害了美国在中东的影响力。Aron Lund, "Redline Redux: How Putin Tore Obama's 2013 Syrian Deal," February 3, 2017, https://tcf.org/content/report/red-line-redux-putin-tore-obamas-2013-syria-deal/.

③ Michael Gordon, "U.S. and Russia Reach Deal to Destroy Syrian Chemical Arms," September 14, 2013, https://www.nytimes.com/2013/09/15/world/middleeast/syria-talks.html.

作又扩大为整个国际社会的合作，最后使问题得到妥善解决。此事说明，美俄之间虽然分歧层出不穷，两国之间的共同利益没有消失殆尽，合作的基础仍然存在。

这对国际社会也是件大好事。叙利亚内战以来，联合国安理会成了美俄斗法的场所，而难以在叙问题上真正发挥作用。如今问题又回到联合国的轨道，回归通过多边合作解决国际争端的轨道，为维护国际公约和规则提供了一个范例。

三、俄军事卷入叙内战

早在 2013 年 5 月克里访俄时，美俄就同意举行一次由叙内战双方参加的国际会议，寻求尽快结束内战。在联合国安理会第 2118 号决议中首次以安理会名义认可 2012 年 6 月在日内瓦达成的叙政治过渡“路线图”，并呼吁尽快召集新的国际会议，以落实“路线图”；呼吁叙内战各方“认真地建设性地参加”，“致力于取得稳定与和解”。①国际社会也支持召开这样的国际会议。中国外长王毅谈到安理会第 2118 号决议时说，中东地区已经有了太多的战乱，叙利亚人民正在流离失所，这种状况不能再继续下去。中方呼吁叙利亚立即停火，为销毁化武创造必要条件，也为政治解决打开通道。中方期待尽早召开第二次日内瓦国际会议。②

联合国趁着“化武换和平”计划的实施着手推动第二次日内瓦国际会议。联合国—阿盟特别代表卜拉希米 10 月 28 日抵达叙首都大马士革展开斡旋，并于 30 日与阿萨德进行会谈。他在访叙之前还访问了埃及、伊拉克、科威特、阿曼、卡塔尔、土耳其、约旦和伊朗等国，与各国就第二次日内瓦会议进行沟通。但美俄双方在阿萨德去留问题上分歧依旧。11 月 3 日，克里在与埃及外长的记者会上谈到叙过渡政府时表示，阿萨德“由于失去了道义权威不可能是(过渡政府的)一部分……只要阿萨德还在那里，谁也不能回答如何结束战争这个问题”。③克里的讲话引起了叙方的尖锐反应，叙政府抨击这一表态可能导致和谈的破裂，因为它是“对叙人民决定自己未来的权利的侵犯”。④

在美、俄两国的支持下，在卜拉希米的推动下，第二次日内瓦会议得以举行，联合国、欧盟、阿盟、伊斯兰合作组织及 40 个国家的代表以及叙政府和反对派代表参加了会议。会议第一阶段于 2014 年 1 月 22 日至 31 日举行，第二阶段于 2

① UN Security Council, “Resolution 2118,” September 27, 2013, https://www.securitycouncilreport.org/atf/cf/%7B65BFCF9B-6D27-4E9C-8CD3-CF6E4FF96FF9%7D/s_res_2118.pdf.

② 《外交部长王毅阐述安理会第 2118 号决议的重要意义》，2013 年 9 月 28 日，http://www.gov.cn/jrzg/2013-09/28/content_2497105.htm.

③ John Kerry, “Remarks with Egyptian Foreign Minister Nabi Fahmy,” November 3, 2013, https://2009-2017.state.gov/secretary/remarks/2013/11/216220.htm.

④ “Geneva II Conference on Syria,” https://en.wikipedia.org/wiki/Geneva_II_Conference_on_Syria.

月 10 日至 15 日举行。克里在会上重申了美国的立场:阿萨德必须走人,他不能参加叙利亚过渡政府。叙反对派领导人要求政府立即向过渡当局交权;叙政府代表坚持,阿萨德的总统地位不属于谈判范围,外长穆里阿姆说:"除了叙利亚人民,谁也无权授予或撤销一位总统、一部宪法或一部法律的合法性。"①他还谴责有的国家支持恐怖主义,蓄意破坏叙稳定。第二阶段是叙双方面对面的谈判,由于双方主张针锋相对,谈判没有取得显著进展。5 月,备受挫折、心灰意冷的卜拉希米跟他的前任安南一样辞去联合国特使的职务。潘基文任命意大利资深外交官斯塔凡·德米斯图拉为第三任特使。

2014 年 6 月,叙利亚举行总统选举,阿萨德无悬念地胜出,开始了第三个总统任期。选举是在政府控制地区进行的,在反对派控制的北部和东部地区没有投票点。西方对这次选举进行了广泛批评,克里称这"是非法选举,是一个大大的零,是毫无意义的"。反对派谴责这次选举是"一场滑稽闹剧"。②

美国 2011 年从伊拉克撤军后,在伊留下了权力真空。由巴格达迪任头领的"基地组织"的一个分支开始恶性膨胀,于 2014 年 6 月建立了所谓"伊斯兰国",范围迅速扩大到伊拉克的北部和叙利亚的东北部和中部的大片地区。到 2014 年 10 月中旬,至少已有来自 80 个国家的 15 000 人在叙利亚为推翻阿萨德而战,其中不乏"伊斯兰国"分子。从 2014 年 8 月起"伊斯兰国"开始以中世纪的残暴手段杀害西方人质,第一个遇害的是美国独立记者詹姆士·佛利(James Foley),"伊斯兰国"还把处死人质的过程拍成视频,在网上大肆宣扬,并威胁说,如果美国进行空袭,就将杀害另一名人质。这一暴行在西方激起强烈反响。8 月 20 日,奥巴马发表讲话,强烈谴责"伊斯兰国"的暴行,称杀害詹姆士·佛利"使全世界震惊",并表示将与穆斯林一起,与中东人民一起,与世界人民一起"应对可恶的恐怖主义",清除这个"毒瘤"。③美国前驻伊拉克、叙利亚的大使瑞恩·克罗克(Ryan Crocker)的观点反映了当时许多美国人的看法,他说:"这个政权已经烂成这样了,但还有更坏的——政权落入反对派的极端分子手中。"④9 月,美国与数个逊尼派盟友一道,开始对叙进行空袭,打击极端组织。奥巴马在 9 月 6

① "Geneva II Conference on Syria," https://en.wikipedia.org/wiki/Geneva_II_Conference_on_Syria.

② John Kerry, "Press Availability in Beirut, Lebanon," June 4, 2014, https://2009-2017.state.gov/secretary/remarks/2014/06/227100.htm.

③ Barack Obama, "Remarks on the Death of James W. Foley in Syria From Edgartown, Massachusetts," August 20, 2014. Online by Gerhard Peters and John T. Woolley, *The American Presidency Project*, https://www.presidency.ucsb.edu/node/307291.

④ 宋胜男:《外媒:阿萨德三任叙总统,美学者称应予以干涉》,2014 年 6 月 6 日,http://opinion.haiwainet.cn/n/2014/0606/c345415-20710010.html。

日接受全国广播公司(NBC)采访时强调,美对叙的政策仍然是,聚焦于帮助叙打击"伊斯兰国","狭义地打击'伊斯兰国'",同时继续寻求政治解决叙冲突的机会。①但美国迫使阿萨德下台的目标没有变化。因此美国对叙利亚的空袭是非常选择性的:不能因为空袭削弱了美国支持的"温和反对派",他们是美国在叙的依靠力量、支持对象,打击了他们就是帮助了阿萨德,与美国的目标背道而驰。一年下来,美国三心二意的空袭没有阻止"伊斯兰国"势力在叙的猖獗和蔓延,不仅如此,恐怖组织的地盘反而更扩大了。国防部长卡特 2015 年 6 月 18 日在众议院军事委员会作证时称,叙利亚最好的出路就是阿萨德走人,或者叙人民把他除掉;然后反对派与叙政府停火,并在温和反对派的基础上建立新政府,由它来收复国土。②可惜,这只是奥巴马政府的如意算盘而已。

在反对派和恐怖主义双重夹攻之下,2015 年上半年,叙政府在战场上连遭挫折,形势危急。叙政府请求俄介入叙内战。8 月,俄开始派遣战舰、T-90 坦克及炮兵去拉塔基亚附近的空军基地。8 月 26 日,俄叙签订协定,允许俄在拉塔基亚建立赫迈米姆空军基地,从那里发起空袭。俄国防部 9 月 30 日称,俄航空航天部队当天出动约 20 架次飞机对叙境内"伊斯兰国"8 处地面目标实施空袭,包括"伊斯兰国"的武器和弹药库、燃料存储设施和军事装备聚集地,俄军方根据空中侦察,未对民用设施及附近目标实施打击。普京当天在会见政府官员时说,俄罗斯已经向外国伙伴通报了在叙拟开展的反恐军事行动,强调俄方是根据阿萨德总统的请求在遵守国际法基础上参与在叙的反恐行动的,打击叙及其邻国境内的恐怖分子的唯一正确途径是先发制人,在恐怖分子控制的地区歼灭他们,而不要等到他们的势力渗透到我们的家门口来。普京表示,俄方在叙军事行动仅限于对叙政府军在反恐方面提供空中支援,不会参加地面军事行动。③俄官方承认,除了打击恐怖主义者,俄将帮助叙政府收复各反政府派别占领的领土,包括美国所说的"温和反对派"占据的地方,稳定叙合法政府,并为政治妥协创造条件。④俄罗斯还派遣了约 4 000 人的地面部队去叙利亚,并在塔尔图斯部署了 S-300 防空导弹。

① NBC News, "President Obama's Full Interview with NBC's Chuck Todd," September 7, 2014, https://www. nbcnews. com/meet-the-press/president-barack-obamas-full-interview-nbcs-chuck-todd-n197616.

② *Armed Conflict in Syria: Overview and U.S. Response* (CRS Report for Congress), October 9, 2015, p.16.

③ Минобороны подтвердило, что российские ВВС бомбят Сирию, 15 сентября 2015, https://www.vedomosti.ru/politics/articles/2015/09/30/610888-putin-obosnoval-nachalo-voennoi-operatsii;岳连国、郑清斌:《俄开始对叙境内"伊斯兰国"目标实施空中打击》,2015 年 10 月 1 日,http://www.sohu.com/a/34088495_115848。

④ "Russian military intervention in the Syrian Civil War," https://en.wikipedia.org/wiki/Russian_military_intervention_in_the_Syrian_Civil_War.

根据俄叙双方的协定，俄得以控制赫迈米姆这一战略空军基地并在此部署空军力量，并在拉塔基亚部署 11 艘舰艇，包括核动力舰艇，协定有效期为 49 年，并可展期 25 年。①9 月，俄黑海舰队舰艇抵达地中海东部海岸。9 月底，俄与伊拉克、伊朗、叙利亚在巴格达设立了针对“伊斯兰国”的联合情报中心。拉夫罗夫表示，俄方曾邀请美方加入该情报中心，但遭到美“非建设性的回复”。12 月 11 日，在俄国防部的一次视频会议上，普京对驻叙军队下达命令说：“我命令你们尽可能果断行动。任何对俄军和俄军地面设施的威胁都必须立即予以摧毁。”俄罗斯的军事介入使叙利亚形势发生大转折：反对派由进攻转入防守，“伊斯兰国”和其他反对派占领的地盘逐渐缩小；阿萨德政权由防守转入进攻，并逐渐得以收复失地，如 2016 年 3 月收复被“伊斯兰国”控制的巴米拉，12 月收复重要城市阿勒颇。2017 年 1 月，俄军总参谋长格拉西莫夫称，俄空军实施了 19 160 次军事行动，“对恐怖主义的基础设施”发动了 71 000 次空袭。②

俄罗斯军事介入叙内战产生了多方面的效应。首先，俄罗斯保护了传统盟友，因此也就捍卫了俄的安全利益；其次，奥巴马政府在中东实行战略收缩，本来就增大了与美中东盟友的嫌隙，如今对叙内战又束手无策，虽然增加了对反对派的援助，但推翻阿萨德政权的目标因恐怖主义搅局等因素仍难以实现，如今俄强势介入使俄在叙问题上占据了主导地位，俄美在中东的博弈中俄重新占据了优势，而且迫使美继续与其进行合作；第三，美国对恐怖组织的空袭挑挑拣拣，唯恐伤及温和的反对派，效果不彰，没有遏制住“伊斯兰国”的扩张势头，而俄罗斯的空袭毫不手软，使“伊斯兰国”和“努斯拉阵线”遭到严重挫败，俄在国际反恐问题上占据了道义制高点。③俄利用介入叙内战的机会走出了乌克兰危机的阴影，取得了在重要地区问题上的发言权和主导权，改善了一度受挫的国际形象。俄罗斯以较小的军事代价，取得了很大的政治效果。

四、美俄斡旋临时停火受挫

2015 年 9 月 28 日，奥巴马在联大一般性辩论中表示，对恐怖主义决不妥

① Joseph Dash, “Three Years Later: the Evolution of the Russian's Military Intervention in Syria,” September 27, 2018, https://www.atlanticcouncil.org/blogs/syriasource/three-years-later-the-evolution-of-russia-s-military-intervention-in-syria/.

② Владимир Путин, Приказываю действовать предельно жестко, 11 декабря 2015, https://www.business-gazeta.ru/article/147692; “Russian military intervention in the Syrian Civil War,” https://en.wikipedia.org/wiki/Russian_military_intervention_in_the_Syrian_Civil_War.

③ Barack Obama, “Remarks to the United Nations General Assembly in New York City,” September 28, 2015. Online by Gerhard Peters and John T. Woolley, *The American Presidency Project*, https://www.presidency.ucsb.edu/node/310705.

协,"美国准备与各国合作,包括俄罗斯和伊朗,来解决冲突。但是必须承认,在发生了这么多的流血和杀戮之后,简单地回到战前状态是不可接受的"。①

12月18日,联合国安理会一致通过第2254号决议,决议要求叙内战各方立即停火,敦促联合国成员国支持实现停火的努力。在这一决议的推动下,奥巴马与普京于2016年2月14日进行电话沟通。奥巴马放低了调子,不再提"阿萨德走人"的要求,双方集中讨论了停火和人道主义救援两个问题,并达成某种程度的一致,同意加强两国防长之间的工作接触,以"成功地打击""伊斯兰国""及其他恐怖组织"。②

在安理会决议推动下,联合国主导下的第三次日内瓦谈判于1月29日启动,但双方在释放战俘等关键问题上分歧过大,会议至2月3日中断。

美俄就叙利亚内战停火问题保持接触。2016年2月21日,在约旦访问的克里三次与拉夫罗夫通电话,讨论停火协议的细节,并取得共识。22日,美俄双方宣布,双方已就叙临时停火的安排达成一致,美方将负责让反对派各武装力量同意停火,俄方将负责叙政府遵守协议,两国将作为此次停火的直接担保人和监督者负起责任;"停火将以不偏不袒、透明的方式予以监督,并允许媒体给予广泛报道";国际社会将扩大对叙紧急的人道主义救援,交战双方保证对人道主义物资的运输给予"迅速、安全和不加阻拦的"放行;各方还承诺尽早释放被拘押者,尤其是妇女和儿童,并开启叙政治转型的进程。③26日,安理会通过第2268号决议,认可了美俄达成的协议,要求叙冲突各方于当地时间27日午夜开始停火。多方观察人士证实,叙全国大部分地区零时后恢复平静,冲突双方均无严重违反停火协议的行为。如果这一协议得到有效执行,这将是国际社会5年来首次推动叙内战冲突各方实现有效停火。但恐怖组织不包括在停火协议之中,所以对"伊斯兰国"和"努斯拉阵线"的打击继续进行。

在安理会第2268号决议得到落实、叙利亚实行临时停火的情况下,3月14日,普京下令俄军的"主要部分"开始从叙利亚撤出。普京说:"我们军人的有效

---

① "努斯拉阵线"为"基地组织"的分支,2012年12月,美国国务院将其列为"外国恐怖组织"。2016年7月美国国务卿克里访俄,双方同意联手轰炸"努斯拉阵线"。

② "Putin, Obama Agree on Syrian Action Plan," February 14, 2016, https://www.albawaba.com/news/putin-obama-agree-syria-action-plan-805306; Путин и Обама обсудили по телефону ситуацию на Украине и в Сирии, 14 февраля 2016, https://www.interfax.ru/russia/494591.

③ "Joint Statement of the United States and the Russian Federation, as Co-Chairs of the ISSG, on Cessation of Hostilities in Syria," February 22, 2016, https://sy.usembassy.gov/joint-statement-united-states-russian-federation-co-chairs-issg-cessation-hostilities-syria-february-22-2016/ Сирию ставят на грань перемирия. Президенты России и США намерены положить конец главному геополитическому конфликту, Комерсант, 23.02.2016, https://www.kommersant.ru/doc/2922827.

工作已经为开启和平进程创造了条件。我相信，我们国防部和俄罗斯军事力量面临的任务在整体上已经完成。在俄军参与下……叙利亚军队和爱国的武装力量已经在反对国际恐怖主义方面实现了根本的转变，并几乎在各个方面都发起了攻势。”①这一命令引发了国际社会的极大关注和诸多猜测。普京的决定是可以理解的。叙利亚战场的形势已经发生根本转折，阿萨德政权由劣势转入优势，由丧失土地转为收复土地，在俄军介入前，叙政府已经丧失了70%的国土，俄军的介入帮助叙政府迅速收复了大片国土，武装分子占领的土地已经缩小到1万平方千米，而且这个势头还在继续，叙内战的拐点已经出现，阿萨德政府已经“转危为安”；而西方对俄“不加区分的空袭”造成平民伤亡的批评越来越多。②普京审时度势，见好就收，帮助俄罗斯塑造和平缔造者的形象。再说，即便俄军主力撤了，俄罗斯在拉塔基亚的海军基地和赫迈米姆空军基地还在，部分俄军还留在叙利亚，如有需要，俄军随时可以就近参战。撤军令下达的当日，普京与奥巴马通电话，双方“呼吁强化政治解决(冲突)的努力”，奥巴马欢迎普京减少在叙使用武力的决定，但仍然强调“要结束叙的暴力必须开启政治转型”。③普京下令撤军后，俄战机随即从高峰时期的69架减到25架。④有的美国学者指出，如果俄方认为阿萨德政权的生存再次遭到威胁，它会毫不犹豫地再次派兵。

① Путин приказал вывести войска из Серии, Ведомости, 14 марта 2016, https://www.vedomosti.ru/politics/articles/2016/03/14/633496-putin.

② Peter Hobson, “Calculating the Cost of Russia's War in Syria,” October 20, 2015, https://www.themoscowtimes.com/2015/10/20/calculating-the-cost-of-russias-war-in-syria-a50382. 有俄记者称，俄空天部队在叙利亚5个半月的行动使国家付出了330多亿卢布(约合4.64亿美元)，俄罗斯2014年的军火出口达155亿美元，只要军火出口增长1%，在叙军事行动一个月的花费就挣回来了。俄把一半以上的现有飞机派上了战场，在叙展示了从战斗机到空中防御系统的各项军事能力，俄空军装备的战斗性能吸引了全球的注意力，叙战场成了向海湾和中东出口武器的军备展，出兵叙利亚之后，俄武器出口果真大幅增长，与沙特签署的S-400防空导弹系统协定就是这场展览的直接结果。在未来几年中，俄罗斯在叙利亚经过战斗检验的武器的潜在出口总额有望达到60亿至70亿美元。伊万·萨福诺夫：《俄在叙军事行动，赚了》，《环球时报》2016年4月23日B叠；《参考资料》2018年2月9日第27页。Angnes Helou, “Russia and U.S. Engage in Military Base Race in Syria,” January 15, 2018, https://www.defensenews.com/global/mideast-africa/2018/01/15/russia-and-us-engage-in-military-base-race-in-syria/.

③ Путин проинформировал Обаму о выводе российских войск из Сирии, 15 марта 2016, INTERFAX, https://www.interfax.ru/russia/498455.

④ 普京对叙利亚的军事干涉在俄罗斯深得人心。民调显示，在2015年9月出兵前，只有22%的受访者赞成通过支持叙总统阿萨德来防止“伊斯兰国”，仅有14%受访者支持军事干预叙局势。空袭后，民意迅速转变。据10月的民调，72%的受访者支持对“伊斯兰国”进行空袭，47%的人同意继续支持阿萨德总统。Andrei Kolesnikov, “Do Russians Want War?” June 14, 2016, https://carnegie.ru/2016/06/14/do-russians-want-war-pub-63743.

在叙利亚实现临时停火的情况下，由联合国特使德米斯图拉主持的第四次日内瓦谈判于4月13日至14日在日内瓦举行，叙政府和反对派代表参加了谈判。德米斯图拉建议：阿萨德在一段时间里留任原职，增添三位副总统，分别负责安全、军事和重建。这原本是俄罗斯的主张，遭到反对派的拒绝。反对派坚持政治过渡不包括阿萨德。两天后，反对派代表离开会议，并称什么时候真正讨论叙利亚的政治过渡他们再回来。①德米斯图拉认为，本轮叙利亚和谈呈现出一些积极迹象，叙各方代表都参加了和谈，彼此进行了非常积极的对话。②有外媒评论说，俄罗斯一直掌握着叙走向战争还是和平的决定权，它是谈判的领舞者。反对派则对美国态度非常不满。叙一个反对派网站的专栏作家讥讽道："奥巴马这个全球第一大国的领导人，有时候说起话来像一个无能为力的看客，这一点实在令人吃惊。"③

但停火不断遭到局部违反，政府与反对派互相指责，叙的一些邻国也进行军事干预，把形势搞得错综复杂，到7月，停火已基本崩溃，暴力再次升级。美俄就叙形势保持了接触，7月中旬，克里带着一份在叙恢复停火、美俄合作打击恐怖主义的建议书访俄。美方认为，叙停火遭到破坏的两个主要原因是政府军不加区分的空袭，以及"努斯拉阵线"的进攻。"努斯拉阵线"本不是停火的一部分，它继续攻击政府军，反对派组织，包括美方支持的"温和反对派"也一起跟进；而政府军对"努斯拉阵线"的空袭也殃及反对派，如此导致暴力升级的循环。现在美方建议，美俄将在约旦首都安曼成立一个联合实施小组，作为指挥—控制中心，负责协调美俄两国军事力量对"努斯拉阵线"的协同打击；叙政府空军将不再出动进行空袭。由于"伊斯兰国"颓势已现，"努斯拉阵线"是美国建议的重点打击对象。奥巴马政府内部对这个计划有强烈的不同意见，但克里还是带着这一建议访俄，15日与拉夫罗夫举行了一整天的会谈，会谈后克里对记者说，美俄双方已经同意恢复在叙失败的停火的"具体步骤"，并称，如果"这些步骤得到切实履行，就能解决破坏停火的问题"。④当晚，克里又会晤了普京，双方对美俄在叙利

① Ian Black, "Syrian Opposition Postpones Participation in Peace Talks," April 18, 2016, https://www.theguardian.com/world/2016/apr/18/syrian-opposition-pauses-participation-geneva-peace-talks.

② 刘素云：《中国政府叙利亚问题特使：叙利亚和谈取得积极进展》，2016年7月14日，http://news.cri.cn/uc-eco/20170714/49ce8eee-27b9-9b65-f544-d35c45064868.html。

③ 《参考资料》2016年5月20日，第16、18页。

④ Josh Regin, "Obama's Syria Plan Teams up American and Russian Forces," July 13, 2016, https://smallwarsjournal.com/blog/obama%E2%80%99s-syria-plan-teams-up-american-and-russian-forces; Patrick Reevell, "Kerry Strikes Possible Deal with Russia on Syria During Moscow Visit," July 17, 2016, https://abcnews.go.com/International/kerry-strikes-deal-russia-syria-moscow-visit/story?id=40627829.

亚问题上的合作可能达成“实实在在的、显著的、可实施的进展”表示乐观。①此后双方的专业团队就两国合作打击在叙的恐怖组织问题进行了详细讨论。

8月26日，克里与拉夫罗夫在日内瓦举行会晤，双方就对叙恐怖组织进行联合空袭的问题进行了9个多小时的会谈，但没有取得突破。会谈后的记者招待会没有披露讨论的具体内容，克里只是表示，我们搞清楚了往前怎么走，我们完成了许多重要的技术细节的讨论。双方的主要分歧仍然是：叙利亚政府的空袭和“努斯拉阵线”的进攻。②

9月10日，美俄国务卿/外长在日内瓦宣布，双方达成叙利亚停火协议，将合力打击叙境内的恐怖组织。协议的要点是：

——在停火开始（9月12日）后一周内“切实减少暴力”，政府军及反对派都要允许人道主义救援“安全、无限制、无障碍、可持续地”进入阿勒颇和其他被围困的地区；③

——从9月12日开始，美俄开始为成立联合实施中心进行准备工作，包括分享情报，以便将“努斯拉阵线”控制区与反对派控制地区区别开来。美俄将联手打击“伊斯兰国”和“努斯拉阵线”；

——俄方负责不让叙政府空军在“努斯拉阵线”和其他反对派控制地区飞行，结束叙政府空军的“无区别的空袭”，使叙政府不能对“合法的反对派进行戴着假面的进攻”（克里语）；

——美方将说服美支持的反对派与“努斯拉阵线”及其他恐怖组织进行区隔。

克里在讲话中还说，打击“努斯拉阵线”不是对任何人的让步，这是“深深地符合美国打击基地组织及与之相关者的利益的”，它是叙“合法的反对派的敌人”，正在策划超越叙边界的进攻，包括对美国的进攻。美国必须对其进行精准打击。④

① Gardiner Harris and Anne Barnard, “John Kerry Meets with Vladimir Putin to Discuss New Syria Plan,” July 14, 2016, https://www.nytimes.com/2016/07/15/world/middleeast/john-kerry-vladimir-putin-syria-plan.html.

② John Kerry, “Remarks with Russian Foreign Minister Sergei Lavrov at Press Availability,” August 26, 2016, https://2009-2017.state.gov/secretary/remarks/2016/08/261303.htm; Karen De Young, “U.S. Russia Say They Are Close to Cooperation Deal in Syrian War,” August 26, 2016, https://www.washingtonpost.com/.

③ 阿勒颇位于叙北部，是叙最大的城市，一度为“努斯拉阵线”所占领，2015年俄军介入后，叙政府军在俄军帮助下开始反击，2016年年底政府军收复该城，但“努斯拉阵线”仍然占据着该城西北部地区。

④ John Kerry, “Remarks with Russian Foreign Minister Sergei Lavrov and UN Special Envoy Staffan de Mistura at Press Availability,” September 9, 2016, https://2009-2017.state.gov/secretary/remarks/2016/09/261722.htm; David Sanger and Anne Barnard, “Russia and the United States Reach New Agreement on Syria Conflict,” September 9, 2016, https://www.nytimes.com/2016/09/10/world/middleeast/syria-john-kerry-ceasefire-deal-russia.html.

奥巴马是这一计划的主要推动者。但五角大楼及国务院相当多的官员高度怀疑,俄方与叙政府是否会真心实意实施这个计划;俄方通过联合空袭可能获取美军的机密情报;打击恐怖主义和限制反对派会在叙制造政治真空,使俄方与叙政府加以利用。实行计划的结果将巩固阿萨德政权而不是推翻他。

美俄之间达成这个协议颇为艰难,破坏协议却极为容易。停火没几天,9月16日,在大马士革郊区和各地爆发了几个星期来最激烈的战斗。17日,美中央司令部的声明称,美军发动了空袭,原本打算轰炸恐怖组织,结果却误炸了叙政府军。美方通过俄方就"并非蓄意造成的叙政府军的损失"向叙政府表示歉意,并在俄方指出其错误后停止了空袭。俄国防部称,美国的进攻打死了62名政府军士兵,炸伤了上百人,为"伊斯兰国"的进攻开辟了道路。俄方称将吁请联合国安理会举行紧急会议讨论叙形势。叙政府称,这不是美方的误炸,这是对叙"非常严重的毫不掩饰的侵略",是对"伊斯兰国"的帮助。①除了此次空袭,俄方还指责美方支持的反对派武装破坏停火199次,要求美方负起责任、挽救停火。②

9月17日,以美国为首的盟军,包括丹麦、英国及澳大利亚军机轰炸了叙北部"伊斯兰国"控制的代尔祖尔地区附近的叙政府军,打死了至少15名政府军士兵。进行调查的美空军准将理查德·科(Richard Coe)说,这是美军经常进行空袭的地区,这些叙政府军士兵没有穿军服,又没有别的识别标志,被误认为是恐怖分子。但俄罗斯认为,这是美军故意所为。③18日,对阿勒颇的空袭恢复了。19日,叙政府宣布,由于以美国为首的盟军对政府军的攻击,停火终止。

美俄就履行停火协议继续进行谈判和争辩,双方各执一词,无法弥合分歧。10月3日,美国国务院发表声明,指责俄方没有履行停火协议,没有约束叙政府军的行动,继续进行军事进攻,伤及平民和民用设施,为此,美方中止与俄方关于履行停火协议的谈判。美方随即从日内瓦撤回了谈判人员。俄外交部的声明谴责美方没有履行协议条件,没有将恐怖组织与温和的反对派进行区隔,"尽其所

---

① Anna Barnard and Mark Mazzetti, "U.S. Admits Airstrikes in Syria, Meant to Hit ISIS, Killed Syrian Troops," September 17, 2016, https://www.nytimes.com/2016/09/18/world/middleeast/us-airstrike-syrian-troops-isis-russia.html.

② "U.S.-Russia Peace Proposal on Syria," September 19, 2016, https://www.nytimes.com/2016/09/18/world/middleeast/us-airstrike-syrian-troops-isis-russia.html.

③ Spencer Ackman, "U.S. Military Admits It Mistakenly Targeted and Killed Loyalist Syrian Forces," November 29, 2016, https://www.theguardian.com/world/2016/nov/29/us-military-airstrikes-mistake-syria-assad-deir-ez-zor.另一说法是,打死了90名至106名政府军士兵,炸伤了110多人,见"U.S.-Russia Peace Proposal on Syria", September 19, 2016, https://www.nytimes.com/2016/09/18/world/middleeast/us-airstrike-syrian-troops-isis-russia.html。

能地破坏双方合作的气氛”。①

叙利亚内战是一场典型的美、俄代理人战争。美国和大多数西方国家支持叙利亚反政府武装，俄罗斯支持阿萨德政权，双方都提供了武器弹药和军事装备的援助，甚至直接参战。内战中的几次停火也主要是由美、俄策划的，停火条件是在美俄之间谈判达成的。两国在叙内战问题上的利益基本是冲突的。对美方来说，支持叙反对派所要求的政治过渡符合美国的价值观和利益，奥巴马政府指望以与伊拉克不同的方式在叙实现政权更迭；这将剥夺俄在中东的最后一个据点，削弱俄在中东事务中的影响力。对于俄罗斯来说，继续维护阿萨德政权、维护俄叙关系能使俄保留在中东、在地中海地区的一个重要根据地，并进而恢复和拓展俄的影响力。

但在叙利亚问题上，美、俄也并非没有共同利益。这主要表现在两个方面：第一，反对恐怖主义，尤其是在“伊斯兰国”的猖獗再次对世界和平及地区稳定造成威胁的形势下；第二，政府军和反对派的力量没有一方占据压倒优势，战争迁延不决，造成二战以来最大的人道主义灾难，包括冲击欧洲的难民潮，国际社会对美、俄双方都施加了很大压力。奥巴马不想重蹈阿富汗战争和伊拉克战争的覆辙，对于军事介入小心谨慎；俄方也担负不起长期军事卷入的沉重代价，因此存在着谈判解决的某种可能性。但由于美俄之间、叙内战双方之间的根本对立，一次一次的停火都没有成功，内战仍在继续。普京对俄罗斯的战略意图毫不隐讳：“我们不想让叙利亚以伊拉克和利比亚那样的结局告终。看看埃及，人民会称颂塞西总统在危急形势下接管责任和权力，目的就是维护国家的稳定。”②

在叙利亚的竞争中，俄罗斯比美国显著占据上风。其中突出的是“化武换和平”与俄罗斯 2015 年 9 月的军事介入。正如上述，“化武换和平”对于俄罗斯来说是“全赢”和“完胜”，而对奥巴马来说这仍然是他外交政策中的重大争议；俄罗斯在中东最后一个盟友岌岌可危之际，以“反恐”名义当机立断出兵叙利亚，帮助阿萨德政权站稳了脚跟，并实现了叙内战形势的根本转折，显著提升了俄在中东地区的地位和影响力，改变了美俄在该地区的力量对比和攻守态势。③而且俄罗斯对恐怖主义的打击确实比美国的打击更加有效，不仅自身免受恐怖主义之害，而且对国际安全作出了贡献。最重要的是，通过介入叙内战，俄罗斯一定程度上

---

① Karen De Young, “U.S. Abandons Efforts to Work with Russia on Syria,” October 3, 2016, https://www.nytimes.com/2016/10/04/world/middleeast/us-suspends-talks-with-russia-on-syria.html; BBC News, “Syrian Conflict: U.S. Suspends Talks with Russia,” October 4, 2016, https://www.bbc.com/news/world-middle-east-37546354.

② Michael Birnbaum, “Putin Hints that Russia Could Grant Asylum to Assad,” January 12, 2016, https://www.theguardian.com/world/2016/jan/12/putin-russia-assad-asylum-snowden.

③ 程可凡：《透视美俄在中东的争夺》，《现代国际关系》2018 年第 4 期。

打破了美国和北约的战略围堵，也对美国的中东战略产生深远影响。自苏联解体以来，俄罗斯首次在中东地区成为重要参与方，介入叙利亚成了俄重返国际舞台、充当国际主要玩家的信号。①奥巴马不想在叙利亚重复美国在阿富汗和伊拉克的错误，不想在这里介入过多，但无论是在经济还是军事实力方面，俄美均存在着不小的差别，俄罗斯的影响仍然局限于局部和个别议题。俄对此有清醒的认识，适时撤回了军队，使俄继续处于进可攻、退可守的主动地位。

① 共和党参议员汤姆·考腾(Tom Coton)批评"奥巴马政府把俄罗斯当成关于叙利亚未来谈判中的一个合法的伙伴是不明智的决定"，并警告说："眼下美国正在叙利亚的代理人战争以及对地区影响力的更广泛的竞争中输给俄罗斯"，"如果美国不断然改变政策反击俄罗斯的侵略，它还会继续输下去"。Robert Legvold, *Return to Cold War*, p.162.

余　论

克林顿、乔治·沃克·布什和奥巴马三位美国总统任内美俄关系的三个循环是冷战后国际关系中的特例，表明了在苏联解体之后这两个曾经的超级大国、曾经的对手要建立新的关系是何等困难，双方利益的结构性矛盾是何等深刻。美俄关系还会再次“重启”，还会有第四个循环吗？不会再有了。

特朗普时期的美俄关系一直与美国的两党斗争死死纠缠在一起，或者说，对俄政策成为民主党人攻击、打压特朗普政府的一个主要抓手，这是以往的美俄关系中不曾有过的，也是美国政治历史中罕见的。2016 年美国大选期间，共和党候选人特朗普曾多次表达了对俄罗斯及普京本人的赞赏，认为俄罗斯是个伟大的国家，普京是一位“强悍的领袖”，可以与之共事；并表示在乌克兰和叙利亚问题上可以对俄作出让步，他对推广民主不感兴趣；并称美国应对两国关系重启的失败承担部分责任。①在 2016 年 7 月 31 日播出的美国广播公司“本周访谈”节目中，特朗普暗示，一旦当选总统，他将考虑解除对俄制裁，并接受克里米亚并入俄罗斯的现实。②他的这些说法在美国实在是太离经叛道了，在西方国家领导人中也是闻所未闻的。同时，在大选期间和大选之后，民主党人不断揭露，《华盛顿

① 韦宗友：《特朗普时期的大国关系：美俄、美印与中国》，2018 年 2 月 22 日，http://ex.cssn.cn/zzx/gjzzx_zzx/201802/t20180223_3855370.shtml; Thomas Wright, "Trump's 19 Century's Foreign Policy," *Politico*, January 20, 2016, http://www.politico.com/magazine/story/2016/01/donald-trumpforeign-policy-213546?o=0. "Donald Trump's Statements on Putin, Russia, Fake News Media," June 18, 2013, https://www.lawfareblog.com/donald-trumps-statements-putinrussiafake-news-media。

② "This Week" Transcript: Donald Trump, Vice President Joe Biden, and Ret. Gen. John Allen. ABC News, 31 July 2016, https://abcnews.go.com/Politics/week-transcript-donald-trump-vice-president-joe-biden/story?id=41020870.

邮报》《纽约时报》、有线电视新闻网(CNN)等主流媒体不遗余力地爆料，特朗普的班底中多人或者与俄罗斯关系密切，或者在俄有商业利益；包括他的女婿兼高级助理库什纳(Jared Kushner)、长子小唐纳德·特朗普(Donald Trump, Jr.)、后来担任司法部部长的塞申斯(Jeff Sessions)、后来短时间内任总统国家安全事务助理的弗林(Michael Flynn)等都曾多次秘密会见俄驻美大使谢尔盖·基斯利亚克等俄方人士；而俄方则把对民主党候选人希拉里·克林顿不利的材料提供给特朗普团队，作为攻击希拉里·克林顿的炮弹。①民主党甚至断言，“俄罗斯黑客”的卷入帮助了特朗普在大选中胜出。12 月 29 日，奥巴马政府发表声明称，因为俄罗斯政府对美国官员的攻击性骚扰和干预美国大选的黑客行动，美国将对两个俄罗斯情报机构、三家为俄政府网络行为提供支持的公司和四名俄网络官员进行制裁。美国国务院还将俄大使馆以及俄驻旧金山总领馆的 35 名外交人员驱逐出境。②俄罗斯没有立即作出对等回应，在美国行政当局新旧交替之时，俄方不想进一步恶化对美关系气氛，而是等待即将上任的新政府带来新机遇。

2016 年 12 月，特朗普执政团队的人选逐渐敲定，埃克森—美孚公司董事长雷克斯·蒂勒森(Rex Tillerson)获得国务卿的提名，而据传蒂勒森与普京有深厚渊源，2013 年普京曾授予他“俄罗斯人民友谊勋章”，蒂勒森也曾公开表态反对制裁俄罗斯。2017 年 1 月 15 日，当选副总统彭斯(Mike Pence)对福克斯新闻表示，改善美俄关系以及与俄合作打击恐怖主义是即将就任的政府的优先事项。现在美俄关系紧张是美国历届政府的外交失败，特朗普政府决心探索改善关系的可能性。③2017 年 2 月 4 日，刚刚上任的特朗普接受福克斯新闻频道采访时，当主持人指称普京用特殊手段排除异己，是“杀人犯”时，特朗普反问：“我们也有许多杀人犯，你认为我们的国家就清白吗？想想我们做过的事情，我们也犯过许多错误。”④这些为普京所作的辩护在美国引起广泛争议。

特朗普当政后，国会中的民主党人不失时机地发起了对特朗普“通俄门”的广泛调查，截至 2017 年 8 月，第 115 届国会就已经举行了 20 多场听证会，许多特朗普政府的官员都出席作证，成为困扰新政府人事任命的一大因素。2017 年 7 月，在德国举行的二十国集团峰会期间，特朗普先与普京举行了预定的 135 分

① Demetri Sevastopulo, “Trump had unclosed second meeting with Putin,” July 19, 2017, *Financial Times*, https://www.ft.com/content/bd6b2856-6c12-11e7-b9c7-15af748b60d0。

② 《美宣布驱逐 35 名俄罗斯外交官》，2016 年 12 月 30 日，http://world.people.com.cn/n1/2016/1230/c1002-28990247.html。

③ 《外媒：克里姆林宫谋划与特朗普首次会晤》，2017 年 1 月 16 日，http://www.cankaoxiaoxi.com/world/20170116/1613277.shtml。

④ Bill O'Reilly's exclusive interview with President Trump, ABC News, February 7, 2017, https://www.foxnews.com/transcript/bill-oreillys-exclusive-interview-with-president-trump.

钟的会晤。在峰会举行闭幕晚宴时，他又撇开国务卿，与普京单独会晤了一个小时，除了普京的翻译，没有别人在场，也没有任何记录，这更引起美国媒体和民主党人的强烈质疑和不满。①7 月 27 日，国会通过了进一步加强对俄制裁法案；特朗普虽则对法案不满，仍于 8 月 2 日签署《以制裁回击美国敌人法案》，追加对俄制裁。在此立法期间，俄罗斯宣布驱逐 755 名美驻俄外交和工作人员，以达到美俄两国在对方国家外交人员相等(减至 455 人)，并冻结两处美国在俄外交资产。10 月 27 日，特朗普政府在国会的压力下又宣布制裁 39 家俄军火企业，禁止与它们进行贸易往来。美俄关系非但未能“重启”，反而更加恶化了。特朗普即使曾经有过改善对俄关系的想法，也完全无法付诸实施。“通俄门”事出有因，查无实据。但党争把他的手脚捆了个结结实实。美新政府执政半年多后，普京对美已经不再抱有任何期望了。

2018 年 3 月初，又发生了俄罗斯双面间谍谢尔盖·斯克里帕尔和其女儿在伦敦中毒的事件，西方断言俄罗斯使用了“非法神经毒气”，指责俄违反了《禁止化学武器公约》的规定，美于 4 月发起对俄新制裁，又有 7 名俄企业家及其掌控的 12 家俄企业、17 名政府高官出现在美国制裁清单当中，包括俄天然气股份公司总裁亚历山大·米勒。受制裁的个人和实体被禁止与美国公民进行交易，他们在美境内的资产也遭冻结。截至 4 月 6 日，美国自 2011 年以来对俄实施的制裁已经超过 50 次。俄总统发言人佩斯科夫抨击说：“如今华盛顿什么事都干得出来。美国简直就是不可预测的国际事务参与者。”②俄学者认为美国不断施加制裁的目的是“有针对性地、系统性地压缩俄罗斯的发展空间”。③此外，美方还带头发起了对俄的外交“围剿”，驱逐了 60 名俄罗斯外交官，并关闭了俄驻西雅图总领馆。其他 20 多个北约盟国也打着“维护价值观和国际法”的旗号跟进驱逐了 150 名俄外交官。俄罗斯认为这是“由华盛顿和伦敦指挥的反俄大合唱”，是美国对其他北约国家的“异乎寻常的敲诈”，并作出强硬回应，3 月 29 日，拉夫罗夫宣布驱逐 60 名美国外交官、23 名英国外交官，以及相当数量的其他欧洲国家外交官，并关闭了美、英驻圣彼得堡总领馆。④美俄关系降到了新的低点。

① Demetri Sevastopulo, “Trump had undisclosed second meeting with Putin,” July 19, 2017, *Financial Times*, https://www.ft.com/content/bd6b2856-6c12-11e7-b9c7-15af748b60d0.

② Henry Foy and Katherin Hille, “Russia hits back at ‘unpredictable’ US after sanction,” August 10, 2008, https://www.ft.com/content/0bfcff0c-9bb6-11e8-9702-5946bae86e6d.

③ «Главный принцип администрации Трампа — надо оказывать давление на Россию и российскую экономику» Федор Лукьянов в эфире “ЪFM” — о новых американских санкциях “Коммерсантъ FM”, 06.04.2018, https://www.kommersant.ru/doc/3597762.

④ Amy Held, “Russia Retaliates, Expel 60 American Diplomats After U.S. Action,” March 29, 2018, https://www.npr.org/sections/thetwo-way/2018/03/29/597995498/russia-retaliates-expels-60-american-diplomats-after-u-s-action.

美国从其霸权主义立场出发，惯于在国际关系中实行“长臂管辖”，不顾国际法和公认的国际关系准则，以本国的利益和法律为根据，动不动就对别的国家实施制裁，俄罗斯是受美制裁最多的国家之一。特朗普政府任内，美俄围绕着制裁问题的斗争更加激烈。2017 年 8 月《以制裁回击美国敌人法》生效后，美又于 2018 年 2 月根据此法公布了“克里姆林宫名单”，将俄罗斯几乎整个政治领导层和知名企业家都纳入了潜在制裁范围。2019 年 3 月特朗普签署行政命令，将因乌克兰问题对俄实施的制裁延长一年。①俄对美制裁予以强烈谴责和坚决斗争。2018 年 6 月 4 日，普京签署《关于反制美国及其他国家不友好行为的措施的法律》，这项反制裁法适用于美国及其他对俄罗斯、俄罗斯自然人和法人采取不友好举措的国家，反制措施的形式包括终止或暂停与不友好国家或机构的国际合作，禁止或限制与不友好国家或机构进行产品和原料进出口贸易，禁止或限制受这些国家管辖或控制的机构参与俄政府采购项目和国有资产私有化项目等。②

乌克兰仍然是美俄关系中的一个焦点，顿巴斯地区的战事没有停息。针对美国向乌提供致命性武器，俄副外长里亚布科夫 2017 年 12 月发表声明指出：“美国已越过红线”，将“推向新的流血”，华盛顿是点燃战火的“帮凶”。③

2018 年 7 月 16 日，特朗普在赫尔辛基会晤普京，双方就两国关系及重大国际问题进行了会谈。在会谈后的记者招待会上，记者又没完没了地追问“俄罗斯干预美国大选”的问题，特朗普支支吾吾，既不敢否定，也没有肯定，只是吹嘘自己比民主党干得好，赢了多少选举人团票。④特朗普的回答令许多美国人感到震惊，引发了新一轮批评浪潮。共和党参议员麦凯恩称特朗普的言论是他“记忆当中美国总统最不光彩的表现之一”；前中情局局长布伦南(John Brennan)甚至称特朗普在记者会上的表现是“完全的叛国行为”。特朗普的顾问事后告诉记者，这是特朗普的即兴发挥，离开了事前为他准备的脚本。⑤普京则在接受福克斯新

① 《白宫：特朗普签署命令　将对俄实施的制裁再延长一年》，2019 年 3 月 5 日，中国新闻网，http://finance.sina.com.cn/world/gjcj/2019-03-05/doc-ihrfqzkc1220632.shtml。

② 《普京签署针对美国等国的反制裁法》，2016 年 6 月 4 日，新华网，http://www.xinhuanet.com/2018-06/04/c_1122936013.htm。

③ Комментарий заместителя Министра иностранных дел России С. А. Рябкова относительно поставок американского оружия на Украину, 23-12-2017. https://www.mid.ru/ru/foreign_policy/news/-/asset_publisher/cKNonkJE02Bw/content/id/3001369.

④ Donald J. Trump, "The President's News Conference with President Vladimir Vladimirovich Putin of Russia in Helsinki, Finland," July 16, 2018, Online by Gerhard Peters and John T. Woolley, *The American Presidency Project*. https://www.presidency.ucsb.edu/node/332639.

⑤ Michael McFaul, "The U.S. Needs a Russia Strategy More Than Ever," July 17, 2018, https://www.foreignaffairs.com/articles/russian-federation/2018-07-18/us-needs-russia-strategy-now-more-ever.

闻频道采访时表示，“认为从俄罗斯境内可以影响美国选举并左右数百万美国人的选择，这简直荒谬可笑”，他强烈敦促，“不要让俄美关系为美国政治斗争所绑架了”。①

民主党人对特朗普不依不饶，不知检点的特朗普却还在不断给他们输送炮弹。2019 年 8 月，一名情报界人士匿名检举了特朗普在 7 月与乌克兰总统泽连斯基的通话，特朗普要求对方调查前副总统、民主党总统候选人拜登及其儿子，并将此与美对乌的援助挂起钩来。9 月 24 日，众议院议长佩洛西正式宣布启动对特朗普的弹劾调查。12 月 18 日，众议院投票通过弹劾案，但遭到参议院的否决，特朗普固然又挺过一劫，但身陷弹劾案的总统在对俄关系方面已经完全无能为力了。

既然与美国改善关系无望，普京就转向了欧洲。在 2021 年 1 月 27 日通过视频在达沃斯论坛上发表的讲话中，普京强调俄欧之间的“共同文化”，强调俄罗斯是欧洲的一部分，无论从地理上说，还是最重要的从文化意义上说。实质上，这是同一种文明。他呼吁俄欧之间将经济和科技确立为可以发展互利合作的方向。②但欧洲国家似乎没有立即回应普京的呼吁。

2021 年 1 月 20 日，民主党人拜登就任美国总统。新政府面临的对俄关系中有一个紧迫的问题：是否延长 2021 年 2 月到期的《新削减战略武器条约》。特朗普一般地反对国际条约、国际组织，提倡“美国优先”，把多边的机制普遍视为对美国的约束。他对这个条约的态度也是很明确的：早在 2017 年他第一次给普京打电话时就说，条约明显地有利于俄罗斯，是“奥巴马政府谈判达成的几项最糟糕的协议之一”。③同时，他也以中国不参与该条约为由拒绝续约。拜登决定延长该条约。1 月 26 日，拜登与普京通电话时双方达成共识，延长条约五年，不预设条件，不附加内容。拜登还说，在延长原有条约之后，非常重要的是以此为基础达成新的限制战略武器的协议。④

与此同时，美俄之间存在着一系列“巨大的分歧”，包括“干预”美大选、“太阳风”(Solar Winds)黑客攻击、俄持不同政见者纳瓦利内案、北溪Ⅱ号管道问题、

① Владимир Путин, Интервью американскому телеканалу Fox News, 17 июля 2018 года. http://kremlin.ru/events/president/news/58019.

② Александр Рыбин, Андрей Самохин, Путин послал позитивный сигнал в Европу, 28 января 2021. https://vz.ru/politics/2021/1/28/1050831.html.

③ Jonathan Landay and David Rohde, "Exclusive: In call with Putin, Trump denounced Obama-era nuclear arms treaty," February 10, 2017, https://www.reuters.com/article/us-usa-trump-putin-idUSKBN15O2A5.

④ Joseph R. Biden, "Press Release-Readout of President Joseph R. Biden, Jr. Call with President Vladimir Putin of Russia," January 26, 2021. Online by Gerhard Peters and John T. Woolley, *The American Presidency Project*, https://www.presidency.ucsb.edu/node/347897.

乌克兰东部地区的战事等。

虽然“通俄门”查无实据，民主党人依旧耿耿于怀。2020 年 7 月拜登就警告说，如果俄罗斯干预 2020 年大选，那么他就任总统后将让俄罗斯付出代价。①

2020 年 12 月 13 日，美国宣布有黑客利用“太阳风”软件的弱点，侵入了美国多个关键政府部门和商业机构的电脑，导致约 1.7 万名关键客户的信息被曝光。事后，美国国家安全局将此次黑客攻击归咎为“俄罗斯政府支持的恶意网络行为”。民主党参议员迪克·德宾(Dick Durbin)称，“这实际上是俄罗斯对美国的宣战，我们应该认真对待”；共和党参议员卢比奥(Mark Rubio)扬言：“美国必须报复，而不仅仅是制裁。”②17 日，拜登发表声明称，解决网络安全问题是“本届政府的重中之重”，他领导的政府将与盟友一起使此次攻击的肇事者付出“实质性的代价”。③

人权问题是冷战后美俄关系中的一个挥之不去的问题，在美国需要俄方协助的时候，美方会适当地降低在此问题上的调门；在两国关系恶化时期，美方就会祭起这个武器，炒热这一问题，并把盟国带动起来，对俄集体施压。2021 年春就属于后者。2020 年 9 月，德国媒体首先披露了俄反对派人士纳瓦利内在从西伯利亚去莫斯科途中中毒的事件，并要求俄方作出解释。2021 年 1 月，纳瓦利内在从德国返回俄罗斯时遭到逮捕，2 月，被判处 3 年半监禁。据称，纳瓦利内在狱中进行绝食，“生命垂危”，西方表示高度关注。3 月初，拜登政府对俄发起新制裁，包括 7 位与纳瓦利内事件相关的俄方人士和 14 个实体，罪名是“生产生化武器”。俄罗斯召回了驻美大使安东诺夫。4 月 15 日，拜登签署新的行政命令，对 32 名俄个人和实体及 6 家技术公司实施制裁，并宣布驱逐 10 名俄外交官。下旬，美方召回了驻俄大使沙利文(John Sullivan)。在美俄两国首都都没有对方国家大使，这在后冷战时期是第一次；俄方则要求同样数量的美国外交官离开俄罗斯。两国在对方国家的外交人员数量降到了历史最低水平，仅 455 人。而这一次，捷克、斯洛伐克、保加利亚、波罗的海国家等一些北约伙伴紧随美国，对俄进行了又一次外交“围剿”。

北溪Ⅱ号天然气管道是从俄罗斯通过波罗的海海底向德国及欧洲输送天然

---

① Ned Price, “Department Press Briefing,” April 20, 2021, https://www.state.gov/briefings/department-press-briefing-april-20-2021/.

② Scott Ritter, “If Biden Seeks to Put a Shorter Leash on Russia, He May Find Putin's Bite is Far Worse than His Dark,” December 24, 2020, https://www.rt.com/op-ed/510637-solarwinds-hack-biden-russia-putin/.

③ Joseph R. Biden, “Statement by President-elect Joe Biden on Cybersecurity,” December 17, 2020. Online by Gerhard Peters and John T. Woolley, *The American Presidency Project*, https://www.presidency.ucsb.edu/node/347429.

气的管道项目，由俄罗斯天然气工业股份公司牵头，多家欧洲公司共同参与建设。美国对这个项目一直不满，美已经成为石油和天然气的净出口国，欧洲进口俄天然气，显然是抢了美国的生意；美国还担心欧洲会因此跟俄越走越近。特朗普就曾批评德国总理默克尔一年把几十亿美元送给俄罗斯，要求把项目停下来。2019 年 12 月，特朗普政府对德、俄相关公司和个人施加了制裁。①但欧洲国家出于自身经济利益，没有听从美国。作为对德国不满的表示，2020 年 6 月，特朗普在德国事先一无所知的情况下从德国撤走了近万名驻军，引起盟国惊愕。管道施工被迫暂停一个月，后复工，继续尚剩的 10%工程。12 月 22 日，特朗普签署法案，对铺设管道的公司实施制裁。拉夫罗夫强硬回应，管道照建不误。而这种制裁损伤的也远不止美俄关系，还将同时伤及美德关系。拜登政府为此决定豁免对管道运营商 Nord Stream II AG 及其首席执行官马蒂亚斯·沃尼格(Matthias Warnig)的制裁。该公司是一家瑞士注册的公司，母公司是俄罗斯天然气工业股份公司。美国司法部 2021 年 3 月已批准至少两项针对该公司的制裁方案，但拜登政府 4 月又撤回了相关批准。这一决定受到德国的欢迎，默克尔立即表示，德国要增加军费，为北约作出更大贡献。

乌克兰东部地区政府军与地方武装的战事更给美俄关系增添了紧张。美国务院发言人普莱斯在 2021 年 4 月 20 日的声明中说，俄罗斯在克里米亚和俄乌边境结集了大量军队，规模之大是 2014 年以来所未有的。②北约一些成员国对俄关系出现新紧张。

2021 年 4 月 21 日，普京在年度《国情咨文》中说，俄罗斯希望同所有国际交往的参与者保持良好关系，但不要把俄的善意当作软弱可欺，他国在对俄关系方面不要越过俄罗斯的“红线”，否则将“追悔莫及”。③

6 月 4 日，普京出席圣彼得堡国际经济论坛并发表演讲，谈到俄美关系时他说：“我们与美国没有矛盾，而美国对我们只有一个意见，它想要遏制我们的发展，这是他们公开说的。美国既要在经济领域限制我们，还企图依靠他们所认为的俄罗斯境内的自己人来影响我们国家的国内政治，这一切都源自于此。”他还说“美国遇到了典型的帝国问题，美国正不折不扣地重新走在苏联的老路上”，对于即将与拜登的会晤，他表示“不指望取得任何突破性的成果”，“我们需要找到

---

① 《特朗普称德国是俄罗斯的俘虏，每年送给俄罗斯数十亿，却让美国保护欧洲》，2018 年 7 月 12 日，https://www.sohu.com/a/240737566_557006。

② Ned Price, “Department Press Briefing,” April 20, 2021, https://www.state.gov/briefings/department-press-briefing-april-20-2021/.

③ Владимир Путин，Послание Президента Федеральному Собранию，21 апреля 2021 года. http://kremlin.ru/events/president/news/65418.

办法，以便在目前处于极低水平的两国关系中寻找解决方案”。①

2021 年 6 月 16 日，拜登在他的欧洲之行中会晤了普京总统。会晤前，美方一再表示会晤的目的是希望看到美俄建立和保持“稳定的、可预期的关系”。双方都努力降低国际上对美俄首脑会晤的期望值，6 月 7 日，美国家安全事务助理沙利文(Jack Sullivan)在记者会上说，美俄首脑会晤对于保卫美国利益“是至关重要的”，但两国之间“要取得真正有意义的成果，那得等待很久”。②

拜登要会晤普京，这可急坏了乌克兰总统泽连斯基，他担心美方会在乌克兰问题上对俄妥协，急忙致电拜登，希望在美俄首脑会晤之前先与拜登会晤。拜登遂邀请泽连斯基 7 月访美，这也就给了乌总统很大的面子。

6 月 9 日，普京对俄罗斯电视一台发表谈话，聚焦于反对乌克兰加入北约问题。普京说，北约东扩和北约基础设施靠近俄边界“对俄罗斯具有实质意义”，波兰和罗马尼亚加入北约后，美国与它们“轻而易举地达成了协议”，在那里部署导弹防御系统，但相应的发射装置也可用于进攻系统，导弹 15 分钟内就能打到俄罗斯中心地带。想象一下，如果乌克兰加入北约，导弹从乌克兰哈尔科夫或第聂伯罗彼得罗夫斯基到俄罗斯中部，到莫斯科的飞行时间将缩短为 7 分钟至 10 分钟。他强调：“这对我们是不是红线？”③

6 月 16 日，拜登与普京在日内瓦湖畔的拉格朗日别墅举行会晤。双方彬彬有礼，但不见了布什与普京、奥巴马与梅德韦杰夫当初会晤时的那种热情。双方讨论了方方面面的问题，并发表关于战略稳定的联合声明，其中“重申核战争打不赢、绝不能打的原则”，确认了永远抵制核战争的方针，并称：“美国和俄罗斯将在不久的将来共同开展综合性的双边战略稳定对话，该对话将是深思熟虑的和有力的。通过这次对话，我们寻求为未来的军备控制和降低风险措施奠定基础。”④不出所料，会晤没有给人们带来惊喜，在多大程度上达到了“稳定与可预期”的两国关系的目的则很难说。没过几天，6 月 20 日美国家安全事务助理沙利文就告诉记者，美国准备对俄实施新一轮制裁，“我们一直都表示，无论在‘太

① Владимир Путин принял участие в пленарном заседании XXIV Петербургского международного экономического форума，4 июня 2021 года. http://kremlin.ru/events/president/news/65746.

② Maegan Vazquez and Allie Malloy, “White House defends Biden-Putin summit, calling it ‘vital’ for defend American interests,” June 7, 2021, https://www.cnn.com/2021/06/07/politics/white-house-defends-putin-summit/index.html.

③ Интервью телеканалу «Россия». Владимир Путин ответил на вопросы журналиста телеканала «Россия 1» Павла Зарубина. 9 июня 2021. http://kremlin.ru/events/president/news/65774/videos.

④ The White House, “U.S.-Russia Presidential Joint Statement on Strategic Stability,” June 16, 2021. https://www.whitehouse.gov/briefing-room/statements-releases/2021/06/16/u-s-russia-presidential-joint-statement-on-strategic-stability/.

阳风’方面，在干预选举方面，或者在纳瓦利内事件中，在回应俄罗斯的有害行为方面，我们都不打算收起我们的出拳”。①针对这一表态，21 日，俄总统新闻秘书佩斯科夫表示，“美国不会放弃遏制俄罗斯的政策本质。我们清楚地意识到，这种政策仍在继续”。②

首脑会晤后不久，美驻俄大使沙利文和俄驻美大使安东诺夫返回了各自任所。

美俄关系何去何从？国际问题观察家的看法多不乐观。卡耐基国际和平基金会莫斯科中心主任特列宁估计，美俄关系在未来的 5 年至 7 年内难有改善，但如果双方都务实，并把主要注意力集中在国内问题上，那么 2030 年至 2040 年间两国或许能摆脱剑拔弩张的对抗状态。但双方也不会步入合作的天堂。双方仍将以竞争为主，在理性状态下，俄美关系体现为两个存在明显体量差距的国家之间的正常竞争，但它们可以开展实用主义的合作。③

① Jessica Campisi, “National security adviser: US preparing more Russia sanctions over Navalny poisoning and imprisonment,” June 20, 2021, https://www.cnn.com/2021/06/20/politics/jake-sullivan-russia-sanctions-navalny-cnntv/index.html.

② Песков заявил, что введение США санкций против России уже не зависит от Байдена, 21 июня 2021. https://life.ru/p/1404799.

③ Дмитрий Тренин, От гибридной войны к взаимному отстранению. Как изменятся отношения России и США за 20 лет. 08 ноября 2019. https://carnegie.ru/commentary/80293.

附录 参考文献

一、中　　文

1. 著作

毕洪业:《俄罗斯与欧洲关系研究》,中央编译出版社2009年版。

陈新明:《合作与冲突——2000年以来俄罗斯与欧盟关系》,中国社会科学出版社2018年版。

丁军、王承就:《转型中的俄罗斯、乌克兰和白俄罗斯》,世界知识出版社2010年版。

董晓阳主编:《走进二十一世纪的俄罗斯》,当代世界出版社2003年版。

杜正艾:《俄罗斯外交传统研究》,上海人民出版社2007年版。

范建中等:《当代俄罗斯——政治发展进程与对外战略选择》,时事出版社2004年版。

冯绍雷:《制度变迁与对外关系——1992年以来的俄罗斯》,上海人民出版社1997年版。

冯绍雷、相蓝欣主编:《普京外交》,上海人民出版社2004年版。

冯绍雷、相蓝欣主编:《俄罗斯与大国及周边关系》,上海人民出版社2005年版。

冯绍雷:《构建中的俄美欧关系——兼及新帝国研究》,华东师范大学出版社2010年版。

冯玉军:《俄罗斯外交决策机制》,时事出版社2002年版。

顾志红:《非常邻国:乌克兰与俄罗斯》,国防大学出版社2000年版。

黄平、郑秉文主编:《美国研究报告》(2014),社会科学文献出版社2014年版。

海运、李静杰总主编,海运主编:《叶利钦时代的俄罗斯·政治卷》,人民出版社2001年版。

——学刚、姜毅主编:《叶利钦时代的俄罗斯·外交卷》,人民出版社2001年版。

——许新编:《叶利钦时代的俄罗斯·经济卷》,人民出版社2001年版。

侯艾君:《车臣始末》,世界知识出版社2005年版。

季志业、冯玉军主编:《俄罗斯发展前景与中俄关系走向》,时事出版社2006年版。

姜毅等:《重振大国雄风》,世界知识出版社 2004 年版。

姜琳等:《美国保守主义及其全球战略》,社会科学文献出版社 2008 年版。

孔寒冰、关贵海:《叶利钦执政年代》,河南文艺出版社 2000 年版。

李静杰、郑羽主编:《俄罗斯与当代世界》,世界知识出版社 1998 年版。

李铁城、钱文荣主编:《联合国框架下的中美关系》,人民出版社 2006 年版。

李兴等:《红色风暴会再度爆发吗?——解读新俄罗斯的前途和命运》,中国城市出版社 2003 年版。

李兴:《转型时代俄罗斯与美欧关系研究》,北京师范大学出版社 2007 年版。

李兴、刘军:《俄美博弈的国内政治分析》,时事出版社 2011 年版。

李岳、刘岩、苑听雷:《梅德韦杰夫:克里姆林宫的新主人》,世界知识出版社 2008 年版。

刘国平:《美国民主制度输出》,社会科学文献出版社 2006 年版。

柳丰华:《"铁幕"消失之后——俄罗斯西部安全环境与西部安全战略》,华龄出版社 2005 年版。

——《"梅普组合"的外交战略》,中国社会科学出版社 2012 年版。

陆南泉:《俄罗斯经济二十年(1992—2011)》,社会科学文献出版社 2013 年版。

陆齐华:《俄罗斯和欧洲安全》,中央编译出版社 2001 年版。

梅孜主编:《美俄关系大事实录(1991—2001)》,时事出版社 2002 年版。

牛军主编:《克林顿治下的美国》,中国社会科学出版社 1998 年版。

潘德礼主编、许志新副主编:《俄罗斯十年——政治、经济、外交》,世界知识出版社 2003 年版。

庞大鹏主编:《普京新时期的俄罗斯(2011—2015)——政治稳定与国家治理》,社会科学文献出版社 2017 年版。

沈莉华:《苏联解体后的俄罗斯与乌克兰关系研究》,黑龙江大学出版社 2017 年版。

王桂芳:《中亚战略格局与中国安全》,军事科学出版社 2004 年版。

王缉思主编:《高处不胜寒——冷战后美国的全球地位和世界地位》,世界知识出版社 1999 年版。

——《布什主义的兴衰》,世界知识出版社 2012 年版。

王缉思、李晓岗:《霸权梦——美国的全球战略》,鹭江出版社 2000 年版。

王缉思、徐辉、倪峰主编:《冷战后的美国外交》,时事出版社 2008 年版。

王郦久、刘桂琳主编:《跨世纪的俄罗斯》,时事出版社 1997 年版。

王明芳:《冷战后美国的伊朗政策研究》,社会科学文献出版社 2015 年版。

王鸣野:《美国的欧亚战略与中南亚五国》,新疆人民出版社 2003 年版。

王庆平:《俄罗斯与乌克兰关系研究》,黑龙江大学出版社 2013 年版。

王逸舟主编:《单极世界的阴霾》,社会科学文献出版社 1999 年版。

《乌克兰变局真相》编写组编:《乌克兰变局真相》,新华出版社 2014 年版。

闻一:《乌克兰:硝烟中的雅努斯》,中信出版社 2016 年版。

吴大辉:《防范与合作——苏联解体后的俄美核安全关系(1991—2005)》,人民出版社

2005 年版。

吴晓春:《美国新保守派外交思想及其影响》,知识产权出版社 2008 年版。

邢骅、苏惠民、王毅主编:《新世纪北约的走向》,时事出版社 2004 年版。

邢广成、张建国主编:《梅德韦杰夫和普京:最高权力的组合》,长春出版社 2008 年版。

徐洪峰:《美国对俄经济外交——从里根到小布什》,知识产权出版社 2008 年版。

徐向梅:《由乱而治——俄罗斯政治历程(1990—2005)》,中央文献出版社 2006 年版。

袁育胜:《转型中的美俄关系》,社会科学文献出版社 2006 年版。

杨鸿玺:《美国中亚战略 20 年》,社会科学文献出版社 2012 年版。

叶自成:《东扩:克林顿与叶利钦》,东方出版社 1999 年版。

张弘:《冲突与合作——解读乌克兰与俄罗斯的经济关系(1991—2008)》,知识产权出版社 2009 年版。

张文宗:《族群与美国外交》,时事出版社 2016 年版。

张蕴岭主编:《伙伴还是对手——调整中的中美日俄关系》,社会科学文献出版社 2001 年版。

赵鸣文:《普京大外交——面向 21 世纪的俄罗斯对外战略(1999—2017)》,人民出版社 2018 年版。

赵云中:《乌克兰:沉重的历史脚步》,华东师范大学出版社 2005 年版。

郑羽主编、李建民副主编:《独联体十年——现状、问题、前景》,世界知识出版社 2002 年版。

郑羽主编:《既非盟友,也非敌人——苏联解体后的美俄关系》,世界知识出版社 2006 年版。

郑羽、蒋明君总主编,郑羽、柳丰华主编:《普京八年:俄罗斯复兴之路(2000—2008)》,经济管理出版社 2008 年版。

郑羽:《单极还是多极世界的博弈——21 世界的中俄美三角关系》,经济管理出版社 2012 年版。

周弘、黄平、江时学主编:《欧洲发展报告(2014—2015):乌克兰危机与欧盟:起源、应对与影响》,社会科学文献出版社 2015 年版。

周琪主编:《意识形态与美国外交》,上海人民出版社 2006 年版。

曾向红:《遏制、整合与塑造:美国中亚政策二十年》,兰州大学出版社 2014 年版。

中国现代国际关系研究院美欧研究中心:《北约的命运》,时事出版社 2004 年版。

祝寿臣、范伟国编著:《普京——克宫新主人》,新华出版社 2000 年版。

朱锋:《弹道导弹防御计划与国际安全》,上海人民出版社 2001 年版。

朱强国:《美国战略弹道防御计划的动因》,世界知识出版社 2004 年版。

左凤荣:《重振俄罗斯——普京的对外战略与外交政策》,商务印书馆 2008 年版。

艾什顿·卡特、威廉姆·佩里:《预防性防御——一项美国新安全战略》,胡利平、杨韵琴译,上海人民出版社 2000 年版。

安德烈·齐甘科夫:《俄罗斯与西方:从亚历山大一世到普京》,关贵海、戴惟静译,上海人民出版社 2017 年版。

安格斯·罗克斯伯勒:《强权与铁腕——普京传》,胡利平、林华译,中信出版社 2014 年版。

鲍里斯·叶利钦:《午夜日记——叶利钦回忆录》,李垂发、何希泉、连丽珍、蒋莉、焦广田、为明译,任光宣校,东方出版社 2000 年版。

波波·罗:《孤独的帝国——俄罗斯与新世界无序》,袁靖、傅莹译,中信出版集团 2019 年版。

查尔斯·库普乾:《化敌为友——持久和平之道》,宋伟等译,北京大学出版社 2017 年版。

俄罗斯外交与国防政策委员会:《俄罗斯战略:总统的议事日程》,冯玉军、蒋莉等译,季志业、王郦久校,新华出版社 2003 年版。

理查德·哈斯:《新干涉主义》,殷雄、徐静译,新华出版社 2000 年版。

康多莉扎·赖斯:《无上荣耀》,刘勇军译,湖南人民出版社 2014 年版。

尼古拉·别尔嘉耶夫:《俄罗斯的命运》,汪剑钊译,译林出版社 2011 年版。

列昂尼德·姆列钦:《权力的公式——从叶利钦到普京》,徐葵、王器、王宪举、陈凤翔译,新华出版社 2000 年版。

罗伊·麦德维杰夫:《普京——克里姆林宫四年时光》,王晓玉、韩显阳译,社会科学文献出版社 2005 年版。

理查德·莱亚德、约翰·帕克:《俄罗斯重振雄风》,白洁等译,中央编译出版社 2006 年版。

乔治·沃克·布什:《抉择时刻》,东西网译,中信出版社 2011 年版。

卡·托卡耶夫:《中亚之鹰的外交战略》,赛力克·纳雷索夫译,新华出版社 2002 年版。

米哈伊尔·杰里金:《后普京时代——俄罗斯能避免橙绿色革命吗?》,金禹辰、项红译,社会科学文献出版社 2006 年版。

萨塔罗夫等:《叶利钦时代》,高增训等译,叶军等校,东方出版社 2002 年版。

斯蒂芬·哈尔珀、乔纳森·克拉克:《美国为什么单干?》,邵崇忠、朱玉华、黄浩译,辽宁出版社 2007 年版。

沃伦·克里斯托弗:《美国新外交:经济、防务、民主——美国前国务卿克里斯托弗回忆录》,苏广辉、张林宏、符晓等译,新华出版社 1999 年版。

叶夫根尼·普里马科夫:《大政治年代》,焦广田等译,东方出版社 2001 年版。

叶夫根尼·普里马科夫:《没有俄罗斯世界会怎样?》,李成滋译,中央编译局出版社 2016 年版。

安琪拉·斯登特:《有限伙伴——21 世纪美俄关系新常态》,欧阳进、欧阳瑾、宋和坤译,石油工业出版社 2016 年版。

伊·伊凡诺夫:《俄罗斯新外交——对外政策十年》,陈凤翔、于洪君、天永祥、钱乃成译,当代世界出版社 2002 年版。

詹姆斯·戈德盖尔、迈克尔·麦克福尔:《权力与意图——后冷战时期美国对俄罗斯政策》,徐洪峰译,社会科学文献出版社 2017 年版。

兹比格纽·布热津斯基:《大失控》,潘嘉玢、刘瑞祥译、朱树飏校,中国社会科学出版社

1994 年版。

兹比格纽·布热津斯基:《大棋局——美国的首要地位及其地缘战略》,中国国际问题研究所译,上海人民出版社 1998 年版。

2. 论文、时评

《关于中俄相互关系基础的联合声明》(1992 年 12 月),http://www.cctv.com/special/903/6/70491.html。

《中俄联合声明》(1996 年 4 月),http://www.cctv.com/special/903/6/70501.html。

《中俄关于世界多极化和建立国际新秩序的联合声明》(1997 年 4 月 23 日),http://www.cctv.com/special/903/6/70494.html。

《中俄两国元首签署关于反导问题的联合声明》(2000 年 7 月 18 日),http://world.eastday.com/epublish/gb/paper1/6/class000100030/hwz198351.htm。

《上海合作组织成员国元首宣言》(2005 年 7 月),http://news.sina.com.cn/c/2006-05-31/101010022888.shtml。

卞庆祖:《从美对俄战略看当前美俄的紧张关系》,《和平与发展》2008 年第 4 期。

卞学光、丁诗传:《象征性抵制与策略性表示加入——普京对俄罗斯与北约关系的新政策》,《国际论坛》2004 年第 1 期。

毕洪业:《俄罗斯地缘外交中的格鲁吉亚》,《俄罗斯中亚东欧研究》2005 年第 3 期。

毕洪业:《乌克兰:俄罗斯外交的最大"负资产"》,《世界知识》2018 年第 20 期。

毕洪业:《特朗普当政以来的美俄关系》,《国际论坛》2019 年第 1 期。

曹丽玮:《试论俄罗斯全方位外交政策的形成》,《国际政治研究》2000 年第 4 期。

曹升生:《冷战后美国的涉俄非政府组织研究》,《俄罗斯研究》2017 年第 2 期。

谌园庭:《9·11 事件后俄罗斯对古巴政策的调整》,《拉丁美洲研究》2012 年第 1 期。

程可凡:《透视美俄在中东的争夺》,《现代国际关系》2018 年第 4 期。

冯绍雷:《乌克兰危机长期延续的原因和影响》,《欧洲研究》2014 年第 6 期。

冯绍雷:《北约东扩、"特朗普新政"与俄欧安全新格局》,《俄罗斯研究》2017 年第 1 期。

冯绍雷:《从特朗普到拜登:美俄关系新变化》,《当代世界》2021 年第 2 期。

冯玉军:《俄罗斯国际观的变化与对外政策调整》,《现代国际关系》2009 年第 3 期。

冯玉军:《俄美关系:力量失衡下的相互角力》,《现代国际关系》2014 年第 2 期。

冯玉军:《乌克兰危机:多维视野下的深层透视》,《国际问题研究》2014 年第 3 期。

冯玉军:《试析俄格冲突的战略内涵》,《俄罗斯中亚东欧研究》2008 年第 6 期。

冯玉军:《"后疫情时代"的世界秩序与俄罗斯的战略选择》,《国际政治》2020 年第 12 期。

冯仲平:《欧盟需调整对俄战略思路》,《欧洲研究》2014 年第 6 期。

付华一:《波兰允许美国在其领土部署美国导弹防御系统》,中国网,2005 年 11 月 15 日,http://www.china.com.cn/txt/2005-11/15/content_6030430.htm。

高飞、张健:《乌克兰危机背景下的大国博弈及其对国际安全格局的影响》,《和平与发展》2014 年第 6 期。

高华:《冷战后的俄美关系的重塑》,《中亚东欧研究》1995 年第 6 期。

耿学鹏:《美俄争面子避内伤》,2013 年 8 月 9 日,http://news.eastday.com/whyauto/2013-08-09/546210.html。

《互逐外交官事件弥漫冷战气味:美俄谍战台前幕后》,2001 年 3 月 26 日,http://news.sohu.com/19/46/news144414619.shtml。

韩克敌:《美国学界政界对乌克兰外交的思考》,《美国研究》2014 年第 4 期。

韩克敌:《俄美的核力量、核战略与核谈判》,《俄罗斯东欧中亚研究》2019 年第 6 期。

何卫:《乌克兰危机的来龙去脉》,《中国经济报告》2014 年第 5 期。

黄登学:《俄格冲突的根源探析》,《东北亚论坛》2009 年第 1 期。

黄登学:《俄美关系:新的起点》,《现代国际关系》2009 年第 9 期。

火正德:《北约欧盟双东扩与美欧俄关系》,《国际问题研究》2004 年第 5 期。

蒋莉:《俄罗斯防范"颜色革命"的主要做法》,《国际研究参考》2020 年第 9 期。

蒋振飞:《美国东欧反导计划评析》,《解放军外国语学院学报》2008 年第 1 期。

蒋翊民:《美俄〈中导条约〉履约争议与欧洲地区安全:影响与管控》,《国际关系研究》2016 年第 6 期。

贾静峰:《普京:坠机事件所在的那个国家需对这一悲剧负责》,2014 年 7 月 18 日,http://world.people.com.cn/n/2014/0718/c1002-25297536.html。

姜毅:《俄罗斯的国际地位与外交政策选择》,《东欧中亚研究》2002 年第 3 期。

焦一强、王四海:《美俄退出〈中导条约〉及其对欧洲安全与地缘政治的影响》,《俄罗斯研究》2020 年第 5 期。

梁强:《乌克兰危机一年:回顾、反思与展望》,《俄罗斯研究》2015 年第 1 期。

梁强:《美国在乌克兰危机中的战略目标》,《俄罗斯东欧中亚研究》2015 年第 2 期。

李海东:《俄美分歧及俄罗斯加入北约的可能性探讨》,《俄罗斯研究》2015 年第 3 期。

李建军、魏婷婷:《试析外高加索在美国全球战略中的地位》,《西伯利亚研究》2012 年 6 月号。

李鸣:《在联合国框架下解决危机——评 9·11 事件后联合国反恐决议》,2002 年 8 月,http://article.chinalawinfo.com/ArticleHtml/Article_25479.shtml。

李兴:《北约欧盟双东扩:俄罗斯不同对策及其原因分析》,《俄罗斯中亚东欧研究》2005 年第 1 期。

李兴、周学梅:《乌克兰橙色革命:内外因素及其影响分析》,《俄罗斯中亚东欧研究》2005 年第 4 期。

李玉珍:《美计划在捷克部署导弹防御系统和雷达"保护"欧洲》,新华网 2002 年 10 月 3 日,http://news.sohu.com/25/83/news203518325.shtml。

刘金质:《美俄关系十年》,《国际政治研究》2002 年第 1 期。

刘靖华、牛军、姜毅:《论北约东扩——地缘政治与文明特性的双重分析》,《美国研究》1997 年第 3 期。

刘素云:《中国政府叙利亚问题特使:叙利亚和谈取得积极进展》,2017 年 7 月 14 日,http://news.cri.cn/uc-eco/20170714/49ce8eee-27b9-9b65-f544-d35c45064868.html。

柳丰华:《北约东扩背景下的俄罗斯与波罗的海三国》,《东欧中亚研究》2001 年第 5 期。

柳丰华:《乌克兰危机:内因、大国博弈因素与前景》,《俄罗斯学刊》2014 年第 3 期。

柳丰华:《俄罗斯对乌克兰政策视角下的乌克兰危机》,《欧洲研究》2015 年第 3 期。

柳丰华:《普京总统第三任期俄美关系演变与第四任期双边关系走势》,《俄罗斯研究》2018 年第 2 期。

马峰、鲁德恩科:《美俄在乌克兰危机演化中的博弈机制分析》,《西伯利亚研究》2017 年第 1 期。

马建光:《俄罗斯国家安全战略的变化及其影响》,《现代国际关系》2016 年第 3 期。

《美国波兰今日正式签署反导协议》,新闻网,2008 年 8 月 20 日,http://news.sina.com.cn/w/2008-08-20/174316147352.shtml。

《美单边主义遭遇挫折》,2003 年 9 月 10 日,《新浪观察》,http://news.sina.com.cn/c/2003-09-10/17441716929.shtml。

聂鲁彬:《普京因强硬出手克里米亚危机民意支持度飙升》,2014 年 3 月 31 日,https://world.huanqiu.com/article/9CaKrnJEJnD。

欧阳向英:《俄罗斯外交哲学论析》,《世界经济与政治》2020 年第 8 期。

庞大鹏:《应对挑战与积极外交:2019 年俄罗斯的内外政策》,《俄罗斯学刊》2020 年第 2 期。

任江华、孙建廷翻译:《普京当选总统后向俄公民致词答记者问》,2014 年 3 月 15 日,http://www.people.com.cn/GB/guoji/14549/2392117.html。

沈世顺:《从布拉格峰会看北约的新变化》,《世界经济与政治》2003 年第 1 期。

宋世益:《美方发表评论是干涉俄内政》,《人民日报》(海外版)2003 年 11 月 4 日,http://www.people.com.cn/GB/paper39/10546/959319.html。

孙超:《南高加索安全复合体的生成困境探析》,《俄罗斯研究》2017 年第 2 期。

孙希有、丁宜:《美国在东欧部署导弹防御系统进入实质阶段》,2007 年 5 月 10 日,新华网,http://mil.news.sina.com.cn/2007-05-10/1407443468.html。

孙壮志:《谈俄罗斯与外高加索三国的关系》,《中亚东欧研究》1997 年第 6 期。

孙壮志:《乌克兰危机的历史根源和走势分析》,2014 年 12 月 10 日,http://www.71.cn/2014/1210/791948.shtml。

陶文钊:《布什政府的中东政策研究》,《美国研究》2008 年。

王丹蒂:《俄罗斯恢复远程战略飞行的考量》,2007 年 8 月 22 日,http://intl.ce.cn/zj/200708/22/t20070822_12636692.shtml。

王海滨:《俄美关于反导问题的斗争及其对世界军事安全的影响》,《俄罗斯中亚东欧研究》2009 年第 1 期。

王郦久:《论俄美关系本质及普京连任后双边关系走向》,《和平与发展》2018 年第 2 期。

王鸣野:《中间地带的通道政治与中间地带国家的国际行为》,《俄罗斯研究》2019 年第 3 期。

王宪举:《2012年俄罗斯国内形势和对外关系的若干特点》,《俄罗斯研究》2012年第6期。

王宪举:《普京总统第三个任期执政结果》,2017年11月,http://blog.sina.com.cn/s/blog_5381b5c50102x17o.html。

韦宗友:《特朗普时期的大国关系:美俄、美印与中美》,2018年2月22日,人民论坛,http://www.rmlt.com.cn/2018/0222/511678.shtml。

谢言俊:《美俄间谍战会有什么结果?》2001年3月27日,http://news.sohu.com/17/67/news144426717.shtml。

徐洪峰:《"支持自由法案"下美国对俄罗斯的经济援助述评》,《俄罗斯中亚东欧市场》2007年第2期。

王海运:《俄罗斯快速崛起对大国的影响》,《俄罗斯中亚东欧研究》2007年第1期。

王秋怡、许海云:《乌克兰危机后北约对俄罗斯安全战略及其转型分析》,《现代国际关系》2019年第8期。

王文明:《论普京总统后的普京因素》,《世界经济与政治》2009年第2期。

吴大辉:《美国在独联体地区策动"颜色革命"的三重诉求——兼论中俄在上海合作组织架构下抵御"颜色革命"的当务之急》,《俄罗斯中亚东欧研究》2006年第2期。

吴大辉:《从战略妥协到战略反制》,《俄罗斯中亚东欧研究》2007年第5期。

吴大辉:《美俄关系跨入"黑障时刻"》,《环球时报》2021年4月22日。

吴日强:《美国在东欧部署反导系统针对谁?》,《国际政治科学》2007年第3期。

夏义善:《911事件后的俄美关系》,《和平与发展》2003年第1期。

邢广程:《俄罗斯与西方关系:困境与根源》,《国际问题研究》2016年第5期。

邢广程:《乌克兰内战与大国博弈》,《欧洲研究》2014年第6期。

邢悦、王晋:《"弥赛亚"意识与俄罗斯"大国主义"外交》,《国际政治科学》2017年第6期。

许志新:《"911"事件后普京对西方政策的重大变化》,《欧洲》2002年第2期。

杨成:《"小俄罗斯陷阱"支配下的普京外交逻辑》,《美国研究》2014年第4期。

杨洁勉:《从战略伙伴到亦敌亦友》,《国际观察》2000年第1期。

杨洁勉:《当前国际体系的转型及中美俄的角色》,《俄罗斯研究》2008年第5期。

叶自成:《北约东扩与美俄中的地缘政治》,《世界经济与政治》1997年第1期。

俞邃:《论俄美关系之多变》,《国际问题研究》2007年第1期。

张弘:《融入欧洲一体化与乌克兰危机》,《欧洲研究》2014年第6期。

张弘、丰亚楠:《基辅见闻录:乌克兰的变化与挑战》,《世界知识》2014年第24期。

张建、周琪:《奥巴马第二任期美俄关系论析》,《世界经济与政治》2016年第11期。

张文宗、薛伟、李学刚:《试析乌克兰危机的战略影响》,《现代国际关系》2014年第8期。

张志强、赵宇:《乌克兰高度重视同北约的关系,宣布准备加入北约》,2002年5月24日,http://mil.news.sina.com.cn/2002-05-24/67678.html。

张万里:《欧洲反导问题与美俄关系"重启"的前景》,《俄罗斯学刊》2012年第1期。

张文茹:《克里米亚回归:俄罗斯的政策选择》,《和平与发展》2014年第2期。

章田:《俄总统普京选举助手回击美国高官对俄选举指责》,2004年3月15日,http://

news.sohu.com/2004/03/15/78/news219437821.shtml。

郑羽:《俄罗斯与北约:从"和平伙伴计划"到马德里峰会》,《东欧中亚研究》1997年第6期。

郑羽:《当代俄美关系运行的特点、规律和理念》,《俄罗斯中亚东欧研究》2006年第4期。

郑羽:《重启的消亡:普京重新执政后的俄美关系》,《俄罗斯东欧中亚研究》2014年第5期。

朱晓中:《双东扩的政治学——北约和欧盟扩大及其对欧洲观念的影响》,《俄罗斯中亚东欧研究》2003年第2期。

博格托罗夫、袁新华、薛凤伟:《当前中亚及东亚背景下的俄美关系》,《俄罗斯研究》2002年第2期。

卡拉加诺夫、博尔切达夫、苏斯洛夫、于璐:《重建而非仅仅重启:对美关系中的俄罗斯利益》,《俄罗斯研究》2009年第1期。

波波·罗:《俄罗斯与西方关系——过去、现在及未来》,张红译,《俄罗斯研究》2009年第4期。

谢尔盖·马尔科多诺夫、胡彦:《大高加索的危机与俄罗斯——五日战争之结果及影响》,《俄罗斯研究》2011年第2期。

萨夫丘克:《美国专家对俄罗斯的基本战略观体系》,张健荣译,《俄罗斯学刊》2017年第1期。

沙克列伊娜、冯玉军:《美国对外政策与俄美关系》,《现代国际关系》2006年第1期。

二、英　　文

1. 官方言论

(1) 总统言论*

Bush, George H.W.

——"Remarks and an Exchange with Reporters Prior to Discussions with President Boris Yeltsin of the Republic of Russia," June 20, 1991.

——"Remarks at the International Conference on Humanitarian Assistance to the Former U.S.S.R," January 22, 1992.

——"Address Before a Joint Session of the Congress on the State of the Union," January

* 本附录中美国总统的讲话和文件除注明出处者外均出自 Gerhard Peters and John T. Woolley, *The American Presidency Project* 网站,为节省篇幅,省略了网址,读者很容易从该网站找到需要的文件。

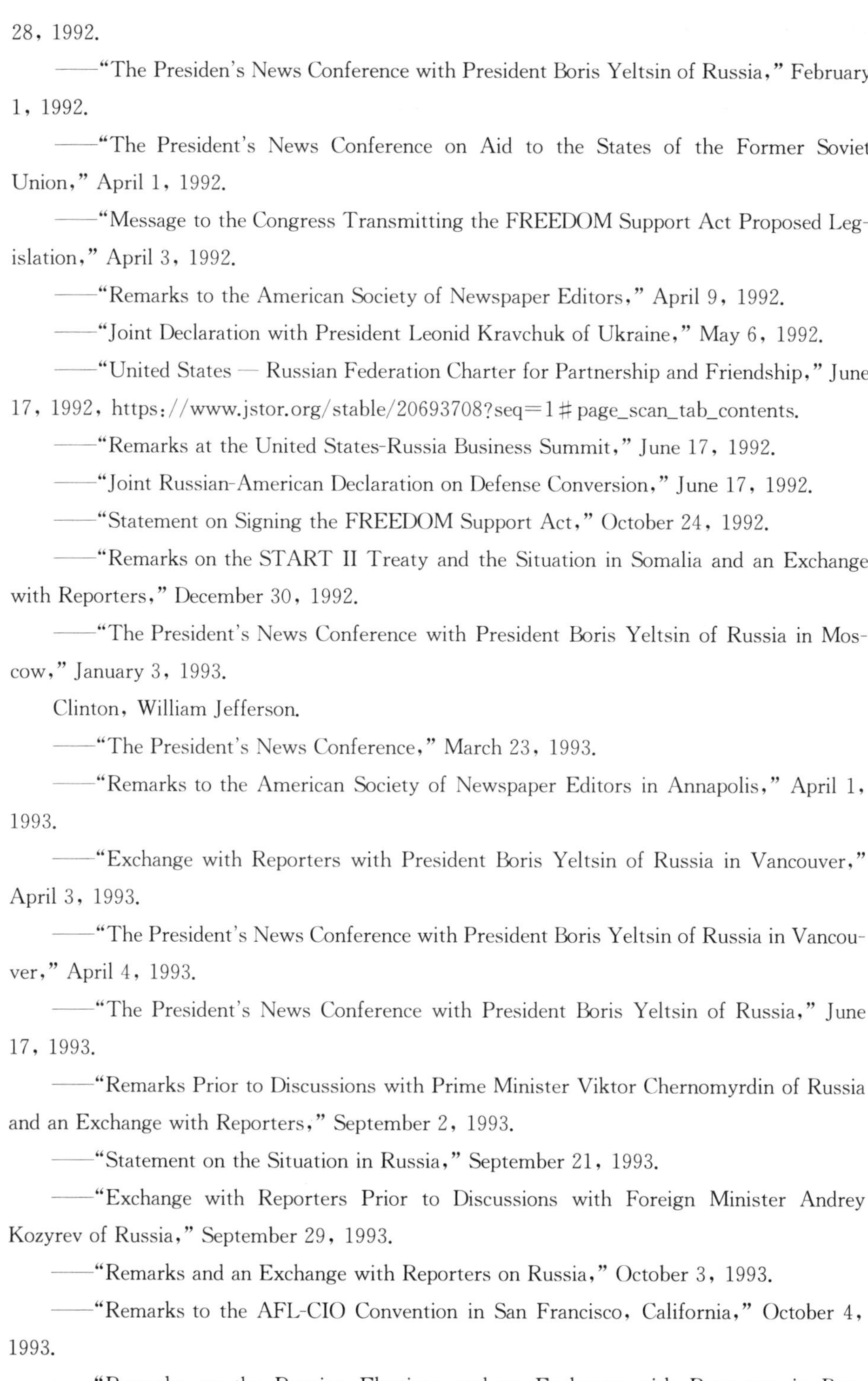

28, 1992.

——"The Presiden's News Conference with President Boris Yeltsin of Russia," February 1, 1992.

——"The President's News Conference on Aid to the States of the Former Soviet Union," April 1, 1992.

——"Message to the Congress Transmitting the FREEDOM Support Act Proposed Legislation," April 3, 1992.

——"Remarks to the American Society of Newspaper Editors," April 9, 1992.

——"Joint Declaration with President Leonid Kravchuk of Ukraine," May 6, 1992.

——"United States — Russian Federation Charter for Partnership and Friendship," June 17, 1992, https://www.jstor.org/stable/20693708?seq=1#page_scan_tab_contents.

——"Remarks at the United States-Russia Business Summit," June 17, 1992.

——"Joint Russian-American Declaration on Defense Conversion," June 17, 1992.

——"Statement on Signing the FREEDOM Support Act," October 24, 1992.

——"Remarks on the START II Treaty and the Situation in Somalia and an Exchange with Reporters," December 30, 1992.

——"The President's News Conference with President Boris Yeltsin of Russia in Moscow," January 3, 1993.

Clinton, William Jefferson.

——"The President's News Conference," March 23, 1993.

——"Remarks to the American Society of Newspaper Editors in Annapolis," April 1, 1993.

——"Exchange with Reporters with President Boris Yeltsin of Russia in Vancouver," April 3, 1993.

——"The President's News Conference with President Boris Yeltsin of Russia in Vancouver," April 4, 1993.

——"The President's News Conference with President Boris Yeltsin of Russia," June 17, 1993.

——"Remarks Prior to Discussions with Prime Minister Viktor Chernomyrdin of Russia and an Exchange with Reporters," September 2, 1993.

——"Statement on the Situation in Russia," September 21, 1993.

——"Exchange with Reporters Prior to Discussions with Foreign Minister Andrey Kozyrev of Russia," September 29, 1993.

——"Remarks and an Exchange with Reporters on Russia," October 3, 1993.

——"Remarks to the AFL-CIO Convention in San Francisco, California," October 4, 1993.

——"Remarks on the Russian Elections and an Exchange with Reporters in Bryn

Mawr," December 13, 1993.

——"Remarks to the North Atlantic Council in Brussels," January 10, 1994.

——"The President's News Conference with Visegrad Leaders in Prague," January 12, 1994.

——"Remarks at a Reception in Moscow," January 13, 1994.

——"Moscow Declaration," January 14, 1994.

——"Exchange with Reporters on Signing the Denuclearization Agreement with Russia and Ukraine in Moscow," January 14, 1994.

——"The President News Conference with President Nusultan Nazarbayev," February 14, 1994,

——"The President's News Conference with President Leonid Kravchuk," March 4, 1994, https://www.presidency.ucsb.edu/documents/the-presidents-news-conference-with-president-leonid-kravchuk-ukraine-0.

——"Joint Declaration on Relations Between the United States and the Republic of Georgia," March 7, 1994.

——"Exchange with Reporters During Discussions with Baltic Leaders in Riga, Latvia," July 6, 1994.

——"Remarks to Citizens in Riga," July 6, 1994.

——"Address to the Polish Parliament in Warsaw," July 7, 1994.

——"Message to the Congress Transmitting a Report on Emigration Policies of Russia," September 21, 1994.

——"Remarks Welcoming President Boris Yeltsin of Russia," September 27, 1994.

——"Partnership for Economic Progress: Joint Statement on Principles and Objectives for the Development of Trade, Economic Cooperation, and Investment," September 28, 1994.

——"Joint Summit Statement by the Presidents of the United States and Ukraine," November 22, 1994, https://www.govinfo.gov/content/pkg/WCPD-1994-11-28/pdf/WCPD-1994-11-28-Pg2426.pdf.

——"Remarks to the Conference on Security and Cooperation in Europe in Budapest, Hungary," December 5, 1994.

——"The President's News Conference in Miami," December 11, 1994.

——"Remarks in Cleveland, Ohio, at the White House Conference on Trade and Investment in Central and Eastern Europe," January 13, 1995.

——"The President's News Conference with President Boris Yeltsin of Russia in Moscow," May 10, 1995.

——"Remarks at the Stated Dinner in Kiev," May 11, 1995, https://www.presidency.ucsb.edu/documents/remarks-state-dinner-kiev.

——"The President's Radio Address,"June 3, 1995.

——"Message to the House of Representatives Returning Without Approval the National Defense Authorization Act for Fiscal Year 1996," December 28, 1995.

——"The President's News Conference with President Boris Yeltsin of Russia in Moscow," April 21, 1996.

——"Remarks to the Community in Detroit," October 22, 1996.

——"The President's News Conference with President Boris Yeltsin of Russia in Helsinki," March 21, 1997.

——"Remarks on the NATO-Russia Founding Act and an Exchange with Reporters," May 14, 1997.

——"Remarks at the Signing Ceremony for the NATO-Russia Founding Act in Paris, France," May 27, 1997.

——"Joint Statement on Republic of Georgia-United States Relations," July 18, 1997.

——"Remarks at the Signing Ceremony for the Baltic Nations-United States Charter of Partnership," January 16, 1998.

——"A Charter of Partnership Among the United States of American and the Republic of Estonia, Republic of Latvia, and Republic of Lithuania," January 16, 1998, http://vm.ee/en/us-baltic-charter.

——"Joint Statement Between the United States and the Russian Federation Concerning Strategic Offensive and Defensive Arms and Further Strengthening of Stability," June 20, 1999.

——"The President's News Conference," December 8, 1999. https://www.govinfo.gov/content/pkg/WCPD-1994-02-21/pdf/WCPD-1994-02-21-Pg289.pdf.

——"Address Before a Joint Session of the Congress on the State of the Union," January 27, 2000.

——"Interview with Wolf Blitzer on CNN.com," February 14, 2000.

——"Russia-United States Joint Statement on Principles of Strategic Stability," June 4, 2000.

——"The President's News Conference with President Vladimir Putin of Russia in Moscow," June 4, 2000.

——"Remarks at Georgetown University," September 1, 2000.

——"Joint Statement: Strategic Stability Cooperation Initiative Between the United States of America and Russian Federation," September 6, 2000.

Bush, George W.

——"Address Before a Joint Session of the Congress on Administration Goals," February 27, 2001.

——"Address at Warsaw University," June 15, 2001.

——"Press Conference by President Bush and Russian Federation President Putin," June 16, 2001, https://georgewbush-whitehouse.archives.gov/news/releases/2001/06/20010618.html.

——"Press Conference by President Bush and President Putin, Genoa, Italy," July 22, 2001, https://georgewbush-whitehouse.archives.gov/news/releases/2001/07/20010722-3.html.

——"The President's News Conference with Prime Minister Silvio Berlusconi of Italy in Rome, Italy," July 23, 2001.

——"Remarks Following a Meeting with the National Security Team," September 12, 2001.

——"The President's News Conference," October 11, 2001.

——"President Bush and Russian President Putin Discuss Progress," October 21, 2001, https://georgewbush-whitehouse.archives.gov/news/releases/2001/10/20011021-3.html.

——"Press Conference Given by Bush and Putin," October 21, 2001, https://www.nytimes.com/2001/10/22/international/press-conference-given-by-bush-and-putin.html.

——"Joint Statement on Counterterrorism by the President of the United States and the President of Russia," October 21, 2001. https://georgewbush-whitehouse.archives.gov/news/releases/2001/10/20011022-11.html.

——"Joint Statement by President George W. Bush and President Vladimir V. Putin of Russia on a New Relationship Between the United States and Russia," November 13, 2001.

——"The President's News Conference with President Vladimir Putin of Russia," November 13, 2001.

——"Remarks Announcing the United States Withdrawal From the Anti-Ballistic Missile Treaty," December 13, 2001.

——"Joint Statement by President George W. Bush and President Nursultan Nazarbayev on the New Kazahkstan-American Relationship," December 21, 2001, https://georgewbush-whitehouse.archives.gov/news/releases/2001/12/text/20011221-10.html.

——"Address Before a Joint Session of the Congress on the State of the Union," January 29, 2002.

——"Joint Statement of the United States and the Republic of Tajikistan," April 18, 2002, https://2001-2009.state.gov/r/pa/prs/ps/2002/9535.htm.

——"Remarks on the Russia-United States Strategic Offensive Reductions Agreement," May 13, 2002.

——"Treaty Between the United States of America and Russian Federation on Strategic

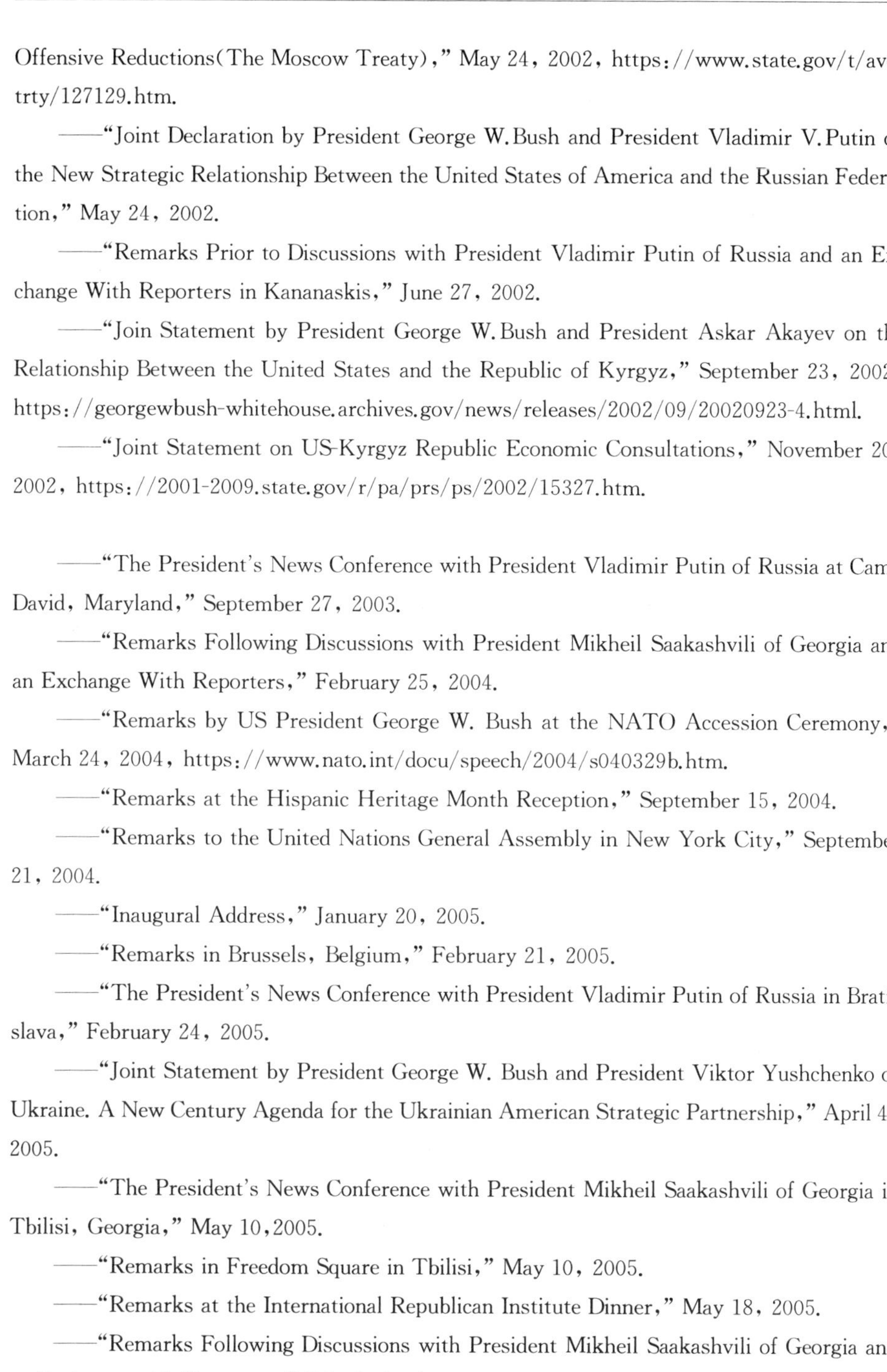

Offensive Reductions(The Moscow Treaty)," May 24, 2002, https://www.state.gov/t/avc/trty/127129.htm.

——"Joint Declaration by President George W.Bush and President Vladimir V.Putin on the New Strategic Relationship Between the United States of America and the Russian Federation," May 24, 2002.

——"Remarks Prior to Discussions with President Vladimir Putin of Russia and an Exchange With Reporters in Kananaskis," June 27, 2002.

——"Join Statement by President George W.Bush and President Askar Akayev on the Relationship Between the United States and the Republic of Kyrgyz," September 23, 2002, https://georgewbush-whitehouse.archives.gov/news/releases/2002/09/20020923-4.html.

——"Joint Statement on US-Kyrgyz Republic Economic Consultations," November 20, 2002, https://2001-2009.state.gov/r/pa/prs/ps/2002/15327.htm.

——"The President's News Conference with President Vladimir Putin of Russia at Camp David, Maryland," September 27, 2003.

——"Remarks Following Discussions with President Mikheil Saakashvili of Georgia and an Exchange With Reporters," February 25, 2004.

——"Remarks by US President George W. Bush at the NATO Accession Ceremony," March 24, 2004, https://www.nato.int/docu/speech/2004/s040329b.htm.

——"Remarks at the Hispanic Heritage Month Reception," September 15, 2004.

——"Remarks to the United Nations General Assembly in New York City," September 21, 2004.

——"Inaugural Address," January 20, 2005.

——"Remarks in Brussels, Belgium," February 21, 2005.

——"The President's News Conference with President Vladimir Putin of Russia in Bratislava," February 24, 2005.

——"Joint Statement by President George W. Bush and President Viktor Yushchenko of Ukraine. A New Century Agenda for the Ukrainian American Strategic Partnership," April 4, 2005.

——"The President's News Conference with President Mikheil Saakashvili of Georgia in Tbilisi, Georgia," May 10,2005.

——"Remarks in Freedom Square in Tbilisi," May 10, 2005.

——"Remarks at the International Republican Institute Dinner," May 18, 2005.

——"Remarks Following Discussions with President Mikheil Saakashvili of Georgia and an Exchange with Reporters," July 5, 2006.

——"Joint Statement by the United States of America and the Republic of Kazakhstan," September 29, 2006.

——"President Bush Participates in Joint Statement with President Klaus and Prime Minster Topolanek of Czech Republic," June 5, 2007, https://georgewbush-whitehouse.archives.gov/news/releases/2007/06/20070605-3.html.

——"Remarks at the National Defense University," October 23, 2007.

——"The President's News Conference with President Viktor Yushchenko of Ukraine in Kiev, Ukraine," April 1, 2008.

——"U. S-Russia Strategic Declaration," April 6, 2008, https://georgewbush-whitehouse.archives.gov/news/releases/2008/04/20080406-4.html.

——"Remarks in Beijing," August 9, 2008.

——"President Bush Condemns Actions Taken by Russian President in Regards to Georgia," August 16, 2008, https://georgewbush-whitehouse.archives.gov/news/releases/2008/08/20080826-2.html.

Obama, Barack.

——"Remarks by President Obama on Nowruz," March 19, 2009, https://obamawhitehouse.archives.gov/the-press-office/2015/03/19/remarks-president-obama-nowruz.

——"Remarks on United States Military and Diplomatic Strategies for Afghanistan and Pakistan," March 27, 2009.

——"Joint Statement by President Barack Obama and President Dmitry A. Medvedev of Russia," April 1, 2009.

——"Remarks in Prague," April 5, 2009.

——"Remarks in Cairo," June 4, 2009.

——"The President's News Conference with President Dmitry A. Medvedev of Russia in Moscow," July 6, 2009.

——"Joint Understanding by President Barack H. Obama and President Dmitry A. Medvedev on the START Follow-on Treaty," July 6, 2009.

——"Remarks on Missile Defense Systems in Europe," September 17, 2009.

——"Remarks on Signing the Strategic Arms Reduction Treaty with President Dmitry A. Medvedev of Russia and an Exchange with Reporters in Prague, Czech Republic," April 8, 2010.

——"Joint Statement on the Meeting Between President Obama and Kazakhstan President Nazarbayev." April 11, 2010.

——"Joint Statement by President Barack Obama and President Dmitry A. Medvedev of Russia on the Situation in Kyrgyzstan," June 24, 2010.

——"Statement on the Situation in Syria," August 18, 2011.

——"Statement on the Presidential Election in Kyrgyzstan," October 31, 2011.

——"Remarks Following a Meeting with President Mikheil Saakashvili of Georgia," Jan-

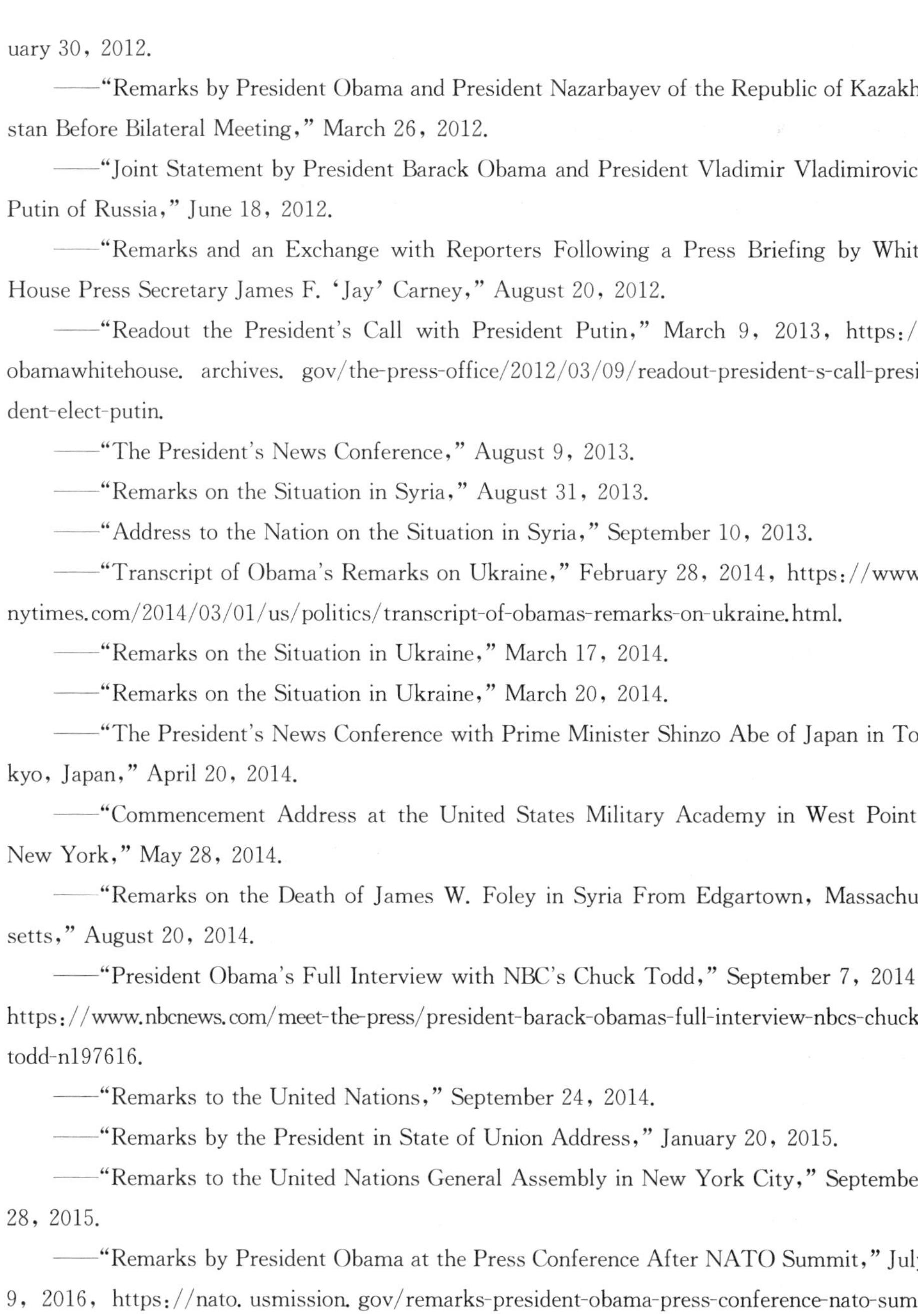

uary 30, 2012.

——"Remarks by President Obama and President Nazarbayev of the Republic of Kazakhstan Before Bilateral Meeting," March 26, 2012.

——"Joint Statement by President Barack Obama and President Vladimir Vladimirovich Putin of Russia," June 18, 2012.

——"Remarks and an Exchange with Reporters Following a Press Briefing by White House Press Secretary James F. 'Jay' Carney," August 20, 2012.

——"Readout the President's Call with President Putin," March 9, 2013, https://obamawhitehouse.archives.gov/the-press-office/2012/03/09/readout-president-s-call-president-elect-putin.

——"The President's News Conference," August 9, 2013.

——"Remarks on the Situation in Syria," August 31, 2013.

——"Address to the Nation on the Situation in Syria," September 10, 2013.

——"Transcript of Obama's Remarks on Ukraine," February 28, 2014, https://www.nytimes.com/2014/03/01/us/politics/transcript-of-obamas-remarks-on-ukraine.html.

——"Remarks on the Situation in Ukraine," March 17, 2014.

——"Remarks on the Situation in Ukraine," March 20, 2014.

——"The President's News Conference with Prime Minister Shinzo Abe of Japan in Tokyo, Japan," April 20, 2014.

——"Commencement Address at the United States Military Academy in West Point, New York," May 28, 2014.

——"Remarks on the Death of James W. Foley in Syria From Edgartown, Massachusetts," August 20, 2014.

——"President Obama's Full Interview with NBC's Chuck Todd," September 7, 2014, https://www.nbcnews.com/meet-the-press/president-barack-obamas-full-interview-nbcs-chuck-todd-n197616.

——"Remarks to the United Nations," September 24, 2014.

——"Remarks by the President in State of Union Address," January 20, 2015.

——"Remarks to the United Nations General Assembly in New York City," September 28, 2015.

——"Remarks by President Obama at the Press Conference After NATO Summit," July 9, 2016, https://nato.usmission.gov/remarks-president-obama-press-conference-nato-summit/.

Cheney, Dick.

——"Vice President's Remarks at the 2006 Vilnius Conference," May 4, 2006, https://georgewbush-whitehouse.archives.gov/news/releases/2006/05/images/20060504-1_v050406 db-0132jpg-772v.html.

——"Remarks by the Vice President Cheney and President Aliyev of Azerbaijan," September 3, 2008, https://georgewbush-whitehouse.archives.gov/news/releases/2008/09/20080903-2.html.

——"Remarks by Vice President Cheney and President Shaakashivili of Georgia After Meeting," September 4, 2008, https://georgewbush-whitehouse.archives.gov/news/releases/2008/09/20080904.html.

——"Remarks by Vice President Cheney at the Ambrosetti Forum," September 6, 2008, https://georgewbush-whitehouse.archives.gov/news/releases/2008/09/images/20080906-1_v090608db-0131-515h.html.

Biden, Joe.

——"Readout of the Vice President Biden's Meeting with Georgian President Mikhei Saakashvili," April 27, 2013, https://obamawhitehouse.archives.gov/the-press-office/2013/04/27/readout-vice-president-biden-s-meeting-georgian-president-mikheil-saakas.

(2) 其他官方言论

Albright, Madeleine.

——"Enlarging NATO: Why Bigger Is Better," *The Economist*, February 15-21, 1997.

——"Prepared Statement before the Senate Armed Services Committee on NATO Enlargement," April 23, 1997, https://1997-2001.state.gov/statements/970423.html.

——"Remarks on Accession to the North Atlantic Treaty Organization," March 12, 1999, https://1997-2001.state.gov/www/statements/1999/990312.html.

——"Albright to discuss Chechnya concerns with Russia's Ivanov," October 23, 1999, http://www.cnn.com/US/9910/23/us.chechnya.01/.

——"Albright Blasts Russia on Chechnya," January 31, 2000, https://www.cbsnews.com/news/albright-blasts-russia-on-chechnya/.

——"Statement Before House International Relations Committee," February 16, 2000, https://1997-2001.state.gov/www/statements/2000/000216.html.

——"Clear on Chechnya," March 8, 2000, https://www.washingtonpost.com/archive/opinions/2000/03/08/clear-on-chechnya/72ded6e2-c44f-44e3-8361-dea8d343417f/?utm_term=.858c16d5b1ee.

——"Secretary of State Madeleine K. Albright's Remarks at Press Briefing on the Release of Country Reports on Human Rights Practices, 1999," February 25, 2000, https://1997-2001.state.gov/statements/2000/000225.html.

Baker, James, III. "US Foreign Policy Overview," February 5, 1992, https://www.c-span.org/video/?24219-1/us-foreign-policy-overview.

Bush, Governor George W. "A Distinctly American Internationalism," November 19,

1999, https://www.c-span.org/video/?153768-1/bush-campaign-speech.

Carter, Ashton. "Remarks Previewing the FY 2017 Defense Budget," February 2, 2016, https://dod. defense. gov/News/Speeches/Speech-View/Article/648466/remarks-previewing-the-fy-2017-defense-budget/.

——"Readout of Secretary Ash Carter' Meeting with Ukraine Minister of Defense General Stepan Poltorak," June15, 2016, https://ua. usembassy. gov/readout-secretary-defense-ash-carters-meeting-ukrainian-minister-defense-general-stepan-poltorak/.

Christopher, Warren. "Interview with Secretary of State Warren Christopher on NBC-TV's Meet the Press," October 13, 1993, http://dosfan. lib. uic. edu/ERC/briefing/dossec/1993/9310/931010dossec.html.

——"American Leadership, America's Opportunity," *Foreign Policy*, Spring 1995.

——"The United States and Russia: A Maturing Partnership," *U.S. Department of State Dispatch*, January 23, 1995.

Clinton, Hillary.

——"Remarks with Russian Foreign Minster Lavrov," March 6, 2009, https://2009-2017.state.gov/secretary/20092013clinton/rm/2009a/03/120124.htm.

——"Secretary Clinton to Sign Plutonium Disposition Protocol with Russian Foreign Minister Sergei Lavrov on Tuesday, April 13," April 12, 2010, https://2009-2017. state. gov/r/pa/prs/ps/2010/04/140061.htm.

——"Joint Press Availability with Georgian President Saakashvili," July 5, 2010, https://2009-2017.state.gov/secretary/20092013clinton/rm/2010/07/143973.htm.

——"Remarks at the US-Georgia Strategic Partnership Omnibus Meeting," October 6, 2010, https://2009-2017.state.gov/secretary/20092013clinton/rm/2010/10/149080.htm.

——"Remarks with Kazakhstan Foreign Minister Saudabayev after Meeting," December 1, 2010, https://2009-2017.state.gov/secretary/20092013clinton/rm/2010/12/152212.htm.

——"Meeting with Staff and Their Families of Embassy Tashikent," December 2, 2010, https://2009-2017.state.gov/secretary/20092013clinton/rm/2010/12/152288.htm.

——"Remarks at the New Silk Road Ministerial Meeting," September 22, 2011, https://2009-2017.state.gov/secretary/20092013clinton/rm/2011/09/173807.htm.

——"Remarks at the Bonn Conference Center," December 5, 2011, https://2009-2017. state.gov/secretary/20092013clinton/rm/2011/12/178267.htm.

——"Press Availability in Brussels, Belgium," December 8, 2011, https://2009-2017. state.gov/secretary/20092013clinton/rm/2011/12/178481.htm.

——"Joint Statement Following the U. S.-Georgia Strategic Partnership Commission Meeting in Batumi," June 5, 2012 https://2009-2017. state. gov/r/pa/prs/ps/2012/06/192396.htm.

Clinton, Hillary and Catherine Ashton, "Ukraine's Troubling Trends," October 24,

2012, https://www.nytimes.com/2012/10/25/opinion/hillary-clinton-catherine-ashton-ukraines-election.html? mtrref = www.google.com&gwh = 035B397F59764E05AD5C5E4C3DAA4F87&gwt=pay.

Kerry, John. "Remarks with Georgian President Mikhei Saakashvili Before Their Meeting," May 1, 2013, https://2009-2017.state.gov/secretary/remarks/2013/05/208696.htm.

——"Remarks with Russian Foreign Minister Lavrov," May 7, 2013, https://2009-2017.state.gov/secretary/remarks/2013/05/209117.htm.

——"Remarks with Azerbaijan Foreign Minister Elmar Mammadyarov Before their Meeting," June 3, 2013, https://2009-2017.state.gov/secretary/remarks/2013/06/210214.htm.

——"Statement on Syria," August 30, 2013, https://2009-2017.state.gov/secretary/remarks/2013/08/213668.htm.

——"Remarks with United Kingdon Foreign Secretary Hague," September 9, 2013, https://2009-2017.state.gov/secretary/remarks/2013/09/213956.htm.

——"Kerry Call's Syria Chemical Weapons Talks' Constructive," September 13, 2013, https://www.bbc.com/news/world-middle-east-24075787.

——"Remarks with Egyptian Foreign Minister Nabi Fahmy," November 3, 2013, https://2009-2017.state.gov/secretary/remarks/2013/11/216220.htm.

——"Joint Statement Following the U.S.-Georgia Strategic Partnership Commission Plenary Session," February 28, 2014, https://2009-2017.state.gov/r/pa/prs/ps/2014/02/222713.htm.

——"Press Availability in Beirut, Lebanon," June 4, 2014, https://2009-2017.state.gov/secretary/remarks/2014/06/227100.htm.

——"Secretary John Kerry's Speech at AUCA Commemorative Ceremony," October 31, 2015, https://kg.usembassy.gov/secretary-state-john-kerry-speech-auca-commemorative-ceremony-excerpts/.

——"U.S. Condemns Ceasefire Violation along Nargorno-Karabakh Line of Contact," April 2, 2016, https://2009-2017.state.gov/secretary/remarks/2016/04/255432.htm.

——"Remarks with Russian Foreign Minister Sergei Lavrov at Press Availability," August 26, 2016, https://2009-2017.state.gov/secretary/remarks/2016/08/261303.htm.

——"Remarks with Russian Foreign Minister Sergei Lavrov and UN Special Envoy Staffan de Mistura at Press Availability," September 9, 2016, https://2009-2017.state.gov/secretary/remarks/2016/09/261722.htm.

Lake, Anthony. "Enlargement: Purpose and Practice," Speech at Council on Foreign Relations, December 14, 1993, file:///C:/Users/ADMINI～1/AppData/Local/Temp/Enlargement%20purpose%20and%20practice%20by%20Anthony%20Lake%20December%201993.pdf.

——"From Containment to Enlargement," September 21, 1993, https://www.

mtholyoke.edu/acad/intrel/lakedoc.html.

NATO, "Final Communiqué," May 30, 1995, https://www.nato.int/cps/su/natohq/official_texts_24753.htm?selectedLocale=en.

——"Study on NATO Enlargement," September 3, 1995, https://www.nato.int/cps/en/natohq/official_texts_24733.htm?.

——"Final Communique" issued at the Ministerial Meeting of the North Atlantic Council, June 3, 1996, https://www.nato.int/docu/pr/1996/p96-165e.htm.

——"Press Conference of Secretary General and General Lebed," October 7, 1996, https://www.nato.int/docu/speech/1996/s961007a.htm.

——"Madrid Declaration on Euro-Atlantic Security and Cooperation," July 8, 1997, https://www.nato.int/cps/ua/natohq/official_texts_25460.htm?mode=pressrelease.

——"Charter on Distinctive Partnership between NATO and Ukraine," July 9, 1997, https://www.ukrinform.net/rubric-polytics/2495225-charter-on-distinctive-partnership-between-nato-and-ukraine-signed-on-this-day.html.

——"The Alliance's Strategic Concept," April 24, 1999, http://www.internationaldemocracywatch.org/attachments/344_Nato%20Strategic%20Concept%20%281999%29.pdf.

——"Membership Acton Plan," April 24, 1999, https://www.nato.int/cps/en/natohq/official_texts_27444.htm.

——"Joint Statement on the Occasion of the Secretary General of NATO, Lord Robertson, in Moscow on February 16, 2000," https://www.nato.int/docu/pr/2000/p000216e.htm.

——"Press Statement On NATO-Russia Co-Operation In Combating Terrorism," January 28, 2002, https://www.nato.int/docu/pr/2002/p020128e.htm.

——"NATO-Russia Relations: A New Quality," 28 May 2002, https://www.nato.int/cps/en/natohq/official_texts_19572.htm.

——"NATO Ukraine Action Plan Adopted at Prague," November 2002, https://www.nato.int/docu/update/2002/11-november/e1122c.htm.

——"Prague Summit Declaration," November 21, 2002, https://www.nato.int/docu/pr/2002/p02-127e.htm.

——"Countdown to Prague Summit," Novermber 22, 2002, https://www.nato.int/docu/update/2002/11-november/e1121a.htm.

——"Istanbul Summit Communique," June 28, 2004, https://www.nato.int/docu/pr/2004/p04-096e.htm.

——"Russia to Join Partnership Status Agreement," April 21, 2005, https://www.nato.int/docu/update/2005/04-april/e0421a.htm.

——"Russia and Central Asia," November 18, 2005, http://www.bits.de/NRANEU/

CentralAsia.html.

——"NATO-Russian Cooperation to Counter Terrorism,"https://www.nato.int/docu/review/2005/Combating-Terrorism/NATO-Russia-Cooperation-Terrorism/EN/index.htm.

——"Bucharest Summit Declaration," April 3, 2008, https://www.nato.int/cps/en/natolive/official_texts_8443.htm.

——"Join Press Conference by NATO Secretary General Jaap de Hoop Scheffer and Minister of Defense of Ukraine Yuriy Yekhanurov," June 16, 2008, https://www.nato.int/docu/speech/2008/s080613f.html.

——"NATO-Georgia Joint Press Statement," September 15, 2008, https://www.nato.int/cps/en/natohq/news_46438.htm? selectedLocale=en.

——"Final Communiqué," December 3, 2008, https://www.nato.int/cps/en/natohq/official_texts_46247.htm.

——"NATO missile defense system," https://en.wikipedia.org/wiki/NATO_missile_defence_system.

——"Strasberg/Kehl Summit Declaration," April 9, 2009, https://www.nato.int/cps/en/natohq/news_52837.htm? mode=pressrelease.

——"Visit to NATO by H.E.Mr. Mikheil Saakashivili, President of Georgia," March 25, 2010, https://www.nato.int/cps/en/natohq/news_62365.htm.

——"Lisbon Summit Declaration," November 20, 2010, https://www.nato.int/cps/en/natolive/official_texts_68828.htm.

——"NATO-Russia Set on Path towards Strategic Partnership," November 20, 2010, https://www.nato.int/cps/en/natohq/news_68876.htm.MediaBackgrounder-NRC_en.pdf.

——"Russia Missile Systems to Stay Separate: NATO Chief," January 26, 2011, http://www.spacewar.com/reports/NATO_Russia_missile_systems_to_stay_separate_NATO_chief_999.html.

——"Chicago Summit Declaration," May 20, 2012, NATO website, http://www.nato.int/cps/en/natolive/official_texts_87593.htm?mode=pressrelease.

——"NATO Declares Missile Defense Capability," May 20, 2012, https://www.nato.int/cps/en/natolive/news_87599.htm.

——"NATO's Relations with Russia," June 2012, https://www.nato.int/nato_static/assets/pdf/pdf_2012_nio/20120705_0919-12-Fiche-Info-NATO-Russia_rus-RU.pdf.

——"NATO-Russia Practical Cooperation," December 2013, https://www.nato.int/nato_static_fl2014/assets/pdf/pdf_2013_12/20131127_1312.

——"Wales Summit Declaration," September 5, 2014, https://www.nato.int/cps/en/natohq/official_texts_112964.htm.

——"NATO-Ukraine relationship: The background," June 2015, https://www.nato.

int/nato_static_fl2014/assets/pdf/pdf_2015_06/20150624_1506-nato-ukraine-bg.pdf.

——"Press Conference by NATO Secretary General Jens Stoltenberg," June 14, 2016, https://www.nato.int/cps/en/natohq/opinions_132349.htm.

——"Joint Statement of NATO Georgia Commission at the Level of Foreign Ministers," July 8, 2016, https://www.nato.int/cps/en/natohq/official_texts_133175.htm.

——"Warsaw Summit Communique," July 9, 2016, https://www.nato.int/cps/en/natohq/official_texts_133169.htm.

Powell, Colin. "Statement on the Achievement of the Final Reduction under the START Treaty," December 5, 2001, https://2001-2009.state.gov/secretary/former/powell/remarks/2001/dec/6674.htm.

——"Remarks with Russian Foreign Minister Igor Ivanov Following Their Meeting," December 10, 2001, https://2001-2009.state.gov/secretary/former/powell/remarks/2001/dec/6776.htm.

——"Statement on President Bush's Budget Request for Fiscal Year of 2003," February 6, 2002, https://2001-2009.state.gov/secretary/former/powell/remarks/2002/7857.htm.

——"Press Briefing on President's Trip to Russia," May 25, 2002, https://2001-2009.state.gov/secretary/former/powell/remarks/2002/10493.htm.

——"Interview by Arshad Mohammed and Saul Hudson of Reuters," September 14, 2004, https://2001-2009.state.gov/secretary/former/powell/remarks/36177.htm.

——"Powell, White House Hail Ukraine Election," December 28, 2004, http://www.chinadaily.com.cn/english/doc/2004-12/28/content_403917.htm.

Rice, Condoleezza.

——"Promoting the National Interests," *Foreign Affairs*, Vol.79, No.1(January/February 2000).

——"Press Briefing by National Security Advisor Dr. Condoleezza Rice on Visit of President Putin, November 15, 2001," https://www.presidency.ucsb.edu/documents/press-briefing-national-security-advisor-dr-condoleezza-rice-visit-president-putin.

——"September 11th Attacks 'Crystallized Our Vulnerability,' Rice Says," October 2, 2002, *Washington File*, October 4, 2002.

——Senate Foreign Relations Committee, "Opening Remarks by Secretary of State-Designate Dr. Condoleezza Rice," January 18, 2005, https://2001-2009.state.gov/secretary/rm/2005/40991.htm.

——"Transformational Diplomacy: Remarks at Georgetown School of Foreign Service," January 18, 2006, https://2001-2009.state.gov/secretary/rm/2006/59306.htm.

——"Remarks of Secretary Rice En Route to Prague, Czech Republic," July 8, 2008, https://2001-2009.state.gov/secretary/rm/2008/07/106642.htm.

——"Remarks with Czech Foreign Minister Karel Schwarzenberg at the Ballistic Missile Defense Agreement Signing Ceremony," July 8, 2008, https://2001-2009.state.gov/secretary/rm/2008/07/106764.htm.

——"Remarks by Secretary of State Condoleezza Rice on Situation in Georgia," August 12, 2008, https://2001-2009.state.gov/secretary/rm/2008/08/108166.htm.

——"Interview with Lara Logan of CBS News," Brussels, Belgium, August 19, 2008, https://2001-2009.state.gov/secretary/rm/2008/08/108627.htm.

——"Secretary Rice Addresses U.S._Russian Relations at the German Marshall Foundation," September 18, 2008, https://2001-2009.state.gov/secretary/rm/2008/09/109954.htm.

——"Remarks with Kazakhstan Foreign Minister Mazat Tazhin," October 5, 2008, https://2001-2009.state.gov/secretary/rm/2008/10/110627.htm.

——"Rice: Russian Military Interference Would Be 'Grave Mistake'," February 23, 2014, https://wtvr. com/2014/02/23/rice-russian-military-interference-in-ukraine-would-be-grave-mistake/.

Talbott, Strobe.

——"Why NATO Should Grow?" www. nybooks. com/articles/1995/08/10/why-nato-shoud-grow.

——"Talbott Speech on NATO Enlargement at Atlantic Council," May 20, 1997, https://www.mtholyoke.edu/acad/intrel/strbnato.htm.

——"A Farewell to Flashman: American Policy in the Caucasus and Central Asia," Address at the Johns Hopkins School of Advanced International Studies, Baltimore, Maryland, July 21, 1997, https://1997-2001.state.gov/regions/nis/970721talbott.html.

——"The End of The Beginning: The Emergence of a New Russia," September 19, 1997, https://1997-2001.state.gov/regions/nis/970919talbott.html.

——"Russia: Its Current Troubles and Its Ongoing Transformation," Prepared testimony before the House International Relations Committee, October 19, 1999, https://1997-2001.state.gov/policy_remarks/1999/991019_talbott_hirc.html.

"Ukraine-European Union Association Agreement," https://en. wikipedia. org/wiki/Ukraine%E2%80%93European_Union_Association_Agreement#cite_note-aljpuk-71.

United Nations.

——"Cooperation between the UN and the Collective Security Treaty Organization," Resolution Adopted by the General Assembly on March 2, 2010, https://undocs.org/en/A/RES/64/256.

——"Security Council Fails to Adopt Draft Resolution on Syria as Russian Federation, China Veto Text Supporting Arab League's Proposal Peace Plan," February 4, 2012, https://www.un.org/press/en/2012/sc10536.doc.htm.

——"Security Council Unanimously Adopts Resolution 2042(2012), Authorizing Advance Team to Monitor Ceasefire in Syria," April 14, 2012, https://www.un.org/press/en/2012/sc10609.doc.htm.

——"General Assembly Adopts Resolution Call upon States not to Recognize Changes in Statues of Crimea Region," March 27, 2014, https://www.un.org/press/en/2014/ga11493.doc.htm.

——"UN Security Conference Resolution 2118," September 27, 2013, https://www.securitycouncilreport.org/atf/cf/%7B65BFCF9B-6D27-4E9C-8CD3-CF6E4FF96FF9%7D/s_res_2118.pdf.

"U.S. Defense Secretary Robert Gates on Security in Asia: America Is More Engaged Than Ever," June 1, 2007, https://china.usc.edu/us-defense-secretary-robert-gates-security-asia-america-more-engaged-ever-2007.

U.S. Department of Defense, "Hagel, Russian Defense Minister Hold First Video Teleconference," December 27, 2013, https://archive.defense.gov/news/newsarticle.aspx?id=121352.

U.S. Department of State.

——The United States and the Global Coalition Against Terrorism, September 2001-December 2003. https://2001-2009.state.gov/r/pa/ho/pubs/fs/5889.htm.

——"The US-Russia—Ukraine Trilateral Statement and Annex," January 14, 1994, http://www.pircenter.org/media/content/files/12/13943174920.pdf.

——"United States—Ukraine Joint Statement signed in Kyiv," June 5, 2000, http://www.ukrweekly.com/old/archive/2000/250013.shtml.

——"United States—Uzbekistan Declaration," March 12, 2002, https://2001-2009.state.gov/r/pa/prs/ps/2002/8736.htm.

——"Statement by Deputy Assistant Secretary B. Lynn Pascoe," June 24, 2004, https://www.csce.gov/sites/helsinkicommission.house.gov/files/Pascoe.pdf.

——"U.S. Ambassador on Ukraine PM's Trip to U.S. Interview with U.S. Ambassador William Taylor," December 26, 2006, http://www.usubc.org/AUR/aur803.php.

——"Czech Prime Minister Topolanek's Visit to the U.S.: Growing Partnership," February 28, 2008, https://2001-2009.state.gov/p/eur/rls/fs/101437.htm.

——"U.S.-Georgia Charter on Strategic Partnership," January 9, 2009, https://old.civil.ge/eng/article.php?id=20249.

——"Statement by the OSCE Minsk Group Co-Chair Countries," July 10, 2009, https://www.osce.org/mg/51152.

——"Statement of Richard Morningstar, Ambassador Designated to Azerbaijan, Before Senate Foreign Relations Committee," June 6, 2012, https://www.foreign.senate.gov/imo/

media/doc/Morningstar.pdf.

——"Statement by Press Secretary on the President's Travel to Russia," August 7, 2013, https://obamawhitehouse.archives.gov/the-press-office/2013/08/07/statement-press-secretary-president-s-travel-russia.

——"Framework for Elimination of Syrian Chemical Weapons," September 14, 2013, https://2009-2017.state.gov/r/pa/prs/ps/2013/09/214247.htm.

——"Statement by G7 Leaders on Ukraine," March 2, 2014, http://www.g8.utoronto.ca/summit/2014sochi/ukraine_140312.html.

——"Joint Declaration of Partnership and Cooperation by the Five Countries of Central Asia and the United States of America," Samarkan, Uzbekistan, November 1, 2015, https://2009-2017.state.gov/r/pa/prs/ps/2015/11/249050.htm.

——"The United States and Central Asia: Partners for the 21st Century," November 2, 2015, https://kz.usembassy.gov/remarks-by-john-kerry-at-nazarbayev-university/.

——"Joint Statement of the United States and the Russian Federation, as Co-Chairs of the ISSG, on Cessation of Hostilities in Syria," February 22, 2016, https://sy.usembassy.gov/joint-statement-united-states-russian-federation-co-chairs-issg-cessation-hostilities-syria-february-22-2016/.

——"Treaty Between the United States of America and the Federation of Russia on Measures for the Further Reduction and Limitation of Strategic Offensive Arms (New START)," March 29, 2019, https://www.nti.org/learn/treaties-and-regimes/treaty-between-the-united-states-of-america-and-the-russian-federation-on-measures-for-the-further-reduction-and-limitation-of-strategic-offensive-arms/.

——"Fact Sheet: Russian and U.S. Assistance," www.disam.dsca.mil/pubs/Vol%2717_2/Fact%20Sheet%20Russia%20%20US%20Asst.pgf.

——"Remarks with Azerbaijani Foreign Minister Elmar Mammadyarov, "June 6, 2012, https://2009-2017.state.gov/secretary/20092013clinton/rm/2012/06/191855.htm.

——"Joint Statement of the Fourth U.S.-Kazakhstan Strategic Partnership Dialogue," November 2, 2015, https://2009-2017.state.gov/r/pa/prs/ps/2015/11/249067.htm.

——"New U.S. Assistant Programs in Central Asia," November, 2015, https://2009-2017.state.gov/r/pa/prs/ps/2015/11/249051.htm.

——"U.S.-Georgian Strategic Partnership Commission," January 20, 2017, https://2009-2017.state.gov/p/eur/ci/gg/usgeorgiacommission//index.htm.

"U.S. General: NATO to Switch 'Assurance to Deterrence' in E. Europe," March 31, 2016, https://www.defensenews.com/home/2016/04/01/us-general-nato-to-switch-assurance-to-deterrence-in-e-europe/.

The White House, the Office of Press Secretary.

——"U.S. Assistance to Russia," June 17, 1992, http://www.disam.dsca.mil/pubs/

Vol%2014_4/U%20S%20Assistance%20to%20Russia.pdf.

——"Fact Sheet: U. S.-Russia Bilateral Presidential Commission," July 6, 2009, https://obamawhitehouse. archives. gov/the-press-office/fact-sheet-us-russia-bilateral-presidential-commission.

——"U.S.-Russia Relations: 'Reset' Fact Sheet," June 24, 2010, https://obamawhitehouse.archives.gov/the-press-office/us-russia-relations-reset-fact-sheet.

——"Text of White House Statement on Chemical Weapons in Syria," June 13, 2013, https://www.nytimes.com/2013/06/14/us/politics/text-of-white-house-statement-on-chemical-weapons-in-syria.html.

Vershbow, Alexander. "Georgia: One Year after the August War," Testimony Before Senate Foreign Relations Committee, August 4, 2009, https://www.foreign.senate.gov/imo/media/doc/VershbowTestimony090804p1.pdf.

Boris Yeltsin. "Text of Boris Yeltsin's Speech to the UN Security Council with UN Summit," February 1, 1992, https://apnews.com/e5458697cf06bbb518a9ffafffd650e5.

Kozyrev, Andrei. "The Lagging Partnership," *Foreign Affairs*, May/June 1994. https://www.foreignaffairs.com/articles/russian-federation/1994-05-01/lagging-partnership.

Kuchma, H. E. "Opening Statement," July 9, 1997, https://www.nato.int/docu/speech/1997/s970709i.htm.

Medvedev, Dmitri.

——"Interview Given by Dmitri Medvedev to Television Channels Channel One, Russia, NTV," August 31, 2008, http://en.kremlin.ru/events/president/transcripts/48301.

——"Dmitri Medvedev Met with American President Obama," September 24, 2009, http://en.kremlin.ru/events/president/news/5550.

——"Dmitri Medvedev Took Part in the Nuclear Security Summit in Washington," April 14, 2010, http://en.kremlin.ru/events/president/news/7453.

——"Speech at Meeting with Russian Ambassadors and Permanent Representatives in the International Organizations," July 12, 2010, http://en.kremlin.ru/events/president/transcripts/8325.

——"Medvedev's Visit to Yerevan and Gyumri," August 24, 2010, https://farusa.org/2010/08/24/armenian-life-medvedevs-visit-to-yerevan-and-gyumri/.

——"Prime Minister Medvedev's Speech at the Panel Discussion, Munich Security Conference," February 13, 2016, https://www.rusemb.org.uk/fnapr/5434.

Putin, Vladimir.

——"Why We Must Act," *New York Times*, November 14, 1999, https://www.nytimes.com/1999/11/14/opinion/why-we-must-act.html.

——"Interview to NBC," June 5, 2000, http://en.kremlin.ru/events/president/news/

54688.

——"Interview with the Newspaper Welt am Sonntag (Germany)," June 11, 2000, http://www.en.kremlin.ru/events/president/transcripts/interviews/24202.

——"President Vladimir Putin and US President George W. Bush held talks," July 22, 2001, http://en.kremlin.ru/events/president/news/42136.

——"President Vladimir Putin made a statement on terrorist attacks in the United States," September 11, 2001, http://en.kremlin.ru/events/president/news/40081.

——"Interview with American Broadcasting Company," November 7, 2001, http://en.kremlin.ru/events/president/transcripts/21392.

——"Joint Press Conference with President George W. Bush," November 13, 2001, http://en.kremlin.ru/events/president/transcripts/21397.

——"A Statement Made by Russian President Vladimir Putin on December 13, 2001," https://www.state.gov/documents/organization/29020.pdf.

——"Annual Address to the Assembly of Russian Federation," April 18, 2002, http://en.kremlin.ru/events/president/transcripts/21567.

——"Interview with Wall Street Journal," February 11, 2003, http://en.kremlin.ru/events/president/transcripts/21498.

——"President Vladimir Putin Met with President Islam Karimov," August 6, 2003, http://en.kremlin.ru/events/president/news/29160.

——"President Putin Met with New NATO Secretary General Jaap de Hoop Scheffer," April 8, 2004, http://en.kremlin.ru/events/president/news/30714.

——"Annual Address to the Federal Assembly of the Russian Federation," April 25, 2005, http://en.kremlin.ru/events/president/transcripts/22931.

——"Speech and the Following Discussion at the Munich Security Conference," February 10, 2007, http://en.kremlin.ru/events/president/transcripts/24034.

——"Annual Address to the Federal Assembly," April 26, 2007, http://en.kremlin.ru/events/president/transcripts/24203.

——"Press Conference following Russian-US Talks," April 6, 2008, http://en.kremlin.ru/events/president/transcripts/24905.

——"Transcript of TV Interview Vladimir Putin to CNN's Larry King," December 1, 2010, http://edition.cnn.com/TRANSCRIPTS/1012/01/lkl.01.html.

——"Putin Says US Stoked Russian Protesters," December 8, 2011, https://www.reuters.com/article/us-russia/putin-says-u-s-stoked-russian-protests-idUSTRE7B610S20111208.

——"Visit to Uzbekistan," June 4, 2012, http://en.kremlin.ru/events/president/news/15548.

——"A Plea for Caution From Russia," September 11, 2013, https://www.nytimes.com/2013/09/12/opinion/putin-plea-for-caution-from-russia-on-syria.html.

——"Address by President of Russian Federation," March 18, 2014, http://en.kremlin.ru/events/president/news/20603.

——"Meeting of the Valdai International Discussion Club," October 24, 2014, http://en.kremlin.ru/events/president/news/46860.

——"Meeting of Valdai International Discussion Club," October 19, 2017, http://en.kremlin.ru/events/president/news/55882.

Ministry of Foreign Affairs of Russian Federation. "Joint Declaration from Russia, Germany and France," February 10, 2003, http://en.kremlin.ru/supplement/3662.

——Foreign Policy Concept of Russian Federation Approved by President of Russian Federation Vladimir Putin, December 1, 2016, https://www.mid.ru/en/foreign_policy/official_documents/-/asset_publisher/CptICkB6BZ29/content/id/2542248.

——"Interview by Permanent Representative of the Russian Federation to NATO A. Grushko to 'Kommersant' Newspaper," July 6, 2016, https://missiontonato.mid.ru/en_GB/-/interv-u-postoannogo-predstavitela-rossijskoj-federacii-pri-nato-a-v-grusko-gazete-kommersant-?inheritRedirect=true&redirect=%2Fen_GB.

——"Interview by Permanent Representative of the Russian Federation to NATO A. Grushko to the TV Channel 'Rossiya-24'," July 11, 2016, https://missiontonato.mid.ru/en_GB/-/interv-u-postoannogo-predstavitela-rossijskoj-federacii-pri-nato-a-v-grusko-telekanalu-rossia-24?inheritRedirect=true&redirect=%2Fen_GB.

2. 著作、回忆录

Arbatov, Alexei, Abram Chayes, Antonia Handler Chayes and Lara Olson. *Managing Conflict in the Former Soviet Union*. MIT Press, 1997.

Asmus, Ronald D. *Opening NATO's Door. How the Alliance Remade Itself for a New Era*. New York: Columbia University Press, 2002.

Barnett, Thomas P.M. *Great Powers. America and the World After Bush*. New York: G.P.Putman's Sons, 2009.

Baker James A., III with Thomas M. Defrank, *Politics of Diplomacy. Revolution, War and Peace, 1989-1992*. New York: G.P. Putman's Sons, 1995.

Burns, William. *The Black Channel. A Memoire of American Diplomacy and the Case for Its Renewal*. New York: Random House, 2019.

Bush, George H.W.and Brent Scowcroft. *A World Transformed*. New York: Alfred A. Knopf, 1989.

Bush, George W. *Decision Points*. New York: Broadway Books, 2011.

Buszynski, Leszek. *Russian Foreign Policy after the Cold War*. Westport, Connecticut: Praeger, 1996.

Carter, Ashton B. and William J. Perry, *Preventive Defense. A New Security Strategy for America*. Brookings Institution Press, 1999.

Charap, Samuel and Timothy J. Colton, *Everyone Loses*: *The Ukraine Crisis Ruinous Contest for Post-Soviet Eurasia*. Routledge, January, 2017.

Christopher, Warren. *In the Stream of History. Shaping Foreign Policy for a New Era*. Stanford University Press, 1998.

Forbrig, Joerg and Robin Shepherd, eds. *Ukraine after the Orange Revolution*. German Marshall Fund for the United States, 2005.

Goldgeier, James M. and Michael McFaul. *Power and Purpose. U.S. Policy toward Russia after the Cold War*. Brookings Institution Press, 2003.

Hunter, Robert, and Sergey M. Rogov. *Engaging Russia as Partner and Participant*: *The Next Stage of NATO-Russia Relations*. Santa Monica, CA: Rand, 2004.

Kauzlarich, Richard. *Time for Change? U.S. Policy in the Transcauacasus*. The Century Foundation Report, 2001.

Legvold, Robert. *Return to Cold War*. Cambridge UK: Polity Press, 2016.

McFaul, Michael. *From Cold War to Hot Peace*. New York: Houghton Mifflin Harcourt, 2018.

Mankoff, Jeffrey. *Russian Foreign Policy. The Return of Great Power Politics*. New York: Rowman and Littlefield Publishers, Inc, 2012.

Mann, James. *Rise of the Vulcans. The History of Bush's War Cabinet*. Penguin Books Limited, 2004.

National Review, *"We Will Prevail"*: *President George W. Bush on War*, *Terrorism*, *and Freedom*. The Continuum International Publishing Group, 2003.

North Atlantic Treaty Organization. *Study on NATO Enlargement*. Brussels, September 1995, https://www.nato.int/cps/en/natohq/official_texts_24733.htm.

Pifer, Steven. *The Eagle and the Trident*: *U.S.-Ukraine Relations in Turbulent Time*. Brookings Institution Press, 2017.

Rumer, Rugene, Dmitri Trenin, and Huasheng Zhao. *Central Asia. View from Washington*, *Moscow*, *and Beijing*. New York: ME. Sharpe, 2007.

Republican Platform 2000. Renewing America's Purpose Together. July 31, *2000*. https://www.presidency.ucsb.edu/documents/2000-republican-party-platform.

Solomon, Gerald. *The NATO Enlargement Debate*, *1990-1997*. Westport, Conn.: Praeger, 1998.

Stent, Angela E. *The Limits of Partnership. U.S.-Russian Relations in the Twenty-first Century*. Princeton University Press, 2014.

Talbott, Strobe. *The Russia Hand*: *A Memoir of Presidential Diplomacy*. New York: Random House, 2002.

Trampenau, Timothy R. *NATO Expansion and the Baltic States*. Monterey, CA: Naval Postgraduate School, December, 1996.

The White House, *National Security Strategy for a New Century*. December 1999, file:///C:/Users/Administrator/Downloads/487539%20(3).pdf.

——*National Security Strategy of the United States of America*. September 2002. http://georgewbush-whitehouse.archives.gov/nsc/nss/2002/.

——*National Security Strategy of the United States*, March 16, 2006. https://georgewbush-whitehouse.archives.gov/nsc/nss/2006/.

Congressional Rearch Service Reports for Congress:

Armed Conflict in Syria: Overview and U.S. Response, October 9, 2015.

Belkin, Paul. *NATO's Chicago's Summit*, May 14, 2012.

Belkin, Paul, Derek Mix and Steven Woehrel, *NATO: Response to the Crisis in Ukraine and Security Concerns in Central and Eastern Europe*, July 31, 2014.

Cooper, William. *Permanent Normal Trade Relations Status for Russia and U.S.-Russian Economic Ties*, March 28, 2013.

Hildreth, Carl Ek. *Long-Range Ballistic Missile Defense in Europe*, April 26, 2010.

Hildreth, Steven A. *Missile Defense: The Current Debate*, Updated July 19, 2005.

Kan, Shirley. *U.S.-China Counterterrorism Cooperation: Issues for U.S. Policy*, December 7, 2004.

——*U.S.-China Counterterrorism Cooperation: Issues for U.S. Policy*, July 15, 2010.

Morelli, Vincent L. *Ukraine: Current Issues and U.S. Policy*, January 3, 2017.

Nichol, Jim.

——*Armenia, Azerbaijan, and Georgia: Political Developments and Implications for U.S. Interests*, Updated February 23, 2006.

——*Armenia, Azerbaijan, and Georgia: Political Developments and Implications for U.S. Interests*, Updated November 6, 2008.

——*Armenia, Azerbaijan, and Georgia: Security Issues and Implications for U.S. Interests*, Updated March 11, 2010.

——*Armenia, Azerbaijan, and Georgia: Political Developments and Implications for U.S. Interests*, April 2, 2014.

——*Chechnya Conflict: Recent Developments*, Updated May 3, 2000.

——*Central Asia's New States: Political Developments and Implications for U.S. Interests*, Updated May 18, 2001.

——*Central Asia's New States: Political Developments and Implications for U.S. Interests*, Updated December 11, 2002.

——*Central Asia's New States: Political Developments for U.S. Interests*, updated July 21, 2003.

——*Central Asia: Regional Developments and Implications for U.S. Interests*, June 5, 2006.

——*Central Asia's Security: Regional Developments and Implications for U.S. Interests*, July 10, 2008.

——*Central Asia's New States: Political Developments and Implications for U.S. Interests*, Updated March 11, 2010.

——*Central Asia: Regional Developments and Implications for U.S. Interests* (CRS Report for Congress), March 21, 2014.

——*Russia-Georgia Conflict in August 2008: Context and Implications for U.S. Interests*, March 3, 2009.

——*Georgia【Republic】: Recent Developments and U.S. Interests*, June 21, 2013.

——*Kazakhstan: Recent Developments and U.S. Interests*, July 22, 2013.

——*Kyrgyzstan: Recent Developments and U.S. Interests*, August 30, 2013.

——*Tajikstan: Recent Developments and U.S. Interests*, August 31, 2012.

——*Uzbekistan: Recent Developments and U.S. Interests*, April 5, 2007.

——*Uzbekistan: Recent Developments and U.S. Interests*, August 21, 2013.

——*Democracy in Russia: Trends and Implications for U.S. Interests*, August 29, 2006.

——*Russian Political, Economic, and Security Issues and U.S. Interests*, March 31, 2014.

——*Russia's December 2011 Legislative Election: Outcome and Implications*, December 13, 2011.

Sharp, Jeremy and Christopher Blanchard, *Armed Conflict in Syria: Background and U.S. Response*, September 6, 2013.

Woehrel, Steven.

——*Ukraine's Presidential Elections and U.S. Policy*, December 1, 2004.

——*Ukraine's Orange Revolution and U.S. Policy*, April 1, 2005.

——*Ukraine: Current Issues and U.S. Policy*, June 23, 2008.

——*Ukraine: Current Issues and U.S. Policy*, April 26, 2011.

——*Ukraine: Current Issues and U.S. Policy*, May 24, 2013.

——*Ukraine: Current Issues and U.S. Policy*, March 24, 2014.

Woolf, Amy F. *Nunn_Lugar Cooperative Threat Reduction Programs: Issues for Congress*, Updated March 23, 2001.

——*National Missile Defense: Russia's Reaction*, Updated August 10, 2001.

——*Russia and the War in Iraq*, April 14, 2003.

——*Nuclear Arms Control: The Strategic Offensive Reductions Treaty*, February 7, 2011.

3. 论文、研究报告、时评

"2016 Nagorno-Karabakh Clashes," https://en. wikipedia. org/wiki/2016 _ Nagorno-Karabakh_clashes.

Abbasov, Shahin. "Medvejev Visit to Baku Produce Gas Export Agreement," https://eurasianet.org/medvedev-visit-to-baku-produces-gas-export-agreement.

Adomeit, Hannes. "Inside or Outside? Russia's Policies Towards NATO," January 2007, https://www.swp-berlin.org/fileadmin/contents/products/arbeitspapiere/NATO_Oslo_ks.pdf.

"Albright Blasts Russia on Chechnya," January 31, 2000, https://www.cbsnews.com/news/albright-blasts-russia-on-chechnya/.

Aaron, Betsy. "US, Baltic State Sign Partnership Pact," January 16, 1998, http://edition.cnn.com/WORLD/9801/16/baltic.treaty.pm/.

Ackerman, Spencer and Dan Roberts. "Kerry: Russia's Syria Chemical Weapons Proposal the 'Ideal Way' to End Impasse," September 10, 2013, https://www.theguardian.com/world/2013/sep/09/us-russian-proposal-syria-chemical-weapons.

Ackerman, Spencer. "U.S. Military Admits It Mistakenly Targeted and Killed Loyalist Syrian Forces," November 29, 2016, https://www.theguardian.com/world/2016/nov/29/us-military-airstrikes-mistake-syria-assad-deir-ez-zor.

Akhtar, Uzmar. "Central Asia Security: Issues and Implications for US Interests", ISSRA Paper 2010, https://www.ndu.edu.pk/issra/issra_pub/articles/issra-paper/ISS RA_Papers_Vol2_IssueII_2010/04-Central-Aisa-Security-Uzma-Akhtar.pdf.

"An Open Letter to the Obama Administration from Central and Eastern Europe," July 16, 2009, https://www.rferl.org/a/An_Open_Letter_To_The_Obama_Administration_From_Central_And_Eastern_Europe/1778449.html.

Anishchuk, Alexei and Steve Gutterman. "Medvedev Warns West over Missile Defense," March 24, 2012, https://www.reuters.com/article/us-russia-missiles/russias-medvedev-warns-west-over-missile-shield-idUSBRE82M12220120323.

Antonenko, Oksana. "A War with No Winners," https://www.tandfonline.com/doi/full/10.1080/00396330802456445.

Arms Control Association. "The Arms Control Agenda at the Helsinki Summit," https://www.armscontrol.org/act/1997-03/features/arms-control-agenda-helsinki-summit.

——"Clinton Signs Controversial NMD Legislation," https://www.armscontrol.org/act/1999_07-08/nmdja99.

——"U.S. Eyes Missile Defense Site in Europe," July 2004, https://ssi.armywarcollege.

edu/pdffiles/PUB1219.pdf.

——"Timeline of Syrian Chemical Weapons Activities, 2012-2019," March 2019, https://www.armscontrol.org/factsheets/Timeline-of-Syrian-Chemical-Weapons-Activity.

——"The Open Sky Treaty at Glance," May 2020, https://www.armscontrol.org/factsheets/openskies.

——"Anti-Ballistic Missile Treaty News," https://fas.org/nuke/control/abmt/news/index.html.

Asmus, Ronald , Richard Kugler and F. Stephen Larabee. "Building A New NATO," https://www.foreignaffairs.com/articles/southeastern-europe/1993-09-01/building-new-nato.

Associate Press. "Russia and China Veto UN Resolution against Syrian Regime ," October 4, 2011, https://www.theguardian.com/world/2011/oct/05/russia-china-veto-syria-resolution.

"Background: Six-Point Peace Plan for Georgia-Russia Conflict," August 15, 2008, https://reliefweb.int/report/georgia/background-six-point-peace-plan-georgia-russia-conflict.

Baker, Mark. "Russia: Rumsfeld Visit Fails to Bridge Arms Differences," August 14, 2001, https://www.rferl.org/a/1097153.html.

Baker, Mark. "Iraq: Russia, China Lead Criticism of US Attack," March 20, 2003, https://www.rferl.org/a/1102604.html.

Baker, Peter. "In Ukraine, Joe Biden Pushes a Message of Democracy," December 8, 2015, https://www.nytimes.com/2015/12/09/world/europe/joe-biden-ukraine.html.

Bakshi, Jyotsna. "Russia and Uzbekistan Sign" Treaty of Alliance Relations, December 27, 2005, https://idsa.in/idsastrategiccomments/RussiaandUzbekistanSignTreatyofAllianceRelations_jbakshi_271205.

Banusiewicz, John, U.S. Central Command. "Gates Thanks Azerbaijan for Help in Afghanistan," June 6, 2010, https://www.centcom.mil/MEDIA/NEWS-ARTICLES/News-Article-View/Article/884079/gates-thanks-azerbaijan-for-help-in-afghanistan/.

Barnard, Anna and Mark Mazzetti. "U.S. Admits Airstrikes in Syria, Meant to Hit ISIS, Killed Syrian Troops," September 17, 2016, https://www.nytimes.com/2016/09/18/world/middleeast/us-airstrike-syrian-troops-isis-russia.html.

BBC News. "Albright Visits Kazakhstan," April15, 2000, http://news.bbc.co.uk/2/hi/asia-pacific/714242.stm.

——"Russia Activates Missile Early Warning Radar System," November 29, 2011, https://www.bbc.com/news/world-europe-15938494.

——"Russia Gets 30-year Extension for base in Tajikistan," October 5, 2012, https://www.bbc.com/news/world-asia-19849247.

——"Russia Suspends Weapon's- Grade Plutonian Deal with US," October 3, 2016, https://www.bbc.com/news/world-europe-37539616.

——"Syrian Conflict: U.S. Suspends Talks with Russia," October 4, 2016, https://www.bbc.com/news/world-middle-east-37546354.

Bernstein, Paul and Jason Wood. "The Originsof Nunn-Lugar and Cooperative Threat Reduction," http://ndupress.ndu.edu/Portals/68/Documents/casestudies/CSWMD_CaseStudy-3.pdf.

"Biden's Foreign Policy Speech: We Are Willing to Talk," February 7, 2009, https://blogs.wsj.com/washwire/2009/02/07/8375/.

Bird, Chris. "Russian Troops in New Role as Abkhazia Peacekeeping," June 28, 1994, https://www.latimes.com/archives/la-xpm-1994-06-28-mn-9599-story.html.

Black, Ian. "Syrian Opposition Postpones Participation in Peace Talks," April18, 2016, https://www.theguardian.com/world/2016/apr/18/syrian-opposition-pauses-participation-geneva-peace-talks.

Blake, Robert, Jr. "U.S. Policy in Central Asia," January 25, 2012, https://2009-2017.state.gov/p/sca/rls/rmks/2012/182643.htm.

Blank, Stephen. "Russia and the Baltics in the Age of NATO Enlargement," *Parameters*, Autumn 1998, https://www.bits.de/NRANEU/docs/blank98.htm.

——"U.S. Interests in Central Asia and the Challenges to Them," March 2007, https://ssi.armywarcollege.edu/pdffiles/PUB758.pdf.

Blasing, John. "The Secretary of Defense and the Partnership for Peace: A Policy for a Safer World," https://www.colorado.edu/artssciences/defese/John%20Blasing.pdf.

Blua, Antonie. "Central Asia: Rumsfeld Wraps Up Visit to Uzbekistan, Kazakhstan," February 26, 2004, http://www.payvand.com/news/04/feb/1201.html.

Boese, Wade. "Russia Sends Conflicting Messages on Missiles Defense," *Arms Control Today*, https://www.armscontrol.org/act/2001-10/press-releases/russia-sends-conflicting-messages-missile-defenses.

Borawski, John. "Partnership for Peace and Beyond," *International Affairs*, Vol.71, No.2 (April 1995).

Borger, Julian and Patrick Wintour. "Russia Calls on Syria to Hand over Chemical Weapons," September 9, 2013, https://www.theguardian.com/world/2013/sep/09/russia-syria-hand-over-chemical-weapons.

Borger, Julian. " Ukraine Crisis: Geneva Talks Produce Agreement to Defusing Conflict," April 17, 2014, https://www.theguardian.com/world/2014/apr/17/ukraine-crisis-agreement-us-russia-eu.

Boucher, Richard. "U.S. Policy in Central Asia: Balancing Priorities," April 26, 2006, https://2001-2009.state.gov/p/sca/rls/rm/2006/65292.htm.

Brady, April. "Russia Completes S-300 Delivery to Iran," Arms Control Association, *Arms Control Today*, December 2016, https://www.armscontrol.org/act/2016-11/news-briefs/russia-completes-s-300-delivery-iran.

Branigin, William. "U.S. Rejects Tally, Warns Ukraine," November 25, 2004, http://www.wheresthepaper.org/WashPost11_25USrejectsTallyWarnsUkraine.htm.

Breedlove, Philip. "Statement Before Senate Arms Services Committee," April 30, 2015, https://www.armed-services.senate.gov/imo/media/doc/Breedlove_04-30-15.pdf.

Broder, John. "Clinton Blasts Russia for Its War in Chechnya," January 14, 1995, http://articles.latimes.com/1995-01-14/news/mn-19852_1_clinton-russia-chechnya.

Bumiller, Elisabeth and David Sanger. "Bush and Putin Exhibit Tension over Democracy," February 25, 2005, https://www.nytimes.com/2005/02/25/world/europe/bush-and-putin-exhibit-tension-over-democracy.html.

Burns, Robert. "U.S. Might Negotiate Missile Defense," April 24, 2007, http://www.washingtonpost.com/wp-dyn/content/article/2007/04/24/AR2007042400871.html.

——Uzbek Leader Says "Imperial Ambitions" Rising in Russia, April 7, 1995, https://www.apnews.com/41b56ce49c7b8dce29ab6a486d027685.

——"U.S. Might Negotiate Missile Defense," April 24, 2007, http://www.washington-post.com/wp-dyn/content/article/2007/04/24/AR2007042400871.html.

Burns, William. "How the US-Russian Relations Went Bad," *Atlantic*, March 8, 2019.

——"The United States and Russia in New Era: One Year After 'Reset'," April 14, 2010. *Washington File*, April 15, 2010.

Brzezinski, Zbigniew. "A Plan for Europe: How to Expand NATO," *Foreign Affairs*, January/February 1995.

——"Why the West Should Care About Chechnya," *Wall Street Journal*, November 10, 1999, https://www.wsj.com/article/SB941891397315515263.

——"Ukraine is neither a pawn nor a queen but a very important figure," May 18, 2004, https://day.kyiv.ua/en/article/day-after-day/zbigniew-brzezinski-ukraine-neither-pawn-nor-queen-very-important-figure.

Calmes, Jakie. "Obama and Medvedev Talk Economics," June 24, 2010, https://www.nytimes.com/2010/06/25/world/europe/25prexy.html.

CBS News. "Face the Nation, Interview with Cheney, Ryan, Baker," March 9, 2014, https://www.cbsnews.com/news/face-the-nation-transcripts-march-9-cheney-ryan-baker/.

Central Intelligence Agency, "The World Factbook: Georgia," https://www.cia.gov/library/publications/the-world-factbook/geos/gg.html.

Cerniello, Craig. "U.S., Russia to Begin 'Discussion' on START III, ABM Treaty," *Arms Control Today*, https://www.armscontrol.org/act/1999-06/press-releases/us-russia-begin-discussions-start-iii-abm-treaty.

Chappell, Bill. “US Extremely Disappointed at Russia's Asylum for Snowden,” August 1, 2013, https://www.npr.org/sections/thetwo-way/2013/08/01/207831950/snowden-has-left-moscows-airport-as-russia-grants-asylum.

“Chenchen Foreign Minister in Washington,” April 3, 2001, http://jamestown.org/program/chenchen-foreign-minister-in-washington/.

“Clinton Starts former Soviet Tour in Ukraine,” July 2, 2010, https://www.bbc.com/news/10484714.

“Clinton Cites' Serious Concerns' about Russian Election,” December 6, 2011, https://www.cnn.com/2011/12/06/world/europe/russia-elections-clinton/index.html.

CNN News. “Russia Blasts U.S.-Chechen Meeting,” March 27, 2001, http://www.cnn.com/2001/WORLD/europe/03/27/russia.chechnya/.

“CNN Poll:Three- Quarters Say Ratify START Treaty,” November 16, 2010, https://politicalticker.blogs.cnn.com/2010/11/16/cnn-poll-three-quarters-say-ratify-start-treaty/.

Cohen, Ariel. “The War in Chechnya: What Is At Stake?” November 30, 1999, https://www.heritage.org/europe/report/the-war-chechnya-what-stake.

Cohen, Roger. “Yeltsin Opposes Expansion of NATO in Eastern Europe,” October 2, 1993, https://www.nytimes.com/1993/10/02/world/yeltsin-opposes-expansion-of-nato-in-eastern-europe.html.

Collina, Tom. “Missile Defense Talks Resume,” *Arms Control Today*, https://www.armscontrol.org/act/2013-05/news/missile-defense-talks-resume.

Cornell, Svante. “Small Nations and Great Powers: A Study of Ethnopolitical Conflict in the Caucasus,” https://is.muni.cz/el/1423/podzim2012/MVZ208/um/35586974/Small_Nations_and_Great_Powers__A_Study_of_Ethnopolitical_Conflict_in_the_Caucasus.pdf.

Council of the European Union, “European Strategy Security: A Secure Europe in a Better World,” 2009, https://www.consilium.europa.eu/en/documents-publications/publications/european-security-strategy-secure-europe-better-world/.

——“Joint Declaration of the Prague Eastern Partnership Summit,” May 7, 2009, https://www.consilium.europa.eu/media/31797/2009_eap_declaration.pdf.

Cross, Sharyl. “Russia and NATO toward the 21st Century; Conflicts and Peacekeeping in Bosnia-Herzegovina and Kosovo,” August 2001, http://www.nato.int/acad/fellow/9901/cross.pdf.

Cutler, Robert. “U.S. Intervention in Afghanistan: Implications for Central Asia,” November 1, 2001, https://ips-dc.org/us_intervention_in_afghanistan_implications_for_central_asia/.

Daley, Tad. “U.S. Prepares $130m Military Aid Package for Syrian Rebels,” April 20, 2013, https://www.theguardian.com/world/2013/apr/20/us-syria-130m-military-aid-package.

Dash, Joseph. "Three Years Later: the Evolution of the Russian's Military Intervention in Syria," September 27, 2018, https://www.atlanticcouncil.org/blogs/syriasource/three-years-later-the-evolution-of-russia-s-military-intervention-in-syria/.

"DFM Karasin on Ukraine, Georgia, Transnistria, Armenia and Belarus," February 8, 2008, https://wikileaksru.wordpress.com/2008/02/08/08moscow353-dfm-karasin-on-ukraine-georgia-transnistria/.

Dobbs, Michael. "Yeltsin Offers Cuts in A-Arms," https://www.washingtonpost.com/archive/politics/1992/01/30/yeltsin-offers-cuts-in-a-arms/4dee3e52-fdb0-4bd5-9365-8f1bd21eabda/?utm_term=.d31f3ee56e74.

Dodge, Michaela. "President Obama's Missile Defense Policy: A Misguided Legacy," September 15, 2016, https://www.heritage.org/defense/report/president-obamas-missile-defense-policy-misguided-legacy.

Dubinin, Yuri. "Ukraine's Nuclear Ambitions: Reminiscences of the Past," March 19, 2018, http://eng.globalaffairs.ru/number/Ukraines-Nuclear-Ambitions-19431.

"Democracy in Retreat in Russia," Hearing before the Senate Foreign Relations Committee, February 17, 2005, https://www.govinfo.gov/content/pkg/CHRG-109shrg22751/html/CHRG-109shrg22751.htm.

Donovan, Jeffrey. "Georgia: Saakashvili Meets Bush in Washington," February 25, 2004, https://www.rferl.org/a/1051665.html.

Dyomkin, Denis and Tuomas Forsell, "Putin Hints Russia Will React if Finland Joins NATO," July 2, 2016, https://www.reuters.com/article/us-russia-finland-nato-putin/putin-hints-russia-will-react-if-finland-joins-nato-idUSKCN0ZH5IV.

Echanova, Zamira. "Uzbekistan: Rumsfeld Visits Builds Hopes of Closer Relations with U.S." October 8, 2001, https://www.rferl.org/a/1097632.html.

"Edward Snowden Asylum in Russia," https://en.wikipedia.org/wiki/Edward_Snowden_asylum_in_Russia.

Ekmanis, Rolfs. "Russia, the West and the Baltics," http://www.lituanus.org/1995_4/95_4_01.htm.

Ellison, Brian. "Russian Grand Strategy in the South Ossetia War," http://demokratizatsiya.pub/archives/19_4_0367216M621448T3.pdf.

Epatko, Larisa. "Obama Says He Spoke with Putin About Chemical Weapons Control Idea, Favors Diplomatic Solution," September 9, 2013, https://www.pbs.org/newshour/world/obama-says-he-spoke-with-putin-about-chemical-weapons-control-idea-favors-diplomatic-solution.

Erlanger, Steven. "Summit in Moscow: The Overview," May 11, 1995, https://www.nytimes.com/1995/05/11/world/summit-moscow-overview-clinton-yeltsin-find-way-ease-strains-least-bit.html.

European Council on Foreign Relations, "NATO Enlargement: Assurances and Misunderstandings," July 7, 2016, http://www.ecfr.eu/article/commentary_nato_enlargement_assurances_and_misunderstandings.

"Executive Summary of the Report of the Commission to Assess the Ballistic Missile Threat to the United States," July 15, 1998, https://fas.org/irp/threat/bm-threat.htm.

Falcone, Michael. "Obama Emerges to Talk about Georgia," August 11, 2008, https://thecaucus. blogs. nytimes. com/2008/08/11/obama-emerges-to-talk-about-georgia/? mtrref = www.google. com&gwh=878C05ECA490142C2640FAA469A8DDE0&gwt=pay&assetType =REGIWALL.

Felgenbauer, Pavel. "Shoigu Agrees to Maintain a Videolink to the Pentagon," October 24, 2013, https://jamestown.org/program/shoig.

"Fact Sheet: Ukraine President Visits Washington, DC," May 5-7, 1992, https://heinonline.org/HOL/LandingPage?handle=hein.journals/dsptch5&div=205&id=&page=

Faulconbridge, Guy. "Russia's Medvedev Warns NATO over Georgia War Games," April 17, 2009, https://www. reuters. com/article/us-georgia-nato-russia/russias-medvedev-warns-nato-over-georgia-war-games-idUSTRE53G23Z20090417.

FBI National Press Office, "Press Release," February 20, 2001, https://www.fbi.gov/history/famous-cases/robert-hanssen.

Foer, Franklin and Chris Hughes, "President Is Not Pleased," January 27, 2013, https://newrepublic.com/article/112190/obama-interview-2013-sit-down-president.

"Foreign Missile Deployments and the Ballistic Missile Treat to the United States through 2015," https://www.dni.gov/files/documents/missilethreat_2001.pdf.

Foreign Affairs Council, Council of European Union, "Council Takes Action on the Downing of Flight MH17", July 22, 2014, https://www. consilium. europa. eu/en/meetings/fac/2014/07/22/.

Fraser, Derek. "Taking Ukraine Seriously: Western and Russian Responses to the Orange Revolution," https://link.springer.com/chapter/10.1007/978-1-137-10170-9_9.

Fried, Daniel. "A Strategy for Central Asia," October, 27, 2005, https://2001-2009.states.gov/p/eur/rls.rm/55766.htm.

Friedman, Thomas L. "What Did We Expect?" August 19, 2008, https://www. nytimes.com/2008/08/20/opinion/20friedman.html.

——"Clinton Makes Appeal to Lativia to Accept Its Russian Civilians", July 7, 1994, https://www. nytimes. com/1994/07/07/world/clinton-makes-appeal-to-latvia-to-accept-its-russian-civilians.html.

——"Now a Word from X", May 2, 1998, https://www. nytimes, com/1998/05/02.opinion/foreign-affairs-now-a-word.

Forsberg, Tuomas. "Russia's Relationship with NATO: A Qualitative Change or Old Wine in New Bottles?" http://doi.org/qo.1080/13523270500183488.

"Founding Act on Mutual Relations, Cooperation and Security Between the NATO and the Russian Federation," https://www.nato.int/nrc-website/media/59451/1997_nato_russia_founding_act.pdf.

Fox News. "Russia Warns Military Response, If U.S.-Czech Missile Agreement Approved," July 8, 2008, https://www.foxnews.com/story/russia-warns-of-military-response-if-u-s-czech-missile-defense-agreement-approved.

Freedom House, "Fact Sheet: Russia's NGO Laws," January 2006, https://freedomhouse.org/sites/default/files/Fact%20Sheet_0.pdf.

Fried, Am Daniel. "Ukraine: Developments in the Aftermath of the Orange Revolution," July 27, 2005, https://2001-2009.state.gov/p/eur/rls/rm/50304.htm.

Fukuyama, Francis. "The End of History?" *The National Interest*, Summer 1989, https://history.msu.edu/hst203/files/2011/02/Fukuyama-The-End-of-History.pdf.

"The Global War on Terrorism. The First 100 Days," *Washington File*, 21 December 2001.

Graham, Bradley. "U.S. To Go Slowly on Treaty," *Washington Post*, September 8, 1999, https://fas.org/nuke/control/abmt/news/e19990908treaty.htm.

Gaddis, John. "History, Grand Strategy and NATO Enlargement," *Survival*, Vol.40, No.1 (Spring 1998).

Gabbitas, Andrea "Prospects for U.S.-Russian Proliferation Cooperation Under Bush and Putin," December 2002, http://www.ksg.harvard.edu/besia.

Gearan, Anne, Karen DeYoung and Will Englund, "Syria Says It' Welcomes' Russia Proposal on Chemical Weapons," September 9, 2013, https://www.washingtonpost.com/.

"Geneva II Conference on Syria," https://en.wikipedia.org/wiki/Geneva_II_Conference_on_Syria.

"Georgian-Ossetian Conflict," https://en.wikipedia.org/wiki/Georgian%E2%80%93Ossetian_conflict.

"Georgia Has received 4.3 bln in financial aid from US in past 28 years," *Business Media*, November 29, 2019, https://bm.ge/en/article/georgia-has-received-43-bln-in-financial-aid-from-us-in-past-28-years/44427/.

"Georgia—NATO Relations," https://en.wikipedia.org/wiki/Georgia%E2%80%93NATO_relations.

"Georgia's 'Rose Revolution,'" A Report Prepared by the Staff of the Commission on Security and Cooperation in Europe, 108 Congress, 2nd Session, 2004, https://www.csce.

gov/sites/helsinkicommission. house. gov/files/Report% 20on% 20Georgia% 27s% 20Rose% 20Revolution. pdf.

Gerrits, Andre and Max Bader, "Russian Patronage over Abkhazia and South Ossetia: Implications for Conflict Resolution," July 2016, https://openaccess. leidenuniv. nl/bitstream/handle/1887/73992/Gerrits_Bader_2016.pdf?sequence=1.

Giles, Krei and Andrew Monaghan, "European Missile Defense and Russia," July 2014, https://ssi.armywarcollege.edu/pdffiles/PUB1219.pdf.

Gladstone, Rich. "Friction at the UN as Russia and China Veto Another Resolution on Syria Sanction," July 19, 2012, https://www.nytimes.com/2012/07/20/world/middleeast/russia-and-china-veto-un-sanctions-against-syria.html.

Gorden, Michael. "U.S. Warns Russia: Stop Attacking Chechen Civilians," December 30, 1994, https://www. nytimes. coom/1994/12/30/world. us-warns-russia-stop-attacking-chechen-civilians.html.

——"Syrian Opposition to Sit Out Any Talks Unless Arms Are Sent , General Says," *New York Times*, June 8, 2013, https://www.nytimes.com/2013/06/09/world/middleeast/syria-opposition-wont-attend-talks-unless-rebels-get-arms-commander-says.html.

——"U.S. and Russia Reach Deal to Destroy Syrian Chemical Arms," September 14, 2013, https://www.nytimes.com/2013/09/15/world/middleeast/syria-talks.html.

Gordon, Michael and Jeff Zeleny, "Obama Envisions New Iran Approach," November 2, 2007, https://www.nytimes.com/2007/11/02/us/politics/02obama.html.

Gordon, Philip. "Bush, Missile Defense and the Atlantic Alliance," February 1, 2001, https://www.brookings.edu/wp-content/uploads/2016/06/2001survival.pdf.

Graham, Thomas, Jr., "U. S. Role in Chechnya," December 10, 1999, https://carnegieendowment.org/1999/12/10/u.s.-role-in-chechnya-pub-182.

Green, Niall. "US Vice President Biden visits Ukraine and Georgia," 23 July, 2009, https://www.wsws.org/en/articles/2009/07/bide-j23.html.

Greenhouse, Steven. "Clinton Thanks Ukraine With $200 Million," November 23, 1994, https://www. nytimes. com/1994/11/23/world/clinton-thanks-ukraine-with-200-million.html.

Guillory, Sean. "Russia, Party Politics and Imperialism," https://www. jacobinmag. com/2017/03/russia-us-clinton-boris-yeltsin-elections-interferen ce-trump/.

Hancock, Jay. "Bush Makes Peace Talks in Caucasus a Priority," *Baltimore Sun*, April 2, 2001, https://www.baltimoresun.com/news/bs-xpm-2001-04-02-0104020011-story.html.

Haran, Olexiy and Rostislav Pavlenko, "The Paradoxes of Kuchma's Russian Policy," September 2003, http://www. ponarseurasia. org/sites/default/files/policy-memos-pdf/pm_0291.pdf.

Harding, Luke. "Kirgizstan to close key US military airbase," February 4, 2009, https://www.theguardian.com/world/2009/feb/04/kyrgyzstan-us-base-afghanistan.

——"Hillary Clinton Hails US-Russia Cooperation on Iran," October 13, 2009, https://www.theguardian.com/world/2009/oct/13/hillary-clinton-dmitry-medvedev-talks.

Harding, Luke and Ian Traynor, "Obama Abandons Missile Defense Shield," September 17, 2009, https://www.theguardian.com/world/2009/sep/17/missile-defence-shield-barack-obama.

Harris, Gardiner and Anne Barnard, "John Kerry Meets with Vladimir Putin to Discuss New Syria Plan," July 14, 2016, https://www.nytimes.com/2016/07/15/world/middleeast/john-kerry-vladimir-putin-syria-plan.html.

Healy, Melissa. "'Star War' Era Ends as Aspin Changes Focus," May 14, 1993, https://www.latimes.com/archives/la-xpm-1993-05-14-mn-35185-story.html.

Helou, Agnes. "Russia and U.S. Engage in Military Base Race in Syria," January 15, 2018, https://www.defensenews.com/global/mideast-africa/2018/01/15/russia-and-us-engage-in-military-base-race-in-syria/.

Herszenhorn, David. "As U.S. Seeks Security Pact, Obama Is Set to Meet Putin," April 15, 2013, https://www.nytimes.com/2013/04/16/world/europe/tensions-high-us-security-chief-meets-with-putin.html.

Hiatt, Fred. "...And the Three Presidents," June 30, 1996, https://www.washingtonpost.com/archive/opinions/1996/06/30/and-the-three-presidents/c98c6990-bb8e-4aa8-be7c-5154fbc8e543/?noredirect=on&utm_term=.e93554285d24.

Hobson, Peter. "Calculating the Cost of Russia's War in Syria," October 20, 2015, https://www.themoscowtimes.com/2015/10/20/calculating-the-cost-of-russias-war-in-syria-a50382.

Hockstader, Lee. "U.S. Response to Chechnya Sharply Criticized," December 26, 1994, https://www.washingtonpost.com/archive/politics/1994/12/26/us-response-to-chechnya-sharply-criticized/3e97470f-78be-4f2d-b353-8e8b26fbd6bb/?utm_term=.3274cec54f72.

Hoffman, David. "Ukraine's Leader Pledges to Destroy Nuclear Arms," December 19, 1991, https://www.washingtonpost.com/archive/politics/1991/12/19/ukraines-leader-pledges-to-destroy-nuclear-arms/69da290b-d558-4c23-adea-07f884de0d5f/?utm_term=.eaa5281109a8.

Horbulin, Volodymyr. "Ukraine's Contribution to Security and Stability in Europe," *NATO Review*, Autumn 1998, https://www.nato.int/docu/review/1998/9803-03.htm.

Horszenhorn, David. "Poroshenko Takes Ukraine Helm with Tough Words for Russia," June 7, 2014, https://www.nytimes.com/2014/06/08/world/europe/poroshenko-sworn-in-as-president-of-strife-torn-ukraine.html.

"Information on NATO-Georgia Relations," http://www.nato.mfa.gov.ge/default.aspx?

sec_id=2132&lang=2.

"Georgian-NATO Relations," https://en. wikipedia. org/wiki/Georgia% E2% 80% 93NATO_relations.

International Crisis Group, "Georgia: Sliding Towards Authoritarianism?" December 19, 2007, https://www.refworld.org/pdfid/4769242f2.pdf.

"International Response to the Second Chechen War," https://en.wikipedia.org/wiki/International_response_to_the_Second_Chechen_War.

"Introductory remarks by NATO Secretary General, Jaap de Hoop Scheffer at the meeting of the NATO-Ukraine Commission at the level of Heads of State and Government," June 29, 2004, https://www.nato.int/docu/speech/2004/s040629a.htm.

Ismailzade, Faris. "Moscow Declaration on Nagorno-Karabahk: A View from Baku," December 5, 2008, https://www.esiweb.org/pdf/esi_turkey_tpq_vol7_no3_fariz_ismailzade.pdf.

Jehl, Douglas. "Clinton Calls Yeltsin, Urges Peace in Chechnya," February 14, 1995, https://www. nytimes. com/1995/02/14/world/clinton-calls-yeltsin-urges-peace-in-chechnya.html.

"John McCain tells Ukraine protesters: 'We are here to support your just cause'," December 15, 2013, https://www. theguardian. com/world/2013/dec/15/john-mccain-ukraine-protests-support-just-cause.

Jones, A. Elizabeth. "U.S.-Central Asian Cooperation," Testimony Before Senate Foreign Relations Committee, Subcommittee on Central Asia and the Caucasus, December 13, 2001, https://2001-2009.state.gov/p/eur/rls/rm/2001/11299.html.

Kandelaki, Giorgi. "Georgia's Rose Revolution. A Participant's Perspective," U.S. Institute of Peace, July 2006, https://www.usip.org/publications/2006/07/georgias-rose-revolution-participants-perspective.

Kassianova, Alla. "Russian Weapons Sales to Iran. Why They Are Unlikely to Stop," December 8, 2006, http://www. ponarseurasia. org/memo/russian-weapons-sales-iran-why-they-are-unlikely-stop.

"Kazakhstan: Under Secretary Burns' July 10 Meeting with President Nazarbayev," https://wikileaks.org/plusd/cables/09ASTANA1164_a.html.

"Kazakhstan-United States Relations," https://en. wikipedia. org/wiki/Kazakhstan%E2%80%93United_States_relations.

Kempster, Norman. "Baker Faces Tough Job in Central Asia," *Los Angeles Times*, February 16, 1992, https://www. latimes. com/archives/la-xpm-1992-02-16-mn-4704-story.html.

Kennan, George. "A Fateful Error," *New York Times*, February 5, 1997.

Kerr, Paul. "Iran, Russia Reach Nuclear Agreement," Arms Control Association, *Arms*

Control Today, April 2005, https://www.armscontrol.org/act/2005-04/iran-nuclear-briefs/iran-russia-reach-nuclear-agreement.

"Khatami Visit Signals Warmer Russia Iranian Ties," March 20, 2001, https://jamestown.org/program/khatami-visit-signals-warmer-russian-iranian-ties/.

Kissinger, Henry. "To Settle the Ukraine Crisis, Start at the End," March 5, 2014, https://www.washingtonpost.com/opinions/henry-kissinger-to-settle-the-ukraine-crisis-start-at-the-end/2014/03/05/46dad868-a496-11e3-8466-d34c451760b9_story.html.

Kolesnikov, Andrei. "Do Russians Want War?" https://carnegie.ru/2016/06/14/do-russians-want-war-pub-63743.

Korduban, Pavel. "Hillary Clinton on Familiarization Visit to Ukraine," July 9, 2010, https://jamestown.org/program/hillary-clinton-on-familiarization-visit-to-ukraine/.

Kovalyova, Albina, F. Brinley Bruton, Erin McClam, "Obama on Russia's Syrian Chemical Weapons Proposal," September 10, 2013, https://www.nbcnews.com/news/world/obama-russias-syria-chemical-weapons-proposal-take-it-grain-salt-flna8C11110704.

Kramer, Andrew and Tom Shanker, "Russia Suspends Arms Agreement over US Shield," July 15, 2007, https://www.nytimes.com/2007/07/15/world/europe/15russia.html.

Kramer, Andrew. "Russia Resumes Patrol by Nuclear Bombers," August 18, 2007, https://www.nytimes.com/2007/08/18/world/europe/17cnd-russia.html.

——"Russia Reached Deal with Iran to Construct Nuclear Plants," November 11, 2014, https://www.nytimes.com/2014/11/12/world/europe/russia-to-build-2-nuclear-plants-in-iran-and-possibly-6-more.html.

Kramer, Mark. "NATO, the Baltic States and Russia: A Framework for Sustainable Enlargement," https://www.jstor.org/stable/3095754?seq=1#page_scan_tab_contents.

Krauthammer, Charles. "The Unipolar Moment Revisited," *The National Interest*, Winter 2002-2003, file:///C:/Users/Administrator/Downloads/Krauthammer_347.pdf.

Krol, George. "Testimony before the Senate Committee on Foreign Relations, Subcommittee on Near Eastern and South and Central Asian Affairs," December 15, 2009, https://www.foreign.senate.gov/imo/media/doc/KrolTestimony091215a1.pdf.

Kucera, Joshua. "U.S. Military Giving Up on Kyrgyzstan," March 16, 2018, https://eurasianet.org/us-military-giving-up-on-kyrgyzstan.

Kuzio, Taras. "Former US President Bush Visits Ukraine," May 25, 2004, https://jamestown.org/program/former-u-s-president-bush-visits-ukraine/.

Lacey, Marc. "Clinton Wishes Putin Well and Brings Up Chechnya," March 28, 2000, https://www.nytimes.com/2000/03/28/world/clinton-wishes-putin-well-and-brings-up-chechnya.html.

Landler, Mark ad Rick Gladstone. "Chemicals Would Be Game Change in Syria, Obama

Says," https://www.nytimes.com/2013/03/21/world/middleeast/syria-developments.html.

Landler, Mark and Eric Schmitt. "White House Says It Believes Syria Has Used Chemical Arms," April 25, 2013, https://www.nytimes.com/2013/04/26/world/middleeast/us-says-it-suspects-assad-used-chemical-weapons.html.

Laruelle, Marlene, and Sebastien Peyrouse. "The United States in Central Asia: Reassessing a Challenging Partnership," May 2011, https://www.tandfonline.com/doi/abs/10.1080/09700161.2011.559983.

Lavrov, Sergei. "Why Russia Response To Georgia Was Right," *Financial Times*, August 13, 2008, https://www.ft.com/content/7863e71a-689e-11dd-a4e5-0000779fd18c.

Lazarenvic, Dusica. "NATO Enlargement to Ukraine and Georgia: Old Wine in New Bottles?" Winter 2009, http://connections-qj.org/system/files/09.1.02_lazalevic.pdf.

Levy, Clifford, "Russia Vows to Support Two Enclaves, in Retort to Bush," *The New York Times*, August 14, 2008, https://www.nytimes.com/2008/08/15/world/europe/15georgia.html?mtrref=www.google.com&gwh=CE086EFC9D2D282612E62571721894DC&gwt=pay&assetType=REGIWALL.

Lippman, Thomas. "Clinton, Yeltsin Agree on Arms Cuts and NATO," March 22, 1997, https://www.washingtonpost.com/wp-srv/inatl/longterm/summit/summit.html.

Litovkin, Viktor. "Russia Activates New Early Warning Radar System," June 7, 2013, https://www.rbth.com/science_and_tech/2013/06/07/russia_activates_new_early_warning_radar_systems_26851.html.

——"Russia, Armenia to Set up Join Air Defense System in Caucasus," October 12, 2016, https://www.upi.com/Defense-News/2016/10/12/Russia-Armenia-to-set-up-joint-air-defense-system-in-the-Caucasus/3711476290768/.

Lowe, Christian. "Russia's Medvedev Presses NATO over Expansion," Reuters, March 25, 2008, https://www.reuters.com/article/us-russia-medvedev-nato/russias-medvedev-presses-nato-over-expansion-idUSL2511175020080325.

Lund, Aron. "Redline Redux: How Putin Tore Obama's 2013 Syrian Deal," February 3, 2017, https://tcf.org/content/report/red-line-redux-putin-tore-obamas-2013-syria-deal/.

Lunn, Simon. "The NATO-Russia Council: Its Role and Prospects," November 2013, https://www.europeanleadershipnetwork.org/wp-content/uploads/2017/10/The-NATO-Russia-Council-Its-Role-and-Prospects_Simon-Lunn_November-2013.pdf.

Lynch, Colum. "Russia, China Veto Third Security Council Syria Resolution," July 19, 2012, https://foreignpolicy.com/2012/07/19/russia-china-veto-third-security-council-syria-resolution/.

Maher, Heather. "Obama, Aliyev Meet in New York As Washington Seeks to Improve Ties," September 24, 2010, https://www.rferl.org/a/Obama_Aliyev_To_Meet_In_New_York_As_Washington_Seeks_To_Improve_Ties/2167235.html.

Malek, Martin. "NATO and the South Caucasus: Armenia, Azerbaijan, and Georgia on Different Tracks," *Connections*, Vol.7, No.3(January 2008).

Martel, Albert. "U.S. Strategic Interests and Georgia's Prospects for NATO Membership," March 2015, https://calhoun.nps.edu/handle/10945/45221.

Mason, Jeff and Pavel Polityuk. "U.S. Backs Ukraine, Warns Russia with Biden's Visit," April 22, 2014, https://www.reuters.com/article/us-ukraine-crisis-biden/u-s-backs-ukraine-warns-russia-with-biden-visit-idUSBREA3L0WD20140422.

McFaul, Michael. "U.S. Foreign Policy and Chechnya. A Joint Project on Domestic Politics and America's Russia Policy," A Paper by the Century Foundation and the Stanley Foundation, March 2003, https://www.stanleyfoundation.org/publications/archive/EAIrussiaB03p.pdf.

——"U.S.-Russia Relations After September 11, 2001," https://carnegieendowment.org/2001/10/24/u.s.-russia-relations-after-september-11-2001-pub-840.

McAdams, Lisa. "U. S.: Clinton Condemns Ultimatum on Chechnya," December 9, 1999, https://www.rferl.org/a/1092826.html.

McCain, John. "Obama Has Made America Look Weak," March 14, 2014, https://www.nytimes.com/2014/03/15/opinion/mccain-a-return-to-us-realism.html.

McChesney, Andrew. "Russia Closes USAID Office," September 18, 2012, https://www.themoscowtimes.com/2012/09/18/russia-closes-usaid-office-a17898.

McElroy, Damien. "Dick Cheney tells Ukraine's leaders to unite in face of Russian Threat," September 5, 2008, https://www.telegraph.co.uk/news/worldnews/europe/ukraine/2688455/Dick-Cheney-tells-Ukraines-leaders-to-unite-in-face-of-Russian-threat.html.

McGreal, Chris and Luke Harding, "Barack Obama: Putin Has One Foot in the Past," *The Guarding*, July 2, 2009, https://www.theguardian.com/world/2009/jul/02/obama-putin-us-russia-relations.

McMahon, Colin. "Putin Rebuffs Albright on Chechnya," *Chicago Tribune*, February 3, 2000, http://www.chicagotribune.com/news/ct-xpm-2000-02-03-0002030059-story.html.

Marcus, J. "Kosovo and After: American Primacy in the Twenty-First Century," *Washington Quarterly*, winter 2000, https://muse.jhu.edu/article/36513/pdf.

Martel, Albert. "U.S. Strategic Interests and Georgia's Prospects for NATO Membership," March 2015, https://calhoun.nps.edu/handle/10945/45221.

Mearsheimer, John. "Why the Ukraine Crisis Is the West's Fault," September 2014, https://www.foreignaffairs.com/articles/russia-fsu/2014-08-18/why-ukraine-crisis-wests-fault.

"MINSK II," https://en.wikipedia.org/wiki/Minsk_II.

Monterey Institute of International Studies and Carnegie Endowment for International Peace, "Nuclear Status Report: Nuclear Weapons, Fissile Material, and Export Control in the Former Soviet Union," No.6, June 2001, http://www.nci.org/01/06f/Status.pdf.

Anatol Lieven, "Putin Dismisses Bush's Call for Russia to Follow Iraqi Model of Democracy," July 17, 2006, https://www.democracynow.org/2006/7/17/putin_dismisses_bushs_call_for_russia.

Mandelbaum, Michael. "Preserving the New Peace," *Foreign Affairs*, May/June 1995.

Maynes, Charles. "NATO: Keep It Western," September 16, 1993, https://www.washingtonpost.com/archive/opinions/1993/09/16/nato-keep-it-western/f6374c0c-48a2-498b-a816-40a4089baa92/.

Members of the Speaker's Advisory Group on Russia. "Russia's Road to Corruption. How the Clinton Administration Exported Government Instead of Free Enterprise an Failed the Russian People," September 2000, https://apps.dtic.mil/dtic/tr/fulltext/u2/a383330.pdf.

Merry, Wayne. "Moments in Diplomatic History. Yeltsin under Siege—October 1993 Constitutional Crises," http://adst.org/2014/10/yeltsin-under-siege-the-october-1993-constitutional-crisis/#.Wl2cwbIjEdU.

Ministerial Meeting of the North Atlantic Council Held in Brussels, on December 1, 1994. "Final Communique," https://www.nato.int/docu/pr/1994/p94-116e.htm.

Mohammed, Ashad. "Clinton Concerned over Russian Bases in Georgia," July 6, 2010, https://uk.reuters.com/article/uk-georgia-usa/clinton-concerned-over-russian-bases-in-georgia-idUKTRE6643E320100705.

Muragova, Mina. "Vladimir Putin Visits Baku," September 4, 2013, https://www.cacianalyst.org/publications/field-reports/item/12804-vladimir-putin-visits-baku.html.

Mydans, Seth. "As Expected, Putin Easily Wins a Second Term in Russia," March 15, 2004, https://www.nytimes.com/2004/03/15/world/as-expected-putin-easily-wins-a-second-term-in-russia.html.

Myers, Steven Lee. "Bush backs Ukraine bid to join NATO," April 1, 2008, https://www.nytimes.com/2008/04/01/world/europe/01iht-prexy.4.11593095.html.

——"Russian Parliament Election Could Add to Putin's Power," December 7, 2003, https://www.nytimes.com/2003/12/07/world/russian-parliament-elections-could-add-to-putin-s-power.html.

"Nagorno-Karabahk Conflict," https://en.wikipedia.org/wiki/Nagorno-Karabakh_conflict.

Namatbayeva, Tolkun. "Kyrgyzstan Allows U.S. to Keep Using Base," June 23, 2009, http://www.turkishpress.com/news/345902/.

Nemtsov, Boris and Vladimir Kara-Murza. "Russia Plays Its Economic Card over Iraq," February 23, 2003, https://archive.nytimes.com/www.nytimes.com/financialtimes/business/FT1045511063156.html.

CBS News. "New U.S. Missile Site Going Live in Russia's Back Yard," May 12, 2016, https://www.cbsnews.com/news/us-missile-defense-romania-russia-nato-defenses/.

Nikou, Semira. "Timeline for Iran's Nuclear Activities," https://iranprimer.usip.org/resource/timeline-irans-nuclear-activities.

"Nomination of Ambassador Strobe Talbott to Deputy Secretary of State," February 22, 1994, https://www.mccain.senate.gov/public/index.cfm/speeches?ID=85613cd3-cb9d-489a-ad87-3ee49c263376.

Norland, Richard B, Ambassador-Designate to Georgia, "Testimony Before the Senate Foreign Relations Committee," March 21, 2012, https://www.foreign.senate.gov/imo/media/doc/Richard%20Norland.pdf.

Norton, Richard and Jane Perrone, "The anti-ballistic missile treaty explained," *The Guardian*, August 24, 2001, https://www.theguardian.com/world/2001/aug/24/qanda.usa.

"Obama Asks Kirgizstan to Expand Cooperation," June 11, 2009, https://www.rferl.org/a/Obama_Asks_Kyrgyzstan_To_Expand_Cooperation/1751860.html.

"Obama and Medvedev Agree on Need to Improve Ties," January 27, 2007, https://www.reuters.com/article/us-obama-russia/obama-medvedev-agree-on-need-to-improve-ties-idUSTRE50Q49U20090127.

"Obama, Medvegev to Reset Ties with Arms Pact," April 1, 2009, https://www.reuters.com/article/us-g20-russia-usa/obama-medvedev-to-reset-ties-with-arms-pact-idUSL194925620090401.

"Obama Hails New Treaty as New Era in Relations with Russia," April 8, 2010, https://www.theguardian.com/world/2010/apr/08/barack-obama-nuclear-treaty-medvedev.

"Obama Tells Russia's Medvedev More Flexibility after Election," March 26, 2012, https://www.reuters.com/article/us-nuclear-summit-obama-medvedev/obama-tells-russias-medvedev-more-flexibility-after-election-idUSBRE82P0JI20120326.

"Obama Officials: Putin Won't Sabotage Iran Nuclear Talks over Crimea," March 20, 2014, https://time.com/31205/russia-iran-nuclear-talks-crimea/.

"Obama, Putin Congratulate Each Other for Iran Deal," July 16, 2015, https://www.cnn.com/2015/07/16/politics/obama-putin-iran-nuclear-deal/index.html.

Oberdorfer, Don. "3 Ex-Soviet States to Give up A-Arms," *Washington Post*, May 24, https://www.washingtonpost.com/archive/politics/1992/05/24/3-ex-soviet-states-to-give-up-a-arms/bf3284ee-c7e9-4b09-bdf7-12c726f033be/?utm_term=.2a4adfb7c9b1.

O'Loughlin, John, Gearoid O' Tuathail and Vladimir Kolossov, "A 'Risky Westward Turn'? Putin's 9-11 Scrip and Ordinary Russians", *Europe-Asia Studies*, Vol.56, No.1, January, 2004.

Olexiy Haran, and Rostyslav Pavlenko, "The Paradoxes of Kuchma's Russian Policy," September 2003, http://www.ponarseurasia.org/sites/default/files/policy-memos-pdf/pm_

0291.pdf.

"Open Letter to President Obama: Secure Ukraine, Isolate Russia, and Strengthen NATO," March 21, 2014, https://smallwarsjournal.com/comment/43292.

OSCE, "Istanbul Document," Istanbul, 1999, https://www.osce.org/mc/17502?download=true.

"OSCE Minsk Group, Madrid Document," November 2007, https://www.legal-tools.org/doc/0b80bb/pdf/.

Paramonov, Vladimir, and Oleg Stolpovski, "Russia and Central Asia: Bilateral Cooperation in the Defense Sector," May 2008, https://www.files.ethz.ch/isn/92591/08_May.pdf.

Parker, John. "Russia and the Iranian Nuclear Program: Replay or Breakthrough?" https://ndupress.ndu.edu/Portals/68/Documents/stratperspective/inss/Strategic-Perspectives-9.pdf.

Pesanti, Hillary. "Alaska Missile Defense Early Bird Weekly," September 2002, http://www.akrepublicans.org/pastlegs/22ndleg/info/nmd/nmd109162002.htm#CZECH.

Pascoe, Lynn. "The U.S. Role in Central Asia," Testimony Before the Senate Foreign Relations Committee, Subcommittee on Central Asia and the South Caucasus, June 27, 2002, https://2001-2009.state.gov/p/eur/rls/rm/2002/11535.htm.

Pavlov, Alexander and Vladimir Rybachenkov. "Looking Back: The U.S. Russian Uranian Deal: Results and Lessons," https://www.armscontrol.org/act/2013-12/looking-back-us-russian-uranium-deal-results-lessons.

Perlez, Jane. "Yeltsin 'Understands' Polish Bid for a Role in NATO," August 26, 1993, http://www.nytimes.com/1993/08/26/world/yeltsin-understands-polish-bid-for-a-role-in-nato.html.

——"Cordial Rivals: How Bush And Putin Became Friends," June 18, 2001, https://www.nytimes.com/2001/06/18/world/cordial-rivals-how-bush-and-putin-became-friends.html.

Peuch, Jean-Christophe. "Georgia: Saakashvili In Moscow, Looking To Start Ties With A Clean Slate," February 10, 2004, https://www.rferl.org/a/1051504.html.

Pifer, Steven. "Cordial Rivals: How Bush And Putin Became Friends," June 18, 2001, https://www.nytimes.com/2001/06/18/world/cordial-rivals-how-bush-and-putin-became-friends.html.

——"Ukraine Future and U.S. Interests," Testimony Before the House International Relations Committee, Subcommittee on Europe, May 12, 2004, https://2001-2009.state.gov/p/eur/rls/rm/32416.html.

——"The Trilateral Process: The United States, Ukraine, Russia and Nuclear Weapons," Brookings Arms Control Series Paper 6, May 2011, https://www.brookings.edu/research/the-trilateral-process-the-united-states-ukraine-russia-and-nuclear-weapons/.

——"NATO-Russian Missile Defense: Compromise Is Possible," December 28, 2012, https://www.brookings.edu/articles/nato-russia-missile-defense-compromise-is-possible/.

——"US-Russia Relations in the Obama Era: From Reset to Refreeze?" OSCE Yearbook 2014, https://ifsh.de/file-CORE/documents/yearbook/english/14/Pifer-en_S.pdf.

——"Ukraine, Europe and Tymoshenko: Does Yanukovich Get It?" https://www.brookings.edu/opinions/ukraine-europe-and-tymoshenko-does-yanukovych-get-it/.

Pikayev, Alexander A. "The Rise and Fall of START II: The Russian View," Carnegie Endowment Working Paper, September 1999, https://www.bits.de/NRANEU/START/documents/pikayev.PDF.

Popadiuk, Roman. "American-Ukrainian Nuclear Relations," McNair Paper 55, October 1996, Institute of National Strategic Studies, National Defense University, https://www.files.ethz.ch/isn/23614/mcnair55.pdf.

Postol, Theodore A. "National Missile Defense: The Target is Russia," March 1, 2000, https://journals.sagepub.com/doi/full/10.2968/056002010.

Prescott, Natalie. "Orange Revolution in Red, White, and Blue: U.S. Impact on the 2004 Ukraine Election," https://scholarship.law.duke.edu/cgi/viewcontent.cgi?article=1112&context=djcil.

"Press Briefing by Deputy Secretary of State Strobe Talbott," June 4, 2000, https://clintonwhitehouse4.archives.gov/WH/New/Europe-0005/briefings/20000604-2010.html.

"Presspoint with Secretary General Jaap de Hoop Scheffer and Yuriy Yekhanurov," October 7, 2005 https://www.nato.int/docu/speech/2005/s051007b.html.

Press Release, "High Level Armenian-Russian Negotiations Held at the Presidential Palace," December 2, 2013. https://www.president.am/en/press-release/item/2013/12/02/President-Serzh-Sargsyan-meeting-with-the-President-Vladimir-Putin/.

Purtas, Firat. "The Great Central Asia Partnership Initiative and Its Impacts on Eurasian Security," June, 2006, http://www.acarindex.com/dosyalar/makale/acarindex-1423910577.pdf.

Arwa Mahdawi. "Putin Hints that Russia could Grant Asylum to Assad." January 12, 2016, https://www.theguardian.com/world/2016/jan/12/putin-russia-assad-asylum-snowden.

Steve Gutterman. "Putin Says US Stoked Russian Protesters," December 8, 2011, https://www.reuters.com/article/us-russia/putin-says-u-s-stoked-russian-protests-idUSTRE7B610S20111208.

"Putin and Bush Hit It off in Slovenia," *Monitor*, Volume 7, Issue 117, June 18, 2001, https://jamestown.org/program/putin-and-bush-hit-it-off-in-slovenia/.

Radio Free Europe. "Russia: Albright and Foreign Minister Sign Kosovo Declaration," January 9, 1999, https://www.rferl.org/a/1090419.html.

——"Russia Warns Czech Republic, Poland on Missile Defense," February 20. 2007, https://www.rferl.org/a/1074816.html.

——"Russia: Duma Votes to Back Separatist Efforts in Georgia," March 22, 2008, https://www.rferl.org/a/1079673.html.

——"Newsline," April 9, 2008, https://www.rferl.org/a/1144088.html.

——"NATO Ministers Seek to Keep Door Open to Ukraine, Georgia," February 20, 2009, https://www.rferl.org/a/NATO_Ministers_Seek_To_Keep_Doors_Open_To_Ukraine_Georgia/1496731.html.

Rahman, Mohammad. "Georgia and Russia: What Caused the August War?" July 2009, https://www.researchgate.net/publication/265244688_Georgia_and_Russia_What_Caused_the_August_War.

Ramirez, Louis. "NATO-Russia Council Does Little to Ease Tension," July 13, 2016, https://www.voanews.com/europe/nato-russia-council-session-does-little-ease-tension.

Reevell, Patrick. "Kerry Strikes Possible Deal with Russia on Syria During Moscow Visit," July 17, 2016, https://abcnews.go.com/International/kerry-strikes-deal-russia-syria-moscow-visit/story?id=40627829.

Regin, Josh. "Obama's Syria Plan Teams up American and Russian Forces," July 13, 2016, https://smallwarsjournal.com/blog/obama%E2%80%99s-syria-plan-teams-up-american-and-russian-forces.

Reuters' Editorial. "Russia Army Vows Steps if Georgia and Ukraine Join NATO," April 13, 2008, https://www.reuters.com/article/us-russia-nato-steps/russia-army-vows-steps-if-georgia-and-ukraine-join-nato-idUSL1143027920080411.

Reuters' Staff, "Russia's New Military Doctrine Names NATO as a Key Risk," December 26, 2014, https://www.reuters.com/article/us-russia-crisis-military-doctrine-idUSKBN0K40Q120141226.

Riesmar, Brian. "John Kerry Arrives in Ukraine With a Warning for Russia," March 5, 2014, https://mashable.com/2014/03/04/john-kerry-ukraine/.

Riveles, Stanley. "September 26, 1997 ABM/TMD Agreements," June 1, 1998, https://1997-2001.state.gov/global/arms/speeches/riveles/rivelsp.html.

Robert, Dan and Others. "'We Have Our Plans': Putin Warns U.S. against Syria Military Action," September 4, 2013, https://www.theguardian.com/world/2013/sep/04/putin-warns-military-action-syria.

"Robert Gates on Ukraine Crisis," March 9, 2014, https://video.foxnews.com/v/3319128260001/#sp=show-clips.

Rogin, Josh. "Medvedev Announces Failure of U.S.-Russia Missile Defense Talks, Threatens to Withdraw from New START," November 23, 2011, https://foreignpolicy.com/2011/11/23/medvedev-announces-failure-of-u-s-russia-missile-defense-talks-threatens-towithdraw-from-new-start/.

Rosner, Jeremy D. "The Perils of Misjudging Our Political Will," *Foreign Affairs*, Vol.75, Issue. 4 (July/August 1996).

Rumer, Eugune, Richard Sokolsky and Paul Stronski. "U.S. Policy Towards South Caucasus: Take Three," May 31, 2017, https://carnegieendowment.org/2017/05/31/u.s.-policy-toward-south-caucasus-take-three-pub-70122.

"Rumsfeld Visits Central Asia," April 29, 2002, https://www.washingtontimes.com/news/2002/apr/29/20020429-042329-8251r/.

Space Daily. "Russia and NATO Trade Barbs over Missile Shield," December 7, 2011, http://www.spacedaily.com/reports/Russia_and_NATO_trade_barbs_over_missile_shield_999.html.

"Russia Will Not Abandon Caucasus, Putin Tells Armenia," December 11, 2013, https://www.cacianalyst.org/publications/field-reports/item/12875-russia-will-not-abandon-the-caucasus-putin-tells-armenia.html.

"2011 Russia legislative Election," https://en.wikipedia.org/wiki/2011_Russian_legislative_election.

"Russia Resurgent," *The Economist*, August 14, 2008, https://www.economist.com/leaders/2008/08/14/russia-resurgent.

"Russia Signed Treaties on Friendship, Cooperation and Mutual Assistance with Republic of Abkhazia and South Ossetia Today in Kremlin," September 17, 2008, http://en.kremlin.ru/events/president/news/1439.

"Russia Urges Syria to Hand over Chemical Weapons," September 9, 2013, https://www.france24.com/en/20130909-russia-lavrov-urges-syria-hand-over-chemical-weapons.

"Russian Base In Armenia Signals Role In Possible Karabakh War," https://www.azatutyun.am/a/25154047.html.

"Russian military intervention in the Syrian Civil War," https://en.wikipedia.org/wiki/Russian_military_intervention_in_the_Syrian_Civil_War.

Rusten, Lynn F. "U.S. Withdrawal from the Antiballistic Missile Treaty," https://ndupress.ndu.edu/portals/68/documents/casestudies/cswmd_casestudy-2.pdf.

Rutenberg, Jim. "Putin Expands on His Missile Defense Plan," July 3, 2007, https://www.nytimes.com/2007/07/03/us/03putin.html?mtrref=www.google.com&gwh=07223D3D06F0F329AFA08121996C1EBF&gwt=pay&assetType=REGIWALL.

Ryan, Rosalind. "Join Nato and we'll target missiles at Kiev, Putin warns Ukraine," February 12, 2008, https://www.theguardian.com/world/2008/feb/12/russia.ukraine.

Safire, William. "Baltic Belong in a Bid NATO," https://www.nytimes.com/1995/01/16/opinion/essay-baltics-belong-in-a-big-nato.html.

Sanger, David and Anne Barnard, "Russia and the United States Reach New Agreement on Syria conflict," September 9, 2016, https://www.nytimes.com/2016/09/10/world/middleeast/syria-john-kerry-ceasefire-deal-russia.html.

Santana, Rebecca. "Victorious Putin Rejects Criticism of Election," March 15, 2004, https://www.dw.com/en/victorious-putin-rejects-criticism-of-election/a-1143566.

Sedarat, Firouz and Lin Noueihed. "Obama Says Ready to Talk to Iran," January 27, 2009, https://www.reuters.com/article/us-obama-arabiya/obama-says-ready-to-talk-to-iran-idUSTRE50Q23220090127.

Schineider, William. "Ukraine's Orange Revolution," December 2004, https://www.theatlantic.com/magazine/archive/2004/12/ukraines-orange-revolution/305157/.

Schweid, Barry. "Bush, Putin Agree to Hold First Summit," May 18, 2001, https://www.greensboro.com/bush-putin-agree-to-hold-first-summit-the-meeting-will/article_bfd0e9ef-a6e9-5386-adbb-0b5c2780467c.html.

"September 11 Launched a New Era in U.S. Strategic Thinking," *Washington File*, September 11, 2002.

Sevastopulo, Demetri and Hubert Wetzel, "Kyrgyzst demands big rent rise from U.S." December 15, 2005, https://www.ft.com/content/aa77cf3c-6cd4-11da-90c2-0000779e2340.

Shaffer, Brenda, "Foreign Policies of the States of the Caucasus. Evolution in the Post-Soviet Period," Summer, 2010, https://www.uidergisi.com.tr/wp-content/uploads/2013/02/foreign-policies-of-the-states.pdf.

Shanker, Thom, "Rice Criticizes Russia's Limits on News Media", October 22, 2006, https://www.nytimes.com/2006/10/22/world/europe/22rice.html.

——"Russia Faults NATO Opening to Baltic States," August 15, 2004, https://www.nytimes.com/2004/08/15/world/russian-faults-nato-opening-to-baltic-states.html.

——"Russia Cool to U.S. Call for Cooperation on Missile Defense," April 24, 2007, https://www.nytimes.com/2007/04/24/world/europe/24gates.html.

Sheverdnadze, Edvard. "Searching for Security in a Changing World," October 3, 2001, https://www.belfercenter.org/publication/transcript-speech-kennedy-school-searching-security-changing-world.

Schineider, William. "Ukraine's Orange Revolution," December 2004, https://www.theatlantic.com/magazine/archive/2004/12/ukraines-orange-revolution/305157/.

Sciolono, Elaine. "Showdown in Moscow: US Supports Move by Russian Leader to Break the Deadlock", *New York Times*, September 22, 1993, http://www.nytimes.com/1993/09/22/world/showdown-in-moscow-us-supports-move-by-russian-leader-to-break-deadlock.html.

Sellevg, Inge. "Hard Fight about Vardo Radar," https://fas.org/spp/military/program/track/000606-have-stare.html.

Shchedrov, Oleg. "Putin Compares Missile Shield to Cuban Missile Crisis," October 26, 2007, https://www.reuters.com/article/us-eu-russia-putin-shield/putin-compares-u-s-missile-shield-to-cuban-crisis-idUSL2638104820071026.

Shear, Michael. "Obama Rules Out Military Force over Ukraine," March 20, 2014, https://www.nytimes.com/2014/03/21/world/europe/obama-ukraine.html.

Smick, Elizabeth. "The Chechen Separatist Movement," July 18, 2006, https://www.cfr.org/backgrounder/chechen-separatist-movement.

Smith, Allison. "International Actors in Ukraine's Revolution to Democracy from 2004-2014," https://www.drake.edu/media/departmentsoffices/international/nelson/INTERATIONAL%20ACTORS%20IN%20UKRAINE%E2%80%99S%20REVOLUTION.pdf.

Smith, David. "US-Georgia Charter Is Historic," January 12, 2009, https://www.atlanticcouncil.org/blogs/new-atlanticist/usgeorgia-charter-is-historic/.

Socor, Vladimir. "Cheney Visit Spotlights Kazakhstan's Pivotal Role," May 8, 2006, http://jamestown.org/program/cheney-visit-spotlights-kazakhstans-pivotal-role/.

——"Hillary Clinton in Georgia: A Visit with Deliverables," June 11, 2012, https://jamestown.org/program/hillary-clinton-in-georgia-a-visit-with-deliverables/.

Starr, Frederick. "A Partnership for Central Asia," *Foreign Affairs*, July/August 2005.

Stranga, Aivars. "The Relations Between Russia and the Baltic States: 1997-1998," http://www.bundesheer.at/pdf_pool/publikationen/03_jb99_10.pdf.

Stanley, Alessandra. "Yeltsin Signs Peace Treaty With Chechnya," May 13, 1997, https://www.nytimes.com/1997/05/13/world/yeltsin-signs-peace-treaty-with-chechnya.html.

"The State Department Put our Another Listicle of Putin's 'Top 10' Lies on Ukraine." April 14, 2014, https://www.businessinsider.com/putin-russia-lies-ukraine-state-department-2014-4.

Sushko, Olekandr and Dmitri Trenin, "Russian Ukrainian Relations," May 24, 2004, https://carnegieendowment.org/2004/05/24/russian-ukrainian-relations-event-708.

"Tajikistan: First Permanent Russian Military Base Opened," October 17, 2004, https://www.rferl.org/a/1055375.html.

Tighman, Andrew. "Russian Aggression a Top Concern in U.S. European Command's New Military Strategy," January 26, 2016, https://www.militarytimes.com/2016/01/26/russian-aggression-a-top-concern-in-u-s-european-command-s-new-military-strategy/.

Trachenko, Maxim. "Russia Set for Iran's Nuclear Plant Launch, Top Nuclear Official Says," August 19, 2010, https://www.cnn.com/2010/WORLD/meast/08/19/russia.iran.nuclear/index.html.

Trampenau, Timothy. "NATO Expansion and the Baltic States," December 1996, https://calhoun.nps.edu/bitstream/handle/10945/32045/96Dec_Trampenau.pdf?sequence=1&isAllowed=y http://www.pircenter.org/media/content/files/12/13943174920.pdf.

Traynor, Ian. "Russia Denounces Ukraine 'Terrorists' and West over Yanukovich Ousting," February 24, 2014, https://www.theguardian.com/world/2014/feb/24/russia-ukraine-west-yanukovich.

Trenin, Dmitri. "Russia's Evolving Eurasia Strategy: Will It Work?" July 20, 2017, https://carnegie.ru/2017/07/20/russia-s-evolving-grand-eurasia-strategy-will-it-work-pub-71588.

Tyler, Patrick. "U.S. Sets Deadline for An Agreement on ABM Proposal," August 22, 2001, https://www.nytimes.com/2001/08/22/world/us-sets-deadline-for-an-agreement-on-abm-proposal.html.

"Ukrainian Parliament Edges Closer to Atomic Disarmament," February 4, 1994, https://www.nytimes.com/1994/02/04/world/ukrainian-parliament-edges-closer-to-atomic-disarmament.html.

"Ukraine' Nuclear Ambitions: Reminiscences of the Past," http://eng.globalaffairs.ru/number/n_2913.

Radio Free Europe. "Ukraine: President's US Visit Focuses on IMF and World Bank," December 9, 1999, https://www.rferl.org/a/1092830.html.

"Ukraine extends lease for Russia's Black Sea Fleet," April 21, 2010, https://www.theguardian.com/world/2010/apr/21/ukraine-black-sea-fleet-russia.

"Ukraine Crises—The View from Russia. Ivan Egorov and Nikolai Patrushev for Rossiykaya Gazeta," October 24, 2014, https://www.theguardian.com/world/2014/oct/24/sp-ukraine-russia-cold-war/.

Urbelis, Vaidotas. "Defense Policy of Baltic States: from the Concept of Neutrality towards NATO membership," 2003, https://www.nato.int/acad/fellow/01-03/vaidotas.pdf.

Radio Free Europe. "U.S. Delegation Wraps Up Kyrgyz Visit Focused on Security," July 12, 2009, https://www.rferl.org/a/us_delegation_wraps_up_kyrgyz_visit_focused_on_security/1775174.html.

U.S.-Ukraine Business Council, "Action Ukraine Report," Year 2004, No.140, http://www.usubc.org/AUR/aur4-140.php.

U.S. Embassy. "U.S. Central Command Commander General James Mattis Visits Uzbekistan," November 17, 2010, https://www.centcom.mil/MEDIA/PRESS-RELEASES/Press-Release-View/Article/903859/us-central-command-commander-general-james-mattis-visits-uzbekistan/.

"U.S. Senior Diplomat on Term 'Occupied'," *Civil Georgia*, March 4, 2011, https://old.civil.ge/eng/article.php?id=23206.

"U.S. Vice President Joe Biden Expresses His Concern about Election in Ukraine to Yanukovych," November 14, 2012, https://www.unian.info/politics/715372-us-vice-president-joe-biden-expresses-his-concern-about-elections-in-ukraine-to-yanukovych.html.

Vilisauskas, Ramunas, "Baltic States Membership in the WEU an NATO: Links, Problems and Perspectives," June 2000, https://www.nato.int/acad/fellow/98-00/vilpisauskas.pdf.

Waal, Tomas de. "America's new hard line on Chechnya," November 3, 1999, http://news.bbc.co.uk/2/hi/europe/503804.stm.

——"Mrs. Clinton Goes to Georgia," June 4, 2012, *National Interests*, https://carnegieeurope.eu/2012/06/04/mrs.-clinton-goes-to-georgia-pub-48338.

Weaver, Mather and Tom McCarthy, "Syrian Crisis: Obama Joins World Leaders to Syrian Talks at G 20 Dinner, As it Happened," September 5, 2013, https://www.theguardian.com/world/2013/sep/05/syria-putin-obama-g20-showdown.

Weisman, Steven. "Threats and Responses: Terror Links: U.S. Lists Three Chenchen Groups As Terrorist and Freezes Assets," March 1, 2003, https://www.nytimes.com/2003/03/01/world/threats-responses-terror-links-us-lists-3-chechen-groups-terrorist-freezes.html.

——"Powell, in Russia, Raises U.S. Concerns with Putin," January 26, 2004, https://www.nytimes.com/2004/01/26/international/europe/powell-in-russia-raises-us-concerns-with-putin.html.

——"Rice Chides Russia on Quieting Dissent but Rejects Penalty," February 6, 2005, https://www.nytimes.com/2005/02/06/washington/world/rice-chides-russia-on-quieting-dissent-but-rejects-penalty.html.

Waterfield, Bruno. "Russia Threatens the NATO with Military Strike over Missile Defense System," May 3, 2012, https://www.telegraph.co.uk/news/worldnews/europe/russia/9243954/Russia-threatens-Nato-with-military-strikes-over-missile-defence-system.html.

Wendle, John. "Biden's Balancing Act in Georgia and Ukraine," July 24, 2009, http://content.time.com/time/world/article/0,8599,1912655,00.html.

Wines, Michael. "Bush and Yeltsin Declare End to Cold War; Agree to Change Visits," *New York Times*, February 2, 1992, https://www.nytimes.com/1992/02/02/world/bush-and-yeltsin-declare-formal-end-to-cold-war-agree-to-exchange-visits.html.

Wintour, Patrick and Kin Willshear, "Syrian Crisis: Vladimir Putin under Growing Pressure," September 3, 2013, https://www.theguardian.com/world/2013/sep/02/vladimir-putin-syria.

Wishnick, Elizabeth, "Growing U.S. Security Interests in Central Asia," October 2002, https://ssi.armywarcollege.edu/pdffiles/PUB110.pdf.

Womack, Helen. "Putin gives Clinton an icy rebuff on Chechnya," December 8, 1999, https://www.independent.co.uk/news/world/putin-gives-clinton-an-icy-rebuff-on-chechnya-1131055.html.

Wright, Robin. "Bush, Putin to Meet in Slovenia in June," May 19, 2001, http://articles.latimes.com/2001/may/19/news/mn-65401.

Woronowycz, Roman. "Brzezinski's Advice in Kyiv: Make the EU want Ukraine as a partner," May 23, 2004, http://www.ukrweekly.com/old/archive/2004/210401.shtml.

Young, Karen De. "U.S. Russia Say They Are Close to Cooperation Deal in Syrian War," August 26, 2016, https://www.washingtonpost.com/.

——"U.S. Abandons Efforts to Work with Russia on Syria," October 3, 2016, https://www.nytimes.com/2016/10/04/world/middleeast/us-suspends-talks-with-russia-on-syria.html.

三、俄　　文

Абаринов Владимир. Борис и Билл: от великого до смешного. Радио Свобода, 01 сентября 2018 г. https://www.svoboda.org/a/29465060.html.

Арбатов А. и В. Дворкин. Противоракетная оборона: Противостояние или сотруднтчество? 2012 г. https://carnegieendowment.org/files/PRO_Book_rus20121.pdf.

Армения ратифицирует договор о ВТС с Россией на этой неделе.02.12.2013. https://ria.ru/20131202/981366533.html.

Андрей Резчиков. Космос без ПРО. 11 апреля 2008 года. https://www.aex.ru/fdocs/1/2008/4/11/11869/print/.

Андреевна Завада Анна. Расширение Североатлантического Альянса (НАТО) на восток и политика Российской Федерации. https://cyberleninka.ru/article/n/rasshirenie-severoatlanticheskogo-alyansa-nato-na-vostok-i-politika-rossiyskoy-federatsii-90-e-gg-hh-v.

Военная доктрина Российской Федерации. 25 декабря 2014 г. https://docs.cntd.ru/document/420246589.

Грушко А. В. Интервью постоянного представителя России при НАТО газете «Коммерсант». 07 июля 2016 г. https://rus.rusemb.org.uk/fnapr/4924.

Давыдов Ю.П., В. А. Кременюк, А. И. Уткин. Россия и США после холодной войы. Москва, Издательство «Наука», 1997.

Ельцин Борис. Н.

——Послание Федеральному Собранию: Об укреплении Российского государства. 24 февраля 1994 г. https://yeltsin.ru/archive/paperwork/12590/.

——"Всегда готов к борьбе". Интервью журналу Шпигель. Независимая газета. 26 апреля 1994 г.

——"Саммит СБСЕ в Будапеште: В 'холодном мире' не обойтись без новой стены".

Коммерсант. 06 декабря 1994 г. https://www.kommersant.ru/doc/97034.

——Послание Федеральному Собранию: О Действенности Государственной власти в Росии.18 февраля 1995. https://yeltsin.ru/archive/paperwork/12591/.

Захаров В. А. , А. Г. Арешев. Расширеие НАТО в государства Закавказья: этапы, намерения, результаты. Москва, Издательство «МГИМО-Универстет», 2008.

Захарова М. В. Комментарий официального предствителя МИД России в связи с саммитом НАТО в Варшаве. 10 июля 2016. https://rus.rusemb.org.uk/fnapr/4928.

Злюобин Николай, Владимир Соловьев. Противостояние: Россия—США. Москва, Издательство «Эксмо», 1997.

Лавров Сергей. В.

——Внешняя политика России и новое качество геополитической ситуации. «Дипломатический ежегодник 2008». 16 декабря 2008 г. https://www.mid.ru/press_service/minister_speeches/-/asset_publisher/7OvQR5KJWVmR/content/id/312862.

——Интервью информагентству РИА Новости, газете Московские новости, журналу Россия в глобальной политике. Москва, 8 ноября 2012 г. https://www.mid.ru/press_service/minister_speeches/-/asset_publisher/7OvQR5KJWVmR/content/id/135610.

——Керри и Лавров организуют конференцию по Сирии. 8 мая 2013, https://www.bbc.com/ukrainian/ukraine_in_russian/2013/05/130508_ru_s_kerry_lavrov_syria.

——Заявление Лаврова для СМИ в связи с ситуацией вокруг сирийского химоружия. Москва, 9 сентября 2013 года, https://rus.rusemb.org.uk/foreignpolicy/1148.

——Лавров и Керри договорились о химиоружии в Сириию. 14 сентября 2013. https://www.bbc.com/russian/international/2013/09/130914_russa_us_syria_deal_geneva.

——Выступление на XXII ассамбле Совета по внешней и оборонной политике. Москва, 22 ноября 2014 г. https://www. mid. ru/posledniye _ dobavlnenniye/-/asset _ publisher/MCZ7HQuMdqBY/content/id/790194.

Лукьянов Федор. Главный принцип администрации Трампа — надо оказывать давление на Россию и российскую экономику—о новых американских санкциях. Коммерсант, 06.04.2018. https://www.kommersant.ru/doc/3597762.

Медведев Дмитрий. А.

——Интервью газете The Financial Times. 25 марта 2008 г. https://ria.ru/medvedev_20080325/.

——Интервью российским телеканалам. 31 августа 2008 г. http://www. kremlin. ru/events/president/news/1276.

——Выступление на Совещании с российскими послами и постоянными представителями в международных организациях. 12 июля 2010 г. http://www.kremlin.ru/events/president/transcripts/8325.

——Заявление президента в связи с ситуацией, которая сложилась вокруг системы про стран НАТО в Европе. 23 ноября 2011 г. http://www. kremlin. ru/catalog/keywords/3/events/13637.

——Поездка Дмитрия Медведева в Крым. 31 марта 2014. http://government.ru/news/

11367/.

——Выступление на панельной дискуссии Мюхенской конференции по вопросам политики безопасности. 13 февраля 2016 г. https://rg.ru/2016/02/13/stenogramma-vystupleniia-dmitriia-medvedeva-na-miunhenskoj-konferencii.html.

Министерство Иностраных Дел.

——Принципы внешней политики Российской федерации. 23 апреля 1993 г. https://www.russiamatters.org/sites/default/files/media/files/1993%20Foreign%20Policy%20Strategy%20RUS.pdf.

——Концепция внешней политики Российской Федерации.28 июня 2000 г. https://docs.cntd.ru/document/901764263.

——Обзор внешней политики Российской Федерации. 27 марта 2007 г. http://www.intelros.ru/strategy/gos_rf/316-obzor_vneshnejj_polotiki_podgotovlennyjj_ministerstvom_inostrannykh_del_rossli.html.

——Концепция внешней политики Российской Федерации. 12 февраля 2013 г. https://www.garant.ru/products/ipo/prime/doc/70218094/.

——Заявление по событиям на Украине. 24 февраля 2014 г. https://russische-botschaft.ru/ru/2014/02/24/zayavlenie-mid-rossii-po-sobytiyam-na-uk/.

——Концепция внешней политики Российской Федерации. 30 ноября 2016 г. http://www.kremlin.ru/acts/bank/41451.

——Комментарий заместителя Министра иностранных дел России С. А. Рябкова относительно поставок американского оружия на Украину. 23-12-2017. https://www.mid.ru/ru/foreign_policy/news/-/asset_publisher/cKNonkJE02Bw/content/id/3001369.

Олег Валецкий. Новая стратегия США и НАТО в войнах в Югославии, Ираке, Афганистане и ее влияние на развитие зарубежных систем вооружения и боеприпасов. Москва, Издательство «Арктика 4Д», 2008.

Примаков Евгéний М.

——Многополярный мир появился на горизонте. Независимая газета, 22 октября 1996 г.

——На горизонте—многополюсный мир. Международные отношения накануне XXI века: проблемы, перспективы. Международная жизнь, 1996 №10. https://xn-ftbdbb7agkaebfddpxbq1irc3a7e.xn-p1ai/library/authors/primakov-e-m/mezhdunarodnye-otnosheniya-nakanune-xxi-veka-problemy-perspektivy.

——Доклад Службы внешней разведки: Перспективы расширения НАТО и интересы России. Известия. 26 ноября 1993г. https://yeltsin.ru/uploads/upload/newspaper/1993/izv11_26_93/FLASH/index.html.

——Годы в Большой Политике. Москва,Коллекция «Совершенно Секретно» 1999 г.

Путин Владимир В.

——Интервью газете «Вельт ам Зоннтаг» (ФРГ). 11 июня 2000 г. http://www.kremlin.ru/events/president/transcripts/interviews/24202.

——Заявление по поводу террористических актов в США. 11 сентября 2001 года. https://www.kommersant.ru/doc/282513.

——Интервью опубликованы в газете Бильд и журнале Фокус (ФРГ). 21 сентября 2001 г. http://kremlin.ru/events/president/news/39992.

——Интервью американской телекомпании Эй-Би-Си. 7 ноября 2001 г. http://kremlin.ru/events/president/trips/by-date/07.11.2001.

——Совместная пресс-конференция с Президентом Соединенных Штатов Америки Джорджем Бушем. 13 ноября 2001 года. http://kremlin.ru/events/president/transcripts/21397.

——Посетил место трагедии 11 сентября. 16 ноябрю, 2001 г. http://www.kremlin.ru/events/president/news/41520.

——Заявление в связи с объявлением США о выходе в одностороннем порядке из Договора по ПРО 1972 года.13 декабря 2001 года. http://kremlin.ru/events/president/transcripts/21444.

——Заявление для прессы и ответы на вопросы в ходе совместной пресс-конференции с Президентом Франции Жаком Шираком. 15 января 2002 г. http://kremlin.ru/events/president/transcripts/21472.

——Послание Федеральному Собранию Российской Федерации. 18 апреля 2002 г. http://www.kremlin.ru/events/president/transcripts/21567.

——Послание Федеральному Собранию Российской Федерации.16 мая 2003 года. http://kremlin.ru/events/president/transcripts/21998.

——Интервью газете «Уолл-стрит джорнэл» (США). 11 февраля 2003 г. http://www.kremlin.ru/events/president/transcripts/21498.

——Послание Федеральному Собранию Российской Федерации. 16 мая 2003 г. https://www.prlib.ru/item/438193.

——Выступление на заседании Совета Безопасности. 28 января 2005 года. http://www.kremlin.ru/events/president/transcripts/deliberations/22803.

——Послание Федеральному Собранию Российской Федерации. 25 апреля 2005 г. http://www.kremlin.ru/events/president/transcripts/22931.

——Послание Федеральному Собранию Российской Федерации. 10 мая 2006 г. http://kremlin.ru/events/president/transcripts/23577.

——Выступление на Совещании с послами и постоянными представителями Российской Федерации в международных организациях. 27 июня 2006 г. http://www.kremlin.ru/events/president/transcripts/23669.

——Выступление и дискуссия на Мюнхенской конференции по вопросам политики

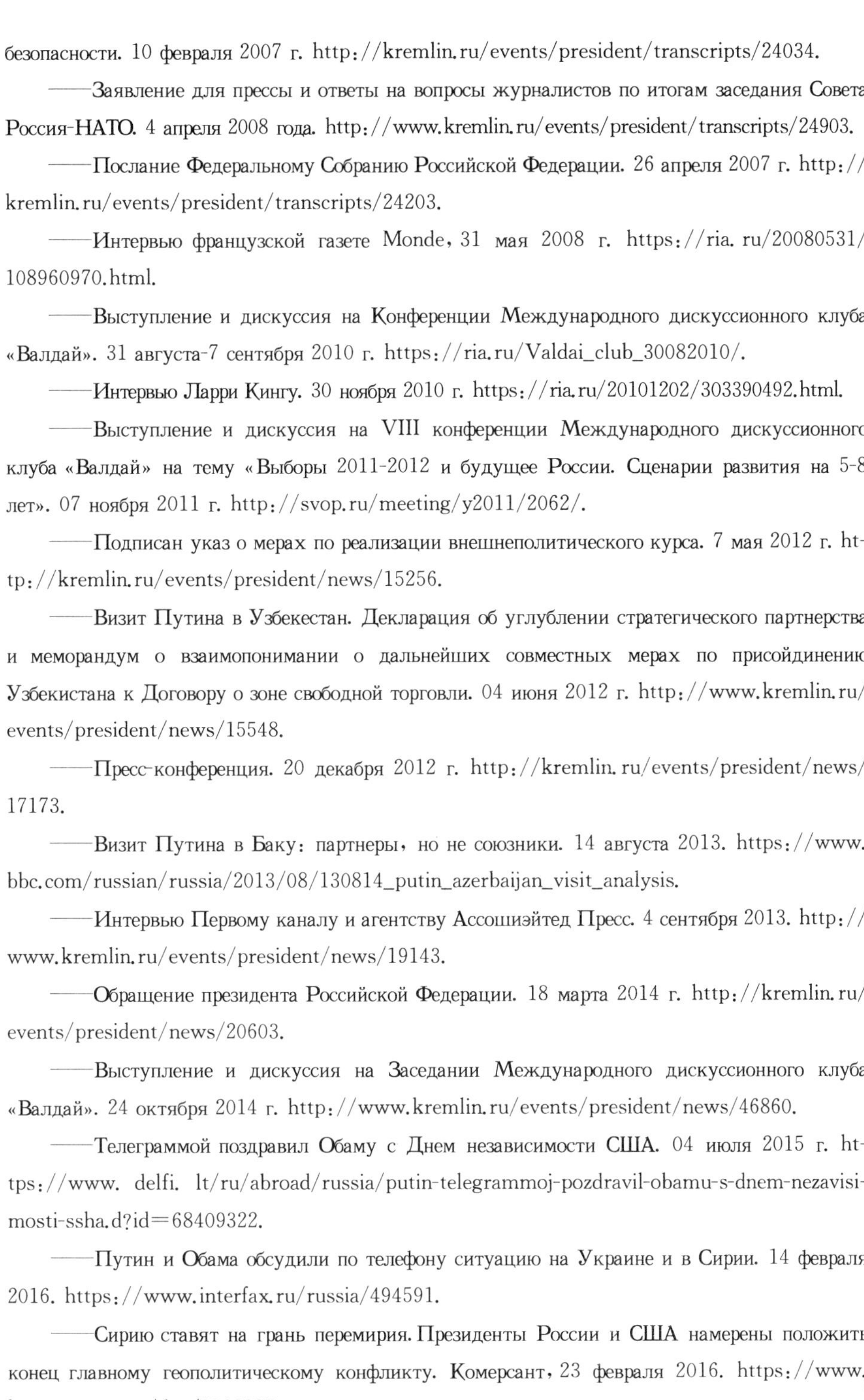

безопасности. 10 февраля 2007 г. http://kremlin.ru/events/president/transcripts/24034.

——Заявление для прессы и ответы на вопросы журналистов по итогам заседания Совета Россия-НАТО. 4 апреля 2008 года. http://www.kremlin.ru/events/president/transcripts/24903.

——Послание Федеральному Собранию Российской Федерации. 26 апреля 2007 г. http://kremlin.ru/events/president/transcripts/24203.

——Интервью французской газете Monde, 31 мая 2008 г. https://ria.ru/20080531/108960970.html.

——Выступление и дискуссия на Конференции Международного дискуссионного клуба «Валдай». 31 августа-7 сентября 2010 г. https://ria.ru/Valdai_club_30082010/.

——Интервью Ларри Кингу. 30 ноября 2010 г. https://ria.ru/20101202/303390492.html.

——Выступление и дискуссия на VIII конференции Международного дискуссионного клуба «Валдай» на тему «Выборы 2011-2012 и будущее России. Сценарии развития на 5-8 лет». 07 ноября 2011 г. http://svop.ru/meeting/y2011/2062/.

——Подписан указ о мерах по реализации внешнеполитического курса. 7 мая 2012 г. http://kremlin.ru/events/president/news/15256.

——Визит Путина в Узбекестан. Декларация об углублении стратегического партнерства и меморандум о взаимопонимании о дальнейших совместных мерах по присойдинению Узбекистана к Договору о зоне свободной торговли. 04 июня 2012 г. http://www.kremlin.ru/events/president/news/15548.

——Пресс-конференция. 20 декабря 2012 г. http://kremlin.ru/events/president/news/17173.

——Визит Путина в Баку: партнеры, но не союзники. 14 августа 2013. https://www.bbc.com/russian/russia/2013/08/130814_putin_azerbaijan_visit_analysis.

——Интервью Первому каналу и агентству Ассошиэйтед Пресс. 4 сентября 2013. http://www.kremlin.ru/events/president/news/19143.

——Обращение президента Российской Федерации. 18 марта 2014 г. http://kremlin.ru/events/president/news/20603.

——Выступление и дискуссия на Заседании Международного дискуссионного клуба «Валдай». 24 октября 2014 г. http://www.kremlin.ru/events/president/news/46860.

——Телеграммой поздравил Обаму с Днем независимости США. 04 июля 2015 г. https://www.delfi.lt/ru/abroad/russia/putin-telegrammoj-pozdravil-obamu-s-dnem-nezavisimosti-ssha.d?id=68409322.

——Путин и Обама обсудили по телефону ситуацию на Украине и в Сирии. 14 февраля 2016. https://www.interfax.ru/russia/494591.

——Сирию ставят на грань перемирия. Президенты России и США намерены положить конец главному геополитическому конфликту. Комерсант, 23 февраля 2016. https://www.kommersant.ru/doc/2922827.

——Приказал вывести войска из Серии. Ведомости，14 марта 2016. https://www.vedomosti.ru/politics/articles/2016/03/14/633496-putin.

——Выступление на Совещании послов и постоянных представителей Российской Федерации. 01 июля 2016 г. http://rsvk.cz/blog/2016/07/01/soveshhanie-poslov-i-postoyannyh-predstavitelej-rossijskoj-federatsii/.

——Рассказал финнам о войне с НАТО. 02 июля 2016 г. https://www.gazeta.ru/politics/2016/07/01_a_8353601.shtml.

——Выступление и дискуссия на Заседании Международного дискуссионного клуба «Валдай». 27 октября 2016 г. http://www.kremlin.ru/events/president/news/53151.

——Выступление и дискуссия на Заседании международного дискуссионного клуба «Валдай». 19 октября 2017 г. http://kremlin.ru/events/president/news/55882.

——Интервью американскому телеканалу NBC. 10 марта 2018 года. http://kremlin.ru/events/president/news/57027.

——Интервью американскому телеканалу Fox News. 17 июля 2018 года. http://kremlin.ru/events/president/news/58019.

——Послание Президента Федеральному Собранию. 21 апреля 2021 г. http://kremlin.ru/events/president/news/65418.

——Принял участие в пленарном заседании XXIV Петербургского международного экономического форума. 4 июня 2021 года. http://kremlin.ru/events/president/news/65746.

——Интервью телеканалу «Россия». Владимир Путин ответил на вопросы журналиста телеканала «Россия 1» Павла Зарубина. 9 июня 2021. http://kremlin.ru/events/president/news/65774/videos.

Российско-армянские переговоры，20 августа 2010 года. http://kremlin.ru/events/president/news/8694.

Российская Академия Наук，Институт Европы. Россия и НАТО в новом контексте междунардой безопасбности. Москва，Издательство «ОГНИ ТД»，2005.

Совет безопасности Российской Федерации.

——Основные положения военной доктрины Российской Федерации. Известия. 18 ноября 1993 г. https://yeltsin.ru/day-by-day/1993/11/18/30203/.

——Стратегический курс России с государствами-участниками содружества независимых государств. 14 сентября 1995 г. http://pravo. levonevsky. org/bazaru09/ukazi/sbor01/text01235.htm.

——Концепция национальной безопасности Российской Федерации.. 26 ноября 1999 г. https://nvo.ng.ru/concepts/1999-11-26/4_cons2.html.

——Концепция национальной безопасности Российской Федерации.

января 2000 г. http://www.kremlin.ru/acts/bank/14927.

——Стратегии национальной безопасности Российской Федерации до 2020 года. 13 мая

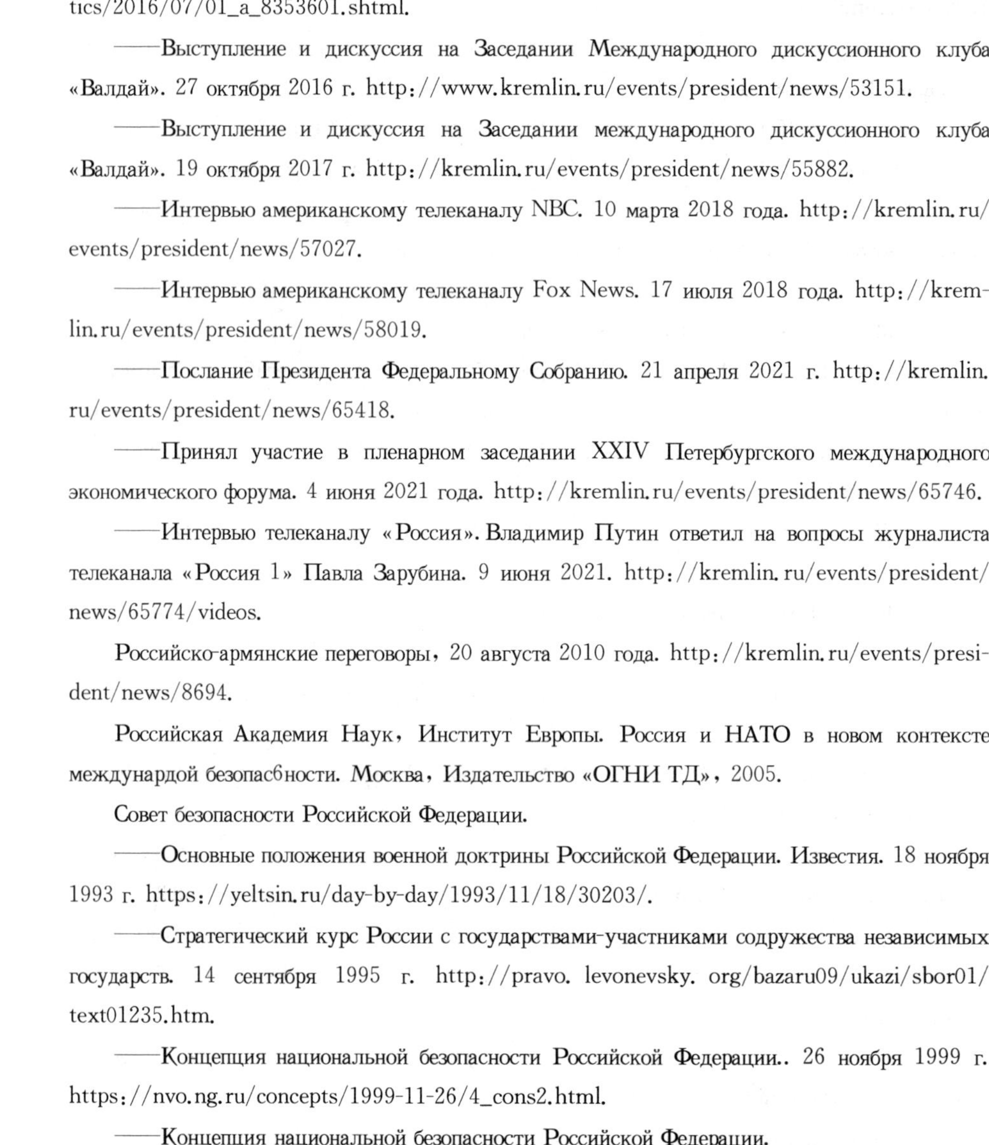

2009. http://www.kremlin.ru/supplement/424.

——Стратегия национальной безопасности Российской Федерации. 31 декабря 2015 г. https://rg.ru/2015/12/31/nac-bezopasnost-site-dok.html.

Совет по внешней и оборонной политике.

——Стратегия для России: Повестка дня для Президента-2000. Апрель 2000 г. http://www.svop.ru/files/meetings/m026013379414301.pdf.

Строкань Сергей. Перезагрузка под нагрузкой. 27декабря 2011. https://www.kommersant.ru/doc/1846554.

Тренин Дмитрий.

——Конфликт уникальностей. Как будут складываться отношения России и США после послания Путина. 03 марта 2018. https://carnegie.ru/commentary/75696.

Цыганков А. П. Внешняя политика России. От Горбачева до Путина. Москва, «Научная книга», 2008.

Шаклеина Т.А. Россия и США в Новом Мировом Порядке. Москва, Институт США и Канады, 2002.

后 记

写作这本书,似乎离开了我前几十年的学术轨道:我在中国社会科学院近代史研究所是从事中国近代对外关系史研究的,1994 年到美国研究所后主要从事中美关系从历史到现状的研究,退休以后我继续在中美关系研究的领域劳作。但我对美俄关系一直是有兴趣的。尤其早年我是俄语专业的本科生,虽然多年没有使用,还给老师的比自己留下的恐怕还要多了,但也还多少有点"俄罗斯情结"。尤其是到了晚年,常常回顾既往,我最珍贵的青春年华是花在了俄罗斯语言文学的学习上。

有一个现象也引起了我的注意:国内的美国学界基本不从事美俄关系的研究,我没有搜到一本美国学界的同事撰写的关于美俄关系的专著,论文也只有寥寥数篇。国内俄罗斯学界对俄美关系的研究是很重视的,成果也非常丰硕,但主要依据的是俄罗斯方面的资料,这完全可以理解。而其实,苏联解体以后历届美国政府对美俄关系都很重视,因为虽然两国在经济上没有如中美之间这样的相互依赖,但俄罗斯对于国际事务,尤其是欧洲事务和欧亚事务依然保持着巨大的影响力,更不要说在核战略稳定方面美俄依然是棋逢对手。关于美俄关系的英文资料则十分丰富,包括公开的政府文件,上自总统,下至美国驻俄、驻乌克兰大使的回忆录,以及相当多的研究报告和著作。在进行了一番"摸底"以后,我决定把冷战结束后这二十多年的美俄关系进行比较系统的研究。

在对美俄关系有了大致了解之后,一个情况更令人兴奋。在美国克林顿、乔治·沃克·布什和奥巴马三位总统三个八年之内,美俄关系经历了三个循环,每次都是高开低走。起先双方都有切切实实的改善关系的需求,而且取得了一定的成果,对双方也都带来了一定的利益,但过了几年这个势头就慢慢减弱,而双方的分歧和矛盾逐渐暴露出来,关系由暖转冷,以致恶化,而且每一次比上一次都更恶化。这真是国际关系中的特殊现象。还有第四个循环吗? 没有了,再也不会有了。

在本书即将付梓时，笔者首先要感谢国内俄罗斯学界的研究者，包括我们中国社会科学院俄罗斯东欧中亚所的许多同事，我是在他们研究的基础上进行自己的研究的，对他们著作的借鉴是我工作的重要部分。我还要感谢同事和友人中国社会科学院美国所仇朝兵博士、中国现代国际关系研究院张文宗博士、北京外国语大学作胜奇博士，他们以各种方式帮助我搜集材料，借阅图书，没有他们的帮助，进行这项工作甚至是难以想象的。中国社会科学院图书馆的杨发建同志、俄罗斯所图书馆的聂如平同志都对我借阅图书提供了帮助。中国社会科学院美国所的刘晓红、董玉齐、周文婷同志提供了方方面面的协助，在此一并表示感谢。上海人民出版社法律编辑室主任、本书的责任编辑秦堃同志克服新冠疫情带来的困扰和不便，抓紧时间，对书稿进行了认真、细致的编辑加工，令人感动。

自然，我还要感谢我的妻子孟秀云博士，她以她的专长帮助我寻找、搜索、翻译和校对俄文材料，大大加快了我的写作进度。不然，这项工作会增加更多的困难，需要更长的时间。

自然，书中的错谬之处概由笔者负责。

在本书的第三编已经写到了俄乌关系的紧张状况，克里米亚问题、顿巴斯问题已经产生，而今天，俄乌两国正兵戎相见，欧洲的粮仓正成为先进武器的试验场，让人十分痛惜、担心。这场冲突是后冷战时期国际关系中最严重的事件，它对未来的世界形势和国际格局将产生多方面的深远影响，许多情况一时尚难预料。笔者唯有期盼双方通过积极的政治对话止戈息战，鸣金收兵，恢复和平安宁、睦邻相处，国际社会也要为此努力创造条件。和平像空气，可贵啊！

陶文钊

2022 年 3 月于中国社会科学院美国所

图书在版编目(CIP)数据

后冷战时期的美俄关系.1991—2016/陶文钊著
.—上海:上海人民出版社,2024
ISBN 978-7-208-18728-3

Ⅰ.①后… Ⅱ.①陶… Ⅲ.①美俄关系-国际关系史
-研究-1991-2016 Ⅳ.①D871.22 ②D851.22

中国国家版本馆 CIP 数据核字(2024)第 025990 号

责任编辑 秦 堃
封面设计 小 阳

后冷战时期的美俄关系(1991—2016)
陶文钊 著

出　　版 上海人民出版社
(201101 上海市闵行区号景路 159 弄 C 座)
发　　行 上海人民出版社发行中心
印　　刷 江阴市机关印刷服务有限公司
开　　本 720×1000 1/16
印　　张 42
插　　页 4
字　　数 787,000
版　　次 2024 年 3 月第 1 版
印　　次 2025 年 4 月第 2 次印刷
ISBN 978-7-208-18728-3/D·4257
定　　价 170.00 元